Suprema Corte dos Estados Unidos

Suprema Corte dos Estados Unidos

CASOS HISTÓRICOS

2022

Rodrigo Frantz Becker

Coordenador

SUPREMA CORTE DOS ESTADOS UNIDOS
CASOS HISTÓRICOS

AUTOR: Rodrigo Frantz Becker

DIRETOR ALMEDINA BRASIL: Rodrigo Mentz
EDITORA JURÍDICA: Manuella Santos de Castro
EDITOR DE DESENVOLVIMENTO: Aurélio Cesar Nogueira
ASSISTENTES EDITORIAIS: Isabela Leite e Larissa Nogueira

DIAGRAMAÇÃO: Almedina
DESIGN DE CAPA: Roberta Bassanetto

ISBN: 9786556274072
Janeiro, 2022

Dados Internacionais de Catalogação na Publicação (CIP)
(Câmara Brasileira do Livro, SP, Brasil)

Suprema Corte dos Estados Unidos : casos
históricos / coordenação Rodrigo Frantz
Becker. -- São Paulo : Almedina, 2022.
Vários autores.

Bibliografia
ISBN 978-65-5627-407-2

1. Controle da constitucionalidade - Estados
Unidos 2. Estados Unidos. Supreme Court 3. Estados
Unidos. Cortes Supremas - História 4. Juízes -
Decisões - Estados Unidos I. Becker, Rodrigo Frantz.

21-86742 CDD-327.73

Índices para catálogo sistemático:

1. Estados Unidos : Supremacia : Política internacional 327.73

Maria Alice Ferreira - Bibliotecária - CRB-8/7964

Este livro segue as regras do novo Acordo Ortográfico da Língua Portuguesa (1990).

EDITORA: Almedina Brasil
Rua José Maria Lisboa, 860, Conj.131 e 132, Jardim Paulista | 01423-001 São Paulo | Brasil
editora@almedina.com.br
www.almedina.com.br

SOBRE O COORDENADOR

Rodrigo Frantz Becker
Doutorando em Direito Processual pela UERJ. Mestre em Direito pela UnB. Advogado da União. Consultor Jurídico do DF. Ex-Procurador-Geral da União. Professor de Processo Civil da Graduação e da Pós-Graduação do IDP. Membro fundador e Presidente da ABPC (Associação Brasiliense de Direito Processual Civil) e Membro do IBDP (Instituto Brasileiro de Direito Processual). Coordenador do Grupo de Pesquisa Scotus, do IDP, sobre a Suprema Corte dos Estados Unidos.

SOBRE OS AUTORES

Adonias Ribeiro de Carvalho Neto
Mestrando em Direito, Democracia e Mudanças Institucionais na Universidade Federal do Piauí. Especialista em Direito e Democracia pela Universidade Federal do Piauí e em Direito Constitucional pela Estácio. Juiz Federal Substituto no TRF da 1ª Região. Ex-Procurador do Estado do Ceará, Paraná e Amapá.

Alexandre Vitorino Silva
Doutor em Direito do Estado pela Faculdade de Direito da Universidade de São Paulo (USP). Mestre em Direito do Estado pela Universidade de Brasília (UnB). *LLM pela New York University* (NYU).

Alonso Freire
Doutor em Direito Público (UERJ). Mestre em Direito Constitucional (UFMG). Advogado. Ex-assessor de Ministro do STF. Professor de Direito Constitucional do IDP. Advogado. Coordenador do Grupo de Pesquisa Scotus, do IDP, sobre a Suprema Corte dos Estados Unidos.

Amanda Claudino de Souza
Bacharel em Jornalismo. Especialista em Direitos Humanos. Graduanda em Direito.

Ana Beatriz Robalinho
Graduada em Direito pela Universidade de Brasília – UnB, mestre em Direito Público pela Universidade de São Paulo, mestre (LL.M) e doutoranda (J.S.D) pela *Yale Law School.* Professora do IDP e da UnB e assessora de Ministro do Supremo Tribunal Federal.

André Tiago Pasternak Glitz
Promotor de Justiça do Ministério Público do Paraná. *Masters of Laws* (LL.M.) pela *Columbia Law School*, NY/USA.

Antônio Pedro Machado
Advogado, mestrando em Direito do Estado na Universidade de São Paulo (USP).

Bruno Santos Cunha
Sócio de Urbano Vitalino Advogados. Procurador do Município do Recife. Bacharel em Direito pela UFSC. Mestre em Direito do Estado pela USP. *Master of Laws pela University of Michigan Law School.* Doutorando em Direito pela UFPE. Professor de Direito Constitucional e Administrativo.

Cássio Casagrande
Doutor em Ciência Política, Professor de Direito Constitucional da graduação e do mestrado da Universidade Federal Fluminense (UFF), fundador e coordenador do Núcleo de Pesquisa em Direito e Política dos EUA. Procurador do Ministério Público do Trabalho no Rio de Janeiro.

Christiano Mota e Silva
Graduado em Direito pela Faculdade de Filosofia e Ciências Humanas de Gurupi (2001). Mestre em *Sistemi Giuridici Contemporanei* pela *Università degli Studi di Roma Tor Vergata* (2017). Atualmente é promotor de justiça do Ministério Público de Goiás.

Cláudia Regina de Azevedo
Mestranda em Direito Político e Econômico pela Universidade Presbiteriana Mackenzie (UPM – São Paulo). Especialista em Direito Constitucional pela Escola Paulista de Direito (EPD – São Paulo).

Cristina Maria Gama Neves da Silva
Advogada e sócia do Lacombe e Neves da Silva Advogados Associados. Mestre pela *University of California Berkeley*. Especialista em direito constitucional e teoria crítica em direitos humanos. Presidente da Elas Pedem Vista. Membro do Líder A, observatório eleitoral e IBRADE. Vice-presidente da Comissão de

Assuntos Constitucionais da OAB/DF. Diretora Jurídica do Instituto Gloria. da América pelo Instituto Brasiliense de Direito Público.

Daniel Scaramella Moreira
Juiz de Direito no Tribunal de Justiça de Mato Grosso do Sul, pós-graduado em Direitos Fundamentais e Controle de Constitucionalidade pela Pontifícia Universidade Católica do Rio de Janeiro e mestrando em Direito Processual e Cidadania pena UNIPAR.

David Sobreira Bezerra de Menezes
Graduado em Direito pelo Centro Universitário Christus – UniChristus (2016). Advogado (OAB/CE nº 35.156). Coordena, produz e apresenta o Onze Supremos (Podcast).

Elias Cândido da Nóbrega Neto
Bacharel em direito pela Universidade Federal do Rio Grande do Norte – UFRN e assistente no Escritório de Advocacia Sergio Bermudes.

Emanuela de Oliveira Neves
Bacharel em Direito pelo Instituto Brasiliense de Desenvolvimento e Pesquisa (IDP). Assessora Especial na Consultoria Jurídica do Distrito Federal. Graduada em Gestão Pública pelo Instituto de Educação Superior de Brasília. Assessora do Grupo de Pesquisa sobre a Suprema Corte Americana.

Fábio Lopes Alfaia
Doutorando em Direito Constitucional pela Universidade de Fortaleza – UNIFOR. Mestre em Direito do Estado pela Universidade de São Paulo – USP, Especialista em Direito Público Constitucional e Administrativo pelo Centro Universitário de Ensino Superior do Amazonas – CIESA e graduado em Bacharelado em Ciências Jurídicas pela Universidade Federal do Amazonas – UFAM. Juiz de Direito de 1ª Entrância do Poder Judiciário do Estado do Amazonas.

Flávia da Costa Viana
Juíza de Direito no Tribunal de Justiça do Paraná (TJPR). Juíza Titular do Tribunal Regional Eleitoral do Estado do Paraná (2021/2023). Diretora de Relações Internacionais da Associação dos Magistrados do Paraná. Presidente Honorária

da União Internacional dos Juízes de Língua Portuguesa. Participante do *Columbia Women's Leadership Network.*

Flávio Jaime de Moraes Jardim
Bacharel em Direito pelo Centro Universitário de Brasília – Ceub, mestre em Direito Constitucional pelo Instituto Brasiliense de Direito Público – IDP e em Direito Americano pela *Boston University School of Law*, e doutor em Direito pela *Fordham Law School.* É Procurador do Distrito Federal e sócio do Escritório de Advocacia Sergio Bermudes, em Brasília. É licenciado para advogar no Brasil e no Estado de Nova Iorque, EUA.

Gabriel Henrique Ceron Trevisol
Graduando em Direito pela Universidade Federal de Santa Catarina (UFSC). Bolsista PIBIC/CNPq na área de Direito e Políticas da União Europeia. Membro do Centro Latino-Americano de Estudos Europeus (UFSC). Membro do Núcleo de Pesquisas em Direito Internacional Privado (NDIPr/UFSC). Foi monitor da disciplina Direitos e Cidadania (UFFS).

Gabriel Queiroz Fernandes
Pós-Graduando em Direito Constitucional pelo Instituto de Direito Público (IDP). Bacharel em Direito pela Pontifícia Universidade Católica de Goiás. Advogado.

Guilherme Lauria do Nascimento
Estudante do curso de Direito do Instituto Brasileiro de Ensino, Desenvolvimento e Pesquisa (IDP).

Guilherme Pupe da Nóbrega
Advogado, especialista, mestre e doutorando em Direito Constitucional, e professor da graduação e da pós-graduação do Instituto Brasileiro de Ensino, Desenvolvimento e Pesquisa (IDP) e Vice-Presidente da Associação Brasiliense de Direito Processual Civil (ABPC).

João dos Passos Martins Neto
Professor dos Cursos de Graduação e Pós-Graduação em Direito da Universidade Federal de Santa Catarina. Membro da Academia Catarinense de Letras Jurídicas.

João Marcos de Carvalho Pedra
Estudante do curso de Direito do Instituto Brasileiro de Ensino, Desenvolvimento e Pesquisa (IDP) e apresentador do Juricast (Podcast Jurídico).

João Paulo de Moura Gonet Branco
Graduando em Direito pelo Instituto Brasileiro de Ensino e Pesquisa (IDP) e editor-chefe da Revista de Direito e Atualidades.

João Victor Archegas
Pesquisador e Professor no Instituto de Tecnologia e Sociedade do Rio de Janeiro (ITS Rio). Mestre em Direito e *Gammon Fellow* de excelência acadêmica pela *Harvard Law School.*

José Henrique Lavocat Galvão Vieira de Carvalho
Graduando em Direito pela Universidade de Brasília (Unb).

José Ricardo Melo Jr.
Graduado em Direito pela Universidade Federal de Alagoas. Procurador da República desde 2016. Foi Advogado da União.

José Rollemberg Leite Neto
Graduado em Direito pela Universidade Tiradentes. Pós-graduado em Direito Constitucional pela Universidade Federal de Sergipe. Mestre em Direito, Estado e Cidadania pela Universidade Gama Filho (UGF-RJ). Advogado.

José S. Carvalho Filho
Doutor em Direito, com estágio de pós-doutorado na Universidade de Salamanca. Professor de Direito Constitucional. Assessor de Ministro do Supremo Tribunal Federal.

Josué de Sousa Lima Júnior
Mestre em Direito e Gestão de Conflitos (UNIFOR). Juiz de Direito do Tribunal de Justiça do Estado do Ceará.

Leatrice Faraco Daros
Doutoranda em Direito pelo Programa de Pós-Graduação em Direito da Universidade Federal de Santa Catarina (PPGD/UFSC). Advogada. Mestre em

Direito pelo PPGD/UFSC. Graduada em Direito pela UFSC. Especialista em Direitos Fundamentais e Constitucionalização do Direito pela Pontifícia Universidade Católica do Rio Grande do Sul (PUCRS) e em Direito Público pela UFSC. Pesquisadora do Grupo de Pesquisa Observatório de Justiça Ecológica (OJE – UFSC – CNPq). Contato: faracodaros@gmail.com.

Leonardo Henrique de Cavalcante Carvalho: Mestre em Direito e Gestão de Conflitos (UNIFOR). Desembargador Federal do Tribunal Regional Federal da 5ª Região.

Lucas Sousa Gomes: Bacharel em Direito pelo Instituto Brasiliense de Desenvolvimento e Pesquisa (IDP). Assistente de Relações Governamentais da Brasscom. Atuou como estagiário no Ministério da Justiça e Segurança Pública (MJSP) e em Gabinete de Ministro do Supremo Tribunal Federal. Integrante do Grupo de Pesquisa em Direito Econômico e Concorrencial do IDP, do Grupo de Pesquisa sobre a Suprema Corte Americana do IDP, e do Grupo de Pesquisa Tributação 4.0 do IDP.

Lupper Alves Ferreira

Graduada em Direito pela Faculdade Afirmativo (2017), pós-graduada em Relações Internacionais pela Faculdade Verbo Educacional (2018), aprovada no Mestrado em Direitos Humanos – Universidade do Minho (Portugal).

Maria Lydia de Melo Frony

Advogada inscrita na OAB/DF n. 67.158, formada no curso de Direito pelo Centro Universitário de Brasília (UniCEUB) e pós-graduanda em Direito Processual Civil na Faculdade Legale.

Marlon Gabriel dos Santos

Estudante de Direito na Universidade Estadual do Oeste do Paraná – UNIOESTE e integrante do Grupo de Pesquisa sobre a Suprema Corte Americana (GPSCOTUS), do Instituto Brasiliense de Direito Público – IDP.

Matheus Cardoso Oliveira Eleutério

Advogado. Pós-graduado em Direito Empresarial e Contratos pelo Centro Universitário de Brasília – UniCEUB. Bacharel em Direito pelo Centro Universitário de Brasília – UniCEUB. E-mail: eleuteriomatheus@gmail.com.

Matheus Henrique Braga de Morais
Graduado em Direito pela Pontifícia Universidade Católica de Minas Gerais (PUC/MG). Integrante do Grupo de Estudos e Pesquisa em Direito Processual e Democracia (PUC/MG).

Miriam Rocha Freitas
Pós-graduanda em Processo Civil pelo Instituto Brasiliense de Direito Público – IDP e em Ordem Jurídica e Ministério Público pela Fundação Escola Superior do Ministério Público do Distrito Federal e Territórios – FESMPDFT. Advogada.

Muzio Scevola Moura Cafezeiro
Advogado, graduado pela Universidade Estadual de Santa Cruz – UESC, especialista em Direito Empresarial pela Fundação Getúlio Vargas e pós-graduando em Direito Constitucional pelo Instituto de Direito Público de Brasília – IDP.

Nathália Mariel Ferreira de Souza Pereira
Doutoranda em direitos humanos pela Universidade Federal de Goiás. Mestra em Direito Público pela Universidade Católica de Brasília. Professora e Procuradora da República.

Paulo Roberto Iotti Vecchiatti
Doutor e Mestre em Direito Constitucional pela Instituição Toledo de Ensino de Bauru. Especialista em Direito Constitucional pela Pontifícia Universidade Católica de São Paulo. Bacharel em Direito pelo Instituto Presbiteriano Mackenzie de São Paulo. Advogado de Direitos Humanos e Professor da Pós-Graduação de Direito Homoafetivo e Gênero da Unisanta – Universidade Santa Cecília.

Pedro Henrique do Prado Haram Colucci
Graduando em Direito pela Faculdade de Direito de Franca (FDF). Atualmente é bolsista de iniciação científica do PIBIC-FDF, membro do Grupo de Pesquisa Estrutura e Dinâmica do Estado Federal, da Universidade de São Paulo (GPEDEF – USP) e do Laboratório de Ciências Criminais, do IBCCRIM de São Paulo (LABCCRIM-SP).

Rafael Lima Gonet Branco
Graduando em Direito pelo Instituto Brasileiro de Ensino e Pesquisa (IDP) e editor da Revista de Direito e Atualidades.

Rafael Maia de Azevêdo
Bacharel em Direito pelo Centro Universitário de João Pessoa, com curso em *Cross-Border Cooperation in Criminal Matters* pela Escola de Direito do Rio de Janeiro da Fundação Getúlio Vargas. Pós-graduando em Direito Econômico e Regulatório pela Pontifícia Universidade Católica do Rio de Janeiro. Advogado.

Rafael Moreira Mota
Advogado e mestre em Direito Constitucional pelo Instituto Brasileiro de Ensino, Desenvolvimento e Pesquisa (IDP).

Raiany Oliveira Reis
Graduada pelo Instituto de Ensino Superior e Formação Avançada de Vitória – IESFAVI (2018). Pós-graduanda em Direito Ambiental pelo Círculo de Estudos na Internet – CEI. Analista Judiciária do TRF-3. Foi Técnica Legislativa da Assembleia Legislativa do Espírito Santo entre 2012-2021.

Rodolpho Freitas de Sousa
Advogado. Pós-graduado em Direito Internacional e Direitos Humanos pela Pontifícia Universidade Católica de Minas Gerais. Bacharel em Direito pela Fundação Educacional Serra dos Órgãos. Integrante do Grupo de Estudos e Pesquisa da Suprema Corte dos Estados Unidos da América pelo Instituto Brasiliense de Direito Público.

Thales Dyego de Andrade Coelho
Advogado Criminalista. Professor universitário. Cursando o Doutorado em Ciências Criminais na Pontifícia Universidade Católica do Rio Grande do Sul – PUC/RS. Mestre em Direito e Instituições do Sistema da Justiça pela Universidade Federal do Maranhão – UFMA. Especialista em Direito Penal e Criminologia pela Pontifícia Universidade Católica do Rio Grande do Sul – PUC/RS. Especialista em Direito Público pela Pontifícia Universidade Católica de Minas Gerais – PUCMinas. Graduado em Direito pela Universidade Federal do Maranhão. Diretor Acadêmico da Faculdade Florence – IFES/MA. Vice-Presidente da Comissão de Advocacia Criminal da OAB/MA. Membro do Tribunal de Ética e Disciplina da OAB/MA. Membro da Comissão de Direito Penal do Instituto dos Advogados Brasileiros – IAB.

Thiago Milanez Andraus
Master of Laws (LL.M.) pela Universidade de Syracuse/NY. Possui Especialização em Direito do Trabalho pela PUC/PR. Graduado em Direito pela UFPR. Atualmente é Procurador do Ministério Público do Trabalho.

Thimotie Aragon Heemann
Promotor de Justiça do Ministério Público do Estado do Paraná, atualmente na Comarca de Campina da Lagoa/PR. Bacharel em Direito pela Fundação Escola Superior do Ministério Público do Rio Grande do Sul (FMP). Colaborador no Centro de Apoio Operacional às Promotorias de Direitos Humanos do Ministério Público do Estado do Paraná (CAOPJDH). Colaborador do Núcleo de Promoção da Igualdade Étnico-Racial (NUPIER) do Ministério Público do Estado do Paraná. Palestrante. Professor de Direito Constitucional e Direitos Humanos do Curso CEI, da Fundação Escola do Ministério Público do Estado do Paraná (FEMPAR) e da Escola da Magistratura do Estado do Paraná (EMAP). Autor de livros e artigos jurídicos.

Wilson Seraine da Silva Neto
Mestrando em Ciências Jurídico-Políticas pela Universidade de Coimbra. Pós-graduando em Direito Constitucional pela Academia Brasileira de Direito Constitucional. Advogado.

NOTA DO COORDENADOR

O sonho deste livro se concretizou.

Há quase 20 anos comecei a me interessar pela Suprema Corte dos Estados Unidos, em uma viagem a Washington, na qual tive a oportunidade de visitar a mais alta corte americana. De lá para cá, o interesse só aumentou. Livros foram consumidos, artigos foram escritos, e muito material foi reunido, para formar uma pequena biblioteca sobre o tema.

Todavia, foi em 2019 que encontrei outros amantes do tema, começando pelo Professor Alonso Freire, meu colega de IDP, que dividia comigo alguns momentos de debate sobre a Corte. E no ano seguinte, esses outros amantes aumentaram e se transformaram num grupo de pesquisa, iniciado por impulso da então aluna do IDP, hoje já bacharel em direito, Emanuela Neves, que me instigou a formar este grupo, em conjunto com o Professor Alonso.

A adesão ao grupo foi imediata e hoje são quase 100 pessoas, de todo o país, dentre Desembargadores, Juízes, Advogados Públicos, Procuradores da República, Promotores, Advogados Privados, Professores Universitários, Cientistas Políticos, e estudantes de direito.

Desde então, mensalmente, o grupo de pesquisa se reúne de modo virtual, em encontros que visam debater algum caso famoso da Suprema Corte americana. Já foram mais de 25 reuniões, sempre com algum convidado que expõe um caso para que o tema seja, na sequência, analisado pelo grupo.

E deste grupo saiu este livro. Um compilado de mais de 40 casos históricos da Corte, divididos por ano e por assunto, com o objetivo de trazer ao leitor brasileiro o conhecimento de casos que moldaram a sociedade americana, e influenciaram a comunidade mundial, na medida em que a Suprema Corte dos Estados Unidos é a principal Corte do mundo.

Este livro não seria possível sem a ajuda inestimável de algumas pessoas.

Em primeiro lugar, David Sobreira, advogado cearense, e coordenador do podcast "Onze Supremos", que se dedicou integralmente ao projeto, auxiliando na formatação e na revisão dos artigos. David, foi um "guerreiro" que tirou noites para me ajudar a organizar este livro.

Da mesma forma, Amanda Claudino, bacharel em jornalismo, e estudante de direito, foi fundamental na revisão dos artigos, inserindo um olhar mais técnico aos textos. Por sua vez, Emanuela Neves, auxiliar do grupo de pesquisa, esteve sempre à disposição para organizar os textos, além de gerenciar todos os encontros e editar todos os vídeos destes encontros.

Outras pessoas foram importantes, cada uma em sua devida função: Bruno Cunha, Flávio Jardim, José Rollemberg, Nathália Mariel, Ricardo Melo Jr., Samuel Fontelles e Thimotie Heemann. Agradeço a eles pelo incentivo e auxílio constante, sobretudo na troca de ideias e informações que buscavam um aprimoramento desta obra.

Também foi fundamental para consecução dos objetivos, meu amigo Alonso Freire, que topou o desafio de organizar junto comigo, lá no início, o grupo de pesquisa e que esteve, sempre que possível, nas nossas reuniões quinzenais.

Ao Ministro Gilmar Mendes e à Ministra Maria Thereza de Assis Moura, em nome de todos os autores, agradeço imensamente pela cordialidade e pela elegância das palavras sobre esta obra, e por acreditarem no sucesso deste projeto.

Devo agradecer também ao IDP, Faculdade em que leciono há 6 anos, por confiar neste grupo de pesquisa e, sobretudo, nos autores desta obra, abrindo as portas para que o livro fosse publicado.

Por fim, cada um dos autores, que se prontificaram a escrever um artigo – alguns até mais – são parte indissociável desta obra. Não se trata de uma obra do Rodrigo Becker, mas, sim, das seguintes pessoas: Adonias Carvalho, Amanda Claudino, Ana Beatriz Robalinho, Andre Glitz, Antônio Pedro Machado, Bruno Cunha, Cássio Casagrande, Christiano Mota, Cláudia Azevedo, Cristina Neves, Daniel Scaramella, David Sobreira, Elias Nóbrega Neto, Emanuela Neves, Fábio Alfaia, Flávia da Costa Viana, Flávio Jardim, Gabriel Fernandes, Guilherme Lauria, Guilherme Pupe, João Marcos Pedra, José Carvalho Filho, José Rollemberg,

Josué Lima, Leonardo Carvalho, Lucas Sousa, Maria Lydia Frony, Marlon Santos, Matheus Braga, Matheus Eleutério, Muzio Cafezeiro, Nathalia Mariel Pereira, Paulo Iotti, Pedro Haram Colucci, Miriam Freitas, Rafael Maia, Rafael Mota, Raiany Reis, Ricardo Melo Jr., Rodolpho Sousa, Thimotie Heemann e Wilson Seraine Neto.

Brasília, julho de 2021

APRESENTAÇÃO

Foi com muita honra que recebi de meu querido amigo Rodrigo Becker a incumbência de apresentar esta obra ao público.

Rodrigo Becker desempenha suas atividades profissionais na Advocacia-Geral da União com o mesmo denodo e a mesma maestria com que se destaca na área acadêmica, o que demonstra sua dedicação incondicional ao Direito, em seu mais amplo sentido. A comprovação de minha assertiva está na sua participação nesse trabalho, na dupla condição de autor e coordenador desta obra de fôlego, que agora vem a público.

Trata-se de projeto inédito no Brasil, que reúne, em um só livro, quarenta e cinco artigos sobre casos emblemáticos da Suprema Corte dos Estados Unidos, reconhecida como uma das mais importantes do mundo. Estão envolvidos no projeto Desembargadores, Juízes, Advogados Públicos, Procuradores da república, Promotores, Advogados Privados, Professores Universitários, Cientistas Políticos e outros estudiosos da temática americana, a partir do grupo de pesquisa "SCOTUS", DA Faculdade de Direito do IDP em Brasília-DF, que estuda e pesquisa a Suprema Corte americana.

No Brasil, nenhuma publicação até hoje se dispôs a tratar de tantos casos da Suprema Corte americana em obra conjunta, de modo que o livro se revela desde já como um marco nas publicações sobre direito estrangeiro no Brasil.

O leitor se deparará com inúmeros temas de relevância ímpar e que são, inclusive, citados pelo Supremo Tribunal Federal, além de serem objeto de diversos estudos e teses por todo o Brasil, tais como aborto, casamento homoafetivo, porte de arma, direitos dos acusados, pena de morte, segregação racial, meio ambiente, liberdade de imprensa, direitos das mulheres, direito à vida, e muitos outros temas de interesse da sociedade, tais como direitos trabalhistas e liberdade religiosa.

Como se pode verificar a partir dos assuntos tratados, o livro não se destina apenas à comunidade jurídica, mas a toda a sociedade, em seus mais diversos setores, diante da amplitude da temática desenvolvida nos artigos elaborados, cada um a partir de um caso julgado pela mais alta Corte americana.

A obra se destaca não só pela brilhante proposta de agregar os principais casos da jurisprudência da Corte Constitucional americana, mas também pela qualidade de seus autores e pela metodologia adotada para a obra. Como o público poderá facilmente perceber, todos os textos foram elaborados com o mesmo padrão metodológico, de modo a uniformizar a obra e facilitar a busca dos pontos de interesse em cada caso. Assim, todos os artigos possuem a seguinte divisão: introdução, contexto histórico, aspectos relevantes da decisão, repercussões da decisão e conclusão.

O livro resulta, pois, de trabalho sério e dedicado, tanto dos autores como do coordenador. A contribuição ao mundo jurídico e à sociedade é inegável, pois além de trazer abordagem inédita acerca da jurisprudência da Suprema Corte americana, o livro atrai pela diversidade de temas e pela profundidade com que são tratados.

Sem me alongar mais, deixo ao público o prazer da leitura desta obra, que permite a todos o privilégio de conhecer de perto casos históricos discutidos na Corte Constitucional americana e tudo de forma clara e didática.

MARIA THEREZA ROCHA DE ASSIS MOURA
Ministra do Superior do Tribunal de Justiça

Brasília, julho de 2021.

PREFÁCIO

O sistema americano inaugurou um controle de constitucionalidade que assegura a qualquer órgão judicial incumbido de aplicar a lei a um caso concreto o poder-dever de afastar a sua aplicação se a considerar incompatível com a ordem constitucional. Esse modelo desenvolve-se a partir da discussão encetada na Suprema Corte americana, especialmente no caso *Marbury v. Madison*, de 1803.

Desde esse julgamento, a Corte norte-americana enfrentou outras diversas controvérsias relevantes. Um clássico exemplo é o caso *Brown v. Board of Education of Topeka*, de 1955, quando se reiterou a inconstitucionalidade da discriminação racial nas escolas públicas e determinou-se que as leis federais, estaduais e municipais fossem ajustadas a essa orientação. Confiou-se a execução do julgado aos tribunais de distrito que deveriam guiar-se por princípios de equidade. Todavia, esses tribunais deveriam exigir das autoridades escolares "um pronto e razoável" início da execução, competindo-lhes verificar a necessidade de que se outorgasse um prazo adicional para a conclusão das reformas exigidas. Essa jurisprudência teve continuidade em outras decisões que exigiam ou determinavam a concretização de reformas em presídios e instituições psiquiátricas.

Esse e outros tantos exemplos demonstram que a ruptura que a *judicial review* americana consagrou com a tradição inglesa a respeito da soberania do Parlamento provocou uma mudança de paradigmas. A simplicidade da forma – reconhecimento da competência para aferir a constitucionalidade ao juiz da causa – foi algo determinante para a sua adoção em diversos países do mundo.

Dessa forma, o modelo americano, notadamente a Suprema Corte americana, que hoje é referência para diversas outras jurisdições, coleciona inúmeros casos emblemáticos, os quais servem como fontes essenciais para o estudo da jurisdição constitucional.

Nesse sentido, o professor Rodrigo Becker organiza, em bom momento, um compilado inédito com mais de 40 dos mais emblemáticos julgados da Suprema Corte dos Estados Unidos. A obra reúne brilhantes trabalhos de desembargadores, juízes, promotores, procuradores da república, advogados e acadêmicos e servirá como importante suporte para o fascinante estudo do *common law* americano.

Desejo a todos agradável e proveitosa leitura.

GILMAR FERREIRA MENDES
Ministro do Supremo Tribunal Federal

SUMÁRIO

1.
INTRODUÇÃO À SUPREMA CORTE DOS ESTADOS UNIDOS

ALONSO FREIRE
RODRIGO FRANTZ BECKER

1. O estabelecimento da Suprema Corte

Nos artigos da Confederação, ratificados pelos novos Estados Unidos em 1781, não havia a previsão de um sistema judicial nacional. Estava prevista apenas uma Corte de Apelações, cuja jurisdição limitava-se às disputas envolvendo navios capturados.

Nesse contexto, os cidadãos da nova nação temiam que um sistema de tribunais federais com jurisdição geral ameaçasse a soberania dos Estados federados. Todavia, para os delegados que se reuniram na Filadélfia, em 1787, com o objetivo de revisar os artigos da Confederação,[1] a ausência de um sistema judicial nacional foi um dos pontos mais evidentes sobre o qual eles acreditavam ter falhado ao aprovarem os artigos de 1781. Por essa razão, não demorou para que um acordo fosse costurado na Convenção da Filadélfia quanto à proposta do governador da Virgínia, Edmund Randolph, de criação de três ramos para a organização federal: legislativo, executivo e judiciário.[2]

Durante a Convenção, não estava claro se o governo que iria surgir incluiria uma Suprema Corte nacional. Havia aqueles que manifestavam

[1] Sobre o surgimento da Constituição norte-americana, cf., por todos, AMAR, Akhil Reed. ***America's Constitution:** A Biography*. Nova Iorque: Randon House, 2006, p. 3 e ss.

[2] SCHWARTZ, Bernard. ***A History of Supreme Court***. Nova Iorque: Oxford University Press, 1993.

receio de que um órgão dessa natureza pudesse limitar a autonomia dos estados. Por outro lado, alguns importantes nacionalistas, como James Madison, julgavam importante a criação não apenas de um judiciário federal, mas também de uma Corte Suprema com autoridade para fazer cumprir o direito nacional e para supervisionar os judiciários estaduais.

A segunda visão saiu vitoriosa e se expressou no artigo III da Constituição dos Estados Unidos, o qual estabelece que "[o] Poder Judiciário dos Estados Unidos será investido de uma Suprema Corte."[3] Com essas palavras, os constituintes norte-americanos anunciaram o nascimento de uma instituição até então desconhecida para o mundo: uma corte nacional com autoridade para decidir casos envolvendo a Constituição nacional e as leis do país.

O que essa autoridade significava precisamente, assim como o papel da Suprema Corte frente aos outros dois Poderes previstos na Constituição norte-americana, não estava claro quando a Constituição foi elaborada em 1787. Essas são questões que permanecem em disputa até os dias atuais. Ademais, o papel da Corte não foi o único aspecto que ficou sem definição – o próprio número de juízes que a integrariam não foi objeto do artigo III. Uma das justificativas oferecidas para essa imprecisão é a de que os dois primeiros artigos, que tratam respectivamente do Executivo e do Legislativo, tomaram muito tempo e consumiram muita energia dos delegados em debates longos e acirrados, o que acabou por resultar na negligência para com o Judiciário.[4] De qualquer modo, o referido artigo especificou que a Corte possuiria jurisdições recursal e originária.

Após a aprovação da Constituição Federal, o Congresso rapidamente tratou de regulamentar o artigo III. Em 1789, o Congresso aprovou o *Judiciary Act* (também chamado de *First Judiciary Act*), estabelecendo dois níveis de tribunais inferiores e fixando em seis o número de juízes para a Suprema Corte. A Corte, então, iniciou seus trabalhos em 2 de fevereiro

[3] Constituição (1787). **The Constitution of the United States. Estados Unidos da América**, 1787.

[4] Greenhouse, Linda. ***The U.S Supreme Court:*** *A Very Short Introduction*. Nova Iorque: Oxford University Press, 2012, p. 2. Essa opinião, em linhas gerais, também é defendida por Akhil Reed Amar. Cf., AMAR, op. cit.

de 1790, com apenas cinco juízes, vindo o sexto membro a juntar-se ao grupo em 12 de março do mesmo ano.[5]

A primeira composição da Corte foi presidida por John Jay, um advogado de Nova Iorque que havia sido um dos coautores dos *Federalist Papers*. Jay tratou imediatamente de autodefinir a Corte. Foi nessa linha que, em 1793, quando o secretário de Estado Thomas Jefferson enviou à Corte uma carta em nome do Presidente George Washington, solicitando auxílio na resolução de vinte e nove questões interpretativas a propósito de um tratado entre os Estados Unidos e a França aprovado em 1778, Jay viu a oportunidade de dar à Corte um perfil diferente daquele que possuíam os tribunais estaduais, acostumados a responder a esse tipo de consulta. Em resposta, disse ele, em carta endereçada ao Presidente Washington: "As linhas de separação traçadas pela Constituição entre os três ramos do governo (...) são considerações que proporcionam fortes argumentos contra a propriedade de respondermos extrajudicialmente às perguntas em questão."[6] Com a rejeição de uma competência consultiva, ficou estabelecido que as Cortes federais deteriam o poder de decidir apenas aquelas questões que surgissem em contextos de disputas entre partes contrárias.

A Suprema Corte realizou sua primeira reunião em 2 de fevereiro de 1790, em Nova Iorque, a primeira capital do país. As reuniões eram realizadas no prédio *Merchants Exchange* (também referido, às vezes, como *Royal Exchange*), na parte sul de Manhattan,[7] a primeira das várias sedes da Suprema Corte até ela ser definitivamente estabelecida em Washington, em 1800, quando a capital do país se mudou para essa cidade.

Nos seus primeiros anos, parecia que a Corte não seria tão importante para a organização da nova nação. É que, durante todo o ano de 1790, ela quase nada fez. Apenas após um ano do início de seu funcionamento, a Corte finalmente recebeu seu primeiro caso, que sequer chegou a ser decidido, já que a controvérsia encontrou solução antes de serem ouvidos os argumentos das partes envolvidas, o que acarretou o seu arquivamento.

[5] SCHWARTZ, op. cit., p. 16 e ss.
[6] GREENHOUSE, op. cit., p. 5.
[7] SAVAGE, Davi G. ***Guide to U.S. Supreme Court***. 5 ed. Washington: CQ Press, 2010, p. 6.

Foi só em agosto de 1791 que a Corte analisou efetivamente seu primeiro caso, que envolvia direito comercial. Desta vez, os juízes ouviram os argumentos das partes envolvidas, mas não decidiram o mérito da causa, tendo em vista a presença de uma irregularidade processual que impedia seu prosseguimento. Somente a partir de 1792, a Corte começou a emitir decisões de mérito.[8]

Atualmente, a Suprema Corte dos Estados Unidos é considerada uma das mais influentes do mundo, ao lado do Tribunal Constitucional Federal alemão. Nos dias de hoje, não há dúvidas de que uma decisão da Suprema Corte americana tem importância para o mundo. Ela cria um precedente persuasivo, seja ele positivo ou negativo. Suas decisões reconhecendo direitos de minorias são muitas vezes mais festejadas que as já tomadas por tribunais nacionais.

Na próxima seção, serão expostas e explicadas a estrutura e a composição da Corte. Feito isso, serão apresentadas a forma de acesso ao Tribunal e suas competências. Na quarta seção, explicaremos o modelo de deliberação adotado quando da análise de casos. Em seguida, trataremos da eficácia das suas decisões e de como se relaciona com os demais Tribunais e juízes. Na última seção, serão expostas as características essenciais de sua jurisprudência para, ao final, serem feitas considerações a título de conclusão.

2. Estrutura e composição

Durante a Convenção da Filadélfia, houve longos debates sobre a forma como os membros da Suprema Corte deveriam ser selecionados. A Constituição norte-americana exige que o candidato ao Senado tenha, no mínimo, 30 anos de idade e que o Presidente da República seja "cidadão nato". Ao tratar da Suprema Corte, contudo, a Constituição é silente sobre esse ponto. Não há nenhum requisito formal ou constitucional para se tornar um juiz da Suprema Corte dos Estados Unidos. Assim, teoricamente, qualquer pessoa, até mesmo estrangeira,[9] indicada pelo Pre-

[8] Regan, Richard J. ***Constitutional History of U.S Supreme Court***. Washington: The Catholic University of America Press, 2015, p. 17.

[9] De fato, a Corte já teve cinco juízes que não eram americanos natos. Foram eles: James Wilson, nascido na Escócia, em 1742; James Iredell, nascido na Inglaterra, em 1751; David

sidente e confirmada pelo Senado Federal do país, pode ser um juiz da Suprema Corte, um *Justice*, já que são somente essas as exigências constitucionais. Todos aqueles que, até os dias atuais, serviram como juízes da Corte, eram juristas, embora alguns no passado não tivessem graduação em Direito.[10]

Como mencionado, por meio do *Judiciary Act* de 1789 – a primeira lei a regular o Poder Judiciário federal americano –, foi fixado em seis o número de juízes para a Suprema Corte. Com o tempo, o Congresso acabou por expandir a composição da Corte, à medida que crescia o número de Circuitos Judiciais.[11] Em 1807, passaram a ser sete; em 1837, nove; e em 1863, dez. Uma vaga, porém, foi removida em 1866, e uma segunda em 1867. Em 1869, o número voltou a crescer para nove, quantidade mantida até hoje. Em 1937, o Congresso rejeitou a proposta do Presidente Roosevelt de aumentar o número de juízes para o total de quinze.[12] Atualmente, a composição da Suprema Corte compreende um presidente, chamado *Chief Justice*, e oito juízes, denominados *Associate Justices*.[13]

Até 1839, a composição da Corte se resumia a homens brancos e protestantes. Naquele ano, Roger B. Taney se tornou o primeiro católico a ocupar um assento no Tribunal. Apenas em 1967, no entanto, a Corte contou com seu primeiro juiz negro, Thurgood Marshall. Em 1981, mais de duzentos anos após sua criação, foi nomeada a primeira mulher, San-

Brewer, nascido na Ásia Menor, em 1837; George Sutherland, nascido na Inglaterra, em 1862; e, por último, e o mais famoso entre eles, Felix Frankfurter, nascido na Áustria, em 1882.

[10] O último juiz da Corte sem graduação em Direito foi Robert H. Jackson, indicado em 1941. Ele foi admitido na ordem dos advogados de Nova Iorque após ter cursado apenas um ano do curso de Direito. Cf. Greenhouse, op. cit. p. 25.

[11] Divisões geográficas e administrativas da justiça federal norte-americana. Equivalem, em certa medida, às regiões da Justiça Federal brasileira.

[12] Episódio conhecido na história como a tentativa de empacotar a Corte (*packing the Court*), pois era a oportunidade que Roosevelt teria para conseguir a maioria de juízes necessária para confirmar a constitucionalidade dos pacotes econômicos que visavam ao restabelecimento da economia americana, conhecidos como *new deal*.

[13] De John Jay (1789) a John Roberts (2005), já foram nomeados 17 Presidentes. De John Rutledge (1789) a Amy Coney Barrett (2020), já foram nomeados 108 juízes associados, incluindo aqueles que, posteriormente, foram indicados para a Presidência da Corte, como o próprio John Rutledge – o primeiro entre eles – e William Rehnquist – o último.

dra Day O'Connor. Nos dias atuais, a Suprema Corte é composta por três mulheres brancas, sendo uma com descendência latina; um negro; dois judeus; e sete católicos.[14] São estes os *Justices* que, presentemente, ocupam uma cadeira no Tribunal:

John Roberts (*Chief Justice*), nomeado por George W. Bush, em 2005;
Clarence Thomas, nomeado por George Bush, em 1991;
Stephen Breyer, nomeado por Bill Clinton, em 1994;
Samuel Alito, nomeado por George W. Bush, em 2006;
Sonia Sotomayor, nomeada por Barack Obama, em 2009;
Elena Kagan, nomeada por Barak Obama, em 2010;
Neil Gorsuch, nomeado por Donald Trump, em 2017;
Brett Kavanaugh, nomeado por Donald Trump, em 2018;
Amy Coney Barrett, nomeada por Donald Trump, em 2020.

Por muitos anos, os Presidentes americanos tentaram estabelecer o equilíbrio geográfico em suas indicações, considerando a ideia de que diferentes regiões do país tinham diferentes interesses e perspectivas a serem consideradas pela Corte. Todavia, com o tempo, a geografia deixou de ser considerada um fator nas indicações, muito embora, atualmente, haja uma certa diversidade geográfica, com duas juízas de Nova Iorque (Sotomayor e Kagan), enquanto os demais são dos estados de Nova Jersey (Alito); Geórgia (Thomas); Califórnia (Breyer); Louisiana (Barrett); Colorado (Gorsuch); e Washington (Kavanaugh).[15]

Diferentemente do que ocorre nas demais cortes federais, a Suprema Corte dos Estados Unidos está organizada apenas *en banc*, e não em *panels*; ou seja, todos os nove juízes participam de todos os casos submetidos à apreciação da Corte, exceto quando algum deles se declara impedido. Importante notar, ainda, que cada juiz pode ter até quatro assessores, exceto o Presidente, a quem é permitido ter até cinco.

De acordo com o artigo II, Seção 2, da Constituição americana, o Presidente da República, "mediante conselho e aprovação do Senado, indi-

[14] Um dos católicos, Neil Gorsuch, é também anglicano.

[15] De fato, o Estado de Nova Iorque foi o que mais "forneceu" juízes para a Suprema Corte, em toda sua história.

cará Juízes à Suprema Corte". No Senado, os indicados pelo Presidente são entrevistados em audiências públicas, geralmente televisionadas. A prática de entrevistar os candidatos, contudo, é relativamente recente, tendo sido iniciada apenas em 1925, com a sabatina de Harlan Fiske Stone. Após a entrevista, o nome do candidato é submetido à votação no plenário da casa. Embora rejeições de candidatos sejam muito incomuns, elas já ocorreram em algumas ocasiões.[16] Após ser aprovado pelo Senado, o indicado é nomeado pelo Presidente da República, em ato formal. Os juízes da Corte permanecem no cargo "enquanto bem servirem", como previsto no art. III da Constituição Federal,[17] o que significa que só deixam o cargo se morrerem, se pedirem voluntariamente aposentadoria, ou se sofrerem *impeachment*.

3. Acesso e competências

A Constituição americana e leis federais dividem a competência da Suprema Corte em duas categorias principais: originária e recursal. Essa regra geral está prevista no art. III, Seção 2, da Constituição:

> Em todas as questões relativas a embaixadores, outros ministros e autoridades consulares, e naquelas em que se achar envolvido um Estado, a Suprema Corte exercerá jurisdição originária. Nos demais casos supracitados, a

[16] O Senado já rejeitou alguns indicados. A mais recente rejeição, e talvez a mais famosa, foi a de Robert Bork, professor de Yale, em 23 de outubro de 1987. A rejeição de Bork foi motivada não pelas qualidades pessoais do indicado, mas por suas posições em matéria de interpretação constitucional. Esteve em causa, sobretudo, o "originalismo" – forma de interpretar a Constituição a partir do seu sentido original – defendido pelo governo Reagan, por meio do Procurador-Geral Edwin Meese III, e assumido com veemência por Bork durante sua sabatina. Alguns juristas norte-americanos afirmam que a rejeição se deu em parte porque o indicado pôs em evidência as incoerências e as dificuldades com que se defronta o originalismo. Tempos depois, Bork publicou um livro expondo em detalhes essa doutrina. Cf. BORK, Robert H. ***The Tempting of America:*** *The Political Seduction of Law*. Nova Iorque: Free Press, 1997.

[17] O juiz que permaneceu por mais tempo na Corte foi William O. Douglas, que atuou como *justice* entre – 1939 e 1975, por 36 anos e quase sete meses. O que menos tempo permaneceu foi Thomas Johnson (apenas um ano e dois meses). Oliver W. Holmes, com 90 anos, foi o juiz mais velho na Suprema Corte. Ele foi indicado aos 61 anos de idade, permanecendo na Corte de 1902 a 1932. Faleceu aos 94 anos, em 1935.

Suprema Corte terá jurisdição em grau de recurso, pronunciando-se tanto sobre os fatos como sobre o direito, observando as exceções e normas que o Congresso estabelecer.[18]

A competência originária é raramente provocada. Ela representa uma fração muito pequena dos processos julgados pela Corte, que tem analisado, nos últimos anos, apenas um a dois casos de competência originária por ano judiciário.[19] A maioria deles envolve questões interestaduais,[20] sendo *Marbury v. Madison*[21] (1803) o caso mais famoso decidido por via de competência originária – e também o mais popular da Suprema Corte –, no qual a Corte, sob a pena do juiz John Marshall, reconheceu seu poder de controlar a constitucionalidade de leis e atos dos poderes públicos contrários à Constituição Federal. Contudo, é sua competência recursal que lhe confere maior relevância no sistema judiciário e na organização política norte-americanos.

Até recentemente, era muito comum que a Corte recebesse dois tipos de recursos: os obrigatórios e os discricionários.[22] Os primeiros diziam respeito a recursos contra decisões de Cortes federais inferiores e de Cortes estaduais de última instância, nos quais a Suprema Corte era obrigada a verificar se determinadas questões haviam sido observadas. Esses recursos, no entanto, a sobrecarregavam. Por essa razão, em 1988, por meio do *Supreme Court Case Selections Act*, o Congresso nacional deu à Suprema Corte completa discricionariedade sobre sua agenda, estabelecendo o segundo tipo de recurso. Hoje, a maioria dos casos analisados por ela são

[18] Art. III, Seção 2, da Constituição dos Estados Unidos.

[19] O ano judiciário, nos Estados Unidos, vai de outubro a junho do ano seguinte.

[20] Vale ressaltar que a Suprema Corte estabeleceu que sua competência originária em disputas interestaduais pode ser declinada e somente será exercida quando i) absolutamente necessária; ii) os requisitos de equidade em um processo entre estados forem mais rigorosos do que em um processo entre pessoas privadas; iii) a ameaça de lesão a um estado demandante for de grande magnitude e iminente; iv) o ônus do estado demandante para trazer todos os elementos de um caso for maior do que o ônus geralmente exigido por um peticionário em casos entre partes privadas (**Alabama v. Arizona**, 308 U.S. 17).

[21] **Marbury v. Madison**, 5 U.S. 137 (1803).

[22] Cf. TUSHNET, Mark. *The Mandatory Jurisdiction of the Supreme Court: Some Recent Developments.* **University of Cincinnati Law Review**, v. 46, n. 2, p. 347-372, 1977.

provenientes de recursos discricionários, aceitos via aprovação de *writ of certiorari*.

No exercício de sua competência recursal, a Corte está sujeita a algumas restrições. Em primeiro lugar, o art. III da Constituição Federal declara que as cortes federais conhecerão apenas "casos e controvérsias". A Suprema Corte interpreta essa disposição como uma exigência para que essas cortes federais, incluindo ela própria, considerem apenas disputas jurídicas reais. Essa interpretação deu origem à *justiciability doctrine*, um conjunto de critérios de admissibilidade que devem ser observados para que as partes possam levar suas causas às cortes federais, inclusive à Suprema Corte, e para que elas possam conhecê-las e julgá-las.[23]

Ainda quanto a sua competência recursal, qualquer litigante que for derrotado em uma corte federal de apelações ou na mais alta corte de um estado-membro poderá peticionar um *writ of certiorari* à Suprema Corte norte-americana. Para ter acesso a sua jurisdição, por essa via, deve-se preencher os requisitos da já mencionada doutrina da justiciabilidade. Especificamente, a doutrina corresponde a seis requisitos básicos que devem ser satisfeitos e demonstrados na petição de *writ of certiorari*. Cabe, então, ao recorrente demonstrar: (i) não estar em busca de um conselho; (ii) a existência de um argumento plausível que justifique a manifestação da Corte; (iii) que a decisão da Corte é necessária e que há uma ameaça real a um direito seu; (iv) que não há alternativas judiciais disponíveis; (v) que a questão não é estritamente política; e (vi) a existência de partes adversas.[24]

Mesmo que um recorrente siga todos os passos, ainda assim nada está garantido, pois os juízes da Suprema Corte dispõem do poder discricionário de dizer "não" a qualquer *writ of certiorari*, que, para ser admitido, deve contar com o voto de, no mínimo, quatro dos nove juízes. Essa norma, que ficou conhecida como "regra dos quatro", não está prevista

[23] Cf., a respeito, Hall, Kermit L. ***The Oxford Companion to the Supreme Court of the United States*** 2. ed. Nova Iorque: Oxford University Press, 2005, p. 550-551.

[24] Para mais elementos e informações ver Chemerinsky, Erwin. *A unified approach to justiciability*. **Connecticut Law Review**, v. 22, p. 677-701, 1991.

na Constituição.[25] Trata-se de uma convenção desenvolvida pelo próprio Tribunal e que tem sido observada desde que foi dado a ele, por meio do *Judiciary Act* de 1891, do *Judiciary Act* de 1925 e, por fim, do *Supreme Court Case Selections Act* de 1988, poderes discricionários mais amplos para admitir recursos.

Portanto, diferentemente da maioria dos tribunais de apelação dos Estados Unidos, que tem o dever de analisar todos os recursos apresentados adequadamente, a Suprema Corte tem o controle quase total sobre sua pauta de processos, formada, em sua maior parte, por casos recebidos via *writ of certiorari*. Ano após ano, os juízes concordam em analisar apenas cerca de 1% de todos os casos que lhes chegam – algo em torno de 80 dos 8 mil que aportam no Tribunal. A Corte recebe recursos dos 13 tribunais federais de apelações e dos tribunais superiores dos 50 Estados do país, além de recursos da mais alta corte do sistema de justiça militar: o Tribunal de Apelações das Forças Armadas dos Estados Unidos.

Vários exemplos recentes ilustram os tipos de casos que a Suprema Corte decide analisar e a abordagem adotada por seus juízes na tarefa de escolhê-los. Embora não haja um "caso típico", há três categorias principais.[26] A primeira consiste em casos de interpretação constitucional, geralmente envolvendo uma alegação de que uma lei ou política pública federal ou estadual viola uma disposição da Constituição. A segunda categoria, por sua vez, compõe-se dos casos requerendo que os juízes decidam o significado ou a aplicação de uma lei federal, geralmente envolvendo uma agência governamental federal – ou seja: a primeira envolve alegações de violação, enquanto a segunda questões de interpretação da lei. Já a terceira categoria diz respeito à competência originária e contempla os casos envolvendo disputas entre estados-membros da federação.

Ainda que a Constituição norte-americana não tenha estabelecido expressamente o controle judicial de constitucionalidade, os delegados da Convenção da Filadélfia eram conscientes de que as Supremas Cortes de vários estados estavam exercendo o poder de controlar a constitucio-

[25] Cf. Robbins, Ira P. *Justice by the Numbers: The Supreme Court and the Rule of Four – Or Is It Five*. **Suffolk University Law Review**, v. 36, n. 1, p. 1-30, 2002.

[26] Greenhouse, op. cit., p. 14

nalidade de leis, invalidando atos legislativos que, na visão dos juízes, violavam as disposições das constituições estaduais.[27]

De qualquer modo, a Suprema Corte norte-americana, no caso *Marbury v. Madison*, julgado em 1803, reconheceu esse poder baseando-se na supremacia da Constituição. *Marbury* foi a decisão que inaugurou, na Corte, de forma clara, a possibilidade do controle judicial de constitucionalidade das leis, ao reconhecer (a) a supremacia da Constituição, (b) a nulidade das leis contrárias à Constituição e (c) a competência do Judiciário como seu intérprete e guardião.[28] A famosa decisão do juiz Marshall deu origem tanto ao controle de constitucionalidade na Corte como ao modelo de controle difuso federal, cabendo a todos os juízes negar aplicação às normas infraconstitucionais que conflitem com a Constituição.

Como já informado, a maioria dos casos chega à Suprema Corte por meio do *writ of certiorari*. Porém, além dessa via, existem outras quatro formas de se acessar a sua jurisdição: (i) pela competência originária; (ii) por meio de apelação; (iii) por certificação; ou (iv) por *extraordinary writ*. Essas últimas duas formas raramente são usadas. A certificação é um processo por meio do qual cortes inferiores solicitam à Corte instruções vinculantes sobre questões de direito surgidas em casos que estejam apreciando e sobre as quais tenham elas alguma dúvida.[29] Já o *extraordinary writ* é um pedido para utilização de algum remédio judicial que não esteja

[27] "A Corte Judicial Suprema de Massachusetts, interpretando a Constituição de Massachussetts de 1780, tinha invocado esse poder para declarar a escravidão inconstitucional dentro da *commonwealth*. Cortes da Virgínia, Carolina do Norte, Nova Jersey, Nova Iorque e Rhode Island também já tinham exercido o controle de constitucionalidade, algumas vezes gerando controvérsia pública, durante o período pré-Constituição". GREENHOUSE, op. cit., p. 1.

[28] Cf., por todos, BARROSO, Luís Roberto. **O Controle de Constitucionalidade no Direito Brasileiro**. 5. ed. São Paulo: Saraiva, 2011, p. 25 e ss.

[29] Em 1963, a Corte de Apelações para o Quinto Circuito solicitou à Suprema Corte a certificação quanto à questão sobre se o Governador do Mississippi, Ross Barnett, e seu substituto tinham direito a um julgamento por júri por crime de desobediência materializado em suas tentativas de impedir a admissão de James Meredith (um negro) na Universidade do Mississippi, em um dos casos mais emblemáticos da dramática história de luta contra a segregação racial no país. Em 1964, a Corte decidiu, em *United States v. Barnett*, que as autoridades do Mississippi estavam sujeitas a procedimento sumário, e não a júri popular. Mas, em 1968, a Corte mudou sua posição.

previsto nas competências legais de uma corte como, por exemplo, *writ of habeas corpus*, *writ of mandamus* ou *writ of prohibition*.

Enquanto a decisão no *writ of certiorari* é discricionária, as duas primeiras formas alternativas mencionadas anteriormente – originária e por apelo – são de competência obrigatória. O artigo III da Constituição Federal discrimina os casos de competência originária e o Congresso fixa os casos de apelação. Essa terminologia permite certa confusão com a competência recursal, já que, tecnicamente, um apelo é um recurso. Todavia, "quando um caso está '*on appeal*' perante a Suprema Corte dos Estados Unidos, significa que o Congresso tornou obrigatória a revisão para esse tipo de caso."[30] Esses verdadeiros recursos obrigatórios têm sido raros na Suprema Corte e, a cada ano, ela julga pouquíssimos casos de competência originária, em parte devido à aprovação, em 1988, do *Supreme Court Case Selections Act* já mencionado anteriormente.

A carga de trabalho da Corte tem crescido nos últimos anos. Atualmente, mais de 8 mil casos são levados por ano à Suprema Corte dos quais cerca de apenas 80 são admitidos para julgamento com arguições orais. Após as audiências para a oitiva dos argumentos orais, a Corte entrega cerca de 80 a 90 decisões escritas por ano judiciário. Essas decisões podem vir acompanhadas de votos divergentes ou concorrentes, e somam, em média, cinco mil páginas.[31]

4. Modelo de deliberação

Geralmente, após a Corte receber os *writs of certiorari*, os assessores dos juízes os transcrevem em poucas páginas, resumindo as questões de fato e de direito para apreciação dos *Justices* na conferência. Essa reunião de assessores é chamada de *pool* e, normalmente, é gerenciada por um dos auxiliares do Presidente. Na oportunidade, eles opinam se o caso deve ser aceito ou negado.

Durante o ano judiciário, pelo menos uma vez por semana, os juízes se reúnem na sala de conferências privadas para analisar as petições de recursos. Antes das reuniões ocorrerem, o Presidente da Corte envia

[30] Hall, op. cit., p. 154.

[31] **Supreme Court of the United States**. Disponível em: https://www.supremecourt.gov/about/courtatwork.aspx.

aos demais *Justices* uma lista de petições que ele deseja discutir. Após a chamada "lista de discussão do Presidente" ser distribuída, cada um dos outros oito juízes pode solicitar a inclusão de outras petições na lista.[32] O ex-Presidente da Corte, William H. Rehnquist declarou que a maioria dos *writs of certiorari* é rejeitada sem debate algum:

> Conceder ou não um *certiorari* parece uma decisão um tanto subjetiva, formada em parte por intuição e, em parte, por um julgamento jurídico. Um fator que desempenha um grande papel em cada um dos membros da Corte é se o caso sobre o qual se busca uma revisão foi decidido de forma diferente de um caso muito semelhante julgado por outro tribunal inferior; se foi, suas chances de ser analisado pela Corte são muito maiores. Outro fator é a percepção, por parte de um ou mais juízes da Corte, de que a decisão recorrida pode ter sido uma aplicação incorreta de um precedente da Corte ou de que o caso em questão tem uma importância geral que transcende os interesses dos litigantes.[33]

Portanto, em conferências privadas, os nove juízes da Corte deliberam sobre a aceitação dos *writs of certiorari* incluídos na "lista de discussão do Presidente". Em outras palavras: se aceitam um pedido de apelação. É nesse momento que se aplica a "regra dos quatro" já mencionada. Ou seja: um *writ of certiorari* será aceito se contar com votos de pelos menos quatro dos nove juízes.

Os ritos dentro da Corte nem sempre foram muito claros, mas, a partir de 2013, algumas questões procedimentais, antes apenas convencionais, foram oficializadas por meio das *Rules of the Supreme Court of the United States* (doravante, *RSC*). Como previsto na *Rule 10* da *RSC*, a aceitação de um *writ of certiorari* "não é uma questão de direito, mas de discricionariedade judicial". Na mesma regra, estão previstas algumas razões para a concessão de um *cert*, como também é chamado. Mas a própria norma já deixa claro que "[tais alegações] não controlam a discricionariedade da Corte". Quando a Corte rejeita a concessão de um *writ*, ela não justifica

[32] Rehnquist, William H. ***The Supreme Court***. 2. ed. Nova Iorque: Vintage Books, 2002, p. 234,
[33] Ibid., p. 234.

a sua decisão – excepcionalmente, alguns juízes que ficaram vencidos na rejeição fazem uma curta justificativa das razões pelas quais aceitariam o caso. Além disso, a recusa de um *cert* para um caso não vinculará a Corte em demandas futuras apresentadas sobre a mesma questão. A regra é que, uma vez negado o *cert*, o caso é finalizado,[34] prevalecendo a decisão do Tribunal inferior.

Admitido o *certiorari*, e antes de deliberar sobre o seu mérito, a Corte realiza audiências de sustentação oral em alguns casos e, previamente, recebe memorandos das partes ou de *amici curiae*, conforme a *Rule 15* das *RSC*. Se a Corte resolve promover audiências, cada parte tem trinta minutos para expor seus argumentos (*Rule 28*), por meio de advogados devidamente habilitados para sustentarem perante o Tribunal. Os juízes podem questionar as partes e os *amici* que participam dessas sessões, que não são televisionadas.[35]

Na bancada da Corte, durante as audiências, a antiguidade determina o lugar de cada juiz. Assim, o Presidente ocupa a cadeira central, enquanto o magistrado mais antigo ocupa a cadeira posicionada no seu lado direito. O segundo mais antigo senta-se na cadeira do lado esquerdo do Presidente e, assim, alternando-se os lados, continua-se até o último juiz a ter sido nomeado.

Após realizar as audiências, a Corte se reúne privadamente, normalmente às sextas-feiras, para discutir os casos e votar. A antiguidade também é considerada na composição da mesa retangular localizada na sala de conferências, tanto para analisarem os *writs of certiorari* quanto para julgarem o mérito após as audiências. Assim, o Presidente ocupa uma das cabeceiras da mesa, e o juiz mais antigo a outra. O membro mais recente da Corte ocupa o lugar mais próximo da única porta da sala, devendo

[34] SAVAGE, op. cit., p. 982 e ss.

[35] Há, contudo, discussões sobre a transmissão das sessões da Corte. Cf. STANLEY, Alyse. *Soon You May Get to Watch Major Supreme Court Cases Broadcast Live on TV*. **GIZMODO**, 24 de junho de 2021. Disponível em: https://gizmodo.com/senate-committee-approves-legislation-to-broadcast-supr-1847169696; e HOHMANN, James. *Opinion: Why Supreme Court proceedings shouldn't be televised.* **The Washington Post**, 24 de março de 2021. Disponível em: https://www.washingtonpost.com/opinions/2021/03/24/keep-cameras-out-supreme-court/

servir como porteiro. Durante essas reuniões, não é admitida a presença de nenhum funcionário da Corte.

No momento da deliberação sobre o mérito, cada juiz expõe seus pontos de vista e sua posição, seguindo a ordem de antiguidade inversa[36]. Os votos, então, são contados e caberá ao Presidente, caso ele faça parte da maioria, a responsabilidade de escrever a decisão da Corte ou de indicar qual dos *Justices* será responsável pela redação.[37] Caso o Presidente tenha votado com a minoria, caberá ao Juiz mais antigo na maioria indicar quem será responsável por redigir a decisão.

Obviamente, os juízes podem esboçar, em votos separados, divergências quanto ao mérito ou mesmo fundamentos agregadores à decisão da maioria. Os votos do primeiro tipo são chamados de divergentes; e os do segundo, de concorrentes. Uma vez que a Corte é formada por nove juízes, é possível haver vários votos divergentes e concorrentes que podem, inclusive, formar blocos de apoiadores.[38] Quando a decisão da Corte é tomada por fundamentos distintos, sem que qualquer deles esteja apoiado pela maioria, a decisão é chamada de plural.[39]

Após a deliberação, o juiz responsável pela redação da decisão da Corte fará circular uma minuta da decisão entre seus pares, que podem recomendar alterações redacionais, o que é comum. Todavia, um acontecimento excepcional é digno de menção: ocorreu na Corte em 1966, muito embora tenha permanecido em segredo até 1985, quando o pro-

[36] Essa regra causa algumas peculiaridades, sobretudo o fato de o juiz mais novo poder desempatar uma votação.

[37] Cf. Schwartz, Bernard. ***Decision****: How Supreme Court Decides Cases*. Nova Iorque: Oxford University Press, 1996.

[38] Baum, Lawrence. ***Supreme Court***. 11. ed. Washington: CQ Press, 2012, p. 107.

[39] Imagine-se a seguinte situação. Suponhamos que (I) três juízes decidem pela inconstitucionalidade de uma determinada lei pelo motivo X, enquanto (II) três concordam que a lei é inconstitucional, todavia pelo motivo Y, (III) dois pelo motivo Z e (IV) um entende que a lei é constitucional, o que o leva a escrever um voto divergente. Observe-se que há maioria quanto ao mérito, mas não quanto ao seu fundamento. Nesse caso, a decisão da Corte é chamada de *plurality opinion*. Cf., Davis, John F.; Reynolds, William L. *Juridical Cripples: Plurality Opinions in the Supreme Court*. **Duke Law Journal**, v. 59, p. 59-86, 1974.; e Novak, Linda. *The Precedential Value of Supreme Court Plurality Decisions*. **Columbia Law Review**, v. 80, n. 4, p. 756-781, 1980.

fessor Bernard Schwartz o revelou em um de seus livros.[40] Durante a deliberação sobre o famoso caso *Time, Inc. v. Hill*,[41] que envolveu a liberdade de imprensa, uma maioria formada por seis juízes decidiu em favor do recorrido, mantendo a decisão objeto do recurso. O então Presidente da Corte, Earl Warren, designou o juiz Abe Fortas para redigir a decisão da maioria. A minuta redigida pelo juiz Fortas, reproduzida no livro de Schwartz, fazia um ataque feroz à imprensa. Essa versão, todavia, nunca foi publicada pela Corte. É que nas semanas seguintes à sua circulação, alguns juízes começaram a repensar seus votos. O caso foi novamente debatido pelos juízes e uma nova maioria se formou, agora com cinco votos contrários e quatro favoráveis ao recorrido. A decisão final foi redigida pelo juiz William Brennan e anunciada em janeiro de 1967[42].

As decisões são anunciadas ao longo do ano judiciário (*Rule 3*), que tem início em outubro e vai até junho do ano seguinte, principalmente durante seus últimos meses (maio, junho e, às vezes, julho), e podem ser comunicadas pelo assessor do redator, responsável pela preparação para publicação nos veículos oficiais, conforme a *Rule 41* das *RSC*, ou numa sessão marcada especialmente para essa divulgação – nesse caso, pelos próprios juízes.

Como foi exposto no tópico sobre competências, a Corte analisa tanto casos constitucionais como legais. Os casos genuinamente constitucionais são aqueles que envolvem competências conferidas aos três Poderes ou aos estados-membros e os que compreendem a interpretação dos direitos previstos nas emendas constitucionais, principalmente naquelas que formam a *Bill of Rights*.

Diferentemente de outros tempos, as Cortes das últimas décadas dificilmente resolvem casos constitucionais de forma completamente inédita e surpreendente. Geralmente, os casos que analisam já possuem

[40] Scwartz, Bernard. ***The Unpublished Opinions of the Warren Court***. Oxford University Press, 1985, p. 240 e ss.

[41] **Time, Inc. v. Hill**, 385 U.S. 374 (1967).

[42] Durante a Presidência de Warren E. Burger, algumas decisões tiveram essa mesma dinâmica, sobretudo porque Burger era tido com um Presidente sem poder de liderança, além de ser muito indeciso quanto ao teor de seus votos. Sobre esse período da Corte, vale a leitura de Woodward, Bob; Armstrong, Scott. **Por detrás da Suprema Corte**. Tradução de Torrieri Guimarães. São Paulo: Saraiva, 1985.

lastro em precedentes formados ao longo dos anos, embora, por vezes, as decisões sejam, de fato, inovadoras ou mesmo revogadoras de posições consolidadas. "Mas", como afirma Linda Greenhouse, "na grande maioria dos casos, os juízes peneiram os precedentes disponíveis como mineradores extraindo ouro, na esperança de encontrarem um que sugira uma resposta para a questão em apreço."[43]

Já os casos legais geralmente lidam com questões de interpretação. Ou seja, enquanto as demandas genuinamente constitucionais envolvem alegações de violação da Constituição, os casos legais envolvem interpretações questionáveis de leis federais. Tome-se o seguinte exemplo: o *Americans with Disabilities Act*, promulgado em 1990, proíbe discriminações com base em "deficiência" (*disability*). A interpretação desse termo foi submetida à análise por muitas cortes norte-americanas, incluindo as mais altas cortes estaduais. O Congresso havia dado apenas definições rasas que não ajudavam muito. Por tais razões, a matéria chegou à Suprema Corte, que precisou resolver questões interpretativas em alguns casos controversos.[44]

As decisões da mais alta Corte são publicadas nos *United States Reports*, espécie de diário oficial do país. O Poder Judiciário norte-americano adota um sistema oficial de referência às decisões da Suprema Corte e dos demais tribunais.

Tomemos o seguinte exemplo: *Roe v. Wade*, 410 U.S. 113 (1973). "Roe v. Wade" é o nome abreviado do caso. Quando muito conhecido, costuma-se citá-lo apenas pelo nome da parte ativa ("Roe"), porém somente quando esta não é uma unidade da federação ou uma entidade norte-americana que haja figurado em muitos casos julgados pela Corte. No exemplo, *Roe* corresponde ao nome do demandante (*plaintiff*), parte ativa de uma ação; do recorrente ou apelante (*apellant*), parte ativa de um recurso; ou do requerente (*petitioner*), parte ativa de uma ação cuja competência originária pertence à Suprema Corte ou à uma alta corte de determinada jurisdição norte-americana. *Wade*, por sua vez, representa o nome do demandado (*defedant*), parte passiva de uma ação; do recor-

[43] Greenhouse, op. cit., p. 16.

[44] Cf. Sutton v. United States (1999); Murphy v. United Parcel Service (1999); Toyota Motor Mfg v. Williams (2002)

rido ou apelado (*appellee*), parte passiva de um recurso; ou do requerido (*respondent*), parte passiva de uma ação cuja competência originária pertence à Suprema Corte ou à uma alta corte de determinada jurisdição norte-americana. Já "410" é o número do volume do repositório no qual a decisão da corte em *Roe v. Wade* foi publicada. Por sua vez, "U.S." é a abreviação do repositório – no exemplo, *United States Reports* –, enquanto "113" é o número da primeira página da decisão publicada no referido repositório. Por último, "1973" é o ano em que a Corte decidiu o caso.

5. Eficácia das suas decisões e relações com os demais Tribunais e juízes

A questão da eficácia das decisões da Suprema Corte dos Estados Unidos não é tratada na Constituição nem nas *Rules of the Supreme Court of the United States* de 2013. Apesar disso, o efeito vinculante de suas decisões é uma tradição jurídico-social que remonta ao direito inglês, além de ter sido declarado também pela própria Corte em alguns casos importantes, sobretudo em *Cooper v. Aaron*, decidido em 1958.

A questão em *Cooper* era saber se o governador e o legislativo estaduais eram obrigados a seguir decisões proferidas pela Suprema Corte norte-americana. A Corte, à unanimidade, pronunciou-se a favor do recorrente, asseverando duas questões principais. Primeiro, no mérito, afirmou que a postergação de planos de dessegregação, mesmo que de boa-fé e para preservar a paz pública, violava os direitos dos estudantes previstos na Cláusula da Igual Proteção da Décima Quarta Emenda. Portanto, nenhum atraso seria permitido. Segundo, quanto aos efeitos dessa decisão, afirmou que governadores e legisladores estaduais estavam vinculados às decisões da Suprema Corte pela Cláusula da Supremacia da Constituição (art. VII), do mesmo modo que estavam vinculados por meio do juramento que fazem de proteger a Constituição. "Nenhuma autoridade judicial, executiva ou legislativa pode declarar guerra contra a Constituição sem violar sua responsabilidade de protegê-la", disse a Corte.

Vale ressaltar que as decisões da Suprema Corte norte-americana sobre questões federais são irrecorríveis, só podendo ser revertidas quando ela própria modifica seu entendimento em casos subsequentes; quando a Constituição é emendada; ou, ainda, quando o Congresso altera a lei em questão. Contudo, suas decisões recebem diferentes interpretações por parte das cortes inferiores do país, sobretudo quando há votos concorrentes, que acabam espraiando o significado de seu conteúdo.

Por fim, cabe informar que a mais alta Corte norte-americana, diferentemente de outros países, inclusive o Brasil, não declara nula, tampouco anula, uma lei inconstitucional. O que ocorre é a mera suspensão da aplicação da lei. Como Michel Rosenfeld e outros afirmam:

> Nos Estados Unidos, uma decisão da Suprema Corte declarando que uma lei existente é inconstitucional resulta em consequente não aplicação dessa lei, mas não em sua abolição ou anulação. Com efeito, se a Corte inverte sua jurisprudência após alguns anos, a lei invalidada pode ser aplicada novamente sem qualquer necessidade de reedição.[45]

A questão pode ser ilustrada pelo seguinte exemplo: em *Adkins v. Children's Hospital*, julgado em 1923, a Corte declarou inconstitucional uma lei federal de 1918 que concedia às mulheres o direito a um salário mínimo no Distrito de Colúmbia. Contudo, em 1937, no caso *West Coast Hotel v. Parrish*, a Corte revogou sua decisão proferida em *Adkins*. Com essa segunda decisão, a lei do Distrito de Colúmbia voltou a ser aplicada pelos tribunais e juízes, sem a necessidade de qualquer ato legislativo.

6. Características essenciais da sua jurisprudência

A Suprema Corte dos EUA, ao longo dos seus mais de 200 anos de funcionamento, deu origem a uma Constituição não escrita.[46] A jurisprudência da Corte é vasta do ponto de vista temático. Ela varia enormemente ao ser analisada na dimensão do tempo, na qual é possível identificar períodos de jurisprudências conservadoras e progressistas quanto às mais distintas matérias, coincidindo muito com a formação ideológica dos juízes nos referidos períodos.

[45] Baer, Sussane et al. ***Comparative Constitutionalism:*** *Cases and Materials*. Thomson West: St. Paul, 2003, p. 139.

[46] Cf. Amar, Akhil Reed. ***America's Unwritten Constitution***. Nova Iorque: Basic Books, 2012.

Em seu acervo decisório, é possível, portanto, encontrar precedentes bastante ilustrativos dessa variação. Por exemplo, no que diz respeito à igualdade racial, tem-se *Dred Scott v. Sandford*, caso no qual a Corte, em 1857, declarou que, embora fossem os negros cidadãos dos estados-membros da Federação, não o eram dos Estados Unidos, o que lhes impossibilitava acionar a justiça federal, e os casos *Brown v. Board Education*,[47] por meio dos quais a Corte pôs fim à segregação racial nas escolas, afirmando que a doutrina dos "separados, mas iguais", firmada em *Plessy v. Fergunson*, julgado em 1896, "não tinha mais lugar no campo da educação pública".

Ainda no que diz respeito a esse tema, no caso *Loving*, a Suprema Corte declarou inconstitucional lei estadual que proibia a união "entre brancos e negros", por entender que ela estabelecia uma classificação racial proibida pela Cláusula da Igual Proteção da Décima Quarta Emenda. "Sob a nossa Constituição", afirmou o presidente Earl Warren, "contrair ou não contrair matrimônio com uma pessoa de outra raça é uma liberdade do indivíduo e não pode ser infringida pelo Estado."[48]

No que tange à privacidade, há também casos paradigmáticos. Por exemplo, em *Roe*,[49] a Corte deixou claro que qualquer lei estadual que proibisse o aborto para proteger o feto nos dois primeiros trimestres de gravidez, antes, portanto, do sétimo mês, seria inconstitucional. Desse modo, os Estados só poderiam proibir o aborto para proteger a "vida" do feto no terceiro e último trimestre de gestação. Anos depois, porém, alguns estados ainda assim tentaram impor limites à prática do aborto. Em *Planned Parenthood of Central Missouri v. Danforth,* de 1976, a Suprema Corte declarou inconstitucionais leis que exigiam o consentimento do marido ou de parentes para que as mulheres pudessem realizar abortos.

A Corte, entretanto, vacilou algumas vezes quanto ao mesmo tema. Em *H.L v. Matheson,* julgado em 1981, a Corte defendeu ser constitucional a exigência de comunicação aos pais pelo médico, quando a gestante fosse menor, e ao cônjuge ou pai da criança. Já em *Planned Parenthood Association of Kansas v. Ashcroft*, de 1983, chegou a sustentar a necessidade

[47] **Brown v. Board of Education**, 347 U.S. 483 (1954) ("Brown I") e **Brown v. Board of Education**, 349 U.S. 294 (1955) ("Brown II").
[48] **Loving v. Virginia**, 388 U.S. 1 (1967).
[49] **Roe v. Wade**, 410 U.S. 113 (1973).

de prévia internação da gestante. Contudo, em *Ohio v. Akron Center of Reproductive Health*, de 1990, e em *Hodgson v. Minnesota*, de 1991, a Corte declarou que a exigência de autorizações a serem obtidas dos pais era inconstitucional.

É interessante observar que nos casos envolvendo o direito à privacidade, a Suprema Corte vem construindo a ideia de que deliberações que afetam a vida familiar e escolhas sexuais são tão íntimas que as pessoas devem ter a liberdade para selecionar suas próprias opções, não as deixando a cargo de leis ou decisões coletivas.

Os casos *Bowers*,[50] *Romer*[51] e *Lawrence*[52] também são dignos de menção quando o tema é a variação jurisprudencial na Suprema Corte norte-americana. No primeiro, a Corte se recusou a considerar a proteção à sodomia como exigência do direito à privacidade. Entendeu que decisões anteriormente tomadas sobre o direito à privacidade, em casos como *Griswold v. Connecticut*, de 1965, ao declarar inconstitucional uma lei do estado de Connecticut que criminalizava o uso de qualquer meio contraceptivo por casais unidos em matrimônio, e em *Roe v. Wade*, de 1973, ao permitir o aborto, não poderiam ser consideradas precedentes para o caso, pois, como o juiz Byron White afirmou na decisão redigida em nome de uma pequena maioria, estavam elas limitadas a questões que envolviam "família, casamento ou procriação", coisas que "não tinham conexões" com a prática homossexual. Ao negar o direito à privacidade a homossexuais, estava, portanto, declarando ser permitido aos Estados criminalizar a relação sexual entre homossexuais adultos que a praticassem de livre e espontânea vontade.

Por sua vez, em *Romer*, a Corte declarou inconstitucional uma emenda à Constituição do Colorado que tornava nulo qualquer ato do poder público destinado à proteção das pessoas de acordo com a sua orientação sexual ou estilo de vida. O juiz Anthony Kennedy, que redigiu a decisão em nome da maioria, manteve o veredito da corte estadual, evocando os dois principais argumentos do famoso voto dissidente proferido pelo juiz John Marshall Harlan em *Plessy v. Fergunson*, julgado em 1896: "a Cons-

[50] **Bowers v. Hardwick**, 478 U.S. 186 (1986).
[51] **Romer v. Evans**, 517 U.S. 620 (1996).
[52] **Lawrence v. Texas**, 539 U.S. 558 (2003).

tituição", transcreveu Kennedy, "não conhece nem tolera classes entre cidadãos", tendo a emenda em questão o único propósito de "torná-los [os homossexuais] desiguais em relação a todos os demais". Kennedy, porém, negou-se a reconhecer que a legislação sobre os homossexuais deveria ser tida por "suspeita". O mais importante, todavia, foi a conclusão no sentido de que a criação de direitos "especiais" para proteger homossexuais constituía simplesmente uma manifestação do princípio da igualdade. A partir de então, os estados ficaram impedidos de legislar com o propósito de "desproteger" minorias.

Já no caso *Lawrence*, uma maioria na Corte, formada por seis juízes, rejeitou a fundamentação do caso *Bowers v. Hardwick*, de 1986, pela qual a condenação das relações sexuais entre pessoas do mesmo sexo era uma velha e difundida "tradição" norte-americana. Na decisão, redigida pelo juiz Anthony Kennedy, citou-se a descriminalização da sodomia em outros países, como Inglaterra, para demonstrar que a visão ocidental sobre a homossexualidade havia mudado. Kennedy afirmou também que os casos mais recentes à época sobre o direito à privacidade, *Planned Parenthood of Southeastern v. Casey*, de 1992, e *Romer v. Evans*, de 1996, haviam enfraquecido os argumentos de *Bowers*. O juiz Antonin Scalia, autor do principal voto dissidente e conhecido como um conservador originalista[53], declarou lamentar que "a Corte tenha tomado partido na guerra cultural."

Os resultados dos casos *Loving*, *Romer* e *Lawrence* pavimentaram o caminho para a reivindicação do reconhecimento constitucional do casamento entre pessoas de mesmo sexo, disputa que há anos vinha sendo um dos assuntos mais controversos em toda a nação americana. A questão foi resolvida aos poucos em uma sequência de decisões tomadas, todas elas, por 5 a 4. Em 26 junho de 2013, a Corte saiu pela primeira vez em defesa de uniões matrimoniais entre pessoas de mesmo sexo, embora não em

[53] Antonin Scalia também é considerado um "textualista". Cf. CLARK, Bradford R. *Constitutional Structure and the Jurisprudence of Justice Scalia*. **Saint Louis University Law Review**, v. 47, p. 753-772, 2003. Muitos juristas norte-americanos afirmam que Scalia apenas sofisticou o textualismo do juiz Hugo Black. Cf., a propósito, GERHARDT, Michael J. *A Tale of Two Textualists: A Critical Comparison of Justices Black and Scalia*. **Boston University Law Review**, v. 74, n. 25, p. 25-66, 1994.

relação aos estados. No caso *United States v. Windsor*[54], a Corte considerou inconstitucional uma disposição da *Defense of Marriage Act* (DOMA), lei federal que definia casamento, para propósitos federais, como a "união entre um homem e uma mulher" e que permitia que os estados se recusassem a reconhecer casamentos entre pessoas de mesmo sexo realizados em outros estados que os permitiam. De acordo com a seção 3 da DOMA, casais homossexuais unidos em matrimônio por permissão de leis estaduais não teriam direitos a alguns benefícios federais. A maioria da Corte,[55] representada pelo voto do juiz Anthony Kennedy, entendeu que essa disposição violava a Cláusula do Devido Processo Legal da Quinta Emenda.

Essas decisões da Corte não resolveram a questão sobre se os estados poderiam proibir casamentos entre pessoas de mesmo sexo, gerando uma incerteza nacional que autorizava a proibição. Em outubro de 2014, a Corte rejeitou sete *writs of certiorari* cujos casos poderiam ser a oportunidade de pôr fim à controvérsia. Mas, já em janeiro de 2015, a Suprema Corte concedeu *certiorari* em *Obergefell v. Hodges*, um processo oriundo da Corte de Apelações para o Sexto Circuito que havia considerado constitucional proibições estaduais sobre casamento homossexual. A decisão da Corte de Apelações criou uma *circuit split* – situação na qual duas ou mais cortes de apelações de diferentes circuitos tomam decisões contrárias.[56] A Suprema Corte, enfim, se manifestou quanto ao mérito das proibições feitas pelos estados, afirmando que o casamento entre pessoas de mesmo sexo encontrava proteção nas Cláusulas de Igual Proteção e Devido Processo Legal da Décima Quarta Emenda. A decisão da maio-

[54] **United States v. Windsor**, 570 U.S. 744 (2013).

[55] A maioria foi formada por Anthony Kennedy, Ruth B. Ginsburg, Stephen Breyer, Sonia Sotomayor e Elena Kagan. O Presidente da Corte, John Roberts, escreveu um voto divergente. O juiz Antonin Scalia também abriu divergência, acompanhado pelo juiz Clarence Thomas e, em parte, por John Roberts. O juiz Samuel Alito também assinou um voto divergente, acompanhado, em parte, por Clarence Thomas.

[56] As Cortes de Apelações para os Quarto, Sétimo, Nono e Décimo Circuitos haviam declarado inconstitucionais leis estaduais que proibiam o casamento entre pessoas de mesmo sexo.

ria[57] foi redigida por aquele cuja atuação na Corte foi marcada por sua devoção à igualdade no que diz respeito aos direitos de homossexuais, o mesmo que redigiu a decisão em *Romer, Lawrence* e *Windsor*, bem como o voto divergente em *Hollingsworth*: o juiz Anthony Kennedy.

Como poucos tribunais no mundo, a Suprema Corte norte-americana tem dado ampla proteção à liberdade de expressão, permitindo, com base nesse direito, o que se convencionou chamar de *hate speech*, ou seja: o discurso destinado a promover o ódio ou a aversão por motivos de sexo, religião, origem étnica ou nacionalidade. Tais discursos podem tomar forma de mensagens escritas, gestos ou outros tipos de ação que insultam ou intimidam pessoas ou grupos, estimulando a violência.

Ainda no campo da divergência de entendimento, de acordo com o momento da Suprema Corte, há tempos ela vem declarando inconstitucionais leis que restringem a liberdade de expressão baseadas no argumento de que discursos, mensagens ou condutas em geral são ofensivos e inadequados. A Corte tem dito que somente por meio da proteção a todas as formas de expressão pode o poder público assegurar um debate vigoroso, aberto e desinibido em uma democracia.

Em *Chaplinski v. New Hampshire*[58], julgado em 1942, o juiz Frank Murphy deu origem à doutrina das "palavras de violência". Para ele, as mensagens, discursos ou ações que não contribuíssem para a expressão de ideias ou que não possuem nenhum valor social para a "busca da verdade" e que incitam uma reação violenta e imediata deveriam ser considerados inconstitucionais. Já em *Brandenburg v. Ohio*[59], julgado em 1969, a Corte sustentou o direito da *Ku Klux Klan* de clamar publicamente pela expulsão dos afro-americanos e judeus do país. Afirmou que a liberdade de expressão estaria protegida sob a Primeira Emenda, a menos que seu exercício fosse planejado para causar violência e tivesse uma probabilidade de produzir tal resultado de forma iminente. Por fim, em *R.A.V v.*

[57] A maioria foi a mesma do caso *Windsor*: Anthony Kennedy, Ruth B. Ginsburg, Stephen Breyer, Sonia Sotomayor, e Elena Kagan. Foram contrários: John Roberts, Antonin Scalia, Clarence Thomas e Samuel Alito.

[58] Chaplinsky v. New Hampshire, 315 U.S. 568 (1942).

[59] **Brandenburg v. Ohio**, 395 U.S. 444 (1969).

City of St. Paul[60], julgado em 1992, a Corte declarou nula uma lei municipal com base na qual vários jovens foram presos por queimar uma cruz no gramado de uma família afro-americana.[61]

Embora casos envolvendo direitos fundamentais atraiam a maior parte da atenção, muitos casos julgados pela Suprema Corte versam sobre outras questões, tais como estrutura do governo, federalismo e separação de poderes.

Em resumo, a jurisprudência da Corte sobre os mais diversos temas varia bastante, a depender da época e de sua composição, sobretudo porque os dois maiores partidos americanos – republicano e democrata – conduzem as nomeações para a Corte. Assim, a partir da ideologia do partido que mais nomeou juízes em uma determinada época, teremos a configurações ideológica do Tribunal, e, por consequência, a linha de suas decisões. Há muitos casos dignos de consideração capazes de demonstrar essa variação.

Conclusões

A Suprema Corte norte-americana, nos seus mais de 200 anos de existência, tem sido fonte de inspiração para muitos constituintes, especialmente no que diz respeito à sua estrutura e forma de composição. São inúmeras as Supremas Cortes ao redor do mundo que possuem perfis semelhantes, inclusive a brasileira. Contudo, embora esses aspectos sejam bastante copiados por constituintes, os disciplinamentos constitucionais a propósito do acesso e competências variam enormemente. O Supremo Tribunal Federal é um grande exemplo.

Inegavelmente, a Suprema Corte dos Estados Unidos também é a responsável por uma prática hoje bastante comum nos países que adotam cortes supremas: o controle judicial de constitucionalidade concreto das

[60] R.A.V. v. City of St. Paul, 505 U.S. 377 (1992).

[61] Cf. WALKER, Samuel. ***Hate Speech:*** *The History of an American History*. Lincoln and London: University of Nebraska Press, 1994. Para um estudo de direito comparado, Cf. ROSENFELD, Michel. *Hate Speech in Constitutional Jurisprudence: A Comparative Analysis*. **Cardozo Law Review**, v. 24, n. 4, p. 1523-1567, 2003.; e SARMENTO, Daniel. A Liberdade de Expressão e o Problema do "Hate Speech". In: SARMENTO, Daniel. **Livres e Iguais**: Estudos de Direito Constitucional. Rio de Janeiro: Lumen Juris, 2006, p. 207-262.

leis e demais atos dos poderes públicos. Essa prática é um exemplo evidente de que as ideias podem migrar sem que a ideologia por trás dela também migre.

Se a estrutura, a composição e os poderes da Suprema Corte americana são inspiradores, não é possível dizer o mesmo sem reservas no que diz respeito a sua jurisprudência, especialmente quanto aos direitos fundamentais. É que, embora muitas de suas decisões tenham sido libertadoras e exemplares, diversas outras foram cruéis e vergonhosas. Essa últimas certamente não servem de modelo, mas são úteis para se verificar os erros cometidos e as lições assimiladas a partir disso. De todo modo, o aprendizado, tanto na vida quanto no direito, se dá tanto pelos exemplos positivos como pelos negativos.

Entender a Suprema Corte dos EUA é, assim, uma forma de compreender um pouco o direito constitucional, a política, o poder judiciário e o modo como todos esses elementos se harmonizam numa sociedade democrática.

Referênncias

AMAR, Akhil Reed. *America's Constitution: A Biography*. Nova Iorque: Randon House, 2006.

AMAR, Akhil Reed. *America's Unwritten Constitution*. Nova Iorque: Basic Books, 2012.

BAER, Sussane; et al. ***Comparative Constitutionalism:*** *Cases and Materials*. Thomson West: St. Paul, 2003.

BARROSO, Luís Roberto. **O Controle de Constitucionalidade no Direito Brasileiro**. 5. ed. São Paulo: Saraiva, 2011.

BAUM, Lawrence. ***Supreme Court***. 11. ed. Washington: CQ Press, 2012.

BORK, Robert H. ***The Tempting of America:*** *The Political Seduction of Law*. Nova Iorque: Free Press, 1997.

CHEMERINSKY, Erwin. *A unified approach to justiciability*. Connecticut Law Review, v. 22, p. 677-701, 1991.

CLARK, Bradford R. *Constitutional Structure and the Jurisprudence of Justice Scalia*. **Saint Louis University Law Review**, v. 47, p. 753-772, 2003.

DAVIS, John F.; REYNOLDS, William L. *Juridical Cripples: Plurality Opinions in the Supreme Court*. **Duke Law Journal**, v. 59, p. 59-86, 1974.

GERHARDT, Michael J. *A Tale of Two Textualists: A Critical Comparison of Justices Black and Scalia*. **Boston University Law Review**, v. 74, n. 25, p. 25-66, 1994.

GREENHOUSE, Linda. ***The U.S Supreme Court****: A Very Short Introduction*. Nova Iorque: Oxford University Press, 2012.

HALL, Kermit L. ***The Oxford Companion to the Supreme Court of the United States*** 2. ed. Nova Iorque: Oxford University Press, 2005.

HOHMANN, James. *Opinion: Why Supreme Court proceedings shouldn't be televised*. **The Washington Post**, 24 de março de 2021. Disponível em: https://www.washingtonpost.com/opinions/2021/03/24/keep-cameras-out-supreme-court/

NOVAK, Linda. *The Precedential Value of Supreme Court Plurality Decisions. Columbia law Review*, v. 80, n. 4, p. 756-781, 1980.

REGAN, Richard J. ***Constitutional History of U.S Supreme Court***. Washington: The Catholic University of America Press, 2015.

REHNQUIST, William H. ***The Supreme Court***. 2. ed. Nova Iorque: Vintage Books, 2002.

ROBBINS, Ira P. *Justice by the Numbers: The Supreme Court and the Rule of Four – Or Is It Five*. **Suffolk University Law Review**, v. 36, n. 1, p. 1-30, 2002.

ROSENFELD, Michel. *Hate Speech in Constitutional Jurisprudence: A Comparative Analysis*. **Cardozo Law Review**, v. 24, n. 4, p. 1523-1567, 2003.

SARMENTO, Daniel. A Liberdade de Expressão e o Problema do "Hate Speech". In: SARMENTO, Daniel. **Livres e Iguais**: Estudos de Direito Constitucional. Rio de Janeiro: Lumen Juris, 2006.

SAVAGE, Davi G. ***Guide to U.S. Supreme Court***. 5 ed. Washington: CQ Press, 2010.

SCHWARTZ, Bernard. ***A History of Supreme Court***. Nova Iorque: Oxford University Press, 1993.

SCHWARTZ, Bernard. ***Decision****: How Supreme Court Decides Cases*. Nova Iorque: Oxford University Press, 1996.

SCWARTZ, Bernard. ***The Unpublished Opinions of the Warren Court***. Oxford University Press, 1985.

STANLEY, Alyse. *Soon You May Get to Watch Major Supreme Court Cases Broadcast Live on TV*. **GIZMODO**, 24 de junho de 2021. Disponível em: https://gizmodo.com/senate-committee-approves-legislation-to-broadcast-supr-1847169696.

TUSHNET, Mark. *The Mandatory Jurisdiction of the Supreme Court: Some Recent Developments*. **University of Cincinnati Law Review**, v. 46, n. 2, p. 347-372, 1977.

WALKER, Samuel. ***Hate Speech***: *The History of an American History*. Lincoln and London: University of Nebraska Press, 1994.

WOODWARD, Bob e ARMSTRONG, Scott. **Por detrás da Suprema Corte**. Tradução de Torrieri Guimarães. São Paulo: Saraiva, 1985.

2.
CHISHOLM V. GEORGIA, 1793
A PRIMEIRA "GRANDE DECISÃO" DA SUPREMA CORTE DOS EUA: FEDERALISMO, JUDICIÁRIO E A DÉCIMA PRIMEIRA EMENDA

CÁSSIO CASAGRANDE

Introdução

Há razoável consenso entre os historiadores do direito constitucional americano em apontar o caso *Chisholm v. Georgia,* decidido em princípios de 1793, como sendo o primeiro julgamento importante da Suprema Corte dos Estados Unidos da América. A relevância deste processo judicial, a justificar sua proeminência na história do direito americano, decorre do fato de que, embora apreciando uma cláusula constitucional relativa às atribuições e prerrogativas do Judiciário federal em face do princípio da imunidade de jurisdição, a decisão tocava, por via indireta, no sensível tema do federalismo logo em seu amanhecer, quando as repartições de poderes e competências entre União e Estados ainda não estavam absolutamente claras e eram um dos principais motivos de discórdia e conflito partidário entre as duas forças políticas que emergiram vitoriosas da Revolução Americana: os federalistas de George Washington, John Adams e Alexander Hamilton, de um lado, e de outro os republicano-democratas de Thomas Jefferson e James Madison[1].

[1] Johnson, Paul E. ***The Early American Republic*, 1789/1829**. Nova Iorque: Oxford University Press, 2007.

Além disso, o caso *Chisholm* desponta como marco inaugural não apenas da jurisprudência da Suprema Corte em matéria política, mas afirma o próprio papel daquele órgão jurisdicional no então recém concebido mecanismo de *checks and balances*, com todos os tensionamentos e desafios que tal sistema, nos seus albores, enfrentava. Neste particular, o impacto do caso e sua atualidade para os estudos contemporâneos de direito constitucional repousa não apenas no conteúdo jurídico da decisão (imunidade de jurisdição, soberania, federalismo, organização do judiciário), mas sobretudo nas consequências políticas que provocou, pois foi a primeira vez que uma decisão da Suprema Corte desencadeou uma veemente reação no Legislativo, que respondeu aprovando – de forma bastante expedita – uma emenda constitucional para superar o entendimento jurisdicional. Além disso, se já não fosse o bastante para provocar interesse, o julgamento suscitou, ainda que indiretamente, uma outra questão relevante, decidida também pela Suprema Corte poucos anos depois no caso *Hollingsworth v. Virginia*, sobre o papel do Presidente da República no processo de reforma da Constituição.

Chisholm também é paradigmático para o estudo das debilidades da Suprema Corte dos EUA em sua primeira década e meia, quando era o menos prestigioso dos três poderes e os debates constitucionais eram travados essencialmente perante o Legislativo e o Executivo, que estavam lentamente "complementando" o trabalho dos convencionais da Filadélfia diante dos enormes espaços em aberto deixados, propositadamente ou não, no texto constitucional, o qual, ademais, criava um experimento inaudito de governo, sem paralelo em outras partes do mundo. É impossível compreender a dimensão das conquistas do grande *Justice* John Marshall como presidente da Suprema Corte (1801-1935), sem um entendimento prévio a respeito dos desafios que se lhe impunham ao assumir o cargo, decorrentes da pouca credibilidade do tribunal constitucional naquele momento da história americana[2].

[2] McCloskey, Robert. ***The American Supreme Court.*** 6. ed. Chicago: University of Chicago Press, 2016.

1. Contexto histórico

Quem lê hoje os votos proferidos em *Chisholm* encontra certa dificuldade em compreender com exatidão os fatos que deram ensejo ao processo, pois nos seus primórdios a Suprema Corte adotava o modelo *seriatim* de decisão e não havia, propriamente, um relatório oficial do caso[3]. Apesar dessa obscuridade, conhece-se com certa precisão o conflito que originou a disputa judicial, em razão de diversas pesquisas históricas construídas a partir de notícias da imprensa, correspondências, registros judiciários e legislativos.

Adota-se aqui, de forma bastante sumária, o relato do professor Doyle Mathis, um dos pioneiros no estudo deste precedente, o qual, por sua vez, baseou-se sobremaneira no trabalho do grande historiador Charles Warren, que escreveu uma História da Suprema Corte em três volumes, no início do Século XX.

Robert Farquhar era um comerciante estabelecido em Charleston, na Carolina do Sul. Em 1777, portanto um ano após a Declaração de Independência e já no curso da guerra contra a Inglaterra, ele vendeu provisões (fardamento, em especial) a tropas militares de "Patriotas", então sob responsabilidade do governo da Georgia, que se encontravam estacionadas na histórica cidade litorânea de Savannah. Os dois agentes do governo georgiano comissionados para efetivar a transação, embora portadores do numerário destinado ao pagamento, conforme autorizado pela Assembleia Legislativa local, não repassaram os valores ao vendedor Farquhar, sendo obscuro o motivo da omissão e o destino do dinheiro.

Depois do fim da Guerra de Independência (1781), Farquhar parece ter tentado, em várias ocasiões, cobrar a dívida do governo da Georgia e possivelmente havia se deslocado como esse fim até Savannah, em 1784, quando, já próximo ao porto, sofreu um acidente marítimo e morreu por afogamento. Deixou como única herdeira uma filha de dez anos de idade, Elizabeth, e em seu testamento indicava como testamenteiros o seu pai John Farquhar, responsável pela menina, e dois comerciantes amigos,

[3] No modelo *seriatim* de decisão, cada juiz profere um voto individual e apartado, com o julgamento resultando dos votos agregados; ao assumir a Suprema Corte, o *Chief Justice* John Marshall adotará o sistema *per curiam*, no qual um juiz profere o voto em nome da corte, admitidos os votos convergentes e divergentes.

Peter Dean e Alexander Chisholm, que deveriam cuidar de seus negócios e administrar o seu patrimônio[4].

Foi justamente Alexander Chisholm, na qualidade de representante legal do espólio de Farquhar, quem ajuizou uma ação de execução e indenização contra o Estado da Georgia, razão pela qual o caso é identificado pelo seu sobrenome. A ação foi proposta perante a Justiça Federal do Quarto Circuito, com jurisdição sobre aquela unidade federativa. A razão para o aforamento da questão perante uma corte federal decorria do disposto no Art. III da Constituição, Seção 2, cláusula primeira, que atribuía ao judiciário da União julgar, dentre outros, conflitos "entre um Estado e cidadãos de outro Estado".

Apesar da aparente clareza deste dispositivo constitucional, alguns sustentavam que, em razão da "soberania dos Estados", o poder judiciário federal só poderia atuar nesta hipótese se houvesse o consentimento expresso do governo estadual, aceitando a jurisdição das cortes federais. Alexander Chisholm contratou como advogado Edmund Randolph, que foi o primeiro Procurador-Geral dos Estados Unidos (na época o Procurador-Geral poderia ter clientes particulares para complementar o parco salário do cargo oficial), fato que também denota a relevância política do caso.

O Estado da Georgia não questionou o mérito em si da demanda – isto é, não negou a existência da dívida – limitando-se a arguir por escrito uma preliminar de imunidade de jurisdição em razão de sua alegada soberania, que viria a ser a grande questão do processo: um Estado pode ser processado em cortes federais sem o seu consentimento? Assim, o Estado da Geórgia sequer participou da sessão de sustentação oral do processo por não reconhecer a jurisdição da Suprema Corte sobre o caso, certo de que estava imune ao alcance do braço judiciário do governo federal.

Por debaixo de uma aparente preliminar processual, no entanto, subjazia uma candente querela política, que remontava aos debates travados em torno da ratificação ou não da Convenção da Filadélfia, entre os "federalistas", que eram favoráveis a adoção de uma Constituição federal, e os "antifederalistas", contrários a ela e que haviam sido derrotados nas

[4] MATHIS, Doyle. *Chisholm v. Georgia: Background and Settlement.* **The Journal of American History**, v. 54, n. 1, p. 19-29, jun. 1967.

convenções estaduais ratificadoras[5]. A aprovação da Constituição, a instalação do governo federal sob a presidência de George Washington e a quase imediata aprovação das Dez Primeiras Emendas pelo Congresso (uma concessão dos federalistas aos derrotados) não fizeram desaparecer da vida política americana o antagonismo entre aqueles dois grupos, já que os federalistas trabalhariam incansavelmente pelo fortalecimento do novo governo nacional, enquanto os antifederalistas (agora reagrupados no partido republicano-democrata, com adesão de alguns ilustres defensores da Constituição da Filadélfia) defenderiam de forma ciosa e aguerrida as prerrogativas dos Estados que, como entidades políticas constituintes, precederam à União[6].

O caráter sintético da Constituição americana, como também o natural tensionamento entre a cláusula dos poderes enumerados (que estabelecia *numerus clausus* de competências exaustivas ao governo central) e a cláusula dos poderes necessários e adequados (que sugeria a existência de *implied powers* em favor da União) deixavam amplos espaços em aberto a respeito dos limites do poder federal em face da autonomia dos Estados.[7] Assim, nessa e em tantas outras controvérsias vindouras, o que caracterizará a jurisprudência da Suprema Corte, no período que vai de sua fundação até a Guerra Civil, será precipuamente a necessidade de refinamento dos parâmetros constitucionais para manutenção do sistema federativo.[8] É preciso ter em conta que, nesse período da história americana que corre entre 1789 e 1865, todas as grandes crises políticas dos Estados Unidos envolverão, direta ou indiretamente, o tema da federação, como as questões tributárias, a expansão do território para o Oeste, a remoção dos indígenas para além do Mississipi e, por evidente, o terrível impasse em torno da escravidão. Como observa Robert McKloskey em relação a esse período, "o interesse dominante da Suprema Corte era rela-

[5] Kramnic, Isaac. **Apresentação aos Artigos Federalistas.** In Madison, James; Hamilton, Alexander; JAY, John. **"Os Artigos Federalistas"**. Rio de Janeiro: Nova Fronteira, 1993.

[6] Ellis, Joseph J. ***American Creation.*** Nova Iorque: Vintage Books/Random House, 2007.

[7] Schwartz, Bernard. ***A Commentary of the Constitution of the United States.*** part I, vol. 1. Nova Iorque: The Macmillan Company, 1968.

[8] Rodrigues, Lêda B. **A Corte Suprema e o Direito Constitucional Americano.** 2. ed. Rio de Janeiro: Nova Fronteira, 1992.

tivo àquela que foi a maior das questões deixada em aberto pelos *founders*: a relação estados-governo federal. E o valor judicial dominante, subjacente em áreas muito diversas, será a preservação da União Americana".[9]

Essa tensão entre concepções federativas divergentes já se anunciava nas primeiras horas da República e a questão da possibilidade de os Estados se submeterem à jurisdição da Justiça Federal era uma das mais controvertidas. Os antifederalistas acreditavam que autorizar incondicionalmente que os Estados fossem processados perante os tribunais da União acabaria por permitir que estrangeiros, ingleses que foram expulsos durante a guerra ou qualquer outro tipo de credor inescrupuloso pudessem aniquilar o tesouro estadual e inviabilizar os governos locais. Temia-se, sobretudo, a intervenção do governo central sobre os governos estaduais por questões relativas a débitos, especialmente os originados no período colonial junto aos ingleses, já que o Tratado de Paz com a Inglaterra obrigava ao pagamento de dívidas antigas. Antes do caso *Chisholm*, a Justiça Federal havia admitido ações judiciais de "forasteiros" contra os Estados de Maryland, Nova Iorque e Virginia, sendo que dois desses casos chegaram à Suprema Corte, nos quais a decisão foi favorável aos credores no que diz respeito à admissibilidade da ação (*Vanstophorst v. Maryland* (1791) e *Oswald v. New York* (1791)).[10] Esses julgamentos haviam suscitado reações duras e inflamadas dos defensores dos direitos dos Estados, por meio de artigos de imprensa e discursos parlamentares violentos, atacando o judiciário federal e a Suprema Corte.[11]

O julgamento do caso *Chisholm*, além disso, se deu em um contexto de acelerado esgarçamento do pacto político que fora ajustado na esteira do entusiasmo gerado pela inauguração da República, quando as lideranças políticas antagônicas de federalistas e antifederalistas cederam o passo à figura heroica, agregadora e inconteste do Presidente George Washington, cujas sagacidade e carisma lhe haviam permitido reunir em seu gabinete representantes dos dois grupos, os quais, todavia, ao longo do

[9] McCloskey, op. cit.

[10] Lash, Kurt. *Leaving the Chisholm Trail: The Eleventh Amendment and the Background Principle of Strict Construction*. **William and Mary Law Review**, v. 50, p. 1577-1698, 2009.

[11] McDonald, Forrest. ***States Rights and the Union***: *Imperium in Imperio*, 1776/1876. Lawrence: University Press of Kansas, 2000.

seu primeiro mandato, vão entrar em conflito aberto, polarizados entre as diferentes e antagônicas visões de mundo e de governo de Alexander Hamilton e Thomas Jefferson. Assim, embora reeleito à unanimidade para um segundo mandato em princípios de 1793, o velho General, já debilitado por achaques inerentes à idade, atravessará um *annus horribilis*, enfrentando aberta conflagração entre as alas hamiltoniana e jeffersoniana, que lhe dificultarão a administração de problemas complexos e divisivos, tanto na política interna, notavelmente a repressão à Rebelião do Uísque, como no campo diplomático, em torno da opção entre os franceses revolucionários e o antigo colonizador inglês.[12]

Curiosamente, *Chisholm* foi decidido no dia 19 de fevereiro de 1793, entre a eleição de Washington pelo colégio eleitoral (13 de fevereiro) e sua posse simbólica no cargo para o segundo mandato (4 de março). A decisão do caso adicionava assim, às vésperas da inauguração do segundo termo, mais um ingrediente de acirramento entre as forças políticas antagônicas no alvorecer da República americana, contribuindo para acentuar a crise de legitimação do governo federal perante as forças estaduais.[13]

2. Aspectos importantes da decisão

Do ponto de vista jurídico, as questões de direito que foram postas em *Chisholm* eram as seguintes: (i) se um Estado, sem o seu consentimento, pode ser processado na Justiça Federal dos EUA por cidadãos de outros Estados e, em caso afirmativo (ii) em que condições; (iii) se os Estados, ao aderir à União, haviam renunciado à sua imunidade de soberania e, entre outras questões, (iv) se havia remanescido alguma forma de soberania no plano interno. Nem todos esses pontos seriam respondidos de forma explícita na decisão da Suprema Corte, embora tenha restado induvidoso no julgamento que a exceção de imunidade em razão da soberania não era oponível a ações de execução de dívidas e indenização promovidas por cidadãos privados de um Estado contra outro Estado.[14]

[12] JOHNSON, Paul. ***A History of the American People***. Nova Iorque: Harper Perennial, 1999.

[13] LIPSET, Seymour M. *George Washington and the Founding of Democracy*. **Journal of Democracy**, v. 9, n. 4, p. 24-38, 1998.

[14] STRASSER, Mark. Chisholm, The Eleventh Amendment and Sovereign Immunity: On Alden's Return to Confederations Principles. **Florida States University Law Review**,

Em uma interpretação literal no contexto do tempo presente, parece não haver muita margem à dúvida quanto ao sentido semântico do texto constitucional. A redação original indica, de forma clara, o estabelecimento de uma jurisdição da Suprema Corte *ratione personae* ("*diversity jurisdiction*"): ações que envolvam um Estado e cidadãos de outros Estados devem ser processados perante a Justiça Federal.

Os que se opunham a essa interpretação literal, alegavam que esse dispositivo estava assim redigido no pressuposto de que essa jurisdição se estabeleceria somente quando os Estados dessem o seu consentimento à admissibilidade e processamento da ação, já que a imunidade de jurisdição de Estados "soberanos" seria um princípio assente na *Common Law* inglesa. O Estado da Georgia sustentava também que o dispositivo da Constituição só incidiria, sem a necessidade de consentimento, quando um Estado figurasse como autor da ação e não na qualidade de réu, como era o caso.

Além disso, os Estados sustentavam que essa era a interpretação "autêntica" do texto constitucional, pois o próprio Alexander Hamilton, no Artigo Federalista 81, havia sido bem claro no sentido de que Estados não poderiam ser submetidos à jurisdição federal sem o seu consentimento, quando a competência do judiciário federal fosse fixada em razão da qualidade das partes, isto é, entre um Estado e cidadãos de outro Estado:

> Foi sugerido que a cessão de títulos públicos de um Estado a cidadãos de outro permitiria a estes cobrar desse Estado nos tribunais federais o valor desses títulos. As considerações que se seguem mostrarão que essa sugestão carece de fundamento. É inerente à natureza da soberania não poder ser processada por um indivíduo *a menos que consinta nisso* (destaque no original). Este é o entendimento geral e a prática geral da humanidade, e todos os Estados Unidos gozam atualmente dessa isenção como um dos atributos da soberania. Portanto, a menos que o plano da convenção cancele essa imunidade, os Estados a conservarão e o perigo insinuado será mera especulação[15].

v. 28, n. 2, p. 605-648, 2001.

[15] Madison, James; Hamilton, Alexander; Jay, John. **Os Artigos Federalistas**. Tradução de Maria Luiza X. de A. Borges. Rio de Janeiro: Nova Fronteira, 1993.

Em um trecho subsequente, ainda no mesmo Artigo Federalista 81, Hamilton trata especialmente das dívidas de Estados: "De que serviria autorizar ações contra os Estados por dívidas destes? Como se poderiam impor os veredictos favoráveis ao impetrante? É evidente que isso não poderia ser feito sem travar uma guerra contra o Estado contratante (...)".[16]

James Madison, por sua vez, não deixou registrada uma posição muito clara sobre o assunto: nos Artigos Federalistas 43 e 44 ele manifestou evidente preocupação no sentido de que o governo federal, incluindo o seu braço judiciário, deveria servir como um bastião contra os Estados que violassem contratos, direitos de propriedade, editassem leis casuísticas ou retroativas; mas isso, quando muito, revelaria sua posição favorável a uma jurisdição material das cortes federais ("*federal question jurisdiction*") e não necessariamente a uma jurisdição *ratione personae* destas mesmas cortes ("*diversity jurisdiction*"), que era o que afinal se discutia em *Chisholm*.[17]

A Suprema Corte era presidida em 1793 por John Jay, o terceiro autor dos "Artigos Federalistas" e o primeiro *Chief Justice* da história da instituição, escolhida para o encargo por George Washington. A decisão da Corte Jay foi favorável ao recorrente *Chisholm*, por cinco votos a um; ou seja, a Suprema Corte negou a tese de que o Estado da Georgia era um ente soberano, protegido pela imunidade de jurisdição.

Mas não foi Jay quem desempenhou o papel mais destacado neste julgamento. A opinião mais importante e enfática, redigida em longas e inusuais trinta laudas, foi apresentada pelo *Justice* James Wilson, para quem os Estados Unidos formavam uma nação e não uma liga de Estados soberanos. Em suas razões de decidir, observou que a Constituição sequer usa a expressão "soberano", razão pela qual ele buscará nos princípios gerais de direito o conceito de soberania. Segundo o seu voto, os

[16] Ibid. Mark Strasser, na obra citada, deixa claro, no entanto, que em outros trechos dos Artigos Federalistas a posição de Hamilton sobre a possibilidade de demandar um Estado perante a Justiça Federal não parece tão clara, já que nos Artigos 07 e 80 o célebre *founding father* deixa transparecer o entendimento de que seriam necessários mecanismos de constrição jurisdicional para submeter os Estados ao cumprimento da legislação federal (essa distinção sutil não afetava o caso Chisholm, mas seria importante em futuros casos envolvendo a imunidade de jurisdição).

[17] Strasser, op. cit.

Estados são pessoas jurídicas que, tais como outras pessoas, devem ser responsabilizadas pelos seus atos. As comparações com a imunidade de jurisdição derivadas da *Common Law* inglesa e que tinham como pressuposto as prerrogativas da monarquia eram incabíveis, pois os residentes nos Estados Unidos são "cidadãos" e não "súditos". Apelando ao conceito de soberania popular, concluiu que "o poder supremo repousa sobre o corpo do povo" e em questões que afetam a União a Geórgia não pode alegar sua soberania, pois "o mais pobre camponês é igual ao rei"; vale dizer, para Wilson, o cidadão, individualmente considerado, é o "soberano". Uma vez que a Constituição investiu os Estados Unidos (isto é, a União) de uma jurisdição sobre os Estados, ela deve ser exercida. E concluiu afirmando que "para os propósitos da União, a Geórgia NÃO é um Estado soberano"[18].

Se o voto de James Wilson chocava por contrastar com a opinião bem conhecida de Hamilton a respeito da soberania dos Estados perante as cortes federais, não se poderia dizer que sua interpretação era "menos autêntica" do que a de seus companheiros da Convenção da Filadélfia. Representando o Estado da Pennsylvania ao lado de figuras aclamadas como Benjamin Franklin e Gouverneur Morris, Wilson foi, segundo o professor Jeffrey Rosen, o segundo membro da Convenção mais importante e influente depois de James Madison.[19] E, relevantíssimo para a compreensão do caso, foi ele o criador do preâmbulo da Constituição, elemento decisivo no caso por estabelecer que a "soberania" emanava do povo e não dos Estados[20].

Ao afirmar que a soberania repousava sobre "o povo" e não sobre os "Estados", Wilson não estava recorrendo às teorias democráticas de soberania popular por meio do governo representativo que se afirmariam mais tarde nos EUA, mas sim a uma concepção bastante particular e individualista, na qual a figura do "soberano", tal como entendida na *Common*

[18] **Chisholm v. Georgia**, 2 U.S. 419 (1793).

[19] FRAMED. Locução de: Jeffrey Rosen; Lillian Cunningham, Washington, The Washington Post, 2017. Podcast.

[20] Foi justamente em razão de suas concepções radicais de soberania popular que Wilson defendeu na Convenção que as eleições presidenciais deveriam ser "diretas", tese que, como se sabe, não prevaleceu.

Law inglesa, havia se deslocado do "monarca" para o "cidadão". Sustentava que os Estados não podem ser considerados "soberanos" porque não possuem súditos, mas sim cidadãos que o constituíram ("*we the people*"). Ou seja, após a Independência, a soberania não era mais exercida pelo rei em favor dos súditos, mas sim pelos cidadãos em favor dos Estados.[21]

Bernard Schwartz, um dos mais reputados historiadores da Suprema Corte dos EUA, considera que o voto de Wilson tem argumentos substanciais e convincentes em favor da concepção de que os americanos formaram uma nação e não simplesmente uma liga de estados soberanos; no entanto, critica a forma em que a opinião daquele *Founding Father* foi redigida, pois ela padeceria de "pedantismo e retórica exagerada", elemento que acirraria os ânimos dos antifederalistas e contribuiria para torná-la alvo de desaprovação.[22]

O *Justice* John Blair Jr., natural da Virginia e considerado um dos maiores juristas de seu tempo, sustentou que o Artigo III autoriza especificamente um processo entre um Estado e cidadãos de outros Estados e não distingue os casos em que o Estado é autor e réu: "Uma disputa entre A e B é certamente uma disputa entre B e A. (...) Quando um Estado, ao adotar a Constituição, concordou em submeter-se ao poder judiciário dos Estados Unidos, este Estado abdicou de sua soberania neste particular".[23]

O *Justice* William Cushing, com raízes no Massachusetts e considerado um partidário fiel da causa federalista[24], acrescentou que esta jurisdição era necessária para proteger os direitos individuais, incorporando a principal preocupação de James Madison. Acrescentou que a cláusula de "*diversity jurisdiction*" só poderia ser alterada mediante Emenda à Constituição.

O *Chief Justice* John Jay argumentou que no processo de Independência a soberania passou diretamente do monarca inglês para o povo dos

[21] Barnett, Randy E., *The People or the State? Chisholm v. Georgia and Popular Sovereignty*. **Virginia Law Review**, v. 93, p. 1729-1758, 2007.

[22] Schwartz, Bernard. ***A History of The Supreme Court***. Nova Iorque: Oxford University Press, 1993.

[23] 2 U.S. 419 (1793).

[24] Depois que John Jay renunciou à presidência da Suprema Corte para assumir outro encargo no governo federal, George Washington indicou Cushing como *Chief Justice*, mas ele recusou a nomeação.

Estados Unidos, e não para os Estados (como se dessume da disposição constitucional preambular "*we the people*"), sendo a provisão em questão sábia, honesta e útil, pois seu último fim seria o de evitar querelas entre Estados em decorrência de demandas de seus respectivos cidadãos.

O único voto vencido foi o do *Justice* James Iredell, que recorreu a precedentes ingleses para sustentar que um ente soberano (como entendia ser o Estado da Geórgia) não poderia ser processado sem o seu consentimento. Além disto, mesmo se a Constituição tivesse reconhecido a possibilidade de tais demandas, haveria necessidade de ato legislativo regulando este tipo de processo, o que até então não existia. É digno de nota o fato de que Iredell tenha recorrido a princípios da *Common Law* inglesa, pois a Independência produziu um debate entre os que defendiam a necessidade de repelir as tradições jurídicas da antiga metrópole, agora vistas como "opressivas",[25] para adotar um direito legislado (*statutory law*) e aqueles mais conservadores que preconizavam a manutenção do direito comum inglês, com adaptações, o que de fato ocorreu em muitos Estados, que de forma expressa o recepcionavam, em suas constituições ou leis.[26]

Segundo Peter Irons, esse único voto vencido "parece fraco em retrospecto", pois era fundado em "pressões políticas" dos Estados que haviam relutado muito em aderir à Constituição justamente por não querer ceder os seus poderes "soberanos". Iredell, embora fosse considerado do partido federalista, era cidadão da Carolina do Sul, o único Estado que rejeitou inicialmente a aprovação da Constituição em votação na convenção estadual convocada para esse fim (decisão que seria revertida em uma convenção subsequente, quando os líderes estaduais perceberam que todos os demais estados adeririam à Carta da Filadélfia).[27]

A decisão da maioria, portanto, foi uma afirmação radical do *status* dos Estados Unidos como poder nacional, com capacidade para o exercício da soberania interna e, por conseguinte, da limitação do poder dos Esta-

[25] Schwartz, Bernard. ***The Law in America:** A History*. Nova Iorque: McGraw-Hill, 1974.

[26] Friedman, Lawrence M. ***A History of American Law***. 3. ed. Nova Iorque: Simon & Schuster, 2005.

[27] Irons, Peter. ***A People's History of the Supreme Court***. Nova Iorque: Penguin Books, 2006.

dos. É interessante observar, para melhor compreensão do choque que a decisão causou, que não existia ainda à época um "sentimento nacional" nos EUA. Como lembra Gordon Wood, o maior historiador da Revolução Americana, nos primórdios da República as pessoas comuns raramente viajavam além das fronteiras estaduais e por isso se identificavam politicamente como cidadãos dos Estados onde viviam; o seu vínculo de lealdade era com o "Estado da Georgia", "o Estado da Carolina do Norte", "o Estado de Massachusetts", etc.[28] Ninguém se sentia, nessa altura, "cidadão dos Estados Unidos": a própria Constituição não definia critérios para determinar uma "cidadania federal". Ademais, os símbolos nacionais estavam por ser construídos, ainda não havia bandeira ou hino "dos Estados Unidos", embora o pavilhão militar que representava a aliança das antigas treze colônias começasse pouco a pouco a ser usada para esse fim.

Destoando desse quadro de "patriotismo estadual", a decisão proferida pela Suprema Corte cotinha um tom bastante "nacionalista"[29], isto é, uma linguagem que afirmava claramente a primazia da União sobre os Estados em matéria de soberania, como se vê do trecho do voto do *Justice* James Wilson no qual declara que "para os propósitos da União, (...) a Georgia NÃO é um Estado soberano". A expressão em caixa alta é do original e ressalta a intenção do autor em refutar peremptoriamente a concepção de "soberania estadual".

A decisão, talvez devido a essa retórica enfática, suscitou críticas duras e ferozes no Congresso, especialmente dos membros que se identificavam com a visão antifederalista ou jeffersoniana.[30] Da mesma forma, os federalistas ou hamiltonianos a receberam com elogios e simpatia, embora de forma mais discreta.[31]

3. Repercussão da decisão

[28] Wood, Gordon. **The Idea of America:** Reflections on the Birth of the United States. Nova Iorque: Penguin Books, 2011.

[29] Greenhouse, Linda. ***The U.S. Supreme Court:*** *a very short introduction*. Nova Iorque: Oxford University Press, 2012.

[30] Berger, Raoul. ***Congress v. The Supreme Court***. Cambridge: Harvard University Press, 1969.

[31] Nowak, John E. *The Scope of Congressional Power to Create Causes of Action Against State Governments and the History of the Eleventh and Fourteenth Amendments*. **Columbia Law Review**, v. 75, n. 8, p. 1413-1469, 1975.

Os defensores dos direitos dos Estados acreditavam que a decisão no caso *Chisholm* representava um acelerado movimento em favor da "consolidação" do governo federal, para além do que havia sido estabelecido na Constituição da Filadélfia.[32]

A reação antifederalista não tardou. No dia seguinte à decisão, houve a introdução de projeto de emenda à Constituição na Câmara dos Representantes, com o objetivo de alterar o disposto no Artigo III, seção 2, cláusula primeira, contornando assim a decisão da Suprema Corte. Algumas semanas depois, semelhante proposta foi apresentada no Senado.[33]

A reação no Estado da Georgia, que havia sido derrotado na decisão, foi ainda mais violenta. Parlamentares da assembleia legislativa local apresentaram um projeto de lei para condenar à morte, por enforcamento, "sem direito à assistência religiosa", quem fosse cobrar a dívida que eventualmente viesse a ser reconhecida em juízo.[34]

Em 1795, a Décima Primeira Emenda entrou em vigor, depois de ser aprovada no Congresso e ratificada por três quartos dos Estados, "desfazendo" o entendimento da Suprema Corte firmado em *Chisholm*, nos seguintes termos: "O poder judiciário dos Estados Unidos não se entenderá como extensivo a qualquer ação segundo a lei ou a equidade iniciada ou processada contra um dos Estados Unidos por cidadãos de outro Estado, ou por cidadãos ou súditos de qualquer Estado estrangeiro".[35]

A aprovação da Décima Primeira Emenda, para além do constrangimento político institucional que criava para a Suprema Corte, como se verá mais adiante, trazia-lhe ainda outro embaraço – o que fazer com processos semelhantes que estavam em curso no judiciário federal e que haviam se iniciado antes mesmo da aprovação daquela Emenda. Havia dois problemas jurídicos: estabelecer se a Décima Primeira Emenda efetivamente entrara em vigor diante de sua não submissão ao Presidente da República para sanção ou veto; e determinar se ela produzira efeitos retroativos.

[32] Hall, Kermit L.; Elly JR, James W. ***The Oxford Guide to United States Supreme Court Decisions***. Nova Iorque: Oxford University Press, 2009.

[33] Mathis, op. cit.

[34] McDonald, op. cit. O projeto acabou não sendo aprovado.

[35] Utilizamos a tradução consagrada de Leda Boechat Rodrigues, na obra aqui já referida.

Não demorou a aparecer um caso perante a Suprema Corte em que essas questões precisavam ser resolvidas: *Hollingsworth v. Virginia.*[36] A ação fora iniciada originariamente por um cidadão da Virginia, William Grayson, acionista de uma empresa de colonização de terras que estava ocupando partes do território que hoje pertence à Virgínia do Oeste e se encontrava em litígio com o Estado da Virginia. Com a decisão do caso *Chisholm*, que permitiu litígios de cidadãos de um Estado contra outro Estado na justiça federal, o autor da ação foi substituído por outro acionista da empresa, Levi Hollingsworth, cidadão da Pennsylvania.

O processo arrastou-se na justiça federal por um bom tempo e chegou à Suprema Corte quando, em tese, já havia sido incorporada a Décima Primeira Emenda. Aprovada nas duas Casas do Congresso no ano de 1794, ela somente obteve a adesão de três quartos dos estados em fevereiro de 1795, quando a Carolina do Norte a ratificou.[37] No entanto, o Presidente Adams somente anunciou oficialmente a ratificação em janeiro de 1798.

Diante da preliminar de imunidade de jurisdição arguida pela Virginia, Hollingsworth sustentou que no processo de aprovação da Décima Primeira Emenda não havia sido observado a "*presentment clause*" da Constituição (Art. I, Seção 7, cláusulas primeira e segunda), que determina que as leis votadas pelo Congresso sejam submetidas ao Presidente para sanção ou veto. Defendia o autor que a mera declaração, pelo presidente, de que a Emenda havia sido ratificada pelos Estados não suprimia a manifestação de sua vontade. A segunda alegação era a de que, mesmo que se considerasse a Emenda como vigente, ela não poderia operar efeitos retroativos, atingindo processos ajuizados antes da sua vigência.

As duas teses foram rejeitadas pela Suprema Corte. Inicialmente, os *Justices* entenderam, com base no princípio de que norma especial prevalece sobre norma geral, que a Constituição não reservava nenhum papel ao presidente no processo de reforma da Constituição, regulada integral e exclusivamente pelo seu Artigo V.[38] Quanto ao segundo argumento,

[36] **Holligsworth v. Virginia**, 3 U.S. 378 (1798).

[37] Nesse momento, os EUA contavam com quinze Estados, em razão da adesão de Vermont (1791) e do Kentucky (1792).

[38] Para alguns autores, como Walter Dellinger, essa teria sido a primeira vez que a Suprema Corte exerceu uma forma de "*judicial review*". In DELLINGER, Walter. *The legitimacy of*

fixou-se a interpretação de que a Emenda Constitucional, devido ao princípio da supremacia (Artigo VI, seção 2), opera com efeitos plenos, regulando, inclusive, os processos em curso.

Superada a questão da validade formal da Décima Primeira Emenda, ela continuou sendo objeto de polêmica quanto ao seu conteúdo nas décadas que se seguiram. Apesar da sua linguagem relativamente clara e limitada estabelecer meramente uma imunidade de jurisdição em razão da pessoa, o alcance dessa imunidade de jurisdição dos Estados suscitou inúmeras controvérsias ao longo da história da jurisprudência constitucional americana, com muitas idas e vindas, marchas e contramarchas, sendo alvo de grandes polêmicas na Suprema Corte até os dias de hoje.[39]

Como se viu, o debate no caso *Chisholm* em relação à imunidade de soberania dos Estados, se referia apenas a critérios de jurisdição da justiça federal em razão da pessoa ("*diversity jurisdiction*"), isto é, em conflitos cuja competência é estabelecida em razão da qualidade das partes (Estados e cidadãos de outro Estado) e não necessariamente em razão da competência material em questões de direito federal ("*federal question*"). Ou seja, o texto "casuístico" da Décima Primeira Emenda em princípio não importava em vedação para que um Estado fosse processado por seus próprios cidadãos, tampouco para que, perante as cortes federais, os Estados fossem processados quando se apresentasse uma "*federal question*".[40]

Para alguns doutrinadores, no entanto, a Décima Primeira Emenda apenas "corrigiu" a decisão de *Chisholm* em um aspecto particular da imunidade de jurisdição, pois essa imunidade dos Estados seria muito mais ampla em uma interpretação consentânea com as melhores tradições da *Common Law*, recepcionadas pela Constituição.

No período que se seguiu à Guerra Civil, o tema da extensão da imunidade de jurisdição reconhecida aos Estados foi reavivado, especialmente após o "Compromisso de 1877", no qual o Partido Republicano abandonou sua política de "Reconstrução" no Sul em troca de apoio dos sulistas

constitutional change: rethinking the amendment process. **Harvard Law Review**, v. 97, p. 386-403, 1983.

[39] GREENHOUSE, op. cit.

[40] BARNETT, Randy E.; BLACKMAN, Josh. ***An Introduction to Constitutional Law:*** *100 Supreme Court cases everyone should know*. New York: Aspen Publisher, 2019.

brancos a seu candidato presidencial. John V. Orth sustenta que a jurisprudência da Suprema Corte no período foi influenciada pelo espírito então reinante de proteção aos Estados do Sul, que na época tinham dívidas enormes e estavam sendo pressionados nos tribunais por credores.[41]

Essa linha de interpretação, quase sempre em favor dos Estados,[42] foi aplicada a inúmeros casos, culminando no precedente *Hans v. Louisiana*,[43] no qual se entendeu que a imunidade decorrente da soberania "estadual" incluía também jurisdição em matéria federal (*ratione materiae*), independentemente de se tratar de demanda de cidadão de outro Estado ou do próprio Estado demandado, hipótese que não está expressa na Décima Primeira Emenda, mas que foi considerada "lógica". Apenas depois de 1890, quando a crise da dívida tinha sido superada, alguns precedentes da Corte constitucional passaram a admitir que os Estados pudessem ser processados na Justiça Federal em certas questões econômicas em que se alegava a cláusula do devido processo legal da Décima Quarta Emenda.[44]

O mais importante deles, no início do século XX, foi o julgamento proferido em *Ex parte Young*, no qual se estabeleceu que as Cortes federais poderiam expedir ordens a servidores do Estado, determinando que eles se abstivessem de dar cumprimento a leis inconstitucionais.[45] A jurisprudência não avançou, no entanto, ao ponto de permitir ações de indenização ou de cobrança de dívidas contra os Estados, tolerando apenas ações de natureza mandamental.

[41] ORTH, John V. ***The Judicial Power of the United States:*** *The Eleventh Amendment in American History*. Nova Iorque: Oxford University Press, 1987.

[42] COOLEY, Thomas M. **Princípios Gerais de Direito Constitucional dos Estados Unidos da América**. Campinas: Russel, 2002.

[43] **Hans v. Louisiana**, 134 U.S. 1 (1890). O caso envolvia um cidadão do Estado da Louisiana detentor de um título da dívida pública que processou esse Estado com base na cláusula do contrato da Constituição, alegando que o tesouro estadual não havia honrado os juros pactuados. É de se destacar que a querela tinha no polo passivo um Estado sulista.

[44] ORTH, op. cit.

[45] **Ex Parte Young**, 209 U.S. 123 (1908). Tratava-se de ação ajuizada por acionistas de empresa ferroviária contra o advogado geral de Minnesota Edward T. Young, para que se abstivesse de aplicar multas e pena de prisão no *enforcement* de lei estadual que supostamente teria violado as cláusulas constitucionais do comércio e do devido processo legal. Decisão da maioria por oito votos a um.

Foi somente durante a Corte Warren, na década de 1960, que uma nova perspectiva veio à lume, quando a Suprema Corte fixou, em *Parden v. Terminal Ry.*,[46] o entendimento de que o Congresso tinha poder para restringir a imunidade de jurisdição dos Estados em certas questões federais específicas bem delimitadas pelo legislador. Nos anos 1970, em *Fitzpatrick v. Bitzer*,[47] refinando o precedente anterior, a Corte Burger estabeleceu que o Congresso poderia retirar a imunidade de jurisdição dos Estados em questões envolvendo a Seção 5 da Décima Quarta Emenda. Em *Edelman v. Jordan*,[48] embora negando a possibilidade de compelir judicialmente servidor estadual a pagar valores de benefícios previdenciários indevidamente retidos e vencidos, em uma ação coletiva, ressalvou-se a possibilidade de se determinar, contra agentes estaduais, ordens mandamentais ("*relief injunctions*") voltadas ao futuro. Na Corte Rehnquist, três casos relevantes ao tema da Décima Primeira Emenda foram apreciados: em *Seminole Tribe of Florida v. Florida*,[49] a Corte constitucional decidiu que o Congresso não detém autoridade para excepcionar a imunidade de jurisdição dos Estados com base na Cláusula do Comércio da Constituição; em *Alden v. Maine*,[50] decidiu a Suprema Corte que o Congresso não tem poder para restringir a imunidade de jurisdição dos Estados perante tribunais da justiça estadual; em *Lapides v. Board of Regents of University System of Georgia*,[51] conclui-se que quando um Estado invoca exceção de incompetência na Justiça estadual em favor da Justiça federal, ele está automaticamente renunciando à sua imunidade de soberania. Já na Corte Roberts, houve um julgamento que reconheceu outra exceção à imunidade de jurisdição dos Estados: em *Central Virginia Community College v. Katz*,[52] entendeu-se que o Artigo I, Seção 8, cláusula quarta da Constituição não admite a invocação da preliminar, pelos Estados, em casos de falência.

[46] **Parden v. Terminal Ry**, 377 U.S. 184 (1964).
[47] **Fitzpatrick v. Bitzer**, 427 U.S. 445 (1976).
[48] **Edelman v. Jordan**, 415 U.S. 651 (1974).
[49] **Seminole Tribe of Florida v. Florida**, 517 U.S. 44 (1996).
[50] **Alden v. Maine**, 527 U.S. 706 (1999).
[51] **Lapides v. Board of Regents of University System of Georgia**, 553 U.S. 613 (2002).
[52] **Central Virginia Community v. Katz**, 546 U.S. 356 (2006).

Observa-se, portanto, na maior parte dos casos relevantes sobre a Décima Primeira Emenda, a formação de maiorias bastantes estreitas, o que indica estar a Suprema Corte longe de criar jurisprudência sólida sobre o controverso tema da imunidade de jurisdição dos Estados.

Conclusões

A aprovação da Décima Primeira Emenda como resposta à decisão proferida em Chisholm representou um forte abalo no prestígio e na credibilidade da Suprema Corte, em um momento em que ela ainda não havia afirmado a sua autoridade. Um dos imperativos para a consolidação do papel inaudito da Corte constitucional norte-americana era justamente a afirmação da doutrina da independência judicial.[53] E a independência de um poder que, nas célebres palavras de Hamilton no Artigo Federalista 78, "não detém a espada nem a bolsa", só pode ser conquistada perante o legislativo e o executivo através da coerência argumentativa e estabilidade de seus julgamentos, características, aliás, que constituem a força vinculante dos precedentes na *Common Law*. Os ataques retóricos da classe política que se seguiram à decisão proferida em *Chisholm* e a rapidez com que a emenda constitucional foi aprovada colocaram a mais alta corte do sistema federal a reboque do Congresso, alquebrando prematuramente sua estatura e higidez dentro do sistema político.

Os juízes que compuseram a maioria em *Chisholm* agiram sem sopesar as consequências políticas de sua decisão, proferindo um julgamento "federalista" em termos bastantes desafiadores, acolhendo uma doutrina de sujeição dos governos estaduais que naquela quadra era bastante impopular. Essa "inabilidade" dos juízes constitucionais da primeira década de vida da Suprema Corte e a consequente perda de sua autoridade são importantes para compreender as razões que levariam John Marshall a afirmar a mesma corrente federalista, mas de um modo muito mais sutil e sob ritmo compassado, estratégias que lhe permitiram contornar a oposição da classe política tanto às concepções "nacionalistas" – que partilhava –, como ao próprio papel da Suprema Corte no exercício da função curial

[53] McCloskey, op. cit.

de intérprete qualificado da Constituição. Essa viria a ser, justamente, a grande obra e o enorme legado de Marshall.

Ao longo da história dos EUA, o Congresso e os Estados aprovariam outras emendas constitucionais introduzidas com o fim de abrogar decisões da Suprema Corte, porém nenhuma delas foi tão traumática como a que ocorreu em *Chisholm*.[54] Ao contrário, com o passar do tempo, a superação de decisões da Suprema Corte através do processo constitucional de "*amendment*", tal como previsto no Artigo V da Constituição da Filadélfia, passou a ser visto em chave positiva pela doutrina, que desenvolveu a teoria dos "diálogos institucionais" como um temperamento necessário e oportuno à concepção mais ortodoxa de controle de constitucionalidade, abrandando assim o judiciário como o intérprete derradeiro da vontade constituinte.

Chisholm é também relevante para o direito constitucional americano por ter suscitado, ainda que de forma indireta, o debate a respeito de aspectos formais da tramitação de emendas constitucionais, notadamente a explicitação de que o Presidente da República não exerce qualquer papel de sanção ou veto em seu processamento, concepção que foi incorporada, inclusive, em outros ordenamentos constitucionais que se inspiraram na Constituição dos EUA ao adotar o modelo de rigidez constitucional.

O sistema federativo criado pelos americanos, na Filadélfia, era inédito e foi considerado por Tocqueville como "uma grande descoberta na ciência política moderna".[55] Constituindo-se na pedra angular do direito constitucional dos EUA, foi objeto de intensas disputas jurisprudenciais, especialmente no período da história americana que vai da instalação do governo federal à Guerra Civil. Mesmo depois desta era, quando já ultrapassadas as questões mais duras de delimitação de competências entre Estados e a União, centenas de casos relativos ao tema da federação

[54] A Décima Terceira (1865) e a Décima Quarta (1868) Emendas superaram Dred Scott v. Sanford, 60 U.S. (1857); a Décima Sexta Emenda (1913), Pollock v. Framers' Loan & Trust Co., 157 U.S. 429 (1895); a Décima Nona Emenda (1920), Minor v. Happersett, 88 U.S. 162 (1875) e a Vigésima Sexta Emenda (1971), Oregon v. Mitchell, 400 U.S. 112 (1970).

[55] TOCQUEVILLE, Alexis. **A Democracia na América**, Belo Horizonte, Belo Horizonte: Ed Itatiaia, 1983.

perpassaram a jurisprudência da Suprema Corte em seus mais de 230 anos de atividade, como o demonstram as disputas sobre o sentido e o alcance da Décima Primeira Emenda, que prosseguem, inclusive, até os tempos mais recentes. É notável, também, como as decisões que examinam o tema da imunidade de jurisdição dos Estados têm sido decididas por maiorias apertadas, revelando o quão contenciosa remanesce a questão, longe ainda de se afirmar como jurisprudência remansosa. O debate judicial nos Estados Unidos relativo ao delicado equilíbrio entre União e Estados é um traço permanente de seu desenvolvimento constitucional e, por isso mesmo, de seu próprio pacto político constituinte, sempre em evolução.

Referências

BARNETT, Randy E., *The People or the State? Chisholm v. Georgia and Popular Sovereignty*. **Virginia Law Review**, v. 93, p. 1729-1758, 2007.

BARNETT, Randy E.; BLACKMAN, Josh. ***An Introduction to Constitutional Law:*** *100 Supreme Court cases everyone should know*. New York: Aspen Publisher, 2019.

BERGER, Raoul. ***Congress v. The Supreme Court***. Cambridge: Harvard University Press, 1969.

COOLEY, Thomas M. **Princípios Gerais de Direito Constitucional dos Estados Unidos da América**. Traduzido e anotado por Ricardo Rodrigues Gama. Ed. Russel, Campinas, 2002.

DELLINGER, Walter. *The legitimacy of constitutional change: rethinking the amendment process*. **Harvard Law Review**, v. 97, p. 386-403, 1983.

ELLIS, Joseph J. ***American Creation***. Nova Iorque: Vintage Books/Random House, 2007.

ESTADOS UNIDOS DA AMÉRICA. Supreme Court of the United States. **Alden v. Maine**, 527 U.S. 706 (1999), Washington D.C, 23 de junho de 1999.

ESTADOS UNIDOS DA AMÉRICA. Supreme Court of the United States. **Central Virginia Community College v. Katz**, 546 U.S. 356 (2006), Washington D.C, 23 de janeiro de 2006.

ESTADOS UNIDOS DA AMÉRICA. Supreme Court of the United States. **Chisholm v. Georgia**, 2 U.S. (2 Dall.) 419 (1793). Pensilvânia, PA, 18 de fevereiro de 1793.

ESTADOS UNIDOS DA AMÉRICA. Supreme Court of the United States. **Edelman v. Jordan**, 415 U.S. 651 (1974), Washington D.C, 25 de março de 1974.

ESTADOS UNIDOS DA AMÉRICA. Supreme Court of the United States. **Ex parte Young**, 209 U.S. 123 (1908), Washington D.C, 23 de março de 1908.

ESTADOS UNIDOS DA AMÉRICA. Supreme Court of the United States. **Fitzpatrick v. Bitzer**, 427 U.S. 445 (1976), Washington D.C, 28 de junho de 1976.

ESTADOS UNIDOS DA AMÉRICA. Supreme Court of the United States. **Hans v. Lousiana**, 134 U.S. 1 (1890), Washington D.C, 3 de março de 1890.

ESTADOS UNIDOS DA AMÉRICA. Supreme Court of the United States. **Hollingsworth v. Virginia**, 3 U.S. 378 (1798), Filadélfia, PEN, 14 de fevereiro de 1798.

ESTADOS UNIDOS DA AMÉRICA. Supreme Court of the United States. **Lapides v. Board of Regents of University System of Georgia**, 535 U.S. 613 (2002), Washington D.C, 13 de maio de 2002.

ESTADOS UNIDOS DA AMÉRICA. Supreme Court of the United States. **Oswald v. New York**, 2 U.S. 401 (1792), Filadélfia, PEN, 14 de fevereiro de 1792.

ESTADOS UNIDOS DA AMÉRICA. Supreme Court of the United States. **Parden v. Terminal Ry.**, 377 U.S. 184 (1964), Washington D.C, 18 de maio de 1964.

ESTADOS UNIDOS DA AMÉRICA. Supreme Court of the United States. **Seminole Tribe of Florida v. Florida**, 517 U.S. 44 (1996), Washington D.C, 27 de março de 1996.

ESTADOS UNIDOS DA AMÉRICA. Supreme Court of the United States. **Van Staphorst v. Maryland**, 2 U.S. 401(1791), Filadélfia, PEN, 1791.

FRAMED. Locução de: Jeffrey Rosen; Lillian Cunningham, Washington, The Washington Post, 2017. Podcast.

FRIEDMAN, Lawrence M. ***A History of American Law***. 3. ed. Nova Iorque: Simon & Schuster, 2005.

GREENHOUSE, Linda. ***The U.S. Supreme Court:*** *a very short introduction*. Nova Iorque: Oxford University Press, 2012.

HALL, Kermit L.; ELLY JR, James W. ***The Oxford Guide to United States Supreme Court Decisions***. Nova Iorque: Oxford, 2009.

IRONS, Peter. ***A People's History of the Supreme Court***. Nova Iorque: Penguin Books, 2006.

JOHNSON, Paul. ***A History of the American People***. Harper Perennial. Nova Iorque: 1999.

JOHNSON, Paul E. ***The Early American Republic, 1789/1829***. Nova Iorque: Oxford University Press: 2007.

KRAMNIC, Isaac. "Apresentação aos Artigos Federalistas". In MADISON, James; HAMILTON, Alexander; JAY, John. **Os Artigos Federalistas**. Rio de Janeiro: Nova Fronteira, 1993.

LASH, Kurt. *Leaving the Chisholm Trail: The Eleventh Amendment and the Background Principle of Strict Construction*. **William and Mary Law Review**, v. 50, p. 1577-1698, 2009.

LIPSET, Seymour M. *George Washington and the Founding of Democracy*. **Journal of Democracy**, v. 9, n. 4, p. 24-38, 1998.

MADISON, James; HAMILTON, Alexander; JAY, John. **Os Artigos Federalistas**. Tradução de Maria Luiza X. de A. Borges. Rio de Janeiro: Nova Fronteira, 1993.

MATHIS, Doyle. *Chisholm v. Georgia: Background and Settlement*. **The Journal of American History**, v. 54, n. 1, p. 19-29, 1967.

MCDONALD, Forrest. **States Rights and the Union:** *Imperium in Imperio*, 1776/1876. Lawrence: University Press of Kansas, 2000.

MCCLOSKEY, Robert. ***The American Supreme Court***. 6. ed. Chicago: University of Chicago Press, 2016.

NOWAK, John E. *The Scope of Congressional Power to Create Causes of Action Against State Governments and the History of the Eleventh and Fourteenth Amendments*. **Columbia Law Review**, v. 75, p. 1412-1440, 1975.

ORTH, John V. ***The Judicial Power of the United States:*** *The Eleventh Amendment in American History*. Nova Iorque: Oxford University Press, 1987.

RODRIGUES, Leda B. **A Corte Suprema e o Direito Constitucional Americano**. 2. ed. Rio de Janeiro: Nova Fronteira, 1992.

SCHWARTZ, Bernard. ***The Law in America:*** *A History*. Nova Iorque: McGraw-Hill Book Co., 1974.

SCHWARTZ, Bernard. ***A Commentary of the Constitution of the United States***. part I, vol. 1. Nova Iorque: The Macmillan Company, 1968.

SCHWARTZ, Bernard. ***A History of The Supreme Court***. Nova Iorque: Oxford University Press, 1993.

STRASSER, Mark. Chisholm, *The Eleventh Amendment and Sovereign Immunity: On Alden's Return to Confederations Principles*. **Florida States University Law Review**, v. 28, n. 2, p. 605-648, 2001.

TOCQUEVILLE, Alexis. **A Democracia na América**. Tradução de Neil Ribeiro da Silva. Belo Horizonte: Ed. Itatiaia, 1983.

WOOD, Gordon. ***The Idea of America:*** *Reflections on the Birth of the United States.* Nova Iorque: Penguin Books, 2011.

3.
MARBURY V. MADISON, 1803
O ESTABELECIMENTO DO CONTROLE DE CONSTITUCIONALIDADE DIFUSO

RODRIGO FRANTZ BECKER

Introdução

Um dos casos mais famosos – talvez o mais – da história da Suprema Corte dos Estados Unidos – SCOTUS[1] – é *Marbury v. Madison*, julgado em 1803, que fixou as bases para o controle difuso de constitucionalidade.

Aqui no Brasil, se há uma decisão conhecida daquela Corte, é certamente essa tomada no referido caso, na medida em que praticamente todos os Professores de Direito Constitucional citam-na quando tratam de controle de constitucionalidade, seja na graduação, seja na pós-graduação, *lato* e *stricto sensu*, ou em qualquer outro ambiente acadêmico.

Todavia, alguns fatos importantes, detalhes e curiosidades sobre esse processo não são tão conhecidos e devem ser analisados para que se tenha a perfeita compreensão de que não se tratou apenas de um caso em que se debateu e se desenvolveu o controle de constitucionalidade difuso pela primeira vez. Muito pelo contrário.

Os contornos políticos da época levaram a essa decisão, que, a propósito, contrariamente ao que se diz, não foi a primeira da história a tratar

[1] SCOTUS é a abreviação comumente utilizada pelos americanos para se referir à Suprema Corte americana e deriva das iniciais de seu nome em inglês: *Supreme Court of the United States*.

desse tipo de controle de constitucionalidade, mas, sim, a primeira da Suprema Corte americana. Sua referência como primogênita se dá, provavelmente, por conta desses contornos que tem relação direta com o estabelecimento da Constituição americana e de seu modelo federativo. Além disso, o caso tinha interessantes questões processuais que ficaram escondidas ao longo dos séculos, e que, por sua importância, merecem ser examinadas.

A figura do Presidente da Corte à época, responsável por construir e redigir a decisão, também é um aspecto fundamental nesse contexto, porquanto se trata, para muitos, do mais importante Juiz da história da Suprema Corte dos EUA.[2]

Por fim, as consequências dessa decisão são tão ou mais relevantes que ela própria, na medida em que consolidaram a SCOTUS como órgão máximo do Poder Judiciário americano, além de terem fortalecido a recém promulgada Constituição americana, ainda fragilizada por conta da dificuldade de se impor um novo modelo político a um País com poucos anos de criação.

1. Contexto histórico

John Marshall foi o 4º Presidente da Suprema Corte EUA (1801-1835) e o que mais tempo ficou na Presidência em toda a história – 34 anos. Antes disso, Marshall foi Secretário de Estado[3] do governo do Presidente John Adams, tendo sido nomeado para a Presidência da Corte[4] pelo próprio Adams. Marshall chegou a cumular os cargos por um tempo, e isso é um fato importante no contexto histórico da decisão que aqui se analisa, como se verá no decorrer deste artigo.

Sob a Presidência de Marshall, foram julgados diversos casos emblemáticos, que moldaram a separação de Poderes nos EUA e estabeleceram

[2] Dentre tantos, vale a referência feita por John Paul Stevens, Juiz da Suprema Corte dos EUA (1975-2010), de que John Marshall foi o maior líder que a SCOTUS teve na história. STEVENS, John Paul. ***Five chiefs***. Nova Iorque: Back Bay Books, 2011, p. 15.

[3] É o cargo mais importante do executivo norte-americano, depois, é claro, do Presidente do País.

[4] Nos EUA, o cargo de Presidente da Suprema Corte é de indicação do Presidente do País, que escolhe uma pessoa para ocupá-lo, de forma vitalícia.

a força do Judiciário do País. O exemplo mais conhecido, e provavelmente o mais importante, é exatamente *Marbury v. Madison*, que definiram o controle difuso de constitucionalidade na Suprema Corte americana, posteriormente difundido pelo mundo.

Diga-se de passagem, o caso em questão, de início, não tinha nada a ver com essa forma de controle de constitucionalidade. Era uma disputa eminentemente política. Tratava-se da situação de quatro Juízes de Paz, dentre eles William Marbury, nomeados para esse cargo, no último dia da gestão do Presidente John Adams – derrotado por Thomas Jefferson nas eleições Presidenciais americanas de 1800.

Jefferson, então, se recusou a empossar Marbury e outros juízes, notadamente porque Adams, do Partido Federalista, tinha nomeado diversos magistrados no seu último dia de mandato com o objetivo de preencher as vagas de juízes de paz – recém-criadas por leis – e, assim, deixar o seu partido no comando desses cargos. Com essa recusa, Thomas Jefferson, do Partido Democrata-Republicano, conseguiria evitar o preenchimento das vagas que não haviam sido devidamente ocupadas a tempo.

Essas nomeações foram denominadas de *midnight judges* (juízes da meia-noite), exatamente porque ocorreram na virada do dia 03 de março, pouco antes da posse de Thomas Jefferson na Presidência.

A razão de essas vagas ainda não terem sido preenchidas quando o novo Presidente tomou posse em 4 de março de 1801 é deveras interessante. Como esses juízes (42) foram nomeados no último dia de mandato de John Adams, nem todos conseguiram tomar posse (em torno de 16), pelas mais variadas razões, mas sobretudo por causa do pouco tempo para que fossem efetivadas[5].

E o caso de William Marbury foi um desses, mas devido a uma razão inusitada. Por ironia do destino, ele não foi empossado porque o funcionário encarregado de levar a nomeação assinada para publicação (junto

[5] O Secretário de Estado (John Marshall) não teve tempo – ainda que tenha varado boa parte da noite – de colocar o *Great Seal of the United States* (equivalente à nossa "Armas da República") em todos os documentos ou mesmo de entregar os títulos de nomeação já prontos para que os juízes tomassem posse. Maciel, Adhemar Ferreira. O acaso, John Marshall e o controle de constitucionalidade. **Revista de Informação Legislativa**: RIL, Brasília, v. 43, n. 172, out./dez. 2006, p. 40.

com várias outras), e, assim, legitimar a posse, perdeu o papel com a sua nomeação, impedindo-o de concretizar o ato.

Quem era esse funcionário encarregado? O Secretário de Estado norte-americano, John Marshall, que já estava em exercício na Suprema Corte, nomeado e empossado um mês antes, no cargo de Presidente daquele Tribunal[6]. Portanto, John Marshall foi o responsável por perder o documento que daria o direito de William Marbury de ser empossado no cargo de Juiz de Paz[7].

Assim, com a posse de Thomas Jefferson como Presidente dos Estados Unidos, Marbury solicitou que fosse empossado[8], pois sua nomeação já havia sido feita pelo Presidente John Adams, e, portanto, a posse era legítima e devida.

Ocorre que o novo Secretário de Estado do Governo Jefferson, James Madison, cumprindo ordens do próprio Presidente, por razões políticas, como visto acima, se recusou a empossar Marbury e mais 15 dos 42 Juízes que não conseguiram tomar posse a tempo.

Como o cargo de Juiz de Paz era relativamente irrelevante e de baixa remuneração, apenas William Marbury, Dennis Ramsay, Robert Townsend Hooe e William Harper decidiram ajuizar uma ação contra a administração de Jefferson, buscando suas respectivas posses, enquanto os demais se desinteressaram pela nomeação.

Começava, assim, a ação mais conhecida do mundo, que teve impacto não apenas no desenvolvimento do controle de constitucionalidade difuso no mundo, mas na política dos Estados Unidos e no estabelecimento da Suprema Corte americana.

[6] Sobre a possível suspeição/impedimento de Marshall, Adhemar Maciel afirma que "ainda que possa ser condenável sob o ponto de vista da "ética de princípios", uma vez que ele, como juiz, estava apreciando ato praticado por ele mesmo como administrador, por outro lado, sob a óptica hermenêutica, o dispositivo legal (seção 13 da Lei Orgânica de 1789) levaria, com maior facilidade, a outra interpretação. De qualquer sorte, o lance de John Marshall foi de gênio. MACIEL, op. cit., p. 41.

[7] PAUL, John Richard. ***Without precedent:*** *Chief Justice John Marshall and his time.* Nova Iorque: Riverhead books, 2018, p. 226.

[8] Alguns historiadores afirmam que o pedido de Marbury tinha por objetivo criar um constrangimento para o novo governo. Nesse sentido, ver: TUSHNET, Mark. ***I dissent:*** *great opposing opinions in landmark Supreme Court cases.* Boston: Beacon Press, 2008.

2. Aspectos importantes da decisão

Diante desse contexto, Wiliam Marbury[9] impetrou um mandado de segurança (MS) na Suprema Corte dos EUA contra ato do Secretário de Jefferson, James Madison, responsável por dar posse aos Juízes e que se recusara a empossá-lo.

A impetração se fez com base na seção 13 da Lei Orgânica da Magistratura, o *Judiciary Act* de 24 de setembro de 1789. A redação do dispositivo legal não era das mais claras: dava competência, entre outras, à Suprema Corte para julgar "*writs of mandamus, in cases warranted by the principle and usages of law* (...)"[10].

De início, parecia apenas um caso comum para se decidir se um cidadão deveria ser empossado ou não como Juiz de Paz. A relevância do caso, contudo, cresceu quando a SCOTUS se deparou com um dilema jurídico: se concedesse o direito de Marbury ser empossado, criava um conflito com o Governo de Thomas Jefferson, que já havia declarado que não daria posse, e a Corte, assim, sairia desmoralizada; por outro lado, se negasse o direito de Marbury ser empossado, Jefferson capitalizaria politicamente o fato, dizendo que a SCOTUS estava ao lado dele, fato que seria um problema para o Presidente da Corte John Marshall, pois Jefferson era de partido oposto ao dele e tudo o que ele não queria era ser utilizado politicamente pelo Presidente do País.

Por conta desse dilema é que Marshall teve a ideia de dizer que a lei que autorizava a impetração de mandado de segurança na SCOTUS era inconstitucional, pois a competência originária da Corte estaria prevista na Constituição e não poderia ser alargada por uma lei. O MS era, assim, incabível. Parecia que Marshall estava desenvolvendo, pela primeira vez na história, o conceito de incompatibilidade de normas infraconstitucionais com a própria Constituição.

[9] A decisão ficou mundialmente conhecida como *Marbury v. Madison*, mas, na verdade, inicialmente, ela se referia a quatro juízes e não apenas William Marbury. Dennis Ramsay, Robert Townsend Hooe, e William Harper também constavam na inicial do pedido, mas, no decorrer da instrução, eles não conseguiram provar o fato (nomeação), de modo que acabou apenas Marbury tendo o pedido definitivamente julgado.

[10] Maciel, op. cit., p. 40.

Na verdade, contudo, essa técnica de compatibilidade de uma lei com a Constituição, em um processo concreto, já era realizada por Cortes Estaduais dos EUA.

Por exemplo, antes de *Marbury v. Madison*, a Suprema Corte do Estado da Virginia declarou uma lei estadual incompatível com a Constituição do Estado, assim como a Suprema Corte de New Jersey também declarou inválida uma lei estadual sobre Júri, em razão de sua incompatibilidade com a Constituição do Estado (*Holmes v. Walton*)[11]. Da mesma forma, em 1786, em *Trevett v. Weeden*, a Corte Superior de Rhode Island invalidou uma lei estadual por ser inconstitucional[12]. E por fim, em 1795, em *Vanhorne's Lessee v. Dorrance*, a Corte Federal da Pensilvânia julgou igualmente a questão da compatibilidade de uma lei com a Constituição[13], dessa vez, no âmbito Federal[14].

O próprio Marshall, anos antes, enquanto congressista na Virgínia, já alertava seus colegas que a edição de uma lei estadual precisava observar a Constituição daquele Estado, sob pena de ser declarada inconstitucional pelo Poder Judiciário do respectivo ente[15]. Portanto, ele já tinha a concepção de incompatibilidade de norma com a Lei maior de um Estado (*stricto* ou *lato sensu*).

Ademais, a ideia de controle de constitucionalidade das leis remonta aos debates para a promulgação da Constituição dos EUA. Em 1787, 16 anos antes do caso *Marbury*, Alexander Hamilton, um dos *founding fathers*[16], escreveu em "Os Federalistas", que "se uma lei contrariar a Constituição é dever dos Tribunais prestigiar a Constituição e descartar a

[11] Continentino, Marcelo Casseb. História do *judicial review*: o mito de Marbury. **Revista de Informação Legislativa**: RIL, Brasília, v. 53, n. 209, jan/mar 2016, p. 119.

[12] Maciel, op. cit., p. 40.

[13] Continentino, op. cit., p. 124-125.

[14] Todas as decisões anteriores tinham analisado a questão da inconstitucionalidade sob o ponto de vista da Constituição Estadual. Essa foi a primeira que analisou a inconstitucionalidade frente à Constituição Federal, não obstante, como dito, ter sido proferida por uma Corte Estadual.

[15] Paul, op. cit., p. 42.

[16] Os *founding fathers* (Pais Fundadores) dos Estados Unidos foram os líderes políticos que participaram da Revolução Americana, assinaram a Declaração de Independência e redigiram a Constituição dos Estados Unidos onze anos mais tarde.

lei"[17]. Fora do Judiciário, diz-se que o advogado James Iredell, em 1786, na sua "Carta ao Eleitor", já teria idealizado o *judicial review*.

Destarte, o que Marshall idealizou foi, pela primeira vez, declarar a inconstitucionalidade de uma lei federal ante a Constituição Federal, no âmbito da Suprema Corte dos Estados Unidos. Todavia, como visto, não se tratava de uma decisão judicial inédita, tampouco uma ideia por ele unicamente desenvolvida - vide o artigo escrito em "Os Federalistas". Portanto, John Marshall não criou o controle de constitucionalidade difuso, mas sim, aperfeiçoou-o para aplicá-lo no âmbito da Suprema Corte[18].

Retornando ao caso concreto, no dia do julgamento de *Marbury v. Madison*, pela Suprema Corte, em fevereiro de 1803, estava muito frio (havia nevado a noite toda), e a lareira da sala sessões não funcionou. Os juízes congelavam, mas continuaram a sessão[19]. O tema tinha ganhado contornos políticos tão relevantes que não poderia mais aguardar, nem mesmo pelo frio que fazia na cidade.

Interessante notar que, apesar da importância, James Madison - o Secretário de Estado responsável por não dar posse a Marbury - não compareceu ao julgamento e sequer enviou advogado para representá-lo[20]. Isso demonstrava o desdém com que ele via o caso, notadamente porque estava decidido politicamente a não cumprir a decisão do Tribunal, caso fosse favorável ao autor.

Marshall, então, conseguiu convencer todos os demais juízes de sua tese. E ele foi, digamos assim, muito hábil. Não afirmou de pronto que o mandado de segurança era incabível na Corte. Isso não mostraria aos americanos o problema político criado, nem possibilitaria que ele "mandasse o recado" que queria, como simpatizante do Partido Federalista.

Ele disse, em termos simples, algo como "Marbury tem direito à posse, tem direito a uma medida judicial para a posse, mas não nesse mandado

[17] MADISON, James; HAMILTON, Alexander; JAY, John. ***The federalist papers:*** *the ideas that forged the american Constitution*. Londres: Arcturus Publishing Limited, 2019, p. 101-107.
[18] HALL, Kermit L. (Ed.). ***The Oxford Companion to the Supreme Court of the United States***. Nova Iorque: Oxford University press, 1992, p. 522.
[19] PAUL, op. cit., p. 252.
[20] Ibid.

de segurança, porque ele é inconstitucional". Assim, sabiamente ele não criou um problema político e preservou a SCOTUS.

Para chegar a sua conclusão, Marshall estabeleceu três pontos que deveriam ser examinados:

1) O requerente tem direito à posse?
2) Se ele tem direito, e esse direito foi violado, as leis dos EUA oferecem-lhe um remédio?
3) Se elas lhe oferecem um remédio, é o mandado de segurança perante este tribunal o meio adequado?[21]

Interessante que a lógica da argumentação é invertida em relação a que conhecemos hoje nas decisões dos Tribunais. Não se tratou do conhecimento do mandado de segurança antes do mérito da pretensão. Marshall discorreu inicialmente sobre o direito de Marbury à posse, para, depois, analisar se o mandado de segurança era cabível. Mas essa inversão tinha uma razão de ser: ele queria mandar um recado para o grupo de Thomas Jefferson, de que os juízes de paz deveriam ter tomado posse, para, somente após, dizer que a Corte não poderia conceder o pedido de Marbury em decorrência da escolha de uma medida judicial inadequada.

Quanto ao primeiro ponto, a decisão afirmou que, uma vez que a comissão foi assinada pelo Presidente e selada pelo Secretário de Estado, ele foi nomeado, e como a lei que criava o cargo garantia ao oficial o direito de se manter no cargo por cinco anos independentemente de vontade do Executivo, a nomeação era irrevogável, de modo que a não investidura de Marbury no cargo era ilegal[22], a partir dos direitos protegidos pelas leis dos EUA.

Nesse ponto, uma curiosidade processual demonstra como John Marshall tinha todo o interesse em conferir o direito à posse de Marbury, ainda que não concedesse tal direito na via do mandado de segurança: muito embora se tratasse de uma medida judicial apresentada diretamente na Suprema Corte, William Marbury precisava provar que a nomeação havia ocorrido no mundo dos fatos.

[21] **Marbury v. Madison**, 5 U.S. 137 (1803).
[22] Paul, op. cit., p. 255.

Destarte, como naquela época tudo era "papel e caneta", ele precisava comprovar que o documento com a nomeação existia. Mas, como afirmado acima, esse documento com o selo oficial, que lhe daria o direito a ser empossado, sumiu. Como Thomas Jefferson, Presidente recém-empossado, era opositor ao Presidente John Adams, que havia nomeado Marbury, ninguém do Governo atual queria, obviamente, testemunhar em favor dele – Marbury –, porque não era do interesse do então governo democrata-republicano a posse de um federalista no cargo de juiz.

Não obstante, havia uma pessoa que podia provar e testemunhar: John Marshall. Sim, o próprio Presidente da Suprema Corte em 1803, que era o Secretário de Estado em 1801, responsável por dar posse aos Juízes Federais, e que foi o responsável pela perda do "papel" com a nomeação de Marbury.

É certo que não havia um regramento sobre impedimento e suspeição de juízes, à época, mas certamente Marshall não podia ser testemunha de um caso que ele iria julgar. Marbury, portanto, não tinha testemunha confiável, até que uma surgiu: James Marshall, irmão do Presidente da Corte[23].

Por incrível que pareça, James Marshall também fora nomeado Juiz de Paz nos minutos finais do Governo anterior e poderia testemunhar, afirmando que o nome de Marbury era um dos indicados. E, mesmo sendo irmão do Presidente que ia julgar o caso, não houve problema. Dessa forma, a única testemunha de Marbury foi James Marshall, irmão do Presidente da Corte que redigiu a mais famosa decisão de controle de constitucionalidade difuso da história[24].

Um ponto, contudo, é relevante: a indicação de Marbury era quase fato notório. Mas, como processo precisa de prova, a indicação do irmão de Marshall serviria apenas para consolidar e comprovar algo que o governo americano já sabia que havia ocorrido.

Portanto, pode-se afirmar que um dos processos mais famosos da história americana teve uma suspeição/impedimento jamais contestada em

[23] Ibid, p. 253/254.
[24] Ibid.

juízo[25], muito provavelmente porque o direito americano, à época, ainda não conhecia esse fenômeno, notadamente a Suprema Corte, que tinha apenas 14 anos de funcionamento.

Desse modo, provado que Marbury tinha direito à posse, Marshall passou a analisar o segundo ponto da decisão: se ele tinha direito, e esse direito foi violado, as leis dos EUA ofereciam-lhe algum remédio?

De acordo com a decisão, a essência da liberdade civil consiste no direito de todo indivíduo reivindicar a proteção das leis sempre que houver uma lesão a sua esfera individual, e um dos primeiros deveres do governo é oferecer essa proteção. Exemplificou afirmando que, na Grã-Bretanha, o próprio rei é processado e nunca deixa de cumprir a decisão de sua Corte[26].

Aduziu-se, ainda, que, quando um dever específico é determinado por lei e os direitos individuais dependem do cumprimento desse dever, parece igualmente claro que o indivíduo que se considera lesado tem o direito de recorrer ao Poder Judiciário de seu país para obter uma resposta.

Dessa forma, até aqui, a decisão da Suprema Corte havia estabelecido que o então Presidente dos Estados Unidos, John Adams, nomeou Marbury Juiz de Paz, e que o selo dos Estados Unidos, afixado pelo Secretário de Estado, seria um testemunho conclusivo da veracidade da assinatura e da conclusão da nomeação, conferindo-lhe o direito legal à posse no cargo pelo prazo de cinco anos.

Além disso, tendo direito ao cargo, tinha o consequente direito à posse, que, não lhe sendo oportunizada, resultava em uma clara violação desse direito, para o qual as leis dos EUA lhe permitiam a busca pelo Judiciário.

Aí veio a solução de John Marshall, até hoje aclamada e reproduzida em todo mundo, que resolveu a questão, estabelecendo o controle de constitucionalidade difuso no âmbito da Suprema Corte, sem deixar de dar seu recado ao Presidente Thomas Jefferson.

[25] Como visto acima, não só essa era uma questão de suspeição/impedimento de John Marshall, mas o próprio fato de Marshall, enquanto Secretário de Estado de John Adams, ter sido o responsável pela nomeação de William Marbury.

[26] 5 U.S. 137 (1803).

Disse ele, para demonstrar a necessidade do *judicial review* e a superioridade da Constituição, que é enfaticamente dever do Poder Judiciário dizer o que é a lei. Aqueles que aplicam a regra a casos particulares devem, necessariamente, expor e interpretar a regra. Se houver conflito entre duas leis, o Tribunal deve decidir sobre o funcionamento de cada uma delas.

E complementou asseverando que, se os tribunais devem respeitar a Constituição, e a Constituição é superior a qualquer ato ordinário do legislativo, a Constituição, e não tal ato ordinário, deve reger o caso a que ambos se aplicam.

Assim, a decisão de Marshall declarou unilateralmente que os poderes da Suprema Corte incluíam interpretar o significado da Constituição e aplicar essa interpretação à legislação federal. E que, se essa legislação fosse incompatível com a norma constitucional, ela – a legislação –, portanto, não seria válida.

Veja-se trecho da argumentação de Marshall, fundamental para compreender a essência de seu pensamento quanto ao controle de constitucionalidade:

> A Constituição ou é uma lei superior, suprema, imutável pelos meios ordinários, ou está no mesmo nível dos atos legislativos ordinários e, assim, é alterável quando o legislador desejar alterá-la.
>
> Se a primeira parte da alternativa for verdadeira, então um ato legislativo contrário à Constituição não é lei; se a última parte for verdadeira, então as Constituições escritas são tentativas absurdas por parte do povo de limitar um poder em sua própria natureza ilimitado.
>
> Certamente todos aqueles que formularam Constituições escritas as contemplam como lei fundamental e suprema da nação e, consequentemente, a teoria geral do Estado deve ser a de que um ato do Legislativo repugnante à Constituição é nulo.
>
> Esta teoria está essencialmente ligada a uma Constituição escrita e, consequentemente, deve ser considerada por este Tribunal como um dos princípios fundamentais da nossa sociedade.
>
> (...)
>
> É enfaticamente competência e dever do Poder Judiciário dizer o que é a lei. Aqueles que aplicam a regra a casos particulares devem, necessariamente,

expor e interpretar essa regra. Se duas leis entrarem em conflito, os Tribunais devem decidir sobre o funcionamento de cada uma[27].

Ainda de acordo com Marshall, se uma lei se opõe à Constituição, e se a lei e a Constituição se aplicam a um caso específico, o Tribunal não pode decidir esse caso em conformidade com a lei, desrespeitando a Constituição, mas, sim, em conformidade com ela, desrespeitando a lei. Para ele, isso é a própria essência do dever judicial.

Então, se os Tribunais devem respeitar a Constituição, e ela é superior a qualquer ato ordinário do Legislativo, a Carta Magna, e não tal ato ordinário, deve reger o caso no qual ambos se aplicam.

E concluiu, assim, a partir do raciocínio de supremacia da Constituição, que o *Judiciary Act* de 1789 – Lei Federal que organizou o sistema de Tribunais Federais –, na parte que estabelecia que a Suprema Corte tinha competência para julgar originariamente mandado de segurança, era incompatível com a Constituição, pois excedeu a competência do Tribunal delineada no seu Artigo III. Tal dispositivo listou dois conjuntos de casos que o Supremo Tribunal poderia atuar: recursos e ações originais. E dentre essas ações originárias não estava o mandado de segurança.

Portanto, ainda que William Marbury tivesse direito a ser empossado no cargo de Juiz de Paz, e tivesse direito de buscar no Poder Judiciário a sua posse, não seria o mandado de segurança impetrado diretamente na SCOTUS a via processual cabível, porque o seu cabimento, previsto em Lei Federal, era incompatível com a Constituição.

A Suprema Corte dos Estados Unidos se tornava, assim, a primeira Corte nacional de um País a realizar o controle de constitucionalidade difuso de uma Lei Federal de modo taxativo.

3. Repercussão da decisão

A decisão de John Marshall ecoa até hoje como fonte da teoria do *judicial review*. Mas as suas consequências vão muito além disso. Como disse

[27] 5 U.S. 137 (1803), p. 177.

Thom Hartmann, até 1803, ninguém sabia realmente quanto poder tinha a Suprema Corte[28].

Com sua astúcia, Marshall conseguiu, simultaneamente, que sua decisão restasse incontestada por aqueles que ameaçavam o judiciário com fechamento e reestruturações casuísticas e alguns de seus membros com *impeachment*[29], além de agradar, em parte, aos Federalistas – seu partido – deixando claro que Marbury não havia sido empossado por conduta ilegal do governo de Jefferson[30].

Ao decidir dessa forma, Marshall foi favorável a Thomas Jefferson e a James Madison, sem deixar de mandar o seu recado de que os Federalistas estavam sendo perseguidos pelos Democratas-Republicanos. E, para construir toda essa narrativa política, conferiu poderes de revisão judicial (*judicial review*) à Corte, construindo os alicerces para tornar a Suprema Corte americana uma das mais respeitadas instituições do mundo.

Portanto, com o julgamento de *Marbury v. Madison*, abriu-se, na prática, a possibilidade de o judiciário rever atos do executivo e do legislativo federais. Alguns doutrinadores, aliás, entendem que a questão era tão pacífica e consensual entre os Constituintes que se deixou de colocar a competência expressamente na Constituição[31].

Abstraindo o lado técnico da decisão, vale dizer, se o congresso poderia ou não ampliar a competência da Corte, o que dela se pode dizer é que é de um pragmatismo sem precedentes. Como informa João Carlos Souto:

> Embora não tenha contrariado os republicanos, o acórdão, por outro lado não despiu o Tribunal máximo de sua competência, pelo contrário, afirmou, com letras garrafais, o que antes era dúvida. Chamou para si, com grau de definitividade, a prerrogativa de ser a guardiã da Constituição, a detentora

[28] HARTMANM, Thom. ***The hidden history of the Supreme Court and the betrayal of America.*** Oakland: Berrett Koehler Publishers, 2019, p. 21.

[29] SOUTO, João Carlos. **Suprema Corte dos Estados Unidos:** principais decisões, 3. ed. São Paulo: Atlas, 2019, p. 114.

[30] Essas eram as ameaças, por parte dos Decmocratas-Republicanos, partido de Thomas Jefferson, que pairavam sobre a Suprema Corte caso ela concedesse o mandado de segurança a William Marbury

[31] MACIEL, op. cit., p. 41.

da última palavra em matéria de constitucionalidade, de adequação de qualquer ato normativo frente ao Texto Fundamental[32].

Todavia, não se pode dizer que a decisão foi um marco na história americana de modo imediato. Tão logo saiu a decisão, Thomas Jefferson reclamou de seu conteúdo a sua amiga e confidente Abigail Adams: "a decisão que dá aos juízes o direito de decidir quais leis são constitucionais, e quais não são, não apenas em relação ao Judiciário, mas também para o Legislativo e o Executivo, em suas esferas, tornaria o Judiciário um ramo despótico do Estado"[33].

Além disso, *Marbury* somente foi citado, na qualidade de precedente do *judicial review*, no caso *Mugler v. Kansas*, de 1887, da Suprema Corte dos Estados Unidos, ainda que em 1857 tenha sido realizado controle de constitucionalidade de lei federal em *Dred Scott v. Sandford*[34].

Antes disso, afirma-se que no caso *United States v. The William*, de 1808, o Juiz John Davis, atuando na Corte Distrital de Massachusetts, citou *Marbury v. Madison* para a prática do *judicial review*. Só que, em sua decisão, coube a Cooper dedicar a Marbury apenas uma referência genérica e secundária[35]. E somente em 1957, em *Cooper v. Aaron*, é que a Suprema Corte citou *Marbury v. Madison* como um precedente para afirmar que as decisões da Corte vinculavam todos os ramos do Governo[36].

[32] Souto, op. cit., p. 114.

[33] Hartmanm, op. cit., p. 26. Por incrível que pareça, Abigail Adams era esposa de John Adams, opositor de Jefferson, mas que, sim, era grande amiga desse último.

[34] Graber, Mark A. *Establishing judicial review: Marbury and the judicial act of 1789*. **Tulsa Law Review**, v. 38, n. 4, p. 609-650, 2003, p. 627-628. Nesse artigo, o autor faz uma análise acurada acerca de *Marbury v. Madison*, com algumas críticas sobre o verdadeiro papel desempenhada pela decisão, e sobre a sua real influência na formação do controle de constitucionalidade. Por exemplo: "Ainda assim, nada na decisão de *Marbury* deixa claro que o poder judicial para declarar as leis inconstitucionais é o poder de resolver questões constitucionais da forma como os juízes querem, ou o poder de resolver virtualmente todas as questões de direitos e poderes constitucionais, ou, ainda, o poder de vincular congressistas que não sejam partes no caso perante o Tribunal. Esses aspectos do poder judicial não teriam precedentes claros até depois da Guerra Civil".

[35] Ibid.

[36] Ibid.

Por outro lado, posteriormente, em tempos modernos, as mais variadas decisões nos Estados Unidos citam *Marbury* como um dos pilares do *judicial review*, estabelecendo-se como um precedente intocável do direito constitucional americano.

O mais importante talvez nem fosse a própria teoria do controle de constitucionalidade, mas a decisão política que havia por trás da decisão judicial, a qual conferiu poderes relevantíssimos à Suprema Corte dos EUA, fixando-a como um Poder no mesmo nível do Executivo e do Legislativo, e conferindo a força à recém-criada Constituição americana. A Carta Magna, assim, passava a ser um documento de relevância máxima, como, aliás, os Pais Fundadores a idealizaram.

No Brasil, a doutrina do *judicial review*, inspirada pelo modelo americano, está presente desde a nossa Constituição de 1891 (Secção III – Do Poder Judiciário – art. 59), muito embora o texto constitucional não tivesse um dispositivo claro, insofismável, como o art. 97 da Constituição vigente (1988), que diz que a "inconstitucionalidade de lei ou ato normativo do Poder Público" só pode ser declarada por maioria absoluta do tribunal pleno ou pela maioria absoluta de seu órgão especial.

Ainda por aqui, em 1891, Amaro Cavalcanti referiu que a Constituição Federal quis que a independência do Poder Judiciário fosse tão perfeita e indiscutível que até o investiu do direito máximo de interpretar e decidir da própria validade dos atos dos demais poderes da Federação[37].

Como se vê, o estabelecimento do controle de constitucionalidade repercutiu não apenas nos Estados Unidos, como no Brasil, que, desde então, desenvolveu essa forma de controle, evoluindo-a ao longo de tempo, para, posteriormente, copiar as técnicas europeias, aperfeiçoando o método do *judicial review* e inserir também o controle abstrato de normas.

Uma última dúvida pode surgir de tudo o que foi tratado aqui, acerca da repercussão e consequência da decisão em *Marbury v. Madison*: o que aconteceu com William Marbury? Ele nunca se tornou juiz, porque teria que processar Madison em uma corte Federal já controlada por democratas-republicanos. Preferiu continuar como banqueiro e teve uma vida

[37] Cavalcanti, Amaro. **Regime federativo e a República brasileira**. Brasília: Universidade de Brasília, 1983, p. 200.

tranquila exercendo seu ofício. Já a SCOTUS só voltou a declarar uma norma federal inconstitucional em 1857, no famoso caso *Dred Scott v. Sandford*[38].

Conclusões

Marbury v. Madison mudou o sistema político americano, assim como de muitos outros países no mundo, sobretudo ocidentais. Um caso que tinha contornos eminentemente políticos evoluiu para se tornar uma referência constitucional, política e social. Não se sabe se John Marshall tinha – difícil que tivesse – noção do tamanho que sua decisão tomaria no futuro.

No Brasil, o controle de constitucionalidade foi estabelecido inicialmente apenas no modo difuso, como nos Estados Unidos, por conta da decisão em *Marbury*. Posteriormente, evoluiu para um modelo intermediário, no qual, ao lado do controle difuso – americano –, exercido por meio de qualquer órgão do Poder Judiciário, também há o controle abstrato – europeu, realizado por meio de ação ajuizada diretamente no tribunal competente.

Portanto, a importância de *Marbury* transcende os Estados Unidos, ganha fronteiras diversas e chega ao Brasil, moldando o nosso sistema constitucional. Todavia, justiça seja feita: não foi tal decisão que criou essa forma de controle de constitucionalidade, mas sim a responsável por sua consolidação. Ela também desenvolveu esse método de controle, criado anteriormente em solo americano, seja pelos Federalistas, seja por Cortes Estaduais, e estabeleceu definitivamente a possibilidade de ele ser realizado pela Suprema Corte do País, funcionando, histórica e politicamente, como um marco no direito constitucional.

Referências

CAVALCANTI, Amaro. **Regime federativo e a República brasileira**. Brasília: Universidade de Brasília, 1983.

[38] Em dois outros casos, *Martin v. Hunter's Lessee* de 1816 e *Cohens v. Virginia* de 1821, a Corte estabeleceu sua competência para rever casos julgados por tribunais estaduais e exercer o controle de constitucionalidade de leis estaduais.

Continentino, Marcelo Casseb. História do *judicial review*: o mito de Marbury. **Revista de Informação Legislativa**: RIL, Brasília, v. 53, n. 209, jan/mar 2016.

Estados Unidos da América. Supreme Court of the United States. **Marbury v. Madison**, 5 U.S. 137 (1803), Washington D.C, 24 de fevereiro de 1803.

Graber, Mark A. *Establishing judicial review: Marbury and the judicial act of 1789.* **Tulsa Law Review**, v. 38, n. 4, p. 609-650, 2003.

Hartmanm, Thom. ***The hidden history of the Supreme Court and the betrayal of America.*** Oakland: Berrett Koehler Publishers, 2019.

Maciel, Adhemar Ferreira. O acaso, John Marshall e o controle de constitucionalidade. **Revista de Informação Legislativa**: RIL, Brasília, v. 43, n. 172, out./dez. 2006.

Paul, John Richard. ***Without precedent:*** *Chief Justice John Marshall and his time.* Nova Iorque: Riverhead books, 2018.

Souto, João Carlos. **Suprema Corte dos Estados Unidos:** principais decisões, 3. ed. São Paulo: Atlas, 2019.

Stevens, John Paul. ***Five chiefs.*** Nova Iorque: Back Bay Books, 2011.

Madison, James; Hamilton, Alexander; JAY, John. ***The Federalist Papers:*** *the ideas that forged the american Constitution.* Londres: Arcturus Publishing Limited, 2019.

Hall, Kermit L. (Ed.). ***The Oxford Companion to the Supreme Court of the United States.*** **New York**: Oxford University press, 1992.

Tushnet, Mark. ***I dissent:*** *great opposing opinions in landmark Supreme Court cases.* Boston: Beacon Press, 2008.

4.

MCCULLOCH V. MARYLAND, 1819

NÓS, OS ESTADOS SOBERANOS?

CHRISTIANO MOTA E SILVA
DAVID SOBREIRA BEZERRA DE MENEZES

Introdução

Responsável pelo desenvolvimento da ainda incipiente ideia de federalismo, *McCulloch v. Maryland*,[1] por alguns reputado o principal pronunciamento jurisdicional do *Chief Justice*[2] John Marshall,[3] "talvez seja o mais importante caso na história da Suprema Corte americana."[4] As questões

[1] **McCulloch v. Maryland**, 17 U.S. (4 Wheat.) 316 (1819).

[2] O *Chief Justice* é aquele que, indicado pelo Presidente da República, atua como Presidente da Suprema Corte dos Estados Unidos.

[3] Opinião, entre outros, de Charles F. Hobson, biógrafo de Marshall e editor de importantes volumes em que estão reunidos os seus *papers*. Na ótica do próprio Marshall, em jogo estavam a União e a própria afirmação institucional da Suprema Corte, de onde provém o seu "extraordinário" empenho pessoal, não ocorrido em nenhum outro caso, na "publicação de ensaios anônimos defendendo a decisão da Corte" em *McCulloch v. Maryland*. Cf. Hobson, Charles F. (ed.). ***The Papers of John Marshall:*** *Correspondence, Papers, and Selected Judicial Opinions, March 1814-December 1819*. v. VIII. North Carolina: UNC Press, 1995, p. 256. No mesmo sentido escreve Aliomar Baleeiro, apontando que Ruy Barbosa reputou o acordão de *McCulloch* como o "melhor" já escrito por Marshall. Cf. Baleeiro, Aliomar. **O Supremo Tribunal Federal, Êsse Outro Desconhecido**. Rio de Janeiro, 1968, p. 35.

[4] Smith, Jean Edward. ***John Marshall:*** *Definer of a Nation*. Boston: Holt McDougal, 1998, p. 586. Em sentido semelhante, Erwin Chemerinsky aponta que "*McCulloch v. Maryland* é mais importante a decisão da Suprema Corte na história americana, definindo o escopo dos poderes do Congresso e delineando a relação entre o governo federal e os estados."

analisadas por Marshall – a reconceituação da soberania dos estados no sistema federativo, em contraposição à experiência confederativa precedente; a natureza da União; a discricionariedade política do legislador; e os princípios que deveriam guiar a interpretação da Constituição – não só definiram os contornos do poder do governo dos Estados Unidos, como também moldaram o crescimento do país.[5]

O presente trabalho propõe-se, então, a visitar, de maneira crítica, os principais temas decididos pela Suprema Corte quando do julgamento do caso. Sua compreensão integral, contudo, não pode ser feita sem que antes seja conhecido o *zeitgeist*[6] que regeu a Convenção Constitucional da Filadélfia.

O regresso à década de 1780 servirá, portanto, como ponto de partida para o estudo das ideias de alguns dos mais notáveis *framers*[7] da Constituição americana. O conhecimento desse contexto viabilizará o exame e a discussão, com maior profundidade, das questões jurídicas compreendidas no julgado. Serão abordadas, ainda, as repercussões, nacionais e internacionais, que decorreram da decisão, o que permitirá um vislumbre da real importância desse pilar da história constitucional norte-americana.

1. Contexto histórico

Durante a Convenção da Filadélfia de 1787, um dos temas – talvez o principal na ordem de consideração política – que ocupou o centro dos debates foi o quão poderoso deveria ser o governo nacional. Nesse cenário, ganham destaque dois grandes grupos: os federalistas, defensores de uma Constituição que atribuísse poderes mais abrangentes ao governo central; e os antifederalistas, partidários de um governo federal com poderes enumerados, preservando, na maior medida possível, a autonomia dos estados.

Cf. Chemerinsky, Erwin. ***Constitutional Law***. 6. ed. Nova Iorque: Aspen Publishers, 2019, p. 121.

[5] Ibid.

[6] No alemão, *zeitgeist* (espírito do tempo) traduz o conjunto de fatores intelectuais, sociais e culturais de uma determinada época.

[7] A expressão *framers of the Constitution* se refere aos 55 indivíduos apontados pelos estados que elaboraram a Constituição durante a Convenção da Filadélfia, em 1787. Cf. Berstein, Richard B. ***The Founding Fathers Reconsidered***. Nova Iorque: Oxford University Press, 2011.

Fato que indicou muito bem a sensibilidade do assunto foi a rejeição, durante a convenção constitucional, de uma proposta que investia o Congresso em poderes para instituir um Banco nacional.[8] Tratava-se de uma tentativa de resolver a crise econômica que assolava o país após a vitória na Guerra de Independência (1775-1783). As consequências do conflito precisavam ser enfrentadas pela potência emergente, sendo imperativo, portanto, que as dívidas de guerra fossem pagas, o valor da moeda restaurado, e a inflação controlada.[9]

Com a aprovação da Constituição, iniciaram-se os debates sobre sua ratificação[10] pelos 13 Estados Confederados. Nessa etapa do alargado processo constituinte, ocuparam uma posição de proeminência figuras como Alexander Hamilton[11], James Madison[12] e John Jay[13], "três já célebres homens" que, como anotou Tocqueville, se uniram "com o escopo de fazer ressaltar aos olhos da nação as vantagens do projeto que lhe era

[8] Vale destacar, neste ponto, que o conteúdo integral dos debates ocorridos durante a Convenção, a respeito do poder de criar um banco, não estava de todo claro. A ressalva ganha relevo quando da análise do voto de Marshall, que, atento às discussões desenvolvidas na Filadélfia, teria se debruçado contra um eventual argumento constituinte originário que dispusesse de forma desfavorável à prerrogativa do Congresso de instituir um Banco. Importante notar, ainda, que até mesmo James Madison, um dos mais prestigiados *framers*, pouco se valeu da rejeição originária quando se posicionou contrariamente à implantação do primeiro Banco nacional. Cf. Reid, Charles J. *America's First Great Constitutional Controversy: Alexander Hamilton's Bank of the United States*. **University of St. Thomas Law Journal**, v. 14, p. 105-192, 2018.

[9] Hill, Andrew T. *The First Bank of the United States.* **Federal Reserve History**, 4 de dezembro de 2015. Disponível em: <https://www.federalreservehistory.org/essays/first-bank-of-the-us>.

[10] Digno de nota que a Constituição dos Estados Unidos da América foi um documento criado por um grupo de notáveis na Convenção da Filadélfia, tendo sido, em seguida, levado de volta a cada um dos estados para que fosse ratificado por suas respectivas Assembleias.

[11] Principal impulsionador da redação dos *Federalist Papers*, Hamilton foi Secretário do Tesouro do governo federal, nomeado por George Washington. Morreu em 1804, em um duelo com o Vice-Presidente Aaron Burr.

[12] Madison foi um parlamentar do estado da Virgínia (1789-1797), sendo, posteriormente, indicado para o cargo de Secretário de Estado no governo de Thomas Jefferson (1801-1809), a quem viria a suceder como quarto Presidente da nação, em 1809.

[13] Jay foi o primeiro *Chief Justice* da Suprema Corte dos Estados Unidos (1789-1795) e o segundo Governador de Nova Iorque (1795-1801).

submetido",[14] escrevendo, para tanto, os *Federalist Papers* (Artigos Federalistas), uma coleção de 85 ensaios em defesa da ratificação da Constituição. A obra, ainda hoje considerada o "principicipal texto para a interpretação da Constituição Americana",[15] foi editada sob o pseudônimo coletivo "*Publius*" e posta em circulação a partir do estado de Nova Iorque, com o objetivo de angariar apoio popular à causa.[16]

Conquanto escrevessem juntos, Hamilton e Madison possuíam posições não homogêneas no que dizia respeito à amplitude dos poderes do novo governo federal. Hamilton, primeiro Secretário do Tesouro dos Estados Unidos, compreendia a Constituição como a instituição de um governo ao qual os estados federados estariam subordinados.

Madison, membro do Congresso pelo estado da Virgínia, por outro lado, pertencia ao mesmo grupo político de Thomas Jefferson,[17] um dos *founding fathers*,[18] cujas ideias eram profundamente marcadas pelos ideais revolucionários. Não obstante compartilhasse de algumas das visões constitucionais de Jefferson, Madison distanciava-se, com grande

[14] Tocqueville, Alexis. ***De la Démocratie en Amérique***. Paris: Gallimard, 1992, p. 127.

[15] Buratti, Andrea. ***Western Constitutionalism***: *an introduction*. Torino: Giappichelli, 2016, p. 36.

[16] Hamilton, Alexander; Madison, James; Jay, John. ***The Federalist Papers***: *A Collection of Essays Written in Favour of the New Constitution*. Dublin: Coventry House Publishing, 2015.

[17] Thomas Jefferson foi o principal autor da Declaração da Independência dos Estados Unidos (Cf. Wood, Gordon S. ***Empire of Liberty***: *A History of the Early Republic, 1789-1815*. Nova Iorque: Oxford University Press, 2011), tendo servido como embaixador na França, ocasião em que ajudou os revolucionários franceses na confecção da Declaração dos Direitos do Homem e do Cidadão, de 1789 (Cf. Meacham, Jon. ***Thomas Jefferson***: *The Art of Power*. Nova Iorque: Random House, 2013). Jefferson era conhecido por seus ideais revolucionários, sendo dele a famosa frase: "a árvore da liberdade deve ser regada, de tempos em tempos, com o sangue de patriotas e de tiranos. É seu adubo natural." (Cf. Wood, op. cit., p. 180). Note-se, ainda, que ele atuou como Secretário de Estado no governo Washington e, algum tempo depois, assumiu a Casa Branca como terceiro Presidente dos Estados Unidos.

[18] A expressão se refere aos "políticos, soldados, juristas e legisladores que ocuparam posições de liderança durante a Revolução americana, o período Confederado e o início da República." Dentre eles, sete merecem destaque: Benjamin Franklin, George Washington, John Adams, Thomas Jefferson, John Jay, James Madison e Alexander Hamilton. Cf. Berstein, op. cit., p. 6.

moderação, tanto dos extremos antifederalistas jeffersonianos[19] quanto das medidas econômicas que Hamilton desejava ver implementadas pelo governo nacional.[20] O parlamentar da Virgínia defendia a União como uma forma de engenharia constitucional na qual o governo federal gozaria de relativa primazia.[21] Sustentava, ainda, nos *Federalist Papers*, a noção de *construction or implication*[22] – a que Marshall se referiria, anos depois, em *McCulloch v. Maryland*, como *implied powers* –, consistente em algo inevitável no exercício de competências do governo federal, assim como já se havia visto, segundo ele, na realidade política da Confederação.[23]

Madison pode, por isso mesmo, ser considerado, numa primeira etapa de sua carreira política, sob tal aspecto e com reserva, um "expansionista".[24] Entretanto, encerrado o processo de ratificação e tendo a política quotidiana tomado o seu lugar, Madison mostrou-se, como Jefferson – seu companheiro de partido e mais eminente figura representativa da agre-

[19] Jeffersonianos era a expressão pela qual ficaram conhecidos aqueles membros do grupo político de Thomas Jefferson.

[20] Hobson, Charles F. (ed.). ***The Papers of John Marshall:*** *Correspondence, Papers, and Selected Judicial Opinions, March 1814-December 1819*. v. IX. North Carolina: UNC Press, 1995.

[21] Repelindo a argumentação contrária à "cláusula de supremacia", Madison ressalta que, sem essa parte da Constituição, "o mundo teria visto, pela primeira vez, um sistema de governo fundado numa inversão dos princípios fundamentais de todo o governo; teria visto a autoridade de toda a sociedade subordinada em todas as coisas à autoridade das partes; teria visto um monstro no qual a cabeça estava sob a direção dos membros." Cf. Hamilton; Madison; Jay, op. cit., p. 222.

[22] "Seria fácil demonstrar, se necessário, que nenhum poder importante, delegado pelas Cláusulas da Confederação, foi ou pode ser exercido pelo Congresso sem o recurso com maior ou menor frequência à doutrina da construção ou da implicação." Cf. Ibid., p. 220.

[23] N'O Federalista nº 44, evidentemente, a inteligência de Madison esboçara, bem antes que a Corte de Marshall lhe houvesse conferido o peso de sua sentença, o próprio núcleo da doutrina dos poderes implícitos, notadamente quando afirma: "Nenhum axioma se verifica mais claramente na lei ou na razão do que o seguinte: sempre que os fins o exigirem, os meios são justificados; sempre que é concedido o poder para alguém fazer uma coisa, pressupõe-se que na concessão estão incluídos todos os poderes particulares necessários para o cumprimento da missão." Cf. Ibid., p. 220.

[24] Loewenstein, Karl. ***Teoría de la Constitución***. Barcelona: Ariel, 1979, p. 360.

miação –, contrário a compreender certos poderes como passíveis de exercício pela União,[25] a exemplo da prerrogativa de criar de um Banco.

Então, em 1790 – mesmo após rejeição, pelos constituintes, do dispositivo que permitiria que o Congresso estabelecesse um Banco[26] –, Hamilton levou ao primeiro Presidente dos Estados Unidos, George Washington, uma proposta de criação de uma instituição financeira nacional que regularia a moeda americana e ajudaria a lidar com problemas econômicos.[27] Na visão do Secretário do Tesouro, a *necessary and proper clause*[28], prevista na Seção 8, do Artigo I, da Constituição, conferia substrato jurídico suficiente à instituição de um Banco como forma de garantir a execução dos poderes constitucionalmente enumerados.[29]

O projeto, entretanto, encontrou um forte opositor no Secretário de Estado. Jefferson, que, segundo Ron Chernow, "perpetuava uma fantasia dos Estados Unidos como um paraíso agrário",[30] temia que a criação de um monopólio financeiro "enfraquecesse Bancos estaduais e adotasse políticas que favorecessem financistas e mercadores (...) em detrimento de donos de plantações e pequenos fazendeiros."[31] Além desse argumento prático, sustentava, diferentemente de Hamilton, que a *necessary*

[25] No famoso episódio das Resoluções de Kentucky e de Virgínia (1798), por ocasião da oposição republicana às disposições legais sobre estrangeiros e sedição, Madison, na contramão dos seus escritos nos *Federalist Papers*, consentia com "uma teoria antiquada segundo a qual a Constituição tornava-se um pacto dos estados e não dos cidadãos." Cf. CHERNOW, Ron. **Alexander Hamilton**. Rio de Janeiro: Íntrinseca, 2020, p. 627.

[26] Ver nota 10.

[27] CHEMERINSKY, op. cit.

[28] O dispositivo que prevê a *necessary and proper clause* (cláusula dos poderes necessários e apropriados) dispõe do seguinte conteúdo: "O Congresso terá o poder (...) de elaborar todas as leis necessárias e apropriadas à execução dos poderes anteriormente especificados e dos demais poderes investidos por esta Constituição no Governo dos Estados Unidos, ou em qualquer de seus Departamentos ou funcionários." Cf. Constituição (1787). **The Constitution of the United States**. Estados Unidos da América, 1787.

[29] CASAGRANDE, Cássio Luís; BARREIRA, Jônatas Henriques. O caso McCulloch v. Maryland e sua utilização na jurisprudência do STF. **Revista de Informação Legislativa**: RIL, Brasília, DF, v. 56, n. 221, p. 247-270, jan./mar. 2019.

[30] CHERNOW, op. cit, p. 381.

[31] HILL, Andrew T. *The First Bank of the United States*. **Federal Reserve History**. Disponível em: <https://www.federalreservehistory.org/essays/first-bank-of-the-us>.

and proper clause não havia investido o Congresso em poderes para criar um Banco, porque isso não seria "necessário", mas apenas "conveniente" à realização dos objetivos delimitados pela Constituição.[32] Em seu entender, o dispositivo que autorizasse a existência de uma instituição financeira desse tipo, por representar uma usurpação das prerrogativas dos governos estaduais, seria inconstitucional.[33]

Não obstante a posição do Secretário de Estado, Hamilton conseguiu convencer o Presidente a apoiar a criação do Banco. A disputa, porém, ainda estava longe de chegar ao fim. No decorrer das deliberações na *House of Representatives* (Câmara dos Deputados), outro obstáculo surgiu, desta vez na pessoa de James Madison.[34] Fazendo coro à posição de Jefferson, o parlamentar propôs-se a enfrentar a ideia de que a *necessary and proper clause* poderia justificar a criação do branco:

> (...) o Banco proposto sequer poderia ser tido como necessário ao governo; seria, quando muito, conveniente. Seus usos para o governo poderiam ser supridos pela antecipação de impostos; por empréstimos de pessoas físicas; por outros Bancos, sobre os quais o Governo teria igual comando; ainda mais pelo fato de que pode conceder ou recusar a esses o privilégio (um presente gratuito e irrevogável ao Banco proposto) de usar suas notas na receita federal.[35]

O discurso, no entanto, publicamente tachado de incoerente com a doutrina madisoniana constante dos *Federalist Papers*,[36] não foi capaz de angariar apoio suficiente para barrar a proposta. Isso fez com que Madison e Jefferson, em uma última tentativa, procurassem o Presidente na esperança de reverter o resultado da votação. Valendo-se de sua boa rela-

[32] Ellis, Richard E. ***Aggressive nationalism:*** *McCulloch v. Maryland and the foundation of federal authority in the young republic.* Nova Iorque: Oxford University Press, 2007.

[33] Chemerinsky, op. cit.

[34] Ibid.

[35] Barnett, Randy E. *Necessary and proper.* **UCLA Law Review**, v. 44, p. 745-793, 1997, p. 751-752.

[36] Elias Boudinot, que havia representado a nação Cherokee no Congresso da Confederação, teria lido, em sessão congressual, "para o constrangimento de Madison", trechos d'O Federalista nº 44. Cf. Chernow, op. cit., p. 381.

ção com Washington – os três eram conterrâneos do estado da Virgínia –, tentaram convencê-lo a vetar o projeto, ratificando suas críticas sobre a inconstitucionalidade da norma. Diante dos argumentos levantados por tão notáveis figuras, Washington passou a questionar a validade do documento.[37]

Contudo, escrevendo um contraponto às alegações que inquietavam o Presidente, Hamilton ecoou, na substância, a argumentação do "primeiro" Madison – elaborada n'O Federalista nº 44. Regando a semente de uma teoria já conhecida, o Secretário do Tesouro fez, então, sua contribuição para uma ideia que seria, quinze anos após sua morte, lapidada na elaboração jurisprudencial de um dos maiores pilares da hermenêutica constitucional: a teoria dos poderes implícitos.[38] Escreveu, então, o Secretário de Tesouro:

> (...) este princípio geral é inerente à própria definição de governo e essencial à cada etapa do progresso a ser feito pelos Estados Unidos; que todo poder investido em um governo é soberano em sua natureza e inclui, pela força da investidura, o direito de empregar todos os meios necessários e razoavelmente aplicáveis à realização dos fins de tal poder e que não sejam vedados por restrições e exceções especificadas na Constituição, ou não imorais, ou não contrárias aos fins essenciais da sociedade política.[39]

As palavras do Secretário do Tesouro "provaram ter um potencial muito mais vasto do que a criação de um branco" e, assim, puseram fim às dúvidas do Presidente, que assinou a lei em 25 fevereiro de 1791, dispensando o veto que havia pedido para Madison lhe preparar.[40]

Dez meses após a sanção da lei, o primeiro Banco dos Estados Unidos começou a operar com uma licença que lhe garantia 20 anos de funciona-

[37] Wright, Robert E.; Cowen, David J. ***Financial Founding Fathers**: The Men Who Made America Rich*. Chicago: University of Chicago Press, 2006.

[38] Bonavides, Paulo. **Curso de Direito Constitucional**. 35. ed. São Paulo: Malheiros, 2020.

[39] Hammond, Bray. ***Banks and Politics in America**: from the Revolution to the Civil War*. Nova Jérsei: Princeton University Press, 1957, p. 117-118.

[40] Ibid., p. 117.

mento. A instituição seria administrada como uma entidade privada, mas com um grande aporte financeiro feito por parte do governo. O processo de capitalização, então, arrecadou 10 milhões de dólares, dos quais 20% eram de titularidade do governo federal.[41]

No decorrer do processo de constituição monetária do Banco, grandes montantes de investimento vieram do exterior, especialmente da Inglaterra. Ainda que os estrangeiros não possuíssem direito a voto nas questões de interesse da instituição, muitos congressistas ficaram preocupados com a dimensão da influência externa sobre o sistema financeiro americano.[42]

Assim, quando o ano de 1811 chegou e a discussão sobre a renovação da licença de funcionamento da instituição tornou-se pauta, congressistas do sul e da costa oeste do país "lideraram um ataque contra o Banco".[43] A questão chegou a um empate no Senado, com 17 votos favoráveis à proposta e 17 votos contrários. Isso fez com que a decisão final fosse tomada por George Clinton, então Vice-Presidente[44] dos Estados Unidos, que, sendo membro do Partido Democrático-republicano[45], pôs fim à disputa congressual e encerrou as operações do primeiro Banco.[46]

As vicissitudes do tema, no entanto, não se encerraram. No ano seguinte, em 1812, outra guerra[47] irrompeu entre os Estados Unidos e o Reino Unido, fazendo com que a América enfrentasse novamente sérios problemas econômicos.[48] As consequências do conflito fizeram com que

[41] Wright; Cowen, op. cit.

[42] Crompton, Samuel Willard. ***McCulloch v. Maryland**: implied powers of the federal government.* Nova Iorque: Chelsea House Publications, 2007.

[43] Ibid., p. 62.

[44] Nos Estados Unidos, o Vice-Presidente acumula a função de Presidente do Senado, cabendo a ele o voto quando em situações de empate nas votações da Casa.

[45] O Partido Democrático-republicano (*Democratic-Republican Party*) se tornaria, mais tarde, o moderno Partido Democrata, tendo sido inicialmente liderado por Thomas Jefferson. Em sua oposição estava aquele que foi o precursor do atual Partido Republicano, o Partido Federalista (*Federalist Party*), que contava com nomes como John Adams e Alexander Hamilton em seus quadros.

[46] Crompton, op. cit.

[47] Conhecida como "A Guerra de 1812", o conflito se estendeu até o ano de 1815.

[48] A historiadora Jill Lepore põe em destaque como a guerra surtiu efeitos diversos em distintas partes do país, suscitando, novamente, questões como a da ilegitimidade da escra-

os republicanos, como anotado por Charles Hobson, "pusessem de lado seus escrúpulos constitucionais"[49] em relação à questão da instituição financeira.

A essa altura, em 1816, James Madison ocupava a presidência dos Estados Unidos. Outrora ferrenho opositor à criação de uma instituição financeira nacional, Madison alegou que seus 25 anos de experiência pública o haviam ajudado a pensar melhor sobre o tema. Assim, superando suas objeções anteriores, o quarto Presidente assinou uma lei estabelecendo o segundo Banco dos Estados Unidos.[50]

O documento gerou animosidades até no próprio partido Democrático-republicano, ao qual Madison pertencia, fazendo surgir, em diversos estados, legislações hostis ao funcionamento da instituição.[51] Uma delas, no estado de Maryland, estabelecia que qualquer Banco que não tivesse origem local estaria sujeito a uma taxa anual de 15 mil dólares ou de 2% sobre o valor de todas as suas notas que exigissem um selo especial.[52]

vidão, além de ideias políticas extremas, como a de uma eventual secessão. Cf. LEPORE, Jill. **Estas Verdades**: a História da Formação dos Estados Unidos. Rio de Janeiro: Intrínseca, 2020, p. 201-202.

[49] HOBSON, v. VIII, p. 255.

[50] TUSHNET, Mark. ***I dissent:*** *Great Opposing Opinions in Landmark Supreme Court Cases.* Boston: Beacon Press, 2008.

[51] Legislações que, do mesmo modo que a de Maryland, chegariam, parcialmente, ao proscênio da Suprema Corte, tendo *McCulloch v. Maryland* figurado como precedente no sentido mais estrito da palavra, e não apenas como alusão – qual se daria, por já quase dois séculos, mundo afora – à teoria dos poderes implícitos. O caso mais recordado, no particular, é o *Osborn v. Bank of the United States,* de 19 de março de 1824, no qual Marshall não somente reedita, mas aprofunda a doutrina do precedente. Cf. RODRIGUES, Lêda Boechat. **A Corte Suprema e o Direito Constitucional Americano**. Rio de Janeiro: Forense, 1958, p. 45. Diversamente do que sucedeu em *McCulloch v. Maryland* e em *Cohens v. Virginia,* a decisão já não provocou tamanho alarido. Cf. HOBSON, Charles F., editor. ***The Papers of John Marshall:*** *Correspondence, Papers, and Selected Judicial Opinions, January 1824-April 1827.* v. X. North Carolina: UNC Press, 2000, p. 41. Nem por isso, todavia, se pode dizer que a chama do antifederalismo estivesse apagada, como, bem ao contrário, mostrou a história sucessiva, com os recuos impostos às construções marshallianas. Cf. BURATTI, op. cit., p. 56.

[52] CHEMERINSKY, op. cit.

Diante de tal situação, James William McCulloch – gerente da filial do segundo Banco dos Estados Unidos em Baltimore,[53] cidade de Maryland – recusou-se a pagar o tributo, alegando a inconstitucionalidade da exação.[54] Isso fez com que John James ajuizasse uma ação com o objetivo de cobrar osvalores devidos, um processo foi instaurado por John James.[55]

Instaurado o conflito, o Tribunal de primeira instância, não surpreendentemente, julgou em favor do estado de Maryland, decisão que foi confirmada pela Corte de Apelações estadual. Após mais um recurso, o caso chegou à Suprema Corte dos Estados Unidos que, naquele momento, era presidida pelo *Chief Justice* John Marshall – talvez o mais famoso de seus membros.

Marshall "sabia que *McCulloch v. Maryland* poderia ser o mais importante caso de sua carreira judicial. Para prevenir qualquer sentimento de impropriedade, vendeu suas mais de 100 ações do [segundo] Banco dos Estados Unidos semanas antes do julgamento começar."[56] Além disso, dada a importância das questões em debate, ele decidiu que algumas regras costumeiras da Corte seriam suspensas, a exemplo da que limitava o número de advogados a não mais que dois para cada parte.[57]

Dessa forma, o caso contou com sustentações de algumas das mais brilhantes mentes jurídicas da época, que se sucederam na tribuna por nove dias de arguição oral, em uma ambiência tomada por larga presença popular, "até quase o ponto do sufocamento".[58] Apresentaram suas razões perante a Corte: Daniel Webster, William Pinkney e William Wirt, em defesa do Banco; e Joseph Hopkinson, Walter Jones e Luther Martin, advogando pelo estado de Maryland.[59]

[53] McCulloch participava de um esquema envolvendo empréstimos fraudulentos por meio do Banco. A farsa, no entanto, só seria revelada após a decisão da Suprema Corte. Cf. Smith, op. cit.

[54] Tushnet, op. cit.

[55] James desejava, com sua ação, ser recompensado com parte do valor devido, o que decorria de previsão legal.

[56] Crompton, op. cit., p. 88.

[57] Ibid.

[58] Como, em correspondência privada, teria se expressado Joseph Story, membro da Corte. Cf. Rodrigues, op. cit., p. 42.

[59] Casagrande; Barreira, op. cit.

Seguiu-se, passados três dias do fim das arguições, o pronunciamento da Suprema Corte, em que Marshall leu o "aresto, um de seus mais importantes pronunciamentos, vazado em forma soberba."[60] É o rico conteúdo dessa singularíssima decisão que, ora, importa considerar.

2. Aspectos importantes da decisão

A compreensão jurídica da decisão passa, necessariamente, pela noção de soberania que predominava à época da Confederação. Como já delineado anteriormente, uma das maiores preocupações dos constituintes de Filadélfia – quiçá a principal e mais dramática no que dizia respeito ao desafio político da ratificação – residia nos poderes que seriam concedidos ao nascente governo federal

Destaque-se que, naquele momento, permanecia, na linguagem política e jurídica, a qualificação dos estados-membros como soberanos,[61] ainda que, na nova realidade institucional – após a ratificação da Constituição –, eles o fossem em menor extensão e em menos elevado grau, ou seja, uma "soberania dividida",[62] que eloquentemente contrastava o antes e o depois de uma grande revolução constitucional. Ademais, a subsistência do emprego do vocábulo soberania em relação aos governos locais não pode ser vista de forma anacrônica, à luz das categorias conceituais tidas como mais exatas e hoje predominantes, com todas as implicações da nítida distinção que traçam entre soberania e autonomia.[63]

[60] Rodrigues, op. cit., p. 42.

[61] A própria decisão de *McCulloch v. Maryland*, logo no introito, alude ao estado de Maryland, sem explicitamente mencioná-lo, como um *sovereign state*. Cf. Hobson, v. VIII, p. 259.

[62] Aponta Loewenstein que essa "soberania dividida" foi a grande descoberta da Constituição de 1787 "para limitar o poder estatal por meio de sua distribuição entre duas categorias de governo." Cf. Loewenstein, op. cit., p. 256.

[63] Como se vê, ilustrativamente, em um dos mais importantes clássicos na matéria, a teoria do estado posterior, entre a última parte do século XIX e a primeira do século XX, versando sobre o Estado Federal, nega o atributo de soberania aos estados-membros, diz que apenas o Estado Federal ostenta essa qualidade e, outrossim, ressalta que ele se funda em um ordenamento constitucional e não sobre um contrato, ainda que, no processo formativo do Estado Federal, e, portanto, precedentemente à sua fundação, intervenham atos contratuais. Cf. Jellinek, Georg. ***La Dotrrina Generale del Diritto dello Stato***. Milano: Giuffrè, 1949, p. 291-292.

É possível notar, com isso, que o federalismo – um experimento tipicamente americano – levou bastante tempo até adquirir o colorido moderno.[64] A passagem da experiência confederativa anterior à da forma de governo traçada na Constituição não se fez de outro modo senão gradual, sem que ainda se pudesse contar, naquele momento embrionário, com a maior precisão de linhas com que atualmente a ação de cada esfera de governo vem delineada e concebida, dentro do terreno da respectiva competência constitucional, como dotada, em variado grau, de autonomia.

Assim, iniciado o julgamento perante a Suprema Corte, os argumentos articulados diziam respeito às seguintes questões: (i) a natureza da União; (ii) a interpretação da Décima Emenda[65] e a amplitude da *necessary and proper clause*; (iii) a discricionariedade política do legislativo federal; e (iv) a extensão do poder de tributar dos estados.[66]

Após o encerramento das sustentações orais, o *Chief Justice* se deparou com a oportunidade de, por meio daquele caso, moldar a estrutura política americana conforme suas visões constitucionais nacionalistas[67] – e assim o fez. Escrevendo pela Corte, Marshall iniciou seu voto discorrendo sobre a possibilidade de o governo federal criar um Banco e, para isso, dividiu suas considerações em quatro partes.

A introdução do voto remeteu aos debates pelos quais a matéria passou, tanto no Legislativo quanto no Executivo. Nesse ponto, o *Chief Justice* recordou a história da implementação do primeiro Banco, destacando, assim, como os argumentos em defesa de sua aprovação haviam sido amplamente debatidos e acabado por convencer algumas das mais bri-

[64] Importante notar, sobre o tema, a lição de Jean Yarbrough, segundo a qual o federalismo do início do século XVIII era tido "como sinônimo de confederação e, consequentemente, mais semelhante a uma liga do que a um governo." Cf. YARBROUGH, Jean. *The Federalist's View of Federalism*. **Publius**, v. 15, n. 1, p. 31-53, 1985, p. 33. Obviamente, a cosmovisão da forma de estado anterior sobrevivia no imaginário político-jurídico da época, gerando, assim, grande dificuldade para a formulação de um léxico mais coerente com a nova estrutura constitucional.

[65] "Os poderes não delegados aos Estados Unidos pela Constituição, nem por ela negados aos Estados, são reservados aos Estados ou ao povo." Cf. Constituição. (1787). **Bill of Rights**. Estados Unidos da América, 1791.

[66] CASAGRANDE; BARREIRA, op. cit.

[67] TUSHNET, op. cit.

lhantes mentes do país. Somado a isso, suscitou que a experiência com a antiga instituição financeira havia demonstrado sua necessidade para o bom funcionamento da economia do país.[68]

Em seguida, Marshall tratou de refutar a ideia de que os estados, após a ratificação da Constituição, continuariam detentores de uma posição superior àquela titularizada pela União. Conhecida como "federalismo compacto", essa visão enxergava "os estados como soberanos porque eles haviam criado os Estados Unidos por meio da cessão de parte de seu poder, assim como pela ratificação da Constituição."[69]

Destaque-se que a noção de soberania pertencente ao povo havia sido vigorosamente ressaltada, quase 30 anos antes de *McCulloch*, no julgamento de *Chisholm v. Georgia* (1793).[70] Em seu voto, John Jay, primeiro *Chief Justice* da história da Suprema Corte, discorreu com maestria sobre a soberania popular, que deveria prevalecer após o período revolucionário:

> É notável que, ao estabelecê-la [a Constituição], o povo exerceu seus próprios direitos e sua própria soberania, e, estando conscientes disso, declararam com dignidade: "Nós, o povo dos Estados Unidos promulgamos e estabelecemos essa Constituição." Aqui vemos o povo agindo como soberano de todo o país; e na linguagem da soberania, estabelecendo uma Constituição pela qual fosse sua vontade, que os governos estaduais fossem vinculados e à qual as Constituições Estaduais devessem se conformar. Cada Constituição estadual é um pacto feito entre os cidadãos de um estado para governar a si mesmos em uma determinada maneira; e a Constituição dos Estados Unidos é, da mesma forma, um pacto feito pelo povo dos Estados Unidos para governar a si próprio, quanto aos objetivos gerais, em uma determinada maneira. Por esse grande pacto, entretanto, muitas prerrogativas foram transferidas para o governo nacional, a exemplo daquelas que autorizam declarar guerra e celebrar a paz, contrair alianças, cunhar moeda, etc. etc.[71]

[68] 17 U.S. (4 Wheat.) 316 (1819).

[69] Ibid., p. 238.

[70] **Chisholm v. Georgia**, 2 U.S. (2 Dall.) 419 (1793).

[71] 2 U.S. (2 Dall.) 419 (1793), p. 470 e 471.

Essa ideia era igualmente defendida por Marshall, que acreditava ser ilógica a subordinação da União à soberania dos estados-membros. Seguir essa linha implicaria aceitar que os estados teriam "autoridade para vetar uma ação federal, como aquela que criou o Banco dos Estados Unidos."[72] Para contrapor tal posição, o magistrado, ecoando o pensamento de Jay, discorreu sobre aquele que, de fato, era detentor da soberania: o povo.

> O governo procede diretamente do povo; é "ordenado e estabelecido" em nome do povo; e é declarado que seja ordenado "a fim de formar uma União mais perfeita, estabelecer justiça, assegurar a tranquilidade doméstica e garantir as bênçãos da liberdade para eles próprios e para a posterioridade." O consentimento dos estados, em sua capacidade soberana, está implícito, em convocar uma convenção e, assim, submeter esse instrumento ao povo. Porém, o povo gozava de perfeita liberdade para aceitá-la ou rejeitá-la; e seu ato foi final. Não era exigida a confirmação dos governos estaduais, tampouco poderia ser por eles negada. A Constituição, quando assim adotada, era de total obrigação e vinculava as soberanias estaduais.[73]

Ao fazer uma defesa do povo como titular do real poder sob a Constituição, a Corte rejeitava o "federalismo compacto", afastando-se da ideia de que seriam os estados, e não a União, os legítimos detentores da soberania. Surge, aqui, uma crítica elaborada por Erwin Chemerinsky. O professor de Berkeley sustenta que Marshall deixou de enfrentar um ponto substancial que colocaria em xeque seu raciocínio: o Artigo VII[74] da Constituição.

Segundo o constitucionalista, a redação do artigo demonstraria com clareza que a vigência da Constituição dependeria de sua ratificação pelos estados, não pelo povo.[75] Dessa forma, na visão do crítico, a

[72] Ibid., p. 238.

[73] 17 U.S. (4 Wheat.) 316 (1819), p. 403-404.

[74] "A ratificação, por parte das Convenções (Assembleias) de nove Estados será suficiente para a adoção desta Constituição nos Estados que a tiverem ratificado." Cf. Constituição (1787). **The Constitution of the United States**. Estados Unidos da América, 1787.

[75] Chemerinsky, Erwin. ***Constitutional Law**: Principles and Policies.* 3. ed. Nova Iorque: Aspen Publishers, 2006.

defesa de uma soberania popular, como aquela elaborada por Marshall, não seria suficiente para equacionar o problema do referido dispositivo constitucional.

Com as mais respeitosas vênias, não obstante a ausência de uma referência expressa ao Artigo VII, a posição do *Chief Justice*, ao discorrer sobre a ratificação da Constituição, parece bem-sucedida na tarefa de atestar a conclusão da obra constituinte. Logo, o que se observa na tese de Marshall é o desenvolvimento da noção moderna de federalismo. Dessa forma, a incorporação da Carta da Filadélfia – por parte dos entes federados – traduziria, em última instância, a vontade do próprio povo que investiu os congressistas na autoridade para tomar tal decisão. Ultrapassado tal ponto, não seria mais possível, por consequência, recorrer a uma noção de soberania senão aquela titularizada pela União, desenho institucional que daria cabo à instabilidade e a possíveis aventuras sediciosas.

A exposição da Corte, então, seguiu para o seu terceiro ponto, enfrentando a questão dos poderes congressuais para criar um Banco. Nesse tópico, Marshall se deparou com uma grande objeção: a ausência de uma disposição expressa na Constituição que conferisse ao Congresso o poder para criar um Banco. Na defesa dos advogados de Maryland, a Décima Emenda[76] – parte do *Bill of Rights*, que representou uma forma de tranquilizar os antifederalistas no processo de ratificação da Constituição[77] – deveria ser lida de forma a impedir atos dessa natureza.[78]

A Décima Emenda era uma derivação direta dos Artigos da Confederação (*The Articles of Confederation and Perpetual Union*), de 1777[79]. A redação original, que inspirou a Emenda, previa que os poderes que

[76] "Os poderes não delegados aos Estados Unidos pela Constituição, nem por ela negados aos estados, são reservados aos estados ou ao povo." Cf. Constituição (1787). **Bill of Rights**. Estados Unidos da América, 1791.

[77] A propósito, Marshall afirmaria – em um caso que marca um período de recuo da jurisprudência federativa da Corte diante das reações institucionais e posições políticas jacksonianas (Cf. Buratti, op. cit., p. 58.) –, precisamente em *Barron v. Baltimore* (1833), que esse era um ponto da história contada todo o dia, e que a necessidade da Décima Emenda decorrera da "imensa oposição" (Cf. Hobson, v. XII, p. 262) sofrida na etapa de ratificação do texto da Convenção de Filadélfia.

[78] Tushnet, op. cit.

[79] "Os Artigos da Confederação e a União Perpétua" foram a primeira "Constituição"

não haviam sido expressamente delegados por aquela Confederação, aos Estados Unidos, permaneceriam na esfera estadual. Marshall notou, então, que, diferentemente dos Artigos da Confederação, a Décima Emenda não havia utilizado a palavra "expressamente" em seu texto.[80] Não se tratava de um artifício, o termo havia sido rejeitado quando da adoção daquela emenda, porque os congressistas reconheciam que teria sido impossível que os constituintes antecipassem todas as circunstâncias que surgiriam em uma sociedade política sem paralelo como os Estados Unidos.[81]

Com essa argumentação, a Suprema Corte colocava fora de órbita uma das principais objeções que o estado de Maryland opunha ao reconhecimento dos poderes implícitos, permitindo então que o *Chief Justice* avançasse para o exame da *necessary and proper clause*, "verdadeira chave de abóbada do sistema constitucional americano."[82]

Enquanto a defesa de Maryland sustentava que a cláusula deveria ser lida de forma restrita, legitimando somente aquelas medidas estritamente necessárias ao implemento dos poderes listados, Marshall, por sua vez, adotou a interpretação que a enxergava como apta a justificar qualquer medida "conveniente", em vez de "absolutamente necessária". Nas palavras do magistrado:

> Ela [necessidade] sempre implica uma necessidade física absoluta (...)? Acreditamos que não. (...) verifica-se que, frequentemente, ela não implica algo além daquilo que é conveniente, ou útil (...). Empregar os meios necessários a um fim é geralmente compreendido como empregar quaisquer meios calculados para produzir aquele fim, não se restringindo àqueles únicos meios sem os quais o objetivo seria completamente inalcançável.[83]

escrita, tendo sido ratificados pelos 13 Estados originais (13 colônias) logo após a Proclamação da Independência.

[80] Ellis, op. cit., p. 96.

[81] Ibid.

[82] Fioravanti, Maurizio. ***Lezioni di Storia Costituzionale**: le libertà fondamentali, le forme di governo, le Costituzioni del Novecento*. Torino: Giappichelli, 2021, p. 216.

[83] 17 U.S. (4 Wheat.) 316 (1819), p. 413-414.

Nesse ponto, Chemerinsky aponta que, pelo teor da decisão, "se o Congresso pudesse escolher quaisquer meios não proibidos pela Constituição para executar seus poderes, ele teria, de fato, uma variedade quase indefinida de opiniões que poderiam ser transformadas em lei."[84] Isso representaria, pelo menos na visão daqueles que discordavam da perspectiva nacionalista de Marshall, uma releitura profunda do documento que havia sido elaborado na Filadélfia.

Vale destacar, contudo, que previsão textual da *necessary and proper clause* não era, na visão do *Chief Justice*, essencial ao reconhecimento dos poderes implícitos,[85] tidos como como conaturais à atividade governativa. Para ele, ainda que uma cláusula dessa natureza não existisse, o "poder congressual deveria ser lido de forma generosa e de bom senso a fim de alcançar os propósitos básicos que o povo americano havia estabelecido na Constituição."[86]

Não se limitando a uma leitura absolutamente textualista da norma, Marshall foi, em *McCulloch*, um "intérprete fiel" que misturou "uma leitura atenta da Constituição escrita a uma compreensão sensível da Constituição não-escrita dos Estados Unidos."[87]

Servindo de complemento ao raciocínio anterior, a quarta parte da decisão incorporava a teoria dos poderes implícitos. Discorrendo sobre o significado da *necessary and proper clause*, Marshall sustentou, em uma das passagens mais importantes de seu voto, que, "se o fim for legítimo e estiver inserido no âmbito da Constituição, todos os meios apropriados,

[84] Chemerinsky, 2006, op. cit., p. 240. Um adendo, aqui, é necessário. Para Chemerinsky, se os poderes do Congresso fossem apenas aqueles estritamente delimitados pela Constituição, o documento não teria sobrevivido por muito tempo, ou pelo menos não sem uma vasta quantidade de emendas.

[85] Ao discorrer sobre a visão de Marshall a respeito da referida cláusula, Akhil Reed Amar, professor de Yale, aponta que "Marshall sugeriu que talvez a cláusula [*necessary and proper*] fosse meramente declaratória daquela que seria a melhor leitura da Constituição mesmo se essa cláusula não existisse. Vista dessa forma, a cláusula não objetivava aumentar, tampouco diminuir o poder federal, mas esclarecer e remover dúvidas. Com essa cláusula em vigor, estaria claro para todos (...) que o Congresso da nova Constituição teria maior liberdade na implementação de seus poderes enumerados." Cf. Amar, Akhil Reed. ***America's Unwritten Constitution**: The Precedents and Principles We Live by*. Nova Iorque: Basic Books, 2012, p. 28.

[86] Ibid., p. 24.

[87] Ibid., p. 25.

claramente adaptados a esse fim, que não forem proibidos, mas consistam na letra e no espírito da Constituição, são constitucionais."[88]

Tais poderes, decorrentes de uma clara inferência lógica, não resultavam de uma negligência por parte dos constituintes da Filadélfia. Na visão do *Chief Justice*, "essa necessidade [de poderes implícitos] derivava da própria essência da Constituição como materialização da soberania popular americana."[89] Dessa forma, estruturando um argumento lateral à *necessary and proper clause*, que sustentaria, por si só, a existência dos poderes implícitos, o magistrado escreveu:

> Embora não encontremos, entre os poderes enumerados de governo, a palavra "banco" ou "incorporação", podemos observar os grandiosos poderes de instituir e coletar tributos; fazer empréstimos; regular o comércio; declarar e conduzir guerras; e criar e manter exércitos e marinhas. (...) A um governo, ao qual foram confiados tão amplos poderes, de cujo devido exercício dependem a felicidade e a prosperidade da nação de maneira tão vital, também devem ser confiados amplos meios para sua execução.[90]

Assim sendo, a Constituição, no entender de Marshall, deveria ser examinada de forma holística, pois seu processo de ratificação havia disposto sobre o documento como um todo, não como um conjunto de normas isoladas.[91] A interpretação constitucional deveria ser, portanto, sistemática,[92] de modo que o magistrado destacou: "nunca devemos esquecer que é *uma Constituição* que estamos interpretando" (destaque no original).[93]

[88] 17 U.S. (4 Wheat.) 316 (1819), p. 421.
[89] Amar, op. cit., p. 25.
[90] 17 U.S. (4 Wheat.) 316 (1819), p. 407 e 408.
[91] Amar, op. cit.
[92] João Carlos Souto fala em uma interpretação "lógico-sistemático-construtivo", tendo em vista a proposta de Marshall que buscava extrair, do "Documento de 1787, uma autorização implícita e consectária com os demais poderes que os Constituintes franqueavam à União. Cf. Souto, João Carlos. **Suprema Corte dos Estados Unidos**: principais decisões. 4. ed. Barueri: Atlas, 2021, p. 287.
[93] 17 U.S. (4 Wheat.) 316 (1819), p. 407.

Encerrada a discussão a respeito da possibilidade da criação do Banco, Marshall passou a responder à questão da constitucionalidade da taxação do segundo Banco dos Estados Unidos por parte do estado de Maryland. Sobre o tema, importantes são as observações do professor Cássio Casagrande que, escrevendo sobre o tema, destaca a argumentação trazida por dois dos advogados da instituição financeira: Webster e Pinkney.[94]

Quando das sustentações orais, um dos argumentos levantados por Webster dizia respeito aos limites do poder de tributar conferido aos estados. Em suas palavras: "se os estados podem tributar o Banco, até que ponto eles podem exercer essa prerrogativa e qual deve ser seu limite? O poder ilimitado de tributar envolve, necessariamente, o poder de destruir."[95]

Por sua vez, Pinkney, ao fazer sua exposição contra o poder de tributar uma instituição estatal, anotou que "a Constituição não precisaria dispor explicitamente sobre a impossibilidade do estado de tributar propriedade nacional."[96] Haveria, portanto, uma imunidade implícita, uma vez que o reconhecimento dessa prerrogativa aos estados lhes permitiria destruir o patrimônio nacional.[97]

O quesito, dessa forma, exigia uma resposta muito menos sofisticada, porém, de uma elegante obviedade. Arvorando-se na premissa de que o poder para criar o Banco implicaria, por decorrência lógica, o poder para preservar sua existência, Marshall concluiu que os estados não poderiam tributar o segundo Banco porque tais exações colocariam em risco seu funcionamento.[98]

Ao escrever "que o poder de tributar envolve o poder de destruir; que o poder de destruir pode derrotar e tornar inútil o poder de criar",[99] Marshall incorporou um dos baluartes de defesa do federalismo, a imunidade tributária recíproca, instituto que, na experiência federativa bra-

[94] Casagrande; Barreira, op. cit.
[95] 17 U.S. (4 Wheat.) 316 (1819), p. 327.
[96] Casagrande; Barreira, op. cit., p. 256.
[97] Casagrande; Barreira, op. cit.
[98] Chemerinsky, 2006, op. cit.
[99] 17 U.S. (4 Wheat.) 316 (1819), p. 431.

sileira, figura já na Constituição de 1891, subsistindo até hoje no direito constitucional tributário brasileiro.[100]

3. Repercussão da decisão

Logo após a publicação da decisão, proeminentes figuras públicas entraram em aberto ataque ao pronunciamento da Corte. Anotou Marshall, em carta a Joseph Story, seu confidente e colega de bancada, que sua decisão "havia despertado o espírito adormecido da Virgínia - se é que alguma vez ele dormiu."[101] Constatando que não haveria quem se posicionasse em defesa do precedente, o *Chief Justice*, então, assumiu o manto de *A Friend to the Union* (Um amigo para a União), um pseudônimo por meio do qual escreveu exaustivamente em defesa dos fundamentos invocados no julgamento.[102]

Em 1828, quase uma década após o julgamento, Andrew Jackson foi eleito o sétimo Presidente dos Estados Unidos. Fervorosamente contrário ao Banco, fez da oposição à instituição financeira uma de suas plataformas políticas. Ele acreditava que a Constituição não havia sido desenhada para instituir um governo baseado no dinheiro, mas para o benefício de todos aqueles que estavam submetidos à sua tutela.[103] Em razão dessa posição, Jackson entendeu que a interpretação dada pela Suprema Corte à *necessary and proper clause* era errada, porque abria as portas do governo federal à corrupção, uma vez que aqueles com maior influência econômica agora poderiam conseguir monopólios injustificáveis, algo que não seria possível, em sua visão, em governos estaduais.[104]

Aproximando-se do pleito presidencial de 1832, os oponentes de Jackson puseram em prática um plano para renovar a licença de funcionamento do Banco. A iniciativa, contudo, ocorreu muito antes do necessário, tendo em vista que a referida instituição estava autorizada a funcio-

[100] Responsável por obstar tentativas de tributação de um ente federado sobre outro (há exceções), a imunidade recíproca traduz instrumento ontologicamente ligado ao federalismo. Cf. BALEEIRO, op. cit.

[101] HOBSON, v. VIII, op. cit., p. 280.

[102] Ibid.

[103] HOFSTADTER, Richard. ***The American Political Tradition and the Men Who Made it***. Nova Iorque: Vintage Books, 1989.

[104] TUSHNET, op. cit.

nar até o ano de 1836. O objetivo era claro: enfraquecer politicamente o ocupante da Casa Branca.

Quando o dispositivo foi submetido à apreciação de Jackson, o Presidente aproveitou a ocasião para escrever, em seu veto, um poderoso libelo contra a constitucionalidade da instituição financeira. Em sua opinião, a existência do Banco "não estava autorizada pela Constituição, sendo subversivo aos direitos dos estados e perigoso às liberdades do povo."[105]

Continuou, então, afirmando que os juramentos feitos pelos agentes públicos em defesa da Lei Suprema deveriam ser observados conforme a consciência de cada um, ou seja, de acordo com a compreensão subjetiva que cada indivíduo teria da Constituição. Esse ponto, em especial, possuía um destinatário específico: a Suprema Corte.[106] Escreveu, então:

> É dever tanto da Câmara dos Deputados, do Senado e do Presidente decidir sobre a constitucionalidade de qualquer projeto de lei ou resolução que possa ser apresentado a eles para aprovação quanto é dos juízes supremos quando lhes forem apresentados para decidir sobre. A opinião dos juízes não tem mais autoridade sobre o Congresso do que a opinião do Congresso sobre os juízes e, nesse ponto, o presidente é independente de ambos. A autoridade da Suprema Corte não deve, portanto, ter permissão para controlar o Congresso ou o Executivo quando atuam em suas capacidades legislativas, mas ter apenas a influência que a força de seu raciocínio possa merecer.[107]

Ao afirmar que a autoridade da Suprema Corte não lhe permitia controlar o Congresso em sua atividade legislativa, o Presidente adotou uma teoria conhecida como *departamentalism* (departamentalismo), que, opondo-se à teoria da supremacia judicial – tese segundo a qual a Suprema Corte seria a intérprete final da Constituição –, defende que

[105] JACKSON, Andrew. *July 10, 1832: Bank Veto.* **Miller Center**. Disponível em: <https://millercenter.org/the-presidency/presidential-speeches/july-10-1832-bank-veto>.
[106] TUSHNET, op. cit.
[107] JACKSON, Andrew. *July 10, 1832: Bank Veto.* **Miller Center**. Disponível em: <https://millercenter.org/the-presidency/presidential-speeches/july-10-1832-bank-veto>.

"não há um intérprete superior da Constituição, devendo todos os Poderes realizar uma interpretação constitucional coordenada."[108]

Ademais, a premissa que a atividade da Suprema Corte não deve vincular o Poder Legislativo em sua função típica é também parte da moderna doutrina[109] a respeito do controle de constitucionalidade. A ideia decorre, basicamente, de dois argumentos: (i) vincular a atividade legislativa resultaria em um processo de fossilização da Constituição, que estaria para sempre atada às decisões da Corte, impedida de ser modificada por quem de direito; e (ii) a teoria dos diálogos institucionais[110].

Importante esclarecer, neste momento, que o próprio Marshall não via as decisões do Poder Judiciário como vinculantes para a vida futura da função legislativa. A supremacia judicial seria restrita, portanto, ao caso submetido a julgamento, descabendo cogitar da revisão de decisões nas instâncias políticas. A própria decisão em *McCulloch v. Maryland*, como esboçado, punha acento na discricionariedade[111] política do Congresso nacional.

Nada impedia, contudo, como é natural, que, no âmbito legislativo, pudesse ser invocada a jurisprudência Suprema Corte como argumentação inteiramente legítima sobre qualquer questão, como inclusive ocor-

[108] Casagrande; Barreira, op. cit., p. 259.

[109] Doutrina de muitos ordenamentos, mas não de todos.

[110] Opondo-se à escolha binária da doutrina clássica sobre quem deveria ter o poder de "dar a última palavra" sobre a Constituição (alguns defendendo o Poder Judiciário, outros o Legislativo), a teoria dos diálogos institucionais apresenta uma proposta de "última palavra provisória", permitindo um contínuo "diálogo" entre as instituições que tornaria circular a discussão sobre dada matéria. Exemplo disso seria a prerrogativa da Corte Constitucional de invalidar atos do Poder Legislativo que se mostrem incompatíveis com a Constituição. Feito isso, o Congresso poderia reverter a decisão da Corte por meio de legislação, o que não impediria uma nova análise do tema por parte do Tribunal. Cf. Fernandes, Bernardo Gonçalves. **Curso de Direito Constitucional**. 12. ed. Salvador: JusPodivm, 2020.

[111] Não se está, com isso, negando a teoria dos diálogos institucionais, tampouco dispondo contra a possibilidade de o Congresso, em sua função típica, superar uma decisão da Suprema Corte, como bem aconteceu em *Chisholm v. Georgia*, com a aprovação da Décima Primeira Emenda. A bem da verdade, o que se sustenta é que o Legislativo não poderia, sob pena de violação do maior dos cânones do constitucionalismo liberal, a separação de poderes, revisar uma decisão do Judiciário.

reu no tocante à tributação pelos estados-membros de atividade bancária da União.

Assim procedeu Daniel Webster, no debate de 1832, como membro do Congresso, invocando a decisão de Marshall com relação à imunidade tributária. Há, inclusive, troca de correspondência entre Webster e Marshall sobre esse assunto. Este, todavia, termina a sua carta-resposta a Webster, datada de 16 de junho do mesmo ano, com dizeres que dão suficiente prova da dificuldade que a Corte enfrentava nos dias de antijudiciarismo jacksoniano e sublinhou a necessidade de uma cautela além da ordinária: "Eu apenas quis expressar minha obrigação por sua atenção e traí a mim mesmo na política do dia."[112]

Marshall escreveu, naquele mesmo período, que só "milagres fizeram com que a União" tivesse sido "preservada até" aquele momento. O seu receio, entretanto, era o de que não continuassem a acontecer tais atos providenciais.[113]

Um último apontamento sobre o voto elaborado pelo *Chief Justice* merece destaque: o que Bruce Ackerman chama de "visão majestosa de Marshall, em *McCulloch vs. Maryland*, sobre o escopo do poder nacional",[114] teria de dar espaço, dali a não muito tempo, aos novos e contrastantes rumos da Corte do *Chief Justice* Roger Taney. Pouco podia fazer o seu erudito colaborador, Joseph Story, que ainda permaneceu na bancada por um decênio, após a morte de Marshall, ocorrida em 1835. A "maioria jacksoniana voltou-se para os grandes precedentes do Tribunal

[112] Hobson, Charles F., editor. ***The Papers of John Marshall:*** *Correspondence, Papers, and Selected Judicial Opinions, January 1831-July 1835, with Addendum, June 1783-January 1829.* v. XII. North Carolina: UNC Press, 2006, p. 215-216.

[113] Informações constantes das cartas trocadas com Joseph Story. Cf. Hobson, Charles F. (ed.). ***The Papers of John Marshall:*** *Correspondence, Papers, and Selected Judicial Opinions, January 1831-July 1835, with Addendum, June 1783-January 1829.* v. XII. North Carolina: UNC Press, 2006, p. 238. A informação se encontra também no livro de Jill Lipore. Cf. Lepore, op. cit., p. 295.

[114] Ackerman, Bruce. **A Nova Separação dos Poderes**. Rio de Janeiro: Lumen Juris, 2009, p. 70.

de Marshall, de 1819",[115] não, porém, para manter de pé o princípio federalista que a animava.

Ademais, é imperativo destacar que *McCulloch v. Maryland* transcendeu vastamente as fronteiras do Estado norte-americano. O desenvolvimento da noção de federalismo, o reconhecimento da teoria dos poderes implícitos e a implementação da imunidade recíproca são elementos que serviram como um farol para muitos países.[116]

Conclusões

Conquanto tratar-se de uma decorrência lógica da estrutura constitucional americana, a teoria dos poderes implícitos representa um dos cânones que garantiram "à Carta de Filadéfia sua assombrosa plasticidade e longevidade."[117] O voto de Marshall, em *McCulloch v. Maryland*, é, portanto, um dos baluartes do federalismo e da preservação da identidade da Constituição norte-americana.

[115] ACKERMAN, Bruce. **Nós, O Povo Soberano**: Fundamentos do Direito Constitucional. Belo Horizonte: Del Rey, 2006, p. 106.

[116] Destacamos, neste ponto, a decisão proferida em *D'Emden v Pedder* (1904), julgado pela Alta Corte da Austrália. No caso, o Tribunal entendeu que *McCulloch* oferecia as melhores diretrizes para regular a relação entre o governo federal do *Commonwealth* e os estados australianos. Cf. **D'Emden v Pedder** [1904] HCA 1; (1904) 1 CLR 91. Em território brasileiro, o caso já foi citado pelo Supremo Tribunal Federal (STF) algumas dezenas de vezes (Cf. CASAGRANDE; BARREIRA, op. cit.). Dentre eles, dois merecem especial atenção. O primeiro foi o julgamento, pelo STF, da ação que reconheceu, com base na teoria dos poderes implícitos, o poder de investigação do Ministério Público. No entender da Corte, a prerrogativa derivaria do dispositivo constitucional que prevê sua competência para "promover o inquérito civil e a ação civil pública", previsto no artigo 129, III da Constituição (Cf. Supremo Tribunal Federal. **RE 593.727/MG**. Relator: Min. Cezar Peluso. Brasília, 14 de maio de 2015). O segundo caso trata do reconhecimento dos poderes de cautela do Tribunal de Contas da União. No MS 24.510 (2004) e novamente no MS 33.092 (2015), o Supremo asseverou que essas prerrogativas seriam uma decorrência lógica das atribuições do órgão, sendo necessárias à efetividade de suas deliberações finais, "permitindo, assim, que se neutralizem situações de lesividade, atual ou iminente, ao erário." Cf. Supremo Tribunal Federal. **MS 24.510/DF**. Relatora: Min. Ellen Gracie. Brasília, 19 de novembro de 2003 e Supremo Tribunal Federal. **MS 33.092/DF**. Relator: Min. Gilmar Mendes. Brasília, 17 de agosto de 2015.

[117] BONAVIDES, op. cit., p. 483.

Reforçando a importância dessa tese, vale destacar, nesse momento, mais uma lição do professor Paulo Bonavides, segundo o qual "os poderes implícitos estão para a hermenêutica constitucional assim como a separação de poderes para a preservação jurídica da liberdade."[118] É de notar, portanto, a posição que o precedente ocupa na história da organização constitucional dos Estados Unidos, assim como na jurisprudência de sua Suprema Corte.

A notoriedade do *Chief Justice* John Marshall é, então, mais que merecida; suas palavras foram responsáveis pelo alicerce de alguns dos pilares do Direito Constitucional que se sustentam até os dias de hoje. Assim sendo, não é demais enfatizar a proeminência de tal figura que, com sua elegância e sofisticação, "mostrou pelo exemplo como ler nas entrelinhas."[119]

Referências

ACKERMAN, Bruce. **A Nova Separação dos Poderes**. Rio de Janeiro: Lumen Juris, 2009.

ACKERMAN, Bruce. **Nós, O Povo Soberano**: Fundamentos do Direito Constitucional. Belo Horizonte: Del Rey, 2006.

AMAR, Akhil Reed. ***America's Unwritten Constitution***: *The Precedents and Principles We Live by*. Nova Iorque: Basic Books, 2012.

AUSTRÁLIA. High Court of Australia. **D'Emden v Pedder** [1904] HCA 1; (1904) 1 CLR 91, Canberra, 24 de abril de 1904.

BALEEIRO, Aliomar. **O Supremo Tribunal Federal, Êsse Outro Desconhecido**. Rio de Janeiro, 1968.

BARNETT, Randy E. *Necessary and proper*. **UCLA Law Review**, v. 44, p. 745-793, 1997.

BERSTEIN, Richard B. ***The Founding Fathers Reconsidered***. Nova Iorque: Oxford University Press, 2011.

BONAVIDES, Paulo. **Curso de Direito Constitucional**. 35. ed. São Paulo: Malheiros, 2020.

BRASIL. Supremo Tribunal Federal. **MS 24.510/DF**. Relatora: Min. Ellen Gracie. Brasília, 19 de novembro de 2003.

[118] BONAVIDES, op. cit., p. 486.

[119] AMAR, op. cit., p. 32.

BRASIL. Supremo Tribunal Federal. **MS 33.092/DF**. Relator: Min. Gilmar Mendes. Brasília, 17 de agosto de 2015.

BRASIL. Supremo Tribunal Federal. **RE 593.727/MG**. Relator: Min. Cezar Peluso. Brasília, 14 de maio de 2015.

BURATTI, Andrea. ***Western Constitutionalism:*** *an introduction*. Torino: Giappichelli, 2016.

CASAGRANDE, Cássio Luís; BARREIRA, Jônatas Henriques. O caso McCulloch v. Maryland e sua utilização na jurisprudência do STF. **Revista de Informação Legislativa**: RIL, Brasília, DF, v. 56, n. 221, p. 247-270, jan./mar. 2019.

CHEMERINSKY, Erwin. ***Constitutional Law***. 6. ed. Nova Iorque: Aspen Publishers, 2019.

CHEMERINSKY, Erwin. ***Constitutional Law:*** *Principles and Policies*. 3. ed. Nova Iorque: Aspen Publishers, 2006.

CHERNOW, Ron. **Alexander Hamilton**. Rio de Janeiro: Íntrinseca, 2020.

CROMPTON, Samuel Willard. ***McCulloch v. Maryland:*** *implied powers of the federal government*. Nova Iorque: Chelsea House Publications, 2007.

ELLIS, Richard E. ***Aggressive nationalism:*** *McCulloch v. Maryland and the foundation of federal authority in the young republic*. Nova Iorque: Oxford University Press, 2007.

ESTADOS UNIDOS DA AMÉRICA. Constituição (1787). **Bill of Rights**. Estados Unidos da América, 1791.

ESTADOS UNIDOS DA AMÉRICA. Constituição (1787). **The Constitution of the United States**. Estados Unidos da América, 1787.

ESTADOS UNIDOS DA AMÉRICA. Supreme Court of the United States. **Chisholm v. Georgia**, 2 U.S. (2 Dall.) 419 (1793). Pensilvânia, PA, 18 de fevereiro de 1793.

ESTADOS UNIDOS DA AMÉRICA. Supreme Court of the United States. **McCulloch v. Maryland**, 17 U.S. (4 Wheat.) 316 (1819), Washington D.C, 6 de março de 1819.

FERNANDES, Bernardo Gonçalves. **Curso de Direito Constitucional**. 12. ed. Salvador: JusPodivm, 2020.

FIORAVANTI, Maurizio. ***Lezioni di Storia Costituzionale:*** *le libertà fondamentali, le forme di governo, le Costituzioni del Novecento*. Torino: Giappichelli, 2021.

HAMILTON, Alexander; MADISON, James; JAY, John. ***The Federalist Papers:*** *A Collection of Essays Written in Favour of the New Constitution*. Dublin: Coventry House Publishing, 2015.

HAMMOND, Bray. ***Banks and Politics in America**: from the Revolution to the Civil War*. Nova Jérsei: Princeton University Press, 1957.

HILL, Andrew T. *The First Bank of the United States*. **Federal Reserve History**, 4 de dezembro de 2015. Disponível em: <https://www.federalreservehistory.org/essays/first-bank-of-the-us>.

HOBSON, Charles F. (ed.). ***The Papers of John Marshall**: Correspondence, Papers, and Selected Judicial Opinions, March 1814-December 1819*. North Carolina: UNC Press, 1995.

HOFSTADTER, Richard. ***The American Political Tradition And the Men Who Made it***. Nova Iorque: Vintage Books, 1989.

JACKSON, Andrew. *July 10, 1832: Bank Veto*. **Miller Center**. Disponível em: <https://millercenter.org/the-presidency/presidential-speeches/july-10-1832-bank-veto>.

JELLINEK, Georg. ***La Dotrrina Generale del Diritto dello Stato***. Milano: Giuffrè, 1949.

LEPORE, Jill. **Estas Verdades**: a História da Formação dos Estados Unidos. Rio de Janeiro: Intrínseca, 2020.

LODGE, Henry Cabot (ed.). ***The Works of Alexander Hamilton***. 3. v. Nova Iorque: Putnam, 1904.

LOWENSTEIN, Karl. ***Teoría de la Constitución***. Barcelona: Ariel, 1979.

MEACHAM, Jon. ***Thomas Jefferson**: The Art of Power*. Nova Iorque: Random House, 2013.

REID, Charles J. *America's First Great Constitutional Controversy: Alexander Hamilton's Bank of the United States*. **University of St. Thomas Law Journal**, v. 14, p. 105-192, 2018.

RODRIGUES, Lêda Boechat. **A Corte Suprema e o Direito Constitucional Americano**. Rio de Janeiro: Forense, 1958.

SMITH, Jean Edward. ***John Marshall**: Definer of a Nation*. Boston: Holt McDougal, 1998.

SOUTO, João Carlos. **Suprema Corte dos Estados Unidos**: principais decisões. 4. ed. Barueri: Atlas, 2021.

TOCQUEVILLE, Alexis. ***De la Démocratie en Amérique***. Paris: Gallimard, 1992.

TUSHNET, Mark. ***I dissent**: Great Opposing Opinions in Landmark Supreme Court Cases*. Boston: Beacon Press, 2008.

WOOD, Gordon S. ***Empire of Liberty**: A History of the Early Republic, 1789-1815*. Nova Iorque: Oxford University Press, 2011.

WRIGHT, Robert E.; COWEN, David J. ***Financial Founding Fathers****: The Men Who Made America Rich*. Chicago: University of Chicago Press, 2006.

YARBROUGH, Jean. *The Federalist's View of Federalism*. **Publius**, v. 15, n. 1, p. 31-53, 1985.

5.
DRED SCOTT V. SANDFORD, 1857
O PIOR PRECEDENTE DA SUPREMA CORTE DOS ESTADOS UNIDOS

MUZIO SCEVOLA MOURA CAFEZEIRO

Introdução

O presente trabalho aborda um dos mais conhecidos casos decididos pela Suprema Corte dos Estados Unidos, notoriamente em razão dos inúmeros aspectos controvertidos da decisão e por ter servido de estopim para a Guerra Civil, que resultou na vitória da União e no fim da escravidão com a promulgação da Décima Terceira Emenda à Constituição americana.

Dred Scott v. Sandford trata da trajetória de um americano negro e escravizado pleiteando a sua liberdade perante a Suprema Corte, após ter residido com o seu escravizador em locais onde a escravidão era proibida, o que, pela doutrina *once free, always free*[1], garantiria a sua liberdade.

Foi um dos mais marcantes capítulos nos anais da luta por direitos dos afrodescendentes nos Estados Unidos, que ainda passaria pelos *Civil Rights Cases*, por *Plessy v. Fergunson*, *Brown v. Board of Education*, *Loving v. Virginia*, bem como outros momentos importantes na história atual, como ilustram os recentes acontecimentos referentes ao homicídio de George Floyd.

[1] A doutrina *once free, always free* (*uma vez livre, livre para sempre*, em tradução livre) consistia na aquisição da liberdade por todo negro escravizado que residisse durante algum tempo em um território livre da escravidão.

Neste artigo, serão analisados os diversos detalhes do caso *Dred Scott v. Sandford*, que transformaram o primeiro caso de *judicial review* norte-americano, depois de *Marbury v. Madison*, numa falha emblemática da Suprema Corte do país.

Uma incursão sobre *Dred Scott* é fundamental para o estudo do controle de constitucionalidade, sobretudo, considerando as consequências nefastas que pode trazer uma indevida avocação de uma questão política flamejante pelo Judiciário.

1. Contexto histórico

Para a compreensão integral do caso, é necessário o retorno ao século XVIII, quando as colônias inglesas na América do Norte declararam a sua independência da Inglaterra, dando início à experiência constitucional da recém-nascida nação, que viria a ser chamada de Estados Unidos da América.

Na Declaração de Independência, redigida em grande parte por Thomas Jefferson, ficou expresso que "(...) todos os homens são criados iguais, que são dotados pelo Criador de certos direitos inalienáveis (...)". Não houve, todavia, consenso entre os *founding fathers*[2] sobre qual seria o posicionamento do documento constitucional a respeito da escravidão, o que também aconteceu no *Bill of Rights*, em 1791.

O que se observa é que os *founding fathers*, que se reuniram em 1787 para elaborar a Constituição, já tinham em mente o tema da escravidão; contudo, se não concordaram em proibi-la, também não deixaram claro se havia entre eles um consenso sobre sua autorização, se valendo, aparentemente, da indeterminação da linguagem como forma de solução, ratificando o documento constitucional omisso talvez esperando que a escravidão "morresse naturalmente"[3].

É sabido que Jefferson era proprietário de escravos no Estado da Virgínia e entendia ser a escravidão um mal necessário, porém, previa a sua substituição progressiva, conforme a expansão da população branca fosse

[2] *founding fathers* e *framers* são denominações dadas aos fundadores e constituintes dos Estados Unidos.

[3] Rehnquist, William H. ***The Supreme Court***. Revised and Updated. Nova Iorque: Vintage Books, 2001, p. 54.

se desenvolvendo. No entanto, após o fim natural da escravidão, Jefferson imaginava ser impossível a permanência dos negros na sociedade americana, uma vez que essa situação poderia levar a população a um enorme conflito racial[4].

James Madison, outro importante *founding father*, a quem deram o título de "Pai da Constituição", chegou a propor uma cláusula que impediria o Congresso de abolir o tráfico de pessoas até 1808, mas omitiu no texto qualquer menção ao termo escravidão[5]. Dividido entre a simpatia intelectual pelo abolicionismo e o medo de furiosas reações sulistas, Madison preferiu não pagar o preço de defender uma causa que era um grande obstáculo à formação da União[6].

Alexander Hamilton, por sua vez, via a escravidão como uma instituição atrasada e desumana[7]. Porém, embora fosse um severo crítico desse modo de produção, entendia que o esquecimento da questão seria ponto vital para a consolidação da nação emergente[8]. Conforme afirmou o historiador Philip Marsh, Hamilton teria escrito em 1791, sob um pseudônimo, uma observação dirigida à Madison e Jefferson: "Quanto aos negros, deveis ser cuidadosos nesse assunto (...). Quem mais fala da liberdade e igualdade? (...). Não serão aqueles que seguram a Declaração de Direitos com uma das mãos e um açoite contra escravos assustados na outra?"[9].

Naquela mesma época, outro dos pais-fundadores, Benjamin Franklin, liderando a *Pennsylvania Society for Promoting the Abolition of Slavery*[10], lutava abertamente pela abolição da escravidão perante o Congresso[11].

[4] Izecksohn, Vitor. **Estados Unidos:** uma História. São Paulo: Contexto, 2021, p. 49.
[5] Cueva, Ricardo Villas Bôas; Souto, João Carlos. **Bill of Rights Norte-Americano:** 230 Anos. Salvador: Editora JusPodivm, 2021, p. 44.
[6] Chernow, Ron. **Alexander Hamilton**. Tradução de Donaldson M. Garschagen e Renata Guerra. Rio de Janeiro: Intrínseca, 2020, p. 339.
[7] Izecksohn, op. cit., p. 39.
[8] Chernow, op. cit., p. 339.
[9] Ibid., p. 339-340.
[10] Em livre tradução: Sociedade da Pensilvânia para a promoção da abolição da escravidão. Era uma associação de pessoas que reivindicavam a abolição da escravidão.
[11] Ibid., p. 338.

Era forte a dicotomia estabelecida entre as colônias do norte, que rejeitavam a escravidão por força de uma cultura urbana e mercantil, e as colônias do sul, fortemente dependentes da produção agrícola e da mão--de-obra escrava, essencial para os seus empreendimentos[12].

Evidências estatísticas levaram os pais-fundadores a concluírem que o termo final da vedação constitucional de poderes para o Congresso extinguir o tráfico internacional de seres humanos implicaria no fim progressivo da escravidão a partir de 1808, embora a previsão não tenha se concretizado, como aliás, escreveu Vitor Izecksohn:

> Por sua vez, os sulistas viam a escravidão como um mal necessário, uma herança infeliz do período colonial. Mas os escravos eram uma forma de propriedade e o direito de possuí-los era garantido pela maneira peculiar como os sulistas interpretavam a Constituição. A mesma Constituição que havia estipulado o fim do tráfico internacional de escravos para 1807. Uma medida que afinal não surtiu o efeito desejado pelos abolicionistas.
> A vitória na Guerra e o fim do tráfico atlântico, 20 anos depois da ratificação da Constituição, levaram muitos no Norte a acreditar que a escravidão seria abolida gradativamente. Para reforçar essa suposição existiam evidências estatísticas, tais como a abolição gradual nos estados do Norte, além das iniciativas individuais de manumissão nos estados do Sul setentrional. Mas a experiência norte-americana diferiu de outras sociedades escravistas nas Américas basicamente por conta do crescimento natural da população escrava e sua progressiva concentração no Sul e no Sudoeste daquele país. A população escrava passou de 697.897 em 1770 para 3.953.760 em 1860, um crescimento de aproximadamente 467% em 90 anos (...). A população escrava norte-americana não apenas superou como também excedeu fortemente a taxa de crescimento das populações escravas em outras partes do continente, levando o Sul a uma posição proeminente como principal usuário do trabalho escravo no Novo Mundo, em razão das altas taxas de crescimento natural[13].

[12] Paixão, Cristiano; Bigliazzi, Renato. **História constitucional inglesa e norte-americana:** do surgimento à estabilização da forma constitucional. Brasília: Editora Universidade de Brasília, 2011, pp. 143-144.

[13] Izecksohn, op. cit., p. 59.

O crescimento demográfico da população escravizada e a explosão da cultura do algodão, sobretudo após a invenção do tear, parecem, portanto, ter frustrado as previsões dos pais fundadores[14].

Ao fim e ao cabo, restaram inseridos no texto constitucional a vedação da proibição de importação de pessoas a partir de 1808, a sanção constitucional às leis dos fugitivos - conhecida como *fugitive slave clause*[15] - e a inclusão dos negros libertos no sistema representativo do Congresso na razão de 3/5 de uma pessoa branca livre.

É de se destacar que o Congresso da Confederação havia promulgado, em 1787, a *Northwest Ordinance*, proibindo a escravidão nos territórios à nordeste do Rio Ohio[16]. Em seguida, já na vigência da Constituição, o Congresso promulgou uma lei que garantia que a *Northwest Ordinance* continuasse a produzir os seus efeitos.

Várias outras leis restritivas foram promulgadas pelo Congresso restringindo o tráfico de escravos, a exemplo do Missouri Compromise Act de 1820, pelo qual se esperava resolver o problema da escravidão nos territórios, mas que foi apenas um armistício temporário entre forças a favor e contra a escravidão, sendo também a lei de que se valeu Dred Scott para pleitear a sua liberdade.

Segundo o *Missouri Compromise Act*, a cada novo território que fosse anexado, deveria ser observada uma divisão equitativa de entidades ao norte e ao sul, mantendo, assim, o equilíbrio das forças no Congresso – o que reduzia o estresse existente, mas protelava o conflito[17].

A tensão entre o norte e o sul voltou a aumentar com as tentativas de aprovação do *Wilmont Proviso*, que revogaria o *Missouri Compromise Act* e proibiria a escravidão nos territórios ao sul do paralelo 36º 30', o que tornaria os territórios adquiridos na guerra contra o México livres da escravidão, acabando com o equilíbrio político no Congresso. Embora o *Wilmont*

[14] Rehnquist, op. cit., p. 55.

[15] Dahl, Robert Alan. **A constituição americana é democrática?** Tradução de Vera Ribeiro. 2. ed. Rio de Janeiro: FGV Editora, 2016, p. 23.

[16] Schwartz, Bernard. ***A History of the Supreme Court.*** Nova York: Oxford University Press, 1995, p. 106.

[17] Rehnquist, op. cit., p. 55.

Proviso tenha sido aprovado na Câmara nas duas vezes em que foi submetido à votação, foi rejeitado pelo Senado em ambas as oportunidades.

À época, as tentativas de tornarem livres os novos territórios anexados trouxeram discussões no campo das teorias constitucionais. As forças abolicionistas defendiam que o Congresso não só tinha o poder dado pela Constituição, mas o dever moral de varrer a escravidão dos Estados Unidos.

As forças escravagistas, por sua vez, passaram a defender que a Constituição não teria dado autoridade para o Congresso legislar sobre os territórios, pois estes seriam propriedades dos estados. Sendo o Congresso um mandatário destes, não poderia fazer discriminação entre as unidades federativas, criando leis que privassem os cidadãos do direito de emigrar para qualquer território com sua propriedade.

Essa tese elaborada pelo Sul foi a forma encontrada para frear a "ameaça abolicionista", tendo em vista que os territórios anexados no lado oeste do país se tornariam estados com o passar do tempo[18], e o aumento do número de unidades federativas livres daria aos antiescravagistas maior representação, pondo em xeque a continuidade do instituto da escravidão[19].

O Sul buscava, incessantemente, aprovar leis que restringissem o poder do Congresso de abolir a escravidão e nem mesmo após a promulgação do *Kansas-Nebraska Act,* em 1854, que revogou o *Missouri Compromise Act,* atribuindo a cada território o poder de decidir sobre a escravidão, a questão foi resolvida.

Neste contexto, *Dred Scott v. Sandford* se tornou uma grande oportunidade para solucionar a questão da escravidão nos Estados Unidos por meio da Suprema Corte, começando assim as primeiras pressões políticas sobre os juízes, sobretudo por parte de James Buchanan que, ao tempo da decisão do caso, se preparava para assumir a presidência da nação e queria que a controvérsia fosse dirimida antes de sua posse.

[18] Considerando que os territórios não possuem um fim em si mesmo, mas evoluem a sua organização política e administrativa até serem emancipados, se transformando em Estados.

[19] SCHWARTZ, op. cit., p. 107.

Dred Scott foi um descendente de africanos nascido na Virgínia em 1795, tendo sido escravizado desde sua infância por Peter Blow e sua esposa Elizabeth. Após a morte do casal, ele teria sido vendido ao Dr. John Emerson, um médico-cirurgião do exército que residia no Estado do Missouri.

Em razão de seu trabalho, Emerson viajava bastante. Terminou por vir a ser designado para servir em *Fort Armstrong*, Rock Island, para onde se mudou com sua esposa, levando também Dred Scott consigo para o Estado livre do Ilinnois. Após dois anos servindo no local, o médico foi transferido para *Fort Snelling*, hoje conhecido como Saint Paul, no então território de Wisconsin.

É importante registrar que o Wisconsin também era um território em que a escravidão havia sido abolida, pois o *Missouri Compromise Act* declarava livre da escravidão qualquer território ao norte do paralelo com a fronteira sul do Estado do Missouri e que tivesse sido anexado a partir de 1820.

Em *Fort Snelling*, Scott conheceu Harriet Robinson, uma mulher escravizada por um oficial do exército. Ela foi posteriormente vendida para Emerson e casou-se com Scott, com quem, futuramente, teria duas filhas: Elisa, em 1838 e Lizzie, em 1847. Os dois permaneceram casados até a morte dele, em 1858.

Após a morte do médico, em 1843, Scott decidiu negociar a sua liberdade com a viúva Irene Emerson. Não resolvendo a questão consensualmente, recorreu então ao Judiciário estadual, defendendo a sua liberdade arvorado na doutrina *once free, always free*.

Na mesma ação, Dred e Harriet Scott processaram Irene Emerson por agressão e aprisionamento ilegal cometidos pelo Dr. Emerson contra o casal e suas duas filhas, sendo os requerentes auxiliados e orientados por Henry Taylor Blow, filho do seu primeiro escravizador, com quem Scott conviveu na infância.

À época em que foi protocolada a demanda, a jurisprudência do estado do Missouri reconhecia que negros escravizados estariam emancipados caso viajassem para um território livre, o que resultou na procedência da ação na primeira instância do Judiciário do Missouri. Não foi, todavia, o entendimento da Suprema Corte estadual, que proveu o recurso interposto pela ré e reverteu a decisão.

Um elemento peculiar da questão, no entanto, concedeu a Scott uma nova oportunidade. Irene Emerson transferiu a propriedade de Scott a John Sanford[20], seu irmão que vivia em Nova Iorque. Taylor Blow, sabendo que Scott residia no Missouri e Sandford em Nova Iorque, levou o caso à Justiça Federal, arguindo que seria dela a competência para julgar processos em que figurassem cidadãos de diferentes estados como partes.

Após perder nas instâncias inferiores do judiciário federal, Dred Scott recorreu à Suprema Corte, onde o recurso foi conhecido, a fim de se decidir sobre três controvérsias constitucionais de grande relevância: (i) saber se um negro liberto seria um cidadão com direito à proteção pela Constituição dos Estados Unidos; (ii) se a Constituição americana teria dado ao Senado o poder de criar leis abolindo a escravidão nos estados; e (iii) qual seria o status de Scott após ter residido em território livre.

Em 6 de março de 1857, o *Chief Justice*[21], Roger Taney, anunciou a decisão da Suprema Corte, declarando a inconstitucionalidade do *Missouri Compromise Act*. Em decorrência disso, o *status* de Dred Scott não foi alterado, continuando ele na condição de escravo.

Por sorte, quis o destino que ele fosse negociado a Henry Taylor Blow, que emancipou Scott e sua família em 26 de maio de 1857, quase três meses depois da decisão da Suprema Corte. Dred Scott faleceu em 1858 no Missouri, de tuberculose.

2. Aspectos importantes da decisão

A discussão em torno de *Dred Scott v. Sandford* consistia principalmente em saber se Scott ainda seria um escravo após ter residido em estados livres, mas a demanda levantou outras duas questões importantes. Primeiramente, era necessário saber se Scott poderia litigar em um tribunal federal, considerando que a Constituição previa que a competência para

[20] Convém alguns esclarecimentos sobre John Sanford: embora o caso seja conhecido como *Dred Scott v. Sandford*, o sobrenome foi erroneamente grafado e o fato ocorreu por descuido de um servidor da justiça. A substituição processual e da titularidade legal de Scott se deu porque Irene Emerson se casou com o Senador Calvin Chaffee, que se posicionava contrariamente à escravidão.

[21] A expressão *Chief Justice* significa Juiz Presidente da Suprema Corte.

julgar causas de cidadãos de estados diferentes era da Justiça Federal. Para solucionar a questão preliminar, a Suprema Corte precisaria definir se Dred Scott era ou não um cidadão no estado do Missouri. A segunda questão colocava em xeque o poder do Congresso de legislar sobre a escravidão nos territórios, o que foi feito mediante a arguição de inconstitucionalidade do *Missouri Compromise Act*. O item final consistia em saber qual seria o *status* de Dred Scott após sua residência em estados livres.

Ao decidir a primeira questão, o *Chief Justice* Roger Taney afirmou em seu voto que, embora fossem os negros cidadãos dos estados-membros da Federação, não eram cidadãos dos Estados Unidos, o que lhes impossibilitava de acionar a Justiça Federal.

Curiosamente, o conceito de cidadania no texto constitucional era tão irritantemente vago que, em 1866, o Congresso entregou a tarefa para dois acadêmicos de direito, concluindo um deles que a "palavra cidadão ou cidadãos aparece, pelo menos, dez vezes na Constituição dos Estados Unidos, mas nenhuma definição lhe é dada em lugar algum".[22]

Por cuidado, é importante que venhamos a entender como Taney chegou à conclusão de que negros não poderiam ser cidadãos dos Estados Unidos. Primeiro, é importante que se tenha em mente que o referido juiz declarava expressamente usar como método interpretativo o *original public meaning* e não o *original intent*.

Tal distinção é fundamental, pois enquanto o primeiro método interpretativo procura o sentido objetivo contido no texto (buscando o significado das palavras textuais ao tempo em que foram empregadas), o segundo trabalha com a intenção original de quem elaborou a Constituição[23].

Ao proferir voto em *Aldridge v. Williams*[24], anos antes, Taney deixou claro ser o *original public meaning* um método interpretativo mais adequado que o *original intent*. Conclui dizendo que a lei, tal como promulgada, traduz a vontade da maioria de ambas as Casas, sendo a própria

[22] Lepore, Jill. **Estas verdades**. Tradução: André Czarnobai e Antenor Savoldi Jr. Rio de Janeiro: Editora Intrínseca, 2020, p. 349.

[23] Fonteles, Samuel Sales. **Hermenêutica Constitucional**. 3. ed. Salvador: Editora JusPodivm, 2020, pp. 126-127.

[24] **Aldridge et al. v. Williams,** 44 U.S. (3 How.) 9 (1845).

lei o único modo pelo qual essa vontade seria manifestada. A intenção, portanto, deveria ser extraída a partir da linguagem empregada, comparando-a, quando houver ambiguidade, com as leis sobre o mesmo assunto e procurando, se necessário, a história pública da época em que a norma foi promulgada[25].

Percebemos pelo teor do trecho do voto do *Chief Justice* Roger Taney que ele pretendia desenvolver o mesmo método em *Dred Scott v. Sandford*:

> Ninguém, presumimos, supõe que qualquer mudança de opinião ou sentimento público, em relação a esta raça infeliz, nas nações civilizadas da Europa ou deste país, deva induzir o tribunal a dar às palavras da Constituição uma construção mais liberal a seu favor do que deveriam suportar quando o instrumento foi elaborado e adotado. Tal argumento seria totalmente inadmissível em qualquer tribunal chamado a interpretá-lo. Se alguma das suas disposições for considerada injusta, existe um modo prescrito no próprio instrumento pelo qual pode ser alterado; mas enquanto permanece inalterado, deve ser interpretado agora como foi entendido no momento de sua adoção. Não é apenas o mesmo em palavras, mas o mesmo em sentido, e delega os mesmos poderes ao Governo, e reserva e garante os mesmos direitos e privilégios ao cidadão; e enquanto continuar a existir em sua forma atual, ele fala não apenas nas mesmas palavras, mas com o mesmo significado e intenção com que falou quando saiu das mãos de seus criadores e foi votado e adotado por pessoas dos Estados Unidos[26].

Ultrapassada a questão do método hermenêutico pretendido por Taney, resta saber como ele interpretou a Constituição para chegar ao conceito apresentado do termo "cidadão", que, como vimos antes, era antes bastante vago ou indeterminado.

É de se notar que o artigo IV da Constituição dos Estados Unidos não estabelecia duas classes de cidadania, mas tratava dos direitos de "cidadãos de cada estado" e dos direitos de "cidadãos dos vários estados".

[25] Scalia, Antonin. **Uma questão de interpretação os tribunais federais e o direito.** Tradução de Samuel Sales Fonteles. Porto Alegre: Sérgio Antonio Fabris Editor, 2021, p. 41-42.

[26] **Dred Scott v. Sandford,** 60 U.S. (19 How.) 393 (1857), p. 426.

O texto constitucional, portanto, não autorizou a Corte, na sua atividade jurisdicional, a concluir que havia uma cidadania estatal que os negros poderiam possuir e uma cidadania nacional que eles nunca possuiriam[27].

O que, de fato, se poderia depreender das disposições da Constituição norte-americana sobre o tema era que as pessoas nascidas nos vários estados que, por força de suas respectivas Constituições e leis, eram considerados cidadãos do respectivo estado, por lógica, também seriam cidadãos dos Estados Unidos[28].

Pelo método eleito pelo juiz, ninguém estaria autorizado a empregar outro significado para o termo "cidadão" fora do texto constitucional, o que parece ter sido o erro do magistrado da Suprema Corte.

Mesmo considerando o significado das palavras usadas no texto quando da promulgação da Constituição, ao afirmar que os negros "não estão incluídos...sob a palavra cidadão e, portanto, não podem reivindicar nenhum dos direitos e privilégios dos cidadãos...", Taney fugiu completamente do que estava autorizado pelo texto.

Para Cass Sunstein, Taney recorreu de forma explícita e consciente às "intenções originais", pois falou por sua compreensão daquilo que supostamente os fundadores acreditavam[29]. Fica bem clara a busca da *mens legislatoris* dos *founding fathers* no trecho a seguir:

> Pelo contrário, [os descendentes de africanos] eram naquela época considerados como uma classe de seres subordinados e inferiores, que haviam sido subjugados pela raça dominante, e emancipados ou não, ainda permaneciam sujeitos à sua autoridade, e não tinham direitos ou privilégios, exceto aqueles que detinham o poder e o governo poderiam decidir concedê-los[30].

[27] BARNETT, Randy E.; BLACKMAN, Josh. ***An introduction to Constitutional Law:*** *100 Supreme Court Cases Everyone Should Know*. New York: Wolters Kluwer, 2019, p. 117.
[28] TUSHNET, Mark. ***I Dissent:*** *Great Opposing Opinions in Landmark Supreme Court Cases. Massachussetts*: Beacon Press, 2008, p. 35.
[29] Cass R. Sunstein, *Constitutional Myth-Making: Lessons from the Dred Scott Case*. **University of Chicago Law Occasional Paper**, n. 37, 1996, p. 8.
[30] 60 U.S. (19 How.) 393 (1857), p. 404-405.

Utilizou-se, ainda, do fundamento de que havia duas cláusulas constitucionais que deixavam clara a intenção dos fundadores:

> Mas há duas cláusulas na Constituição que apontam direta e especificamente para a raça negra como uma classe separada de pessoas, e mostram claramente que eles não eram considerados uma parte do povo ou dos cidadãos do governo então formado. Uma dessas cláusulas reserva a cada um dos treze Estados o direito de importar escravos até o ano de 1808, se entender apropriado. E a importação que assim sanciona refere-se inquestionavelmente às pessoas da raça de que estamos falando, visto que o tráfico de escravos nos Estados Unidos sempre se limitou a eles. E, pela outra disposição, os Estados se comprometem uns com os outros a manter o direito de propriedade do senhor, entregando a ele qualquer escravo que possa ter escapado de seu serviço e ser encontrado em seus respectivos territórios[31].

Os fundamentos utilizados de que a Constituição vedava o Congresso de proibir a escravidão até 1808[32] e dava sanção às leis sobre fugitivos[33], por sua vez, não eram suficientes para negar-lhes o reconhecimento da cidadania, uma vez que, por outro lado, a disposição constitucional sobre os representantes no Congresso incluía os negros, mesmo que na razão de 3/5 de uma pessoa livre[34].

Por um raciocínio lógico, se os negros americanos eram considerados cidadãos para fins de representação política que deflui da relação entre governantes e governados, e se a própria Constituição diz que assim seria, por qual razão eles não seriam considerados cidadãos (mesmo que sem plenitude de direitos) aptos a pleitear na justiça seus direitos?

Tushnet sustenta que não seria verdadeira a alegação de que a Constituição norte-americana teria sido feita exclusivamente para a raça branca, pois tal suposição contrariaria, inclusive, a declaração inicial do documento. Sendo os negros livres cidadãos em pelo menos cinco estados, e, portanto, parte do povo dos Estados Unidos, eles estariam entre

[31] 60 U.S. (19 How.) 393 (1857), p. 411.
[32] Artigo IV, seção 2.
[33] Artigo I, seções 2 e 3.
[34] Artigo I, seção 2, 3º parágrafo.

aqueles para quem e para cuja posteridade a Constituição foi ordenada e estabelecida[35].

Sunstein defende que existe um certo mito de que a Constituição dos Estados Unidos protegia e apoiava a escravidão. Em sua opinião "isso seria um mito simplesmente por ser falso: a Constituição não apoiava a escravidão"[36].

Ao se concluir que Dred Scott não era um cidadão, a consequência lógica seriam os tribunais federais não terem jurisdição para julgar o mérito do recurso, e o caso deveria ser encerrado, pelo menos na linha do que decidiu Taney. Porém, contrariando a autocontenção que marcava a atuação da Corte, ele resolveu enfrentar ainda a segunda questão relativa à constitucionalidade do *Missouri Compromise Act*.

Nesse particular, o primeiro fundamento utilizado foi de que o Congresso não teria autorização para legislar sobre territórios ou outra propriedade anexada aos Estados Unidos após 1789. O segundo fundamento exaltava o direito constitucional à propriedade, afirmando que a escravidão era constitucionalmente sacrossanta, de modo que, mesmo se o Congresso tivesse autoridade sobre novos territórios, não poderia proibir a escravidão.

Ambos os fundamentos figuraram como *obter dictum*. Porém, um terceiro fundamento foi determinante para convencer a maioria de que o poder do Congresso sobre os territórios não poderia colidir com outras limitações constitucionais, eliminando, por exemplo, a liberdade de expressão nos territórios ou privando alguém de sua propriedade apenas porque a transportou para um determinado lugar.

Taney, assim, invocou os poderes do *judicial review* para investir no campo do controle substantivo da ação legislativa, decidindo que o *Missouri Compromise Act* violava a cláusula do Devido Processo Legal, embora o simples fato de uma lei proibir direitos de propriedade não signifique violação à Quinta Emenda, já que faz parte da atividade legislativa o poder de proibir e o poder de regular.

[35] Tushnet, op. cit., p. 36.
[36] Sunstein, op. cit., p. 2.

Esse foi o nascimento do *"substantive due process"*, ideia usada nos casos da *Era Lochner*[37], em *Roe v. Wade*[38] e em muitas outras decisões controvertidas da Suprema Corte, alvo até hoje de muitas críticas de peso, como as do Juiz Antonin Scalia.

Para esse *justice*, Dred Scott teria sido o primeiro caso da Suprema Corte a utilizar a cláusula do Devido Processo Legal como forma de controle substantivo da lei, o que seria equivalente a abandonar o textualismo, desconsiderando a validade de uma lei legitimamente promulgada e partir para a criação judicial de normas[39].

No mesmo sentido de Scalia, John Hart Ely critica a decisão em *Dred Scott*, considerando-a como uma aberração jurídica ainda no tempo de sua prolação, mencionando que as Cortes nas quais ela foi citada adotaram uma postura bastante crítica, considerando terem seus prolatores feito mau uso da linguagem constitucional ao dar-lhe uma interpretação substantiva[40].

Assim, restou inaplicável o *Missouri Compromise Act* a *Dred Scott*, por entender a Corte que a lei, ao limitar o direito de propriedade de um cidadão americano, impedindo-o de transportar um escravizado para outro estado da nação, seria inconstitucional.

No julgamento, dois juízes associados proferiram votos dissidentes, separadamente. O juiz Curtis criticou Taney por prosseguir julgando o mérito depois de concluir pela negativa de jurisdição. Avaliou, ainda, que não havia necessidade de entrar na questão da constitucionalidade do *Missouri Compromise Act*, porque a Constituição dos Estados Unidos não teria sido elaborada exclusivamente para a raça branca e que, quando o documento foi ratificado, os afrodescendentes podiam ser cidadãos de pelo menos cinco estados. Apesar disso, o voto de Curtis manteria Dred

[37] A *Era Lochner* foi o período entre 1905 a 1937, quando a Suprema Corte dos Estados Unidos invalidou legislação trabalhista que estabeleciam condições de trabalho, limitavam a jornada e definiam salário.

[38] *Roe v. Wade* foi um caso decidido pela Suprema Corte, em que foi reconhecido às gestantes o direito constitucional à privacidade, permitindo a interrupção da gravidez sem embaraços por parte do Estado.

[39] SCALIA, op. cit., p. 33-34.

[40] ELY, John Hart. **Democracia e desconfiança:** uma teoria do controle judicial de constitucionalidade. Tradução de Juliana Lemos. São Paulo: WWF Martins Fontes, 2010, p. 21-22.

como escravo, pois, no seu entender, só a lei do Estado do Missouri poderia definir a cidadania das pessoas escravizadas.

O juiz McLean, por sua vez, concordou com os argumentos de Curtis, acrescentando ainda o fundamento de que o escravo não era um mero bem, mas carregava a impressão do seu criador, se submetendo às leis de Deus e do homem[41].

Ao analisar a decisão em *Dred Scott*, o *Chief Justice* Willian Rehnquist (1986-2005) observou a violação de dois cânones de interpretação constitucional por parte de Taney. O primeiro deles sugere que nunca se deve decidir uma questão de direito constitucional, a menos que a decisão seja absolutamente necessária à solução do caso. O segundo se apoia no fato de que a opinião de Taney está aquém de um grau mínimo de plausibilidade, exigível antes que um tribunal declare qualquer ato do Congresso inconstitucional. No caso, a declaração de inconstitucionalidade se deu porque se considerou a lei injusta com os sulistas, fundamento que não deveria ser capaz de tornar sem efeito o *Missouri Compromise Act*[42].

Ao final, a consequência, para além do caso concreto, foi a manutenção dos homens na condição de escravizados, assim permanecendo salvo a hipótese dos seus próprios escravizadores decidirem os libertar. De outra forma, não haveria muito o que se fazer a respeito.

3. Repercussão da decisão

A notícia da decisão foi desastrosa, não surtindo o efeito de estabilização social pretendido. Os jornais do Sul vangloriaram-se do ocorrido como se fosse uma validação dos direitos dos estados e, em particular, da prerrogativa de qualquer Estado de decidir se a escravidão seria legal dentro de suas divisas, não se submetendo ao governo federal. Do outro lado, o Norte reagiu à decisão com um chamado às armas contra o Sul.

Grandes jornais da época, como o *New York Tribune*, *Greeley's Tribune* e *New York Evening Post* criticaram profundamente a decisão, divulgando uma suposta preferência pelos proprietários de escravos do sul à Constituição dos homens livres.

[41] 60 U.S. (19 How.) 393 (1857).

[42] Rehnquist, op. cit., p. 63.

Era forte a especulação de que alguns juízes da Suprema Corte haviam sido influenciados pelo presidente eleito James Buchanan[43], demonstrando que muitos encaravam a decisão como uma solução política em favor da economia sulista, fortemente dependente do trabalho escravo. Os rumores se fortaleceram, sobretudo em razão do fato de que cinco dos integrantes da Corte eram oriundos de estados do Sul.

Com o acirramento da polarização, a imagem de Abraham Lincoln (sucessor de Buchanan) foi impulsionada por suas duras críticas à posição da Corte, o que resultou na sua eleição para presidente dos Estados Unidos. No seu governo, assumiu um protagonismo na Guerra Civil contra os Estados Confederados, além de ter sido um dos principais responsáveis pelas emendas da reconstrução.

Sobre Taney, sem *Dred Scott*, provavelmente figuraria entre os grandes juízes da Suprema Corte, dando prosseguimento ao trabalho do juiz Marshall, considerando as suas relevantes decisões concernentes a questões comerciais[44]. Após *Dred Scott*, no entanto, sua reputação se transformou no arquétipo do juiz injusto, pelo posicionamento resoluto de proteção à escravidão.

Numa perspectiva estritamente jurídica, a opinião de Taney foi – e continua sendo – considerada, tanto por estudiosos quanto por acadêmicos, a pior mancha na história da jurisprudência da Suprema Corte. Não só houve um rompimento com a tradição de *judicial restraint*, como também um uso ardiloso do *substantive due process* para fundamentar a sua decisão.

Outros doutrinadores, contudo, num exercício contrafactual, buscam entender as consequências de uma eventual prevalência do voto dissidente de Curtis. Teria, em tal situação, o impasse da escravidão persistido? Seria a Guerra Civil inevitável se a decisão fosse diferente? A secessão dos estados sulistas chegaria a ocorrer?

Recentemente, uma questão levantada em *Dred Scott* foi ressuscitada por Donald Trump[45], no sentido de que crianças nascidas no Estados

[43] James Buchanan foi o 15º presidente dos Estados Unidos e, embora morador do Norte do país, era considerado grande defensor dos interesses sulistas.

[44] Rehnquist, op. cit., p. 53.

[45] Tushnet, op. cit., p. 41.

Unidos, filhas de pais que estão ilegalmente no país, não deveriam ter direito à cidadania, pois não poderiam ser consideradas sujeitas à jurisdição dos Estados Unidos. Para fundamentar tal raciocínio, o ex-presidente sustentou que a Décima Quarta Emenda permitiria a adoção do critério *jus soli* de uma forma restrita, o que demonstraria que o espírito de *Dred Scott v. Sandford* ainda vaga na política imigratória dos Estados Unidos.

Conclusões

Dred Scott é ímpar não só por ter sido o primeiro caso de *judicial review* federal após *Marbury v. Madison*, mas também pelo fato de ser possível estudá-lo como a primeira manifestação de *substantive due process* na jurisprudência americana.

Para além disso, a decisão pode ser observada como um claro equívoco de análise da Corte, que acreditava ser capaz de resolver uma questão de espinhosa moralidade política. Outra tentativa de resolver questões desse gênero voltaria a acontecer, com outro enfoque, nas decisões da Corte Warren, famosa por seu ativismo em prol dos direitos civis de minorias.

Por outro lado, resta clara na decisão uma interpretação expressamente voltada à intenção dos *framers* da Constituição, considerando não haver elastério hermenêutico no texto constitucional que fundamentasse a conclusão de que o negro não seria cidadão dos Estados Unidos pelo método textualista.

Ironicamente, a decisão foi particularmente "curiosa" por não seguir a marca da Corte Taney, o *judicial restraint*[46]. Em regra, a Suprema Corte nunca foi prejudicada pela abstenção em decidir questões políticas. Pelo contrário, a maioria das controvérsias causadas resultou exatamente de seu envolvimento em questões dessa natureza.

Assim, todas essas características somadas nos dão clara demonstração de que estamos diante de um clássico *judicial review* malsucedido, que não surtiu o efeito esperado, tampouco foi apto a se transformar num precedente.

Procedendo dessa forma, a Corte ultrapassou os limites impostos pela Constituição e, além de não estabilizar as expectativas sobre a questão,

[46] SCHWARTZ, op. cit., 1995, p. 105-106.

precipitou a Guerra Civil Americana, culminando na promulgação da Décima Terceira Emenda pelo Congresso. Ao abolir a escravidão, essa emenda representou um dos maiores casos de superação de precedente pela via legislativa.

Referências

BARNETT, Randy E; BLACKMAN, Josh. ***An introduction to Constitutional Law:*** *100 Supreme Court Cases Everyone Should Know*. New York: Wolters Kluwer, 2019.

CHERNOW, Ron. **Alexander Hamilton**. Tradução: Donaldson M. Garschagen e Renata Guerra. Rio de Janeiro: Intrínseca, 2020.

CUEVA, Ricardo Villas Bôas; SOUTO, João Carlos. **Bill of Rights Norte-Americano**: 230 Anos. Salvador: Editora JusPodivm, 2021.

DAHL, Robert Alan. **A constituição americana é democrática?** Tradução de Vera Ribeiro. 2. ed. Rio de Janeiro: FGV Editora, 2016.

ELY, John Hart. **Democracia e desconfiança**: uma teoria do controle judicial de constitucionalidade. Tradução de Juliana Lemos. São Paulo: WWF Martins Fontes, 2010.

ESTADOS UNIDOS DA AMÉRICA. Supreme Court of the United States. **Aldridge et al. v. Williams,** 44 U.S. (3 How.), 9 (1845), Washington D.C, 1845.

ESTADOS UNIDOS DA AMÉRICA. Supreme Court of the United States. **Dred Scott v Sandford**, 60 U.S. (19 How.) 393 (1857), Washington D.C, 6 de março de 1857.

FONTELES, Samuel Sales. **Hermenêutica Constitucional**. 3. ed. Salvador: Editora JusPodivm, 2020.

IZECKSOHN, Vitor. **Estados Unidos**: uma História. São Paulo: Contexto, 2021.

LEPORE, Jill. **Estas verdades**. Tradução: André Czarnobai e Antenor Savoldi Jr. Rio de Janeiro: Editora Intrínseca, 2020.

PAIXÃO, Cristiano; BIGLIAZZI, Renato. **História constitucional inglesa e norte-americana**: do surgimento à estabilização da forma constitucional. Brasília: Editora Universidade de Brasília, 2011.

REHNQUIST, William H. ***The Supreme Court***. Revised and Updated. Nova York: Vintage Books, 2001.

SCALIA, Antonin. **Uma questão de interpretação os tribunais federais e o direito**. Tradução: Samuel Sales Fonteles. Porto Alegre: Sérgio Antonio Fabris Editor, 2021.

SCHWARTZ, Bernard. ***A History of the Supreme Court***. Nova York: Oxford University Press, 1995.

SUNSTEIN, Cass R. *Constitutional Myth-Making: Lessons from the Dred Scott Case.* **University of Chicago Law Occasional Paper**, n. 37, 1996.

TUSHNET, Mark. ***I Dissent***: *Great Opposing Opinions in Landmark Supreme Court Cases*. Boston: Beacon Press, 2008.

6.

PLESSY V. FERGUSON, 1896

SEPARADOS, MAS IGUAIS (?)

JOSÉ RICARDO MELO JR.

Introdução

Em 4 de julho de 1776, os Estados Unidos da América declararam "estas verdades como autoevidentes, que todos os homens são criados iguais, que são dotados pelo Criador de certos direitos inalienáveis, que entre estes são vida, liberdade e busca da felicidade."[1] Estas palavras não colocavam fim apenas à servidão da colônia em relação à metrópole. Para muito além disto, representaram a expressão da maior mudança de paradigma que a história da filosofia testemunhou.

Influenciados pelo iluminismo de Thomas Hobbes, John Locke e Jean-Jacques Rousseau, os autores da declaração de independência encontraram na razão, o *locus* de onde brotariam os princípios morais e de justiça fundantes da nova nação. É da razão pura que se extrai o imperativo categórico de que todos os indivíduos são um fim em si mesmo, e, se assim o são, que todos são livres e iguais.

Pela primeira vez, o indivíduo se tornou o centro do pensamento filosófico, da moral e da política. Penso, logo eu sou, concluía Descartes. O grupo, entidade que na antiguidade e no medievo possuía existência autônoma e tinha o poder de condicionar as "partes constituintes", agora a elas, se curva, devendo respeitar o espaço de liberdade, dentro

[1] **The Declaration of Independence** (1776). Estados Unidos da América, 1776.

do qual o indivíduo, e somente ele, é autor da obra de sua vida. Inédita, também, é a proclamação de que as diferenças naturais quanto à cor, ao gênero, à força, às capacidades, às preferências sexuais, são irrelevantes morais e que não podem ser utilizadas justificar uma sociedade de castas e estamentos.

Livres e iguais. São esses os valores que a modernidade proclama. São essas as conclusões que o homem racional extrai de suas reflexões. A realidade, contudo, era bem diversa. A liberdade e a igualdade tinham a extensão restringida a interesses bem definidos. Nenhum dos teóricos do contrato social foi tão explícito quanto Locke, quando afirmou que os homens saíram do "estado de natureza" para formar a sociedade civil com o objetivo de assegurar a efetividade do direito de propriedade[2].

As revoluções liberais[3] dissimulavam que os valores de liberdade e igualdade são conclusões inexoráveis da razão humana e que, independentemente de quaisquer características ou de condicionantes de tempo e lugar, concordaríamos com os mesmos preceitos. Seriam, portanto, valores universais, fruto do raciocínio ponderado de um homem abstrato.

O que se observou na quadra seguinte da história é que este "homem abstrato" tinha um rosto bem específico. Tratava-se de um homem, branco, heterossexual e proprietário. A emancipação feminina, com direito ao voto e à plena capacidade civil, é fruto do século XX. Casamento entre pessoas do mesmo sexo ou a não criminalização das relações homossexuais são fenômeno ainda mais recentes. A prometida igualdade entre todos não incluía as pessoas de pele negra. Neste caso, o processo de efetivação das declarações liberais foi ainda mais longo, lento e doloroso.

É deste processo de efetivação da igualdade racial que cuida este artigo.

1. Contexto histórico

A escravidão era uma instituição não apenas enraizada culturalmente como também um elemento essencial à economia agrícola dos estados

[2] Locke, John. **Segundo Tratado Sobre o Governo Civil**. Petrópolis: Editora Vozes. 2019.

[3] **The Declaration of Independence** (1776). Estados Unidos da América, 1776; e **Declaration of the Rights of Man and of the Citizen** (1789). França, 1789.

do Sul. Esses temiam que a formação da União pudesse ensejar na dominação dos estados ao Norte, mais populosos, ricos e com uma economia industrial que demandava um público consumidor, assalariado, incompatível com o regime escravocrata.

A composição de interesses demandou dos artífices da Constituição a proposição de um sistema de governo que permitisse aos estados sulistas impedir qualquer proposta de abolição da escravidão. Conhecido como "O Grande Compromisso",[4] o acordo passou pela divisão do Congresso Nacional em duas Casas, uma delas, o Senado, com representação paritária dos estados, não importando o tamanho populacional. Assim, o Sul, unido, teria força suficiente para impedir que os representantes dos estados do Norte, com maioria na Câmara dos Deputados em razão da composição proporcional à população, alterassem seu sistema de produção escravocrata.

Se a alteração legal se mostrava inviável, uma reforma constitucional, por sua vez, era praticamente impossível pelas vias ordinárias. Nos termos do art. 5º e 7º da Constituição dos Estados Unidos da América, a proposta de Emenda necessita da aprovação de dois terços de ambas as Casas do Congresso Nacional e ratificação de três quartos dos estados-membros. Os interesses do Sul estavam entrincheirados.

Após a Declaração da Independência, foram necessários quase noventa anos e uma guerra civil entre os estados do Norte e os do Sul para que as Emendas 13[5] e 14[6] fossem impostas aos derrotados.

[4] DAHL, Robert. **A Constituição norte-americana é Democrática?** 2. ed. Rio de Janeiro: Editora FGV, 2016.

[5] Em sua primeira seção, a 13ª Emenda contava com a seguinte redação: "Não haverá, nos Estados Unidos ou em qualquer lugar sujeito a sua jurisdição, nem escravidão, nem trabalhos forçados, salvo como punição por um crime pelo qual o réu tenha sido devidamente condenado." Constituição (1787). **13th Amendment**. Estados Unidos da América, 1865.

[6] A 14ª Emenda inseriu, por meio de sua primeira seção, a cláusula de cidadania na Constituição: "Todas as pessoas nascidas ou naturalizadas nos Estados Unidos e sujeitas a sua jurisdição são cidadãos dos Estados Unidos e do Estado em que residem. Nenhum Estado deve fazer ou aplicar qualquer lei que reduza os privilégios ou imunidades dos cidadãos dos Estados Unidos; Nenhum Estado privará qualquer pessoa de vida, liberdade ou propriedade, sem o devido processo legal; nem a negar a qualquer pessoa dentro de sua jurisdição a igual proteção das leis." Constituição (1787). **14th Amendment**. Estados Unidos da América, 1868.

O caminho, no entanto, era mais longo. Quando as tropas no Norte deixaram os estados do Sul, refratários às ideias de igualdade racial, uma série de leis foram editadas negando a igual proteção aos cidadãos negros. As chamadas Leis de Jim Crow (*Jim Crow Laws*)[7] estabeleciam a segregação racial nos serviços e equipamentos públicos ou privados.

Entre 1880 e 1960, a maioria dos estados americanos, em especial os sulistas, implementou a separação entre negros e brancos. De Delaware à Califórnia, da Dakota do Norte ao Texas, vários estados impuseram leis que estabeleciam consequências jurídicas para os indivíduos que se associassem com os de outra raça.

A segregação era ampla. Em estados do sul, como o Alabama, era ilegal que um negro e um branco jogassem sinuca ou bilhar juntos ou em companhia um do outro. Também não era permitido a negros e brancos, que não fossem casados, passarem a noite no mesmo quarto, sob pena de prisão por até 12 (doze) meses ou multa de até U$ 500,00 (quinhentos dólares). Na Flórida, a segregação alcançava também as escolas, impedindo que brancos e negros estudassem juntos. Cabeleireiros negros não podiam servir a mulheres brancas e, até o ano de 1967, quando do julgamento de *Loving v. Virginia*,[8] o casamento entre pessoas brancas e negras era proibido em 16 estados federados.[9]

No Mississippi, a segregação atingia o sistema prisional que tinha prédios separados e distantes para criminosos de raças diferentes. No sistema educacional, os livros não deveriam ser intercambiáveis entre as escolas de pessoas brancas e aquelas de cor. Na Georgia, os donos de restaurantes deveriam servir exclusivamente a brancos ou exclusivamente a negros, não podendo vender para pessoas dos dois grupos dentro do mesmo ambiente.[10]

[7] A expressão "Jim Crow" se transformou em uma forma pejorativa para se referir às pessoas negras. Sua origem, provavelmente, decorre de uma música chamada "Jump Jim Crow", cantada por um personagem que, com o rosto pintado de negro (*black face*), caricaturava as pessoas negras e satirizava as políticas igualitárias do Presidente Andrew Jackson.

[8] **Loving v. Virginia**, 388 U.S. 1 (1967).

[9] BROWN, Nikki L M; STENTIFORD, Barry. ***Jim Crown**: A Historical Encyclopedia of the American Mosaic.* Westport: Greenwood, 2014.

[10] MEDLEY, Keith Weldon. ***We as freemen**: Plessy v. Ferguson.* Nova Orleans: Pelican Pub. Co Inc, 2003.

Do esporte amador ao teatro, negros e brancos não podiam conviver. Foi no sistema de transporte público, contudo, que a segregação ganhou notoriedade ao ser desafiada em face dos direitos fundamentais consagrados nas Emendas nº 13 e 14 da Constituição americana.

Em 1890, a Assembleia Geral do estado da Luisiana editou o "*Separate Car Act*", legislação que estabelecia que os vagões de trem deveriam ser separados para os indivíduos das raças brancas e negras. O estatuto continha três seções principais.

A primeira seção estabelecia, nos seguintes termos, a obrigatoriedade de separação dos vagões pelo critério racial:

> (...) todas as companhias ferroviárias que transportam passageiros em suas carruagens neste Estado devem fornecer acomodações iguais, mas separadas para as raças brancas e coloridas, fornecendo duas ou mais carruagens de passageiros para cada trem de passageiros, ou dividindo o passageiro por uma divisória de modo a garantir acomodações separadas. Parágrafo: Esta seção não deve ser interpretada como aplicável a ferrovias urbanas. Nenhuma pessoa ou pessoas serão admitidas a ocupar assentos em carros que não os atribuídos a eles em função da corrida a que pertençam.[11]

A segunda seção conferia poder de polícia e de autoexecutoriedade aos funcionários oficiais dos trens de passageiro, inclusive com o estabelecimento de multas ou, em último caso, prisão para o indivíduo que recusasse a se acomodar no vagão ao qual estava destinado em razão de sua raça. Não bastasse o rigor dessas disposições, havia ainda a previsão de multa ou prisão para o oficial que se recusasse a cumprir sua obrigação.

> (...) os oficiais de tais trens de passageiros devem ter o poder e estar obrigados a designar cada passageiro para o vagão ou compartimento usado para a corrida a que tal passageiro pertence; qualquer passageiro que insistir em entrar em um ônibus ou compartimento ao qual não pertença por corrida estará sujeito a multa de vinte e cinco dólares, ou em seu lugar, a prisão por um período não superior a vinte dias na prisão paroquial, e qualquer oficial

[11] **Plessy v. Ferguson**, 163 U.S. 537 (1896), p. 540.

de qualquer ferrovia que insista em designar um passageiro para um vagão ou compartimento diferente daquele reservado para a corrida para a qual disse o passageiro pertença será punido com multa de vinte e cinco dólares ou, em substituição, com pena de prisão não superior a vinte dias na prisão paroquial; e se qualquer passageiro se recusar a ocupar a carruagem ou compartimento para o qual foi designado pelo oficial dessa ferrovia, esse oficial terá o poder de recusar o transporte de tal passageiro no seu comboio e, por tal recusa, nem ele nem a empresa ferroviária que representa será responsável pelos danos em qualquer dos tribunais deste Estado.[12]

O rigor da legislação atingia o ponto de, na terceira seção, prever penalidades em caso de recusa ou negligência, em cumprir o ato, dos dirigentes, diretores, condutores e funcionários das empresas ferroviárias.

Dois anos após a vigência da lei, Homer Adolph Plessy, um cidadão afro-americano, ingressou em um trem da *East Louisiana Railroad* – com partida e destino dentro do estado da Lousiana[13] – e tomou assento em vagão da primeira classe destinado a pessoas brancas. O ato gerou reação imediata do condutor que determinou que ele se removesse para um local apropriado a indivíduos da sua raça. Diante da recusa, um detetive particular foi chamado e o retirou à força, conduzindo-o à prisão. Após pagar fiança, Plessy foi liberado.

Há fortes indícios de que a conduta de Plessy foi planejada com o objetivo de questionar judicialmente a validade constitucional da *Jim Crow Law* dos "Carros Separados". Um dos fatores que apontam nesse sentido foi o fato de sua defesa ter sido patrocinada pelo *Comité des Citoyens* (Comitê de Cidadãos),[14] organização que o teria escolhido, para desafiar a lei, em razão de sua coloração miscigenada, preponderantemente branca.[15] Uma pessoa de pele mais escura provavelmente não conseguiria sequer comprar a passagem para o vagão destinado a pessoas brancas.

[12] 163 U.S. 537 (1896), p. 540.

[13] A Suprema Corte do estado da Luisiana possuía decisões no sentido de que a Lei dos Carros Separados não se aplicaria à viagens interestaduais.

[14] Organização de defesa dos direitos civis integrada por cidadãos afro-americanos que se notabilizou pela judicialização de causas contra a segregação racial nos Estados Unidos.

[15] A defesa de Plessy narra que sua coloração era 7/8 branca e apenas 1/8 negra.

Em 13 de outubro de 1892, o promotor, Lionel Adams, ofereceu denúncia contra Plessy[16] perante o juiz distrital. A defesa alegou que a lei estadual, ao exigir das empresas de transporte a segregação de pessoas com base na raça, violava a 13ª e 14ª Emendas da Constituição.

O juiz do caso, John Howard Ferguson, não acolheu os argumentos. Para ele, o estado da Louisiana tinha o direito de regulamentar a atividade das companhias ferroviárias, desde que elas operassem dentro de suas fronteiras.

Em sua decisão, Ferguson recorreu a uma máxima do positivismo jurídico que coloca o juiz como mero servo da lei. Segundo ele, "os juízes não têm nada a ver com a política de atos particulares aprovados pelo legislativo. Entendida a vontade do legislador, nada resta senão levá-la a efeito."[17] Em outro ponto, Fergunson entendeu que a Lei dos Carros Separados não violava a cláusula de igual proteção, prevista na 14ª Emenda, ao argumento de que a discriminação com base na raça não era necessariamente inconstitucional, na medida em que não acarretava tratamento desigual. Ao final, Plessy foi condenado a uma multa no valor de vinte e cinco dólares.

Contra esta decisão, o Comitê dos Cidadãos ajuizou, perante a Suprema Corte do estado da Louisiana, um *writ of prohibition*[18] em face do Juiz John H. Ferguson. No requerimento, o Comitê reiterou o argumento de que a segregação dos passageiros dos trens, em razão da raça, era inconstitucional.

Nas palavras do advogado James Campbell Walker:

> (...) o estatuto em questão estabelece uma distinção insidiosa e discriminatória entre os cidadãos dos Estados Unidos com base na raça que é desagradável aos princípios fundamentais da cidadania nacional, perpetua a servidão involuntária em relação aos cidadãos da raça negra sob o mero pretexto de promover o conforto dos passageiros em trens ferroviários e, em outros

[16] Caso Estado de Louisiana v. Homer Adolph Plessy.

[17] Hoffer, Williamjames Hull. ***Plessy v. Ferguson**: Race and Inequality in Jim Crow America*. Lawrence: University Press of Kansas, 2012, p. 81.

[18] Mandado direcionado ao Tribunal Superior para que este proíba um juízo de primeira instância fazer algo que a lei proíbe.

aspectos, reduz os privilégios e imunidades dos cidadãos dos Estados Unidos e os direitos garantidos pela décima terceira e décima quarta emendas da constituição federal.[19]

Mais uma vez, o pedido não teve sucesso. A Corte denegou o recurso em dezembro de 1892.[20] Coube ao juiz Charles Erasmus Fenner redigir a decisão majoritária. Fenner, então, referendou os fundamentos utilizados por Ferguson de que as acomodações separadas, desde que substancialmente iguais, não implicavam em estigmatização de escravidão ou servidão involuntária. Todavia, ele foi além. Citou precedente do Tribunal de Massachusetts envolvendo o caso de segregação escolar em *Roberts v. Boston* (1849) e as palavras do juiz Lemuel Shaw, segundo o qual "este preconceito, se existe, não é criado por lei e não pode ser alterado por lei"[21]. Em outra passagem, Fenner se valeu de trecho de decisão do Tribunal da Pensilvânia, no qual ficou entendido que "a lei e os costumes sancionaram a separação de raças, não cabendo ao judiciário legislá-la." O que a "lei dos carros separados" estava a fazer, segundo Fenner, era apenas reconhecer uma segregação de raças que já existia nos costumes.

Com a decisão da Suprema Corte da Louisiana, a defesa de Plessy havia atingido seu objetivo inicial: criar a possibilidade de, perante a Suprema Corte dos Estados Unidos, atacar as leis de segregação racial.

2. Aspectos importantes da decisão

Perante a Suprema Corte, a defesa reiterou os argumentos de que Plessy tinha sete oitavos de raça branca e um oitavo de raça africana, de modo que a mistura de sangue colorido não era perceptível, motivo pelo qual ele teria direito, privilégio e imunidade garantidos aos cidadãos dos Estados Unidos da raça branca. Ratificou, ainda, que a "*lei dos carros separados*" violava a 13ª e 14ª Emendas à Constituição dos Estados Unidos.

Em 1896, a Suprema Corte, por oito votos a um, rejeitou estes argumentos. Coube ao *Justice* Henry Brown redigir a posição majoritária. Ele iniciou a fundamentação de seu voto com o que hoje chamamos de teoria

[19] Hoffer, op. cit., p. 77.
[20] Decisão publicada em janeiro de 1893.
[21] Hoffer, op. cit., p. 78.

interna dos direitos fundamentais, segundo a qual, por mais abstrato que um direito fundamental possa parecer, é possível a definição de seus contornos, *ex ante*, de modo a evitar conflitos normativos.

Brown sustentou, assim, que não havia tensão entre a segregação racial nos espaços públicos e a 13ª Emenda. Isto porque, o que essa garante é proteção contra a escravidão e a servidão involuntária, definidas como um estado de subordinação "ou pelo menos o controle da mão de obra e serviços de um homem em benefício de outro, e a ausência de um direito legal de disposição de sua própria pessoa, propriedade e serviços."[22]

Ao definir o que é escravidão e servidão involuntária, Brown avançou para afastar o que entendia estar fora da hipótese de incidência da referida Emenda e concluiu que, claramente, não se encontrava sob salvaguarda constitucional a separação das raças nos espaços públicos e privados, desde que esses mantivessem a igualdade de condições das instalações. A Suprema Corte dos Estados Unidos sufragava, assim, a *separete but equal doctrine* (doutrina dos separados, porém iguais).

Para o magistrado, tratava-se de uma falácia da defesa, a alegação de que a separação forçada das duas raças imporia uma marca de inferioridade aos negros. Segundo ele, qualquer suposição neste sentido não resultaria do ato de segregação em si, mas sim de uma estigmatização autoatribuída pelos próprios negros.

Consideramos que a falácia subjacente do argumento do demandante consistente na suposição de que a separação forçada das duas raças estampa a raça negra com uma marca de inferioridade. Se for assim, não é por causa de qualquer coisa encontrada no ato, mas apenas porque a raça de cor opta por colocar essa construção sobre ele. O argumento necessariamente pressupõe que se, como tem sido o caso mais de uma vez e não é improvável que o seja novamente, a raça de cor deveria se tornar o poder dominante na legislatura estadual e deveria promulgar uma lei em termos precisamente semelhantes, relegar a raça branca a uma posição inferior. Imaginamos que a raça branca, pelo menos, não concordaria com essa suposição.[23]

[22] 163 U.S. 537 (1896), p. 542.
[23] 163 U.S. 537 (1896), p. 551.

É interessante notar que, ao supor que a raça branca não se sentiria inferiorizada, diante de uma lei de segregação criada por um parlamento ocupado por uma maioria negra, Brown descola o seu olhar da realidade social de um país que trinta anos antes havia abolido a escravidão. A posição do magistrado mantinha, dessa forma, o que hoje é conhecido como racismo estrutural.[24]

A segregação, na prática, como dificilmente poder-se-ia imaginar que seria diferente, não assegurou a igualdade de condições para os indivíduos de ambas as raças. As escolas, as instalações, os vagões, os bebedouros, os equipamentos e espaços públicos e privados eram, em regra, oferecidos aos negros com qualidade inferior aqueles oferecidos aos brancos. Não se separou para atender ao mero desejo moral de ausência de contato, mas para à ignominiosa crença da superioridade racial.

Adiante, Brown desenvolveu uma segunda linha argumentativa, desta vez para afastar a inadequação da segregação racial com a clausula da igual proteção prevista na 14ª Emenda. Nesse ponto, o juiz, convenientemente, se amparou em premissas aristotélicas para extrair o valor do justo a partir da observação da natureza das coisas,[25] do mundo real e fenomenológico. Citou trecho do voto do juiz Shaw, em *Roberts v. City of Boston*,[26] julgado pela Suprema Corte de Massachusetts. No caso, a referida corte considerou constitucional a separação de crianças negras em estabelecimentos escolares exclusivo para elas, proibindo a frequência em outras escolas.

O grande princípio (...) é que, pela constituição e leis de Massachusetts, todas as pessoas, sem distinção de idade ou sexo, nascimento ou cor, origem ou condição, são iguais perante a lei (...). Mas quando este grande princípio vier a ser aplicado às condições reais e variadas das pessoas na sociedade, não garantirá a afirmação de que homens e mulheres estão legalmente vestidos com os mesmos poderes civis e políticos, e que crianças e adultos devem legalmente ter as mesmas funções e estarem

[24] Sobre o tema ver ALMEIDA, Silvio Luiz de. **Racismo estrutural**. São Paulo: Editora Jandaíra, 2020.

[25] VILLEY, Michel. **Filosofia do Direito**: Definições e Fins do Direito, os Meios do Direito. 3. ed. São Paulo: Martins Fontes, 2020.

[26] **Roberts v. Boston**, 59 Mass. (5 Cush.) 198 (1850).

sujeitos ao mesmo tratamento, mas apenas que os direitos de todos, na forma como são fixados e regulados por lei, sejam igualmente titulares da consideração e proteção da lei para sua manutenção e segurança.[27]

Assim, qualquer leitura do princípio da igualdade deveria, no entender de Brown, levar em consideração que a "natureza das coisas" estabeleceu diferenças entre as pessoas, o que permitiria variações de estatutos jurídicos. Homens e mulheres, adultos e crianças, brancos e negros não possuiam direito ao mesmo quadro normativo, desde que as distinções não comprometessem a igual proteção perante a lei. Neste sentido, Brown concluiu que:

> (...) um estatuto que implica apenas uma distinção legal entre as raças brancas e negras – uma distinção que se baseia na cor das duas raças e que deve existir desde quando os homens brancos se distinguem da outra raça pela cor – não tem tendência de destruir a igualdade legal das duas raças, ou restabelecer um estado de servidão involuntária.[28]

Portanto, se, de um lado, o idealismo platônico e o homem abstrato liberal impediram Brown de enxergar o racismo estrutural, por outro, o realismo aristotélico e comunitarista serviram de fundamento para o reconhecimento de que há diferenças históricas, sociais e culturais entre as raças, o que autorizaria o tratamento segregatório. No mínimo, contraditório.

Ponto importante no voto de Brown foi a ancoragem das leis de segregação racial no poder de polícia estatal e que, por esta razão, necessitavam da submissão a um escrutínio de razoabilidade. Discriminações infundadas, portanto, que violassem a boa-fé ou que não tivesse uma justificação adequada, poderiam ser constitucionalmente inválidas.

Brown recorreu a este expediente para refutar a tese dos advogados de Plessy, segundo a qual, se a Corte autorizasse a segregação racial com a única exigência de que fossem garantidas condições iguais, estaria a referendar leis estaduais que, por exemplo: obrigassem os negros a andar de um lado da rua e os brancos do outro; que as casas de homens brancos

[27] 59 Mass. (5 Cush.) 198 (1850), p. 206.
[28] 163 U.S. 537 (1896), p. 543.

fossem pintadas de branco e preto para as homens de cor; que seus veículos ou placas de negócios tivessem cores diferentes; sob o argumento de que um lado da rua é tão bom quanto o outro; ou que uma casa ou veículo de uma cor é tão bom como um de outra cor. "A resposta a tudo isso", escreveu o magistrado, " é que todo exercício do poder de polícia deve ser razoável e estender-se apenas às leis promulgadas de boa-fé para a promoção do bem público e não para o aborrecimento ou opressão de uma classe em particular."[29]

A exigência de razoabilidade nas leis de segregação conduziu Brown a escrutinar a lei dos carros separados da Louisiana. Duas foram as suas linhas argumentativas. Na primeira, ele reconheceu que o legítimo exercício do poder de polícia demandaria ampla margem de discricionariedade ao legislador estadual para definir, de acordo com os usos e costumes de cada região, as medidas necessárias à preservação da paz e ordem pública. A segunda, a partir de uma análise comparativa com outras *Jim Crow Laws*, firmou a conclusão pela racionalidade da lei:

Medido por este padrão, não podemos dizer que uma lei que autoriza ou mesmo exige a separação das duas raças em meios públicos é irracional ou mais desagradável para a Décima Quarta Emenda do que os atos do Congresso exigindo escolas separadas para crianças de cor no Distrito de Columbia, cuja constitucionalidade não parece ter sido questionada, ou os atos correspondentes das legislaturas estaduais.[30]

O recurso aos precedentes das cortes estaduais, a propósito, foi um sustentáculo do voto na análise da constitucionalidade das leis de segregação.

Leis semelhantes foram promulgadas pelo Parlamento sob seu poder geral de legislação sobre o Distrito de Columbia, Rev. Stat. D.C. §§ 281, 282, 283, 310, 319, bem como pelas legislaturas de muitos dos Estados, e têm sido geralmente, se não uniformemente, sustentados pelos tribunais. Estado v. McCann, 21 Ohio St. 198; Lehew v. Brummell, 15 S.W.Rep. 765; Ward v. Flood, 48 Califórnia 36; Bertonneau v. Diretores Escolares, 3 Woods 177; People v. Gallagher, 93 N.Y. 438; Cory v. Carter, 48 Indiana 897; Dawson v. Lee, 3 Kentucky 49. Pode-se dizer que as leis que

[29] 163 U.S. 537 (1896), p. 550.
[30] 163 U.S. 537 (1896), p. 550 e 551.

proíbem o casamento interracial, em um sentido técnico, interferem na liberdade de contrato e, ainda assim, foram universalmente reconhecidas como pertencentes ao poder de polícia do Estado. Estado v. Gibson, 36 Indiana 389.[31]

Caminhando para o final do voto, Brown colocou em dúvidas a capacidade da legislação de promover alterações nas tradições e costumes sociais.

Se as duas raças devem se encontrar em termos de igualdade social, isso deve ser o resultado de afinidades naturais, uma apreciação mútua dos méritos uma da outra e um consentimento voluntário dos indivíduos. Como foi dito pelo Tribunal de Apelações de Nova Iorque em People v. Gallagher, 93 N. Y. 438, 448, "esse fim não pode ser alcançado nem promovido por leis que entram em conflito com o sentimento geral da comunidade sobre a qual foram projetados para operar. Quando o governo, portanto, garantiu a cada um de seus cidadãos direitos iguais perante a lei e oportunidades iguais de melhoria e progresso, cumpriu o fim para o qual foi organizada e desempenhou todas as funções no respeito às vantagens sociais de que foi dotada." A legislação é impotente para erradicar os instintos raciais ou para abolir as distinções baseadas em diferenças físicas, e a tentativa de fazer isso só pode resultar em acentuar as dificuldades da situação presente. Se os direitos civis e políticos de ambas as raças forem iguais, uma não pode ser inferior à outra civilmente ou politicamente. Se uma raça é inferior à outra socialmente, a Constituição dos Estados Unidos não pode colocá-las no mesmo plano.[32]

Mais uma vez, com o objetivo de conferir legitimação à segregação racial, Brown apoiou-se na moralidade positiva vigente na sociedade, sem submetê-la a um juízo crítico de compatibilidade com os valores igualitários, inclusivos e de solidariedade social.

Por fim, porém não menos importante, ainda restava um ponto a ser enfrentado. Se a segregação entre brancos e negros era válida constitucionalmente, quais seriam, então, os critérios para definição da raça à qual o indivíduo pertence? Dever-se-ia levar em consideração o autoreconhecimento ou o heteroreconhecimento? Recorde-se que Plessy

[31] 163 U.S. 537 (1896), p. 545.
[32] 163 U.S. 537 (1896), p. 551 e 552.

tomou assento no vagão para brancos por considerar sua coloração 7/8 branca e apenas 1/8 negra.

Brown reconheceu que os critérios poderiam ser discricionários e conduzirem a divergências, porém preferiu não adentrar ao mérito sobre o que, objetivamente, caracterizaria o limite de coloração entre uma pessoa branca e uma negra, deixando tal atribuição à legislação estadual:

> É verdade que a questão da proporção de sangue de cor necessária para constituir uma pessoa de cor, distinta de uma pessoa branca, é aquela sobre a qual há divergências de opinião nos diferentes Estados, alguns sustentando que qualquer mistura visível de sangue negro carimba a pessoa como pertencente à raça negra (Estado v. Chaver, 5 Jones [NC] 1, p. 11); outros, que depende da preponderância de sangue (Gray v. State, 4 Ohio 354; Monroe v. Collins, 17 Ohio St. 665); e ainda outros que a predominância de sangue branco deve ser apenas na proporção de três quartos. (People v. Dean, 4 Michigan 406; Jones v. Commonwealth, 80 Virginia 538). Mas essas são questões a serem determinadas de acordo com as leis de cada Estado (...).[33]

Observe-se que, nesse trecho, ainda que de maneira subliminar, a fundamentação do voto autoriza a adoção do critério de heterorreconhecimento racial,[34] de modo que caberia aos brancos dizerem quem eles aceitavam como integrantes de sua raça.

A decisão amplamente majoritária da Corte negou, aos indivíduos, o direito ao reconhecimento, o direito ao respeito e igual consideração à

[33] 163 U.S. 537 (1896), p. 552.

[34] Toda ação estatal ou privada que promova discriminação com base na raça, ainda que para fins de promoção da igualdade material, a exemplo da política de cotas para ingresso em universidades e serviço público, precisa escapar do argumento do risco de criação de Tribunais raciais. A solução sugerida pela doutrina especializada é a adoção do critério da autodeclaração, que valoriza o reconhecimento que o indivíduo possui sobre si. Com vistas a evitar fraudes que possam comprometer ou desvirtuar os objetivos das políticas afirmativas, admite-se, em conjunto com a autodeclaração, a utilização subsidiária da heteroidentidicação feita por integrantes do grupo cuja política visa beneficiar. Esta solução foi reconhecida válida pelo STF na ADPF 41/DF, que concluiu pela constitucionalidade da reserva de vagas para negros em concursos públicos.

identidade que cada um se atribuiu. Existir, ser e se localizar no mundo, não era uma experiência pessoal, dependia da aprovação dos demais.

Houve, contudo, um voto dissidente isolado por parte do *Justice* John Marshall Harlan. A racionalidade de suas palavras se tornou vencedora no "escrutínio do tempo", tendo descortinado as reais intenções das leis de segregação, ao afirmar que:

> Foi dito como argumento que o estatuto da Louisiana não discrimina nenhuma das raças, mas prescreve uma regra aplicável igualmente a cidadãos brancos e de cor. Mas esse argumento não atende à dificuldade. Todos sabem que o estatuto em questão teve sua origem no propósito, não tanto de excluir brancos dos vagões ocupados por negros, mas de excluir os negros das carruagens ocupadas ou destinadas a brancos.[35]

Referindo-se, inicialmente, às emendas da Reconstrução (13ª e 14ª Emendas), Harlan apontou que essas "notáveis adições à Lei Fundamental foram bem recebidas pelos amigos da liberdade por todo o mundo."[36] Seguiu, então, reforçando que os referidos dispositivos foram adotados com o objetivo de garantir, àquela raça outrora escravizada, os privilégios da liberdade e dos direitos civis gozados pelos brancos.

Não deveria haver, portanto, na sua visão, qualquer discriminação com base em raça. As palavras constantes das emendas eram "proibitórias [contra discriminações]", mas trariam, em sua essência, um privilégio que poria os negros a salvo de qualquer legislação hostil que lhes dispensasse tratamento diferenciado em razão de sua cor.[37]

Em um trecho peculiar, Harlan recorreu ao *ad absurdum*. Não o fez, contudo, de forma falaciosa, mas para mostrar o que a posição da maioria poderia, em razão de seus fundamentos, legitimar. Escreveu, então, que:

> Se um estado[38] pode prescrever, como regra de conduta civil, que brancos e negros não poderão viajar como passageiros em um trem, por que, então,

[35] 163 U.S. 537 (1896), p. 556 e 557.
[36] 163 U.S. 537 (1896), p. 555.
[37] 163 U.S. 537 (1896).
[38] 163 U.S. 537 (1896), p. 557.

não poderia regular o uso das ruas das cidades para fazer com que brancos andem em um lado da rua e negros do outro? Por que [o estado] não poderia, baseado nessas premissas, punir brancos e negros que andassem juntos em carros numa avenida pública?

O apelo ao absurdo, nesse ponto, representa uma observação perspicaz no voto dissidente. Ao apontar que a decisão da Corte poderia, em última instância, validar tais barbaridades, Harlan demonstrava cabalmente que a pretensa "regulação" possuía um vício em sua própria natureza, tornando-a incompatível com o texto constitucional.

O trecho de maior notoriedade de seu voto, contudo, viria em seguida. Considerando que a separação de indivíduos em razão da raça violaria a igualdade de direitos relativas à cidadania e a liberdade pessoal, o magistrado escreveu, em trecho moldurável, o excerto que se tornaria símbolo da luta por direitos civis:

Mas à luz da constituição, aos olhos da lei, não existe neste país uma classe de cidadãos superior, dominante. Não há casta aqui. Nossa constituição é daltônica e não conhece nem tolera classes entre os cidadãos. No que diz respeito aos direitos civis, todos os cidadãos são iguais perante a lei. O mais humilde é igual ao mais poderoso. A lei considera o homem como homem, e não leva em conta o seu entorno ou sua cor quando estão em causa os seus direitos civis garantidos pela lei prima da terra.[39]

Ao fim de sua divergência, lamentou a posição majoritária da Corte e concluiu que, em sua opinião, "a decisão proferida neste dia irá, com o tempo, revelar-se tão perniciosa quanto a decisão tomada por este tribunal no caso Dred Scott (...) O fino disfarce de acomodações "iguais" para passageiros em vagões de trem não enganará ninguém, nem expiará o mal feito neste dia."[40]

3. Repercussão da decisão

Diferentemente do ocorrido nos *Civil Rights Cases*[41], quando donos de estabelecimentos desejavam o poder para discriminar "e o Congresso

[39] 163 U.S. 537 (1896), p. 559.
[40] 163 U.S. 537 (1896), p. 559.
[41] **Civil Rights Cases**, 109 U.S. 3 (1883).

os tentou impedir, em *Plessy*, as companhias ferroviárias não desejavam discriminar"[42], porque isso resultaria em um claro aumento de custos para a operação de seus negócios.

Em decisões posteriores, a Suprema Corte ratificou a aplicação de *Plessy* e a *separete but equal doctrine* foi expressamente adotada no âmbito escolar.[43] Em *Cumming v. Richmond County Board of Education*,[44] A Corte reconheceu a validade de uma escola destinada apenas a estudantes brancos cujo funcionamento era gerido pelo governo. Entendeu-se, por unanimidade, que "autoridades locais deveriam gozar de grande discricionariedade na alocação de fundos entre brancos e negros."[45]

Harlan, por sua vez, estava correto em seu prognóstico. *Plessy v. Fergunson* entrou para o rol das decisões mais contestadas da Suprema Corte, ao legitimar um sistema institucional de segregação racial, criado para, ao contrário do que dissimulava, negar a igualdade de condições e a construção de laços comunitários entre negros e brancos.

Entre 1941 e 1945, os Estados Unidos estiveram em guerra contra a tirania. Negros e brancos ocuparam os mesmos navios, os mesmos aviões, os mesmos tanques, estiveram dentro das mesmas trincheiras. O sangue das duas raças se misturou no desembarque da praia de Omaha, Normandia, na frente de batalha Oriental e em diversos outros campos, nos quais, os iguais lutaram juntos.

Se brancos e negros morreram juntos, não havia mais como negar o direito de viverem juntos. As batalhas no além mar levantavam a bandeira

[42] Tushnet, Mark. ***I dissent**: Great Opposing Opinions in Landmark Supreme Court Cases.* Boston: Beacon Press, 2008, p. 77.

[43] Chemerinsky, Erwin. ***Constitutional Law***. 6. ed. Nova Iorque: Aspen Publishers, 2019, p. 732.

[44] **Cumming v. Richmond County Board of Education**, 175 U.S. 528 (1899)

[45] Chemerinsky, op. cit., p. 732. Curiosamente, nesse caso, a decisão da Corte foi escrita por Harlan. Não obstante a aparente contradição – cujo escopo do artigo não permite análise –, é importante ressaltar que os fundamentos do caso eram diversos. Sobre o tema, Earl M. Maltz sustenta que a posição de Harlan em temas sobre igualdade racial, ainda que estivessem a frente de seu tempo, não eram tão robustas, sobretudo em casos envolvendo chineses e nativos americanos. Cf. Maltz, Earl M. *Only Partially Color-blind: John Marshall Harlan's View of the Constitution.* **Georgia State University Law Review**, v. 12, p. 973-1016, 1996.

de um mundo livre, plural, igual em dignidade. Depois de vencidas, era preciso hasteá-la, também, em solo norte-americano.

Menos de uma década depois do final da Segunda Guerra, a doutrina dos "*separados, mas iguais*" chegaria ao seu fim, no julgamento do caso *Brown v. Board of Education.*[46] Como dito, o tempo deu razão ao *Justice* John Marshall Harlan.

Conclusões

A trajetória de afirmação histórica dos direitos fundamentais não é linear. Declarações como a da independência dos EUA ou a dos revolucionários franceses não transformam, de imediato, a realidade subjacente. São, quando muito, um primeiro passo e geralmente confrontadas por movimentos reativos. Por um bom tempo, digamos, "a matéria" permanece a mesma. Há, contudo, uma alteração de extrema importância, no "espírito".

O eco da Declaração de Independência – quando reconheceu que "todos os homens são criados iguais, que são dotados pelo Criador de certos direitos inalienáveis, que entre estes são vida, liberdade e busca da felicidade" – ressoa como uma bússola moral, um dever ser a se sobrepor sobre o ser. Uma vez semeado, por mais que se tente podar, é difícil impedir o florescer dessas ideias nas aspirações humanas.

Em *Plessy v. Fergunson*, o choque entre o ideal-racional e o material-tradicional é emblemático. Buscou-se, através do Direito, a conformação da realidade a valores que, em que pesem declarados, não eram compartilhados pelo grupo politicamente majoritário.

Como em tantos outros exemplos, o resultado representou uma contramarcha no rumo da História. Mas é assim que esta "caminha", movida à dialética, ao confronto de teses e antíteses, pendendo para o lado que conquiste o coração e a mente da maioria. E, neste processo de convencimento, nada mais poderoso do que um "somos todos livres e iguais".

Não por outra razão, o precedente firmado em *Plessy v. Fergunson* foi superado em *Brown v. Board of Education* e, hoje, é considerado uma das

[46] **Brown v. Board of Education of Topeka**, 347 U.S. 483 (1954).

decisões mais vergonhosas da Suprema Corte dos Estados Unidos. Por enquanto, a razão tem prevalecido. Que a História permaneça nessa rota.

Referências

BROWN, Nikki L M; STENTIFORD, Barry. ***Jim Crown:*** *A Historical Encyclopedia of the American Mosaic*. Westport: Greenwood, 2014.

CHEMERINSKY, Erwin. ***Constitutional Law***. 6. ed. Nova Iorque: Aspen Publishers, 2019.

DAHL, Robert. **A Constituição norte-americana é democrática?** 2. ed.. Rio de Janeiro: Editora FGV, 2016.

ESTADOS UNIDOS DA AMÉRICA. Constituição (1787). **13th Amendment**. Estados Unidos da América, 1865.

ESTADOS UNIDOS DA AMÉRICA. Constituição (1787). **14th Amendment**. Estados Unidos da América, 1868.

ESTADOS UNIDOS DA AMÉRICA. Supreme Court of the United States. **Brown v. Board of Education of Topeka**, 347 U.S. 483 (1954), Washington D.C, 17 de maio de 1954.

ESTADOS UNIDOS DA AMÉRICA. Supreme Court of the United States. **Civil Rights Cases**, 109 U.S. 3 (1883), Washington D.C, 15 de outubro de 1883.

ESTADOS UNIDOS DA AMÉRICA. Supreme Court of the United States. **Loving v. Virginia**, 388 U.S. 1 (1967), Washington D.C, 12 de junho de 1967.

ESTADOS UNIDOS DA AMÉRICA. Supreme Court of the United States. **Plessy v. Ferguson**, 163 U.S. 537 (1896), Washington D.C, 18 de maio de 1896.

ESTADOS UNIDOS DA AMÉRICA. vSupreme Judicial Court of Massachusetts. **Roberts v. Boston**, 59 Mass. (5 Cush.) 198 (1850), Boston, novembro de 1849.

ESTADOS UNIDOS DA AMÉRICA. **The Declaration of Independence** (1776). Estados Unidos da América, 1776.

FRANÇA. **Declaration of the Rights of Man and of the Citizen** (1789). França, 1789.

HOFFER, Williamjames Hull. ***Plessy v. Ferguson:*** *Race and Inequality in Jim Crow America*. Lawrence: University Press of Kansas, 2012.

LOCKE, John. **Segundo Tratado Sobre o Governo Civil**. Petrópolis: Editora Vozes. 2019.

MALTZ, Earl M. *Only Partially Color-blind: John Marshall Harlan's View of the Constitution*. **Georgia State University Law Review**, v. 12, p. 973-1016, 1996.

MEDLEY, Keith Weldon. ***We as freemen**: Plessy v. Fergunson.* Pelican Pub. Co Inc, 2003.

TUSHNET, Mark. ***I dissent**: Great Opposing Opinions in Landmark Supreme Court Cases.* Boston: Beacon Press, 2008.

VILLEY, Michel. **Filosofia do Direito**: Definições e Fins do Direito, os Meios do Direito. 3. ed. São Paulo: Martins Fontes, 2020.

7. *JACOBSON V. MASSACHUSETTS*, 1905

VACINAÇÃO COMPULSÓRIA, BEM COMUM E LIBERDADE INDIVIDUAL

GUILHERME PUPE DA NÓBREGA
ANTÔNIO PEDRO MACHADO

Introdução

Jacobson v. Massachusetts[1] é um caso emblemático, julgado pela Suprema Corte norte-americana, por ter envolvido a validade, perante a Constituição, de determinados regulamentos do Estado de Massachusetts sobre vacinação.

O resgate desse julgamento toma especial relevo no momento atual, em que, desde o final de 2019, perpetua-se um contexto de pandemia da doença causada pelo vírus SARS-COV2, a COVID-19. Diante disso, o debate acerca da obrigatoriedade da vacinação tem se reacendido paralelamente aos esforços científicos pela elaboração de uma vacina eficaz contra a doença.

Dentre as questões reavivadas, estão, de um lado, a discussão acerca da interferência do Estado na intimidade e na vida privada dos cidadãos, envolvendo a proteção da autonomia individual e da liberdade de consciência, e, de outro, a questão das obrigações coletivas de preservação da saúde da população e da promoção do interesse público.

A relevância do caso *Jacobson v. Massachusetts* mostra-se atualmente no uso do precedente para orientar o julgamento de casos envolvendo tanto

[1] **Jacobson v. Massachusetts**, 197 US 11 (1905), p. 26-27.

a utilização do poder de polícia estatal, como a necessidade de defesa das liberdades individuais, bem assim, no reconhecimento dos poderes exercidos pelos Estados e por autoridades sanitárias.

Ademais, o caso se mostra um marco inicial no debate sobre os limites dos poderes estatais, especialmente quando se tem em conta que, a par da necessidade de defesa das liberdades individuais recai sobre o Estado o dever de oferecer proteção eficaz aos seus cidadãos, sendo o precedente uma importante baliza entre essas duas providências públicas, eventualmente colocadas em contexto de antagonismo.

No cenário da atual pandemia provocada pelo SARS-COV2, a Suprema Corte dos Estados Unidos revisitou *Jacobson v. Massachusetts* para sustentar a imposição de medidas restritivas à liberdade individual, enquanto que, no Brasil, o caso serviu de fundamento no julgamento de ações de controle de constitucionalidade pelo Supremo Tribunal Federal, nas quais se reconheceu a competência comum dos entes federados brasileiros em adotar medidas de combate à pandemia.

1. Contexto histórico

Em resumo, *The Revised Laws of the Commonwealth of Massachusetts*[2] (c. 75, §137) dispuseram, em 1901, que se os Conselhos de Saúde de cidades ou vilas, em razão de necessidade de segurança e saúde pública, se posicionassem pela vacinação e revacinação compulsória de toda a população, deveriam fornecer os meios necessários e gratuitos para tanto. Nesse

[2] As leis de Massachusetts são codificadas de acordo com o assunto em uma publicação de vários volumes intitulada General Laws of Massachusetts. À época, ao fazer menção à *The Revised Laws of the Commonwealth of Massachussetts* significa indicar a referência na codificação mencionada. Neste caso, constava da codificação mencionada o seguinte *CHAPTER 75. OF THE PRESERVATION OF THE PUBLIC HEALTH. SECTION 137. The board of health of a city or town if, in its opinion, it is necessary for the public health or safety shall ruire tund enforce the vaccination and re-vaccination of all the inhabitants thereof and shall provide them with the means of free vaccination. Whoever, being over twenty-one years of age and not under guardianship, refuses or neglects to comply with such requirement shall forfeit five dollars.* Cf. *The Revised Laws of the Commonwealth of Massachusetts: enacted November 21, 1901, to take effect January 1, 1902: with the Constitution of the United States, the Constitution of the Commonwealth, and tables showing the disposition of the public statutes and of statutes passed since the enactment of the Public Statutes.* **State Library of Massachusetts.** Disponível em: https://archives.lib.state.ma.us/handle/2452/124183.

caso, qualquer habitante capaz e maior de vinte e um anos que se recusasse a cumprir a ordem de imunização seria multado em cinco dólares – Massachusetts juntava-se, assim, a outros dez Estados que adotavam a vacinação obrigatória.[3][4]

A partir daquela disposição normativa, a Junta de Saúde da cidade de Cambridge estipulou, em 22 de fevereiro de 1902, que, com a expansão da infecção por varíola naquela municipalidade, se tornaria imperiosa a vacinação em massa em nome da garantia da segurança e da saúde pública. Ato contínuo, em 27 de fevereiro, um médico foi encarregado de implementar a imunização coletiva.

Com aquelas regulações postas em vigor, o reverendo Henning Jacobson, maior de vinte e um anos, recusou-se a se vacinar alegando que, em seu passado na Suécia[5], outra imunização lhe havia causado reações e outro problemas de saúde, resultando em um trauma. Apesar de a Junta de Saúde ter disponibilizado meios para a imunização e alertado sobre os riscos de Jacobson ser processado, ele perseverou na negativa, sendo então acionado criminalmente numa das cortes inferiores de Massachusetts, perante a qual declarou-se inocente.

Ao longo do feito, o Estado apresentou as normas nas quais buscou apoio para basear a pretensão punitiva dirigida a Jacobson e demonstrou as advertências feitas a ele acerca dos riscos de sua resistência. Em que pese Jacobson houvesse manifestado interesse na produção de diversos elementos de prova, a Corte negou-lhe o pleito sob o fundamento da ausência de materialidade.

Diante do indeferimento, Jacobson centrou sua defesa na solicitação de inúmeras instruções aos jurados, principalmente, a de que os regulamentos locais que impunham sua vacinação contrariariam o preâmbulo e a Décima Quarta Emenda da Constituição[6], e, portanto, nenhum

[3] Neste artigo, a utilização dos termos "obrigatória" e "compulsória" se dá em virtude da relação semântica de sinonímia, sem a pretensão de qualquer diferenciação jurídica que os vocábulos possam carrear em relação ao ordenamento jurídico.

[4] The Harvard Law Review Association. *Toward a Twenty-First-Century Jacobson v. Massachusetts*. **Harvard Law Review**, v. 121, n. 7, p. 1820-1841, 2008.

[5] Willrich, Michael. ***Pox****: An American History*. Nova Iorque: Penguin, 2001.

[6] A Seção I da 14ª Emenda elenca as cláusulas de cidadania e direitos civis (devido processo e igual proteção): "Todas as pessoas nascidas ou naturalizadas nos Estados Unidos

Estado poderia aplicar qualquer lei que restringisse privilégios ou imunidades de cidadãos ou que privasse qualquer pessoa da vida, liberdade ou propriedade sem o devido processo legal.

Rejeitadas as solicitações de instrução por parte de Jacobson, a Corte indicou aos jurados que retomassem o veredito, orientando-os, para tanto, a avaliar se eles acreditavam que a prova apresentada pelo Estado satisfaria, além de qualquer dúvida razoável, o questionamento sobre se o réu seria culpado da ofensa descrita na ação. O resultado foi a condenação de Jacobson.

Alçado o caso à Suprema Corte de Massachusetts, todas as irresignações de Jacobson contra o julgado foram rejeitadas, mantida sua condenação ao pagamento de multa no valor de cinco dólares. O caso, posteriormente, atrairia a jurisdição da Suprema Corte, que, em 1905, por sete votos a dois, chancelaria as decisões precedentes e afastaria a violação à Décima Quarta Emenda, redigindo a *opinion*[7] o *Justice* John Marshall Harlan, que pontuou ser legítimo o exercício do poder de polícia estatal em defesa da saúde pública e que as normas em questão seriam necessárias e razoáveis.

Longe de ser um caso isolado, importa considerar que *Jacobson v. Massachusetts* sucedeu uma crise sanitária ocorrida em Boston, ocasionada por um surto de varíola, que resultou em 1.596 casos e 270 mortes entre 1901 e 1903.[8]

Em meio à crise, reacendeu-se um conflito ainda hoje atual: o movimento antivacina, que considerava a imunização compulsória um atentado à liberdade, e o interesse público subjacente à imunização coletiva,

e sujeitas à sua jurisdição são cidadãos dos Estados Unidos e do Estado em que residem. Nenhum Estado deve fazer ou aplicar qualquer lei que reduza os privilégios ou imunidades dos cidadãos dos Estados Unidos; nenhum Estado privará qualquer pessoa de sua vida, liberdade ou propriedade, sem o devido processo legal; nem negar a qualquer pessoa dentro de sua jurisdição a igual proteção das leis." Constituição (1791). **14th Amendment**. Estados Unidos da América, 1868.

[7] *Opinion*, ou Opinião da Corte, é o nome dado a uma decisão.

[8] Albert, Michael R.; Ostheimer, Kristen G.; Breman, Joel G. *The last smallpox epidemic in Boston and the vaccination controversy*. **N Engl J Med**, v. 344, n. 5, p. 375-379, 2001.

capitaneado pela grande mídia, que tachava a escusa de consciência como ignorância bárbara.[9]

A historiadora Karen Walloch, porém, relata que boa parte dos que compunham a parcela da população contrária à vacinação eram médicos bem formados na Europa e nos Estados Unidos, e, portanto, seria um erro presumir se tratar de pessoas que, sob a retórica de que a política pública violava direitos civis, simplesmente eram contrárias à atuação do governo na área da saúde pública.[10]

Não obstante os reiterados protestos e argumentações, no sentido de que a obrigatoriedade da vacina implicava violação aos direitos civis, os tribunais estaduais vinham enfrentado a controvérsia sob prisma diverso, puramente administrativo – normalmente prestigiando as instituições de saúde em seus julgados –, enfocando o poder de polícia e a possibilidade de estabelecimento de condições de acesso a serviços públicos, sem propriamente priorizar um olhar constitucional sobre liberdades que justificasse um enfrentamento pela Suprema Corte.

Outro dado interessante implica observar que o julgamento em questão se deu no limiar da chamada *Era Lochner*[11], curiosamente, aliás, antecedendo e convivendo com um dos julgados reconhecidamente mais ativistas: *Lochner v. New York.*[12] Essa constatação nos convida a considerar a ocorrência de um aparentemente paradoxo no âmbito daquela que ficou conhecida como a Corte Fuller. Isso porque, embora em *Lochner v. New*

[9] Jornais da época noticiaram o embate: *Vaccine is attacked: English lecturer denounces inoculation for smallpox. Washington Post.* February 25, 1909; *Vaccination a crime: Porter Cope, of Philadelphia, claims it is the only cause of smallpox. Washington Post.* July 29, 1905; Editorial. *New York Times.* September 26, 1885.

[10] Walloch, Karen L. ***The antivaccine heresy**: Jacobson v. Massachusetts and the troubled history of compulsory vaccination in the United States.* Rochester: Boydell & Brewer, 2015. E-book Kindle, posições 2724-2736.

[11] Trata-se de período histórico situado entre o final do século XIX e o ano 1937, em que a Suprema Corte declarou inconstitucionais muitas leis estaduais, que, por exemplo, fixavam salário mínimo e limitavam a jornada de trabalho, por entender que violavam a liberdade de contrato, protegida pela Décima Quarta Emenda. Chemerinsky, Erwin. ***Constitutional Law***. Sixth Edition, Wolters Kluwer, 2020, 580.

[12] Strauss, David A. *Why was Lochner wrong.* **University of Chicago Law Review**, v. 70, p. 379-393, 2003, p. 375-376 e Ackerman, Bruce. ***Revolutionary Constitutions**: Charismatic Leadership and the Rule of Law.* Boston: Harvard University Press, 2019, p. 27.

York a limitação do horário de trabalho de padeiros tenha sido considerada uma intromissão indevida na autonomia da vontade, em *Jacobson v. Massachusetts*, a mesma Suprema Corte reforçou o poder de polícia, ponta de lança da soberania estatal, arvorando-se no interesse público para tanto.

Quiçá, o traço de coerência possível entre aqueles dois julgados seja um olhar econômico. Afinal, no pós-Guerra de Secessão, em meio à Revolução Industrial e às vésperas de uma Grande Depressão que culminaria no *New Deal*, a liberdade talvez pudesse patrocinar a exploração econômica de uns, mas não poderia justificar o risco de todos.

Quanto a esse aspecto, James Ely chama atenção para o fato de que, ao mesmo tempo em que a Corte Fuller foi marcada por uma defesa vigorosa das liberdades econômicas[13], verifica-se também uma postura nitidamente voltada à legitimação de leis que refletiam a prática social dominante, o que ajudaria a explicar a indiferença da Suprema Corte às demandas das minorias raciais.[14]

No que concerne especificamente àquele que seria um dos personagens principais de ambos os julgamentos – *Jacobson* e *Lochner* –, o *Justice* Harlan, de sua vez, possuía um histórico político interessante. Originário do Kentucky, membro do Partido Republicano desde o final da Guerra Civil, foi candidato ao governo daquele Estado por duas vezes sem, no entanto, ter logrado êxito.

A indicação de Harlan para a Suprema Corte, porém, foi questionada inclusive por colegas do Partido Republicano[15], que tinham dúvidas

[13] Ely explica ainda que tal postura não significava, propriamente, algo novo na Suprema Corte. Segundo as próprias palavras do autor, a novidade vinha da crescente intervenção governamental na economia: "A Corte Fuller, em outras palavras, não representa uma virada abrupta na história constitucional. Mas a Corte Fuller, diante do aumento da intervenção governamental na economia, perseguiu com muito zelo a duradoura dedicação judicial à propriedade, o livre mercado e o governo limitado. O abraço caloroso da Corte Fuller à liberdade econômica, juntamente com sua disposição de usar a revisão judicial de forma agressiva, tornou este período um capítulo distinto na evolução da Suprema Corte." Ely, James W. ***The Fuller Court**: Justices, Rulings, and Legacy*. Santa Barbara: ABC--CLIO, 2003, p. 27.

[14] Ibid., p. xii.

[15] Ibid., p. 15.

acerca do seu real comprometimento com o ideário político da agremiação e sua posição frente às chamadas Emendas da Reconstrução[16].

Embora sua atuação perante o Tribunal seja celebrada por suas posições dissidentes em casos envolvendo direitos civis, inclusive revelando sua distinta simpatia às causas dos negros, por exemplo, Harlan também foi responsável por liderar a Corte em vários casos importantes, como ocorreu em *Jacobson*[17].

Tais aspectos são evidenciados se fizermos um breve paralelo entre essa posição e aquela por ele externalizada em *Lochner*. No seu voto dissidente, Harlan relembrou que, a exemplo do que fora decidido em *Jacobson*, também havia uma questão de saúde pública[18] e, portanto, seria legítima a restrição imposta.

Sem embargo, prevaleceu o argumento do *Justice* Rufus Peckham, para quem *Jacobson* não seria um precedente aplicável à questão colocada no caso *Lochner*, devendo ser declarada inconstitucional a legislação de Nova Iorque.[19] Aliás, sem prejuízo de tratar com algum detalhe do fato

[16] As Décima Terceira, Décima Quarta e Décima Quinta Emendas à Constituição, ratificadas em 1865, 1868 e 1870, aboliram a escravidão e garantiram proteção igual às leis e o direito ao voto.

[17] Ely, op. cit., p. 16.

[18] Gunther, Gerald; Sullivan, Kathleen. ***Constitutional Law***. 13. ed. Nova Iorque: The Foundation Press, 1997, p. 463. Colhe-se da *opinion* capitaneada pelo *Justice* Haarlan literalmente o seguinte: "Em *Jacobson v. Massachusetts*, supra, dissemos que o poder dos tribunais de revisar a ação legislativa em relação a uma questão que afeta o bem-estar geral apenas é possível "quando o que a promulgada para proteger a saúde pública, a moral pública ou a segurança pública, não tem relação real ou substancial com esses objetos, ou é, sem dúvida, uma invasão clara e palpável de direitos garantidos pela lei fundamental." Ely, op. cit., p. 266.

[19] Segundo o *Justice* Peckham, na hipótese apresentada em *Lochner*: O último caso decidido por este tribunal, envolvendo o poder de polícia, é o de Jacobson v. Massachusetts, decidido neste período e relatado em 197 US 11. Relacionava-se à vacinação compulsória, e a lei foi considerada válida como um exercício adequado no que se refere à saúde pública. Afirmou-se que se tratava "de um adulto que, pelo que parece, estava ele próprio em perfeita saúde e apto para a vacinação e, no entanto, permanecendo na comunidade, recusou-se a obedecer ao estatuto e ao regulamento adotado em execução das suas disposições para a proteção da saúde pública e da segurança pública, reconhecidamente ameaçadas pela presença de uma doença perigosa." Esse caso também está longe de cobrir o que está agora perante o tribunal, p. 258. E arremata: "Pensamos que o limite do poder de polícia

adiante, outro registro histórico: Peckham fora, poucos meses antes, voto vencido em *Jacobson*.

Deve-se mencionar, por fim, o fato de que *Justice* Harlan é considerado um dos pioneiros acerca da compreensão de que a Cláusula do Devido Processo Legal, prevista na Décima Quarta Emenda da Constituição, incorporava o *Bill of Rights* aos Estados e, portanto, consubstanciava garantia a ser observada pelos Estados da Federação nos processos criminais.[20]

2. Aspectos importantes da decisão

Normalmente mencionada como a decisão judicial mais importante em matéria de saúde pública[21], *Jacobson v. Massachusetts* foi um marco por diversas razões.

Antes, já havia, é verdade, uma deferência ao poder de polícia estatal (*Gibbons v. Ogden*, 1824; *Slaughterhouse Cases*, 1873), chegando a Suprema Corte inclusive ao ponto de afirmar que aquele seria, notadamente em defesa da saúde pública, imune ao *judicial review*.[22]

Em *Jacobson v. Massachusetts*, contudo, os fundamentos decisórios migraram de uma ode ao poder estatal, para uma visão mais solidária: não do Estado sobre os cidadãos, mas dos deveres dos cidadãos entre si. Disse, no ponto, o *Justice* Harlan, autor do voto da maioria:

foi atingido e ultrapassado neste caso. Não há, em nosso julgamento, nenhum fundamento razoável para sustentar que isso seja necessário ou apropriado para salvaguardar a saúde pública ou a saúde dos indivíduos que ocupam a profissão de padeiro. Se esta lei for válida, e se, assim, é possível negar o direito de um indivíduo, sui juris, como empregador ou empregado, de firmar contratos para o trabalho deste último sob a proteção das disposições da Constituição Federal, parece que não há limites que uma legislação dessa natureza não pudesse encontrar. O caso difere amplamente, como já afirmamos, dos termos deste tribunal em relação a legislações desta natureza, conforme declarado em *Holden v. Hardy* e *Jacobson v. Massachusetts*." Ely, op. cit., p. 260.

[20] Ely, op. cit., p. 45.

[21] Tobey, J.A. *Public Health Law*. 2. ed. Nova Iorque: The Commonwealth Fund, 1939. Gostin, Lawrence O. ***Public Health Law**: Power, Duty, Restraint*. Berkeley: University of California Press and Milbank Memorial Fund, 2000.

[22] Parker, L.; Worthington, R.H. ***The Law of Public Health and Safety and the Powers and Duties of Boards of Health***. Londres: Forgotten Books, 2018. Albany, NY: Bender; 1892; *State ex rel Conway v Southern Pac Co*, 145 P2d 530 (Wash 1943).

> [A] liberdade garantida pela Constituição não importa um direito absoluto de cada pessoa ser totalmente livre de restrições. Em qualquer outra base, a sociedade organizada não poderia existir com segurança para seus membros. [A Constituição de Massachusetts] estabeleceu como um fundamental pacto social que todo o povo firma com cada cidadão, e cada cidadão com todo o povo, que todos devem ser governados por certas leis para o bem comum, e que o governo é instituído para a proteção, segurança, prosperidade e felicidade do povo, e não para o lucro, honra ou interesses privados de qualquer homem.[23]

No entanto, essa defesa do *Welfare State* conviveria, de outro lado, com o estabelecimento de requisitos a uma atuação estatal legítima. É dizer, conquanto fosse reconhecida ao Estado uma autoridade em defesa do interesse público, que as liberdades individuais não poderiam ser completamente desconsideradas. Foram estabelecidos, então, quatro *standards* condicionantes do exercício do poder de polícia em matéria de saúde pública: i) necessidade, ii) meios razoáveis, iii) proporcionalidade e iv) prevenção de um mal.

Quanto à necessidade, a intervenção estatal exige que o caso em que ela ocorra demande imperiosamente uma atuação. A autoridade não pode, pois, ser exercida de maneira arbitrária, desarrazoada ou além do estritamente necessário ao resguardo da saúde e da segurança pública. Isto é, o Estado é chamado a agir apenas quando em face de uma verdadeira ameaça à comunidade.

No que toca aos meios razoáveis, deve o governo, a par da necessidade, valer-se de mecanismos e métodos capazes de prevenir ou atenuar a ameaça em questão. Em linguagem mais atual, são descabidas intromissões estatais que lancem mão de mecanismos sem comprovação científica ou que esvaziem a atuação em defesa da saúde por sua ineficiência. Deve haver, por conseguinte, uma capacidade substantiva do meio adotado de fazer frente ao mal que busca enfrentar, sob pena de se sacrificar em vão a esfera de liberdades dos cidadãos.

[23] 197 US 11 (1905), p. 26-27.

A proporcionalidade, de sua vez, estabelece que o remédio não pode ser pior que a chaga. Os ônus advindos da intervenção do Estado não podem jamais superar a ameaça que se pretende combater. Há que se ter em mente sempre um ponderado equilíbrio que aconselhe um uso progressivo de uma força que tenha como limite o próprio mal em si.

A prevenção do mal, finalmente, reside na justificativa de que alguém que se ponha como um risco para a saúde pública possa ser submetido compulsoriamente à adoção de medidas pelo bem comum, desde que a referida medida compulsória não coloque aquele mesmo indivíduo em risco. Em *Jacobson*, especificamente, Harlan assentou que o indivíduo em questão era saudável, maior de idade e capaz, inexistindo qualquer evidência científica de que a vacinação viesse a colocá-lo em risco.

É válido rememorar que a decisão não foi unânime em razão da discordância por parte dos *Justices* Rufus Peckham e David Brewer. Embora seja difícil identificar as razões pelas quais Peckham efetivamente não se somou à maioria, uma vez que tanto ele quanto o Brewer divergiram sem externalizar suas razões[24], é possível imaginar, segundo William Duker, que a vacinação obrigatória já lhe parecia, antes mesmo de *Lochner*, uma intromissão indevida na esfera individual[25].

Além disso, ao contrário de Harlan, Peckham entendia que o *Bill of Rights* não vinculava os estados da Federação[26], enquanto Brewer costumava adotar uma visão mais estrita da Décima Quarta Emenda.[27]

[24] Farber, Daniel A. *The Long Shadow of Jacobson v. Massachusetts: Epidemics, Fundamental Rights, and the Courts.* **San Diego Law Review**, v. 57, n. 833, p. 833-864, 2020., p. 839.

[25] Duker, William F. *Mr. Justice Rufus W. Peckham: The Police Power and the Individual in a Changing World.* **BYU L. Rev.**, v. 1980, n. 5, p. 47-67, 1980., p. 49.

[26] Ely, op. cit., p. 73.

[27] Brewer sustentou a inconstitucionalidade das leis que promoviam a discriminação de imigrantes chineses, notadamente quando manifestou dissenso em *Fong Yue Ting v. United States* (1893), mas, em outra oportunidade – *Berea College v. Kentucky* – conduziu decisão que reconheceu a constitucionalidade de lei do Kentucky que proibia uma faculdade particular de ministrar aulas para turmas compostas por negros e brancos. Ely, op. Cit., p. 77.

3. Repercussão da decisão

Três anos após o julgamento de *Jacobson*, a Liga Antivacina da América seria fundada, visando promover a saúde natural como a maior salvaguarda contra doenças.

A Suprema Corte reafirmaria o precedente em *Zucht v. King* (1922), chancelando a proibição de matrícula em escola a estudante que se negou a imunizar-se. Embora o substrato fático fosse diverso – em *Jacobson*, a legislação previu multa em lugar de embaraçar acesso a serviço público –, a Corte afirmou que não havia razões relevantes para que fossem revisitadas as premissas estabelecidas no caso de Massachusetts.[28]

Ao longo dos mais de cem anos seguintes, o Tribunal ainda invocaria o precedente ao menos sessenta e nove vezes, tanto para sustentar o poder de polícia estatal como para defender liberdades individuais ou, ainda, para reconhecer poderes exercidos pelos estados e por autoridades sanitárias.

De maneira geral, todavia, o precedente tem se prestado a fundamentar restrições sobre indivíduos e negócios tendo como justificativa a saúde pública e o bem comum, conquanto o julgado também haja sido lembrado como um marco em defesa da integridade corporal como extensão da liberdade – recusa a tratamento médico indesejado, internação e medicação compulsórios em pessoas com doenças mentais ou terminais.[29]

Num caso específico, bastante controvertido – *Buck v. Bell* (1927) –, o julgamento de *Jacobson* viria a ser invocado de maneira deturpada. Como único precedente citado, serviu para que o *Justice* Oliver Wendell Holmes, seguido por outros sete juízes, assegurasse o poder aos Estados de impedirem a reprodução de pessoas com doenças mentais, numa verdadeira consagração normativa da eugenia. A esterilização, como é possível presumir, encontraria arrimo numa suposta defesa da saúde pública, embora fazendo um mau uso das razões lançadas em *Jacobson*.[30]

[28] **Zucht v. King**, 260 U.S. 174 (1922).

[29] GOSTIN, Lawrence O. *Jacobson v. Massachusetts at 100 Years: Police Power and Civil Liberties in Tension.* **American Journal of Public Health**, v. 95, n. 4, p. 576-581, 2005.

[30] LOMBARDO, Paul A. ***Three generations, no imbeciles:*** *Eugenics, the Supreme Court, and Buck v. Bell.* Baltimore: JHU Press, 2008, p. 220.

A par disso, os ecos emitidos por aquele caso ressoariam ainda por anos, praticamente iniciando o debate sobre os limites dos poderes estatais. É certo que cidadãos americanos em geral prezam por suas liberdades individuais, mas também são demandantes do Estado quanto à sua proteção, o que até hoje inspira discussões na Suprema Corte acerca de qual seria o ponto de equilíbrio entre essas balizas.[31]

No contexto atual de pandemia pelo novo coronavírus, a Suprema Corte dos Estados Unidos valeu-se novamente de *Jacobson v. Massachusetts* para sustentar a imposição do uso de máscaras e as restrições de locomoção.[32] Entre nós, de igual modo, o caso serviu de arrimo no julgamento das ADIs n. 6587[33] e 6586[34] pelo Supremo Tribunal Federal, em que se afastou a inconstitucionalidade de dispositivos da Lei n. 13.979/2020 para se reconhecer competir não apenas à União, mas também aos Estados e Municípios a instituição de medidas indiretas para promover a vacinação obrigatória contra a COVID-19, sem mencionar, porém, a possibilidade de aplicação de multa.[35]

[31] Stratton, K.; Gable A.; Maccormick, M.c. *Immunization Safety Review: Thimerosal-Containing Vaccines and Neurodevelopmental Disorders.* Washington, DC: National Academy Press; 2001; May, T.; Silverman, R.D. 'Clustering of exemptions' as a collective action threat to herd immunity. *Vaccine.* 2003; 21(11-12):1048-1051. Crossref; 52. *Doe v. Rumsfeld,* 297 F Supp 2d 200 (DDC 2004); Board of Health Promotion and Disease Prevention, Institute of Medicine. *Review of the Centers for Disease Control and Prevention's Smallpox Vaccination Program Implementation–Letter Reports #1*-6. Washington, DC: National Academies Press; 2003-2004.

[32] Chhs Research Assistants & Externs. *The Constitutionality of Facemasks and COVID-19.* **UMCHHS**, 7 de julho de 2020. Disponível em: <https://www.mdchhs.com/2020/07/07/the-constitutionality-of-facemasks-and-covid-19/#:~:text=Under%20Jacobson%2C%20governor%20orders%20requiring,health%20crisis%2C%20and%20serves%20a>. Gerstmann, Evan. *Are 'Stay At Home' Orders Constitutional?* **Forbes**, 25 de março de 2020. Disponível em: <forbes.com/sites/evangerstmann/2020/03/25/are-stay-at-home-orders-constitutional/?sh=450762d6104e>.

[33] Supremo Tribunal Federal. **ADI 6587**. Relator: Min. Ricardo Lewandowski. Brasília, 17 de dezembro de 2020.

[34] Supremo Tribunal Federal. **ADI 6586**. Relator: Min. Ricardo Lewandowski. Brasília, 17 de dezembro de 2020.

[35] Cf. Ementa dos referidos julgamentos, fixou-se o seguinte entendimento:" ADIs conhecidas e julgadas parcialmente procedentes para conferir interpretação conforme à Constituição ao art. 3º, III, d, da Lei 13.979/2020, de maneira a estabelecer que: (A)

Conclusões

A relevância e atualidade de *Jacobson v. Massachusetts* parece ser inquestionável, seja por força dos fatos subjacentes ao julgamento, que muito se assemelham ao que se observa atualmente no contexto da COVID-19, seja pelas razões jurídicas que deram lastro à conclusão alcançada naquele, como já dito, emblemático julgamento.

Essa importância, no entanto, parece ter sido encoberta pela repercussão de um dos casos mais famosos já julgados pela Suprema Corte dos Estados Unidos: *Lochner v. New York*. Talvez, a própria atuação da Corte Fuller tenha sido, em boa medida, suplantada por esse julgamento específico, haja vista a recorrente menção à *Era Lochner* por ele inaugurada.

Ainda assim, a repercussão jurídica das premissas estabelecidas em *Jacobson*, ao longo de mais de um século na jurisprudência americana, indicam a força da decisão enquanto precedente. Por outro lado, a aplicação imediata para conflitos semelhantes ocorridos no Brasil, sob a égide da Constituição Federal de 1988, requer alguns cuidados por parte dos aplicadores.

Ao contrário do que prevê a Décima Quarta Emenda da Constituição Americana, parâmetro constitucional considerado em *Jacobson v. Massachusetts*, a Constituição de 1988 traz previsão específica no seu art. 5°, VIII[36], no sentido de que obrigações legalmente impostas a todas as

a vacinação compulsória não significa vacinação forçada, por exigir sempre o consentimento do usuário, podendo, contudo, ser implementada por meio de medidas indiretas, as quais compreendem, dentre outras, a restrição ao exercício de certas atividades ou à frequência de determinados lugares, desde que previstas em lei, ou dela decorrentes, e (i) tenham como base evidências científicas e análises estratégicas pertinentes, (ii) venham acompanhadas de ampla informação sobre a eficácia, segurança e contraindicações dos imunizantes, (iii) respeitem a dignidade humana e os direitos fundamentais das pessoas; (iv) atendam aos critérios de razoabilidade e proporcionalidade, e (v) sejam as vacinas distribuídas universal e gratuitamente; e (B) tais medidas, com as limitações expostas, podem ser implementadas tanto pela União como pelos Estados, Distrito Federal e Municípios, respeitadas as respectivas esferas de competência."

[36] Art. 5º Todos são iguais perante a lei, sem distinção de qualquer natureza, garantindo-se aos brasileiros e aos estrangeiros residentes no País a inviolabilidade do direito à vida, à liberdade, à igualdade, à segurança e à propriedade, nos termos seguintes:[...] VIII – ninguém será privado de direitos por motivo de crença religiosa ou de convicção filosófica ou

pessoas podem ser descumpridas desde que seja cumprida prestação alternativa.

Desse modo, invocada escusa para se deixar de cumprir obrigação legal, há a previsão de prestação alternativa, também prevista em lei. Recusando-se ao cumprimento da prestação alternativa, todavia, estará o indivíduo sujeito à suspensão dos direitos políticos, a teor do que dispõe o art. 15, IV[37], da Constituição Federal.

É o caso da Lei n. 8.239/1991[38], que prevê serviço alternativo para quem, por escusa de consciência, nega-se a cumprir o serviço militar obrigatório, e do Código de Processo Penal[39], que contém previsão semelhante para aqueles que se recusarem a prestar serviço do júri.

Note-se que, embora seja possível identificar que, nas referidas legislações, foram adotados serviços alternativos correlatos à obrigação que deveria ter sido cumprida, não há nenhuma disposição constitucional que assim determine, sendo, ao menos em tese, compatível com a Constituição Federal a previsão do pagamento de multa como prestação alternativa.

As restrições mencionadas nos acórdãos recentemente proferidos pelo nosso Supremo Tribunal, portanto, mais se aproximariam da legislação questionada perante a Suprema Corte Americana em *Zucht v. King* do que da obrigação alternativa de pagar a multa debatida em *Jacobson v. Massachusetts*. Estabelecer precisamente as balizas dessa distinção, toda-

política, salvo se as invocar para eximir-se de obrigação legal a todos imposta e recusar-se a cumprir prestação alternativa, fixada em lei.

[37] Art. 15. É vedada a cassação de direitos políticos, cuja perda ou suspensão só se dará nos casos de: [...]IV – recusa de cumprir obrigação a todos imposta ou prestação alternativa, nos termos do art. 5º, VIII;

[38] O art. 3º da Lei nº 8.239/1991 dispõe sobre a obrigatoriedade do serviço militar, especificando a quais cidadãos se dirige a obrigação; a definição de prestação alternativa ao serviço para quem alega imperativo de consciência decorrente de crença religiosa ou de convicção filosófica ou política para dele se eximir; a instância responsável por atribuir a prestação alternativa; a forma de prestação do serviço alternativo.

[39] O art. 436 do Código de Processo Penal dispõe sobre a obrigatoriedade do serviço do júri a todos os cidadãos maiores de dezoito anos, estipulando a sanção em caso de recusa injustificada.

via, certamente demanda estudo mais específico e aprofundado quanto ao ponto.

Referências

Ackerman, Bruce. ***Revolutionary Constitutions**: Charismatic Leadership and the Rule of Law*. Boston: Harvard University Press, 2019.

Albert, Michael R.; Ostheimer, Kristen G.; Breman, Joel G. *The last smallpox epidemic in Boston and the vaccination controversy*. **N Engl J Med**, v. 344, n. 5, p. 375–379, 2001.

Brasil. Supremo Tribunal Federal. **ADI 6586**. Relator: Min. Ricardo Lewandowski. Brasília, 17 de dezembro de 2020.

Brasil. Supremo Tribunal Federal. **ADI 6587**. Relator: Min. Ricardo Lewandowski. Brasília, 17 de dezembro de 2020.

Chemerinsky, Erwin. ***Constitutional Law***. Sixth Edition, Wolters Kluwer, 2020

Chhs Research Assistants & Externs. *The Constitutionality of Facemasks and COVID-19*. **UMCHHS**, 7 de julho de 2020. Disponível em: <https://www.mdchhs.com/2020/07/07/the-constitutionality-of-facemasks-and--covid-19/#:~:text=Under%20Jacobson%2C%20governor%20orders%20requiring,health%20crisis%2C%20and%20serves%20a>.

Duker, William F. Mr. Justice Rufus W. Peckham: *The Police Power and the Individual in a Changing World*. **BYU L. Rev.**, v. 1980, n. 5, p. 47-67, 1980.

Ely, James W. ***The Fuller Court**: Justices, Rulings, and Legacy*. Santa Barbara: ABC--CLIO, 2003.

Estados Unidos da América. Supreme Court of the United States. **Jacobson v. Massachusetts**, 197 U.S. 11 (1905), Washington D.C, 20 de fevereiro de 1905.

Estados Unidos da América. Supreme Court of the United States. **Zucht v. King**, 260 U.S. 174 (1922), Washington D.C, 13 de novembro de 1922.

Farber, Daniel A. *The Long Shadow of Jacobson v. Massachusetts: Epidemics, Fundamental Rights, and the Courts*. **San Diego Law Review**, v. 57, n. 833, p. 833-864, 2020.

Gostin, Lawrence O. ***Public Health Law**: Power, Duty, Restraint*. Berkeley: University of California Press and Milbank Memorial Fund, 2000.

Gostin, Lawrence O. *Jacobson v. Massachusetts at 100 Years: Police Power and Civil Liberties in Tension*. **American Journal of Public Health**, v. 95, n. 4, p. 576-581, 2005.

GUNTHER, Gerald; SULLIVAN, Kathleen. ***Constitutional Law***. 13. ed. Nova Iorque: The Foundation Press, 1997.

LOMBARDO, Paul A. ***Three generations, no imbeciles****: Eugenics, the Supreme Court, and Buck v. Bell.* Baltimore: JHU Press, 2008.

PARKER, L.; WORTHINGTON, R.H. ***The Law of Public Health and Safety and the Powers and Duties of Boards of Health***. Londres: Forgotten Books, 2018.

Albany, NY: Bender; 1892; State ex rel Conway v. Southern Pac Co, 145 P2d 530 (Wash 1943).

STRATTON, K.; GABLE A.; MACCORMICK, M.C. Immunization Safety Review: Thimerosal-Containing Vaccines and Neurodevelopmental Disorders. Washington, DC: **National Academy Press;** 2001; MAY, T.; SILVERMAN, R.D. "Clustering of exemptions" as a collective action threat to herd immunity. Vaccine. 2003; 21(11-12): 1048-1051. Crossref; 52. Doe v. Rumsfeld, 297 F Supp 2d 200 (DDC 2004); Board of Health Promotion and Disease Prevention, Institute of Medicine. Review of the Centers for Disease Control and Prevention's Smallpox Vaccination Program Implementation – Letter Reports #1-6. Washington, DC: **National Academies Press**; 2003-2004.

STRAUSS, David A. *Why was Lochner wrong*. **University of Chicago Law Review**, v. 70, p. 379-393, 2003.

THE HARVARD LAW REVIEW ASSOCIATION. Toward a Twenty-First-Century Jacobson v. Massachusetts. **Harvard Law Review**, v. 121, n. 7, p. 1820-1841, 2008.

TOBEY, J.A. ***Public Health Law***. 2. ed. Nova Iorque: The Commonwealth Fund, 1939.

WALLOCH, Karen L. ***The antivaccine heresy****: Jacobson v. Massachusetts and the troubled history of compulsory vaccination in the United States*. Rochester: Boydell & Brewer, 2015. E-book Kindle.

WILLRICH, Michael. ***Pox****: An American History*. Nova Iorque: Penguin, 2001.

8.
LOCHNER V. NEW YORK, 1905
DIREITOS SOCIAIS E LIVRE INICIATIVA EM CONFRONTO

CLÁUDIA REGINA DE AZEVEDO

Introdução

Há um espaço vazio na história norte-americana que nós, brasileiros, não costumamos preencher, deixando uma silenciosa lacuna que reiteradamente é ignorada, como se o período a que se refere fosse inexistente. Temos conhecimento da Guerra Civil, da 13ª emenda, do assassinato do presidente Lincoln, mas depois disso pouco falamos, retomando os fatos daquele país apenas algumas décadas depois, com a quebra da bolsa de Nova Iorque, no ano de 1929. Esse período compreendido entre um evento e outro é a lacuna mencionada e que merece ser preenchida, principalmente porque foi nesse período em que proferida a decisão que será objeto deste ensaio: *Lochner v. New York*, de 1905.

O estudo desta decisão envolve uma série de intrincadas questões, como liberdade de contratar, direitos sociais, devido processo legal substantivo, a influência que o poder econômico pode ter ou não sobre as decisões judiciais, o surgimento de expressões que passaram a designar comportamento dos juízes (e que até hoje são utilizadas) e até mesmo as tensões surgidas entre o Executivo e o Judiciário que podem abalar o funcionamento da tripartição das funções. É neste caldo histórico que se mostra possível extrair do caso *Lochner* a importância de seu conhecimento.

Para fins metodológicos este estudo será dividido em três grandes tópicos, sendo observados dentro de cada item o contexto histórico em que a decisão foi proferida, seus mais importantes aspectos e, por fim, sua repercussão. O primeiro item, ao analisar o contexto histórico, procura verificar a realidade dos Estados Unidos no período compreendido no pós Guerra de Secessão até o governo Roosevelt, com a implantação de seu *New Deal*, e consequentemente como este período social foi refletido pela Suprema Corte americana, principalmente durante o período que ficou conhecido "Era Lochner".

No segundo item, quando da análise do conteúdo da decisão propriamente dito, serão observados os posicionamentos dos *Justices* que formaram a maioria vencedora e os argumentos utilizados pela minoria, expostos nos votos divergentes, atentando-se para o modo como a Corte interpretou a 14ª emenda da Constituição[1] e sua extensão.

Por derradeiro, no último item, serão analisados os reflexos que tal decisão trouxe à sociedade norte-americana, como ela foi recebida e divulgada, bem como quais fatos levaram ao encerramento de uma era de entendimento jurisprudencial do Tribunal, que de forma inusitada passou a ecoar o entendimento que havia sido anteriormente abafado pela maioria.

1. Contexto histórico

Embora o caso objeto deste estudo tenha sido julgado no começo do século XX – especificamente, no ano de 1905 – mostra-se imperiosa a análise do contexto não apenas daquele exato momento, mas principalmente do processo que levou a ele, com a observância de todos os principais fatos anteriores que resultaram na formação da sociedade norte-americana daquele período. Assim, o objeto de atenção, para fins de contextualização deste caso, será o lapso temporal compreendido entre o ano em que se verificou o fim da Guerra Civil (1865) até o ano de 1937.

[1] Emenda XIV, Seção 1: Todas as pessoas nascidas ou naturalizadas nos Estados Unidos e sujeitas a sua jurisdição são
cidadãos dos Estados Unidos e do Estado onde tiver residência, Nenhum Estado poderá fazer ou executar leis restringindo os privilégios ou as imunidades dos cidadãos dos Estados Unidos; nem poderá privar qualquer pessoa de sua vida, liberdade, ou bens sem processo legal, ou negar a qualquer pessoa sob sua jurisdição a igual proteção das leis.

Dentro deste interregno, de menos de um século, historiadores costumam realizar subdivisões em intervalos ainda menores, não sendo o objeto principal deste estudo, contudo, a exposição detalhada de cada um deles. Apenas para fins didáticos é o caso de fazer constar, ainda que de modo bastante simplista, que o momento imediatamente após a Guerra de Secessão (1865) até o ano de 1877 é chamado de "Era da Reconstrução"; aquele compreendido entre a promulgação da 15ª emenda (1870) até 1900 é conhecida como *Gilded Age* (ou "Anos dourados") e finalmente, de 1900 até 1920 reconhece-se a *Progressive era* (ou "Era progressista")[2]. Por fim, importa destacar que a "Era Lochner" é uma denominação utilizada para fazer referência a uma época da história não dos Estados Unidos, mas especificamente da sua Suprema Corte, compreendido entre 1905 até 1937[3]. É possível notar que este curto espaço de tempo foi bastante intenso e trouxe uma série de relevantes acontecimentos.

Feito este primeiro corte histórico, sobre o qual nos debruçaremos, mostra-se possível a exposição de um breve panorama da sociedade estadunidense no período em análise.

Estado de Nova Iorque, costa leste Estados Unidos. Virada do século 19 para o século 20. O país acabara de sair da Guerra de Secessão (que perdurou de 1861 até 1865), com a promulgação de uma emenda da Constituição, que mudou a história do país, e que proibiu a escravidão em todo o território nacional. Trata-se da 13ª emenda, de 1865, verdadeiro divisor de águas da história norte-americana e que, ao lado da 14ª (de 1868) e da 15ª (de 1870), ficaram conhecidas como "emendas da reconstrução"[4].

Esse período pós-guerra civil é também conhecido não só pelas mencionadas emendas constitucionais, mas também pelas políticas de reconstrução do próprio país, seja pelo fato de estar fisicamente devastado pela guerra, seja pela disputa ideológica que permaneceu entre os estados do norte e do sul. Era preciso uma reunificação, um fortaleci-

[2] Karnal, Leandro et al. **História dos Estados Unidos.** São Paulo: Contexto, 2007, p. 133.
[3] Bernstein, David. *The Lochner Court, Myth and Reality: Substantive Due Process from the 1890s to the 1930s* by Michael J. Phillips (Review). **Law and History Review**, v. 21, n. 1, p. 231-233, 2003, p. 231.
[4] Grant, Susan-Mary. ***A concise history of the United States of America.*** (Cambridge Concise Histories). Cambridge: Cambridge University Press, 2012, p. 197.

mento da União não apenas nos artigos da Constituição, mas também na ordem fática e social. Isto porque, apesar do fim da guerra, o país ainda estava ideologicamente dividido e resistente à abolição, principalmente após o assassinato do presidente Lincoln, responsável pela sua realização[5]. Como ressaltou Susan-Mary Grant "(...) na teoria, armada com estas emendas, a América podia ansiar por um futuro mais positivo. Na prática, isso se provou difícil, senão impossível, libertar-se da dinâmica retrógrada do passado"[6].

Nesse turbulento contexto também é possível destacar outros importantes fatos que ocorreram após a reconstrução, como a chegada massiva de imigrantes europeus, a expansão das ferrovias pelo país e sua industrialização aumentando-se, assim, a massa de trabalhadores urbanos, que desencadeou, por consequência, o surgimento de movimentos visando melhorias nas péssimas condições de trabalho resultantes da revolução industrial americana, nascendo assim os movimentos sindicais[7]. Um dos resultados deste movimento foi, no ano de 1895, a edição do *Bakeshop Act* no estado de Nova Iorque, uma das primeiras leis que tratou sobre direitos trabalhistas na história norte-americana.

Isto porque as padarias, naquela época, eram costumeiramente localizadas no porão dos prédios, sem ventilação ou iluminação adequada, sendo que "as condições de trabalho na indústria de panificação eram atrozes, e muitos trabalhadores regularmente registravam mais de cem horas em uma semana", morrendo ainda jovens[8]. As péssimas condições de trabalho dos padeiros foram bem documentadas na época, trazendo consequências sobre a saúde de seus corpos, e principalmente sobre suas

[5] United States Library of Congress. ***Abraham Lincoln papers: Series 3. General Correspondence***. 1837 to 1897: Congress, Wednesday, Joint Resolution Submitting 13th Amendment to the States; signed by Abraham Lincoln and Congress. February 1, 1865. Manuscript/Mixed Material. Disponível em: https://www.loc.gov/item/mal4361100/.

[6] Ibid., p. 198.

[7] Hartman, Gary. Mersky, Roy M. Tate, Cindy L. ***Landmark Supreme Court Cases:*** *The most influential decisions of the Supreme Court of the United States*. New York: Facts on file, 2004, p. 145.

[8] Hamm, Andrew. *Dueling perspectives on Lochner v. United States.* **SCOTUS-Blog**, 3 de junho de 2016. Disponível em: https://www.scotusblog.com/2016/06/dueling-perspectives-on-lochner-v-united-states/.

mentes e seus espíritos, uma vez que eram praticamente reduzidos à condição de "escravos domésticos"[9].

Inspirada no modelo inglês de 1863, a lei estadunidense inovou ao prever limitação da jornada dos trabalhadores das padarias, fixando tal limite em dez horas por dia e sessenta horas por semana, trazendo ainda disposições sobre a vedação de animais domésticos nas padarias, bem como proibição dos trabalhadores de dormirem no local onde os pães eram produzidos[10].

Os debates sobre a constitucionalidade do *Bakeshop Act* começaram com o caso iniciado por Joseph Lochner, proprietário de uma padaria localizada em Utica, estado de Nova Iorque, que foi condenando por violação da mencionada lei em uma demanda promovida por um de seus funcionários, Aman Schmitter, que alegava trabalhar mais do que sessenta horas por semana. Lochner, uma vez condenado ao pagamento de multa e prisão, recorreu para o que seria a Seção de Apelação da Suprema Corte Estadual (*Appellate Division New of the Supreme Court*) e posteriormente à Corte de apelação de Nova Iorque (*New York Court of Appeals*), que confirmou sua condenação, quando então finalmente se socorreu da Suprema Corte do país[11].

A Suprema Corte Americana vivia, na época (de 1905 a 1937), o que posteriormente ficou conhecido como a "Era Lochner" (justamente por conta desta decisão ora em estudo), "na qual vigorou o entendimento de que o Estado não poderia limitar os direitos individuais dos cidadãos"[12]. Naquele momento, "... a propriedade manteve firmemente sua tradicional posição secular como o valor central da norma constitucional americana"[13], não sendo comum a intervenção estatal nesta seara, que

[9] Bewig, Matthew S. *Lochner v. The Journeymen Bakers of New York: The Journeymen Bakers, Their Hours of Labor, and The Constitution: A Case Study in the Social History of Legal Thought.* **The American Journal of Legal History,** v. 38, n. 4, p. 413–451, 1994, p. 414.

[10] Bernstein, David E. *Lochner v. New York: A Centennial Retrospective.* **Washington University Law Review.** v. 83, p. 1469-1527, 2005, p. 1481.

[11] Hartman; Mersky; Tate, op. cit., p. 145.

[12] Costa, Alexandre Araújo. **O controle de razoabilidade no direito comparado.** Brasília: Thesaurus, 2008, p. 81.

[13] Siegel, Stephen A. *Understanding the Lochner ERA: Lessons from the Controversy over Railroad and Utility Rate Regulation.* **Virginia Law Review**, v. 70, n. 2, p. 187–263, 1984, p. 187.

guardava certa "distância" dos temas relativos à liberdade econômica e propriedade privada.

Nesse aspecto, importante relembrar que havia transcorrido cerca de cem anos, apenas, desde que a Suprema Corte reconheceu, pela primeira vez, a inconstitucionalidade de uma lei, no conhecido caso *Marbury v Madison* (1803), julgando desde então casos como *Dred Scott v. Sandford* (1857), o que evidenciou uma Corte mais garantidora da propriedade privada e liberdade econômica do que protetora de direitos sociais, entendimento que por alguns é intitulado como "darwinismo social"[14].

Pelo recorrente Lochner atuou, como um de seus advogados, Henry Weismann, figura que curiosamente havia sido líder do sindicato dos padeiros, inclusive lutando para a aprovação da lei em questão, mas que posteriormente se tornou ele mesmo um proprietário de padaria e passou a atuar do lado contrário, ou seja, defendendo a inconstitucionalidade da *Bakeshop Act*, de modo favorável aos empregadores[15].

Dentre os argumentos levados por Lochner à Suprema Corte podem ser destacados alguns. O primeiro deles foi o de que a disposição acerca das horas (limite de jornada de trabalho) configurava legislação de classe, mas se aplicava apenas a alguns padeiros e não a outros, como aqueles que trabalhavam em hotéis, clubes e restaurantes, lugares nos quais as condições de trabalho seriam ainda piores do que aquelas narradas pelos trabalhadores de padarias. Assim, "a escassa e inconsistente cobertura da provisão de horas demonstraria que a lei era uma legislação de classe inconstitucional"[16].

Além disso, o recorrente também alegou que a lei não estava dentro do poder de polícia, uma vez que não havia razão para destacar padeiros para fins de regulação especial, diferentemente do que ocorria, por exemplo, com os trabalhadores das minas, sendo que a limitação de horas da jornada de trabalho não configurava medida de saúde[17].

[14] Beineman, Charles A. *Judicial Power and Reform Politics: The Anatomy of Lochner v. New York*. **Michigan Law Review**, v. 89, p. 1712-1718, 1991, p. 1714.
[15] Ibid., p. 1713.
[16] Bernstein, 2005, p. 1494.
[17] Ibid., p. 1495.

Por outro lado, as razões apresentadas pelo advogado do Estado de Nova Iorque, Julius Marshuetz Mayer, se apoiaram em três pontos, de acordo com David E. Bernstein[18]:

> (...) primeiro, que o ônus recaía sobre Lochner para mostrar que a lei era inconstitucional; segundo, que o propósito da *Bakeshop Act* era salvaguardar a saúde pública e a saúde dos padeiros; e terceiro, que a lei estava dentro do poder de polícia porque era uma lei referente à saúde.

"A questão central apresentada foi especialmente naquela época: o direito do legislativo estadual de aprovar legislação social e econômica e, mais especificamente, regulamentar o horário de trabalho."[19]. Este foi, em suma, o objeto levado para análise da Suprema Corte.

2. Aspectos importantes da decisão

Como foi visto, a questão principal posta em debate neste caso era se o *Bakeshop Act* de Nova Iorque violava a liberdade de contratar protegida pela cláusula do devido processo legal substantivo, trazida pela 14ª Emenda da Constituição americana. Destacou Charles A. Beineman que:

Lochner é frequentemente citado como o símbolo mais proeminente da era do devido processo legal substantivo que durou de 1905 a 1937. O caso apresenta dois grandes problemas constitucionais. O primeiro, que paira sobre a Corte desde *Marbury v. Madison* e *Dred Scott v. Sandford*, é o papel adequado do judiciário na revisão da legislação. O segundo problema diz respeito à validade e ao escopo da doutrina substantiva do devido processo legal[20].

O caso foi recebido pela Suprema Corte, que ouviu os *oral arguments* (que poderiam, apesar da considerável diferença com o nosso sistema, ser comparados às nossas sustentações orais) em 23 de fevereiro de 1905, proferindo sua decisão aos 17 de abril daquele mesmo ano[21]. A Corte

[18] Ibid., p. 1496.

[19] Tarrow, Sidney G. *Lochner versus New York: A political analysis.* **Labor History**, 5:3, p. 277-312, 1964.

[20] Beineman, op. cit., p. 1712.

[21] Bernstein, 2005, p. 1496.

entendeu pelo reconhecimento da invalidade do *Bakeshop Act* de Nova Iorque, sob o argumento de ter o Legislativo interferido, de forma não permitida, na liberdade de contratar, protegida pela cláusula do devido processo legal, trazida pela 14ª emenda[22].

Não houve unanimidade para tomada desta decisão. Pelo contrário, a maioria foi obtida com intenso debate. Naquele momento a Corte era formada por nove *Justices*, quais sejam, Melville Fuller (*Chief Justice*), David Brewer, Henry Brown, Rufus Peckham, Joseph Mckenna, John Harlan, Edward White, Oliver Holmes Jr e William Day, sendo que estes quatro últimos formaram o grupo dos "vencidos"[23].

A decisão foi redigida pelo *Justice* Rufus W. Peckham, reconhecendo a inconstitucionalidade da lei de Nova Iorque. De acordo com ele, a lei em questão não configurou justo, razoável ou apropriado exercício do poder de polícia estatal, mas sim uma irrazoável, desnecessária e arbitrária interferência no direito de liberdade. Constou também, logo no início da decisão, que:

> Não há fundamento razoável, em relação à saúde, para interferir na liberdade da pessoa ou no direito de livre contrato, determinando as horas de trabalho, no ofício de um padeiro. Também não se justifica a limitação de tais horas sob o argumento de se tratar de uma lei de saúde, para salvaguardar a saúde pública, ou a saúde dos indivíduos que seguem essa ocupação[24].

Continuou Peckham, pela maioria, afirmando que "o estatuto interfere necessariamente no direito de contrato entre o empregador e empregado sobre o número de horas em que este pode trabalhar na padaria do empregador"[25], ressaltando também que o direito de contratar, em relação aos seus negócios, é parte inseparável da liberdade individual prote-

[22] Colby, Thomas. Smith, Peter J. *The Return of Lochner*. **Cornell Law Review**, v. 100, n. 1, p. 527-602, 2015, p. 533.

[23] Supreme Court of the United States of America. ***About the Court. Members of the Supreme Court of the United States.*** Disponível em: https://www.supremecourt.gov/about/members.aspx

[24] **Lochner v. New York**, 198 U.S. 45 (1905).

[25] 198 U.S. 45 (1905), p. 53.

gida pela 14ª emenda da Constituição Americana, que prescreve em seu item I:

> Todas as pessoas nascidas ou naturalizadas nos Estados Unidos, e sujeitas a sua jurisdição, são cidadãos dos Estados Unidos e do Estado onde tiver residência. **Nenhum Estado poderá** fazer ou executar leis restringindo os privilégios ou as imunidades dos cidadãos dos Estados Unidos; nem poderá **privar qualquer pessoa de sua vida, liberdade, ou bens sem processo legal**, ou negar a qualquer pessoa sob sua jurisdição a igual proteção das leis. (destaque nosso)

Com isso, entendeu-se que o direito de vender a força de trabalho é parte da liberdade protegida pela Constituição, sendo que eventuais limitações em decorrência do poder de polícia somente são admitidas em casos excepcionais, não sendo Lochner um deles. Contrariando as constatações fáticas referentes às condições de trabalho nas padarias naquele período, o *Justice* afirmou que não haveria dúvida razoável de que a profissão de padeiro, por si só, seria prejudicial à saúde em um grau que autorizasse o legislativo a interferir no direito de trabalhar e de livre contratar, tanto por parte do empregador como do empregado[26]. Nessa toada importa observar a relação direta do tema com o devido processo legal substantivo (*substative due process*), nas palavras de Paulo Lucon:

> Em apertada síntese, o devido processo legal substancial diz respeito à **limitação ao exercício do poder e autoriza ao julgador questionar a razoabilidade de determinada lei e a justiça das decisões estatais**, estabelecendo o controle material da constitucionalidade e da proporcionalidade[27]. (destaque nosso)

Com base, assim, na cláusula do devido processo legal trazida pela 14ª emenda, a Corte entendeu que não caberia ao legislador interferir

[26] 198 U.S. 45 (1905), p. 59.

[27] Lucon, Paulo Henrique dos Santos. Devido processo legal substancial e efetividade do processo. *In:* Martins, Ives Gandra da Silva; Jobim, Eduardo (Coord.). **O Processo na Constituição.** São Paulo: Editora Quartier Latin do Brasil.

na liberdade de contratação, mostrando-se desarrazoada a lei que o fazia, autorizando a SCOTUS, por consequência, a declarar a inconstitucionalidade do *Bakeshop Act.*

Mas como já observado anteriormente, esta decisão não foi unânime. O *Justice* Marshall Harlan foi o primeiro a apresentar sua divergência, sendo então acompanhado pelos *Justices* Edward White e William Day. O *Justice* Harlan acreditava que o teste de constitucionalidade da lei estadual era muito mais condescendente que o *stantard* usado pela própria maioria da Corte, afirmando ainda que "é regra universal que o ato legislativo, federal ou estadual, não deve ser descartado ou considerado inválido ao menos que, além de qualquer questionamento, seja clara e palpavelmente um excesso do poder de legislar"[28].

Prosseguindo, Harlan ainda destacou que o *Bakeshop Act* não configurou excesso de tal poder de legislar, pelo contrário, foi editado com a finalidade de proteger o bem-estar daqueles que trabalhavam nas padarias[29], razão pela qual não havia inconstitucionalidade a ser declarada.

Somando-se a este posicionamento, o *Justice* Oliver Holmes também apresentou sua divergência em separado, dizendo-se "incapaz" de concordar com este julgamento possuindo, por consequência, o "dever" de divergir ao afirmar que a Constituição é superior às ideologias individuais e que não deve ser utilizada para incorporar determinada teoria econômica[30]. E conclui ressaltando que:

> Penso que a palavra 'liberdade constante na Décima Quarta Emenda é desvirtuada quando usada para impedir o resultado natural de uma opinião dominante, a menos que se possa dizer que um homem racional e justo necessariamente admitiria que o estatuto proposto violaria princípios fundamentais como foram entendidos pelas tradições do nosso povo e da nossa lei.

O posicionamento de Holmes tornou-se dominante após o fim da Era Lochner, sendo tal visão orientada por um maior respeito às decisões

[28] Hartman; Mersky; Tate, op. cit., p. 146

[29] Ibid., p. 146.

[30] 198 U.S. 45 (1905), p. 75.

políticas do legislador, em favor de quem passou a ser reconhecido amplo poder discricionário na elaboração das leis[31].

Há quem sustente que "(...) a opinião majoritária escrita pelo *Justice* Peckham foi originalmente escrita como uma divergência, e que a opinião divergente do *Justice* John Marshall Harlan era originalmente a opinião da Corte", mas não se sabe apontar a razão desta mudança, tampouco se efetivamente ela ocorreu[32].

3. Repercussão da decisão

O efeito prático da decisão proferida no caso Lochner em relação à jornada de trabalho dos padeiros foi muito pequena; por outro lado, os proprietários das padarias que lutaram contra a legislação em comento foram celebrados, tanto que em maio daquele ano foi oferecido um banquete em homenagem a Henry Weismann, figura já descrita anteriormente, que de sindicalista se transformou em proprietário de padaria e advogado do caso, sustentando a inconstitucionalidade do *Bakeshop Act*[33].

Além disso, a mídia da época não alastrou nenhum tipo de crítica ao julgado, sendo certo que alguns periódicos, como o *New York Times*, inclusive elogiaram a decisão[34]. Durante a Era Lochner cerca de duzentas normas regulatórias foram anuladas com fundamento no devido processo legal (*substantive due process*), previsto pela 14ª emenda da Constituição americana[35], atrasando-se em alguns anos a efetivação de legislação protetiva e de bem-estar social.

Alguns anos depois, ecoando a divergência encabeçada pelo *Justice* Harlan, Franklin D. Roosevelt – antes mesmo de ser eleito presidente, mas já exercendo cargos políticos de relevância, como senador e governador pelo estado de Nova Iorque – passou a tecer sérias e diretas críticas à postura da Suprema Corte, citando expressamente a decisão proferida no

[31] Costa, op. cit., p. 74.

[32] Bernstein, 2005, p. 29.

[33] Bernstein, op. cit., p. 1501.

[34] Nourse, Victoria. *A Tale of Two Lochners: The Untold History of Substantive Due Process and the Idea of Fundamental Rights.* **Georgetown Law Faculty Publications and Other Works,** v. 97, p. 751-799, 2009, p. 778.

[35] Gunther, Gerald; Sullivan, Kathleen. ***Constitutional Law.*** 13. ed. New York: The Foundation Press, 1997, p. 466.

caso Lochner que caracterizava, de acordo com ele, verdadeiro exemplo de "tirania" do Judiciário:

> A crítica de Roosevelt a Lochner não era a de que os tribunais tivessem criado direito de contratar, nem que os tribunais divergissem da intenção original, mas que os tribunais tinham ignorado o 'bem-estar do público em geral'[36].

Quando eleito para a presidência da república, em 1933, Roosevelt intensificou suas críticas, principalmente pelo fato de que a Suprema Corte insistia em manter seu posicionamento e, com isso, acabou declarando a inconstitucionalidade de leis que formavam o *New Deal,* plano por ele apresentado com a finalidade de tentar reparar a sociedade intensamente atingida pela quebra da bolsa de Nova Iorque, em 1929.

A crise da 1929, considerada a maior crise econômica da história do capitalismo mundial, levou à bancarrota os Estados Unidos, trazendo extrema miséria não somente para as classes mais pobres, mas inclusive para comerciantes e indústrias, sendo que "até 1932, mais de 15 milhões de americanos ou 25% do total da população economicamente ativa ficaram desempregados" [37].

Assim, "Roosevelt reconheceu que a intervenção estatal massiva era necessária para salvar o sistema econômico e aliviar o conflito social"[38] lançando assim um conjunto de medidas estatais que foi denominada *New Deal,* que nada mais era do que "um pacote de reformas para promover a recuperação industrial e agrícola, regular o sistema financeiro e providenciar mais assistência social e obras públicas"[39].

Apesar da recente mudança do Chefe do Executivo federal decorrente da eleição de Roosevelt, bem como da profunda crise econômica e social vivida, não foi surpresa o fato de que algumas das normas componentes deste pacote foram declaradas inconstitucionais pela Suprema Corte, que ainda vivia sob os efeitos da Era Lochner, o que resultou em

[36] Ibid., p. 780.
[37] Karnal, op. cit., p. 183.
[38] Ibid., p. 197.
[39] Ibid., p. 197.

atrito entre o Executivo e o Judiciário, uma vez que este último inviabilizava a efetivação do *New Deal*[40].

Foi nesse período que FDR apresentou um ousado projeto de lei visando a alteração do número de componentes da Corte, movimentação esta que ficou conhecida como uma tentativa de "abarrotar", "superlotar" (para alguns, "empacotar") a SCOTUS (*court packing plan*) tentando o presidente, com isso, formar uma maioria, com julgadores favoráveis ao seu governo para que cessassem as decisões declaratórias de inconstitucionalidade em relação ao *New Deal*[41].

Apesar da iniciativa não ter sido bem recebida nem pelos americanos, tampouco pelo Congresso[42], a Corte acabou julgando seu próximo caso – *West Coast Hotel v. Parrish* (1937) – de forma alinhada com as novas políticas de governo, deixando de declarar a inconstitucionalidade da lei em debate, que tratava do salário mínimo; há quem sustente que o *swing vote* do *Justice* Owens, responsável por formar a maioria no caso, teria sido influenciado pelo então *Chief Justice* Charles Evans Hughes, com intenção de enfraquecer a iniciativa de empacotamento do Presidente Roosevelt[43]. Esta mudança de posicionamento da Corte ficou conhecida como a *switch in time that saved nine*, como ressalta Alexandre Araújo Costa:

> Costuma-se afirmar, por isso, que a *switch in time that saved nine* [a mudança em tempo que salvou nove] – um jogo de palavras com o ditado inglês a *stitch in time saves nine* (um ponto [de costura] em tempo salva nove), que traduz a ideia de que uma ação feita na hora certa evita maiores problemas no futuro[44].

[40] Barroso, Luís Roberto. Neoconstitucionalismo e constitucionalização do direito (o triunfo tardio do direito constitucional no Brasil). **Revista Opinião Jurídica (Fortaleza)**, Fortaleza, v. 3, n. 6, pp. 211-152, ago. 2019, p. 250.

[41] Goldman, Brian T. *The Switch in Time That Saved Nine: A Study of Justice Owen Roberts's Vote in West Coast Hotel Co. v. Parrish.* **College Undergraduate Research Electronic Journal, University of Pennsylvania**, 2012, p. 45.

[42] Leuchtenburg William E. *FDR's Court-Packing Plan: A Second Life, a Second Death.* **Duke Law Journal**, p. 673-689, 1985, p. 675.

[43] Smentkowski, Brian P. ***Owen Josephus Roberts.*** Encyclopædia Britannica on-line. May 13, 2020. Disponível em: https://www.britannica.com/biography/Owen-Josephus-Roberts.

[44] Costa, op. cit., p. 80.

Referida decisão foi tomada por maioria de 5 votos a 4, redigida pelo Justice Charles Evans Hughes, oportunidade na qual a Suprema Corte decidiu que o estabelecimento de um valor a título de salário-mínimo para as trabalhadoras era constitucional, quando então o caso *West Coast Hotel v. Parrish* visto como o fim da Era Lochner[45], passando a Corte a se atentar para as políticas de recuperação social e econômica de Roosevelt, com o início de uma nova fase em sua jurisprudência, que refletia as divergências outrora apresentadas no caso julgado em 1905, como já ressaltado alhures e como observam Juarez Freitas e Gabriel Wedy:

> Não existe dúvida de que os votos dissidentes contribuíram para a mudança de jurisprudência da Suprema Corte, isto é, para que fosse admitida a regulação estatal sobre atividades econômicas. Evidentemente, as regulações devem ocorrer com proporcionalidade a ponto de atender ao interesse público genuíno, respeitadas as vedações do excesso e da inoperância. Razoabilidade, sim, manifestada pela permissão de regulação pelos estados das relações laborais entre empregados e empregadores. Esse, talvez, seja o grande legado do dissenso do caso Lochner, deixando expressa a defesa de regulação razoável, não inoperante e, tampouco, excessiva ou prejudicial ao dinamismo econômico[46].

Anos depois, ao se referir especificamente sobre este período da Suprema Corte, o historiador e professor de Harvard Arthur Schlesinger Jr., no ano de 1947, em uma edição da revista *Fortune*, foi o primeiro a utilizar a expressão "ativismo judicial" para falar do Judiciário, indicando como ativistas os *Justices* que estavam "mais preocupados com o emprego do poder judicial em favor de sua própria concepção de bem social", usando a Corte como um instrumento para atingir anseios sociais[47] cunhando, assim, uma expressão que seria utilizada no âmbito jurídico por muitos anos depois.

[45] **West Coast Hotel Co. v. Parrish**, 300 U.S. 379 (1937).

[46] FREITAS, Juarez; WEDY, Gabriel. O legado dos votos vencidos nas decisões da Suprema Corte dos Estados Unidos da América. **Revista de Doutrina da 4ª Região**, Porto Alegre, n. 65, abr. 2015.

[47] BARNETT, Randy E. *Constitutional Clichés*. **Georgetown Law Faculty Publications and Other Works.** v. 36, p. 493-510, 2008, p. 493.

Fazendo um breve paralelo com o Brasil, nota-se que a legislação de caráter social no nosso país apenas se tornou nítida depois da década de 1930, uma vez que o período anterior contava somente com leis de caráter emergencial e fragmentada, não sendo viável apontar nenhuma política governamental social digna de nota[48]. A partir da Era Vargas é que foi possível notar que dentre "as implicações positivas estão a inédita intervenção legislativa nas relações entre capital e trabalho, que eram então reguladas exclusivamente por contratos individuais de trabalho e pelo direito privado"[49]. Sobre o tema José Murilo de Carvalho[50] ressalta que o período compreendido entre 1930 a 1945 foi o grande triunfo da legislação social no Brasil observando, entretanto, que:

> (...) foi uma legislação introduzida em ambiente de baixa ou nula participação política e de precária vigência dos direitos civis. Este pecado de origem e a maneira como foram distribuídos os benefícios sociais tornaram duvidosa sua definição como conquista democrática e comprometeram em parte sua contribuição para o desenvolvimento de uma cidadania ativa.

Assim, ainda que o modo de surgimento dos direitos e a intensidade da participação popular tenham se mostrado bastante distintos em relação aos dois países, o fato é que somente a partir da década de 1930 é que tanto no Brasil (com a Revolução Constitucionalista e com o governo varguista), como nos Estados Unidos (após a quebra da bolsa em 1929), é que o Estado passou a se ocupar dos direitos sociais.

Conclusões

No ano de 1905, quando da decisão do caso *Lochner*, a Suprema Corte se limitou a manter firme seu entendimento jurisprudencial consolidado, declarando inconstitucional uma lei estadual que limitava a jornada de

[48] MEDEIROS, Marcelo. **A Trajetória do Welfare State no Brasil:** Papel Redistributivo das Políticas Sociais dos Anos 1930 aos Anos 1990. Brasília: Ipea, 2001, p. 9.

[49] KERSTENETZKY, Celia Lessa. **O estado do bem-estar social na idade da razão:** A reinvenção do estado social no mundo contemporâneo. Rio de Janeiro: Elsevier, 2012, p. 179.

[50] CARVALHO, José Murilo de. **Cidadania no Brasil: o longo caminho.** 24. ed. Rio de Janeiro: Civilização brasileira, 2018, p. 114.

trabalho, fazendo prevalecer a liberdade de contratar e a livre iniciativa. Decisão que aparentemente não guardava nenhuma especificidade, a não ser o fato de que a realidade social estava prestes a se alterar, de modo que anos depois aquela mesma Corte se viu compelida a mudar seu entendimento, inaugurando nova era em sua jurisprudência.

Importante lembrarmos que a decisão deve ser observada como um produto de seu tempo e da composição da Corte na época em que foi proferida; sob tal ótica é possível compreender – mas não necessariamente concordar – as razões de sua prolação e o que tornou *Lochner*, naquele momento, apenas mais um julgado da SCOTUS, dentre outros tantos, que privilegiou o poder econômico em detrimento dos direitos sociais, ignorando por completo a realidade dos trabalhadores.

O caso em questão demonstrou a importância das divergências e o papel que elas podem desempenhar no futuro, como observou a *Justice* Ruth Bader Ginsburg, citando o então *Chief Justice* Hughes: "Uma divergência em uma Corte de última instância é um recurso (...) para a inteligência de um futuro dia, quando uma decisão posterior pode possivelmente corrigir o erro em que o juiz dissidente acredita que o tribunal foi traído" [51].

Embora não tenha causado impacto imediato na sociedade americana na época, uma vez que as jornadas de trabalho continuaram a ser extenuantes, inaugurou o debate sobre o devido processo legal substantivo e da consequente autorização do Judiciário a limitar o exercício do poder de polícia estatal em decorrência do questionamento acerca de sua razoabilidade.

Referências

Barnett, Randy E. *Constitutional Clichés.* **Georgetown Law Faculty Publications and Other Works.** v. 36, p. 493-510, 2008.

Barroso, Luís Roberto. Neoconstitucionalismo e constitucionalização do direito (o triunfo tardio do direito constitucional no Brasil). **Revista Opinião Jurídica (Fortaleza)**, Fortaleza, v. 3, n. 6, pp. 211-152, ago. 2019.

[51] Ginsburg, Ruth Bader. *The Role of Dissenting Opinions.* **Minnesota Law Review**, v. 95, p. 1-8, 2010, p. 4.

BEINEMAN, Charles A. *Judicial Power and Reform Politics: The Anatomy of Lochner v. New York*. **Michigan Law Review**, v. 89, p. 1712-1718, 1991.

BERNSTEIN, David E. *Lochner v. New York: A Centennial Retrospective*. **Washington University Law Review**. v. 83, p. 1469-1527, 2005.

BERNSTEIN, David E. *The Lochner Court, Myth and Reality: Substantive Due Process from the 1890s to the 1930s by* Michael J. Phillips (Review). **Law and History Review**, v. 21, n. 1, p. 231-233, 2003.

BEWIG, Matthew S. *Lochner v. The Journeymen Bakers of New York: The Journeymen Bakers, Their Hours of Labor, and The Constitution: A Case Study in the Social History of Legal Thought*. **The American Journal of Legal History**, v. 38, n. 4, p. 413-451, 1994.

CARVALHO, José Murilo de. **Cidadania no Brasil:** o longo caminho. 24. ed. Rio de Janeiro: Civilização brasileira, 2018.

COSTA, Alexandre Araújo. **O controle de razoabilidade no direito comparado.** Brasília: Thesaurus, 2008.

COLBY, Thomas. SMITH, Peter J. *The Return of Lochner*. **Cornell Law Review**, v. 100, n. 1, p. 527-602, 2015.

ESTADOS UNIDOS DA AMÉRICA. Supreme Court of the United States. **Lochner v. New York**, 198 U.S. 45 (1905), Washington D.C, 18 de abril de 1905.

ESTADOS UNIDOS DA AMÉRICA. Supreme Court of the United States. **West Coast Hotel Co. v. Parrish**, 300 U.S. 379 (1937), Washington D.C, 29 de março de 1937.

ESTADOS UNIDOS DA AMÉRICA. Supreme Court of the United States. ***About the Court. Members of the Supreme Court of the United States.*** Disponível em: https://www.supremecourt.gov/about/members.aspx.

Freitas, Juarez; Wedy, Gabriel. O legado dos votos vencidos nas decisões da Suprema Corte dos Estados Unidos da América. **Revista de Doutrina da 4ª Região**, Porto Alegre, n. 65, abr. 2015.

Ginsburg, Ruth Bader. *The Role of Dissenting Opinions*. **Minnesota Law Review**, v. 95, p. 1-8, 2010

Goldman, Brian T. *The Switch in Time That Saved Nine: A Study of Justice Owen Roberts's Vote in West Coast Hotel Co. v. Parrish*. **College Undergraduate Research Electronic Journal, University of Pennsylvania**, 2012.

Grant, Susan-Mary. ***A concise history of the United States of America.*** (Cambridge Concise Histories). Cambridge: Cambridge University Press, 2012.

GUNTHER, Gerald; SULLIVAN, Kathleen. ***Constitutional Law.*** 13. ed. New York: The Foundation Press, 1997.

HAMM, Andrew. Dueling perspectives on Lochner v. United States. **SCOTUSBlog**, 3 de junho de 2016. Disponível em: https://www.scotusblog.com/2016/06/dueling-perspectives-on-lochner-v-united-states/.

HARIHARAN Abhishek. *Implications of Lochner v. New York.* **Columbia Undergraduate Law Review.** 2019.

HARTMAN, Gary. MERSKY, Roy M. TATE, Cindy L. ***Landmark Supreme Court Cases:*** *The most influential decisions of the Supreme Court of the United States.* New York: Facts on file, 2004.

KARNAL, Leandro et al. **História dos Estados Unidos.** São Paulo: Contexto, 2007.

KERSTENETZKY, Celia Lessa. **O estado do bem-estar social na idade da razão: A reinvenção do estado social no mundo contemporâneo**. Rio de Janeiro: Elsevier, 2012.

LEUCHTENBURG William E. *FDR's Court-Packing Plan: A Second Life, a Second Death.* **Duke Law Journal**, p. 673-689, 1985.

LUCON, Paulo Henrique dos Santos. Devido processo legal substancial e efetividade do processo. In: MARTINS, Ives Gandra da Silva; JOBIM, Eduardo (Coord.). **O Processo na Constituição.** São Paulo: Editora Quartier Latin do Brasil, 2008.

MEDEIROS, Marcelo. **A Trajetória do Welfare State no Brasil:** Papel Redistributivo das Políticas Sociais dos Anos 1930 aos Anos 1990. Brasília: Ipea, 2001, p. 9.

NOURSE, Victoria. *A Tale of Two Lochners: The Untold History of Substantive Due Process and the Idea of Fundamental Rights.* **Georgetown Law Faculty Publications and Other Works**, v. 97, p. 751-799, 2009.

SIEGEL, Stephen A. *Understanding the Lochner ERA: Lessons from the Controversy over Railroad and Utility Rate Regulation.* **Virginia Law Review**, v. 70, n. 2, p. 187–263, 1984.

SMENTKOWSKI, Brian P. ***Owen Josephus Roberts.*** Encyclopædia Britannica on--line. May 13, 2020. Disponível em: https://www.britannica.com/biography/Owen-Josephus-Roberts.

TARROW, Sidney G. *Lochner versus New York: A political analysis.* **Labor History**, 5:3, p. 277-312, 1964.

UNITED STATES LIBRARY OF CONGRESS. ***Abraham Lincoln papers: Series 3. General Correspondence***. 1837 to 1897: Congress, Wednesday, Joint Resolution Submitting 13th Amendment to the States; signed by Abraham Lincoln and Congress. February 1, 1865. Manuscript/Mixed Material. Disponível em: https://www.loc.gov/item/mal4361100/.

9.

BUCK V. BELL, 1927

A EUGENIA E A SUPREMA CORTE

JOSÉ ROLLEMBERG LEITE NETO

Introdução

Certas decisões judiciais costumam ser lembradas como enormes erros de julgamento. São páginas sombrias que enfatizam a fragilidade das instituições humanas e a precariedade dos entendimentos dos seus integrantes. Elas são a memória da necessidade de desconfiança em determinações de tal natureza, que, se devem ser obedecidas, precisam passar pelo rigoroso escrutínio da comunidade jurídica e da sociedade em geral.

Buck v. Bell, o caso que adiante será analisado, é revelador disso.[1] A decisão nele adotada era concernente à esterilização de uma jovem dita "débil mental".[2] Foi determinada por uma maioria significativa de membros da Suprema Corte dos Estados Unidos (oito votos a um). Sua redação coube ao juiz Oliver Wendell Holmes Jr., por muitos havido como um dos maiores magistrados que já ocuparam assento naquele colegiado. O julgado é, no entanto, uma ferida aberta na história do Tribunal.

[1] **Buck v. Bell**, 274 U.S. 200 (1927).

[2] Este é um caso judicial com um vocabulário delicado, pois se refere a uma minoria vítima de discriminação. Os termos usados na decisão aqui comentada são inapropriados, rudes e preconceituosos. Usa-se, muito amiúde, termos com "débil mental", "idiota", "imbecil", "doente mental". As referências textuais a tais termos, portanto, não são acolhidas pelo autor do artigo, mas são da linguagem das decisões comentadas. Sempre que possível, serão evitadas e aspeadas.

Essa decisão da Suprema Corte revela, já no primeiro lance de olhos, quão insensíveis e agressivos podem ser os juízes, quando desprovidos do senso de alteridade. Sua história, no entanto, expõe muito mais. Desvela um enredo que põe na superfície alguns dos piores traços do comportamento da humanidade: a sua propensão ao preconceito, à violência e à fraude.

A orquestração subjacente à causa prova a possibilidade de manipulação do sistema judiciário daquela que se supõe ser a maior democracia do mundo. Desvela como legisladores, agentes públicos, médicos e advogados se colocaram em conluio para fazer prevalecer um conceito, ainda que ao custo do sacrifício da verdade factual e dos direitos de um ser humano, Carrie Buck, tratada como mero objeto de um jogo político.

A concepção responsável por tudo isso foi a de eugenia, a suposição nutrida por muitos de que a humanidade poderia ser melhorada, especialmente por meio da eliminação de indesejados. Nos Estados Unidos, no início do século 20, tal pensamento tinha entusiastas que desejavam que a sociedade daquele país fosse depurada.[3]

Carrie Buck, uma jovem de dezoito anos, foi a escolhida para ser o objeto do caso-teste da legislação eugênica do Estado da Virgínia. As razões pelas quais isso ocorreu serão expostas no decorrer deste artigo. A decisão de seu processo, após ser contextualizada, será apresentada e as

[3] Como observa Cássio Casagrande: "A ideia de submeter pessoas 'problemáticas' a procedimentos compulsórios de esterilização esteve em voga durante o início do século XX, quando prosperavam as teorias de eugenia, que tinham, então, status "científico" em vários países, tendo encontrado especial popularidade nos Estados Unidos, durante a chamada 'Era Progressiva'. O inglês Herbert Spencer, admirador de Charles Darwin e divulgador da concepção de 'sobrevivência do mais apto' aplicada à sociedade humana, era uma verdadeira celebridade nos EUA, onde o seu livro 'Estática Social' vendeu mais de 368 mil cópias entre 1860 e 1903. Igualmente popular dentre os americanos era outro inglês adepto do 'darwinismo social', Francis Galton, que, a partir das concepções spencerianas, criou e desenvolveu o conceito de eugenia, advogando a necessidade de evitar a procriação de pessoas com problemas físicos, mentais ou com registro de criminalidade. Esta ideologia influenciou de tal forma o governo federal americano que a administração Theodore Roosevelt (1901-1909) criou a 'Comissão de Hereditariedade', cujo propósito era investigar a herança genética do país e 'encorajar o aumento das famílias de bom sangue e desestimular os elementos viciosos decorrentes da mestiçagem da civilização americana'." *In*: CASAGRANDE, Cássio. **O mundo fora dos autos**. Rio de Janeiro: Lumen Juris, 2020.

consequências dela serão indicadas, ainda que em breve síntese. Trata-se, por mais estranho que possa parecer, de um precedente jamais expressamente superado. Uma sombra sobre a ideia de direitos humanos naquele país.

Cuida-se, é bom anotar, de uma decisão relativamente pouco conhecida no Brasil, o que justifica o interesse em sua leitura. Duas obras brasileiras, de referência do estudo do funcionamento da Suprema Corte, não a mencionam.[4] Ao que tudo indica, é um precedente jamais citado em acórdãos do Supremo Tribunal Federal e de outros tribunais nacionais.[5] Apesar disso, o tema da esterilização de incapazes é presente no noticiário jurídico nacional recente[6], motivo pelo qual revela-se a sua atualidade.

1. Contexto histórico

No começo do século passado, no Estado da Virgínia, a eugenia tinha alguns defensores. Dentre eles, Albert Priddy. Esse personagem terá um papel significativo na trágica decisão que será adotada pela Suprema Corte dos Estados Unidos e que promoverá as condições de esterilização em massa de mais de 60 mil estadunidenses.[7]

Priddy, contudo, não agiu isoladamente. Na busca por implementar medidas eugênicas, especialmente as concernentes à esterilização de pessoas com problemas psiquiátricos, teve bastante suporte, sendo mere-

[4] Rodrigues, Leda Boechat. **A Corte Suprema e o Direito Constitucional Americano.** 2. ed. Rio de Janeiro: Civilização Brasileira, 1992. Souto, João Carlos. **Suprema Corte dos Estados Unidos:** Principais decisões. Rio de Janeiro: Lumen Juris, 2008.

[5] Pesquisa feita no portal jurídico JusBrasil, no campo de jurisprudência, que busca em julgamentos de todo o país, com o nome do julgado, às 10h19, de 30.04.2021, não trouxe referências a ele, seja na ementa, seja no corpo dos arestos.

[6] A esse respeito, vale mencionar a ordem de esterilização de uma mulher pobre, no Estado de São Paulo, a pedido do Ministério Público Estadual. Pompeu, Ana. Grupo de advogados repudia esterilização de mulher pobre em São Paulo. **Consultor Jurídico.** Disponível em: https://www.conjur.com.br/2018-jun-10/grupo-advogados-repudia-esterilizacao-mulher-sao-paulo.

[7] Lombardo, Paul A. ***Three Generations, No Imbeciles:*** *Eugenics, the Supreme Court, and Buck v. Bell.* Baltimore: Johns Hopkins University Press, 2010. E-book Kindle. Também, Cohen, Adam. ***Imbeciles:*** *The Supreme Court, American Eugenics, and the Sterilization of Carrie Buck.* Nova Iorque: Penguin Books, 2016. E-book Kindle.

cedores de especial menção dois colaboradores: Aubrey Strode e Irving Whitehead.[8]

Strode era um legislador estadual da Virgínia que se movimentou para criar uma colônia, à moda de uma fazenda, batizada de *Virginia Colony for Epileptics and Feebleminded* ("Colônia da Virgínia para Epiléticos e Débeis Mentais"). Isso acabou ocorrendo em 1906. Quando instalada, em 1910, Priddy, que era médico, tornou-se o seu primeiro superintendente. Como o número desses internos era grande, ele passou a trabalhar intensamente por uma legislação que permitisse a esterilização dessas pessoas, a fim de dispensá-los mais rapidamente. O intento era menos o de cuidar de enfermos que o de impedir a sua proliferação.[9]

Naquela época, havia movimentação legislativa para que os Estados fossem autorizados a prover essas esterilizações, na suposição de inibição da proliferação de tais patologias. Tais estavam radicadas no pensamento de Herbert Spencer e Francis Galton, que desenvolveram a noção de possibilidade de melhoramento do corpo social pela seleção dos mais aptos. A eugenia, era, por conseguinte, um conceito que gozava de certo prestígio e, por isso, tinha fervorosos militantes.[10]

O Estado da Virgínia não havia aprovado uma legislação autorizadora da esterilização de tais enfermos. Priddy, mesmo assim, promoveu algumas cirurgias com tal propósito. No entanto, um dos casos levou o médico aos tribunais. A família de Willie Mallory processou-o por realizar internações e esterilizações de modo indevido. Apesar de vitorioso na causa, Priddy percebeu que havia riscos nesses procedimentos. Resolveu, então, cercar-se de melhores condições para alcançar os seus objetivos.[11]

Priddy e Strode, agora como advogado, juntaram-se na empreitada de redação de uma minuta de legislação que desse maior segurança aos procedimentos eugênicos. Após muitos esforços, conseguiram que o diploma autorizativo das esterilizações fosse aprovado e entrasse em vigor. Isso ocorreu em 1924. No entanto, prudentemente, Strode advertiu que, como leis semelhantes eram objeto de questionamento em alguns

[8] Ibid.
[9] Ibid.
[10] Ibid.
[11] Ibid.

Estados e haviam sido declaradas inconstitucionais, ora por revelarem tratamento discriminatório, ora por serem reputadas como promotoras de castigos cruéis, era melhor aguardar que a lei fosse validada judicialmente – se possível, pela Suprema Corte dos Estados Unidos.[12]

É aqui que a história de Carrie Buck cruza com a dos personagens mencionados. Carrie era filha de Emma Buck, que estava internada na colônia dirigida por Priddy, desde 1920. Emma tinha sido enviada para lá sob a alegação de sofrer de alguma doença psiquiátrica. Carrie, que já era órfã de pai, passou a viver com a família Dobbs, em condição de adoção. Na prática, como uma agregada, uma empregada encarregada de tarefas domésticas.[13]

Carrie frequentou alguns anos a escola, sem qualquer alusão a problemas intelectuais. Aos 17 anos, em 1923, foi descoberto que ela estava grávida. Ela havia sido estuprada por um sobrinho da família que a albergara. Os Dobbs, então, tentaram resolver essa situação, imputando a Carrie uma enfermidade psiquiátrica e conduta depravada. Com a cumplicidade de médicos, Carrie foi assim declarada e remetida para o mesmo estabelecimento em que estava a sua mãe, logo após o parto de sua filha, Vivian, que foi confiada aos Dobbs.[14]

No momento da aprovação da lei, Priddy buscou uma situação que fosse emblemática para ser submetida à confirmação judicial. Carrie era a personagem perfeita para o caso-teste. Filha de uma interna, ela poderia ser referida como a situação de prolongamento das enfermidades que o procedimento de esterilização buscava conter.

Novamente com a cumplicidade médica, a filha de Carrie, ainda um bebê, foi também diagnosticada como psiquiatricamente enferma, o que, mais adiante, seria revelado como falso. Entretanto, com os eugenistas de posse da informação das três gerações supostamente doentes, Carrie já havia se tornado o alvo do teste de constitucionalidade da lei.

[12] Ibid.

[13] Ibid.

[14] Ibid.

Um procedimento administrativo foi aberto, um rito confirmatório do quanto havia sido planejado, no qual concluiu-se pela oportunidade e conveniência da cirurgia esterilizadora.[15]

Foi contratado um advogado para levar o caso a juízo. O intento era validar a lei, a fim de que não houvesse riscos para quem procedesse à cirurgia esterilizadora. Tanto o caso *Mallory*, quanto as declarações de inconstitucionalidade de outas leis estaduais, em cortes de seus respectivos estados, levaram a tal providência.

Irving Whitehead ajuizou uma demanda como patrono de Carrie. A demanda fracamente aduzia os argumentos que foram acolhidos em outras cortes para a declaração de inconstitucionalidade das legislações estaduais permissivas da esterilização de doentes mentais. A colônia foi defendida por Strode, que por seu lado, apresentava, com maior robustez, fundamentos em favor da legitimidade da norma questionada.[16]

O caso, então, foi aforado perante a Corte do Condado de Amherst e autuado como *Buck v. Priddy*, o diretor da colônia que pretendia realizar o procedimento judicialmente contestado. Durante a fase de colheita de provas, iniciada em 18 de novembro de 1924, Whitehead não se concentrou em atacar as evidências indigentes da alegação de deficiência intelectual de Carrie, de sua mãe e de sua filha. Esse fato foi praticamente tomado como incontroverso. A lide era claramente simulada: Whitehead frequentava o comitê diretor da colônia e trocava ideias com a parte adversa. A primeira instância, então, negou o pedido de Carrie e a cirurgia remanesceu autorizada.[17]

Contudo, Priddy faleceu pouco antes de a decisão ser publicada. Seu sucessor na colônia, John Hendren Bell, passou a constar do polo passivo da causa, que veio a se chamar *Buck v. Bell.* Conforme era planejado, Whitehead recorreu à Suprema Corte de Apelações do Estado da Virgínia, repetindo, em síntese, os argumentos já trazidos. Novamente, não fez nenhum questionamento acerca das provas do caso, e, por isso, o debate

[15] Ibid.
[16] Ibid.
[17] Ibid.

era de estrito direito. Por unanimidade, a decisão foi mantida, em 12 de novembro de 1925.[18]

O caso, então, de acordo com o planejado pelo falecido Priddy, Strode, Bell e Whitehead, foi alçado à Suprema Corte dos Estados Unidos, que nele proferiu uma de suas decisões mais infames. A composição do Tribunal, àquele tempo, era a seguinte: William H. Taft (presidente), Oliver W. Holmes Jr., Willis Van Devanter, James C. McReynolds, Louis Brandeis, George Sutherland, Pierce Butler, Edward T. Sanford e Harlan F. Stone.

2. Aspectos importantes da decisão

Pouco depois de ouvir os argumentos das partes em 22 de abril de 1927, aos 2 de maio daquele ano, a Suprema Corte dos Estados Unidos manteve a decisão que autorizou que Carrie Buck fosse esterilizada, em conformidade com a legislação da Virgínia, então vigente. Essa lei foi questionada sob os ângulos da igual proteção perante a lei (por que algumas pessoas seriam esterilizáveis e outras não?) e do devido processo legal substantivo (a medida seria razoável?). Fundamentalmente, questionava-se se essa cirurgia violaria a 14.ª Emenda à Constituição, Primeira Seção:

> Todas as pessoas nascidas ou naturalizadas nos Estados Unidos, e sujeitas à jurisdição deste, são cidadãos dos Estados Unidos e do estado em que residem. Nenhum estado fará ou fará cumprir qualquer lei que restrinja os privilégios ou imunidades dos cidadãos dos Estados Unidos; nem qualquer estado privará qualquer pessoa da vida, liberdade ou propriedade, sem o devido processo legal; nem negará a qualquer pessoa dentro de sua jurisdição a igual proteção das leis[19].

A "defesa" de Carrie dizia que a esterilização era uma violação discriminatória de sua autonomia e integridade. Por outro lado, o diretor da Colônia, John Hendren Bell, assinalava que o histórico familiar dela era indicativo de uma degeneração hereditária. Essa cadeia de transmissão de deficiências deveria ser interrompida.

[18] Ibid.

[19] Constituição (1791). **14th Amendment**. Estados Unidos da América, 1868.

O juiz Oliver W. Holmes Jr. redigiu a posição vencedora. Ele afirmou, como se verdade inconteste fosse, que a hereditariedade desempenha um importante papel na difusão de mazelas psiquiátricas, e quando se avaliar que a melhor opção é a esterilização, pode-se promovê-la, se hereditária a doença. Antes, porém, coube-lhe descrever a causa, o que fez de modo hostil e faccioso. Disse, inicialmente:

> Este é um recurso para revisar uma sentença da Suprema Corte de Apelações do Estado da Virgínia que confirmou uma sentença do Tribunal de Circuito do Condado de Amherst pela qual o recorrido, o superintendente da Colônia Estadual de Epilépticos e Débeis Mentais, foi autorizado a realizar a operação de salpingectomia em Carrie Buck, a Recorrente, com o objetivo de torná-la estéril. O caso vem aqui com a alegação de que o estatuto que autoriza a sentença é nulo de acordo com a Décima Quarta Emenda por negar ao Recorrente ao devido processo legal e à igual proteção das leis[20].

Na sequência, descreveu a situação de Carrie Buck e a lei de regência do caso nos seguintes termos:

> Carrie Buck é uma mulher branca débil mental que foi enviada para a colônia estadual mencionada acima, na devida forma. Ela é filha de uma mãe débil mental na mesma instituição e mãe de uma criança ilegítima débil mental. Ela tinha dezoito anos na época do julgamento de seu caso no Tribunal de Circuito, no final de 1924. Uma Lei da Virgínia, aprovada em 20 de março de 1924, declara que a saúde do paciente e o bem-estar da sociedade podem ser promovidos em certos casos pela esterilização de deficientes mentais, sob cuidadosa proteção, etc; que a esterilização pode ser efetuada em homens por vasectomia e em mulheres por salpingectomia, sem dor grave ou perigo substancial de vida; que a Comunidade está apoiando em várias instituições muitas pessoas defeituosas que, se agora dispensadas, se tornariam uma ameaça, mas, se incapazes de procriarem, podem ser dispensadas com segurança e tornar-se autossustentáveis com benefício para si e para a sociedade, e essa experiência mostrou que a hereditariedade desempenha um

[20] 274 U.S. 200 (1927), p. 205.

papel importante na transmissão da insanidade, imbecilidade etc. O estatuto estabelece então que, sempre que o superintendente de certas instituições, incluindo a colônia estatal acima mencionada, for de opinião que é para o melhor interesse dos pacientes e da sociedade que um recluso sob seus cuidados seja esterilizado sexualmente, ele pode fazer a operação ser realizada em qualquer paciente que sofra de formas hereditárias de insanidade, imbecilidade etc., obedecendo às cuidadosas disposições pelas quais o ato protege os pacientes de possíveis abusos[21].

A linguagem, já se percebe, é claramente preconceituosa, reveladora de um traço da personalidade do juiz, que tinha uma visão do direito deferente das decisões legislativas, pessoalmente inclinado a entender a vida como luta, um combate (foi soldado e serviu na Guerra da Secessão, em que foi ferido em três oportunidades). Além disso, é importante ressaltar, para a completa compreensão do contexto, que Holmes não teve filhos.[22]

No caso específico, o magistrado descreveu também todo o procedimento antecedente da decisão, para concluir que todas as garantias foram dadas a Carrie:

O superintendente primeiro apresenta uma petição à diretoria especial de seu hospital ou colônia, expondo os fatos e os fundamentos de sua opinião, verificados por declaração juramentada. O aviso da petição e da hora e local da audiência na instituição deve ser levado ao interno, e também ao seu tutor, e se não houver tutor, o superintendente deve dirigir-se ao Tribunal de Circuito do Condado para nomear um. Se o interno for menor de idade, também deve ser dado aviso aos pais, se houver, com uma cópia da petição. O conselho deve providenciar para que o interno possa comparecer às audiências, se assim o desejar ou o seu tutor. A prova deve ser reduzida a escrito e, após o conselho ter feito sua ordem a favor ou contra a operação, o superintendente, ou o interno, ou seu tutor, pode apelar para o Tribunal de Circuito

[21] 274 U.S. 200 (1927), p. 205.

[22] Para uma breve, porém consistente biografia de Holmes, em português: GODOY, Arnaldo Sampaio de Moraes. O realismo jurídico em Oliver Wendell Holmes Jr. **Revista de Informação Legislativa: RIL**, nº 171, p. 91-105, 2006.

do Condado. O Tribunal de Circuito pode considerar o registro do conselho e as provas perante ele e outras provas admissíveis que possam ser oferecidas, e pode afirmar, revisar ou reverter a ordem do conselho e avançar na ordem que julgar justa. Finalmente, qualquer parte pode recorrer ao Supremo Tribunal de Apelações, que, se conceder o recurso, deve ouvir o caso pelos registros do julgamento no Tribunal de Circuito, e pode impor a ordem que ele pensa que o Tribunal de Circuito deveria ter imposto. Não pode haver dúvida de que, no que diz respeito ao procedimento, os direitos do paciente são considerados com mais cuidado e, como cada passo neste caso foi dado no cumprimento escrupuloso do estatuto e, após meses de observação, não há dúvida que, a esse respeito, o Recorrente teve o devido processo legal[23].

Até esse momento, Holmes estava fixado em uma reverência ao procedimento. Mas, após essas observações de cunho essencialmente técnico--jurídico, lançou um dos mais tristes argumentos da história da Suprema Corte. Disse ele:

> O ataque não é ao procedimento, mas ao direito substantivo. Parece argumentar-se que em nenhuma circunstância tal ordem poderia ser justificada. Certamente é afirmado que a ordem não pode ser justificada pelos motivos existentes. O julgamento afirmou os fatos que foram recitados, e que Carrie Buck 'é a provável progenitora em potencial de uma prole socialmente inadequada, igualmente aflita, que pode ser esterilizada sexualmente sem prejuízo para sua saúde geral, e que seu bem-estar e o da sociedade serão promovidos por sua esterilização', e então emite a ordem. Tendo em conta as declarações gerais do legislador e as conclusões específicas do Tribunal, obviamente não podemos dizer, como matéria de direito, que os fundamentos não existem e, se eles existem, justificam o resultado. Já vimos mais de uma vez que o bem--estar público pode convocar as vidas dos melhores cidadãos. Seria estranho se não pudesse chamar àqueles que já drenam as forças do Estado para esses sacrifícios menores, muitas vezes não percebidos pelos interessados, a fim de evitar que sejamos inundados pela incompetência. É melhor para todo o mundo se, em vez de esperar para executar filhos degenerados pelo crime

[23] 274 U.S. 200 (1927), p. 206.

ou deixá-los morrer de fome por causa de sua imbecilidade, a sociedade pudesse impedir aqueles que são manifestamente inadequados de continuar com sua espécie. O princípio que sustenta a vacinação obrigatória é amplo o suficiente para cobrir o corte das trompas de Falópio. Jacobson v. Massachusetts, 197 U. S. 11. Três gerações de imbecis são suficientes[24].

A força da expressão final, deliberadamente redigida para impactar, não oculta algumas incongruências do argumento. Além da consideração de que Carrie seria "débil mental", bem assim a sua mãe e a sua filha, fatos que seriam demonstrados inverídicos em momento posterior, a invocação de que o Estado convoca o sacrifício da vida dos seus filhos é um dos mais autoritários argumentos imagináveis, aos quais se alinham outros impropérios.

Primeiramente, a referência militar era pessoalmente cara a Holmes, um ex-combatente, que viu companheiros de batalha tombarem e ele próprio ser ferido gravemente, mais de uma vez. Mas é um equívoco, porque os soldados não são convocados para a morte, mas para o serviço militar. Se todos tivessem certeza da morte, as relações entre o serviço militar e a sociedade teriam outro perfil, certamente.

Segundo ponto: a suposição de que as esterilizações evitam crimes puníveis com a morte é absolutamente desprovida de comprovação factual, e assim era mesmo ao tempo em que a decisão foi adotada. Não há qualquer referência a uma prova ou argumento científico que autorize tal ilação, que, por conseguinte, não passa de um preconceito do julgamento.

Terceiro aspecto: a referência à "continuação da espécie" desumaniza o doente, transforma a pessoa em algo menos que humano, animal apenas. É de uma crueza espantosa.

Quarto problema: a associação da situação examinada com o precedente *Jacobson v. Massachussetts* era completamente descabida. [25]

Neste caso, julgado em 1905, em meio a um surto, uma lei de Massachusetts permitiu que as cidades exigissem que os residentes fossem vacinados contra a varíola. Cambridge adotou tal medida, com algumas exceções. O reverendo Henning Jacobson, entretanto, recusou-se a aten-

[24] 274 U.S. 200 (1927), p. 207.

[25] **Jacobson v. Massachusetts**, 197 U.S. 11 (1905).

der a exigência e foi multado em cinco dólares. Ele alegava que, quando era criança, uma vacina o deixara gravemente adoecido.

A partir de então, ele questionou se essa lei de vacinação obrigatória, ao afetar os direitos de liberdade individuais, representaria uma violação à Décima Quarta Emenda. A posição da Suprema Corte, redigida pelo juiz John Marshall Harlan, foi no sentido de que a lei era um exercício legítimo do poder de polícia para proteger a saúde pública e a segurança dos seus cidadãos. Os órgãos locais de saúde determinavam quando as vacinações obrigatórias eram necessárias, tornando a exigência razoável. Disse ele, pela maioria:

> Até que seja informado de outra forma pela mais alta corte de Massachusetts, não estamos inclinados a sustentar que o estatuto estabeleça a regra absoluta de que um adulto deve ser vacinado, se for evidente ou puder ser demonstrado com razoável certeza, que ele não é um indivíduo apto no momento de vacinação, ou que a vacinação, em razão de seu então estado, prejudique gravemente sua saúde, ou provavelmente cause sua morte. Nenhum caso desse tipo é apresentado aqui. Este é o caso de um adulto que, pelo que parece, gozava de perfeita saúde e era sujeito à vacinação e, no entanto, permanecendo na comunidade, recusou-se a obedecer ao estatuto e ao regulamento adotado em execução das suas disposições para a proteção da saúde pública e da segurança pública, reconhecidamente ameaçadas pela presença de uma doença perigosa[26].

A questão, portanto, era vacinar-se, estando em condições para tal, ou pagar uma multa. Um cenário absolutamente diferente, sem paralelo com o caso das esterilizações, em que o nível de intrusão é extremo, além de não existir qualquer possibilidade de alternativa.

Retornando a *Buck v. Bell*, em arremate, Holmes apontou seu descontentamento com a invocação da violação ao devido processo legal substantivo pela distinção entre os doentes internos, que poderiam ser esterilizados, e aqueles externos, que não seriam. Disse que esse tipo de defesa

[26] 197 U.S. 11 (1905), p. 39.

é o último apelo em matéria constitucional, como a querer demonstrar a sua fragilidade. Afirmou:

> Mas, diz-se que se esse raciocínio for aplicado de maneira geral, ele falha quando se limita ao pequeno número de pessoas nas instituições nomeadas e não se aplica às multidões de fora. É o último recurso usual dos argumentos constitucionais apontar deficiências desse tipo. Mas a resposta é que a lei faz tudo o que é necessário quando faz tudo o que pode, indica uma política, aplica-a a todos dentro das linhas e procura trazer dentro das linhas todos os semelhantes situados tão longe e tão rápido quanto seus meios permitirem. Claro, na medida em que as operações permitem que aqueles que de outra forma deveriam ser mantidos confinados sejam devolvidos ao mundo, e assim abram o asilo a outros, a igualdade almejada será alcançada de forma mais próxima[27].

Como referiu Victoria Nourse, Holmes tratou os argumentos de Carrie Buck com desprezo. Seu voto não citou qualquer texto constitucional ou princípio dele emanado. O único direito referido na decisão tem de ser desentranhado de uma narrativa constitucional cheia de desdém pela Constituição e pela humanidade em si mesma.[28]

A única voz dissidente dessa fundamentação foi a do juiz Butler, que não deixou voto escrito. Supõe-se que as suas convicções católicas tenham influenciado na sua divergência, mas isso é apenas especulação, eis que não há qualquer registro que abone essa conclusão.

3. Repercussão da decisão

A primeira grande Repercussão da decisão é lembrada por Victoria Nourse. Ela assinala que, ao tempo da chegada do caso à Suprema Corte, a maioria das cortes estaduais consideravam a esterilização inconstitucional, em termos estaduais e federais[29]. Ela entende ainda que a decisão poderia ter sido diferente, seja adotando os fundamentos de tais deci-

[27] 274 U.S. 200 (1927), p. 208.

[28] NOURSE, Victoria. *Buck v. Bell: A Constitucional Tragedy from a Lost World.* **Pepperdine Law Review:** v. 39, n. 101, p. 101-117, 2011.

[29] Ibid., p. 102.

sões, seja incorporando as noções de liberdade individual já presentes em precedentes dela mesma. Ao não agir assim, houve o ressurgimento dessa legislação eugênica, o que fez os Estados Unidos, e não a Alemanha, a capital da eugenia entre 1927 e 1934.[30]

Como apontado anteriormente, *Buck v. Bell* é um precedente que jamais foi superado. Não há qualquer decisão posterior que refira ou declare a sua superação. O que aconteceu, todavia, foi um paulatino esvaziamento legislativo das situações que o justificavam. Antes, porém, de isso ocorrer, alguns fatos foram minguando a força desse precedente.

Em primeiro lugar, a ciência jamais chancelou, integralmente, as premissas eugênicas das quais partiu o raciocínio do juiz Holmes. Embora houvesse uma certa corrente que invocasse esse argumento, boa parte dos médicos o rejeitava. Mesmo alguns dos eugenistas passaram a revisar suas ideias.

Também foram relevantes as constatações de que as experiências e políticas eugênicas produziram consequências sinistras na Alemanha, levando ao holocausto judeu e de outras minorias. Após a 2.ª Guerra Mundial, no julgamento de Nuremberg, as leis estaduais eugênicas estadunidenses foram mencionadas como argumento defensivo dos criminosos alemães. Como lembra Adam Cohen, Otto Hofmann, um dos oficiais nazistas encarregados da esterilização em massa, defendeu-se em parte referindo que os estados norte-americanos adotaram leis eugênicas e citou a decisão de *Buck v. Bell*, citando, inclusive, passagem do entendimento do juiz Holmes:

> Nos julgamentos de Nuremberg, onde os aliados vitoriosos processaram líderes nazistas por crimes de guerra, as acusações incluíam esterilização em massa. Otto Hoffman, Chefe do Escritório de Navegação e Assentamento da SS, um dos nazistas acusados de esterilização em massa, defendeu-se, em parte referindo-se aos Estados americanos que haviam adotado leis de esterilização eugênica – e à decisão de *Buck v. Bell*. Uma das alegações de Hoffman incluiu uma citação da opinião de Holmes, que foi mutilada para ser tradu-

[30] Ibid., p. 103.

zida para o alemão e de volta para o inglês: "Em um julgamento da Suprema Corte [dos Estados Unidos] ... diz-se, entre outras coisas:
'É melhor para todos se a sociedade, em vez de esperar até que tenha de executar descendentes degenerados ou deixá-los morrer de fome por causa de sua debilidade mental, poder-se impedir que indivíduos obviamente inferiores prossigam sua espécie.'[31]

A credibilidade do argumento eugênico foi abalada. Algumas decisões judiciais posteriores inibiram, parcialmente embora, a vigência de leis com propósitos eugenistas. O caso que costuma ser citado com maior frequência é *Skinner v. Oklahoma*.[32]

Em 1º de junho de 1942, a Suprema Corte invalidou uma legislação do Estado de Oklahoma. que previa a esterilização, por vasectomia ou salpingectomia, de "criminosos habituais". Entendia-se como tal qualquer pessoa que, tendo sido condenada duas ou mais vezes, em Oklahoma ou em qualquer outro Estado, por "crimes envolvendo torpeza moral", fosse posteriormente condenada e sentenciada à prisão em Oklahoma por tal tipo de delito. Exceptuavam-se, expressamente, dos termos do estatuto certas infrações, incluindo peculato.

A regra foi aplicada a Skinner, que foi condenado uma vez por roubo de galinhas e duas vezes por roubo armado[33]. Ele sustentou que a lei violava a cláusula de proteção igual da Décima Quarta Emenda. O Supremo Tribunal Estadual havia validado a Lei, conforme aplicada a ele. Todavia, a Suprema Corte dos Estados Unidos reverteu esse entendimento.

O juiz Douglas escreveu a posição da Corte. Ele iniciou dizendo que o caso tocava a área sensível e importante dos direitos humanos. O Estado de Oklahoma privava certos indivíduos do direito de perpetuar a raça humana e de ter descendência. No curso da fundamentação, teceu ele considerações sobre o direito a ter uma prole, aos riscos de perseguição de grupos minoritários e à clara discriminação imposta pela lei, que usava

[31] Cohen, op. cit.

[32] **Skinner v. Oklahoma, ex rel. Williamson**, 316 U.S. 535 (1942).

[33] Aqui tem-se um problema de tradução. A decisão ora utiliza o vocábulo "*stealing*", ora utiliza a expressão "*grand larceny*". Contextualmente, deduz-se que se trata de roubo, no primeiro caso e furto qualificado, no segundo, registrando-se a dificuldade.

crimes como fator distintivo, sem que houvesse qualquer comprovação de que as medidas eugênicas fossem necessárias em uns casos e outros não. Nesse contexto, percebe-se que não se invalidou a eugenia, em si, mas apenas o parâmetro eugênico utilizado, que foi reputado não isonômico. A decisão, inclusive, citou *Buck v. Bell*, não como precedente a ser revogado, mas como reforço de argumento.

> Mas a legislação em apreciação entra em conflito com a cláusula de proteção igual, [...]. Estamos lidando aqui com legislação que envolve um dos direitos civis básicos do homem. O casamento e a procriação são fundamentais para a própria existência e sobrevivência da raça. O poder de esterilizar, se exercido, pode ter efeitos sutis, de longo alcance e devastadores. Em mãos más ou imprudentes, pode fazer com que raças ou tipos que são inimigos do grupo dominante murchem e desapareçam. Não há redenção para o indivíduo a quem a lei toca. Qualquer experiência que o Estado realiza é para seu dano irreparável. Ele está para sempre privado de uma liberdade básica. Mencionamos essas questões para não reexaminar o alcance do poder de polícia dos Estados. Nós os anunciamos meramente para enfatizar nossa visão de que o escrutínio estrito da classificação que um Estado faz em uma lei de esterilização é essencial, pois, involuntariamente, ou não, discriminações injustas são feitas contra grupos ou tipos de indivíduos em violação à garantia constitucional de leis justas e iguais. A garantia de 'proteção igual das leis é um penhor da proteção de leis iguais'. Yick Wo v. Hopkins, 118 US 356, 118 US 369. Quando a lei impõe uma força desigual sobre aqueles que cometeram intrinsecamente a mesma qualidade de crime e esteriliza um e não o outro, ela fez uma discriminação tão insidiosa como se houvesse selecionado uma raça ou nacionalidade específica para tratamento opressor. Yick Wo v. Hopkins, supra; Gaines v. Canadá, 305 U. S. 337. A esterilização daqueles que cometeram três vezes o furto qualificado, com imunidade para os que são estelionatários, é uma discriminação clara, direta e inconfundível. Oklahoma não faz nenhuma tentativa de dizer que aquele que comete furto por invasão, ardil ou fraude possui características biologicamente herdáveis que aquele que comete peculato não possui. [...]. Não temos a menor base para inferir que essa linha tem qualquer significado na eugenia, nem que a hereditabilidade dos traços criminais siga as distinções legais claras que a lei marcou entre esses dois crimes. Em termos de multas e prisão, os crimes de furto e

peculato são iguais no código de Oklahoma. Apenas quando se trata de esterilização, as dores e penalidades da lei são diferentes. A cláusula de proteção igual seria de fato uma fórmula de palavras vazias se tais linhas visivelmente artificiais pudessem ser traçadas. [...] Em Buck v. Bell, supra, o estatuto da Virgínia foi mantido, embora se aplicasse apenas a pessoas de mente fraca em instituições do Estado, 'na medida em que as operações permitam que aqueles que de outra forma deveriam ser mantidos confinados sejam devolvidos ao mundo, e assim abram o asilo a outros, a igualdade almejada será alcançada mais de perto'[34].

Além disso, a posição da Corte enfatizou que cientificamente seria possível dizer que existem certas deficiências mentais associadas a certos tipos de delinquência. Em seguida, assentou que a lei pode proteger o Estado das pessoas com tendências comprovadamente hereditárias:

A ciência descobriu, e a lei reconheceu, que existem certos tipos de deficiência mental associados à delinquência que são hereditários. Mas o Estado não afirma – nem pode haver qualquer pretensão – que o conhecimento ou a experiência comum, ou a investigação científica tenham dado garantias de que as tendências criminais de qualquer classe de criminosos habituais são universalmente, ou mesmo geralmente, herdáveis. Em tais circunstâncias, rigorosamente, tal indagação, se é o caso de um determinado indivíduo, não pode ser dispensada. Se o procedimento pelo qual uma lei leva seu comando à execução satisfaz o devido processo é uma questão de conhecimento judicial. Uma lei que condena, sem ouvir, todos os indivíduos de uma classe a uma medida tão severa como a presente, porque algumas ou mesmo muitas merecem condenações, falta aos primeiros princípios do devido processo. Morrison v. Califórnia, 291 U. S. 82, 291 U. S. 90, e casos citados; Taylor v. Georgia, 315 US 25. E assim, embora o Estado possa se proteger das tendências comprovadamente hereditárias do indivíduo que são prejudiciais à sociedade, as noções mais elementares do devido processo parecem exigir que ele tome as medidas adequadas para salvaguardar a liberdade individual, proporcionando-lhe, antes que ele seja condenado a um dano irreparável em

[34] 316 U.S. 535 (1942), p. 541.

sua pessoa, alguma oportunidade de mostrar que ele está desprovido de tais tendências hereditárias. O Estado é chamado a não sacrificar nenhum fim permitido quando é obrigado a atingir seu objetivo por um procedimento razoável e justo, adequado para salvaguardar os direitos do indivíduo que, reconhecidamente, a Constituição protege[35].

Nos Estados Unidos, desde meados dos anos 80, não se pratica mais a esterilização compulsória dos que sofrem de problemas psiquiátricos. Entretanto, não existe uma negação jurisprudencial veemente da possibilidade de usar a esterilização como fator de preservação da sociedade em face de pessoas reputadas indesejáveis. A estrutura argumentativa de Holmes, apesar de não mais praticada, ainda não foi explicitamente rechaçada.

Conclusões

Victoria Nourse afirma que, com apenas cinco parágrafos, *Buck v. Bell* representa a maior proporção de injustiças por palavra já subscritas por oito juízes da Suprema Corte, sejam progressistas, sejam conservadores.[36]

A decisão de *Buck v. Bell* pela Suprema Corte dos Estados Unidos enuncia a possibilidade de o Estado, com o aval do Poder Judiciário, mutilar indivíduos em nome da preservação da sociedade. Um raciocínio claramente utilitarista, que despreza a dignidade da pessoa humana. A antiga lição de Kant ficou esquecida:

> Agora eu digo: o homem e geralmente qualquer ser racional existe como um fim em si mesmo, não apenas como um meio a ser arbitrariamente usado por esta ou aquela vontade, mas em todas as suas ações, quer digam respeito a si mesmo ou a outros seres racionais, deve ser sempre considerado ao mesmo tempo como um fim. [...] Os seres cuja existência não depende da nossa vontade, mas da natureza, têm, no entanto, se são seres irracionais, apenas um valor relativo como meio e, portanto, são chamados de coisas; os seres racio-

[35] 316 U.S. 535 (1942), p. 545.
[36] Nourse, op. cit.

nais, ao contrário, são chamados de pessoas, porque sua própria natureza os aponta como fins em si mesmos[37].

Além das perversões factuais praticadas contra Carrie Buck, que foi tratada como se fosse portadora de alguma doença intelectual quando não era, a sua esterilização permitiu o estabelecimento de um precedente que, mais que chancelar a legislação estadual da Virgínia, deu impulso a novas leis com a mesma característica eugenista.

Entre 60 e 70 mil pessoas foram esterilizadas com base nessa permissão concedida pela Suprema Corte, jamais revogada. Uma autorização contida em uma decisão que não considerou a dignidade do ser humano. Uma decisão que merece ser chamada de indigna, portanto. Uma decisão infame, sem dúvida.

Referências

Casagrande, Cássio. **O mundo fora dos autos**. Rio de Janeiro: Lumen Juris, 2020.

Cohen, Adam. ***Imbeciles:*** *The Supreme Court, American Eugenics, and the Sterilization of Carrie Buck*. Nova Iorque: Penguin Books, 2016. E-book Kindle.

Estados Unidos da América. Supreme Court of the United States. **Buck v. Bell,** 274 U.S. 200 (1927), Washington D.C, 2 de maio de 1927.

Estados Unidos da América. Supreme Court of the United States. **Jacobson v. Massachusetts,** 197 U.S. 11 (1905), Washington D.C, 20 de fevereiro de 1905.

Estados Unidos da América. Supreme Court of the United States. **Skinner v. Oklahoma, ex rel. Williamson,** 316 U.S. 535 (1942), Washington D.C, 1 de junho de 1942.

Godoy, Arnaldo Sampaio de Moraes. O realismo jurídico em Oliver Wendell Holmes Jr. **Revista de Informação Legislativa: RIL**, n. 171, p. 91-105, 2006.

Kant, Immanuel. ***Fundamental Principles of the Metaphysic of Morals.*** Disponível em: http://www.dominiopublico.gov.br/download/texto/gu005682.pdf. Consultado em 18.01.2021, 10h55.

[37] Kant, Immanuel. ***Fundamental Principles of the Metaphysic of Morals.*** Disponível em: http://www.dominiopublico.gov.br/download/texto/gu005682.pdf.

LOMBARDO, Paul A. ***Three Generations, No Imbeciles**: Eugenics, the Supreme Court, and Buck v. Bell.* Baltimore: Johns Hopkins University Press, 2010. E-book Kindle.

NOURSE, Victoria. *Buck v. Bell: A Constitucional Tragedy from a Lost World.* **Pepperdine Law Review,** v. 39, n. 101, pp. 101-117, 2011.

POMPEU, Ana. Grupo de advogados repudia esterilização de mulher pobre em São Paulo. **Consultor Jurídico**. Disponível em: https://www.conjur.com.br/2018-jun-10/grupo-advogados-repudia-esterilizacao-mulher-sao-paulo.

RODRIGUES, Leda Boechat. **A Corte Suprema e o Direito Constitucional Americano**. 2. ed. Rio de Janeiro: Civilização Brasileira, 1992.

SOUTO, João Carlos. **Suprema Corte dos Estados Unidos**: Principais decisões. Rio de Janeiro: Lumen Juris, 2008.

10.
WHITNEY V. CALIFORNIA, 1927
"A FUNÇÃO DO DISCURSO É LIBERTAR OS HOMENS DAS AMARRAS DE MEDOS IRRACIONAIS"

DAVID SOBREIRA BEZERRA DE MENEZES

Introdução

Talvez não haja, entre as democracias modernas, um modelo de liberdade de expressão mais tolerante do que aquele adotado pelos Estados Unidos. A *terra dos livres* permite que seus cidadãos critiquem, zombem e ofendam uns aos outros sem grandes consequências legais. Não são raras as ocasiões em que apresentadores de programas de TV perdem o filtro – para usar um eufemismo – tecendo críticas a políticos e outras figuras públicas.

A sociedade americana convive até mesmo com movimentos supremacistas, como a *Ku Klux Klan*. Membros da *Klan*, inclusive, eram eleitos para cargos políticos em um passado não muito distante.[1] Manifestações em defesa de valores antidemocráticos também encontram poucos obstáculos legais, como bem demonstram os eventos ocorridos recente-

[1] *Former Leader of Klan Narrowly Wins Contest in Louisiana*. **The New York Times**, 19 fev. 1989. Disponível em: https://www.nytimes.com/1989/02/19/us/former-leader-of-klan-narrowly-wins-contest-in-louisiana.html.

mente em *Charlottesville*.[2] Nos Estados Unidos, o livre mercado de ideias é soberano.

O estado da arte da liberdade de expressão na América, entretanto, nem sempre apresentou esse desenho moderno que conhecemos hoje. Da ratificação do *Bill of Rights*[3], em 1791, até que os americanos pudessem se manifestar de forma tão livre como o fazem nos dias de hoje, foram necessários mais de 150 anos.

"O Congresso não editará qualquer lei (...) restringindo a liberdade de expressão, ou da imprensa (...)".[4] Essas são as quatorze palavras previstas na Primeira Emenda que servem como garantia dessa prerrogativa. Contudo, essa norma é incapaz de explicar, por si só, como os americanos titularizam, na atualidade, um direito com colorido tão peculiar.

O País possui, ao logo de sua história, episódios esporádicos de leis de sedição e outros instrumentos limitadores do discurso. Um exemplo disso pode ser visto no governo de John Adams, segundo presidente dos Estados Unidos, que criou leis que reduziam severamente a possibilidade de criticar algumas autoridades públicas. Isso foi feito com o objetivo de obstar a ascensão e consolidação de seu opositor, Thomas Jefferson,[5] que viria a ser o terceiro presidente do país.

Ainda que leis de sedição tenham deixado de existir, a prática de restringir discursos com propósitos políticos foi tema recorrente nos Estados Unidos. No início do século XX, a União e pelo menos metade dos estados possuíam leis voltadas à punição de críticas ou outras manifestações consideradas impróprias pelo governo.[6] Foi nesse período que a Suprema Corte – ainda longe de ter uma forte tradição de defesa do discurso – começou a julgar uma série de precedentes relevantes para a liberdade de expressão. No entanto, a importância histórica de tais casos não está tanto nas opiniões proferidas pela maioria da Corte. Pelo con-

[2] Llano, Pablo de. Três mortos na jornada de violência provocada por grupos racistas norte-americanos. **El País**, 13 ago. 2017. Disponível em: https://brasil.elpais.com/brasil/2017/08/12/internacional/1502553163_703843.html.

[3] Nome dado ao conjunto das dez primeiras emendas à Constituição dos Estados Unidos.

[4] Constituição (1787). **Bill of Rights**. Estados Unidos da América, 1791.

[5] Lewis, Anthony. ***Freedom for the thought that we hate***: *A Biography of the First Amendment*. Nova Iorque: Basic Books, 2007, p. 12.

[6] Ibid., p. 104.

trário, foram em votos vencidos que gigantes como Louis D. Brandeis e Oliver Wendell Holmes Jr. ajudaram a escrever a história da Primeira Emenda.

Com isso em mente, o presente artigo se propõe a fazer uma investigação histórica sobre a construção do sentido moderno da liberdade de expressão no início do século XX. Para isso, serão abordados, inicialmente, os acontecimentos que levaram Anita Whitney – protagonista do caso – à Suprema Corte americana.

Em seguida, os precedentes julgados pela Corte – entre 1910 e 1930 – servirão de base à construção de uma linha do tempo, que demonstrará os eventos e personagens responsáveis pelo desenvolvimento desse direito tão caro aos norte-americanos.

Por fim, em *Whitney v. California*,[7] será analisada "a mais clara e eloquente demonstração do significado da Primeira Emenda (...) já escrita."[8] Nesse ponto, será estudada a posição minoritária de Brandeis, bem como as consequências históricas de seu voto, que transcenderam as fronteiras dos Estados Unidos.

1. Contexto histórico

Nascida em 1867, dois anos após o fim da Guerra Civil, Charlotte Anita Whitney era descendente dos Peregrinos que haviam desembarcado do navio *Mayflower* e ajudado a fundar o que viria a ser os Estados Unidos da América.[9] Anita Whitney, como era conhecida, fazia parte da aristocracia de seu tempo. Costumava passar suas férias escolares com sua tia, que era casada com Stephen Field, juiz indicado por Abraham Lincoln para integrar a Suprema Corte. A proximidade com os Field, que não tinham filhos, fez com que o magistrado lhe deixasse um terço de seus bens como herança.[10]

[7] **Whitney v. California**, 274 U.S. 357 (1927).

[8] BARTH, Alan. ***Prophets with Honor***: Great Dissents and Great Dissenters in the Supreme Court. Nova Iorque: Random House, 1975, p. 4.

[9] Mayflower foi o navio utilizados pelos Peregrinos, em 1620, para viajar do porto de Southampton, Inglaterra, para o Novo Mundo.

[10] STRUM, Philippa. ***Speaking Freely***: *Whitney v. California and American Speech Law*. Lawrence: University Press of Kansas, 2015, p. 3.

Mais tarde, em uma reunião com seus antigos colegas de classe, Whitney acabou por se deparar com a situação dos imigrantes e da pobreza que assolava Nova Iorque. As cenas presenciadas fizeram com que ela passasse a atuar como voluntária, ocasião em que conheceu a jovem Eleanor Roosevelt[11] – futura primeira-dama dos Estados Unidos –, que também fazia trabalho voluntário.

Com o passar do tempo, sua vontade de ajudar a população carente ganhou ainda mais força. Uma de suas colegas lembra que enquanto Whitney trabalhava na Associação de Caridades da Califórnia, ela costumava economizar parte de seu salário diminuindo suas refeições, para que assim pudesse doar o que lhe restasse àqueles em necessidade.[12]

Sua atuação cívica, entretanto, não se limitava ao trabalho voluntário. Ela integrou movimentos responsáveis pela conquista do direito ao sufrágio feminino na Califórnia (1911), além de ter se engajado na luta pelo fim da pena de morte no mesmo estado. Em 1915, fez *lobby* pelo direito das mulheres participarem de júris – conquistado em 1917 – e em defesa de salários mínimos para mulheres e crianças. Whitney era, sem sombra de dúvida, uma cidadã exemplar e um pilar da sociedade.

Ela continuou a trilhar o caminho progressista tradicional, no entanto, diferentemente da maioria dos progressistas à época, suas tendências fizeram-na se aproximar do movimento trabalhista. Um dos fatores que contribuiu para isso foi o sofrimento pelo qual estavam passando os trabalhadores industriais em razão da *Era Lochner*[13] – período que durou até o *New Deal* de Franklin Delano Roosevelt.

Na contramão da jurisprudência conservadora da Suprema Corte em matéria trabalhista, o movimento operário fazia o que estava ao seu alcance para alterar o *status quo*. Os *Wobblies*[14] – vertente mais radical do

[11] Eleanor Roosevelt foi casada com Franklin Delano Roosevelt – FDR (seu primo), 32º Presidente dos Estados Unidos.

[12] STRUM, op. cit., p. 6.

[13] A *Era Lochner* – que compreende o período entre o fim do século XIX até o fim da década de 1930 – foi marcada pela decisão da Suprema Corte em *Lochner v. New York* (1905), que impôs aos Estados, com fundamento na liberdade contratual decorrente do devido processo legal, severa limitação à capacidade de proteger direitos dos trabalhadores.

[14] *Wobblies* foi o apelido dado ao grupo "Trabalhadores Industriais do Mundo" (*Industrial Workers of the World* – I.W.W.).

movimento trabalhista – representavam um grupo mergulhado na retórica marxista que buscava o fim do regime de exploração capitalista e a expropriação dos meios de produção pela classe proletária. Para alcançar esse objetivo, os *Wobblies* não se restringiam às greves tradicionais. Eram suspeitos de ameaçar trabalhadores que não aderissem aos movimentos paredistas, além de outros casos de violência, destruição de patrimônio e até mesmo suspeitas de envolvimento em atentados.[15]

É nesse contexto de radicalização e violência dos *Wobblies* que muitos estados passam a adotar leis que criminalizavam o movimento sindical. É importante lembrar que a instrumentalização do medo, nos Estados Unidos, foi usada com recorrência para restringir direitos. Em 1798, o medo dos jacobinos serviu de justificativa à Lei de Sedição. Novamente, em 1918, o medo, dessa vez dos alemães, permitiu que o Congresso aprovasse uma Lei de Espionagem que punia até mesmo comentários desrespeitosos sobre autoridades públicas. Pouco tempo depois, em 1920, o primeiro *Red Scare*[16] resultou nas leis antissindicais. Em seguida, houve o segundo *Red Scare* e o macarthismo[17]. Seja dos jacobinos, seja dos comunistas, o medo de uma ameaça externa foi – e continua sendo[18] – uma ferramenta ardilosamente eficaz para limitar liberdades civis.

O fortalecimento dos *Wobblies* e a aprovação das leis antissindicais desencadearam confrontos constantes entre forças estatais e os radicais do movimento trabalhista. Os *Wobblies*, então, tornaram-se vítimas de violência apoiada pelo estado e eram vistos, cada vez mais, como uma ameaça à sociedade civilizada.

As leis antissindicais dificultavam não só a organização dos movimentos, mas também restringiam o que podia ser dito nas reuniões. Além deste propósito declarado – de combater a ameaça comunista – essas leis

[15] STRUM, op. cit., p. 10.

[16] *Red Scare* (medo vermelho) foi como ficou conhecido o fenômeno envolvendo o medo que os americanos tinham de uma tomada de poder pelos comunistas após a Revolução Russa.

[17] Nome dado em "homenagem" ao Senador Joseph McCarthy, o macarthismo consistia na prática de fazer acusações de subversão ou traição com relação ao comunismo. Cf. LEWIS, op. cit., p. 104.

[18] Um exemplo mais recente disso é a "Guerra ao Terror", que acabou resultando em uma intensificação dos programas de vigilância por parte do governo dos Estados Unidos.

também foram utilizadas para beneficiar os grandes donos de indústrias, que buscavam limitar o avanço dos movimentos sindicais.[19] Diante dessa realidade, Whitney passou a lutar em defesa da liberdade de expressão, sobretudo como forma de permitir a busca pela transformação social que ela, enquanto socialista, desejava.

Apesar de dividido, o Partido Socialista, ao qual Whitney era filiada, manifestou sua posição contra a entrada dos Estados Unidos na Primeira Guerra. Sem sucesso, os socialistas passaram a fazer manifestações contra a guerra. Alguns membros foram mais radicais, ao defender uma revolução proletária imediata, como foi o caso de Benjamin Gitlow que, pouco tempo depois, assistiu à confirmação de sua condenação pela Suprema Corte.[20]

A ascensão da facção mais radical do Partido Socialista fez surgir, sob liderança dos *Wobblies*, o Partido Comunista. Em decorrência disso, muitos dos membros do Partido Socialista, incluindo Whitney, votaram por uma migração para o novo e energizado Partido Comunista, acreditando que a implementação do Comunismo seria mais fácil assim.

Na convenção estadual do novo partido na Califórnia, Whitney, enquanto delegada da comissão de Oakland, propôs que fosse dada maior ênfase à participação política como forma de captura do governo, sem qualquer menção à violência. A resolução adotada, no entanto, criticava a participação política e focava na "organização dos trabalhadores como a principal arma na luta de classes."[21] Apesar de vencida na votação, Whitney permaneceu na convenção e foi eleita suplente do comitê executivo do partido.

Em 1919, uma sucessão de eventos, que se iniciaram com a greve de milhares de trabalhadores portuários, resultou em meses de manifestações e confrontos entre policiais e trabalhadores. Dezenas de bombas explodiram em prédios públicos e outras tantas foram enviadas às casas de autoridades públicas. Dentre os alvos estavam um Senador da Georgia, o Prefeito de Seattle, o então Secretário da Marinha, Franklin Delano

[19] STRUM, op. cit., p. 123.

[20] Gitlow foi condenado pelo crime de "anarquia criminal", por ter espalhado panfletos com conteúdo revolucionário. Cf. **Gitlow v. New York**, 268 U.S. 652 (1925).

[21] STRUM, op. cit., p. 24.

Roosevelt e, até mesmo, o Procurador-Geral da República, A. Mitchell Palmer.[22]

Havia um sentimento nacional de que a ameaça bolchevique era iminente. Autoridades então passaram a tomar providências contra os manifestantes. Membros do Partido Socialista foram presos durante a noite, sem mandados judiciais. Ao presenciar estas situações, Whitney passou a usar os recursos que possuía para pagar fianças daqueles que ela considerava presos políticos, vindo também a ser presa em novembro de 1919.

O julgamento, sob o ponto de vista jurídico, foi uma coletânea de violações aos direitos individuais. Na denúncia, apesar da lei antissindical ter sido invocada, não houve especificação quanto aos atos cometidos por Whitney. Não sendo isso o bastante, foram feitas acusações sobre atos do Partido Comunista e dos *Wobblies* de forma que ela se tornou culpada por mera associação.

O que estava acontecendo, na verdade, era que Whitney havia sido selecionada como 'bode expiatório', permitindo que o governo enviasse uma mensagem para os revolucionários e também para a sociedade. Um dos principais objetivos da acusação era, então, mostrar ao público que até mesmo pilares da sociedade como Whitney poderiam ser corrompidos pelas ideias tenebrosas dos comunistas.[23]

O julgamento continuou com uma atuação pouco imparcial do juiz, que permitia, sem grandes obstáculos, que a acusação transformasse o julgamento de Whitney em um julgamento do Partido Comunista. Não sendo isso suficiente, o advogado de defesa foi acometido por uma doença, vindo a falecer. Isso fez com que um substituto fosse praticamente forçado pelo juiz a aceitar o caso contra sua vontade e, mais importante, contra a vontade de Whitney. Sem surpresa, ela foi condenada. Seu recurso, apresentado à Corte de Apelações do Primeiro Distrito em 1920, demorou dois longos anos para ser julgado, prazo atípico para os padrões americanos.

[22] WALKER, Samuel J. ***Presidents and Civil Liberties from Wilson to Obama:*** *A Story of Poor Custodians*. Cambridge: Cambridge University Press, 2012, p. 30.
[23] STRUM, op. cit., p. 65.

Após a confirmação da decisão pela Corte de Apelações, foram necessárias, ainda, duas tentativas para que a Suprema Corte aceitasse julgar o caso, o que só veio a ocorrer 5 anos depois, em 1927.

2. Aspectos importantes da decisão

Casos envolvendo liberdade de expressão só começaram a chegar à Corte no início do século XX. Antes disso, o Tribunal não precisou se debruçar sobre nada particularmente relevante sobre o assunto.[24] É com a entrada dos Estados Unidos na Primeira Guerra Mundial que o assunto começa a ganhar relevância. Com o ingresso no conflito, o governo passa a valer-se da situação de emergência para aprovar leis de defesa, como foi o caso da Lei de Espionagem. A verdade subjacente, no entanto, era que a Lei costumava ser usada contra qualquer cidadão que ousasse criticar a atuação do governo ou a conscrição.[25]

Foi nesse cenário que a Suprema Corte condenou Charles T. Schenck[26] por afirmar que a conscrição violava a Décima Terceira Emenda (que aboliu a escravidão). O caso é emblemático e importante para nossa história por duas razões: foi nele que Oliver Wendell Holmes Jr. elaborou o *clear and present danger test*[27] e foi em razão de sua má aplicação que Zechariah Chafee, respeitado professor de Harvard, escreveu um artigo criticando a atuação da Corte e o mau uso do *standard* desenvolvido.[28]

Pelo *standard* de Holmes, somente aqueles discursos que apresentassem um perigo claro e atual poderiam ser proibidos. O teste, no entanto, pecava por falta de clareza. O que seria, então, um perigo claro? No que consistiria um perigo atual? Perguntas como estas permitiriam uma margem de discricionariedade, o que levou Holmes a entender que o discurso de Charles Schenck poderia vir a convencer alguém, prejudicando os esforços de guerra. Assim, ao observarmos os fundamentos invocados

[24] LEWIS, op. cit., p. 24-25.

[25] WALKER, op. cit., p. 12.

[26] **Schenck v. United States**, 249 U.S. 47 (1919).

[27] "Perigo claro e atual" foi um *standard* desenvolvido por Holmes para verificar se um discurso estava ou não protegido pela Primeira Emenda.

[28] CHAFEE JR., Zechariah. *Freedom of Speech in War Time*. **Harvard Law Review**, v. 32, n. 8, p. 932-973, jun. 1919, p. 943-944.

no caso, podemos verificar uma aplicação substantiva do *bad tendency test*[29], não do *clear and present danger*. É possível afirmar, a bem da verdade, que o *standard* de Holmes não foi adotado pela Corte como *ratio decidendi* (fundamentos centrais de uma decisão judicial).[30]

O *bad tendency test*, por sua vez, permitia a proibição de discursos que pudessem, ainda que eventualmente, resultar em perigo a sociedade. Com ele, a Corte tinha liberdade para atuar com larga margem de discricionariedade, possibilitando a censura de qualquer ideia que fugisse aos padrões de aceitabilidade da sociedade.

Após a decisão de Schenck, Chafee publicou seu artigo na *Harvard Law Review*, um dos mais importantes periódicos do país. É sabido que os juízes da Suprema Corte liam comentários e críticas feitas às suas decisões.[31] Em sua obra, Lewis[32] aponta a crítica de Chafee como um dos fatores que fizeram com que Holmes e Brandeis passassem a enxergar a Primeira Emenda de maneira diferente.

Outro fator[33] – talvez mais determinante que o referido artigo – que fez de Holmes e Brandeis dois dos maiores defensores da liberdade de expressão na história da Corte foi o voto do juiz federal Learned Hand, em *Masses Publishing Co. v. Patten* (1917).[34] Hand, em uma nova abordagem sobre a liberdade de expressão, entendeu que qualquer manifestação que não incitasse direto desrespeito à lei estaria protegida pela Primeira Emenda.[35] A decisão de Hand foi posteriormente revertida na instância superior, mas isso não impediu que, algumas décadas depois, seu teste

[29] "Má tendência" ou "tendência ruim" foi o *standard* que prevaleceu na Suprema Corte no julgamento dos primeiros casos sobre liberdade de expressão.

[30] Para Walter Ulrich, apesar da Corte ter – por mais de uma vez – se valido do *clear and presente danger*, o fez apenas de forma nominal, aplicando, na substância, o *bad tendency test*. Cf. Ulrich, Walter. *The creation of a legacy: Brandeis' concurring opinion in Whitney v. California*. **Southern Speech Communication Journal**, v. 50:2, p. 143-155, 1985, p. 150.

[31] Strum, op. cit., p. 92.

[32] Lewis, op. cit., p. 107.

[33] Healey, Thomas. ***The Great Dissent**: How Holmes Changed His Mind and Changed the History of Freedom of Speech in America*. Picador USA, 2014, p. 47.

[34] **Masses Publishing Co. v. Patten**, 244 F. 535 (S.D.N.Y. 1917).

[35] 244 F. 535 (S.D.N.Y. 1917), p. 540.

fosse influência direta para a criação do *imminent lawless action*[36], *standard* desenvolvido em *Brandenburg v. Ohio* (1969)[37] e atual paradigma da liberdade de expressão no que diz respeito ao discurso de caráter incitatório.

O resultado das influências externas aconteceu no mesmo ano, quando do julgamento de *Abrams v. United States*,[38] oportunidade em que Holmes, dando novo colorido à liberdade de expressão, escreveu o voto dissidente do qual destacamos:

> Perseguição pela expressão de opiniões parece, para mim, perfeitamente lógico. Se você tem dúvidas quanto às premissas ou quanto ao seu poder, e quer um resultado certo com todo o seu coração, você naturalmente expressa seus desejos na lei para varrer para longe a oposição. (...) Mas quando homens perceberem que o tempo perturbou muitas crenças conflitantes, eles podem vir a acreditar, ainda mais do que acreditam nas próprias fundações de suas condutas, que o bem final desejado seja mais bem alcançado pela livre troca de ideias. (...) O melhor teste para a verdade é o poder da opinião ser aceita na competição do mercado, e que a verdade é o único fundamento sobre o qual seus desejos podem ser realizados com segurança.[39]

Com essa guinada pró-discurso, a Corte passou a ter dois poderosos defensores dessa liberdade em seus quadros. Em 1925, o Tribunal foi instado a julgar Benjamin Gitlow por violação à lei de anarquia de Nova Iorque, aprovada em 1902, após o assassinato do presidente William McKinley. Gitlow havia sido enquadrado na lei por distribuir um panfleto intitulado "A Era Revolucionária".

É importante destacar que foi em *Gitlow* que a *American Civil Liberties Union* (ACLU), que viria a se tornar uma das maiores entidades de defesa da Primeira Emenda do país, fez sua primeira defesa de um grande caso de liberdade de expressão perante a Suprema Corte.[40]

[36] "Ação ilegal iminente".

[37] **Brandenburg v. Ohio**, 395 U.S. 444 (1969).

[38] **Abrams v. United States**, 250 U.S. 616 (1919).

[39] 250 U.S. 616 (1919), p. 630.

[40] *The Successes of the American Civil Liberties Union.* **ACLU**, 17 de junho de 2012. Disponível em: https://www.aclu.org/successes-american-civil-liberties-union.

Em *Gitlow*, assim como em *Schenck*, Holmes e Brandeis cerraram fileiras. No voto dissidente, Holmes, acompanhado por Brandeis, defendeu que o *clear and present danger test* era aplicável ao caso, estando protegida pela Primeira Emenda até mesmo a defesa "indeterminada" de revolução, como feito pelo réu. Valendo-se de sua retórica invejável, Holmes propôs-se a enfrentar a posição majoritária da Corte de que seria possível "punir declarações que coloquem em risco as fundações do governo e ameacem a derrubar, por meios ilegais (...) [porque tal discurso] apresenta perigo suficiente à paz pública e à segurança do Estado."[41] Escreveu, então, em contraponto:

> É dito que esse manifesto, para além de uma teoria, é uma incitação. Toda ideia é uma incitação. Ela se oferece para a crença e, se acreditada, é posta em prática, a menos que alguma outra crença a supere (...) A única diferença entre a expressão de uma opinião e a incitação, em um sentido estrito, é o entusiamo do orador pelo resultado. Eloquência pode por fogo na razão, mas – qualquer que seja a opinião sobre o discurso redundante diante de nós – ela não tem chance de iniciar uma conflagração iminente. Se, no longo prazo, as crenças expressadas pela ditadura do proletariado estão destinadas a serem aceitas pelas forças dominantes da sociedade, a única razão da liberdade de expressão é que a elas deve ser dada a chance de tentar alcançar seu objetivo.[42]

Percorrido todo esse caminho, finalmente chegamos a *Whitney v. Califonia*. Diferentemente dos casos anteriores, em *Whitney*, foi Brandeis quem conduziu o voto concorrente. Concorrente porque, em sua opinião, a defesa – que sofreu uma substituição após morte do advogado inicial – havia cometido inúmeros erros, além de sequer ter alegado, perante a primeira instância, a proteção do discurso pelo *clear and present danger test*. Não obstante ter concordado com a condenação, Brandeis tinha como objetivo, ao escrever seu voto, criar um legado de proteção e defesa da liberdade de expressão.[43]

[41] 268 U.S. 652 (1925), p. 652.
[42] 268 U.S. 652 (1925), p. 673.
[43] Ulrich, op. cit., p. 143.

Um primeiro ponto importante para se ter em mente é que o *Bill of Rights* vinculava, inicialmente, somente o governo federal. Essa interpretação foi chancelada pelo – talvez – mais famoso membro da Suprema Corte, o *Chief Justice* John Marshall (1801-1835), em *Barron v. Baltimore* (1833).[44] Dessa forma, os estados, no seu exercício do poder de polícia, poderiam criminalizar quaisquer discursos que considerassem prejudiciais ao bem-estar público. A alteração desse entendimento somente aconteceu em *Gitlow v. New York* (1925),[45] quando a Suprema Corte veio a reconhecer a aplicação das cláusulas de liberdade de expressão e de imprensa aos estados.

Em *Whitney*, Edward T. Sanford, escrevendo pela maioria, discorreu sobre os princípios e objetivos declarados pelo Partido Comunista, mencionando expressamente a luta pela ditadura do proletariado e a revolução dos trabalhadores como plataforma oficial do partido. Em seguida, teceu considerações sobre a presença de Anita Whitney na convenção estadual da Califórnia que, além de atuar como delegada de Oakland, auxiliou diretamente nos procedimentos e foi eleita membro do comitê.[46]

O redator da decisão, então, sustentou que apesar de Whitney ter se manifestado em defesa do caminho político, ela não apenas continuou vinculada ao partido, como também frequentou o comitê executivo na condição de suplente, mesmo após a derrota da sua proposta – o que demonstraria sua aquiescência com a resolução subversiva adotada.[47]

O voto guia, nesse ponto, parece apresentar um salto argumentativo. Salto, porque presume que a mera associação poderia fazer com que uma cidadã, sem histórico de violência, pudesse ser enxergada como uma revolucionária radical. É importante notar, ainda, que para além dessa falsa presunção, a Corte, em sua maioria, incorre no mesmo erro cometido pela instância inicial, reconhecendo a culpa de Whitney não por atos que ela mesma tenha praticado, mas em razão de sua conexão com indivíduos "indesejáveis".

[44] **Baron v. Baltimore**, 32 U.S. (7 Pet.) 243 (1833).
[45] 268 U.S. 652 (1925).
[46] 274 U.S. 357 (1927), p. 364.
[47] 274 U.S. 357 (1927), p. 367-368.

Superada, contudo, essa questão, passou Sanford a enfrentar o tema central do caso: seria a Lei Antissindical da Califórnia uma violação à cláusula de igual proteção[48] da Décima Quarta Emenda?[49] A resposta, como veremos a seguir, foi negativa. Em defesa da constitucionalidade da Lei, ele escreveu:

> A liberdade de expressão, garantida pela Constituição, não confere um direito absoluto de falar, sem responsabilização, o que quer que deseje, ou uma licença irrestrita e desenfreada dando imunidade para cada uso possível da linguagem e impedindo a punição daqueles que abusam dessa liberdade; o estado, no seu exercício do poder de polícia, pode punir aqueles que abusam dessa liberdade fazendo declarações hostis ao bem-estar público, tendendo a incitar crimes, perturbando a paz pública, ou pondo em risco as fundações do governo e o ameacem de derrubada.[50]

A retórica genérica – e vazia – de Sanford, serviu como uma tentativa de mascarar o fato de que ele, assim como os demais magistrados que o precederam, foram incapazes de delinear os atos individuais, cometidos pela ré, que justificariam a intervenção estatal. A exposição do redator, no entanto, merece particular atenção, pois foi com ela em mente que Brandeis escreveu sua divergência.

Tratando-se de Louis Brandeis, é necessário entender que sua atuação, quando ainda era advogado, já havia mudado paradigmas da Suprema

[48] A igual proteção é cláusula presente na Seção I da Décima Quarta Emenda à Constituição, cujo texto prevê: "Todas as pessoas nascidas ou naturalizadas nos Estados Unidos e sujeitas à sua jurisdição são cidadãos dos Estados Unidos e do Estado em que residem. Nenhum Estado deve fazer ou aplicar qualquer lei que reduza os privilégios ou imunidades dos cidadãos dos Estados Unidos; nenhum Estado privará qualquer pessoa de sua vida, liberdade ou propriedade, sem o devido processo legal; nem negar a qualquer pessoa dentro de sua jurisdição a igual proteção das leis." Cf. Constituição (1787). **14th Amendment**. Estados Unidos da América, 1868.

[49] A 14ª Emenda, aprovada em 1868, previa, na primeira de suas cinco sessões, duas cláusulas que seriam de grande importância para a liberdade de expressão: a do devido processo e da igual proteção. Em razão dessas cláusulas a Suprema Corte, em *Gitlow*, reconheceu que, por meio da 14ª Emenda, a Primeira Emenda seria aplicável aos Estados. Cf. 268 U.S. 652 (1925).

[50] 274 U.S. 357 (1927), p. 371.

Corte. Adotando uma perspectiva realista e pragmática, Brandeis – que havia se formado em *Harvard* com a maior média já registrada na história da instituição – levou à Corte documentos que mostravam como seus clientes, membros do movimento operário, estavam sendo prejudicados pelas condições de trabalho. Pode parecer algo banal, mas, para a época, a medida foi vanguardista. Ao apresentar dados e argumentos empíricos, Brandeis rompeu com costumeira prática de exposição abstrata que invocava princípios e fontes milenares cuja conexão com a realidade não se fazia presente. A prática, que ficou conhecida como "*Brandeis Brief*",[51] também foi adotada pelo então advogado Thurgood Marshall[52], quando mostrou os prejuízos que a segregação causava aos jovens negros, em *Brown v. Board of Education.*[53]

Grande admirador da antiga república ateniense, Brandeis foi profundamente influenciado pelos antigos filósofos gregos. Essa influência, com uma ênfase especial no grande discurso funerário de Péricles,[54] serviu de inspiração ao desenvolvimento do seu "ideal de coragem cívica", que ecoaria na história.

Seu voto pode ser compreendido em duas partes: a primeira se apresenta de maneira deliberadamente tímida, com o objetivo de chamar pouca atenção, a outra, enérgica, em que ele se valeu da retórica como poderosa arma de persuasão.

O primeiro passo que Brandeis precisava dar, para construir seu legado, era ter certeza de que sua opinião poderia vir a ser usada em casos posteriores. Para isso, discorreu sobre a importância da vinculação dos precedentes e, sem evidências, retratou o *clear and present danger test* como *ratio* já adotada anteriormente pela Corte. Ora, se o teste era *ratio*, seria, portanto, vinculante, devendo assim ser replicado no futuro. Contudo, como aponta o professor Walter Ulrich,[55] Brandeis fez essa afirmação

[51] STRUM, op. cit., p. 86.
[52] Em 1967, Thurgood Marshall se tornou o primeiro negro a integrar a Suprema Corte.
[53] **Brown v. Board of Education**, 347 U.S. 483 (1954) Oliver Brown, et al. v. Board of Education of Topeka, et al..
[54] STRUM, Philippa. ***Louis D. Brandeis**: Justice for the People*. Cambridge: Harvard University Press, 2014, p. 237-238.
[55] ULRICH, op. cit., p. 150.

sem comprovar sua veracidade. Até ali, a Corte não havia, em momento algum, adotado o *clear and present danger* como *standard* para suas decisões. Apesar de já ter sido ventilado em alguns votos, o teste não havia sido utilizado com os contornos pretendidos por Brandeis. Não podia, por consequência, ser *ratio*.

Feita essa manobra, Brandeis passou então a dissertar sobre a razão de ser da liberdade de expressão. Sua proposta inicial era buscar nos *founding fathers* a importância de tão fundamental direito. A tarefa, porém, se tornou um obstáculo. Não só eram escassas as fontes que poderiam corroborar seu raciocínio, como também existiam evidências que iam de encontro à sua proposta.[56] É importante ressaltar que aqueles que ratificaram o *Bill of Rights* estavam limitados pelo seu tempo, sendo mais provável que a visão adotada à época, sobre liberdade de expressão, estivesse relacionada com a vedação à censura prévia, prática vigente na Inglaterra até 1694.[57] Diante de tal situação, Brandeis, valendo-se dos ensinamentos extraídos de seus estudos sobre os gregos, buscou fundamentos diretamente nos revolucionários que conquistaram a independência dos Estados Unidos:

> Aqueles que conquistaram nossa independência acreditavam que a finalidade última do Estado era fazer com que os homens fossem livres para desenvolver suas faculdades; e que o governo e as forças deliberativas deveriam prevalecer sobre o arbítrio. Eles valorizavam a liberdade como um fim e como um meio. Acreditam que a liberdade era o segredo da felicidade e que a coragem era o segredo da liberdade. Acreditavam que a liberdade de pensar conforme sua vontade e falar de acordo com o que pensa são meios indispensáveis à descoberta e disseminação da verdade política (...) e que isso deveria ser um princípio fundamental do governo americano.[58]

Digna de nota a referência a um tipo muito específico de verdade: a política. Longe de ser ingênuo, Brandeis dispunha de experiências sufi-

[56] Ibid., p. 151-152.

[57] Milton, John. **Areopagítica**: discurso pela liberdade de imprensa ao Parlamento da Inglaterra. Tradução de Raul de Sá Barbosa. Rio de Janeiro: Topbooks, 1999, p. 26.

[58] 274 U.S. 357 (1927), p. 375.

cientes para saber que a máxima miltoniana[59] nem sempre prevalecia. Sua defesa da razão era enfática porque a alternativa existente seria o silêncio imposto por lei.[60]

Outro ponto relevante é que Brandeis nunca menciona que ideias nocivas serão refutadas ou eliminadas, mas que o remédio adequado para combatê-las seria o debate público. Para ele, qualidades como sabedoria, criatividade e confiança são necessárias ao enfrentamento de ideias perigosas. Tais "qualidades são mais bem desenvolvidas por meio da discussão e educação, e não pela preguiçosa e impaciente dependência da coerção estatal."[61]

Essa construção argumentativa foi essencial para a parte mais importante de seu voto, na qual ele, bebendo mais uma vez das fontes gregas, desenvolveu o ideal de coragem cívica. Ele acreditava que o sucesso de uma democracia dependia do espírito, vitalidade e ousadia de seus cidadãos. A coragem, para Brandeis, estava em ser "receptivo a novos arranjos e novos modos de pensar", porque o progresso, "valor literalmente nas raízes da filosofia progressista, depende de receptividade à mudança."[62]

Além do trecho em que menciona os revolucionários, o ideal de coragem cívica pode também ser enxergado quando Brandeis, repetidamente, aborda a questão do "medo" e do dever de enfrentá-lo. Nesse trecho, apesar de não possuir a eloquência de Holmes, Brandeis fez jus ao título de grande dissidente quando afirmou que o medo, por si só, não era justificativa suficiente para que se violasse a liberdade de expressão. "Homens temiam bruxas e queimavam mulheres. A função do discurso é libertar os homens das amarras de medos irracionais."[63]

[59] John Milton, poeta inglês, foi uma das primeiras pessoas a escrever sobre liberdade de expressão. Em seu discurso ao Parlamento britânico, Milton afirmou que a verdade, quando confrontada com a mentida em campo aberto, nunca sairia derrotada. Cf. MILTON, op. cit., p. 173.

[60] Blasi, Vincent. *The First Amendment and the Ideal of Civic Courage: The Brandeis Opinion in Whitney v. California*. **William & Mary Law Review**, v. 29, n. 2, p. 653-697, 1988, p. 669.

[61] Ibid., p. 674-675.

[62] Ibid., p. 690.

[63] 274 U.S. 357 (1927), p. 376.

Em seguida, indo além de uma defesa metafísica da liberdade de expressão, ele passou a traçar os contornos jurídicos que entendia como limitações legítimas ao exercício dessa liberdade cívica:

> (...) mesmo advogar a violação, ainda que moralmente repreensível, não é justificativa para que se negue a liberdade de expressão, quando a defesa careça de incitação e nada possa indicar que o discurso resultará em atos imediatos. A grande diferença entre preparação e tentativa, entre reunião e conspiração, deve ser levada em consideração. Para que se sustente que algo como um perigo claro e atual, deve ser demonstrado que violência séria e imediata era esperada ou advogada, ou que uma conduta anterior havia servido de razão para acreditar que tal defesa foi contemplada. (...) Além disso, mesmo o perigo iminente não pode justificar que se recorra à proibição dessas funções essenciais à efetiva democracia, a não ser que o mal em questão seja relativamente sério. (...) Entre homens livres, os obstáculos ordinariamente aplicados para prevenir crimes são a educação e punição por violações à lei, não o cerceamento das liberdades de expressão e reunião.[64]

Ainda que consigamos identificar falhas argumentativas - a exemplo do conteúdo indefinido da expressão "mal relativamente sério" - o dissenso em *Whitney v. California* foi um marco na história da Suprema Corte. Mais que uma opinião, o voto de Brandeis foi, sobretudo, uma defesa dos ideais que deveriam reger uma democracia.

3. Repercussão da decisão

As leis antissindicais estaduais foram herdeiras diretas de leis federais como a Lei de Espionagem ou a Lei de Sedição. Para além da censura, esses dispositivos também eram usados como mecanismos de repressão dos movimentos trabalhistas. Dessa forma, com a consolidação de uma posição pró-discurso, a Suprema Corte permitiu que as lutas da classe operária pudessem se desenvolver sob a sombra da lei.

Outra questão de grande importância foi o voto de Brandeis, que esboçou o desenho inicial do que viria a ser articulado por Benjamin Cardozo,

[64] 274 U.S. 357 (1927), p. 378.

em 1938, como *preferred position doctrine*[65]. Encarando os direitos constitucionais de forma hierarquizada, a posição preferencial traduz um *standard* que coloca determinadas liberdades como detentoras de maior proteção que outras.[66] Em decorrência disso, quando o governo pretender regular liberdades civis garantidas pelo *Bill of Rights*, caberá a ele o ônus de provar que a regulação é legítima, necessária e representa a forma menos intrusiva possível.[67] A ideia apareceu pela primeira vez em *Palko v. Connecticut* (1937),[68] em *obiter dictum*[69], quando Cardozo, escrevendo pela maioria, afirmou que os direitos contidos na Primeira Emenda faziam parte de um esquema que ordenava a essência da própria liberdade. Alguns anos depois, em *Thomas v. Collins* (1945),[70] um caso relacionado ao direito de associação sindical, a Corte estabeleceu a posição preferencial como um dos *standards* de sua jurisprudência.

Em território brasileiro, a doutrina da "posição preferencial" foi adotada pelo Supremo Tribunal Federal (STF) em pelo menos três ações de controle concentrado. Na ADPF 130,[71] oportunidade em que o STF reconheceu a não recepção da Lei de Imprensa, o Ministro Ayres Britto afirmou que a Constituição havia colocado a liberdade de pensamento e de expressão em posição de primazia ou precedência quando em confronto com outros bens constitucionalmente protegidos. Dois anos depois, na ADPF 187,[72] o Ministro Luiz Fux sustentou que a liberdade de expressão possuiria "uma dimensão de peso, *prima facie*, maior" quando ponderada com outros princípios constitucionais. Por fim, na ADI 4815, o STF

[65] Doutrina da posição preferencial.

[66] Emerson, Thomas I. *First Amendment Doctrine and the Burger Court*. **California Law Review**, v. 68, p. 422-481, 1980, p. 430-431.

[67] Interessante notar que os requisitos necessidade, legitimidade e menor intrusividade se assemelham, *mutatis mutandis*, à noção de ponderação desenvolvida por Robert Alexy que, por sua vez, adota a adequação, necessidade e a proporcionalidade em sentido estrito.

[68] **Palko v. Connecticut**, 302 U.S. 319 (1937).

[69] Comentários laterais, ditos ou escritos durante um julgamento, sem caráter vinculante.

[70] **Thomas v. Collins**, 323 U.S. 516 (1945).

[71] Supremo Tribunal Federal. **ADPF 130/DF**. Relator: Min. Carlos Ayres Brittos. Brasília, 30 de abril de 2009.

[72] Supremo Tribunal Federal. **ADPF 187/DF**. Relator: Min. Celso de Mello. Brasília, 15 de junho de 2011.

declarou a constitucionalidade das biografias não autorizadas, ocasião em que o Ministro Luís Roberto Barroso se referiu à posição preferencial de forma expressa:

> A Carta de 88 incorporou um sistema de proteção reforçado às liberdades de expressão, informação e imprensa, reconhecendo uma prioridade *prima facie* destas liberdades públicas na colisão com outros interesses juridicamente tutelados, inclusive com os direitos da personalidade. Tal posição de preferência – *preferred position* – foi consagrada originariamente pela Suprema Corte norte-americana, que assentou que ela 'confere a estas liberdades uma santidade e uma autoridade que não admitem intrusões dúbias. (...) Apenas os abusos mais graves, que coloquem em risco interesses supremos, dão espaço a limitações admissíveis'.[73]

O voto do Ministro Barroso, nesse caso, resultou em uma reação por parte do Conselho da Justiça Federal (CJF),[74] que editou o Enunciado 613 na VIII Jornada de Direito Civil, com o seguinte conteúdo: "Art. 12: A

[73] Supremo Tribunal Federal. **ADI 4815/DF**. Relatora: Min. Cármen Lúcia. Brasília, 10 de junho de 2015.

[74] A justificativa do Enunciado, por sua vez, foi a seguinte: Difundiu-se a tese de que a liberdade de expressão teria posição preferencial em colisões com outros direitos fundamentais, decorrente de sua estreita conexão com o princípio democrático. Efeito comumente extraído desta premissa é a primazia de soluções que permitam a divulgação ou mantenham em circulação a informação reputada lesiva a um direito (ex: retratação pública, direito de resposta, compensação pecuniária etc.). No entanto, os direitos da personalidade, que colidem frequentemente com a liberdade de expressão, também possuem elevado "peso abstrato", em razão de sua conexão direta e imediata com a dignidade da pessoa humana, verdadeiro fundamento da República. Assim, revela-se arbitrária qualquer tentativa apriorística de privilegiar algum desses direitos. A relação de prevalência deverá ser determinada à luz de elementos extraídos do caso concreto. Assim, não devem ser excluídos meios de tutela que possam se revelar adequados à proteção do direito da personalidade lesado. Isto inclui a possibilidade de interromper a circulação de informações (ex: retirar das bancas revista que divulgue fotos íntimas de ator famoso) ou impedir sua publicação (ex: biografia que retrate a vida do biografado de maneira desconectada da realidade, relatando fatos comprovadamente inverídicos). Em determinados casos, chega-se a propor a limitação dos remédios disponíveis ao lesado à solução pecuniária (indenização). É de se recordar, porém, que o que a Constituição assegura a todo cidadão não é o direito a ser indenizado por violações à privacidade; é o direito à privacidade em si.

liberdade de expressão não goza de posição preferencial em relação aos direitos da personalidade no ordenamento jurídico brasileiro."

De volta aos Estados Unidos, em 1931, a Suprema Corte veio a inocentar uma mulher de 19 anos[75] por ter levantado uma bandeira vermelha (representando o comunismo) em um acampamento para jovens. Em *De Jonge v. Oregon* (1937),[76] a Corte reverteu a decisão que havia condenado um homem sob uma lei antissindical, por ajudar a organizar uma reunião do Partido Comunista. Seis anos depois, em 1943, a Corte reverteu uma decisão de desnaturalização de um cidadão que pertencia ao Partido Comunista.[77] Apesar de vacilante em casos como *Beauharnais v. Illinois,*[78] *Feiner v. New York*[79] e *Chaplinsky v. New Hampshire,*[80] a jurisprudência da Suprema Corte foi se tornando cada vez mais permissiva em questões de liberdade de expressão após o voto de Brandeis em *Whitney.*

Finalmente, em 1969,[81] em uma decisão *per curiam,*[82] a Corte reverteu a condenação de Clarence Brandenburg, membro da *Klan,* por ofensas contra judeus e negros, além de discursos defendendo uma marcha sobre o Congresso. Foi nesse caso que ocorreu a expressa superação do precedente firmado em *Whitney v. California.* Em conjunto a isso, a Corte introduziu um novo *standard*: o *imminent lawless action.* Este novo teste representava, em essência, a opinião de Brandeis, tendo adotado, dentre outros elementos, sua posição quanto à necessidade de um perigo sério e iminente, bem como à diferenciação entre defesa e incitação:

> (...) as garantias constitucionais de liberdade de expressão e liberdade da imprensa não permitem que o Estado proíba ou proscreva a defesa do uso de força ou da violação da lei, exceto quando tal defesa for direcionada a

[75] **Stromberg v. California,** 283 U.S. 359 (1931).
[76] **De Jonge v. Oregon,** 299 U.S. 353 (1937).
[77] **Schneiderman v. United States,** 320 U.S. 118 (1943).
[78] **Beauharnais v. Illinois,** 343 U.S. 250 (1952).
[79] **Feiner v. New York,** 340 U.S. 315 (1951).
[80] **Chaplinsky v. New Hampshire,** 315 U.S. 568 (1942).
[81] 395 U.S. 444 (1969).
[82] Na decisão *per curiam,* a opinião é atribuída à Corte, não a um juiz (ou *Justice*) individual. Os tribunais podem adotar o modelo *per curiam* por diversos motivos, seja o medo de represálias contra seus membros ou quando se tratar de um caso de fácil resolução.

incitar ou produzir uma ação ilegal iminente e que seja provável que incite ou produza tal ação.[83]

Por último, mas não menos importante: após a confirmação da condenação de Whitney pela Suprema Corte, um grande movimento envolvendo a sociedade civil, políticos e acadêmicos começou a pressionar o governador do estado da Califórnia para que um perdão fosse concedido. Ao escrever o documento de concessão, o governador transcreveu um trecho do voto de Brandeis.[84]

Conclusões

O dissenso em *Whitney* serve como um dos melhores exemplos para demonstrar o propósito da manifestação de votos dissidentes. Isso porque, como bem escreveu Brandeis, é no confronto entre ideias que se alcança o progresso. Membros da Suprema Corte muitas vezes escrevem votos dissidentes na esperança de que, como Brandeis, suas opiniões venham a ser vindicadas pela história.

Até os dias atuais, a opinião de Brandeis continua sendo referência obrigatória em casos relacionados à liberdade de expressão. Somente na Suprema Corte, seu voto foi citado mais de 100 vezes, além de outras centenas pelas Cortes federais e estaduais.[85] Isso tudo sem falar das dezenas de artigos escritos para analisar sua opinião em *Whitney*.

Mais de uma centena de juízes já passou pela Suprema Corte dos Estados Unidos, mas apenas alguns poucos conseguiram escrever seus nomes na história. Nesse seleto rol está o nome de Louis Dembitz Brandeis, autor do que é considerado por muitos como o maior voto dissidente já escrito nos anais da daquela Corte.[86] Sua opinião não só demonstrou a razão e a necessidade do dissenso na sociedade, como também serviu de exemplo do que ele próprio pregava, ao ter suas ideias finalmente adotadas como paradigma interpretativo.

[83] 395 U.S. 444 (1969), p. 447.

[84] Strum, op. cit., p. 129.

[85] Ibid., p. 133.

[86] Tushnet, Mark. ***I Dissent:*** *Great Opposing Opinions on Landmark Supreme Court Cases. Boston*: Beacon Press, 2008, p. 98.

A divergência em *Whitney* é, portanto, um elemento fundamental na construção do sentido moderno atribuído à Primeira Emenda, o que faz do caso uma peça de inestimável importância para a compreensão daquela que pode ser considerada a mãe de todas as liberdades: a liberdade para falar o que pensamos.

Referências

AMERICAN CIVIL LIBERTIES UNION. *The Successes of the American Civil Liberties Union*. **ACLU**, 17 de junho de 2012. Disponível em: https://www.aclu.org/successes-american-civil-liberties-union.

BARTH, Alan. ***Prophets with Honor**: Great Dissents and Great Dissenters in the Supreme Court*. Nova Iorque: Random House, 1975.

BLASI, Vincent. *The First Amendment and the Ideal of Civic Courage: The Brandeis Opinion in Whitney v. California*. **William & Mary Law Review**, v. 29, n. 2, p. 653-697, 1988.

BRASIL. Supremo Tribunal Federal. **ADI 4815/DF**. Relatora: Min. Cármen Lúcia. Brasília, 10 de junho de 2015.

BRASIL. Supremo Tribunal Federal. **ADPF 130/DF**. Relator: Min. Carlos Ayres Brittos. Brasília, 30 de abril de 2009.

BRASIL. Supremo Tribunal Federal. **ADPF 187/DF.** Relator: Min. Celso de Mello. Brasília, 15 de junho de 2011.

CHAFEE JR., Zechariah. *Freedom of Speech in War Time*. **Harvard Law Review**, v. 32, n. 8, p. 932-973, jun. 1919.

ESTADOS UNIDOS DA AMÉRICA. Constituição (1787). **14th Amendment**. Estados Unidos da América, 1868.

ESTADOS UNIDOS DA AMÉRICA. Constituição (1787). **Bill of Rights**. Estados Unidos da América, 1791.

ESTADOS UNIDOS DA AMÉRICA. Supreme Court of the United States. **Abrams v. United States**, 250 U.S. 616 (1919), Washington D.C, 10 de novembro de 1919.

ESTADOS UNIDOS DA AMÉRICA. Supreme Court of the United States. **Baron v. Baltimore**, 32 U.S. (7 Pet.) 243 (1833), Washington D.C, 16 de fevereiro de 1833.

ESTADOS UNIDOS DA AMÉRICA. Supreme Court of the United States. **Beauharnais v. Illinois**, 343 U.S. 250 (1952), Washington D.C, 28 de abril de 1952.

ESTADOS UNIDOS DA AMÉRICA. Supreme Court of the United States. **Brandenburg v. Ohio**, 395 U.S. 444 (1969), Washington D.C, 8 de junho de 1969.

ESTADOS UNIDOS DA AMÉRICA. Supreme Court of the United States. **Brown v. Board of Education**, 347 U.S. 483 (1954), Washington D.C, 17 de maio de 1954.

ESTADOS UNIDOS DA AMÉRICA. Supreme Court of the United States. **Chaplinsky v. New Hampshire**, 315 U.S. 568 (1942), Washington D.C, 9 de março de 1942.

ESTADOS UNIDOS DA AMÉRICA. Supreme Court of the United States. **De Jonge v. Oregon**, 299 U.S. 353 (1937), Washington D.C, 4 de janeiro de 1937.

ESTADOS UNIDOS DA AMÉRICA. Supreme Court of the United States. **Gitlow v. New York**, 268 U.S. 652 (1925), Washington D.C, 8 de junho de 1925.

ESTADOS UNIDOS DA AMÉRICA. Supreme Court of the United States. **Feiner v. New York**, 340 U.S. 315 (1951), Washington D.C, 15 de janeiro de 1951.

ESTADOS UNIDOS DA AMÉRICA. Supreme Court of the United States. **Lochner v. New York**, 198 U.S. 45 (1905), Washington D.C, 18 de abril de 1905.

ESTADOS UNIDOS DA AMÉRICA. Supreme Court of the United States. **Palko v. Connecticut**, 302 U.S. 319 (1937), Washington D.C, 6 de dezembro de 1937.

ESTADOS UNIDOS DA AMÉRICA. Supreme Court of the United States. **Schenck v. United States**, 249 U.S. 47 (1919), Washington D.C, 3 de março de 1919.

ESTADOS UNIDOS DA AMÉRICA. Supreme Court of the United States. **Schneiderman v. United States**, 320 U.S. 118 (1943), Washington D.C, 21 de junho de 1943.

ESTADOS UNIDOS DA AMÉRICA. Supreme Court of the United States. **Stromberg v. California**, 283 U.S. 359 (1931), Washington D.C, 18 de maio de 1931.

ESTADOS UNIDOS DA AMÉRICA. Supreme Court of the United States. **Thomas v. Collins**, 323 U.S. 516 (1945), Washington D.C, 8 de janeiro de 1945.

ESTADOS UNIDOS DA AMÉRICA. Supreme Court of the United States. **Whitney v. California**, 274 U.S. 357 (1927), Washington D.C, 16 de maio de 1927.

ESTADOS UNIDOS DA AMÉRICA. United States District Court for the Southern District of New York. **Masses Publishing Co. v. Patten**, 244 F. 535 (S.D.N.Y. 1917), Nova Iorque NY, 24 de julho de 1917.

EMERSON, Thomas I. *First Amendment Doctrine and the Burger Court.* **California Law Review**, v. 68, p. 422-481, 1980.

Former Leader of Klan Narrowly Wins Contest in Louisiana. **The New York Times**, 19 fev. 1989. Disponível em: https://www.nytimes.com/1989/02/19/us/former-leader-of-klan-narrowly-wins-contest-in-louisiana.html.

HEALEY, Thomas. ***The Great Dissent**: How Holmes Changed His Mind and Changed the History of Freedom of Speech in America*. Picador USA, 2014.

LLANO, Pablo de. Três mortos na jornada de violência provocada por grupos racistas norte-americanos. **El País**, 13 ago. 2017. Disponível em: https://brasil.elpais.com/brasil/2017/08/12/internacional/1502553163_703843.html.

LEWIS, Anthony. ***Freedom for the thought that we hate**: A Biography of the First Amendment*. Nova Iorque: Basic Books, 2007.

MILTON, John. **Areopagítica**: discurso pela liberdade de imprensa ao Parlamento da Inglaterra. Tradução de Raul de Sá Barbosa. Rio de Janeiro: Topbooks, 1999.

STRUM, Philippa. ***Louis D. Brandeis**: Justice for the People*. Cambridge: Harvard University Press, 2014.

STRUM, Philippa. ***Speaking Freely**: Whitney v. California and American Speech Law*. Lawrence: University Press of Kansas, 2015.

TUSHNET, Mark. ***I Dissent**: Great Opposing Opinions on Landmark Supreme Court Cases*. Boston: Beacon Press, 2008.

ULRICH, Walter. *The creation of a legacy: Brandeis' concurring opinion in Whitney v. California*. **Southern Speech Communication Journal**, v. 50:2, pp. 143-155, 1985.

WALKER, Samuel J. ***Presidents and Civil Liberties from Wilson to Obama**: A Story of Poor Custodians*. Cambridge: Cambridge University Press, 2012.

11.

KOREMATSU V. UNITED STATES, 1944

CAMPOS DE CONCENTRAÇÃO NA AMÉRICA

DAVID SOBREIRA BEZERRA DE MENEZES
LUPPER ALVES FERREIRA

Introdução

O ataque à base naval norte-americana de *Pearl Harbor*, em 1941, teve consequências para além daquelas já conhecidas pela historiografia da Segunda Guerra Mundial. Em razão da tragédia, o governo americano, temendo ações de sabotagem, passou a adotar medidas sistemáticas para o controle da população nipo-americana. O resultado foi o mais famoso caso de campos de concentração[1] fora de uma ditadura.

Em *Korematsu v. United States* (1944), analisaremos uma das grandes manchas na jurisprudência da Suprema Corte americana, que acabou por legitimar – novamente[2] – a segregação racial de sua população. Dessa vez, no entanto, invocando fundamentos inéditos.

[1] Vários historiadores criticam o uso do termo "campos de concentração" para se referir ao que aconteceu nos EUA durante a Segunda Guerra, uma vez que a expressão pode induzir o leitor a associar o caso às Gulags soviéticas e aos Campos de Extermínio nazistas. Reconhecemos a crítica como pertinente, contudo acreditamos ser possível tratar os campos de internação americanos como campos de concentração, desde que feita essa ressalva para que o leitor não tenha uma compreensão equivocada sobre os acontecimentos.

[2] Outro famoso caso de segregação racial decidido pela Corte foi *Plessy v. Ferguson* (1896), ocasião em que foi estabelecida a doutrina *separate but equal*.

Para além dos fatos envolvendo o ataque, que são de conhecimento notório, é necessário que a realidade americana seja estudada, para que seja possível entender o que levou a Corte, pela maioria de seus membros, a chancelar ordens militares praticadas em desacordo com a Constituição.

As medidas impostas pelo governo americano – flagrantemente inconstitucionais, vale reforçar – foram objeto de questionamento perante a Suprema Corte, oportunidade em que os poderes dos quais dispunham o Executivo e o Legislativo, em razão do estado de exceção, foram postos em xeque.[3]

Em virtude disso, exploraremos as diversas opiniões proferidas no julgamento. Os votos dissidentes, escritos pelos juízes Owen Roberts, Robert H. Jackson e Frank Murphy, serviram tanto de contribuição à preservação dos direitos fundamentais, quanto de alerta à expansão dos poderes do Estado.

Por fim, discutiremos os perigos presentes na jurisprudência de emergência e como ela tem sido usada para justificar, ainda na atualidade, tentativas de cerceamento de liberdades civis, sob a justificativa de proteção da "segurança nacional".

1. Contexto histórico

A Segunda Grande Guerra já se desenvolvia quando, em 7 de dezembro de 1941, uma ofensiva aérea do Império japonês contra a base norte-americana de Pearl Harbor, localizada no Oceano Pacífico, concretizou-se como um dos mais emblemáticos ataques da história do mundo. O ataque resultou na perda de mais de 2.400 vidas, bem como na entrada dos Estados Unidos na guerra.[4]

Uma das principais consequências do evento, para o caso em análise, foi adicionar um sentimento de profunda desconfiança ao preconceito já existente contra a população japonesa-americana. Essa mistura fez surgir a teoria de que os nipo-americanos estariam minando os esforços de guerra para ajudar o Império japonês.

[3] **Korematsu v. United States**, 323 U.S. 214 (1944).

[4] Entrada oficial, pois antes disso os EUA já participavam da guerra fornecendo recursos aos Aliados.

Cabe frisar, no entanto, que a discriminação contra asiáticos não era novidade nos Estados Unidos. Conhecido como *yellow peril*[5], o fenômeno marcou a história da imigração sino-japonesa no mundo ocidental, tendo resultado em grande violência contra as comunidades asiáticas.

Esse processo de marginalização teve origem na corrida do ouro, responsável pela imigração de grandes grupos de chineses aos Estados Unidos a partir de 1850. Já em 1870, chineses e seus filhos representavam aproximadamente 9% da população da Califórnia. Esse rápido crescimento veio acompanhado do desenvolvimento do preconceito e fez com que surgissem, cada vez mais, leis hostis a esse povo. A Constituição do estado do Oregon, por exemplo, impedia que chineses pudessem ser donos de imóveis. A Califórnia, por sua vez, proibia que imigrantes chineses testemunhassem em cortes estaduais.[6]

Toda essa discriminação seria, pouco tempo depois, estendida à população de origem japonesa,[7] após a vitória sobre a Rússia (1904-1905) na guerra por territórios da China e da antiga Manchúria. Ao sagrar-se vencedor, o Japão passou a representar uma ameaça militar à hegemonia dos povos brancos. Tais eventos desencadearam diversas restrições impostas à população japonesa, como obstáculos à entrada no país, à aquisição de cidadania e à compra de terras. Justamente no lugar em que desejavam construir um novo lar, chineses e japoneses foram tratados como membros de uma raça inferior.

A questão japonesa, inclusive, chegou a ser pauta no Comitê de Imigração do Senado dos EUA em 1924, ocasião em que V. S. McClatchy, influente jornalista, testemunhou perante o Comitê afirmando que os japoneses não poderiam ser incorporados aos Estados Unidos, pois o real objetivo da imigração seria (re)colonizar a América. Acusou-os, ainda, de

[5] Perigo amarelo (também referido, por alguns, como preconceito amarelo) é uma metáfora racista sobre o perigo que os povos do leste asiático representam à civilização ocidental. Cf. Odijie, Michael. *The Fear of 'Yellow Peril' and the Emergence of European Federalist Movement*. **The International History Review**, v. 40:2, p. 358-375, 2017.

[6] Lepore, Jill. ***These Truths:*** *A History of the United States*. Nova Iorque: W. W. Norton & Company, 2019.

[7] ODIJIE, op. cit.

se valerem de trabalho infantil e feminino, o que faria deles competidores econômicos perigosos.[8]

Com a entrada dos Estados Unidos na guerra, o governo de Franklin Roosevelt passou a ser alvo de grande pressão por parte de autoridades públicas e da população, que exigiam o implemento de medidas de controle em relação aos japoneses residentes no país. As manifestações ganharam mais força após a divulgação do Relatório da *Roberts Comissions*[9], que confirmava a existência de espiões japoneses espalhados por todo o Havaí.[10]

Foi nesse contexto que Roosevelt, em 14 de fevereiro de 1942, assinou a *Executive Order 9066*, autorizando o Secretário de Guerra e seus comandantes militares a iniciarem a remoção de membros da população nipo-americana para "Centros de Realocação."[11]

Por toda a costa oeste dos EUA, a população de ascendência japonesa foi obrigada, então, a se apresentar para ser levada aos centros de isolamento. Mais de 120 mil nipo-americanos se viram forçados abandonar suas casas, trabalhos e negócios. Somou-se a isso a prisão de aproximadamente 1.500 de seus líderes religiosos e comunitários, que haviam sido considerados inimigos estrangeiros.[12]

Os centros de detenção não estavam equipados com a estrutura adequada para enfrentar qualquer condição climática adversa. Os japoneses, portanto, viviam na escassez. Famílias inteiras foram alocadas dentro de baias de cavalos e até mesmo em uma antiga pista de corrida. Alguns foram colocados em barracas nos campos permanentes, entre a poeira e o lamaçal. Banheiros e lavanderias eram de uso comum, ficando o governo encarregado de garantir a alimentação, a segurança e eventuais tratamen-

[8] Bannai, Lorraine K. ***Enduring Conviction:*** *Fred Korematsu and his quest for justice*. Seattle: University Washington Press, 2015, p 11.

[9] Comissão criada com a finalidade de investigar os fatos do ataque japonês a Pearl Harbor, cujo responsável era o Juiz da Suprema Corte Owen Roberts.

[10] Souto, João Carlos. **A Suprema Corte dos Estados Unidos**: Principais Decisões. 3 ed. São Paulo, Atlas, 2019, p. 265.

[11] Tratavam-se, a bem da verdade, de Campos de Concentração, nome que foi evitado em razão dos sentimentos negativos provocados pela expressão.

[12] Ray, Michael. *Executive Order 9066*. **Encyclopedia Britannica**, 19 de junho de 2018. Disponível em: https://www.britannica.com/topic/Executive-Order-9066.

tos médicos. Os centros de detenção eram cercados por arame farpado e vigiados por seguranças fortemente armados.[13]

Não obstante tais condições, a administração dos centros ocorria da maneira mais "humana" possível. Existia um senso de comunidade, sendo permitido que os detentos organizassem escolas, igrejas, fazendas e até mesmo jornais – o que, contudo, não era suficiente para eliminar a atmosfera de tensão, incerteza e desespero.[14]

Até a data de fechamento do último campo, em 1946, foram contabilizadas 1.862 mortes por motivos de doença,[15] além de sete execuções por arma de fogo – algumas destas sem qualquer motivo aparente.[16]

Durante o período de "internamento", uma luta irrompeu entre o Departamento de Justiça dos Estados Unidos (*DOJ*) – que se opôs ao deslocamento de civis inocentes – e o Departamento de Guerra – que era favorável à detenção. John J. McCloy, então Secretário Adjunto de Guerra, afirmou que, se fosse necessário escolher entre a segurança nacional e a garantia das liberdades constitucionais, ele consideraria a Constituição "apenas um pedaço de papel."[17]

Nesse ponto, importantes são as palavras de Stephen Breyer – *Associate Justice* na Suprema Corte americana desde 1994 –, que define como "complicada" a relação entre a Corte e o Presidente pelo fato de ser construída, com frequência, em momentos de exceção, ou seja, durante emergências ou guerras.[18] Para o magistrado, a Corte mantém, pelo menos

[13] BANNAI, op. cit.

[14] BRITANNICA, The Editors of Encyclopaedia. *Japanese American internment*. **Encyclopedia Britannica**, 18 de novembro de 2020. Disponível em: https://www.britannica.com/event/Japanese-American-internment.

[15] FISET, Louis. *Medical care in camp*. **Densho Encyclopedia**, 5 de outubro de 2020. Disponível em: https://encyclopedia.densho.org/Medical%20care%20in%20camp/.

[16] KASHIMA, Tetsuden. *Homicide in camp*. **Densho Encyclopedia**, 10 de junho de 2020. Disponível em: https://encyclopedia.densho.org/Homicide_in_camp/.

[17] BRITANNICA, The Editors of Encyclopaedia. *Japanese American internment*. **Encyclopedia Britannica**, 18 de novembro de 2020. Disponível em: https://www.britannica.com/event/Japanese-American-internment.

[18] BREYER, Stephen. ***Making Our Democracy Work:*** *A Judge's View*. Nova Iorque: Alfred A. Knopf, 2010.

em tese, o poder de *judicial review* no decorrer da emergência. Sobre o tema, escreveu:

> Em princípio, ela [a Suprema Corte] pode invalidar ações presidenciais que violem a Constituição. Porém, na prática, em que extensão poderia – ou deveria – a Corte responsabilizar o Presidente perante a Constituição em face de uma guerra ou de uma emergência nacional? Como pode a Corte manter uma relação viável com o Presidente e permitir que ele desempenhe seus deveres constitucionais sem abdicar sua responsabilidade de preservar as liberdades constitucionais e aplicar os limites constitucionais?[19]

Compreendido o contexto, passemos então à história do protagonista do caso: Fred Korematsu, um jovem nipo-americano de 23 anos, que se recusou a obedecer a ordem militar de número 34[20], cujo conteúdo exigia que ele se apresentasse para ser levado a um dos campos de internamento. Korematsu trabalhava no viveiro de sua família e mantinha um relacionamento amoroso com Ida Boitano, descendente de italianos. Em uma atitude impensada, diante da desesperada vontade de evitar o cumprimento da ordem e o desejo de viver com sua amada, o jovem submeteu-se a uma cirurgia plástica, com o propósito de ocultar sua identidade. Em seguida, alterou seu cartão de recrutamento, fazendo constar o nome Clyde Sarah. Esperava, com isso, dispor de alguma identificação para mostrar a um eventual empregador. A escolha do "Clyde" foi feita com vistas a se passar por uma pessoa de origem hispano-havaiano, ou pelo menos foi assim que Korematsu pensou.[21] "Sarah", por sua vez, foi escolhido por ser o nome do meio de Ida, sua companheira.

Não obstante as tentativas de se furtar ao cumprimento da Ordem Executiva, Korematsu veio a ser preso pelo FBI em maio de 1942, sendo condenado a cinco anos com direito à liberdade condicional. Após isso, foi levado ao *Tanfora Relocation Center*, em San Bruno, Califórnia, e, poste-

[19] Ibid., p. 172.

[20] Foi uma das várias ordens e proclamações militares, todas substancialmente baseadas na Ordem Executiva nº 9066.

[21] Bannai, op. cit., p. 36.

riormente, ele e sua família foram realocados no Acampamento de Topázio, em Utah, onde ficava a população segregada.

Na cadeia, Korematsu permitiu que a *American Civil Liberties Union* (ACLU)[22] o representasse e usasse seu caso para desafiar a constitucionalidade da ordem governamental perante uma Corte Federal em São Francisco, na Califórnia.[23] Após a derrota de Korematsu, em primeira instância, seus advogados recorreram à Corte de Apelações, que veio a confirmar a decisão. Irresignados, recorreram à última instância que lhes restava: a Suprema Corte dos Estados Unidos.

Além da lamentável decisão majoritária, como se verá adiante, o tempo necessário para que o caso fosse analisado também merece críticas. A decisão da Suprema Corte só ocorreu no fim de 1944 – um ano[24] após o julgamento da Corte de Apelações –, quando os Estados Unidos e a União Soviética já avançavam contra a Alemanha e a Segunda Grande Guerra caminhava para seu fim.

2. Aspectos importantes da decisão

Na Suprema Corte, mais tarde, a condenação foi mantida, numa decisão por 6 votos a 3. Hugo Black, escrevendo pela maioria, reconheceu a legalidade da exclusão de aproximadamente 120 mil pessoas de ascendência japonesa, das quais dois terços eram cidadãos americanos.

Em suas considerações iniciais, Black anotou:

> Deve-se notar, para começar, que todas as restrições legais que encurtam direitos civis de um único grupo racial são imediatamente suspeitas. Isso não quer dizer que todas essas restrições sejam inconstitucionais. Quer dizer que os tribunais devem sujeitá-las ao escrutínio mais rígido. O clamor público

[22] **Toyosaburo Korematsu v. United States**, 140 F.2d 289 (9th Cir. 1943).

[23] *Facts and Case Summary – Korematsu v. U.S.* **United States Courts**. Disponível em: uscourts.gov/educational-resources/educational-activities/facts-and-case-summary-korematsu-v-us.

[24] Digno de nota que o prazo de um ano é considerado atípico para o caso (a decisão da Corte de Apelações foi proferida em 2 de dezembro de 1943 e a da Suprema Corte em 18 de dezembro de 1944).

pode, às vezes, justificar a existência de tais restrições; o antagonismo racial nunca pode.[25]

Malgrado possamos observar, nesse excerto, uma suposta declaração em favor de minorias – inclusive aplicando o *strict scrutiny*[26] (no texto: "escrutínio mais rígido") –, o desenrolar do voto escancara um objetivo diametralmente oposto.

Ao empregar o *strict scrutiny*, Black se vale do mais rigoroso nível[27] de análise que pode recair sobre a validade de uma norma. Por esse *standard*, quando o governo edita uma legislação que viole direitos fundamentais, o referido dispositivo não gozará de presunção de constitucionalidade, salvo se for provado que: (i) a norma é necessária para alcançar um "interesse estatal imperativo" (*compelling state interest*); (ii) a norma se relaciona estreitamente (*narrowly tailored*) à realização desse interesse; e (iii) a norma usa os meios menos restritivos possíveis (*least restrictive means*) para tanto.[28]

É fácil notar, portanto, que a aplicação do *standard* (teste) foi distorcida, pois não haveria forma de, sob sua aplicação, permitir que toda uma população fosse obrigada a viver em segregação por motivos inteiramente ligados à sua etnia.

Contudo, o trecho mais importante – e mais lamentável – está, em nosso entender, na tentativa de relativizar as medidas que estavam sendo tomadas contra os cidadãos nipo-americanos. Em sua opinião, seria "injustificável chamá-los [campos de realocação] de campos de concentração, com todas as conotações repulsivas que o termo implica."[29] E continuou:

[25] 323 U.S. 214 (1944), p. 216.

[26] *Strict scrutiny* é um *standard* (teste) utilizado pela Suprema Corte no exame da constitucionalidade de determinadas leis (p. ex.: leis que violem a cláusula de igual proteção da 14ª Emenda). Trata-se do mais rígido dos três níveis de análise disponíveis.

[27] Os três níveis de análise são: *strict scrutiny, intermediate scrutiny e rational basis review*.

[28] SHAMAN, Jeffrey M. *Cracks in the Structure: The Coming Breakdown of the Levels of Scrutiny*. **Ohio State Law Journal**, v. 45, p. 161-183, 1984.

[29] 323 U.S. 214 (1944), p. 223.

Korematsu não foi excluído da Área Militar por causa de hostilidades em razão de sua raça. Ele foi excluído porque nós estamos em guerra com o Império Japonês; porque as autoridades militares, devidamente constituídas, temem uma invasão da nossa costa oeste e se sentem constrangidos a tomar medidas de segurança adequadas; porque eles decidiram que a urgência militar da situação demandaria que todos os cidadãos de ancestralidade japonesa fossem segregados da costa oeste temporariamente; e, finalmente, porque o Congresso, repousando sua confiança, nesses tempos de guerra, em nossos líderes militares – como inevitavelmente deve ser – determinou que eles devem ter o poder para fazer justamente isso.[30]

Igual proteção, devido processo e presunção de inocência – o voto guia parece ter feito um sorteio de quais direitos pretendia violar, a um só tempo. Como seria possível, à luz da cláusula da proteção igual[31], que um segmento inteiro de cidadãos fosse tolhido em sua liberdade por motivos de raça ou origem? Como uma Ordem Executiva estaria apta a implementar uma segregação forçada com base em uma presunção de deslealdade? Questões como essas permaneceram sem resposta pelo redator da decisão da Corte.

Em adição a isso, outro fundamento invocado foi o precedente firmado em *Hirabayashi v. United States* (1943)[32]. Nessa decisão, a Corte entendeu que quando a nação estivesse em guerra contra determinado país, seria constitucional a imposição de toque de recolher contra grupos minoritários que tivessem sua origem ligada ao Estado inimigo.

O precedente citado, como se pode observar, incorre nos mesmos problemas apontados anteriormente, servindo apenas como um meca-

[30] 323 U.S. 214 (1944), p. 223.

[31] A igual proteção é uma das cláusulas contidas na primeira das cinco seções da 14ª Emenda à Constituição americana. O texto completo da seção prevê: "Todas as pessoas nascidas ou naturalizadas nos Estados Unidos e sujeitas a sua jurisdição são cidadãos dos Estados Unidos e do Estado em que residirem. Nenhum Estado poderá fazer ou executar leis restringindo os privilégios ou as imunidades dos cidadãos dos Estados Unidos; nem poderá, qualquer Estado, privar uma pessoa de sua vida, liberdade ou propriedade, sem o devido processo legal; ou negar a qualquer pessoa sob sua jurisdição a *igual proteção* das leis." Cf. Constituição (1787). **14th Amendment**. Estados Unidos da América, 1868.

[32] **Hirabayashi v. United States**, 320 U.S. 81 (1943).

nismo de autofundamentação, sem, contudo, enfrentar as questões constitucionais subjacentes.

Além do voto de Black, outros quatro foram redigidos, sendo um concorrente e três dissidentes. Felix Frankfurter, aderindo à posição Corte, escreveu sua concordância se arvorando, igualmente, em *Hirabayashi*.[33]

Os votos divergentes, no entanto, merecem atenção especial. O primeiro foi escrito por Owen Roberts, que, apesar de ter votado com a maioria em *Hirabayashi*, enxergou, em *Korematsu*, uma situação distinta. Roberts usou expressamente o termo "campos de concentração", afirmando, ainda, que os atos praticados em razão da ancestralidade do réu não levaram em consideração suas convicções particulares sobre os Estados Unidos. Reconheceu, também, que precisaria de pouco esforço para chegar à "conclusão de que direitos constitucionais haviam sido violados".[34]

Sobre a fundamentação de Roberts, é relevante destacar a crítica feita por Souto. Para o autor, ao suscitar a necessidade de que fossem investigadas as "convicções particulares" de Korematsu, o *Justice* estaria impondo uma exigência muito além do possível, em questão de ônus probatório.[35]

Ademais, conquanto tenha Roberts discordado da maioria, é importante observar uma incoerência em sua posição. Seu *distinguishing* separava os precedentes em decorrência dos níveis de intrusão das medidas, ou seja, para ele, o problema estaria no grau (intensidade), não na natureza das práticas adotadas. Contudo, a cláusula de igual proteção seria, em nossa visão, um obstáculo intransponível em ambos os casos. Restrição a direitos – em tempos de guerra ou de normalidade – feita em razão da raça de determinado grupo, fere de morte a referida cláusula.

Superada essa questão, passemos ao voto de Robert Jackson, que levantou considerações importantes sobre as consequências argumentativas do voto de Black. Em seu entender, ao validar tal ordem de exclusão, a Corte estaria, por via transversa, chancelando um princípio de discriminação racial. Sustentou, então, que:

[33] 323 U.S. 214 (1944), p. 226.
[34] 323 U.S. 214 (1944), p. 226.
[35] Souto, op. cit., p. 272.

> Uma ordem militar, ainda que inconstitucional, não está apta a durar mais do que a emergência militar. Mesmo durante aquele período, um comandante de sucesso pode revogar a todas. Mas quando uma opinião judicial racionaliza tal ordem para mostrar que ela se conforma à Constituição, ou racionaliza a Constituição para demonstrar que a própria Constituição sanciona tal ordem, a Corte, para todo o tempo, terá validade o princípio de discriminação racial no procedimento criminal e na transferência de cidadãos americanos. O princípio, então, repousa como uma arma carregada, pronta para o uso por qualquer autoridade que possa apresentar uma reivindicação plausível de uma necessidade urgente. Toda repetição impregna esse princípio com maior profundidade em nosso Direito e em nosso pensamento, se expandindo para novos propósitos.[36]

O raciocínio traz ao debate um tópico de extrema importância: a tendência de expansão dos poderes do Estado. Assim, apesar de ser conhecido por apoiar a ideia de "governo forte", Jackson declarou: "eu paro em *Hirabayashi*."[37] Em sua visão, quando a Corte referenda uma ordem que avança sobre as liberdades individuais, tal decisão reconfigura os limites aos quais se submete a atuação estatal. Assim, a cada novo avanço, um novo limite é traçado, até que se chega ao ponto em que não há mais obstáculos oponíveis ao poder estatal.

O último voto divergente faz uma contribuição inédita no âmbito da defesa das minorias. Frank Murphy foi o primeiro membro na história da Corte a usar a palavra "racismo" em um voto.[38] De forma bastante enfática, Murphy não só denunciou o preconceito que contaminava a posição majoritária, como também discorreu eloquentemente sobre o pluralismo, pedra angular do modelo de vida democrático. Nas palavras do magistrado:

> Eu divirjo, portanto, dessa legalização do racismo. Discriminação racial em qualquer forma e em qualquer grau não tem nenhuma parte justificável no

[36] 323 U.S. 214 (1944), p. 246.

[37] UROFSKY, Melvin I. ***Dissent and the Supreme Court**: its role in the Court's History and the Nation's Constitutional Dialogue*. Nova Iorque: Pantheon Books, 2015, p. 249.

[38] LÓPEZ, Ian F. Haney. *"A Nation of Minorities": Race, Ethnicity, and Reactionary Colorblindness*. **Stanford Law Review**, v. 59, p. 985-1064, 2007.

nosso estilo de vida democrático. É pouco atraente em qualquer contexto, mas é absolutamente revoltante entre pessoas livres que abraçam os princípios estabelecidos na Constituição dos Estados Unidos. Todos os residentes dessa nação são parentes de alguma forma, seja por sangue ou por cultura de uma terra estrangeira. No entanto, eles são primária e necessariamente uma parte da nova e distinta civilização dos Estados Unidos. Eles devem, portanto, ser adequadamente tratados, a todo o tempo, como herdeiros do experimento americano e titulares de todos os direitos e liberdades garantidos pela Constituição.[39]

É possível observar, portanto, que apesar do resultado de *Korematsu* representar um grande erro na jurisprudência da Suprema Corte, não faltaram tentativas – por parte dos votos dissidentes – de impedir que a decisão se concretizasse.

Em 1983, quase 40 anos depois, um grupo de advogados, em atuação *pro bono*, descobriu evidências de má conduta por parte do Estado quando do julgamento do caso. Os documentos revelavam que o governo havia – deliberadamente – suprimido provas das agências de inteligência de que os nipo-americanos não representavam ameaça militar aos Estados Unidos.

Disso decorreu o desarquivamento do caso, levando o mesmo Tribunal que havia condenado Korematsu a reverter a decisão.[40] Marilyn Hall Patel, juíza responsável pela reabertura do processo, então ressaltou a responsabilidade, por parte das instituições americanas, de proteger ativamente as liberdades civis, especialmente em tempos de crise.

A magistrada reconheceu que a justificativa de "necessidade militar" apresentada, havia sido baseada em "fatos não comprovados, distorções e representações de, pelo menos, um comandante militar, cujas visões

[39] 323 U.S. 214 (1944), p. 242.
[40] *Facts and Case Summary – Korematsu v. U.S.* **United States Courts**. Disponível em: uscourts.gov/educational-resources/educational-activities/facts-and-case-summary-korematsu-v-us.ecisões exaradas nota-se o precedente do caso de Korematsu. histotido da priscional, como aconteceu no p, a liberdade dos cida

foram seriamente infectadas pelo racismo."[41] Considerou, ainda, que os funcionários do governo mentiram para a Suprema Corte, não havendo motivo idôneo apto a justificar a prisão em massa de uma etnia inteira.

3. Repercussão da decisão

Na década de 1980, o preconceito contra os nipo-americanos voltou a ser destaque com a ascensão japonesa no mercado automobilístico. Em razão disso, Vincent Chin, um chinês que foi confundido com um japonês, acabou sendo espancado até a morte por um ex-funcionário da Chrysler que havia sido demitido por causa da concorrência japonesa. A punição do assassino, que se resumiu a uma multa, resultou em protestos por todo o país.[42]

As manifestações contribuíram para a luta pelos direitos civis da comunidade ásio-americana, que, em 1988, foi agraciada com o *Civil Liberties Act de 1988* (Lei das Liberdades Civis de 1988), oportunidade em que o Congresso emitiu um pedido formal de desculpas, reconhecendo a grave injustiça imposta aos cidadãos e residentes permanentes de origem japonesa durante a guerra.[43]

Juntamente com outras figuras ilustres, Korematsu foi, então, premiado com uma das maiores honrarias que podem ser concedidas a um cidadão americano: a Medalha da Liberdade. Em discurso durante a cerimônia, o Presidente Bill Clinton afirmou:

> Em 1942, um americano comum tomou uma posição extraordinária, se opôs à internação forçada de nipo-americanos durante a Segunda Guerra Mundial. Depois de ser condenado por não se apresentar para relocação, o Sr. Korematsu levou seu caso até a Suprema Corte. A Corte decidiu contra ele. Porém, 39 anos depois, sua condenação foi anulada em uma corte federal, empoderando dezenas de milhares de nipo-americanos e dando-lhe o que

[41] SERRANO, Susan Kiyomi. MINAMI, Dale. *Korematsu v. United States: A "Constant Caution" in a Time of Crisis.* **Berkeley Asian Law Journal**, v. 10, p. 37-50, 2003.

[42] LITTLE, Becky. *How the 1982 Murder of Vincent Chin Ignited a Push for Asian American Rights.* **History**, 2 de março de 2020. Disponível em: https://www.history.com/news/vincent-chin-murder-asian-american-rights.

[43] SOUTO, op. cit., p. 274.

> ele mais queria – a chance de se sentir como um americano novamente. Na longa história da constante busca por justiça em nosso país, alguns nomes de cidadãos comuns representam milhões de almas... Plessy, Brown, Parks... A essa distinta lista, hoje adicionamos o nome de Fred Korematsu.[44]

É importante notar que antes do *Civil Liberties Act de 1988*, o Presidente Harry Truman já havia aprovado o *Japanese American Evacuation Claims Act* (Lei de Reivindicações de Evacuação Nipo-americana), sendo esse o primeiro dispositivo associado aos direitos civis, promulgado após o fim da Segunda Guerra, que forneceu um mecanismo para compensar as perdas decorrentes do internamento nos campos. A referida Lei, contudo, acabou por ser ineficaz devido à forte burocracia e atrasos procedimentais.[45]

Ainda sobre as repercussões de *Korematsu*, uma observação de Antonin Scalia[46] serve de alerta para os dias atuais. Em uma palestra na faculdade de Direito da Universidade do Havaí, em 2014, o magistrado reconheceu o erro da Corte ao julgar o caso, contudo ressaltou que seria uma ilusão acreditar que aquilo não pudesse voltar a acontecer.[47] A ideia pode parecer absurda, mas o pragmatismo de Scalia transmite a verdade como ela é. Reconhecer que *Korematsu* foi um precedente de emergência – que desrespeitou o Direito vigente – não significa que o evento não possa voltar a acontecer.

Para que essa afirmação seja interpretada sem distorções, é necessário que se compreenda, de antemão, que o "Estado é uma entidade soberana que busca assegurar a sua própria preservação."[48] Em razão disso, Gilberto Bercovici defende que o império da lei é imprestável à regulamentação do estado de anormalidade, porque a "legislação de exceção trata de algo que, na realidade, não consegue dar conta. A legitimação dos atos

[44] Bannai, op. cit., p. 209.

[45] Souto, op. cit., p. 274.

[46] Membro da Suprema Corte de 1986 até sua morte, no ano de 2016.

[47] Weiss, Debra Cassens. Scalia: *Korematsu was wrong, but 'you are kidding yourself' if you think it won't happen again.* **ABAJOURNAL**, 4 de fevereiro de 2014. Disponível em: https://www.abajournal.com/news/article/scalia_korematsu_was_wrong_but_you_are_kidding_yourself_if_you_think_it_won.

[48] Bercovici, Gilberto. Soberania e Constituição: para uma crítica do constitucionalismo. 2. ed. São Paulo: Quarter Latin, 2013, p. 39.

realizados durante a exceção depende do respaldo político e popular, não jurídico."[49]

No mesmo sentido, aponta Breyer que, durante a exceção, a Suprema Corte "deve encontrar a abordagem constitucional adequada, ajudando, deste modo, a garantir a aceitação pública das decisões, se nem sempre como corretas, ao menos sempre como legítimas."[50]

É fundamental, portanto, reconhecer, ainda que a contragosto, as limitações inerentes ao Direito. Nessa questão, ganha destaque o debate entre Carl Schmitt e Walter Benjamin, sobre a existência ou não de uma conexão entre o Direito e o estado de exceção.

Para Schmitt, o estado de exceção representa uma zona de anomia que deve ser mantida, a todo custo, em relação com o direito. Tenta, assim, o jurista alemão, reinscrever a violência no contexto jurídico. Walter Benjamin, por sua vez, segue na direção oposta. Para o filósofo, a exceção é um estado de violência pura, existindo apartada do Direito,[51] o que parece traduzir uma visão que se alinha, pelo menos em parte, àquela defendida por Breyer e Bercovici.

Ademais, o tema também esteve presente nas discussões após o atentado de 11 de setembro de 2001, quando Peter Kirsanow – membro da Comissão de Direitos Civis apontado pelo então Presidente George W. Bush – citou *Korematsu*[52] como forma de referendar sua defesa de um novo programa de "internamento", dessa vez para árabes-americanos. A ideia, felizmente, não se concretizou.

A decisão, dessa maneira, apresenta aspectos relevantes até o presente momento, ensejando debates de cunho prático sobre os poderes presidenciais. Esse raciocínio pode ser corroborado por outro importante – e ainda mais atual – exemplo: o artigo escrito para o *The New York Times* por Noah Feldman, professor de Harvard. Criticando o *muslim ban*[53], que

[49] Ibid., p 40.

[50] Breyer, op. cit., p. 172.

[51] Agamben, Giorgio. **Estado de Exceção**. Tradução de Iraci D. Poleti. 2 ed. São Paulo: Boitempo, 2004, p. 92.

[52] Serrano, op. cit., p. 38.

[53] O *Muslim ban* (banimento de muçulmanos) foi uma Ordem Executiva (13769), assinada pelo então Presidente Donald Trump, criando restrições à entrada de imigrantes de determinados países (Irã, Iraque, Líbia, Somália, Sudão, Síria e Iêmen) nos Estados Unidos.

seria assinado por Trump alguns meses depois,[54] Feldman se propôs a refutar o uso de *Korematsu* para legitimar o caso. Em sua opinião, o caso de 1944 sequer poderia ser encarado como um precedente. Escreveu Feldman:

> O jeito mais franco de rejeitar *Korematsu* é compreendendo-o não como a palavra definitiva sobre o real significado da Constituição, mas simplesmente como um momento na história em que determinados juízes aplicaram a lei a fatos específicos. De acordo com essa visão, a decisão pode estar errada no momento em que foi decidida – e, portanto, não deve ser seguida subsequentemente.[55]

Essa teoria, no entanto, parece ir de encontro ao voto dissidente de Jackson, em que ele afirmou que a grande consequência decorrente da decisão da maioria seria justamente chancelar a discriminação racial como um princípio.

Por fim, a última aparição de *Korematsu* na jurisprudência da Suprema Corte aconteceu no ano de 2018, em *Trump v. Hawaii*.[56] O caso envolvia a *Executive Order 13780* – que revogou e sucedeu a *Executive Order 13769* (*muslim ban*) –, cujo propósito declarado era impedir a entrada de terroristas no território americano.

A norma implementava alterações nos procedimentos de verificação de estrangeiros que viajavam aos Estados Unidos. As modificações buscavam aperfeiçoar a coleta de informações necessárias à avaliação de ameaças em potencial à segurança nacional.

Assim como sua antecessora (*Executive Order 13769*), a *Executive Order 13780* foi acusada de criar restrições destinadas a povos muçulmanos, motivo pelo qual ficou conhecida como "*muslim ban 2.0*", o que a levou a ser questionada judicialmente.

[54] *US expands travel ban to include N Korea*. **BBC News**, 25 de setembro de 2017. Disponível em: https://www.bbc.com/news/world-us-canada-41382585.

[55] Feldman, Nolan. *Why Korematsu Is Not a Precedent*. **The New York Times**, 18 de novembro de 2016. Disponível em: nytimes.com/2016/11/21/opinion/why-korematsu-is-not-a-precedent.html.

[56] **Trump v. Hawaii**, No. 17-965, 585 U.S. ___ (2018).

Na Suprema Corte, a Ordem presidencial foi considerada válida por uma maioria de 5 votos a 4. A decisão da Corte foi escrita pelo *Chief Justice* John Roberts, que defendeu o respeito à separação de poderes e deferência ao Poder Executivo.

Acontece que, em um voto dissidente, Sonia Sotomayor alegou que a decisão da maioria "reimplementa a mesma lógica perigosa subjacente à *Korematsu* e meramente substitui uma decisão 'gravemente errada' por outra"[57]. A acusação resultou em uma resposta por parte do *Chief Justice*, que escreveu defendendo a inexistência de relação entre *Korematsu* e o caso, além de afirmar que a "realocação forçada de cidadãos para campos de concentração, somente e explicitamente com base em sua raça, é objetivamente ilegal e extrapola o alcance da autoridade presidencial."[58]

Apesar dessas condenações feitas à *Korematsu* – tanto por Sotomayor quanto por Roberts –, o precedente não pode ser considerado como superado.[59] Isso porque as críticas representam mero *obiter dicta*, ou seja, foram comentários laterais escritos fora dos fundamentos da decisão – estes, sim, vinculantes.

Conclusões

É possível afirmar, à vista de todo o exposto, que *Korematsu* transcende a questão do racismo, dispondo sobre a própria estrutura de poder do Estado em momentos de crise, tema de crucial importância à preservação da democracia. Em razão disso, é necessário que Suprema Corte encerre, de maneira definitiva e vinculante, o debate sobre o tema, rechaçando quaisquer tentativas que, a pretexto de proteger a segurança nacional, implementem medidas discriminatórias contra pessoas que estejam sob a jurisdição dos Estados Unidos.

[57] No. 17-965, 585 U.S. ___ (2018), p. 28 do voto dissidente de Sotomayor (Importante notar que o modelo atual de decisões da Corte tem uma forma de contagem de páginas para cada voto de maneira individual, ou seja, a contagem reinicia sempre que um novo autor escreve seu voto).

[58] No. 17-965, 585 U.S. ___ (2018), p. 38 da Opinião da Corte.

[59] Little, Becky. *Korematsu Ruling on Japanese Internment: Condemned but Not Overruled*. **History**, 27 de junho de 2018. Disponível em: https://archive.is/JyWlm#selection-776.0-819.68.

Contudo, ainda que assim proceda a Corte, o ressurgimento de uma emergência é, como apontou Scalia, uma possibilidade, e, assim sendo, representa um estado de perpétua ameaça aos direitos civis. Contra tais perigos, nos resta lembrar da imortal lição – erroneamente – atribuída a Thomas Jefferson: "o preço da liberdade é a eterna vigilância."[60]

Referências

AGAMBEN, Giorgio. **Estado de Exceção**. Tradução de Iraci D. Poleti. 2 ed. São Paulo: Boitempo, 2004.

BANNAI, Lorraine K. ***Enduring Conviction:*** *Fred Korematsu and his quest for justice.* Seattle: University Washington Press, 2015.

BERCOVICI, Gilberto. **Soberania e Constituição**: para uma crítica do constitucionalismo. 2. ed. São Paulo: Quarter Latin, 2013

BLACK JR, Charles L. ***The People and the Court:*** *Judicial Review in a Democracy.* Nova Iorque: Prentice-Hall, 1960.

BREYER, Stephen. ***Making Our Democracy Work:*** *A Judge's View.* Nova Iorque: Alfred A. Knopf, 2010

BRITANNICA, The Editors of Encyclopaedia. *Japanese American internment.* **Encyclopedia Britannica**, 18 de novembro de 2020. Disponível em: https://www.britannica.com/event/Japanese-American-internment.

BRITANNICA, The Editors of Encyclopaedia. *Korematsu v. United States.* **Encyclopedia Britannica**, 11 de dezembro de 2020. Disponível em: https://www.britannica.com/event/Korematsu-v-United-States.

CHARLTON, Thomas U. P. ***The life of Major General James Jackson.*** Nova Iorque: Anson D. F. Randolph & Company, 1809.

EGELKO, Bob. *Scalia's favorite opinion? You might be surprised.* **SFGATE**, 30 de outubro de 2015. Disponível em: blog.sfgate.com/politics/2015/10/30/scalias-favorite-opinion-you-might-be-surprised/.

ESTADOS UNIDOS DA AMÉRICA. Supreme Court of the United States. **City of Richmond v. J.A. Croson Co.**, 488 U.S. 469 (1989), Washington D.C, 23 de janeiro de 1989.

[60] CHARLTON, Thomas U. P. ***The life of Major General James Jackson.*** Nova Iorque: Anson D. F. Randolph & Company, 1809, p. 85.

Estados Unidos da América. Supreme Court of the United States. **Dred Scott v. Sandford**, 60 U.S. (19 How.) 393 (1857), Washington D.C, 6 de março de 1857.

Estados Unidos da América. Supreme Court of the United States. **Hirabayashi v. United States**, 320 U.S. 81 (1943), Washington D.C, 21 de junho de 1943.

Estados Unidos da América. Supreme Court of the United States. **Korematsu v. United States**, 323 U.S. 214 (1944), Washington D.C, 18 de dezembro de 1944.

Estados Unidos da América. Supreme Court of the United States. **Plessy v. Ferguson**, 163 U.S. 537 (1896), Washington D.C, 18 de maio de 1896.

Estados Unidos da América. Supreme Court of the United States. **Trump v. Hawaii**, No. 17-965, 585 U.S. ___ (2018), Washington D.C, 26 de junho de 2018.

Estados Unidos da América. United States Court of Appeals for the Ninth Circuit. **Toyosaburo Korematsu v. United States,** 140 F.2d 289 (9th Cir. 1943), São Francisco, CA, 2 de dezembro de 1943.

Facts and Case Summary – Korematsu v. U.S. **United States Courts**. Disponível em: uscourts.gov/educational-resources/educational-activities/facts-and-case-summary-korematsu-v-us.

Feldman, Nolan. *Why Korematsu Is Not a Precedent.* **The New York Times**, 18 de novembro de 2016. Disponível em: nytimes.com/2016/11/21/opinion/why-korematsu-is-not-a-precedent.html.

Fiset, Louis. *Medical care in camp*. **Densho Encyclopedia**, 5 de outubro de 2020. Disponível em: https://encyclopedia.densho.org/Medical%20care%20in%20camp/.

Hashimoto, Dean M. *The Legacy of Korematsu v. United States: A Dangerous Narrative Retold.* **UCLA Asian Pacific American Law Journal**, v. 4, p. 72-128, 1996.

Kashima, Tetsuden. *Homicide in camp*. **Densho Encyclopedia**, 10 de junho de 2020. Disponível em: https://encyclopedia.densho.org/Homicide_in_camp/.

Lepore, Jill. ***These Truths:*** *A History of the United States*. Nova Iorque: W. W. Norton & Company, 2019.

Little, Becky. *How the 1982 Murder of Vincent Chin Ignited a Push for Asian American Rights.* **History**, 2 de março de 2020. Disponível em: https://www.history.com/news/vincent-chin-murder-asian-american-rights.

LITTLE, Becky. *Korematsu Ruling on Japanese Internment: Condemned but Not Overruled.* **History**, 27 de junho de 2018. Disponível em: https://archive.is/JyWlm#selection-776.0-819.68.

LÓPEZ, Ian F. Haney. *"A Nation of Minorities": Race, Ethnicity, and Reactionary Colorblindness.* **Stanford Law Review**, v. 59, p. 985-1064, 2007.

MULLER, Eric. *Judgments Judged and Wrongs Remembered: Examining the Japanese American Civil Liberties Cases on Their Sixtieth Anniversary.* **Law and Contemporary Problems**, v. 68, n. 2, p. 29-55, 2005.

ODIJIE, Michael. *The Fear of 'Yellow Peril' and the Emergence of European Federalist Movement.* **The International History Review**, v. 40:2, p. 358-375, 2017.

RAY, Michael. *Executive Order 9066.* **Encyclopedia Britannica,** 19 de junho de 2018. Disponível em: https://www.britannica.com/topic/Executive-Order-9066.T

SERRANO, Susan Kiyomi. MINAMI, Dale. *Korematsu v. United States: A "Constant Caution" in a Time of Crisis.* **Berkeley Asian Law Journal**, v. 10, p. 37-50, 2003.

SHAMAN, Jeffrey M. *Cracks in the Structure: The Coming Breakdown of the Levels of Scrutiny.* **Ohio State Law Journal**, v. 45, p. 161-183, 1984.

SOUTO, João Carlos. **A Suprema Corte dos Estados Unidos**: Principais Decisões. 3 ed. São Paulo, Atlas, 2019.

UROFSKY, Melvin I. ***Dissent and the Supreme Court**: its role in the Court's History and the Nation's Constitutional Dialogue.* Nova Iorque: Pantheon Books, 2015.

US expands travel ban to include N Korea. **BBC News**, 25 de setembro de 2017. Disponível em: https://www.bbc.com/news/world-us-canada-41382585.

WEISS, Debra Cassens. Scalia: *Korematsu was wrong, but 'you are kidding yourself' if you think it won't happen again.* **ABAJOURNAL**, 4 de fevereiro de 2014. Disponível em: https://www.abajournal.com/news/article/scalia_korematsu_was_wrong_but_you_are_kidding_yourself_if_you_think_it_won.

WOODWARD, Bob; ARMSTRONG, Scott: **Por detrás da Suprema Corte**. Tradução de Torrieri Guimarães. São Paulo: Editora Saraiva, 1985.

12.

SMITH V. ALLWRIGHT, 1944

UMA BATALHA CONTRA A RESTRIÇÃO AO VOTO DOS NEGROS NAS ELEIÇÕES PRIMÁRIAS

RAFAEL MOREIRA MOTA

Introdução

Terra arrasada. Era esse o cenário em que se encontravam os Estados do sul após a Guerra Civil americana (1861/1865). O conflito – o primeiro de escala industrial – matou cerca de 750 mil soldados, arrasou a economia e deixou feridas no tecido social americano que podem sentidas até os dias de hoje.

O pior legado da guerra de secessão, sem dúvida alguma, foi a segregação racial da população negra, que teve – e ainda tem – infelizmente, os seus direitos de cidadania violados em razão da cor de sua pele. Os ataques discriminatórios aos negros foram feitos em diversas vertentes e uma delas é a que se aborda no presente texto, qual seja, o direito ao voto.

O caso *Smith v. Allwright*[1] é o mais emblemático julgamento da *Supreme Court of the United States* (SCOTUS) sobre o tema, que ficou conhecido como a "batalha contra as primárias brancas", que negavam o direito dos negros ao voto nas eleições primárias[2] do Partido Democrata, realizadas nos estados do sul dos EUA, ou seja, apenas eleitores brancos eram autorizados a participar.

[1] **Smith v. Allwright**, 321 U.S. 649 (1944).

[2] Eleições primárias são eleições internas para escolher os candidatos que deverão concorrer a uma eleição geral.

As "primárias brancas" constituíam mecanismo utilizado pelos Democratas para privar de direitos os eleitores negros e de outras minorias. Esse processo de discriminação foi aperfeiçoado ao longo do tempo, inclusive com a aprovação de leis para aumentar as barreiras ao voto dos afro-americanos nos estados sulistas.

Dessa forma, abordar-se-á, na primeira parte do presente texto, o processo de reconstrução americana após a guerra de secessão que resultou na abolição da escravidão. Sucessivamente, serão abordadas as práticas voltadas a impor restrições aos direitos de voto da população negra, com análise de alguns precedentes que antecederam *Smith v. Allwright*, e que são importantes seja para compreensão do tema, seja por terem sido debatidos no julgamento do caso em apreço, para, em seguida, adentrar-se no julgamento e suas repercussões.

1. Contexto histórico

Uma eleição presidenciável contestada – já demostrou a história brasileira ou americana – pode ser o estopim de violações aos direitos civis da população. No processo de Reconstrução dos Estados Unidos (1865/1877), após a guerra civil, havia a necessidade de se criar uma pacificação nos antigos Estados confederados. A paz, porém, tinha como pressuposto essencial a aceitação, por parte da população branca nos estados sulistas, do fim da escravidão e do reconhecimento da igualdade da população negra.

O difícil processo de reconstrução contou com a ocupação dos Estados do Sul por forças da União, submetidas ao comando do governo federal que, por sua vez, era controlado pelo Partido Republicano. A força militar tinha como foco coibir posturas contrárias à integração, sobretudo aquelas decorrentes do preconceito racial. Então, em 1876, ocorreu a eleição presidencial que, infelizmente, trouxe grandes consequências negativas à luta pela igualdade entre brancos e negros.

Samuel Tilden, candidato do Partido Democrata, havia vencido o voto popular por pouco mais de um quarto de milhão de votos. Contudo, não possuía uma clara maioria no Colégio Eleitoral[3], por ter recebido 184

[3] A Constituição americana, nos termos do artigo II, Seção 1, Cláusula 2, define que cada estado deverá nomear uma quantidade de eleitores para que estes escolham o presidente do país.

votos eleitorais, faltando ainda um dos votos. Por sua vez, o candidato republicano, Rutherford Hayes, tinha recebido 165 votos do colégio eleitoral, precisando para alcançar a maioria o restante dos votos em disputa. Ou seja, nenhum dos candidatos havia alcançado os 185 votos necessário para sagrar-se vencedor do pleito. Faltavam ser computados 20 votos – 4 da Flórida, 8 da Louisiana, 7 da Carolina do Sul e 1 do Oregon – sendo que ambos os candidatos os reivindicaram. A discussão sobre a recontagem de votos foi grande, o que resultou na criação de um comitê eleitoral para definir o resultado da eleição.

O comitê foi formado por 15 membros, 8 republicanos e 7 democratas, que terminaram garantindo os 20 votos remanescentes – e consequentemente a vitória – ao candidato republicano[4]. O já cambaleante processo de reconstrução se viu abalado e um ambiente de iminente nova guerra civil se instalou. A solução para acalmar os ânimos e evitar um novo conflito armado foi estabelecer um acordo que ficou conhecido "Compromisso de 1877". No compromisso, o governo federal, controlado pelos republicanos, comprometeu-se a retirar as suas tropas dos entes federados sulistas, encerrando efetivamente a era e os esforços de reconstrução.

Os democratas, na sua maioria escravocratas, então, retomaram o poder nos Estados sulistas, onde rapidamente implementaram as Leis Jim Crow[5] – revertendo efetivamente os efeitos da reconstrução –, impondo um sistema de discriminação racial, o que privou os negros do Sul dos seus direitos civis durante a maior parte do século seguinte.

Nesse contexto, a exclusão de votos de minorias era, infelizmente, uma realidade[6] [7]. A forma de exclusão de votos era feita pelo gênero, raça,

[4] Somin, Ilya. *Should Congress Establish an Electoral Commission to Handle Disputes over the 2020 Presidential Election?* **Reason**, 15 set. 2020. Disponível em: https://reason.com/volokh/2020/09/15/should-congress-establish-an-electoral-commission-to-handle-disputes-over-the-2020-presidential-election/.

[5] Eram leis estaduais e locais que segregavam a população negra nos EUA. Zelden, Charles L. ***Voting Rights on trial**: A Soucebook with Cases, Laws, and Documents*. Cambridge: Hackett, 2004a, p. 25.

[6] Infelizmente, alguns dos problemas persistem até hoje *in* Overton, Spencer. ***Stealing democracy**: the new politics of voter suppression*. New York: Norton and Company, 2006, p. 69.

[7] Dias, Mariana. EUA veem onda de ofensivas para restringir acesso ao voto em estados republicanos. **Folha de São Paulo**, 18 abril 2021. Disponível em: https://www1.folha.uol.

etnia, estatuto social, lugar de nascimento e outras condições legais. As barreiras impostas se valiam de teste de leitura, cobrança de taxas e até mesmo da violência, além de outras formas de coerção[8].

Por que o direito ao voto dos negros era combatido? Uma das razões para a perpetuação do preconceito racial nos estados do sul dos EUA estava no receio de que os negros, por serem maioria da população, controlassem a reconstrução da economia e da sociedade.

Cabe esclarecer que, no processo de reconstrução americana, entre 1867 e 1868, os negros do sul se aliaram aos vencedores da guerra de secessão e obtiveram diversas conquistas à população negra, inclusive para consolidar o direito ao voto, dando certa efetividade às emendas constitucionais de reconstrução[9]. O resultado, num primeiro momento, para exemplificar, foi a eleição de cerca de 600 negros a cargos eletivos, incluído o governador de Louisiana, Oscar James Dumm[10].

Com o fim da fase de reconstrução do pós-guerra, e para neutralizar o avanço das conquistas da população afro-americana[11], foram cridas cada vez mais dificuldades para o exercício do voto pelos negros que, por serem mais pobres[12], eram prejudicados por legislações como aquelas que limitavam os horários de votação, proibiam votos de iletrados, cobravam taxas para votar, estabeleciam poucos locais de votação, dentre outras medidas[13]. Em que pese as restrições, alguns negros conseguiam exercer seu direito de cidadão, o que poderia ser decisivo em eleições apertadas[14].

com.br/mundo/2021/04/eua-veem-onda-de-ofensivas-para-restringir-acesso-ao-voto-em-estados-republicanos.shtml.

[8] ZELDEN, Charles L. ***The battle for the black ballot**: Smith v. Allwright and the defeat off the texas white primaries.* Lawrence: University Press of Kansas, 2004b, p. 10.

[9] Entre 1864 a 1970, ocorreu um amplo debate na redação das emendas constitucionais conhecidas como "Emendas de Reconstrução" que aboliram a escravidão (XIII), igualdade e direito ao voto (XIV) e garantir o direito de voto independentemente da cor, raça ou gênero (XV).

[10] ZELDEN, 2004b, p. 13.

[11] KEYSSAR, Alexander. ***The right to vote**: the contested history of democracy in the United States.* New York: Basic Books, 2000, p. 69.

[12] Ibid., p. 188

[13] ZELDEN, 2004b, p. 15-17.

[14] WALDMAN, Michel. ***The fight to vote***. New York: Simon and Schuster, 2016, p. 86.

Assim, entre 1890 a 1905, os Estados do Sul, dentre eles o Texas, começaram a rever as leis e estatutos para, aí sim, excluir explicitamente - utilizando como critério determinante o conceito de "raça" - os votos dos afro-americanos nas eleições primárias, conhecidas como as "primárias brancas" (*All White Primaries* - AWP).

O Texas é o exemplo da complexidade do processo de reconstrução pós-guerra de secessão. O aumento da tensão racial entre negros e brancos no Estado teve como cenário uma forte crise na produção de algodão e a descoberta de riqueza com a exploração do petróleo. Ou seja, o Texas, ao mesmo tempo que se industrializou e se urbanizou rapidamente, tinha uma economia rural em crise que compunha a maioria da população estadual.

A população negra, grande parte formada por pobres habitantes da zona rural, não tinha espaço no Partido Republicano, que praticamente não possuía organização no Estado em decorrência da retirada após o "Compromisso de 1877". O movimento popular, formado por afro-americanos, tentou viabilizar um terceiro partido político exigindo uma reforma rural[15]. Porém, o Partido Democrata reagiu rapidamente com receio de que a mobilização dos negros resultasse no controle do Estado. Os Democratas adotaram algumas ideias populistas para boicotar o surgimento de outros partidos, como a criação de alas mais liberais e a adoção de diversas medidas para esvaziar a oposição partidária.

Para cimentar de vez qualquer pretensão da população negra de formar uma oposição, foi aprovada, em 1903, a "Lei eleitoral Terrel" (nome de um congressista democrata) - sob a desculpa de que estar-se-ia modernizando a lei eleitoral -, criando diversas barreiras que dificultavam ainda mais a criação de um partido e o exercício do direito ao voto, pois o eleitor precisaria passar por uma série de restrições, como serem letrados, pagamento de uma taxa seis meses antes das primárias e nove meses antes da eleição geral etc[16].

Como já exposto, a situação da população afro-americana, nas primeiras décadas após a guerra civil, era terrível. Como combater isso? Qual

[15] Apenas a Aliança de fazendeiros de cor tinha cerca de 90 mil associados, o que trazia medo de que os negros fossem a balança *in* Zelden, 2004b, p. 29.

[16] Ibid., p. 40.

estratégia a ser adotada? Onde arranjar dinheiro para enfrentar um sistema desenhado para minar a voz das minorias no processo eleitoral? Um movimento organizado capitaneou a luta pelos direitos iguais, a *National Association for the Advancement of Colored People* (NAACP)[17], movimento criado em 1909 para combater as leis Jim Crow[18].

A NAACP elegeu as AWP como um dos objetos a ser combatido, primeiro pela importância do voto para fortalecer os direitos dos negros e segundo porque os advogados achavam que as leis poderiam ser tecnicamente atacadas.

Um dos precedentes que deveria ser derrubado era *Newberry v United States* (1921)[19], no qual a Suprema Corte entendeu não caber ao Congresso Nacional regulamentar as eleições primárias ou as nomeações de partidos políticos, pois esses procedimentos não faziam parte do processo eleitoral.

Para dificultar ainda mais a possibilidade de os negros participarem do processo eleitoral, o Legislativo texano, valendo-se do precedente firmado em *Newberry*, aprovou uma lei, em 1923, proibindo negros de participar das primárias.

Tal lei desencadeou o primeiro grande caso que chegou a ser julgado pela Suprema Corte sobre a AWP, qual seja, *Love v. Griffth* (1924)[20]. Porém, ao apreciar esse caso, que debatia se seria constitucional vedar um jornalista negro de votar nas primárias, a SCOTUS não conheceu da ação, ou seja, não analisou o seu mérito, sob o fundamento de que a eleição já havia ocorrido. De qualquer forma, o caso foi importante para manter acesa a luta, principalmente, pela manifestação do *Justice* Oliver Wendell Holmes sinalizando, em *obter dictum*, que, se houvesse incursão pelo mérito, a lei seria inconstitucional[21].

A luta pelo direito ao voto dos negros nas primárias continuou. O próximo caso analisado pela SCOTUS foi *Nixon v. Herndon* (1927)[22], no qual

[17] Associação Nacional para o Avanço das Pessoas de Cor.

[18] Zelden, 2004b, p. 45.

[19] **Newberry v. United States**, 256 U.S. 232 (1921).

[20] **Love v. Griffith**, 266 U.S. 32 (1924).

[21] Zelden, 2004b, p. 54.

[22] **Nixon v. Herndon**, 273 U.S. 536 (1927).

foi arguida a inconstitucionalidade da citada Lei de 1923, acrescentando--se ainda que a negativa do direito ao voto causava um prejuízo sujeito à indenização. A inovação nos fundamentos objetivava evitar o não conhecimento da ação. Após dois anos de tramitação, até o julgamento definitivo, com a decisão unânime da Corte escrita por Holmes, a SCOTUS julgou a lei inconstitucional em face da 14ª emenda[23].

As lideranças do Partido Democrata reagiram. O governador texano convocou o legislativo para criar, em junho de 1927, uma nova Lei que excluiria explicitamente o direito de negros votarem nas primárias[24]. Contudo, o legislador determinou que os poderes de escolher os eleitores que poderiam votar seriam de responsabilidade exclusiva do comitê executivo do Partido, resguardados apenas os direitos dos eleitores que já haviam votado anteriormente nas primárias[25]. Ou seja, na prática não se permitiriam, nas primárias, novos eleitores que não agradassem os líderes partidários. Logicamente, não era autorizado que os negros pudessem votar.

A reação do movimento negro, no entanto, seguiu firme. A NAACP, novamente, por intermédio do médico negro Lawrence Nixon – o mesmo autor do caso de 1927 – ajuizou uma ação judicial[26] questionando a vedação ao direito de votar nas eleições primárias do Partido Democrata. O juiz local julgou improcedente o pedido, com a sentença posteriormente confirmada pelo *Fifth Cicuit of Appeals*. Após recurso, o caso foi aceito e apreciado pela SCOTUS (concedeu *certiorari*), onde ficou nominado como *Nixon v. Condon* (1932).

Cabe destacar, entrementes, que a batalha judicial pelos direitos ao voto dos negros foi muito desgastante e trouxe também conflitos internos sobre qual estratégia judicial seria a correta. Advogados negros locais

[23] Cabe esclarecer que, apesar de se alegar também a inconstitucionalidade da 15ª emenda, o voto condutor afirmou que seria "desnecessário considerar a Décima Quinta Emenda, porque nos parece difícil imaginar uma violação mais direta e óbvia da Décima Quarta". Por sua vez, a Décima Quinta Emenda, ratificada em 03 de fevereiro de 1870, estabelece que os governos nos Estados Unidos não podem impedir a um cidadão de votar por motivo de raça, cor, ou condição prévia de escravidão.

[24] Zelden, 2004b, p. 57.

[25] Zelden, 2004b, p. 58.

[26] **Nixon v. Condon**, 286 U.S. 73 (1932).

questionavam a escolha de advogados brancos e se a NAACP estava tomando as atitudes mais corretas[27]. Infelizmente, a briga interna do movimento trouxe algumas consequências não positivas no julgamento de *Nixon v. Condon* (1932). Isto porque os advogados locais[28], que estavam insatisfeitos pela condução do caso pela NAACP, apresentaram um pedido de ingresso como *amicus curiae*, acrescentando que o comitê executivo do partido não teria a possibilidade de escolher quem poderia fazer parte e votar nas eleições primárias, pois caberia apenas à convenção partidária escolher os seus participantes. A SCOTUS julgou inconstitucional a possibilidade de exclusão pela executiva nacional do direito aos negros votarem, mas, ironicamente, abriu um flanco de ataque aos democratas, ao definir que, por sua vez, a convenção partidária seria soberana e tudo podia.

Assim, a NAACP sagrou-se vitoriosa em *Nixon v. Condon*, mas foi uma vitória de pierrô. Isto porque os democratas passaram a negar o direito ao voto pelas convenções partidárias e não apenas pela comissão executiva. Levar um caso para que a SCOTUS pudesse julgar o tema não seria fácil e o caminho se estreitava. Vários processos foram instaurados, mas sem um resultado positivo. Era ainda mais difícil conciliar a pressa para se combater a violação aos direitos dos negros com uma estratégia calmamente construída para evitar falhas.

Em 1935, os mesmos advogados que atuaram como *amici curiae* em *Nixon v. Condon* e, mesmo tendo a NAACP[29] sido contrária à estratégia escolhida, conseguiram submeter o caso *Grovey v. Townsend* (1935)[30] à apreciação da SCOTUS. No julgamento, a Corte entendeu que, em razão de o Estado do Texas não pagar quaisquer custos da eleição primária, não fornecer as urnas eleitorais e nem mesmo contar os seus votos, se trataria de política partidária de associação de voluntários. Consequentemente, se tratava de uma relação privada protegida pela Constituição ameri-

[27] ZELDEN, 2004b, p. 59.

[28] Os advogados Carter Wesley e Alston Atkins ingressaram nos autos como *amicus curiae* com fundamentos que não eram referendados pelos advogados condutores do caso James Marshall e Natan Margold *in* ZELDEN, 2004b, p. 59.

[29] Ibid., p. 67.

[30] **Grovey v. Townsend**, 295 U.S. 45 (1935).

cana, não cabendo o Estado interferir no que fosse decidido pelo partido democrata.

A SCOTUS disse, ainda, que negar o voto em uma primária era uma mera recusa de filiação a um partido, sobre o qual o Estado não poderia interferir, o que se diferiria da negativa de participação de uma eleição geral com base na raça ou cor, que de fato violaria a Constituição. Uma triste derrota que, todavia, não amoleceu a guerra contra a segregação.

Depois da derrota em *Grovey v. Townsend*, o debate sobre a estratégia para superar o precedente se acalorou. Acusações desproporcionais e descabidas foram lançadas, por exemplo, de que os advogados nacionais da NAACP seriam elitistas e brancos e que isso prejudicava a defesa do direito dos negros. Então, mesmo reconhecendo a excelências dos seus advogados independentemente da cor da pele, a NAACP se reorganizou, contratando um novo líder para ser chefe do setor jurídico: o advogado negro Charles Hamilton Houston, que ficou conhecido, posteriormente, como o "homem que matou Jim Crow"[31].

A NAACP tinha como uma das suas ideias contratar excelentes advogados, principalmente jovens que estavam dispostos a viajar pelo país lutando pela igualdade racial. Uma das contratações de Houston foi um ex-aluno que lhe sucederia na coordenação da NAACP e que, muitos anos depois, seria o primeiro negro a ser nomeado *Justice* na SCOTUS, o advogado Thurgood Marshall[32].

Dentro da sua organização, a NAACP criou também um grupo de pesquisas para identificar quais os Estados que pagavam pelos custos das primárias, bem como quais as supervisionavam de alguma forma, ou seja, se havia participação da máquina estatal nessas primárias. Os estudos e as estratégias deveriam estar prontos para a próxima eleição que se avizinhava em 1940. Para evitar surpresas e aumentar as chances de vitória, a NAACP queria ter total controle do caso a ser julgado[33]. Os cuidados foram tomados em todas as frentes. Seria escolhido, com muita cautela,

[31] ZELDEN, 2004b, p. 73.

[32] Foi o 86° membro da Corte e o primeiro afro-americano nomeado ao cargo, exercendo o mandato entre e 2 de outubro de 1967 a 1 de outubro de 1991.

[33] ZELDEN, 2004b, p. 70.

quem seria o peticionário a submeter o caso ao Poder Judiciário[34]. A premissa é de que deveria ser um cidadão exemplar com reputação ilibada e que aceitasse a condução processual pelos líderes do movimento. Assim, foram selecionados dois possíveis peticionários, Sidney Hasget e o Lonnie Smith, ambos membros da comunidade negra de Huston, no estado do Texas.

Hasget era transportador e foi considerado o plano A da NAACP, capitaneada pelo então jovem advogado Thurgood Marshall. Para descontruir os precedentes anteriores, foi desenvolvida a tese de que uma eleição era dividida em três fases, quais sejam, a qualificação do voto, a escolha de candidatos e o voto na eleição. Argumentou-se, ainda, que, se o estado atuava na primeira e na terceira fase, a consequência lógica é que essa interferência abrangeria também a segunda fase, na qual estavam incluídas as "primárias brancas" do Partido Democrata.

A ação foi movida no Tribunal Distrital dos Estados Unidos para o Distrito Sul do Texas[35]. Nas razões, abordou-se que as eleições das primárias eram tão importantes no processo eleitoral que possuíam até mais eleitores do que a eleição principal. Acrescentaram-se, também, argumentos quanto à violação à 15ª emenda da Constituição, entre outros fundamentos. Por sua vez, a parte contrária, argumentava que a referida emenda já teria sido garantida com a participação na eleição geral, não havendo fundamento para superar a decisão de *Grovey v. Townsend*.

Pois bem, surge um fato novo que trouxe uma excelente oportunidade para se atacar a AWP: o julgamento do caso *United States v. Classic* (1941)[36]. O caso tratava de fraudes cometidas na manipulação de votos na eleição aos cargos federais de 1939, do estado de Louisiana. Neste processo, afirmou-se que, em *Newberry v. United States* (1921), já havia

[34] A estratégia para vencer um caso não era novidade. Em **Plessy v Ferguson**, 163 U. S. 537 (1897), para combater a segregação dos negros nos meios de transporte, foi escolhido como autor da ação o sr. Homer Plessy, que era branco de pele, mas negro de ascendência. Infelizmente, a SCOTUS chancelou o absurdo do que ficou conhecido como "iguais, mas separados".

[35] Hasgett foi tentar votar acompanhado de líderes do movimento negro, como Grovey (autor do *Grovey v. Townsend*), Wesley, entre outros, que serviam como testemunhas de que o direito do voto fora negado *in* ZELDEN, 2004b, p. 78.

[36] **United States v. Classic**, 313 U.S. 299 (1941).

sido decidido que o congresso americano não teria poder para regular as eleições primárias. Porém, a SCOTUS, felizmente, superou o precedente anterior e decidiu que a primária da eleição fazia parte do processo eleitoral e que a fraude cometida na eleição primária interferiria, consequentemente, no resultado na eleição.

Thurgood Marshall ficou otimista com a guinada da SCOTUS para superar *Newberry v. United States*. Porém, o recurso no caso de Sidney Hasget envolvia a eleição primária para candidatos aos órgãos estaduais e não para as eleições federais. Então, em ato de coragem[37], Marshall propôs que o caso fosse abandonado e que as energias fossem redirecionadas para um novo. A NAACP, capitaneada por Marshall, acatou a decisão e colocou todos os esforços no plano B, o "caso reserva", que ainda não estava todo estruturado, e que tampouco houvera tempo para utilizar a nova argumentação surgida em Classic.

O "caso reserva" tinha como autor o dentista Lonnie Smith e questionava a negação ao seu direito de votar nas primárias de julho e agosto de 1940 por ser negro. Assim, pela recusa dos réus em dar uma cédula à Smith que lhe permitisse votar para nomeação de candidatos democratas, esses haveriam violados à Constituição e, consequentemente, seriam obrigados arcar com uma indenização que se requereria de U$ 5.000,00 (cinco mil dólares).[38]

2. Aspectos importantes da decisão

O caso foi apreciado, num primeiro momento, pelo juiz Kennerly, o qual entendeu que o novo caso era muito similar ao caso Hasgett, apenas acrescentando a notícia do resultado de *United States v. Classic*, o que não seria suficiente para superar *Grovey v. Townsend*. Na sua decisão, o magistrado alegou, ainda, que as eleições do Estado de Loiusiana eram feitas

[37] Em 17.11.1941, em carta escrita por Thourgood Marshall, o advogado escreveu que, se perdesse o caso, seria melhor mudar à Alemanha e viver com "Adolth Hitler ou com algum outro pacífico indivíduo e que teria menos dificuldade do que com negros no Texas que colocaram dinheiro no caso." in ZELDEN, 2004b, p. 83.

[38] Alegou-se violação às XIV, XV e XVII emendas à constituição, bem como as Seções 31 e 43 do Código Eleitoral americano e 8 USC 31, 8 USCA 31.

e pagas pelo governo estadual e que a eleição do Texas, em apreço, não teria participação do Estado.

Marshall rapidamente apelou para o *Fifth Cicuit of Appeals*, oportunidade em que afirmou que as eleições primárias no estado foram criadas sob o manto da lei e eram mantidas unicamente pela autoridade da legislação do estado do Texas, ressalvando que, desde a Guerra Civil, somente nomeados pelo partido democrata nas eleições primárias venciam a eleição, ou seja, era a única eleição que importava no Texas. O caso foi arguido em novembro de 1942, oportunidade em que os três juízes de apelação entenderam que *Grovey v. Townsend* não poderia ser superado, sob a premissa defendida pelo Partido Democrata do Texas de que as primárias tratavam-se de uma associação voluntária com membros reunidos com o objetivo de selecionar indivíduos do grupo que representam as crenças políticas comuns como candidatos.

Thurgood Marshall e todos envolvidos na luta contra as AWP acreditavam que havia uma grande chance de submeter o caso à apreciação da SCOTUS, no que é classificado pelo professor Zelden como a última chance de vitória.[39] Alguns desafios precisavam ser superados. O primeiro deles, como nos demais casos julgados pela SCOTUS, era superar a *Rule of Four*, ou seja, a regra de que quatro dos noves *justices* devem aceitar julgar o mérito do caso. Isso se mostrava difícil, sobretudo por *Grovey v. Townsend* ter sido julgado há apenas 8 anos. O ponto favorável, contudo, era que a composição da Corte havia mudado substancialmente com as nomeações feitas por Franklin Rooselvelt[40].

Então, em 7 de junho de 1943, a SCOTUS aceitou julgar o caso (concedeu *certiorari*). Thurgood Marshall tinha arguido apenas um caso anteriormente perante a Suprema Corte americana e esse seria o seu segundo. Estrategicamente, Marshall coordenou a manifestação de alguns *amici curiae* em seu favor, e tentou o apoio do Departamento de Justiça do Governo Federal, o qual, em que pese a simpatia pela causa da NAACP, não o fez. De toda forma, a empreitada de Marshall conse-

[39] Zelden, 2004b, p. 88.

[40] Roosevelt indicou Hugo Black (1937), Stanley Forman Reed (1938), Felix Frankfurter (1939), William O. Douglas (1939), Frank Murphy (1940), James F. Byrnes (1941), Harlan F. Stone (1941), Robert H. Jackson (1941) e Wiley Blount Rutledge (1943)

guiu outros apoios com publicações em revistas acadêmicas, inclusive, de alguns assessores do Governo Federal[41].

Marshall, na petição à Suprema Corte, argumentou que mais de quinhentos mil negros tiveram o seu direito de voto retirado. Aduziu, ainda, que o *Fifth Cicuit of Appeals* fez a leitura errada de *United States v. Classic*, ao falar que a primária era parte da eleição partidária. E como terceiro argumento, basicamente, afirmou haver uma incoerência entre os julgados *Classic* e *Grovey* que precisava ser resolvida.

Um ponto que não foi suscitado por Marshall, mas que era claro à época, diz respeito à posição americana na 2ª Guerra Mundial (1939/1945), quando, no exterior, o exército americano combatia um regime autoritário, que defendia a supremacia ariana, mas, internamente, negavam direitos aos negros.[42]

Os argumentos orais foram adiados para o dia 12 de janeiro de 1944, levando em consideração que nem o governo texano, tampouco o Partido Democrata, haviam comparecido para arguir o caso na data inicial marcada, tendo apenas, na última hora, apresentado ambos as suas razões como *amicus curiae*.[43] As alegações do Partido e do Estado do Texas defendiam que *Classic* e *Grovey* seriam diferentes, não havendo motivo para superar os precedentes. Além disso, afirmaram que se "os afro-americanos e mexicanos" estivessem insatisfeitos, deveriam criar outro partido e não tolher o direito dos brancos de se organizarem.

Em 03 de abril de 1944, a justiça, finalmente, fora feita pela Suprema Corte por uma votação de 8 x 1[44], sendo o voto dissidente escrito por Owen Roberts. Para redigir o voto vencedor, o *Chief Justice* Harlan Stone,

[41] Zelden, 2004b, p. 92.

[42] Uma observação que, em 1944, foi o mesmo ano em que o presidente Franklin Delano Roosevelt apresenta o nomeado "o discurso do século" que, segundo o professor Sunstein, era início a segunda revolução americana. Sunstein, Cass. ***The second bill of rights:*** *FDR's unfinished revolution and why we need it more than ever*. New York: Basic Books, 2006.

[43] Zelden, 2004b, p. 98.

[44] Composição da SCOTUS: *Chief justice* Harlan F. Stone, Hugo Black, Stanley Forman Reed, Felix Frankfurter, William O. Douglas, Frank Murphy, Robert H. Jackson, Wiley Blount Rutledge e Owen Roberts.

no primeiro momento, pensou em escolher[45] Felix Frankfurter[46]. Porém, acabou por preferir Stanley Reed, tendo em vista que ele seria capaz de frear uma possível dissidência de Robert H. Jackson, além de também ser um democrata do sul do país. O próprio Frankfurter, em carta de memórias, falou que teria sido um erro ele ser o redator do voto, pois "era um *new Englander*, Judeu, e não um democrata"[47].

O voto dissidente do *Justice* Owen Robert, que fora o autor do voto condutor em *Grovey v. Townsend*, reiterava as razões do precedente. Todavia, felizmente, o voto do *Justice* Stanley Reed fez um bom relato dos casos sobre as primárias, fixando a premissa de que delegar a um partido o poder de estabelecer as qualificações das eleições primárias não descaracterizava a função estatal.

O voto foi preciso ao afirmar que:

> Os Estados Unidos são uma democracia constitucional. Sua lei orgânica garante a todos os cidadãos o direito de participar na escolha de oficiais eleitos, sem restrições, por parte de qualquer Estado, por motivos de raça. Esta concessão ao povo, da oportunidade de escolher, não deve ser nulificada por um Estado por meio de um processo eleitoral, cuja forma permita que uma organização privada pratica discriminação racial na eleição. Direitos constitucionais teriam pouco valor se pudessem ser, portanto, indiretamente negados. Lane v. Wilson, 307 U. S. 268, 307 U. S. 275.

A dificuldade da redação do voto foi justificar porque em tão pouco tempo foi superado um precedente. Porém, Reed afirmou que a Corte havia errado, não devendo ficar constrangida em admitir o erro, além do fato de que a 15ª Emenda deixava clara a inconstitucionalidade da redução do direito de um cidadão de votar, mesmo em uma primária.

[45] Na SCOTUS, o *Chief Justice* tem a prerrogativa de escolher quem redigirá o voto pela maioria.

[46] O *justice* Frankfurth, em 1948, escolheu o primeiro *Clerk* negro, Willian Coleman, para trabalhar como seu assessor *in* O'Brien, David M. ***Storm Center:*** *the Supreme Court in American politics*. New York: Norton and Company, 2017, p. 127.

[47] Frankfurt era nascido na Austria. Zelden, op. cit., p. 106.

3. Repercussão da decisão

Smith v. Allwright foi uma grande vitória para a defesa dos direitos dos negros. Primeiro, por mostrar a importância de uma estratégia organizada pela NAACP e financiada pela *Legal Defense and Education Fund* (LDF) para o sucesso no processo. Segundo, pela multiplicação de eleitores negros nos Estados do sul, os quais se mostravam mais motivados a exercer o direito ao voto. Terceiro, em razão do fortalecimento da NAACP, com enorme crescimento de filiações, tendo o número de apoiadores chegado a 450 mil em 1945, quase nove vezes mais do que quando do início do caso[48]. Com os novos seguidores, tornou-se possível a contratação de novos advogados que lutariam pela causa dos negros. O quarto efeito foi o aprendizado adquirido na condução do caso, evitando que erros anteriores não fossem cometidos nos novos processos por violações aos direitos dos negros.

Importante apontar um quinto ponto, qual seja, a aceitação da opinião americana, o que ajudou a fortalecer o importante combate a políticas de segregação nefasta, seja numa Europa combalida por uma guerra, seja em qualquer lugar do solo americano.

Destaca-se, ainda, como sexto aspecto importante do caso, o fortalecimento da aplicação aos direitos fundamentais previstos nas constituições, que também devem ser observados nas relações privadas. Dentro deste escopo, no Brasil, o caso foi citado em julgamento pelo Tribunal Superior Eleitoral (TSE), em que se aduziu a vinculação das entidades partidárias aos direitos fundamentais.[49]

[48] KLARMAN, Michael J. *The White Primary Rulings: A Case Study in the Consequences of Supreme Court Decisionmaking*. **Florida State University Law Review**, v. 29, n. 1, p. 55-107, 2001.

[49] Parte da ementa da decisão assim afirmou: "[....]Ainda que sob a ótica da state action, sobressai a vinculação das entidades partidárias aos direitos jusfundamentais, mediante o reconhecimento da cognominada public function theory, desenvolvida pioneiramente nas Whites Primaries, um conjunto de casos julgados pela Suprema Corte americana, em que se discutia a compatibilidade de discriminações motivadas em critérios raciais, levadas a efeito em diversas eleições primárias realizadas no Estado do Texas, com os direitos insculpidos na Décima Quarta e Décima Quinta Emendas [Precedentes da Suprema Corte americana: Nixon v. Herndon (273 U.S. 536 (1927)), Nixon v. Condon (286 U.S. 73 (1932)), Smith v. Allwright (321 U.S. 649 (1944)) e Terryv. Adams (345 U.S. 461 (1953)

Por fim, a luta continuou em vários outros casos, tendo ataques constantes na intimidação dos votos, como em *Terry v. Adams* (1953), em que se tentou criar as primárias das primárias, mas, felizmente, o voto dos negros foi preservado. Assim, *Smith v. Allwright* teve papel fundamental para fortalecer a luta pelos direitos dos negros e desencadear, posteriormente, vitórias seguidas como em *Morgan v. Virginia* (1946)[50], *Shelley v. Kraemer* (1948)[51], *Brown v. Board of Education of Topeka* (1954)[52] até, enfim, ser publicado o *Voting Right Act of* 1965[53].

Conclusões

A luta incansável pela igualdade entre brancos e negros é uma lição para todos. Além disso, é um exemplo de que a prestação jurisdicional é o caminho correto, mesmo que tortuoso e demorado, para resguardar os direitos da minoria oprimida. Afinal, se não fosse o Poder Judiciário o palco para fazer frente às atrocidades da submissão da população negra, tudo se encaminharia apenas para uma nova guerra civil. Desde antes de abolição da escravidão, as vítimas da segregação racial foram muitas e resta a todos se lembrarem dessa luta para que tais atrocidades não se repitam.

Quanto às batalhas, foram tantas que nem se consegue enumerar. A vitória final aconteceu. Porém, a lição que ficou é que o combate no mundo das ideias para defender o que é certo e justo, sem uso de força militar, é a esperança para que a sociedade propicie a todos os cidadãos oportunidades iguais independentemente da cor, origem, raça, gênero ou religião.

Depois da terra arrasada do pós-guerra civil e da abolição da escravidão, a resiliência e a força do movimento negro americano pela igualdade reverberaram para todo o mundo, como um exemplo a ser seguido.

[...] *(Recurso Especial Eleitoral nº 10380, Acórdão, Relator(a) Min. Luiz Fux, Publicação: DJE – Diário da justiça eletrônica, Tomo 232, Data 30/11/2017, Página 22/25) th v Allwright*

50 A SCOTUS julgou inconstitucional segregação em viagem de ônibus interestadual.

51 A SCOTUS julgou inconstitucional restrição contratual baseada na cor da pele.

52 A SCOTUS julgou inconstitucional a divisão racial entre brancos e negros em escolas públicas.

53 A legislação tida como o marco final contra atos discriminatórios decorrentes da segregação racial.

Referências

BRASIL. Tribunal Superior Eleitoral. **RESPE 10380/SE**. Relator: Min. Américo Luz. Brasília, 22 de setembro de 1992.

DIAS, Mariana. EUA veem onda de ofensivas para restringir acesso ao voto em estados republicanos. **Folha de São Paulo**, 18 abril 2021. Disponível em: https://www1.folha.uol.com.br/mundo/2021/04/eua-veem-onda-de-ofensivas-para-restringir-acesso-ao-voto-em-estados-republicanos.shtm.

ESTADOS UNIDOS DA AMÉRICA. Supreme Court of the United States. **Grovey v. Townsend**, 295 U.S. 45 (1935), Washington D.C, 1 de abril de 1935.

ESTADOS UNIDOS DA AMÉRICA. Supreme Court of the United States. **Newberry v. United States**, 256 U.S. 232 (1921), Washington D.C, 2 de maio de 1921.

ESTADOS UNIDOS DA AMÉRICA. Supreme Court of the United States. **Love v. Griffith**, 266 U.S. 32 (1924), Washington D.C, 20 de outubro de 1924.

ESTADOS UNIDOS DA AMÉRICA. Supreme Court of the United States. **Nixon v. Condon**, 286 U.S. 73 (1932), Washington D.C, 2 de maio de 1932.

ESTADOS UNIDOS DA AMÉRICA. Supreme Court of the United States. **Nixon v. Herndon**, 273 U.S. 536 (1927), Washington D.C, 7 de março de 1927.

ESTADOS UNIDOS DA AMÉRICA. Supreme Court of the United States. **Smith v. Allwright**, 321 U.S. 649 (1944), Washington D.C, 3 de abril de 1944.

ESTADOS UNIDOS DA AMÉRICA. Supreme Court of the United States. **United States v. Classic**, 313 U.S. 299 (1941), Washington D.C, 26 de maio de 1941.

ISSACHAROFF, Samuel. *Private Parties with Public Purposes: political parties, associational freedoms, and partisan competition*. **Columbia Law Review**, v. 101, Issue 2, 2001.

KEYSSAR, Alexander. ***The right to vote**: the contested history of democracy in the United States*. New York: Basic Books, 2000.

KLARMAN, Michael J. *The White Primary Rulings: A Case Study in the Consequences of Supreme Court Decisionmaking*. **Florida State University Law Review**, v. 29, n. 1, p. 55-107, 2001.

MERRIAM, Charles Edward. ***Primary elections**: a study of the history and tendencies of the history and tendencies of primary election legislation*. Charleston: Bibliobazar, 2009.

O'BRIEN, David M. ***Storm Center**: the Supreme Court in American politics*. Nova Iorque: Norton and Company, 2017.

OVERTON, Spencer. ***Stealing democracy**: the new politics of voter suppression*. Nova Iorque: Norton and Company, 2006.

SOMIN, Ilya. *Should Congress Establish an Electoral Commission to Handle Disputes over the 2020 Presidential Election?* **Reason**, 15 set. 2020. Disponível em: https://reason.com/volokh/2020/09/15/should-congress-establish-an-electoral-commission-to-handle-disputes-over-the-2020-presidential-election/.

SUNSTEIN, Cass. ***The second bill of rights**: FDR's unfinished revolution and why we need it more than ever*. Nova Iorque: Basic Books, 2006.

VOLOKH, Eugene. *States can't force parties to elect local party*. **Reason**, 13 nov. 2017. Disponível em: https://www.washingtonpost.com/news/volokh-conspiracy/wp/2017/11/13/states-cant-force-parties-to-elect-local-party-officials/?utm_term=.06c8c5f6aca6.

WALDMAN, Michel. ***The fight to vote***. Nova Iorque: Simon and Schuster, 2016.

ZELDEN, Charles L. ***The battle for the black ballot**: Smith v. Allwright and the defeat off the texas white primaries*. Lawrence: University Press of Kansas, 2004b.

ZELDEN, Charles L. ***Voting Rights on trial**: A Soucebook with Cases, Laws, and Documents*. Cambridge: Hackett, 2004a.

13.

YOUNGSTOWN SHEET TUBE CO. V. SAWYER, 1952

A DEFINIÇÃO E OS LIMITES DOS PODERES DA PRESIDÊNCIA DOS ESTADOS UNIDOS DA AMÉRICA

ADONIAS RIBEIRO DE CARVALHO NETO

Introdução

A temática da separação dos poderes deita suas raízes clássicas na obra de variados filósofos, desde Aristóteles, de modo mais incipiente, até Locke e Montesquieu, estes de forma mais organizada. Essa inquietação também foi, pode-se dizer, a pedra de toque da Convenção da Filadélfia de 1787. A problemática foi bem retratada na coletânea "O Federalista", notadamente pelo mecanismo de contenção do poder exposta por James Madison.

N'O Federalista,[1] James Madison deixa evidenciado que não seria um catálogo de direitos individuais a salvação de uma nação contra a tirania. A verdadeira barreira de contenção da autocracia residia na cláusula da separação dos poderes. Madison rejeitava o que ele chamava de "barreiras pergaminho", ou seja, um rol de direitos fundamentais que não teria força semântica alguma em um regime político de concentração do poder nas mãos de poucos agentes.

Por sua vez, Madison afirmou que a melhor forma de controlar o poder é tornando-o difuso e complexo. Com a diluição do poder em

[1] PUBLIUS [HAMILTON, Alexander; MADISON, James; JAY, John]. **The Federalist Papers**. Nova Iorque: Dover Publications, 2014.

várias potências e cargos, a "ambição conteria a ambição", de modo que os agentes públicos, cada qual exercendo parcela delimitada de competências, limitar-se-iam mutuamente.

O pensamento madisoniano foi repetido pelo *Justice* da Suprema Corte Antonin Scalia, quando de sua arguição perante o Comitê do Senado para o Judiciário, por ocasião de debates em torno das instituições políticas americanas, tendo ele lecionado sobre o "Papel dos Juízes sob a Constituição dos Estados Unidos."[2]

É nesse contexto de contenção da ambição, preconizado por Madison, que devemos analisar o caso *Youngstown Sheet Tube Co. vs. Sawyer*, julgado em 1952.

1. Contexto histórico

Após a divisão de espólio da Segunda Guerra Mundial, a influência japonesa foi anulada na península da Coreia. O território foi cingido entre duas Coreias: a do Norte, sob tutela soviética e chinesa; e a do Sul, com influência norte-americana. As duas coreias foram divididas no chamado "Paralelo 38", configurando uma exata delimitação de ambos os territórios.

Todavia, em 25 de junho de 1950, o Exército Popular da Coreia do Norte marchou para além do "Paralelo 38", invadindo o território da Coreia do Sul. Esse movimento militar provocou a edição de duas Resoluções do Conselho de Segurança das Nações Unidas. Essas Resoluções formaram uma operação militar sob o comando central das Nações Unidas, em 7 de julho de 1950. As referidas normativas identificaram claramente um violador das normas internacionais: a Coreia do Norte.

Ao longo de três anos, 22 nações participaram do esforço de guerra. Nada obstante, os Estados Unidos da América participaram com mais de 90% dos recursos humanos e materiais do confronto bélico.

É importante assinalar, para o entendimento do caso, que o Congresso dos Estados Unidos aprovou seguidas vezes o financiamento da participação bélica dos EUA no confronto. Uma declaração formal de Guerra nunca foi elaborada pelo Congresso, para essa conflagração. No

[2] Constitutional Role of Judges. **C-SPAN**, 2011. Disponível em: https://www.c-span.org/video/?301909-1/constitutional-role-judges.

entanto, o próprio Legislativo norte-americano conhecia e dava suporte financeiro para a participação americana no conflito.

No saldo de guerra, em torno de 130.000 americanos perderam suas vidas. A Guerra, em si mesma, nunca teve um termo final. Porém, um armistício foi assinado em 27 de julho de 1953, tendo culminado na criação de uma "Zona Desmilitarizada" entre as duas Coreias.

Na política interna americana, a Guerra da Coreia encontrou forte resistência popular, especialmente porque os EUA haviam acabado de finalizar um esforço hercúleo de guerra (Segunda Guerra Mundial). Além da resistência popular, o apoio americano à Coreia do Sul criou, para os Estados Unidos, um novo panorama político-jurídico em relação ao próprio instituto da Declaração de Guerra.

Com efeito, a Constituição americana reserva para o Congresso a atribuição de declaração do estado de guerra.[3] E essa atribuição constitucional foi relativamente bem observada até a Segunda Guerra Mundial. Entretanto, após esse grande confronto bélico, com a inauguração das obrigações internacionais dos EUA perante as Nações Unidas e a Organização do Tratado do Atlântico Norte – OTAN, o ato de Declaração de Guerra passou a integrar uma zona cinzenta.

De fato, o Congresso americano nunca declarou uma guerra formal contra a Coreia do Norte. O que houve foi o aporte de orçamento para o esforço do conflito em seguidas oportunidades.[4] Diz-se, portanto, que essa confrontação bélica inaugurou, nos EUA, a situação jurídica da inserção americana em "Guerras Não Declaradas."[5]

Nesse contexto de esforço bélico, o presidente Harry S. Truman, em 1952, teve de lidar com uma greve de empregados do setor siderúrgico, notadamente em fábricas de aço. O movimento paredista era notoriamente prejudicial ao compromisso bélico norte-americano, pois as fábricas estavam participando da cadeia produtiva de setores ligados a armas e outros insumos utilizados pelos militares.

[3] "*The Congress shall have the power* [...] *To declare war*". Cf. Constituição (1787). **The Constitution of the United States**. Estados Unidos da América, 1787.

[4] **Youngstown Sheet & Tube Co. v. Sawyer**, 343 U.S. 579 (1952).

[5] Blomstedt, Larry. **Truman, Congress and Korea:** The Politics of America's First Undeclared War. Lexington: University Press of Kentucky, 2015.

Nessa senda, o presidente Truman decidiu pela adoção de uma Ordem Executiva, de nº 10340, requisitando a administração de dezenas de fábricas americanas de aço, federalizando, de forma momentânea, o controle produtivo dessas unidades.

Ato contínuo, nove fábricas de aço judicializaram, perante a primeira instância da justiça federal norte-americana, a referida Ordem Executiva. O juízo federal singular, em uma *preliminar injunction* (tutela de urgência), decidiu pela suspensão do ato de requisição federal. A Corte Federal de Apelações do Distrito de Colúmbia, em seguida, suspendeu a decisão do juízo singular. O caso foi então admitido, na via recursal, pela Suprema Corte dos Estados Unidos da América (SCOTUS).

É importante assinalar que o caso obteve uma *preliminary injunction* perante o juízo federal singular, suspendendo a aplicação da Ordem Executiva (demanda ajuizada contra o Secretário de Comércio). Porém, essa decisão foi suspensa (*stayed*) no âmbito da Corte Federal de Apelações do Distrito de Colúmbia (equivalente ao Tribunal Regional Federal brasileiro).

No âmbito da SCOTUS, a Corte entendeu que, embora a decisão do juízo singular tenha alcançado apenas a fase processual da tutela de emergência, o caso já estava maduro o suficiente para julgamento definitivo:

> Embora esse caso não tenha avançado para além da fase de decisão de tutela de urgência, ele está maduro para a determinação da validade constitucional da Ordem Executiva nos autos.[6]

Assim, a SCOTUS decidiu por conceder o *writ of certiorari* para imediato julgamento do caso em grau recursal. Nesse passo, vale mencionar que a Corte admite, de forma excepcional, que um apelo "per saltum", interposto a partir de uma decisão de primeira instância (*District Court*), seja diretamente distribuído na SCOTUS, autorizado pela *Rule 18* da *Supreme Court Rules*[7]. Via de regra, o apelo à SCOTUS exige o esgotamento da jurisdição em graus inferiores. Ou seja, para que a controvér-

[6] 343 U.S. 579 (1952), p. 579.

[7] *Rule 18 of the Supreme Court Rules.* Disponível em: https://www.law.cornell.edu/rules/supct/rule_18

sia esteja madura para julgamento, normalmente se demanda que o caso tenha sido analisado por todas as Cortes de passagem.

De modo alternativo e circunstancial, a SCOTUS admite a solução imediata da questão, em uma admissão direta de *writ of certiorari*, quando isso é autorizado por lei (casos antitruste ajuizado pelo Governo, por exemplo[8]) ou de forma discricionária, notadamente quando o caso já está maduro para julgamento, como foi o caso em *Youngstown*.

Foi então que, nos dias 12 e 13 de maio de 1952, o caso foi arguido em sessão perante os *justices* da SCOTUS.

2. Aspectos importantes da decisão

O voto majoritário da Corte, aderido por seis dos nove *Justices*, e escrito pelo *Associate Justice* Hugo Black, começa com a exposição das razões de edição da Ordem Executiva nº 10340:

> A posição do governo se baseia no achado do Presidente de que sua ação administrativa era necessária para evitar uma catástrofe nacional que inevitavelmente resultaria de uma parada total da produção de aço, e que para lidar com essa grave emergência o Presidente estava agindo dentro do agregado de seus poderes constitucionais, na condição de Chefe do Executivo e Comandante-em-chefe das Forças Armadas dos Estados Unidos.[9]

O presidente Harry Truman, como visto, adotara a Ordem Executiva para estancar a greve de trabalhadores da siderurgia, tudo com a finalidade de não prejudicar a produção de aço que, por consequência, colocaria em perigo o esforço de guerra. A advocacia do governo federal (*Solicitor General*) expressamente mencionou a catástrofe nacional que seria gerada com a suspensão da produção siderúrgica. O detalhe mais relevante, nesse momento, é a afirmação do governo Truman de que hauriu a competência para a requisição a partir de sua condição de "Comandante-

[8] The Harvard Law Review Association. *Direct Appeal in Antitrust Cases*. **Harvard Law Review**, v. 81, n. 7, 1968.

[9] 343 U.S. 579 (1952), p. 582.

-em-chefe das Forças Armadas", do artigo 2º, Seção II, da Constituição dos Estados Unidos.[10]

No passo seguinte, o voto majoritário expôs a discussão sobre se a causa realmente estaria "madura" para julgamento, pois o caso apenas havia sido decidido em tutela de urgência pelo juízo federal singular.

Outro debate, amalgamado com o da "causa madura", foi o referente à correção da utilização de parâmetros constitucionais, pelo juízo singular, quando poderia ter decidido a tutela com fundamentos infraconstitucionais. Sobre essas questões, assim decidiu o voto majoritário:

> Analisando o caso dessa forma, e à luz dos fatos apresentados, o juízo federal não vislumbrou razão para postergar a decisão sobre a validade das ordens executivas. Nós concordamos com o juízo federal e não enxergamos razão pela qual essa questão não estaria madura para uma determinação judicial nos autos. Nós devemos, portanto, conhecer e decidir essa questão agora.[11]

Em seguida, o voto majoritário iniciou sua abordagem de mérito. Nesse particular, cabe a observação de que o voto é conciso – ao contrário de alguns votos concorrentes de *Justices* que compuseram a maioria, conforme veremos adiante.

O mérito começou a ser abordado com uma afirmação no sentido de que "o poder do Presidente, se o possui, de adotar a ordem deve derivar de um ato do Congresso ou a partir da própria Constituição. Não há estatuto que autorize expressamente o Presidente a requisitar a posse de uma propriedade como foi feito aqui. Tampouco há algum ato do Congresso que tenha chamado nossa atenção para conferir algum fundamento implícito para esse poder presidencial."[12]

[10] Constituição (1787). **The Constitution of the United States**. Estados Unidos da América, 1787. *"The President shall be Commander in Chief of the Army and Navy of the United States, and of the Militia of the several States, when called into the actual Service of the United States; he may require the Opinion, in writing, of the principal Officer in each of the executive Departments, upon any Subject relating to the Duties of their respective Offices, and he shall have Power to grant Reprieves and Pardons for Offences against the United States, except in Cases of Impeachment."*
[11] 343 U.S. 579 (1952), p. 585.
[12] 343 U.S. 579 (1952), p. 585.

O voto explicou que o poder administrativo do Presidente, de requisitar as fábricas de aço, deveria estar disposto em leis aprovadas pelo Congresso ou na própria Constituição. No entanto, não constava em nenhuma das normas. Mais ainda: o Congresso, poucos anos antes, em 1947, considerara a possibilidade de conferir ao Poder Executivo o poder de requisição para estancar greves em momentos de emergência nacional. E essa opção foi expressamente rejeitada quando da edição do *Taft-Hartley Act*:

> Mais ainda, o uso da requisição da propriedade, como forma de resolver disputas trabalhistas com a finalidade de evitar greves, não foi apenas desautorizado por qualquer ato do Congresso; antes mesmo dessa controvérsia, o Congresso recusara a adotar esse método de solução de disputas trabalhistas. Quando a Lei *Taft-Hartley Act* estava sob discussão, em 1947, o Congresso rejeitou uma emenda que autorizaria uma ação governamental de requisição em caso de emergência.[13]

Adiante, a Corte rejeitou a ideia de que a Constituição, em uma leitura sistemática, pudesse conferir esse poder de requisição ao presidente. Segundo o arrazoado, estava claro que se o Presidente tivesse mesmo a autoridade para emitir a Ordem Executiva, essa prerrogativa deveria estar ancorada em alguma passagem do Texto Constitucional. Mas não há essa autorização em nenhum lugar do Texto. Tampouco é possível extrair a partir de normas implícitas.[14]

Do mesmo modo, a Corte rejeitou a ideia, exposta pelo *Solicitor General,* no sentido de que o poder de requisição estaria na condição de "Comandante-em-chefe das Forças Armadas" vestida pelo presidente norte-americano:

> A ordem não pode ser sustentada como um exercício dos poderes militares do Presidente na condição de Comandante-em-chefe das Forças Armadas. O governo tenta fazê-lo através da citação de um número de casos em que se avalizou amplos poderes a comandantes militares no cotidiano de lutas em

[13] 343 U.S. 579 (1952), p. 585.
[14] 343 U.S. 579 (1952), p. 587.

um teatro de guerra. Mas esses casos não devem nos ocupar aqui. Embora "teatro de guerra" seja um conceito amplo, não podemos, mantendo fidelidade com o nosso sistema constitucional, entender que o Comandante-em-chefe das Forças Armadas tem um poder incontrastável como o de tomar a propriedade privada como forma de evitar disputas trabalhistas que prejudiquem a produção. Esse é um trabalho para os legisladores da nação, e não para autoridades militares.[15]

O voto majoritário também rejeitava a noção de que outras disposições constitucionais confeririam legitimidade ao poder de requisição. A SCOTUS afirmou, assim, que não se pode presumir que o Presidente tenha essa competência. O Presidente não estaria sequer delimitando ou explicitando uma política aprovada pelo Congresso, haja vista a total anomia para subsidiar a Ordem Executiva.

Por fim, o voto da Corte arrematou fundamentando que os Pais Fundadores confiaram ao Congresso o poder de elaborar as leis, seja em momentos bons ou ruins. Havia motivos históricos para a desconfiança que os constituintes da Filadélfia tinham da concentração do poder nas mãos de poucos agentes públicos. Não é exagero lembrar que Madison adotou uma visão constitucional equilibrada ou balanceada, com múltiplos focos de poder. A divisão do poder se daria de forma vertical (níveis federativos) ou horizontal (divisão de poderes)."[16]

A Corte rejeitou, ainda, uma aplicação funcional ou circunstancial do princípio da separação dos poderes, assinalando que, mesmo em tempos ruins ou excepcionais, o poder de elaboração das leis é província do Congresso, não do Presidente.

Nada obstante a clareza do voto majoritário (voto da Corte), ganhou notoriedade acadêmica um específico *standard* (teste) de análise dos poderes presidenciais inserido no voto concorrente do *Associate Justice* Robert Jackson.

O *Justice* Jackson, reconhecido também pela função de Promotor *ad hoc,* exercida por ocasião do Tribunal de Nuremberg, elaborou um teste,

[15] 343 U.S. 579 (1952), p. 587.
[16] 343 U.S. 579 (1952), p. 589.

em três fases, de avaliação dos limites dos poderes presidenciais. Em síntese, o teste dizia que:

> (...) quando o Presidente opera com uma expressa ou implícita autorização do Congresso, a sua autoridade está no ponto máximo. Em segundo lugar, na ausência de uma autorização expressa ou implícita do Congresso, o Presidente age em uma zona de penumbra; nessa zona de penumbra, o Congresso e o Presidente podem ter competência concorrente. Em terceiro, temos a circunstância em que o Presidente adota medidas contrárias à vontade do Congresso, quando os poderes presidenciais estão em seu mínimo.[17]

Com efeito, Robert Jackson classificou a requisição de Truman como pertencente à terceira fase do teste por ele elaborado. Ou seja, o Presidente Truman estaria com os seus poderes presidenciais em seu mínimo, pois o ato de requisição de fábricas como forma de conter uma greve de trabalhadores fora expressamente rejeitado pelo Congresso por ocasião da aprovação do *Taft-Hartley Act*. Na mesma senda de Robert Jackson, o *justice* Felix Frankfurter argumentou que "nada pode ser mais clara do que a opção política consciente feita pelo Congresso em uma matéria de perplexidades e totalmente dentro da responsabilidade de escolha do Congresso. Ao formular legislação para lidar com conflitos industriais, o Congresso não poderia ter sido mais claro e enfático ao defender os seus poderes em 1947."[18]

Como se vê, Frankfurter se referia à opção política feita pelo Congresso por ocasião da Lei *Taft-Hartley Act*, já comentada acima. Também digno de nota o raciocínio apresentado pelo *Associate Justice* William O. Douglas, no sentido de que "não se pode decidir esse caso determinando qual dos poderes pode lidar de forma mais rápida com a presente crise. A resposta deve depender da alocação de poderes sob a Constituição. Isso, então, requer a análise das condições que deram ensejo à requisição e à requisição em si mesma."[19]

[17] 343 U.S. 579 (1952), p. 635.
[18] 343 U.S. 579 (1952), p. 599.
[19] 343 U.S. 579 (1952), p. 630.

Douglas, com efeito, rejeitou a visão de que a ação administrativa fosse dependente daquele poder mais equipado para resolver, de forma rápida, a crise de abastecimento. Em alguma medida, houve a rejeição de uma visão funcionalista da separação dos poderes, sendo esses, portanto, os aspectos relevantes dos votos concorrentes.

De outro turno, é interessante mencionar o conteúdo constante do voto vencido, assinado pelo Presidente da Suprema Corte Frederick Moore Vinson. Ele iniciou seu arrazoado pontuando que o Congresso, por meio do *Mutual Security Act,* de 1951, autorizou que os Estados Unidos providenciassem "assistência militar, técnica e econômica a países amigos para fortalecer a segurança mútua e as defesas individuais e coletivas do mundo livre."[20]

Outro ponto ressaltado pelo Presidente foi a questão orçamentária. O argumento de Vinson foi de que o próprio Congresso sabia do esforço de guerra, pois o "orçamento do Departamento de Defesa, cujo montante médio era de US$ 13 bilhões por ano nos três anos anteriores à Guerra da Coreia, foi aumentado pelo Congresso para US$ 48 bilhões para o ano fiscal de 1951 e US$ 60 bilhões para o ano fiscal de 1952."[21]

Ainda em sua fundamentação, o *Chief Justice* afirmou que a União teria o domínio eminente de todas as coisas, de modo que a requisição em tempos de emergência seria extraída desse poder originário. Em seguida, passou a elencar várias situações históricas em que Presidentes adotaram medidas drásticas de intervenção na propriedade privada em momentos de guerra. Mencionou casos envolvendo os ex-presidentes Woodrow Wilson, na Primeira Guerra, e Franklin Delano Roosevelt, na Segunda Guerra Mundial.

Interessante o argumento de Vinson de que até a "Proclamação de Emancipação"[22], do ex-Presidente Abraham Lincoln, fora realizada sem nenhuma base estatutária, haurindo seus fundamentos diretamente do Texto Constitucional. O *Chief Justice* arrematou, em seu voto vencido, que "ao contrário, precedentes judiciais, legislativos e executivos através da história demonstram que, nesse caso, o Presidente agiu em plena confor-

[20] 343 U.S. 579 (1952), p. 670.

[21] 343 U.S. 579 (1952), p. 671.

[22] Ordem executiva que mudou o *status* dos escravos norte-americanos, após a Guerra Civil.

midade com os seus deveres sob a Constituição. Desse modo, nós deveríamos reformar a ordem emanada do juízo singular."[23]

Ao cabo, a SCOTUS decidiu, pelo placar de 6 x 3, que o Presidente norte-americano não tinha a autoridade/competência para editar a Ordem Executiva de nº 10340. A Corte entendeu que não existia autorização congressual ou estatutária que autorizasse o Presidente a requisitar a propriedade privada nos casos acima mencionados. A Corte também entendeu que os poderes militares do Presidente do país, na condição de Comandante-em-chefe das Forças Armadas, não se estendem às disputas laborais. A cláusula constitucional que estatui ter ele o poder para executar fielmente as leis não permite que seja um legislador.

3. Repercussão da decisão

Após a decisão, o Presidente Truman deu imediato cumprimento aos seus termos, determinando que o Secretário de Comércio, Sawyer, retornasse as fábricas aos controladores privados. Porém, os trabalhadores voltaram imediatamente para o estado de greve, que ainda duraria 50 dias, vindo a cessar após a tentativa de Truman de se utilizar de outro instrumento, o *Selective Service Act*, que visava o *draft* obrigatório (serviço militar obrigatório) para todos os adultos entre 21 e 30 anos de idade.

A decisão da Suprema Corte irritou profundamente o Presidente americano. Como forma de amainar as tensões, o *Chief Justice* Frederick Vinson convidou Truman para um jantar formal em sua casa em Alexandria, na Virgínia. O caso é narrado em matéria do jornal *New York Times*.[24]

A decisão em *Youngstown Sheet Tube Co. vs. Sawyer* continua figurando como *law of the land*. O caso segue sendo um precedente de aplicação cogente pela Suprema Corte e pelas instâncias da justiça federal.

O *decisum* chegou a ser citado em *Medellín vs. Texas*[25] (2008), que tratou de um memorando do Governo George W. Bush obrigando o Estado do Texas a revisar a sentença condenatória capital de um mexi-

[23] 343 U.S. 579 (1952), p. 710.

[24] Rosen, Jeffrey. *The Nation: Social Court; The Justice Who Came to Dinner*. **The New York Times**, 1 de fevereiro de 2004. Disponível em: https://www.nytimes.com/2004/02/01/weekinreview/the-nation-social-court-the-justice-who-came-to-dinner.html.

[25] **Medellín v. Texas**, 552 U.S. 491 (2008).

cano condenado por estupro e homicídio, Jose Medellín. O memorando do Governo Federal se baseava em decisão da Corte Internacional de Justiça. No entanto, a Suprema Corte entendeu que o precedente da Corte Internacional não tinha aplicação imediata ao Estado do Texas. Tampouco tinha o Presidente George W. Bush autoridade legal para forçar o cumprimento da decisão da Corte internacional.

Em seu voto, o *Chief Justice* John Roberts citou o trecho de Robert Jackson em *Youngstown* no sentido de que "a autoridade do presidente para agir, assim como o exercício de qualquer poder governamental, deve derivar de um ato do Congresso ou a partir da própria Constituição".

Da mesma forma, no caso *Hamdan vs. Rumsfeld*[26], a Corte decidiu, com placar de 5x3, em voto majoritário escrito pelo *Justice* John Paul Stevens, que na ausência de autorização legal o governo George W. Bush não poderia instituir uma Comissão Militar para julgar o iemenita Salim Ahmed Hamdan, que se encontrava preso em Guantánamo. O voto majoritário fez citação do caso *Youngstown* para reforçar que o Presidente não poderia instituir a Comissão Militar fora de uma moldura legal. No mesmo caso, a Corte decidiu que Hamdan tinha direito à aplicação da Convenção de Genebra.

Nessa quadra, é interessante fazer um raciocínio comparado com o nosso instituto do Decreto. No Brasil, não se admite, via de regra, a modalidade Decreto Autônomo, admitindo-se apenas para a "fiel execução" das leis: art. 84, IV, da Constituição Federal[27]. Ainda no nosso caso, o Decreto até pode ter uma ligação direta com a Constituição, tendo alguma autonomia nas hipóteses de extinção de cargos públicos vagos (art. 84, VI, "b") e de reorganização da Administração Pública Federal (art. 86, VI, "a"), desde que sem aumento de despesas. Mas isso não altera a matriz constitucional dos Decretos emanados do Poder Executivo brasileiro, cuja precípua missão sempre será a especificação dos propósitos e do texto legal.

É oportuno destacar, ainda, que a chamada *Executive Order* do direito norte-americano, cujo exemplar de nº 10340 deu ensejo ao caso *Youngs-*

26 **Hamdan v. Rumsfeld**, 548 U.S. 557 (2006).

27 Constituição (1998). **Constituição da República Federativa do Brasil**. Brasília: DF, Senado, 1988.

town, realmente se assemelha com o que entendemos como Decreto "para fiel execução das leis". Cuida-se de um ato típico da Chefia do Poder Executivo, cuja missão é o esclarecimento sobre o modo de cumprimento das leis.

No entanto, há uma diferença de dogmática e de prática constitucional importante. Nos EUA, é comum que a Ordem Executiva dê alguns passos além da "fiel execução das leis". É bem verdade que a Constituição norte-americana diz ser o Poder Executivo o responsável por "cuidar para que as Leis sejam fielmente executadas"[28]. Mas essa não é uma disciplina constitucional específica para a Ordem Executiva. Trata-se apenas de uma enunciação geral para que a Presidência cuide da fiel observância das Leis aprovadas pelo Congresso.

Diante da ausência de um disciplinamento específico da Ordem Executiva na Constituição americana, e esse é um ponto bem relevante, a história da prática desses atos é parâmetro para o seu entendimento. É um instituto construído paulatinamente no âmbito da Presidência dos Estados Unidos. E é nesse ponto em que as semelhanças com o nosso Decreto presidencial terminam.

A rigor, os EUA já admitiram inúmeros casos de Ordens Executivas que, no Brasil, seriam situações de Decretos Autônomos, ou seja, atos emanados do Poder Executivo com parâmetro de validade diretamente na Constituição. Em várias situações de conflitos bélicos isso ocorreu, como na célebre Proclamação de Emancipação, de Abraham Lincoln, que mudou o *status* dos escravos norte-americanos, após a Guerra Civil, e tomou a forma de uma Ordem Executiva. Esse ato normativo não tinha base constitucional ou legal. Ainda assim, a Proclamação foi executada. Os poderes constituídos, apesar da resistência dos Estados sulistas, tomaram-na seriamente.

Em outras situações de conflagração nacional, a Ordem Executiva também ganhou contornos de norma jurídica primária, ou seja, colhendo fundamento de validade diretamente na Constituição dos EUA. Como exemplos, citemos a Ordem Executiva nº 8807[29], de F. D. Roosevelt,

[28] Id. Section 3, Article II.

[29] *Executive Order 8807.* Disponível em: https://www.presidency.ucsb.edu/documents/executive-order-8807-establishing-the-office-scientific-research-and-development.

que facilitou o Projeto Manhattan, que culminou no recrudescimento do poderio militar nuclear dos EUA; e a Ordem Executiva de nº. 9066[30], que determinou o internamento de japoneses e japoneses americanos em campos de isolamento, durante a Segunda Guerra Mundial.

Portanto, a Ordem Executiva é dogmaticamente distinta do nosso Decreto, e isso ocorre fundamentalmente pela ausência de disciplina constitucional para o tema nos EUA. E há duas explicações para isso: primeiramente, o engrandecimento das funções do Poder Executivo no Século XX, a partir do Presidente Woodrow Wilson, ganhando corpo com F.D. Roosevelt; em segundo lugar, a noção um tanto departamentalista acerca da cláusula da separação dos poderes.

Sobre esse viés, é conveniente verificar que a Presidência dos Estados Unidos permite a prática de emissão de *Signing Statements* quando da sanção a projetos de lei aprovados no Congresso. Esses *Signing Statements* não são propriamente vetos à lei, já que são previstos na Constituição. Cuida-se, ao contrário, de uma mera declaração da Chefia do Poder Executivo indicando o modo como aquela norma deve ser aplicada dentro da estrutura administrativa do Executivo; ou mesmo negando a sua aplicação por violar prerrogativas da Presidência (invasão de competências).[31]

Portanto, é muito comum que se permita ao Poder Executivo, nos Estados Unidos, uma margem de especificação das leis e de orientação à Administração Federal muito mais elástica do que concebemos no Brasil.

Conclusões

O caso *Youngstown Sheet Tube Co. vs. Sawyer* ainda é o precedente que apresenta um importante sinalizador de limites para o poder presidencial. Mais ainda: o precedente admite que há uma zona cinzenta normativa em que se afigura possível a concorrência de competências entre o Presidente e o Congresso. É a chamada *twilight zone* mencionada na segunda fase do teste elaborado pelo *Associate Justice* Robert H. Jackson.

[30] *Executive Order 9066*. Disponível em: https://www.presidency.ucsb.edu/documents/executive-order-9066-authorizing-the-secretary-war-prescribe-military-areas.

[31] *Presidential Signing Statements*. Disponível em: https://guides.loc.gov/legislative-history/presidential-communications/signing-statements.

No entanto, em caso de norma legal ou constitucional permitindo a conduta ou a proibindo, os limites do poder presidencial são claros. Cabe ao Presidente, conforme a redação da Constituição, "cuidar para que as leis sejam fielmente executadas"[32]. Ou seja, no modelo adotado pelos *framers*, ao Presidente restou um rol de capacidades limitadas pela própria lei e, em última medida, pela Constituição.

Mesmo no caso *Trump vs. Hawaii* (2018),[33] embora não referido diretamente, o raciocínio exposto em *Youngstown* foi confirmado no voto majoritário: o banimento da entrada de alguns estrangeiros encontrava fundamento legal bem delimitado, motivo pelo qual a Ordem Executiva presidencial foi reconhecida como lícita.

Por fim, é possível concluir que a decisão representa um bom equilíbrio madisoniano. Aliás, a limitação do poder régio foi o mote da independência norte-americana. O arremate é que o presidente norte-americano está submetido à supremacia da Constituição e das leis aprovadas pelo Congresso.

A decisão em *Youngstown* cumpre com a promessa comumente atribuída a Benjamin Franklin. Comenta-se que, ao ser indagado sobre qual modalidade de governo estava sendo forjada na Convenção da Filadélfia de 1787, o *Founding Father* teria respondido: "uma república, caso consigam mantê-la".

Referências

Blomstedt, Larry. ***Truman, Congress and Korea**: The Politics of America's First Undeclared War*. Lexington: University Press of Kentucky, 2015.

Brasil. Constituição (1998). **Constituição da República Federativa do Brasil**. Brasília: DF, Senado, 1988.

Breyer, Stephen. ***The court and the world**: american law and the new global realities*. Nova Iorque: Random House, 2015.

Canotilho. J. J. Gomes. **Direito constitucional e teoria da constituição**. Coimbra: Almedina, 2003.

[32] *"[...] he shall take Care that the Laws be faithfully executed"*. Estados Unidos, Constituição (1787). *The Constitution of the United States*. Disponível em: https://www.archives.gov/founding-docs/constitution-transcript. Acesso em: abril de 2021.

[33] **Trump v. Hawaii**, No. 17-965, 585 U.S. ___ (2018).

Constitutional Role of Judges. **C-SPAN**, 2011. Disponível em: https://www.c--span.org/video/?301909-1/constitutional-role-judges.

DWORKIN, Ronald. **O Império do direito**. São Paulo: Martins Fontes, 2007.

ESKRIDGE JR, William N. *Relationships between Formalism and Functionalism in Separation of Powers Cases*. **Harvard Journal of Law & Public Policy**, v. 22, p. 21-29, 1999.

ESTADOS UNIDOS DA AMÉRICA. Constituição (1787). **The Constitution of the United States**. Estados Unidos da América, 1787.

ESTADOS UNIDOS DA AMÉRICA. Supreme Court of the United States. **Hamdan v. Rumsfeld**, 548 U.S. 557 (2006), Washington D.C, 29 de junho de 2006.

ESTADOS UNIDOS DA AMÉRICA. Supreme Court of the United States. **Medellín v. Texas,** 552 U.S. 491 (2008), Washington D.C, 25 de março de 2008.

ESTADOS UNIDOS DA AMÉRICA. Supreme Court of the United States. **Trump v. Hawaii**, No. 17-965, 585 U.S. ___ (2018), Washington D.C, 26 de junho de 2018.

ESTADOS UNIDOS DA AMÉRICA. Supreme Court of the United States. **Youngstown Sheet & Tube Co. v. Sawyer**, 343 U.S. 579 (1952), Washington D.C, 2 de junho de 1952.

GRAU, Eros Roberto. **Ensaio e discurso sobre a interpretação/aplicação do direito**. 4. ed. São Paulo: Malheiros, 2006.

HART. L. A. ***The concept of law***. 3. ed. Nova Iorque: Oxford University Press, 2012.

KELSEN, Hans. **Teoria Pura do Direito**. 6. ed. São Paulo: Martins Fontes, 1998.

KLARMAN, Michael J. ***The Framer's Coup:*** *the making of the United States Constitution*. Nova Iorque: Oxford Press, 2016.

MANNING. John F. *Separation of Powers as Ordinary Interpretation*. **Harvard Law Review**, v. 124, p. 1939-2040, 2011.

MENDES. Gilmar Ferreira; BRANCO, Paulo Gonet. **Curso de direito constitucional**. 13. ed. São Paulo: Saraiva, 2018.

MONTESQUIEU. Charles Louis de Secondat, Baron de La. **Do espírito das leis**. São Paulo: Ed. Martin Claret, 2004.

MAURO, Tony. ***The supreme court:*** *20 cases that changed America*. Nova Iorque: Fall River Press, 2016.

O'CONNOR, Sandra Day. ***The Majesty of the law***. Nova Iorque: Random House, 2004.

PUBLIUS [HAMILTON, Alexander; MADISON, James; JAY, John]. ***The Federalist Papers***. Nova Iorque: Dover Publications, 2014.

ROSEN, Jeffrey. *The Nation: Social Court; The Justice Who Came to Dinner.* **The New York Times**, 1 de fevereiro de 2004. Disponível em: https://www.nytimes.com/2004/02/01/weekinreview/the-nation-social-court-the-justice--who-came-to-dinner.html.

Scalia Structure is Destiny. **C-SPAN**, 2014. Disponível em: https://www.c-span.org/video/?c4717289/user-clip-scalia-structure-destiny.

SCALIA. Antonin. ***A matter of interpretation***. Nova Jérsei: Princeton University Press, 2018.

SCALIA. Antonin. **Reading law**: the interpretation of legal texts. Nova Iorque: West Group, 2012.

14.

BROWN V. BOARD OF EDUCATION OF TOPEKA, 1954

O CASO QUE REVIU O DIREITO À IGUALDADE NOS ESTADOS UNIDOS

RODOLPHO FREITAS DE SOUSA
MATHEUS HENRIQUE BRAGA DE MORAIS

Introdução

Em livro que transcreveu suas memórias, Barack Obama, 44º Presidente dos Estados Unidos da América e primeiro negro a ocupar o Salão Oval da Casa Branca, visualiza e rememora uma "época em que empregos de escritório estavam fora de cogitação para a maioria dos negros, e seu pai, sem conseguir se filiar aos sindicatos controlados por brancos, tinha sido obrigado a sobreviver como caixeiro-viajante; numa época em que a ideia de um presidente negro nos Estados Unidos parecia tão absurda quanto galinha criar dentes"[1]. Tal episódio não teria singularidade maior se não estivéssemos falando de uma nação cuja história de conquistas em direitos civis e humanos não estivesse tão intimamente entrelaçada com sua história colonial envolta de lutas dos mais variados segmentos de minorias, ao qual destaca-se em questão a luta racial e a conquista de direitos dos afro-americanos dentro da conjuntura social e política estadunidense.

Desde o célebre discurso "Eu tenho um sonho" (*I have a dream*) de Martin Luther King Jr. (1963), personificando os ideais do discurso de

[1] OBAMA, Barack. **Uma terra prometida.** Tradução de Berilo Vargas et al. São Paulo: Companhia das Letras, 2020. p. 216.

Lincoln em Gettysburg (1863)[2], até a posse de Barack Obama como Presidente Americano (2009), é impossível não deixar de destacar o contexto racial e o processo jurídico-político que levou a concretização desses dois personagens da história moderna dos Estados Unidos da América. Das Treze Colônias de um Sul escravocrata, até o fim da Guerra Civil Americana, desembocamos na Era Histórica em que a segregação racial nos Estados Unidos ganhou contornos não apenas político, mas, principalmente, galgou legitimidade jurídica através das Leis de *Jim Crow* (1877-1964) e da chancela legal da Suprema Corte em *Plessy v. Ferguson* (1896).

A importância e relevância do presente caso se relaciona também ao fato de que o patrono constituído pela defesa de Brown tornou-se, posteriormente, o primeiro negro a alcançar o posto de juiz associado da Suprema Corte. Thurgood Marshall foi igualmente responsável por grande parte do conteúdo textual da Carta de Direitos de 1963. Esses dois aspectos citados com relação à Marshall demonstram que as repercussões do caso *Brown* transpuseram a própria querelante e o caso em si.

Vale dizer que se tornou significativo, simbólico e prático pelo ponto de vista de que o então advogado do caso se tornaria influente em razão do cargo ocupado na mais alta Corte do país alguns anos após o julgamento, demonstrando que o caso *Brown* extrapolou o mérito do julgamento que versava sobre a igualdade no âmbito do direito à educação e colocou em prática a igualdade racial, de certa forma, em todo o país.

É neste caldeirão de ideias, decisões e fatos que emerge a figura de Linda Brown, uma menina de apenas oito anos de idade que ao ajuizar uma ação perante a Suprema Corte lutou por uma igualdade naquilo que lhe era tão caro ter igual: a educação. O que aqui pretende se analisar com mais afinco do processo de Linda Brown v Departamento de Educação de Topeka ganha fronteiras jurídicas por ser um poderoso exemplo de ativismo judicial que mudaria por completo um país, como também por ser enigmático aos olhos de princípios tão caros ao direito ocidental que, no fim, possibilitou que uma nação pudesse um dia consagrar um negro – como Linda, presidente dos Estados Unidos da América.

[2] Hesse, Helge. **A história do mundo em 50 frases.** Tradução de Maria Irene Bigotte de Carvalho. Rio de Janeiro: Casa da Palavra, 2012. p. 219.

Neste ponto, o presente artigo buscará por meio de estudos e análises bibliográficas abordar o teor casuístico, contexto histórico, a *ratio decidendi* e as consequências jurídicas do célebre julgamento *Brown v. Board Of Education Of Topeka*, de 1954, de modo a não o esgotar e sim contribuir por meio de uma análise em sua gênese e mérito. Não se trata apenas de um dos casos mais famosos da Suprema Corte dos Estados Unidos, mas sim de um dos processos mais importantes e estudados pelo Direito Ocidental. Nele encontramos densidade jurídica e social que nos revela institutos importantes e caros ao Direito Comparado, Direito Constitucional, Direitos Humanos e Civis.

1. Contexto histórico

As estantes processuais da Suprema Corte dos Estados Unidos da América, em grande parte do início da segunda metade do século XX, foram ocupadas por uma série de casos oriundos dos estados da Carolina do Sul, Kansas, Virgínia e Delaware e, surpreendentemente, ou não, todos tratavam da mesma temática: menores afro americanos que pleiteavam nos tribunais o direito à admissão nas escolas públicas de seus respectivos estados de forma não segregada, isto é, estudarem em escolas que os brancos frequentavam com toda a infraestrutura e qualidade de ensino que possuíam[3].

Dentre esses casos, destaca-se um originário do estado do Kansas. A jovem Linda Brown, representada por seu patrono Thurgood Marhsall, recorreu à Suprema Corte dos Estados Unidos após ter seus pedidos indeferidos pelas cortes inferiores, pleiteando o direito de frequentar a mesma escola que um branco, o que posteriormente resultaria em um julgamento que reverteria o entendimento firmado em *Plessy v. Ferguson (1896)* e declararia a inconstitucionalidade das divisões raciais entre estudantes brancos e negros.

A questão racial nos Estados Unidos pode apresentar diversos marcos de origem, contudo, há de se frisar que o processo histórico racial começa pelo viés da escravidão quando, em 1619, o primeiro navio com escravos

[3] Vile, John R. **Essential Supreme Court decisions**: summaries of leading cases in U.S. constitutional law. 15. ed. New York: Rowman & Littlefield Publishers Inc., 2010. p. 409.

negros chega aos portos da Virgínia e, posteriormente, quando, em 1624, o primeiro menino negro nascia em solo americano em Jamestown[4].

Fato é que o sistema escravista ganhou tamanha força que antes mesmo do início do século XVIII já estava presente em grande parte das Treze Colônias e com forte peso nas colônias do Sul. Logo, não é um erro grosseiro, portanto, inferir que, nos tempos coloniais, até mesmo o sistema jurídico que havia sido concebido a partir da filosofia e do pensamento da época não seria implacável na permissão da disseminação do distanciamento racial que se tornou cada vez mais evidente.

A prova disso, por exemplo, é uma lei da Virgínia aprovada em outubro de 1669 que previa que matar o escravo não seria um ato intencional, haja vista que ninguém pode, intencionalmente, destroçar os "seus próprios bens", algo que muitos historiadores consideraram como uma verdadeira "reificação" do escravo no período colonial[5], ou seja, tornar a pessoa "coisa".

Os episódios históricos que se sucederam na América colonial inglesa, tal como a Guerra de Independência e posteriormente a própria Guerra Civil Americana, demonstraram que mesmo com documentos iluministas fruto do processo de independência – vide a própria Declaração de Independência – não foram suficientes para estabelecer em grau satisfatório a igualdade material entre brancos e negros, pelo contrário, salienta-se ainda mais que os motivadores da Guerra de Secessão sobressaíram muito mais por conta dos interesses econômicos entrelaçados com o sistema escravista ao qual o Sul defendia ferozmente e o Norte, por outro lado, atacava. Desse conflito, extrai-se o marcante episódio do assassinato do Presidente Lincoln que, sendo abolicionista, teve sua vida ceifada em 14 de abril de 1865.

Com base nessas premissas históricas, em que o poder político, econômico e social se mesclou nas lutas de igualdade racial, é de importância ímpar destacar os precedentes que antecederam à realidade que culminou no caso de *Brown v. Departamento de Educação de Topeka*. Antes mesmo do fim da Guerra Civil Americana a Suprema Corte precisou enfrentar a

[4] Karnal, Leandro. Et. al. **História dos Estados Unidos:** das origens ao século XXI. São Paulo: Contexto, 2010. p. 63.

[5] Ibid., p. 63.

questão racial na primeira trincheira no célebre caso *Dred Scott v. Sanford (1857)*. O caso consistiu no fato de que Scott, sendo escravo, fora levado por seu "proprietário" para locais do Norte onde a legislação vedava a escravidão – a Lei do Compromisso Missouri (*Missouri Compromisse*)[6] – e por transitar nesses locais, Scott propôs duas ações sob pretexto de ter adquirido o direito à liberdade, sendo uma das ações proposta em 1847 e a outra em 1853 contra Sandford. Pela Corte do Missouri a decisão chegou a ser favorável, todavia, logo foi cassada pela Corte Estadual e, por essa razão, após interpor o devido recurso à Suprema Corte Scott teve o pedido negado sob pretexto de que ele não poderia ser considerado um cidadão e, consequentemente, não teria direito ao acesso à justiça, tampouco interpor recurso perante a Suprema Corte[7].

Alguns anos depois da decisão de *Scott*, já em 1896, a Suprema Corte enfrentaria novamente uma questão demasiadamente polêmica e, dessa vez, infelizmente, chancelaria a constitucionalidade da separação racial com mão de ferro no julgamento de *Plessy v. Ferguson (1896)*, o que só seria enfrentado de modo mais profundo novamente depois com o caso *Brown*. Foi a partir do caso *Plessy* que se inaugurou no país a doutrina conhecida como "separados, mas iguais" (*separate but equal*), que consistia na prática no reconhecimento da segregação racial em espaços físicos, por exemplo, as instalações públicas poderiam ser segregadas desde que oferecessem condições iguais de serviço. Antes mesmo desse caso e da sagração da Suprema Corte à tal prática doutrinária, os Estados Unidos já viviam os anos sob égide das Leis de Jim Crow (*Jim Crow Laws*) que eram estatutos públicos e dotados de poder estatal que regulamentavam a segregação racial nos hospitais, nas igrejas, nas escolas, nos locais de trabalho, na moradia, nos orfanatos, nas formas de transporte público e até mesmo de esporte e recreação[8].

[6] Por meio do *Missouri Compromisse*, a partir de uma determinada latitude nos Estados Unidos da América, de forma geográfica, o sistema escravocrata era proibido.

[7] Britto, Livia Mayer Totola; Karninke, Tatiana Mascarenhas. O caso *Brown v. Board Education*, medidas estruturantes e o ativismo judicial. In: **Anais do IV Congresso de Processo Civil Internacional**. Vitória, 2019.

[8] Batista, José Carlos. **As políticas de igualdade racial no Brasil e nos Estados Unidos**: Constituição, diferenças e similaridades. Tese (Doutorado em Ciência Política) –

Com o fim da II Guerra Mundial, muitos afro-americanos ganharam ainda mais o ardente desejo de lutar contra as injustas medidas estabelecidas pelas Leis de Jim Crow. Isso porque muitos negros lutaram nas linhas de frente da guerra contra o regime nazista em nome de ideais sagrados para os americanos, tais como a igualdade e a liberdade, o que deveria se traduzir também no sistema interno dos Estados Unidos. Logo, os movimentos de direitos civis ganharam novo fôlego quando em 1948 o Presidente Truman emitiu a Ordem Executiva 9981 que retirou a segregação racial no âmbito das forças armadas[9].

Considerando todo o decorrer dessa contextualização histórica, torna-se possível afirmar que os Estados Unidos da América chegam ao auge do século XX trazendo cicatrizes profundas não apenas em termos políticos, mas principalmente em proporções jurídicas, pois a maior Corte do país ocupa papel preponderante e de destaque na condução da legitimidade de toda uma segregação racial até então. Até o momento do julgamento de *Brown*, é possível tomar as palavras de Carlos Souto:

> Para os que defendiam a escravidão e se viram privados desse sistema de exploração; para os que intentaram dividir o país para mantê-la e por isso fizeram a guerra contra aqueles com quem compartilharam uma história de mais de dois séculos e que juntos derrotaram o colonizador britânico; para os que mataram os do Norte e testemunharam muitos dos seus perecerem no campo de batalha, parecia natural, a eles e somente a eles, dividir a sociedade entre brancos e *coloreds*, sob o sofisma da divisão social sob o manto da igualdade.[10]

É neste berçário nacional que, nos auspícios do século XX, a jovem de oito anos de idade, Linda Brown, precisava cruzar toda a cidade de Topeka, Kansas, para assistir aulas em uma escola pública mesmo tendo

Faculdade de Filosofia e Ciências Humanas, Universidade Federal de Minas Gerais, Belo Horizonte, 2016, p. 97.

[9] Taylor, Jon E. **Freedom to Serve:** Truman, Civil Rights, and Executive Order 9981. London: Routledge, 2013.

[10] Souto, João Carlos. **Suprema Corte dos Estados Unidos**: principais decisões. 3. ed. São Paulo: Atlas, 2019, p. 159.

muitas outras escolas mais próximas a sua casa, mas que eram exclusivas para brancos. A negativa das escolas em admitir Linda e outros estudantes negros era legitimada por todo um sistema político e jurídico vigente, conforme já exposto supra. Tal episódio seria levado à apreciação da Suprema Corte e a Corte Warren[11] precisaria, enfim, enfrentar não apenas mais uma ação comum, mas um caso que traria consigo séculos de desigualdades e culminaria com o começo do fim do segregacionismo nos Estados Unidos, ao menos do ponto de vista legal.

2. Aspectos importantes da decisão

Historicamente, conforme já discorrido, a decisão encontrou seu ponto de partida dentro de um contexto histórico marcante para os Estados Unidos da América que merece ser recapitulado: o período marcado pela forte segregação racial, que marcou os Estados Unidos no final do século XIX, e por quase todo o século XX, mesmo após o advento da 14ª emenda à Constituição em 1868.

Primeiramente, muito embora o resultado tenha sido proferido em 1954, vale registrar que o caso *Brown v Board of Education* já havia sido objeto de discussão na Suprema Corte em 1952 em que, por maioria simples, a Corte havia decidido pela constitucionalidade da segregação racial nas escolas públicas[12]. Todavia, o resultado não havia sido divulgado. Nesse ínterim, em razão da complexidade e das repercussões do caso, o Juiz Presidente (*Chief Justice*) à época, Fred Vinson, que havia recentemente conduzido a Corte à uma mudança de pensamento em duas

[11] Do ponto de vista historiográfico, o período em que Earl Warren comandou a Suprema Corte (1953-1969) ficou conhecido como a Corte de Warren, pois, segundo os costumes norte-americanos, o período da Corte sob determinada presidência é conhecido pelo nome de quem ocupou o cargo. Na mesma linha, esse período ficou marcado por um intenso ativismo judicial na defesa de direitos civis que ainda não tinham sido reputados como fundamentais pela Suprema Corte.

[12] SCHWARTZ, Bernard. **Direito constitucional americano**. Tradução de Carlos Nayfeld. Rio de Janeiro: Forense, 1966, p. 287.

decisões[13][14] relacionadas à doutrina do *separate, but equal* (separados, mas iguais) – idealizada pela Suprema Corte quando do julgamento do caso *Plessy v* Ferguson em 1896 –, achou por bem prorrogar a prolação e divulgação da decisão para o ano seguinte, contudo, acabou falecendo nesse interregno.

Eis que, então, em 1953, Earl Warren é nomeado pelo Presidente dos Estados Unidos para a vaga de Presidente da Corte e consegue, a partir de sua liderança política – afinal, havia sido governador do estado da Califórnia por três vezes –, reunir unanimemente o Tribunal para superar o entendimento da Corte firmado em *Plessy*[15][16] de uma vez por todas, ao menos no campo do direito à igualdade de condições na educação. Importante o registro do que representou a unanimidade da decisão da Corte no caso. Do ponto de vista sociológico, uma forte divergência implicaria na consequente declaração de ilegitimidade e da perda de autoridade da decisão judicial. Do ponto de vista jurídico, uma decisão unânime acaba demonstrando para os tribunais e para a sociedade de que há consenso entre a Corte e é a partir desse consenso que ela promove uma mudança de paradigma.

Em segundo lugar, a decisão proferida pela Suprema Corte norte-americana neste caso não tem como seu principal foco estabelecer tão somente a supremacia da Constituição Federal (como ocorreu em *Calder v Bull*, 1798; *Hylton v United States*, 1796; e, *Marbury v Madison, 1803*) em relação às inovações legislativas dos estados federados que institucionalizaram a segregação racial, mas teve como escopo romper com a segregação nos Estados Unidos, definir o assento constitucional e fundamental da igualdade em seu caráter material e não meramente formal e, também, afirmar o direito à educação básica e de qualidade como decorrência do princípio da igualdade.

[13] **McLaurin v. Oklahoma State Regents.** 339 U.S. 637 (1950) McLaurin v. Oklahoma State Regents for Higher Education, et al.

[14] **Sweatt v. Painter.** 339 U.S. 629 (1950) Heman Marion Sweatt v. Theophilus Shickel Painter.

[15] Schwartz, op. cit., p, 258.

[16] Moro, op. cit., p, 341.

Importante destacar que, diferentemente das decisões hoje proferidas nos julgamentos de mérito das ações de controle concentrado no Supremo Tribunal Federal do Brasil (art. 102, §2º, *in fine*, CR/88) e que possuem caráter eminentemente *erga omnes* (alcança a todos), a decisão proferida em *Brown v Board of Education* não foi ampla e irrestrita, ou seja, não serviu como precedente pelo qual todas as leis segregacionistas de todas as espécies e gêneros fossem consideradas inconstitucionais pela Suprema Corte.

Apesar do caráter *inter partes*, a decisão proferida em *Brown* foi importante para assentar o direito à educação como mecanismo de desenvolvimento que não compactuava com as restrições impostas pela doutrina do *separate but equal* (separados, mas iguais), bem como de pontapé inicial para a derrocada do sistema segregacionista norte-americano.

Dessa forma, para a Corte de Warren, o direito à educação de qualidade em ensino e infraestrutura se via prejudicado com a manutenção da doutrina do "separados, mas iguais". Portanto, os juízes consideraram inconstitucionais as leis estaduais do Kansas que segregavam brancos e negros em escolas públicas, determinando, assim, que a educação fosse disponibilizada a todos em igualdade de condições. É o que se destaca da decisão proferida pelo Tribunal[17].

No voto proferido em nome da Corte (*Opinion of the Court*), o juiz Warren consignou que a "decisão, portanto, não pode ser apenas uma comparação desses fatores tangíveis nas escolas negras e brancas envolvidas em cada um dos casos", recaindo sobre a Corte o dever de olhar "para o efeito da segregação na educação pública", pois não é possível "girar o relógio de volta a 1868, quando a emenda foi adotada, ou mesmo a 1896 quando *Plessy v. Ferguson* foi escrito", cabendo, portanto, a partir do contexto vivido "considerar a educação pública à luz de seu pleno desenvolvimento e seu lugar atual na vida americana em toda a Nação". Inclusive,

[17] **Brown v. Board of Education of Topeka**, 347 U.S. 483 (1954). Linda Brown, *et al.* v. Board of Education of Topeka, et al. Tradução livre: "(d) Segregação de crianças em escolas públicas apenas na base da raça priva as crianças do grupo minoritário de iguais oportunidades educacionais, mesmo que as instalações físicas e outros fatores "tangíveis" possam ser iguais. Pp. 493-494. / (e) A doutrina "separados, mas iguais" adotada em *Plessy v. Ferguson*, 163 US 537, não tem lugar no campo da educação pública. Pp. 495.".

o juiz Warren afirmou que a educação, enquanto ferramenta importante para a construção de uma sociedade democrática, se traduz como sendo "a própria fundamentação da boa cidadania"[18].

A decisão da Corte, impende destacar, que para além dos elementos jurídicos do direito à educação e à igualdade fundou suas balizas em escopos metajurídicos, sendo eles pesquisas efetuadas por psicólogos e outros profissionais que estudaram o comportamento social, individual e coletivo pelo qual restou entendido que a segregação acarretou para as crianças negras prejuízos incalculáveis na esfera subjetiva. Nesse ponto, deve-se levar em conta que a querelante principal, Linda Brown, de 8 anos, se via obrigada a andar quilômetros de sua casa até a escola em que eram aceitos os alunos negros, visto que a instituição escolar próxima à sua casa somente aceitava entre os seus quadros discentes brancos[19].

A Corte de Warren, então, ficou notadamente marcada pelo avanço do pensamento progressista e o consequente ativismo judicial e posição iluminista[20] do Tribunal em prol dos direitos e liberdades civis buscando compensar, de certa forma, as debilidades causadas na vida dos norte-americanos a partir da falha no processo político, inclusive, por que não, a partir dos julgamentos da própria Corte, visto, por exemplo, em *Dred Scott v Sanford* (1857) e *Plessy v Fergusson* (1896) [21]. Merece ser rememorado o fato de que a Suprema Corte dos Estados Unidos, até aquele momento, se destacou aprioristicamente a tutelar os direitos de primeira geração, inspirados no direito liberal e inaugurado com a revolução francesa de 1789. *Brown* se tornava, naquele momento, o primeiro toque na bola que traria fim à segregação institucionalizada pelo poder legislativo federal e estadual e referendada pelo judiciário.

[18] 347 U.S. 483 (1954).

[19] Souto, op. cit., p. 160

[20] Registre-se que, para Luís Roberto Barroso, iluminista é o papel que a Corte exerce para promover transformações sociais em ações civilizatórias que não podem depender da vontade da maioria e que servem para "empurrar a história". Cf. em: Barroso, Luís Roberto. A razão sem voto: o Supremo Tribunal Federal e o governo da maioria. **Revista Brasileira de Políticas Públicas**, v. 5, número especial, pp. 24-50, 2015, p. 25.

[21] Moro, op. cit., p. 341

3. Repercussão da decisão

Para quem acredita que a decisão da Suprema Corte trouxe calmaria ao País e que foi aceita sem nenhuma tentativa de esvaziamento de seu conteúdo decisório, informa-se de antemão que os ventos que se seguiram após a declaração de inconstitucionalidade da segregação racial em escolas públicas foram de claríssima tempestade. Engana-se também quem acredita que *Brown* foi o marco que representou o fim categórico da segregação racial no país. Isso porque a mudança de paradigma trazida pela decisão acabou gerando um clima de insatisfação pelos estados sulistas, por exemplo, no notório caso de *Little Rock* no estado do Arkansas (analisado abaixo) e em outras inúmeras inobservâncias à decisão proferida em *Brown*.

Antes de mais nada, é valioso registrar que a doutrina moderna tem entendido que as reações às decisões judiciais têm causado grande impacto no seio da sociedade como um todo, sendo que ao conjunto de tais reações denominou-se de efeito *backlash*. Tal linha de pesquisa na doutrina brasileira é apresentada por Samuel Fonteles em sua obra que analisa esse efeito a partir de importantes casos julgados pela Suprema Corte norte-americana e pelo Supremo Tribunal Federal do Brasil. De tal forma, impende frisar que "o *backlash* não se confunde com a mera opinião pública desfavorável a um julgado", contudo "tem-se uma verdadeira revolta social que se exprime por atos estratégicos destinados a enfraquecer ou mesmo superar a decisão hostilizada"[22].

Ou seja, não é dizer que somente o descontentamento de um representante de determinado grupo em mídia social exterioriza o *backlash*, mas é necessário infirmar que a sua ocorrência envolve, principalmente, o fato de que a exteriorização de tal descontentamento com determinada decisão – principalmente judicial –, desemboca em uma reação popular que se dá ou por meio de manifestações nas ruas ou por meio das mídias e redes sociais. Logo, mesmo que se diga que os Tribunais devem ser alheios às opiniões populares, imperioso ressaltar que as manifestações populares não podem e não devem ser subestimadas, pois, "definitivamente, as manifestações sociais têm o condão de amplificar a voz dos que

[22] Fonteles, Samuel Sales. **Direito e Backlash**. Salvador: JusPodivm, 2019, p. 73.

se rebelam contra um julgado, ou seja, atuam como um fio condutor de uma reação *backlash*."[23].

Verdadeiramente, o efeito *backlash* tornou-se uma maneira de expor uma crítica em face das decisões da Suprema Corte (e, até mesmo, por que não, do Supremo Tribunal Federal) e que tem se pautado principalmente sob a premissa de que o Poder Judiciário tem usurpado as competências constitucionais dos demais poderes agindo em claríssimo e virulento ativismo judicial.

Samuel Fonteles, nesta linha, então, argumenta que as reações à *Brown* foram amplas. Uma das reações mais famosas, segundo o autor, foi a do Conselho da cidade de Birmingham, após duas semanas da decisão ser publicada. O referido Conselho municipal havia, no início do ano de 1954, permitido que atletas negros pudessem competir nas modalidades desportivas locais, todavia, após *Brown*, por meio de referendo, a cidade reafirmou a segregação racial e voltou a banir os atletas negros das competições[24], como forma de se insurgir contra a decisão da Suprema Corte, com a qual não concordavam.

Pois bem. Após a decisão histórica firmada em *Brown*, a Suprema Corte determinou em 1955 que fossem apresentados argumentos que contribuíssem para a discussão de como a decisão deveria ser implementada. Naquilo que ficou conhecido como *Brown II*[25], a Suprema Corte entendeu que as Cortes distritais deveriam agir para garantir que o cumprimento ocorresse "com toda a rapidez deliberada", ou seja, a Suprema Corte neste julgamento posterior acabou delegando a responsabilidade do cumprimento da decisão proferida em *Brown*, primeiramente, aos funcionários da escola e da junta de educação (conselho/secretaria de educação) local, incumbindo também ao juízo natural da causa supervisionar a implementação da decisão, para que se progredisse rumo à dessegregação[26].

Outras duas reações significantes do ponto de vista historiográfico à implementação da decisão após *Brown II* foram a reativação da Ku-Klux-

[23] Ibid., p. 81.
[24] Ibid., p. 141.
[25] **Brown v. Board of Education of Topeka II.** 349 U.S. 294 (1955).
[26] 347 U.S. 483 (1954).

-Klan nos estados do Sul, além de inúmeros projetos de lei que tentaram alterar a composição da Corte a fim de enfraquecer seu poder revisor[27]. O preclaro ativismo judicial do Tribunal, inclusive, acabou por desaguar em inúmeros pedidos de *impeachment* do juiz Warren vindos de todos os cantos dos Estados Unidos, de maneira especial da Califórnia[28], reduto eleitoral de outrora de Warren.

Entretanto, a reação mais efusiva contra a decisão de *Brown* foi o ocorrido numa Escola de *Little Rock*, no Estado do Arkansas, em que o governador Orval Faubus, lançando mão de tropas da Guarda Nacional do Estado, impediu que alunos negros ali entrassem para poder estudar. A atitude do governador, inclusive, acabou levando a uma ação do Governo Federal para assegurar a autoridade da decisão da Suprema Corte e que resultou no envio de mais tropas do exército dos Estados Unidos para que a decisão fosse enfim cumprida[29] [30] [31].

Ademais, a decisão em *Brown* acabou repercutindo em outros casos Estados Unidos afora, vez que a doutrina segregacionista fundada em *Plessy* havia sido de certa forma superada pela Corte Warren. Neste sentido, em estrita relação com o caso *Brown*, destaca-se *Cooper v Aaron* (1958), em que o Arkansas mantinha a resistência de dar cumprimento à decisão da Suprema Corte em integrar os alunos negros ao Ginásio Central de *Little Rock*[32]. Muitos estados, vale registrar, somente deram início ao cumprimento da decisão da Suprema Corte quando o Congresso dos Estados Unidos ameaçou cortar verbas das instituições de ensino que insistissem em manter o sistema de segregação racial e contrariar a autoridade da Corte[33].

[27] Fonteles, Ob. cit., p. 141.

[28] Leal, Saul Tourinho. **Ativismo ou altivez?** O outro lado do Supremo Tribunal Federal. Belo Horizonte: Fórum,
2010. p. 60.

[29] Rodrigues, Lêda Boechat. **A Corte de Warren**: revolução constitucional. Rio de Janeiro: Civilização brasileira, 1991, p. 97.

[30] Fonteles, op. cit., p. 146.

[31] Souto, op. cit., p. 164.

[32] Ibid., p. 165.

[33] Baum, Lawrence. **A Suprema Corte Americana:** uma análise da mais notória e respeitada instituição judiciária do mundo contemporâneo. Tradução de Ércio Cerqueira. Rio de Janeiro: Forense, 1987, p. 305.

Para além da igualdade ao direito à educação, *Brown* representou verdadeiramente a busca incessante pela igualdade em todos os campos, tanto é que o exemplo de Rosa Parks é fundamental para demonstrar que a decisão da Suprema Corte em 1954 reforçou o movimento pelos direitos civis nos Estados Unidos. Rosa, mulher negra, negou-se a ceder seu lugar em um ônibus para um homem branco. Em decorrência de sua atitude, ela foi presa e esse fato desagua no maior boicote da história americana aos transportes públicos, conhecido como o "boicote de Montgomery". O movimento que se instaura em razão da prisão de Rosa Parks tem como um de seus líderes o jovem Martin Luther King Jr, que, daquele momento em diante, desponta como um dos ícones do movimento pela liberdade e igualdade.

A partir desse movimento, em 4 de junho de 1956, a Corte Federal julgou inconstitucionais as leis que versavam sobre segregação racial no transporte público no estado do Alabama. Em virtude de recurso, a Suprema Corte dos Estados Unidos da América, em *Browder v Gayle* (1956), também manteve a inconstitucionalidade das leis municipais e estaduais que norteavam a política de segregação no estado.

Destaca-se que, na mesma mão em que *Plessy v Ferguson* se tornou paradigma com caráter vinculativo aplicado à generalidade dos casos que versavam sobre a legalidade da segregação racial, mesmo se tratando de transporte ferroviário de passageiros, *Brown* foi aplicado para além do âmbito educacional. Isso ocorreu em razão do que a doutrina nomeou de *stare decisis* (manter o decidido), ou seja, teoria pela qual uma decisão judicial que resolve determinado caso passa a ter força vinculante, uniformizando a aplicação do direito[34], ainda mais quando se trata de decisão da Suprema Corte ao se debruçar sobre matéria constitucional.

Conclusões

Quis o presente artigo analisar o presente caso Brown v. Departamento de Educação de Topeka (1954) levando em consideração todo um prisma histórico, político e social que contribuiu não apenas para a conjuntura

[34] Nery Junior., Nelson. Abboud, Georges. **Direito Constitucional Brasileiro.** 2. ed. São Paulo: Revista dos Tribunais, 2019, p. 1.015.

favorável ao surgimento da lide em questão como também para os aspectos que envolveram o julgamento em si.

Após uma análise do contexto histórico e político, tornou-se mais transparente também o contexto jurisprudencial, determinante para uma análise jurídica mais apurada dos aspectos legais e principiológicos envolvidos neste julgamento. Nota-se, *a priori*, em uma primeira leitura da Constituição Americana, em sua 14ª Emenda, que todos os negros nascidos nos Estados Unidos ou ali naturalizados gozariam de direitos próprios à sua condição como cidadãos, todavia, foi através da interpretação da Constituição, fruto de uma sociedade inserida em determinado contexto que se institucionalizou uma doutrina segregacionista que há muito se diverge de igualdade.

Importante ressaltar para análises conclusivas que, se foi por meio de uma interpretação constitucional que a Suprema Corte veio a chancelar as práticas das Leis de Jim Crow e da segregação institucionalizada, também foi por essa via de interpretação, sob chancela da maior Corte do País, que veio o início do fim da prática pelo entendimento de constitucionalidade da miscigenação dentro dos ambientes escolares. Desta forma, o caso *Brown* muito tem a acrescentar aos estudos jurídicos constitucionais contemporâneos, não apenas por abordar uma temática extremamente sensível ainda no século XXI, mas por servir como instrumento para a demonstração de institutos jurídicos importantes como o efeito *backlash*.

Neste diapasão, é possível vislumbrar que foi por conta de uma decisão judicial de uma Corte Suprema que todo um país mergulhou na institucionalização da segregação, mesmo sendo na contramão de seus próprios documentos pensados e concebidos pelos Pais Fundadores (*Founding Fathers of the United States*), mas foi também por meio de uma decisão judicial da própria Suprema Corte que a doutrina fora, finalmente, quebrada.

Conclui-se, neste cenário, a importância das decisões judiciais das Cortes mais elevadas de uma nação e o perigo que reside nas decisões jurisprudenciais tendenciosas. Revela-se também a suma importância dessas Cortes para suas respectivas nações, uma vez que seu pensamento é capaz de influenciar toda uma geração de forma a afetar até mesmo suas raízes de pensamento.

Brown se caracterizou como marco histórico, político, jurídico e social, erigindo-se como verdadeiro norte democrático e humanitário para além de sua época, pois representa o passo inicial para encerrar a segregação racial nos Estados Unidos. Dentro da Suprema Corte norte-americana, e naquilo que a compete, percebe-se que as decisões proferidas na defesa dos direitos civis alteraram substancialmente o exercício de sua jurisdição, deixando a busca pela intenção original do constituinte (*original intent*) de lado, pois sua atividade jurisdicional demonstrou ser essencial para a qualidade de vida dos cidadãos americanos.

Ora, afinal, se assim não fosse, e se assim não tivesse tomado o rumo que tomou o caso *Brown*, com plena certeza o discurso de Luther King Jr. na Marcha sobre Washington de 1963 não desembocaria na Lei dos Direitos Civis (*Civil Rights Act*) de 1964, tampouco um afro-americano discursaria em sua posse como presidente dos Estados Unidos da América no *Union Square* em 2009.

Referências

BARROSO, Luís Roberto. A razão sem voto: o Supremo Tribunal Federal e o governo da maioria. **Revista Brasileira de Políticas Públicas**, v. 5, número especial, p. 24-50, 2015.

BATISTA, José Carlos. **As políticas de igualdade racial no Brasil e nos Estados Unidos**: Constituição, diferenças e similaridades. Tese (Doutorado em Ciência Política) – Faculdade de Filosofia e Ciências Humanas, Universidade Federal de Minas Gerais, Belo Horizonte, 2016.

BAUM, Lawrence. **A Suprema Corte Americana:** uma análise da mais notória e respeitada instituição judiciária do mundo contemporâneo. Tradução de Élcio Cerqueira. Rio de Janeiro: Forense, 1987.

BRITTO, Livia Mayer Totola; KARNINKE, Tatiana Mascarenhas. O caso *Brown v. Board Education*, medidas estruturantes e o ativismo judicial. **Anais do IV Congresso de Processo Civil Internacional.** Vitória, 2019.

ESTADOS UNIDOS DA AMÉRICA. Supreme Court of the United States. **Brown v. Board of Education of Topeka**, 347 U.S. 483 (1954), Washington D.C, 17 de maio de 1954.

ESTADOS UNIDOS DA AMÉRICA. Supreme Court of the United States. **Brown v. Board of Education of Topeka II**, 349 U.S. 294 (1955), Washington D.C, 31 de maio de 1955.

FONTELES, Samuel Sales. **Direito e Backlash**. Salvador: JusPodivm, 2019.

HESSE, Helge. **A história do mundo em 50 frases.** Tradução de Maria Irene Bigotte de Carvalho. Rio de Janeiro: Casa da Palavra, 2012.

KARNAL, Leandro et. al. **História dos Estados Unidos:** das origens ao século XXI. São Paulo: Contexto, 2010.

KAUFMANN, Roberta Fragoso Menezes. **Ações afirmativas à brasileira, necessidade ou mito?** Uma análise histórico-jurídico-comparativa do negro nos Estados Unidos da América e no Brasil. Porto Alegre: Livraria do Advogado, 2007.

LEAL, Saul Tourinho. **Ativismo ou altivez?** O outro lado do Supremo Tribunal Federal. Belo Horizonte: Fórum, 2010.

MORO, Sérgio Fernando. A Corte exemplar: Considerações sobre a Corte de Warren. **Revista da Faculdade de Direito da UFPR**, v. 36, p. 339-356, 2001, p. 342.

NERY JUNIOR., Nelson. ABBOUD, Georges. **Direito Constitucional Brasileiro.** 2. ed. São Paulo: Revista dos Tribunais, 2019.

OBAMA, Barack. **Uma terra prometida**. Tradução de Berilo Vargas et al. São Paulo: Companhia das Letras, 2020.

RODRIGUES, Lêda Boechat. **A Corte de Warren:** revolução constitucional. Rio de Janeiro: Civilização brasileira, 1991.

SCHWARTZ, Bernard. **Direito constitucional americano**. Tradução de Carlos Nayfeld. Rio de Janeiro: Forense, 1966.

SOUTO, João Carlos. **Suprema Corte dos Estados Unidos:** principais decisões. 3. ed. São Paulo: Atlas, 2019.

TAYLOR, Jon E. ***Freedom to Serve****: Truman, Civil Rights, and Executive Order 9981.* London: Routledge, 2013.

VILE, John R. ***Essential Supreme Court decisions****: summaries of leading cases in U.S. constitutional law*. 15. ed. New York: Rowman & Littlefield Publishers Inc., 2010.

15.

ONE, INC. V. OLESEN, 1958

A COMUNIDADE LGBTI+ NO LIVRE MERCADO DE IDEIAS

PAULO ROBERTO IOTTI VECHIATTI
THIMOTIE ARAGON HEEMANN

Introdução

A importância de uma singela frase antidiscriminatória para a liberdade de expressão, ou uma frase que garantiu o direito de expressão. Assim pode ser descrita a decisão da Suprema Corte dos Estados Unidos no caso *One, Inc v. Olsen* (1954), por se tratar de uma decisão de importância transcendental nos EUA para a população LGBTI+ (Lésbicas, Gays, Bissexuais, Travestis, Transexuais, Intersexos e demais minorias sexuais e de gênero – pessoas não-heterossexuais e não-cisgêneras).

O conteúdo da decisão foi singelo: "O recurso foi admitido e o julgamento da Corte de Apelações do Nono Circuito está revertido", uma decisão sem fundamentação apresentada em um acórdão (uma decisão da Corte) que, na prática, significou que uma publicação não poderia ser considerada como "obscena" e, por isso, "ilegal" apenas pelo fato de se direcionar ao público homossexual.

Daí que se pode dizer que a luta da população LGBTI+ por direitos iguais nos EUA teve uma vitória emblemática aproximadamente quinze anos antes da *Revolta de Stonewall*[1], tida como o começo do moderno

[1] A *Revolta de Stonewall* ocorreu em razão de um contexto de estrutural homotransfobia estatal da sociedade estadunidense em seu sistema legal institucionalmente e expressa-

movimento de luta pelos direitos civis da comunidade LGBTI+, abarcando o caso de uma pequena revista praticamente sem recursos, chamada *ONE Magazine* ("Revista UM")[2], que conseguiu ter a atenção da Suprema Corte e, contra todas as probabilidades, conseguiu uma vitória legal sem precedentes[3].

1. Contexto histórico

A *ONE* foi fundada em janeiro de 1953 pretendendo-se "uma voz séria em favor de homossexuais há muito silenciados(as)", a partir da então radical premissa de que homossexuais poderiam eventualmente melhorar sua situação social ao se encontrarem para explorar preocupações comuns, fundados na crença na democracia e educação, "a saber, se homossexuais e o grande público pudessem aprender o suficiente sobre a verdadeira natureza da homossexualidade, o governo iria parar de discriminar homossexuais". E isso, embora sua pequena equipe não tivesse consenso sobre se o termo "homossexual" descreveria pessoas ou atos sexuais específicos, já que são pessoas unidas unicamente pela determinação de escapar da desigualdade social, contra a aplicação mais dura e desigual da lei, mediante um saudável senso de indignação contra a discriminação sofrida do Governo. Uma revista fruto do puro ativismo obsessivo e ocupação primária de sua pequena e dedicada equipe de voluntários(as), que disfarçavam seu pequeno tamanho publicando artigos em nome de vários pseudônimos (os/as mais destemidos/as também com os próprios

mente homotransfóbico, neste caso, por leis que proibiam até mesmo a venda de bebidas alcoólicas para pessoas LGBTI+. A polícia foi ao bar *Stonewall Inn* para efetivar essa repressão estatal homotransfóbica, oportunidade na qual pessoas LGBTI+ do local reagiram, indignadas, enfrentando a polícia. Após dias de tumultos, realizou-se uma marcha pelos direitos da população LGBTI+, que é a origem histórica das Paradas do Orgulho LGBTI+.

[2] Segundo Joice Murdoch e Deb Price, em sua primeira edição, a *ONE* atribuiu seu nome a uma citação do escritor britânico Thomas Carlyle, sobre "um elo místico de irmandade que torna todos os homens *um* [ONE]", embora as raízes do nome também se atribuam a um código de uma piada interna da II Guerra Mundial, "Ele é um", pela qual um sargento do Exército estava ensinando um grupo de novatos a chegarem em alguém que não estava falando e esbravejar, "Ei! Você! Você não é um?", no que o recruta responderia, "Sim! Você também é um? Cf. MURDOCH, Joyce. PRICE, Deb. ***Courting Justice:*** *Gay Men and Lesbians v. the Supreme Court*. Nova Iorque: Basic Books, 2001, p. 28.

[3] MURDOCH; PRICE, op. cit., p. 27.

nomes). "A ameaça da censura governamental sempre pairava sobre as cabeças da equipe da *ONE*, mas eles(as) não podiam se dar ao luxo de viverem continuamente com medo disso"[4].

A circulação inicial da *ONE* teve que ser feita por sua própria equipe, pois, no início, nenhum distribuidor sequer tocava na revista, o que gerou episódios nefastos de perseguição física por donos de bancas, que xingavam chulamente a equipe ao oferecerem a revista a suas bancas[5]. Mas, apesar dessas dificuldades, leitoras e leitores logo demandaram uma maior quantidade de revistas e sua circulação subiu para mais de cinco mil exemplares, momento no qual o Departamento dos Correios em Washington reteve a edição de outubro de 1954, por requisição do Advogado-Geral da União ("*Solicitor General*"), o que a princípio não preocupou a *ONE*, porque a edição de Agosto de 1953 havia ficado assim retida por três semanas antes de ser liberada. Mas, ao final, o Departamento dos Correios declarou a circulação da *ONE* pelos correios proibida, por entender supostamente incidente no caso lei que proibia a postagem pelo correio de qualquer publicação "obscena, sensual, lasciva ou imunda" (sic), sujeita a multa de cinco mil dólares e/ou prisão por cinco anos[6].

Especula-se que talvez o gatilho para a concretização da intensa hostilidade social à homossexualidade pela proibição de postagem de revistas voltadas ao público LGBTI+ tenha sido a manifestação do Presidente do Comitê de Relações Exteriores do Senado, Alexander Wiley, em seu "vigoroso protesto contra o uso do correio dos EUA para transmitir a

[4] Ibid., p. 28 e 30-31: "'*The only thing that bound us together was a determination to escape the social inequality we faced. It was not so much a matter of the law, but its harsh and unequal enforcement', said founder Don Slater. [...] ONE staff had a healthy sense of indignation at being targeted by the governement*".

[5] Segundo o fundador Don Slater, "nós tínhamos que entregar a revista a bancas nós mesmos. Circulação era crucia. No início, nenhum distribuidor queria tocar na *ONE*. E eu fui mais de uma vez fisicamente perseguido para longe de uma banca com o proprietário atrás gritando 'Seu boqueteiro fodido! Você quer que eu carregue esse pano sujo? Seu bastardo! Não me deixe te pegar aqui de novo!'". CF, Ibid., p. 28-29. No original dos xingamentos, que demonstram a desumanização de homossexuais: "*You fucking cocksucker! You want me to carry that dirty rag? Don't let me catch you around here again*".

[6] Murdoch; Price, op. cit., p. 28-29 e 31.

assim-chamada 'revista' devotada ao avanço da perversão sexual" (sic), ao se deparar com um artigo de Março de 1954, chamado "A Importância de Ser Diferente", já na capa da *ONE*. Por isso, o Senador escreveu ao Chefe dos Correios, Arthur Summerfield, defendendo que o uso do correio dos EUA para tanto seria "flagrantemente contrário a qualquer princípio moral, às intenções de salvaguardar a juventude da nossa Nação e a todo o propósito de nosso programa de segurança governamental" (sic). Foi nesse contexto, de extrema homofobia social naturalizada nas instituições que homossexuais começaram a levar seus casos à Suprema Corte, começando pelo caso *ONE*[7].

A defesa da *ONE* foi feita pelo advogado Eric Julber, formado apenas há alguns anos, que concordou em advogar gratuitamente para tentar proteger suas liberdades civis, mesmo sem nunca ter tido contato com homossexuais até aquele momento. Ele o fez por acreditar que essa ação ajudaria sua reputação no futuro, sem temer ser estigmatizado como homossexual, já que acreditava que a *ONE* estava tão evidentemente correta que merecia uma representação legal.

A revista desejou processar o Correio não apenas pelo fato de estar sendo vítima de dois pesos e duas medidas (*double standard*), mas também porque "estávamos cansados da incerteza que pairava a cada edição". Assim, após um atraso de onze meses, provavelmente decorrente das dificuldades financeiras da revista, ela entrou com ação na Justiça Federal contra o Chefe dos Correios de Los Angeles (Sr. Olesen), desafiando sua decisão de declarar a edição de outubro de 1954 como não-enviável (*unmailable*), sob o fundamento de que a revista não violou a lei federal que proibia a postagem de material obsceno[8].

Na ação, Julber explicou que havia "uma escola de pensamento extremista que defendia que a *ONE*, por sua mera existência, é ilegal", segundo a seguinte "lógica": "Atos homossexuais constituem crime em todos os Estados da União. A *ONE* é uma publicação especificamente para homossexuais. Logo, a *ONE* é uma revista para criminosos e, portanto, ilegal" (sic), algo que Julber defendeu ser uma visão muito extrema [reacionária] para o ano de 1954. Ao mesmo tempo, reiteradamente afirmou que

[7] Ibid., p. 39-40.
[8] Ibid., p. 31.

a revista não defendia a prática de comportamentos ilegais, mas apenas discutia "problemas sociais, econômicos, pessoais e legais de homossexuais", sem estimular "desejos sexuais", o que acreditava dar uma base legal segura para a *ONE*[9].

A censura tinha barrado o impresso por dois artigos e um anúncio. O primeiro, o poema "Safo Relembrada", um romance de quatro páginas escrito por James Barr Hugate, pelo qual a cantora Pavia gradualmente admitiu para si mesma que estava apaixonada pela jovem Jill, que ficou dividida entre ela e o "bom jovem" que queria se casar com ela. Mas, "ao contrário da maioria da ficção lésbica da época, não havia nenhuma cena trágica de morte lésbica para manter os censores governamentais afastados. O relacionamento lésbico simplesmente triunfou". Os oficiais federais afirmaram que a publicação era "obscena porque luxuriosamente estimulava o(a) leitor(a) homossexual médio(a)"[10].

O segundo artigo atacado pela defesa do Correio foi o poema sobre "*Lord* Samuel e *Lord* Mangu", que problematizava prisões britânicas de vários homens proeminentes, por acusações de bases morais homossexuais (*homossexual 'morals' charges*): em síntese, um trecho em que se ironizava a afirmação de que a "sodomia" traria a desgraça ao reino, indagando-se retoricamente se a pessoa ainda pensaria assim se tivesse conhecido o "Rei Elizabeth" e a "Rainha James", invertendo nome e cargo de rei e rainha [possivelmente insinuando suas homossexualidades][11]. Por último, apontou-se um pequeno anúncio de uma revista suíça trimestral, "porque dá informação sobre como obter material obsceno", a saber, a própria revista suíça[12].

A ação da *ONE* foi derrotada nas duas primeiras instâncias. O Juiz Clarke, responsável pela Corte distrital, declarou a edição de outubro de 1954 como "obscena" pelas razões apontadas pela defesa do Correio, e

[9] Ibid., p. 32.

[10] Ibid., p. 32-33.

[11] "*The most vulgar verse declared 'Lord Samuel says that Sodom's sins / Disgrace our young Queen's reign, / An age that in this plight begins / May well end up in flame... Would he idly waste his breath / In sniffing round the drains / Had he known 'King Elizabeth' / Or roistering 'Queen James'?*". Ibid., p. 33.

[12] Ibid., p. 33.

em uma explicitação de sua própria e gritante homofobia, afirmou que "a sugestão de que homossexuais devem ser reconhecidos como um segmento do nosso povo e ter a si atribuída a categoria especial de classe é rejeitada" (sic).

Em 27 de fevereiro de 1957, o painel de três juízes da Corte de Apelações do Nono Circuito classificou a edição de outubro de 1954 como "moralmente depravada e aviltante", de sorte que "obscena e não-enviável pelo correio" (sic). Também demonstrando um profundo grau de homofobia, típico da época, aduziu a Corte que "a revista... tem o propósito primário de excitar pensamentos de luxúria, sensualidade e lascívia nas mentes das pessoas que a leem", de sorte que, citando precedentes anteriores e demonstrando a sua explícita homofobia, afirmou que "as leis contra a obscenidade não são destinadas a se enquadrar nos padrões morais da "escória da sociedade" (sic), pois "padrões sociais são fixados pela e para a grande maioria e não por ou para uma minoria endurecida e enfraquecida" (sic). Sobre o poema lésbico, classificou-o como "pornografia barata destinada a promover o lesbianismo" (sic) pelo fato da jovem ter trocado sua "chance de uma vida normal para ficar com a lésbica", o que não se adequaria ao declarado intuito da *ONE* de lidar com a homossexualidade de um ponto de vista científico, histórico e crítico. Sobre o poema dos Lordes, afirmaram que ele teria uma "natureza tão vulgar e indecente que tende a fazer surgir o sentimento de nojo e repulsa" (sic). Por fim, aduziu que o anúncio suíço seria apenas aparentemente inofensivo, "mas não é, os juízes disseram, porque ele informa aos leitores 'onde conseguir mais do material contido na *ONE*'"[13].

Veja-se, um Tribunal afirmou que homossexuais seriam "a escória da sociedade" (sic), afirmando ainda que uma mulher preferir relacionar-se com uma mulher em detrimento de se relacionar com um homem configuraria "promoção" da lesbianidade mediante "pornografia barata" (sic), por considerar isso inadmissível. Esse foi o grau de discriminação direta e institucional decorrente da homofobia estrutural então tida como "aceitável" à época. Ou seja, a Corte de Apelações do Nono Circuito identificou homossexuais como parte da "escória da sociedade" (sic), numa evidente

[13] Ibid., p. 33-34.

desumanização negatória da cidadania homossexual e sua inferioridade quase ontológica relativamente à heterossexualidade, ao não admitir a possibilidade racional de uma mulher preferir uma relação amorosa com outra mulher em detrimento da relação com um homem, equiparando a homossexualidade como algo que daria "nojo e repulsa". Vemos aqui uma manifestamente extrema do heterossexismo e da heteronormatividade no Direito, ou seja, das ideologias que pregam que a heterossexualidade seria a única orientação sexual "sadia" ou "válida", a qual deveria constituir a "norma" social, rechaçadas como "nojentas, repulsivas ou intoleráveis" quaisquer outras orientações sexuais e, especificamente, os relacionamentos afetivo-sexuais com pessoas do mesmo gênero.

Longe de ser um julgamento imparcial e objetivo, expressou o moralismo totalitário homofóbico e heterossexista da época, tratando apenas pessoas heterossexuais como sujeitos de direito, negando quaisquer direitos de cidadania a homossexuais e não-heterossexuais em geral (bissexuais, pansexuais[14], assexuais etc). Afinal, considerar como "obscena, sensual, lasciva ou imunda" uma publicação que relata um romance (sem referência a atos sexuais), uma ironia crítica à consideração da homossexualidade como algo supostamente "ruim" ou "pernicioso" e um anúncio de uma revista apenas porque destinada ao público homossexual constitui um juízo valorativo homofóbico, por inferiorizante de homossexuais relativamente a heterossexuais, e não um puro silogismo, já que quando destinadas ao público heterossexual, não são assim classificadas.

Felizmente, como visto, a Suprema Corte dos EUA teve posição distinta. A despeito da extrema homofobia judicial naturalizada nas instituições de então, lamentavelmente bem representada pelas nefastas deci-

[14] Pessoas autoidentificadas como "pansexuais" aduzem que a bissexualidade estaria limitada ao binarismo de gêneros, ou seja, à atração erótico-afetiva apenas por homens e mulheres (apenas pelos gêneros masculino e feminino), enquanto a pansexualidade seria uma atração "independente de gênero", e não só aos dois gêneros tradicionais. Há bissexuais que contestam que a bissexualidade estaria limitada ao binarismo de gêneros, interpretando o "bi" não no sentido de "dois", mas como "mais que um". Seja como for, algo basilar no Direito das Minorias e Grupos Vulneráveis é o respeito à autoidentificação da pessoa relativamente ao grupo social com o qual se identifica, de sorte a que, concorde-se ou não com essa dicotomia, deve-se respeitar o desejo da pessoa ser chamada de "pansexual" se assim o desejar.

sões das instâncias inferiores, o advogado Julber permaneceu confiante na Suprema Corte "uma visão racional da matéria iria prevalecer, mantendo os padrões de liberdade de expressão de problemas humanos à luz dos padrões do século XX".

Isso não obstante a *ONE* tivesse poucas razões pragmáticas para esperar uma tal vitória, na medida em que mesmo a assim considerada "liberal Corte Warren" ainda não tinha estendido das garantias de igual proteção[15] das leis para além das minorias raciais, no sentido específico da proteção à população negra[16], e ainda mais em uma época em que a Suprema Corte ainda não havia decidido o caso *Loving v. Virginia* (1967) e estava ativamente evitando responder à pergunta sobre se leis estaduais que proibiam o casamento inter-racial eram inconstitucionais, como felizmente reconheceu que eram, posteriormente, em *Loving*[17]. Aliás, a Suprema Corte sequer tinha proferido, ainda, a histórica decisão sobre direitos sexuais de *Griswold v. Connecticut* (1965), donde ainda não tinha ao menos reconhecido a existência do ***direito à privacidade***, o que só ocorreu (com *Griswold*) aproximadamente uma década depois.

Para piorar, 48 estados da federação estadunidense ainda criminalizavam a chamada "sodomia", enquanto "crimes contra a natureza" (sic),

[15] A igual proteção é cláusula contida na Seção I da 14ª Emenda à Constituição dos EUA, senão vejamos: "Todas as pessoas nascidas ou naturalizadas nos Estados Unidos e sujeitas à sua jurisdição são cidadãos dos Estados Unidos e do Estado em que residem. Nenhum Estado deve fazer ou aplicar qualquer lei que reduza os privilégios ou imunidades dos cidadãos dos Estados Unidos; nenhum Estado privará qualquer pessoa de sua vida, liberdade ou propriedade, sem o devido processo legal; nem negar a qualquer pessoa dentro de sua jurisdição a igual proteção das leis." Cf. Constituição (1787). **14th Amendment**. Estados Unidos da América, 1868.

[16] Murdoch; Price, op. cit., p. 40. Ressalte-se que, corretamente, nosso Supremo Tribunal Federal reconheceu a homotransfobia como espécie de racismo (ADO 26 e MI 4733), de sorte que a população LGBTI+ deve ser considerada como integrante das minorias raciais em sentido amplo, ante o conceito político-social e não-biológico de raça e racismo. Para tanto, vide: Vecchiatti, Paulo Roberto Iotti. Racismo homotransfóbico e pessoas LGBTI como grupo racializado. **JOTA**, 26 de maio de 2019. Obviamente, não foi o sentido mencionado na obra citada, donde, como fui o advogado que promoveu as ações, sou obrigado a fazer essa ressalva para não ser acusado de "incoerência" ou "ato falho" pelo simplismo acrítico de conveniência que assola a humanidade.

[17] Ibid., p. 40.

que eram geralmente aplicáveis a qualquer pessoa, mesmo a casais heteroafetivos casados, embora normalmente aplicadas de maneira discriminatória apenas para proibir e punir legalmente a homossexualidade e casais homoafetivos. Ademais, "o tema da homossexualidade era engolido por silêncio, raramente mencionado na 'sociedade educada'", de sorte que a Suprema Corte nunca tinha ponderado o tema dos direitos constitucionais de homossexuais até então[18]. Esse foi o contexto social que envolveu o caso *ONE*, o que torna ainda mais história e paradigmática essa vitória.

2. Aspectos importantes da decisão

O recurso da *ONE*, assinado por Julber, teve nove páginas e pediu que a Suprema Corte decidisse se a revista estava sendo "discriminada e privada da igual proteção das leis, ao receber um parâmetro mais rigoroso em termos de possibilidade de postagem via correios [*mailability*]", e isso sem desafiar a noção homofóbica da homossexualidade como uma "doença mental" (sic), o que demonstra o quanto Julber foi estratégico em sua argumentação, sem fazer considerações importantes sobre temas paralelos que poderiam irritar ou incomodar de alguma forma os *Justices* da Suprema Corte.

Vale aqui o riquíssimo relato fático de Joyce Murdoch e Deb Price, sobre a forma como os casos em geral são analisados pela Suprema Corte dos EUA e suas assessorias, e como, na avaliação do caso *ONE*, os assessores dos *Justices*, inclusive um enojado pela revista[19], reconheceram que ela tinha sido vítima de *double standard*, de sorte a opinarem pela admissão e provimento do caso, resultando em um relato histórico da mais alta importância, na medida em que a decisão da Suprema Corte apenas reformou as decisões inferiores sem fundamentar porque o fez. Reconheceram que a *ONE* sofreu um padrão mais rigoroso do que dezenas de outras revistas recebiam, provavelmente por se direcionar ao público homossexual, objeto de profundo repúdio social, assim pensando inclu-

[18] Ibid., p. 40-41.
[19] Ibid., p. 43.

sive por um assessor que se sentia "enojado" pela homossexualidade e por outro que considerava a revista "de mau gosto, mas não obscena"[20].

Da mesma forma, no que consideramos um notável exemplo de verdadeira imparcialidade objetiva autoimposta por um princípio jurídico anticensura, um assessor do *Justice* Douglas que, explicam as autoras, reconheceu que a *ONE* tinha sido vítima de um parâmetro mais rigoroso do que aquele destinado a publicações voltadas ao público heterossexual. Afirmou, ainda, que a real questão era decidir se esse critério mais rigoroso era ou não válido a publicações destinadas ao público homossexual e que poderiam incitar à prática de atos homossexuais, que em grande parte eram considerados criminosos em todos os Estados da Federação dos EUA, e que tal ilicitude penal não poderia deixar de ser considerada relevante, mas que, mesmo dividido entre o desejo de acabar com toda e qualquer censura, de um lado, e a repulsa que a publicação em questão lhe causava, de outro, considerava que, no longo prazo, era melhor deixar que a decisão sobre leitura ou não de tais materiais fosse deixada ao povo, não ao chefe dos correios.

Explicam as autoras que outro assessor, do então *Justice* Burton, considerou o caso como exemplo típico de tirania da maioria contra uma minoria socialmente repudiada. Apontam que a *ONE* teve os votos dos *Justices* Frankfurter, Douglas, Clark, Harlan e Whittaker, embora a Corte não tenha dado nenhuma dica sobre ter decidido por margem tão apertada, o que só se soube após a morte do *Justice* Douglas, em 1980, por ele ter determinado a divulgação de seu arquivo pessoal relativamente a suas anotações sobre julgamentos da Suprema Corte.

O conteúdo da decisão foi singelo, limitando-se a reverter o julgamento da Corte de Apelações do Nono Circuito dos EUA e citando *Roth v. United States* (1957). Sendo que essa menção a *Roth* demonstra que a Suprema Corte entendeu que o seu parâmetro para a definição de um conteúdo como obsceno e, por isso, ilegal não se aplicava ao caso da *ONE*. Ou seja, ainda na precisa explicação de Joyce Murdoch e Deb Price, segundo a Suprema Corte, "o conteúdo homossexual em uma publicação

[20] Ibid., p. 43.

não é automaticamente equiparável a obscenidade", de sorte que "uma revista homossexual pode ser legalmente enviada pelo correio".

Tratou-se de uma vitória paradigmática que surpreendeu a todas e todos, visto que "nunca ninguém havia ganho um caso sobre este tema até então". Isso é bem exemplificado pela expressão de surpresa do fundador da ONE, Dale Jennings, que num misto de emoção e brincadeira, afirmou, "Meu Deus, é muito cedo! Eu deveria ser um idoso antes disso acontecer!".

De qualquer forma, as autoras apontam que, incrivelmente, "a recusa da Suprema Corte em aderir à guerra federal contra homossexuais não foi primeira-página do principal jornal da Nação, o *New York Times*", o qual, apenas na página trinta e cinco da edição de 14 de janeiro de 1958, informou que "Revistas de Nudismo conquistam direitos de postagens". Ou seja, o jornal descreveu a batalha legal das revistas de nudismo e, apenas "enterrada dentro da notícia sobre a decisão da Corte de não banir nudez frontal dos correios, havia dois breves parágrafos sobre a UM [*ONE*], cujo nome estava descrito de forma confusa como "um" [*one*].

Relatam, ainda, que, apesar de ser uma gigante vitória histórica, ela não gerou celebração nas ruas. Em artigo de Slater, que presumiu ter havido unanimidade na Suprema Corte, na medida em que nenhum *Justice* tinha publicamente dela divergido, fez-se a seguinte afirmação, que prova o caráter histórico e paradigmático da decisão: "Ao obter vitória nesse decisão, a revista *ONE* não fez apenas história, mas [criou] Direito também e mudou o futuro para todos os homossexuais dos EUA... Nunca antes homossexuais reivindicaram seus direitos como cidadãos... A revista *ONE* não mais precisa pedir pelo direito de ser ouvida; ela agora exerce esse direito"[21].

Felizmente, tanto o Correio quanto o Departamento de Justiça posteriormente se recusaram a tomar novas ações contra a *ONE*, ao passo que "se a Suprema Corte não tivesse protegido a *ONE*, Hoover e Tolson[22] muito provavelmente teriam encontrado uma maneira de retirá-la de circulação".

[21] Ibid., p. 43.

[22] J. Edgar Hoover foi o mais famoso dos diretores do FBI e Clyde Anderson Tolson, seu principal assistente. Não obstante o esforço empreendido por Hoover na luta contra os

Assim, bem concluem as autoras que a importância dessa vitória da *ONE* é "impossível de superestimar", na medida em que "a palavra escrita tem sido primeiro caminho para incontáveis homens gays e mulheres lésbicas encontraram fora da solidão", de sorte que a vitória da *ONE* "abriu caminho para publicações gays, que começaram a se proliferar", auxiliando na "construção de comunidades gays e encorajando as pessoas a se assumirem, se conectarem uma com a outra e a dividir um senso de identidade e injustiça", donde a vitória desta pequena e desconhecida revista se mostrou importantíssima para milhões de homens gays e mulheres lésbicas nos EUA[23].

Como se vê, a decisão de *ONE* foi muito mais dramática do que, compreensivelmente, se presumiu, já que a revista entendeu que tinha obtido a unanimidade da Suprema Corte no referido julgamento. Certamente, essa imagem de unanimidade foi fundamental para garantia do direito de liberdade de expressão das minorias sexuais e de gênero, garantindo que esse direito fundamental tão indispensável a sociedades democráticas não pudesse deixar de proteger também grupos socialmente repudiados pelo moralismo majoritário.

3. Repercussão da decisão

Como provam atualmente as redes sociais, realmente, a licitude de publicações voltadas ao público LGBTI+ afigura-se indispensável para o *nosso* bem-estar psicológico e social, já que é somente a partir delas que muitas pessoas conseguem encontrar seus semelhantes e dividir um senso de comunidade e pertencimento tão notoriamente indispensável para aca-

personagens do movimento LGBTQI+, fortes eram os rumores sobre seu envolvimento sexual com Tolson. Com isso, não se deve reforçar o estereótipo de que a homotransfobia (LGBTI+fobia) seria praticada apenas por pessoas LGBTI+ que não assumiram sua identidade não-heterossexual ou não-cisgênera (transgênera), embora isso de fato ocorra algumas vezes por pessoas que praticam homotransfobia já esperança de isso disfarçar sua própria homossexualidade. Trata-se do fenômeno do preconceito internalizado, pelo qual pessoa integrante do grupo marginalizado acredita no preconceito que lhe assola e o difunde. Cf. JAMES, Susan Donaldson. J. Edgar Hoover: Gay or Just a Man Who Has Sex With Men? **ABC News**, 14 de novembro de 2011. Disponível em: https://abcnews.go.com/Health/edgar-hoover-sex-men-homosexual/story?id=14948447&page=2.

[23] Murdoch; Price, op. cit., p. 41-50.

lentar nossas angústias e sabermos que temos, pelo menos, a simpatia e solidariedade de outras pessoas.

Uma constatação que é feita também por Andrew Solomon, no livro "Longe da Árvore. Pais, Filhos e a Busca pela Identidade", no qual o autor analisa diversos grupos sociais e suas comunidades (pessoas surdas, mudas, com diversos tipos de deficiências mentais, filhas de mulheres estupradas e pessoas transgêneras), destacando em diversos momentos como a era das redes sociais foi importante para integrantes de grupos sociais dessa quadra histórica pudessem se socializar, ainda que apenas virtualmente, e como isso foi importante para sua autoestima. Daí a garantia do exercício do direito à liberdade de expressão afigurar-se realmente indispensável para tanto, sendo que, no Brasil, o Jornal Lampião da Esquina, publicação de aberta militância pelos direitos das populações de homossexuais e pessoas trans, tido com toda a justiça como um dos grandes marcos do Movimento Homossexual de então e, portanto, do Movimento LGBTI+ como um todo talvez possa ser considerado como "o *ONE* brasileiro", pelas diversas tentativas de censura que sofreu, não obstante não tenha realizado uma batalha judicial como a *ONE*.

Desde as manifestações de *Stonewall*, em 1969, o direito à liberdade de expressão ocupa espaço de destaque na construção da identidade e do próprio ativismo LGBTI+. Atualmente, manifestações e passeatas intituladas "paradas gay" ou "paradas LGBTI+" reúnem milhões de pessoas ao redor do mundo com o objetivo de reivindicar respeito, igualdade e a promoção de direitos da população LGBTI+, esta última muitas vezes ignorada pelos poderes constituídos[24].

O Movimento LGBTI+ soube usar de forma positiva os chamados "direitos comunicativos" (liberdade de expressão, liberdade de reunião, liberdade de associação etc.) conduzindo com inteligência – e para o centro do debate – temas geralmente deixados de lado pelo *mainstream*. No entanto, não demorou muito tempo para que os agentes comunicativos, em especial aqueles com interesses contrapostos aos direitos da agenda

[24] Para a história do Movimento LGBTI+ brasileiro, vide GREEN, James N. et al (org.). **História do Movimento LGBT**. São Paulo: Ed. Alameda, 2018.

LGBTI+, percebessem o destaque da comunidade LGBTI+ no livre mercado de ideias (*free marketplace of ideas*)[25].

Em que pese a liberdade de expressão seja concebida em determinados países, como Estados Unidos e Brasil[26], um direito dotado de posição preferencial (*preferred position doctrine*)[27] quando confrontado *prima facie* com outros direitos de matriz constitucional, não foram poucas as

[25] A expressão "mercado de ideias" é frequentemente atribuída de forma equivocada ao emblemático *Justice* da Suprema Corte Norte dos EUA, Oliver Wendell Holmes, em razão de seu voto vencido (*dissenting opinion*) proferido no caso *Abrams v. United States* (1919). Trata-se de um equívoco que vem sendo repetido inúmeras vezes na academia, conforme explica Gustavo Binenbojm: "O Ministro Holmes deu uma expressão poderosa ao argumento de Mill em seu voto vencido no caso Abrams, em 1919. Os homens podem vir a acreditar, ele escreveu, "que o bem final desejado é melhor alcançado pela livre troca de ideias – que o melhor teste da verdade é o poder do pensamento para se tornar aceito na competição do mercado". A expressão "mercado de ideias" é usada com frequência como se fosse de Holmes, mas ele não disse exatamente isso. O professor Vicent Blasi rastreou a expressão e descobriu que ela foi utilizada pela primeira vez em uma carta ao editor do New York Times escrita por David M. Newbold, em 1936". Cf. BINENBOJM, Gustavo. **Liberdade Igual**: O que é e por que importa. Rio de Janeiro: Editora História Real, 2020, p. 215.

[26] "A liberdade de expressão desfruta de uma posição preferencial no Estado democrático brasileiro, por ser uma pré-condição para o exercício esclarecido dos demais direitos e liberdades." (STF, Rcl 22328, Relator(a): Min Roberto Barroso, Primeira Turma, julgado em 06/03/2018). No mesmo sentido: STF, MS 34493 AgR, Relator(a): Luiz Fux, Primeira Turma, julgado em 06/05/2019; ADI 4815, Relator(a): Cármen Lúcia, Tribunal Pleno, julgado em 10/06/2015, dentre outros. Ainda a respeito do tema, e realizando um paralelo da posição preferencial do direito à liberdade de expressão no Brasil e nos Estados Unidos, citamos a arguta lição de Luis Roberto Barroso: "Na verdade, tanto em sua manifestação individual, como especialmente na coletiva, entende-se que as liberdades de informação e de expressão servem de fundamento para o exercício de outras liberdades, o que justifica uma posição de preferência – preferred position – em relação aos direitos fundamentais individualmente considerados. Tal posição, consagrada originariamente pela Suprema Corte americana, tem sido reconhecida pela jurisprudência do Tribunal Constitucional espanhol e pela do Tribunal Constitucional Federal alemão". Cf. BARROSO, Luis Roberto. Liberdade de expressão versus direitos da personalidade. Colisão de direitos fundamentais e critérios de ponderação. *In*. SARLET, Ingo Wolfgang (Org.). **Direitos Fundamentais, Informática e Comunicação**. Porto Alegre: Livraria do Advogado, 2007, p. 82-83.

[27] Sobre a doutrina da posição preferencial da liberdade de expressão, ver: LEWIS, Anthony. ***Freedom for the thought that we hate***: *A Biography of the First Amendment*. Nova Iorque: Basic Books, 2007.

tentativas de censura ao discurso dos membros da população LGBTI+ ao longo da trajetória histórica de afirmação do Movimento.

Conforme comentamos de forma minuciosa e detalhada ao longo deste artigo, o paradigmático caso *One, Inc v. Olesen*, julgado pela Suprema Corte dos Estados Unidos da América em 1958 possui importância singular, afinal, além de ter sido o primeiro caso julgado pela Suprema Corte envolvendo interesses da comunidade LGBTI+, a Corte também adotou, ao mesmo tempo, posição antidiscriminatória e protetiva ao livre mercado de ideias. Ao reconhecer que textos com conteúdo homossexual não são obscenos per si, afastando assim, a proibição contida nas leis de obscenidade (*Comstock Laws*)[28], a Suprema Corte dos EUA deu prevalência à liberdade de expressão consagrada na Primeira Emenda e permitiu a circulação da revista em território estadunidense.

A tentativa de censurar conteúdos heterocisdiscordantes também ocorre com alguma frequência em território brasileiro. No ano de 2019, durante a Bienal do Livro Rio de Janeiro, o Chefe do Executivo municipal determinou a apreensão o recolhimento de exemplares de uma HQ intitulada "Vingadores, a cruzada das crianças", que mostrava dois homens se beijando, sob o argumento de que o conteúdo "trazia conteúdo sexual para menores" e portanto violaria a proteção integral das crianças e adolescentes (art. 227 da Constituição Federal de 1988) e as vedações insertas nos artigos 78 e 79 do Estatuto da Criança e do Adolescente. A equipe de fiscais municipais se dirigiu ao local do evento para realizar a apreensão do material e nada foi encontrado. Posteriormente, e visando evitar novas tentativas de censura, a *Gl Events Exhibtions* Ltda (organizadora do evento) e o Sindicato Nacional dos Editores de Livros buscaram o Poder Judiciário visando a obtenção de uma liminar que impedisse novas buscas e apreensões de obras na Bienal do Livro do Rio de Janeiro.

O tema chegou até o Supremo Tribunal Federal mediante de um pedido de medida cautelar em suspensão de segurança realizado pela Procuradoria Geral da República e julgado pelo então presidente do Supremo Tribunal Federal, Ministro Dias Toffoli[29]. No mesmo sentido

[28] **One, Inc. v. Olesen**, 355 U.S. 371 (1958).

[29] Supremo Tribunal Federal. **SL 1248-MC/RJ**. Relator: Min. Dias Toffoli. Brasília, 8 de setembro de 2019.

do que já havia decidido a Suprema Corte norte-americana ao julgar *One v. Olesen*, o Presidente da Suprema Corte brasileira advertiu que: "não há que se falar que somente o fato de se tratar do tema homotransexualismo [sic][30] se incorra em violações aos valores éticos e sociais da pessoa e da família", afastando as vedações dos artigos 78 e 79 do ECA, já que estas alcançam apenas conteúdos que são *per se* impróprios a pessoas menores de dezoito anos (rechaçando, assim, a tese do então Prefeito do Rio de Janeiro, de que um singelo beijo homoafetivo seria, em si, "impróprio" para crianças ou adolescentes).

Seguindo essa linha de raciocínio, o pedido de medida cautelar em suspensão de liminar proposto pela PGR foi acolhido pelo Presidente do Supremo Tribunal Federal que, com base na vasta jurisprudência da Corte em matéria de liberdade de expressão, deferiu a liminar para suspender a decisão do Presidente do Tribunal de Justiça do Rio de Janeiro que havia reestabelecido a possibilidade de apreensão do material. A liberdade de expressão e a diversidade venceram a censura.

Ainda sobre o tema em análise, o Tribunal Europeu de Direitos Humanos analisou questão análoga ao julgar o caso *Bajev et al. v. Russia* (2017), concluindo que: "o direito à liberdade de expressão possibilita a ampla disseminação de informações relativas à população LGBTQIA+, inclusive nos casos em que crianças e adolescentes sejam os destinatários do discurso"[31].

Concordamos com o desfecho da controvérsia que ficou popularmente conhecida como "*Caso da HQ do Beijo Gay na Bienal do Rio*" e gostaríamos de destacar um ponto interessantíssimo sobre o desenrolar deste caso. A iniciativa da Prefeitura do Rio de Janeiro, ao tentar apreender os exemplares da revista em quadrinhos, materializou no mercado de ideias

[30] O sufixo "ismo", na expressão homotransexualismo, traz conotação negativa porque, quando ligado a condutas humanas, denota que se trataria de uma doença. Se usado este termo, o correto seria "homotransexualidade", já que a Organização Mundial de Saúde desde 1990 não considera a homossexualidade e a bissexualidade como doença e desde 2018 não considera as identidades trans como tais. Não obstante, trata-se um neologismo do qual não se tem notícia de uso prévio.

[31] **Bajev et al. v. Russia** [2017] ECHR 572.

brasileiro o chamado *efeito streisand* (*streisand effect*)[32], que pode ser compreendido, em breve síntese, como a situação na qual, a partir de uma tentativa de censurar determinada informação ou expressão artística do mercado de ideias, a iniciativa resulta na vasta replicação do referido conteúdo, geralmente através das mídias e plataformas digitais, em razão do dinamismo na troca de informações entre seus usuários.

No caso envolvendo a tentativa de censura na Bienal do Rio de Janeiro, a imagem envolvendo o beijo gay dos personagens da referida HQ ganhou espaço na capa dos principais jornais, tendo sido divulgada em telejornais e principalmente nas redes sociais (*youtube, instagram, whastapp, twitter e facebook*) levando a situação ao conhecimento de milhões de brasileiros. O tiro saiu pela culatra. A diversidade venceu novamente!

Por outro lado, não podemos deixar de considerar que o tiro pode ter atingido o alvo que pretendia, já que não é incomum que pessoas reacionárias promovam cruzadas morais sabendo que serão derrotadas pelas instituições, com o objetivo de conquistar votos do eleitorado que se identifica com tais ideias. Sem isto afirmar peremptoriamente para o caso, é uma estratégia notória que não pode ser desconsiderada em situações tais, inclusive como "cortina de fumaça" para desviar o foco da população de temas que realmente devem preocupar o Poder Público.

Infelizmente a via inversa do ocorrido em *One, Inc. v. Olsen* também é possível de ser visualizada, não sendo raros os casos em que integrantes do *mainstream* pretendem utilizar a liberdade de expressão (deturpando-a[33]) como instrumento de ataque à população LGBTI+. No ano de 2012, o Tribunal Europeu de Direitos Humanos julgou o caso *Vejdeland & Ors v Sweden*, que possuía como pano de fundo a análise da compatibilidade de uma sentença penal proferida pelo Estado sueco, que condenou um grupo de indivíduos por distribuírem panfletos ofensivos a homos-

[32] O *efeito Streisand* recebe este nome por conta da divulgação de fotos e consequente pedido de retirada das imagens pela cantora Barbra Streisand no ano de 2003. Para aprofundar o tema: Cacciottolo, Mario. *The Streisand Effect: When censorship backfires.* **BBC News**, 15 de junho de 2012. Disponível em: https://www.bbc.com/news/uk-18458567.

[33] Falamos em deturpação porque aderimos à posição doutrinária que rechaça o discurso de ódio como manifestação do direito à liberdade de expressão, diferentemente de correntes que se aproximam do modelo adotado pela Suprema Corte dos EUA.

sexuais. O Tribunal Europeu de Direitos Humanos realizou uma análise da sentença do Poder Judiciário sueco à luz da Convenção Europeia de Direitos Humanos, concluindo que o direito à liberdade de expressão não comporta espaço para manifestações homofóbicas e transfóbicas, como nítido caráter de discurso de ódio[34].

A não admissão do homotransfóbico (LGBTI+fóbico) como uma manifestação do direito à liberdade de expressão também foi afirmada pela Suprema Corte do Canadá ao julgar o caso *Saskatchewan Human Rights Commission v Whatcott*[35], bem como foi uma das teses firmadas pelo Supremo Tribunal Federal no julgamento conjunto da ADO 26 e MI 4733, que reconheceu a homotransfobia como espécie de racismo,[36] afirmando que a pregação religiosa condenatória das identidades LGBTI+ não é crime em si, mas apenas quando configurar discurso de ódio[37], em uma importante concordância prática dos direitos fundamentais envolvidos.

[34] **Vejdeland & Ors v Sweden** [2012] ECHR 242.

[35] **Saskatchewan Human Rights Commission v Whatcott**, 2013 SCC 11, [2013] 1 SCR 467.

[36] "3. O conceito de racismo, compreendido em sua dimensão social, projeta-se para além de aspectos estritamente biológicos ou fenotípicos, pois resulta, enquanto manifestação de poder, de uma construção de índole histórico-cultural motivada pelo objetivo de justificar a desigualdade e destinada ao controle ideológico, à dominação política, à subjugação social e à negação da alteridade, da dignidade e da humanidade daqueles que, por integrarem grupo vulnerável (LGBTI+) e por não pertencerem ao estamento que detém posição de hegemonia em uma dada estrutura social, são considerados estranhos e diferentes, degradados à condição de marginais do ordenamento jurídico, expostos, em consequência de odiosa inferiorização e de perversa estigmatização, a uma injusta e lesiva situação de exclusão do sistema geral de proteção do direito." (Tese n.º 3 fixada na ADO 26 e no MI 4733). Cf. http://www.stf.jus.br/arquivo/cms/noticiaNoticiaStf/anexo/tesesADO26.pdf.

[37] "A repressão penal à prática da homotransfobia não alcança nem restringe ou limita o exercício da liberdade religiosa, qualquer que seja a denominação confessional professada, a cujos fiéis e ministros (sacerdotes, pastores, rabinos, mulás ou clérigos muçulmanos e líderes ou celebrantes das religiões afro-brasileiras, entre outros) é assegurado o direito de pregar e de divulgar, livremente, pela palavra, pela imagem ou por qualquer outro meio, o seu pensamento e de externar suas convicções de acordo com o que se contiver em seus livros e códigos sagrados, bem assim o de ensinar segundo sua orientação doutrinária e/ou teológica, podendo buscar e conquistar prosélitos e praticar os atos de culto e respectiva liturgia, independentemente do espaço, público ou privado, de sua atuação individual ou

Conclusões

Embora aparentemente pouco estudado pela academia, o julgamento de *One, Inc. v. Olsen* pela Suprema Corte dos Estados Unidos possui relevância singular em matéria de proteção e desenvolvimento dos direitos LGBTI+, já que aborda um dos temas mais caros ao referido grupo vulnerável e a própria SCOTUS: o direito à liberdade de expressão.

Nesse sentido, parece-nos evidente o papel de centralidade do direito à liberdade de expressão às pessoas integrantes da comunidade LGBTI+, seja no prisma de sua dimensão positiva, relativamente à reivindicação e conseguinte concretização de direitos da população LGBTI+, pelo direito à publicação de matérias do interesse dessa população e mesmo a defesa de sua igual dignidade relativamente a pessoas heterossexuais e cisgêneras (o que gerou a perseguição estatal à Revista *ONE*, declarada inconstitucional pela Suprema Corte dos EUA); seja em sua dimensão negativa, relativa à busca pela proibição do discurso de ódio homotransfóbico (LGBTI+fóbico) e ainda a vedação de toda e qualquer forma de censura, direta ou indireta, a conteúdos que exprimem as identidades plurais e toda a rica diversidade LGBTI+.

Referências

Barroso, Luis Roberto. Liberdade de expressão versus direitos da personalidade. Colisão de direitos fundamentais e critérios de ponderação. *In*. Sarlet, Ingo Wolfgang (Org.). **Direitos Fundamentais, Informática e Comunicação**. Porto Alegre: Livraria do Advogado, 2007.

Binenbojm, Gustavo. **Liberdade Igual**: O que é e por que importa. Rio de Janeiro: Editora História Real, 2020.

Brasil. Supremo Tribunal Federal. **SL 1248-MC/RJ**. Relator: Min. Dias Toffoli. Brasília, 8 de setembro de 2019.

coletiva, desde que tais manifestações não configurem discurso de ódio, assim entendidas aquelas exteriorizações que incitem a discriminação, a hostilidade ou a violência contra pessoas em razão de sua orientação sexual ou de sua identidade de gênero" (Tese nº 2 fixada na ADO 26 e MI 4733). Sobre o paradigmático caso da ADO 26, ver: Vecchiatti, Paulo Roberto Iotti. **O STF, a Homotransfobia e o seu Reconhecimento como Crime de Racismo**: Análise e defesa da decisão. São Paulo: Spessotto, 2020 (no prelo: 2. ed. 2021).

CACCIOTTOLO, Mario. *The Streisand Effect: When censorship backfires.* **BBC News,** 15 de junho de 2012. Disponível em: https://www.bbc.com/news/uk-18458567.

CANADÁ. Supreme Court of Canada. **Saskatchewan Human Rights Commission v Whatcott**, 2013 SCC 11, [2013] 1 SCR 467, Ottawa, 27 de fevereiro de 2013.

CHOPPER, Jesse H. et al. ***Constitutional Law***: *Cases-Comments-Questions.* Eagan: Thomson West, 2001.

ESTADOS UNIDOS DA AMÉRICA. Constituição (1787). **14th Amendment.** Estados Unidos da América, 1868.

ESTADOS UNIDOS DA AMÉRICA. Supreme Court of the United States. **One, Inc. v. Olesen**, 355 U.S. 371 (1958), Washington D.C, 13 de janiero de 1958.

EUROPA. European Court of Human Rights. **Bajev et al. v. Russia** [2017] ECHR 572, Strasbourg, 20 de junho de 2017.

EUROPA. European Court of Human Rights. **Vejdeland & Ors v Sweden** [2012] ECHR 242, Strasbourg, 9 de fevereiro de 2012.

KEEN, Lisa; GOLDBERG, Suzanne. ***Strangers to the Law***: *Gay People on Trial.* Michigan: University of Michigan Press, 2000.

LEWIS, Anthony. ***Freedom for the thought that we hate***: *A Biography of the First Amendment.* Nova Iorque: Basic Books, 2007.

MURDOCH, Joyce; PRICE, Deb. ***Courting Justice***: *Gay Men and Lesbians v. the Supreme Court.* Nova Iorque: Basic Books, 2001.

GREEN, James N. et al (org.). **História do Movimento LGBT**. São Paulo: Ed. Alameda, 2018.

TRIBE, Lawrence. ***American Constitutional Law***. 3. Ed. Nova Iorque: Foundation Press, 2000.

VECCHIATTI, Paulo Roberto Iotti. **O STF, a Homotransfobia e o seu Reconhecimento como Crime de Racismo**: Análise e defesa da decisão. São Paulo: Spessotto, 2020 (no prelo: 2. ed. 2021).

VECCHIATTI, Paulo Roberto Iotti. Racismo homotransfóbico e pessoas LGBTI como grupo racializado. **JOTA**, 26 de maio de 2019. Disponível em: https://www.jota.info/opiniao-e-analise/artigos/racismo-homotransfobico-e-a-populacao-lgbti-como-um-grupo-racializado-28052019.

VECCHIATTI, Paulo Roberto Iotti. STF não legislou nem fez analogia ao reconhecer homofobia como racismo. **Revista Consultor Jurídico**, 19 de agosto de 2019. Disponível em: https://www.conjur.com.br/2019-ago-19/paulo-iotti-stf-nao-legislou-equipararhomofobia-racismo.

16.
MAPP V. OHIO, 1961
A DOUTRINA DA INCORPORAÇÃO E A REGRA DA EXCLUSÃO

JOSÉ ROLLEMBERG LEITE NETO

Introdução

O caso que intitula este artigo está no cruzamento de dois interessantes temas da jurisprudência constitucional estadunidense: a doutrina da "incorporação seletiva" (*selective incorporation*) e a "regra da exclusão" (*exclusionary rule*). Ambas as ideias, assim enunciadas, precisam de complemento para serem compreendidas adequadamente. Por incorporação seletiva entende-se a doutrina que resultou na obrigação, por parte dos estados federados, de observar o conteúdo das emendas que compõem a Declaração de Direitos (*Bill of Rights*). A regra, por seu lado, é da exclusão, do acervo probatório processual, das evidências ilicitamente obtidas.

As duas linhas de desenvolvimento jurisprudencial, iniciadas ainda no século XIX, vão se encontrar no período em que Earl Warren era o juiz presidente da Suprema Corte. Esse é, para muitos constitucionalistas, o momento de maior ativismo judicial da história dos Estados Unidos.[1]

[1] Leda Boechat Rodrigues, entusiasmada com o desempenho da Suprema Corte, naquele momento, em especial com a expansão do alcance do *Bill of Rights* aos estados, escreveu: "O predomínio por ela alcançado a partir de 1953, sob a liderança do *Chief-Justice* EARL WARREN, só encontra paralelo no que atingiu no primeiro quartel do século dezenove, sob a liderança do *Chief- Justice* JOHN MARSHALL. MARSHALL assentou as bases jurisprudenciais para a consolidação do federalismo e a evolução do capitalismo; Earl Warren, protegendo os direitos individuais e os direitos das minorias desprezadas, assentou as

A compreensão desses três elementos (a regra da exclusão, a doutrina da incorporação seletiva e a Corte de Warren), portanto, é uma especial conjugação de informações relevantes sobre a trajetória da Suprema Corte e, também, da própria Constituição dos Estados Unidos. Sem a percepção dessa história, é impossível entender o quão importante foi o julgamento ora comentado. O propósito deste artigo é descrever os principais passos jurisprudenciais dessa jornada.

Partindo do começo. O advento da Constituição dos Estados Unidos de 1787 foi uma das maiores conquistas civilizatórias do homem. Nasciam com ela o constitucionalismo, o federalismo e o presidencialismo modernos. As dificuldades políticas próprias daquele momento, no entanto, fizeram com que uma declaração de direitos não fosse contida no texto aprovado pelos seus redatores.

Na Convenção da Filadélfia, esse debate ocorreu entre aqueles que temiam um poder central forte (os antifederalistas) e os que supunham que este seria necessário para fazer face a um inimigo externo (os federalistas). Foi uma polêmica relevante, mas, ao final, resolveu-se adotar um texto que não continha declarações de direitos.

No entanto, no processo de ratificação da Constituição, muitos estados levantaram-se contra a ausência de um catálogo de direitos oponíveis ao governo federal. Não bastava que fosse dito o que este poderia fazer: era mister, também, dizer aquilo que ele não estava autorizado, em respeito aos indivíduos. Houve, então, um acordo de que seriam apresentadas emendas constitucionais que construíssem esse rol de direitos exercitáveis em face do governo central. Coube a James Madison, que foi o arquiteto do consenso constitucional e um dos defensores da ratificação da Constituição, assumir o compromisso de viabilizar, no primeiro Con-

bases jurisprudenciais para a evolução da democracia americana. Enquanto MARSHALL dispôs de 35 anos para realizar a sua tarefa, EARL WARREN teve sua obra interrompida por uma manobra política infeliz do Presidente Lyndon B. Johnson, e dirigiu a Corte apenas 16 anos. Mas o exemplo moral e o valor educativo das decisões da Corte de WARREN deixaram uma marca indelével sobretudo nos jovens, que serão amanhã a elite dirigente." In: RODRIGUES, Leda Boechat. **A corte de Warren (1953-1969)**: Revolução Constitucional. Rio de Janeiro: Civilização Brasileira, 1991, p. 27-28.

gresso recém-eleito, a relação de tais prerrogativas. Essas dez primeiras emendas formam a Declaração de Direitos[2].

Anos mais tarde, após a Guerra Civil, ocorrida de 1861 a 1865, na qual se confrontaram a União e os estados abolicionistas, vencedores, contra a Confederação e os estados escravagistas, derrotados, sobrevieram as emendas constitucionais 13 (que aboliu a escravidão), 14 (que garantiu cidadania estadunidense e do estado de residência aos negros) e 15 (que garantiu aos negros o direito de voto). No que importa a este artigo, é relevante saber que a 14ª Emenda tem a seguinte dicção:

> Todas as pessoas nascidas ou naturalizadas nos Estados Unidos e sujeitas à sua jurisdição são cidadãos dos Estados Unidos e do Estado em que residem. Nenhum Estado deve fazer ou aplicar qualquer lei que reduza os privilégios ou imunidades dos cidadãos dos Estados Unidos; nenhum Estado privará qualquer pessoa de vida, liberdade ou propriedade, sem o devido processo legal; nem negará a qualquer pessoa dentro de sua jurisdição a igual proteção das leis.[3]

Em vista dela, passou-se a sustentar-se que a cláusula do devido processo legal autorizaria a interpretação de que a Declaração de Direitos, concebida para ser uma proteção diante do governo federal, também seria oponível aos estados federados. Isso porque tais prerrogativas seriam contidas nessa cláusula, cuja observância a 14ª Emenda expressamente imporia aos estados.

Isso fixado, passa-se a um segundo ponto. Um dos direitos contidos na mencionada Declaração é o de proteção da privacidade pessoal, do domicílio, dos documentos e objetos, contido na 4ª Emenda, cuja redação é a seguinte:

> O direito das pessoas de estarem seguras em suas pessoas, casas, papéis e pertences, contra buscas e apreensões não razoáveis, não deve ser violado e nenhum mandado deve ser emitido, exceto por causa provável, apoiado por

[2] Para uma história desse processo, ver AMAR, Akhil Reed. ***America's Constitucion:** a biography*. Nova Iorque: Random House Trade Paperback, 2006, e-book.

[3] Constituição (1787). **14th Amendment**. Estados Unidos da América, 1868.

juramento ou afirmação, e particularmente descrevendo o local a ser revistado e as pessoas ou coisas a serem apreendidas.[4]

Assim, havia uma primeira tensão: saber se com a 14ª Emenda os direitos previstos na 4ª Emenda seriam oponíveis aos estados, havendo sustentações em ambos os sentidos. Desse primeiro conflito, nascerá um segundo: em caso de aplicação da regra protetiva, o que fazer com as provas obtidas em violação dessa garantia? Declará-las inválidas, maximizando a intenção de preservação dos direitos individuais, ou aproveitá-las no processo, em nome da necessidade de segurança pública e aplicação da lei?

A solução jurisprudencial dos conflitos acima será a de incorporar a 4ª Emenda e excluir as provas ilícitas, conforme se passa a narrar.

1. Contexto histórico

Antes das Emendas da Reconstrução, a Suprema Corte dos Estados Unidos entendia que a Declaração de Direitos não era aplicável aos estados. No julgamento do caso *Barron v. Baltimore* (1833), que versava sobre uma desapropriação, isso ficou expressamente assentado. Disse, então, a Corte, em posição unânime, vocalizada pelo juiz presidente John Marshall:

> A disposição da Quinta Emenda à Constituição dos Estados Unidos, declarando que a propriedade privada não deve ser tomada para uso público sem justa compensação, destina-se apenas a limitar o exercício do poder pelo governo dos Estados Unidos e não é aplicável à legislação dos estados.[5]

Com o advento da 14ª Emenda, em 1868, o tema retornou ao debate judiciário. Em 1873, no conjunto de situações conhecidas como o *Slaughter-House Cases*[6], por cinco votos a quatro, a Corte decidiu que essa emenda se dirigia, apenas, à afirmação de direitos de escravizados libertos. Assim se exprimiu o juiz Samuel Miller, em nome da maioria:

[4] Constituição (1787). **Bill of Rights**. Estados Unidos da América, 1791.
[5] **Barron v. Baltimore**, 32 U.S. 243 (1833), p. 243.
[6] **Slaughter-House Cases**, 83 U.S. 36 (1872).

> A cláusula que proíbe um Estado de negar a qualquer pessoa a igual proteção das leis visou claramente prevenir a discriminação hostil contra a raça negra tão familiar nos Estados onde ela havia sido escravizada, e, para esse fim, a cláusula confere amplo poder ao Congresso para garantir seus direitos e sua igualdade perante a lei.[7]

A posição vencida, no entanto, anos depois, começaria a ganhar tração. Em 1925, ao julgar *Gitlow v. New York*, a Suprema Corte afirmou que a 1ª Emenda era oponível aos estados. Por sete votos a dois, a maioria externou, pela voz do juiz Edward Sanford:

> Para os presentes fins, podemos e assumimos que liberdade de expressão e de imprensa – que são protegidas de redução pelo Congresso pela Primeira Emenda – estão entre os direitos pessoais e "liberdades" fundamentais resguardados contra danos pelos Estados pela cláusula do devido processo da Décima Quarta Emenda.[8]

Iniciava-se, ali, a aplicação jurisprudencial da doutrina da "incorporação seletiva"[9]. Por ela, caso a caso, seria verificada a necessidade de observância da Declaração de Direitos pelos estados. Isso estabelecido,

[7] 83 U.S. 36 (1872), p. 38.

[8] **Gitlow v. New York**, 268 U.S. 652 (1925), p. 652.

[9] À doutrina da "incorporação seletiva", sustentada pelo juiz Willian Brennan, opõe-se a da "incorporação total", defendida pelo juiz Hugo Black, e a da "equidade fundamental" (*fundamental fairness*), de Felix Frankfurter, entre outras construções teóricas destinadas a identificar como e quando devem ser admitidas as normas contidas nas emendas como direito no âmbito estadual. A incorporação seletiva dá-se cláusula por cláusula, direito por direito, já que nem todos seriam oponíveis aos estados e alguns deles, inclusive, seriam dos estados, exercitados em face do governo federal. A incorporação total, de seu lado, como o nome já diz, não reconhece direitos não oponíveis aos estados, embora Black os limite às oito primeiras emendas, excluídas a 9ª e a 10ª. A posição do juiz Frankfurter, por sua vez, considera que a Declaração de Direitos somente seria imponível em relação aos estados quando houvesse um elemento no caso concreto que produzisse um "choque de consciência" a ponto de provocar essa necessidade. A respeito dessas orientações, ver AMAR, Akhil Reed. ***The Bill of Rights:*** *creation and reconstruction*. New Haven: Yale University Press, 1998. O próprio Amar apresenta a concepção de "incorporação refinada", que seria uma síntese das três outras propostas. Na perspectiva dele, ao passarem pela 14ª Emenda,

no que concerne à 4ª Emenda, o caso *Mapp versus Ohio* será o ponto de incidência da incorporação[10].

A segunda linha a ser verificada é a que toca à regra da exclusão das provas ilícitas. Diversas emendas constitucionais endereçavam ao governo dos Estados Unidos proibições acerca de como se conduzir na arrecadação de provas. A questão subsequente seria resolver o que fazer com a prova ilicitamente alcançada. Duas possibilidades se colocavam: 1) excluir a prova do processo; ou 2) mantê-la, sem prejuízo, em qualquer um dos casos, da punição do agente infrator.

Em 1886, no caso *Boyd v. United States*, a Suprema Corte analisou a matéria. Debatia-se a validade da exigência de produção de prova documental contra si mesmo. A decisão considerou ilícito e, portanto, inválido, o acervo assim alcançado. Na situação, 35 caixas de vidro laminado foram apreendidas no porto de Nova Iorque, supostamente por não pagamento de direitos de importação. Para provar o caso, o governo obrigou a empresa *E. A. Boyd & Sons* a produzir sua fatura da *Union Plate Glass Company*, sediada em Liverpool, na Inglaterra. Boyd obedeceu, mas alegou que a ordem era uma forma vedada de autoincriminação. No ensejo, em julgamento por unanimidade, falando pela Corte, expressou o juiz Joseph Bradley:

> Achamos que, neste caso, a intimação para produzir a nota fiscal, a ordem em virtude da qual foi emitida, e a lei que a autorizou eram inconstitucionais e nulas, e que a fiscalização da referida fatura pelo promotor do distrito, quando realizada em obediência à aludida notificação, e sua admissão como prova pelo tribunal, eram procedimentos errados e inconstitucionais. Somos de entendimento, portanto, que o julgamento do Tribunal de Circuito deve ser revertido, e a causa devolvida, com instruções para conceder um novo julgamento.[11]

as disposições a serem incorporadas sofreriam modificações de sentido (refinamento e filtragem).

[10] **Mapp v. Ohio**, 367 U.S. 643 (1961).

[11] **Boyd v. United States**, 116 U.S. 616 (1886), p. 638.

Em avanço dessa compreensão, em 1914, foi apreciado o caso *Weeks v. United States*, no qual entendeu-se que o Governo Federal estava obrigado a excluir a prova documental apreendida de modo ilícito, pois em violação da 4ª Emenda à Constituição, diretamente aplicável a ele. Por unanimidade, a Corte, em voto escrito pelo juiz William Day, citando expressamente o precedente *Boyd*, afirmou:

> Onde cartas e papéis do acusado foram retirados de suas instalações por um funcionário dos Estados Unidos, atuando sob a responsabilidade do cargo, mas sem qualquer mandado de busca e em violação dos direitos constitucionais do acusado sob a Quarta Emenda, e um pedido de devolução das cartas e papéis foi recusado e eles são usados como evidência sobre suas objeções, o erro prejudicial é cometido e o julgamento deve ser revertido.
> A Quarta Emenda não é direcionada à má conduta individual de oficiais do estado. Suas limitações chegam ao Governo Federal e suas agências. *Boyd v. United States*, 116 U. S. 616.[12]

Por outro lado, os estados, considerada a autonomia que possuíam, não estavam obrigados, necessariamente, a afastar do processo as evidências obtidas ilegalmente. Eles poderiam, na forma de suas próprias leis, punir o abuso do funcionário público de outro modo, castigando-o disciplinarmente e autorizando uma ação indenizatória em razão da invasão de domicílio, entre outras possibilidades. A prova ilicitamente alcançada, contudo, poderia ser utilizada para condenar o acusado.

No julgamento do caso *Wolf v. Colorado* (1949), a Suprema Corte, em apertada maioria de seis a três, afirmou que os estados poderiam estabelecer, conforme lhes parecesse melhor, as consequências do acervo probatório granjeado por meio ilícito. A questão da exclusão da prova ilícita não era impositiva, mas uma opção de política legislativa. Nesse julgamento, a maioria, em voto escrito pelo juiz Felix Frankfurter, assim deixou o ponto assentado:

[12] **Weeks v. United States**, 232 U.S. 383 (1914), pp. 383-84.

> Em uma acusação em um tribunal estadual por um crime estadual, a Décima Quarta Emenda da Constituição Federal não proíbe a admissão de evidências relevantes, mesmo que obtidas por busca e apreensão não razoáveis. (...) (a) A invasão arbitrária da privacidade pela polícia é proibida pela Cláusula de Devido Processo da Décima Quarta Emenda. (...) (b) Embora a doutrina de *Weeks v. United States,* (...), tornando as provas garantidas em violação da Quarta Emenda inadmissíveis em tribunais federais seja vinculante, isso não é imposto aos Estados pela Décima Quarta Emenda.[13]

O uso processual das provas ilicitamente obtidas por autoridades estaduais recebeu uma sinalização de que não era mais tão pacífico, em 1960, quando a Suprema Corte apreciou *Elkins v. United States.* Neste julgado ficou afirmada a impossibilidade de tais provas serem emprestadas a tribunais federais, mesmo quando agentes federais não participaram da diligência questionada. Por cinco votos a quatro, em opinião redigida pelo juiz Potter Stuart, ficou proclamado:

> Provas obtidas por oficiais estaduais durante uma busca que, se conduzida por oficiais federais, teria violado a imunidade do réu de buscas e apreensões desarrazoadas nos termos da Quarta Emenda, são inadmissíveis sob a objeção oportuna do réu em um julgamento criminal federal, mesmo quando não houve participação alguma de agentes federais na busca e apreensão.[14]

Apesar do pouco tempo entre o julgamento de *Wolf* e o de *Elkins,* a orientação da Suprema Corte indicava uma modificação de rota, o que não é muito comum por lá, onde a vida de uma diretriz interpretativa costuma ser longa. Em *Mapp v. Ohio,* a superação cabal sobreviria.

2. Aspectos importantes da decisão

No começo da tarde de 23 de maio de 1957, policiais da cidade de Cleveland, no estado de Ohio, pediram permissão à Sra. Dollree Mapp para entrar em sua casa. Eles procuravam um fugitivo que, segundo uma denúncia anônima, estaria escondido nela. Eles também receberam

[13] **Wolf v. Colorado,** 338 U.S. 25 (1949), p. 25.

[14] **Elkins v. United States,** 364 U.S. 206 (1960), p. 364.

informações de que uma grande quantidade de apetrechos relacionados a jogos de azar ilegais estaria ali escondida.

A Sra. Mapp fez contato com o seu advogado. Ele disse-lhe que, sem mandado, ninguém poderia adentrar, a menos que ela autorizasse. Ela, então, exigiu a ordem judicial. Houve um cerco no entorno da sua residência, por várias horas. Após esse tempo, a polícia forçou a entrada. Os agentes invadiram o ambiente e, quando confrontados com a Sra. Mapp, apresentaram algo que diziam ser um mandado. A Sra. Mapp tomou o documento das mãos do policial, escondendo-o dentro de sua roupa. Os policiais reagiram, revistaram-na e retomaram esse papel, que, soube-se depois, não era um mandado. Em seguida, algemaram-na e fizeram as buscas, nas quais não acharam o indivíduo procurado, mas encontraram livros e fotos "obscenos e lascivos", material que a lei local considerava crime possuir. Mais tarde, usaram esses impressos como prova para condenar a Sra. Mapp nos tribunais estaduais de primeira e segunda instâncias.

Inconformada, a defesa foi até a Suprema Corte. Esta tomou para si a seguinte questão: diante da clara ilegalidade da invasão do domicílio sem mandado, as provas obtidas em violação da cláusula de busca e apreensão da 4ª Emenda são admissíveis em um tribunal estadual?

A decisão foi proferida aos 19 de junho de 1961, por seis votos a três, em favor da recorrente. Na maioria, estavam o presidente Earl Warren e os juízes Tom C. Clark, William J. Brennan Jr., Hugo Black, William O. Douglas e Potter Stewart[15]. Na minoria, ficaram os juízes Felix Frankfurter, John M. Harlan II e Charles E. Whittaker. As razões adotadas pela Corte foram apresentadas pelo juiz Tom Campbell Clark, revertendo a jurisprudência estabelecida. Os precedentes vigorantes faziam uma interessante distinção baseada nas peculiaridades da estrutura federal estadunidense.

Após o relatório do caso, o juiz Clark enunciou as razões pelas quais a Suprema Corte deveria reputar a 4ª Emenda aplicável aos estados e anu-

[15] Embora o voto do juiz Stewart seja contado na maioria, o seu fundamento para a anulação da condenação não foi a ilicitude da prova e sua exclusão do processo, conforme será visto adiante, mas a violação à 1ª Emenda. Com isso, a tese da aplicabilidade da 4ª Emenda aos estados com imposição da exclusão de provas teve cinco votos.

lar as provas ilicitamente colhidas, e, consequentemente, a condenação da Sra. Mapp. O juiz Clark referiu que, no caso *Boyd*, aquele colegiado houvera entendido que a 4ª e a 5ª Emendas vão ao encontro uma da outra, e que, seja a invasão de um domicílio, seja a extorsão de uma declaração de uma pessoa como prova para condenação, são reprovadas pelos mandamentos constitucionais aludidos.

Em seguida, Clark mencionou o caso *Weeks*, para referir a impossibilidade de uso das provas ilícitas em cortes federais. Passou, então, a aludir a decisão de *Wolf*, o precedente a ser superado. Para alcançá-la, enumerou julgamentos nos quais a Suprema Corte havia invalidado evidências, reforçando a inconstitucionalidade do método aquisitivo delas. Clark debulhou as razões de decidir do aresto a ser ultrapassado, ressaltando que, no momento da deliberação de *Wolf*, em 1949, quase dois terços dos estados se opunham ao uso da regra de exclusão das provas ilícitas, mas, em 1961, mais da metade deles já havia mudado de posição.

Prosseguiu afirmando que outras possibilidades para proteção dos direitos de privacidade, tutelados pela 4ª Emenda da Constituição, não são substitutas eficazes à regra da exclusão. O juiz Clark avançou a sua argumentação mencionando o caso *Elkins*, para afirmar que, naquele julgamento, a ilicitude das provas perante um tribunal federal decorria de um comportamento de agentes estaduais. A partir disso, sustentou que, pela mesma base constitucional, deveriam ser perante cortes estaduais. Em nome da maioria, assinalou com elegância:

> Além disso, nossa afirmação de que a regra de exclusão é uma parte essencial da Quarta e Décima Quarta Emendas não é apenas o ditame lógico de casos anteriores, mas também faz muito sentido. Não há guerra entre a Constituição e o bom senso. Atualmente, um promotor federal não pode fazer uso de provas apreendidas ilegalmente, mas um promotor estadual, do outro lado da rua, pode, embora ele supostamente esteja operando sob as proibições aplicáveis da mesma Emenda. Assim, o Estado, ao admitir as provas apreendidas ilegalmente, atua para fomentar a desobediência à Constituição Federal que está obrigado a defender.[16]

[16] 367 U.S. 643 (1961), p. 657.

É um argumento possante. Mas o trecho mais sofisticado dessa arquitetura argumentativa é a citação do voto vencido proferido pelo juiz Louis Brandeis, no julgamento de *Olmstead v. United States* (1928)[17]:

> O criminoso fica livre, se for preciso, mas é a lei que o liberta. Nada pode destruir um governo mais rapidamente do que seu fracasso em observar suas próprias leis, ou pior, seu desrespeito à carta de sua própria existência. Como o Sr. Juiz Brandeis, dissidente, disse em *Olmstead v. United States*, (...): Nosso governo é o poderoso, o onipresente professor. Para o bem ou para o mal, ele ensina todo o povo com seu exemplo (...). Se o governo se torna um violador da lei, ele gera o desprezo por ela; ele convida todo homem a se tornar uma lei para si mesmo; isso convida à anarquia.[18]

A conclusão da Corte é uma robusta proclamação da necessidade do passo evolutivo ali adotado:

> O ignóbil atalho para a condenação deixado em aberto para o Estado tende a destruir todo o sistema de restrições constitucionais sobre o qual repousam as liberdades do povo. Tendo uma vez reconhecido que o direito à privacidade consubstanciado na Quarta Emenda é aplicável contra os Estados, e que o direito de estar protegido contra invasões rudes de privacidade por oficiais do estado é, portanto, constitucional em origem, não podemos mais permitir que esse direito permaneça uma promessa vazia. Porque ele é exequível na mesma forma e para efeitos semelhantes, como outros direitos básicos garantidos pela cláusula de devido processo, não podemos mais permitir que seja revogável por capricho de qualquer policial que, no nome da própria aplicação da lei, opta por suspender seu gozo. Nossa decisão, baseada na razão e na verdade, dá ao indivíduo nada mais do que o que a Constituição lhe garante, ao policial nada menos do que aquilo a que a aplicação da lei honesta assegura, e, para os tribunais, essa integridade judicial tão necessária na verdadeira administração da justiça.[19]

[17] **Olmstead v. United States**, 277 U. S. 438, 485 (1928), p. 485.
[18] 367 U.S. 643 (1961), p. 659.
[19] 367 U.S. 643 (1961), p. 660.

O juiz Black redigiu um posicionamento concorrente, aderindo ao entendimento acima, assinalando, ao final de sua justificação, que mudava de posição quanto ao direito em questionamento. Ele, que houvera composto a maioria em *Wolf*, aduziu:

> A opinião do Tribunal, em meu julgamento, dissipa a dúvida e incerteza neste campo do direito constitucional e estou convencido, por essa e outras razões apresentadas, a afastar-me de minhas opiniões anteriores, para aceitar a doutrina de *Boyd* como controladora neste caso de estado e para me juntar ao julgamento e opiniões do Tribunal que estejam de acordo com essa doutrina constitucional.[20]

O juiz Douglas, que fora voto vencido em *Wolf*, também deixou posição em apartado, formando com a maioria, desta vez. Disse ele:

> Uma vez que a prova, inadmissível em um tribunal federal, é admissível em um tribunal estadual existe um "padrão duplo" que, como o Tribunal aponta, leva a "arranjos de trabalho" que minam a política federal e amesquinham alguns aspectos da aplicação da lei. A regra que apoia essa prática não tem a força da razão por trás dela.[21]

O juiz Stewart, a seu turno, concordou em parte com a posição minoritária, no que concerne à submissão ao *stare decisis,* isto é, acerca da não aplicação da regra da exclusão aos estados, conforme a jurisprudência estabelecida em *Wolf*. Todavia, entendeu que a situação dava razão à anulação da condenação, por vulneração da proteção da liberdade de expressão garantida pela 1ª Emenda, eis que o fundamento da punição era a posse de material impresso:

> Concordando totalmente com a Parte I do entendimento divergente do Sr. Juiz Harlan, não manifesto qualquer opinião sobre o mérito da questão constitucional que o Tribunal hoje decide. Gostaria, no entanto, de reverter o julgamento neste caso, porque estou persuadido de que a disposição do §

[20] 367 U.S. 643 (1961), p. 666.
[21] 367 U.S. 643 (1961), pp. 671-672.

2905.34 do Código Revisado de Ohio, na qual a condenação da peticionária se baseou, nas palavras do Sr. Juiz HARLAN, não é "consistente com os direitos de livre pensamento e expressão assegurados contra a ação do Estado pela Décima Quarta Emenda".[22]

A minoria, por sua vez, aferrou-se ao precedente recente de *Wolf*. Primeiramente, o juiz Harlan, com a adesão dos juízes Frankfurter e Whitacker, anotou a necessidade de autocontenção da Corte, além de sua preferência à tese externada no julgamento superado:

Ao superar o caso Wolf, o Tribunal, na minha opinião, esqueceu o senso de contenção judicial que, com a devida consideração pelo *stare decisis*, é um elemento que deve entrar em deliberação e uma decisão anterior deste Tribunal deve ser anulada. Além disso, também acredito que a regra Wolf representa uma doutrina constitucional mais sólida do que a nova regra que agora a substitui.[23]

Disse ele também que o tema não teria sido levado adequadamente à Suprema Corte, eis que a argumentação teria sido feita sobre outras bases:

> A questão central trazida ao Tribunal por este recurso é se o § 2905.34 do Código Revisado de Ohio, tornando crime a mera posse ou controle de material obsceno, e sob o qual a apelante foi condenada, é consistente com os direitos de liberdade pensamento e expressão assegurados contra a ação do Estado pela Décima Quarta Emenda. Essa foi a questão principal que foi decidida pela Suprema Corte de Ohio, que foi proposta pela Declaração Jurisdicional do apelante e que foi informada e argumentada neste Tribunal. Nessa postura, acho justo dizer que cinco membros desta Corte simplesmente "estenderam a mão" para anular Wolf. Com todo o respeito pelas opiniões da maioria, e reconhecendo que *stare decisis* carrega consigo um peso diferente na decisão de constitucionalidade do que na decisão de inconstitucionalidade, não consigo perceber nenhuma justificativa para considerar este caso como uma ocasião apropriada para reexaminar *Wolf*.[24]

[22] 367 U.S. 643 (1961), p. 672.
[23] 367 U.S. 643 (1961), p. 672.
[24] 367 U.S. 643 (1961), p. 672.

Harlan progrediu afirmando que o caso não demandaria a revisão de *Wolf*, já que a questão poderia ser analisada sob a ótica da possessão de material impresso pornográfico e que o tema que a Corte estava decidindo somente tinha sido argumentado de forma tangencial pela parte recorrente. Isso não seria bom para um sistema processual assentado no *stare decisis*. No mérito, o magistrado criticou o silogismo da maioria, que descreveu nos seguintes termos:

No cerne da opinião da maioria neste caso está o seguinte silogismo: (1) a regra que exclui em julgamentos criminais federais as provas que são o produto de uma busca e apreensão ilegal é "parte integrante" da Quarta Emenda; (2) *Wolf* sustentou que a "privacidade" garantida contra ação federal pela Quarta Emenda também é protegida contra ação estadual pela Quarta Emenda, e (3) é, portanto, "lógica e constitucionalmente necessário" que a regra de exclusão de *Weeks* também deva ser aplicadas contra os estados.[25]

Ou seja, por essa construção lógica, se a 4ª Emenda vale contra os estados, necessariamente deveria receber o mesmo remédio aplicado para a União, em casos de sua violação. A isso, ele respondeu do modo adiante:

> Este raciocínio, em última análise, repousa na premissa incoerente de que, porque *Wolf* levou para os estados, como parte do "conceito de liberdade ordenada" incorporado na Décima Quarta Emenda, o princípio de "privacidade" subjacente à Quarta Emenda (338 US em 27), deve-se seguir que quaisquer configurações da Quarta Emenda que tenham sido desenvolvidas nos precedentes federais particularizantes também devem ser consideradas uma parte da "liberdade ordenada", e, como tal, são oponíveis aos estados. Para mim, isso não acontece de forma alguma.[26]

O juiz Harlan, portanto, não concordou com a construção da maioria e enfatizou a variação de soluções que cada estado tem de apresentar para as suas peculiaridades criminais. Também apontou que não considerava que um julgamento se tornaria injusto pelo uso de uma prova ilícita,

[25] 367 U.S. 643 (1961), p. 678.
[26] 367 U.S. 643 (1961), p. 678.

se ela se prestava à demonstração da culpa ou inocência do acusado. Ele encerrou sua posição com a seguinte peroração:

> Lamento que eu ache tão imprudente em princípio e tão inconveniente em política uma decisão motivada pelo alto propósito de aumentar o respeito pelos direitos constitucionais. Mas, em última análise, penso que este Tribunal só pode aumentar o respeito pela Constituição se respeitar rigidamente as limitações que a Constituição lhe impõe e respeitar também os princípios inerentes aos seus próprios processos. No caso presente, acho que superamos ambos, e que nossa voz se torna apenas uma voz de poder, não da razão.[27]

Apesar da resistência da minoria, estava revertida a jurisprudência até então predominante. A 4ª Emenda era aplicável aos estados e a prova ilícita colhida pelas instâncias estaduais deveria ser excluída dos processos.

3. Repercussão da decisão

Muitas críticas sobrevieram à decisão adotada em *Mapp*. Ao sentimento de autonomia federativa atacada somou-se a possibilidade de impunidade de acusados diante da exclusão da prova que revelaria a culpa deles. A casuística, então, passou a estabelecer uma série de espaços de não incidência da proteção da 4ª Emenda, diminuindo, assim, as possibilidades de exclusão de provas. É conveniente observar essa série de situações:

- 1963, *Wong Sun v. United States*[28]: as provas ilícitas não contaminam as demais se não houver uma relação de dependência direta, imediata, entre elas, emergindo daí a figura da "mancha purgada". Trata-se de uma diminuição do alcance da regra da exclusão;
- 1968, *Terry v. Ohio* [29]: a abordagem policial de um suspeito de estar armado e de haver cometido um crime era válida, se um homem razoavelmente prudente conseguisse justificá-la. Com isso, o âmbito de possibilidade de uma busca foi ampliado substancialmente;

[27] 367 U.S. 643 (1961), p. 686.
[28] **Wong Sun v. United States**, 371 U.S. 471 (1963).
[29] **Terry v. Ohio**, 392 U.S. 1 (1968).

- 1979, *Smith v. Maryland*[30]: a requisição direta de informações pela autoridade policial a uma empresa telefônica não viola os direitos individuais assegurados pela 4ª Emenda;
- 1980, *United States v. Crews*[31]: um suspeito, descrito pela vítima, foi avistado próximo ao local do crime. Foi detido pela polícia e fotografado. A prisão, sem mandado, foi reputada irregular, assim como a foto dele, que havia gerado o seu reconhecimento cabal pela vítima. No entanto, o reconhecimento do acusado em juízo foi validado, não se caracterizando como ilícito por derivação, porque as lembranças da vítima e o conhecimento descritivo da polícia precediam a diligência ilegal;
- 1984, *Nix v. Williams*[32]: uma prova – a localização de um cadáver – foi considerada válida mesmo tendo sido reconhecido que a indicação de seu local foi feita sem a observância da regra contida na 5ª Emenda, que garante o aconselhamento de um advogado durante um depoimento. Desenvolveu-se, ali, a teoria da "descoberta inevitável";
- 1994, *New York v. Quarles*[33]: um suspeito foi abordado por um policial que o revistou, deteve-o e o perguntou por sua arma. Ele indicou a respectiva localização. Esses atos, inclusive a prisão, não foram precedidos pelas "advertências de Miranda", mas, ainda assim, foram validados. Entendeu-se que existia uma "exceção de segurança pública" envolvida no contexto, já que havia um interesse público de que a arma não ferisse um inocente ou não caísse em mãos de um cúmplice.
- 1984, *United States v. Leon*[34]: são válidas as provas obtidas quando o mandado judicial foi emitido erroneamente pela autoridade judicial. A regra de exclusão somente se aplica em situações de erro policial;

[30] **Smith v. Maryland**, 442 U.S. 735 (1979).
[31] **United States v. Crews**, 445 U.S. 463 (1980).
[32] **Nix v. Williams**, 467 U.S. 431 (1984).
[33] **New York v. Quarles**, 467 U.S. 649 (1984).
[34] **United States v. Leon**, 468 U.S. 897 (1984).

- 1990, *Illinois v. Rodriguez*[35]:uma busca sem mandado em uma residência não viola a 4ª Emenda se a polícia, agindo razoavelmente, acreditava que a pessoa que consentiu na entrada na residência tinha autoridade para fazê-lo;
- 1995, *Arizona v. Evans*[36]: a regra de exclusão não se aplica ao comportamento de oficiais de justiça, apenas ao de policiais;

Houve, contudo, algumas sinalizações em sentido oposto, em validação da regra da exclusão. Passou, por conseguinte, a haver uma certa imprevisibilidade na identificação do que atende aos critérios jurisprudenciais. Eis algumas situações relevantes dessa instabilidade jurisprudencial:

- 2000, *United States v. Jones*[37]: a instalação de um dispositivo de rastreamento, em um veículo, sem mandado, viola os direitos da 4ª Emenda;
- 2006, *Hudson v. Michigan*[38]: se a polícia está municiada de um mandado, a regra de bater à porta e avisar da entrada, se não respeitada, não gera a nulidade das provas coletadas, pois não haveria interesse jurídico relacionado à 4ª Emenda a ser preservado no caso;
- 2009, *Herring v. United States*[39]: um erro decorrente de negligência policial, sem intenção, nem má-fé, não é suficiente para ensejar a incidência da regra de exclusão;
- 2009, *Arizona v. Gant*[40]:um motorista havia sido detido por dirigir sem licença, mas se entendeu que as buscas no carro dependeriam do mandado e não decorriam da circunstância da detenção;
- 2013, *Missouri v. McNeely*[41]: em um caso de direção perigosa acima do limite de velocidade, decidiu-se que exames de sangue forçados,

[35] **Illinois v. Rodriguez**, 497 U.S. 177 (1990).
[36] **Arizona v. Evans**, 514 U.S. 1 (1995).
[37] **United States v. Jones**, 565 U.S. 400 (2012).
[38] **Hudson v. Michigan**, 547 U.S. 586 (2006).
[39] **Herring v. United States**, 555 U.S. 135 (2009).
[40] **Arizona v. Gant**, 556 U.S. 332 (2009).
[41] **Missouri v. McNeely**, 569 U.S. 141 (2013).

sem mandado, não eram admissíveis, mesmo sendo certo que havia o risco de dissipação do álcool no sangue;

- 2013, *Florida v. Jardines*[42]: um indivíduo foi preso por tráfico de maconha em decorrência de um cachorro policial haver detectado a presença da droga. Entendeu-se que o farejamento de um cão policial na área externa de uma residência é uma intrusão estatal que deve ser precedida de um mandado;
- 2013, *Bailey v. United States*[43]: se enquanto é cumprido um mandado de busca e apreensão um suspeito é avistado nas adjacências do local da diligência, mas fora dele, ele não pode ser abordado, nem detido, com base no mandado, cujo alcance é restrito à área descrita;
- 2013, *Maryland v. King*[44]: é válida a coleta de DNA de acusados de crimes graves, mesmo que não condenados;
- 2014, *Riley v. California*[45]: a polícia não pode fazer buscas gerais nos telefones dos presos sem um mandado;
- 2018, *Carpenter v. United States*[46]: revertendo o precedente de *Smith*, em razão da mudança de característica das comunicações na era digital, ficou entendido que as buscas sem mandado em registros em poder de terceiros – as operadoras de telefonia – sobre dados de aparelhos telefônicos celulares, para identificar seu histórico de chamadas e de localização, são ilícitas, sob a égide da 4ª Emenda.[47]

Essa série de julgamentos indica uma resolução casuística de problemas relacionados à aplicação da 4ª Emenda e à invalidação das provas coligidas sem a observância das regras próprias para tanto. É improvável

[42] **Florida v. Jardines**, 569 U.S. 1 (2013).
[43] **Bailey v. United States**, 568 U.S. 186 (2013).
[44] **Maryland v. King**, 569 U.S. 435 (2013).
[45] **Riley v. California**, 573 U.S. 373 (2014).
[46] **Carpenter v. United States**, No. 16-402, 585 U.S. ____ (2018)
[47] Para uma interessante análise combinada dos precedentes de Riley e Carpenter, acentuando a sua complementaridade ver Souto, João Carlos. **Suprema Corte dos Estados Unidos**: principais decisões. 4. ed. São Paulo, Gen/Atlas, 2021, p. 273 e seguintes. Também Casagrande, Cássio. **O mundo fora dos autos**: crônicas da vida Judiciária no Brasil e nos EUA. Rio de Janeiro, Lumen Juris, 2020, p. 55 e seguintes.

alcançar um critério padronizado de identificação de como uma situação será observada pela Suprema Corte[48].

Conclusões

A evolução jurisprudencial estadunidense acerca da invalidação de provas produzidas ilicitamente alcançou em *Mapp v. Ohio* o seu ponto mais expansivo. A partir desse aresto, a prova ilicitamente obtida deveria ser excluída, seja ela decorrente da atuação persecutória federal, seja da estadual.

Houve, a partir de então, um movimento de retração da regra de exclusão. Pouco a pouco, os precedentes passaram a reputar, conforme a 4ª Emenda, algumas situações limítrofes, e, com isso, menos casos estariam sujeitos a uma reação anulatória.

Mais recentemente, um ponto de equilíbrio começou a ser buscado entre as duas tendências, mantendo-se a validade da regra de exclusão. Esse movimento pendular não parece ter sido finalizado.

[48] Isso não escapou à ironia de Akhil Reed Amar, que, em artigo de 1994, observou: "A Quarta Emenda hoje é uma vergonha. Muito do que a Suprema Corte disse na última metade do século – que a emenda geralmente exige mandados e causa provável para todas as buscas e apreensões e exclusão de provas obtidas ilegalmente – é inicialmente plausível, mas, em última análise, equivocado. Por uma questão de texto, história e bom senso comum, esses três pilares da modernidade, a jurisprudência da Quarta Emenda é difícil de apoiar; na verdade, hoje a Suprema Corte realmente não os apoia. Exceto quando apoia. Garantias não são necessárias – a menos que sejam. Todas as buscas e apreensões devem ser fundamentadas em causa provável – mas não às terças-feiras. E as provas apreendidas ilegalmente devem ser excluídas sempre que cinco votos assim o declararem. Enquanto isso, regras sensatas que a Emenda claramente faz estabelecer ou pressupor – que todas as buscas e apreensões devem ser razoáveis, que garantias (e apenas garantias) sempre exigem causas prováveis, e que o funcionalismo deve ser responsabilizado por desarrazoadas buscas e apreensões – são ignoradas pelos juízes. Às vezes. O resultado é uma vasta confusão de pronunciamentos judiciais que não é apenas complexa e contraditória, mas frequentemente perversa. Os criminosos ficam livres, enquanto cidadãos honestos são invadidos de maneiras ultrajantes com pouco ou nenhum remédio real. Se houver boas razões para esses e inúmeros outros resultados estranhos, o Tribunal não os forneceu." In: AMAR, Akhil. *Fourth Amendment first principles.* **Harvard Law Review**, v. 107, nº 4, pp. 757-58, 1994.

A jurisprudência sobre essa matéria revela-se casuística, sem uma racionalidade facilmente identificada *ex ante,* o que é objeto de críticas, pela insegurança jurídica que engendra. *Mapp*, porém, é o momento do triunfo da corrente que defendia a prevalência da 4ª Emenda e da exclusão de provas no âmbito estadual. Isso nunca foi revertido.

Referências

AMAR, Akhil Reed. ***The Bill of Rights:*** *creation and reconstruction*. New Haven: Yale University Press, 1998, e-book.

AMAR, Akhil Reed. ***America's Constitucion:*** *a biography*. Nova Iorque: Random House Trade Paperback, 2006, e-book.

AMAR, Akhil Reed. *Fourth Amendment first principles*. **Harvard Law Review**, v. 107, n 4, p. 757-58, 1994.

CASAGRANDE, Cássio. **O mundo fora dos autos**: crônicas da vida Judiciária no Brasil e nos EUA. Rio de Janeiro, Lumen Juris, 2020.

ESTADOS UNIDOS DA AMÉRICA.Constituição (1787). **14th Amendment**. Estados Unidos da América, 1868.

ESTADOS UNIDOS DA AMÉRICA.Constituição (1787). **Bill of Rights**. Estados Unidos da América, 1791.

ESTADOS UNIDOS DA AMÉRICA.Supreme Court of the United States. **Arizona v. Evans**, 514 U.S. 1 (1995), Washington D.C, 1º de março de 1995.

ESTADOS UNIDOS DA AMÉRICA. Supreme Court of the United States. **Arizona v. Gant**, 556 U.S. 332 (2009), Washington D.C, 21 de abril de 2009.

ESTADOS UNIDOS DA AMÉRICA.Supreme Court of the United States. **Barron v. Baltimore**, 32 U.S. (7 Pet.) 243 (1833), Washington D.C, 16 de fevereiro de 1833.

ESTADOS UNIDOS DA AMÉRICA. Supreme Court of the United States. **Bailey v. United States**, 568 U.S. 186 (2013), Washington D.C, 19 de fevereiro de 2013.

ESTADOS UNIDOS DA AMÉRICA.Supreme Court of the United States. **Boyd v. United States**, 116 U.S. 616 (1886), Washington D.C, 1º de fevereiro de 1886.

ESTADOS UNIDOS DA AMÉRICA.Supreme Court of the United States. **Carpenter v. United States**, No. 16-402, 585 U.S. ____ (2018), Washington D.C, 22 de junho de 2018.

ESTADOS UNIDOS DA AMÉRICA.Supreme Court of the United States. **Elkins v. United States**, 364 U.S. 206 (1960), Washington D.C, 27 de junho de 1960.

Estados Unidos da América.Supreme Court of the United States. **Florida v. Jardines**, 569 U.S. 1 (2013), Washington D.C, 26 de março de 2013.

Estados Unidos da América.Supreme Court of the United States. **Gitlow v. New York**, 268 U.S. 652 (1925), Washington D.C, 8 de junho de 1925.

Estados Unidos da América.Supreme Court of the United States. **Herring v. United States**, 555 U.S. 135 (2009), Washington D.C, 14 de janeiro de 2009.

Estados Unidos da América.Supreme Court of the United States. **Hudson v. Michigan**, 547 U.S. 586 (2006), Washington D.C, 15 de junho de 2006.

Estados Unidos da América.Supreme Court of the United States. **Illinois v. Rodriguez**, 497 U.S. 177 (1990), Washington D.C, 21 de junho de 1990.

Estados Unidos da América.Supreme Court of the United States. **Mapp v. Ohio**, 367 U.S. 643 (1961), Washington D.C, 19 de junho de 1961.

Estados Unidos da América.Supreme Court of the United States. **Maryland v. King**, 569 U.S. 435 (2013), Washington D.C, 3 de junho de 2013.

Estados Unidos da América.Supreme Court of the United States. **Missouri v. McNeely**, 569 U.S. 141 (2013), Washington D.C, 17 de abril de 2013.

Estados Unidos da América.Supreme Court of the United States. **New York v. Quarles**, 467 U.S. 649 (1984), Washington D.C, 12 de junho de 1984.

Estados Unidos da América.Supreme Court of the United States. **Nix v. Williams**, 467 U.S. 431 (1984), Washington D.C, 11 de junho de 1984.

Estados Unidos da América.Supreme Court of the United States. **Olmstead v. United States**, 277 U.S. 438 (1928), Washington D.C, 4 de junho de 1928.

Estados Unidos da América.Supreme Court of the United States. **Riley v. California**, 573 U.S. 373 (2014), Washington D.C, 25 de junho de 2014.

Estados Unidos da América.Supreme Court of the United States. **Slaughter--House Cases**, 83 U.S. (16 Wall.) 36 (1873), Washington D.C, 14 de abril de 1873.

Estados Unidos da América.Supreme Court of the United States. **Smith v. Maryland**, 442 U.S. 735 (1979), Washington D.C, 20 de junho de 1979.

Estados Unidos da América.Supreme Court of the United States. **Terry v. Ohio**, 392 U.S. 1 (1968), Washington D.C, 10 de junho de 1968.

Estados Unidos da América.Supreme Court of the United States. **United States v. Crews**, 445 U.S. 463 (1980), Washington D.C, 25 de março de 1980.

Estados Unidos da América.Supreme Court of the United States. **United States v. Jones**, 565 U.S. 400 (2012), Washington D.C, 23 de janeiro de 2012.

ESTADOS UNIDOS DA AMÉRICA.Supreme Court of the United States. **United States v. Leon**, 468 U.S. 897 (1984), Washington D.C, 5 de julho de 1984.

ESTADOS UNIDOS DA AMÉRICA.Supreme Court of the United States. **Wolf v. Colorado**, 338 U.S. 25 (1949), Washington D.C, 27 de junho de 1949.

ESTADOS UNIDOS DA AMÉRICA. Supreme Court of the United States. **Wong Sun v. United States**, 371 U.S. 471 (1963), Washington D.C, 14 de janeiro de 1963.

RODRIGUES, Leda Boechat. **A corte de Warren (1953-1969)**: Revolução Constitucional. Rio de Janeiro: Civilização Brasileira, 1991.

SOUTO, João Carlos. **Suprema Corte dos Estados Unidos**: principais decisões. 4. ed. São Paulo, Gen/Atlas, 2021.

17.

ENGEL V. VITALE, 1962

UM MURO DE SEPARAÇÃO ENTRE ESTADO E IGREJA

JOÃO PAULO DE MOURA GONET BRANCO
JOSÉ HENRIQUE LAVOCAT GALVÃO VIEIRA DE CARVALHO
RAFAEL LIMA GONET BRANCO

Introdução

Aconchegante refúgio emocional contra as aflições mundanas e abundante fonte de esclarecimento para as especulações existenciais que atormentam o inconsciente individual, a religião configura-se como constructo social indissociável da história da humanidade, afinal, como bem prognostica Gilberto Dupas, "a maioria dos homens, compreensivelmente, não suporta tanto sofrimento e incerteza."[1]

Em vista de tanto sossegar com certo nível de previsibilidade o intelectivo questionador, quanto mitigar as frustrações e decepções rotineiras, desenvolveram-se, espontaneamente, com efeito, inúmeros arcabouços metafísicos capazes de significar e nutrir de esperança a existência terrena, pois, como constata David Hume, "a tendência universal para a acreditar num poder invisível e inteligente, se não é um instinto ori-

[1] DUPAS, Gilberto. Religião e Sociedade. *In*: SILVA, Carlos Eduardo Lins da. **Uma Nação com Alma de Igreja**: Religiosidade e Políticas Públicas nos EUA. São Paulo: Paz&Terra, 2009. p. 8.

ginal, é pelo menos uma coisa que geralmente acompanha a natureza humana."[2]

Por meio da criação cognitiva de dogmas de tessitura hermética e promessas de deleites nesta ou, porventura, noutra vida, as religiões logram sucesso ao promover, em via de regra, o convívio harmônico e pacífico, de tal forma que mesmos os céticos e ateus, a exemplo de Alain de Botton, hão de reconhecer que "as religiões são intermitentemente úteis, eficazes e inteligentes demais para serem deixadas somente para os religiosos."[3]

Faz-se imperioso salientar, outrossim, o poder de coesão e agremiação comunitária de que dispõem as religiões, à proporção em que, por serem, nas palavras de Émile Durkheim, uma "'coisa eminentemente social' as representações religiosas são representações coletivas que exprimem realidades coletivas."[4] Neste contexto, é logicamente dedutível que a formação do Estado, um conglomerado de cidadãos semelhantes perante a lei, articular-se-ia em alguma escala com a religião.

Dito e feito, a religião, em primeiro momento, foi essencial ao processo de aproximação dos semelhantes e fomento da vontade de viver em coletividade. Todavia, extrapolou-se a prevista e modesta função religiosa na medida em que, como leciona R.H. Tawney,[5] "a forma teológica moldou a teoria política da Idade Média" e ainda viria a ser instrumento basilar da legitimação do poder na Idade Moderna, bem como auxiliaria a conceber o modelo econômico predominante da Idade Contemporânea, dado que para Max Weber[6], o "espírito capitalista" forma-se à luz dos ideais religiosos do protestantismo.

São precisamente estes íntimos laços entre Estado e Religião que a primeira parte deste artigo se dispõe à exploração, com a finalidade de demonstrar que desde o princípio a formação estadunidense carrega

[2] Hume, David. **História natural da religião.** São Paulo: Editora Unesp, 2005, p. 125.

[3] Botton, Alain de. **A religião para ateus.** Rio de Janeiro: Editora Intrínseca, 2012, p. 490 (Apple Books).

[4] Durkheim, Émile. **As Formas Elementares da Vida Religiosa:** sistema totêmico na Austrália. Tradução de Paulo Neves. São Paulo: Martins Fontes, 1996, p. XVI.

[5] Tawney, R. H. ***Religion and the Rise of Capitalism:*** *A Historical Study*. Londres: Pelican Books, 1938, p. 19.

[6] Weber, Max. **A Ética Protestante e o "espírito" do capitalismo**. Tradução de Antônio Flávio Pierucci. São Paulo: Companhia das Letras, 2004.

consigo traços religiosos e, em última instância, que os Estados Unidos são, indubitavelmente, "uma nação com alma de igreja".[7]

Observou-se, com o passar do tempo, entretanto, um fenômeno de progressiva dissociação entre Estado e Religião, o qual viria a ser recorrentemente consagrado pelo constitucionalismo ocidental, graças à influência francesa. Assíduos elementos constitutivos do Estado Democrático de Direito, a laicidade e a indiferença religiosa pública têm sido entendidas, emprestadas as palavras de Jónatas Machado, como um "corolário da liberdade de consciência, de pensamento e de religião".[8] de tal forma que, para Gomes Canotilho, os Estados Modernos têm por excelência o empenho por um posicionamento de neutralidade e não identificação com "qualquer tese, dogma, religião ou verdade de compreensão do mundo e da vida."[9]

Nos Estados Unidos, contudo, este processo discorreu-se de maneira ímpar, como será demonstrado de maneira mais minuciosa na segunda parte deste artigo. De antemão, todavia, faz-se proveitoso adiantar que ingênua instauração de uma prece facultativa de módicas vinte e duas palavras, sem caráter dominical e foco teleológico definido, em escolas públicas de ampla maioria cristã deu ensejo a um dos mais famigerados casos decididos pela Suprema Corte americana: em *Engel v. Vitale*, pela própria via judicial, efetivou-se a divisão entre Estado e Igreja.

Por fim, este estudo não se faria minimamente coerente caso se omitisse de exposição, ainda que breve, das decorrências deste distintivo julgado de notáveis consequências instigantes, afinal, não só é sadia, como deve ser imperativa a curiosidade bem sintetizada nos dizeres de Georg Hegel: "como haveria então de ocorrer ainda uma cisão maior entre fé e a razão, se em ambas já não existe nenhum conteúdo objectivo, portanto nenhum objecto de conflito?"[10]

[7] Dupas, top. cit., p. 39.

[8] Machado, Jónatas E. M. **Estado Constitucional e Neutralidade Religiosa:** Entre o teísmo e o (neo)ateísmo. Porto Alegre: Livraria do Advogado Editora, 2013, p. 14.

[9] Canotilho, J. J. Gomes. **Direito Constitucional e Teoria da Constituição**. Coimbra: Editora Almedina, 2003. p.226.

[10] Hegel, Georg W. F. Sobre fé e Razão. *In*: Hinrichs, Friedrich W. Prefácio à **Filosofia da Religião,** 1822. Tradução de Artur Morão. Covilhã: Univerisdade da Beira Interior, 2011. p.4.

Sobre as nuances e problemáticas resultantes da dissolução entre este resiliente vínculo matrimonial de Igreja e Estado, em perspectiva comparada com Brasil, versará o último segmento deste artigo, pois, ao fim e ao cabo, é presunçoso propor a construção intransigente de um robusto e sólido muro entre ambas as partes em uma conjuntura em que o ideário moral é fundamentado, em grande proporção, com base na religião, quando, bem relata Jónatas Machado, "muitos problemas que se colocam hoje ao Estado Constitucional assumem uma dimensão religiosa e ideológica relativamente a qual uma atitude de neutralidade ética é simplesmente impossível."[11]

1. Contexto histórico

Em vista de catalisar a acepção cognitiva deste fascinante julgado, faz-se virtuoso precipuamente esboçar um cauteloso, ainda que sintético, rascunho do arcabouço contextual histórico em que se inserem as discussões em análise, pois como já antecipara o brilhante escritor espanhol Miguel de Cervantes "a história é émula do tempo, repositório dos fatos, testemunha do passado, exemplo do presente e advertência do futuro."[12] Com efeito, torna-se mister retroceder às origens da complexa intersecção entre a religião e o Estado norte-americano, as quais remontam tanto à herança sociocultural fomentada no período colonial, quanto aos alicerces da fundação constitucional dos Estados Unidos da América. Por fim, há de se mencionar os vanguardistas esforços da Suprema Corte americana na árdua tutela das nuances da laicidade estatal, os quais instigam calorosos debates.

A construção do ideário norte-americano encontra-se, desde o princípio, indubitavelmente, atrelada aos grilhões da religiosidade, na medida em que a formação social das Treze Colônias compreende notável parcela de protagonismo aos grupos religiosos protestantes. Asiladas na América em decorrência da rigorosa perseguição anglicana orquestrada pela monarquia absolutista inglesa, numerosas agremiações religiosas de matriz reformista – dentre as quais destacam-se os calvinistas, batistas,

[11] Machado op. cit., p. 16.

[12] Cervantes, Miguel de. ***El ingenioso Hidalgo Don Quixote de la Mancha.*** 3 ed. corrigida. Madrid: Real Academia Española, 1787, p. 7.

luteranos e *quakers* – encontraram no novo mundo, como metaforicamente define John Brown, um solo virgem no qual poderiam disseminar de forma livre suas raízes e estas viriam a crescer vigorosamente.[13] Com efeito, ao cruzarem o Atlântico a bordo do icônico navio Mayflower, os intitulados "pais peregrinos" trouxeram consigo a concepção da religião como pedra de toque do ordenamento social e, sobre este sustentáculo, fundaram prósperos núcleos de colonização como *New Plymouth*, afinal, acreditavam terem sido eleitos por Deus para povoar e desenvolver a América.

Supreendentemente, desde o início da colonização, a metrópole Inglaterra adotou uma singular postura de apatia e indiferença no que concerne ao regimento organizacional interno das Treze Colônias. Esta inusitada postura de não interferência política, a qual viria a ser conhecida pela historiografia como "negligência salutar", permitiu a exacerbada difusão e a profunda recepção de princípios religiosos puritanos nas mais diversas esferas da vida cotidiana.

Nesse ínterim, destaca-se o efusivo fomento à educação, pois como explica o professor James Fraser, para os puritanos a "educação era essencial para fé".[14] Com efeito, não era para ser espantoso tanto a publicação em 1642 de uma norma legislativa no estado Massachusetts requerendo que pais e responsáveis ensinassem seus filhos a "lerem e entenderem os princípios da religião e as leis capitais do país."[15] quanto a fundamentação legal, cinco anos depois, a partir da ideia de que "é um projeto principal do velho Satanás manter os homens distantes do conhecimento"[16] para institucionalizar normativamente a educação pública como empenho ao combate do desconhecimento.

Outrossim, cabe salientar que as práticas e dizeres religiosos também se faziam fortemente latentes na educação superior em âmbito privado.

[13] Brown, John. ***The Pilgrim Fathers of New England:*** *and their puritan sucessors.* 4 ed. Londres: The Religious Tract Society, 1897, p. 16.

[14] Fraser, James W. ***Between Church and State:*** *Religion and Public Education in a Multicultural America.* Nova Iorque: St. Martins's Press, 1999, p. 10.

[15] Morison, Samuel Eliot Morison. ***The Intellectual Life of Colonial New England.*** Nova Iorque: New York University Press, 1956, p. 66.

[16] Karnal, Leandro. **História dos Estados Unidos**: das origens ao século XXI. São Paulo: Contexto, 2007, p. 48.

Como precisamente exemplifica Leandro Karnal, estatutos da consagrada Universidade de Yale, datados de 1745, requeriam de seus alunos a capacidade de ler passagens da Bíblia em grego, bem interpretar o Virgílio e viver de modo inócuo, dado que o "candidato deveria ser piedoso e seguir as regras do Verbo de Deus, lendo assiduamente as sagradas Escrituras, a fonte da luz e da verdade, e atendendo constantemente a todos os deveres da religião tanto em público como em segredo."[17]

Neste contexto de autonomia, cada uma das Treze Colônias americanas tratou de tutelar a prática religiosa de modo distinto e particular, de tal forma que este processo resultou, como afirma o professor James H. Hutson, na formação de um mapa religioso colonial com muitas matizes e cores.[18]

Em meio a este plural e abissal espectro de regulação, inserem-se desde arquétipos de convivência religiosa harmônica e respeitosa como a Pensilvânia de paz e liberdade idealizada pelo *quaker* William Penn, quanto modelos de descomunal fundamentalismo e evidente discriminação religiosa à exemplo da Baía de Massachusetts, em que somente membros da igreja estariam aptos a exercer o direito ao voto e, como descreve o historiador James West Davidson, "qualquer um que professasse ideias que levassem à 'destruição da alma dos homens' era banido da colônia; e se essas pessoas indesejáveis regressassem para disseminar falsas crenças novamente, podiam ter a língua perfurada com um ferro quente ou ser enforcadas."[19] Fato é que, em maior ou menor medida, a religião encontra-se alocada no cerne essencial da ideologia e dos costumes coloniais americanos.

Explicitado o agigantado protagonismo da religião na construção da identidade norte-americana, é logicamente dedutível que carga desta herança tornar-se-ia perceptível de algum modo no momento da elaboração constitucional norte-americana, afinal, os líderes políticos encontravam-se imersos nesta realidade. Dito e feito, a Constituição estaduni-

[17] Ibid., p. 48.

[18] Hutson, James H. ***Church and State in America:*** *The First Two Centuries*. Nova Iorque: Cambridge University Press, 2008, p. 1.

[19] Davidson, James West Davidson. **Uma breve história dos Estados Unidos**. Porto Alegre: LP&M, 2016, p. 42.

dense consagrada em 1787 não prescreve em dispositivo algum, de forma explícita e taxativa, a separação entre o Estado e a Igreja, pelo simples motivo que os "pais fundadores" não intendiam a total cisão entre as partes, dado que concebiam a religião como pilar basilar para a fundação do núcleo moral da sociedade.

Ademais, resquícios do passado religioso entremeado na esfera política são palpáveis na Declaração de Independência de 1776, na qual os "pais fundadores" categoricamente expressam a crença em um Deus transcendental, ora ao fazerem menção no primeiro parágrafo às "Leis da Natureza e Leis de Deus", ora ao postularem que "todos os homens são criados iguais e endossados por seu Criador com certos direitos inalienáveis, entre os quais a vida, a liberdade e a busca pela felicidade."[20] Neste diapasão, é didático e direto o primeiro presidente norte-americano George Washington ao reiterar tal posição no seu manifesto de despedida em 1796: "de todas as provisões e hábitos que levam à prosperidade política, religião e moralidade são os suportes indispensáveis."[21]

Perpassada a omissão constitucional na cisão entre Estado e Igreja, faz-se mister abordar o que a Lei Maior norte-americana propriamente estipula sobre os limites da intervenção estatal na esfera religiosa. Originalmente proposta pelo célebre federalista James Madison, a Primeira Emenda da Constituição Americana encarrega-se parcialmente deste ofício ao dispor que o "Congresso não legislará no sentido de estabelecer uma religião ou proibir o livre exercício religioso".[22] A partir desta enxuta redação, percebe-se que ao mesmo tempo que os "pais fundadores" aspiravam garantir o direito dos cidadãos ao arbítrio individual e à liberdade religiosa, não é objetivada a dissociação completa entre Estado e Igreja, ao passo que não são vedados o incentivo, o encorajamento e o estímulo federal ao cultivo religioso, nem é proibido o estabelecimento

[20] Declaração de Independência (1776). **United States Declaration of Independence**. Estados Unidos da América, 1776.

[21] Washington, Geroge. George Washington Papers, Series 2, Letterbooks -1799: Letterbook 24, April 3, 1793 – March 3, 1797. 1793. Manuscript/Mixed Material. **Library of Congress**. Disponível em: <www.loc.gov/item/mgw2.024/>.

[22] Constituição (1787). **The Constitution of the United States**. Estados Unidos da América, 1787.

de uma religião oficial em âmbito estadual até a promulgação da Décima Quarta Emenda em 1868.

Almeja-se, portanto, apenas a proteção ao direito de crença e à manifestação religiosa individual independente de qual seja a espécie. É uma diferença interpretativa sutil, que, contudo, possui grande impacto na organização pública ao longo da história americana, à medida em que este entendimento perdurará até o século XX, quando do início da promíscua intervenção jurídica da Suprema Corte americana nos limites da laicidade estatal.

Noutro giro, é proveitoso mencionar *Everson v. Board of Education* (1947), quando, em 1946, o estado de Nova Jersey consentiu, por meio de estatuto, que os distritos escolares provessem e regulassem o transporte para os alunos. Com base nesta permissão, o Conselho de Educação de Ewing autorizou o reembolso das despesas monetárias gastas pelos pais com o transporte escolar de seus filhos, seja a instituição escolar frequentada pela criança de natureza pública ou privada. Todavia, faz-se mister atentar que predominavam no distrito em análise instituições privadas de orientação ideológica católica, as quais eram administradas na maioria por párocos e comungavam dos princípios religiosos e da fé cristã para estruturar o plano de educação a ser seguido.

Em razão desta prevalência, o contribuinte local Arch Everson alegou na Suprema Corte de Nova Jersey que o reembolso aos alunos de escolas privadas paroquiais proposto pelo Conselho de Educação de Ewing seria inconstitucional, pois o poder estatal estaria favorecendo indiscriminadamente o ensino regular cristão. A ação foi julgada procedente, o Conselho de Educação reverteu a decisão na Corte de Apelações e o caso eventualmente chegou à Suprema Corte americana. Em decisão apertada por 5 votos a 4, a Suprema Corte entendeu pela constitucionalidade da política distrital de reembolso, haja visto que este fora ofertado de modo isonômico para todos os estudantes, independente da ausência ou da fé professada, bem como argumentou-se que a quantia monetária restituída não se destinava a uma instituição religiosa específica, mas aos próprios pais dos alunos.

Muito mais do que pelo resultado referente a constitucionalidade da política em si, todavia, a referida decisão configura-se como marco paradigmático na tutela da laicidade estatal por sua inédita e curiosa fundamentação. Para alicerçar o entendimento majoritário, a Corte valeu-se de uma arcaica passagem de Thomas Jefferson, retirada de carta redigida em 1802 para Associação Batista Danbury em Connecticut, na qual o "pai fundador" atenta sobre a necessidade de erguer um "muro de separação entre a Igreja e o Estado".[23] Por instrumento deste trecho isolado, esquecido na história por anos e de irônica autoria de um defensor da hipótese de que os direitos naturais seriam endossados pelo Criador, ineditamente determinou-se, emprestadas as palavras do *Justice* Hugo Black na redação da decisão da corte, que "nem o Governo Federal, nem os estados, poderiam promulgar leis que favorecessem uma religião, todas as religiões ou preferissem uma religião a outra."[24]

Pela primeira vez, por conseguinte, compreendeu-se juridicamente que a Primeira Emenda Constitucional abrigava não somente o direito ao livre exercício religioso, mas também impedia o incentivo público à esfera religiosa e vice-versa. É, sem sombra de dúvidas, um primeiro avanço, apesar de discreto, em direção à laicidade estatal, que antecipa, de certa forma, as decorrências de *Engel v. Vitale.*

Por fim, faz-se propício encerrar este singelo giro histórico em tom de síntese com a exposição do entendimento da Suprema Corte em *Zorach v. Clauson* (1952), ao passo que esta decisão tanto exaure o apego à herança religiosa fomentada desde o período colonial, quanto rememora o ordenamento social precedente aos efeitos de *Engel v. Vitale.*

De acordo com a lei de educação do estado de Nova Iorque, as escolas públicas poderiam conceder dispensa facultativa aos alunos em horário letivo pré-estabelecido para fins de instrução religiosa em centros privados, sob a premissa de que a religião auxiliaria na formação moral do estudante. Portando autorização escrita pelos responsáveis, destarte, as crianças estariam autorizadas a deixar as facilidades públicas de educação para o exercício de práticas devocionais, desde que a presença fosse devidamente aferida pela instituição religiosa e semanalmente reportada à escola. Aos estudantes cujos pais não optassem pela substituição da carga

[23] JEFFERSON, Thomas. Thomas Jefferson to Danbury, Connecticut, Baptist Association, January 1, with Copy. -01-01, 1802. Manuscript/Mixed Material. **Library of Congress**. Disponível em: < https://www.loc.gov/resource/mtj1.025_0557_0558/?st=gallery>.
[24] **Everson v. Board of Education**, 330 U.S. 1 (1947), p. 16.

horária letiva por atividades de natureza religiosa, a presença na sala de aula, em contrapartida, constituir-se-ia como compulsória.

Com efeito, alegando que o programa de ocupação religiosa atentava contra a Primeira Emenda, contribuintes locais recorreram da decisão da Corte de Apelações de Nova Iorque e a lide veio a ser apreciada em último grau de jurisdição. É um caso que, se analisado despretensiosamente muito se assemelha a *McCollum v. Board of Education* (1948), com a crucial diferença que neste último o programa de instrução religiosa estava subordinado ao próprio estado de Illinois e tinha espaço nas próprias salas de aula de natureza pública.

Por decisão majoritária de 6 votos a 3, a Suprema Corte dos Estados Unidos entendeu pela constitucionalidade da lei de educação de Nova Iorque e, por consequência lógica, pela validade da dispensa letiva de estudantes do sistema público para fins de instrução religiosa. Segundo os argumentos formais da Corte, o exercício religioso seria facultativo, não acarretaria dispêndios estatais, não se utilizaria indevidamente do espaço público e, finalmente, nas próprias palavras da decisão da Corte redigida pelo *Justice* William O. Douglas, "a Primeira Emenda não determina que haverá uma separação entre Igreja e Estado em todos os aspectos", afinal, "nós somos um povo religioso, cujas instituições pressupõem um Ser Supremo."[25]

Evidencia-se, incontestavelmente, a pulsante e enérgica ancestralidade religiosa norte-americana, a qual entremeia-se estreitamente tanto no momento de intepretação constitucional, quanto na manufatura de políticas públicas. Anteriormente a *Engel v. Vitale* (1962) é seguro prognosticar que o rigoroso intento da separação entre Estado e Igreja, como é venerado na atualidade, não passa de um mero projeto abstrato e utópico, por vezes até satirizado.[26]

[25] **Zorach v. Clauson**, 343 U.S. 306 (1952), **o u** p. 313-314.

[26] Se Estado e Igreja fossem totalmente separados, ironiza *Justice* Douglas: "Igrejas não seriam obrigadas a pagar impostos de propriedade. Municípios não teriam permissão para fornecer proteção policial ou brigada de incêndio para grupos religiosos. Policiais que ajudassem os paroquianos em seus locais de culto violariam a Constituição. Rezas nos salões legislativos; apelos ao Todo-Poderoso nas mensagens do Chefe Executivo; as proclamações fazendo do Dia de Ação de Graças um feriado; "que Deus me ajude" em nossos juramentos no tribunal – essas e todas as outras referências ao Todo-Poderoso

2. Aspectos importantes da decisão

Em novembro de 1951, aprovou-se pelo Conselho de Regentes[27] do Estado de Nova Iorque uma despretensiosa resolução que recomendava a inclusão de uma oração no início do rito escolar diário, sob a justificativa de que o povo americano sempre foi um povo religioso. Entendeu-se que a prática auxiliaria no cumprimento de metas educacionais, como o respeito pela autoridade e pelas leis, além de conduzir os estudantes a seguirem a mesma orientação religiosa de seus pais. Curta e intencionalmente vaga para não se aparentar vínculo a qualquer doutrina religiosa específica, a oração de vinte e duas palavras traduzia-se em: "Deus todo-poderoso, reconhecemos nossa dependência sob Vós, e a Ti imploramos bênçãos sobre nós, nossos pais, nossos professores e nosso País."[28]

Pelo caráter facultativo da resolução, os Conselhos de Educação de cada distrito tinham discricionariedade quanto à incorporação, ou não, da oração, de tal sorte que cerca de 10% assim fizeram. Em 1956, Mary Harte, membra do Conselho de Educação do 9º Distrito que abrangia, dentre outras, a comunidade de New Hyde Park, propôs a adoção do rito, uma vez que os estudantes deveriam ter o direito de rezar nas escolas, como tinham feito ao longo da história do país. Sua proposta, no entanto, não foi aceita pelo Conselho em duas tentativas subsequentes, realizadas com intervalo de um ano. Somente na terceira tentativa, em 1958, a proposta foi aprovada e a oração passou a ser parte da rotina diária das escolas do Distrito, sendo iniciada às manhãs pelos professores.

De ascendência judaica, embora não praticante, e progenitor de mais de um aluno matriculado na comunidade de New Hyde Park, Lawrence

que perpassam nossas leis, nossos rituais públicos, nossas cerimônias estariam desrespeitando a Primeira Emenda. Um ateu ou agnóstico meticuloso poderia até mesmo se opor à súplica com que a Corte inicia cada sessão: "Deus salve os Estados Unidos e esta Honorável Corte". Ibid., p. 313-314.

[27] Corpo político escolhido pelo legislativo estadual de Nova York, revestido de legitimidade para a expedição de diretrizes e decisões com força vinculativa sobre todos os Conselhos de Educação – que respondem por cada distrito – e, portanto, sobre todas as escolas públicas do estado.

[28] *"Almighty God, we acknowledge our dependence upon Thee, and we beg Thy blessings upon us, our parents, our teachers and our Country."* Mountjoy, Shane. ***Engel v. Vitale***. Nova Iorque: Chelsea House Publications, 2006, p. 57.

Roth, constantemente encontrava-se em embate com o Conselho de Educação local. Tampouco satisfeito com instituição da prece diária, Roth instruiu seus filhos a não participarem da oração, por entender que a natureza religiosa do ato violaria o princípio da laicidade estatal. A abstenção proposta, todavia, fora recebida com fria represália dos colegas de classe e dos próprios professores, fator este que motivou Roth, em última instância, a juntar-se a outros quatro pais[29] – dentre eles Steven Engel, que, por ordem alfabética, ficou como primeiro nome no processo – em ação patrocinada pela União Americana pelas Liberdades Civis (ACLU) contra o Distrito Escolar, personificado na figura do presidente do Conselho de Educação William Vitale, que figurou como requerido nos registros processuais,

Deu-se início, portanto, ao processo, sob a presidência do juiz Bernard S. Meyer, no tribunal do condado de Nassau. Nesta instância, entendeu-se que a cláusula de estabelecimento religioso[30], prevista na Primeira Emenda à Constituição americana, não proibiria o recital de uma liturgia religiosa não compulsória, entretanto, previa imperativa, sob a Cláusula de Livre Exercício da mesma Emenda, a adoção de medidas mais energéticas para garantir o verdadeiro caráter voluntário do procedimento. A partir de então, reiterou-se que os pais que objetassem ao rito poderiam solicitar que seus filhos permanecessem respeitosamente em silêncio ou se retirassem da sala enquanto da duração da prece.

Não satisfeitos com a decisão, os pais prosseguiram com o processo para a Corte de Apelações de Nova Iorque em 1961. Mais uma vez, com 5 juízes a favor do Conselho e 2 contra, os impetrantes perderam. A maioria da Corte entendeu que a cláusula de estabelecimento proibia tão somente a demonstração nítida de preferência do Estado a determinada seita religiosa, de modo que o caráter breve, e relativamente neutro da oração dos Regentes, não constituiria violação a esse princípio. Os dois juízes que divergiram arguiram que houve violação à Cláusula, afinal, o

[29] Dois pais judeus, um de seita humanista e um de seita unitária. MOUNTJOY, top. cit., p. 64.

[30] Previsão da Primeira Emenda à Constituição americana que prescreve que o Congresso não legislará no sentido de estabelecer uma religião oficial do Estado. Constituição (1787). **The Constitution of the United States**. Estados Unidos da América, 1787.

Estado não deveria entrar em território dominado pela Igreja, além de que não haveria, de fato, natureza voluntária, pois, ao fim e ao cabo, isto conduziria a um processo gradual de erosão da Primeira Emenda. Ainda insatisfeitos, os pais recorreram à Suprema Corte que, em 4 de dezembro de 1961, concedeu *writ of certiorari*[31].

Na Corte Suprema, a ACLU calcou estratégia argumentativa em defesa dos pais sobre cinco pontos complementares. O primeiro, e principal, afirmava que a adoção da oração elaborada pelo Conselho dos Regentes constituir-se-ia como expressa violação do princípio da separação entre Igreja e Estado, uma vez que escolas financiadas pelo Estado estariam guiando os estudantes à adoção de práticas religiosas por instrução de professores, funcionários públicos. Alegavam, também, que a imposição de uma oração composta pelo Estado configurar-se-ia como abuso de poder e deliberada tentativa de controlar a população. Ademais, afirmavam que o ato da oração era adornado por uma compulsoriedade oculta, mas materializada pela expectativa de comportamento por parte dos professores e dos demais alunos. Por fim, defenderam ainda que a oração era abertamente teísta e discretamente cristã e, por mais que pudesse ser não denominacional, seria discriminatória contra aqueles que não professassem alguma religião e fossem, pois, adeptos ao ateísmo.

Em contrapartida, o Conselho de Educação de New Hyde Park, assistido pelo Conselho de Regentes do Estado de Nova Iorque, baseou sua defesa em seis pontos. Sem negar a natureza religiosa da oração, afirmou que o mero ato de fazê-la não configurar-se-ia como instrução religiosa, mas apenas ato de rotina, guardada semelhança com outros atos oficiais dos Estados Unidos – como a impressão "Em Deus confiamos" nas moedas –, cujo objetivo seria voltado unicamente à promoção da disciplina e da formação moral. Outrossim, alegaram que a oração, além de voluntária, uma vez que permitia que qualquer um se recusasse a fazê-la, era de tamanho insignificante para justificar o caso. Reiterou-se, ainda, o caráter denominacional da prece, de forma que nenhum grupo religioso poderia

[31] Petição submetida pela parte derrotada na instância inferior que, se acatada por pelo menos 4 dos 9 membros, implicará na apreciação da controvérsia pela Corte. FINE, Toni M. **Introdução ao Sistema Jurídico Anglo-Americano**, 2007. Tradução de Eduardo Saldanha. São Paulo: Martins Fontes, 2019. p. 37-38.

assumi-la para si e tomar proveito de promoção estatal de liturgia religiosa própria.

Sem a presença dos *Justices* Felix Frankfurter, que havia se aposentado após sofrer um acidente vascular cerebral, e Byron White, que ainda estava em processo de confirmação pelo Senado após a aposentadoria do *Justice* Charles Whittaker, a Suprema Corte proferiu entendimento em 25 de junho de 1962. Por 6 votos a 1, decidiu-se que a prescrição da oração elaborada pelo Conselho de Regentes violaria a cláusula de estabelecimento da Primeira Emenda. A decisão majoritária foi redigida pelo *Justice* Hugo Black, que, no dia da entrega, completava 25 anos de Corte. Ademais, aderiu ao voto o *Justice* William Douglas e divergiu o *Justice* Potter-Stewart.

Hugo Lafayette Black nasceu no Alabama, em 1886. Filiado ao Partido Democrata, elegeu-se senador em 1926 e foi reeleito em 1932. Durante sua investidura no Senado, ficou conhecido como defensor de causas populistas e fervoroso apoiador do Presidente Franklin Roosevelt, bem como de suas políticas do *New Deal*[32]. Quando de sua primeira oportunidade de nomeação para a Corte, Roosevelt buscou alguém com expectativa de longevidade, que apoiasse seu plano de governo e que ainda fosse do agrado do Senado. Dentre os candidatos, melhor se destacou Black, o qual viria ser a ser conhecido como o primeiro juiz da "ala liberal"[33]. Redigindo a decisão da Corte, Black postulou que a prática adotada pelo Conselho de Educação do 9º Distrito Escolar de Nova Iorque seria inteiramente inconsistente com a cláusula de estabelecimento, dado que não convém a funcionários e representantes do governo o ofício de compor orações.

Para justificar tal premissa, Black faz um retrospecto histórico-comparativo com a aprovação do "Livro de Oração Comum" na Inglaterra.

[32] Inclusive, *Justice* Hugo Black, enquanto senador, era entusiasta do derrotado *Court Packing Plan*, cujo objetivo era aumentar o número de juízes a fim de redesenhar o balanço ideológico da Corte, cuja composição da época entrara para a história na chamada "Era Lochner", caracterizada pela derrubada de atos de regulação econômica, a incluir certas medidas do *New Deal*. BALL, Howard. ***Hugo L. Black***. Nova Iorque: Oxford University Press, 1996, p. 91.

[33] REHNQUIST, William H. ***The Supreme Court***. Nova Iorque: Vintage Books, 2001, p. 14-15.

Consectário ao estabelecimento da Igreja inglesa, o documento expunha, em mínimos detalhes, a conduta adequada ao se fazer uma oração. Com efeito, os grupos majoritários, capazes de inserir suas próprias demandas na política, lograram sucesso ao adaptar seu próprio rito à liturgia demandada por Lei. Todavia, os grupos minoritários, inexpressivos politicamente, por outro lado, foram coibidos a emigrar para América em busca de gozar da liberdade de exercício da religião defasada na Inglaterra.

Ainda nesta reconstrução, Black admite que muitos desses grupos que desembarcaram no novo continente, ao verem invertida a balança de poder, se esforçaram no sentido de estabelecer a sua própria religião como a oficial, de forma que 8 das 13 colônias possuíam Igrejas estabelecidas e, das 5 restantes, 4 tinham religiões oficiais. A oposição a esses estabelecimentos foi gradativamente ganhando força, inclusive com a participação de importantes figuras para o surgimento da nova América, como James Madison e Thomas Jefferson, as quais contribuíram para a elaboração da "Lei de Liberdade Religiosa da Virginia". Destarte, no momento da elaboração constitucional, muitos estavam cientes dos perigos representados por uma Igreja ou religião sustentada pelo Estado, seja pela experiência inglesa, seja pela vivência nas próprias colônias.

Em direta sucessão causal, a Constituição americana consagra como fundamental a garantia da soberania popular, de modo a não se confundir com o uso do poder e prestígio da administração federal para a promoção, controle, coerção ou influência de uma religião ou Igreja. No entendimento de Black, portanto, a Primeira Emenda, ampliada aos estados pela Décima-Quarta, asseguraria o impedimento governamental na criação de orações em qualquer programa de promoção religiosa. Outrossim, reforça o *Justice* que os "pais fundadores" tinham em mente estabelecer um Estado em que a liberdade repousasse no entendimento de que a religião é de exercício inteiramente pessoal e sagrado, não cabendo, portanto, regulamentação de agentes públicos. Essa separação entre Igreja e Estado não teria, para Black, o intuito de diminuir quaisquer instituições, antes, propiciaria o exercício mais fidedigno das fés sustentadas e professadas por qualquer um que fosse aos Estados Unidos em busca da plena liberdade para expressar os seus mais intrínsecos costumes e crenças.

Referindo-se ao argumento de defesa, quando da menção à não-observância compulsória dos alunos, Black expandiu seu entendimento da cláusula de estabelecimento para dizer que seu intuito era não proteger somente contra a direta compulsão governamental na instituição de uma religião oficial. No caso, o poder, o prestígio e o suporte financeiro do governo federal seriam suficientes para incidir em uma coerção indireta naqueles que se recusassem a segui-la, dada a histórica evolução da conjunta de Estados teocráticos e a perseguição àqueles que se dizem contrários[34]. Por fim, para o argumento de que a oração, além de curta, não expressaria claramente sua corrente teológica de forma a não comprometer a liberdade religiosa, o redator citou James Madison, em panfleto favorável ao projeto da "Lei de Liberdade Religiosa da Virginia", como se segue:

> Deve-se tomar alarme dos primeiros experimentos contra as nossas liberdades. Quem não vê que a mesma autoridade que pode instituir o cristianismo, em exclusão a todas as outras religiões, pode tão facilmente adotar uma seita cristã específica, em detrimento de todas as demais?[35]

Finalmente, divergiu da decisão majoritária da Corte o *Justice* Potter Stewart, para quem uma oração, sem qualquer tipo de coerção ou deliberação quanto à postura de cada aluno durante o recital da oração, não poderia ferir o princípio constitucional do livre-exercício da religião. Entendeu Stewart, que a decisão da Corte interpretou erroneamente um princípio constitucional ao impedir o exercício da oração pelos alunos que quisessem, afinal, estas vinte e duas palavras, tão simples e curtas, evidentemente não poderiam ensejar o estabelecimento de uma religião oficial do Estado, pelo contrário, apenas reconheceriam o óbvio e incontestável fato de que esta Nação se alicerça sobre uma forte base de tradições religiosas bem sedimentadas, presentes nas mais diferentes instâncias públicas.

[34] Volta a exemplificar, nesse contexto, a Igreja da Inglaterra. Agora, com um "Ato de Uniformidade" aprovado para compelir a presença dos ingleses nas celebrações religiosas oficiais do estado, tornando uma conduta criminalmente ofensiva estar presente em ritos diferentes. **Engel v. Vitale**, 370 U.S. 421 (1962), p. 432.

[35] 370 U.S. 421 (1962), p. 436.

Seja no início do expediente da própria Suprema Corte, das Casas do Poder Legislativo ou cerimônia de posse de cada um dos Presidentes dos Estados Unidos até então[36], seja no hino americano, na moeda[37] ou juramento de lealdade à bandeira[38], evidenciam-se homólogas manifestações religiosas, as quais, contudo, são permitidas pelo ordenamento. Em tom de conclusão, arremeta Stewart que o procedimento adotado pelo Conselho de Educação de New Hyde Park nada fez no sentido de se estabelecer uma religião oficial para o Estado, mas tão somente reconheceu as inúmeras, duradouras e enraizadas tradições espirituais dos Estados Unidos.

3. Repercussão da decisão

A separação completa entre o Estado e a religião nos Estados Unidos é, como descrito previamente, fruto de uma longa trajetória política e judicial que paulatinamente redundou no polarizado desenho atual. Não houve, num primeiro momento, preocupação em estabelecer um limite instransponível entre um e outro. O conteúdo principal da Primeira Emenda foi concebido apenas para impedir que o Congresso Nacional criasse ou estabelecesse uma religião oficial. Ou seja, a preocupação maior do Poder Constituinte não era separar os dois elementos, mas, sim, impedir que o Estado viesse a impor uma religião como regra oficial, o que afetaria o restante do texto constitucional, que se preocupa com o livre exercício religioso.

A emenda passou a ser vista de forma distinta apenas em *Zorach v. Clauson* (1952), quando a Suprema Corte resgatou a carta escrita por

[36] O *Justice* Douglas menciona, inclusive, trechos dos discursos de posse de Thomas Jefferson e James Madison, colocados nos demais votos como mais altos expoentes da máxima da separação entre Igreja e Estado, mas que agradecem a um "Ser Todo-Poderoso" responsável pelas benesses e benefícios que foram dados aos Estados Unidos, pedindo-O por proteção e contínua prosperidade. 370 U.S. 421 (1962).

[37] Tanto no hino, quanto na moeda estadunidense há a adoção do lema "em Deus nós confiamos".

[38] Neste juramento, também prescrito para o início da ritualística escolar do dia, consta a seguinte frase "uma Nação sob Deus". Inquirido pelo próprio *Justice* Stewart na audiência de arguição do caso, o advogado arguente, William J Butler, todavia, afirma não haver "qualquer ataque a esse ritual".

Thomas Jefferson, em 1802, à Associação Baptista de Danbury, na qual se previa a construção de um muro de separação entre Igreja e Estado.[39] A partir dessa compreensão, os adeptos da política de separação total entre Estado e Igreja passaram a sustentar que "todo apoio estatal dado à religião, direta ou indiretamente, viola Constituição"[40]. Este é considerado um fato político decisivo para o entendimento corrente sobre o assunto nos EUA.

A relação entre a religião e o poder público nos EUA se mostra especialmente delicada e ganha relevância mais acentuada quando examinada no contexto das manifestações religiosas em escolas primárias e secundárias públicas. Por isso, o ensino público nos EUA é considerado fator essencial de promoção das condições indispensáveis para o desenvolvimento pessoal dos cidadãos em bases minimamente igualitárias. Com efeito, é especialmente importante nesse aspecto *Engel v. Vitale* (1962), cuja decisão que se funda no argumento de que o uso de escolas públicas para encorajar orações é completamente inconsistente com a clausula de estabelecimento[41]. Além disso, contra a justificativa de que era optativo aos alunos participar do momento espiritual, ficou entendido que sempre que o Estado confere apoio simbólico a uma prática religiosa, ainda que não delibera ou explicitamente, pressiona os não aderentes no sentido da sua conformidade com a maioria.[42] Fixou-se, assim, um limite de atuação dos agentes públicos, em especial nas escolas, na promoção de atividades religiosas.

O conflito em análise, teve ampla repercussão jurídica e política à época e rende discussão até os dias atuais. Logo após a decisão, senadores e deputados debateram propostas de emendas à Constituição para rediscutir a inteligência firmada na Suprema Corte, pois, na realidade, os princípios consagrados pela Primeira Emenda eram decorrentes apenas

[39] JEFFERSON, op. cit.

[40] HALL, Kermit. ***The oxford companion to the supreme court of the United States***. Nova Iorque: OUP USA, 1992, p. 255.

[41] Ibid.

[42] MACHADO, Jónatas Eduardo Mendes. **Liberdade Religiosa Numa Comunidade Constitucional Inclusiva Dos Direitos Da Verdade Aos Direitos Dos Cidadãos**. Coimbra: Coimbra Editora, 1996, p. 319.

da série de decisões e interpretações da Corte em casos específicos de atividades de cunho religioso no âmbito escolar.[43]

Em 1966, foi proposta emenda para voltar a permitir a oração voluntária nas escolas. Entretanto, por alguns votos, não se conseguiu atingir a marca de dois terços – mínimo de votos necessários à aprovação de uma emenda naquele país.[44] O então Presidente dos EUA, John F. Kennedy, também se pronunciou sobre o caso[45] e endossou a decisão da Corte, enfatizando a importância de se respeitar o que fora decidido, ainda que não se concorde inteiramente com o mérito da decisão.

Não obstante, questões semelhantes voltaram a aparecer na Suprema Corte. Apenas um ano após esse caso marcante, outra lide, com o mesmo conteúdo central de discussão, foi apreciada pelo tribunal. Em *Abington School District v. Schempp* (1963) foi declarado, por 8 votos a 1, que a leitura obrigatória da Bíblia em escolas públicas era inconstitucional, usando-se como entendimento a decisão que acabara de ser tomada, pela mesma Corte, meses antes.

O aspecto mais frisante da relevância desse caso, que retrata bem a sua notável repercussão, é o fato de o seu entendimento básico permanecer vigorante, nos EUA, até hoje. Continua firme a máxima do julgamento, no sentido de que, se qualquer agente estatal, desempenhando função tida como de primeira importância no plano das atribuições tipicamente

[43] NOWAK, John E.; ROTUNDA, Ronald D. ***Constitutional Law***. Eagan: West Publishing Co. St. Paul, 1995, p. 1235.

[44] MOUNTJOY, *t*op. cit., p. 103.

[45] Em entrevista realizada em 27 de junho de 1962 e recolhida por *Today In Civil Liberty History*, o Presidente John Kennedy afirmou: "A Suprema Corte fez seu julgamento, e muitas pessoas, obviamente, discordarão dele. Outros concordarão. Mas acho que é importante para nós, se quisermos manter nossa tradição constitucional, que apoiemos as decisões do Supremo Tribunal, mesmo quando não concordamos com elas. Além disso, temos neste caso uma fácil solução: orar nós mesmos, sozinhos. Eu acho que seria um lembrete bem-vindo a todas as famílias americanas de que podemos orar mais em casa, podemos frequentar nossas igrejas com muito mais fidelidade e podemos tornar o verdadeiro significado da oração muito mais importante na vida de todos os nossos filhos. Esse poder está à nossa disposição. Eu espero que, como resultado dessa confusão, todos os pais americanos intensifiquem seus esforços em casa, e o restante de nós apoie a Constituição e a responsabilidade da Suprema Corte em interpretá-la, garantia que lhe é dada pela constituição." Disponível em: <https://todayinclh.com/?event=president-kennedy-supports-court-ban-on-prayer-in-schools>.

estatais, assume, nessa condição, comportamento que expressa convicção religiosa, criará para o público a impressão de que o Estado confirma e recomenda essa fé – algo terminantemente inaceitável pela Primeira Emenda.

Algumas decisões marcantes, sobretudo de tribunais de países com prestígio internacional, provocam consequências que extrapolam as suas fronteiras. As premissas da jurisprudência norte-americana, sobre separação do Estado e religião, costumam ser referidas em debates em outros países. Às vezes, para se dizer que não foram aceitas nesse ou naquele ordenamento jurídico particular. No Brasil, por exemplo, a solução de *Engel v. Vitale* (1962) não foi tida como adequada à realidade jurídica nacional, uma vez que o constituinte brasileiro regulou esse assunto diferentemente.

Na doutrina pátria, tem sido dito que "o Estado brasileiro não é confessional, mas tão pouco é ateu, como se deduz do preâmbulo da Constituição, que invoca a proteção de Deus."[46] Aponta-se que o constituinte não se ateve apenas ao reconhecimento explícito da liberdade religiosa, mas também estabeleceu normas em apoio e em proteção a práticas dessa ordem,[47] como exemplificado pelo parágrafo primeiro do artigo 210, que assenta: "o ensino religioso, de matrícula facultativa, constituirá disciplina dos horários normais das escolas públicas de ensino fundamental."[48]

O tema do ensino religioso em escolas públicas, especificamente sobre se poderia ser confessional, foi motivo de debate no Supremo Tribunal Federal, na Ação Direta de Inconstitucionalidade nº 4439. Nela se discutiu a possibilidade de se pregar a religiosidade e crenças específicas em escolas públicas sem violar a laicidade do Estado. O entendimento dos ministros foi, por 6 votos contra 5, no sentido de que, sim, é possível. A ministra Cármen Lúcia, responsável por desempatar a votação, afirmou: "não vejo nos preceitos proibição que se possa oferecer ensino religioso

[46] Mendes, Gilmar Ferreira; Branco, Paulo Gustavo Gonet. **Curso de Direito Constitucional**. 12ã. ed. São Paulo: Saraiva, 2017, p. 317.

[47] Ibid., p. 319.

[48] Constituição (1998). **Constituição da República Federativa do Brasil**. Brasília: DF, Senado, 1988.ã

com conteúdo específico sendo facultativo."[49] Fica nítida, portanto, a diferença da aplicação do princípio da separação entre Estado e Religião no Brasil e nos Estados Unidos, uma vez que, aqui, o fato de ser facultativo é bastante para garantir a laicidade do poder público, enquanto, no país do Norte, a participação de um representante estatal no ato religioso, independentemente da obrigatoriedade deste, é entendida como interferência indevida.

Conclusões

A ligação dos "pais fundadores" dos Estados Unidos com a fé permite concluir que não fazia parte de seus objetivos a completa divisão da esfera pública e da Igreja. O entendimento vigente da relação entre o Estado e a religião nos Estados Unidos, foi, portanto, fruto de um longo processo político-jurídico que remonta a Thomas Jefferson e sua "teoria do muro" entre o Estado e a Igreja, concretizado com um conjunto de julgados sucessivos da Suprema Corte.

A Primeira Emenda, que se atém a proibir o estabelecimento de uma religião nacional pelo Congresso e a garantir o livre exercício religioso, se consolidou no imaginário da população como norma que determina a separação completa entre o Estado e a Igreja – para o que, a atuação da Suprema Corte foi especialmente relevante. Suas decisões seguem, há muito tempo, o propósito de *reforçar* o *muro* idealizado por Jefferson. Como não poderia deixar de ser, as manifestações da Corte repercutiram sobre o modelo de sociedade secular americano. A perspectiva de estremar religião do Poder Público passou a direcionar juízos cada vez mais minuciosos sobre a legitimidade de várias atividades envolvendo aspectos do encontro do fenômeno religioso com o Estado, que outrora não provocavam disputas.

No julgamento de *Engel v. Vitale* (1962), fixou-se o entendimento de que a participação de um agente público, em qualquer grau de interferência, em atividade religiosa é indevida e fere a Primeira Emenda. Essa leitura da norma constitucional passou a afetar e reconfigurar os mais variados níveis de interação da administração pública e de meras enti-

[49] Supremo Tribunal Federal. **ADI 4439**. Relator Min. Roberto Barroso. Brasília, 21 de junho de 2018.

dades abertas ao público em geral com práticas de cunho religioso. Para ficar em apenas um exemplo, uma vez que foi declarada inconstitucional a participação de professores na oração estipulada pelo Conselho de Regentes, a qual nem mesmo seguia um parâmetro dogmático de alguma religião pré-estabelecida, até tradicional prática dos atletas universitários de rezar, junto aos seus técnicos, antes de uma partida esportiva, ficaria comprometida, por equivalência lógica, nas universidades públicas.[50]

Conhecer esse precedente da Suprema Corte americana é importante para o melhor enfrentamento dos problemas tão frequentes, em diversos países do mundo, resultantes de atritos decorrentes da necessidade de se respeitar o direito fundamental de cada indivíduo, sozinho ou em coletividade, de manter-se concomitantemente coerente aos valores e dogmas de uma religião e às exigências de uma sociedade laica e pluralista. O relacionamento da religião com a República é tema que gera desafios intrincados não apenas no país da América do Norte. É útil, por conseguinte, saber como as questões foram enfrentadas nos EUA, para um enfoque mais rico de questões assemelhadas que podem vir a ser suscitadas em outras partes do mundo, inclusive no Brasil. Com certeza, porém, não se pode perder de vista que o precedente sob exame foi formado tendo em conta características histórico-culturais singulares, nem sempre reproduzidas de forma homóloga. Sendo assim, o jurista estrangeiro tem que se precaver contra um entusiasmo acrítico e ingênuo que o leve a propugnar o porquê daquela solução ser adotada como máxima de julgamento de validade universal. O debate jurídico sempre se enriquece com novas dimensões de análise, desde que elas sejam tratadas como tais – como mais um ponto de estudo para a melhor solução de um problema, que não se resolverá bem sem que seja enquadrado devidamente nas suas coordenadas históricas e sociais únicas.

Referências

BALL, Howard. ***Hugo L. Black:*** *Cold Steel Warrior*. Nova Iorque. Oxford University Press Inc. 1996.

50 THE KANSAS City Star Editorial. ***These Missouri high school football players can pray, but coaches shouldn't be leading.*** 18 nov. 2019. Disponível em: <https://www.kansascity.com/opinion/editorials/article237415029.html>.

BOTTON, Alain de. **Religião para ateus**. Tradução de Vitor Paolozzi. Rio de Janeiro: Editora Intrínseca, 2012.

BRASIL. Constituição (1998). **Constituição da República Federativa do Brasil**. Brasília: DF, Senado, 1988.

BRASIL. **Parecer da Procuradoria-Geral da República no Recurso Extraordinário Nº 1.132.815/CE**. Disponível em <http://portal.stf.jus.br/processos/downloadPeca.asp?id=15342257801&ext=.pdf>.cl

BRASIL. Supremo Tribunal Federal. **ADI 4439**. Relator Min. Roberto Barroso. Brasília, 21 de junho de 2018..

BROWN, John. ***The Pilgrim Fathers of New England**: and their puritan sucessors*. 4 ed. Londres: The Religious Tract Society, 1897.

CANOTILHO, J. J. Gomes. **Direito Constitucional e Teoria da Constituição**. Coimbra: Editora Almedina, 2003.

CERVANTES, Miguel de. ***El ingenioso Hidalgo Don Quixote de la Mancha***. 3 ed. corrigida. Madrid: Real Academia Española, 1787.

DAVIDSON, James West Davidson. **Uma breve história dos Estados Unidos**. Tradução de Janaína Marcoantonio. Porto Alegre: LP&M, 2016.

DUPAS, Gilberto. Religião e Sociedade. *In*: SILVA, Carlos Eduardo Lins da (Org.). **Uma Nação com Alma de Igreja**: Religiosidade e políticas públicas nos EUA. São Paulo: Paz&Terra, 2009.

DURKHEIM, Émile. **As formas elementares da vida religiosa**: sistema totêmico na Austrália. Tradução de Paulo Neves.ãs. São Paulo: Martins Fontes, 1996.

ESTADOS UNIDOS DA AMÉRICA. Constituição (1787). **The Constitution of the United States.** Estados Unidos da América, 1787.

ESTADOS UNIDOS DA AMÉRICA. Declaração de Independência (1776). **United States Declaration of Independence**. Estados Unidos da América, 1776.

ESTADOS UNIDOS DA AMÉRICA. Supreme Court of the United States. **Abington School District v. Schempp**, 374 U.S. 203 (1963), Washington D.C, 17 de junho de 1963.

ESTADOS UNIDOS DA AMÉRICA. Supreme Court of the United States. **Engel v. Vitale**, 370 U.S. 421 (1962), Washington D.C, 25 de junho de 1962.

ESTADOS UNIDOS DA AMÉRICA. Supreme Court of the United States. **Everson v. Board of Education**, 330 U.S. 1 (1947), Washington D.C, 10 de fevereiro de 1947.

ESTADOS UNIDOS DA AMÉRICA. Supreme Court of the United States. **McCollum v. Board of Education**, 333 U.S. 203 (1948), Washington D.C, 8 de março de 1948.

ESTADOS UNIDOS DA AMÉRICA. Supreme Court of the United States. **Zorach v. Clauson**, 343 U.S. 306 (1952), Washington D.C, 28 de abril de 1952.

ESTADOS UNIDOS DA AMÉRICA. Fitas Gravadoras da Sessão de Argumentos Orais da Suprema Corte Americana: Engel v. Vitale (1962). **Oyez**. Disponível em: <https://www.oyez.org/cases/1961/468>.

FINE, Toni M. **Introdução ao Sistema Jurídico Anglo-Americano**. Tradução de Eduardo Saldanha. São Paulo: Martins Fontes, 2019.

FRASER, James W. ***Between Church and State:*** *Religion and Public Education in a Multicultural America*. 1 ed. Nova Iorque: St. Martins's Press, 1999.

HALL, Kermit. ***The Oxford Companion to the Supreme Court of the United States***. Nova Iorque: OUP USA, 1992.

HEGEL, Georg W. F. Sobre fé e Razão. In: HINRICHS, Friedrich W. Prefácio à **Filosofia da Religião,** 1822. Tradução de Artur Morão. Covilhã: Univerisdade da Beira Interior, 2011.

HUME, David. **História natural da religião**. Tradução de Jamir Conte. São Paulo: Editora Unesp, 2005.

HUTSON, James H. ***Church and State in America:*** *The First Two Centuries*. Nova Iorque: Cambridge University Press, 2008.

JEFFERSON, Thomas. Thomas Jefferson to Danbury, Connecticut, Baptist Association, January 1, with Copy. -01-01, 1802. Manuscript/Mixed Material. **Library of Congress**. Disponível em: < https://www.loc.gov/resource/mtj1.025_0557_0558/?st=gallery>.

KARNAL, Leandro. **História dos Estados Unidos**: das origens ao século XXI. São Paulo: Contexto, 2007.

MACHADO, Jónatas E. M. **Estado Constitucional e Neutralidade Religiosa**: Entre o teísmo e o (neo)ateísmo. Porto Alegre: Livraria do Advogado Editora, 2013.

MACHADO, Jónatas E. Ms. **Liberdade Religiosa numa Comunidade Constitucional Inclusiva**: Dos Direitos da Verdade aos Direitos dos Cidadãos. Coimbra: Coimbra Editora, 1996.

MENDES, Gilmar Ferreira; BRANCO, Paulo Gustavo Gonet. **Curso de Direito Constitucional**. 12 edição. São Paulo: Saraiva, 2017.

Mountjoy, Shane. ***Engel v. Vitale:*** *School Prayer and The Establishment Clause*. Nova Iorque, Chelsea House Publications, 2006.

Morison, Samuel Eliot Morison. ***The Intellectual Life of Colonial New England***. Nova Iorque: New York University Press, 1956.

Nowak, John E.; Rotunda, Ronald. ***Constitutional Law***. Eagan: West Publishing Co. St. Paul, 1995.

Rehnquist, William H. ***The Supreme Court***. Revised and updated. Nova Iorque: Vintage Books, 2001.

Tawney, R. H. ***Religion and the Rise of Capitalism:*** *A Historical Study*. Londres: Pelican Books, 1938.

The Kansas City Star Editorial. ***These Missouri high school football players can pray, but coaches shouldn't be leading.*** 18 nov. 2019. Disponível em: <https://www.kansascity.com/opinion/editorials/article237415029.html>.

Washington, Geroge. George Washington Papers, Series 2, Letterbooks -1799: Letterbook 24, April 3, 1793 – March 3, 1797. 1793. Manuscript/Mixed Material. **Library of Congress**. Disponível em: <www.loc.gov/item/mgw2.024/>.

Weber, Max. **A ética protestante e o "espírito" do capitalismo.** Tradução de Antônio Flávio Pierucci. São Paulo: Companhia das Letras, 2004.

18.
NEW YORK TIMES CO. V. SULLIVAN, 1964
LIBERDADE DE IMPRENSA COMO PILAR DO ESTADO DEMOCRÁTICO DE DIREITO

MARIA LYDIA DE MELO FRONY
JOÃO MARCOS DE CARVALHO PEDRA

Introdução
Considerado um marco histórico na jurisprudência da Suprema Corte americana, *New York Times Co. v. Sullivan*[1] é uma das maiores referências no que diz respeito à preservação da liberdade de imprensa garantida pela Primeira Emenda da Constituição Americana. O precedente figura entre as 5 decisões mais citadas da Corte.[2]

A Primeira Emenda tem como objetivo principal resguardar garantias individuais relativas à liberdade de expressão, imprensa, religião, associação e petição ao Poder Público[3]. Além disso, ao estabelecer limites à atuação do Congresso, impedindo-o de restringir tais garantias, a Emenda cria, por via indireta, uma previsão de laicidade estatal. Importante apon-

[1] **New York Times Co v. Sullivan**, 376 US 254 (1964).
[2] Mattiuzzo, Lauren. *Most-Cited U.S. Supreme Court Cases in HeinOnline: Part III*. **HeinOnline**, 26 de setembro de 2018. Disponível em: https://home.heinonline.org/blog/2018/09/most-cited-u-s-supreme-court-cases-in-heinonline-part-iii/.
[3] *"Congress shall make no law respecting an establishment of religion, or prohibiting the free exercise thereof; or abridging the freedom of speech, or of the press; or the right of the people peaceably to assemble, and to petition the Government for a redress of grievances."*

tar, ainda, que apesar da destinação expressa das vedações ser direcionada apenas ao Legislativo Federal, o tempo e a experiência fizeram com que os tribunais expandissem o alcance dessas cláusulas, irradiando seus efeitos para os demais ramos do Poder estatal (Executivo e Judiciário).

O precedente se insere num contexto histórico de sucessivos julgamentos, pela Suprema Corte, de processos relacionados aos direitos civis. Os eventos envolvendo esse caso reafirmam a imprescindível necessidade de preservação de uma imprensa livre como instrumento de controle do Estado, assim como serve de mecanismo pacífico de transformação social[4], o que, em última instância, traduz uma reafirmação da vontade popular.

Importante destacar, ainda, que o papel da imprensa ganha maior destaque na presença de governantes autoritários, cujas estratégias de degradação democrática perpassam, quase que invariavelmente, por ataques aos meios de comunicação[5].

1. Contexto histórico

Não obstante a aprovação das Emendas da Reconstrução[6], a implementação dos direitos civis da população negra demandou anos de luta[7]. A discriminação racial influenciou consideravelmente a sociedade americana, notadamente nos tempos coloniais.

A escravidão perdurou de 1619 até 1865, tendo a maioria dos cativos origem africana, de onde foram transportados pelos colonos ingleses. Nesse período, enquanto a indústria e o comércio formavam a base da economia dos Estados do Centro-Norte do país, a mão de obra escrava era o pilar econômico dos estados sulistas, que girava em torno da produção de algodão, tabaco e de cana de açúcar. A cultura escravocrata marcou profundamente as relações sociais nessa região.

[4] LEWIS, Anthony. ***Make No Law**: The Sullivan Case and the First Amendment.* New York: Vintage, 2011. E-book Kindle, p. 320.

[5] LEVITSKY, Steven; ZIBLATT, Daniel. **Como as democracias morrem**. Tradução de Renato Aguiar. Rio de Janeiro: Zahar, 2018.

[6] Como ficaram conhecidas a 13ª e 14ª Emendas à Constituição dos Estados Unidos.

[7] PIERCE JR, Samuel Riley. *The Anatomy of an Historic Decision: New York Times Co. V. Sullivan.* **North Carolina Law Review**, v. 43, n. 2, p. 315-363, 1965.

Tal prática permaneceu vigente por mais de dois séculos, até o processo de abolição, que se iniciou em 1808, durante o governo de Thomas Jefferson, quando o Congresso aprovou uma lei proibindo a importação de escravos – ato replicado pela Lei Feijó no Brasil, em 1831. O comércio interno, contudo, permaneceu legal, persistindo até 1865, quando a escravidão foi definitivamente abolida pela Décima Terceira Emenda à Constituição.

Antes da abolição, em 1860, Abraham Lincoln sagrou-se vencedor nas eleições presidenciais com a proposta de deter a expansão da escravidão nos Estados Unidos. Temendo uma intervenção que pusesse fim ao sistema escravocrata, Estados sulistas[8] romperam a relação com a União, antes mesmo que o presidente eleito assumisse o cargo. Após Lincoln convocar as tropas, mais quatro Estados optaram pela secessão[9], juntando-se aos outros sete rebeldes e formando os Estados Confederados da América.

Com a pretensão de combater o movimento separatista, os Estados legalistas da União, ao Norte – que geograficamente incluíam alguns estados ocidentais e do Sul – declararam apoio à Constituição, lutando contra os separatistas dos Estados Confederados, que defendiam os direitos dos Estados de manter o regime escravocrata. Em 1865, quando houve a aprovação da Décima Terceira Emenda, a escravidão fazia parte da realidade da metade dos entes federados da União.

Com a rendição dos separatistas, em 1865, iniciou-se o período que ficou conhecido como a Era da Reconstrução, marcado pela reestruturação da União. O governo nacional voltou a expandir seu poder, além de conceder direitos civis e políticos aos escravos negros libertos por meio de emendas constitucionais e outras leis federais.

Entretanto, ainda que a escravidão tenha formalmente cessado, as condições de vida da população negra permaneceram, por um longo tempo, inferior à vida dos cidadãos brancos. Grande marca dessas diferenças pode ser observada em casos como *Plessy v. Ferguson* (1896), quando a Suprema Corte dos Estados Unidos, em uma de suas decisões

[8] Carolina do Sul, Alabama, Mississippi, Geórgia, Flórida, Texas e Louisiana.

[9] Virgínia, Arkansas, Carolina do Norte e Tennessee. Tal ato provocou a divisão do estado da Virgínia em dois estados: Virgínia e Virgínia Ocidental.

mais criticadas, validou a doutrina "*separate but equal*"[10]. A segregação, o advento das leis Jim Crow e o surgimento da *Ku Klux Klan* tornaram a igualdade pretendida pela população negra uma realidade cada vez mais distante.[11]

Com o decorrer do tempo, os negros passaram a se organizar politicamente, até que, em 1955, surgiu um movimento pela busca de direitos civis, que deveriam ser prerrogativas de todos os cidadãos americanos. Inúmeras foram as manifestações e protestos que ocorreram neste período, sendo nesse contexto que *New York Times v. Sullivan* teve sua origem.

Martin Luther King Jr., um dos mais proeminentes líderes do movimento, havia se convencido de que os Estados do Norte rejeitariam a segregação racial quando seus cidadãos fossem confrontados com a crueldade praticada contra a população negra[12]. A estratégia empregada por King, em suas manifestações contra o racismo, baseava-se na abordagem não violenta proposta por Mahatma Gandhi, mostrando o impacto da discriminação na vida dos cidadãos negros. Os veículos de imprensa – jornais, revistas e rádio – desempenharam um papel crucial nessa estratégia, jogando um grande holofote nacional sobre a realidade vivida por esse povo.[13]

Um desses meios de comunicação era o *The New York Times*, jornal fundado em 1851, cuja reputação permanece em destaque até os dias atuais, sobretudo diante da conquista de 117 prêmios *Pulitzer*. Foi ele um dos veículos utilizados, em prol dos *civil rights*, para difundir as mensagens dos movimentos negros.

[10] Doutrina americana que validou – e justificou – a segregação racial como não sendo uma violação da Décima Quarta Emenda, que garante proteção e direitos civis iguais a todos os cidadãos. Com base nessa doutrina, o governo poderia permitir que os serviços públicos, assim como os privados, pudessem ser separados com base na raça dos usuários, desde que a qualidade de cada um destes serviços fosse igual (o que, na prática, não se verificava).

[11] LEWIS, op. cit., p. 11.

[12] Cabe destacar que, nesse período, ainda que o indivíduo não fosse efetivamente negro, poderia ser assim considerado em razão de sua descendência.

[13] LEWIS, Anthony. ***Freedom for the Thought That We Hate****: A Biography of the First Amendment.* Nova Iorque: Basic Books, 2007. E-book Kindle, p. 48.

Em 1954, um ano antes do início das manifestações, a Suprema Corte, no emblemático caso *Brown v. Board of Education*, pôs fim à segregação racial entre estudantes brancos e negros em escolas públicas. A decisão foi considerada um rompimento com os entendimentos firmados em *Dred Scott v. Sandford* (1857)[14] e *Plessy v. Ferguson* (1896)[15], que respaldavam juridicamente segregação racial nos Estados Unidos.[16] Ao julgar inconstitucional a segregação em escolas públicas, a Suprema Corte pavimentou o caminho para o fortalecimento daquele que ficaria futuramente conhecido como movimento dos direitos civis dos negros nos Estados Unidos.

O movimento continuou até 1966, 2 anos antes do assassinato de King. Após esse período, uma nova versão da luta começou a ganhar força, abrindo mão da abordagem não violenta até então proposta e pregando a necessidade dos negros se defenderem dos ataques praticados pela *Ku Klux Klan* no sul do país. Sob liderança de Stokely Carmichael, o grupo denominado *Black Power* passou a enfrentar os ataques e atentados racistas com armas nas mãos, fazendo com que a *Klan* recuasse na região.

Durante esse período, sob a presidência de Earl Warren, a Suprema Corte deu ênfase a casos que discutiam liberdades civis. Os anos 60 foram marcados pelo apoio da Corte à expansão dos direitos civis, além de outras prerrogativas constitucionais, notadamente a liberdade de imprensa em casos envolvendo questões de injúria e obscenidade.[17]

New York Times v. Sullivan, no entanto, surge no interstício de tempo entre a luta de King e a ascensão do movimento *Black Power*, ainda sob a marca de manifestações não violentas. Seu início se deu em 29 de março de 1960, quando o *Times* publicou um *advertisement* (uma espécie de anúncio ou publicidade) intitulado "*Heed Their Rising Voices*", direcionado aos correligionários de Martin Luther King. O anúncio acusava a polícia de Montgomery, Alabama, de maus tratos a manifestantes, tendo tido

[14] **Dred Scott v. Sandford**, 60 U.S. 393 (1856).

[15] **Plessy v. Ferguson**, 163 U.S. 537 (1896).

[16] Souto, João Carlos. **Suprema Corte dos Estados Unidos**: Principais Decisões. 3. ed. São Paulo: Atlas, 2019, p. 170.

[17] Baum, Lawrence. **A Suprema Corte Americana**. Tradução de Francisco Rezek. Rio de Janeiro, Forense Universitária, 1987, p. 43-44.

veiculação paga[18] pelo comitê de defesa de King[19]. O deslinde da discussão se deu diante da presença de uma série de incongruências entre os fatos ocorridos e aqueles apresentados pelo jornal.

Foi narrado que, na manifestação ocorrida em Montgomery, após os estudantes cantarem "*My Country, 'Tis of Thee*"[20], nas escadas da Assembleia Estadual, seus líderes foram expulsos da escola que estudavam e inúmeros policiais armados com espingardas e gás lacrimogêneo cercaram o *campus* do *Alabama State College*. Posteriormente, o anúncio alegava que, enquanto o corpo estudantil protestava contra as autoridades, o refeitório do *campus* foi trancado pela polícia, como uma forma de submetê-los à fome.[21]

As incongruências nessas alegações se deram em dois principais pontos: durante a manifestação, a canção cantada pelos estudantes foi "*The Star-Spangled Banner*"[22]; e o refeitório não foi trancado pelos policiais. Além disso, Martin Luther King havia sido preso apenas quatro vezes e, não sete, como mencionava o anúncio.[23]

Assim, L. B. Sullivan, *Commissioner of Public Affairs*[24] de Montgomery, alegando que o anúncio feriu sua reputação, processou o *The New York Times* por difamação. Na primeira instância, o *Times* foi condenado pelas imprecisões presentes na publicação, que caracterizariam, por si só, difamação, ou seja, Sullivan não necessitaria demonstrar a violação à sua reputação para a configuração do ilícito. Desse modo, foi fixada a quantia

[18] PIERCE JR, op. cit., p. 316.

[19] *Heed Their Rising Voices*. **New York Times**, Nova Iorque, 29 de março de 1960. Disponível em: https://www.archives.gov/exhibits/documented-rights/exhibit/section4/detail/heed-rising-voices-transcript.html.

[20] "*My Country, 'Tis of Thee*" corresponde a uma canção patriótica americana que serviu como um dos hinos nacionais dos Estados Unidos, até que "*The Star-Spangled Banner*" foi adotada como versão oficial em 1931. A melodia replicava a canção "*God Save the Queen*", hino nacional do Reino Unido.

[21] PIERCE JR, op. cit., p. 318

[22] "*The Star-Spangled Banner*" corresponde ao hino nacional dos Estados Unidos da América.

[23] LEWIS, 2007, p. 50.

[24] Espécie de comissário de políticas públicas que tem como principal função supervisionar o Departamento de Polícia, Corpo de Bombeiros, Departamento de Cemitério e o Department of Scales.

de USD 500.000,00 (quinhentos mil dólares) a título de reparação pelos danos sofridos. O julgamento contou com vinte jurados brancos do sexo masculino, tendo sido recusados pelos advogados de Sullivan os únicos dois negros dos trinta e seis jurados possíveis.[25]

Após a decisão, os veículos de comunicação, sobretudo os jornais, viram-se limitados diante das regras aplicadas por Jones, juiz responsável pelo caso. Tornou-se extremamente difícil escrever qualquer matéria acerca do racismo presente nos Estados do Sul durante a década de 1960, tendo em vista o risco de condenações por difamação.[26]

Inconformado com a decisão proferida pela primeira instância, o *Times* recorreu à Suprema Corte do Estado do Alabama – a última instância da jurisdição estadual – que manteve a decisão, negando seguimento ao recurso.

No período referente ao caso, a legislação vigente no estado do Alabama estabelecia que a ação de indenização por difamação impunha ao réu o ônus de provar que as alegações eram verdadeiras, não ao autor apresentar a falsidade da declaração objeto da difamação[27]. Cabe destacar, ainda, que a difamação, até então, estava fora da proteção concedida pela Primeira Emenda[28]. Em sua "biografia" da Primeira Emenda, Anthony Lewis discorre acerca dessa peculiaridade processual:

> De acordo com a lei do Alabama, qualquer publicação questionada em uma ação por difamação era considerada falsa; o ônus de provar que era verdade era do editor. (...) O demandante não tinha que provar o real dano a sua carreira, como teria que provar em outros processos de reparação por danos, como negligência médica[29].

[25] Nos Estados Unidos, o sistema de júri é utilizado em ações de natureza cível.
[26] Lewis, 2011, p. 30.
[27] Ibid., p. 102.
[28] Lewis, 2007, p. 51.
[29] Lewis, 2007, p. 50.

Ainda inconformado com o resultado do processo, o *Times* apresentou um *writ of certiorari*[30] perante a Suprema Corte americana, questionando a constitucionalidade da lei sobre difamação do Estado do Alabama, especialmente no que tange às ações movidas por funcionários públicos contra críticos às suas condutas, entendendo que a lei restringia o exercício das liberdades de expressão e de imprensa garantidas pela Primeira e Décima Quarta Emendas.

2. Aspectos importantes da decisão

A decisão da Suprema Corte do Estado do Alabama foi reformada por unanimidade pela Suprema Corte americana, em março de 1964, sendo dois os principais aspectos da sua fundamentação. Primeiramente, a Corte se debruçou sobre questões preliminares, decidindo a respeito da incidência da Décima Quarta Emenda[31] ao caso e a eventual aplicabilidade das garantias previstas na Primeira Emenda em situações que envolvam anúncios de natureza comercial. Após isso, a Corte buscou analisar, efetivamente, a possibilidade de proteção da garantia constitucional da liberdade à atividade jornalística, no tocante a notícias falsas e difamatórias sobre agentes públicos.

De início, as questões preliminares que restaram foram superadas. Quanto à aplicabilidade da Décima Quarta Emenda ao caso, o *Justice* Brennan[32], que redigiu a decisão, entendeu que, independentemente de se tratarem de ações promovidas em face de particulares ou de agentes públicos, as garantias e os direitos individuais de liberdade poderiam ser invocados.[33]

[30] Em um paralelo à jurisdição constitucional brasileira, o *writ of certiorari* corresponde ao Recurso Extraordinário. A Suprema Corte dos Estados Unidos não realiza controle abstrato de constitucionalidade, mas tão somente o controle concreto. O julgamento de um *certiorari* se dá diante da competência recursal da Corte.

[31] A Décima Quarta Emenda diz respeito à proteção igual da lei (sob o viés do direito à cidadania), bem como às imunidades e garantias jurisdicionais de duração razoável do processo.

[32] A Suprema Corte dos Estados Unidos é formada por oito juízes associados (*Justices*) e por um juiz presidente (*Chief Justice*).

[33] 376 US 254 (1964), p. 265.

Além disso, a Corte concluiu que a publicação produzida pela revista tinha caráter informativo e não meramente comercial, o que não impediria a aplicação da Primeira Emenda. Isso porque, caso fosse entendido de outra forma, haveria um prejuízo na própria veiculação de anúncios editoriais pela imprensa, essencial para fomentar debates por pessoas que não fazem parte do meio jornalístico.[34]

Ultrapassados os aspectos iniciais, o mérito pode ser compreendido em duas perspectivas principais, relacionadas especialmente à doutrina do *actual malice*[35] e à alteração do mecanismo de distribuição do ônus da prova entre as partes.

De início, é válido ressaltar que, de acordo com a Lei do Alabama, se a vítima da suposta difamação, por si só, fosse agente do Estado, havia a presunção relativa de prejuízo, ainda que não existissem provas materiais do dano, cabendo ao réu o ônus de se desincumbir de eventual condenação indenizatória, o que poderia ser feito se comprovasse a veracidade dos fatos narrados.[36]

Entretanto, a regulamentação dessa matéria na esfera cível colocava em risco as liberdades constitucionais, podendo ser vista como um mecanismo normativo que inibiria os réus de forma mais acentuada que em um processo criminal.

Assim, no entendimento da Corte, inspirado em *Coleman v. Maclennan*[37], a responsabilização por difamação teria como pressuposto a identificação de *actual malice*, ou seja, a presença da intenção de se valer de informações falsas para atacar a honra de alguém por meio de publicações. Sem esse requisito, entendia-se que os funcionários públicos estavam sujeitos a sofrerem críticas pela imprensa e pela sociedade em decorrência do desempenho de suas funções institucionais, tendo em vista a noção de *accountability*[38].

[34] 376 US 254 (1964), p. 266.
[35] Traduz-se como malícia real.
[36] 376 US 254 (1964), p. 267.
[37] **Coleman v. MacLennan**, 78 Kan. 711, 98 (1908)
[38] O conceito de *accountability* está ligado ao dever de prestação de contas à população em geral. Desse modo, no caso, trata-se de fiscalização das condutas praticadas tanto pelos agentes políticos, bem como pelos agentes públicos, que são regidos pelo interesse público.

Dessa maneira, ainda que existissem evidências de que o *Times* teria publicado o anúncio sem verificar com exatidão as informações veiculadas, não existiam elementos suficientes que pudessem corroborar com a má intenção, por parte dos responsáveis, na divulgação da notícia, sobretudo em virtude da notória boa reputação e da confiança do jornal.[39]

Assim, considerando que a publicação da notícia se baseou exclusivamente no relato do Sr. Philip Randolph, Presidente do Comitê de Redação, foi afastada, pela Corte, a tese de malícia em relação ao anúncio, uma vez que era possível verificar a boa-fé da revista, embora não excluísse eventual negligência na apuração das informações. Além disso, no entendimento do *Justice* Brennan, a suposta falha na retratação do fato, por parte do jornal, não poderia gerar a interpretação de que houve malícia de sua parte.

É válido ressaltar que, ainda que a decisão tenha sido unânime em favor do *NY Times*, os *Justices* Black, Douglas e Goldberg, em votos concorrentes, entenderam que deveria ser revertida a decisão da Suprema Corte do Alabama com base em fundamentos diversos daqueles invocados por Brennan. O ponto de inflexão era de que a proteção constitucional somente existiria a depender do estado de espírito do editor. Os *Justices* concorrentes consideraram que a garantia prevista pela Constituição deveria ser absoluta e independente da má-fé do editor.

Nesse sentido, Black entendeu que o *Times* estava amparado pela imunidade constitucional absoluta, o que permitiria a crítica livre à conduta dos funcionários de Montgomery. Além disso, as Leis Estaduais não poderiam impor maiores danos que a Lei Federal em relação à eventual difamação praticada, tendo em vista a superveniência da Décima Quarta Emenda.[40]

Em sentido semelhante, Goldberg concordou com o entendimento exposto por Black, ressaltando, no entanto, que a Constituição americana, ao consolidar a perspectiva de defesa da liberdade de imprensa e de expressão, não ampara as declarações de cunho difamatório aos agentes públicos.[41]

[39] 376 US 254 (1964), p. 287.
[40] 376 US 254 (1964), p. 296.
[41] 376 US 254 (1964), p. 302.

Desse modo, a Primeira Emenda poderia ser enxergada como mecanismo que pretende permitir a discussão sobre questões públicas ou de atos praticados por agentes do Estado, sem que haja punição pelo exercício da liberdade de expressão.[42]

Assim, o privilégio constitucional concedido à imprensa e ao cidadão, para criticar condutas de agentes públicos, não é sinônimo de impossibilidade de lesão a direitos personalíssimos dos funcionários, que podem se valer do direito de buscar reparação quando presentes os requisitos delimitados pela Suprema Corte.[43]

Assim, a decisão proferida no Alabama foi reformada pela Suprema Corte americana a partir do acolhimento da tese sustentada pelos votos majoritários, qual seja, a de que o direito constitucional à liberdade de expressão deve ser protegido nos casos em que houver declaração falsa e difamatória a agentes públicos, desde que não comprovada a má-fé do editor, caracterizada pela pretensão de desconsiderar a verossimilhança da narrativa.[44]

3. Repercussão da decisão

O impacto de *New York Times Co. v. Sullivan* na jurisprudência da Suprema Corte foi significativo, servindo de fundamento aos entendimentos firmados em casos como *Garrison v. Louisiana* (1964)[45], *Time, Inc. v. Hill* (1967)[46], *New York Times Co. v. United States* (1971)[47], *Nebraska Press Assn. v. Stuart* (1976)[48] e *Hustler Magazine, Inc. v. Falwell* (1988)[49].

Ainda em 1964, oito meses após *Sullivan,* quando do julgamento de *Garrison v. Louisiana,* a Suprema Corte americana reverteu a decisão proferida pela Suprema Corte do Estado da Louisiana, entendendo que as sanções impostas aos críticos do Poder Público e seus funcionários – em decorrência de discurso cujo conteúdo fosse provado verdadeiro – vio-

[42] 376 US 254 (1964), p. 297.
[43] 376 US 254 (1964), p. 305.
[44] 376 US 254 (1964), p. 254.
[45] **Garrison v. Louisiana,** 379 US 64 (1964).
[46] **Time, Inc. v. Hill,** 385 U.S. 374 (1967).
[47] **New York Times Co. v. United States,** 403 U.S. 713 (1971).
[48] **Nebraska Press Association v. Stuart,** 427 U.S. 539 (1976).
[49] **Hustler Magazine, Inc. v. Falwell,** 485 U.S. 46 (1988).

lavam as disposições constitucionais de liberdade de expressão. Além disso, foi consignado que as leis criminais de difamação existentes deveriam ser estritamente adaptadas para se aterem apenas ao discurso que pretendesse levar à desordem ou promover violação à paz.

A questão teve origem nos comentários emitidos pelo promotor distrital de Louisiana, Jim Garrison, sobre a ineficiência e o tempo excessivo de férias dos magistrados. A decisão favorável a ele citou expressamente *New York Times Co. v. Sullivan*[50], além de estabelecer que a Constituição impõe limites ao poder do Estado de penalizar críticas à conduta oficial de funcionários públicos. Hugo Black, Juiz da Corte, sustentou que a Primeira Emenda serviria de obstáculo à punição de cidadãos por expressarem suas opiniões, e que, dessa forma, não deveria haver nenhuma lei que legitime condenações em tais casos.[51]

Em 1967, ao julgar *Time, Inc. v. Hill*, a Suprema Corte recorreu novamente a *Sullivan*. Mais uma vez foi asseverada a necessidade da presença de má-fé, empenhada pelo editor, para que fosse reconhecida a difamação. Ficou estabelecido, ainda, que as declarações errôneas sobre um assunto de interesse público – como uma matéria jornalística sobre uma peça teatral ligada a um incidente real, que havia sido o assunto do artigo publicado na revista *Life* – são inevitáveis e, ausente a má-fé do editor, devem ser protegidas pela liberdade de imprensa.

O caso teve origem após James Hill, sua esposa, e seus cinco filhos, terem sido feitos de refém por dezenove horas em sua própria casa na Pensilvânia. Durante o sequestro, ocorrido em 1952, os familiares foram tratados com dignidade pelos sequestradores[52]. Após deixar a casa dos Hills, os três sequestradores foram presos e o incidente recebeu atenção significativa da mídia.

Joseph Hayes escreveu um romance publicado em 1953, chamado "*The Desperate Hours*", inspirado pela história vivida pela família Hill. Em 1954, a obra de Hayes estreou como uma produção teatral na Broadway, retratando um incidente com reféns semelhante ao vivido pela família Hill. A revista *Life*, então, publicou um artigo sobre o lançamento da peça

[50] 379 US 64 (1964), p. 67.
[51] 379 US 64 (1964), p. 64.
[52] LEWIS, 2007, p. 63.

e incluiu fotos dos atores na casa em que o sequestro havia ocorrido, no subúrbio da cidade de Whitemarsh[53]. No artigo, "*The Desperate Hours*" foi caracterizado como uma encenação fidedigna à experiência vivida pelos Hill.

James Hill processou o *Time, Inc.* pela publicação, obtendo êxito nas cortes de Nova Iorque, sendo fixada a quantia de US$ 30.000,00 (trinta mil dólares) a título de indenização. A decisão, contudo, veio a ser reformada pela Suprema Corte, oportunidade na qual a proteção à liberdade de imprensa foi reafirmada.

Posteriormente, em 1971, em *New York Times Co. v. United States,* popularmente conhecido como caso do escândalo envolvendo os *Pentagon Papers,* o *Justice* Hugo Black, em seu último ano de atuação na Suprema Corte, conseguiu estabelecer o *status* de valor fundamental à Primeira Emenda[54]. Essa tese havia sido vencida no julgamento de *Sullivan.*

O caso teve origem durante o mandato do Presidente Richard Nixon, após a publicação, pelo *Times,* de documentos confidenciais com informações relativas aos esforços despendidos pelos Estados Unidos na Guerra do Vietnã.[55]

Dois dias após a publicação, o *Attorney General*[56], atuando em nome do governo federal, ingressou com uma ação visando impedir que o *Times* veiculasse matérias sobre documentos sigilosos. Fundamentando a concessão em questões de segurança do Estado, uma Corte Federal do Estado de Nova Iorque atendeu ao pedido.

Onze dias após o ajuizamento da ação, o caso chegou à Suprema Corte em grau de recurso. Cabe destacar que o *The New York Times* não foi o único alvo do governo federal, que havia ajuizado ação com a mesma finalidade contra o *The Washington Post*[57].

[53] Graham, Fred. Time Inc. v. Hill: *A Future President Makes His Case. In:* Johnson, Timothy R.; Goldman, Jerry (editors). ***A Good Quarrel:*** *America's Top Legal Reporters Share Stories from Inside the Supreme Court.* Ann Arbor: University of Michigan Press, 2009.

[54] Souto, op. cit., p. 206-207.

[55] Ibid., p. 203.

[56] Figura institucional americana que detém as mesmas prerrogativas do Procurador-Geral da República, Advogado-Geral da União e Ministro da Justiça.

[57] O incidente foi retratado no filme *The Post:* a guerra secreta, de 2017.

Ao julgar o caso, a Corte precisou decidir se a liberdade de imprensa, assegurada pela Primeira Emenda, protegeria a divulgação de documentos sigilosos que, na visão do governo, pudessem pôr em risco a segurança nacional.

Por maioria, o *The New York Times* saiu novamente vitorioso. Com um placar de seis votos a três, a Suprema Corte entendeu que a Primeira Emenda anulava o interesse do governo federal em manter determinados documentos classificados como sigilosos.[58]

Em seu voto, Black sustentou que a busca por providências judiciais com o intuito de impedir a publicação de documentos seria o mesmo que esquecer a finalidade essencial e a história da Primeira Emenda. Novamente, assim como em *Sullivan,* a garantia da liberdade de imprensa foi reafirmada. Black não acolheu a tese de que os interesses da segurança nacional davam ao governo um cheque em branco para impedir o exercício da liberdade de expressão.

No mesmo sentido das decisões elencadas acima, o *Justice* White, em *Branzburg vs. Hayes,* (1972), sustentou que:

> Liberdade de imprensa é o direito do panfletário solitário que usa papel carbono ou um mimeógrafo, assim como da grande editora metropolitana que utiliza os métodos mais recentes de fotocomposição. (...) A liberdade de imprensa é um 'direito pessoal fundamental'[59].

Outro caso emblemático foi *Hustler Magazine v. Falwell*[60] (1988), envolvendo Larry Flynt, então proprietário da revista *Hustler* e autodeclarado pornógrafo de profissão. Flynt foi processado após retratar, de forma satírica, o pastor e "televangelista" Jerry Falwell, um dos líderes do movimento conservador. A publicação parodiava um comercial da Campari no qual celebridades prestavam depoimentos sobre a "primeira vez" (a frase tinha um duplo sentido deliberado, podendo ser compreendida como a primeira vez provando a bebida ou a primeira vez tendo relações sexuais). Na versão de Flynt, Falwell narrava a "primeira vez" em que

[58] 403 U.S. 713 (1971).
[59] **Branzburg vs. Hayes**, 408 U.S. 665 (1972).
[60] 485 U.S. 46 (1988).

havia se embriagado com Campari e, em seguida, se envolvido sexualmente com sua própria mãe, a quem se referia como "mais bonita que uma prostituta batista com uma doação de 100 dólares". Não satisfeito, Flynt finalizou a sátira elencando que a única forma de Falwell conseguir realizar suas pregações era estando alcoolizado.[61]

Em 1988, a Suprema Corte proferiu seu julgamento de modo unânime em favor da revista *Hustler*. A Corte entendeu que a Primeira e a Décima Quarta Emendas não permitiam que figuras públicas, como Falwell, buscassem reparação por danos morais em decorrência de declaração falsa, de cunho cômico, mesmo que tenham como objetivo causar angústia ou sofrimento emocional aos seus alvos. Entendeu-se que uma pessoa razoável não interpretaria a sátira como verdadeira, levando-a em tom de piada. Além disso, foi acolhida a tese de que condenações indenizatórias desse tipo poderiam levar ao *chilling effect*[62], o que resultaria em uma violação à Primeira Emenda.[63]

Com base no *New York Standard*, criado a partir do julgamento de *Sullivan*, a Corte reconheceu que a revista *Hustler* se encontrava amparada pela garantia da liberdade de imprensa, não obstante o objeto em discussão tenha sido uma sátira e tenha causado abalos emocionais a Falwell. Além de *Sullivan*, a decisão também cita o caso *Time Inc.*, já exposto anteriormente.

Ainda que a Suprema Corte, reiteradas vezes, tenha assegurado a liberdade de imprensa prevista na Primeira Emenda, em *Cohen vs. Cowles Media Co.*, de 1991, foi estabelecido o limite para o exercício de tal liberdade: "As informações verdadeiras buscadas para publicação devem ter sido juridicamente adquiridas. A imprensa não pode impunemente arrombar e entrar em um escritório ou habitação para obter notícia".[64]

[61] KANG, John M. *Hustler v. Falwell: Worst Case in the History of the World, Maybe the Universe*. **Nevada Law Journal**, v. 12, p. 582-590, 2012.

[62] Efeito resfriador ou efeito paralisador: traduz a ideia de autocensura, que desencoraja o exercício de direitos por medo de eventuais sanções.

[63] CASAGRANDE, Cássio. Larry Flynt (1942-2021): Rei do Pornô e Herói da Liberdade de Imprensa. **JOTA**, 15 de fevereiro de 2021. Disponível em: https://www.jota.info/opiniao-e-analise/colunas/o-mundo-fora-dos-autos/larry-flint-1942-2021-rei-do-porno-heroi-da-liberdade-de-imprensa-15022021.

[64] **Cohen v. Cowles Media Co.**, 501 U.S. 663 (1991).

Importante notar que a Suprema Corte não está sozinha nesse caso, pois o direito internacional caminha no mesmo sentido. A Declaração Universal dos Direitos da Pessoa Humana, em seu artigo 19, resguarda o direito à liberdade de opinião e expressão, bem como o direito de "procurar, receber e transmitir informações e ideias por quaisquer meios e independentemente de fronteiras".

De igual forma a Convenção Americana de Direitos Humanos de 1969 (Pacto de San José da Costa Rica), dispõe, em seu artigo 13, que a liberdade de pensamento e de expressão compreendem "a liberdade de buscar, receber e difundir informações e ideias de toda natureza, sem consideração de fronteiras, verbalmente ou por escrito, ou em forma impressa ou artísticas, ou por qualquer outro processo de sua escolha".[65]

Casos relativos à liberdade de imprensa não se restringiram somente à Suprema Corte dos Estados Unidos, tendo, inclusive, sido enfrentados pelo Supremo Tribunal Federal. Dentre diversos julgados, merece destaque a apreciação da Arguição de Descumprimento de Preceito Fundamental (ADPF) nº 130, na qual, por maioria, a Corte reconheceu a não recepção da Lei de Imprensa em face do novo paradigma inaugurado pela Constituição da República de 1988. À época, o Ministro Relator Ayres Britto reservou item específico acerca da regulação da atividade da imprensa, elencando da seguinte maneira:

> 9. AUTORREGULAÇÃO E REGULAÇÃO SOCIAL DA ATIVIDADE DE IMPRENSA. É da lógica encampada pela nossa Constituição de 1988 a autorregulação da imprensa como mecanismo de permanente ajuste de limites da sua liberdade ao sentir-pensar da sociedade civil. Os padrões de seletividade do próprio corpo social operam como antídoto que o tempo não cessa de aprimorar contra os abusos e desvios jornalísticos. Do dever de irrestrito apego à completude e fidedignidade das informações comunicadas ao público decorre a permanente conciliação entre liberdade e responsabilidade da imprensa. Repita-se: não é jamais pelo temor do abuso que se vai

[65] Organização dos Estados Americanos. **Convenção Americana de Direitos Humanos** (Pacto de San José de Costa Rica), 1969.

proibir o uso de uma liberdade de informação a que o próprio Texto Magno do País apôs o rótulo de "plena" (§ 1 do art. 220)[66].

É válido ressaltar que, em entendimento semelhante ao da Suprema Corte americana, o Tribunal brasileiro consignou o papel da imprensa enquanto formadora de opinião pública, cujo caráter decorre da autorregulação da atividade desenvolvida, o que gera, por consequência, uma autonomia apta a justificar uma mínima intervenção na disciplina do assunto.

Destaca-se que, durante o Julgamento da ADPF n° 130, o caso *Sullivan* foi citado como panorama referencial, a fim de garantir o efetivo exercício das liberdades de expressão e de imprensa. A redação do acórdão estabelece que "não se poderia exigir dos comunicadores em geral a prova da verdade das informações críticas aos comportamentos de funcionários públicos"[67]. Com base no modelo madisoniano[68], o Supremo definiu que o direito de livre expressão compõe uma parte fundamental do sistema constitucional de deliberação pública e democrática[69].

Em decisões mais recentes, como na ADPF 601-MC, de relatoria do Ministro Gilmar Mendes, restou consolidado o entendimento de que a atividade jornalística presta compromisso nacional para o fomento de debates públicos, constituindo a imprensa como um corolário da manutenção do sistema democrático e da própria compreensão da liberdade de expressão.[70] Em seu voto, o relator sustentou que: "A preservação da liberdade de expressão e de imprensa, para além de consagrar

[66] Supremo Tribunal Federal. **ADPF nº 130/RS**. Relator: Min. Carlos Ayres Britto. Brasília, 30 de abril de 2009.

[67] Ibid., p. 214.

[68] Para Cass Sustein (1999), o modelo madisoniano demonstra que a interpretação dada ao direito de liberdade de expressão previsto na Primeira Emenda constitui um valor fundamental ao debate público e democrático.

[69] Ibid., p. 215.

[70] Medida Cautelar na ADPF 601 prolatada pelo Ministro Relator Gilmar Mendes. A ADPF 601, ajuizada pelo Partido Rede Sustentabilidade, busca suspender qualquer ato de instauração de inquérito investigativo em face do jornalista Glenn Greenwald.

direito subjetivo oponível à atuação do Estado, constitui pilar do sistema democrático."[71].

Conclusões

New York Times v. Sullivan, mesmo diante do decurso de várias décadas, continua sendo considerado um *leading case*[72] no que diz respeito ao pleno exercício da liberdade de imprensa nos Estados Unidos. O julgado comporta diversas interpretações, sobretudo em virtude do alcance e dos reflexos gerados ao redor do mundo em outros Tribunais Constitucionais.

Embora existam divergências quanto às balizas fixadas no precedente, há um consenso no sentido de que a opinião escrita por Brennan demonstra um compromisso das Cortes com a proteção dos direitos fundamentais, especialmente pela necessidade de preservação do sistema democrático. Dessa maneira, é inviável conceber a ideia de Estado Democrático de Direito sem uma imprensa livre e desinibida, ainda que tenham um viés crítico quanto à conduta de funcionários públicos no desempenho de suas funções institucionais.

Entretanto, é válido ressaltar que o conflito entre liberdade de imprensa e direito à honra de funcionários do Estado ainda subsiste, sendo de grande importância a análise de casos inaugurais para a formação de novas interpretações sobre o papel do meio jornalístico na manutenção da democracia participativa.

Referências

BAUM, Lawrence. **A Suprema Corte Americana**. Tradução de Francisco Rezek. Rio de Janeiro, Forense Universitária, 1987.

BRASIL. Supremo Tribunal Federal. **ADPF 130/DF**. Relator: Min. Carlos Ayres Brittos. Brasília, 30 de abril de 2009.

BRASIL. Supremo Tribunal Federal. **ADPF 601-MC**. Relator: Min. Gilmar Mendes. Brasília, 07 de agosto de 2019.

CASAGRANDE, Cássio. Larry Flynt (1942-2021): Rei do Pornô e Herói da Liberdade de Imprensa. **JOTA**, 15 de fevereiro de 2021. Disponível em: https://

[71] Supremo Tribunal Federal. **ADPF 601-MC**. Relator: Min. Gilmar Mendes. Brasília, 07 de agosto de 2019.

[72] Casos considerados referências em relação a um tema.

www.jota.info/opiniao-e-analise/colunas/o-mundo-fora-dos-autos/larry-flint-1942-2021-rei-do-porno-heroi-da-liberdade-de-imprensa-15022021.

ESTADOS UNIDOS DA AMÉRICA. Kansas Supreme Court. **Coleman v. MacLennan**, 78 Kan. 711, 98 (1908), Topeka KS, 7 de novembro de 1908.

ESTADOS UNIDOS DA AMÉRICA. Supreme Court of the United States. **Branzburg vs. Hayes**, 408 U.S. 665 (1972), Washington D.C, 29 de junho de 1972.

ESTADOS UNIDOS DA AMÉRICA. Supreme Court of the United States. **Cohen v. Cowles Media Co.**, 501 U.S. 663 (1991), Washington D.C, 24 de junho de 1991.

ESTADOS UNIDOS DA AMÉRICA. Supreme Court of the United States. **Dred Scott v Sandford**, 60 U.S. (19 How.) 393 (1857), Washington D.C, 6 de março de 1857.

ESTADOS UNIDOS DA AMÉRICA. Supreme Court of the United States. **Garrison v. Louisiana**, 379 US 64 (1964), Washington D.C, 23 de novembro de 1964.

ESTADOS UNIDOS DA AMÉRICA. Supreme Court of the United States. **Hustler Magazine, Inc. v. Falwell**, 485 U.S. 46 (1988), Washington D.C, 24 de fevereiro de 1988.

ESTADOS UNIDOS DA AMÉRICA. Supreme Court of the United States. **Nebraska Press Association v. Stuart,** 427 U.S. 539 (1976), Washington D.C, 30 de junho de 1976.

ESTADOS UNIDOS DA AMÉRICA. Supreme Court of the United States. **New York Times Co v. Sullivan**, 376 US 254 (1964), Washington D.C, 9 de março de 1964.

ESTADOS UNIDOS DA AMÉRICA. Supreme Court of the United States. **New York Times Co. v. United States**, 403 U.S. 713 (1971), Washington D.C, 30 de junho de 1971.

ESTADOS UNIDOS DA AMÉRICA. Supreme Court of the United States. **Plessy v. Ferguson**, 163 U.S. 537 (1896), Washington D.C, 18 de maio de 1896.

ESTADOS UNIDOS DA AMÉRICA. The Supreme Court of the United States. **Time, Inc. v. Hill**, 385 U.S. 374 (1967), Washington D.C, 9 de janeiro de 1967.

GRAHAM, Fred. *Time Inc. v. Hill: A Future President Makes His Case*. *In*: JOHNSON, Timothy R.; GOLDMAN, Jerry (Ed.). ***A Good Quarrel**: America's Top Legal Reporters Share Stories from Inside the Supreme Court*. Ann Arbor: University of Michigan Press, 2009.

Heed Their Rising Voices. **New York Times**, Nova Iorque, 29 de março de 1960. Disponível em: https://www.archives.gov/exhibits/documented-rights/exhibit/section4/detail/heed-rising-voices-transcript.html.

KANG, John M. *Hustler v. Falwell: Worst Case in the History of the World, Maybe the Universe*. **Nevada Law Journal**, v. 12, pp. 582-590, 2012.

LEVITSKY, Steven; ZIBLATT, Daniel. **Como as democracias morrem**. Tradução de Renato Aguiar. Rio de Janeiro: Zahar, 2018.

LEWIS, Anthony. ***Freedom for the Thought That We Hate**: A Biography of the First Amendment*. New York: Basic Books, 2007. E-book Kindle.

LEWIS, Anthony. ***Make No Law**: The Sullivan Case and the First Amendment*. New York: Vintage, 2011. E-book Kindle.

MATTIUZZO, Lauren. *Most-Cited U.S. Supreme Court Cases in HeinOnline: Part III*. **HeinOnline**, 26 de setembro de 2018. Disponível em: https://home.heinonline.org/blog/2018/09/most-cited-u-s-supreme-court-cases-in-heinonline-part-iii/

ORGANIZAÇÃO DOS ESTADOS AMERICANOS. **Convenção Americana de Direitos Humanos** (Pacto de San José de Costa Rica), 1969.

PIERCE JR, Samuel Riley. *The Anatomy of an Historic Decision: New York Times Co. V. Sullivan*. **North Carolina Law Review**. v. 43, n. 2, p. 315-363, 1965.

SUSTEIN, Cass R. ***One case at a time**: Judicial Minimalism on the Supreme Court*. Cambridge: Harvard University; 1999.

SOUTO, João Carlos. **Suprema Corte dos Estados Unidos**: Principais Decisões. 3. ed. São Paulo: Atlas, 2019.

19.
MIRANDA V. ARIZONA, 1966
O DIREITO À NÃO AUTOINCRIMINAÇÃO: GENEALOGIA DE UMA CULTURA NACIONAL

THALES DYEGO DE ANDRADE COELHO

Introdução

A arquitetura do sistema processual criminal em muito reflete o contexto político no qual determinada sociedade se insere, sendo a correlação entre sistema político e jurídico mais imediata no processo penal do que em qualquer outro ramo do Direito.[1] Não à toa, Goldschmidt afirmara que a base principiológica da política processual de determinado país não é nada mais senão um segmento da política estatal geral.[2]

Essa identificação ocorre porque "a relação processual penal é um reflexo da relação entre Estado e indivíduo ou, mais especificamente, entre autoridade e liberdade."[3] Logo, falar de processo penal é, quase sempre, falar de liberdade. E, sendo contratualista o fundamento filosófico do direito político moderno, derivado da ideia segundo a qual o indivíduo abdica de parcela de sua liberdade natural em prol de maior

[1] MAIER, Júlio B. J. ***Derecho procesal penal I:*** *fundamentos*. Buenos Aires: Editores del Puerto, 2006, p. 260.

[2] GOLDSCHMIDT, James. ***Derecho, derecho penal y proceso I:*** *problemas fundamentales del derecho*. Madrid: Marcial Pons, 2010, p. 778.

[3] BADARÓ, Gustavo Henrique. **Ônus da prova no processo penal.** São Paulo: Revista dos Tribunais, 2003, p. 106.

segurança e aquisição de sua liberdade civil,[4] essa correlação é inevitável na esfera penal.

Assim sendo, *Miranda v. Arizona* costuma representar o terceiro momento da chamada Corte Warren[5] no que se refere ao fortalecimento de garantias processuais penais e, consequentemente, ao fortalecimento das liberdades públicas pela Suprema Corte dos Estados Unidos – *SCOTUS*. Os outros dois momentos são representados pelos, também emblemáticos, *Mapp v. Ohio* (1961) e *Gideon v. Wainwright* (1963)[6].

Miranda v. Arizona girava em torno da necessária observância, desde a sede policial, da basilar garantia do *nemo tenetur se detegere*, segundo a qual o acusado de qualquer crime possui o direito a não-autoincriminação, daí se extraindo que a sua cooperação quanto à colheita de elementos probatórios que porventura apontem a sua culpabilidade, somente pode ser aceita se ofertadas de *sponte* própria, caracterizando nulidade a cooperação forçada.

Trata-se, tal garantia, do reposicionamento da figura do acusado no contexto processual criminal. Outrora visto como mero objeto do processo e, portanto, da prova, no contexto democrático emerge como sujeito de direitos, em torno do qual devem gravitar todos os atos procedimentais e processuais no bojo da persecução penal, sob pena de comprometimento da própria legitimidade do *ius puniendi* estatal.

Ora, se na concepção contratualista o Estado surge para, pelo Direito, regulamentar relações interpessoais antes norteadas por critérios de força, impedindo vilipêndios deliberados à liberdade individual, não pode ele próprio agir em desconformidade com o Direito vilipendiando arbitrariamente a liberdade para cuja proteção supostamente fora criado.

Por todo o seu contexto histórico, bem como por sua repercussão nos Estados Unidos e no mundo inteiro, tendo verdadeiramente redesenhado todo o procedimento policial no momento da prisão, um estudo mais

[4] HOBBES, Thomas. **Leviatã ou matéria, forma e poder de um Estado eclesiástico e civil**. São Paulo: Martin Claret, 2004.

[5] A expressão se refere ao período entre 1953 e 1969, no qual a Suprema Corte dos Estados Unidos era presidida por Earl Warren.

[6] SCHWARTZ, Bernard. ***A history of the Supreme Court***. Nova Iorque: Oxford University Press, 1993.

aprofundado do "*Miranda Case*" é imperioso, sobretudo em tempos nos quais a erosão das garantais processuais penais é cada vez maior, como se vê na própria história policial recente brasileira, na qual a maior operação do país terminou por ser completamente esvaziada em virtude de abusos praticados pelo próprio Estado, como reconhecido pelo Supremo Tribunal Federal no HC n.º 164.493/PR.[7]

1. Contexto histórico

Como dito acima, *Miranda v. Arizona* relaciona-se diretamente ao princípio do *nemo tenetur se detegere*. De bases iluministas, tal princípio apresenta-se associado ao interrogatório do acusado, na medida em que foi nesta época que o acusado deixou de ser visto como objeto da prova, como nos tempos de Inquisição, passando a ser considerado sujeito de direitos. Ressalte-se, inclusive, que no iluminismo combateu-se o juramento imposto ao acusado[8] durante o seu interrogatório, posto que a autoincriminação era considerada antinatural.[9]

Com efeito, o assim chamado núcleo duro do *nemo tenetur se detegere* demorou a solidificar-se, tendo enfrentado oposição de inúmeros autores e legislações. O próprio Beccaria, diga-se, defendia a aplicação de uma pena àquele que se recusasse com insistência a responder ao interrogatório.[10] Na mesma direção, legislações como a Instrução de 1767 da Rússia e o Código Austríaco de 1803.[11]

Sucintamente, aponta-se o direito anglo-americano como *locus* no qual o princípio se solidificou. Na Inglaterra, as cortes eclesiásticas apontam o *ius commune* – combinação de cânones que norteavam a educação jurídica e as regras da igreja inglesa – e o manual *Speculum iudiciale* como sendo as origens do *nemo tenetur se detegere*, à época significando que nin-

[7] Supremo Tribunal Federal. **HC 164.493/PR**. Relator: Min. Edson Fachin. Brasília, 24 de junho de 2021.

[8] Era o que se via, por exemplo, no Código Criminal da Toscana, de 1786.

[9] Beccaria, Cesare. ***Dei delitti e delle pene***. Roma: Garzanti Libri, 2000, p. 44.

[10] Ibid., p. 87.

[11] Queijo, Maria Elizabeth. **O direito de não produzir provas contra si mesmo**: o princípio do *nemo tenetur se detegere* e suas decorrências no processo penal. São Paulo: Saraiva, 2012. E-book.

guém poderia testemunhar contra si próprio, pois não estaria obrigado a expor a sua própria vergonha, somente devendo fazê-lo a Deus.[12]

No direito inglês, o *leading case* do princípio foi *Maunsell & Ladd* (1607), no qual indivíduos haviam sido presos por se recusarem a responder questões sobre reuniões secretas de dissidentes religiosos. Não obstante terem perdido o julgamento, os argumentos trazidos em sua defesa - alegação de ilegalidade das questões autoincriminatórias, que violariam o *common law* e a *Magna Charta* - delinearam as bases do princípio, o que terminou por dar origem, nas cortes inglesas do século XVIII e após diversos retrocessos, ao *privilege against self-incrimination*.[13]

Nos Estados Unidos, o princípio ganhou *status* constitucional no século XVIII, tendo emergido a partir da vedação do uso da tortura no interrogatório e da ideia de que o Juiz somente poderia estimular o acusado a dizer a verdade se houvesse grave suspeita pairando sobre si[14]. Além disso, especialmente, a Declaração de Direitos da Virgínia (1776), na Seção 8, pugnava que "em todos os processos por crimes capitais ou outros, todo indivíduo [...] não pode ser forçado a produzir provas contra si próprio",[15] cujo teor inspirara diversas outras declarações. Inclusive, o próprio *Bill of Rights* (1788) - compilado das dez primeiras emendas à Constituição dos Estados Unidos -, também trouxe previsão assemelhada na famosa Quinta Emenda, como corolário do devido processo legal: "ninguém (...) será obrigado em qualquer processo criminal a ser testemunha contra si mesmo (...)."[16]

[12] Helmholz, R. H. ***The privilege against self-incrimination:*** *its origins and development*. Chiago: Chicago University, 1997, p. 17.

[13] Queijo, Maria Elizabeth. **O direito de não produzir provas contra si mesmo: o princípio do *nemo tenetur se detegere* e suas decorrências no processo penal**. São Paulo: Saraiva, 2012. E-book (ISBN 978-85-02-17158-9).

[14] Helmholz, op. cit., p. 119-120.

[15] Tradução livre de: "*That in all capital or criminal prosecutions a man (...) nor can he be compelled to give evidence against himself* (...)." Cf. National Center For Public Policy Research. **The Virginia Declaration of Rights**. Disponível em: https://www.law.gmu.edu/assets/files/academics/founders/VirginiaDeclaration.pdf.

[16] National Constitution Center. ***Fifth Amendment: Grand Jury, Double Jeopardy, Self Incrimination, Due Process, Takings***. Passed by Congress September 25, 1789. Ratified December 15, 1791. The first 10 amendments form the Bill of Rights. Disponível em: https://constitutioncenter.org/interactive-constitution/amendment/amendment-v.

Em todo esse contexto, no direito norte-americano, *Miranda v. Arizona* (1966) é considerada a mais importante e controversa decisão aplicando a prerrogativa da Quinta Emenda em todos os julgados criminais dos Estados Unidos.[17] Antes do estudo dos aspectos mais importantes da decisão, imperiosa uma contextualização histórica do caso em si, ainda que breve.

Filho de imigrantes mexicanos, Ernesto Miranda nasceu em Mesa, Arizona, em 1940. Perdeu sua mãe aos seis anos de idade e cresceu numa relação de constantes brigas com a sua madrasta, com a qual seu pai casara pouco depois. Estudou somente até a oitava série – *eighth grade*, equivalente ao nono ano do ensino fundamental no Brasil. Aos catorze anos, em 1954, Miranda foi preso pelo seu primeiro crime: furto (*burglary*). Tendo sido condenado à liberdade condicional (*probation*), retornou à justiça um ano depois, por outra acusação de furto. Desta feita, cumpriu sua pena em uma *industrial school* – estabelecimento destinado a jovens condenados por crimes. Pouco tempo após, cometeu seu primeiro crime sexual: tentativa de estupro com agressão, ofensa pela qual cumpriu mais dois anos na *industrial school*.[18]

Posteriormente, já em Los Angeles aos dezessete anos, foi detido por falta de supervisão (*lack of supervision*) – era ainda menor de idade –, violações ao toque de recolher (*curfew violations*), importunação ao pudor por espiar outras pessoas em atividades sexuais (*peeping Tom*) e, por fim, assalto à mão armada (*robbery*). Tendo cumprido mais algum tempo de detenção, resolveu tentar o exército, onde ficou por um ano e meio, cumprindo mais de um terço desse período em um campo de trabalho destinado a soldados que praticaram violações. No caso de Ernesto, por ausência sem autorização de seu posto de trabalho e por ter sido pego

[17] Cassell, Paul; Stith, Kate. The Fifth Amendment Criminal Procedure Clauses. **Interactive Constitution** made by National Constitution Center, Estados Unidos. Disponível em: https://constitutioncenter.org/interactive-constitution/interpretation/amendment-v/clauses/632.

[18] Caldwell, H. Mitchell; Lief, Michael S. *"You have the right to remain silent"*. **American Heritage**, Rockville, Maryland, Volume 57, Issue 4, August/September 2006, p. 1-2.

novamente espionando atos de intimidade alheios – importunação ao pudor.[19]

Prosseguindo com seu histórico de criminalidade, Ernesto foi para o Texas, onde roubou diversos carros e passou mais um ano em uma prisão federal. Após ser solto, mudou-se para Los Angeles, onde conheceu e casou-se com uma mulher, com a qual teve uma filha, posteriormente regressando à sua terra natal Mesa, no Arizona. No entanto, em 2 de março de 1963, Miranda abordou uma jovem que trabalhava num cinema em sua volta do trabalho para casa, colocando-a no banco de trás de seu carro, terminando por estuprá-la e, posteriormente, deixando-a em casa.[20]

Em 3 de março de 1963, Ernesto Arturo Miranda foi preso em sua própria casa, em Phoenix/Arizona, e conduzido à polícia, onde foi acusado de sequestrar e estuprar uma jovem de dezoito anos. Conduzido para prestar o seu interrogatório por dois policiais, Miranda acabou confessando e assinando um formulário que declarava, inclusive, que o fizera voluntariamente, sem nenhum tipo de ameaça ou promessa por parte dos agentes e que tinha conhecimento de que as declarações feitas poderiam ser usadas contra si.[21]

Porém, em nenhum momento em todo esse contexto o acusado fora informado de que teria direito a um advogado, nem de que teria o direito a permanecer em silêncio ou mesmo de que o que dissesse poderia ser usado contra si, a despeito do que estava previsto no formulário que assinou após confessar verbalmente. Com isso, a celeuma girou em torno do fato de que esta confissão escrita foi admitida como prova (*evidence*) no julgamento, apesar dos protestos da defesa e do fato de que os próprios policiais admitiram que não alertaram Ernesto Miranda de tais direitos. Ao final, Miranda fora considerado culpado pelo júri, sendo condenado a cinquenta e cinco anos de prisão. Na segunda instância, a Suprema Corte do Arizona confirmou a decisão e apontou, inclusive, que os direitos constitucionais de Ernesto Miranda não foram violados, ao argumento de que ele não requereu expressamente o apoio de um advogado.[22]

[19] Ibid., p. 2.
[20] Ibid., p. 4.
[21] Ibid.
[22] **Miranda v. Arizona**, 384 U.S. 436 (1966).

Para além das questões fáticas atreladas ao julgamento em si, antes de se adentrar às questões de mérito que se julga mais importantes na decisão, é imprescindível ressaltar ainda alguns pontos que certamente contribuíram para tornar o *Miranda Case* um caso que teve reflexos mundiais.

Não se pode olvidar que os fatos relacionados ao *Miranda Case* ocorreram em 1963, enquanto que o caso foi julgado pela *SCOTUS* em 1966. Isto é, tudo transcorreu durante a década de 1960, um dos períodos históricos mais tumultuados e que gerou diversas divisões sociais não somente nos Estados Unidos, mas no mundo todo. Nos EUA, a década de 1960 é simbolizada pela luta de direitos civis de diversos grupos – basta rememorar que data deste período o Movimento dos Direitos Civis dos Negros, a chamada segunda onda do feminismo, os primeiros eventos relacionados à luta do hoje chamado Movimento LGBTQIA+ e o próprio *Chicano Movement* ou *El Movimiento*, movimento ativista pelos direitos da população americana de origem mexicana, grupo no qual se inseria o próprio Ernesto Miranda.[23]

Logo, embora não se possa afirmar quanto (ou se) tais movimentos pelos direitos civis influenciaram o desfecho de *Miranda* na Suprema Corte dos Estados Unidos, é difícil crer que o estado de ebulição e clamor por direitos que predominava na sociedade norte-americana nos anos 1960 não teve nenhuma influência no *decisum*.

2. Aspectos importantes da decisão

Miranda v. Arizona teve como resultado o reconhecimento, pela Suprema Corte, da ilegalidade da prisão de Ernesto Miranda, por violação à Quinta Emenda e ao direito de não produzir provas contra si mesmo (*privilege against self-incrimination* ou, tradicionalmente, *nemo tenetur se detegere*).

O resultado, no entanto, foi longe de ser unânime. Cinco juízes (*Justices*) votaram favoravelmente a Ernesto Miranda, inclusive o presidente da Corte à época, o *Chief Justice*[24] Earl Warren – que proferiu o voto de

[23] Brownstein, Ronald. *"The Rage Unifying Boomers and Gen Z"*. **The Atlantic**, 18 de junho de 2020. Disponível em: https://www.theatlantic.com/politics/archive/2020/06/todays-protest-movements-are-as-big-as-the-1960s/613207/.

[24] *Chief Justice* é o juiz-chefe da Suprema Corte dos Estados Unidos e o mais alto cargo judiciário do país.

minerva –, além dos *Justices* Black, Douglas, Brennan e Fortas. Por outro lado, os *Justices* Clark, Harlan, Stewart e White votaram no sentido de que não houve afronta aos direitos constitucionais de Miranda, seja quando de sua prisão, seja no curso do processo.

Cabe aqui lembrar que a questão constitucional suscitada perante a Suprema Corte foi saber se a proteção contra a autoincriminação, constante da Quinta Emenda à Constituição dos Estados Unidos, estende-se ao interrogatório policial de um suspeito. E, nessa linha, concluiu a Corte que a Quinta Emenda requer que aplicadores da lei – policiais – advirtam os suspeitos de seu direito de permanecerem calados e de serem acompanhados por um advogado durante os interrogatórios enquanto estiverem sob custódia policial. Com tal entendimento, surgiram os chamados "Avisos de Miranda" (*Miranda Warnings*).

A decisão, contudo, vai muito além disso, sobretudo porque estabeleceu que, para proteger o direito de não produzir provas contra si mesmo, eram necessárias diversas salvaguardas procedimentais nesse sentido deveriam ser tomadas por policiais sempre que efetivassem a prisão ou levassem alguém sob custódia. Diante disso, a Corte estabeleceu as seguintes diretrizes:

(i) Considerou que o próprio ambiente do interrogatório, com o custodiado incomunicável, como existia à época, era intimidante e contribuía para erodir o direito (*privilege*) à não autoincriminação. Por conta disso, deveriam ser adotadas medidas preventivas para dissipar a pressão inerente ao ambiente de custódia. Sem tais medidas nenhuma declaração do réu poderia ser considerada como fruto efetivo de sua liberdade de escolha;[25]

(ii) Estabeleceu que o direito a não-autoincriminação é essencial para a manutenção do sistema adversarial norte-americano e garante ao indivíduo o direito de permanecer calado durante o interrogatório policial ou em juízo ou no curso de investigações, a não ser que decida falar, por livre e espontânea von-

[25] US Supreme Court. **Miranda v. Arizona 384 U.S. 436 (1966)**: A Historic Decision of the US Supreme Court. LandMark Publications, 2011. E-book Kindle.

tade, tratando-se de direito que possui longo desenvolvimento histórico.[26]

Trata-se, aqui, do primeiro momento no qual a Suprema Corte dos Estados Unidos declarou que a proteção contra a autoincriminação (*Self-Incrimination Clause*) era aplicável na justiça dos estados para interrogatórios policiais. Justamente por conta disso é que a Corte resolveu criar as *Miranda rules*, pois, com a nova doutrina os policiais enfrentavam o risco de nulificar diversos procedimentos;

(iii) Desde *Escobedo v. Illinois (1964)*,[27] a Suprema Corte enfatizou a necessidade de dispositivos para tornar o procedimento do interrogatório conforme com os ditames do *nemo tenetur se detegere*;[28]

(iv) Na ausência de outras medidas efetivas, a fim de salvaguardar a Quinta Emenda, deveriam ser adotados os seguintes procedimentos: *(iv.i)* a pessoa sob custódia deveria, antes de seu interrogatório, ser claramente informada que possui o direito de permanecer calada e que tudo o que disser poderá ser usado contra si no tribunal; *(iv.ii)* deve o custodiado ser claramente informado que possui o direito a consultar-se com um advogado e de ser acompanhado por este advogado durante o seu interrogatório e que, caso não tenha condições econômicas de custear um advogado, ser-lhe-á nomeado um defensor;[29]

(v) Caso o indivíduo aponte, antes ou durante o interrogatório, que pretende permanecer calado, o ato deve cessar e se declarar que deseja um advogado, deve o interrogatório ser suspenso até que este advogado esteja presente;[30]

(vi) Quando um interrogatório ocorrer sem a presença de um advogado e tomar-se uma declaração do indivíduo, recai sobre o Estado contundente ônus para demonstrar que o investigado,

[26] Ibid.

[27] **Escobedo v. Illinois,** 378 U.S. 478 (1964).

[28] US Supreme Court, op. cit.

[29] Ibid.

[30] Ibid.

de forma livre e consciente, renunciou ao seu direito a um advogado;[31]

(vii) Quando o indivíduo decide responder somente a algumas perguntas durante o seu interrogatório, isso não significa que renunciou ao seu direito de permanecer em silêncio, podendo invocá-lo a qualquer momento;[32]

(viii) As advertências exigidas e a respectiva declaração de renúncia ao direito são pré-requisitos para a admissibilidade de qualquer declaração, exculpatória ou acusatória, feita por um declarante, não distinguindo graus de incriminação, sobretudo porque declarações geralmente tidas como exculpatórias são frequentemente usadas para contestar seu testemunho no julgamento e, portanto, para implicitamente acusá-lo; [33]

(ix) As limitações ao procedimento de interrogatório, requeridas pela necessária proteção dos direitos constitucionais do indivíduo, não podem legitimar interferências indevidas no adequado funcionamento do sistema legal, conforme já demonstrado em procedimentos de outras jurisdições, que não o Arizona, bem como do FBI;[34]

Em suma, em *Miranda v. Arizona*, reconheceu-se: o direito ao silêncio em todas as dimensões, com o indivíduo preso ou não, em qualquer momento da persecução; a necessidade de avisos que informassem os direitos dos presos antes de questionamentos, dentre eles, o de aconselhamento por um advogado, o de que seu depoimento poderia ser utilizado contra si em julgamento posterior, além de que a renúncia a tais direitos deveria ser expressa; e que o silêncio não poderia lhe penalizar de qualquer forma. Descumpridas as regras, as provas dali advindas seriam inadmissíveis.[35]

[31] Ibid.

[32] Ibid.

[33] Ibid.

[34] Ibid.

[35] ISRAEL, Herold H.; LAFAVE, R. Wayne. ***Criminal procedure**: Constitutional limitations.* Saint Paul: West Publishing Company, 1993, p. 200-202.

A importância do *Miranda Case* para o direito à não-autoincriminação emerge, sobretudo, quando se vislumbra que, não obstante a Suprema Corte já tivesse tratado de tais garantias antes – como em *Escobedo v. Illinois (1964)*, citado alhures –, o fez voltada para casos federais. Por outro lado, em casos oriundos de Cortes estaduais – como *Miranda v. Arizona* – tratava de tal garantia de forma menos detalhada, confiando-se que as regras da *due process clause* seriam suficientes para excluir a autoacusação involuntária.[36]

Após, o recurso à cláusula geral do *due process* não era mais necessário, pois a Suprema Corte estabeleceu de forma clara não somente um procedimento detalhado, mas que a garantia da não-autoincriminação da Quinta Emenda poderia ser diretamente invocada nos estados por meio da Décima Quarta Emenda – esta, cuja primeira seção estabelece expressamente que nenhum estado fará cumprir lei que restrinja garantias dos cidadãos, não privará nenhuma pessoa da liberdade sem o devido processo legal, nem negará igual proteção das leis a qualquer pessoa no espaço de sua jurisdição.

3. Repercussão da decisão

Miranda v. Arizona foi um caso paradigmático e criou toda uma nova forma de tratamento das autoridades para com todos aqueles que estivessem sendo acusados ou investigados por algum crime. Vê-se tamanha repercussão e importância quando se vislumbra em momento posterior, quando do julgamento de *Dickerson v. United States*,[37] em que o *Chief Justice* William Rehnquist escreveu expressamente que "*Miranda* se incorporou à prática policial de rotina a ponto de os avisos se tornarem parte de nossa cultura nacional."[38]

Naturalmente, após o estabelecimento das *Miranda Rules* pela Suprema Corte, houve diversas críticas à decisão, sobretudo por creditarem às novas regras a criação de um grande risco à eficiência da atividade policial, o que contribuiria para o aumento da criminalidade. Dentre os críti-

[36] Doyle, Charles. ***Terrorism, Miranda and Related Matters.*** Washington: Congressional Research Service, 2013. E-book Kindle.
[37] **Dickerson v. United States,** 530 U.S. 428 (2000).
[38] 530 U.S. 428 (2000), p. 443.

cos, destacavam-se diversos congressistas que, em retaliação, aprovaram o *Crime Control Act* de 1968, assinado pelo Presidente Lyndon Johnson e que, num discurso de guerra ao crime, flexibilizava os *Miranda Rights*.[39]

Nesse sentido, juntamente com outras decisões da Corte Warren relacionadas a temas como segregação, direito ao voto e direitos civis em geral, o *Miranda Case* representou politicamente uma espécie de alvo traçado também por Richard Nixon para a sua campanha presidencial de 1968.[40] Nesse período, o aumento da criminalidade coincidiu com a fase mais violenta do movimento pelos direitos civis dos negros nos Estados Unidos, o que teria permitido a ascensão de políticos mais conservadores.

O próprio Nixon abriu sua campanha presidencial, em 1968, mencionando que "a onda de crimes não será a onda do futuro nos Estados Unidos da América"[41] e, em seus discursos, culpou os tribunais por liberarem estupradores e assassinos confessos com base no que chamou de tecnicalidades.[42] *Miranda v. Arizona*, inclusive, ocupou posição central na campanha presidencial de 1968.[43]

A esse respeito, é importante destacar que Richard Nixon fora eleito presidente à época e que grande parte de seu discurso de campanha relacionado à criminalidade seguia a mesma linha dos discursos então proferidos publicamente por Warren E. Burger, então juiz da Corte de Apelações dos Estados Unidos para o Circuito do Distrito de Colúmbia (*United States Court of Appeals for the District of Columbia Circuit*), que ganhou atenção pública por ser um crítico assaz da Corte Warren[44] e que, posteriormente, com Nixon já presidente, fora por ele nomeado como *Chief Justice* justamente em substituição a Earl Warren.

Inegável, neste ponto, que *Miranda v. Arizona* repercutiu com tal intensidade que certamente influenciou não somente no resultado de uma

[39] Kamisar, Yale. *"The Warren Court and Criminal Justice"*. *In:* Schwartz, Bernard. ***The Warren Court:*** *A Retrospective*. Nova Iorque: Oxford University Press, 1996, p. 116.

[40] Baker, Liva. ***Miranda*****: Crime, Law and Politics**. Nova Iorque: Atheneum, 1983, p. 40.

[41] Ibid., p. 224.

[42] Ibid., p. 245.

[43] Lieberman, Jethro Koller. ***Milestones! 200 years of American Law:*** *Milestones in Our Legal History*. Nova Iorque: Oxford University Press, 1976, p. 326.

[44] Graetz, Michael J.; Greenhouse, Linda. ***The Burger Court and the Rise of the Judicial Right***. Nova Iorque: Simon & Schuster, 2016.

eleição presidencial, com a ascensão de Richard Nixon e seu discurso favorável a um direito criminal recrudescido e detrator das *Miranda Rules* e de garantias assemelhadas, mas também a própria Suprema Corte, pois Warren E. Burger se tornou o *Chief Justice* de Nixon. A despeito de manter as *Miranda Rules* intactas, não expandiu as garantias ali reconhecidas, mas orientou-se para definir os seus limites e exceções, como a chamada exceção de segurança pública (*public safety exception*) em *Miranda*, tendo feito o mesmo em outros casos paradigmáticos, como *Mapp v. Ohio*, no qual mitigou a regra de inadmissibilidade de provas ilícitas (*exclusionary rule*) por meio das exceções de boa-fé (*good faith exceptions*).[45]

De qualquer modo, pode-se dizer que as reações ao *decisum* do caso Miranda eram previsíveis, já que, mesmo durante o julgamento, vinte e seis advogados-gerais de estados diversos (*state attorney general*) habilitaram-se como *amici curiae* pleiteando, em geral, que a Suprema Corte permitisse que a regulamentação dos procedimentos relacionados a confissões e interrogatórios em sede policial se desenvolvessem em sede infraconstitucional.[46] Além disso, vários dos juízes mais respeitados de cortes inferiores dos Estados Unidos – *v. g.* Charles Breitel, Henry Friendly, Walter Schaefer e Roger Traynor – manifestaram-se contrários à possível abertura que, à época, sinalizava a *SCOTUS*.[47]

Fato é que, não obstante mal compreendida – ora intencionalmente, inclusive, eis que transformada em mote de campanha, como dito alhures –, a decisão do caso Miranda não gerou a insegurança jurídica que se temia. As autoridades policiais não foram absolutamente castradas de exercer o seu mister. A bem da verdade, como muitos apontaram anos depois do caso, a *SCOTUS* buscou uma tentativa de reconciliar dois ideais que traziam preocupação: de um lado, a necessidade do interrogatório policial enquanto ferramenta legal eficiente e, de outro, a necessidade de proteção de suspeitos e custodiados ante coerções ilegais. Muitas das críticas feitas à Corte Warren à época, deram-se mais pelo que se ima-

[45] VOLLING, James L. *"Warren E. Burger: An Independent Pragmatist Remembered"*. **William Mitchell Law Review**. Saint Paul, v. 22, p. 39-61, 1996, p. 43-44.

[46] BAKER, op. cit., p. 109.

[47] KAMISAR, op. cit., p. 120.

ginava que a Suprema Corte iria decidir, do que pelo que efetivamente decidiu.[48]

Ironicamente, o que se percebe é que, se num primeiro momento a decisão da Corte em *Miranda* foi criticada por limitar excessivamente a atividade policial, tempos depois a decisão passou a ser criticada por não ter caminhado na direção de maior proteção aos suspeitos, especialmente por não impor como requisito que a advertência sobre o direito a um advogado antes de um suspeito dispensar os seus direitos e também por não requerer gravação de vídeo comprovando como os avisos foram dados e como os suspeitos reagiram às advertências, notadamente nos casos em que o suspeito tenha, de fato, renunciado aos seus direitos.[49]

Quanto às limitações à *Miranda v. Arizona*, perpetradas durante o período da Corte Burger, inicialmente pode-se mencionar *Harris v. New York*[50] e *Oregon v. Hass,*[51] dois casos nos quais, não obstante interrogatórios defeituosos, entendeu a Corte que as declarações ali prestadas poderiam ser legalmente utilizadas para fins de *impeachment* dos interrogados, muito embora a decisão do caso *Miranda* tornasse as declarações inutilizáveis para quaisquer propósitos. Nesse caso, a Corte afirmou que as regras de Miranda somente se aplicariam quando presente o conceito de prisão/detenção (*custody*) e de interrogatório (*interrogation*) e não propriamente quando o indivíduo, ainda que suspeito, se dirigisse voluntariamente à sede policial para prestar declarações.[52]

Com efeito, a Corte Burger delimitou o conceito de interrogatório (*interrogation*), para fins de aplicação das regras de Miranda, em *Rhode Island v. Innis*[53], no qual considerou que somente se poderia considerar interrogatório caso a própria polícia aborde diretamente o suspeito. Novamente, tem-se aqui limitação não contida em *Miranda v. Arizona*, no qual o conceito de interrogatório era mais amplo. Com esse entendimento, não se pode negar que o alcance das regras diminuiu consideravelmente,

[48] Ibid., p. 120-121.
[49] Ibid., p. 121.
[50] **Harris v. New York,** 401 U.S. 222 (1971).
[51] **Oregon v. Haas,** 420 U.S. 714 (1975).
[52] Kamisar, op. cit., p. 121-122.
[53] **Rhode Island v. Innis,** 446 U.S. 291 (1980).

descendente que se manteve em momentos posteriores da Corte Burger, como em *Illinois v. Perkins*,[54] por exemplo, no qual se considerou que não viola os *Miranda rights* a situação na qual o suspeito presta declarações autoincriminadoras voluntárias a policiais, desconhecendo sua função – caso de policiais infiltrados, por exemplo.

De certa maneira enfraquecido pelos casos supracitados, não se pode deixar de citar que a Corte Burger, de alguma maneira, revigorou os *Miranda rights* no julgamento, também oriundo do Arizona, do Caso Edwards. Assim, em *Edwards v. Arizona*[55] a Corte assegurou que, uma vez que o suspeito invocasse o seu direito a um advogado, o interrogatório não poderia seguir enquanto tal advogado não estivesse presente. Por isso, esse procedimento foi chamado de salvaguarda de Miranda de segundo grau.[56]

Nos últimos anos da Corte Burger, em 1984, a Suprema Corte julgou *New York v. Quarles*,[57] decisão na qual se estabeleceu a mais conhecida exceção aos *Miranda rights*, chamada de exceção de segurança pública (*public safety exception*). No julgado, por 5 a 4, o Tribunal considerou admissível a declaração dada por um suspeito, acusado de estupro, do qual se suspeitava estar portando uma arma de fogo. No caso, no momento da prisão, ocorrida em um supermercado, os policiais encontraram um coldre vazio e perguntaram ao suspeito onde estava a arma de fogo, tendo este respondido onde estava.

Embora o suspeito não tivesse sido processado por estupro, foi denunciado pelo porte da arma e, no processo, sua defesa arguiu que a sua declaração apontando a localização da arma era autoincriminadora e, como não houve as advertências de Miranda, seria inadmissível enquanto prova. A Suprema Corte, no entanto, não seguiu essa linha, tendo entendido que as regras de *Miranda* deveriam ser flexibilizadas em situações nas quais o risco à segurança pública o exigisse.[58]

[54] **Illinois v. Perkins,** 496 U.S. 292 (1990).

[55] **Edwards v. Arizona,** 451 U.S. 477 (1981).

[56] SONENSHEIN, D. *"Miranda and the Burger Court – Trends and Countertrends"*. **Loyola University of Chicago Law Journal**. v. 13, p 405-462, 1982.

[57] **New York v. Quarles,** 467 U.S. 649 (1984).

[58] 467 U.S. 649 (1984).

Com o passar do tempo, a hostilidade a *Miranda v. Arizona* diminuiu consideravelmente, isso porque, como já se disse, imaginou-se que o caso traria grande impacto negativo na repressão à criminalidade e que limitaria consideravelmente a atividade policial, o que terminou por não ocorrer. Ao menos não como se imaginava.

Conclusões

Miranda v. Arizona, juntamente a vários outros casos emblemáticos contemporâneos, simbolizou uma expansão no reconhecimento de garantias fundamentais no período da Corte Warren e, ainda que tendo posteriormente certos limites delineados no período da Corte Burger, representa até os dias atuais importante marco no reconhecimento de garantias processuais penais não somente nos Estados Unidos, mas em todo o mundo.

Talvez o mais famoso caso criminal julgado pela Suprema Corte dos Estados Unidos, não é exagero afirmar que *Miranda v. Arizona* foi responsável pelo repensar dos procedimentos policiais em todo o mundo ocidental.

A partir do paradigmático caso, as autoridades buscaram cada vez mais regulamentar os seus procedimentos, sempre com o norte de que o indivíduo suspeito, independentemente do crime que supostamente cometera, é sujeito de direitos e, portanto, dotado de garantias fundamentais insuperáveis que, caso não observadas, comprometem a própria legitimidade do Estado no exercício do *ius puniendi*.

As reações posteriores, tanto políticas como jurídicas, somente reforçam a sua importância. No âmbito político, após *Miranda* viu-se forte reação conservadora, especialmente contrária ao que se considerava como sendo excessivo ativismo da Corte Warren.[59] Como já se disse, o caso esteve no centro de todo o contexto de campanha presidencial que culminou com a eleição de Richard Nixon, que nomeou Warren E. Burger para *Chief Justice* da Suprema Corte.

Nessa linha, *Miranda v. Arizona* representa muito mais que um caso criminal, sobretudo porque ocorrera ao longo da década de 1960, na qual a sociedade norte-americana – e mundial – encontrava-se em verdadeira

[59] SOUTO, João Carlos. **Suprema Corte dos Estados Unidos: Principais Decisões**. 3. ed. São Paulo: Atlas, 2019, p. 199.

ebulição ante inúmeros movimentos por reconhecimento de direitos, o que, no entender de alguns, representou inclusive o fim de uma era – a modernidade.[60]

Em termos jurídico-criminais, trata-se do mais contundente pronunciamento de uma Corte Constitucional a favor do direito de não produzir provas contra si mesmo – *nemo tenetur se detegere* (*privilege against self-incrimination*). E, embora nos Estados Unidos esteja mais diretamente relacionado às ideias de interrogatório e custódia, em países como o Brasil, tal princípio ganha *status* de alicerce em praticamente todos os procedimentos investigatórios, no âmbito da persecução penal, que envolvam o investigado/acusado.

No Brasil, o art. 5º, inciso LXIII da Constituição Federal prevê expressamente que "o preso será informado de seus direitos, entre os quais o de permanecer calado, sendo-lhe assegurada a assistência da família e de advogado", tratando-se de corolário do princípio da ampla defesa e se mostrando como modalidade de autodefesa passiva, desdobrando-se no direito ao silêncio, no direito de não ser constrangido a confessar, na inexigibilidade de dizer a verdade em depoimentos, bem como no direito de não se submeter a provas invasivas e de não praticar nenhum tipo de comportamento ativo incriminador.

A relevância do caso é tamanha que, mais de meio século após a decisão da Suprema Corte, as diretrizes apontadas permanecem norteando não somente as autoridades policiais daquele país, mas de inúmeros outros, como é o caso do Brasil e em situações corriqueiras, como nos casos das assim chamadas *Blitze* da "Lei seca".

Hoje em dia não se concebem prisões e interrogatórios nos Estados Unidos sem as advertências exigidas pela decisão da Corte em 1966. Ironicamente, em 31 de janeiro de 1976, Ernesto Miranda foi assassinado a facadas durante uma briga em um bar em sua cidade natal Mesa, no Arizona. Seu algoz, Fernando Zamora Rodriguez, no momento de sua prisão, recebeu os "Avisos de Miranda" (*Miranda Rights*).[61]

[60] Lyotard. Jean-François. **A condição pós-moderna**. Rio de Janeiro: José Olympio, 2011.

[61] Ellensburg Daily Record. *This time Miranda victim: Dies in barrom fight*. **Ellensburg**, WA: 2/2/1976.

Referências

BADARÓ, Gustavo Henrique. **Ônus da prova no processo penal**. São Paulo: Revista dos Tribunais, 2003.

BAKER, Liva. ***Miranda:*** *Crime, Law and Politics*. Nova Iorque: Atheneum, 1983.

BECCARIA, Cesare. Dei delitti e delle pene. Roma: Garzanti Libri, 2000.

BRASIL. Supremo Tribunal Federal. **HC 164.493/PR**. Relator: Min. Edson Fachin. Brasília, 24 de junho de 2021.

BROWNSTEIN, Ronald. *"The Rage Unifying Boomers and Gen Z"*. **The Atlantic**. Estados Unidos, 18 de junho de 2020. Disponível em: https://www.theatlantic.com/politics/archive/2020/06/todays-protest-movements-are-as-big-as-the-1960s/613207/.

CALDWELL, H. Mitchell; LIEF, Michael S. *"You have the right to remain silent"*. **American Heritage**, Rockville, v. 57, Issue 4, ago./set. 2006.

CASSELL, Paul; STITH, Kate. *The Fifth Amendment Criminal Procedure Clauses. Interactive Constitution made by National Constitution Center*, **Estados Unidos**. Disponível em: https://constitutioncenter.org/interactive-constitution/interpretation/amendment-v/clauses/632.

DOYLE, Charles. ***Terrorism, Miranda and Related Matters***. Washington: Congressional Research Service, 2013. E-book Kindle.

ELLENSBURG DAILY RECORD. *This time Miranda victim: Dies in barrom fight. Ellensburg*, WA: 2/2/1976.

ELMHOLZ, R. H. **The privilege against self-incrimination**: its origins and development. Chicago: Chicago University, 1997.

ESTADOS UNIDOS DA AMÉRICA. Supreme Court of the United States. **Dickerson v. United States**, 530 U.S. 428 (2000), Washington D.C, 26 de junho de 2000.

ESTADOS UNIDOS DA AMÉRICA. Supreme Court of the United States. **Harris v. New York**, 401 U.S. 222 (1971), Washington D.C, 24 de fevereiro de 1971.

ESTADOS UNIDOS DA AMÉRICA. Supreme Court of the United States. **Edwards v. Arizona**, 451 U.S. 477 (1981), Washington D.C, 18 de maio de 1981.

ESTADOS UNIDOS DA AMÉRICA. Supreme Court of the United States. **Escobedo v. Illinois**, 378 U.S. 478 (1964), Washington D.C, 22 de junho de 1964.

ESTADOS UNIDOS DA AMÉRICA. Supreme Court of the United States. **Illinois v. Perkins**, 496 U.S. 292 (1990), Washington D.C, 4 de junho de 1990.

ESTADOS UNIDOS DA AMÉRICA. Supreme Court of the United States. **Miranda v. Arizona**, 384 U.S. 436 (1966), Washington D.C, 13 de junho de 1966.

ESTADOS UNIDOS DA AMÉRICA. Supreme Court of the United States. **New York v. Quarles**, 467 U.S. 649 (1984), Washington D.C, 12 de junho de 1984.

ESTADOS UNIDOS DA AMÉRICA. Supreme Court of the United States. **Oregon v. Hass**, 420 U.S. 714 (1975), Washington D.C, 19 de março de 1975.

ESTADOS UNIDOS DA AMÉRICA. Supreme Court of the United States. **Rhode Island v. Innis**, 446 U.S. 291 (1980), Washington D.C, 12 de maio de 1980.

GOLDSCHMIDT, James. ***Derecho, derecho penal y proceso I***: *problemas fundamentales del derecho*. Madrid: Marcial Pons, 2010.

GRAETZ, Michael J.; GREENHOUSE, Linda. **The Burger Court and the Rise of the Judicial Right**. Nova Iorque: Simon & Schuster, 2016.

HELMHOLZ, R. H. ***The privilege against self-incrimination***: *its origins and development*. Chicago: Chicago University, 1997.

HOBBES, Thomas. **Leviatã ou matéria, forma e poder de um Estado eclesiástico e civil**. São Paulo: Martin Claret, 2004.

ISRAEL, Herold H.; LAFAVE, R. Wayne. ***Criminal procedure***: *Constitutional limitations*. Saint Paul: West Publishing Company, 1993.

KAMISAR, Yale. *"The Warren Court and Criminal Justice"*. *In*: SCHWARTZ, Bernard. ***The Warren Court***: *A Retrospective*. Nova Iorque: Oxford University Press, 1996.

LIEBERMAN, Jethro Koller. ***Milestones! 200 years of American Law***: *Milestones in Our Legal History*. Nova Iorque: Oxford University Press, 1976.

LYOTARD. Jean-François. **A condição pós-moderna**. Rio de Janeiro: José Olympio, 2011.

MAIER, Júlio B. J. ***Derecho procesal penal I***: *fundamentos*. Buenos Aires: Editores del Puerto, 2006.

NATIONAL CENTER FOR PUBLIC POLICY RESEARCH. **The Virginia Declaration of Rights**. Disponível em: https://www.law.gmu.edu/assets/files/academics/founders/VirginiaDeclaration.pdf.

NATIONAL CONSTITUTION CENTER. ***Fifth Amendment***: *Grand Jury, Double Jeopardy, Self Incrimination, Due Process, Takings. Passed by Congress September 25, 1789*. Ratified December 15, 1791. The first 10 amendments form the Bill of Rights. Disponível em: https://constitutioncenter.org/interactive-constitution/amendment/amendment-v.

QUEIJO, Maria Elizabeth. **O direito de não produzir provas contra si mesmo**: o princípio do nemo tenetur se detegere e suas decorrências no processo penal. São Paulo: Saraiva, 2012. E-book

SCHWARTZ, Bernard. ***A history of the Supreme Court***. Nova Iorque: Oxford University Press, 1993.

SONENSHEIN, D. *"Miranda and the Burger Court – Trends and Countertrends"*. **Loyola University of Chicago Law Journal**, v. 13, p. 405-462, 1982.

SOUTO, João Carlos. Suprema Corte dos Estados Unidos: Principais Decisões. 3. ed. São Paulo: Atlas, 2019.

US SUPREME COURT. ***Miranda v. Arizona 384 U.S. 436 (1966)***: *A Historic Decision of the US Supreme Court*. LandMark Publications, 2011. E-book Kindle.

VOLLING, James L. *"Warren E. Burger: An Independent Pragmatist Remembered"*. **William Mitchell Law Review**. Saint Paul, v. 22, p. 39-61, 1996.

20.
LOVING V. VIRGINIA, 1967
A INCONSTITUCIONALIDADE DE ESTATUTOS QUE CRIMINALIZAVAM CASAMENTOS INTER-RACIAIS

GUILHERME LAURIA DO NASCIMENTO

Introdução

Em junho de 1967, a Suprema Corte dos Estados Unidos (SCOTUS), por unanimidade, decidiu declarar inconstitucional todo e qualquer estatuto que proibisse o casamento entre pessoas de raças diferentes. Diferentemente das decisões de direitos civis anteriores, *Loving v. Virginia*[1] trouxe para a mais alta corte americana uma discussão que vai além da esfera pública, dispondo sobre a relação mais íntima que o ser humano pode ter: o casamento.

O casal Loving lutava pelo direito de ter sua união reconhecida no Estado da Virginia, onde relações entre pessoas de diferentes cores eram proibidas pelo Ato de Integridade Racial Estadual, ratificado em 1924. Essa legislação em específico, assim como outras em dezesseis estados diferentes,[2] sugeria que a miscigenação seria algo negativo: brancos só se casariam com brancos e, amarelos, pretos e vermelhos se casariam em seus respectivos grupos étnicos, prevenindo, então, um "escurecimento" da raça americana, como era descrito no texto da lei.

[1] **Loving v. Virginia**, 388 U.S. 1 (1967).
[2] 388 U.S 1 (1967), p. 6.

Este impedimento, previsto no Ato de Integridade Racial, apresentava conteúdo que ia de encontro à cláusula de igual proteção, prevista na Décima Quarta Emenda da Constituição dos Estados Unidos[3], fruto do período da Reconstrução.

A referida lei, então, foi questionada perante a Suprema Corte, dando início a um julgamento que entraria para a história, sendo considerado o *coup de grace*[4] ao regime *Jim Crow*[5] – um conjunto de leis que, por muitos anos, legitimou a segregação racial nos Estados Unidos.

A referida ação judicial garantiu que *Loving v. Virginia* seja lembrada não somente por sua conclusão de descriminalizar o casamento inter-racial, mas também como uma decisão que ratificou o Artigo 16 da Declaração Universal dos Direitos Humanos da Organização das Nações Unidas (ONU) – cuja redação reconhece o direito ao casamento entre homens e mulheres maiores de idade, sem qualquer restrição de raça, nacionalidade ou religião, além de estabelecer direitos iguais na relação.[6]

1. Contexto histórico

A mistura de raças já foi classificada como um pesadelo pelo jornal sulista da Carolina do Norte, *The Charleston Mercury*[7]. Para os jornalistas, os exemplos de miscigenação pós-abolição eram abomináveis e cada vez

[3] A igual proteção é cláusula contida na Seção I da 14ª Emenda à Constituição dos EUA, cuja redação prevê: "Todas as pessoas nascidas ou naturalizadas nos Estados Unidos e sujeitas à sua jurisdição são cidadãos dos Estados Unidos e do Estado em que residem. Nenhum Estado deve fazer ou aplicar qualquer lei que reduza os privilégios ou imunidades dos cidadãos dos Estados Unidos; nenhum Estado privará qualquer pessoa de sua vida, liberdade ou propriedade, sem o devido processo legal; nem negar a qualquer pessoa dentro de sua jurisdição a igual proteção das leis." Cf. Constituição (1787). **14th Amendment**. Estados Unidos da América, 1868.

[4] Expressão francesa que significa "golpe final", ou "golpe de misericórdia"

[5] LOMBARDO, Paul. *Miscegenation, Eugenics, and Racism: Historical Footnotes to Loving v. Virginia*. **University of California at Davis Law Review**, v. 2, p. 421-452, 1987.

[6] **Declaração Universal dos Direitos Humanos**, 1948. Disponível em: https://www.ohchr.org/EN/UDHR/Pages/Language.aspx?LangID=por.

[7] BRITO, Luciana da Cruz. O crime da miscigenação: a mistura de raças no Brasil escravista e a ameaça à pureza racial nos Estados Unidos pós-abolição. **Revista Brasileira de História**, v. 36, n. 72, p. 1-24, 2016.

mais repudiados. Acreditava-se, por exemplo, que os casais inter-raciais de Nova Iorque estavam "amarronzando" a sociedade.[8]

Os membros do Partido Democrata que, à época da abolição da escravatura, eram opositores aos ideais abolicionistas, distribuíram pelos estados do norte e do sul panfletos mentirosos, vinculando falsamente a imagem do então candidato à reeleição pelo Partido Republicano nas eleições de 1863, Abraham Lincoln, a ideais que apoiavam a miscigenação.[9]

Tais folhetins traziam em seus textos argumentos que legitimavam a mistura racial, citando como exemplo o Brasil, como pode ser observado no seguinte trecho de um dos folhetins distribuídos, intitulado "Miscigenação: a teoria da mistura racial aplicada ao homem americano branco e ao negro":

> Os cafuzos, no Brasil, uma mistura de indígenas e negros, são mencionados pelos viajantes como um tipo esguio e musculoso, e com um cabelo excessivamente longo que é meio encaracolado – especialmente nas pontas – e cresce perpendicularmente da testa até a altura de um pé ou um pé e meio. Isso forma uma cabeleira muito bonita, que é um resultado da mistura do cabelo carapinho do negro com o cabelo pesado e longo do índio.[10]

Com a publicação dos falsos panfletos, a imagem do Candidato à Presidência Lincoln se mostrou cada vez mais atrelada aos ideais abolicionistas e a favor da miscigenação, fato que gerou repúdio social, especialmente nos estados do norte, onde se encontrava grande parte do eleitorado de Lincoln. Tal desgosto foi reforçado amplamente pelos jornais,[11] que publicavam charges e matérias criticando a posição do então Presidente. Uma das charges mais famosas é a intitulada "O Baile da Miscigenação"[12], publicada em 1864, onde são retratados vários casais mistos dançando

[8] Ibid., p. 2.

[9] Ibid, p. 5.

[10] CROLY; WAKEMAN, apud BRITO, op. cit., p. 6.

[11] BRITO, op cit., p. 7.

[12] *The miscegenation ball: Lincoln Campaign Headquarters*. New York City, Sept. 1864. *Library of Congress*: Prints and Photograph Division. Disponível em: https://www.loc.gov/pictures/item/2008661682/.

em um baile, com o propósito de ridicularizar a ideia de uma sociedade onde houvesse misturas étnicas – algo que fugia do plano americano de manutenção da hegemonia branca.

O intervalo de tempo entre as décadas de 1950 e 1960, entretanto, foi importantíssimo para o Movimento dos Direitos Civis, ficando marcada na história do mundo a luta travada pelo povo negro, que por anos foi reprimido pela sociedade americana – e fez com que Suprema Corte americana, liderada pelo *Chief Justice*[13] Earl Warren, exercesse um papel fundamental na garantia dos direitos dos discriminados pelo regime segregacionista.

Esse movimento, liderado por ativistas negros, buscava o tratamento igualitário para todos os cidadãos do país, independentemente da cor de sua pele. Um dos principais ativistas desse movimento foi o Pastor Martin Luther King Jr., que, em 28 de agosto de 1963, aos pés do Memorial Lincoln em Washington, D.C., discursou expressando seus mais sinceros sentimentos:

> Nós não poderemos nos satisfazer enquanto a mobilidade de um negro for de um gueto menor para um gueto maior. Nós nunca poderemos nos satisfazer enquanto nossas crianças são despojadas de sua individualidade e roubadas de sua dignidade por placas dizendo 'somente para brancos'.[14]

A Corte de Warren, como é carinhosamente lembrada, acolheu diversos casos emblemáticos que fortaleceram a luta da comunidade negra por direitos iguais. Um exemplo é *Brown v. Board of Education*[15] responsável pelo fim da segregação entre brancos e negros nas escolas. Outro caso que revolucionou a questão racial foi *Boynton v. Virginia*,[16] que pôs fim à

[13] O *Chief Justice*, diferentemente do Presidente do Supremo Tribunal Federal, é nomeado pelo presidente para presidir a corte, não havendo assim algum tipo de rodízio entre os juízes.

[14] *'I Have A Dream' Speech, In Its Entirety*. **NPR**, 18 de janeiro de 2010. Disponível em: https://www.npr.org/2010/01/18/122701268/i-have-a-dream-speech-in-its-entirety#:~:text=I%20have%20a%20dream%20today.&text=Dr.%20KING%3A%20I%20have%20a%20dream%20that%20one%20day%20every,This%20is%20our%20hope.

[15] **Brown v. Board of Education**, 347 U.S. 483 (1954).

[16] **Boynton v. Virginia**, 364 U.S. 454 (1960).

segregação racial no transporte público, se valendo, para tanto, do Ato de Comércio Interestadual de 1887[17].

Fazendo uso de um conceito científico, que teve início na Inglaterra, durante o século XIX,[18] a lei da Virgínia promovia políticas que visavam manter a supremacia branca. O movimento eugenista nos Estados Unidos classificava negros e imigrantes como ameaças à boa genética americana, inferiorizando-os e, assim, criando um meio para justificar tanto a segregação quanto as leis contrárias à miscigenação.

Para muitos historiadores[19], o movimento pelo direito dos negros teve seu início após a infeliz decisão de *Plessy v. Ferguson*[20], em 1896, que adotou um conceito que legitimava a segregação entre brancos e negros – a famosa doutrina "*separate but equal*". A luta do movimento negro pelos direitos iguais focou principalmente nos direitos de caráter coletivo, deixando de lado certos casos – como *Loving v. Virginia* – por uma questão de prioridade dos ativistas que estavam à frente do movimento.[21] Sim, o caso do casal *Loving* era importante mas, para muitos ativistas, havia causas mais necessárias que mereciam maior atenção.

A história em discussão tem início em 1958, quando Mildred Jeter e Richard Loving viajam para Washington, D.C. para se casarem, já que a união de pessoas de raças distintas não era permitida no Estado da Virginia, onde moravam. Logo após, os recém-casados retornaram para sua residência, onde foram presos, acusados de violar a proibição de casamentos inter-raciais baseada na lei estadual da Virginia.

Um grupo de policiais invadiu a casa dos Loving, questionando Richard do motivo para ele estar deitado com uma mulher preta em sua cama. Ao afirmar que aquela era sua esposa, Mildred rapidamente resgatou seu certificado de união matrimonial, ratificado pelo *District of Colum-*

[17] Lei Federal que visava a regulação da empresa ferroviária, em especial o seu monopólio.

[18] Lombardo, op. cit., p. 423.

[19] Fairclough, Adam. *State of The Art.: Historians and the Civil Rights Movement.* **Journal of American Studies**, v. 24, p. 387-398, 1990.

[20] **Plessy v. Ferguson**, 163 U.S. 537 (1896).

[21] Roberts, Dorothy. *Loving v. Virginia as a Civil Rights Decision.* **New York Law School Law Review**, v. 59, p.175-209, 2015.

bia e o entregou ao xerife, que a respondeu afirmando: "isso não vale nada por aqui".[22]

Por tal razão, o casal foi considerado culpado e preso. Ambos foram julgados pelo tribunal do júri da Corte do Circuito de *Caroline County*, onde acabaram sentenciados a cumprir um ano de prisão. Essa sentença foi logo revogada pelo juiz titular da Corte, dando ao casal a oportunidade de, ao invés de cumprirem pena na cadeia, saírem do estado e não retornarem juntos pelo período de vinte e cinco anos. Tal decisão foi baseada no seguinte argumento:

> Deus todo poderoso criou as raças branca, preta, amarela, malaia e vermelha, e colocou-as em continentes diferentes. E pela interferência causada por este arranjo, não há causa para tais casamentos. O fato de Ele ter separado as raças, mostra que Ele não tinha a intenção de que elas se misturassem.[23]

Porém, a decisão judicial era incoerente, tendo em vista que os relacionamentos entre pessoas de raças diferentes sempre existiram. Thomas Jefferson, terceiro Presidente dos Estados Unidos, é um clássico exemplo disso. Jefferson teve relações sexuais com uma de suas criadas e teve filhos com ela.[24] Faz-se, então, o seguinte questionamento: os relacionamentos inter-raciais eram realmente proibidos, ou sua proibição dependia de seu *status* social?

Cabe pontuar, também, que para ser considerado negro nos Estados Unidos, bastava ter, mesmo que distante, certo grau de descendência africana – ou seja, não só a cor da sua pele, mas a genética também era um fator determinante. Esse entendimento, que ficaria conhecido como *one drop rule*[25], foi ratificado na tenebrosa decisão de *Plessy v. Ferguson*.

[22] Maillard, Kevin Noble. et al. ***Loving v. Virginia in a Post-Racial World***: *Rethinking Race, Sex, and Marriage*. Nova Iorque: Cambridge University Press, 2012.

[23] 388 U.S 1 (1967), p. 3.

[24] Roberts, op. cit., p.182.

[25] Uma gota de sangue ou regra de uma gota, representava a doutrina pela qual uma pessoa seria considerada negra se tivesse uma única gota de sangue de um ancestral negro, a exemplo daquelas pessoas de pela branca cujo avô era negro (isso levou os Estados Unidos a classificarem a população negra em frações de sua "branquitude" – ¾ branco, 7/8 brancos, etc.).

Quatro anos depois, insatisfeitos com a infeliz decisão proferida, o casal retorna ao estado da Virgínia e entra com um recurso na Suprema Corte de Apelações da Virgínia para cancelar a condição imposta pelo tribunal, ocasião em que recebe uma resposta negativa, justificada pelo argumento a seguir:

> (...) os estatutos que proíbem a miscigenação punem de forma igual tanto o branco quanto o preto participante da união inter-racial. Esses estatutos, independente da sua confiança em classificações raciais, não constituem uma discriminação individualmente baseada na raça. (...).[26]

A Corte da Virgínia, alguns anos antes de proferir essa decisão, havia julgado o caso *Naim v. Naim*,[27] no qual uma mulher branca teve de anular seu casamento com um homem de origem chinesa. Esse matrimônio, assim como o casamento dos Loving, havia sido oficializado em outro estado, levando em consideração a proibição vigente na Virginia.

O argumento principal para a resolução de *Naim v. Naim* se baseou no entendimento de que o casamento seria um instituto sujeito ao domínio do Estado, e que a posição da Suprema Corte sobre o assunto permanecia inalterada nos últimos setenta anos.

Irresignados com a decisão, e com o auxílio de advogados fornecidos pela Associação Americana de Liberdades Civis (ACLU), o casal recorreu à Suprema Corte dos Estados Unidos, onde, em uma última tentativa, buscava a legitimação do simples direito de viverem juntos e livres.

Nessa sequência, o entendimento daquela egrégia Corte anulou as antigas decisões e garantiu ao jovem casal a liberdade de viverem juntos, mesmo sendo um casal formado por um homem branco e uma mulher preta. A Corte entendeu a legislação do estado infringia a Décima Quarta Emenda à Constituição, promovendo uma proibição fundamentada em ideias que visavam manter as supremacias branca e ariana predominantes no país.

[26] 388 U.S 1 (1967), p. 8.

[27] **Naim v. Naim,** 197 Va. 80 (1955).

O casal Loving construiu uma família, tendo, então, três filhos, e permanecendo juntos até a morte de Richard, em 1975. Mildred faleceu em 2008,[28] aos 69 anos, deixando seu nome marcado na história americana.

2. Aspectos importantes da decisão

Como apontado anteriormente, a Suprema Corte, por unanimidade, decidiu pela inconstitucionalidade de todo e qualquer estatuto que legitimava a proibição de casamentos inter-raciais com o fito de perpetuar a supremacia branca nos Estados Unidos. Dispôs, assim, de uma questão que, nas palavras do eminente líder da corte, Earl Warren, "jamais havia sido trazida perante a Suprema Corte dos Estados Unidos da América".[29]

A decisão do colegiado, redigida pelo então *Chief Justice* Warren, não só reconheceu a possibilidade de união do casal Loving, como também permitiu que o casamento inter-racial fosse praticado em outros dezesseis estados. Com esta decisão, o movimento dos *civil rights* havia logrado êxito em sua busca por uma sociedade mais justa e condizente com o texto da Constituição americana.

Para melhor entendermos a decisão, pode-se dar ênfase a dois tópicos que foram discutidos pela Corte: (i) o limite da interferência estatal no casamento; e (ii) a adequação das leis à Décima Quarta emenda.

Em um primeiro momento, citando *Maynard v. Hill*,[30] o colegiado concordou com o posicionamento do estado da Virgínia de que o casamento é um ato regulamentado pelo Estado. Porém, apesar de reconhecer a tutela estatal sobre o casamento, a Corte afirmou que essa regulamentação não poderia se desviar dos fundamentos apresentados na Décima Quarta Emenda, ou seja, deveria haver um limite à interferência do Estado na vida particular dos cidadãos.

Para ratificar esta refutação, a Corte, mantendo uma tradição de fundamentar suas decisões em precedentes (*stare decisis*), citou o caso *Meyer*

[28] Coleman, Arica L. *What You Didn't Know About Loving v. Virginia*. **Time Magazine**, 10 de junho de 2016. Disponível em: https://time.com/4362508/loving-v-virginia-personas/.
[29] 388 U.S 1 (1967), p. 2.
[30] **Maynard v. Hill**, 125 U.S. 190 (1888).

v. Nebraska,[31] que tratou da cláusula do devido processo legal, após um professor ser preso por estar ensinando seus alunos em alemão.

Outro precedente utilizado para a fundamentação de *Loving* foi *Skinner v. Oklahoma*,[32] caso em que a Suprema Corte, ancorada na Décima Quarta Emenda, decidiu ser inconstitucional a castração forçada de criminosos que cometeram três ou mais crimes.

Em conjunto com este entendimento, a Corte ratificou a aplicação da referida emenda, reforçando então a noção de que todos os cidadãos americanos sob jurisdição nacional, são, sim, iguais perante a lei. Assim, reconheceu que tanto a escolha do cônjuge, sem levar em consideração a sua raça, quanto o casamento em si, são direitos básicos do homem, fundamentais para a sua existência, sobrevivência e liberdade – como exposto nas palavras do redator do voto:

> (...) A liberdade para se casar já vem sendo reconhecida como um dos direitos pessoais mais essenciais para a busca ordenada da felicidade de um homem livre. O casamento é um dos direitos fundamentais do homem, fundamental para a nossa existência e sobrevivência. (...).[33]

Desta forma, o *Chief Justice* Earl Warren, em conjunto com seus oito *Associate Justices*, concordou com os argumentos apresentados pelos advogados do casal Loving, chegando na seguinte conclusão:

> (...) A Décima Quarta Emenda requer que a liberdade de escolha do casamento não seja restrita por discriminações raciais individuais. Sob a Constituição, a liberdade para se casar, ou não se casar com alguma pessoa de raça diferente é prerrogativa do indivíduo, não podendo, assim, haver interferência do Estado. Essas convicções devem ser reservadas. Está ordenado.[34]

A Suprema Corte, a partir dessa decisão, revolucionou a forma como os americanos viam o casamento e colocou um ponto final em um regime

[31] **Meyer v. Nebraska**, 262 U.S. 390 (1923).
[32] **Skinner v. Oklahoma**, 316 U.S. 535 (1942).
[33] 388 U.S 1 (1967), p. 12.
[34] 388 U.S 1 (1967), p.12.

que visava preservar a raça ariana, predominante nos Estados Unidos. Porém, as marcas desse passado ainda hoje são frequentemente relembradas no país que ostenta, com orgulho, o apelido de *"Land of the free"*, ou seja, a terra dos livres. Vale ressaltar, também, que somente no ano de 2000 o Alabama cumpriu definitivamente a decisão da Alta Corte, se tornando assim o último estado americano a descriminalizar o casamento entre pessoas de etnias diferentes.[35]

A respeito do caso, interessante o pedido que Richard Loving fez a seus advogados, para que eles falassem no plenário da Corte: *tell the court I love my wife* (falem para a Corte que eu amo a minha esposa), demonstrando, assim, que eles não queriam nada além da simples liberdade de desfrutar da união, como qualquer casal, no estado onde viviam.

3. Repercussão da decisão

A decisão teve um forte impacto na sociedade norte-americana. Em um artigo publicado na revista *Time*,[36] *Loving v. Virginia*, juntamente com *New York Times v. Sullivan*,[37] e *Obergefell v. Hodges*,[38] foi considerado um dos casos mais relevantes desde 1960,[39] demonstrando a importância desta decisão e seu impacto na atualidade.

Alguns meses após a publicação da decisão, o caso virou notícia novamente. Dessa vez, estampando a foto de um casamento entre uma mulher branca e um homem negro, novamente na revista *Time*[40]. A descrimina-

[35] Williams, Brenna. *On this day in 1967: Loving v. Virginia and interracial marriage.* **CNN**, 12 de junho de 2020. Disponível em: https://edition.cnn.com/2020/06/12/politics/loving-v-virginia-interracial-marriage/index.html.

[36] Time Magazine, criada em 1923. Uma das revistas mais reconhecidas no mundo que anualmente publica a lista das 100 pessoas mais influentes do mundo que em 2019 teve como representante brasileiro o Presidente da República Jair Bolsonaro, assim como Nancy Pelosi, democrata e membro da Casa de Representantes (Câmara dos Deputados) dos Estados Unidos.

[37] **New York Times Co v. Sullivan.** 376 US 254 (1964) New York Times Co v. Sullivan.

[38] **Obergefell v. Hodges**, 576 U.S. 644 (2015) James Obergefell, et al. v. Richard Hodges, Director of the Ohio Department of Health, et al.

[39] Sachs, Andrea. *The Best Supreme Court Decisions Since 1960.* **Time Magazine**, 16 de outubro de 2015. Disponível em: https://time.com/4055934/best-supreme-court-decisions/.

[40] Rothman, Lily. *50 Years Ago This Week: "Individuals Marry, Not Races"*. **Time Magazine**, 25 de setembro de 2017. Disponível em: https://time.com/4946839/1967-interracial-marriage/.

lização do casamento inter-racial teve um impacto de extrema importância na sociedade americana, há muitos anos submersa em uma cultura que tratava a todos aqueles que não fossem considerados brancos como cidadãos de segunda classe.

Esta mudança no ordenamento jurídico foi tão influente que, em 1968 – aproximadamente um ano após a finalização deste caso tão emblemático – foi exibido, pela primeira vez na história da cinematografia americana, um beijo entre um casal inter-racial na série *Star Trek*[41]. A decisão de exibir esta cena foi duramente discutida pelos produtores do filme, principalmente pelo medo de perder o apoio dos patrocinadores que habitavam nos estados do sul, tradicionalmente mais conservadores.

Com o passar do tempo, houve um aumento de casais inter-raciais vistos na televisão, fortalecendo a ideia de que o casamento entre duas pessoas que são de raças diferentes é absolutamente normal, e não algo que deveria ser ocultado. A representatividade passou a ser mais importante, especialmente nos casos de igualdade racial. Um exemplo disso é o casal do filme "O Guarda-Costas"[42] estrelado por uma das vozes mais reconhecidas da música, Whitney Houston, negra, e Kevin Costner, ator branco renomado.

Em 2013, um famoso comercial retratou uma família inter-racial como a família que representava o sonho americano[43]. Porém, nessa ocasião, a repercussão foi negativa, levando a plataforma Youtube a tomar medidas para conter o enxame de comentários de cunho discriminatório que criticavam o vídeo carregado em sua plataforma. Eventos como esse representam, infelizmente, a veia racista que ainda se faz presente na sociedade.

[41] Press, Associated. *Star Treck's Interracial Kiss 50 Years Ago Went Boldly Went Where None Had Gone Before. Only a year after the Supreme Court declared interracial marriage legal, Capt. James T. Kirk and Lt. Noyota Uhura Kissed each other on "Star Trek"*. **NBC News**, Washington, 28 de novembro de 2018. Disponível em: https://www.nbcnews.com/news/nbcblk/star-trek-s-interracial-kiss-50-years-ago-went-boldly-n941181.

[42] O Guarda Costas estreou em 15 de janeiro de 1983 e conta a história de Frank Farmer (interpretado por Kevin Costner) que foi contratado para fazer a segurança pessoal da cantora Rachel Marron (interpretada por Whitney Houston).

[43] Elliot, Stuart. *Vitriol Online for Cheerios Ad With Interracial Family*. **The New York Times**, Nova York, 31 de maio de 2013. Disponível em: https://www.nytimes.com/2013/06/01/business/media/cheerios-ad-with-interracial-family-brings-out-internet-hate.html.

Com um olhar mais positivo, entretanto, uma reportagem da rede de jornais NBC[44] publicou uma estatística que demonstra que, em 2015, 17% de todos os casamentos realizados naquele ano haviam sido entre pessoas de raças distintas.[45]

Em 2017, a decisão de *Loving vs. Virginia* completou 50 anos. Um ano antes de seu aniversário, um filme contando a história do casal foi gravado.[46] Ressalta-se, também, os diversos livros que mergulharam a fundo na memorável decisão: um exemplo é o "*Tell The Court I Love My Wife*", de Peter Wallenstien, que, em seu título, faz uma referência à marcante frase dita por Richard Loving.

Na comemoração de seu cinquentenário, diversos jornais publicaram matérias que discutiam a importância da decisão e apontaram curiosidades sobre o caso. O *The New York Times* foi um deles. Em um de seus artigos, reforçou a informação de que a luta dos Loving mudou a forma como o casamento entre pessoas de etnias diferentes era visto.

Mais recentemente, em 2015, no julgamento de *Obergefell v. Hodges* – que legalizou o casamento de pessoas do mesmo sexo – *Loving v. Virginia* foi utilizado como precedente para questionar se a proibição de casamento de pessoas do mesmo sexo feriria a cláusula de igual proteção da Decima Quarta Emenda.

A Corte, neste caso, decidiu pela legalização do casamento entre pessoas do mesmo sexo por 5 votos a 4, marcando então uma conquista para o movimento LGBTI+. A decisão da Corte estabeleceu, então, que nenhuma união é mais profunda que o casamento, e que, sem levar em consideração o gênero das pessoas que estão consumando o matrimônio, esse direito lhes é garantido por lei.

[44] National Broadcasting Station.

[45] Cusido, Carmen. *One in Six Newly Married Americans Has Spouse of Different Race or Ethnicity. Asians, Hispanics are most likely to intermarry. Black newlyweds saw the biggest increase. Whites had dramatic increase and are least likely to intermarry.* **NBC News**, 18 de maio de 2017. Disponível em: https://www.nbcnews.com/news/latino/legalized-50-years-new-marriages-outside-race-ethnicity-fivefold-n761491.

[46] *The Loving Story*, lançado em 4 de novembro de 2016.

Conclusões

Loving v. Virginia é considerado um *landmark case*[47]. Tem sido interpretado como uma vitória para a sociedade, em especial para o *Civil Rights Movement* e para todos os casais inter-raciais. Seu impacto é lembrado até hoje e seu desfecho ainda é referência para casos afins. Histórias assim reafirmam a ideia de que o amor salva e de que o racismo mata. Milhares e milhares de afrodescendentes sofrem diariamente por conta da sua cor de pele, seu tipo de cabelo e por serem vistos de forma marginalizada na sociedade.

A Suprema Corte, na memorável decisão, colocou de lado ideias que assombravam a população negra norte-americana. O casal Loving, figura principal deste ensaio, é lembrado até os dias atuais nos EUA pela sua luta em favor do reconhecimento de um direito que deveria ser de todos.

A luta travada pelos ativistas negros durante os anos 60 tem sido referência para os jovens de hoje. Os ensinamentos do passado ajudaram os Estados Unidos da América a se tornarem uma nação mais justa. Na opinião de muitos, ainda há um caminho longo a ser percorrido, porém, a nomeação de Thurgood Marshall, em 1967, fazendo dele o primeiro juiz negro da história da Alta Corte, e mais recentemente, a eleição do presidente Barack Obama, em 2008, provam que o esforço daqueles que lutavam por uma sociedade mais justa não foi em vão. Como já disse o grande Martin Luther King Junior: "Injustiça em qualquer lugar é uma ameaça para a justiça em todo o lugar."[48]

Referências

Associated Press. *'Star Trek's' interracial kiss 50 years ago boldly went where none had gone before Only a year after the Supreme Court declared interracial marriage legal, Capt. James T. Kirk and Lt. Nyota Uhura kissed each other on "Star Trek."*. **NBC News**, Washington, 28 de novembro de 2018. Disponível em: https://www.nbcnews.com/news/nbcblk/star-trek-s-interracial-kiss-50-years-ago-went-boldly-n941181.

[47] Expressão americana que é utilizada para identificar casos paradigmáticos.

[48] Bowerman, Mary. May, Ashley. *Martin Luther King Jr. quotes: 10 most popular from the civil rights leader*. **USA Today**, 21 de janeiro de 2019. Disponível em: https://www.usatoday.com/story/news/nation/2019/01/21/martin-luther-king-jr-quotes-10-most-popular/2636024002/.

BOWERMAN, Mary; MAY, Ashley. *Martin Luther King Jr. quotes: 10 most popular from the civil rights leader*. **USA Today**, 21 de janeiro de 2019. Disponível em: https://www.usatoday.com/story/news/nation/2019/01/21/martin-luther-king-jr-quotes-10-most-popular/2636024002/.

BRITO, Luciana da Cruz. O crime da miscigenação: a mistura de raças no Brasil escravista e a ameaça à pureza racial nos Estados Unidos pós-abolição. **Revista Brasileira de História**, v. 36, n. 72, p. 1-24, 2016.

CUSIDO, Carmen. *One in Six Newly Married Americans Has Spouse of Different Race or Ethnicity: Asians, Hispanics are most likely to intermarry. Black newlyweds saw the biggest increase. Whites had dramatic increase and are least likely to intermarry*. **NBCNews**, 18 de maio de 2017. Disponível em: https://www.nbcnews.com/news/latino/legalized-50-years-new-marriages-outside-race-ethnicity-fivefold-n761491.

COLEMAN, Arica L. *What You Didn't Know About Loving v. Virginia*. **Time Magazine**, 10 de junho de 2016. Disponível em: https://time.com/4362508/loving-v-virginia-personas/.

ELLIOT, Stuart. *Vitriol Online for Cheerios Ad with Interracial Family*. **The New York Times**, Nova Iorque, 31 de maio de 2013. Disponível em: https://www.nytimes.com/2013/06/01/business/media/cheerios-ad-with-interracial--family-brings-out-internet-hate.html.

ESTADOS UNIDOS DA AMÉRICA. Constituição (1787). **The Constitution of the United States.** Estados Unidos da América, 1787.

ESTADOS UNIDOS DA AMÉRICA. Library of Congress. **Political caricature. No. 4, The miscegenation ball**. Disponível em: https://www.americanrhetoric.com/speeches/mlkihaveadream.htm.

ESTADOS UNIDOS DA AMÉRICA. Supreme Court of the United States. **Boynton v. Virginia**, 364 U.S. 454 (1960), Washington D.C, 5 de dezembro de 1960.

ESTADOS UNIDOS DA AMÉRICA. Supreme Court of the United States. **Brown v. Board of Education of Topeka**, 347 U.S. 483 (1954), Washington D.C, 17 de maio de 1954.

ESTADOS UNIDOS DA AMÉRICA. Supreme Court of the United States. **Dred Scott v. Sandford**, 60 U.S. (19 How.) 393 (1857), Washington D.C, 6 de março de 1857.

ESTADOS UNIDOS DA AMÉRICA. Supreme Court of the United States. **Loving v. Virginia**, 388 U.S. 1 (1967), Washington D.C, 12 de junho de 1967.

ESTADOS UNIDOS DA AMÉRICA. Supreme Court of the United States. **Maynard v. Hill**, 125 U.S. 190 (1888), Washington D.C, 19 de março de 1888.

ESTADOS UNIDOS DA AMÉRICA. Supreme Court of the United States. **Meyer v. Nebraska**, 262 U.S. 390 (1923), Washington D.C, 4 de junho de 1923.

ESTADOS UNIDOS DA AMÉRICA. Supreme Court of the United States. **New York Times Co. v. Sullivan**, 376 U.S. 254 (1964), Washington D.C, 9 de março de 1964.

ESTADOS UNIDOS DA AMÉRICA. Supreme Court of the United States. **Obergefell v. Hodges**, 576 U.S. 644 (2015), Washington D.C, 26 de junho de 2015.

ESTADOS UNIDOS DA AMÉRICA. Supreme Court of the United States. **Plessy v. Ferguson**, 163 U.S. 537 (1896), Washington D.C, 18 de maio de 1896.

ESTADOS UNIDOS DA AMÉRICA. Supreme Court of the United States. **Skinner v. Oklahoma ex rel. Williamson**, 316 U.S. 535 (1942), Washington D.C, 31 de maio de 1942.

ESTADOS UNIDOS DA AMÉRICA. Supreme Court of Virginia. **Naim v. Naim**, 197 Va 80; 87 S.E.2d 749 (1955), Richmond VA, 13 de junho de 1919.

FAIRCLOUGH, Adam. *State of The Art.: Historians and the Civil Rights Movement.* **Journal of American Studies**, v. 24, p. 387-398, 1990.

'I Have A Dream' Speech, In Its Entirety. **NPR**, 18 de janeiro de 2010. Disponível em: https://www.npr.org/2010/01/18/122701268/i-have-a-dream-speech-in-its-entirety#:~:text=I%20have%20a%20dream%20today.&text=Dr.%20KING%3A%20I%20have%20a%20dream%20that%20one%20day%20every,This%20is%20our%20hope.

LOMBARDO, Paul. *Miscegenation, Eugenics, and Racism: Historical Footnotes to Loving v. Virginia.* **University of California at Davis Law Review**, v. 2, p. 421-452, 1987.

MAILLARD, Kevin Noble et al. ***Loving v. Virginia In a Post-Racial World:*** *Rethinking Race, Sex, and Marriage.* Nova Iorque: Cambridge University Press, 2012.

ORGANIZAÇÃO DAS NAÇÕES UNIDAS. **Declaração Universal dos Direitos Humanos**, 1948. Disponível em: https://www.ohchr.org/EN/UDHR/Pages/Language.aspx?LangID=por.

ROBERTS, Dorothy. *Loving v. Virginia as a Civil Rights Decision.* **New York Law School Law Review**. v. 59, p.175-209, 2015.

ROTHMAN, Lily. *50 Years Ago This Week: "Individuals Marry, Not Races".* **Time Magazine**, 25 de setembro 2017. Disponível em: https://time.com/4946839/1967-interracial-marriage/.

SACHS, Andrea. *The Best Supreme Court Decisions Since 1960.* **Time Magazine**, 16 de outubro de 2015. Disponível em: https://time.com/4055934/best-supreme-court-decisions/.

WILLIAMS, Brenna. *On this day in 1967: Loving v. Virginia and interracial marriage.* **CNN**, 12 de junho de 2020. Disponível em: https://edition.cnn.com/2020/06/12/politics/loving-v-virginia-interracial-marriage/index.html.

21.
Brandenburg v. Ohio, 1969
Ninguém Pode Gritar Fogo em um Teatro Lotado (ou na Internet)

JOÃO VICTOR ARCHEGAS
FLÁVIA DA COSTA VIANA

Introdução

O caso *Brandenburg v. Ohio*, decidido pela Suprema Corte dos Estados Unidos em 1969, é o mais importante e significativo de uma linha de casos que teve sua origem ainda em 1919 com uma discussão sobre a possibilidade de o Estado restringir discursos que possam causar atos ilegais iminentes. Ou seja, a questão posta era se tal limitação seria consistente com a primeira emenda à Constituição dos EUA, que determina que o Congresso não poderá restringir a liberdade de expressão por meio de sua atividade legislativa. Dessa forma seria possível a edição de leis que restringem e punem determinados discursos por supostamente causarem condutas tidas como ilegais? Foi essa a questão que a Suprema Corte tentou responder durante os 50 anos que separam *Schenck v. United States* (1919) e *Brandenburg v. Ohio* (1969).

Neste trabalho, assim, vamos nos debruçar sobre a construção de uma das doutrinas mais importantes do constitucionalismo estadunidense: a do "ato ilegal iminente" (*imminent lawless action*). Segundo a posição da Corte, firmada em *Brandenburg*, um discurso só estaria fora do campo de proteção da primeira emenda quando fosse possível averiguar que, nas condições específicas em que foi exercido, seria propenso (*likely to incite*) a resultar em atos ilegais imediatos. Assim, a regra consolidada em *Brandenburg* conta com dois principais pilares que lhe dão estabilidade e sustento: o da "iminência" (*imminence*) e o da "probabilidade" (*likelihood*). Em outras palavras, a Constituição permite a restrição da liberdade de expressão quando for provável que o discurso cause atos ilegais iminentes.

Mas antes de discutir os contornos da doutrina do "ato ilegal iminente", na primeira seção deste trabalho será feita uma breve análise do contexto histórico nos EUA entre os anos 1919 e 1969, para que seja possível colocar em perspectiva a linha de casos que se estende desde *Schenck* até *Brandenburg*. Uma vez concluída esta análise histórica, na segunda seção do artigo haverá espaço para uma discussão mais aprofundada de *Brandenburg*, passando desde seus aspectos fáticos mais importantes até sua repercussão nos anos subsequentes. A terceira seção, por sua vez, é reservada para uma análise sobre o futuro do caso na era digital e a possibilidade ou não de aplicação do teste de *Brandenburg* para discursos hospedados na Internet. Por fim, na quarta seção serão tecidas breves considerações finais.

1. Contexto histórico

Os primeiros casos da linha jurisprudencial que deu origem à decisão em *Brandenburg* foram os primeiros a capturar a atenção da Suprema Corte em sua tarefa de interpretar e aplicar a primeira emenda.[1] A pergunta lançada era se o governo dos EUA poderia ou não impor limites ao exercício da liberdade de expressão pelo simples fato de o discurso ter a capacidade de "persuadir, incitar ou causar leitores ou ouvintes a praticarem condutas ilegais".[2] Os primeiros casos que chegaram à Suprema Corte no final da década de 1910 foram influenciados pelo contexto específico da Primeira Guerra Mundial e tiveram como base duas legislações aprovadas pelo Congresso.

Após a entrada dos EUA no conflito armado, o Congresso aprovou a chamada Lei de Espionagem de 1917 (*Espionage Act of* 1917) que, dentre

[1] STONE, Geoffrey R. et al. ***Constitutional Law***. 8. ed. Nova Iorque: Wolters Kluwer, 2018, p. 1021.

[2] Ibid., p. 1021.

seus diversos artigos, criminalizou condutas como espalhar informações falsas capazes de minar o esforço militar dos EUA e auxiliar seus inimigos, promover atos de insubordinação dentro dos braços das Forças Armadas e obstruir o alistamento militar durante a guerra. Um ano depois, em 1918, o Congresso aprovou a Lei de Sedição (*Sedition Act* of 1918) que, em linguagem mais abrangente, criminalizou condutas consideradas não patrióticas como, publicar textos que "profanassem" o governo ou obstruíssem manobras militares em tempos de guerra.

Nada obstante, a Lei de Sedição foi revogada três anos depois, em 1921. A maioria dos casos que chegaram à Suprema Corte, assim, tratam da aplicação da Lei de Espionagem de 1917. Estima-se que, apenas nos anos que compreendem o período da Primeira Guerra Mundial, procuradores propuseram duas mil ações penais com base nesta legislação.[3]

Antes da Suprema Corte entrar em cena, alguns casos envolvendo a aplicação da Lei de Espionagem já haviam suscitado um importante debate jurisprudencial em algumas cortes inferiores. Talvez o mais conhecido entre eles seja *Masses Publishing Co. v. Patten* (1917),[4] decidido pela Corte Federal do Distrito Sul de Nova Iorque, sob o comando do famoso juiz Learned Hand, um dos primeiros juristas estadunidenses a propor a criação de uma regra para demarcar os limites constitucionais à liberdade de expressão.[5] O caso envolvia um jornal revolucionário e socialista conhecido como *The Masses*, que, dentre seus variados textos e ensaios, advogava pelo fim das manobras militares dos EUA em solo europeu. Em 1917, logo após a aprovação da Lei de Espionagem pelo Congresso, o *postmaster* de Nova Iorque (a autoridade administrativa responsável pelos correios numa determinada jurisdição) comunicou ao jornal que iria proibir sua distribuição com base na recente legislação.

Em sua decisão, Learned Hand se ateve ao significado da palavra "causar", tal como usada na Lei de Espionagem quando esta criminali-

[3] Ibid., p. 1022. Para uma análise mais detalhada deste e dos períodos subsequentes de repressão política nos EUA, ver Goldstein, Robert J. ***Political Repression in Modern America****: From 1870 to the Present*. Boston: G.K. Hall & Co., 1978.

[4] **Masses Publishing Co. v. Patten**, 244 F. 535 (1917).

[5] Stone, Geoffrey R. *Judge Learned Hand and the Espionage Act of 1917: A Mystery Unraveled*. **The University of Chicago Law Review**, v. 70, n. 1, p. 335-358, 2003.

zou discursos que poderiam "causar atos ilegais", a exemplo da obstrução do alistamento militar. Na opinião do juiz, interpretar o termo "causar" de forma tão ampla, como fez o *postmaster* de Nova Iorque, levaria, cedo ou tarde, à supressão de críticas legítimas.[6] Nesse sentido, Hand faz uma importante distinção entre o discurso que tão somente causa agitações políticas daquele que faz uma chamada direta aos seus destinatários para que resistam violentamente à aplicação da lei. Enquanto aquele estaria protegido pela Constituição, este, em seu entender, poderia ser legitimamente restringido pelo Congresso. Assim, apenas o discurso que advoga pela resistência violenta ao alistamento militar estaria compreendido pela Lei de Espionagem. Após analisar os textos e charges publicadas no *The Masses*, Learned Hand decidiu que, naquele caso, o discurso não havia cruzado a linha por ele proposta e, por isso, deveria ser protegido pela primeira emenda.

Análises históricas da atuação de Hand em *Masses*, inclusive pela leitura de suas correspondências, constataram que o juiz considerava sua decisão como uma espécie de "alternativa" para as demais interpretações judiciais em casos de liberdade de expressão à época.[7] Ou seja, Learned Hand, ainda que apenas pela interpretação da Lei de Espionagem de 1917, tinha em mente a criação de uma nova regra de interpretação judicial que, mesmo fora do escopo da sua atuação enquanto juiz distrital, poderia informar e influenciar o debate sobre os limites da primeira emenda. Para o magistrado, a importância estava no conteúdo do discurso, não intenção de seu autor. Assim, era necessário avaliar se as palavras usadas eram graves o suficiente para configurar uma incitação à prática de atos ilegais, pouco importando se o autor daquelas palavras de fato tinha a intenção de promover estes atos. Nada obstante, a decisão de Hand foi reformada pela Corte de Apelações do Segundo Circuito em sede de recurso e, ainda em 1921, ele desistiu de aplicar a formulação de *Masses* em suas decisões subsequentes.[8]

[6] Trata-se do que a doutrina chama em inglês de *chilling effect* ou resfriamento da esfera pública. Para mais informações, ver a nota de rodapé 27 abaixo.
[7] GUNTHER, Gerald. *Learned Hand and the Origins of Modern First Amendment Doctrine: Some Fragments of History*. **Stanford Law Review**, v. 27, n. 03, p. 719-773, 1975.
[8] STONE et al, op. cit., p. 1028.

Dois anos depois da icônica decisão de Hand, a Suprema Corte se debruçou pela primeira vez sobre a questão em *Schenck v. United States* (1919).[9] O caso envolvia a publicação e distribuição de panfletos por Charles Schenck e Elizabeth Baer, membros do Partido Socialista da Filadélfia. Os panfletos foram impressos e distribuídos a alguns homens convocados para o serviço militar obrigatório durante a Primeira Guerra com o objetivo de demonstrar que a sua convocação era uma forma de "servidão involuntária" (*involuntary servitude*), conduta que havia sido proibida pela décima terceira emenda após a Guerra Civil e durante a reconstrução dos EUA. O texto continha frases de ordem como "exerçam seus direitos" e "não se submetam à intimidação [do exército]". Schenck e Baer foram denunciados por violarem a Lei de Espionagem em sua tentativa de obstruir o alistamento militar.

O *Justice* Oliver Wendell Holmes, uma das principais lideranças na história da Suprema Corte em matéria de liberdade de expressão, escreveu a decisão da Corte em *Schenck*. Após uma detida análise do texto impresso nos panfletos, Holmes disse ser possível deduzir a intenção dos autores a partir do próprio ato de criar e distribuir o material. Ou seja, a própria circulação do texto já comprova que eles tinham a intenção de obstruir os esforços de convocação e alistamento militar durante a guerra. Entretanto, Holmes reconheceu que a Suprema Corte precisou se ater ao contexto específico no qual o país se encontrava, admitindo que, "em tempos ordinários", aquele tipo de discurso seria protegido pela Constituição. Na sequência, Holmes escreveu aquela que até hoje é uma das frases mais icônicas do constitucionalismo estadunidense: "a questão em todos os casos é se as palavras usadas [...] criam um perigo claro e presente [*clear and present danger*] a ponto de causar os males substanciais que o Congresso tem o direito de prevenir. É uma questão de proximidade e de grau." Trata-se do famoso teste *clear and present danger*. Em outras palavras, para que a restrição da liberdade de expressão seja constitucionalmente justificada, ela deve ser capaz de prevenir um perigo que está relativamente próximo de ocorrer e que pode ser identificado de forma clara.

[9] **Schenck v. United States**, 249 U.S. 47 (1919).

Para ilustrar seu argumento, Holmes citou o famoso exemplo do homem que grita fogo dentro de um teatro, causando, assim, um pânico generalizado entre o público e colocando seus pares em risco. De acordo com a sua concepção de liberdade de expressão, esse caso representaria um perigo claro e próximo o suficiente a ponto de justificar sua restrição constitucional. Entretanto, Holmes avalia que o resultado do discurso em si é imaterial para configurar o crime. Ou seja, basta que o exercício do discurso crie um *clear and present danger* para que se justifique sua restrição, pouco importando a concretização do resultado danoso. No caso do teatro, portanto, o próprio grito é suficiente para configurar o crime, sendo desnecessário avaliar se, após gritar fogo, o homem realmente causou um pânico generalizado e, se esta situação, por sua vez, gerou algum dano mensurável. Nesses termos, a Suprema Corte confirmou a condenação de Schenck e Baer, julgando que o mero ato de publicação e distribuição dos panfletos configura a intenção de causar atos ilegais e, por isso, deveria ser punido.

Entretanto, Zechariah Chafee, na época professor na Harvard Law School, publicou um artigo afirmando que, embora o teste *clear and present danger* tenha seus méritos, o seu manejo por Holmes em *Schenck* merece críticas.[10] Afinal, Holmes não foi claro a respeito do que poderia ou não configurar um perigo claro e atual; faltavam, portanto, parâmetros bem definidos para guiar casos futuros. Ao contrário, a sua aplicação remetia ao teste *bad tendency*, que havia sido adotado em casos anteriores pela Corte, permitindo a restrição de discursos que tivessem a mera tendência de, ainda que remotamente, levar à concretização de atos ilegais. O problema, entretanto, é que essa aplicação, uma espécie de deturpação do teste *clear and present danger*, conferia muita discricionariedade aos *Justices* e poderia ser usada para censurar determinados discursos (como o de Schenck e Baer) que não corresponderiam aos sentimentos da maioria naquele determinado contexto histórico e social.

A Corte, mais uma vez com os votos majoritários do *Justice* Holmes, decidiu outros dois casos em 1919 com base na mesma racionalidade inaugurada em *Schenck*. Em *Frohwerk v. United States* a Corte manteve

[10] CHAFEE JR., Zechariah. *Freedom of Speech in War Time*. **Harvard Law Review**, v. 32, n. 8, p. 932-973, jun. 1919.

a condenação de um autor que publicou uma série de artigos contra a guerra no jornal Missouri *Staats Zeitung*, uma publicação em alemão.[11] Já em *Debs v. United States* a Corte manteve a condenação de Eugene Debs, naquela época líder nacional do Partido Socialista, por defender a obstrução do alistamento militar, em um discurso público em Ohio,.[12] Em 1920 Debs chegou a se candidatar à Presidência da República enquanto estava na prisão e, surpreendentemente, recebeu quase um milhão de votos.[13] Mas foi em *Abrams v. United States* que surgiu, em todas as suas cores, a conhecida tradição Holmes-Brandeis.[14] Embora também datado de 1919, *Abrams* só foi decidido no *term* (ano judiciário) seguinte da Suprema Corte. É importante notar que Holmes e seu colega Louis Brandeis foram altamente influentes na estipulação de limites hermenêuticos para o *judicial review* nos EUA, de modo que a interpretação da primeira emenda é apenas uma das áreas nas quais eles deixaram seu valioso legado.[15]

Em *Abrams*, a Corte se viu diante de uma constelação curiosa de fatos. Durante o início da Primeira Guerra Mundial, a Rússia Czarista declarou guerra contra a Alemanha. Com a Revolução Bolchevique ao final de 1917, o país decidiu assinar um tratado de paz com a Alemanha. Um ano depois, em 1918, os EUA mandaram uma frota naval para a Rússia, o que foi visto por socialistas estadunidenses como uma tentativa de combater (ou ao menos intimidar) o movimento revolucionário bolchevique. Alguns imigrantes russos publicaram e distribuíram panfletos convocando uma greve geral para demonstrar insatisfação com a manobra militar e acabaram condenados de acordo com a Lei de Espionagem de 1917. A maioria da Corte, em decisão escrita pelo *Justice* Clarke, manteve a condenação nos termos de *Schenck* e *Frohwerk*. Entretanto, Holmes discordou da maioria e optou por escrever uma enfática *dissenting opinion* (voto dissidente) que marca um verdadeiro ponto de inflexão na maneira como

[11] **Frohwerk v. United States**, 249 U.S. 204 (1919).

[12] **Debs v. United States**, 249 U.S. 211 (1919).

[13] McArdle, Terence. *The socialist who ran for president from prison – and won nearly a million votes*. **The Washington Post**, 22 de setembro de 2019. Disponível em: https://wapo.st/2PuOdNW.

[14] **Abrams v. United States**, 250 U.S. 616 (1919).

[15] Jackson, Vicki C. *Thayer, Holmes, Brandeis: Conceptions of Judicial Review, Factfinding, and Proportionality*. **Harvard Law Review**, v. 130, p. 2348-2396, 2017.

a primeira emenda é interpretada nos EUA.[16] Trata-se do início do que Frederick Schauer chama de "tradição do discurso inofensivo" (*harmless speech tradition*).[17]

Analisando os panfletos distribuídos pelos imigrantes russos nos EUA, Holmes avaliou que não é possível, diante das especificidades do caso, induzir a intenção de causar ações violentas e danosas. Ele pareceu se preocupar com a hipótese de que, se a Suprema Corte seguisse as decisões passadas de forma acrítica, nenhuma tentativa de mudar a cabeça das pessoas seria permitida. No presente caso, Holmes disse acreditar que "os réus tinham o direito de publicar [os panfletos] assim como o governo tem o direito de publicar a Constituição dos EUA". E então, para concluir, Holmes lançou a fundação da sua atualizada visão da primeira emenda: "o bem máximo desejado é mais bem alcançado pela livre troca de ideias [*free trade in ideas*] – o melhor teste para a verdade é o poder de um pensamento de ser aceito através da competição no mercado". Em outras palavras, Holmes adotou uma posição mais libertária em relação à liberdade de expressão que contrasta com suas opiniões em *Schenck*, *Frohwerk* e *Debs*.[18] Alguns historiadores afirmam que essa mudança de postura se deu pelo fato de que Holmes, durante o intervalo de verão da Suprema Corte em 1919, teve conversas com Hand e Chafee, que o convenceram a repensar sua maneira de aplicar o teste *clear and present danger*.[19]

Ou seja, na concepção de Holmes a partir de *Abrams*, a teoria adotada pela Constituição dos EUA seria a do "livre mercado de ideias", segundo a qual diferentes discursos devem competir em condição de igualdade para que a verdade possa prevalecer. Como explicam Sullivan e Feldman, essa concepção surge nos estudos de John Stuart Mill, para quem a supressão de ideias e opiniões é um *zero-sum game* (jogo de soma zero): se a ideia for verdadeira, a sociedade tem seu acesso à verdade negado; se a

[16] Healy, Thomas. ***The Great Dissent:*** *How Oliver Wendell Holmes Changed His Mind – And Changed the History of Free Speech in America*. Nova Iorque: Picador, 2014.

[17] Schauer, Frederick. *Oliver Wendell Holmes, the Abrams Case, and the Origins of the Harmless Speech Tradition*. **Seton Law Hall Review**, v. 51, n. 01, p. 205-224, 2020.

[18] Stone et al, op. cit., p. 1034.

[19] Ragan, Fred D. *Justice Oliver Wendell Holmes, Jr., Zechariah Chafee, Jr., and the Clear and Present Danger Test for Free Speech: The First Year, 1919*. **The Journal of American History**, v. 58, n. 01, pp. 24-45, jun. 1971.

ideia for falsa, a sociedade tem seu direito de compreender a real extensão da verdade violado, uma vez que só é possível ter um panorama geral da verdade a partir do seu embate com a inverdade[20]

Muitos autores criticam essa formulação justamente por acreditarem que os pressupostos de liberdade e igualdade não se sustentam, mas é importante notar que a posição de Holmes não é necessariamente ingênua.[21] Ele reconhece que isso é apenas uma "experiência", porém, nas suas palavras, se trata de uma experiência *constitucional* que deve ser respeitada e optimizada.

A partir da segunda metade da década de 1920, o foco da Suprema Corte passou a ser leis estaduais que, em reação ao *red scare*[22] (medo vermelho) causado pela revolução russa, proibiram o "sindicalismo criminal" (*criminal syndicalism*) e a "anarquia criminal" (*criminal anarchy*). Holmes deixou a Suprema em 1932 e Brandeis se aposentou em 1939. Enquanto membros da Corte, ambos participaram de mais duas decisões paradigmáticas: *Gitlow v. New York* (1925)[23] e *Whitney v. California* (1927).[24] Dentre os dois casos, a opinião de Brandeis em *Whitney* (apoiada por Holmes) é a mais marcante. Nela, o juiz buscou dar mais robustez ao teste *clear and present danger* ao afirmar que:

> [...] nenhum perigo é claro e presente a não ser que o mal em questão seja tão iminente a ponto de se concretizar antes que haja a oportunidade para uma discussão robusta [*full discussion*]. Se há tempo de expor as falácias ou falsidades através da discussão [...], então o remédio aplicado deve ser mais liberdade de expressão, não a imposição do silêncio.[25]

[20] Sullivan, Kathleen M. Feldman, Noah. ***First Amendment Law.*** 6. ed. St. Paul: Foundation Press, 2006, p. 5-6.

[21] Para uma das críticas mais contundentes ao "livre mercado de ideias", ver Mackinnon, Catherine A. ***Only Words.*** Cambridge: Harvard University Press, 1993.

[22] O *red scare* ou medo vermelho foi a promoção, por uma parcela da sociedade, de narrativas, muitas delas exageradas, que alertavam para a ascensão do comunismo nos Estados Unidos da América após a revolução Bolchevique na Rússia.

[23] **Gitlow v. New York**, 268 U.S. 652 (1925).

[24] **Whitney v. California**, 274 U.S. 357 (1927).

[25] 274 U.S. 357 (1927), p. 377.

Após a saída de Brandeis e Holmes, a Suprema Corte voltou a se debruçar sobre a matéria em 1951 quando julgou o caso *Dennis v. United States*, uma ação envolvendo a condenação de líderes do Partido Comunista dos EUA por violações ao *Smith Act* de 1940, por meio do qual o Congresso tornou crime advogar a derrubada ou destruição do governo dos EUA pelo uso da força ou violência[26]. Em decisão escrita pelo *Chief Justice* Fred Vinson, a Corte notou que, "embora nenhum caso após *Whitney* e *Gitlow* tenha expressamente revogado as decisões da maioria naqueles casos, não há dúvida que os casos subsequentes se inclinaram em direção à doutrina Holmes-Brandeis".

No caso em questão, a Corte decidiu que a probabilidade de concretização do dano não é um fator na aplicação do teste *clear and present danger* e, nestes termos, confirmou a condenação dos réus. Para a maioria do Tribunal, a mera existência de uma conspiração dentro do Partido Comunista configuraria um perigo que deve ser repelido.

Entretanto, em votos apartados, os *Justices* Felix Frankfurter, Robert Jackson, Hugo Black e William Douglas demonstraram desconforto com a solução adotada pela maioria. Frankfurter afirmou temer o esfriamento do debate público (*chilling effect*).[27] Jackson, por sua vez, criticou a decisão da maioria por distorcer o teste *clear and present danger*. Já Black argumentou que a decisão foi fruto de medos e paixões próprias daquela época (de Guerra Fria) e que aguardava o tempo no qual "as liberdades da primeira emenda serão restauradas". Por fim, Douglas chamou os comunistas de "mercadores miseráveis de ideias indesejadas" e se perguntou como seria possível falar em *clear and present danger* quando não havia absolutamente nenhum indício de que a doutrina comunista seria bem-sucedida nos EUA.

2. Aspectos importantes da decisão

Nos anos que separaram *Dennis* de *Brandenburg*, a Suprema Corte teve a oportunidade de enfrentar a aplicação do *Smith Act* mais uma vez em

[26] **Dennis v. United States**, 341 U.S. 494 (1951).

[27] O *chilling effect* ou resfriamento da esfera pública se refere ao processo de autocensura que pode se consolidar entre a população diante da ameaça de uma sanção ou punição pelo exercício da liberdade de expressão.

Yates v. United States em 1957.[28] O caso envolvia ações penais contra uma série de membros do Partido Comunista dos EUA que foram acusados de conspiração com base na legislação federal. No caso, em uma opinião redigida pelo *Justice* Harlan, a Corte rejeitou o argumento de que a mera "justificação doutrinária de derrubada [do governo]" constituiria crime de conspiração. Para o Tribunal, a doutrinação que não é seguida de atos preparatórios não pode ser considerada ilegal com base no *Smith Act*. Nas palavras de Harlan, para configurar o crime os destinatários do discurso devem ser instados a *agir* e não apenas a *acreditar* em algo. Na prática, a decisão da Corte em *Yates* acabou esvaziando o *Smith Act* e, logo na sequência, o *Department of Justice* (DOJ) dos EUA desistiu de grande parte das ações que envolviam a aplicação da lei.[29] *Yates* é um importante ponto de transição na jurisprudência da Suprema Corte, representando um certo enfraquecimento de *Dennis* e abrindo caminho para *Brandenburg* alguns anos depois.

Finalmente, em 1969 a Suprema Corte decidiu o paradigmático *Brandenburg v. Ohio*, o último grande caso nessa linha jurisprudencial que discute e estipula limites ao exercício da liberdade de expressão capaz de gerar atos ilegais.[30] É importante destacar, desde já, dois aspectos importantes do precedente. Primeiro, *Brandenburg* é, de certa maneira, uma resposta a *Dennis*. Enquanto *Dennis* foi decidido num contexto particular de grande temor em relação à "ameaça comunista" nos EUA, sendo objeto de duras críticas dentro e fora da Corte por restringir um discurso aparentemente legítimo, *Brandenburg* foi decidido quase 18 anos depois num contexto ainda de Guerra, mas certamente de menor temor e insegurança nacional. Em segundo lugar, ao contrário dos casos anteriores que tratavam primordialmente do alistamento militar em tempos de guerra e do *red scare* – que vinha principalmente da União Soviética e de seus satélites –, *Brandenburg* é o primeiro caso a tratar de um problema intrínseco aos EUA: as atividades do grupo terrorista e supremacista branco *Ku Klux Klan* (KKK).

[28] **Yates v. United States**, 354 U.S. 298 (1957).

[29] Stone et al, op. cit., p. 1053.

[30] **Brandenburg v. Ohio**, 395 U.S. 444 (1969).

O caso envolveu a aplicação do *Ohio Criminal Syndicalism Act* de 1919, que criminalizava, dentre outras condutas, o ato de defender o uso de "sabotagem, violência ou métodos ilegais de terrorismo como meios para atingir uma reforma política ou industrial". Clarence Brandenburg, um líder da KKK na região rural do estado de Ohio, foi denunciado e condenado por violar a referida lei durante um protesto organizado por supremacistas brancos em 1964 no condado de Hamilton, nas proximidades de Cincinnati.

Brandenburg, em preparação ao protesto, telefonou para um repórter de um canal de TV em Cincinnati, convidando-o a cobrir o evento que estava sendo organizado pela KKK. Ironicamente, Brandenburg só foi investigado e punido por seus atos em razão da ampla distribuição que foi dada às imagens captadas pelo repórter na ocasião.

Em uma das cenas, Brandenburg e outros onze membros da *Klan* estão reunidos ao redor de uma cruz de madeira que é então queimada. Todos estão vestidos com os trajes que tornaram a KKK mundialmente conhecida (roupão e capuz de cor branca), além de empunharem armas de fogo. Num momento posterior, Brandenburg discursa aos seus colegas e fala: "nós não somos uma organização vingativa, mas se nosso Presidente, nosso Congresso, nossa Suprema Corte continuarem a reprimir os brancos, a raça caucasiana, é possível que alguma vingança tenha que acontecer." Numa filmagem subsequente, dessa vez sem empunhar sua arma, Brandenburg diz: "pessoalmente, eu acredito que os negros devem ser devolvidos à África e os judeus à Israel."

A decisão da Suprema Corte em *Brandenburg* foi publicada *per curiam*, ou seja, em nome da Corte, sem identificar qual *Justice* foi o responsável por sua redação. Isso era relativamente comum em casos envolvendo tensões raciais na época – como, nos debates sobre segregação racial no período *Jim Crow* –, visto que os magistrados temiam sofrer ameaças, principalmente de lideranças políticas no Sul.[31]

Outra explicação para a decisão ter sido *per curiam* é que ela havia sido redigida pelo *Justice* Abe Fortas, uma figura pouco conhecida em razão de seu curto tempo na Corte (apenas quatro anos). Fortas saiu da Corte em

[31] FIELD, Martha A. *Brandenburg v. Ohio and its relationship to Masses Publishing Co. v. Patten.* **Arizona State Law Journal**, v. 50, n. 01, p. 791-801, 2018.

1969, pouco antes de *Brandenburg* ser decidido, em razão de um escândalo que levou à sua renúncia. Assim, para evitar a necessidade de redistribuição do caso entre os *Justices* ainda ativos e a subsequente reescrita da decisão da Corte, a maioria resolveu simplesmente manter o texto elaborado por Fortas e publicá-lo *per curiam*. Essa versão é corroborada por Martha Field, que foi assessora (*Law Clerk*) de Fortas à época e relatou ter trabalhado na confecção da decisão.[32]

No corpo da decisão, a Corte relembrou *Whitney* para mencionar que, anos antes, havia declarado o *California Criminal Syndicalism Act* constitucional, legislação muito semelhante em forma e conteúdo ao *Ohio Criminal Syndicalism Act* agora em discussão. Nada obstante, a Corte argumentou que casos subsequentes, especialmente *Dennis* e *Yates*, enfraqueceram as conclusões de *Whitney* (que acabou sendo superado expressamente em *Brandenburg*). Nas palavras da Corte, "estas decisões formularam o princípio de que as garantias constitucionais de liberdade de expressão não permitem que um Estado proíba advogar pelo uso da força ou pela violação da lei, a não ser quando essa campanha tem como objetivo incitar ou produzir ações ilegais iminentes e é provável que incite ou produza tais ações". Em outras palavras, a Corte consolidou a visão de que o exercício da liberdade de expressão só pode ser restringido quando estiverem presentes dois pressupostos: o da "iminência" (*imminence*) e o da "probabilidade" (*likelihood*). Ao lado deles também seria possível falar na "intenção" (*intent*) de violar a ler. Essa nova fórmula acabou substituindo o teste *clear and present danger*.

Diante deste teste, hoje conhecido como teste de *Brandenburg*, a legislação estadual de Ohio foi declarada inconstitucional por não distinguir entre a mera defesa de atos ilegais no campo das ideias e uma verdadeira incitação ao cometimento de atos ilegais que sejam concomitantemente iminentes e prováveis. Em uma *concurring opinion*, o *Justice* Douglas esclareceu os contornos da nova fórmula. Para ele, a linha entre o que é permitido e não está sujeito ao controle estatal e o que não é permitido e está sujeito ao controle estatal corresponde à "linha entre ideias e atos evidentes [*overt acts*]". Para reforçar o seu argumento, Douglas retomou o

[32] Ibid.

exemplo do homem que grita fogo num teatro lotado.[33] Esse é, segundo Douglas, um caso clássico em que o discurso é permeado por uma ação. Tirando casos como esse, que para ele são exceções, todas as demais instâncias do exercício da liberdade de expressão devem ser imunes ao controle estatal. Meio século antes, em *Schenck*, Holmes usou o exemplo do teatro pela primeira vez e inaugurou uma linha de casos que, de certa maneira, se encerrou em *Brandenburg*. A citação de Douglas foi, assim, uma simbólica indicação de que a doutrina da Suprema Corte havia completado seu ciclo ou, como se diz em inglês, *has come full circle*.

A posição defendida por Holmes e Brandeis prevaleceu. Em decisões como *Schenck*, *Frohwerk* e *Debs*, como visto acima, a Suprema Corte havia adotado uma teoria chamada por alguns comentadores de *bad tendency*. Ou seja, o exercício da liberdade de expressão que tivesse a mera tendência de causar atos ilegais poderia ser restringido pelo Estado de forma consistente com os parâmetros da primeira emenda dos EUA. Nada obstante, como vimos acima, Holmes e Brandeis passaram a se posicionar contra esta interpretação a partir de *Abrams* em 1919. Segundo a visão libertária defendida pela dupla, baseada primordialmente no conceito de "livre mercado de ideias" de Mill, mesmo o discurso que tenha uma "*bad tendency*" e possa levar outros a cometer atos ilegais deve ser protegido pela Constituição a não ser que fique comprovado que o risco é iminente ou imediato a ponto de justificar sua censura. Caso contrário, a solução deve ser mais liberdade de expressão, não menos. Havendo tempo para um debate informado e para a verdade prevalecer por meio do diálogo, não se justifica a restrição do discurso pelo Estado.[34] Ou, como Brandeis escreveu de forma eloquente em *Whitney*, "entre homens livres, os obstáculos ordinariamente aplicados para prevenir crimes são a educação e punição por violações à lei, não o cerceamento das liberdades de expressão e reunião."[35]

[33] É curioso notar que, em *Schenck*, Holmes fala apenas em "um homem que grita fogo num teatro", ao passo que em *Brandenburg* Douglas fala em "um homem que grita fogo num teatro *lotado*", o que certamente eleva a urgência envolvida na situação.

[34] Stone, Geoffrey R. Strauss, David A. ***Democracy and Equality***: *The Enduring Constitutional Vision of the Warren Court*. Nova Iorque: 2020, p. 146-151.

[35] 274 U.S. 357 (1927), p. 378.

Nada obstante, a Suprema Corte, em *Dennis*, em decisão escrita pelo *Chief Justice* Vinson, acabou distorcendo a interpretação de Holmes e Brandeis, ao dizer que a probabilidade de concretização do dano não deveria ser levada em consideração. Para Vinson, a Corte deveria apenas se perguntar se "a gravidade do 'mal' ['*evil*'], descontada de sua improbabilidade, justifica uma invasão da liberdade de expressão quando necessária para evitar o perigo."[36]

Brandenburg, assim, representou ao mesmo tempo um resgate da visão original de Holmes e Brandeis e sua consolidação na jurisprudência da Suprema Corte. Segundo o teste de *Brandenburg*, o discurso só pode ser restringido quando se valer de palavras de incitação que clamem pela violação da lei e, ainda, tal violação deve ser, ao mesmo tempo, imediata e provável de se concretizar. Como notaram Stone e Strauss, a Corte chegou à conclusão de que, de um ponto de vista de consolidação democrática, é mais razoável punir a pessoa que de fato cometeu violações à lei e, na outra mão, proteger a liberdade de expressão daquele que, por seu discurso, instigou alguém a cometer tais atos.[37]

3. Repercussão da decisão

Os casos da linha *Schenck-Brandenburg* foram decididos em contextos históricos muito particulares e com base em diferentes meios de comunicação. Enquanto os primeiros casos no final da década de 1910 e início dos anos 1920 envolviam principalmente publicações em papel, como jornais, revistas e panfletos, a *Warren Court*[38] precisou enfrentar situações envolvendo gravações em vídeo e áudio, a exemplo das filmagens do repórter de Cincinnati em *Brandenburg*. É difícil estimar o quanto essas mudanças tecnológicas influenciaram o posicionamento dos *Justices* ao longo dos anos. De outra sorte, é certamente mais fácil calcular a influência das mudanças históricas e culturais, como ficou claro acima com a abordagem da transição da Primeira Guerra Mundial ao *red scare*. Ainda assim, essa discussão ganhou relevo com a ascensão dos meios de comu-

[36] Stone, op. cit., p. 151-154.

[37] Ibid., p. 156.

[38] A *Warren Court* se refere ao período no qual a Suprema Corte dos EUA foi presidida por Earl Warren e se estende de 1953 até 1969.

nicação digitais e, especialmente, com a consolidação das redes sociais a partir da segunda metade dos anos 2000.

De certa forma, a tradição construída pela Suprema Corte ao longo de meio século entre 1919 e 1969 está sendo esvaziada pela revolução digital. Isso é verdade tanto do ponto de vista da atuação das plataformas digitais, especialmente redes sociais como Twitter e Facebook, quanto do ponto de vista do próprio governo dos EUA, que cada vez mais se afasta dos pressupostos de *Brandenburg*.

Nesta terceira seção do artigo, nosso objetivo não é avaliar todas as nuances e complexidades desse debate, mas apenas destacar a existência desse processo de erosão e enfraquecimento da doutrina de Holmes e Brandeis na esfera digital. O pressuposto da discussão a seguir, portanto, é a transposição de uma parcela considerável das interações sociais e políticas do ambiente *offline* para o mundo *online*. Tal transição, ainda que natural para muitos, impactou consideravelmente o exercício da liberdade de expressão dos cidadãos. A Internet democratizou o acesso à informação e permitiu que seus usuários se tornassem criadores (e não apenas consumidores) de conteúdo. Consequentemente, antigos intermediários como canais de TV e jornais perderam uma considerável parcela de sua influência informacional, ao passo que novos intermediários como redes sociais e outras aplicações ganharam um poder nunca visto sobre o exercício da liberdade de expressão.[39]

Em primeiro lugar, cumpre ressaltar que a primeira emenda da Constituição americana se aplica apenas ao governo federal dos EUA ("*Congress shall make no law...*") e não vincula a atuação de empresas privadas. Diferentemente do Brasil, no constitucionalismo estadunidense o conceito de eficácia horizontal dos direitos fundamentais é menos aceito e difundido. Nada obstante, os termos de uso dessas plataformas digitais – ou seja, as regras que estipulam os limites para o discurso dos usuários dentro do serviço – inicialmente foram moldadas à luz da concepção libertária de liberdade de expressão defendida por Holmes e Brandeis e consolidada pela Suprema Corte em *Brandenburg*. Durante o rápido crescimento das redes sociais entre 2004 e 2014, a maioria dos termos de

[39] MINOW, Martha. *The Changing Ecosystem of News and Challenges for Freedom of the Press.* **Loyola Law Review**, v. 65, p. 499-555, 2018.

uso das grandes plataformas foi escrita por advogados que se graduaram nas mais celebradas *law schools* dos EUA. Seguindo a tradição da primeira emenda tal como interpretada pela Suprema Corte, esses advogados inseriram o DNA da visão de Holmes e Brandeis também no coração do Vale do Silício.[40]

Entretanto, este alinhamento era apenas um reflexo da tradição jurídica estadunidense, não sendo, portanto, fruto de um mandado legal. Pelo contrário, a lei estadunidense, na *Section* 230 do *Communications Decency Act*, concedeu um amplo espaço de autorregulação às plataformas digitais, blindando-as da responsabilização civil pelo conteúdo postado e compartilhado por seus usuários.[41] Essa norma, cuja essência também está refletida no Artigo 19 do Marco Civil da Internet no Brasil, foi providencial para garantir a liberdade de expressão na Internet, promover a inovação e evitar a censura de conteúdos que poderiam gerar um risco de responsabilização para as plataformas.[42] Entretanto, ao cristalizar seu poder de autorregulação, a *Section* 230 também abriu a possibilidade para que as plataformas se afastassem gradativamente da doutrina da primeira emenda. E é justamente isso que vem ocorrendo nos últimos anos. Como explica Evelyn Douek, as redes sociais estão abandonando os princípios da primeira emenda, inclusive o teste de *Brandenburg*, e adotando uma visão mais alinhada com o direito internacional dos direitos humanos por meio do teste de proporcionalidade.[43]

De outra sorte, o próprio governo dos EUA não demonstra o comprometimento de antes com a aplicação do teste de *Brandenburg*. Um dos principais motivos é a dificuldade enfrentada pelos procuradores federais ao tentarem demonstrar ao júri que postagens de usuários na Internet

[40] Klonick, Kate. *The New Governors: The People, Rules, and Processes Governing Online Speech*. **Harvard Law Review**, v. 131, p. 1598-1670, 2018.

[41] Estarque, Marina. Archegas, João Victor. Redes Sociais e Moderação de Conteúdo: Criando regras para o debate público a partir da iniciativa privada. **Instituto de Tecnologia e Sociedade do Rio de Janeiro**, 07 de abril de 2021. Disponível em: https://itsrio.org/pt/publicacoes/redes-sociais-e-moderacao-de-conteudo/.

[42] Kosseff, Jeff. ***The Twenty-Six Words that Created the Internet***. Ithaca: Cornell University Press, 2019.

[43] Douek, Evelyn. *Governing Online Speech: From "posts-as-trumps" to proportionality and probability*. **Columbia Law Review**, v. 121, n. 03, p. 759-834, 2021.

são responsáveis por atos de terrorismo, como no famoso caso de Samir Omar Al-Hussayen, em Idaho, após o 11 de setembro. Na maioria dos casos, o nexo causal entre o que se diz na Internet e o que se faz na "vida real" é visto como remoto demais para satisfazer o teste de *Brandenburg*. Assim, como alternativa, o governo prefere pressionar plataformas digitais diretamente para que retirem certos conteúdos da Internet sem que para isso seja necessário enfrentar as formalidades do processo judicial. Isso acaba colocando em xeque discursos que, em tese, são protegidos pela primeira emenda de acordo com a interpretação da Suprema Corte em *Brandenburg*, mas que, em razão da pressão exercida pelo governo federal, acabam sendo censurados pelas plataformas digitais que buscam manter um bom relacionamento com as autoridades.[44]

Conclusões

Enfraquecida pela Internet ou apenas momentaneamente deixada de lado, a decisão da Suprema Corte em *Brandenburg v Ohio* é um marco para o constitucionalismo estadunidense e uma lição sobre o poder da liberdade de expressão para outros países. Entre 1919 e 1969, a Corte aprendeu com diferentes momentos históricos e consolidou a visão libertária de Holmes e Brandeis. Como disse Holmes, "a essência do Direito nunca foi a lógica, mas sim a experiência". Na falta de condições que representem um risco iminente e provável, o discurso deve ser protegido independentemente do seu conteúdo. Havendo tempo para o embate de ideias, mais liberdade de expressão é a solução, nunca a imposição do silêncio.

Essa discussão ganhou contornos dramáticos quando, em 06 janeiro de 2021, apoiadores do então presidente Donald J. Trump marcharam da Casa Branca até o Capitólio em Washington, DC, e protagonizaram cenas de violência que chocaram o mundo. Os manifestantes, após presenciarem um discurso inflamado de Trump, seu advogado, seu filho e outros apoiadores, invadiram a sede do Congresso para impedir a certificação da vitória de Joe Biden no colégio eleitoral.

[44] MONTGOMERY, Chris. Can *Brandenburg v. Ohio* Survive the Internet and the Age of Terrorism?: The Secret Weakening of a Venerable Doctrine. **Ohio State Law Journal**, v. 70, pp. 141-193, 2009.

Recentemente, um homem de Nova Iorque se tornou o primeiro a ser denunciado e condenado por fatos que remetem aos acontecimentos de 06 de janeiro e que foram consumados na esfera digital. Em um vídeo postado na Internet, Brendan Hunt pediu que seus ouvintes "matassem seus senadores" e sugeriu que todos deveriam voltar ao Capitólio para "abater [*slaughter*]" os membros do Congresso.[45] Embora esse caso indique que os procuradores estão prontos para argumentar (e os jurados para aceitar) que as palavras de Hunt passam no teste de *Brandenburg*, em diversos outros casos as postagens em redes sociais sobre a invasão ao Capitólio acabaram não sendo usadas como provas.[46]

Ainda, em 05 de maio de 2021, o *Oversight Board* – antes conhecido como "Suprema Corte do Facebook –, instituição independente que decide em última instância casos de moderação de conteúdo do Facebook,[47] concluiu que Donald J. Trump foi corretamente suspenso da rede social, mas, ao mesmo tempo, o comitê afirmou que a empresa errou ao aplicar a suspensão por tempo indeterminado.[48] Ecoando as palavras de Holmes e Brandeis, o Board escreveu que "quando o Sr. Trump fez a publicação, havia um risco claro e imediato de dano e as palavras dele de apoio aos envolvidos no tumulto legitimou as ações violentas dessas pessoas."[49]

Em 1919, Holmes usou pela primeira vez o exemplo do homem que grita fogo em um teatro para ilustrar os limites da liberdade de expressão em *Schenck*. Pouco mais de um século depois, em 2021, o *Oversight Board* disse que também não se pode gritar fogo em uma rede social. Ainda é

[45] Jacobs, Shayna. *Trump supporter found guilty of threatening to kill members of Congress after Jan. 6 insurrection.* **The Washington Post**, 28 de abril de 2021. Disponível em: https://wapo.st/3e2HHaR.

[46] Dilanian, Ken. Collins, Ben. *There are hundreds of posts about plans to attack the Capitol. Why hasn't this evidence been used in court?* **NBC News**, 20 de abril de 2021. Disponível em: https://nbcnews.to/2QxQyZc.

[47] Archegas, João Victor. A Suprema Corte do Facebook e o Direito Constitucional para além do Estado. **JOTA**, 07 de agosto de 2019. Disponível em https://bit.ly/3ilJajT.

[48] Archegas, João Victor. Barroso, Luna Van Brussel. Trump contra Facebook: um raio-x da decisão do Oversight Board. **Jota**, 06 de maio de 2021. Disponível em https://bit.ly/3fsTsYF

[49] Oversight Board. **Case decision 2021-001-FB-FBR**, p. 03. Disponível em: https://bit.ly/34y3Wzy.

cedo para dizer se *Brandenburg* sobreviverá à revolução digital, mas exemplos como a decisão do *Oversight Board* no caso de Trump indicam que a jurisprudência da Suprema Corte dos EUA ainda pode pautar o debate sobre os limites da liberdade de expressão na Internet.

Referências

ARCHEGAS, João Victor. A Suprema Corte do Facebook e o Direito Constitucional para além do Estado. **JOTA**, 07 de agosto de 2019. Disponível em: https://bit.ly/3ilJajT.

ARCHEGAS, João Victor. BARROSO, Luna Van Brussel. Trump contra Facebook: um raio-x da decisão do Oversight Board. **JOTA**, 06 de maio de 2021. Disponível em: https://bit.ly/3fsTsYF.

CHAFEE JR., Zechariah. *Freedom of Speech in War Time.* **Harvard Law Review**, v. 32, n. 8, p. 932-973, jun. 1919.

DILANIAN, Ken. COLLINS, Ben. *There are hundreds of posts about plans to attack the Capitol. Why hasn't this evidence been used in court?* **NBC News**, 20 de abril de 2021. Disponível em: https://www.nbcnews.com/politics/justice-department/we-found-hundreds-posts-about-plans-attack-capitol-why-aren-n1264291.

DOUEK, Evelyn. *Governing Online Speech: From "posts-as-trumps" to proportionality and probability*. **Columbia Law Review**, v. 121, n. 3, p. 759-834, 2021.

ESTADOS UNIDOS DA AMÉRICA. Supreme Court of the United States. **Abrams v. United States**, 250 U.S. 616 (1919), Washington D.C, 10 de novembro de 1919.

ESTADOS UNIDOS DA AMÉRICA. Supreme Court of the United States. **Brandenburg v. Ohio**, 395 U.S. 444 (1969), Washington D.C, 8 de junho de 1969.

ESTADOS UNIDOS DA AMÉRICA. Supreme Court of the United States. **Debs v. United States**, 249 U.S. 211 (1919), Washington D.C, 10 de março de 1919.

ESTADOS UNIDOS DA AMÉRICA. Supreme Court of the United States. **Dennis v. United States**, 341 U.S. 494 (1951), Washington D.C, 4 de junho de 1951.

ESTADOS UNIDOS DA AMÉRICA. Supreme Court of the United States. **Frohwerk v. United States**, 249 U.S. 204 (1919), Washington D.C, 10 de março de 1919.

ESTADOS UNIDOS DA AMÉRICA. Supreme Court of the United States. **Gitlow v. New York**, 268 U.S. 652 (1925), Washington D.C, 8 de junho de 1925.

ESTADOS UNIDOS DA AMÉRICA. Supreme Court of the United States. **Schenck v. United States**, 249 U.S. 47 (1919), Washington D.C, 3 de março de 1919.

Estados Unidos da América. Supreme Court of the United States. **Whitney v. California**, 274 U.S. 357 (1927), Washington D.C, 16 de maio de 1927.

Estados Unidos da América. Supreme Court of the United States. **Yates v. United States**, 354 U.S. 298 (1957), Washington D.C, 17 de junho de 1969.

Estados Unidos da América. United States District Court for the Southern District of New York. **Masses Publishing Co. v. Patten**, 244 F. 535 (S.D.N.Y. 1917), Nova Iorque, NY, 24 de julho de 1917.

Estarque, Marina. Archegas, João Victor. Redes Sociais e Moderação de Conteúdo: Criando regras para o debate público a partir da iniciativa privada. **Instituto de Tecnologia e Sociedade do Rio de Janeiro**, 07 de abril de 2021. Disponível em: https://itsrio.org/pt/publicacoes/redes-sociais-e-moderacao-de-conteudo/.

Field, Martha A. *Brandenburg v. Ohio and its relationship to Masses Publishing Co. v. Patten*. **Arizona State Law Journal**, v. 50, n. 1, p. 791-801, 2018.

Goldstein, Robert J. ***Political Repression in Modern America***: *From 1870 to the Present*. Boston: G.K. Hall & Co., 1978.

Gunther, Gerald. *Learned Hand and the Origins of Modern First Amendment Doctrine: Some Fragments of History*. **Stanford Law Review**, v. 27, n. 3, p. 719-773, 1975.

Healy, Thomas. ***The Great Dissent***: *How Oliver Wendell Holmes Changed His Mind – And Changed the History of Free Speech in America*. Nova Iorque: Picador, 2014.

Jackson, Vicki C. *Thayer, Holmes, Brandeis: Conceptions of Judicial Review, Factfinding, and Proportionality*. **Harvard Law Review**, v. 130, p. 2348-2396, 2017.

Jacobs, Shayna. *Trump supporter found guilty of threatening to kill members of Congress after Jan. 6 insurrection*. **The Washington Post**, 28 de abril de 2021. Disponível em: https://wapo.st/3e2HHaR.

Klonick, Kate. *The New Governors: The People, Rules, and Processes Governing Online Speech*. **Harvard Law Review**, v. 131, p. 1598-1670, 2018.

Kosseff, Jeff. ***The Twenty-Six Words that Created the Internet***. Ithaca: Cornell University Press, 2019.

Mackinnon, Catherine A. ***Only Words***. Cambridge: Harvard University Press, 1993.

Mcardle, Terence. *The socialist who ran for president from prison – and won nearly a million votes*. **The Washington Post**, 22 de setembro de 2019. Disponível em: https://www.washingtonpost.com/dc-md-va/2019/09/22/socialist-who-ran-president-prison-won-nearly-million-votes/

MINOW, Martha. *The Changing Ecosystem of News and Challenges for Freedom of the Press*. **Loyola Law Review**, v. 65, p. 499-555, 2018.

MONTGOMERY, Chris. *Can Brandenburg v. Ohio Survive the Internet and the Age of Terrorism?: The Secret Weakening of a Venerable Doctrine*. **Ohio State Law Journal**, v. 70, p. 141-193, 2009.

Oversight Board. **Case decision 2021-001-FB-FBR**, p. 03. Disponível em: https://bit.ly/34y3Wzy.

RAGAN, Fred D. *Justice Oliver Wendell Holmes, Jr., Zechariah Chafee, Jr., and the Clear and Present Danger Test for Free Speech: The First Year, 1919*. **The Journal of American History**, v. 58, n. 01, pp. 24-45, jun. 1971.

SCHAUER, Frederick. *Oliver Wendell Holmes, the Abrams Case, and the Origins of the Harmless Speech Tradition*. **Seton Law Hall Review**, v. 51, n. 1, p. 205-224, 2020.

STONE, Geoffrey R. et al. ***Constitutional Law***. 8. ed. Nova Iorque: Wolters Kluwer, 2018.

STONE, Geoffrey R. *Judge Learned Hand and the Espionage Act of 1917: A Mystery Unraveled*. **The University of Chicago Law Review**, v. 70, n. 1, p. 335-358, 2003.

STONE, Geoffrey R. STRAUSS, David A. ***Democracy and Equality***: *The Enduring Constitutional Vision of the Warren Court*. Nova Iorque: Oxford University Press, 2020.

SULLIVAN, Kathleen M. FELDMAN, Noah. ***First Amendment Law***. 6. ed. St. Paul: Foundation Press, 2016.

22.
NORTH CAROLINA V. ALFORD, 1970
A POSSIBILIDADE DE O RÉU CONFESSAR CULPA E, AO MESMO TEMPO, SE DECLARAR INOCENTE

RODRIGO FRANTZ BECKER
PEDRO HENRIQUE DO PRADO HARAM COLUCCI

Introdução

Dentro da tradição da *Common Law* estadunidense, o que se costuma chamar de "*plea*" remete à declaração que um acusado apresenta perante um tribunal imediatamente após o recebimento da denúncia proposta pelo órgão titular da ação penal. Nesse âmbito, o acusado pode se declarar culpado (*guilty*), não culpado (*not guilty*), se manter silente, responder à acusação, ou declarar que o julgamento não pode continuar (*peremptory plea*) na hipótese de já ter sido processado por aquela mesma acusação.

Uma das medidas possíveis que o réu pode adotar, dentro de contexto de declaração de culpa, é a figura do *plea bargain*, consubstanciada na dinâmica de barganhar com a promotoria a renúncia a certos direitos processuais em troca de uma resposta penal mais benéfica.[1] Dessa forma, o agente, aceitando o acordo proposto pela acusação, reconhece a culpa e cumpre a pena imposta judicialmente.

[1] Rauxloh, Regina. ***Plea Bargaining in National and International Law***. Nova Iorque: Routledge, 2014.

Não obstante, uma forma peculiar de *plea bargain* se concentra na previsão, em alguns estados americanos, do instituto do *alford plea*[2], considerado como uma categoria especial de *plea bargain,* que permite ao acusado manter um protesto de inocência ao mesmo tempo que assume a culpa para não correr o risco de receber uma pena mais severa, considerando a previsão de pena capital em algumas unidades federativas.

Para que seja possível verificar a voluntariedade da manifestação da vontade no âmbito do *alford plea*, a declaração de culpa deve ser explícita. Apesar das questões controvertidas, levantadas pelos críticos deste instituto, de que o seu emprego em um julgamento subtrai das vítimas a pretensão pelo encarceramento do réu e distorce a sua devida responsabilização – até mesmo a ideia de se punir o verdadeiro culpado pelo crime –, ele continua a ser considerado uma ferramenta legítima e, até certo grau, útil para o acusado.

No presente estudo, faremos uma análise acerca desse instituto, cuja origem se deu no início dos anos 70, exatamente no caso *North Carolina v. Alford,* objeto deste artigo. Trata-se de um marco para a tradição de justiça criminal negociada norte-americana, na medida em que se inseriu mais um instrumento ao amplo rol de instrumentos negociais já previstos. Nesse caso, a Suprema Corte dos Estados Unidos decidiu que o réu pode se declarar culpado ao mesmo tempo em que mantém a sua inocência, desde que o órgão acusador apresente evidências robustas sobre o cometimento de um crime e, além disso, seja comprovada a voluntariedade e a consciência do acusado no momento de sua confissão.

Primeiramente, apresentar-se-ão a origem do instituto e os debates constitucionais ocorridos em diferentes instâncias do poder judiciário estadunidense, até chegar na recepção e na decisão da Suprema Corte sobre o caso. Destacar-se-ão as diferentes percepções sobre a ideia de voluntariedade na declaração de culpa e como essa definição se encontra nublada até os dias de hoje, ficando ao arbítrio do julgador avaliar a pertinência do pedido e sua legitimidade.

Em um segundo momento, apontar-se-ão os principais aspectos da decisão da Suprema Corte, expondo os argumentos contrários dos *Jus-*

[2] Também chamado de *kennedy plea,* em referência ao julgamento do caso *Kennedy v. Frazier,* pela Suprema Corte americana, em 1987.

tices[3], assim como sua relação com julgamentos anteriores que lidaram com influxos semelhantes no quesito da análise da voluntariedade e consciência sobre o ato. Em seguida, analisar-se-á a formação do voto majoritário que concretizou o *alford plea*. Sublinha-se, também, o valor preponderante que a confissão de culpa ocupa no Direito estadunidense, sobrepondo-se de maneira decisiva às outras formas de produção da verdade judiciária dentro do devido processo legal.

Por fim, utilizar-se-á como exemplo o caso dos "Três de *West Memphis*", que representa um marco contemporâneo do impacto da utilização de uma declaração de *alford plea* em processos controversos, eivados da cobertura midiática e sensacionalista sobre as tendências criminalizantes da época. Partindo do caso, discutiremos os problemas enfrentados posteriormente por quem tem um pedido de aplicação dessa figura aceito no tribunal, considerando a impossibilidade de reparação cível, caso a inocência seja comprovada posteriormente, e a corrosão que a aplicação deste instituto causa na credibilidade do Poder Judiciário frente à sociedade.

Aproveita-se, também, para expor os dilemas da aplicação do *alford plea* em casos de violência sexual, apontando-se como estes representam um terreno perigoso para se admitir uma confissão de culpa seguida de uma declaração de inocência.

1. Contexto histórico

O fato que deu origem à figura do *alford plea* ocorreu em 2 de dezembro de 1963, no estado da Carolina do Norte, quando um homem chamado Henry Alford foi indiciado por homicídio qualificado.[4] Ao longo da preparação da tese defensiva, o advogado de Alford, nomeado pelo tribunal, tentou encontrar um álibi para o seu assistido, no entanto, as declarações das testemunhas tendiam a incriminá-lo. Embora nenhuma delas houvesse presenciado o momento da consumação do crime, elas depuseram

[3] *Justice* é a denominação dada aos juízes que compõem a Suprema Corte dos Estados Unidos. Manteve-se o termo no idioma original, pela falta de uma referência melhor na língua portuguesa que caracterize a história, etimologia e função do cargo.

[4] O termo jurídico específico na língua inglesa é "*first degree murder*" ou, em alguns estados, "*capital murder*", considerando a previsão da pena de morte.

sob juramento, perante a Corte Superior de *Forsythe County*, afirmando que Alford havia de fato matado a vítima. Nesse sentido, as testemunhas disseram terem visto o réu, em momento anterior ao assassinato, saindo armado de casa e bradando sua intenção de cometer o crime, e, ao retornar, ele teria confessado a elas que havia obtido sucesso em sua missão.

Naquela época, a lei do estado da Carolina do Norte previa a pena de morte para homicídio qualificado. Neste contexto, o advogado de Alford, acreditando que ele provavelmente viria a ser condenado a essa pena no julgamento, recomendou que confessasse culpa em troca de uma acusação menor de homicídio simples.[5]

Seguindo a recomendação de sua defesa, Alford se declarou culpado de homicídio simples, mas protestou simultaneamente por sua inocência no tribunal, frisando que realizava este ato apenas para evitar uma possível condenação à pena capital. A promotoria concordou em aceitar a declaração de culpa por homicídio simples. Em sua confissão, Henry Alford manifestou-se da seguinte forma:

> Eu me declarei culpado por homicídio simples porque eles disseram que há muitas provas, mas eu não atirei em homem algum, mas eu assumo a culpa pelo outro homem. Nunca tivemos uma discussão em nossa vida e eu apenas me declarei culpado porque eles disseram que se eu não o fizesse, eles me executariam por isso, e isso é tudo (...). Não sou culpado, mas me declaro culpado.[6]

O juiz do caso, após receber provas da extensa ficha criminal de Henry Alford, acabou condenando-o à pena máxima de 30 anos, por homicídio simples, deixando de aplicar a ele a pena de morte, em razão da confissão que realizara acerca do referido homicídio.

Em 1965, Alford apresentou um pedido de *post-convction relief*[7], com o objetivo de ver anulada a decisão, que foi negado pela Corte de *Forsythe County*, do estado da Carolina do Norte. Passo seguinte, Alford impetrou

[5] O termo jurídico específico na língua inglesa é "*Second degree murder*".

[6] 400. U.S. 28 (1970), p. 28.

[7] Esse pedido se assemelha à revisão criminal brasileira.

um *habeas corpus* perante a Corte Distrital Federal,[8] alegando (i) ter sido coagido a confessar o crime; (ii) não ter recebido a devida assistência de um advogado; e (iii) a falta de um mandado de busca e apreensão quando a polícia revistou a sua casa.[9] O pedido foi negado pelo tribunal, e, no ponto que importa, com base no fato de que a confissão de culpa do condenado fora totalmente voluntária em face de uma acusação robusta, sob o aconselhamento de seu advogado, seguindo o devido processo legal, e, portanto, insuscetível ao remédio constitucional.

Em seguida, Alford recorreu ao Tribunal Federal de Apelação para o Quarto Circuito, que, ao analisar o pedido de *habeas corpus*, considerou, por maioria, que sua confissão de culpa havia sido involuntária, pois fora motivada pelo medo da pena de morte, e anulou a sentença. O estado da Carolina do Norte apelou para a Suprema Corte.

Neste cenário, instalou-se a questão central do caso: seria a confissão de culpa inválida quando o réu, mantendo sua declaração de inocência, afirma que a confissão foi feita tão somente para evitar a pena de morte?

2. Aspectos importantes da decisão

A Suprema Corte dos Estados Unidos admitiu o caso[10] em 1970, para analisar a legalidade da voluntariedade da confissão de Henry Alford e se o seu protesto simultâneo de inocência maculava de fato a confissão realizada.

[8] De acordo com o sistema processual criminal norte-americano, o acusado pode impetrar *habeas corpus* perante uma Corte federal, contra decisões da Justiça estadual, em processos que tenham percorrido todo o trâmite nas cortes estaduais, desde que o julgamento da ação (i) tenha resultado em uma decisão que era contrária a, ou envolveu uma aplicação irrazoável de lei federal claramente estabelecida, conforme determinado pela Suprema Corte dos Estados Unidos; ou (ii) tenha resultado em uma decisão que se baseou em uma determinação irrazoável dos fatos à luz das provas apresentadas no processo judicial estadual. Regra prevista na 28 U.S.C. 2254(d).

[9] 400. U.S. 28 (1970), p. 1-4. Na verdade, esse foi o segundo habeas corpus de Alford contra a mesma decisão. O primeiro foi negado nas duas instâncias federais.

[10] O termo jurídico específico na língua inglesa para o recurso para a Suprema Corte é "*writ of certiorari*", que se refere à possibilidade de revisão de uma decisão judicial, em que a Corte decide discricionariamente se admite ou não o pedido para o exame de determinada questão.

No julgamento do recurso apresentado pelo estado da Carolina do Norte, os *Justices* utilizaram como parâmetro a tese fixada no caso *Brady v. United States*.[11] No referido precedente, fora adotado o entendimento de que apresentar uma confissão de culpa baseada no medo, visando tão somente evitar o risco de ser condenado a uma pena capital, não torna essa confissão inconstitucional, logo, a Suprema Corte aduziu, naquele caso, que a alegação não violaria a Quinta Emenda,[12] pois representava uma escolha voluntária e estratégica por parte do acusado.

Os *Justices* decidiram, então, que a confissão de culpa de um réu pode ser aceita, desde que seja feita de forma consciente, voluntária, sustentada por uma base factual coesa, acompanhada de defesa por um advogado e que possibilite a existência de um cenário no qual o acusado tenha condições de compreender as consequências legais advindas do acordo (*plea bargain*).[13]

No tocante ao caso *Alford*, por maioria de 6 votos a 3, decidiu-se pela reversão da decisão do Tribunal de Apelação, que havia considerado a confissão de Henry Alford como involuntária. O *Justice* Byron White escreveu o voto majoritário, no qual não reconheceu diferença substancial entre um réu que mantém sua inocência por meio de um acordo de confissão de culpa com a promotoria (*plea bargain*) e aquele que simplesmente admite o crime (*guilty*).

Ademais, a Corte fez uma analogia da sua confissão com o instituto do *nolo contendere*, pelo qual o réu não contesta as acusações, reconhecendo que há provas suficientes para condená-lo. No entanto, o réu não está realmente admitindo o crime, mas apenas admitindo que há evidências suficientes para condená-lo.

[11] **Brady v. United States**, 397 U.S. 742 (1970).

[12] A Quinta Emenda à Constituição dos Estados Unidos institui garantias contra o abuso do estado, tais como o julgamento pelo grande júri, o direito de permanecer calado e evitar assim a autoincriminação, o direito de ser julgado apenas uma vez sobre mesmos fatos (vedação ao *bis in idem*), o direito a justa compensação por bens desapropriados, além de trazer a cláusula de devido processo legal, segundo a qual "ninguém pode ser privado de sua vida, liberdade ou propriedade sem o devido processo legal. Constituição (1787). **Bill of Rights**. Estados Unidos da América, 1791.

[13] Gooch, Anne D. *Admitting Guild by Professing Innocence: when sentence enhancements bases on "Alford" Pleas.* **J. Crim. L. & Criminology**, v. 103, n. 1, p. 279-308, 2013.

Dessa forma, a decisão aduziu que qualquer distinção entre a afirmação expressa de inocência de Henry Alford e a falta de admissão de culpa numa situação de *nolo contendere* não expressava qualquer violação constitucional.

Não obstante, a maioria asseverou que, se a declaração de inocência de Alford tivesse sido realmente verossímil, a Corte de *Forsythe County* teria rejeitado a confissão e conduzido um julgamento em sua integralidade. Porém, foram apresentadas pela acusação provas suficientes da autoria, na forma do depoimento das testemunhas, que levaram os protestos de inocência do acusado a não serem criveis e ensejaram a sua condenação. Ressalte-se, no ponto, que a condenação se deu pelo crime menos grave exatamente porque ele confessou este crime.

Numa leitura apressada, pode parecer contraditório um réu se declarar inocente de um crime, e, ao mesmo tempo, confessá-lo. Todavia, deve se levar em campo que estamos falando do sistema americano, no qual a figura do "*plea*" – espécie de admissão de culpa, como visto – é muito utilizada para que haja redução da pena dos acusados. E diferentemente do que ocorre no Brasil, trata-se de uma questão muito mais objetiva, para perseguir um benefício, do que algo subjetivo, do consciente do réu. Ao mesmo tempo, a declaração de inocência age no seu consciente, e como afirmado neste julgamento, não há incompatibilidade entre as duas declarações, se o objetivo for buscar uma pena mais branda, sobretudo se for para escapar da pena de morte.

Como afirmado pela Corte, o importante é saber se o "plea" é uma escolha voluntária e inteligente dentre as alternativas de atitude disponibilizadas ao acusado. E, no caso, entendeu-se que sim, pois "embora negando as acusações, ele, contudo, preferiu que a questão fosse decidida pelo Juiz, em um contexto de declaração de culpa, do que decidida pelo júri, a partir de um julgamento completo e formal."[14]

Aqui cabe uma explicação rápida. Em regra, nos Estados Unidos, os julgamentos criminais, de delitos mais graves, são realizados por um júri – mais ou menos como ocorre nos crimes de homicídio no Brasil –, daí

[14] 400. U.S. 25 (1970), p. 32.

porque algumas normas estaduais americanas[15] admitem, no caso de confissão de culpa, que o Juiz aplique, individualmente, uma pena mais leve, normalmente já prevista em lei, do que a pena que seria aplicada se o caso fosse levado ao júri. Por isso os acordos com a promotoria – que levam a penas ainda mais brandas – e as confissões de culpa são muito utilizadas por lá.

Em arremate, a maioria estatuiu que, enquanto a maior parte dos pleitos de confissão consiste em tanto uma renúncia ao julgamento pelo júri, quanto à própria confissão de culpa, essa última não é um requisito constitucional para imposição de uma pena. Isso porque um indivíduo acusado de um crime pode, voluntariamente e sabidamente, consentir com a imposição de uma pena de prisão, mesmo que ele esteja reticente ou sem desejo de admitir sua participação nos atos que constituíam crime.

Por outro lado, liderando os votos dissidentes – no total de 3 –, o *Justice* William Brennan afirmou que o medo do acusado de ser condenado à pena de morte no momento da celebração do acordo deveria ser um fator a ser levado em consideração ao se analisar a legalidade da confissão, e que essa não teria o poder por si só de obrigar o tribunal a homologar o acordo:

> Com esses fatores em mente, é suficiente, a meu ver, afirmar que os fatos expostos na opinião da maioria demonstram que Alford estava "tão dominado pelo medo da pena de morte" que sua decisão de se declarar culpado não foi voluntária, mas era "o produto da coação tanto quanto da escolha que refletia a restrição física".[16]

Portanto, vemos que os contornos desse ponto de vista passaram fundamentalmente pela definição de um padrão de voluntariedade e de conhecimento sobre o ato, algo que segue a tendência também utilizada em *Brady v. United States*, o qual estabeleceu que a confissão deve ser apenas uma das alternativas do réu dentro do processo.

[15] Vale ressaltar que, nos EUA, cada estado tem seu próprio Código Penal e seus próprios procedimentos judiciais.
[16] 400. U.S. 25 (1970), p. 40.

O *Justice* White, recuperando esse entendimento firmado pela Corte anteriormente, mas dando outro contorno ao caso *Brady*, asseverou:

> Sustentamos em *Brady v. United States* que uma alegação de culpa que não teria sido feita, exceto pelo desejo do réu de evitar uma possível pena de morte e para limitar a pena máxima à prisão perpétua ou um período de anos, não seria por essa razão pela Quinta Emenda. [...] O padrão foi e continua sendo saber se o apelo representa uma escolha voluntária e inteligente entre as vias alternativas de ação abertas ao réu.[17]

Dessa forma, em resumo, a maioria decidiu que uma condenação criminal resultante de uma confissão de culpa, e não de um julgamento integral pelo júri, é tipicamente justificada no fato de que o réu tinha a capacidade de ir a julgamento, mas, em vez disso, optou por admitir a culpa em troca de uma sentença mais benéfica. Em outras palavras, a condenação e a renúncia de direitos inerente a ela ocorreram com seu consentimento.

3. Repercussão da decisão

Um aspecto importante de *North Carolina v. Alford* é analisar a dimensão que ele trouxe para a confissão de culpa no direito estadunidense. Desde o julgamento dos casos *Hopt v. Utah*,[18] "reconhecendo que uma confissão voluntária de culpa está entre as provas mais eficazes da lei" e *Miranda v. Arizona*,[19] "caracterizando uma confissão como a prova de culpa mais convincente possível" – precedentes que fincaram um marco acerca do momento em que o acusado decide voluntariamente se declarar culpado frente a um tribunal –, que o valor probatório desta confissão é suficiente para representar uma evidência de culpa, podendo o caso ser imediatamente sentenciado após este ato.

Assim, é interessante colocar em contraste com a tradição brasileira, oriunda do direito romano-germânico, na qual a confissão não obtém um valor absoluto em si, devendo ser confrontada com as demais provas no

[17] 400. U.S. 25 (1970), p. 31.
[18] **Hopt v. Utah**, 110. U.S. 584 (1884).
[19] **Miranda v. Arizona**, 384. U.S. 436 (1966).

processo. Isto é, o réu, ainda que confesso, tem direito à defesa fática, garantindo a inafastabilidade da jurisdição e a ultrapassagem de todas as fases processuais.

Atualmente, diversas Cortes estaduais americanas proíbem a utilização do *alford plea* em seus julgamentos, considerando que confissões de culpa acompanhadas ao mesmo tempo por protestos de inocência são involuntárias e imprecisas, acabando por corroer o respeito público dos tribunais[20]. Nesse sentido, é terminantemente proibido requisitar um acordo de *alford plea* perante o tribunal nos estados de Indiana, Michigan e Nova Jérsei.[21] Por outro lado, é permitido pugnar por um *alford plea* nos estados da Louisiana, Missouri, Ohio e Pensilvânia, enquanto os demais estados americanos deixam para os respectivos tribunais decidirem a pertinência do emprego do instituto.

O estado do Arizona, por exemplo, permite que um acusado se utilize da figura, mas não incentiva a prática, por receio de que réus inocentes passem a se declarar culpados por se sentirem coagidos, o que pode acabar por afetar a percepção de justiça da comunidade.[22]

Essa dinâmica de cada estado é fruto da própria decisão que estamos analisando, a qual expressamente estabeleceu que o direito de o réu confessar, mas se declarar inocente, pode ser restringido pelas legislações estaduais:

> Um réu criminal não tem o direito absoluto sob a Constituição de ter sua confissão de culpa aceita pelo tribunal [...] embora os estados possam por lei ou de outra forma conferir tal direito. Da mesma forma, os Estados podem proibir seus tribunais de aceitar confissões de culpa de quaisquer réus que afirmem sua inocência [...] o que dá a um juiz a discricionariedade de recu-

[20] Bowers, Josh. *Punishing the Innocent.* **University of Chicago Public Law & Legal Theory Working Paper**, v. 165, p. 3-54, 2007.

[21] Ronis, Jenny Elayne. *The Pragmatic Plea: expanding use of the Alford Plea to promote traditionally conflicting interests of the criminal justice system.* **Temple Law Review**, v. 82, p. 1390-1417, 2010.

[22] Alschuler, Albert W. *Plea Bargaining and Its History.* **Columbia Law Review**, v. 79, n. 1, p. 1180-1314, 1979.

sar a aceitação de uma confissão de culpa. Não precisamos agora delinear o escopo dessa discricionariedade.[23]

Sobre o ponto, Stephano Bibas faz interessante análise crítica acerca do *alford plea* e da sua eficiência no processo penal americano:

> A eficiência é um valor no processo penal, mas não é o único nem mesmo o valor mais importante. Mais importante é a precisão do sistema e, em particular, sua precisão na libertação de réus inocentes. Embora nosso sistema se esforce ao máximo para proteger réus inocentes em julgamento, ele torna perversamente fácil demais para eles se declararem culpados, permitindo *alford* e *nolo contendere pleas*. Os réus inocentes, cujos escrúpulos poderiam de outra forma impedi-los de se declararem culpados, podem usar esses fundamentos. Mesmo que os réus inocentes queiram se declarar culpados, a lei não deve sair de seu caminho para promover estes resultados injustos.[24]

Na última década, o caso conhecido como "Os Três de Memphis" deu o tom da preocupação americana com o *alford plea*, pois reascendeu o debate sobre os efeitos e legitimidade de se lançar mão do referido instituto.

Em 6 de maio de 1993, os corpos de três crianças de oito anos de idade foram encontrados submersos em um rio próximo a uma rodovia da cidade de *West Memphis*, no estado do Arkansas. Os meninos haviam sido reportados como desaparecidos e os corpos foram encontrados mutilados. Sem outras pistas, a polícia começou a explorar a teoria de que os assassinatos eram resultado de atividades de cultos satânicos, justamente pelos surtos de teorias da conspiração sobre seitas e sociedades secretas na época,[25] que provocavam pânico moral na sociedade

[23] 400. U.S. 25 (1970), p. 38.

[24] BIBAS, Stephano. *Harmonizing Substantive-Criminal-Law Values and Criminal Procedure.* **Cornell Law Review**, v. 88, n. 5, p. 1361-1411, 2003, p. 23

[25] Holden, Stephen. *A Happy Ending, Sort of, Comes with No Closure.* **The New York Times**, 24 de dezembro de 2012. Disponível em: https://www.nytimes.com/2012/12/25/movies/west-of-memphis-by-amy-berg-on-west-memphis-three.html.

estadunidense, principalmente no interior do país.[26] Com essas condições sociais instaladas, a polícia concentrou suas investigações em um grupo de garotos problemáticos que ouviam bandas de rock, usavam roupas pretas e haviam abandonado o ensino médio.[27]

Apesar do fraco material probatório da acusação, em 1994, Damien Echols foi condenado à pena de morte, enquanto Jessie Misskelley e Jason Baldwin foram condenados à prisão perpétua no tribunal do júri, pelos homicídios das três crianças em *West Memphis*, com base na confissão de Misskelley.

Em 2007, a defesa dos condenados encontrou uma nova evidência de DNA que comprovou que o material genético encontrado na cena do crime não era de nenhum dos três indivíduos. Assim, sendo apresentada esta nova prova ao juízo, fizeram um pedido de revisão e suas condenações foram revertidas em 2010. A promotoria, no entanto, continuou a investigar o caso e ameaçou apresentar uma nova acusação.[28]

Nessa época, Echols estava com más condições de saúde no corredor da morte, e seus advogados temiam que ele morresse na prisão. Isto posto, depois de cumprirem dezessete anos de prisão, os condenados demonstraram interesse em firmar um *alford plea* com o órgão acusador, em troca de libertação imediata, considerando que temiam que, com uma nova acusação, seria necessário um novo julgamento sobre o caso, algo que demoraria a acontecer.[29]

Vale ressaltar que indivíduos que têm os seus *alford pleas* aceitos pelo tribunal não podem receber qualquer tipo de compensação cível caso se comprove posteriormente que eram inocentes, condição que representa um dos pilares mais problemáticos do referido instituto, tendo em vista que mina o reparo de injustiças que podem ter ocorrido no curso do processo e denota um desinteresse do sistema de justiça em se alcan-

[26] Cohen, Stanley. ***Folk Devils and Moral Panics:** the creation of the mods and the rockers.* Oxford: Basil Blackwell, 1987.

[27] Schneider, Sydney. *When Innocent Defendants Falsely Confess: Analyzing the Rami cations of Entering Alford Pleas in the Context of the Burgeoning Innocence Movement.* **J. Crim. L. & Criminology**, v. 103, n. 1, p. 279-308, 2013.

[28] Vota, Kaytee. *The Truth Behind Echols v. State: How an Alford Guilty Plea Saved the West Memphis Three.* **The Loyola of Los Angeles Law Review**, v. 1003, n. 45, p. 1003-1022, 2012.

[29] Ibid.

çar a verdade sobre os fatos.[30] Dessa forma, o *alford plea* oferece benefícios a um preço caro: embora permita aos acusados o direito de manter uma declaração de inocência, a condenação penal permanece visível em seus registros e, portanto, eles não são elegíveis para compensação por parte do Estado e seus agentes.

Sydney Schneider, sobre os "Três de Memphis", sintetizou à época:

> Assumindo que os três condenados são de fato inocentes, como muitos têm vindo a acreditar, o(s) verdadeiro(s) autor(es) do crime provavelmente nunca será(ão) levado(s) à justiça. Não serão feitas mais investigações públicas e não serão exploradas novas pistas. Echols, Baldwin e Misskelley continuarão sendo os assassinos condenados de Christopher Byers, Michael Moore e Steven Branch, a menos que o governador do Arkansas lhes conceda clemência.[31]

O autor finaliza, afirmando que os casos se tornaram processualmente únicos porque seus *alford pleas* foram oferecidos anos após suas condenações como meio de garantir a libertação dos réus. Entretanto, enquanto os Três de West Memphis estão atualmente fora da prisão, eles não estão totalmente exonerados em um sentido legal.[32]

Em *North Carolina v. Alford*, a Suprema Corte exigiu uma base factual para aceitar a confissão, isto é, que o tribunal tenha alguma razão para acreditar que o acusado possa ser culpado[33]. No entanto, em teoria, como poucos réus são presos e acusados de crimes sem algum tipo de materialidade contra eles, praticamente todos os acusados no sistema de justiça criminal americano podem ser culpados e, portanto, existe algum tipo de base factual para embasar um *alford plea*. Dessa forma, a Suprema Corte pareceu estar mais preocupada em permitir que um réu assumisse o controle do resultado de seu caso "voluntariamente,

[30] JOFFRION, Brandi L.. *Sacrificing Fundamental Principles of Justice for Efficiency: The Case against Alford Pleas*, **University of Denver Criminal Law Review**. v. 39, n. 2, pp. 39-55, 2012.

[31] Ibid., p. 301.

[32] Ibid., p. 301.

[33] 400. U.S. 25 (1970), p. 38.

com conhecimento de causa e consentimento"[34] para emitir uma confissão de culpa, do que em averiguar se um réu acredita que é realmente culpado.

Assim, imperou o argumentou de que, se Henry Alford reconheceu, ou não, verdadeiramente a sua culpa, ele usou desta ferramenta de negociação porque acreditava que não tinha "absolutamente nada a ganhar com um julgamento e muito a ganhar com a confissão."[35]

Os Três de West Memphis pareceram seguir o mesmo raciocínio de Henry Alford quando fizeram seus pedidos de *alford plea*. Não há dúvidas de que Echols, Baldwin e Misskelley acreditavam que eram inocentes, no entanto, neste caso, os réus usaram o *alford plea* não para a busca da verdade, mas para conseguirem uma saída de um caso que se arrastava há anos enquanto já estavam cumprindo pena.[36]

Tanto em *Alford* como nos *Três de Memphis*, o que o Judiciário deixou exposto foi uma maior preocupação em permitir que os réus assumissem o controle do destino de seus casos de forma voluntária e consentida ao apresentarem uma confissão de culpa, em vez de deixarem que se verificasse se eles eram de fato culpados.

Pesquisadores que têm como objeto de suas investigações o sistema de justiça dos Estados Unidos têm apontado diversos problemas oriundos do oferecimento indiscriminado de *plea bargains* e como estes têm alimentado a cultura do encarceramento em massa no país.[37] Focando no impacto específico do *alford plea*, pesquisas como a de Claire L. Molesworth[38] expõem os dilemas de se admitir confissões de culpa acompanhadas de manutenção de inocência pelo acusado nos casos de crimes sexuais.

No âmbito de casos de violência sexual, a ratificação de um acordo de *alford plea*, por parte de um tribunal, é uma ferramenta ineficaz quando

[34] 400. U.S. 25 (1970), p. 37.

[35] Ibid.

[36] Vota, Kaytee. *The Truth Behind Echols v. State: How an Alford Guilty Plea Saved the West Memphis Three.* **The Loyola of Los Angeles Law Review**, v. 1003, n. 45, p. 1003-1022, 2012.

[37] Yoffe, Emily. *Innocence Is Irrelevant.* **The Atlantic**, Washington, D.C., setembro de 2017. Disponível em: <https://amp.theatlantic.com/amp/article/534171/>.

[38] Molesworth, Claire L. *Knowledge Versus Acknowledgment: rethinking the alford plea in sexual assault cases.* **Seattle Journal for Social Justice**, v. 6, n. 2, p. 907-951, 2007.

usada em negociações de confissão para casos de abuso, pois a capacidade da vítima e da comunidade de se recuperarem do crime e de obterem uma resposta estatal minimamente devida frente à violência sofrida, muitas vezes depende da materialização de um senso de responsabilização que ocorre quando o condenado reconhece de fato o crime que cometeu.[39]

A autora assevera:

> [...] Ao discutir violações de direitos humanos em escala internacional, o filósofo Thomas Nagel afirmou que existe uma diferença significativa entre o conhecimento privado e pessoal da vítima de que ela sofreu um crime e o reconhecimento público que ocorre quando uma pessoa admite ter cometido um crime. A sociedade como um todo se beneficia quando uma vítima ouve a verdade reconhecida durante o processo criminal, e o *alford plea* impede que este reconhecimento ocorra.[40]

Neste sentido, quando se realiza um *alford plea*, o réu não pratica uma confissão direta, mas a faz com ressalvas, demonstrando estar agindo desta forma apenas para não incorrer em uma pena mais gravosa. Assim, a vítima nunca recebe o reconhecimento pessoal do réu de que ele cometeu o crime, e as dimensões de admissão e responsabilidade se perdem no limbo da resolução penal pactuada.

Conclusões

Em suma, este artigo procurou trazer à luz o polêmico instituto do *alford plea*, delineando seus influxos constitucionais e penais na realidade do sistema criminal dos Estados Unidos, a partir de *North Carolina v. Alford*, julgado pela Suprema Corte daquele país e que deu origem ao nome do referido instituto.

Dentro de uma análise que levou em consideração a evolução dos debates sociojurídicos, verifica-se que é um instituto que perdura através do tempo na realidade judiciária norte-americana, porém, se mantém praticamente inalterado em seus contornos e dilemas.

[39] Ibid.

[40] Ibid., p. 908.

A discussão sobre a verificação da voluntariedade no momento do firmamento do acordo com a promotoria, seguida da homologação por parte do tribunal, foi o ponto central do julgamento da Suprema Corte. Ao confrontarem o influxo jurídico sobre a constitucionalidade de alguém aceitar um *alford plea* exclusivamente por conta do medo de ser sentenciado com uma pena capital, a Suprema Corte, revisitando o precedente firmado em *Brady v. United States*, decidiu pela constitucionalidade desse tipo de acordo, permitindo também a concomitante declaração de inocência.

Dessa forma, a análise sobre a validade do acordo ficará sob a discricionariedade dos juízes dos respectivos tribunais, quando não terminantemente proibido pelo estado em questão em legislação própria. Assim, o impacto da referida decisão foi ampliar a estrutura da justiça criminal consensual norte-americana, permitindo uma nova modalidade de *plea bargain*. Todavia, essa figura apresenta uma construção intrinsecamente paradoxal ao permitir uma confissão de culpa seguida de uma declaração de inocência.

No sistema de justiça criminal norte-americano, a grande maioria das condenações penais ocorre como resultado de confissões de culpa, muitas vezes feitas como resultado de barganhas com o órgão acusador, em vez de julgamentos por júri. Os incentivos oferecidos em troca de confissões de culpa para se evitar o custo do processo e a demora dos julgamentos acabam fazendo com que muitos réus optem por se declararem culpados, considerando a imprevisibilidade do resultado das sentenças e o medo por penas mais graves. Essa racionalidade da administração da justiça criminal levanta questões morais difíceis sobre inocência e devido processo legal, que refletem diretamente na percepção de legitimidade da sociedade sobre o Poder Judiciário para ser o *locus* de resolução dos conflitos.

O caso dos Três de *West Memphis* firmou um marco moderno na utilização de acordos de *alford plea*, porém, a sensação de não resolução do crime ainda paira no imaginário coletivo da sociedade estadunidense. Isso porque a cultura popular exaustivamente produziu livros, documentários e filmes sobre as investigações e julgamentos, fazendo com que diversas teorias sobre o(s) verdadeiro(s) autor(es) do crime retornem quando o assunto é tratado. Portanto, verifica-se que a resposta do

Judiciário para esse crime que abalou brutalmente o corpo social não foi efetiva e não ofereceu um fechamento adequado para o caso.

Assim, constata-se a dificuldade de se encontrar um consenso sobre a legitimidade de tal figura inserida em um sistema jurídico que se proponha democrático. Por um lado, serve como uma ferramenta estratégica de defesa do réu, inserida em um amplo rol de formas de se responder a uma acusação. No entanto, por outro prisma, é preciso considerar o perigo que acarreta tal dispositivo em situações que levam o *alford plea* a ser acionado por réus inocentes frente a práticas coercitivas.

Referências

ALSCHULER, Albert W. *Plea Bargaining and Its History*. **Columbia Law Review**. v. 79, n. 1, pp. 1180-1314, jan, 1979.

BIBAS, Stephano. *Harmonizing Substantive-Criminal-Law Values and Criminal Procedure*. **Cornell Law Review**. v. 88, n. 5, p. 1361-1411, 2003.

BOWERS, Josh. *Punishing the Innocent*. **University of Chicago Public Law & Legal Theory Working Paper**. v. 165, p. 3-54, 2007.

COHEN, Stanley. ***Folk Devils and Moral Panics**: the creation of the mods and the rockers*. Oxford: Basil Blackwell, 1987.

ESTADOS UNIDOS DA AMÉRICA. Constituição (1787). **Bill of Rights**. Estados Unidos da América, 1791.

ESTADOS UNIDOS DA AMÉRICA. Supreme Court of the United States. **Brady v. United States**, 397 U.S. 742 (1970), Washington D.C, 4 de maio de 1970.

ESTADOS UNIDOS DA AMÉRICA. Supreme Court of the United States. **Hopt v. Utah**, 110 U.S. 574 (1884), Washington D.C, 3 de março de 1884.

ESTADOS UNIDOS DA AMÉRICA. Supreme Court of the United States. **Miranda v. Arizona**, 384 U.S. 436 (1966), Washington D.C, 13 de junho de 1937.

ESTADOS UNIDOS DA AMÉRICA. Supreme Court of the United States. **North Carolina v. Alford**, 400 U.S. 25 (1970), Washington D.C, 23 de novembro de 1937.

GOOCH, Anne D.. Admitting Guild by Professing Innocence: when sentence enhancements bases on "Alford" Pleas. **J. Crim. L. & Criminology**. v. 103, n. 1, pp. 279-308, 2013.

HOLDEN, Stephen. *A Happy Ending, Sort of, Comes With No Closure*. **The New York Times**, 24 de dezembro de 2012. Disponível em: < https://www.

nytimes.com/2012/12/25/movies/west-of-memphis-by-amy-berg-on-west-memphis-three.html>.

JOFFRION, Brandi L.. *Sacrificing Fundamental Principles of Justice for Efficiency: The Case against Alford Pleas,* **University of Denver Criminal Law Review**. v. 39, n. 2, pp. 39-55, 2012.

MOLESWORTH, Claire L.. Knowledge Versus Acknowledgment: rethinking the alford plea in sexual assault cases. **Seattle Journal for Social Justice**, v. 6, n. 2, pp. 907-951, 2007.

RAUXLOH, Regina. ***Plea Bargaining in National and International Law***. Nova Iorque: Routledge, 2014.

RONIS, Jenny Elayne. *The Pragmatic Plea: expanding use of the Alford Plea to promote traditionally conflicting interests of the criminal justice system.* **Temple Law Review**, v. 82, p. 1390-1417, 2010.

SCHNEIDER, Sydney. *When Innocent Defendants Falsely Confess: Analyzing the Rami cations of Entering Alford Pleas in the Context of the Burgeoning Innocence Movement.* **J. Crim. L. & Criminology**, v. 103, n. 1, p. 279-308, 2013.

VOTA, Kaytee. *The Truth Behind Echols v. State: How an Alford Guilty Plea Saved the West Memphis Three.* **The Loyola of Los Angeles Law Review**, v. 1003, n. 45, p. 1003-1022, 2012.

YOFFE, Emily. *Innocence Is Irrelevant.* **The Atlantic**, Washington, D.C., setembro de 2017. Disponível em: <https://amp.theatlantic.com/amp/article/534171/>.

23.
Clay v. United States, 1971
Muhammad Ali contra a Conscrição

JOSUÉ DE SOUSA LIMA JÚNIOR
LEONARDO HENRIQUE DE CAVALCANTE CARVALHO

Introdução

Alguém pode deixar de cumprir uma obrigação militar por entender que ela contraria sua consciência? Quais os parâmetros morais e legais seriam admissíveis para fazer com que um cidadão, convocado para lutar em uma guerra em favor de seu país, deixasse de cumprir esta ordem? Como asseverou o Juiz Robert Andrew Ainsworth, juiz designado para emitir o voto majortitário em Clay v. Estados Unidos no Tribunal de Apelações dos Estados Unidos para o Quinto Circuito[1], ao citar *Selective Draft Law Cases* (1918)[2]: "Não se pode duvidar de que a própria concepção de um governo justo e seu dever para com o cidadão inclui a obrigação recíproca do cidadão de prestar o serviço militar em caso de necessidade e o direito de obrigá-lo"[3], ou seja, o poder militar detido pelo governo, que assegura a manutenção do Estado em tempos de paz, igualmente exige, do cidadão, o dever e a obrigação de defendê-lo em tempos de guerra.

[1] **Cassius Marsellus Clay, Jr. v. United States**, 397 F.2d 901 (5th Cir. 1968).
[2] **Selective Draft Law Cases**, 245 U.S. 366 (1918). "It may not be doubted that the very conception of a just government and its duty to the citizen includes the reciprocal obligation of the citizen to render military service in case of need and the right to compel it." Chief Justice Edward Douglass White.
[3] 397 F.2d 901 (5th Cir. 1968).

Pois bem, esta controvérsia ganhou notoriedade por envolver um dos maiores desportistas do Século XX, o boxeador Cassius Clay, mundialmente conhecido pela alcunha de Muhammad Ali. O caso se mostra relevante por ter sido decidido pela Suprema Corte americana em um ambiente social eivado de fortes discussões relacionadas, ainda que indiretamente, com o livre exercício da religião, proteção de pontos de vista divergentes e discriminação racial, já que o sistema de crenças de Ali entrelaçou uma crítica racial com compunções religiosas contra a guerra do Vietnã.[4]

1. Contexto histórico

Cassius Marcellus Clay Jr nasceu na cidade americana de Louisville, em 17 de janeiro de 1942. Filho de um pintor de outdoors e uma empregada doméstica, Clay tinha descendência afro-americana. Aos 12 anos de idade, começou a praticar boxe, esporte em que teve destacada atuação, colecionando uma medalha olímpica (Roma, 1960), além de dois títulos de campeão mundial (1967 e 1974).

Convertido ao islamismo em 1962, por influência de Al Hajj Malik Al-Shabazz, mais conhecido como Malcolm X, Clay passou a adotar o nome de Muhammad Ali-Haj. Ali, então, passou a conjugar esporte e política, ao arguir objeção de consciência para recusar-se a lutar na Guerra do Vietnã, o que lhe rendeu a suspensão para a prática do boxe e uma condenação à prisão, em 1967.

A Guerra do Vietnã iniciou com a divisão do país em lado norte e sul, após deixar de ser um território francês, o que se deu em 1954. À época, a geopolítica mundial estava dividida entre o comunismo e o capitalismo; além disso, os dois lados do país localizado no sudoeste na Ásia sofreram influências da então União Soviética e dos Estados Unidos. Enquanto americanos apoiavam o sul, os soviéticos concentravam esforços no apoio ao norte.

Todavia, o suporte americano gerou diversas divisões internas, dentro da própria população americana, entre aqueles que apoiavam e os que

[4] Bowman, Winston. ***United States v. Clay***: *Muhammad Ali's Fight Against the Vietnam Draft. Federal Trials and Great Debates in United States History*. Federal Judicial Center: Federal Judicial History Office, 2018.

eram contrários à ação, diante das consequências para os Estados Unidos que, em 1966, já haviam perdido 190 mil soldados. Para os que eram contra o envolvimento na guerra, entendia-se que aquele não era um tema diretamente ligado aos norte-americanos, não justificando a intervenção.

Dentro do contexto de divisão social que a Guerra do Vietnã causava entre os americanos, no mesmo ano de 1966, Muhammad foi declarado apto para o recrutamento ao exército americano. O ato decorreu do afrouxamento dos parâmetros anteriormente estabelecidos para a conscrição, tendo em vista a necessidade de arregimentar forças para os campos de batalha. A referida redução de critérios foi perceptível, visto que, em 1964, ele teria sido declarado inapto para o serviço militar, em virtude da ausência de instrução escolar. Notificado de sua convocação, Ali se recusou à indução, alegando objeção de consciência em razão de sua fé islâmica e, após percorrer todas as instâncias administrativas para reverter sua convocação, apresentou recurso à Corte de Apelação para o Quinto Circuito.

As Cortes de Apelação, em número de treze, são tribunais intermediários dentro sistema de Cortes Federais dos Estados Unidos, incumbindo decidir recursos oriundos de Tribunais Distritais, que estejam dentro de sua competência geográfica, e também julgam recursos de decisões de agências administrativas.

A Corte de Apelações para o Quinto Circuito, com sede em Washington, D.C, tem a menor jurisdição geográfica dentre todos os Tribunais Federais de Apelação, julgando os recursos vindos do Tribunal Distrital de Colúmbia. Em que pese ter a menor jurisdição territorial, é o Tribunal de maior prestígio dentre os todas as Cortes de Apelação, porque cuida de matérias de direito constitucional, administrativo, questões que envolvem o Congresso Americano e agências governamentais.

Em maio de 1968, o Quinto Circuito do Tribunal de Apelações dos Estados Unidos apreciou o caso *Clay v. United States* (1968), no qual Muhammad Ali se insurgiu contra a condenação do júri ocorrida no ano anterior. Esta, por sua vez, entendeu pela violação da Lei de Treinamento e Serviço Militar, reafirmando o dever do apelante de se apresentar e ser submetido à indução nas forças armadas dos Estados Unidos.

A pena fixada pelo júri foi de cinco anos de prisão e multa de dez mil dólares. Ficou consignado, na apreciação do recurso, que Clay percorreu todas as instâncias administrativas (*Selective Service*) e os tribunais federais competentes para reverter sua declaração de aptidão, considerando respeitado todo o devido processo legal.

A apreciação judicial da matéria começou em Kentucky, junto ao Tribunal Distrital para o Distrito Ocidental de Kentucky, sendo alegado que a Lei de Treinamento e Serviço Militar Universal seria inconstitucional diante da exclusão de negros nos conselhos de recrutamentos. O pleito veiculou uma *injuction*[5], para que fossem suspensos os recrutamentos até que os referidos órgãos de alistamento tivessem composição paritária entre brancos e negros, conforme a proporção da população de cada local.

O pedido foi negado por falta de provas da alegação, especialmente, no que diz respeito à discriminação racial. O Tribunal Distrital assentou a impossibilidade de revisão do ato administrativo até que Ali se submetesse à indução ou se recusasse a fazê-lo, momento em que o caso poderia ser debatido em *habeas corpus* ou defesa em processo criminal. Além disso, o Tribunal de Kentucky afirmou não ser de sua competência definir o modo de aplicação da Lei de Treinamento e Serviço Militar Universal.

Ali, por sua vez, renovou os mesmos argumentos no Texas, junto ao Tribunal do Distrito Sul, sendo o pedido negado, substancialmente, pelas mesmas razões do Tribunal de Kentucky. Vencido nos Tribunais Distritais, o recorrente chegou ao Tribunal do Quinto Circuito, sendo a liminar negada pelo Juiz John R. Brown, o que levou o caso a ser encaminhado ao painel formado pelos Juízes Gewin, Colemn e Simpson, que também negaram a liminar enquanto estava pendente o recurso.

As questões levadas ao Quinto Circuito foram as seguintes[6]: 1) seria a ordem de indução de serviço seletivo, para o apelante, inválida em razão da alegada exclusão sistemática de negros das juntas de recrutamento?; 2) teria o Tribunal Distrital cometido um erro ao recusar-se a conceder o pedido do recorrente para a produção de determinados documentos e outras provas?; 3) haveria fundamento de fato para que se negasse ao recorrente a isenção ministerial?; 4) existiria fundamento de fato para a negação ao recorrente da condição de objetor de consciência?, e, por

[5] Equivalente a uma liminar no sistema norte-americano.

[6] 397 F.2d 901 (5th Cir. 1968).

fim, 5) o processo de classificação do recorrente e seu ingresso no serviço militar constituiriam exigências indevidas?

O Circuito respondeu aos questionamentos, respectivamente, afirmando que: o Sistema de Serviço Seletivo teria base em disposição constitucional e a Lei de Treinamento e Serviço Militar Universal disciplinaria a forma de composição das juntas locais de alistamento, competindo ao Presidente dos Estados Unidos as nomeações, após observar as recomendações dos Governadores de Estado. Seriam as nomeações, portanto, federais, e não estaduais.

Também restou afastada a alegação de que a desproporção entre brancos e negros representasse, por si só, discriminação, sendo expresso que ao "classificar um registrante, não haverá discriminação a favor ou contra ele por causa de sua raça, credo ou cor, ou por causa de sua filiação ou atividade em qualquer trabalho, organização política, religiosa ou outra. Cada um desses registrantes receberá justiça igual."[7]

Não foi acolhida a comparação de Ali, no sentido de que o recrutamento para o serviço militar seria equiparável a um processo criminal, por restringir a liberdade e poder acarretar a morte em combate. O Tribunal, para afastar este argumento, usou precedentes da Suprema Corte (*Baker v. Carr* de 1962 e *Avery v. Midland County, Texas* de 1968), para consignar, em suma, que a desproporção da composição das juntas é comparável a uma legislatura mal distribuída, que não implica nulidade das leis produzidas.

Além disso, a Corte decidiu pela inexistência de direito constitucional à isenção do serviço militar em virtude de objeção de consciência ou vocação religiosa. Considerou-se que o direito de arguir essas causas não repousaria na Constituição americana, mas em um favor legal. Neste aspecto, restou expresso na decisão uma passagem do voto proferido em Jacobson *v.* Commonwealth of Massachusetts, 197 U.S. 11 (1905).[8]:

[7] Regulamento do Serviço Seletivo 32 CFR § 1622.1 (d).

[8] **Jacobson v. Commonwealth of Massachusetts,** 197 U.S. 11 (1905): "[...] *The liberty secured by the Fourteenth Amendment, this court has said, consists, in part, in. the right of a person "to live and work where he will," Allgeyer v. Louisiana, 165 U. S. 578, and yet he may be compelled, by force if need be, against his will and without regard to his personal wishes or-his pecuniary interests, or even his religious or political convictions, to take his place in the ranks of the army of his country*

> [apesar da liberdade garantida pela Décima Quarta Emenda, uma pessoa] pode ser compelida, pela força se necessário, contra sua vontade e sem levar em conta seus desejos pessoais ou seus interesses pecuniários, ou mesmo suas convicções religiosas ou políticas, a ocupar seu lugar nas fileiras do exército de seu país e correr o risco de ser abatido em sua defesa.[9]

Anotou-se, ainda, que qualquer eventual vício de procedimento na tramitação dos recursos administrativos restou superado pela sucessiva reanálise por órgãos diversos e que "[...] a recusa do apelante de indução e subsequente julgamento e a condenação por um júri são o resultado de sua própria escolha voluntária de violar a lei da terra".[10]

Durante as fases dos julgamentos nos Tribunais Distritais, Ali postulou uma ampla produção de provas testemunhais e documentais que embasassem suas alegações acerca da exclusão sistemática de negros e discriminação racial contra ele. Houve fundada resistência do Governo, que alegou que a pretensão probatória do recorrente importaria em julgamento de todo o sistema de recrutamento, equiparável a uma investigação parlamentar, diante do volume de provas pretendido por Clay. Ao final, esta ampla produção foi indeferida.

Analisando o supramencionado ponto específico, a Corte do Quinto Circuito manteve o indeferimento, pois a produção de provas no âmbito criminal não possuía regras tão amplas, quando comparados aos casos civis. Assentou-se que a defesa buscava colocar "o próprio Sistema de Serviço Seletivo em julgamento por uma investigação ampla, geral, embora vaga e indefinida, sobre suas atividades e procedimentos".[11]

and risk the chance of being shot down in its defense." Este caso retratou uma lei do Estado de Massachusetts, a qual autorizava as cidades a exigirem vacinação obrigatória contra variola. Jacobson se recusou a vacinar e foi multado em cinco dólares. A questão levada à Suprema Corte era se haveria violação à liberdade garantida pela Décima Quarta Emenda. A Corte considerou que a lei era um exercício legítimo do poder de polícia do Estado para proteger a saúde pública e a segurança dos cidadãos.

[9] 397 F.2d 901 (5th Cir. 1968

[10] 397 F.2d 901 (5th Cir. 1968).

[11] 397 F.2d 901 (5th Cir. 1968)

Além disso, considerou-se que as decisões dos conselhos de recrutamento eram dotadas de definitividade, baseados no precedente firmado em *Estep v. United States* (1946), no qual ficou decidido:

> A disposição que torna as decisões dos conselhos locais 'finais' significa para nós que o Congresso optou por não dar à ação administrativa sob esta Lei o escopo habitual de revisão judicial que se obtém sob outros estatutos. Isso significa que os tribunais não devem pesar as evidências para determinar se a classificação feita pelos conselhos locais foi justificada. As decisões dos conselhos locais tomadas em conformidade com os regulamentos são finais, embora possam estar erradas. A questão da jurisdição do conselho local é alcançada apenas se não houver base de fato para a classificação que deu ao registrante.[12]

Em relação ao fato de Ali ser adepto ao islamismo, foi decidido que competia a ele comprovar seu direito à isenção ministerial (religiosa), não cabendo ao Conselho de Alistamento o ônus de verificar a existência ou não desta qualificação. O entendimento foi baseado no precedente da Suprema Corte firmado em *Dickinson v. United States* (1953), no qual foi estabelecido que a isenção ministerial se dá em favor dos líderes religiosos e não a todos os membros de certas religiões. Ali, portanto, não foi considerado com exercente regular do ministério religioso, pois apenas o fazia ocasionalmente.

Sobre este aspecto, a decisão considerou a atividade profissional de Ali (boxeador e campeão olímpico e mundial), usando como elementos de prova os diversos formulários apresentados por ele durante a sua carreira, inclusive os existentes desde 1964, data de sua conversão ao islamismo e, especialmente, de sua carta ao Conselho Local (datada em 17 de março de 1966) na qual protestou contra sua indicação ao serviço militar, classificando-se como campeão mundial de boxe.

Ali tinha, em sua religião, a razão para não ir à Guerra do Vietnã, considerando que somente uma legítima defesa o obrigaria a lutar. Além disso, arguiu que ser mandado ao campo de batalha lhe traria prejuízos finan-

[12] 397 F.2d 901 (5th Cir. 1968).

ceiros, pois o afastaria do esporte que lhe servia de fonte de renda, por meio do qual sustentava a mãe e a ex-mulher. As alegações dele foram o objeto do Federal Bureau of Investigation (FBI); que, ao final, rejeitou a objeção de consciência e recomendou ao Conselho de Apelações de Kentucky que mantivesse a classificação de aptidão ao serviço.

Clay fazia de sua convocação um paralelo a uma condenação sem processo judicial. Todavia, a Corte de Apelação para o Quinto Circuito reiterou que não era possível discutir os critérios adotados para considerar Ali apto ao serviço militar, senão, que ele poderia se defender no processo criminal aberto, em face da recusa à indução, ou ajuizar *habeas corpus* (se aceita a indução), caso se sentisse prejudicado no processo de classificação.

Considerou-se que o boxeador não comprovara os três requisitos para ser admitido como um objetor de consciência[13], sendo eles: 1) demonstrar que se opõe conscienciosamente à guerra em qualquer forma; 2) a oposição deve ter base em orientações religiosas e de crença; e 3) que haja sinceridade em suas alegações. Assim, manteve-se a condenação, o que levou Clay a submeter a questão à Suprema Corte dos Estados Unidos.

2. Aspectos importantes da decisão

O caso chegou à Corte em 1971, tendo os argumentos sido ouvidos em 19 de abril. O *Chief Justice* à época era Warren Burguer, que compunha o Tribunal juntamente a Hugo Black, William Douglas, John Marshall Harlan II, Willian Brennan Jr, Potter Stewart, Byron White, Thurgood Marshall e Harry Blackmun.

Dois anos antes, a Suprema Corte já teria rejeitado analisar as argumentações de Clay. Porém, foi revelado que o governo americano o havia espionado, o que impediu a Corte de revelar a negativa de análise. O fato é que os *Justices* determinaram o retorno do caso às instâncias inferiores, na esperança de que ele não voltasse mais à Corte Suprema.

Quando o caso retornou, em 1971, Willian Brennan era o único que realmente estava disposto a discutir as alegações de Clay, vindo a convencer os demais membros a aceitar o caso, mesmo que nele não obser-

[13] **Clay v. United States**, 403 U.S. 698 (1971).

vassem qualquer chance de êxito. Thurgood Marshall, por sua vez, não tomou parte no julgamento, por ter sido Procurador Geral dos Estados Unidos durante a tramitação do processo nas instâncias inferiores, de modo que a decisão seria tomada por oito *Justices*.

A argumentação do governo era de que Ali não se opunha a todas as formas de guerra, mas apenas a algumas delas, pois ele teria afirmado à imprensa que participaria de uma "guerra santa", se ela fosse declarada por Alá.[14]

Em abril de 1971, a Corte decidiu, por cinco votos a três negar o pedido de Clay e manter a condenação à prisão. Burger atribuiu a Harlan a redação da decisão majoritária. Quando Thomas Krattenmaker, assessor designado por Harlan, começou a redigir a decisão, ficou apreensivo com o caso de Ali.

Harlan começou a analisar e revisar, de forma cuidadosa, um dos relevantes textos canônicos da Nação do Islã, que Ali havia apresentado como a base para sua objeção religiosa, denominado "Mensagem ao Homem Negro na América", escrito por Elijah Muhammad, líder dessa Nação. Após leituras sobre a chamada "guerra santa", na qual Ali admitiu que participaria, tais fatos despertaram fortes dúvidas no assessor de Harlan, Thomas Krattenmaker.[15].

> Minha reação inicial foi achar que a decisão estava errada (...). Então, sim. Eu, apenas um pequeno escriturário humilde, meio que disse: 'Senhor Justice, tenho uma opinião sobre isso. Acho que deveria estar saindo do outro lado, e aqui está o porquê.[16]

[14] WOODWARD, Bob; ARMSTRONG, Scott. **Por detrás da Suprema Corte**. Tradução de Torrieri Guimarães: revisão técnica de Renato Guimarães Jr. São Paulo: Saraiva, 1985.
[15] LEDERMAN, Marty. *Muhammad Ali, conscientious objection, and the Supreme Court's struggle to understand "jihad" and "holy war": The story of Cassius Clay v. United States.* **SCOTUSblog**, 8 de junho de 2016. Disponível em: https://www.scotusblog.com/2016/06/muhammad-ali-conscientious-objection-and-the-supreme-courts-struggle-to-understand-jihad-and-holy-war-the-story-of-cassius-clay-v-united-states.
[16] LITTLEFIELD, Bill. *The SCOTUS Clerk Who Helped Muhammad Ali Avoid Prison.* **Federal Judicial Center**. Disponível em: https://www.wbur.org/onlyagame/2017/09/08/muhammad-ali-supreme-court-vietnam-war.

Portanto, foi reconsiderada a avaliação sobre a oposição de Clay acerca da participação na guerra. O entendimento de que Ali lutaria em uma guerra santa era absolutamente irrelevante, pois, na prática, ele se opunha a todas as guerras.

Marty Lederman, Professor Associado de Direito no *Georgetown University Law Center*, discorrendo sobre o caso, destacou que Thomas Krattenmaker veio a entender a perspectiva da "guerra santa" como sendo inteiramente abstrata e hipotética, dependendo de eventos futuros e de um decreto divino que, provavelmente, nunca aconteceria.

O *clerk*[17] do *Justice* Harlan constatou que, segundo o destacado professor da Universidade de Georgetown, o caso de Ali parecia ser análogo a *Sicurella v. United States* (1955)[18], caso em que o governo introduziu textos da igreja que descreviam as Testemunhas de Jeová como exaltando as antigas guerras dos israelitas.

> [G] reclamando que as Testemunhas de Jeová lutarão no Armagedom (...) Não achamos que isso seja suficiente (...). Quanto à guerra teocrática, a disposição do peticionário de lutar sob as ordens de Jeová é temperada pelo fato de que, até onde sabemos, sua história não registra tal ordem desde os tempos bíblicos e sua teologia parece não contemplar uma no futuro. [19]

Portanto, a disposição de Ali de lutar em uma guerra apenas se comandado por Deus tornava seu caso análogo ao de Sicurella, o que levou Krattenmaker a pensar que Ali era, na prática, religiosamente oposto a lutar em qualquer guerra que pudesse realmente ocorrer.

A princípio, Harlan resistia em alterar a sua posição, o que só mudou depois de tomar conhecimento acerca das pesquisas de seu assessor. No dia seguinte, não apenas concordava em admitir a validade da objeção, como também aceitou mudar o voto, entendendo que o Governo julgou mal a questão, especialmente, sobre racismo e religião. Esta dinâmica de acontecimentos foi reconstituída no célebre filme Muhammad *Ali's Greatest Fight* (2013), baseado na obra de Howard Bingham e Max Wallace.

[17] *Law Clerks* são assessores diretos dos juízes.

[18] **Sicurella v. United States**, 348 U.S. 385 (1955).

[19] Lederman, op. cit.

A mudança de posicionamento repercutiu gravemente na Corte, ao ponto de Burger, *Chief Justice* que sucedeu a Earl Warren, não acreditar que a virada de entendimento não lhe havia sido informada. A fundamentação do voto teria lhe causado profundo desgosto, tendo em vista uma menção à doutrina sobre mulçumanos negros, o que o levou a crer que Harlan teria se tornado um propagandista da causa.

A mudança de posição de Harlan impunha um empate de quatro votos, o que não favorecia o recorrente, que, ainda assim, iria para a prisão, dado que ficaria mantida a condenação anterior[20]. Burger, Black, White e Blackmun não estavam dispostos a acompanhar o redator da decisão. Causava-lhes preocupação a fundamentação enfática sobre o erro de avaliação do governo, porque entendiam que isso poderia gerar um direito coletivo a todos os muçulmanos negros, possibilitando que todos fossem considerados objetores de consciência.

Era necessário, portanto, resolver a questão antes do fim do ano judiciário, do contrário, Ali iria para a prisão com o início do recesso da Corte Suprema. Contudo, diante do empate, sem que ele soubesse qual a razão do desprovimento do recurso, não houve uma sentença, como se a Corte jamais tivesse se debruçado sobre o tema.

A situação de indefinição preocupava, sobremaneira, o *Justice* Potter Stewart, que propôs uma terceira via: decidir a questão a partir do reconhecimento de um erro técnico do Departamento de Justiça, sem que um suposto direito de Ali fosse reconhecido, o que não daria margem para outros interessados formularem a mesma alegação. A proposta ganhou adesão gradual dos julgadores, levando Ali a ter sete votos favoráveis (sem entrar no mérito, apenas apoiados em questão formal), o que colocou o *Chief Justice* em posição delicada, pois, se discordasse ficaria isolado e com algum risco de ser considerado racista. Assim, foi premido a acompanhar a maioria.

A decisão final - e unânime - ficou a cargo Potter Stewart, sendo anunciada em 28 de junho de 1971. A questão sobre a validade ou não da objeção de consciência de Ali – que teria confirmado sua participação em uma eventual guerra declarada por Alá – não foi objeto de delibe-

[20] Na Suprema Corte dos Estados Unidos, o empate na votação leva à manutenção da decisão do Tribunal inferior.

ração pela Corte, que reverteu a condenação por motivo diverso, ainda que pudesse ser considerado válido o argumento do governo. A Suprema Corte, então, evitou decidir se a possibilidade de participação em uma "guerra santa" significaria que os membros da Nação do Islã eram ou não "conscienciosamente opostos à participação na guerra em qualquer forma."[21]

A Corte reconheceu a constitucionalidade do Sistema de Serviço Seletivo e, baseando-se em uma opinião do Departamento de Justiça, não fundamentou o motivo pelo qual rejeitou o argumento de Ali para ser considerado um objetor de consciência. Vale ressaltar, todavia, que, no curso do julgamento da Suprema Corte, o Governo reconheceu, ao menos, que as afirmações de Ali eram baseadas em treinamento religioso e em sua crença e, ainda, a sinceridade das convicções do recorrente, embora não considerasse atendido o último requisito: que ele não se opunha conscienciosamente a qualquer forma de guerra.

Da decisão da Suprema Corte constava expressamente que:

> Uma vez que a Câmara de Recurso não apresentou razões para negar a reclamação do peticionário, não há absolutamente nenhuma forma de saber em qual dos três fundamentos apresentados na carta do Departamento ela se baseou. No entanto, o governo agora reconhece que dois desses fundamentos não eram válidos.[22]

O Tribunal entendeu, a despeito do reconhecimento feito pelo Governo, que o Departamento de Justiça "simplesmente errou" ao não reconhecer que as crenças de Ali não tinham base religiosa e não eram defendidas com sinceridade.

Foi mencionada, ainda, a plena compatibilidade do caso ao precedente[23] firmado em 1955, no caso *Sicurella v. United States*, no qual foi discutida a objeção de consciência feita por Testemunhas de Jeová, para que não se submetessem ao serviço militar.

[21] Ibid.

[22] 403 U.S. 698 (1971).

[23] 348 U.S. 385 (1955).

3. Repercussão da decisão

A Guerra do Vietnã dividiu profundamente a sociedade americana, especialmente, diante da quantidade de americanos que perderam a vida em combate. Nesse contexto, a convocação de Muhammad Ali, para o campo de batalha, proporcionou mais questionamentos acerca da legitimidade dos Estados Unidos no envolvimento da guerra.

Questões sobre a guerra e a forma de recrutamento reforçaram o debate sobre racismo e religião, na perspectiva do modo como os Conselhos de Recrutamento eram compostos (com clara desproporção entre brancos e negros), bem como sobre considerações no sentido de que a fé muçulmana seria separatista e anti-brancos.

A decisão da Suprema Corte demonstrou o grau de dificuldade em lidar com o mérito das alegações de Clay. Inicialmente, o placar era desfavorável a ele (5x3). Após a mudança de Harlan, veio o empate, o qual em nada alterava a situação de Clay, que iria para a prisão, uma vez que o placar de 4x4 mantinha a condenação. Esse empate e a consequente prisão de Clay seria, na prática, como se a Corte jamais tivesse examinado o caso.

Ao final, acolhendo a saída alternativa proposta por Stewart (que estava incomodado com a perspectiva de uma falta de solução para o caso), o placar ficou em 7x1 em favor do recorrente, dado que Burguer relutava em mudar de posição. Porém, para não correr o risco de ter seu voto considerado como racista, o *Chief Justice* foi compelido a aderir à maioria.

As potenciais repercussões de uma decisão de mérito, favorável a Ali, influenciariam a forma de recrutamento de negros, em especial, os muçulmanos, o que não passou despercebido pela Corte, de modo que a questão política influenciou a tomada da decisão jurídica.

A solução encontrada, por sua vez, não se comprometeu com o mérito de ser procedente ou improcedente quanto à objeção arguida, talvez porque, em um ou outro sentido, o precedente firmado traria sérias consequências para a forma de recrutamento. A Corte optou, portanto, por uma decisão que não enfrentou a questão de fundo, limitando-se a reconhecer um erro procedimental, o que não permitiu a exposição de uma divergência interna e evitou a formação de um precedente favorável à tese da objeção de consciência arguida por Cassius Marcellus Clay Jr.

Conclusões

O contexto histórico do caso *Clay v. United States* era de divisão interna na sociedade americana, provocada por apoiadores e opositores ao envolvimento dos Estados Unidos na Guerra do Vietnã. O conflito entre os lados norte e sul daquele país asiático foi influenciado pela polarização entre o capitalismo e o socialismo, simbolicamente representados pelos Estados Unidos (apoiador do Vietnã do Sul) e União Soviética (apoiadora do Vietnã do Norte).

Diante do número de baixas entre os soldados americanos, que beiravam duzentas mil vidas, as condições para admissão e recrutamento para o serviço militar foram afrouxadas, pela necessidade de aumentar o contingente para o combate.

Nesse quadro, Muhammad Ali-Haj, nome adotado por Cassius Marcellus Clay Jr após a conversão ao islamismo, foi admitido no serviço militar (após não ter sido anteriormente considerado apto, por questão de falta de formação escolar). No momento da convocação para a Guerra, Ali era um dos mais destacados atletas negros americanos, sendo um campeão reconhecido internacionalmente.

Sendo ele negro e muçulmano, a questão jurídica levada aos tribunais administrativos e judiciais tomou contornos ligados ao racismo e a intolerância religiosa, o que concorreu para tornar mais delicado o debate sobre a forma de admissão nas forças armadas americanas, um evidente assunto de Estado.

Colecionando reveses em diversas arenas de discussão da matéria (administrativas e judiciais), o caso chegou à Suprema Corte, que não tinha intenção de julgá-lo, fazendo-o, todavia, tempos depois, diante de uma questão não vinculada diretamente aos autos, que envolvia o fato de Ali ter sido espionado pelo governo americano. Esse pode ser considerado como o primeiro aspecto de natureza política que influenciou a decisão, pois se não houvesse tal revelação de espionagem o caso não seria apreciado.

Conquanto a Corte não considerasse reais as chances de êxito, concedeu ao recorrente a oportunidade de ter a demanda analisada, resultando em placar realmente desfavorável. Por cinco votos a três, a condenação foi mantida (um dos juízes havia se dado por suspeito no início do julgamento).

Todavia, mais um aspecto inusitado ocorreu: o juiz indicado para a redação do voto da maioria restou convencido, posteriormente, por um assessor, quanto à procedência das exceções opostas pelo recorrente, após a leitura de material específico sobre o islamismo.

A par do constrangimento interno, decorrente de uma mudança surpreendente de posição, a maioria em desfavor de Ali se converteu em empate de quatro votos. As razões do voto do *Justice* Harlan eram firmes quanto ao erro de avaliação do governo, o que poderia servir de fundamento para futuras alegações de direitos dos negros mulçumanos, com base em questões de consciência. Por isso, não havia intenção dos outros quatro juízes em mudar seus entendimentos e acompanhar a nova posição de Harlan.

O fato é que esse empate não mudaria a história de Clay, pois o resultado empatado significava a manutenção da condenação, o que tornaria, na prática, toda a discussão sem qualquer resultado para o recorrente, como se a Corte jamais tivesse analisado o caso.

Havia então um impasse: a preocupação de não criar um precedente que impactasse a forma de recrutamento dos negros muçulmanos e a necessidade de dar uma resposta ao recorrente, diante da repercussão do caso.

Foi então construída uma saída alternativa, baseada em uma formalidade técnica não observada pela Departamento de Justiça, a qual ganhou paulatina adesão dos demais membros da Corte. Essa solução não criaria um precedente de mérito e não aumentaria a possibilidade de arguições de consciência.

O último a aderir a essa proposta foi o *Chief Justice* Burguer, premido pela necessidade de não ser considerado racista, em caso de manter o voto discordante.

Ao final, a redação da decisão unânime coube ao *Justice* Stewart, que apresentou a saída formal para o caso.

É possível concluir o quanto era polêmica a questão recorrida, que envolvia aspectos sociais, culturais e religiosos, tanto que em um segundo momento gerou uma divisão na Corte. A resistência em acompanhar o novo voto de mérito de Harlan tinha uma razão sobretudo política, diante do precedente que se formaria em favor dos negros muçulmanos, o que demonstra que não só aspectos jurídicos influenciam o processo de tomada de decisão judicial da Suprema Corte americana.

Referências

BINGHAM, Howard; WALLACE, Max. ***Muhammad Ali's Greatest Fight:*** *Cassius Clay vs. the United States of America.* Nova Iorque: M. Evans and Company, 2012.

BOWMAN, Winston. ***United States v. Clay***: *Muhammad Ali's Fight Against the Vietnam Draft. Federal Trials and Great Debates in United States History.* Federal Judicial Center: Federal Judicial History Office, 2018.

ESTADOS UNIDOS DA AMÉRICA. Supreme Court of the United States. **Clay v. United States**, 403 U.S. 698 (1971), Washington D.C, 28 de junho de 1971.

ESTADOS UNIDOS DA AMÉRICA. Supreme Court of the United States. **Jacobson v. Commonwealth of Massachusetts**, 197 U.S. 11 (1905), Washington D.C, 20 de fevereiro de 1905.

ESTADOS UNIDOS DA AMÉRICA. Supreme Court of the United States. Selective Draft Law Cases, **245 U.S. 366 (1918)**, Washington D.C, 7 de janeiro de 1918.

ESTADOS UNIDOS DA AMÉRICA. Supreme Court of the United States. **Sicurella v. United States**, 348 U.S. 385 (1955), Washington D.C, 14 de março de 1955.

ESTADOS UNIDOS DA AMÉRICA. United States Court of Appeals for the Fifth Circuit. **Cassius Marcellus Clay, Jr. v. United States,** 397 F.2d 901 (5th Cir. 1968), Washington D.C, 6 de junho de 1968.

LEDERMAN, Marty. *Muhammad Ali, conscientious objection, and the Supreme Court's struggle to understand "jihad" and "holy war": The story of Cassius Clay v. United States.* **SCOTUSblog**, 8 de junho de 2016. Disponível em: https://www.scotusblog.com/2016/06/muhammad-ali-conscientious-objection-and-the--supreme-courts-struggle-to-understand-jihad-and-holy-war-the-story-of--cassius-clay-v-united-states.

LITTLEFIELD, Bill. *The SCOTUS Clerk Who Helped Muhammad Ali Avoid Prison.* **Federal Judicial Center**. Disponível em: https://www.wbur.org/onlyagame/2017/09/08/muhammad-ali-supreme-court-vietnam-war.

SOUTO, João Carlos. **Suprema Corte dos Estados Unidos**: principais decisões. 3. ed., São Paulo: Atlas, 2019.

WOODWARD, Bob; ARMSTRONG, Scott. **Por detrás da Suprema Corte**. Tradução de Torrieri Guimarães: revisão técnica de Renato Guimarães Jr. São Paulo: Saraiva, 1985.

24.

COHEN V. CALIFORNIA, 1971

"LOGO, ENQUANTO A PALAVRA DE QUATRO LETRAS AQUI LITIGADA TALVEZ SEJA MAIS DESAGRADÁVEL QUE OUTRAS DO SEU GÊNERO, NÃO É MENOS VERDADEIRO QUE A VULGARIDADE DE UM HOMEM É A POESIA DE OUTRO".

JOÃO DOS PASSOS MARTINS NETO
GABRIEL HENRIQUE CERON TREVISOL

Introdução

À primeira vista, *Cohen v. California* parece ser um caso trivial e até irrelevante para ter chegado à Suprema Corte americana. Curiosamente, esse mesmo pensamento está contido nas primeiras linhas da decisão escrita pelo *Justice* John Marshall Harlan II neste caso. Contudo, essa trivialidade, como aponta Harlan II, não deixa de possuir importância constitucional.

O caso está centrado na contestação da prisão de Paul Robert Cohen, que, ao entrar em um tribunal, portava uma jaqueta com inscrições antiguerra, mas, sobretudo, a frase "*Fuck the Draft*" (algo como "foda-se a conscrição"). A prisão foi fundamentada no estatuto de distúrbio da paz pública, sendo enfatizado que a inscrição com o palavrão de quatro letras na jaqueta ofendia a moralidade pública e poderia produzir ofensa ou mesmo atos de violência por aqueles que vissem a palavra. Cohen, ao contrário, enfatizou que utilizou a jaqueta como forma de "informar o público da profundeza de seus sentimentos contra a Guerra do Vietnã e contra o *draft*."[1]

A ideia de que alguém possa ter sido preso pelo uso da palavra "*fuck*" parece incomum sob os olhos da modernidade, afinal, a utilização desse termo na cultura popular americana é bastante difundida e poucos considerariam seu uso como ofensivo. Contudo, à época, a expressão "*fuck*" era raramente mencionada por homens e mulheres, tanto em ambientes públicos quanto em ambientes privados[2]. A possibilidade de que a própria palavra seria falada durante as sustentações orais do caso na Suprema Corte era bastante temida até mesmo pelos *Justices*[3]. Logo, a dificuldade de imaginar esse caso a partir do cenário linguístico atual reforça o quanto a questão, à época, parecia "fora da curva".

A Suprema Corte foi ultimamente favorável a Cohen, revertendo sua condenação e entendendo que os estados, em geral, não poderiam tornar a simples exibição da palavra "*fuck*" e outras expressões ofensivas um crime. Por ser considerado o caso central quanto à validade das proibições construídas para proteger pessoas da exposição involuntária ao discurso ofensivo, Cohen produziu um legado amplo, sendo, de qualquer forma, uma contribuição importante à teoria da Primeira Emenda.

1. Contexto histórico

Os acontecimentos que geraram *Cohen v. California* ocorreram em meio ao período mais turbulento da Guerra do Vietnã, entre os anos de 1968 e 1971. Cabe, portanto, elaborar um pequeno retrospecto destes.

Ao tempo da morte do Presidente John F. Kennedy, em 1963, os EUA haviam enviado menos de 15.000 soldados ao sudeste asiático. Contudo, sob a presidência de seu sucessor, Lyndon Johnson, tal número cresceu exponencialmente, chegando a 500.000 em 1967[4]. À medida que o

[1] KRATTENMAKER. Thomas G. *Looking Back at Cohen v. California: A 40 Year Retrospective from Inside the Court*. **William & Mary Bill of Rights Journal**, v. 20, n. 3, p. 651-689, 2012, p. 654.

[2] Ibid., p. 654.

[3] Ibid., p. 654-655.

[4] RIGGS, William W. *Vietnam War*. **The First Amendment Enclyclopedia**. Disponível em: https://www.mtsu.edu/first-amendment/article/1101/vietnam-war.

número de tropas crescia no outro lado do mundo, crescia igualmente a repercussão da guerra, sendo importante lembrar que essa foi a primeira guerra a ser televisionada, com reportagens especiais e relatórios diários do campo de batalha. Isto é, cada movimento americano estava sob constante escrutínio da imprensa, que, não raramente, questionava se a escalada no Vietnã tinha alcançado os resultados prometidos, sobretudo aqueles relacionados ao afastamento do comunismo na região[5].

No ano de 1968, as tropas vietnamitas do Norte invadiram Saigon, capital do Vietnã do Sul, lançando um ataque sobre a embaixada americana no país. No mesmo ano, as tropas americanas passaram a conduzir ataques com um componente químico até então experimental, chamado de "Agente Laranja", sob o pretexto de que este poderia trazer vantagens estratégicas no combate em virtude de seu efeito desfolhante[6]. Em 1969, foi reportado pela mídia que membros do exército americano teriam massacrado centenas de homens, mulheres e crianças na vila remota de *My Lai,* no Vietnã do Sul. Ademais, com o prolongamento do conflito, que já durava mais de catorze anos e sem aparentes vencedores, o número de veteranos feridos ou com algum problema de saúde aumentou drasticamente.

Por fim, em 1971, Daniel Ellsberg, antigo analista do Departamento de Defesa americano, crente de que a Guerra do Vietnã era um conflito inganhável e de que o público americano deveria saber sobre as tomadas de decisão do governo americano sobre a guerra, vazou ao *The New York Times* porções de um relatório secreto, que se tornaria conhecido como os *Pentagon Papers*.

Dentre as principais revelações, o relatório apontava que a administração de John F. Kennedy havia ajudado a derrubar e assassinar o Presidente do Vietnã do Sul, Ngo Dinh Diem, em 1963. Os documentos também contradiziam declarações do governo americano sobre bombardeios

[5] Editors. *This day in history, April 7th, 1954: President Eisenhower delivers Cold War "domino theory" speech.* **History**, 13 de nov. 2009. Disponível em: https://www.history.com/this-day-in-history/eisenhower-gives-famous-domino-theory-speech.

[6] Criado, Miguel Ángel. 50 anos depois, agente laranja continua contaminando o solo do Vietnã. **El País**, 16 mar. 2019. Disponível em: https://brasil.elpais.com/brasil/2019/03/16/ciencia/1552710887_506061.html.

bem-sucedidos no Vietnã do Norte, que, em realidade, não produziram impactos significativos na "vontade de guerrear" dos inimigos[7].

Todos esses acontecimentos culminaram em profundas divisões em solo americano sobre o modo como o combate estava sendo conduzido. Segundo pesquisa feita em 1970 pelo *The New York Times*, 55% do público entendia que todas as tropas americanas deveriam voltar para os Estados Unidos até o fim de 1971[8].

É nesse momento que vigorosos protestos antiguerra se tornaram recorrentes em solo americano, atraindo grande público[9]. Entre os mais notáveis, pode-se citar aqueles promovidos pela *Students for a Democratic Society* (SDS), famosos pelas frases *Make Love – Not War!* ("Faça amor, não guerra!"); os discursos de Martin Luther King[10] e o festival de Woodstock[11].

[7] Editors. *Pentagon papers*. **History**, 21 ago. 2018. Disponível em: https://www.history.com/topics/vietnam-war/pentagon-papers.

[8] *POLLS Tell Us No More Than Where We Are; Vietnam War Opinion*. **The New York Times**, 7 set. 1988. Disponível em: https://www.nytimes.com/1988/09/07/opinion/l-polls-tell--us-no-more-than-where-we-are-vietnam-war-opinion-139188.html.

[9] "Todos já estavam acostumados com, se não necessariamente favoráveis aos vigorosos protestos antiguerra [...]". Cf. Krattenmaker, op. cit., p. 654.

[10] Em abril de 1967, Martin Luther King fez o seu pronunciamento mais compreensivo contra a guerra, para uma plateia de cerca de 3.000 pessoas em uma igreja de Nova York. Cf. RIGGS, op. cit. Segue um trecho do discurso: "Talvez a mais trágica observação da realidade ocorreu quando ficou claro para mim que a guerra estava fazendo muito mais do que apenas devastar as esperanças dos pobres em solo americano. Ela estava mandando seus filhos, irmãos e maridos para lutar e morrer em proporções extraordinariamente altas relativas ao resto da população. Nós estávamos tomando os jovens negros desestabilizados pela nossa sociedade e os mandando oito mil milhas longe para garantir liberdades no sudeste asiático que eles não tinham encontrado no sudoeste da Geórgia e no leste do Harlem. Portanto, temos sido repetidamente confrontados com a ironia cruel de assistir meninos negros e brancos nas telas de TV enquanto matam e morrem juntos por uma nação que não foi capaz de colocá-los juntos nas mesmas escolas. Nós os observamos em solidariedade brutal queimando as cabanas de uma vila pobre, mas percebemos que dificilmente morariam no mesmo quarteirão em Chicago. Não poderia ficar calado diante de uma manipulação tão cruel dos pobres." Luther King Júnior, Martin. *Beyond Vietnam: A Time to Break Silence: Declaration of Independence from the War in Vietnam*. **Commin Dreams**, 15 jan. 2004. Disponível em: https://www.commondreams.org/views04/0115-13.htm.

[11] "No fim de semana de 15, 16 e 17 de agosto de 1969, cerca de 500.000 pessoas de todas

A gênese de *Cohen v. California*[12] decorre justamente de um encontro antiguerra, frequentado pelo então jovem de 19 anos, Paul Robert Cohen[13]. Nessa reunião, alguém estava usando uma jaqueta que continha símbolos de paz e frases, como "*Stop War*" e "*Fuck the Draft*"[14]. Cohen teria se tornado ciente do significado daquelas insígnias naquele encontro.

as partes dos Estados Unidos viajaram para Woodstock, no interior do Estado de Nova Iorque, para o que seria o festival de música mais famoso de todos os tempos. Woodstock era um espetáculo estridentemente antiguerra, mas sua mensagem foi diluída pela mídia. Em vez de focar nas declarações políticas feitas, os principais comentaristas culturais falaram sobre hippies, cabelos longos e nudez. Woodstock sinalizou a fusão e ambivalência da contracultura e protesto. O festival foi anunciado como os "três dias de paz e amor" em contraste com a guerra e o ódio no Vietnã." "Muitas das pessoas que lá estavam pensavam que a música em si era uma forma de desafiar a guerra." Cf. *Woodstock and Vietnam War*. **All About Woodstock**. Disponível em: https://peacelovewoodstock.weebly.com/woodstock-and-vietnam-war.html; What Woodstock taught us about protest in a time of polarization. **PBS**, 16 ago. 2019. Disponível em: https://www.pbs.org/newshour/show/what-woodstock-taught-us-about-protest-in-a-time-of-polarization.

[12] *Cohen v. California* é apenas um dentre vários casos sobre liberdade de expressão julgados pela Suprema Corte americana durante a Guerra do Vietnã. Em sua maioria, tais casos compartilham de um mesmo traço: o desprezo pela guerra. Ver, por exemplo: United States v. Seeger (1965); United States v. O'Brien (1968); Tinker v. Des Moines (1969); Watts v. United States (1969); Brandenburg v. Ohio (1969); Welsh v. United States (1970); Clay v. United States (1971); Gillette v. United States (1971); New York Times Co. v. United States (1971); Gravel v. United States (1972) Miller v. California (1973). Cf. Freedom of Speech: General. **Bill of Rights Institute**. Disponível em: https://billofrightsinstitute.org/e-lessons/freedom-of-speech-general.

[13] Farber, Daniel A. *Civilizing Public Discourse: An Essay of Professor Bickel, Justice Harlan II, and the Enduring Significance of Cohen v. California*. **Duke Law Journal**, v. 1980, n. 283, p. 284-303, 1980, p. 286.

[14] "O Serviço de Seleção Seletivo, também conhecido como *draft* ou conscrição, requer que quase todos os cidadãos americanos do sexo masculino e imigrantes, com idades entre 18 e 25 anos, sejam registrados perante o governo. [...] Sua missão é 'registrar homens e manter um sistema que, quando autorizado pelo Presidente e pelo Congresso, deve rapidamente providenciar pessoal de maneira justa e equitativa, habilitando um programa de serviço alternativo para objetores de consciência.' Isso significa que quando houver uma emergência nacional ou guerra a qual o corpo militar formado por voluntários não possa apoiar adequadamente, o Congresso e o Presidente podem restabelecer o 'draft' e forçar os cidadãos do sexo masculino a servir nas forças armadas. Embora as mulheres não tenham sido excluídas do serviço de combate desde 2013, atualmente não são obrigadas a se registrar para o 'draft'." Cf. Absher, Jim. *Everything You Need to Know About the Military*

Em 26 de abril de 1968, Paul Cohen foi até o Tribunal do Condado de Los Angeles para testemunhar em um caso que não tinha relação com a conscrição obrigatória ou com a Guerra do Vietnã, portando uma jaqueta com as mesmas insígnias por ele vistas anteriormente. Quando Cohen entrou no tribunal, ele tirou seu agasalho e o dobrou em seu braço. Nesse momento, um policial vigilante, que havia observado a jaqueta, enviou uma nota ao juiz, sugerindo que Cohen fosse detido por desacato ao tribunal. O juiz, por sua vez, rejeitou o pedido do policial, afirmando que ele não poderia simplesmente criar hipóteses na lei de desacato do estado da Califórnia. Logo, privado do reforço judicial, o policial esperou até que Cohen saísse do tribunal e então o prendeu por distúrbio da paz pública[15].

O estatuto da Califórnia para o presente crime, contudo, não era facilmente capaz de render uma acusação contra Cohen[16]. Ele proibia o uso de "linguagem vulgar, profana ou indecente na presença ou audiência de mulheres ou crianças", desde que tal linguagem fosse usada em "tom de voz alto e barulhento." Outra previsão potencialmente aplicável a Cohen era a proibição geral contra condutas que "maliciosamente ou deliberadamente perturbavam a paz ou o silêncio de qualquer vizinhança ou pessoa por meio de conduta ofensiva." Foi com fundamento nessa cláusula geral que o juiz encontrou base suficiente para condenar Cohen e impor uma sentença de trinta dias na prisão, além de multa.

Draft. **Military.com**, 14 ago. 2020. Disponível em: https://www.military.com/join-armed-forces/everything-you-need-know-about-military-selective-service-system.html.

[15] A lei usada como fundamento para prender Cohen foi a seção 415 do Código Penal da Califórnia, em que se lê: "Toda pessoa que maliciosamente ou deliberadamente disturba a paz ou o silêncio de qualquer vizinhança ou pessoa que, por barulho alto ou não usual, ou por conduta tumultuosa ou ofensiva, ou por ameaçar, difamar, brigar ou desafiando a lutar, ou que, em ruas públicas da cidade ou em rodovias públicas de tal cidade, fazer corridas de cavalo, seja com apostas ou para entretenimento, ou atirar qualquer arma ou pistola no ambiente da cidade, ou usar qualquer linguagem vulgar, indecente ou profana na presença de mulheres ou crianças, em tom de voz alto e barulhento, é culpado de contravenção, e perante condenação por qualquer Corte com competência será punido com uma multa que não ultrapassará duzentos dólares, ou por aprisionamento em prisão do condado por não mais do que noventa dias, ou ambas multa e aprisionamento, ou qualquer uma das duas, sob a discrição da corte."

[16] Farber, op. cit., p. 286-287.

O caso de Cohen passou por duas instâncias de apelação entre os anos de 1969 e 1970. Nessas, sua condenação foi revertida e reinstalada, com base em argumentos diversos. Para o Departamento de Apelações da Suprema Corte do estado da Califórnia, o argumento de que a conduta de Cohen foi ofensiva era insuficiente para sustentar uma sentença com base na seção 415. Por outro lado, para a Corte de Apelações do estado da Califórnia, Cohen era culpado pois teria escolhido "cuidadosamente o local para expor suas opiniões sabendo que teriam um valor de choque efetivo", podendo causar reações violentas daqueles que queriam proteger mulheres e crianças.

Por fim, em junho de 1970, Cohen apelou para a Suprema Corte americana, que aceitou julgar o caso. As partes apresentaram seus argumentos orais em fevereiro de 1971. Cohen afirmou em seu depoimento perante a Corte que ele usou a jaqueta com a inscrição "*Fuck the Draft*" como meio de "informar o público da profundidade de seus sentimentos contra a Guerra do Vietnã e a conscrição obrigatória."

Melville Nimmer, professor de UCLA e advogado de Cohen, complementou o testemunho de seu cliente, argumentando de forma extensiva que ele estava "claramente engajando em discurso e tal discurso tem direito à proteção da Primeira e Décima Quarta emendas, pois não estava contido nem acompanhado de qualquer um dos elementos que a Corte anteriormente reconheceu ser uma violação da liberdade de expressão."[17]

Ademais, complementou Nimmer, "o fato de que o discurso de Cohen possa ter sido ofensivo para algumas pessoas não justificava o cerceamento do seu discurso." A Primeira Emenda, portanto, era "aplicável tanto ao discurso ofensivo quanto ao não ofensivo." Em suma, Nimmer argumentou que o discurso de Cohen devia ser protegido, pois: (i) estava relacionado à autogovernança democrática; (ii) permitia a Cohen atingir a autorrealização; e (iii) providenciava uma "válvula de segurança"

[17] Calvert, Clay. *Revisiting the Right to Offend Forty Years after Cohen v. California: One Case's Legacy on First Amendment Jurisprudence.* **First Amendment Law Review** (University of North Carolina), v. 10, n. 1, p. 1-56, 2011, p. 6.

para liberar a tensão que, do contrário, poderia resultar em conduta violenta[18]-[19].

Representando o estado da Califórnia, estava Michael Sauer, antigo Procurador da cidade de Los Angeles. Sauer argumentava que, caso a Suprema Corte julgasse em favor de Cohen, qualquer um "poderia imaginar os tipos de discurso que seriam publicamente apresentados contra os cidadãos, contra instituições públicas ou mesmo contra funcionários públicos"; seria como um "desfile de horrores."[20]

A Corte anunciou sua decisão em junho do mesmo ano. Em um julgamento por cinco votos a quatro, a Corte reverteu a condenação de Cohen, sendo Harlan II o encarregado de escrever pela maioria e tendo o *Justice* Hugo Black escrito um voto divergente.

2. Aspectos importantes da decisão

A opinião proferida por Harlan II está dividida em dois grandes blocos. O primeiro foi utilizado para explicar e provar que o caso não poderia ser enquadrado em um dos poucos conjuntos de discurso não protegidos pela Primeira Emenda. Ou seja, Harlan II explicou sobre o que o caso não tratava.

Inicialmente, a opinião destacou que o caso não se inseria na exceção da "obscenidade"[21], pois, para isso, o discurso de Cohen precisaria ser, de alguma forma, erótico, o que, em realidade, não era.

[18] Ibid., p. 7.

[19] Nimmer sintetiza seu argumento a favor de Cohen em poucas palavras em seu *Brief for Appelant*: "Se o Estado pudesse censurar o conteúdo emotivo do discurso, mesmo que não censurasse o conteúdo intelectual, o Estado poderia assim, em grande medida, determinar a quais membros do público um determinado discurso apelará e, assim, poderia influenciar amplamente se uma determinada ideia prevalecerá no mercado [de ideias]. Por esta razão, é claro que o discurso a ser protegido pela Primeira e Décima-Quarta emendas não precisa ser 'polido'." Cf. Krattenmaker, op. cit., p. 674.

[20] Calvert, op. cit., p. 8.

[21] Por obscenidade, Harlan II faz referência à *Roth v. United States* (1957), que definiu material obsceno como "material que lida com sexo de maneira a apelar ao interesse lascivo; material com tendência a despertar pensamentos lascivos." (tradução nossa). A Suprema Corte fez um acréscimo à decisão em Roth no julgamento de *Miller v. California* (1973), produzindo um teste para identificar o que seria um material obsceno. Segundo a Corte, material obsceno é aquele que (i) "a pessoa média, aplicando os padrões contemporâneos

Em seguida, Harlan II descartou a possibilidade de que o discurso de Cohen estaria contido no escopo das *fighting words* ("palavras de luta")[22]. Isso se deve ao fato de que as palavras usadas na jaqueta não estavam direcionadas a uma pessoa em particular e, portanto, disse ele que "nenhum indivíduo presente ou possivelmente presente naquela Corte naquele dia poderia razoavelmente ter tomado aquelas palavras como um insulto particular."

Por fim, o magistrado destacou que a Corte não estava enfrentando um caso no qual "o exercício do poder de polícia do Estado foi utilizado para prevenir o falante de provocar intencionalmente uma reação hostil de um determinado grupo" e que não havia "nenhuma demonstração de que alguém que viu Cohen foi de fato incitado à violência ou de que o recorrente pretendia tal resultado."[23] Alguns doutrinadores[24] apontam que Harlan II, ao fazer tal menção, observou que o caso não estaria contido dentro da exceção de "incitação à violência"[25], haja vista que as palavras inscritas na jaqueta de Cohen não tinham incitado tumultos ou provocado reações violentas.

O segundo bloco do voto de Harlan II foi dedicado especificamente às questões centrais do julgamento e que ultimamente definiriam se a condenação de Cohen deveria ser revertida:

> A questão levantada por este caso está destacada em alto relevo. É se a Califórnia pode eliminar, como conduta ofensiva, um específico epíteto gros-

da comunidade, entenderia que o trabalho, como um todo, apela ao interesse lascivo"; (ii) "se o trabalho retrata ou descreve de forma claramente ofensiva, conduta sexual definida especificamente pela lei estadual aplicável"; e (iii) "se a obra, tomada como um todo, carece de um valor literário, artístico, político ou científico."

[22] Por "palavras de luta" ou "*fighting words*", Harlan II faz referência à *Chaplinsky v. New Hampshire* (1942), que definiu tais palavras como "aquelas que, por sua própria declaração, infligem danos ou tendem a incitar uma quebra imediata da paz."

[23] **Cohen v. California**, 403 U.S. 15 (1971), p. 20.

[24] Calvert, op. cit, p. 11.

[25] Por "incitação à violência", Harlan II faz referência à *Brandenburg v. Ohio* (1969), que destaca que "as garantias constitucionais de liberdade de expressão e imprensa não permitem que um Estado proíba ou proscreva o *advocacy* do uso da força e da violação da lei exceto se tal *advocacy* for direcionado para incitar ou produzir ação ilegal iminente e for provável que incite ou produza tal ação."

seiro do discurso público, [i] seja por meio da teoria da corte do Estado que o seu uso é inerentemente possível de causar uma reação violenta, [ii] seja por meio de uma asserção mais geral de que os Estados, agindo como guardiões da moralidade pública, podem remover definitivamente esta palavra ofensiva do vocabulário público.[26]

Harlan II dispensou a primeira linha de pensamento, como supradescrito. Quanto à segunda, destacou que ela era mais complicada de resolver[27], haja vista que "não era tão óbvio que a Primeira e a Décima Quarta emendas deveriam ser aplicadas de forma a desabilitar os estados de punirem expressões públicas desse palavrão impróprio, a fim de manter o que eles consideram como um nível adequado de discurso dentro do corpo político."[28]

Foram desenvolvidos cinco principais argumentos para resolver a questão. Em primeiro lugar, o *Justice* explicou que a pretensão de manter uma atmosfera de decoro dentro de um tribunal não era uma justificativa sólida para a prisão de Cohen. Isso decorre do fato de que a lei do estado da Califórnia não faz menção explícita a uma restrição de discurso com base em local. Logo, apontou que "nenhuma leitura justa da frase 'conduta ofensiva' seria capaz de informar a pessoa comum que distinções entre certos locais são assim criadas."

Em segundo lugar, contestou o argumento de que o estado da Califórnia, face ao modo de expressão "desagradável" de Cohen, poderia agir legitimamente para proteger a audiência relutante ou desavisada da exposição, de outra forma inevitável, à forma "bruta" de protesto contida na jaqueta.

Para ele, a mera presença presumida de ouvintes ou espectadores inconscientes do protesto não serve automaticamente para justificar a restrição de todo discurso capaz de ofender. Acrescentou que, embora a Corte tenha reconhecido que o governo possa agir em muitas situações para proibir a intrusão de visões e ideias desagradáveis na privacidade

[26] 403 U.S. 15 (1971), p. 22-23.

[27] Calvert, op. cit., p. 12.

[28] Ibid., p. 23.

do domicílio, "nós somos comumente prisioneiros fora de nossas casas e sujeitos a tal discurso questionável."[29]

Logo, a possibilidade de proibir discursos de forma a proteger as pessoas de ouvi-los, tendo como pressuposto que certos interesses substanciais de privacidade estariam sendo invadidos, é "essencialmente intolerável". Para Harlan II, "qualquer visão mais ampla dessa autoridade efetivamente capacitaria uma maioria para silenciar dissidentes simplesmente por uma questão de predileção."[30]

O *Justice* observou que as pessoas confrontadas com as palavras inscritas na jaqueta de Cohen estavam em uma situação diferente daqueles "sujeitos às emissões estridentes de caminhões de som que estivessem passando fora de suas residências." Isso porque aqueles presentes no tribunal de Los Angeles poderiam efetivamente "evitar os bombardeios de seus sentidos simplesmente desviando seus olhos da jaqueta." Por essa razão, concluiu Harlan II que, embora um possa ter uma reivindicação mais substancial a um interesse de privacidade reconhecível ao caminhar por um corredor de um tribunal do que ao caminhar pelo Central Park, esse interesse "não é comparável ao interesse de estar livre de expressões indesejadas nos confins da própria casa."[31]

Portanto, a condenação de Cohen era frágil, uma vez que não havia evidências de que pessoas incapazes de evitar a conduta do apelante objetaram de fato a ela – não justificando a proteção exclusiva de um "interesse privado" específico. Pelo contrário, o estatuto indiscriminadamente abrangia "toda conduta ofensiva" que perturbasse "qualquer bairro ou pessoa", sem especificações claras.

Harlan II, em terceiro lugar, destacou que na grande maioria das situações em que os estados possuem um interesse justificável em regular discurso, esse será incluído em uma das exceções já estabelecidas pela Corte. Do contrário, a regra usual é de que órgãos governamentais não deveriam prescrever a forma e o conteúdo da expressão individual. Essa liberdade ampla de expressão está no espírito da Primeira Emenda, devendo ser entendida como "um remédio poderoso" dentro da sociedade.

[29] Ibid., p. 21.
[30] Ibid., p. 21.
[31] Ibid., p. 21-22.

> O direito fundamental de liberdade de expressão é um remédio poderoso em uma sociedade tão diversa e populosa como a nossa. Ele foi desenhado e tinha como intenção remover restrições governamentais da arena de discussão pública, colocando a decisão sobre quais pontos de vista serão amplamente expressos nas mãos de cada um de nós, na esperança de que o uso dessa liberdade produzirá ultimamente uma cidadania mais capaz e uma política mais perfeita e na crença de que nenhuma outra abordagem seria compatível com a premissa de dignidade individual e escolha sobre a qual nosso sistema político se baseia.[32]

Para Harlan II, portanto, a linguagem utilizada por Cohen, "o tumulto verbal e discórdia" que são cotidianamente vistos, são, em realidade[33],

> [...] efeitos colaterais necessários dos valores mais amplos e duradouros que o processo de debate aberto nos permite alcançar. Que o ar possa, às vezes, parecer repleto de cacofonia verbal é, nesse sentido, não um sinal de fraqueza, mas de força. Não podemos perder de vista o fato de que, no que de outra forma poderia parecer uma instância insignificante e irritante de abuso individual desagradável de um privilégio, esses valores sociais fundamentais estão realmente implicados[34].

Logo, permitir que os Estados proíbam, por meio de regulação, a expressão de tais palavrões, em realidade, arrisca mais do que alcança[35].

Em quarto lugar, Harlan II argumentou que o ideal defendido pelo estado da Califórnia, de agir como guardião da moralidade pública para remover palavras ofensivas, parece ser inerentemente ilimitado. Nessa linha, questiona o juiz como essa diferenciação entre palavras ocorreria ou, mais especificamente, qual a diferença entre a palavra "*fuck*" e qualquer outra palavra ofensiva.

A resposta, para o *Justice*, é que a delimitação pelo governo entre o que é e o que não é ofensivo aparenta ser ultimamente impossível, haja vista

[32] 403 U.S. 15 (1971), p. 24.
[33] KRATTENMAKER, op. cit., p. 673.
[34] 403 U.S. 15 (1971), p. 25.
[35] KRATTENMAKER, op. cit., p. 673.

que distinções nessa área do discurso atualmente recaem sobre questões de estilo e gosto, deixadas pela Constituição, sobretudo, ao indivíduo.[36]

> Certamente o Estado não tem o direito de purificar o debate público a ponto de torná-lo gramaticalmente palatável para os mais sensíveis entre nós. No entanto, não existe um princípio geral prontamente verificável para impedir aquele resultado, caso confirmemos o julgamento da corte inferior. Pois, embora a palavra de quatro letras, em particular aqui litigada, seja talvez mais desagradável do que a maioria das outras de seu gênero, é, no entanto, uma verdade frequente que a vulgaridade de um homem é a poesia de outro. De fato, pensamos que é em grande parte porque os funcionários do governo não podem fazer distinções principiológicas nessa área que a Constituição deixa as questões de gosto e estilo tão amplamente ao indivíduo.[37]

Em adição a este ponto, em quinto lugar, Harlan II explicou que, em se tratando de discurso, é imperativo perceber que grande parte da expressão linguística tem uma função comunicativa dupla. Isto é, "ela não apenas transmite ideias capazes de uma explicação relativamente precisa e independente, mas também emoções inexprimíveis."[38] Em realidade, destacou, as palavras costumam ser escolhidas tanto por sua força emotiva quanto cognitiva.

Nessa linha, concluiu o juiz, a Suprema Corte não poderia sancionar a visão de que a Constituição, embora preocupada com o conteúdo cognitivo do discurso individual, tem pouca ou nenhuma consideração por aquela função emotiva que pode muitas vezes ser o elemento mais importante da mensagem geral que se busca comunicar[39].

[36] O argumento de Harlan II, aponta Calvert (2011, p. 12), parece se relacionar com a doutrina americana da vagueza ou "*vagueness doctrine*". Isto é, conforme destaca Chemerinsky (2015, p. 702), "uma lei é inconstitucionalmente vaga se uma pessoa razoável não puder distinguir qual discurso é proibido e qual é permitido. Leis indevidamente vagas violam o devido processo, quer o discurso esteja regulamentado ou não."

[37] 403 U.S. 15 (1971), p. 25.

[38] 403 U.S. 15 (1971), p. 26.

[39] Harlan II cita um trecho do voto falado pelo Justice Felix Frankfurter em *Baumgartner v. United States* (1944) como forma de exemplificar seu ponto de vista: "[...] uma das prerrogativas da cidadania americana é o direito de criticar personalidades e medidas públicas,

Concluindo a decisão da Corte, Harlan II explicou que não se deve ceder à "presunção fácil de que se pode proibir palavras específicas sem correr um risco substancial de suprimir ideias no processo." Em realidade, os governos poderiam "em breve, aproveitar a censura de palavras específicas para proibir a expressão de pontos de vista impopulares." Essa censura, portanto, traria poucos benefícios sociais se comparados ao "risco de abrir a porta para resultados tão graves." Por essa razão, o Estado da Califórnia não podia, haja vista a Primeira e a Décima Quarta emendas, tornar a simples exibição pública do palavrão de quatro letras um crime.

Harry Blackmun escreveu um curto voto dissidente em nome da minoria da Corte. O *Justice* afirmou que o caso de Cohen era "majoritariamente sobre conduta e pouco sobre discurso", de forma a colocá-lo fora do escopo de proteção da Primeira Emenda. Contudo, pontuou que mesmo que o caso fosse sobre discurso, as palavras inscritas na jaqueta de Cohen estariam dentro do escopo da exceção das *fighting words*, não estando protegidas pela Emenda. Ademais, entendia Blackmun que a atitude "absurda e imatura" de Cohen não merecia a atenção empregada pela maioria para analisar seu impacto sobre os valores da Primeira Emenda.

3. Repercussão da decisão

Desde seu pronunciamento, em 1971, *Cohen v. California* influenciou uma série de decisões da Suprema Corte. Contudo, o Tribunal estabeleceu certas exceções à regra geral de que o Estado não poderia escolher com quais palavras um pronunciamento deveria ser feito. Destacam-se duas decisões em especial nesse sentido.

A primeira delas é *Federal Communications Commission v. Pacifica Foundation*, decidida em 1978. Faz-se, a seguir, um breve histórico dos eventos que produziram o caso inicialmente. Em outubro de 1973, às 14h, uma rádio de Nova Iorque transmitiu um especial de comédia gravado por George Carlin chamado "*Filthy Words*", em que o comediante descreve

e isto significa não apenas a crítica bem-informada e responsável, mas aquela liberdade de falar tolamente e sem moderação."

sete palavras que "você não poderia falar em público."[40] Dentre elas, estavam "*fuck*" e "*motherfucker*". Um pai, que estava dirigindo com seu filho, ouviu o especial e escreveu uma carta de reclamação para a Federal Communications Commission (FCC). A reclamação foi enviada para a estação de rádio, que defendeu o especial de comédia como um "programa sobre a atitude da sociedade contemporânea quanto à linguagem."[41] Ademais, enfatizou que a rádio tinha alertado os ouvintes sobre o uso de "linguagem sensível" no especial[42].

A FCC acolheu o pedido de reclamação e entendeu que a estação de rádio poderia sofrer sanções administrativas. Utilizando-se de sua autoridade estatutária para "restringir qualquer linguagem obscena, indecente ou profana", a Comissão interpretou que a rotina de comédia de Carlin era "evidentemente ofensiva", ainda que não obscena[43]. Logo, como "discurso indecente", a FCC entendeu que poderia regular seu uso, de forma a proteger crianças da exposição a "termos evidentemente ofensivos, relacionados a atividades e órgãos sexuais." A rádio *Pacifica Foundation* apelou para a Suprema Corte[44], questionando se a FCC poderia lhe estabelecer tais punições.

Por cinco votos a quatro, a Suprema Corte entendeu que a FCC poderia impor sanções a emissoras de rádio e televisão quando transmitirem conteúdo explícito indecente[45], ainda que não obscenos, durante um momento específico do dia em que crianças poderiam estar ouvindo. O *Justice* John Paul Stevens foi o encarregado de escrever a decisão da maioria da Corte.

Stevens pontuou que, em geral, a rotina de comédia de Carlin era inquestionavelmente discurso contido no escopo da Primeira Emenda.

[40] **Federal Communications Commission v. Pacifica Foundation**, 438 U.S. 726 (1978), p. 729-730.

[41] 438 U.S. 726 (1978), p. 729-730.

[42] FAIRMAN, Christopher M. *FUCK*. **Cardozo Law Review**, v. 28, n. 4, p. 1711-1772, 2007, p. 1737.

[43] 438 U.S. 726 (1978), p. 731.

[44] FAIRMAN, op. cit., p. 1738.

[45] Diferentemente de Cohen, a Corte, em *Pacifica Foundation*, diferenciou entre "obscenidade", desprotegida pela Primeira Emenda, e "discursos indecentes", protegidos minimamente pela Primeira Emenda. Cf. 438 U.S. 726 (1978), p. 740.

Nessa linha, destacou o *Justice*: "o fato de a sociedade achar que certo discurso é ofensivo não é uma razão suficiente para suprimi-lo."[46] Acrescentou que, ao contrário, "se é a opinião do orador que ofende, essa consequência é uma razão para conceder proteção constitucional ao discurso."[47] Logo, mesmo que a palavra "*fuck*", *nesse caso,* "careça de valor literário, político ou científico, ele não está fora da proteção da Primeira Emenda."[48]

Não obstante esses trechos do voto de Stevens, em aparente defesa do comediante, o dilema central em *Pacifica Foundation*, renegado em *Cohen v. California*, refere-se às circunstâncias contextuais em que o discurso foi feito – nesse caso, lugar e tempo – e como essas se relacionam aos dilemas de privacidade e parentalidade. Stevens destacou que o material evidentemente ofensivo e indecente transmitido por meio de ondas sonoras ou televisivas confronta o cidadão, não apenas em público, mas também na privacidade de sua casa, onde o direito do indivíduo de ser deixado sozinho supera as garantias oferecidas pela Primeira Emenda ao intruso na transmissão. Ademais, transmissões são de mais fácil acesso às crianças e podem produzir um impacto quase instantâneo nelas. Segundo Stevens, "a transmissão da rádio *Pacifica* poderia ter ampliado o vocabulário de uma criança em um instante."[49]

Em conclusão, para Stevens, o tratamento especial dado pela Comissão quanto à transmissão de material indecente era razoável dentro das circunstâncias. Segundo o *Justice*, "simplesmente sustentamos que, quando a Comissão constata que um porco entrou na sala de estar,[50] o

[46] 438 U.S. 726 (1978), p. 745.
[47] 438 U.S. 726 (1978), p. 745.
[48] 438 U.S. 726 (1978), p. 746.
[49] 438 U.S. 726 (1978), p. 749.
[50] A expressão original "*pig has entered the parlor*" deriva de *Euclid v. Ambler Realty Co.* (1926), em que o Justice George Sutherland destaca que "um incômodo pode ser apenas uma coisa certa no lugar errado – como um porco na sala de estar em vez de no curral." Isto é, "linguagem vulgar, como animais vulgares, podem ser aceitos em alguns contextos, mas intoleráveis em outros." (Stevens, J., dissenting *Bethel School District No. 403 v. Fraser*. **Bethel School District No. 403 v. Fraser**, 478 U.S. 675 (1986), p. 696.

exercício de seu poder regulatório não depende da prova de que o porco é obsceno."[51]

A decisão de Stevens foi contestada por um voto dissidente da minoria, escrito pelo *Justice* William Brennan. Para ele, a deliberação da FCC, chancelada pela Suprema Corte no caso, estava baseada, sobretudo, em um tabu relacionado a quais palavras são adequadas e quais não.

Segundo Brennan, os interesses de privacidade da casa não são infringidos quando alguém liga um meio público de comunicação, como o rádio[52]. Ao contrário, essa é uma ação para participar do discurso público por meio da audição. Logo, o ato voluntário de ligar a transmissão por meio do rádio, admiti-la em sua própria casa e, inadvertidamente, ser confrontado com Carlin dizendo *"fuck"*, não é diferente do que andar pelo corredor de um tribunal e ver Cohen usando uma jaqueta com a inscrição da mesma palavra[53]. Ou seja, assim como você pode desviar os olhos da jaqueta ofensiva, também pode apertar o botão de desligar do rádio[54].

Quanto ao argumento de proteção das crianças, Brennan entendia que os interesses desse grupo não poderiam ser ignorados. Contudo, apontou que eram os pais e não o governo que deveriam ter o direito de decidir o que seus filhos ouviriam. Destacou o *Justice* que "por mais surpreendente que possa parecer aos membros da Corte, alguns pais podem achar saudável a postura ousada do Sr. Carlin em relação aos 'sete palavrões' e considerar desejável expor seus filhos à maneira como o Sr. Carlin desarma o tabu em torno de tais palavras."[55]

Em suma, *Federal Communications Commission v. Pacifica Foundation*[56] parece deixar claro que *Cohen v. California* não protegia todo discurso

[51] 438 U.S. 726 (1978), p. 750-751.

[52] 438 U.S. 726 (1978), p. 764-765.

[53] 438 U.S. 726 (1978), p. 765.

[54] Fairman, op. cit., p. 1739.

[55] 438 U.S. 726 (1978), p. 770.

[56] A Suprema Corte julgou casos similares a *Pacifica Foundation* nos anos seguintes, estabelecendo similares restrições quanto ao meio pelo qual o discurso é proferido. Um destes é *Federal Communications Commission v. Fox (2009)*, em que a Suprema Corte entendeu que a FCC não tinha agido arbitrariamente ao mudar suas políticas internas quanto a "palavrões fugazes" (*fleeting profanity*). A mudança de tais políticas sobre discurso proferido

ofensivo a todo momento, maneira e local, estando esse, ao contrário, limitado pelo contexto. Isto é, *Cohen* aparenta proteger apenas mensagens ofensivas cujo conteúdo seja político, apresentadas em local público e de forma passiva, sem intenção direta de ofensa[57].

A segunda decisão é *Bethel School District No. 403 v. Fraser* de 1986. De igual forma, faz-se, a seguir, um pequeno histórico dos eventos que produziram o caso. Em abril de 1983, Matthew Fraser, um estudante de ensino médio da Escola Bethel, em Washington, fez um discurso em uma assembleia estudantil, nomeando um colega para um cargo estudantil eletivo. Aproximadamente 600 alunos do ensino médio compareceram, muitos dos quais tinham 14 anos de idade. Durante todo o discurso, Fraser se referiu a seu candidato nos termos de uma metáfora "sexual elaborada, gráfica e explícita."[58]

O discurso de Fraser teria produzido reações das mais diversas pelo público, como assobios, gritos e uso de gestos gráficos, simulando atividades sexuais referenciadas no discurso do jovem. Outros estudantes "pareciam estar perplexos e envergonhados com o discurso."

No dia seguinte à assembleia, Fraser foi notificado de que seu discurso teria violado uma regra disciplinar[59] da escola, que proibia o uso de linguagem obscena. O estudante teria admitido ter feito o discurso e que este continha intencionalmente insinuações sexuais. Como punição, o aluno foi suspenso da escola por três dias e teve seu nome removido da lista de possíveis candidatos a orador de sua formatura.

por meio de transmissões ocorreu após a premiação do *Billboard Music Awards*, em que Nicole Richie teria dito "*It's not so fucking simple*" na televisão. A FCC considerou o uso de tal palavrão como "indecência não permitida", multando a emissora Fox pelo incidente. O caso se tornou símbolo da frase "você não pode dizer '*Fuck*' na televisão". Cf. Fairman, op. cit., p. 1740-1752; Hudson Júnior, David L. Federal Communications Commission v. Fox (2009). **The First Amendment Enclyclopedia**, 2009. Disponível em: https://www.mtsu.edu/first-amendment/article/1494/federal-communications-commission-v-fox-2009.

[57] Calvert, op. cit., p. 19-20.

[58] 478 U.S. 675 (1986), p. 677-678.

[59] "Conduta disruptiva: Conduta que interfere materialmente e substancialmente com o processo educacional está proibida, incluso o uso de linguagem ou gestos obscenos e profana." Cf. 478 U.S. 675 (1986), p. 678.

Fraser apelou para as Cortes de Apelação do estado e federais, alegando violação do direito de liberdade de expressão contido na Primeira Emenda. Em geral, ambas as instâncias entenderam que as sanções aplicadas pela escola violavam a Primeira Emenda, haja vista que a regra sobre "condutas disruptivas" aplicada pela instituição era inconstitucionalmente vaga e ampla. Firmou-se também que o discurso de Fraser era "indistinguível das braçadeiras negras analisadas em *Tinker v. Des Moines*[60]", negando que ele poderia ter um efeito disruptivo no processo educacional. Ainda, foi rejeitado o argumento de que a escola teria um interesse legítimo em proteger uma audiência de menores, entendendo que a escola não possui a discrição de determinar qual discurso era "decente".

Em 1986, o caso chegou à Suprema Corte, sendo decidido no mesmo ano, com voto escrito pelo *Chief Justice* Warren Burger. Por sete votos a dois, o Tribunal entendeu que a escola poderia punir o estudante por seu discurso indecente, revertendo o entendimento das cortes de apelação.

Burger argumentou que apesar de os estudantes não perderem o seu direito à liberdade de expressão no portão da escola, como firmado em *Tinker v. Des Moines*, o discurso de Fraser não merecia a mesma proteção do que as braçadeiras de cor preta do caso, haja vista que veiculavam mensagens distintas. As braçadeiras, um discurso político; Fraser, um discurso com conteúdo sexual.

Burger elaborou dois principais pontos quanto ao discurso de Fraser e as responsabilidades da escola. Em primeiro lugar, o *Chief Justice* argumentou que a Primeira Emenda garante ampla liberdade ao discurso público enunciado por um adulto, incluindo-se as opiniões ofensivas para a maioria dos cidadãos. Era o caso do protesto contrário à conscrição militar feito em um lugar público, constitucionalmente garantido em *Cohen v. California*.

Contudo, pontuou o *Justice*, "simplesmente porque o uso de uma forma de expressão ofensiva não pode ser proibido a adultos que fazem o que o falante considera um 'ponto político', que a mesma latitude deve ser permitida a crianças em uma escola pública."[61] Para Burger, citando uma corte inferior, "a Primeira Emenda dá ao aluno de ensino médio o

[60] **Tinker v. Des Moines Independent Community School District**, 393 U.S. 503 (1969).
[61] 478 U.S. 675 (1986), p. 682.

direito de usar uma braçadeira de cor preta em sala de aula, mas não a jaqueta de Cohen."[62]

Argumentou Burger que, na verdade, os "valores fundamentais necessários à manutenção de um sistema político democrático" desfavorecem o uso de termos altamente ofensivos ou ameaçadores aos outros. Apontou, ainda, que "nada na Constituição proíbe os estados de insistir que certos modos de expressão são inapropriados e sujeitos a sanções."[63] Logo, concluiu o *Chief Justice* que as escolas são responsáveis por inculcar esse discurso civilizado nos jovens, sendo função altamente apropriada a essas instituições a proibição do uso de termos vulgares e ofensivos no discurso público.

Burger ponderou que o processo de ensino da juventude para a cidadania nas escolas públicas não está confinado aos livros e ao currículo obrigatório. As escolas deveriam ensinar, por meio do exemplo, os valores conjuntos de uma ordem social civilizada. Professores, tal como estudantes mais velhos, devem demonstrar a forma apropriada de discurso político civilizado por meio de suas condutas e comportamento, dentro e fora da sala de aula. Eles seriam invariavelmente, tal como seus pais, modelos a serem seguidos. Segundo o *Justice*, portanto, "a escola pode determinar que as lições essenciais de conduta civilizada e madura não podem ser transmitidas em uma escola que tolera palavras e condutas obscenas, indecentes ou ofensivas [...]."[64]-[65]

Em segundo lugar, o *Justice* apontou que a jurisprudência da Corte relacionada à Primeira Emenda está direcionada no mesmo sentido, tendo reconhecido limites ao interesse absoluto do falante em atingir

[62] 478 U.S. 675 (1986), p. 682.

[63] 478 U.S. 675 (1986), p. 683.

[64] 478 U.S. 675 (1986), p. 683.

[65] Sobre o discurso de Fraser, Burger destaca que "a insinuação sexual generalizada na fala de Fraser foi claramente ofensiva para ambos professores e alunos – na verdade, para qualquer pessoa madura. Ao glorificar a sexualidade masculina, e em seu conteúdo verbal, o discurso foi extremamente insultuoso para as alunas adolescentes. O discurso poderia ser seriamente prejudicial para o público menos madura, uma vez que muitos tinham apenas 14 anos e estavam no limiar da consciência da sexualidade humana. Foi relatado que alguns alunos estavam perplexos com a fala e com as reações de mimetismo sexual provocado." Cf. 478 U.S. 675 (1986), p. 683.

uma audiência ilimitada quando o discurso possui conteúdo sexual explícito e quando, na audiência, possam estar crianças. Segundo Burger, em casos como *Ginsberg v. New York* (1968)[66] e *Board of Education v. Pico by Pico* (1982)[67], a Suprema Corte reconheceu a preocupação óbvia dos pais e das autoridades escolares, agindo como *in loco parentis*, em proteger as crianças – especialmente se em situação de audiência cativa – da exposição a discursos sexualmente explícitos, indecentes ou obscenos.

Burger, por fim, entendeu que o Conselho Escolar do Distrito 403 agiu inteiramente dentro de sua autoridade ao impor sanções a Matthew Fraser, em decorrência de seu discurso "indecente e ofensivamente vulgar"; ultimamente, "totalmente inconsistente com os valores fundamentais da educação pública."[68] Nessa linha, para o *Justice*, "a determinação sobre qual tipo de discurso é apropriado em uma sala de aula ou em uma assembleia de escola" [69] cabe, em última instância, aos conselhos escolares. Concluiu, por fim, que "a Primeira Emenda não impede que os conselheiros escolares possam determinar que um discurso vulgar e obsceno, como o de Fraser, mina a missão educacional básica da escola."[70]

Junto à opinião de Burger, outros dois votos concorrentes foram escritos. O mais importante foi produzido pelo *Justice* Brennan, que buscou esclarecer o escopo da decisão em *Bethel*. Brennan destacou que a decisão da Corte não suprimia a liberdade de expressão dos estudantes, visto que caso o estudante tivesse feito o mesmo discurso no lado de fora da escola, ele não poderia ser penalizado. Ademais, apontou que, apesar das caracterizações da Corte, a linguagem empregada por Fraser estava longe da classe do discurso "obsceno", desprotegido pela Primeira Emenda.

[66] "Esta Corte manteve a lei do Estado de Nova York que proíbe a venda de material sexualmente orientado para menores, embora o material em questão tenha direito à proteção da Primeira Emenda no que se refere aos adultos." Cf. 478 U.S. 675 (1986), p. 684.

[67] "E ao abordar a questão sobre se a Primeira Emenda coloca qualquer limite na autoridade dos conselhos escolares para remover livros da biblioteca de uma escola pública, todos os membros da Corte, outrora fortemente divididos, reconheceram que o conselho tem autoridade para remover livros que são vulgares." Cf. 478 U.S. 675 (1986), p. 684.

[68] 478 U.S. 675 (1986), p. 685

[69] 478 U.S. 675 (1986), p. 683.

[70] 478 U.S. 675 (1986), p. 683.

Reforçou, contudo, ser verdadeiro que o Estado possui um interesse em ensinar estudantes de ensino médio sobre como "conduzir um discurso público civil e eficaz e em evitar a interrupção das atividades educacionais da escola."[71] A Corte, portanto, ressaltou que, sob certas circunstâncias, os alunos do ensino médio podem ser repreendidos por fazer um discurso em uma assembleia estudantil caso os conselheiros escolares concluam que a missão educacional da escola foi perturbada. Ademais, Brennan pontuou que os conselheiros em *Bethel* não tinham agido porque discordavam das opiniões expressas pelo estudante, mas porque queriam assegurar que a assembleia ocorresse de maneira ordeira.

Bethel School District No. 403 v. Fraser, desse modo, deixa claro a disposição da Corte de submeter às escolas a regulamentação da expressão dos alunos[72]. Nessa linha, a Corte destacou certos elementos contextuais que tornam o discurso de Fraser não protegido pelo enunciado em Cohen, como o conteúdo do discurso (sexual e não político), a localização (dentro da escola e não fora dela), e a natureza da audiência a quem o discurso é direcionado (menores em vez de adultos).[73]

Conclusões

Cohen v. California tem posição de destaque na jurisprudência e na literatura por causa de suas singularidades. Dois aspectos são especialmente distintivos. Em primeiro lugar, diversamente do que se verifica em outros casos emblemáticos, como *Schenck v. United States* (1919), *Brandenburg v. Ohio* (1969) ou *New York Times v. Sullivan* (1964), a controvérsia, em *Cohen*, não se estabelece em torno da substância da mensagem. No caso, não se questiona o direito de manifestar contrariedade à política de guerra ou ao instituto da conscrição. O foco do debate é mais a linguagem empregada do que a opinião expressa. O problema é o modo de expressão, é o emprego do termo *"fuck"*, qualificado pelos órgãos de persecução penal como profano, indecente, ofensivo[74].

[71] 478 U.S. 675 (1986), p. 688.
[72] Chemerinsky, op. cit., p. 1129.
[73] Calvert, op. cit., p. 22.
[74] "O ponto crucial do caso era o status legal da antipatia social profundamente arraigada por certas palavras de quatro letras." Cf. FARBER, op. cit, p. 290.

Por outro lado, no que concerne à contundência verbal, *Cohen v. California* se distancia de *Chaplinsky v. New Hampshire* (1942), outra decisão célebre na história da Suprema Corte. Diferentemente do ocorrido nesse caso, a fala controvertida, em Cohen, não tinha o caráter de um insulto direto, não se tratava de um xingamento ou de um epíteto injurioso lançado contra alguém no contexto de um encontro face a face, no meio da rua. Os eventuais receptores da mensagem no local da emissão não eram o alvo do emissor. Portanto, não se tratava da atribuição de uma qualificação humilhante a uma pessoa em sua presença e que pudesse provocar nela uma resposta agressiva ou violenta.

A questão central que estava então colocada para decisão da Suprema Corte era a de saber se o mero emprego de linguagem supostamente imprópria, por ser capaz de ferir as suscetibilidades da audiência, pode constituir fundamento para a restrição ao direito constitucional de expressão. *Cohen v. California* responde negativamente. As pessoas podem, sem dúvida, sentir-se ofendidas ou ultrajadas quando expostas à expressão "foda-se", mesmo quando não sejam o seu alvo. Contudo, a ofensividade da linguagem, sozinha, não é suficiente para a proibição e a repressão de quem comunica. Como escreve Greenawalt, "a inquietação que a maioria das pessoas sente ao ouvir certas palavras e expressões não chega nem perto da magnitude do que elas sentem quando elas ou seus entes queridos são o objeto direto de linguagem humilhante."[75] Por isso, o poder público, em regra, não deve estar autorizado a censurar e sancionar a escolha ou o uso de certas palavras no processo comunicativo somente porque são alegadamente indecentes ou chocantes.

Talvez a lição mais inspiradora de *Cohen* seja a de que a liberdade de expressão, normalmente, compreende o direito de escolher o modo de comunicar sentimentos e pensamentos. Na discussão sobre as coisas da vida pública, o uso de palavras que melindram o pudor não deve ser classificado como um crime. Palavras indecorosas geralmente exprimem emoções, atitudes e crenças respeitáveis, de frustração e indignação, de irreverência e rebeldia, de reprovação e questionamento. Palavras indecorosas podem ser mais efetivas para sintetizar e traduzir estados afetivos

[75] Greenawalt, Kent. ***Speech, crime, and the uses of language***. Nova Iorque: Oxford University Press, 1989, p. 298.

e cognitivos carregados de intensidade. A criminalização do vocabulário é inconstitucional porque pode servir ao propósito de controlar o debate político.

Referências

ABSHER, Jim. *Everything You Need to Know About the Military Draft*. **Military.com**, 14 ago. 2020. Diponível em: https://www.military.com/join-armed-forces/everything-you-need-know-about-military-selective-service-system.html.

CALVERT, Clay. *Revisiting the Right to Offend Forty Years after Cohen v. California: One Case's Legacy on First Amendment Jurisprudence*. **First Amendment Law Review** (University of North Carolina), v. 10, n. 1, p. 1-56, 2011.

CHEMERINSKY, Erwin. ***Constitutional Law***: Principles and Policies. 6. ed. Nova Iorque: Aspen Publishers, 2015.

CRIADO, Miguel Ángel. 50 anos depois, agente laranja continua contaminando o solo do Vietnã. **El País**, 16 de março de 2019. Disponível em: https://brasil.elpais.com/brasil/2019/03/16/ciencia/1552710887_506061.html.

EDITORS. *Pentagon papers*. **History**, 21 ago. 2018. Disponível em: https://www.history.com/topics/vietnam-war/pentagon-papers.

EDITORS. *This day in history, April 7th, 1954: President Eisenhower delivers Cold War "domino theory" speech*. **History**, 13 de nov. 2009. Disponível em: https://www.history.com/this-day-in-history/eisenhower-gives-famous-domino-theory-speech.

ESTADOS UNIDOS DA AMÉRICA. Supreme Court of the United States. **Bethel School District No. 403 v. Fraser**. 478 U.S. 675 (1986). Washington D.C, 7 jul. 1986.

ESTADOS UNIDOS DA AMÉRICA. Supreme Court of the United States. **Brandenburg v. Ohio**. 395 U.S. 444 (1969). Washington D.C, 8 jun. 1969.

EESTADOS UNIDOS DA AMÉRICA. Supreme Court of the United States. **Chaplinsky v. New Hampshire**. 315 U.S. 568 (1942). Washington D.C, 9 mar. 1942.

ESTADOS UNIDOS DA AMÉRICA. Supreme Court of the United States. **Cohen v. California**. 403 U.S. 15 (1971). Washington D.C, 7 jun. 1971.

ESTADOS UNIDOS DA AMÉRICA. Supreme Court of the United States. **Federal Communications Commission v. Pacifica Foundation**. 438 U.S. 726 (1978). Washington D.C, 3 jul. 1978.

ESTADOS UNIDOS DA AMÉRICA. Supreme Court of the United States. **Federal Communications Commission v. Fox Television Stations, Inc**. 556 U.S. 502 (2009). Washington D.C, 28 abr. 2009.

ESTADOS UNIDOS DA AMÉRICA. Supreme Court of the United States. **Ginsburg v. New York**. 390 U.S. 629 (1968). Washington D.C, 22 abr. 1968.

ESTADOS UNIDOS DA AMÉRICA. Supreme Court of the United States. **Island Trees School District v. Pico by Pico**. 457 U.S. 853 (1982). Washington D.C, 25 jun. 1982.

ESTADOS UNIDOS DA AMÉRICA. Supreme Court of the United States. **Miller v. California**. 413 U.S. 15 (1973). Washington D.C, 21 jun. 1973.

ESTADOS UNIDOS DA AMÉRICA. Supreme Court of the United States. **New York Times Co. v. Sullivan**. 376 U. S. 254 (1964). Washington D.C, 9 mar. 1964.

ESTADOS UNIDOS DA AMÉRICA. Supreme Court of the United States. **Roth v. United States**. 354 U.S. 476 (1957). Washington D.C, 24 jun. 1957.

ESTADOS UNIDOS DA AMÉRICA. Supreme Court of the United States. **Schenck v. United States**. 249 U.S. 47 (1919). Washington D.C, 3 mar. 1919.

ESTADOS UNIDOS DA AMÉRICA. Supreme Court of the United States. **Tinker v. Des Moines Independent Community School District**. 393 U.S. 503 (1969). Washington D.C, 24 fev. 1969.

FAIRMAN, Christopher M. *FUCK*. **Cardozo Law Review**, v. 28, n. 4, p. 1711-1772, 2007.

FARBER, Daniel A. *Civilizing Public Discourse: An Essay of Professor Bickel, Justice Harlan II, and the Enduring Significance of Cohen v. California*. **Duke Law Journal**, v. 1980, n. 283, p. 284-303, 1980.

FREEDOM of Speech: General. **Bill of Rights Institute**. Disponível em: https://billofrightsinstitute.org/e-lessons/freedom-of-speech-general.

GREENAWALT, Kent. ***Speech, crime, and the uses of language***. Nova Iorque: Oxford University Press, 1989.

KRATTENMAKER. Thomas G. *Looking Back at Cohen v. California: A 40 Year Retrospective from Inside the Court*. **William & Mary Bill of Rights Journal**, v. 20, n. 3, p. 651-689, 2012.

LUTHER KING JÚNIOR, Martin. *Beyond Vietnam: A Time to Break Silence: Declaration of Independence from the War in Vietnam*. **Commin Dreams**, 15 jan. 2004. Disponível em: https://www.commondreams.org/views04/0115-13.htm.

POLLS Tell Us No More Than Where We Are; Vietnam War Opinion. **The New York Times**, 7 de setembro de 1988. Disponível em: https://www.nytimes.

com/1988/09/07/opinion/l-polls-tell-us-no-more-than-where-we-are-vietnam-war-opinion-139188.html.

Riggs, William W. *Vietnam War*. **The First Amendment Encyclopedia.** Disponível em: https://www.mtsu.edu/first-amendment/article/1101/vietnam-war.

What Woodstock taught us about protest in a time of polarization. **PBS**, 16 de agosto de 2019. Disponível em: https://www.pbs.org/newshour/show/what-woodstock-taught-us-about-protest-in-a-time-of-polarization.

Woodstock and Vietnam War. **All About Woodstock**. Disponível em: https://peacelovewoodstock.weebly.com/woodstock-and-vietnam-war.html.

25.

NEW YORK TIMES CO. V. UNITED STATES, 1971

OS PAPÉIS DO PENTÁGONO E A LIBERDADE DE IMPRENSA

AMANDA CLAUDINO DE SOUZA

Introdução

Entre os anos 1959 e 1973, as opiniões sobre uma guerra voltaram a dividir a população dos Estados Unidos da América. No entanto, diferentemente do que havia ocorrido um século antes, na Guerra da Secessão (1861-1865), dessa vez a disputa ocorria no Vietnã, em territórios localizados no outro lado do mundo, gerando questionamentos ainda maiores acerca da coerência da intervenção direta do país norte-americano no conflito.

Em meio à essa crise e ao crescente número de militares mortos devido à participação na Guerra do Vietnã, um relatório secreto elaborado pelo Departamento de Defesa, contendo informações sobre as relações que se desenvolveram entre os Estados Unidos e o Vietnã de 1945 a 1967, chegou às mãos de jornalistas do *The New York Times* e, posteriormente, do *The Washington Post*[1]. A veiculação de reportagens com informações contidas no estudo, a partir de 13 de junho de 1971, marcou o início de uma nova guerra, dessa vez realizada dentro dos tribunais do país.

[1] À época, outros jornais também receberam cópias dos documentos e iniciaram suas próprias publicações, incluindo o *The Boston Globe*, o *Chicago Sun-Times* e o *St. Louis Post--Dispatch*. *In*: KOBRICK, Jake. ***The Pentagon Papers in the Federal Courts***. 2. ed. Washington: Federal Judicial Center, 2019, p. 35.

Ao longo de 15 dias, o governo Nixon, terceiro a conduzir a participação norte-americana na Guerra do Vietnã, procurou apoio do Judiciário para impedir futuras publicações de reportagens relacionadas ao relatório. Apesar de o Estado já ter, anteriormente, imposto restrições à liberdade de expressão e de imprensa em tempos de guerra ou de outras crises, era a primeira vez, na história dos Estados Unidos, que o Executivo tentava impedir, de forma *prévia*, a publicação de reportagens pela imprensa em nome da segurança nacional[2].

Desde a adoção do *Bill of Rights* de 1791[3], predominava o entendimento de que a proibição de restrições prévias às publicações estava no cerne das garantias protegidas pela Primeira Emenda[4], que resguarda a liberdade religiosa, de expressão e de imprensa, bem como os direitos de reunião e de petição. Em 1931, a Suprema Corte dos Estados Unidos atestou essa visão, em *Near v. Minnesota*[5], quando declarou inconstitucional, sob a égide da Primeira Emenda, lei do estado de Minnesota que permitia ao governo buscar, na Justiça, a extinção de jornais que publicassem conteúdos considerados maliciosos, escandalosos ou difamatórios. Como limite à liberdade de imprensa, apontou que, apenas em situações extremamente excepcionais, o governo poderia censurar ou proibir uma publicação de forma prévia[6].

Apesar disso, o embate jurídico entre o governo e os jornais, no caso do Vietnã, que ficou conhecido como *Pentagon Papers*[7], gerou inúme-

[2] Ibid., p. 5.

[3] Documento que contém as dez primeiras emendas à Constituição e assegura liberdades básicas ao povo dos Estados Unidos. Cf. Constituição (1787). **Bill of Rights**. Estados Unidos da América, 1791.

[4] "O Congresso não editará qualquer lei relativa ao estabelecimento de religião ou proibindo seu livre exercício; ou restringindo a liberdade de palavra ou de imprensa; ou o direito do povo de reunir-se pacificamente e de dirigir petições ao governo para a reparação de suas queixas."

[5] **Near v. Minnesota**, 283 U.S. 697 (1931).

[6] É clássico o exemplo dado pelo *Chief Justice* Hughes, na referida decisão, segundo o qual o governo poderia proibir, em situações de guerra, a publicação das datas de partida de navios de transporte militar ou a localização de tropas. Em tempo: o *Chief Justice* é o juiz indicado pelo presidente dos Estados Unidos para exercer o papel de presidente da Suprema Corte.

[7] Em português, é corrente a tradução *Papéis do Pentágono*, que adotamos no presente texto.

ras decisões controvertidas nas cortes federais, só chegando ao fim por meio de uma decisão da Suprema Corte, em 30 de junho daquele mesmo ano[8]; decisão essa que representou um importante marco nas discussões sobre a censura e a liberdade de imprensa, sobre o interesse do Estado e a Primeira Emenda, conforme será demonstrado no presente trabalho.

1. Contexto histórico

Entre 1959 e 1975, os governos do Vietnã do Sul e Vietnã do Norte se envolveram em uma guerra civil pela unificação do país. O conflito nasceu pouco tempo após a independência vietnamita do domínio francês, estabelecida durante a Conferência de Genebra, em 1954, que resultou na divisão do território em duas nações distintas e antagônicas. Sobre elas, pairava a disputa entre o capitalismo e o comunismo, consequência da polarização ideológica que se alastrava pelo mundo, capitaneada pelos Estados Unidos, de um lado, e pela União Soviética, de outro.

Eleições instituídas para 1956 seriam o marco para a reunificação do país. No entanto, o governo capitalista do Vietnã do Sul, sob o controle de Ngo Diem Dinh, recusou-se a participar das votações, desconfiando da impossibilidade da condução de eleições livres pelo Vietnã do Norte. A tensão entre os dois governos resultou na insurgência de grupos de guerrilheiros comunistas que atuavam no Vietnã do Sul, com o apoio do governo do Vietnã do Norte, sob o comando de Ho Chi Minh. Gradualmente, os confrontos assumiram o caráter de guerra civil[9].

Como o avanço do comunismo era uma pauta que preocupava os Estados Unidos, o Vietnã do Sul recebeu o apoio do país norte-americano. De início, durante a presidência do republicano Dwight Eisenhower (1953-1961), a participação norte-americana no conflito se resumia ao envio de assessores militares e ao fornecimento de armamentos. A presença militar no território asiático foi sendo incrementada gradativamente, com os presidentes democratas John F. Kennedy (1961-1963) e Lyndon Johnson (1963-1969), que ascendeu à presidência após o assassinato de Kennedy

[8] **New York Times Co. v. United States**, 403 U.S. 713 (1971).

[9] Anderson, David L.. **The Columbia History of the Vietnam War.** Nova Iorque: Columbia University Press, 2011.

e se tornou o grande responsável pela expansão do envolvimento dos EUA na Guerra do Vietnã.

No início de agosto de 1964, embarcações norte-americanas atracadas no Golfo de Tonquim, no Vietnã, foram atacadas por forças norte-vietnamitas. Após o incidente, o Congresso dos Estados Unidos autorizou o presidente Lyndon Johnson a executar "todas as medidas necessárias para repelir qualquer ataque armado contra as forças dos Estados Unidos e prevenir novas agressões"[10]. Com a permissão, o presidente Johnson expandiu, de forma significativa, a atuação na Ásia.

Se no começo do envolvimento dos Estados Unidos na Guerra do Vietnã muitos norte-americanos apoiavam a ação e a enxergavam como necessária para conter o avanço do comunismo, com a intensificação dos conflitos, a opinião pública começou a mudar. No fim da década de 1960, o movimento antiguerra se difundiu, e massivos protestos ocorreram em Washington, sob o argumento de que a "guerra era imoral e invencível"[11]. Para os manifestantes, os Estados Unidos estavam apoiando um regime repressivo e intervindo em uma disputa que não lhes pertencia, cuja consequência era a morte de milhares de pessoas por razões não justificáveis[12] – no total, mais de 58 mil militares norte-americanos perderam a vida devido à Guerra do Vietnã.

As dúvidas acerca da participação dos Estados Unidos na guerra também estavam aumentando dentro do Pentágono, sede do Departamento de Defesa do país. Apesar dos questionamentos, o envolvimento norte-americano era tão profundo que, para o presidente Johnson, retirar-se do conflito resultaria, a um só tempo, no avanço do comunismo na Ásia e na perda de credibilidade dos EUA. Em 1966, o secretário de Defesa, Robert McNamara, levantava dúvidas sobre a possibilidade de os Estados Unidos vencerem a guerra, desconfiança que o fez pensar que seria melhor para o país retirar suas tropas e iniciar negociações de paz com o

[10] *Joint Resolution to promote the maintenance of international peace and security in southeast Asia*. **Public Law 88-408**, 10 de agosto de 1964. Disponível em: https://www.govinfo.gov/content/pkg/STATUTE-78/pdf/STATUTE-78-Pg384.pdf#page=1.

[11] Kobrick, op. cit., p. 2.

[12] Ibid., p. 3.

Vietnã do Norte. A opinião, no entanto, não foi bem aceita, provocando a sua saída do cargo em 1968[13].

Em 1967, antes de deixar o Pentágono, McNamara encomendou ao Departamento de Defesa a elaboração de um estudo sobre a Guerra do Vietnã. Ele havia chegado à conclusão de que as políticas relacionadas ao conflito haviam falhado e que seria importante entender quais erros haviam sido cometidos e quais lições poderiam ser aprendidas para que a experiência não se repetisse. Com o auxílio do secretário adjunto de Defesa para Assuntos de Segurança Internacional, John McNaughton[14], em junho daquele ano foram iniciados os trabalhos de coleta de documentos relevantes não apenas dentro do próprio Departamento de Defesa, mas também no Departamento de Estado, na Agência Central de Inteligência (CIA) e até na Casa Branca.

Ao todo, o grupo de trabalho responsável pela elaboração do estudo, liderado por Leslie H. Gelb, contou com a participação de 36 pesquisadores e analistas[15]. Entre eles, estava o economista e ex-militar Daniel Ellsberg, que, após ter sido dispensado com honras da Marinha, em 1959, começou a trabalhar na *Rand Corporation*, instituto de pesquisas civil que atuava para as forças militares dos Estados Unidos. Em 1964, Ellsberg migrou para o Pentágono, onde se dedicou exclusivamente à Guerra do Vietnã, chegando, inclusive, a atuar no planejamento do envio de tropas norte-americanas para o combate. Nesse período, Ellsberg participou da guerra *in loco*, como integrante de um grupo do Departamento de Estado responsável pelo programa de pacificação[16].

Essa vivência da guerra foi fundamental para que Ellsberg modificasse seu ponto de vista sobre o conflito; assim, por volta de 1967, ano em que aceitou o convite, como pesquisador da *Rand Corporation*, para participar do estudo que vinha sendo desenvolvido por McNamara, ele estava

[13] Ibid., p. 3.

[14] Um mês após o início dos trabalhos, John McNaughton faleceu em um acidente de avião durante um voo doméstico. O projeto seguiu sob o comando de Paul Warnke, que substituiu McNaughton no cargo de secretário adjunto até 1969.

[15] Elliott, Mai. ***RAND in Southeast Asia**: a History of the Vietnam War Era*. Santa Mônica: Rand Corporation, 2010, p. 416.

[16] Kobrick, op. cit., p. 30.

convencido de que os Estados Unidos deveriam se retirar da Guerra do Vietnã.

No início de 1969, o "Relatório do Gabinete do Secretário de Defesa da Força-Tarefa do Vietnã", classificado como *Top Secret*, foi finalmente apresentado ao secretário de Defesa, Clark Clifford. Originalmente, 15 cópias foram distribuídas; a *Rand Corporation* recebeu duas delas[17]. O estudo somava 7 mil páginas, separadas em 47 volumes, e continha análises e documentos referentes ao envolvimento dos EUA na Guerra do Vietnã ao longo de 22 anos, entre 1945 e 1967.

Quando Richard Nixon assumiu a presidência, em 1969, Daniel Ellsberg recebeu da *Rand Corporation* a incumbência de escrever um relatório acerca das opções que o governo tinha com relação à Guerra do Vietnã. Para tanto, ele conseguiu acesso à versão completa do estudo que havia sido finalizado, o que permitiu que realizasse a leitura integral do documento. Preocupado com os rumos da guerra, ele tomou a decisão de copiar os documentos secretos e divulgá-los[18].

Em outubro, com a ajuda de Anthony Russo, que havia trabalhado com ele na *Rand Corporation*, Ellsberg conseguiu retirar, gradualmente, todo o estudo da sede da empresa. As cópias foram feitas noite após noite, ao longo de várias semanas, em uma máquina reprográfica emprestada por Lynda Sinay, namorada de Anthony Russo. As marcas que evidenciavam o sigilo do relatório foram cuidadosamente ocultadas[19]. Após frustradas tentativas de divulgar o relatório para integrantes do Estado, Ellsberg vazou partes do estudo para o *The New York Times*, em março de 1971[20].

Ao longo de três meses, o jornalista Neil Sheehan trabalhou, incansavelmente, na elaboração de uma série de reportagens sobre os *Papéis do Pentágono*, forma pela qual o relatório ficou conhecido após o vazamento. A publicação da primeira matéria ocorreu em 13 de junho de 1971 e focou nos eventos que haviam ocorrido em 1964 e 1965, sugerindo que

[17] UNGAR, Sanford J. ***The papers & the papers:*** *an account of the legal and political battle over the Pentagon papers.* Nova Iorque: Dutton, 1972, p. 40.

[18] KOBRICK, op. cit., p. 30.

[19] ELLSBERG, Daniel. ***Secrets:*** *a memoir of Vietnam and the Pentagon Papers.* Nova Iorque: Penguin Books, 2003.

[20] KOBRICK, op. cit., p. 31.

a "administração do Presidente Lyndon Johnson havia, repetidamente, enganado o público sobre a estratégia do governo no Vietnã"[21]. Entre os temas abordados, o fato de que os Estados Unidos haviam realizado ataques clandestinos ao Vietnã do Norte antes mesmo da aprovação da Resolução do Golfo de Tonquim.

Quando o presidente Nixon abriu o jornal naquela manhã, ele esperava encontrar, apenas, informações sobre o casamento da sua filha, Tricia Nixon, que havia ocorrido no dia anterior. Foi com surpresa que se deparou com a reportagem sobre os *Papéis do Pentágono*, que ele sequer sabia que existiam até então. Ao conversar com seu chefe de gabinete, Harry Robbins Haldeman, Nixon afirmou que a matéria havia sido rigorosa com os ex-presidentes Kennedy e Johnson, bem como com o Partido Democrata, que prejudicaria a guerra e que o vazamento dos documentos havia sido um ato de traição. Contudo, enfatizou que a publicação do *Times* não o atingia, mas que era necessário manter-se afastado das reportagens[22].

A opinião de Nixon mudou drasticamente ao longo do dia, especialmente devido à influência do conselheiro de Segurança Nacional, Henry Kissinger, que apontou que a decisão de não se envolver com o assunto indicava que o presidente não havia entendido quão perigosa a situação era e que isso "poderia destruir nossa habilidade de conduzir a política externa. Se outros poderes sentirem que nós não podemos controlar vazamentos internos, eles jamais aceitarão negociações secretas"[23]. Após o confronto, Nixon orientou Haldeman a descobrir de que forma eles poderiam processar criminalmente o *The New York Times* e quem era o responsável pelo vazamento.

Considerando a gravidade da situação e o receio de que a segurança nacional estaria em risco, a sugestão do procurador-geral adjunto para Assuntos de Segurança Interna, Robert Mardian, no entanto, era de que uma ação de restrição prévia[24] poderia ser a melhor solução para o problema, uma vez que

[21] Ibid., p. 2.

[22] RUDENSTINE, David. *The Pentagon Papers Case: recovering its meaning twenty years later.* **Cardozo Law Review**, v. 12, p. 1869-1913, 1991, p. 1875.

[23] Ibid., p. 1876.

[24] No inglês, *prior restraint.*

> um processo criminal demoraria muitos dias para começar e um julgamento poderia demorar meses, talvez um ano ou mais. E, mesmo se o *Times* fosse condenado, a pena imposta apenas impediria o jornal de publicar material semelhante em situações futuras. [...] Mardian também viu uma ação de restrição prévia como um meio de ganhar o tempo de que precisava para avaliar a situação.[25]

Com a aprovação do Procurador-Geral, John Mitchell, e do presidente Richard Nixon, a ação de restrição prévia contra o *The New York Times* foi proposta em 15 de junho, na *U.S. District Court*[26] do Distrito Sul de Nova Iorque. Além da ordem de restrição temporária[27] para interromper a publicação de novas reportagens até o recebimento de provas e a realização de audiências, o governo também solicitou uma liminar[28], a ser expedida após a audiência, com duração até o fim do julgamento. No mesmo dia, o juiz federal Murray Gurfein concedeu a ordem de restrição temporária, com prazo até 19 de junho. Já nessa data, ele negou a concessão da liminar, acatando os argumentos dos advogados do jornal de que não houve comprovação dos danos que seriam causados à segurança nacional pela publicação.

A Corte de Apelações dos EUA para o Segundo Circuito estendeu o prazo da restrição temporária até 21 de junho. Já no dia 23 do mesmo mês, a Corte decidiu, por cinco votos favoráveis e três contrários, que o caso deveria retornar à primeira instância para que fossem realizados procedimentos adicionais relacionados ao requerimento da liminar, estendendo a restrição temporária até o dia 25 do referido mês. O caso chegou à Suprema Corte antes que os novos atos fossem realizados[29].

Enquanto a batalha jurídica entre o *Times* e o governo se desenvolvia, o *The Washington Post* obteve cópias do estudo e começou a publicar suas próprias reportagens em 18 de junho. No mesmo dia, o Departamento

[25] Rudenstine, op. cit., p. 1886-1887.

[26] As *U.S. District Courts* equivalem, no Brasil, à primeira instância da Justiça Federal.

[27] No inglês, *temporary restraining order.*

[28] No inglês, *preliminary injunction.*

[29] Sims, John Cary. *Triangulating the Boundaries of the Pentagon Papers.* **William & Mary Bill of Rights Journal**, v. 2, p. 341-426, 1993.

de Justiça entrou com uma ação contra o *The Washington Post* na *U.S. District Court* do Distrito de Columbia, requerendo as mesmas restrições que haviam sido solicitadas no caso anterior. O juiz federal Gerhard Gesell, no entanto, decidiu que a Primeira Emenda não permitia nenhuma restrição prévia. No dia seguinte, uma turma da Corte de Apelações para o Circuito do Distrito de Columbia reverteu a decisão, por dois votos favoráveis e um contrário, impondo a ordem de restrição temporária e determinando que a primeira instância analisasse as evidências, no dia 21 de junho, para decidir se a liminar seria ou não concedida. Em seu voto vencido, o juiz J. Skelly Wright afirmou:

> Este é um dia triste para a América. Hoje, pela primeira vez nos 200 anos da nossa história, o Executivo conseguiu parar a imprensa. Ele convocou o Judiciário para a supressão da nossa liberdade mais preciosa. [...] Permitir que o governo suprima o livre discurso simplesmente por meio de um sistema de classificação burocrática seria vender nossa herança por um preço muito, muito barato...[30]

O juiz Gesell realizou a audiência para avaliar a requisição do governo acerca da liminar contra o *The Washington Post* e, novamente, negou a sua imposição, uma vez que, para ele, não ficou comprovado que as publicações provocariam danos irreparáveis à segurança nacional. Dois dias depois, a Corte de Apelações, dessa vez pelo seu plenário, confirmou a decisão, por sete votos favoráveis e dois contrários.

Ao longo de dez dias, os EUA estiveram envolvidos em uma disputa judicial acirrada. O conflito entre as decisões das cortes federais abriu espaço para que a questão fosse apreciada pela Suprema Corte, em grau de recurso[31]. O *The New York Times* protocolou recurso (*writ of certiorari*)[32] em 24 de junho. A Suprema Corte, com uma celeridade sem precedentes, aceitou o pedido já no dia 25, marcando para a manhã do dia seguinte a sustentação dos argumentos orais. O caso seria apreciado

[30] Kobrick, op. cit., pp. 51-52.

[31] Souto, João Carlos. **Suprema Corte dos Estados Unidos:** principais decisões. 3. ed. São Paulo: Atlas, 2019, p. 78.

[32] A petição de *writ of certiorari* é o instrumento por meio do qual os apelantes acionam a Suprema Corte em busca da revisão de decisão de instâncias inferiores. Cabe à própria Corte decidir se admitirá, ou não, o recurso.

conjuntamente com o do *The Washington Post*, cujo recurso havia sido protocolado pelo governo um pouco mais tarde naquele mesmo dia[33].

Na Suprema Corte, a defesa do governo, em ambos os casos, ficou sob a responsabilidade do *Solicitor General*[34], Erwin Griswold. O jornal *The New York Times* contava, por sua vez, com a presença de Alexander M. Bickel, professor de Direito na Universidade Yale e um dos maiores *experts* do país em Direito Constitucional e Suprema Corte. Já o *The Washington Post* foi representado, na sustentação oral, por William R. Glendon, que não acumulava a mesma experiência dos seus colegas de profissão[35].

Erwin Griswold apresentou à Suprema Corte um *brief*[36] tradicional e outro secreto, contendo uma lista com 11 itens específicos, elaborada a partir de informações prestadas por oficiais do alto escalão do governo, que poderiam causar "dano imediato e irreparável à segurança dos Estados Unidos"[37]. A mudança de postura demonstra que, se no começo da disputa judicial o governo acreditava que a classificação *Top Secret* seria suficiente para garantir a não veiculação do relatório pela imprensa, a essa altura do processo, Griswold havia concluído que a única chance de vitória seria buscar uma decisão favorável à restrição de publicação apenas desses itens mais sensíveis, abrindo mão da imposição de controle sobre o restante do material[38].

Além disso, o *Solicitor General* argumentou sobre a dificuldade enfrentada no caso pelo governo, por não saber, precisamente, quais documentos estavam na posse dos jornais, devido à velocidade com que o caso estava se desenvolvendo. Por fim, discutiu acerca do *standard* que, para o governo, deveria guiar a decisão dos *Justices*[39]; para ele, "os jornais concordaram que uma liminar seria permitida nesse caso se a divulgação do

[33] Sims, op. cit., p. 356-371.

[34] O *Solicitor General* é responsável pela condução dos processos do governo que são levados à Suprema Corte.

[35] Sims, op. cit., p. 397.

[36] O *brief* é um resumo apresentado à Suprema Corte por meio do qual o advogado expressa seus argumentos legais relacionados ao caso em questão.

[37] Sims, op. cit., p. 377.

[38] Ibid., p. 372.

[39] Os *Justices* são os juízes que compõem a Suprema Corte dos Estados Unidos. Em termos de posição, equivalem, no Brasil, aos ministros do Supremo Tribunal Federal (STF).

material representasse, de fato, um perigo grave e imediato à segurança dos Estados Unidos"[40], padrão que já havia sido considerado pela Corte de Apelações para o Segundo Circuito, no caso do *The New York Times.*

No entanto, a proposta de Griswold era que, em vez disso, os *Justices* considerassem como critério para a imposição de restrições a possibilidade de ocorrência de "danos grandes e irreparáveis"[41] como consequência da divulgação dos materiais apontados no *brief* secreto. Os argumentos faziam referência, principalmente, aos quatro volumes do estudo que abordavam os esforços para a construção de um acordo diplomático na Guerra do Vietnã e figuravam como primeiro item da lista de tópicos sensíveis[42]. Assim, ele se esquivava da noção de que o governo deveria comprovar os graves prejuízos que ocorreriam imediatamente após a publicação.

Pelo *Times,* o principal argumento do professor Bickel era de que o governo estaria atuando sob a ideia de que existia uma "autoridade presidencial inerente", uma vez que não havia nenhuma lei autorizando o Executivo a impor restrições prévias à imprensa[43]. Além disso, enfatizou que o critério de imediaticidade do dano já havia sido utilizado anteriormente, em *Near v. Minnesota.*

2. Aspectos importantes da decisão

Em 30 de junho, em uma decisão *per curiam*[44], a Suprema Corte garantiu ao *The New York Times* e ao *The Washington Post* o direito de continuarem

[40] Sims, op. cit., p. 399.

[41] No seu *brief* aberto, o governo sugere que, em se tratando de relações diplomáticas, a expressão "imediato" deve ser entendida como "irreparável", uma vez que os efeitos da divulgação do material classificado poderiam ser severos, mesmo que seus impactos imediatos não fossem claros. *In:* Brief for the United States. **New York Times Co. v United States**, 403 U.S. 713 (1971), p. 9.

[42] Sims, op. cit., p. 400.

[43] Ibid., p. 401.

[44] A decisão *per curiam* (do latim, "pela Corte") é aquela atribuída ao Tribunal. Nesse caso, não é necessário identificar o autor do texto, quem se posicionou com a maioria ou minoria e nem quais juízes apresentaram opiniões concorrentes ou divergentes. Em geral, casos difíceis decididos "pela Corte" tendem a ser solucionados com maior brevidade. *In:* Epstein, Lee; Landes, William M.; Posner, Richard A. *The best for last: the timing of U.S. Supreme Court Decisions.* **Duke Law Journal**, v. 64, n. 6, p. 991-1022.

publicando reportagens relacionadas aos *Papéis do Pentágono*. Quatro dias após a argumentação oral, a Corte afirmou, em um texto com três parágrafos, que o governo não conseguiu superar o "pesado fardo" a ele imposto de apresentar uma justificativa concreta para a determinação de uma restrição prévia à publicação dos jornais. A maioria foi formada por seis votos favoráveis e três contrários, mas cada *Justice* optou por escrever sua própria argumentação – situação atípica, uma vez que, em geral, as decisões *per curiam* costumam representar a opinião da Corte enquanto instituição, sendo publicadas sem identificar a posição dos magistrados.

Entre aqueles com votos concorrentes, os *Justices* Hugo Black e William Douglas defenderam, de forma contundente, a supremacia da liberdade de expressão, garantida pela Primeira Emenda, ante toda e qualquer intervenção do governo. Com opiniões ainda favoráveis aos jornais, mas acreditando na possibilidade de restrições à liberdade de imprensa, escreveram os *Justices* William Brennan Jr., Potter Stewart, Byron White e Thurgood Marshall. Já em posição divergente, o *Chief Justice* Warren Burger e os *Justices* Harry Blackmun e John Harlan II se mostraram favoráveis às restrições solicitadas pelo governo.

Conhecido por sua firme atuação na proteção dos direitos civis, o *Justice* Hugo Black defendeu que "cada momento de continuidade das liminares contra os jornais resultou em uma flagrante, indefensável e contínua violação à Primeira Emenda"[45]. Para fundamentar sua posição, Black resgatou a própria história da formação da Declaração de Direitos de 1791, bem como do seu propósito essencial.

Assim, justificou o magistrado, em seu voto, que as emendas à Constituição, propostas por James Madison, objetivavam garantir ao povo que suas liberdades permaneceriam salvaguardadas de possíveis intervenções dos poderes Executivo, Legislativo e Judiciário e, por esse motivo, não poderiam sofrer limitações. Para ele, não há dúvidas de que a Primeira Emenda, quando proposta por Madison, buscava justamente proibir restrições como as requeridas pelo governo no presente caso. Em resumo,

[45] 403, U.S. 713 (1971), p. 715.

a imprensa deve servir aos governados, não aos governantes. O poder do governo de censurar a imprensa foi abolido para que ela pudesse permanecer eternamente livre para censurar o governo. A imprensa foi protegida para que pudesse descobrir os segredos do governo e informá-los ao povo. Somente uma imprensa livre e não reprimida pode expor a decepção no governo[46].

Posição semelhante foi adotada pelo *Justice* Douglas. Além de enfatizar que o próprio texto da Primeira Emenda não cede espaço para restrições à imprensa pelo governo, ele acrescentou que não há nenhuma outra lei que impeça a publicação de materiais como aqueles que estavam sendo utilizados pelo *The New York Times* e pelo *The Washington Post.* Assim, entendeu que "segredos no governo são fundamentalmente antidemocráticos" e "o principal propósito da Primeira Emenda era proibir a prática governamental generalizada de suprimir informações embaraçosas. [...] Debates abertos e discussões de questões públicas são vitais para a saúde nacional"[47].

Apesar de também concordar que a vedação imposta pela Primeira Emenda às restrições prévias é absoluta, o *Justice* Brennan indicou que existe uma classe extremamente particular de casos na qual essa garantia pode ser superada. Fazendo referências aos precedentes *Schenk v. United States*[48] e *Near v. Minnesota,* constatou que, em situações específicas de guerra, por exemplo, a imposição de uma restrição prévia seria possível, desde que existissem provas concretas dos danos inevitáveis, diretos e imediatos que poderiam ser provocados pelas publicações. Assim, "em nenhuma hipótese, meras conclusões serão consideradas suficientes"[49]. Critério semelhante também foi indicado pelos *Justices* Stewart e White.

De forma contrária, surgiram os posicionamentos dos *Justices* Burger, Blackmun e Harlan, que se mostraram favoráveis à concessão das restrições prévias demandadas pelo governo. Em comum, eles pontuaram que o caso havia sido conduzido com muita pressa e que discussões envol-

[46] 403 U.S. 713 (1971), p. 717.
[47] 403 U.S. 713 (1971), p. 724.
[48] **Schenck v. United States**, 249 U.S. 47 (1919).
[49] 403 U.S. 713 (1971), p. 727.

vendo garantias tão importantes não poderiam ter sido realizadas dessa forma. Opondo-se à ideia de absolutismo da Primeira Emenda, afirmou o *Chief Justice* Burger:

> Uma questão dessa importância deve ser julgada e ouvida em uma atmosfera que conduza a uma deliberação cuidadosa e reflexiva, especialmente quando a pressa, em termos de horas, é injustificada em vista do longo período que o *Times*, por sua própria escolha, adiou a publicação. [...] Após esses meses de adiamento, o alegado "direito de saber", de alguma forma e de repente, se tornou um direito que deve ser reivindicado instantaneamente[50].

O voto dissidente do *Justice* Harlan foi o único a ser endossado pelos três juízes que divergiram da maioria. Além de questionar a pressa com a qual o litígio foi conduzido, ele ponderou, ainda, que a atuação do Judiciário na revisão de decisões provenientes diretamente da autoridade constitucional do Executivo – no caso, a condução de assuntos de política externa – deve ser ainda mais limitada, uma vez que, nessas situações, a natureza da escolha do governo é eminentemente política.

A pressa no julgamento, aliás, é apontada como um dos fatores que prejudicaram tanto a defesa do governo, a quem cabia apresentar provas que atestassem os danos que as publicações poderiam causar à segurança nacional, quanto o trabalho dos *Justices*, que precisavam oferecer uma decisão para o caso. A situação era mais desconfortável porque, dentro do próprio governo, poucas pessoas conheciam, efetivamente, o conteúdo do relatório e, mesmo com relação a esse seleto grupo, os advogados encontraram dificuldades para discutir os tópicos mais sensíveis do material[51].

É provável, aliás, que os juízes que atuaram nos casos nas instâncias inferiores não tenham tido tempo de examinar os *Papéis do Pentágono*. Na Suprema Corte, o problema se repetiu. Os 47 volumes do relatório só chegaram ao Tribunal na noite anterior às sustentações orais e, acredita-se, foram conferidos, apenas, pelos *Justices* Brennan e White[52]. As con-

[50] 403 U.S. 713 (1971), p. 749.
[51] RUDENSTINE, op. cit., p. 1903-1904.
[52] Ibid., p. 1906.

sequências dessa pressa, aliás, foram apontadas pelo *Chief Justice* Burger. Em seu voto, ele chegou a afirmar que os advogados envolvidos no caso não foram capazes de responder, repetidas vezes, a questões factuais. Em resumo, Burger declarou que "nós não sabemos os fatos desses casos. Nenhum juiz de primeira instância conhece todos os fatos. Nenhum juiz da Corte de Apelação conhece todos os fatos. Nenhum membro desta Corte conhece todos os fatos"[53].

Interessante observar ainda que, em certo sentido, a maior parte dos juízes da Suprema Corte concordou com o governo acerca da possibilidade de ocorrência de danos significativos após a veiculação das reportagens sobre os *Papéis do Pentágono*. Nesse sentido, o *Justice* White, por exemplo, apontou ser inegável "que a revelação desses documentos causará danos substanciais aos interesses públicos"[54]. Da mesma forma, em alusão à insistência do governo de que, em nome da segurança nacional, o material não deveria ser publicado, ressaltou o *Justice* Stewart que estava "convencido de que o Executivo está correto em relação a alguns dos documentos"[55]. Mesmo o *Justice* Douglas, com seu posicionamento favorável à proibição de restrições pela Primeira Emenda, afirmou, em seu voto, que "essas divulgações podem provocar um sério impacto"[56].

A questão por trás disso sugere que, na verdade, o governo falhou, efetivamente, em persuadir os *Justices* de que os danos resultantes da divulgação seriam tão sérios a ponto de justificarem uma restrição prévia. E, talvez, a explicação para isso não seja falta de esforço, mas a incapacidade do governo em superar o rigoroso *standard* estabelecido pela Corte, uma vez que, à medida que o caso avançava nos tribunais, mais alegações concretas e menções específicas aos *Papéis do Pentágono* eram realizadas no processo[57].

Nesse sentido, o que a decisão da Suprema Corte aponta é para a existência de um "pesado fardo" que precisaria ser vencido pelo governo para que as restrições à imprensa fossem justificáveis. Fazendo menção ao caso

[53] 403 U.S. 713 (1971), p. 748.
[54] 403 U.S. 713 (1971), p. 731.
[55] 403 U.S. 713 (1971), p. 730.
[56] 403 U.S. 713 (1971), p. 722.
[57] Rudenstine, op. cit., p. 1899.

Bantam Books, Inc. v. Sullivan[58], o texto afirma que quaisquer restrições à liberdade de expressão "chegam a esta Corte com uma forte presunção contra a sua validade constitucional"[59]. Embora a decisão não explique quais critérios precisariam ser atingidos pelo demandante para a superação do *standard*, é possível inferir seus contornos a partir do voto do *Justice* Stewart, que dispõe que as liminares proibindo as divulgações seriam cabíveis quando comprovado que elas "certamente resultariam em danos diretos, imediatos e irreparáveis à Nação ou ao seu povo"[60].

3. Repercussão da decisão

A decisão do caso dos *Papéis do Pentágono* é apontada, em geral, como uma importante vitória a favor da imprensa livre. Em primeiro lugar, porque a curta decisão *per curiam* da Corte estabeleceu, como visto, um rígido *standard* para a concessão de restrições prévias relacionadas às publicações de veículos de comunicação. Assim, para se superar a proteção garantida pela Primeira Emenda, há que se comprovar a alta probabilidade de ocorrência de um dano direto, imediato e irreparável como resultado da publicação. Registre-se, aliás, que, apesar da decisão desfavorável da Suprema Corte ao governo, não foram identificados danos provenientes da veiculação das informações contidas nos *Papéis do Pentágono*[61].

Reitere-se que, na Suprema Corte, os argumentos do governo estiveram concentrados nos tópicos elencados no *brief* secreto, considerados os mais sensíveis do relatório – e, ainda mais especificamente, nos danos que poderiam ser provocados pela divulgação dos quatro volumes de negociação. É fato que se esses documentos não conseguissem convencer os *Justices* acerca da gravidade da discussão em questão, nenhum outro seria. Assim, é possível entender que a "Suprema Corte deve ter concluído que mesmo as reivindicações mais fortes apresentadas pelos Estados Unidos foram insuficientes para justificar restrições adicionais às publicações"[62].

[58] **Bantam Books, Inc. v. Sullivan.** 372 U.S. 58 (1963).
[59] 403 U.S. 713 (1971), p. 714.
[60] 403 U.S. 713 (1971), p. 730.
[61] Abrams, Floyd. *The Pentagon Papers after four decades.* **Wake Forest Journal of Law & Policy**, v. 1, n. 1, p. 7-20, p. 9-10.
[62] SIMS, op. cit., p. 405.

Talvez a questão mais curiosa acerca dessa reflexão esteja relacionada ao fato de que os jornais, realmente, nunca tiveram acesso aos quatro volumes de negociação dos *Papéis do Pentágono*: Daniel Ellsberg optou por não os entregar à imprensa[63]. Ainda na primeira instância, perante o juiz Murray Gurfein, o *The New York Times*, aliás, já havia apresentado uma lista com 28 itens, identificando todos os documentos que estavam em sua posse, atendendo a uma solicitação do governo, e, do primeiro ao último item, "nenhum estava possivelmente relacionado às negociações para o fim da guerra"[64].

À época, ao que tudo indica, a informação não chegou a ser conhecida por todos os profissionais que estavam envolvidos na defesa do governo nesse caso. É por isso que, como visto, o governo optou por enfatizar os possíveis danos que seriam causados mediante a divulgação de informações constantes nesses documentos específicos. Anos após o fim da disputa judicial, ao tomar ciência desse fato, o *Solicitor General* Griswold aludiu ao caso, depreciativamente, como "uma espécie de decisão-fantasma pela Suprema Corte"[65], uma vez que, sem a divulgação dessas informações, nenhum dano grave ocorreria.

A partir de outro ponto de vista, contudo, é possível afirmar que a ausência desses materiais torna a decisão ainda mais importante para a discussão acerca da liberdade de imprensa, uma vez que a Suprema Corte considerou que nem mesmo as informações contidas nos volumes de negociação – que os *Justices*, até então, acreditavam estar em posse dos veículos de comunicação – seriam suficientes para impor uma restrição prévia às publicações. Assim, "se o material que o governo alegou que o *New York Times* possuía era insuficiente para justificar uma restrição prévia, parece menos provável que alguma notícia publicada pela imprensa venha a ser proibida no futuro"[66].

Questionamentos sobre a validade de uma restrição prévia contra a imprensa devido a assuntos de segurança nacional não alcançaram a Suprema Corte novamente. Desde a decisão, houve apenas uma única

[63] Ibid., p. 415.
[64] Abrams, op. cit., p. 16.
[65] SIMS, op. cit., p. 416.
[66] Abrams, op. cit., p. 17.

situação em cortes federais em que o precedente firmado em *New York Times Co. v. United States* foi afastado para preservar a segurança nacional. Em 1979, no estado de Wisconsin, o juiz Robert W. Warren concedeu uma ordem de restrição temporária proibindo a revista *Progressive* de publicar um artigo que descrevia como fabricar uma bomba de hidrogênio[67].

Para o juiz, a distinção entre os casos residia no fato de que os *Papéis do Pentágono* continham apenas informações históricas sobre eventos que haviam ocorrido anos antes da publicação em si, enquanto a revista *Progressive* pretendia divulgar informações sobre uma arma potencialmente destrutiva. Esse ponto, aliás, infringiu o Ato de Energia Atômica, que proibia a propagação de dados restritos sobre a construção de armas nucleares. Assim, Warren concluiu que o *standard* estabelecido pelos *Justices* Stewart e White havia sido superado. A decisão não foi revista em instâncias superiores[68].

No campo político, a decisão da Suprema Corte contribuiu para a construção de um clima favorável aos eventos que culminaram no caso *Watergate*. Os vazamentos dos *Papéis do Pentágono* fizeram Nixon pensar que havia uma conspiração contrária ao seu governo, cujo objetivo era prejudicar sua administração. Assim, com a criação de uma Unidade de Investigações Especiais, Nixon começou a perseguir todos aqueles que considerava inimigos, incluindo Daniel Ellsberg. O ápice dos acontecimentos foi a invasão de Watergate, a sede do Partido Democrata, em 1972, que, em última instância, levou o presidente Nixon à renúncia, em 1974.

Daniel Ellsberg, por sua vez, foi acusado de conspiração, espionagem e roubo de propriedade do governo. Em 28 de junho de 1971, ele foi indiciado, em um júri federal de Los Angeles, por violar a Lei de Espionagem. Em janeiro de 1973, Ellsberg e Anthony Russo foram a julgamento na *U.S. District Court* do Distrito Central da Califórnia. Após a comprovação das denúncias relacionadas à má conduta do governo no caso, incluindo a invasão ilegal do consultório do psiquiatra de Ellsberg em busca de infor-

[67] **United States v. Progressive, Inc.**, 467 F. Supp. 990 (W.D. Wis. 1979).

[68] Bollinger, Lee C. Stone, Geoffrey R. ***National security, leaks & freedom of the press:*** *the Pentagon Papers fifty years on*. Nova Iorque: Oxford University Press, 2021, p. 4.

mações que pudessem comprometê-lo, as acusações contra os réus foram rejeitadas e o julgamento foi encerrado[69].

Conclusões

O caso *New York Times v. United States* promoveu uma importante discussão acerca do papel dos veículos de comunicação em uma sociedade. Considerando-se a relevância tanto da segurança nacional quanto da liberdade de imprensa, a vitória desta reiterou o valor que as garantias previstas na Primeira Emenda têm para os Estados Unidos. Apesar disso, ao mesmo tempo em que manifestou ser favorável a esse direito, a Suprema Corte observou que ele não é absoluto, conseguindo estabelecer um possível ponto de equilíbrio entre os interesses do Estado e as liberdades tão caras ao povo norte-americano.

O desfecho do caso dos Papéis do Pentágono comprova, assim, que uma democracia forte não se constrói alicerçada na censura, mas na confiança que o povo tem em seu governo. É por isso que o argumento de ameaça à segurança da Nação não pode servir como moeda de troca para que a liberdade, em suas várias nuances, seja amordaçada pelo Estado. E é justamente nesse momento que a imprensa livre revela seu valor.

A luta pela *free press* experimentada ao longo desse caso se transformou, na verdade, na luta pela garantia da liberdade de um povo de escolher e escrever não apenas seu próprio destino, mas também o destino de seus filhos. Nas palavras do *Justice* Black, "o dever mais importante entre as responsabilidades de uma imprensa livre é o de evitar que qualquer parte do governo engane o povo e o envie a terras distantes para morrer de febres, tiros e bombas estrangeiros"[70]. A verdade, como se vê, tem o poder de libertar.

Referências

ABRAMS, Floyd. *The Pentagon Papers after four decades.* **Wake Forest Journal of Law & Policy**, v. 1, n. 1, p. 7-20.

ANDERSON, David L.. **The Columbia History of the Vietnam War.** Nova Iorque: Columbia University Press, 2011.

[69] KOBRICK, op. cit., p. 9-10.
[70] 403 U.S. 713 (1971), p. 717.

BOLLINGER, Lee C.. STONE, Geoffrey R. ***National security, leaks & freedom of the press:*** *the Pentagon Papers fifty years on.* Nova Iorque: Oxford University Press, 2021.

ELLIOTT, Mai. ***RAND in Southeast Asia:*** *a History of the Vietnam War Era.* Santa Mônica: Rand Corporation, 2010.

ELLSBERG, Daniel. ***Secrets:*** *a memoir of Vietnam and the Pentagon Papers.* Nova Iorque: Penguin Books, 2003.

EPSTEIN, Lee; LANDES, William M.; POSNER, Richard A. *The best for last: the timing of U.S. Supreme Court Decisions.* **Duke Law Journal**, v. 64, n. 6, p. 991-1022.

ESTADOS UNIDOS DA AMÉRICA. Brief for the United States. **New York Times Co. v. United States**, 403 U.S. 713 (1971).

ESTADOS UNIDOS DA AMÉRICA. Constituição (1787). **Bill of Rights**. Estados Unidos da América, 1791.

ESTADOS UNIDOS DA AMÉRICA. Joint Resolution to promote the maintenance of international peace and security in southeast Asia. **Public Law 88-408**, 10 de agosto de 1964. Disponível em: https://www.govinfo.gov/content/pkg/STATUTE-78/pdf/STATUTE-78-Pg384.pdf#page=1.

ESTADOS UNIDOS DA AMÉRICA. Supreme Court of the United States. **Bantam Books, Inc. v. Sullivan**, 372 U.S. 58 (1963), Washington D.C, 18 de fevereiro de 1963.

ESTADOS UNIDOS DA AMÉRICA. Supreme Court of the United States. **Near v. Minnesota**, 283 U.S. 697 (1931), Washington D.C, 1 de junho de 1931.

ESTADOS UNIDOS DA AMÉRICA. Supreme Court of the United States. **New York Times Co. v. United States**, 403 U.S. 713 (1971), Washington D.C, 30 de junho de 1971.

ESTADOS UNIDOS DA AMÉRICA. Supreme Court of the United States. **Schenck v. United States**, 249 U.S. 47 (1919), Washington D.C, 3 de março de 1919.

ESTADOS UNIDOS DA AMÉRICA. United States District Court for the Eastern District of Wisconsin. **United States of America v. Progressive, Inc., Erwin Knoll, Samuel Day, Jr., and Howard Morland**, 467 F. Supp. 990 (W.D. Wis. 1979), Washington D.C, 30 de junho de 1971.

KOBRICK, Jake. ***The Pentagon Papers in the Federal Courts.*** 2. ed. Washington DC: Federal Judicial Center, 2019.

RUDENSTINE, David. *The Pentagon Papers Case: recovering its meaning twenty years later.* **Cardozo Law Review**, v. 12, p. 1869-1913, 1991.

SIMS, John Cary. *Triangulating the Boundaries of the Pentagon Papers.* **William & Mary Bill of Rights Journal**, v. 2, p. 341-426, 1993.

SOUTO, João Carlos. **Suprema Corte dos Estados Unidos**: principais decisões. 3. ed. São Paulo: Atlas, 2019.

UNGAR, Sanford J. ***The papers & the papers:*** *an account of the legal and political battle over the Pentagon papers.* Nova Iorque: Dutton, 1972.

26.
SIERRA CLUB V. MORTON, 1972
A QUESTÃO DO STANDING NA LITIGÂNCIA AMBIENTAL

LEATRICE FARACO DAROS

Introdução

O caso *Sierra Club v. Morton*, julgado pela Suprema Corte dos Estados Unidos em 1972, é paradigmático e histórico no campo da preservação ambiental. O assunto central discutido refere-se à indagação sobre a possibilidade, ou não, de *Sierra Club*, uma organização com um interesse especial na proteção do meio ambiente, ter a capacidade de, enquanto representante do interesse público, alegar um dano para ingressar em juízo. Desta forma, as questões principais de *Sierra Club v. Morton* gravitam em torno da doutrina do *standing*[1] – uma das principais teorias sobre

[1] A preferência pela utilização da expressão em inglês *standing* justifica-se pelos mesmos motivos apresentados na nota de rodapé do tradutor (Romulo Ponticelli Giorgi Júnior) encontrada no texto de Scalia e aqui reproduzida: "*Na maior parte das situações, o standing pode ser traduzido por direito concreto de ação,* entendido da mesma forma como esta expressão é utilizada normalmente no Brasil. Assim, se dizemos que 'A tem direito de ação diante de B' a expressão "direito de ação" corresponderia ao uso mais frequente de *standing*, ou seja, de *direito concreto de ação* diante de uma situação jurídica e réu específicos. Ocorre que, em várias situações [...] da doutrina constitucional norte-americana, *standing também é utilizado no sentido de direito abstrato de ação, e mesmo em uma pluralidade de outros sentidos,* envolvendo os limites do Poder Judiciário diante do Executivo e, principalmente, do Legislativo". De forma simples, pode-se traduzir a expressão *standing* como as condições para ação ou a legitimidade para propor uma determinada ação. A nota mencionada segue explicando que, para Scalia, "*A compreensão do standing exige a identificação [...]de uma divisão bipartida*

as limitações na jurisdição das cortes federais, baseada no artigo terceiro da Constituição dos Estados Unidos.

No julgamento, por sua vez, é possível identificar uma abordagem incipiente sobre os direitos da natureza no voto do *Justice* Douglas. O magistrado identifica a área natural, que se procura proteger através do processo judicial, como o verdadeiro sujeito de direitos e a principal vítima do possível dano ambiental.

Desse modo, o texto apresentará um relato sobre o contexto histórico no qual se desenvolveu a decisão proferida em *Sierra Club v. Morton,* expondo o pensamento da época e a estruturação do sistema de proteção da natureza, bem como as nuances processuais do caso. Na sequência, serão apresentados os aspectos destacados da decisão, trazendo a opinião dos *Justices* (juízes) sobre as questões levantadas. Por fim, serão esboçadas algumas das repercussões do caso *Sierra Club v. Morton.*

1. Contexto histórico

As raízes do ambientalismo nos Estados Unidos podem ser rastreadas nos movimentos conservacionistas do final do século dezenove, os quais emergiram como reação à crescente urbanização e industrialização, bem como às explorações irresponsáveis dos chamados "recursos naturais".[2]

da doutrina do standing pela Suprema Corte: I) O primeiro sentido é o de direito concreto de ação, limitável jurisprudencialmente, podendo o legislativo ampliar o direito de ação, removendo legislativamente obstáculos jurisprudenciais; II) *O segundo sentido é o núcleo constitucional do standing, referindo o requisito mínimo de dano ajuizável* que nem o Congresso pode eliminar (Scalia, 1983, p. 882)". No entanto, Scalia considera tal divisão incompleta para a compreensão integral da doutrina do *standing* e traz um terceiro elemento, assim, para Scalia: "*O terceiro sentido, integrado tanto ao núcleo constitucional do standing como à essência do common law, diz respeito à imposição de limites jurisprudenciais pelos tribunais à possibilidade do Congresso converter interesses coletivos em direitos subjetivos* (Scalia, 1983, p. 886)". Scalia, Antonin. A Doutrina do Standing como um Elemento Essencial da Separação de Poderes. Tradução: Romulo Ponticelli Giorgi Junior. **Cadernos do Programa de Pós-Graduação em Direito – PPGDir./UFRGS**, Porto Alegre, v. 9, n. 1, ago. 2014, p. 42-43 (grifados no original).

[2] Bodansky, Daniel. ***The art and Craft of International Environmental Law***. Cambridge, Massachusetts: Harvard University Press, 2011; Dunlap, Riley E.; Mertig, Angela G. *The evolution of the U.S. Environmental Movement from 1970 to 1990: An Overview*. **Society and Natural Resources**, v. 4, p. 209-218, 1991.

Naquela época, as preocupações voltavam-se à gestão desses "recursos" para garantir a utilização humana continuada, havendo, todavia, quem já defendesse o valor intrínseco da natureza.[3] Os esforços dos movimentos de conservação levaram à criação das legislações que estabeleceram os primeiros parques[4] e as agências nacionais, como o Serviço Florestal dos Estados Unidos.[5] Nesse panorama, também nasceram as organizações de conservação do meio ambiente, como *Sierra Club*[6].

Houve, contudo, um enfraquecimento do tema relativo à conservação ambiental com a Primeira Guerra Mundial. No governo de Franklin Roosevelt, observou-se a eclosão da segunda onda de conservacionismo, que focou na mitigação de problemas ambientais - controle de enchentes e regeneração do solo - em busca da recuperação econômica. A terceira onda de conservação localiza-se na década de 1950. Nessa fase, a ênfase recaiu no aspecto de proteção das necessidades antropocêntricas ligadas aos benefícios de não-uso da natureza, lançadas pelas organizações ambientais, como o desfrute público de áreas de beleza natural e vida selvagem.[7]

Entretanto, as questões relativas ao meio ambiente ocuparam um espaço destacado com a chamada "revolução ambiental" ou "era ecológica", situada no ano de 1962, conforme Bodansky[8], com a publicação do livro "Primavera Silenciosa" *(Silent Spring)* de Rachel Carson[9]. Portanto, na década de 1960, pode-se localizar a emergência do ambientalismo nos Estados Unidos, no qual se observam as seguintes caracterís-

[3] Dunlap e Mertig informam que John Muir - fundador da organização ambiental *Sierra Club* - defendia a preservação da natureza pelo seu próprio valor. Ibid., p. 210.

[4] O primeiro parque nacional dos EUA foi instituído no ano de 1872, conforme informa Bodansky, op. cit., p. 23.

[5] Dunlap; Mertig, op. cit., p. 210.

[6] A organização ambiental *Sierra Club* foi fundada em 1892, em São Francisco, Califórnia, pelo preservacionista John Muir, o qual se tornou o seu primeiro presidente. (https://www.sierraclub.org/library/history-archives).

[7] Dunlap; Mertig, op. cit., p. 210.

[8] Bodansky, op. cit., p. 26.

[9] O livro denuncia os impactos da contaminação química na saúde humana e no meio ambiente, explicando que a cultura científica baseada na ideia de dominação humana sobre a natureza representa um dos principais condicionantes dos problemas socioambientais. Carson, Rachel. ***Silent Spring***. Nova Iorque: Mariner Books, 2002.

ticas: surgimento da cultura ativista, encorajando as pessoas a atuarem diretamente nos males da sociedade; a expansão do conhecimento científico sobre os problemas ambientais, bem como a ampliação da cobertura midiática sobre o tema; a disseminação da recreação ao ar livre, o que colocou as pessoas em contato direto com as degradações ambientais; e a afluência criada pelo crescimento econômico do pós Segunda Guerra Mundial, o que reduziu o materialismo e amplificou a preocupação com a qualidade de vida.[10]

Nessa esteira, as organizações voltadas à conservação ambiental, como *Sierra Club*, ampliaram seu escopo e transformaram-se em organizações ambientalistas, abraçando uma gama de problemas ambientais, ao mesmo tempo em que atraíram o apoio de fundações, o que permitiu uma maior atuação nas causas judiciais ligadas ao meio ambiente[11]. O surgimento do movimento ambientalista foi acompanhado pela criação de novas agências federais, como *Environmental Protection Agency (EPA)*, e pela proliferação de legislações que pretendiam combater a poluição – como *Clean Air Act* e suas emendas e as emendas do *Clean Water Act*[12].

Esses primeiros estatutos desenvolveram um modelo – disseminado na legislação ambiental produzida durante a década de 1970 – em que o cidadão poderia exigir o cumprimento dos objetivos legislativos, pois a lei criava um direito de ação[13] contra os violadores das normas substan-

[10] HAYS, Samuel P. ***Beauty, Health, and Permanence***: *environmental politics in the United States, 1955-1985*. Nova Iorque: Cambridge University Press, 1987; DUNLAP; MERTIG, op. cit., p. 210-211.

[11] Conforme explica Hays, na década de 1960, para o equivalente à Receita Federal brasileira (*Internal Revenue Service – IRS*), o *Sierra Club* tinha extrapolado os limites de atuação de uma organização sem fins lucrativos em sua campanha nacional contra o represamento do Rio Colorado. Desta forma, no plano da política legislativa, a entidade assumiu uma postura mais vigorosa, tornando-se conhecida como a organização mais comprometida com a ação política e atraindo muito apoio do público. HAYS, op. cit., p. 460.

[12] A primeira legislação referente à poluição da água – *Federal Water Pollution Control Act* – foi promulgada em 1948, mas assumiu a versão contemporânea em 1972, quando foi reescrita, intitulando-se *Federal Water Pollution Control Act Amendments* de 1972, sendo comumente referida como *Clean Water Act*.

[13] Os direitos de ação variam de estatuto para estatuto, mas, normalmente, as disposições concedem um direito privado de ação para processar "qualquer pessoa" por qualquer um de uma série de tipos específicos de violação do regime legal em questão, conforme

tivas em questão. De acordo com Rubin e Turner[14], a análise dos estatutos federais em matéria ambiental expedidos durante as décadas de 1960 e 1970 mostra que o Congresso norte-americano pretendia eliminar ao máximo as barreiras ao *standing* do cidadão. Nessa perspectiva, os autores explicam:

> De um modo geral, existem três tipos de ações que um cidadão pode perseguir em uma Corte Federal em uma tentativa de garantir resultados ambientais específicos. O primeiro é um *direito privado de ação* para fazer cumprir os *direitos* ambientais federais (e às vezes estaduais) de uma lei contra os violadores desta lei. [...] A segunda é uma ação para *obrigar a ação do órgão federal* para implementar a legislação ambiental federal. [...] O terceiro tipo de ação é aquela para garantir *a revisão judicial da ação do órgão federal.*[15]

Todavia, nem todos os estatutos federais em matéria de meio ambiente possuem disposições que concedem aos cidadãos um direito expresso de ação[16] contra violações ambientais[17]. Entretanto, mesmo quando ausente uma previsão de revisão judicial da ação administrativa, ela poderá estar disponível no âmbito do *Administrative Procedure Act (APA)*, entre outros[18].

Nesse sentido, a Lei de Procedimento Administrativo (*Administrative Procedure Act*), aprovada em 1946, inaugurou o terceiro período[19] no

explicam Rubin, Staci M; Turner, Phelps T. *Public Interest Environmental and Energy Litigation. In*: Mcgregor, Gregor I. et al. ***Massachusetts Environmental Law***. 4. ed. with 2019 supplement. Boston: MCLE, 2019.

[14] Ibid.

[15] Ibid., p. 4-2. (grifado no original).

[16] São exemplos de estatutos federais que não possuem previsões garantindo ao cidadão um direito de ação expresso: *National Forest Management Act, National Environmental Policy Act, Marine Mammal Protection Act,* entre outros Ibid., p. 4-6.

[17] Rubin e Turner explicam que, ausente uma disposição expressa de ação judicial, os cidadãos que buscam o cumprimento da lei contra aqueles que a violaram procuram estabelecer que o Congresso pretendia criar um direito privado *implícito* de ação. Nesse sentido, os autores indicam: **Califórnia x Sierra Club**, 451 US 287 (1981) Ibid., p. 4-6.

[18] Os autores Rubin e Turner também enumeram, além do *Administrative Procedure Act*: "the Declaratory Judgments ou the federal mandamus statute". Ibid., p. 4-7.

[19] Sunstein (1992) informa que a primeira aparição do *standing* referindo-se a uma limitação do Artigo III da Constituição dos Estados Unidos foi encontrada em *Stark v. Wickard*

desenvolvimento da doutrina do *standing*, pois continha uma previsão[20] que procurava codificar a construção dessa doutrina feita pelos juízes. Diante disso, pode-se sintetizar o quadro legal da Lei de Procedimento Administrativo como: "[...] *standing* para as pessoas cujos interesses de direito consuetudinário ou estatutários estivessem em jogo, bem como para pessoas expressamente autorizadas a ingressar com ações, abrigadas por outras normas diferentes da APA".[21] Nessa dinâmica, a questão principal permanecia ligada à existência, ou não, de um fundamento

(321 U.S. 288), em 1944. Após oito anos, a segunda referência aparece em *Adler v. Board of Education* (342 U.S. 485, 501), de 1952. No entanto, a partir de *Data Processing case* (*Association of Data Processing Serv. Orgs. v. Camp*, 397 U.S. 150), em 1970, um grande número de casos surge sobre a questão. Desta forma, o primeiro período na doutrina do *standing* inicia-se na época da fundação dos Estados Unidos da América e vai até aproximadamente o ano de 1920. Naquele período, não havia tal doutrina, pois não se acreditava que a Constituição limitava o poder do Congresso de conceder fundamento normativo (*cause of action*). Em vez disso, o que era decidido circundava a questão do Congresso, ou qualquer outra fonte de lei, ter concedido ao requerente o direito de ingressar com uma ação. Implícita estava a ideia de que se o Congresso ou a *Common Law* não conferissem o direito de processar, não existiria "caso ou controvérsia". Assim, um dano ocorrido poderia não ser legalmente reconhecível, havendo uma distinção entre um dano e um dano reconhecido juridicamente. A segunda fase da doutrina do *standing* conecta-se com a questão da legitimidade constitucional do Estado regulador. Os *Justice* Brandeis e Frankfurter foram os arquitetos da doutrina procurando blindar as legislações do *New Deal* e progressistas dos ataques judiciais. Desta forma, projetaram uma gama de dispositivos para limitar as ocasiões de intervenção judicial em processos democráticos, invocando doutrinas de justiçabilidade, relacionadas a ausência de interesse pessoal para recorrer ao poder judiciário. SUNSTEIN, Cass R. *What's Standing After Lujan? Of Citizen Suits, "Injuries," and Article III.* **Michigan Law Review**, v. 91, p. 163-236, 1992, p. 168-181.

[20] A previsão é aquela constante no §702 do APA: "Uma pessoa sofrendo um dano juridicamente reconhecido (*legal wrong*) devido à ação de qualquer agência, ou afetada negativamente ou prejudicada por tal ação, no sentido de qualquer norma relevante, tem o direito à revisão judicial". A tradução dos termos é baseada na tradução encontrada no texto de Scalia. SCALIA, op. cit, p.48. Em inglês, lê-se: "*A person suffering legal wrong because of agency action, or adversely affected or aggrieved by agency action within the meaning of a relevant statute, is entitled to judicial review thereof*".

[21] SUNSTEIN, op. cit., p. 182 (grifou-se). Nos dois primeiros casos (interesses de direito consuetudinário ou estatutário), os demandantes demonstrariam a ocorrência de *legal wrong*; a terceira categoria, não envolveria *legal wrong* mas a existência de um estatuto relevante – diferente da APA – concedendo legitimidade às pessoas "*adversely affected or aggrieved*".

normativo (*cause of action*), sem adentrar no tema do dano. Entre os anos de 1960 e 1970, localiza-se o quarto período[22] na doutrina do *standing*, quando os tribunais interpretam o dano juridicamente reconhecido (*legal wrong*) para permitir que indivíduos ou grupos afetados por decisões governamentais, inclusive beneficiários de programas regulatórios, possam ingressar com uma ação para contestar a ação governamental, quando o Estado deixou de proteger seus interesses. Todavia, a doutrina do *standing* sofreu uma mudança conceitual a partir da decisão da Suprema Corte em *Association of Data Processing Organizations v. Camp*[23].

Hays explica que, nas décadas de 1960 e 1970, o litígio ambiental cresceu de forma acentuada, refletindo a especialização do direito, a disseminação de periódicos de direito ambiental, as publicações de relatórios e o treinamento especializado nas faculdades de direito. Além disso, um aspecto importante no crescimento dos litígios ambientais foram as mudanças nos valores do povo norte-americano, aos quais o sistema jurídico estava oferecendo uma resposta. Ainda, por se basearem em argumentos lógicos e em fatos e evidências, os tribunais eram atrativos para os cidadãos, pois a base para a ação não residia no número de pessoas, como nos processos políticos. Hays também recorda que as ações judiciais nos temas ambientais são reflexos da prática dos tribunais de supervisionar o procedimento administrativo[24].

Nesse panorama, em que se observam preocupações mais amplas com a qualidade de vida e se reconhece a complexidade dos problemas ambientais, desenvolveu-se o caso *Sierra Club v. Morton*. Geograficamente, a controvérsia situou-se em uma área selvagem chamada *Mineral King Valley*, nas cabeceiras do rio *Kaweah*, localizada nas montanhas de *Sierra Nevada*, pertencente à *Sequoia National Forest*, Condado de Tulare, no norte da Califórnia. O vale era cercado pelo *Sequoia National Park*, não incorporado ao parque em virtude do espaço, no passado, ter sido uma zona de atividade mineradora. Porém, à época dos fatos, era usado para

[22] A informação sobre o primeiro e o segundo períodos descritos por Sunstein encontram-se em nota de rodapé anterior e a referência ao terceiro período, no corpo do texto.

[23] Esse caso é mencionado na fundamentação da Opinião da Corte em *Sierra Club v. Morton*, portanto, será comentado no próximo tópico.

[24] Hays, op. cit., p. 480-482.

fins recreativos, de forma limitada, devido à relativa inacessibilidade, o que preservou a natureza quase selvagem do local[25].

O Serviço Florestal dos Estados Unidos, responsável pela administração do lugar, no final da década de 1940, foi instado a considerar o *Mineral King Valley* como uma área de potencialidade para o desenvolvimento de esportes de inverno. Por influência da crescente demanda de vários grupos para obterem permissões relacionadas a instalações de complexos de esqui, em 1965, o Serviço Florestal publicou um prospecto convidando os incorporadores para a construção e operação de uma estação de esqui, que também funcionaria como área de recreação no verão.[26]

Em janeiro de 1969, o órgão aprovou o plano de 35 milhões de dólares da *Walt Disney Enterprises, Inc.*, para construir um *resort* de esqui e instalações recreativas no *Mineral King Valley*. De acordo com o plano, aprovado pelo governo, deveriam ser construídos, nas encostas das montanhas e em outras partes do vale, vários teleféricos, pistas de esqui, ferrovia e instalações de serviços públicos. No projeto da empresa, estavam previstas escavações e detonações na maioria das áreas mais baixas, a remoção de rochas em altitudes elevadas, bem como a limpeza da maior parte das encostas. Além disso, o estado da Califórnia propôs construir uma rodovia de 20 milhas de comprimento através do *Sequoia National Park*, adjacente ao *Mineral King Valley*. Também havia a proposta de construção de uma linha de alta tensão para fornecer a eletricidade necessária ao complexo recreativo[27].

Os representantes da organização *Sierra Club* acompanharam o desenrolar do processo de planejamento do complexo e buscaram a participação da sociedade civil requerendo, sem sucesso, uma audiência pública sobre o empreendimento. Eles também informaram as objeções referen-

[25] Boyd, David R. ***Los Derechos de la Naturaleza**: una revolutión legal que podría salvar el mundo*. Tradução de Santiago Vallejo Galárraga. Bogotá: Heinrich Böll Stiftung, ECW Press, 2020; Ferguson, Arthur B.; Bryson, William P. *"Mineral King: a Case Study in Forest Service Decision Making."* **Ecology Law Quarterly**, v. 2, n. 3, p. 493–531, 1972; **Sierra Club v. Morton**, 405 US 727 (1972).

[26] Ferguson; Bryson, op. cit., p. 493-495.

[27] 405 US 727 (1972); Ferguson; Bryson, op. cit., p. 493-495; Compitello. Jeanne A. *Organizational Standing in Environmental Litigation.* **Touro Law Review**, v. 6, n. 2, p. 295-325, 1990.

tes aos planos da *Walt Disney* aos funcionários do Serviço Florestal e do Departamento do Interior[28], por meio de correspondências[29].

Desse modo, em junho de 1969, surgiu a controvérsia judicial entre *Sierra Club*, que pretendia preservar o *Mineral King Valley*, e o governo federal, o qual emitiu as licenças para o empreendimento recreativo. *Sierra Club*, uma organização ambiental com um "interesse especial na conservação e manutenção dos parques nacionais, refúgios e florestas do país"[30], ingressou com uma ação judicial, no Tribunal Distrital dos Estados Unidos para o Distrito Norte da Califórnia, contra o Secretário do Interior para contestar o plano que permitiria à *Walt Disney* construir esse complexo de esqui no *Mineral King Valley*. Os advogados da organização ambiental peticionária buscavam uma declaração de que o projeto da *Walt Disney* violava as leis e os regulamentos federais referentes à preservação de parques nacionais, florestas e refúgios. Eles solicitaram liminares e ordens judiciais para impedir os funcionários federais de concederem as licenças do projeto em *Mineral King Valley*.

A peticionária *Sierra Club* ingressou em juízo enquanto uma organização preocupada com o interesse público e com uma longa história de defesa da proteção de paisagens selvagens, ancorada nas disposições de garantia de revisão judicial da atuação de órgãos federais concedida pela *Administrative Procedure Act (APA)*[31].

O Tribunal Distrital considerou que a organização detinha *standing* para processar e concedeu a liminar. Posteriormente, rejeitou a contestação trazida pelo governo e, na sentença, confirmou a medida prévia[32]. Entretanto, analisando o recurso contra essa sentença, o Tribunal de Apelações do Nono Circuito reverteu a decisão. Não foi reconhecido o *standing* da peticionária sob o argumento de ausência de provas de que membros da organização poderiam ser diretamente afetados pelo pro-

[28] O Departamento do Interior dos Estados Unidos precisaria aprovar as propostas de rodovia e linhas de força relacionadas ao empreendimento no Mineral King Valley.

[29] 405 US 727 (1972).

[30] 405 US 727 (1972).

[31] 405 US 727 (1972); BOYD, op. cit., p. 113; FERGUSON; BRYSON, op. cit., p. 493-495.

[32] *Sierra Club v. Hickel* (307 F. Supp. 685) (N.D. Cal. 1969). ***The Environmental Law Reporter***. Disponível em: https://elr.info/sites/default/files/litigation/1.20010.htm

jeto. Desta forma, a ordem liminar impedindo a construção da estação de esqui foi cassada. Em 1971, *Sierra Club* apelou para a Suprema Corte dos Estados Unidos, que concedeu *certiorari*[33]. Assim, em 1º de abril de 1972, a Suprema Corte proferiu uma decisão, por 4x3, na qual negou *standing* à organização *Sierra Club* e, como efeito, não analisou o mérito da controvérsia[34].

2. Aspectos importantes da decisão

Na decisão da Corte, escrita pelo *Justice* Potter Stewart, a primeira questão abordada referia-se ao *standing to sue* (condições para ação), entendido como "[...] uma base suficiente em uma demanda ajuizável para obter a resolução judicial desta controvérsia"[35]. Diante disso, o juiz diferenciou a situação de a parte peticionária apoiar-se ou não em um estatuto específico que lhe conceda a possibilidade de recorrer ao Poder Judiciário, sendo que a peticionária, no caso, amparou-se no *Administrative Procedure Act* (APA – Lei do Procedimento Administrativo), o qual explicita: "[...] uma pessoa sofrendo um dano juridicamente reconhecido devido à ação de qualquer agência, ou afetada negativamente ou prejudicada por tal ação no sentido de qualquer norma relevante, tem o Direito de interpor uma ação para o controle do ato"[36].

Trazendo os precedentes de *Data Processing Service v. Camp*, 397 US 7.50, *e Barlow v. Collins*, 397 US 159, o *Justice* Stewart explicou o entendimento da Suprema Corte quanto à interpretação das expressões constantes na lei invocada. Desta forma, seria reconhecido o *standing* para obtenção de uma revisão judicial da ação do órgão federal, de acordo com

[33] De acordo com o *Legal Information Institute* (https://www.law.cornell.edu/), *certiorari* refere-se ao mandado emitido pela Suprema Corte dos Estados Unidos para revisar a sentença de um Tribunal inferior. Assim, se a parte deseja apelar da decisão de um Tribunal inferior à Suprema Corte, ela deve apresentar um pedido de *certiorari*. Se quatro juízes da Suprema Corte (chamados de *Justices*, equivalentes aos ministros do Supremo Tribunal Federal) concordarem em revisar o caso, a Corte concederá *certiorari* e ouvirá o caso. (https://www.law.cornell.edu/wex/certiorari).

[34] 405 US 727 (1972); Ferguson; Bryson, op. cit., p. 493-495.

[35] 405 US 727 (1972); Scalia, op. cit., p. 48.

[36] Estados Unidos. *Administrative Procedure Act*. Lei de 11 de junho de 1946, cap. 324, 60. Lei 237, 243, 5 United States Code § 702; 405 US 727 (1972); SCALIA, op. cit., p. 48.

a interpretação da norma da APA, se as pessoas alegassem que a ação contestada lhes causou "dano de fato" (*injury in fact*), e se o dano aduzido atingisse um interesse "possivelmente dentro da zona de interesses a ser protegida ou regulamentada" pelos estatutos supostamente violados pelas agências[37].

No entanto, como advertiu o magistrado, os casos judiciais supramencionados não abordaram a questão relacionada aos danos de natureza não econômica a interesses compartilhados. Na temática em questão, a Corte entendeu que as alegações de "mudança na estética e na ecologia da área"[38], "destruindo ou afetando adversamente a paisagem, os objetos naturais e históricos e a vida selvagem do parque e prejudicando a fruição para as futuras gerações"[39] podem, realmente, "equivaler a um 'dano de fato' suficiente para estabelecer a base para *standing* de acordo com o §10 da APA"[40], pois "o bem-estar estético e ambiental, como o bem-estar econômico, são ingredientes importantes de qualidade de vida em nossa sociedade"[41]. Desse modo, a Suprema Corte reconheceu os danos estéticos e ambientais como passíveis de proteção através do processo judicial, mesmo no caso de interesses ambientais particulares compartilhados com outras pessoas[42].

Entretanto, na sequência, Stewart informou que, para o reconhecimento de um "dano de fato" (*injury in fact*) é necessário, além do dano a

[37] Sunstein critica a Opinião emitida pela Suprema Corte no caso *Data Processing Service v. Camp*, pois, segundo o autor, houve uma quebra conceitual que alterou o quadro legal traçado na APA, apesar de a Corte alegar interpretar a lei. Desta forma, após esse caso, o Judiciário não precisaria examinar a lei aplicável para detectar se o Congresso havia criado um interesse jurídico. A investigação sobre o *standing* estaria focada em fatos e não na lei. Assim, haveria *standing* para qualquer pessoa que pudesse demonstrar um "dano de fato" – econômico ou não – e um dano "dentro da zona de interesse" do estatuto regulador. Esse segundo requisito, conforme o autor, abraçaria uma interpretação extremamente tolerante e, por consequência, poderia ser deixado de lado. Em síntese, após *Data Processing Service v. Camp*, os peticionários deveriam demonstrar um dano de fato ao invés de um interesse jurídico. SUNSTEIN, op. cit., p. 185.

[38] 405 US 727 (1972), p. 734.

[39] 405 US 727 (1972), p. 734.

[40] 405 US 727 (1972), p. 734.

[41] 405 US 727 (1972), p. 734.

[42] 405 US 727 (1972), p. 734.

um interesse reconhecível, o preenchimento da condição relativa à parte peticionária sofrer aquele dano. Nesse contexto, na decisão majoritária da Suprema Corte, o dano alegado pela organização ambiental seria vivenciado apenas por quem, realmente, utiliza o *Mineral King Valley* e o *Sequoia National Park*, e para os quais a rodovia e a estação de esqui diminuiriam os valores estéticos e recreativos. O *Justice* Stewart destacou, assim, a falta de alegação, por parte da organização *Sierra Club*, ou de seus membros, de serem afetados pelos danos decorrentes do empreendimento da *Walt Disney*, pois não havia qualquer afirmação de dano individualizado[43].

Igualmente, foi ressaltada a circunstância da parte peticionária ter proposto a ação como uma "ação pública", envolvendo assuntos relativos ao uso de recursos naturais, e apresentando-se como "representante do público", o que foi rejeitado pela Suprema Corte. Nesse panorama, a decisão proclamou: "[...] alargar as categorias de danos que podem ser alegados em apoio ao *standing* é uma questão diferente de abandonar a exigência de que a própria parte que pede a revisão, tenha sofrido um dano"[44]. Por fim, segundo a Corte, "mero interesse no problema" não é suficiente para, por si só, considerar a organização "afetada negativamente" ou "prejudicada" nos termos da APA[45].

O voto dissidente do *Justice* William Douglas[46], inspirado pelo texto de Christopher Stone[47], trouxe a proposta vanguardista de conceder

[43] 405 US 727 (1972).
[44] 405 US 727 (1972), p. 738.
[45] 405 US 727 (1972); CHEMERINSKY, Erwin. **Constitutional Law**: principles and policies. 6 ed. New York: Wolters Kluwer, 2019.
[46] Sobre o Justice Douglas, Boyd informa que "[...] William O. Douglas era um apaixonado pela natureza. Quando criança, ele sofreu uma forma rara de paralisia e foi durante uma caminhada na cordilheira Cascade, em seu estado natal, Washington, que ele se reabilitou e fortaleceu as pernas. Em 1950, Douglas escreveu um livro aclamado pela crítica, '*Of Men and Mountains*', no qual ele argumentou apaixonadamente que o homem era parte da natureza e não separado dela [...] em 1965, Douglas escreveu '*A Wilderness Bill of Rights*' [...]". BOYD, op. cit., p. 114.
[47] O artigo intitulado "*Should Trees have standing?*", escrito por Christopher D. Stone, argumenta que na história jurídica houve sucessivas expansões do direito para albergar novas entidades, enquanto sujeitos de direito, um tanto quanto impensáveis. Desta maneira, dizer que o meio ambiente deve ter direitos não significaria estender à natureza todo e

direitos para a natureza[48], especialmente o *standing to sue*. Desta forma, para ele, a temática ligada ao *standing* nas demandas ambientais seria simplificada se fosse concedido aos "objetos inanimados" a legitimidade para ingressarem em juízo, pois são eles quem sofrerão os danos discutidos. Nesse sentido, Douglas proclamou: "a preocupação pública contemporânea com a proteção do equilíbrio ecológico da natureza deve levar à atribuição de legitimidade [*standing*] aos objetos ambientais para buscar sua própria preservação"[49], o que levaria o caso a ser nomeado como: "*Mineral King v. Morton*"[50]. Conforme lembrou o juiz, em determinadas situações – como no caso de navios e corporações – os objetos inanimados são partes de um litígio.[51] Nessa linha de raciocínio, explicitou:

> O rio, por exemplo, é o símbolo vivo de toda a vida que sustenta ou nutre – peixes, insetos aquáticos [...] e todos os outros animais, incluindo o homem, que dependem dele ou que o apreciam por sua visão, seu som ou sua vida. O rio como demandante fala pela unidade ecológica de vida que é parte dele. Aquelas pessoas que têm uma relação significativa com aquele corpo d'água [...] devem ser capazes de expressar os valores que o rio representa e que estão ameaçados de destruição.[52]

Para o *Justice* Douglas, a dificuldade residiria em garantir que objetos inanimados, representantes da beleza do país, possuam alguém para falar por eles antes de serem destruídos. Nessa perspectiva, ressaltou as pressões sofridas pelas agências federais e estaduais, as quais normalmente controlam os ditos objetos bem como as dificuldades do Congresso para interromper todas as ações indesejáveis contra a natureza. Diante disso, sublinhou como legítimos porta-vozes da comunidade ecológica, aquelas

qualquer direito que os seres humanos possuem. Stone, Christopher D. ***Should Trees have Standing?****: law, morality and environment*. 3. ed. Nova Iorque: Oxford University Press, 2010.

[48] Apesar de conceder o *standing* para a natureza, o Justice Douglas permanece chamando a natureza de objeto inanimado, o que destoa da perspectiva de reconhecer o valor intrínseco da natureza, a qual deixaria de ser reconhecida como um objeto.

[49] 405 US 727 (1972), p. 741-742.

[50] 405 US 727 (1972), p. 742.

[51] 405 US 727 (1972)

[52] 405 US 727 (1972)

pessoas dotadas de uma relação íntima com os "objetos inanimados" – os proponentes da ação, em sua perspectiva[53]. Portanto, apesar do raciocínio de Douglas trilhar caminhos diferentes, em suma, ele concordou com a ideia da necessidade de uma ligação entre a pessoa encarregada de representar os "objetos inanimados" e o espaço natural que sofre o dano ambiental – o demandante na sua visão.

Igualmente discordando da maioria, o *Justice* Harry Blackmun destacou a existência de uma crise ecológica e, quanto ao caso, ponderou sobre o acesso dos estimados 14.400 visitantes diários, o que transformaria uma área selvagem e remota em um complexo "da vida moderna" contando com um tráfego automotivo pesado. Assim, ao argumentar, expôs duas possibilidades: reverter o julgamento do recurso do Tribunal de Apelação e aprovar a decisão da Corte Distrital, desde que a peticionária se comprometa a emendar a ação para seguir os critérios de *standing* requeridos pela Suprema Corte; ou permitir um relaxamento dos conceitos tradicionais de *standing* para capacitar uma organização, como *Sierra Club*, possuidora de atributos e propósitos pertinentes na área do meio ambiente, para litigar em questões ambientais. Dessa forma, entendeu a litigante como alguém consciente dos valores ambientais que afirmava, ressaltando o reconhecimento pela Suprema Corte, em outros casos[54], do *standing* de reclamantes considerados albergados pela zona de interesses protegida pela lei. O *Justice* William Brennan acompanhou a fundamentação esposada por Blackmun referente à segunda parte de sua posição dissidente[55].

Em suma, com relação às questões de *standing*, a organização *Sierra Club* baseou-se na Lei de Procedimento Administrativo, apontando os danos ecológicos, recreativos e estéticos que o empreendimento acarretaria à ecologia da área e às futuras gerações. A argumentação da parte contrária foi no sentido de situar a peticionária fora do escopo do Artigo III da Constituição dos Estados Unidos, o qual limita a jurisdição dos Tribunais Federais a "casos e controvérsias".

[53] 405 US 727 (1972)

[54] **Data Processing Service v. Camp**, 397 U.S. 150 (1970) e **Barlow v. Collins**, 397 U.S. 159 (1970).

[55] 405 US 727 (1972).

Deste modo, a decisão da Suprema Corte, escrita pelo *Justice* Stewart, acompanhado pelos *Justices* Burger, White e Marshall, confirmou a decisão do Tribunal de Apelação e concluiu pela ausência de *standing* da peticionária *Sierra Club*, pois a organização não apresentou um dano individualizado ou concreto relativo ao empreendimento o qual importasse em um efeito adverso sobre ela ou seus membros. Isso obstaculizou a análise do mérito da demanda, porquanto, caso contrário, a Suprema Corte estaria emitindo uma opinião consultiva, o que é proibido pela cláusula constitucional limitadora do artigo III da Constituição dos Estados Unidos. Os *Justices* Douglas, Brennan e Blackmun proferiram votos divergentes, reconhecendo o *standing* de *Sierra Club* como peticionária ou representante da natureza[56]. Os *Justices* Lewis Powell e William Rehnquist não participaram do caso[57].

3. Repercussão da decisão

Sierra Club v. Morton indicou as balizas para a análise do *standing to sue* nos casos judiciais relacionados ao meio ambiente. Historicamente, a legitimidade para iniciar um processo judicial exigia a demonstração, pelo potencial litigante, de um dano pessoal ou na sua esfera econômica. Contudo, a partir de *Sierra Club v. Morton,* a Suprema Corte reconheceu também o dano não econômico - dano recreativo ou estético - como apto a ser invocado para satisfazer o *standing*. Desta maneira, restou consagrado que os danos exigidos pelo Artigo III da Constituição dos Estados Unidos não se limitavam a questões econômicas ou danos físicos, mas abrangiam danos estéticos, recreativos e outros interesses protegidos.

Todavia, ao lado dessa ampliação, a Suprema Corte reforçou o limite do *standing* para as partes cujos interesses foram ou serão afetados. Antes de *Sierra Club v. Morton* havia incerteza se uma organização ambiental poderia ter legitimidade (*standing*) para ingressar em juízo a fim de pro-

[56] 405 US 727 (1972).

[57] McKeown informa que os *Justices* Powell e Rehnquist ingressaram na Suprema Corte em janeiro de 1972, enquanto o *Justice* Black aposentou-se antes dos argumentos orais, que ocorreram em novembro de 1971, e o *Justice* Marshall Harlan II faleceu em dezembro de 1971. McKeown, M. M. *The Trees Are Still Standing: The Backstory of Sierra Club v. Morton.* ***Journal of Supreme Court History***, v. 44, n. 2, jul. 2019, p.201.

teger os interesses públicos na ausência de algum dano a si mesma, pois alguns tribunais permitiam e outros não. Depois da decisão, os grupos ambientalistas foram informados da necessidade de apresentar evidências sobre os seus danos diretos ou de seus membros. Desta forma, o caso *Sierra Club v. Morton* também estabeleceu que a reparação dos danos de fato (*injury in fact*) sofridos por indivíduos pode acontecer por meio de litígios movidos por organizações representando-os.

Nesse contexto, como repercussão imediata da decisão, a organização ambiental *Sierra Club* alterou a sua reclamação e adequou-a aos critérios dispostos pela Suprema Corte. Desse modo, em 23 de junho de 1972, no Tribunal Distrital Federal, a entidade mudou sua queixa, alegando que alguns de seus membros utilizavam a área florestal de *Mineral King Valley* e estes iriam sofrer danos com a construção do complexo de esqui – conforme foi sugerido em nota de rodapé na decisão da Suprema Corte. Além disso, os peticionários adicionaram outra reivindicação decorrente da *National Environmental Policy Act* (*NEPA*).[58] O Tribunal aceitou as moções. Todavia, a *Walt Disney* desistiu do empreendimento no *Mineral King Valley* e, em 1977, o pleito foi arquivado[59] devido ao acordo entre as partes[60].

[58] Além da mudança relacionada à adequação aos parâmetros de *standing* da Suprema Corte, a organização *Sierra Club* adicionou um pedido decorrente da *National Environmental Policy Act* (NEPA), promulgada em 1º de janeiro de 1970, enquanto o litígio original estava em andamento. A NEPA requereu das agências federais a realização de um estudo detalhado dos impactos ambientais. Assim, apesar da decisão favorável à *Walt Disney* na Suprema Corte, a construção da estação de esqui não poderia acontecer até que o Serviço Florestal analisasse o efeito do empreendimento no meio ambiente e emitisse um relatório. Somente em 1976 a agência federal finalizou o rascunho final do relatório. Naquela ocasião, o projeto da estação de esqui de *Walt Disney* tinha mais de 10 anos.
Mineral King Development Records, Collection no. 0037, Special Collections, USC Libraries, University of Southern California https://archives.usc.edu/repositories/3/resources/37 Accessed May 20, 2021.

[59] Em 1977, o Departamento do Interior dos EUA emitiu uma manifestação oficial contra o empreendimento fundamentada nas preocupações ambientais. No ano de 1978, o Congresso aprovou um projeto de lei que incorporava o *Mineral King Valley* ao sistema de parques nacionais, sob a jurisdição do *Sequoia National Park*, o que implicava em proteções ambientais rigorosas. Concomitante, o então governador da Califórnia Ronald Reagan removeu o orçamento para a estrada que daria acesso ao complexo de esqui e a *Walt*

Por outro lado, a repercussão do caso na comunidade e na imprensa norte-americana pode ter contribuído[61] para a desistência do empreendimento por parte da *Walt Disney*. Nesse sentido, de acordo com Hays[62], o principal resultado de *Sierra Club v. Morton* foi a constatação de que as pessoas valorizam a qualidade do meio ambiente que as cerca, uma mudança no comportamento da população norte-americana percebida após o final da Segunda Guerra Mundial. Desta forma, esses valores ambientais tornaram-se centrais na vida das pessoas dos Estados Unidos.

Para Compitello[63], após *Sierra Club*, houve uma redução na exigência para caracterização do *standing*, pois este restaria identificado na hipótese de o reclamante alegar a utilização do bem ambiental que buscava proteger do dano. A autora traz como confirmação dessa noção o resultado do caso *United States v. SCRAP*[64], no qual foi reconhecida a legitimidade dos demandantes – uma associação de estudantes de direito – ao alegarem serem diretamente afetados pelos danos ambientais causados em decorrência do aumento na tarifa do frete ferroviário em todo o país, autorizado pela *Interstate Commerce Commission* (*ICC*). Neste caso, a Suprema Corte reconheceu o *standing* da associação e afirmou a jurisdi-

Disney diminuiu o cálculo de gastos do projeto em *Mineral King*, pois havia extrapolado a estimativa de custo do parque *Walt Disney World*, na Flórida, inaugurado no ano de 1971. *Mineral King Development Records*, Collection no. 0037, Special Collections, USC Libraries, University of Southern California https://archives.usc.edu/repositories/3/resources/37 Accessed May 20, 2021.

60 405 US 727 (1972); Ferguson; Bryson, op. cit., p. 493-495; Mckeown, op. cit., p. 209.

61 A controvérsia em *Mineral King Valey* manchou a reputação de amigos da natureza conquistada pela *Walt Disney Enterprises* por intermédio da franquia de filmes "*True Life Adventures*". Roy, Travis Brandon. ***The edutainer: Walt Disney, nature films, and american understandings of nature in the twentieth century***. 2015. Thesis (Master in Arts) – Temple University Graduate Board, Philadelphia.

62 Hays, op. cit., p. 484.

63 Compitello, op. cit., p. 303.

64 "Em Scrap, um grupo de estudantes de direito formou uma associação e contestou as taxas de frete estabelecidas pela *Interstate Commerce Commission*. Os estudantes alegaram que foram prejudicados de fato pelo aumento da tarifa de frete porque eles, como usuários de florestas, rios, montanhas e outros recursos naturais, 'sofreram danos econômicos, recreativos e estéticos diretamente como resultado do impacto ambiental adverso da estrutura do frete ferroviário'". Compitello, op. cit., p. 303.

ção da Comissão (*ICC*) sobre o tema, salientando que no estágio inicial do processo ainda não detinha jurisdição para conceder uma liminar (*preliminary injuction*)[65]. Chemerinsky, por sua vez, suscita o seguinte questionamento ao comparar os dois casos:

> Uma comparação entre *Sierra Club* e *SCRAP* é reveladora. A reclamação do querelante deve alegar especificamente que ele ou ela sofreu um dano pessoal. [...] é importante notar que esses casos estabelecem que um interesse ideológico por um assunto não é suficiente para o *standing*. No entanto, esses casos também levantam questões políticas importantes. Por que presumir no *Sierra Club* que os únicos prejudicados pela destruição do parque são aqueles que já o usaram? Como o professor David Currie explicou, por que uma pessoa chateada com a destruição do último urso pardo não pode processar, mesmo que nunca tenha visto um urso pardo?[66]

Assim, o *standing* pertence às chamadas doutrinas da justiçabilidade, as quais definem o papel do Poder Judiciário, tendo uma ligação próxima com a separação de poderes, traçando limites constitucionais (que não admitiriam mudança) e prudenciais (os quais poderiam ser modificados).

Portanto, apesar de ser identificada como "uma das áreas mais confusas do Direito"[67], a doutrina do *standing* reflete a importância da definição do papel das cortes federais na história da justiça da sociedade norte-americana. Em casos posteriores, o entendimento da Suprema Corte fixou o *standing* considerando os danos de fato como concretos e particularizados, bem como reais ou iminentes. Também foram traçados como critérios: o dano rastreável à ação contestada e a reparabilidade do dano por uma decisão favorável[68].

Por fim, nota-se que o caso *Sierra Club v. Morton* é reconhecido e frequentemente lembrado pelo voto do *Justice* Douglas, ao considerar a

[65] **United States v. Students Challenging Regulatory Agency Procedures** – SCRAP, 412 US 669 (1973).

[66] Chemerinsky, Erwin. ***Constitutional Law:*** *principles and policies.* 6 ed. Nova Iorque: Wolters Kluwer, 2019, 67.

[67] Ibid., p. 62.

[68] Rubin; Turner, op. cit., p. 4-11.

natureza como litigante, por si mesma, no jogo judicial. Na abordagem dos direitos da natureza, o caso ainda repercute ressaltando-se a posição de vanguarda do *Justice* Douglas no contexto norte-americano. Apesar do voto não ter alcançado uma mudança na posição da Suprema Corte quanto à percepção jurídica da comunidade ecológica, no cenário internacional, os direitos da natureza foram chancelados pelas instâncias judiciais superiores de diversas nações[69]. Nos Estados Unidos, observa-se a emergência de legislações locais, desde a Califórnia até Nova Iorque, desafiando a lógica ocidental de instrumentalização do mundo natural enquanto um recurso, objeto de propriedade, e consagrando-o como um ecossistema de valor intrínseco[70].

Conclusões

O estudo de *Sierra Club v. Morton* fornece elementos para a compreensão das balizas constitucionais e prudenciais referentes à aplicação da doutrina do *standing* pela Suprema Corte dos Estados Unidos, bem como traz indagações sobre essa questão. Observou-se que a doutrina do *standing*, ao tratar da temática ligada à preservação da natureza, vem se transformando e especificando os pressupostos necessários para o reconhecimento da legitimidade dos peticionários nos casos envolvendo interesses públicos. Nesse sentido, os julgados posteriores à *Sierra Club v. Morton* – como *Lujan v. Defenders of Wildlife* e *Friends of the Earth, Inc. v. Laidlaw*

[69] Pode-se nomear como exemplos: o reconhecimento da personalidade jurídica, na Nova Zelândia, do rio Whanganui, em 2017, e do Monte Taranaki, em 2018, bem como o reconhecimento de direitos aos rios Ganges e Yamuna, às geleiras Gangotri e Yamunotri e ao lago Shukhna, nos tribunais da Índia. No chamado Novo Constitucionalismo Latino-Americano, a Constituição do Equador define expressamente os direitos da natureza. Os tribunais superiores colombianos, por sua vez, a partir de 2016, reconheceram em diversas oportunidades os direitos da natureza, como nos casos da Baia de Cartagena, do rio Atrato e da Amazônia colombiana. AYALA, Patrick de Araújo. Constitucionalismo Global Ambiental e os Direitos da Natureza. In: LEITE, José Rubens Morato (Coord.) **A Ecologização do Direito Ambiental Vigente**: rupturas necessárias. 2. ed. Rio de Janeiro: Lumen Juris, 2021. p. 183-233.

[70] BOYD, op. cit., p. 120-121. O autor informa que a primeira lei de direitos da comunidade foi promulgada em Belfast, na Pensilvânia, no ano de 2000, e a primeira legislação reconhecendo direitos para natureza foi aprovada no condado de Schuylkill, na Pensilvânia, em 2006.

Environmental Services (TOC), Inc. – acrescentaram novas limitações e procuraram explicar as regras para a caracterização do *standing to sue* nas ações ambientais.

No caso analisado, o tema central envolveu o questionamento sobre a possibilidade da organização *Sierra Club*, interessada na preservação ambiental, possuir *standing* para ingressar em juízo diante de um dano ao interesse público da comunidade. Nesse ponto, a Suprema Corte limitou a expectativa de a organização ambiental atuar como representante de interesses difusos da coletividade, ao exigir a existência de um dano rastreável à organização *Sierra Club* ou aos seus membros.

Desta maneira, percebeu-se a aplicação de um modelo de resolução de conflitos próximo das disputas de direito privado, nas quais se exige um dano pessoal. Uma orientação voltada à aplicação do *standing* nos parâmetros do direito público, destacando os valores socais que a sociedade escolhe proteger, se aproximaria da antiga concepção de *standing*, na qual o intérprete se voltava à legislação pertinente para investigar se ela concedeu uma *cause of action* ao eventual demandante[71]. Desta forma, a posição contrasta com a concepção de interdependência ecológica, na qual o impacto humano em um dos elementos pode interferir nas demais interconexões dos sistemas ambientais.

Apesar disso, em *Sierra Club v. Morton*, houve o reconhecimento do bem-estar ambiental e estético como um aspecto importante da qualidade de vida da sociedade e motivo suficiente para que o dano a eles fosse considerado como *injury in fact*. Também restou consignado que a associação poderia ingressar em juízo para representar os interesses de seus membros, desde que eles sofressem um dano relacionado ao empreendimento.

Por fim, destaca-se que o caso abordou, de maneira incipiente, os direitos da natureza, notadamente no voto dissidente do *Justice* Douglas. A proposta trazida pelo juiz continua sendo a declaração mais progressista da Suprema Corte no contexto do *standing* e inspirou legislações das comunidades norte-americanas a reconhecerem os direitos da natureza. Essas comunidades litigam pela constitucionalidade de tais leis funda-

[71] LONG, Andrew. Standing & Consensus: Globalism in Massachusetts v. EPA. Journal of Environmental Law & Litigation, v. 23, n. 73, p. 73-124, 2008.

mentadas nas Constituições dos respectivos estados, defendendo os direitos dos indivíduos de viverem em ambientes saudáveis e o direito de regularem as atividades econômicas desenvolvidas em suas localidades. Portanto, no cenário de crise ecológica generalizada, o tema segue atual e traz o questionamento de se a Suprema Corte, no futuro, também reconhecerá os direitos da natureza.

Referências

AYALA, Patryck de Araújo. Constitucionalismo Global Ambiental e os Direitos da Natureza. In: LEITE, José Rubens Morato (Coord.) **A ecologização do direito ambiental vigente**: rupturas necessárias. 2. ed. Rio de Janeiro: Lumen Juris, 2021. p. 183-233.

BODANSKY, Daniel. ***The art and Craft of International Environmental Law***. Cambridge, Massachusetts: Harvard University Press, 2011.

BOYD, David R. ***Los Derechos de la Naturaleza:*** *una revolutión legal que podría salvar el mundo*. Tradução de Santiago Vallejo Galárraga. Bogotá: Heinrich Böll Stiftung, ECW Press, 2020.

CARSON, Rachel. ***Silent Spring***. Nova Iorque: Mariner Books, 2002.

CHEMERINSKY, Erwin. ***Constitutional Law:*** *principles and policies*. 6 ed. Nova Iorque: Wolters Kluwer, 2019.

COMPITELLO. Jeanne A. *Organizational Standing in Environmental Litigation*. **Touro Law Review**, v. 6, n. 2, p. 295-325, 1990.

DUNLAP, Riley E.; MERTIG, Angela G. *The evolution of the U.S. Environmental Movement from 1970 to 1990: An Overview*. **Society and Natural Resources**, v. 4, p. 209-218, 1991.

ESTADOS UNIDOS DA AMÉRICA. Constituição (1787). **The Constitution of the United States**. Estados Unidos da América, 1787.

ESTADOS UNIDOS DA AMÉRICA. District Court. **Sierra Club v. Hickel** (307 F. Supp. 685) (N.D. Cal. 1969), São Francisco, 23 de julho de 1969.

ESTADOS UNIDOS DA AMÉRICA. Supreme Court of the United States. **Sierra Club v. Morton**, 405 U.S. 727 (1972), Washington D.C, 19 de abril de 1972.

ESTADOS UNIDOS DA AMÉRICA. Supreme Court of the United States. **United States v. Students Challenging Regulatory Agency Procedures** – SCRAP, 412 US 669 (1973), Washington D.C, 28 de fevereiro de 1973.

FERGUSON, Arthur B.; BRYSON, William P. *"Mineral King: a Case Study in Forest Service Decision Making."* **Ecology Law Quarterly**, v. 2, n. 3, p. 493–531, 1972.

HARTMAN, Gary; MERSKY, Roy M.; TATE, Cindy L. ***Landmark Supreme Court Cases***: *The Most Influential Decisions of the Supreme Court of the United States.* Nova Iorque: Facts On File, 2004.

HAYS, Samuel P. ***Beauty, Health, and Permanence***: *environmental politics in the United States, 1955-1985*. Nova Iorque: Cambridge University Press, 1987.

LONG, Andrew. *Standing & Consensus: Globalism in Massachusetts v. EPA.* **Journal of Environmental Law & Litigation**, v. 23, n. 73, p. 73-124, 2008.

MCKEOWN, M. M. *The Trees Are Still Standing: The Backstory of Sierra Club v. Morton.* ***Journal of Supreme Court History***, v. 44, n. 2, p. 189–214, jul. 2019.

MINERAL KING DEVELOPMENT RECORDS, Collection no. 0037, Special Collections, USC Libraries, University of Southern California https://archives.usc.edu/repositories/3/resources/37 Accessed May 20, 2021.

ROY, Travis Brandon. ***The edutainer: Walt Disney, nature films, and american understandings of nature in the twentieth century***. 2015. Thesis (Master in Arts) – Temple University Graduate Board, Philadelphia.

RUBIN, Staci M; TURNER, Phelps T. *Public Interest Environmental and Energy Litigation. In*: MCGREGOR, Gregor I. et al. ***Massachusetts Environmental Law***. 4 ed. with 2019 supplement. Boston: MCLE, 2019.

SCALIA, Antonin. *A Doutrina do Standing como um Elemento Essencial da Separação de Poderes*. Tradução de Romulo Ponticelli Giorgi Júnior. **Cadernos do Programa de Pós-Graduação em Direito – PPGDir./UFRGS**, Porto Alegre, v. 9, n. 1, ago. 2014. ISSN 2317-8558.

STONE, Christopher D. ***Should Trees have Standing?***: *law, morality and environment*. 3. ed. Nova Iorque: Oxford University Press, 2010.

SUNSTEIN, Cass R. *What's Standing After Lujan? Of Citizen Suits, "Injuries," and Article III.* **Michigan Law Review**, v. 91, p. 163-236, 1992.

27.
ROE V. WADE, 1973
UM CASO PARA ALÉM DA LIBERDADE FEMININA

EMANUELA DE OLIVEIRA NEVES
LUCAS SOUSA GOMES

Introdução

O fervilhar cultural que avançou pelo mundo ocidental a partir da década de 60 trouxe os ares de uma possível transformação no comportamento social[1]. Enquanto grupos na França lutavam pela reforma do sistema educacional, o que acabou abrangendo outras questões sociais naquele país, nos Estados Unidos eclodia a luta pelos Direitos Civis, extremamente impulsionada pelos movimentos antirracistas e feministas. Embora *Roe v. Wade* tenha sido julgado em 1973, o caso faz parte de um conjunto de ações judiciais que evidenciam a luta de determinados movimentos sociais, os quais se intensificaram nos anos que antecederam o julgamento, mesmo que, naquele momento, a justificativa que serviu como alicerce para um dos mais famosos casos já julgados pela Suprema Corte tenha sido pautada no direito à privacidade.

O presente caso não é apenas emblemático, mas uma marca na mais alta Corte dos Estados Unidos. O simbolismo de *Roe v. Wade* deve ser observado, para além da carga jurídica, como inserido em um contexto em que certos grupos sociais ainda sofrem com o processo de marginalização.

[1] Ventura, Zuenir. **1968**: O ano que não terminou – a aventura de uma geração. 18. ed. Rio de Janeiro: Nova Fronteira, 1988.

Trata-se de um caso histórico no Direito Constitucional dos Estados Unidos. Até a sua decisão pela Suprema Corte do país, em 1973, o aborto era criminalizado pela maioria dos estados americanos, em suas respectivas jurisdições[2]. O caso gerou um impacto significativo sobre o direito ao aborto, a identidade das mulheres e a noção constitucional de privacidade à luz da interpretação da Corte. Foi, de fato, um caso paradigmático para outros países que enfrentaram ou enfrentam o mesmo debate[3].

Não à toa, é o caso mais mencionado da Corte, além de servir como parâmetro para decisões políticas nos Estados Unidos, sobretudo no que se refere ao processo de nomeação de um novo juiz à Suprema Corte. Nesse caso, a posição do indicado pelo Presidente é sempre um fator a ser considerado, além de ser algo especulado pelos veículos de comunicação e pelos Senadores quando da aprovação do nome pelo Senado.

1. Contexto histórico

A despeito de *Roe v. Wade* ter sido julgado em 1973, é relevante abordar os principais acontecimentos que ocorreram à época do julgamento. Como toda decisão, existem defensores de ambos os lados, razão pela qual revisitaremos os principais argumentos tanto daqueles favoráveis (*pro-choice*) quanto daqueles contrários ao aborto (*pro-life*), bem como dos grupos que se dividiam na defesa da revogação ou da reforma das leis antiaborto.

Convém destacar que o aborto passou a ser criminalizado nos EUA em 1850. Até essa data, a prática era permitida, desde que fosse realizada

[2] Conforme explica Gregório Assagra de Almeida, no federalismo (*federalism*) dos Estados Unidos existem duas dimensões de governo, a federal (*federal*) e a estadual (*state*), caracterizadas pela divisão de poderes dentro de espaços territoriais, com autonomia entre os estados e soberania garantidas à Federação. Além do governo federal (*federal government*), há 50 estados (*states*), sendo a todos assegurado um sentido de independência e de poder muito grande. Portanto, cada governo nos Estados Unidos, o federal e os estaduais, possui o seu próprio sistema jurídico. ALMEIDA, Gregório Assagra de. O Sistema Jurídico nos Estados Unidos – Common Law e Carreiras Jurídicas (Judges, Prosecutors e Lawyers): o que poderia ser útil para a reforma do sistema processual brasileiro? **Revista dos Tribunais Online**, São Paulo, v. 251, p. 523-560, jan. 2016.

[3] WEINER, Merle H. *Roe v. Wade Case (US)*. **Oxford Constitutional Law**. Oxford University Press, 2015. Disponível em: <https://law.uoregon.edu/sites/law1.uoregon.edu/files/faculty/law%20bios%20files/law-mpeccol-e564.pdf>.

antes que a mãe pudesse perceber os primeiros movimentos fetais[4]. Contudo, a Associação Médica Americana defendeu a proibição da prática, salvo se fosse necessária para salvar a vida da gestante[5]. A partir de tal consideração, diversos estados iniciaram um hábil processo para aprovar legislações restringindo a possibilidade do aborto.

Em 1969, Betty Friedan, ativista feminista estadunidense, teve a oportunidade de participar da Primeira Conferência Nacional de Leis sobre o aborto. Essa conferência deu origem a uma nova associação: a Associação Nacional para a Revogação das Leis do Aborto, a qual defendia o direito à interrupção voluntária da gravidez não apenas como forma de ampliar a possibilidade da participação de mulheres na economia, mas como um direito essencial para a plena personalidade e dignidade humana. A possibilidade de escolha era, assim, imprescindível para que a mulher pudesse ter controle da sua vida reprodutiva e seu lugar na sociedade. Na visão de Friedan, o aborto era um direito da mulher, e não uma questão técnica que necessitasse da sanção do Estado[6].

Por outro lado, é incorreto afirmar que o movimento feminista por completo era a favor da prática. Sidney Callahan criticava veementemente as mulheres que defendiam a causa feminista e, ao mesmo tempo, se manifestavam de forma favorável ao aborto. Isso porque, para a autora, afirmar que o "feto não é humano e não tem direito à vida" seria, no mínimo, contraditório ao argumento utilizado pelas mulheres para se opor às atitudes dos homens que negam o *status* de ser humano a mulheres, negros, asiáticos, uma vez que elas estariam se comportando da mesma forma. Ainda segundo Callahan, afirmar que mulheres podem fazer o que quiser com seu corpo, incluindo decidir não ter filhos, é enxergar o próprio corpo como um objeto[7].

[4] *Ibidem*. Tradução do excerto: *"Although abortion performed before 'quickening' had been legal at the nation's founding ('quickening' refers to the time when the mother can first feel fetal movement)"*.

[5] Ibid. Weiner, Merle H. **Roe v. Wade Case** (US). Oxford Constitutional Law. Oxford University Press, 2015. Disponível em: <https://law.uoregon.edu/sites/law1.uoregon.edu/files/faculty/law%20bios%20files/law-mpeccol-e564.pdf>.

[6] Greenhouse, Linda; Siegel, Reva B. ***Before Roe v. Wade****: voices that shaped the abortion debate before the Supreme Court's ruling*. Nova Iorque: Kaplan Publishing, 2012, p. 38-39.

[7] Ibid., p. 46-47.

As religiões de matriz judaico-cristã, especialmente o catolicismo, protestantismo e judaísmo, também se posicionaram contrariamente em relação à questão do aborto, visto que, para tais credos, em regra, a vida se inicia desde a fecundação do óvulo. Para a Associação Nacional de Evangélicos, por exemplo, o aborto vai além de uma mera questão de liberdade da mulher e de controle sobre funções reprodutivas, dizendo respeito à possibilidade e às circunstâncias em que um ser humano pode tirar a vida de outro. Contudo, não deixou de reconhecer a necessidade da prática do aborto terapêutico para salvaguardar a saúde e a vida da mãe, como nos casos em que a gravidez é resultante de estupro ou incesto, hipóteses nas quais a decisão deve ser tomada após a realização de aconselhamento médico, psicológico e religioso[8].

Desde o século V, os católicos debatem a famosa "infusão da alma humana". O teólogo Adriano Corrêa explica a posição de Santo Agostinho, para quem somente 40 dias após a fecundação, sendo o feto másculo, é que seria possível falar em pessoa humana; no caso do feto feminino, somente depois de 80 dias. Evidentemente que, com o passar dos anos, o Catolicismo foi moldando sua dogmática, e, quando *Roe v. Wade* chegou à Suprema Corte, a Igreja Católica já tinha um posicionamento consolidado e robustecido sobre a matéria, como se observa na famosa Constituição Pastoral *Gaudium Et Spes*[9] e na Encíclica *Humanae Vitae*[10], que apontavam o posicionamento contrário dessa religião sobre a matéria.

É importante frisar que Roe v. Wade não foi a primeira, tampouco a mais significante, decisão da Suprema Corte sobre o direito das mulheres que se baseou em uma interpretação mais ampla da Constituição, conferindo a determinados direitos não expressos na Carta da Filadélfia o *status* de direitos fundamentais.

[8] Ibid., p. 72-74.

[9] Constituição Pastoral *Gaudium ET Spes*, assinada pelo Papa Paulo VI em 1965. Trata essencialmente da posição da igreja no mundo moderno. O aborto é condenado expressamente na referida constituição. *Constituição Pastoral Gaudium Et Spes*. **Documentos do Concílio Ecumênico Vaticano II**. São Paulo: Paulus, 1997.

[10] Carta Encíclica *Humanae Vitae*, assinada pelo Papa Paulo VI em 1968. Trata sobre a transmissão da vida e a regulação do nascimento. O aborto é condenado expressamente na Encíclica. PAULO VI. **Carta Encíclica Humanae Vitae**. 9. ed. São Paulo: Paulinas, 2021.

Nesse contexto, o primeiro caso que merece destaque é *Griswold v. Connecticut* (1965) [11], no qual a Corte foi instada a se manifestar sobre a condenação da diretora executiva e do diretor médico da *Planned Parenthood League* pela prescrição e fornecimento de anticoncepcionais a pessoas casadas, conduta proibida pela legislação daquele Estado, que vedava o uso de qualquer droga ou artigo para prevenir a concepção. A Corte reformou a decisão da instância inferior, que havia declarado a validade da legislação estadual, afirmando que, na verdade, o estatuto era inválido porque infringia o direito constitucionalmente protegido de privacidade de pessoas casadas[12].

Anos após *Griswold*, a Suprema Corte reconheceu, no julgamento de *Eisenstadt v. Baird* (1972)[13], o direito ao uso de anticoncepcionais por pessoas solteiras, sob o fundamento de que "fornecer tratamento diferente para pessoas casadas e solteiras em situação semelhante consistia em uma violação à Cláusula de Proteção Igualitária da Décima Quarta Emenda"[14]. Como sustentou o Juiz William Brennan: "é direito dos indivíduos, casados ou solteiros, estar livre da interferência do governo em questões que afetam tão fundamentalmente uma pessoa quanto à decisão sobre se deve ter ou gerar um filho". Na ocasião, também foi rejeitado o argumento de que os estados tinham um interesse razoável em regulamentar a distribuição de anticoncepcionais[15].

Quase que simultaneamente, em abril de 1971, a Suprema Corte foi instada a manifestar-se sobre o mesmo tema em *US v. Vuitch* [16]. No caso em questão, uma lei do Distrito de Columbia foi questionada pelo médico Milan Vuitch, que havia sido indiciado por realizar abortos em situações não previstas na legislação. Para o réu, a proibição do aborto, que só poderia ser realizado se "necessário para a preservação da vida ou saúde da mãe", era extremamente vaga. A Corte de Apelação do Nono

[11] **Griswold v. Connecticut**, 381 US 479 (1965).
[12] 381 US 479 (1965).
[13] **Eisenstadt v. Baird**, 405 US 438 (1972).
[14] 405 US 438 (1972).
[15] Schultz, David. ***Encyclopedia of the Supreme Court.*** Nova Iorque: Facts On File, Inc., 2005, p. 135-136
[16] **United States v. Vuitch**, 402 U.S. 62 (1971).

Circuito concordou com as alegações do médico, decidindo pela imprecisão do termo "saúde"[17].

Após o recurso, o caso subiu à Suprema Corte, que entendeu que o estatuto questionado não era "inconstitucionalmente vago", revertendo, portanto, a decisão do Tribunal de Apelação[18]. Quanto ao mérito da questão, é importante observar que a Corte interpretou a palavra "saúde" de maneira ampla e atual, abarcando a definição tanto de saúde física quanto mental. Nesse caso, no entanto, não foi conferida a devida importância à discussão acerca do aborto em si; sua maior preocupação era analisar se o médico deveria ou não responder pela realização do procedimento[19].

Um dia depois da decisão de *Vuitch*, a Suprema Corte decidiu que iria julgar *Roe v. Wade*. Jane Roe era o pseudônimo de Norma McCorvey, uma mulher solteira e grávida que tinha o desejo de interromper a sua gravidez em condições seguras. Contudo, residindo no estado do Texas, onde a lei apenas permitia o aborto nos casos em que houvesse risco de morte à mãe, foi necessário recorrer ao Judiciário para conseguir o seu objetivo. Assim, com o auxílio de duas advogadas recém-formadas, Jane Roe ajuizou ação no Tribunal Federal do Distrito de Dallas, requerendo a interrupção da gravidez e a consequente declaração de inconstitucionalidade da lei que bania a prática do aborto de forma nacional, sob o fundamento de que a Décima Quarta Emenda da Constituição Americana determinava igual tratamento a homens e mulheres. A petição foi assinada em nome de Jane Roe e de todas as mulheres americanas.

Por seu turno, Henry Wade, promotor do estado do Texas, alegou que: (i) o aborto deveria ser visto como uma forma de assassinato, porque a vida do feto merecia proteção legal; e (ii) o Tribunal não tinha jurisdição para conceder uma liminar declarando a inconstitucionalidade nacional das leis que proibiam o aborto[20].

Em 17 de junho de 1970, o Tribunal Federal, por unanimidade, declarou a inconstitucionalidade dos dispositivos constantes no Código Penal do Texas, sob os argumentos de que era uma legislação excessivamente

[17] 402 U.S. 62 (1971).
[18] 402 U.S. 62 (1971).
[19] Greenhouse; Siegel, op. cit., p. 224.
[20] Ibid., p. 75.

restritiva e de que a mulher tinha um direito fundamental de escolher ter ou não um filho, direito esse que era protegido pela Nona e pela Décima Quarta Emendas[21]. No entanto, a Corte não emitiu liminar para permitir o aborto de Jane Roe, porque a sua gravidez já passava de seis meses[22].

Isso posto, é possível observar que a Suprema Corte dos EUA já vinha adotando posições menos restritivas aos direitos das mulheres, sobretudo quanto às interferências estatais injustificadas, as quais violavam profundamente o direito à privacidade. Assim, foi um posicionamento construído ao longo de vários anos que permitiu que a questão do aborto pudesse ser julgada pela Suprema Corte.

2. Aspectos importantes da decisão

Três meses antes da primeira arguição de *Roe v. Wade*, em setembro de 1971, dois juízes da Suprema Corte se aposentaram – Hugo Black e John M. Harlan II[23]. Dessa forma, quando o caso foi apresentado ao Tribunal, no dia 13 de dezembro de 1971, a Corte contava com apenas sete de seus nove membros. Após a posse de Lewis F. Powell Jr. e William Rehnquist, ambos indicados pelo então Presidente Richard Nixon, a Corte optou por permitir uma nova arguição de *Roe v. Wade*, o que ocorreu em 11 de outubro de 1972[24].

A discussão foi tão emblemática que diversas instituições se voluntariaram para dar o seu parecer no caso como *amici curiae*. A manifestação da Associação Americana de Advogados chamou atenção ao ponderar que, quando a primeira lei antiaborto foi publicada, o seu intuito era tão somente proteger a mulher de técnicas perigosas que, comumente, provocavam a morte da gestante. Não obstante, com a evolução da medicina e, principalmente, da assepsia, a probabilidade de morte materna decaiu

[21] Weiner, op. cit.

[22] Ibid.

[23] Greenhouse; Siegel, op. cit., p. 227.

[24] Lewis F. Powell Jr. e William H. Rehnquist, apesar de terem sido indicados antes da primeira arguição de *Roe v. Wade*, só tomaram posse após a audiência; logo, até aquele momento, eles ainda não compunham, de fato, o plenário da Corte.

e, consequentemente, o interesse estatal em proibir a interrupção da gravidez também deveria ser diminuído[25].

Em defesa de um ponto de vista mais extremista, um grupo de feministas notáveis assinou um documento único, pleiteando o caráter absoluto do direito à privacidade, razão pela qual não deveria haver restrições à vontade da mulher em continuar ou não com a gravidez. O documento, apresentado na condição de *amicus curiae*, afirmava que ainda que um feto fosse considerado uma pessoa dotada de direitos, a mulher não deveria ser obrigada a nutri-lo em seu corpo contra sua vontade.

Por sete votos a dois, a Suprema Corte decidiu, em 1973, ser inconstitucional a regulamentação restritiva do aborto. Harry Blackmun, responsável por escrever a decisão da maioria, iniciou seu voto evidenciando que a regra processual da Corte é no sentido de que deve haver uma controvérsia real no momento do julgamento do recurso, não bastando, portanto, que tal controvérsia estivesse presente na data em que o caso foi instaurado. Contudo, de pronto, reconheceu que, caso essa regra não fosse flexibilizada nas ações envolvendo a gravidez humana, a Corte não conseguiria decidir sobre o tema, dada a naturalidade com que a gravidez chega ao seu fim antes da decisão do recurso[26]. Justificou, assim, a controvérsia jurídica para aceitar o caso de Jane Roe.

Em seu voto, Blackmun fez um estudo minucioso sobre como o aborto foi tratado ao longo do tempo por diferentes culturas. Analisou, sobretudo, a evolução do tema nos Estados Unidos, cujo ponto de partida faz referência à legislação nova iorquina antiaborto de 1928, a qual classificava a interrupção voluntária da gravidez como contravenção ou homicídio culposo, a depender do estágio de desenvolvimento do feto. Em 1950, foi constatado que a maioria dos estados americanos adotavam leis

[25] 410 U.S. 113 (1973).

[26] **Roe v. Wade**, 410 U.S. 113 (1973), p. 125. Roe et al. v. Henry Wade, District Attorney of Dallas County. "*The usual rule in federal cases is that an actual controversy must exist at stages of appellate or certiorari review, and not simply at the date the action is initiated. United States v. Munsingwear, Inc., 340 U. S. 36 (1950); Golden v. Zwickler, supra; SEC v. Medical Committee for Human Rights, 404 U. S. 403 (1972). But when, as here, pregnancy is a significant fact in the litigation, the normal 266-day human gestation period is so short that the pregnancy will come to term before the usual appellate process is complete*".

severas para proibir o aborto, exceto quando este era necessário para salvar a vida da mãe.

Salientou, ainda, que, com o passar dos anos, o Alabama e o Distrito de Columbia passaram a permitir o aborto quando a gravidez colocava em risco não só a vida, mas também a saúde da mãe. Além disso, outros três estados autorizavam que a interpretação para a autorização da prática fosse realizada pelos Tribunais. Com isso, foi possível observar uma tendência de liberalização do aborto[27], ou, pelo menos, uma interpretação mais extensiva das hipóteses permitidas.

A Suprema Corte decidiu, então, que as leis estaduais que excluíam do tipo penal apenas o aborto cometido sob o argumento de salvar a vida da mãe, sem levar em conta o estágio da gravidez, representavam uma violação à cláusula do devido processo da Décima Quarta Emenda[28]. Isso porque tal emenda, em sua primeira seção, é responsável por consignar que nenhum cidadão estará sujeito a leis que tenham o condão de restringir seus privilégios ou imunidades, bem como que nenhum estado pode privar as pessoas de sua vida, liberdade ou propriedade sem o devido processo legal[29].

[27] **Roe v. Wade**, 410 U.S. 113 (1973).

[28] 410 U.S. 113 (1973).

[29] O devido processo legal é cláusula contida na Seção I da 14ª Emenda à Constituição dos EUA: "Todas as pessoas nascidas ou naturalizadas nos Estados Unidos e sujeitas à sua jurisdição são cidadãos dos Estados Unidos e do estado em que residem. Nenhum estado deve fazer ou aplicar qualquer lei que reduza os privilégios ou imunidades dos cidadãos dos Estados Unidos; nenhum estado privará qualquer pessoa de sua vida, liberdade ou propriedade, sem o devido processo legal; nem negará a qualquer pessoa dentro de sua jurisdição a igual proteção das leis." Cf. Constituição (1787). **14th Amendment**. Estados Unidos da América, 1868.14th *Amendment.Citizenship rights, equal protection, apportionment, civil war debt.* Section 1: "*All persons born or naturalized in the United States, and subject to the jurisdiction thereof, are citizens of the United States and of the State wherein they reside. No State shall make or enforce any law which shall abridge the privileges or immunities of citizens of the United States; nor shall any State deprive any person of life, liberty, or property, without due process of law; nor deny to any person within its jurisdiction the equal protection of the laws*". Disponível em: <https://constitutioncenter.org/interactive-constitution/amendment/amendment-xiv#:~:text=No%20State% 20shall%20make%20or,equal%20protection%20of%20the%20laws>.

Como o Juiz Potter Stewart aduziu em seu voto concorrente, a cláusula do devido processo a que a referida Emenda faz referência deve ser interpretada, também, como um "devido processo substantivo", uma vez que a liberdade protegida por ela abrange mais do que as liberdades expressamente mencionadas na Declaração de Direitos. Defendeu, ainda, que, quando se trata de liberdade, deve ser feita uma análise cuidadosa para justificar os interesses estatais na limitação desses direitos[30].

Esse foi, aliás, um dos principais fundamentos utilizados para garantir o direito, ainda que limitado, ao aborto em *Roe v. Wade.* Nesse sentido, o argumento central adotado para convencer a maioria de que a Corte poderia conferir à Décima Quarta Emenda uma interpretação orientada ao devido processo legal substantivo[31] foi o de que a "interpretação jurídica é discricionária", e, portanto, as forças políticas e sociais deveriam prevalecer sobre a interpretação dos juízes da Corte[32].

Sobre o assunto, Chapman e Yoshino, em trabalho publicado sobre a 14ª Emenda, explicam que a Corte considerou as garantias do devido processo da Quinta e da Décima Quarta Emendas para proteger certos direitos substantivos que não estão listados na Constituição. Dessa forma, certas liberdades seriam tão importantes que não poderiam ser infringidas sem uma razão convincente. Ainda que seja uma "interpretação controversa, ela já foi usada por algumas vezes em julgamentos relevantes, como *Lockner v. New York* (1905), *Griswold v. Connecticut* (1965), *Eisenstadt v. Baird* (1972), *Lawrence v. Texas* (2003) e *Obergefell v. Hodges* (2015)"[33].

Entende-se, assim, que a cláusula do devido processo substantivo poderá ter espaço se a parte conseguir demonstrar a privação injustifi-

[30] 410 U.S. 113 (1973).

[31] Hall, Kermit L; ELY, JR., James W; GROSSMAN, Joel B. ***The Oxford Companion to the Supreme Court of the United States.*** 2. ed. Nova Iorque: Oxford University Press, p. 408-409.

[32] Ibid., p. 408-409.

[33] Chapman, Nathan S; Yoshino, Benji. *The Fourteenth Amendment Due Process Clause.* **National Constitution Center**. Disponível em: <https://constitutioncenter.org/interactive-constitution/interpretation/amendment-xiv/clauses/701>.

cada de um de seus direitos fundamentais, quais sejam a vida, a liberdade ou a propriedade[34].

Além da cláusula do devido processo substantivo, outro ponto que merece destaque na decisão é o direito à privacidade, argumento essencial usado para solucionar a dúvida a respeito da dicotomia das limitações envolvendo o interesse do Estado em proteger a vida do feto diante do direito de escolha entre ter ou não ter um filho[35]. Infere-se, portanto, que o interesse estatal em proteger a vida do feto é inversamente proporcional ao direito à privacidade.

Desse modo, após *Roe v. Wade*, estabeleceu-se que o direito à privacidade abarca a decisão de interromper a gravidez, embora não seja este, contudo, um direito absoluto. Em virtude disso, subsiste, ainda que limitado, o interesse estatal na regulação do aborto, uma vez que o estado pode e deve empreender esforços para manter tanto a vida da mãe quanto a dos fetos que atinjam tempo significativo para que seja viável a sua sobrevivência fora do útero.

Isso porque, de acordo com os estudos realizados, o aborto realizado após os três primeiros meses é mais arriscado à vida da mãe. Ainda, constatou-se que, com o avançar da gravidez, a partir da 24ª semana, aproximadamente, o feto tem condições suficientes para sobreviver fora do corpo da mãe, com o auxílio de aparelhos. Em outras palavras, a gravidez interrompida até o terceiro mês gera menor risco para a mãe e inviabiliza a existência do embrião fora do útero. Após esse período, o perigo para a mãe aumenta. Já no último trimestre, o risco de morte é altíssimo para a mãe e há chances consideráveis de êxito na manutenção da vida do feto fora do útero.

Entendeu-se, então, que, quando não há risco de morte, não há interesse estatal em regular nem, tampouco, em proibir o aborto. Adiante, com o aumento da probabilidade de morte materna, o Estado passa a ter interesse em controlar a prática abortiva. No fim da gravidez, estipulou-se que há interesse estatal legítimo na manutenção da vida do feto. Assim,

[34] CHEMERINSKY, Erwin: Substantive Due Process. **Touro Law Review**, v. 15, n. 4, article 15, p. 1501-1534, 1999.

[35] WOODWARD, Bob; ARMSTRONG, Scott. **Por detrás da Suprema Corte.** São Paulo: Saraiva, 1985, p. 299.

quanto maior o interesse do Estado, maior a possibilidade de restrição. Em razão dessa linha de raciocínio, a Corte estabeleceu, portanto, a permissão para a interrupção voluntária da gravidez de acordo com a "regra dos trimestres". Vejamos a seguir, em tradução livre:

1. No primeiro trimestre, a decisão sobre o aborto e sua efetivação devem ser deixadas ao julgamento médico do especialista responsável pela gestante;
2. Para o segundo trimestre, o Estado pode regular o procedimento de aborto de maneiras compatíveis com a saúde materna, com o objetivo de promover seu interesse pela saúde da mãe;
3. Já no último trimestre, ficou estabelecido que é legítimo o interesse do Estado na potencialidade da vida humana. Entende-se, portanto, que está ele autorizado, até mesmo, a proibir a prática abortiva neste caso, exceto quando houver aconselhamento médico para tanto.[36]

Assim, como dito, o direito ao aborto foi consignado em uma decisão com sete votos favoráveis e dois contrários à prática. Os juízes dissidentes foram William Rehnquist e Byron White. Rehnquist focou a sua dissidência nas questões processuais do caso. Para ele, o estatuto do Texas não deveria ser considerado inválido porque a própria Corte concordava, em certo ponto, que o aborto poderia ser proibido – no caso, no último trimestre. Defendeu, ainda, que a ideia de dividir a gravidez em três momentos e de permitir que os estados possam criar regras específicas para cada um extrapola os limites funcionais do Judiciário, que estaria atuando mais como um "legislador judicial" do que como intérprete da intenção do constituinte. Afirmou, assim, que o legislador, ao elaborar a Décima Quarta Emenda, não pretendia retirar dos estados a capacidade de legislar sobre o aborto[37].

A partir desse mesmo ponto de vista, o *Justice* White, além de concordar com os termos da dissidência de Rehnquist, adentrou no mérito da questão para defender que, em *Roe v. Wade*, a Corte estaria criando um novo direito fundamental para as mães grávidas. Nesse sentido, a interpretação de que, durante o primeiro trimestre da gravidez, o aborto seria

[36] 410 U.S. 113 (1973).
[37] 410 U.S. 113 (1973).

completamente permitido por conveniência e mero capricho[38] da mãe em detrimento da potencial vida do feto não passaria de um exercício extravagante e imprudente do judiciário. Completou com o entendimento de que essa discussão sensível deveria ser decidida pelo povo, ou melhor, pelo Poder Legislativo, por meio de pessoas eleitas e escolhidas para tanto[39].

É prudente ressaltar que a decisão não entrou no debate sobre "quando começa a vida". Ao responder ao argumento apresentado por alguns *amici curiae* de que o feto seria uma pessoa e, consequentemente, seu direito à vida estaria garantido pela Décima Quarta Emenda, Blackmun sustentou que a Constituição não definiu o conceito de pessoa, tampouco haveria aplicação do termo "pessoa" para se referir ao feto. Concluiu afirmando que "não adotar a teoria da vida para o caso de aborto não é o mesmo que dizer que o estado deve deixar de proteger a potencialidade da vida humana." E, como visto na decisão, ainda persiste interesse estatal no caso[40].

3. Repercussão da decisão

Após anos de discussão e debates envolvendo a questão do aborto, e mesmo depois da polêmica decisão de *Roe v. Wade,* a Suprema Corte ainda se deparou com a matéria em momentos diversos. Além disso, é importante frisar que uma decisão dessa natureza, a qual estabeleceu parâmetros inovadores para resolver essas demandas por meio da via judicial (sistema trimestral de gestação), certamente não iria repercutir apenas em solo norte-americano.

Sete anos depois de *Roe*, a Suprema Corte permitiu que um novo caso, com temática semelhante, chegasse ao tribunal: *Harris v. McRae*[41], julgado no dia 30 de junho de 1980. Em uma decisão apertada por cinco a qua-

[38] **Roe v. Wade**, 410 U.S. 113 (1973), p. Roe et al. v. Henry Wade, District Attorney of Dallas County. "(...) *The Court for the most part sustains this position: During the period prior to the time the fetus becomes viable, the Constitution of the United States values the convenience,* ***whim, or caprice*** *of the putative mother more than the life or potential life of the fetus; the Constitution, therefore, guarantees the right to an abortion as against any state law or policy seeking to protect the fetus from an abortion not prompted by more compelling reasons of the mother*" (grifo nosso).
[39] 410 U.S. 113 (1973).
[40] 410 U.S. 113 (1973), p. 159.
[41] **Harris v. McRae**, 448 U.S. 297 (1980).

tro, a Corte firmou entendimento de que a Emenda Hyde, de 1976, não violava a Constituição dos Estados Unidos. A referida emenda proibiu o uso de financiamento federal para pagar por qualquer serviço de aborto. Conforme explicou a organização *Embryo Project*[42], a decisão da Suprema Corte em *Harris v. McRae* anulou a decisão de *McRae v. Califano* (1980), na qual o Tribunal Federal para o Distrito Leste de Nova Iorque decidiu que as restrições de financiamento estabelecidas pela Emenda Hyde violavam a Constituição. Nesse sentido, com a redução do financiamento, as mulheres mais pobres acabaram sendo as mais afetadas com a decisão.

Em outro momento importante da Suprema Corte, especificamente em 1989, o caso *Webster v. Reproductive Health Services*[43] chegou ao Tribunal. A Corte definiu que os estados poderiam optar por políticas públicas a favor da gravidez em lugar de políticas públicas para o aborto. Além disso, estabeleceu que a restrição ao uso de recursos públicos para financiar abortos não terapêuticos era constitucional[44].

Em 29 de junho de 1992, a Suprema Corte julgou o caso conhecido como *Planned Parenthood of Southeastern Pennsylvania v. Casey*[45]. Por meio de uma legislação complementar à lei do aborto, a Pensilvânia estabeleceu novas exigências para que as clínicas realizassem o procedimento. Entre elas, exigia-se o consentimento informado e um período de espera de 24 horas antes da efetivação da prática. Além disso, no caso das mulheres casadas, era necessária a comprovação de que o marido havia sido notificado a respeito da realização do aborto. No caso de mulheres menores de idade, a legislação impunha o consentimento obrigatório de um dos pais para que a operação fosse concretizada.

Novamente, em decisão apertada por cinco a quatro, a Corte reafirmou os preceitos estabelecidos em *Roe v. Wade,* rejeitando, porém, o marco dos trimestres como parâmetro para as garantias constitucionais

[42] Gerais, Reem. *Harris v. McRae* (1980). **The Embryo Project Encyclopedia**, 28 de junho de 2017. Disponível em: <https://embryo.asu.edu/pages/harris-v-mcrae-1980>.
[43] **Webster v. Reproductive Health Services**, 492 U.S. 490 (1989).
[44] Ribeiro, Diego César Soares. **Tradição Jurídica e Jurisdição Constitucional**: o caso Roe v. Wade e a ADPF 442. 2018. 103 f. Dissertação (Mestrado – Programa de Pós-Graduação em Direito) – Faculdade de Direito, Universidade Federal Fluminense, Niterói, 2018.
[45] **Planned Parenthood of Southeastern PA v. Casey**, 510 U.S. 1309 (1994).

do direito ao aborto e propondo sua substituição pelo critério de proibição conhecido como "ônus indevido"[46] (*undue burden*).

Para fins de conceituação, além da tradução "ônus indevido", o chamado "*undue burden*" também pode ser compreendido como "fardo indevido", "carga negativa" ou, ainda, "carga indevida". O referido parâmetro serve como um teste para analisar a constitucionalidade de leis estaduais que versem sobre a temática do aborto, especificamente quando a legislação analisada insere um obstáculo substancial no caminho de uma mulher que busca realizar um aborto antes que o feto atinja a viabilidade[47].

Ainda com base na própria decisão compreendida de *Roe v. Wade*, diversos estados buscaram aprovar legislações que restringissem o acesso ao aborto. No ano de 2019, mais de oito estados aprovaram legislações nesse sentido, incluindo o estado do Alabama, que possui a legislação mais restritiva, sendo o aborto permitido unicamente quando houver risco de morte da mãe. Na Geórgia, no Mississipi, em Ohio e em Kentucky foi aprovada a lei dos batimentos cardíacos[48], que proíbe o aborto a partir do momento em que seja possível detectar batimentos cardíacos no embrião.

No cerne da jurisdição brasileira, *Roe v. Wade* inspirou o Supremo Tribunal Federal (STF), na decisão do *Habeas Corpus* 124.306/RJ, quanto à incompatibilidade da criminalização do aborto com a Constituição Fede-

[46] Thomaz Junqueira explica que "o tribunal estabeleceu que a obrigação de a mulher notificar o marido antes de obter um aborto representava um "ônus indevido" e, portanto, seria inconstitucional. No entanto, a corte manteve outras exigências questionadas, como a necessidade de se submeter a um aconselhamento com informações sobre o feto e sobre os potenciais perigos para sua saúde, a necessidade de um período de espera de 24 horas e a necessidade de menores de idade obterem consentimento dos pais ou responsáveis (com a possibilidade de, alternativamente, procurar uma autorização judicial)." PEREIRA, Thomaz H. J. de A. Observatório Constitucional: caso dos EUA revela desafios e limites da regulamentação do aborto. **Revista Consultor Jurídico**, 21 de novembro de 2015. Disponível em: <http://www.conjur.com.br/2015-nov-21/observatorioconstitucional-eua-revela-desafios-limites-regulamentacaoaborto#_ftnref2>.

[47] **Planned Parenthood of Southeastern PA v. Casey**, 510 U.S. 1309 (1994).

[48] PINHEIRO, Lara. Entenda o avanço de leis contra o aborto nos Estados Unidos. **G1**, 24 de maio de 2019. Disponível em: <https://g1.globo.com/mundo/noticia/2019/05/24/entenda-o-avanco-de-leis-contra-o-aborto-nos-estados-unidos.ghtml>.

ral de 1988 até a 12ª semana de gestação[49]. Ademais, o STF ainda pode julgar a questão em sede de Controle Concentrado de Constitucionalidade, visto que a Arguição de Descumprimento de Preceito Fundamental nº 442[50], que cita em sua inicial a decisão da Suprema Corte americana em *Roe v. Wade,* é a principal ação em curso no Tribunal brasileiro. Todavia, por enquanto, não há previsão de julgamento para o caso, bem como ainda não há voto da ministra relatora, Rosa Weber.

Conclusões

Diante do exposto, é possível concluir que a decisão firmada na Suprema Corte americana buscou equilibrar a garantia do direito fundamental à privacidade, no que se refere à possibilidade de interrupção da gravidez, com o interesse do Estado em assegurar a saúde e o bem-estar da mãe, bem como o de proteger uma vida em potencial.

Não obstante, é oportuno observar como os movimentos sociais e, principalmente, os casos *Griswold v. Connecticut* e *US v. Vuitch,* que antecederam o julgamento de *Roe v. Wade,* foram essenciais para influenciar a decisão da Corte – isso porque é evidente a mudança do entendimento e posicionamento do Tribunal em relação ao aborto, que ocorreu de forma lenta e gradual.

Contudo, é equivocado afirmar que *Roe v. Wade* foi responsável por garantir o direito ao aborto em qualquer caso. Na verdade, a decisão estabeleceu a "regra dos trimestres", responsável por criar óbices à interrupção da gravidez à medida em que ela se desenvolve, considerando que, quanto mais avançada, maior o risco de morte para a mãe. Além disso, há estudos que comprovam a viabilidade do feto em sobreviver fora do útero a partir da 24ª semana, ainda que com a ajuda de aparelhos.

[49] O voto do Ministro Luís Roberto Barroso, árduo defensor da descriminalização desde que era advogado, foi o vencedor na matéria. É possível encontrar sua visão pessoal sobre o assunto em seu livro intitulado "Sem data venia: um olhar sobre o Brasil e o mundo", lançado em 2020, pela editora História Real. BARROSO, Luís Roberto. **Sem data venia:** um olhar sobre o Brasil e o mundo. Rio de Janeiro: História Real, 2020.

[50] Supremo Tribunal Federal. ADPF 442/DF. Relatora: Min. Rosa Weber. Brasília, (pendente de julgamento).

Outrossim, é importante salientar que, para que a Corte pudesse chegar a tais conclusões, foram necessários o desenvolvimento e a aplicação do devido processo legal substantivo, que consiste na compreensão de que a cláusula do devido processo legal, contida da Décima Quarta Emenda, abarca também a interpretação subjetiva dos direitos. Por essa razão, é possível inferir que, para restringir direitos, especificamente o direito à privacidade, não basta a existência de um mero processo legal – é essencial que haja um olhar principiológico e social para o conteúdo material do direito a ser limitado.

Referências

ALMEIDA, Gregório Assagra de. O Sistema Jurídico nos Estados Unidos – Common Law e Carreiras Jurídicas (*Judges*, *Prosecutors* e *Lawyers*): o que poderia ser útil para a reforma do sistema processual brasileiro? **Revista dos Tribunais Online**, São Paulo, v. 251, p. 523-560, jan. 2016.

BARROSO, Luís Roberto. **Sem data venia**: um olhar sobre o Brasil e o mundo. Rio de Janeiro: História Real, 2020.

BRASIL. Supremo Tribunal Federal. **ADPF 442/DF**. Relatora: Min. Rosa Weber. Brasília, (pendente de julgamento).

CHAPMAN, Nathan S; YOSHINO, Benji. *The Fourteenth Amendment Due Process Clause*. **National Constitution Center**. Disponível em: <https://constitutioncenter.org/interactive-constitution/interpretation/amendment-xiv/clauses/701>.

CHEMERINSKY, Erwin. *Substantive Due Process*. **Touro Law Review**, v. 15, n. 4, article 15, p. 1501-1534, 1999.

Constituição Pastoral Gaudium Et Spes. **Documentos do Concílio Ecumênico Vaticano II**. São Paulo: Paulus, 1997.

DINIZ, Debora; MEDEIROS, Marcelo; MADEIRO, Alberto. Pesquisa nacional de aborto 2016. **Revista Ciência e Saúde Coletiva**, Rio de Janeiro, v. 22, n. 2, p. 653-660, fev. 2017.

ESTADOS UNIDOS DA AMÉRICA. Constituição (1787). **14th Amendment**. Estados Unidos da América, 1868.

ESTADOS UNIDOS DA AMÉRICA. Supreme Court of the United States. **Eisenstadt v. Baird**, 405 U.S. 438 (1972), Washington D.C, 22 de março de 1972.

ESTADOS UNIDOS DA AMÉRICA. Supreme Court of the United States. **Griswold v. Connecticut**, 381 U.S. 479 (1965), Washington D.C, 7 de junho de 1965.

ESTADOS UNIDOS DA AMÉRICA. Supreme Court of the United States. **Harris v. McRae**, 448 U.S. 297 (1980), Washington D.C, 30 de junho de 1980.

ESTADOS UNIDOS DA AMÉRICA. Supreme Court of the United States. **Planned Parenthood v. Casey**, 505 U.S. 833 (1992), Washington D.C, 29 de junho de 1992.

ESTADOS UNIDOS DA AMÉRICA. Supreme Court of the United States. **United States v. Vuitch**, 402 U.S. 62 (1971), Washington D.C, 21 de abril de 1971.

ESTADOS UNIDOS DA AMÉRICA. Supreme Court of the United States. **Roe v. Wade**, 410 U.S. 113 (1973), Washington D.C, 22 de janeiro de 1973.

ESTADOS UNIDOS DA AMÉRICA. Supreme Court of the United States. **Webster v. Reproductive Health Services**, 492 U.S. 490 (1989), Washington D.C, 3 de julho de 1989.

GERAIS, Reem. *Harris v. McRae* (1980). **The Embryo Project Encyclopedia**, 28 de junho de 2017. Disponível em: <https://embryo.asu.edu/pages/harris-v-mcrae-1980>.

GREENHOUSE, Linda; SIEGEL, Reva B. ***Before Roe v. Wade:*** *voices that shaped the abortion debate before the Supreme Court's ruling*. Nova Iorque: Kaplan Publishing, 2012.

HALL, Kermit L; ELY, JR., James W; GROSSMAN, Joel B. ***The Oxford Companion to the Supreme Court of the United States***. 2. ed. Nova Iorque: Oxford University Press, 2005.

PINHEIRO, Lara. Entenda o avanço de leis contra o aborto nos Estados Unidos. **G1**, 24 de maio de 2019. Disponível em: <https://g1.globo.com/mundo/noticia/2019/05/24/entenda-o-avanco-de-leis-contra-o-aborto-nos-estados-unidos.ghtml>.

PAULO VI. **Carta Encíclica Humanae Vitae**. 9. ed. São Paulo: Paulinas, 2021.

PEREIRA, Thomaz H. J. de A. Observatório Constitucional: caso dos EUA revela desafios e limites da regulamentação do aborto. **Revista Consultor Jurídico**, 21 de novembro de 2015. Disponível em: <https://www.conjur.com.br/2015-nov-21/observatorio-constitucional-eua-revela-desafios-limites-regulamentacao-aborto>.

PINHEIRO, Lara. **Entenda o avanço de leis contra o aborto nos Estados Unidos**. 2019. Disponível em: <https://g1.globo.com/mundo/noticia/2019/05/24/entenda-o-avanco-de-leis-contra-o-aborto-nos-estados-unidos.ghtml>.

RIBEIRO, Diego César Soares. **Tradição Jurídica e Jurisdição Constitucional**: o caso Roe v. Wade e a ADPF 442. 2018. 103 f. Dissertação (Mestrado – Programa de Pós-Graduação em Direito) – Faculdade de Direito, Universidade Federal Fluminense, Niterói, 2018.

SCHULTZ, David. ***Encyclopedia of the Supreme Court***. Nova Iorque: Facts On File, Inc., 2005.

VENTURA, Zuenir. **1968**: O ano que não terminou – a aventura de uma geração. 18. ed. Rio de Janeiro: Nova Fronteira, 1988.

WEINER, Merle H. *Roe v. Wade Case (US)*. **Oxford Constitutional Law**, 2015.

WOODWARD, Bob; ARMSTRONG, Scott. **Por detrás da Suprema Corte**. São Paulo: Saraiva, 1985.

28.
SAN ANTONIO INDEPENDENT SCHOOL DISTRICT V. RODRIGUEZ, 1973
ENTRE A SUPREMA CORTE E OS DIREITOS ECONÔMICOS E SOCIAIS

WILSON SERAINE DA SILVA NETO

Introdução

Os direitos econômicos e sociais no sistema constitucional norte-americano são matérias de discussões (quiçá, disputas) há, pelo menos, 60 anos, nos campos político, acadêmico e jurisdicional. Para a compreensão desse tema, que continua a costurar a história jurídica americana de maneira não linear, é importante regressar à história política e social dos Estados Unidos da América (EUA) do século passado. Esta primeira abordagem propedêutica é necessária para que se consiga mensurar a importância e o significado da decisão proferida pela Suprema Corte dos Estados Unidos (SCOTUS) no caso *San Antonio Independent School District v. Rodriguez*[1].

Em *Rodriguez*, a nova composição do tribunal à época impôs um freio ao avanço da concretização de tais direitos que, progressivamente, era realizado desde meados da década de 1930. Não obstante as questões jurídicas, os fatores políticos também foram determinantes para o resultado do caso, desde a propositura da Segunda Carta de Direitos de Franklin

[1] **San Antonio Independent School District v. Rodriguez**, 411 U.S. 1 (1973).

Delano Roosevelt (FDR) até a modificação da composição do tribunal, em virtude das indicações do Presidente Richard Nixon.

Neste sentido, pretende-se, antes de adentrar no mérito do caso em questão, compreender a atuação da Suprema Corte em matéria de direitos econômicos e sociais antes de *Rodriguez*, de modo a traçar a influência política de Roosevelt, primordialmente da sua proposta de promover uma Segunda Carta de Direitos sobre o tribunal.

Contudo, o fim da era rooseveltiana, a vitória eleitoral de Nixon e as quatro nomeações à Corte resultaram na mudança de entendimento em relação aos supramencionados direitos, que, até então, prevalecia nas decisões proferidas pelo tribunal. Diante desse novo cenário político, com uma nova composição da Suprema Corte, ocorreu o julgamento de *San Antonio Independent School District v. Rodriguez*, que provocou um grande impacto no direito fundamental à educação nos Estados Unidos.

1. Contexto histórico

No início de 1944, em meio à Segunda Grande Guerra, os Aliados[2] já acreditavam em uma vitória iminente sobre as Potências do Eixo[3], tendo em vista o otimismo e a confiança após as vitórias daquela coalizão político-diplomática-militar na Batalha de Stalingrado[4] e na Campanha da Tunísia[5]. Entretanto, conforme provou-se posteriormente, a guerra só terminaria, de fato, mais de um ano e meio depois[6].

O presidente norte-americano Franklin Delano Roosevelt (1882-1945) foi um dos principais atores políticos que, à época, não permitiu que o otimismo das tropas militares e dos civis se transformasse em um

[2] Coalizão entre Estados Unidos da América, União Soviética, Reino Unido e China na 2ª Guerra Mundial.

[3] Coalizão entre Alemanha, Itália e Japão na 2ª Guerra Mundial.

[4] Batalha da 2ª Guerra Mundial ocorrida em Stalingrado, União Soviética (atual Volgogrado, Rússia), entre 17 de julho de 1942 e 2 de fevereiro de 1943, na qual o exército soviético se sagrou vitorioso.

[5] Uma série de batalhas ocorridas na Tunísia francesa entre 17 de novembro de 1942 e 13 de maio de 1943, que marcou uma decisiva vitória das forças Aliadas sobre o Eixo, apesar de este último ter obtido êxito nas primeiras batalhas.

[6] COGGIOLA, Osvaldo. **A Segunda Guerra Mundial**: Causas, Estrutura, Consequências. São Paulo: Editora Livraria da Física, 2015.

excesso de confiança que beirasse a soberba e pusesse, assim, o andar da Segunda Grande Guerra em vias perigosas. Nesse cenário, no dia 11 de janeiro de 1944, o então presidente proferiu um dos mais emblemáticos e poderosos discursos da história ocidental, em mensagem dirigida ao congresso americano por intermédio de rádio – fato inédito que só ocorreu em virtude das condições de saúde de Roosevelt, que o impossibilitaram de estar com os congressistas pessoalmente.

O líder americano demonstrou sua preocupação com o pós-guerra e as suas consequências aos cidadãos de todo o mundo, bem como a necessidade de instituir uma paz perpétua e não efêmera, como ocorreu após a Primeira Guerra Mundial, na qual buscaria "um progresso em direção a uma vida melhor"[7]. Concomitantemente ao discurso sobre a situação da guerra, que teve a intenção de demonstrar para a população norte-americana e para os congressistas que, apesar do otimismo e da aproximação de uma provável vitória, ela ainda estava longe de acabar, Roosevelt proferiu um discurso que marcaria a história dos EUA e inaugurou o denominado *The Second Bill of Rights*, advogando em defesa da importância que os direitos econômicos e sociais deveriam assumir na sociedade americana no pós-guerra, como norteadores para uma sociedade melhor e mais igualitária.

Logo no início do discurso, Roosevelt afirmou que o único objetivo de todas as nações, tanto individualmente como em conjunto, poderia ser resumido em uma única palavra: segurança. E não apenas segurança física, mas "a segurança econômica, segurança social e a segurança moral em uma família de nações"[8]. Para alcançar a paz, ele destacou a importância de um "nível de vida decente para todos os homens, mulheres e crianças de todas as nações", pois "a liberdade para viver sem medo está, eternamente, ligada à liberdade para viver sem miséria"[9]. Dessa forma,

[7] Roosevelt, Franklin D. *State of the Union Message to Congress.* **Franklin D. Roosevelt Presidential Library and Museum.** Nova Iorque, 11 jan. 1941. Disponível em: http://www.fdrlibrary.marist.edu/archives/pdfs/state_union.pdf, p. 2.

[8] Ibid., p. 2

[9] Ibid., p. 2.

em uma frase histórica, resumiu que: "os homens necessitados não são homens livres"[10].

Roosevelt ainda apontou que "os direitos políticos [consagrados na primeira *Bill of Rights*] demonstraram ser inadequados para assegurar a igualdade na busca da felicidade"[11], mostrando-se necessária uma "segunda carta de direitos, sob a qual será possível estabelecer um novo marco de segurança e prosperidade para todos, independentemente da sua posição, raça ou credo"[12]. Em seguida, enumerou quais direitos estariam presentes na segunda *Bill of Rights*: (i) direito a um trabalho útil e remunerado; (ii) direito a um salário suficiente para prover uma boa alimentação, roupa e lazer; (iii) direito do agricultor de cultivar e vender seus produtos e obter uma renda suficiente para manter a si e sua família; (iv) direito de todo empresário, grande ou pequeno, a comercializar em ambiente livre de concorrência desleal e monopólio; (v) o direito à habitação; (vi) direito a um bom atendimento médico e oportunidade de desfrutar de uma boa saúde; (vii) direito a uma adequada rede de seguridade social (enfermidade, acidentes, desemprego e aposentadoria); e, por fim, (viii) direito a uma boa educação.[13]

O discurso, apesar de ser considerado, por alguns, como o maior do século XX[14], não repercutiu em termos de concretização política, uma vez que não houve emenda à Constituição norte-americana ou criação de legislações que impusessem normatividade aos supramencionados direitos, de caráter econômico e social[15]. Entretanto, os ideais de Roo-

[10] Ibid., p. 7.

[11] Ibid., p. 7.

[12] Ibid., p. 7.

[13] Ibid., p. 8.

[14] SUNSTEIN, Cass R. ***Las cuentas pendientes del sueño americano:*** *Por qué los derechos sociales y económicos son más necessarios que nunca.* Tradução de Ana Bello. Buenos Aires: Siglo Vientiuno Editores, 2018, p. 28

[15] O ato governamental mais próximo da concretização dos direitos sociais e econômicos foi o *Servicemen's Readjustment Act* (conhecido popularmente como G.I Bill) de 22 de junho de 1944, sancionado pelo próprio Roosevelt, por meio do qual oferecia aos veteranos de guerra uma série de benefícios sociais, como seguro-desemprego por um ano após o retorno, facilidade de crédito para a compra de casas ou abertura de um negócio, além de outros auxílios no âmbito da saúde e da educação. (Ibid., p. 33). Ver também: EDITORS.

sevelt, levantados neste discurso, influenciaram, diretamente, no mundo acadêmico, resultando em grande produção científica acerca dos diretos sociais, pobreza e desigualdade no cenário norte-americano, bem como na Suprema Corte dos Estados Unidos:

> Algumas das próprias políticas de FDR não corresponderam a seus ideais. O compromisso de seu governo com o seguro-desemprego significou que a cobertura universal de saúde foi posta de lado. Ele nunca forneceu alívio econômico para vítimas de linchamento ou para nipo-americanos cujas propriedades foram perdidas, roubadas ou confiscadas. Mas os programas do *New Deal* de Roosevelt pressionaram a Suprema Corte a estabelecer uma nova rubrica para a segurança econômica em uma era de fascismo e autoritarismo, mesmo que alguns americanos fossem excluídos dos benefícios[16].

Nesse sentido, um dos maiores estudiosos acerca da pobreza e dos direitos econômicos e sociais nos EUA do século XX, Frank I. Michelman, professor da *Harvard Law School*, enfatizou a importância da SCOTUS para a promoção desses direitos ante a inação legislativa e administrativa. Vejamos:

> Na recente obra judicial que foi saudada (e insultada) como uma "revolução igualitária", uma nota particularmente notável e propícia foi soada por meio dos atos pelas quais a Corte protegeu diretamente os pobres da consequência mais elementar da pobreza: a falta de fundos para trocar por bens, serviços ou privilégios de acesso necessários. (...) a desigualdade econômica como tal é repugnante aos valores constitucionais (se o estado estiver de alguma forma implicado pelas suas atividades nessa desigualdade), e que as intervenções da Corte se destinam principalmente a nos conduzir a uma condição de igualdade econômica[17].

G. *I Bill*. **History.com**, Nova York, 27 maio 2010. Disponível em: https://www.history.com/topics/world-war-ii/gi-bill.

[16] Priluck, Jill. *The Second Bill of Rights*. **Lapham's Quarterly**, Nova York, 11 jun. 2018. Disponível em: https://www.laphamsquarterly.org/roundtable/second-bill-rights.

[17] Michelman, Frank I. *On protecting the poor through the Fourteenth Amendment*. **Harvard Law Review**, v. 83, n. 7, p. 7-59, 1969, p. 9.

O período entre as décadas de 1940 e 1960 foi marcado por importantes decisões, por meio das quais a SCOTUS, através de uma interpretação da 14ª Emenda da Constituição dos Estados Unidos (cláusula de igual proteção)[18], promoveu, além dos direitos individuais, considerados de cunho liberal, os direitos econômicos e sociais. A Corte Warren[19], entre 1953 e 1969, marcou o auge da atuação do Tribunal em busca da afirmação dos direitos pertencentes à Segunda Carta de Direitos, uma vez que "assentou as bases para alguns avanços extraordinários, ao exigir que o governo proporcionasse assistência financeira e de outras índoles a quem necessitava"[20].

A primeira grande decisão da Corte[21] que buscou proteger os direitos econômicos e sociais foi proferida em *Edward v. Califórnia* de 1941[22]. Na ocasião, os *Justices* deliberaram pela inconstitucionalidade de uma lei promulgada pela Califórnia que proibia a entrada de "pessoas indigentes" no Estado. A decisão reflete uma clara influência do *New Deal* de Roo-

[18] A igual proteção é cláusula contida na Seção I da 14ª Emenda à Constituição dos EUA: "Todas as pessoas nascidas ou naturalizadas nos Estados Unidos e sujeitas à sua jurisdição são cidadãos dos Estados Unidos e do Estado em que residem. Nenhum Estado deve fazer ou aplicar qualquer lei que reduza os privilégios ou imunidades dos cidadãos dos Estados Unidos; nenhum Estado privará qualquer pessoa de sua vida, liberdade ou propriedade, sem o devido processo legal; nem negar a qualquer pessoa dentro de sua jurisdição a igual proteção das leis." Cf. Constituição (1791). **14th Amendment**. Estados Unidos da América, 1791.

[19] Período em que a Suprema Corte dos EUA teve como *Chief Justice* o magistrado Earl Warren (1891-1974).

[20] Sunstein, op. cit., p. 165.

[21] É importante mencionar a decisão proferida pela Suprema Corte no caso ***West Coast Hotel Co. v. Parrish*** (1937), ocasião em que se decidiu pela constitucionalidade de lei estadual que instituía salário-mínimo para as mulheres, pondo fim à denominada "Era Lochner". A decisão em *Parrish*, ocorrida após a reeleição massacrante de FDR e suas intenções de empacotamento da Corte (*court packing plan*), configurou-se como um marco para a história constitucional norte-americana quanto à proteção dos direitos sociais-trabalhistas, refletindo, concomitantemente, a influência do presidente Roosevelt sobre a Corte quanto a tais direitos. (Casagrande, Cássio. Elsie Parrish, a camareira que salvou o Direito do Trabalho nos EUA. **JOTA**, São Paulo, 01 abril 2019. Disponível em: https://www.jota.info/opiniao-e-analise/colunas/o-mundo-fora-dos-autos/elsie-parrish-a-camareira-que-salvou-o-direito-do-trabalho-nos-eua-01042019

[22] **Edwards v. California**, 314 U.S. 160 (1941).

sevelt[23]. O *Justice* William Douglas, em seu voto, afirmou que "qualquer que tenha sido a noção então prevalecente, não pensamos que agora será seriamente afirmado que pelo fato de uma pessoa estar sem emprego e sem fundos, ela constitui uma 'pestilência moral'. Pobreza e imoralidade não são sinônimas"[24].

No mesmo sentido, o *Justice* Robert Jackson complementou que "a propriedade não pode ter um inimigo mais perigoso, mesmo que inconsciente, do que aquele que faz de sua posse um pretexto para direitos civis desiguais ou exclusivos"[25]. Com essa base de raciocínio, inspirado no *New Deal* e no ideal da Segunda Carta de Direitos, a SCOTUS iniciou um período fortemente marcado por um ativismo que buscava a concretização tanto dos direitos civis quanto dos direitos sociais. Foi nesse cenário que a Corte proferiu importantes entendimentos nos casos *Griffin v. Illions* (1956)[26] e *Gideon v. Wainwright* (1963)[27] acerca do direito de acesso ao judiciário, bem como em matéria eleitoral, no caso *Harper v. Virginia State Board of Elections* (1966)[28], no qual a Corte anulou um imposto estatal que condicionava o direito ao voto, assentando que "a riqueza, assim como a raça, o credo e a cor, não está relacionada com a capacidade das pessoas de participarem inteligentemente no processo eleitoral"[29].

Em sequência, a Suprema Corte proferiu significativas decisões acerca de determinados direitos sociais, como no julgamento em que estabeleceu o "direito de viajar", no caso *Shapiro v. Thompson* (1969)[30], quando a SCOTUS decidiu pela inconstitucionalidade de ato normativo que impusera aos recém-chegados ao estado de Connecticut o prazo de

[23] Sunstein, op. cit., p. 166.
[24] 314 U.S. 160 (1941), p. 177.
[25] 314 U.S. 160 (1941), p. 184-185.
[26] **Griffin v. Illinois**, 351 U.S. 12 (1956). Decisão da Suprema Corte que determinou que a cláusula de igual proteção (14ª Emenda) exige que a transcrição do julgamento seja dada ao réu criminal sem nenhum custo para que ele possa realizar a apelação de sua condenação.
[27] **Gideon v. Wainwright**, 372 U.S. 335 (1963). A Suprema Corte determinou, sob a égide da 6ª Emenda, que os Estados são obrigados a oferecerem advogados aos réus criminais que não possuem capacidade financeira de arcar com um defensor.
[28] **Harper v. Virginia State Board of Elections**, 383 U.S. 663 (1966).
[29] Sunstein, op. cit., p. 668.
[30] **Shapiro v. Thompson**, 394 U.S. 618 (1969).

um ano para que tivessem direito de receber benefícios sociais. Ademais, imperioso destacar a decisão em *Goldberg v. Kelly* (1970)[31], na qual a Corte afirmou que é direito das pessoas terem uma audiência de prova antes da exclusão de seus benefícios sociais. Nesse julgado, alguns trechos demonstram o entendimento da Corte Warren quanto às políticas de bem-estar.

No voto da Corte, escrito pelo *Justice* Brennan, afirmou-se que "desde a sua fundação, o compromisso básico da Nação tem sido promover a dignidade e o bem-estar de todas as pessoas dentro de suas fronteiras. Nós viemos para reconhecer que as forças que não estão sob o controle dos pobres contribuem para a sua pobreza" [32]. Em seguida, completa: "assistência pública, então, não é mera caridade, mas um meio para 'promover o bem-estar geral e garantir as bênçãos da liberdade para nós mesmos e nossa posteridade'"[33]. Dessa forma, a composição da SCOTUS, desde o governo Roosevelt, vinha demonstrando uma forte tendência decisória de proteção aos direitos econômicos e sociais e de um ativismo judicial em busca da concretização da igualdade, com a consequente redução da discriminação de qualquer espécie.

Possivelmente, o caso mais importante – e que, de fato, marcou a Corte presidida por Earl Warren – foi *Brown v. Board of Education*[34] (1954), no qual foi declarada a inconstitucionalidade das leis americanas que estabeleciam segregação racial nas escolas públicas. Nessa oportunidade, a Corte elencou a educação como a função mais importante a ser desempenhada pelo Estado, de modo que deveria ser oferecida a todos, sem nenhum tipo de empecilho. Contudo, apesar de *Brown* ter removido uma "barreira óbvia para oportunidades educacionais iguais", ele deixou outra: "o obstáculo enfrentado por distritos escolares pobres que desejam fornecer uma educação para seus alunos 'em igualdade de

[31] **Goldberg v. Kelly**, 397 U.S. 254 (1970).
[32] 397 U.S. 254 (1970), p. 264-265.
[33] 397 U.S. 254 (1970), p. 265.
[34] **Brown v. Board Education**, 347 U.S. 483 (1954).

condições', em relação à educação oferecida pelas escolas distritais mais ricas do estado"[35].

A oportunidade para derrubar ou reduzir essa barreira, que impedia uma educação mais igualitária em diferentes distritos, pobres ou ricos, apareceu perante a Corte, dezenove anos após *Brown*, em *San Antonio Independent School District v. Rodriguez*. A princípio, em razão dos precedentes e dos entendimentos demonstrados nas decisões, arriscava-se afirmar que a Corte Warren seguiria a sua linha decisória e declararia inconstitucional o sistema de financiamento das escolas públicas que era, em grande parte, baseado em um imposto sobre a propriedade. Essa forma de custeio ocasionava a desigualdade de orçamento das escolas, pois os distritos ricos, em razão da maior arrecadação, resultante do valor das propriedades que ali se encontravam, recebiam investimento bem mais expressivo do que as escolas situadas em distritos pobres.

Ocorre que a composição da Corte para o julgamento desse caso já não era mais a mesma, o que ocasionou a mudança de entendimento da SCOTUS quanto às matérias referentes à proteção dos direitos econômicos e sociais. Em 1968, ocorreu a eleição presidencial que consagrou o republicano Richard Nixon como 37º Presidente dos EUA. Nixon teve uma oportunidade não muito comum na história dos mandados presidenciais: nomear quatro juízes à Suprema Corte.

Já no primeiro ano de governo, nomeou Warren Burger como novo *Chief Justice*. Suas indicações seguintes foram Harry Blackmum, em 1970, e Lewis Powell e William Rehnquist, em 1972. A nova composição da SCOTUS, a partir daquele ano, já com todas as nomeações realizadas pelo Presidente Nixon, não modificou, substancialmente, a linha decisória na maioria das questões que eram julgadas pela Corte, com exceção das matérias de direitos econômicos e sociais[36]. O perfil dos novos membros da Suprema Corte, contrários a uma interpretação constitucio-

[35] SUTTON, Jeffrey S. *San Antonio Independent School District v. Rodriguz and its aftermath.* **Virginia Law Review**, v. 94, n. 8, p. 1963-1986, 2008, p. 1963.
[36] SUNSTEIN, op. cit., p. 165

nal que reconhecesse esses direitos, foi uma das razões das escolhas de Nixon, justamente para impossibilitar decisões nesse sentido[37].

2. Aspectos importantes da decisão

A questão central em *San Antonio Independent School District v. Rodriguez* direcionava-se à (in) constitucionalidade do sistema de financiamento das escolas públicas primárias e secundárias no Texas. Em suma, o financiamento era composto por verbas estaduais e locais (distritais), das quais quase metade da receita era realizada pelo estado, com escopo de oferecer uma educação básica mínima a todas as escolas. Já a outra parte do financiamento era produto do imposto sobre as propriedades que se encontravam dentro da jurisdição de cada distrito.

Neste cenário, em 1968, um grupo de pais e filhos pertencentes ao *Edgewood Concerned Parent Association* moveu uma ação coletiva perante a Corte Federal do Distrito Oeste do Texas argumentando, sob a égide da 14ª Emenda, que, como membros de famílias pobres que residem em distritos escolares com uma arrecadação de imposto de propriedade baixa, o sistema de tributação do Texas favorecia os mais ricos, de modo a gerar "substanciais disparidades interdistritais nas despesas por aluno resultantes, principalmente, de diferenças no valor dos bens avaliáveis entre os distritos"[38].

[37] Conforme Sunstein: "Sem dúvidas, Nixon ganhou em parte devido às forças culturais; sua vitória esteve totalmente relacionada com os acontecimentos da época. A Lei de Direitos Civis de 1964 ajudou a convencer os eleitores do sul a apoiarem os candidatos republicanos. Os distúrbios sociais da época – incluindo a criminalidade nas cidades, os protestos contrários a Guerra do Vietnã e os assassinatos de John Kennedy, Robert Kennedy e Martin Luther King Jr. – levaram muitos cidadãos a votar em Nixon, com sua contundente plataforma para restabelecer 'a lei e a ordem'. A eleição de Nixon poderia ser vista como um indicador do final de um período de ascendência liberal na política americana, que começou com Roosevelt e alcançou seu apogeu com as políticas internas do presidente Lyndon Baines Johnson. A vitória de Nixon foi contingente, mas dificilmente foi um acidente; refletia as forças sociais em grande escala. Talvez essas forças incluíssem uma antipatia às garantias sociais e econômicas; talvez Nixon tenha vencido precisamente porque esperavam que ele apoiaria uma interpretação dos direitos sem que os incluíssem. Melhor, Nixon era o anti-Roosevelt, e o elegeram em parte por essa razão". Cf. Sunstein, op. cit., p. 180.

[38] 411 U.S. 1 (1973), p. 1.

Para melhor ilustrar a desigualdade no financiamento educacional, os demandantes compararam o distrito escolar ao qual pertenciam – *Edgewood* – com o distrito escolar *Alamo Heights*, ambos localizados em San Antonio, Texas. A disparidade orçamentária na área da educação entre os distritos, ocasionados pelo sistema de financiamento baseado na tributação da propriedade local, era gritante.

Como forma de facilitar a visualização e o entendimento dos dados que demonstram a diferença de valor investido em cada distrito, primeiramente, serão apresentadas as informações acerca da *Alamo Heights*, para, em seguida, expor as de *Edgewood*. De início, importante salientar que enquanto neste distrito escolar havia 22 mil estudantes distribuídos em 25 escolas de nível primário e secundário, *Alamo Heights* possuía seis escolas e 5 mil estudantes.[39]

No distrito escolar *Alamo Heights*, localizado em uma área nobre da cidade, o valor médio da propriedade avaliada por aluno era em torno de US$ 49.000, considerando como renda familiar a média de US$ 8.001.[40] A alíquota do imposto local era de US$ 0,85 por US$ 100 de propriedade avaliada[41]. Ademais, entre o período de 1967 a 1968, o orçamento por aluno era de US$ 594, sendo, desse montante, US$ 333 advindos do imposto de propriedade local – o valor era composto, ainda, pelo fundo de financiamento do estado (US$ 225) e por um fundo federal (US$ 36).[42]

Por outro lado, o valor médio da propriedade avaliada por aluno no distrito escolar *Edgewood* era de US$5.960, o mais baixo da região metropolitana de *San Antonio*. Ademais, a renda familiar média era de US$ 4.686. Entretanto, apesar desses baixos valores, a alíquota do imposto sobre a propriedade local que financiava as escolas no distrito era uma das mais altas, totalizando US$ 1,05 por US$ 100 da propriedade avaliada[43]. Contudo, a despeito de *Edgewood* ter uma alíquota de imposto maior que em *Alamo* sobre a propriedade, no período entre 1967 e 1968, a receita destinada para cada aluno era de US$ 356, sendo apenas US$ 26 advindos do

[39] 411 U.S. 1 (1973), p. 12-13.
[40] 411 U.S. 1 (1973), p. 13.
[41] 411 U.S. 1 (1973), p. 13.
[42] 411 U.S. 1 (1973), p. 11-12.
[43] 411 U.S. 1 (1973), p. 12.

imposto de propriedade local – o montante era ainda composto por US$ 222 advindos do fundo estadual e, US$ 108, do fundo federal.[44]

A diferença do valor por aluno impactava, diretamente, a qualidade do ensino oferecido nos distritos. Conforme demonstrado pelos demandantes perante a Corte Distrital, no ano escolar de 1968-69, enquanto 100% dos professores de *Alamo Heights* tinham diplomas universitários, apenas 80,02% dos professores de *Edgewood* detinham a mesma qualificação. Para além disso, 47% dos professores de *Edgewood* dependiam de licenças de ensino de emergência, em comparação a apenas 11% dos professores de *Alamo Heights.*

Ademais, 37,17% dos professores de *Alamo Heights* tinham diplomas de cursos de graus avançados, contra apenas 14,98% dos professores de *Edgewood* [45]. A proporção professor-aluno da *Alamo Heights* era de 1 para 20,5, enquanto a de *Edgewood* era de 1 para 26,5[46]. Ainda, *Alamo Heights* fornecia um conselheiro para cada 645 alunos, enquanto *Edgewood* fornecia um conselheiro para cada 3.098 alunos[47]. Outrossim, o salário máximo dos professores de *Edgewood* era, aproximadamente, 80% do valor recebido pelos profissionais de *Alamo Heights*[48].

Os demandantes também alegaram que a disparidade do financiamento educacional aumentava a desigualdade sociorracial, já que, enquanto no distrito de *Edgewood* a maior parte alunos era formada por pessoas de origem hispânica (90%) e por afrodescendentes (6%), no distrito de *Alamo Heights,* a composição dos alunos era, predominantemente, caucasiana, com apenas 18% de hispânicos e 1% de afrodescendentes. Com essas informações, os reclamantes concluíram que o sistema de financiamento do Texas era responsável, diretamente, pela qualidade inferior da educação oferecida no distrito de *Edgewood,* quando comparado ao que ocorria no distrito de *Alamo Heights,* em que os moradores da região detinham uma infraestrutura educacional de melhor qualidade. Dessa forma, a educação estar condicionada pela região em que a criança

[44] 411 U.S. 1 (1973), p. 11-12.
[45] 411 U.S. 1 (1973), p. 85.
[46] 411 U.S. 1 (1973), p. 86.
[47] 411 U.S. 1 (1973), p. 136.
[48] 411 U.S. 1 (1973), p. 86.

ou o adolescente moram, em razão do imposto local, violaria a cláusula de igual proteção da 14ª Emenda.

O pedido versava sobre duas teses de inconstitucionalidade: primeiro, a noção de que a educação é um direito fundamental e, segundo, o entendimento de que a riqueza é uma "classe suspeita".[49] As teses buscavam "que a Corte avaliasse a constitucionalidade do sistema do Texas para o financiamento de escolas públicas com base nas exigências implacáveis de *escrutínio estrito*", de modo a forçar "o Estado a justificar disparidades marcantes entre a qualidade de uma educação pública oferecida a crianças que vivem em distritos escolares ricos e pobres"[50]. Assim, se fosse aplicado o *escrutínio estrito*[51], o Estado deveria provar que a desigualdade de tratamento financeiro ocorria em razão de algum interesse legítimo e convincente do governo, sob pena do ato estatal ser considerado inconstitucional.

A Corte Distrital acatou ambas as teses e concluiu que o sistema só poderia ser "mantido mediante uma demonstração – o que os recorrentes [*San Antonio Independent School District*] não conseguiram indicar – de que havia um interesse imperioso do Estado para a [manutenção do] sistema", de modo que eles, nem mesmo, "conseguiram demonstrar uma base razoável ou racional para o sistema do Estado"[52].

Todavia, em 21 de março de 1973, a Suprema Corte, ao reverter a decisão proferida anteriormente, assentou que o sistema de financiamento do Texas não configurava violação à cláusula de igual proteção da 14ª

[49] 411 U.S. 1 (1973), p. 1. Entende-se por "classe suspeita", nas palavras do Justice Powell, uma classe que "está dominada por tais incapacidades, ou sujeita a uma história de tratamento desigual proposital, ou relegada a uma posição de impotência política que exige proteção extraordinária do processo político majoritário". Cf. 411 U.S. 1 (1973), p. 28.
[50] SUTTON, op. cit., p. 1964.
[51] Nas palavras de Richard H. Fallon Jr., o escrutínio judicial estrito (*strict judicial scrutiny*) consiste em um teste realizado em âmbito da jurisdição constitucional por meio do qual "a Suprema Corte dos EUA insiste que estatutos que restrinjam o exercício de direitos 'fundamentais', somente podem sobreviver se necessário para promover interesses governamentais convincentes". Em outras palavras, ainda do mesmo autor: "a lei [impugnada] será mantida contra o controle constitucional apenas se 'necessário' ou 'estritamente adaptado' para promover um interesse governamental 'atraente'". Cf. FALLON JR. Richard H. *Strict Judicial Scrutiny*. **UCLA Law Review**, v. 54, n. 5, p. 1267-1337, 2007, p. 1268-1269.
[52] 411 U.S. 1 (1973), p. 1.

Emenda. O voto da Corte foi redigido pelo *Justice* Lewis Powell, sendo acompanhado por Warren Burger, Harry Blackmun, William Rehnquist e Potter Stewart.

Os juízes ByronWhite, Thurgood Marshall, William Brennan e William Douglas, por outro lado, divergiram da posição majoritária, em três votos distintos. Observa-se que todos os juízes nomeados por Nixon compuseram a maioria, o que demonstra a influência indireta que o Presidente republicano teve em questões relacionadas aos direitos econômicos e sociais na Suprema Corte.

A Corte negou a validade dos dois argumentos que buscavam a inconstitucionalidade do sistema de financiamento. Afastou-se a utilização do *escrutínio estrito* no caso, pois, para os *Justices*, eles não estavam diante de atos estatais ou leis "que operam em desvantagem de classes suspeitas ou interferem, explicitamente, no exercício de direitos e liberdades fundamentais ou, implicitamente, protegidos pela Constituição"[53]. Logo, além de afirmar que o sistema do Texas não "discrimina nenhuma classe definível de 'pobres' ou ocasiona discriminações dependendo da riqueza relativa das famílias em qualquer distrito"[54], a Corte assentou que educação não configurava um direito fundamental:

> Nem o sistema de financiamento escolar do Texas interfere inadmissivelmente no exercício de um direito ou liberdade "fundamental". Embora a educação seja um dos mais importantes serviços prestados pelo Estado, ela não se enquadra na categoria limitada de direitos reconhecidos por esta Corte e garantidos pela Constituição. Mesmo que algum *quantum* identificável de educação tenha o direito de proteção constitucional para tornar significativo o exercício de outros direitos constitucionais, aqui não há nenhuma demonstração de que o sistema do Texas falha em fornecer as habilidades mínimas básicas necessárias para esse propósito.[55]

No seu voto concorrente, o *Justice* Stewart, apesar de não considerar que o sistema de financiamento educacional, nesses moldes, violava a

[53] 411 U.S. 1 (1973), p. 2.
[54] 411 U.S. 1 (1973), p. 2.
[55] 411 U.S. 1 (1973), p. 2, vide p. 35.

Constituição, concluiu que "o método de financiamento de escolas públicas no Texas, como em quase todos os outros estados, resultou em um sistema de educação pública que pode ser, razoavelmente, descrito como caótico e injusto"[56]. Ao reconhecer, também, a existência de problemas no sistema, o *Justice* Powell, em um comportamento de autocontenção, afirmou que "além de questões de política fiscal, este caso também envolve as questões mais persistentes e difíceis de política educacional, outra área em que falta conhecimento especializado e experiência desta Corte"[57].

Por outro lado, em voto dissidente, o *Justice* White apontou a educação como direito fundamental e uma ferramenta para assegurar aos indivíduos a sua plena participação na vida política e social, de modo que, sem ela, os direitos elencados na 1ª Emenda da Constituição[58] não poderiam ser realizados:

> Aqui, não pode haver dúvida de que a educação está intimamente ligada ao direito de participar do processo eleitoral e aos direitos de liberdade de expressão e associação garantidos pela Primeira Emenda. Sendo assim, qualquer classificação que afete a educação deve ser submetida a um escrutínio judicial estrito, e uma vez que até mesmo o Estado admite que o regime legal agora diante de nós não pode passar no teste constitucional sob este padrão mais estrito de revisão, posso apenas concluir que o esquema de financiamento escolar do Texas é constitucionalmente inválido.[59]

Nesse sentido, White, ao enxergar a educação como direito fundamental, ratificou sua defesa na utilização de *escrutínio estrito* no caso, pois "a cláusula de proteção igual permite discriminações entre classes, mas

[56] 411 U.S. 1 (1973), p. 59.
[57] 411 U.S. 1 (1973), p. 42.
[58] Primeira Emenda à Constituição contida no *Bill of Rights* de 1791: "O congresso não deverá fazer qualquer lei a respeito de um estabelecimento de religião, ou proibir o seu livre exercício; ou restringindo a liberdade de expressão, ou da imprensa; ou o direito das pessoas de se reunirem pacificamente, e de fazerem pedidos ao governo para que sejam feitas reparações de queixas." Cf. Constituição (1791). **Bill of Rights**. Estados Unidos da América, 1791.
[59] 411 U.S. 1 (1973), p. 63.

exige que a classificação tenha alguma relação racional com um objeto permissível que se busca atingir pela lei"[60]. No mesmo sentido, o voto dissidente do *Justice* Marshall defendeu a importância da educação na concretização de outros direitos explícitos constitucionais, pois, em suas palavras, "a educação afeta diretamente a capacidade de uma criança de exercer seus direitos da Primeira Emenda, tanto como fonte quanto como receptor de informações e ideias, quaisquer que sejam os interesses que ela possa exercer na vida"[61].

Ademais, afirmou, também, a importância da intervenção judicial para tentar inibir discriminações na sociedade, principalmente, quando se está diante de uma desigualdade educacional. Vejamos:

> A condição de nascimento, assim como a cor da pele de uma pessoa, é algo que o indivíduo não pode controlar e geralmente deve ser irrelevante em considerações legislativas. No entanto, a ilegitimidade há muito é estigmatizada por nossa sociedade. Consequentemente, a discriminação com base no nascimento, especialmente quando afeta crianças inocentes, requer uma consideração judicial especial. (...) A educação tem a função essencial de incutir em nossos jovens a compreensão e a apreciação dos princípios e da operação de nossos processos governamentais. A educação pode despertar o interesse e fornecer as ferramentas necessárias para o discurso político e o debate. Na verdade, tem sido frequentemente sugerido que a educação é o fator dominante que afeta a consciência política e a participação.[62]

Como primeiro juiz negro a compor a Suprema Corte, durante o seu voto, Marshall constantemente citou o emblemático caso *Brown v. Board of Education*, afirmando que "a pobreza pessoal pode acarretar o mesmo estigma social que historicamente é atribuído a certos grupos raciais ou étnicos"[63]. Nesse sentido:

[60] 411 U.S. 1 (1973), p. 67.
[61] 411 U.S. 1 (1973), p. 112.
[62] 411 U.S. 1 (1973), p. 109-113.
[63] 411 U.S. 1 (1973), p. 121.

> Eles buscam, no entanto, o fim da discriminação estatal resultante da distribuição desigual da riqueza tributável da propriedade do distrito que prejudica diretamente a capacidade de alguns distritos de fornecerem a mesma oportunidade educacional que outros distritos podem oferecer com o mesmo ou até substancialmente menos esforço fiscal. A questão é, em outras palavras, uma questão de discriminação que afeta a qualidade da educação que o Texas escolheu para fornecer a seus filhos; e, a questão necessária aqui é que importância deve ser atribuída à educação para fins de análise de proteção igualitária dessa discriminação. [64]

Ao finalizar seu voto, Marshall demonstrou que o sistema de financiamento educacional do Texas discriminava as crianças pobres, subtraindo-lhes os direitos consagrados na Constituição:

> A discriminação com base na riqueza do grupo pode certamente não refletir o estigma social frequentemente associado à pobreza pessoal. No entanto, na medida em que a discriminação de riqueza de grupo envolve riqueza sobre a qual o indivíduo em desvantagem não tem controle significativo, ela representa uma base de discriminação mais séria do que a riqueza pessoal. (...) E assim – particularmente no contexto de uma classe desfavorecida composta de crianças – tratamos, de logo, a discriminação em uma base que o indivíduo não pode controlar como constitucionalmente desfavorecida.[65]

Contudo, apesar dos argumentos produzidos pelos votos dissidentes, a Corte, por cinco votos a quatro, confirmou a validade do sistema de financiamento do Texas, em uma decisão que ficou marcada pelo entendimento de que a educação não constitui um direito fundamental implícito. Alguns grandes juristas, como Erwin Chemerinsky[66] e Steven

[64] 411 U.S. 1 (1973), p. 116.
[65] 411 U.S. 1 (1973), p. 123-124.
[66] Jurista e professor norte-americano que realiza estudos sobre direito constitucional e processo civil federal. Atualmente é reitor da University of California, Berkeley, School of Law.

Shiffrin[67], reconheceram a decisão em *Rodriguez* como a pior da Suprema Corte desde os anos de 1960[68].

3. Repercussão da decisão

Apesar de a Suprema Corte ter sinalizado, permissivamente, aos estados a adoção de um sistema de financiamento educacional que promovesse desigualdade de tratamento entre distritos, prejudicando os estudantes mais pobres, a própria Corte, ao reconhecer o modelo adotado pelo Texas como injusto e caótico, instigou os estados a desenvolverem um sistema que buscasse a redução da disparidade orçamental entre os distritos escolares. O *Justice* Powell, ao redigir o voto da Corte e promover um comportamento autocontido, afirmou que:

> Assim, estamos em terreno familiar quando continuamos a reconhecer que os juízes desta Corte carecem tanto da perícia quanto da familiaridade com os problemas locais tão necessários para a tomada de decisões sábias com respeito à arrecadação e distribuição de receitas públicas. No entanto, somos instados a instruir os estados a alterar drasticamente o sistema atual ou a descartar totalmente o imposto sobre a propriedade em favor de alguma outra forma de tributação. (...) Em uma arena tão complexa em que não existem alternativas perfeitas, a Corte faz bem em não impor um padrão de escrutínio muito rigoroso para que todos os esquemas fiscais locais se tornem objeto de crítica sob a cláusula de proteção igual.[69]

Ademais, o próprio Powell, ao criticar os demandantes *a quo* por não oferecerem propostas para o ajuste dessa iniquidade, também apresentou algumas sugestões para a correção do problema. A primeira seria o "financiamento estadual de toda a educação pública com recursos derivados da tributação da propriedade ou da adoção ou expansão de impostos sobre vendas e renda"[70]. Isto é, a extinção da função dos distritos escola-

[67] Jurista e Professor Charles Frank Reavis Sr. da Cornell University.

[68] SACHS, Andrea. *The Worst Supreme Court Decisions Since 1960*. **TIME**, Nova Iorque, 6 de out. de 2015. Disponível em: https://time.com/4056051/worst-supreme-court-decisions/.

[69] 411 U.S. 1 (1973), p. 41.

[70] 411 U.S. 1 (1973), p. 41.

res como arrecadadores de fundos, de modo que apenas o estado pudesse coletar as receitas e distribuí-las de forma igualitária.

A outra alternativa seria a denominada "equalização do poder distrital"; nas palavras de Powell, "o Estado garantiria que a qualquer alíquota específica de imposto sobre a propriedade, o distrito receberia uma determinada quantidade de dólares, independentemente da base tributária do distrito". Logo, haveria uma realocação dos fundos dos distritos mais ricos para os mais pobres, na tentativa de equalizar e equilibrar o orçamento das escolas, de modo a torná-las mais iguais[71].

O *Justice* Marshall, em uma espécie de conselho, assentou que "nada na decisão da Corte hoje deve inibir a revisão adicional dos esquemas estaduais de financiamento da educação de acordo com as disposições das Constituições dos estados"[72]. Dessa forma, apesar do sinal verde para o uso do formato de financiamento educacional baseado no imposto sobre a propriedade local, o que se viu, na verdade, foram estados acatando as iniciativas propostas pelos juízes da Corte e modificando os seus mecanismos de financiamento, seja por força do processo político e por meio da legislatura, seja por intermédio de decisões dos tribunais estaduais.

Dessa forma, o impacto da decisão em *Rodriguez* foi quase imediato. Mas, curiosamente, não no sentido de seguir o que fora decidido pela Corte, mas de implementar o que havia sido sugerido pelos juízes. Em meados dos anos de 1970, 18 estados já haviam reformado os seus sistemas de financiamento educacional, adotando, em maior ou menor grau, a ideia da "equalização do poder distrital"[73]. Atualmente, todos os estados adotam mecanismos de equalização do financiamento educacional, com exceção do Havaí, que optou por eliminar a figura dos distritos escolares, em favor de um sistema de financiamento estadual – com a possibilidade de acréscimo ao orçamento aportado pelo fundo estadual, caso a comunidade local entendesse pertinente.[74]

Entretanto, apesar das iniciativas dos estados na tentativa de melhorar o financiamento das escolas pertencentes aos distritos compostos por

[71] 411 U.S. 1 (1973), p. 42.
[72] 411 U.S. 1 (1973), p. 133.
[73] SUTTON, op. cit., p. 1971.
[74] Ibid.

famílias de baixa renda, a disparidade entre estas e aquelas localizadas em áreas de maior concentração de riqueza persiste. Pois, apesar de assegurar um nível mínimo de gastos para todos os distritos escolares e incentivar investimento uniforme na educação, o que se evidenciou na melhoria educacional das áreas mais pobres, a inequidade entre distritos subsistiu, uma vez que nenhuma dessas reformas limitou o valor de receita que os distritos ricos poderiam arrecadar, perdurando uma lacuna significativa entre os orçamentos das instituições de ensino[75].

A continuação dessa disparidade rendeu uma outra onda de judicialização, sobre a mesma temática que em *Rodriguez*, entre 1973 e 1989. A diferença foi que o fundamento utilizado pelos demandantes não estava mais relacionado apenas à cláusula de igual proteção da 14ª Emenda, mas também às Constituições dos estados. Alguns poucos casos obtiveram êxito e, aqueles que tiveram, propuseram soluções para a redução das lacunas do investimento escolar, sugerindo impedir que os distritos escolares locais suplementassem o investimento do estado, em um movimento de criar um sistema que impusesse não somente um piso, mas também um teto de investimento nas escolas[76], no intuito de equalizar, ainda mais, o orçamento das unidades.

Desde 1989 e até o presente momento, são levadas aos tribunais estaduais novas problemáticas: a metodologia para determinar o nível de financiamento garantido por um estado e o montante desse custeio, pois "uma garantia de financiamento em todo o estado alcançava pouco se o valor garantido fosse muito baixo"[77]. Nesse sentido, reclama-se, agora, por uma maior dotação orçamentária dos estados para a educação, de modo a garantir que todas as crianças e adolescentes tenham uma educação de boa qualidade. Até junho de 2008, 45 estados já haviam enfrentado processos relacionados ao financiamento escolar. Do valor total, 28 das demandas obtiveram sucesso, forçando os congressistas a adotarem uma série de reformas adicionais, muitas das quais aumentaram o finan-

[75] Ibid., p. 1972-1973.
[76] Ibid., p. 1973.
[77] Ibid., p. 1973.

ciamento e eliminaram algumas lacunas patrimoniais entre distritos escolares[78].

Conclusões

A decisão da Suprema Corte dos EUA em *Rodriguez* possui grande importância para a discussão acerca dos direitos econômicos e sociais (nomeadamente o direito à educação) e a sua extensão (ou não) na Constituição americana. Ademais, sob o ponto de vista acadêmico, o caso nos permite estudar a existência da interligação da jurisdição constitucional com fatores externos, como a política, a economia e os contornos sociais que influenciam, diretamente, a atuação dos tribunais.

O julgamento consistiu em um freio ao avanço da proteção e promoção dos direitos econômicos e sociais que a Corte americana estava realizando desde o final dos anos de 1930. Contudo, a decisão também permitiu uma discussão mais ampla acerca do financiamento dos distritos escolares, acarretando uma série de reformas com o objetivo de equalizar os orçamentos das escolas, em locais ricos ou pobres, em direção à uma educação básica de qualidade para todas as crianças e adolescentes, de modo a reacender o debate da natureza constitucional do direito à educação.

Referências

Coggiola, Osvaldo. **A Segunda Guerra Mundial**: Causas, Estrutura, Consequências. São Paulo: Editora Livraria da Física, 2015.

Casagrande, Cássio. Elsie Parrish, a camareira que salvou o Direito do Trabalho nos EUA. **JOTA**, São Paulo, 1 de abril de 2019. Disponível em: https://www.jota.info/opiniao-e-analise/colunas/o-mundo-fora-dos-autos/elsie-parrish-a-camareira-que-salvou-o-direito-do-trabalho-nos-eua-01042019.

Editors. G. *I Bill*. **History.com**, Nova Iorque, 27 de maio de 2010. Disponível em: https://www.history.com/topics/world-war-ii/gi-bill.

Estados Unidos da América. Constituição (1787). **The Constitution of the United States. Estados Unidos da América**, 1789.

[78] Ibid., p. 1974.

ESTADOS UNIDOS DA AMÉRICA. Supreme Court of the United States. **Brown v. Board of Education of Topeka**, 347 U.S. 483 (1954), Washington D.C, 17 de maio de 1954.

ESTADOS UNIDOS DA AMÉRICA. Supreme Court of the United States. **Edwards v. People of State of California**, 314 U.S. 160 (1941), Washington D.C, 24 de novembro de 1941.

ESTADOS UNIDOS DA AMÉRICA. Supreme Court of the United States. **Gideon v. Wainwright**, 372 U.S. 335 (1963), Washington D.C, 18 de março de 1963.

ESTADOS UNIDOS DA AMÉRICA. Supreme Court of the United States. **Goldberg v. Kelly**, 397 U.S. 254 (1970), Washington D.C, 23 de março de 1970.

ESTADOS UNIDOS DA AMÉRICA. Supreme Court of the United States. **Griffin v. Illinois**, 351 U.S. 12 (1956), Washington D.C, 23 de abril de 1956.

ESTADOS UNIDOS DA AMÉRICA. Supreme Court of the United States. **Harper v. Virginia State Board of Elections**, 383 U.S. 663 (1966), Washington D.C, 24 de março de 1966.

ESTADOS UNIDOS DA AMÉRICA. Supreme Court of the United States. **San Antonio Independent School District v. Rodriguez**, 411 U.S. 1 (1973), Washington D.C, 21 de março de 1973.

ESTADOS UNIDOS DA AMÉRICA. Supreme Court of the United States. **Shapiro v. Thompson**, 394 U.S. 618 (1969), Washington D.C, 21 de abril de 1969.

ESTADOS UNIDOS DA AMÉRICA. Supreme Court of the United States. **West Coast Hotel Co. v. Parrish**, 300 U.S. 379 (1937), Washington D.C, 29 de março de 1937.

FALLON JR. Richard H. Strict Judicial Scrutiny. **UCLA Law Review**, v. 54, n. 5, p. 1267-1337, 2007.

MICHELMAN, Frank I. *On protecting the poor through the Fourteenth Amendment.* **Harvard Law Review**, v. 83, n. 7, p. 7-59, 1969.

PRILUCK, Jill. *The Second Bill of Rights.* **Lapham's Quarterly**, Nova Iorque, 11 de junho de 2018. Disponível em: https://www.laphamsquarterly.org/roundtable/second-bill-rights.

ROOSEVELT, Franklin D. *State of the Union Message to Congress.* **Franklin D. Roosevelt Presidential Library and Museum**. Nova Iorque, 11 de janeiro de 1941. Disponível em: http://www.fdrlibrary.marist.edu/archives/address_text.html.

Sachs, Andrea. *The Worst Supreme Court Decisions Since 1960*. **TIME**, Nova Iorque, 6 de outubro de 2015. Disponível em: https://time.com/4056051/worst-supreme-court-decisions/.

Sunstein, Cass R. ***Las cuentas pendientes del sueño americano***: *Por qué los derechos sociales y económicos son más necesarios que nunca*. Tradução de Ana Bello. Buenos Aires: Siglo Veintiuno Editores, 2018.

Sutton, Jeffrey S. *San Antonio Independent School District v. Rodriguz and its aftermath*. **Virginia Law Review**, v. 94, n. 8, p. 1963-1986, 2008.

29.
UNITED STATES V. NIXON, 1974
O PRIVILÉGIO DO EXECUTIVO E O ENTENDIMENTO DA SUPREMA CORTE DOS ESTADOS UNIDOS

ALEXANDRE VITORINO SILVA
GABRIEL QUEIROZ FERNANDES

Introdução

O caso *United States v. Nixon*, decidido pela Suprema Corte dos Estados Unidos, em 1974, originou reflexões a respeito dos limites dos poderes do Presidente da República e em especial da extensão de uma de suas prerrogativas – o denominado – *executive privilege* – à luz do princípio da separação de poderes.

Em linhas gerais, ao invocar a prerrogativa de *executive privilege*, o Presidente da República, nos EUA, busca justificar, instrumentalmente, a resistência em conceder aos cidadãos ou a outros Poderes o acesso a certas informações sensíveis como forma de proteger o interesse público.

A rigor, embora não se possa, categoricamente, à luz da jurisprudência americana, construir um conceito unitário desse instituto, ou definir o seu objeto de proteção de forma taxativa, pode-se afirmar que a prerrogativa abrange basicamente três categorias de dados e informações, a saber: (1) os segredos de estado; (2) as informações cuja publicidade poderia causar tumulto ao correto funcionamento do sistema de justiça (como o nome de informantes, v.g) e (3) as comunicações internas do Poder Executivo[1].

[1] SHANE, Peter M.; BRUFF, Harold H. ***Separation of Powers***. Durham: Carolina Academic Press, 2011, p. 279.

Nos fatos subjacentes ao caso *Nixon v. United States*, cujas linhas gerais serão abordadas neste breve artigo, o então Chefe do Poder Executivo recusou-se a cumprir uma intimação do Poder Judiciário Federal para a entrega de fitas cassete e comunicações pessoais presidenciais requeridas por um procurador especial designado pelo *attorney general* para apurar a suspeita de possível envolvimento do Presidente na invasão e interceptação clandestina do prédio *Watergate* (sede do Partido Democrata). Seu argumento – bastante abrangente – era o de que toda a sua comunicação pessoal seria confidencial e estaria abrangida por essa prerrogativa.

Fundamentalmente, são duas as questões que envolvem o *executive privilege*. A primeira delas é perquirir quem deve decidir a finalidade da prerrogativa. A segunda é assentar se a informação a ser objeto de divulgação deve ser definida, discricionariamente, pelo Executivo, sob critérios políticos insindicáveis, sob regência da doutrina das questões políticas e não justiciáveis, ou, se pode ser controlada pelo Poder Judiciário.

A investigação do precedente, portanto, é útil e necessária, não só dada a sua importância inegável para o direito norte-americano, mas também porque, na realidade constitucional de outras nações presidencialistas, como o Brasil, a questão pode ser aventada, especialmente quando estão em exame pretensões de divulgação de informação governamental relacionada a relações diplomáticas, a segredos de Estado, a planos militares e até mesmo ao planejamento de políticas públicas sensíveis (como as de segurança pública).

Compreendendo o contexto histórico e político que vigorava nos Estados Unidos à época, uma vez que é fundamental sua análise para o entendimento das circunstâncias que levaram à apreciação da demanda perante a Suprema Corte, bem como a sua decisão final, será possível elucidar o cabimento ou não da invocação do *executive privilege* no caso em análise.

Além disso, pretende-se trazer à baila discussões a respeito da finalidade do aludido privilégio e debater em que medida a invocação da prerrogativa especiais do Executivo poderia estar sujeita a controle jurisdicional.

Espera-se, ainda, realizar algumas comparações com problemas próprios do direito constitucional brasileiro, em especial sobre a possibilidade de controle pelo Judiciário dos atos e prerrogativas de sigilo do

Presidente da República sobre atos sensíveis praticados na qualidade de Chefe de Estado e de Governo.

1. Contexto histórico

O surgimento da ação judicial *United States v. Nixon* (1974) teve como pano de fundo acontecimentos do ano de 1972, quando o Presidente à época, Richard Nixon, do Partido Republicano, apresentava suspeita de envolvimento no escândalo de *Watergate*.

Tal escândalo consistia na invasão ao *Watergate Building*, sede do Partido Democrata em Washington, na tentativa de implantação de escutas telefônicas com o propósito de espionar e/ou sabotar atos do Partido, tudo para favorecer Nixon, uma vez que as eleições presidenciais estavam próximas. A relação de Richard Nixon com o escândalo partiu de longas e profundas investigações, nas quais foi possível verificar o consentimento do então Presidente ao ato criminoso cometido por seus auxiliares.

Com a pressão da opinião pública, foi designado um procurador especial, Archibald Cox, com poderes e prerrogativas para apurar o escândalo e, principalmente, o envolvimento do Presidente no ato.

Segundo Souto[2], um ex-secretário de Nixon, Alexander Butterfield, afirmou, durante as investigações, que o Presidente tinha costume de gravar conversas rotineiras com seus assessores e auxiliares diretos desde 1971. O autor esclarece que as gravações "passaram a ser de interesse da investigação, na medida em que poderiam conter diálogos reveladores do envolvimento do Presidente na invasão da sede do Partido Democrata"[3]. Foi por essa razão que o procurador especial requisitou o fornecimento dessas gravações.

A partir deste requerimento, especificamente, surgiu o emblemático caso *United States v. Nixon*, especialmente porque o Presidente teria invocado um instituto denominado *executive privilegie*, referido anteriormente, para autoproteção, e, assim, se recusado a entregar as fitas com as gravações de conversas pessoais travadas com seus assessores mais próximos.

[2] SOUTO, João Carlos. **Suprema Corte dos Estados Unidos**: principais decisões. 3. ed. São Paulo: Atlas, 2019, p. 248.

[3] Ibid., p. 248.

Por conta dessa descoberta, o Presidente passou a tentar impedir o desenvolvimento da investigação, tendo tomado medidas políticas com o propósito de abafar o caso. Nixon ordenou, por exemplo, que o *Attorney General*[4], Elliot Richardson, determinasse o afastamento do procurador Cox. Richardson não atendeu ao pedido e renunciou ao cargo. Pelo mesmo motivo, o substituto, William D. Ruckelshaus, renunciou igualmente por recusar-se a cumprir a ordem emanada do Presidente. Foi somente depois dessas duas ações que o presidente Nixon encontrou o *Attorney General* Robert Bork, que concordou em demitir o procurador especial Cox.

A renúncia do *Attorney General*, de seu substituto, e a demissão de Archibald Cox ocorreram em 20 de outubro de 1973, dia conhecido como "massacre de sábado à noite", que favoreceu o crescimento do apelo ao *impeachment* de Nixon.

Ocorre que, em 1973, anteriormente ao massacre, já havia sido ajuizada uma demanda na Corte Federal do Distrito de Columbia, com o objetivo de que o Presidente fosse compelido judicialmente a entregar o material, diante de sua recusa administrativa em atender à pretensão. Referida ação tinha natureza criminal e foi ajuizada sob o fundamento do item 17 do *Federal Rule Criminal Procedure* – regulamento federal do processo criminal americano.

Na contestação, Nixon invocou novamente o instituto do "privilégio executivo" para se recusar a entregar as gravações em juízo. A Corte Distrital Federal, por fim, concordou com o pedido formulado na ação, e determinou que o Presidente enviasse o material.

Na sequência, Nixon, irresignado com a decisão, interpôs recurso perante a Corte de Apelação do Circuito de Distrito de Columbia; antes mesmo que esta julgasse o apelo, o procurador especial valeu-se de uma regra excepcional e recorreu à Suprema Corte dos Estados Unidos, tendo postulado que fosse concedido o *writ of certiorari* (admitido o recurso).

Conforme relata Souto[5], o pedido foi admitido, dada a relevância da lide perante o Estado norte-americano. Simultaneamente, Nixon aviou

[4] Figura político-jurídica que, no executivo americano, se aproxima das funções do Ministro da Justiça e do Procurador-Geral da República.

[5] Souto, op. cit., p. 250.

petição para que o caso fosse julgado com mais celeridade, mormente pela importância do tema.

Travou-se, portanto, um debate a respeito dos limites do *executive privilege* e da possibilidade de controle judicial de atos praticados por oficiais do executivo, o que demandaria uma análise aprofundada a respeito do instituto e da separação de poderes.

2. Aspectos importantes da decisão

Segundo Rozell, *executive privilege* é o direito do Presidente da República ou do mais alto escalão deste Poder de reter informações e não repassá-las ao Congresso, nem às cortes judiciais e, em última análise, ao público[6]. O autor descreve as circunstâncias nas quais o referido instituto poderia ser utilizado: (1) necessidade certa de segurança nacional; e (2) proteção da privacidade das deliberações da Casa Branca quando necessária ao interesse público[7].

Nesse sentido, o Poder Executivo, responsável pela chefia de Governo e de Estado, demanda certas prerrogativas necessárias à proteção do interesse coletivo e à segurança nacional. Uma delas é o sigilo de informações oriundas das atividades de segurança, estratégia, inteligência, entre outras matérias sensíveis e confidenciais, como segredos militares e diplomáticos. A esse respeito:

> O privilégio das comunicações presidenciais repousa no reconhecimento de que o interesse público é servido ao permitir que os presidentes recebam conselhos francos de seus principais funcionários, e a confidencialidade é fundamental para a disposição dos conselheiros de serem francos, especialmente quando o conselho é potencialmente embaraçoso para o presidente.[8]

É inegável que o sigilo é circunstância fundamental para a proteção dessas informações e da própria efetividade do exercício da função

[6] Rozell, Mark J. *Executive Privilege and the Modern Presidents: In Nixon's Shadow*. **Minnesota Law Review**, v. 83, p. 1069-1126, 1999.

[7] Ibid., p. 1070.

[8] Johnsen, Dawn. *Executive Privilege Since United States v. Nixon: Issues of Motivation and Accomodation*. **Minnesota Law Review**, v. 83. p. 1127-1141, 1999.

governamental, razão pela qual é relevante que, sob certas circunstâncias, o chefe do Executivo tenha a prerrogativa de retê-las. A referida prerrogativa, apesar de não encontrar previsão explícita na Constituição dos Estados Unidos, é amplamente aceita, por construção doutrinária, como um direito de reter dados insuscetíveis de divulgação e de apreciação e de controle judicial, especialmente porque o interesse primordial se relaciona com o desempenho efetivo dos poderes de um presidente, tendo, portanto, base constitucional.

A Suprema Corte dos Estados Unidos reconheceu, no caso, a importância instrumental da prerrogativa em relação às funções executivas próprias do governo, desde que alinhada aos valores do Estado de Direito e desde que compatibilizada com as necessidades legítimas do processo judicial:

> Como nós concluímos que as necessidades legítimas do processo juidicial pode derrogar o privilégio executivo presidencial, é necessário resolver esses interesses concorrentes de uma forma que preserve as funções essenciais de cada Poder A expectativa de um Presidente quanto ao sigilo de suas conversas e correspondência, como a reivindicação de sigilo de deliberações judiciais, por exemplo, temtodos os valores aos quais atribuímos deferência para a privacidade de todos os cidadãos e, somados a esses valores, [há] a necessidade de proteção do interesse público em opiniões sinceras, objetivas e mesmo contundentes ou ásperas na tomada de decisão presidencial. Um presidente e aqueles que o auxiliam devem ser livres para explorar alternativas no processo de formulação de políticas e tomada de decisões, e para fazê-lo de uma forma que muitos não estariam dispostos a expressar, exceto em particular. Estas são as considerações que justificam um privilégio presumido para comunicações presidenciais. Tal prerrogativa é fundamental para o funcionamento do Governo e está inextricavelmente enraizado na separação de poderes ao abrigo da Constituição.[9]

Embora houvesse o reconhecimento da importância dessa prerrogativa do Presidente, a decisão escrita por Warren E. Burger, Presidente

[9] **United States v. Nixon**, 418 U.S. 683 (1974), p. 708.

da Corte à época, foi em direção oposta aos argumentos proferidos pela defesa de Nixon, especialmente por conta da controvérsia entre a prevalência ou não do privilégio como argumento capaz de obstar à entrega ao procurador especial do material suscetível de análise investigativa criminal.

Interessante destacar que Burger foi indicado ao cargo de Presidente da Suprema Corte, pelo próprio Nixon, e, por tal razão, no começo dos debates entre os Juízes acerca da decisão a ser tomada, tentou convencer seus pares a votarem no sentido do pedido de Nixon. Todavia, logo viu que a posição do presidente americano não teria êxito e, para evitar ficar isolado na dissidência, resolveu aderir à maioria, formando, assim, uma unanimidade. Passo seguinte, usando de sua prerrogativa, conferiu a si mesmo a competência de redigir a decisão da Corte.[10]

Frisou a Suprema Corte[11], portanto, que a análise constitucional do caso partiria, primeiramente, da interpretação de cada Poder acerca de suas próprias atribuições constitucionais e que, no caso do Executivo, havia a alegação de que o absoluto privilégio de confidencialidade estaria presente, de forma abrangente e indistinta, para todas as comunicações presidenciais.

A Suprema Corte, contudo, como intérprete qualificada e última da Constituição, em cumprimento ao seu próprio dever institucional, deve ser a representante do Poder de Estado que decidirá, em caráter definitivo, se qualquer medida tomada por um ramo do governo excede ou não sua autoridade constitucional, independentemente de qualquer interpretação exarada pelo próprio Executivo.

Por essa razão, na decisão, ao relativizar o Poder do Presidente da República, sobretudo o *executive privilege*, o tribunal de cúpula americano reforçou o seu próprio Poder e sua autoridade de interpretar e solucionar conflitos constitucionais envolvendo os três Poderes da República. Nesse sentido, vale transcrever trecho da decisão:

[10] A história completa dos bastidores da decisão é contada por Woodward, Bob; Armstrong, Scott. **Por detrás da Suprema Corte**. São Paulo: Saraiva, 1985.
[11] 418 U.S. 683 (1974).

> O impedimento que um privilégio absoluto e irrestrito colocaria no caminho do dever constitucional primário do Poder Judiciário de fazer justiça em processos criminais entraria em conflito evidente com a função dos tribunais nos termos do art. III. Ao projetar a estrutura de nosso governo e dividir e alocar o poder soberano entre três ramos co-iguais, os redatores da Constituição buscaram fornecer um sistema abrangente, mas os poderes separados não foram planejados para operar com independência absoluta. Enquanto a Constituição difunde o poder para melhor garantir a liberdade, ela também contempla que a prática irá integrar os poderes dispersos em um governo viável. Ela impõe aos seus ramos separação, mas interdependência, autonomia e reciprocidade.[12]

Restou assentado, assim, que o alegado impedimento de apreciação jurisdicional do caso, sob a invocada doutrina das questões políticas, colocaria em cheque o dever constitucional primário do Poder Judiciário de dizer o direito, razão pela qual o instituto não poderia ser interpretado como absoluto ou irrestrito, especialmente tratando-se do interesse público maior de elucidação dos processos criminais em que o Presidente da República tinha indícios de participação delituosa.

Além disso, a teoria dos *checks and balances* foi fundamental para a Suprema Corte estabelecer que nenhum Poder está acima do outro. Embora seja reconhecida, em certas ocasiões a prerrogativa do Poder Executivo de deixar informações sensíveis fora do alcance dos cidadãos em geral, notadamente quando o interesse público exigir esse sigilo, tal prerrogativa não teria o condão de obstar que a Corte analisasse a regularidade da invocação do instituto.

A existência de indícios de que o material suspeito (fitas gravadas) continha provas de atividades ilícitas do mais alto escalão da Casa Branca dos EUA no início da década de 1970, em especial relacionadas ao escândalo *Watergate*, que não se atrelava a temas militares ou diplomáticos, foi condição suficiente para que Corte automaticamente reconhecesse a função de identificar o abuso de invocação do *executive privilege*. Se o controle judicial da invocação do privilégio fosse rechaçado de forma abso-

[12] 418 U.S. 683 (1974), p. 707.

luta, o papel dos tribunais de garantir a aplicação uniforme da lei penal em relação a todos, na República Americana, ficaria, de fato, gravemente comprometido.

A decisão, portanto, deu uma solução ao caso, havendo mantido a ordem de entrega das gravações efetuadas por Nixon para que, submetidas a uma análise judicial reservada (*in camera*), fossem devidamente apuradas na esfera criminal. Contudo, isso foi feito sem esvaziar o núcleo essencial das funções de cada Poder. Disse a decisão:

> Uma vez que concluímos que as necessidades legítimas do processo judicial podem superar o privilégio presidencial, é necessário resolver esses interesses conflitantes de uma maneira que preserve as funções essenciais de cada poder. O direito e mesmo o dever de resolver essa questão não exime o Judiciário de dar alto respeito às representações feitas em nome do Presidente.[13]

Nas palavras de Souto, Burger admitiu que, embora os poderes sejam independentes entre si, foram concebidos também como controles recíprocos. Daí viabilizar-se a relativização, portanto, do privilégio executivo, admitida a sua restrição e afastada qualquer ideia absoluta de sua prevalência sobre qualquer apreciação jurisdicional[14].

O que se concebeu, no caso, foi uma espécie de presunção relativa de confidencialidade das informações presidenciais, mas que, concretamente, poderia ser submetida a um exercício de ponderação e ceder diante da necessidade concreta e motivada de apuração criminal. Nas palavras da Corte:

> Esse privilégio de confidencialidade presumido deve ser considerado à luz do nosso compromisso histórico com o Estado de Direito. Para garantir que a justiça seja feita, é imperativo para o funcionamento dos tribunais que o processo penal coercitivo esteja disponível para a produção de prova seja pela acusação, seja pela defesa. As prerrogativas são desenhadas para proteger interesses concorrentes legítimos e balanceados.[15]

[13] 418 U.S. 683 (1974), p. 707.
[14] SOUTO, op. cit., p. 251.
[15] SHANE; BRUFF, ob. cit., p. 283

O Tribunal também pôs em relevo que o *executive privilege* deveria ser interpretado de forma literal, sendo proibida a interpretação ampliativa, diante do seu potencial de comprometer a busca da verdade real nos processos penais. Daí ser totalmente descabida a exegese de que toda a comunicação pessoal do presidente, indistintamente, estaria albergada por proteção constitucional.

O perigo de permitir a retenção irrestrita de provas que poderiam ser amplamente utilizadas em julgamento criminal colocaria em xeque o devido processo legal, além de manietar a própria função básica de um tribunal na administração da justiça. Sem acesso aos fatos e à verdade real do caso, restaria frustrado o julgamento e a imposição de penas em caso de violações criminais.

Para manter a estabilidade constitucional e limitar a prerrogativa do Executivo, a Suprema Corte decidiu, de forma unânime, pela procedência do pedido do procurador especial, obrigando o Presidente Nixon a entregar-lhe o material, o que implicaria inevitavelmente o seu comprometimento com o escândalo *Watergate*.

Entretanto, o amplo interesse do Presidente da República em resguardar as conversas não foi totalmente prejudicado, uma vez que se optou pela divulgação, após exame *in camera* da prova pelo juiz, de um número restrito de conversas ao procurador especial, quais sejam, as que tinham prévia comprovação de que se relacionariam com as investigações criminais pendentes.

Houve, claramente, um teste de adequação e necessidade da prova a ser obtida via derrogação de privilégio, sendo ônus de quem a requer demonstrar que a evidência pretendida não pode ser produzida por outro meio menos gravoso. Embora com outros termos, trata-se de uma clara invocação da moderna doutrina da proporcionalidade, tão típica em casos de *balancing*.

Em outras palavras, a restrição ao privilégio deveria tomar cuidados razoáveis e proporcionais para que informações diplomáticas, militares e outras igualmente sensíveis não fossem expostas indevidamente e comprometessem a função de governo. Foram, por isso mesmo, excluídas as conversas que eventualmente tratariam de líderes de outros Estados. Além disso, o material não poderia ser divulgado a qualquer um e, logo após a análise pelo procurador, o conteúdo deveria voltar a ser completamente sigiloso.

3. Repercussão da decisão

O desenrolar político e jurídico dos fatos, incluindo o resultado na Suprema Corte, que decidiu pela entrega do material suspeito ao procurador especial, culminou na abertura de um processo de *impeachment* contra Nixon na Câmara dos Deputados.

Para evitar a fadiga política, Nixon, embora reeleito, não tinha apoio, nem popular, nem no Congresso, necessário para enfrentar o procedimento, o que acabou acarretando sua renúncia. O ato resultou na perda do objeto do *impeachment*, "considerando que esse tipo de processo tem por objetivo destituir do cargo determinada autoridade. Com a renúncia, não havia mais o que se destituir, de modo que o arquivamento era o único caminho (...)."[16]

A respeito da necessidade de entrega das gravações telefônicas, esta sequer foi necessária, uma vez que Gerard Ford, o Presidente que sucedeu Nixon, concedeu-lhe perdão presidencial[17] no dia 8 de setembro de 1974, livrando-o de responsabilização civil ou criminal perante a Nação.

Vale ressaltar que Presidente Ford teve o receio de que, durante o tempo em que se estendesse o provável processo criminal, a tranquilidade recentemente recuperada – ele se referia à própria renúncia de Nixon, que havia ocorrido quatro semanas antes – poderia ser irreparavelmente perdida diante do julgamento de *impeachment* de um ex-Presidente da República[18].

Ocorre que a decisão da Suprema Corte foi, ainda, de grande importância para a história constitucional norte-americana. Isso porque, de

[16] Souto, op. cit., p. 255.

[17] O perdão presidencial do Direito americano não guarda correspondência com o brasileiro. No primeiro, trata-se de um poder sem hipótese de sujeição do ato ao Poder Judiciário, podendo ser concedido livremente e a qualquer momento, para obstar que o beneficiado seja responsabilizado nas esferas cível e criminal. De tão polêmica que tamanha prerrogativa do Presidente da República causa, compara-se o poder de perdoar do Presidente aos das velhas monarquias europeias. No caso brasileiro, por sua vez, há requisitos a serem cumpridos e o ato presidencial pode ser objeto de apreciação judicial.

[18] Souto, op. cit., p. 256.

acordo com Volkov[19], a Corte não havia outrora reconhecido especificamente a validade da reivindicação do privilégio executivo de um Presidente. Para o autor:

> (...) o Tribunal explicou enfaticamente que o presidente não poderia se esconder atrás de um escudo de privilégio executivo para frustrar uma investigação criminal da conduta de um presidente. Curiosamente, no entanto, o Tribunal reconheceu a reivindicação de privilégio executivo pela primeira vez e sugeriu que os tribunais podem, no futuro, atribuir peso aos interesses de segurança nacional que podem surgir ao considerar a reivindicação de privilégio executivo de um presidente em responder a uma intimação criminal contra um Presidente em exercício.[20]

No mais, a solução judicial do caso teve como consequência direta e indireta uma solidificação da democracia estadunidense, especialmente por estarem em cheque as funções primordiais do Executivo e do Judiciário.

Prevaleceu a decisão da Suprema Corte, na condição de intérprete última da Constituição, conforme, aliás, havia assinalado, em termos, John Marshall no célebre caso *Marbury v. Madison*. Prevaleceu o princípio dos *checks and balances* (freios e contrapesos), no qual repousa a longevidade da República norte-americana, a única, no mundo, a eleger e empossar presidentes ininterruptamente em mais de 200 anos de História. Prevaleceram, enfim, os ideais dos construtores da República, daqueles que escreveram a Constituição de 1787 e, especialmente, dos que a defenderam quase dois séculos antes do caso Watergate em artigos publicados na imprensa nova-iorquina e depois reunidos em *O Federalista*.[21]

[19] VOLKOV, Michael. *United States v. Nixon: An Important Reminder*. **Blog Volkov Law**, 18 de juho de. 2017. Disponível em: <https://blog.volkovlaw.com/2017/07/united-states-v-nixon-important-reminder/>.
[20] Ibid.
[21] SOUTO, op. cit., p. 259.

O caso, portanto, tornou-se um marco para o estudo da jurisdição constitucional, da separação de poderes e da limitação das prerrogativas do Presidente da República. A tese, inclusive, veio a ser citada pelo Supremo Tribunal Federal em caso análogo, uma vez que, assim como nos Estados Unidos, adota-se no Brasil o sistema de governo presidencialista.

No caso brasileiro, houve uma requisição judicial da gravação de uma reunião ocorrida no dia 22 de abril de 2020 dos membros do mais alto escalão do Poder Executivo Federal, incluindo o Presidente da República, com o propósito de elucidar eventual ocorrência de delitos durante o ato.

A decisão que decidiu pelo fornecimento das gravações, proferida em 22 de maio de 2020 pelo Ministro Celso de Mello[22], nos autos do Inquérito 4.831/DF, consiste em um paralelo brasileiro perfeito para a análise do que se observa no caso *United States v. Nixon*. Este inclusive foi utilizado como importante precedente na decisão, considerando que foram debatidos temas sensíveis sobre o sigilo de deliberações do Poder Executivo, a necessidade de entrega de gravações para fins de apuração de delitos no ato deliberativo, as prerrogativas do Presidente da República e a apreciação judicial decorrente de pedido para fornecimento dos dados.

Vale ressaltar que o requerimento foi questionado pela assessoria jurídica do Poder Executivo, e que o privilégio foi invocado da mesma forma como fez Nixon, pois havia debates sensíveis a respeito da segurança do Estado e de Nações estrangeiras. Argumentou-se, nessa perspectiva, que seria incabível e insuscetível de análise pelo Poder Judiciário tal material.

A decisão judicial brasileira demonstrou, por sua vez, de forma assemelhada ao praticado na jurisprudência norte-americana, que o alegado privilégio não tinha o condão de impedir o fornecimento da gravação da reunião, que, aliás, se mostrava legítima e relevante para a apuração do cometimento de crimes, especialmente quando o possível autor integra órgãos de máxima relevância na República. Afirmou-se, assim, em prestígio aos princípios da isonomia e republicano, que ninguém, nem mesmo o Presidente, está acima das leis.

O Ministro Celso de Mello entendeu que o interesse público e o dever jurídico do Estado de investigação de delitos justificavam a requisição de

[22] Supremo Tribunal Federal. **Inquérito n.º 4.831/DF**. Relator: Min. Celso de Mello. Brasília, 22 de maio de 2020.

provas, ainda que oriundas de membros de elevadíssima posição hierárquica na República:

> *É por essa razão* **que os atos** de investigação **ou** de persecução no domínio penal **traduzirão,** em tal contexto, *incontornável dever jurídico do Estado* **e constituirão,** por isso mesmo, *resposta legítima do Poder Público* **ao que se contém** na "*notitia criminis*", **ainda que figure na condição de investigado** *a pessoa do próprio Presidente da República.* (destaques no original)[23]

Além disso, o caso brasileiro se mostra tão semelhante ao americano sob a perspectiva jurídica que, embora em ambas as decisões tenha havido determinação de entrega do material sob confidencialidade (assim como no caso americano, excluíram-se as menções referentes aos Estados estrangeiros), nenhuma delas esvaziou o núcleo essencial das funções do Poder Executivo, sendo reconhecida a relevância constitucional do *executive privilege.* Todavia, por não ser absoluto, o sigilo invocado não impediria a suscetibilidade de apreciação do tema pelo Poder Judiciário e, portanto, não subtrairia ao próprio Estado-Juiz apurar as provas substanciais em procedimentos criminais. Confira-se a argumentação do Ministro:

> **Vê-se,** *daí,* **que a Suprema Corte americana,** nessa "*landmark decision*", **proclamou** um "*dictum*" fundamental**: o de que a cláusula do privilégio executivo,** *por não se revestir de caráter absoluto,* tem natureza essencialmente limitada, **podendo** ser validamente invocada, *p. ex.*, em matérias que versem *delicados e sensíveis assuntos militares* **e** *diplomáticos,* **não impedindo,** *porém,* que o Presidente da República **venha a ser legitimamente submetido,** *na condição de investigado ou suspeito,* a atos de investigação criminal **(tratava-se,** *no caso examinado por aquele alto Tribunal,* **da requisição de fitas de gravação** que continham "*conversas relevantes para o esclarecimento e comprovação dos crimes*" **que teriam sido praticados** pelo *então* Presidente Nixon). (destaques no original)[24]

[23] Supremo Tribunal Federal, **Inquérito n.º 4.831/DF**. Relator: Min. Celso de Mello. Brasília, 22 de maio de 2020.

[24] Supremo Tribunal Federal, **Inquérito n.º 4.831/DF**. Relator: Min. Celso de Mello. Brasília, 22 de maio de 2020.

A apreciação do Poder Judiciário, no caso brasileiro, foi plenamente legítima, verificando-se não se tratar de um desrespeito ao princípio da separação dos poderes. A questão estava em compatibilizar a prerrogativa executiva com o exercício pleno da função jurisdicional. Nesse sentido:

> **É importante** ter presente que **o Judiciário**, *quando intervém para conter os excessos do poder* **e**, também, *quando atua no exercício da jurisdição penal ou como intérprete do ordenamento constitucional*, **exerce**, *de maneira plenamente legítima*, **as atribuições** que lhe conferiu a própria Carta da República. **O regular exercício** da função jurisdicional, por tal razão, *projetando-se no plano da prática hermenêutica* – **que constitui** *a província natural* de atuação do Poder Judiciário –, ***não transgride*** *o princípio da separação de poderes.* (destaques no original)[25]

Evidencia-se, portanto, que a decisão da Suprema Corte dos Estados Unidos repercutiu para além de suas fronteiras. Ela tornou-se um parâmetro judicial não só para limitação dos poderes do Presidente da República, mas também para legitimar a apreciação do Poder Judiciário mesmo quando invocado o *executive privilege*, à luz da teoria dos freios e contrapesos.

Em síntese, o *executive privilegie*, antes visto como hábil a respaldar a recusa ou descumprimento voluntarioso pelo Chefe do Executivo das requisições para entrega das gravações realizadas, não foi entendido como absoluto. Graças ao interesse público decorrente da busca de elucidação de ilícitos criminais, prevaleceu a análise judicial dos documentos ditos sensíveis sobre o privilégio do executivo.

De outro ângulo, como contracautela, o procedimento de apuração da prova *in camera*, para análise reservada do juiz, permitiu que fossem resguardadas informações de interesse público, a fim de pôr a salvo assuntos como, v,g, a segurança nacional, as relações diplomáticas e os segredos militares.

[25] Supremo Tribunal Federal, **Inquérito n.º 4.831/DF**. Relator: Min. Celso de Mello. Brasília, 22 de maio de 2020.

Conclusões

O julgamento de *United Stares v. Nixon* trouxe profícuo debate constitucional e importantes contribuições para a política e o direito não só dos EUA como também dos países que adotam o sistema presidencialista de governo. Isso porque traçou balizas para o controle jurisdicional, à luz da doutrina do *checks and balances*, sobre as prerrogativas de preservação de sigilo de informações oriundas do Poder Executivo.

Ao fim do artigo, chega-se à conclusão, derivada da jurisprudência da Suprema Corte dos Estados Unidos, e chancelada inclusive por precedentes do Supremo Tribunal Federal em lide semelhante, de que, lá e cá, apesar de os Poderes serem independentes entre si, a invocação de prerrogativas especiais de sigilo de informações do Executivo não é absoluta, cabendo o seu controle jurisdicional caso a caso, sob a diretriz da adequação, necessidade e razoabilidade em sentido estrito. A necessidade concreta de produção de prova em processo judicial e a inexistência de outros meios para provar o fato podem afastar a presunção de confidencialidade das informações e deverão ser concretamente motivadas.

Isso significa que, embora o privilégio do Executivo tenha embasamento constitucional na própria ideia de separação de poderes, a eventual apreciação do excesso pelo Poder Judiciário será cabível e deverá ser objeto de uma análise balanceada, considerada a circunstância de que o instituto é primordialmente utilizado para assegurar informações sensíveis ao Estado, como a segurança nacional, diplomacia, inteligência e segredos militares.

Como foi visto no precedente analisado, o motivo real para o ex-presidente americano Richard M. Nixon ter pugnado pelo *executive privilege*, quando requisitadas as gravações, não se demonstrou como um tema sensível capaz de impedir que a Suprema Corte dos Estados Unidos da América se abstivesse de decidir sobre a questão de fundo, sobretudo porque se tratava de uma tentativa de acobertar o seu envolvimento criminal no escândalo *Watergate*. As gravações telefônicas corriqueiramente realizadas por ele, ainda que contivessem conteúdo confidencial, tinham acentuada probabilidade de demonstrar fatidicamente o seu consentimento ou participação mediata na implantação das escutas telefônicas na sede do Partido Democrata.

Essa foi a razão pela qual a Suprema Corte determinou, em palavra final, que fossem entregues as fitas ao procurador especial, mas respeitou a natureza do privilégio constitucionalmente relevante, ou seja, excluiu as partes em que fossem mencionadas Nações estrangeiras, ou informações sensíveis de caráter diplomático ou militar.

Referências

Brasil. Supremo Tribunal Federal, **Inquérito n.º 4.831/DF**. Relator: Min. Celso de Mello. Brasília, 22 de maio de 2020.

Estados Unidos da América. Supreme Court of the United States. **United States v. Nixon**, 418 U.S. 683 (1974), Washington D.C, 24 de julho de 1974.

Johnsen, Dawn. *Executive Privilege Since United States v. Nixon: Issues of Motivation and Accomodation*. **Minnesota Law Review**, v. 83. p. 1127-1141, 1999.

Rozell, Mark J. *Executive Privilege and the Modern Presidents: In Nixon's Shadow*. **Minnesota Law Review**, v. 83, p. 1069-1126, 1999.

Shane, Peter M.; Bruff, Harold H. ***Separation of Powers***. Durham: Carolina Academic Press, 2011.

Souto, João Carlos. **Suprema Corte dos Estados Unidos**: principais decisões. 3. ed. São Paulo: Atlas, 2019.

Volkov, Michael. *United States v. Nixon: An Important Reminder*. **Blog Volkov Law**, 18 de julho de 2017. Disponível em: <https://blog.volkovlaw.com/2017/07/united-states-v-nixon-important-reminder/>.

Woodward, Bob; Armstrong, Scott. **Por detrás da Suprema Corte**. São Paulo: Saraiva, 1985.

30.

BATES V. STATE BAR OF ARIZONA, 1977

OS MOTIVOS E IMPLICAÇÕES DA LIBERAÇÃO DO *MARKETING* PARA OS ADVOGADOS NOS ESTADOS UNIDOS

MATHEUS CARDOSO OLIVEIRA ELEUTÉRIO

Introdução

O presente estudo tem como objetivo identificar o contexto em que foi proferida a decisão no caso paradigmático *Bates v. State Bar of Arizona* (1977),[1] que levou à inversão total no regramento americano sobre a publicidade na advocacia, bem como apresentar os principais argumentos adotados pela Suprema Corte para embasar tal entendimento. Anteriormente a esse caso, a *American Bar Association* adotava uma postura altamente restritiva, proibindo a utilização de anúncios por advogados, porém a decisão daquele caso abriu caminho para uma liberdade que tem se mostrado cada vez maior na divulgação de serviços jurídicos.

Para a elaboração deste trabalho, foram explorados alguns precedentes da Suprema Corte dos Estados Unidos dentre aqueles considerados mais relevantes ao tema, a fim de verificar a forma como foi construída, historicamente, a argumentação de que o discurso comercial é merecedor da proteção conferida pela liberdade de expressão. Esse argumento, em última análise, parece ter sido a principal motivação para a aprovação, por uma maioria de 5 a 4, da conclusão de *Bates*. Além disso, tomou-se

[1] **Bates v. State Bar of Arizona,** 433 U.S. 350 (1977).

por base alguns estudos doutrinários americanos que analisam aspectos específicos concernentes às origens e implicações daquela decisão na sociedade e na advocacia enquanto atividade econômica.

Inicialmente, será abordado o contexto que permeou *Bates* e motivou sua conclusão, analisando-se os precedentes que o antecederam sobre o tema Liberdade de Expressão e Discurso Comercial. Posteriormente, serão apresentados os principais argumentos debatidos pela Corte em *Bates v. State Bar of Arizona* (1977)[2]. Por fim, algumas implicações posteriores à decisão de *Bates* serão demonstradas, discutindo-se o impacto que tal julgamento teve na sociedade americana e no mercado da Advocacia.

1. Contexto histórico

Até 1908, a publicação de anúncios era permitida aos advogados americanos, porém, com a adoção dos *Canons of Professional Ethics,* pela *American Bar Association* (ABA)[3], passou-se a uma situação diametralmente oposta, em que era totalmente proibida a utilização de publicidade por tais profissionais.[4] Porém, após esta proibição e desde a segunda metade da década de 1970, passou a se fortalecer a corrente que defendia que o discurso comercial merecia a proteção Estatal, conferida pela liberdade de expressão, que se encontrava consagrada na Primeira Emenda à Constituição dos EUA[5].

Podemos apontar, para os fins deste estudo, o caso *Cox v. Louisiana* (1965) como o início dessa corrente jurisprudencial que buscou conceder à liberdade de expressão a interpretação mais extensiva. No caso concreto, tratava-se da prisão do Reverendo Mr. B. Elton Cox, líder de

[2] 433 U.S. 350 (1977).

[3] A *American Bar Association* é uma organização que representa e regulamenta nacionalmente a classe dos advogados nos Estados Unidos da América, tendo uma função semelhante à da Ordem dos Advogados do Brasil (OAB) em nossa realidade.

[4] Cebula, Richard J. *Does lawyer advertising adversely influence the image of lawyers in the United States? An alternative perspective and new empirical evidence.* **The Journal of Legal Studies**, v. 27, n. 2, p. 503-516, 1998.

[5] "*First Amendment: Congress shall make no law respecting an establishment of religion, or prohibiting the free exercise thereof; or abridging the freedom of speech, or of the press; or the right of the people peaceably to assemble, and to petition the Government for a redress of grievances.*" Constituição (1791). **First Amendment**. Estados Unidos da América, 1791.

um movimento a favor da proteção aos direitos civis da comunidade negra que, por conduzir um protesto pacífico em frente a um Tribunal em Baton Rouge (Louisiana), foi preso em razão de suposta violação da paz (*breach of the peace*). Nesse contexto, a Suprema Corte entendeu que a lei local era inconstitucionalmente vaga ao definir o conceito de violação da paz como "agitar, despertar de um estado de repouso, molestar, interromper, impedir, inquietar", uma vez que a instigação ao debate é uma das funções da proteção à liberdade de expressão.[6]

Ainda nesse sentido, foi julgado o caso *Tinker v. Des Moines* (1969), no qual restou entendida a impossibilidade de uma escola adotar regras que limitassem a liberdade de expressão caso não estivesse evidenciado que tal regra era necessária para evitar interferência considerável na disciplina escolar ou nos direitos de terceiros.[7]

Outro julgado que se mostra relevante à conclusão a que chegou a Corte em *Bates* foi a decisão que determinou que a preocupação geral com a perturbação à paz não justificava a proibição da manifestação de palavrões em espaços públicos (*Cohen v. California*, 1971).[8] Conclusão semelhante foi julgada no caso *Police Dept. of City of Chicago v. Mosley* (1972), no qual foi adotado o entendimento de que a Primeira Emenda proíbe que governantes limitem a liberdade de expressão de indivíduos em razão de suas mensagens, ideias, assunto ou conteúdo.[9]

Percebe-se a tendência de uma aplicação da regra segundo a qual deve se exigir um alto grau de certeza das premissas para justificar a interferência em um direito fundamental e, do mesmo modo, somente seria legítima tal interferência para defender um interesse tão relevante quanto o bem jurídico tutelado pelo direito fundamental que se pretende restringir (ou ainda mais relevante do que ele).[10]

Porém, apenas em 1975, surge o primeiro Precedente consignando expressamente que o discurso comercial não seria desprovido da prote-

[6] **Cox v. Louisiana**, 379 U.S. 536 (1965). p. 536.

[7] **Tinker v. Des Moines Independent Community School District**, 393 U.S. 503 (1969).

[8] **Cohen v. California**, 403 U.S. 15 (1971).

[9] **Police Dept. of City of Chicago v. Mosley**, 408 U.S. 92 (1972).

[10] Alexy, Robert. **Princípios formais e outros aspectos da teoria discursiva do direito.** Rio de Janeiro: Forense, 2018, p. 6-7.

ção prevista na Primeira Emenda exclusivamente por ser apresentado na forma de um comercial pago.[11] No caso concreto, o editor chefe do jornal Virginia Weekly, o sr. Jeffrey C. Bigelow, foi condenado nas instâncias inferiores da justiça americana por ter publicado em seu jornal o anúncio de uma organização de Nova York que providenciaria abortos a preços baixos para mulheres grávidas que assim desejassem.

A relevância de tal julgado vai além da simples conclusão a que chegaram os julgadores. Infere-se que a principal contribuição do caso Bigelow para a mudança de paradigma quanto ao marketing jurídico diz respeito aos argumentos adotados. A Corte entendeu que, no caso em julgamento, as informações publicadas no jornal do recorrente não eram uma simples oferta de um produto ou serviço, mas também continham fatos e informações de interesse público ao informar que o aborto havia sido legalizado em Nova York.

Por fim, o julgamento do caso do *Va. Pharmacy Bd. v. Va. Consumer Council* (1976)[12] foi utilizado como paradigma no julgamento de *Bates* em razão de sua principal tese: A liberdade de expressão visa resguardar os ouvintes, tanto quanto os emissores do discurso protegido, por isso, ela protege o discurso comercial pois os consumidores têm interesse no fluxo livre de informações publicitárias.[13]

Essa decisão não significou a proibição de toda restrição ao discurso comercial, pelo contrário, a Corte apontou exemplos de restrições que seriam legítimas, como a proibição de utilização de informações falsas ou que pudessem levar o consumidor a erro. A conclusão foi pela inconstitucionalidade da proibição completa de disseminação de informações lícitas e verdadeiras exclusivamente por medo do impacto dessas informações em seus emissores e ouvintes.[14]

[11] **Bigelow v. Virginia**, 421 U.S. 809 (1975).

[12] **Va. Pharmacy Bd. v. Va. Consumer Council**, 425 U.S. 748 (1976).

[13] 425 U.S. 748 (1976).

[14] Kasper, Eric T.; Kozma, Troy A. *Did Five Supreme Court Justices Go Completely Bonkers: Saul Goodman, Legal Advertising, and the First Amendment since Bates* v. *State Bar of Arizona*. **Cardozo Arts & Ent. LJ**, v. 37, p. 337, 2019.

2. Aspectos importantes da decisão

Apresentado o breve contexto da jurisprudência que deu fundamento ao julgamento de *Bates v. State Bar of Arizona* (1977)[15], exploraremos a decisão que levou à ruptura do paradigma da proibição à utilização de ferramentas publicitárias pelos advogados atuantes nos Estados Unidos.

O caso levado a julgamento era o seguinte: os recorrentes, John R. Bates e Van O'Steen, eram advogados regularmente inscritos na *State Bar of Arizona*[16] e conduziam um escritório de advocacia voltado a procedimentos simples, cobrando honorários consequentemente modestos.[17]

O público-alvo do escritório eram cidadãos de classe média que não se enquadravam nos requisitos para a concessão de assistência jurídica governamental, tampouco detinham recursos para a contratação de escritórios mais consolidados. Em razão do modelo de negócios adotado pelos recorrentes, ficou claro no julgamento que casos de maior complexidade não eram aceitos pelo escritório.[18]

Após dois anos de funcionamento, os advogados John e Van perceberam que a situação financeira demonstrava que o escritório não tinha condições de sobreviver caso o público não fosse informado dos baixos preços que eram cobrados por eles.[19]

Por este motivo, publicaram um anúncio no jornal *Arizona Republic*, em que se liam as palavras "Você precisa de um advogado? Serviços jurídicos a preços bem razoáveis" (*"Do you need a lawyer? Legal serviçes at very resonable fees"*) e, após a imagem de uma balança, foram anunciados os serviços oferecidos e os preços cobrados, por exemplo: divórcio ou separação consensual – $175,00; mudança de nome $95,00; entre outros pro-

[15] 433 U.S. 350 (1977).

[16] As *State Bars* são organizações que representam e regulam a atuação de advogados no âmbito de seus respectivos Estados. Diferentemente da situação brasileira, é comum a existência de leis e regras inteiramente diferentes entre estes Estados, de modo que as regras tratadas em nosso estudo podem ser, em muitas vezes, aplicáveis apenas àqueles estados específicos aqui citados.

[17] 433 U.S. 350 (1977).

[18] 433 U.S. 350 (1977).

[19] 433 U.S. 350 (1977).

cedimentos simples, consignando, ao final, que informações sobre outros tipos de demanda poderiam ser fornecidas a pedido.[20]

Frente a essa situação, a *State Bar of Arizona* argumentou que a mercantilização dos serviços advocatícios poderia minar a percepção de dignidade e de valorização da advocacia, além de fragilizar a confiança dos clientes em seus advogados.

Inicialmente, um comitê administrativo, no âmbito da *State Bar* (Ordem dos Advogados Local), sugeriu que os recorrentes fossem suspensos do exercício da advocacia por, no mínimo, seis meses. Posteriormente, revisando o caso, o *Board of Governors* da *State Bar of Arizona*, reduziu a penalidade aplicada, determinando que a suspensão fosse de apenas uma semana.

Irresignados com tal decisão, os recorrentes buscaram a tutela da Suprema Corte do Arizona, alegando que a proibição da publicidade violaria a legislação concorrencial vigente (especificamente os § 1 e § 2 do *Sherman Act*[21]) uma vez que buscava limitar a competição entre os atores no mercado da advocacia. Além disso, sustentavam que tal proibição violava os direitos a eles conferidos pela Primeira Emenda à Constituição Americana, contudo, a Suprema Corte do Estado rejeitou ambas as alegações.[22]

No âmbito da Suprema Corte Americana, a resposta foi incisiva, ao afirmar que o argumento contrário à mercantilização se baseava na percepção equivocada de que os advogados devem esconder de si e de seus clientes a realidade de que causídicos ganham dinheiro para sustentar seus custos de vida advogando.[23]

Vale apontar que, mesmo antes de *Bates*, já havia grupos de consumidores demandando a modificação das regras que proibiam os anúncios de

[20] O anúncio publicado pelo escritório de John R. Bates e Van O'Steen pode ser visto no *Legal Ethics and Lawyer Business Development* disponibilizado no sitio eletrônico da *New York State Bar Association*. Disponível em: https://nysba.org/NYSBA/Coursebooks/Spring%20 2017%20LPM%20Coursebooks/March%20Marketing%20Conference/1.%20Legal%20 Ethics%20and%20Lawyer%20Business%20Development.pdf.

[21] U.S. Code: Title 15, Chapter 1 (1890). **Sherman Antitrust Act**. Estados Unidos da América, 1890.

[22] 433 U.S. 350 (1977). p. 356.

[23] 433 U.S. 350 (1977).

serviços de advocacia. Segundo estes grupos, a proibição dificultava que o público tivesse acesso à representação legal por preços razoáveis para serem assistidos em suas demandas judiciais.[24]

Continuando, a argumentação contrária à liberação afirmava que a publicidade de serviços jurídicos seria intrinsecamente enganosa por três motivos:

> (a) porque a natureza única dos serviços advocatícios não permite que seja realizada uma comparação válida com base em anúncios; (b) porque os consumidores não seriam capazes de determinar os serviços que seriam adequados às suas necessidades; e (c) porque os anúncios feitos por advogados poderiam ressaltar aspectos irrelevantes e esconder o aspecto primordial da capacidade[25].

A resposta da Corte ao primeiro desses argumentos foi a de que, se existem serviços cuja natureza impeça a divulgação de preços fixos, é improvável que algum advogado tente anunciá-los, porém, não se vislumbrou qualquer problema na divulgação de serviços comuns e rotineiros como um divórcio consensual ou a insolvência civil.[26]

Em relação ao segundo argumento, a Corte apontou que não era razoável supor que um cidadão procurasse o auxílio de um advogado caso não tivesse noção de que realmente precisasse de um. Desse modo, ainda que o cliente não tivesse uma certeza detalhada acerca dos procedimentos necessários à satisfação de suas necessidades, ele poderia identificá-los em algum nível, por meio dos anúncios.[27] O último dos argumentos apresentados será analisado com maior profundidade adiante.

Por fim, argumentou-se que a liberação da publicidade dos serviços advocatícios teria um efeito indesejado na administração da justiça, em razão da inevitável instigação à litigância. Mais uma vez, a resposta da Corte foi firme, ao afirmar que "não podemos aceitar a noção de que sem-

[24] Kasper; Kozma, op cit.

[25] 433 U.S. 350 (1977), p. 372.

[26] 433 U.S. 350 (1977).

[27] 433 U.S. 350 (1977).

pre seria melhor que uma pessoa sofresse um mal em silêncio do que fosse reparada por suas consequências por meio da jurisdição".[28]

Em nosso entender, como apontamos anteriormente, o mais relevante dos aspectos levados em consideração em *Bates* diz respeito à aplicação da proteção conferida pela liberdade de expressão ao discurso comercial.

Mesmo frente à jurisprudência construída no período que precedeu *Bates,* houve divergências durante o julgamento. Podemos citar como exemplo mais extremo a posição do *Justice* Rehnquist, que manteve seu entendimento anterior no sentido de que discurso comercial, ainda que dotado de informações razoáveis e verdadeiras, não se amolda ao tipo de discurso que a Primeira Emenda da Constituição dos EUA pretende proteger[29].

Todavia, a apertada maioria, composta por cinco dos nove julgadores, criticou o entendimento de que "o argumento [para a proibição] parte do pressuposto de que o público não é sofisticado o suficiente para compreender as limitações da publicidade, e que é melhor mantê-lo na ignorância do que confiar-lhe com informações verdadeiras, porém incompletas"[30].

Por esse motivo, a Corte refutou os argumentos apresentados pela *State Bar of Arizona,* de modo que restou consagrado algo que, em nossa realidade brasileira, poderia ser chamado de função social da advocacia. Segundo o entendimento adotado pela Suprema Corte, os advogados têm uma obrigação ética frente à sociedade de tornar a informação sobre seus serviços jurídicos acessível à população leiga.[31]

Mais recentemente, no julgamento do caso *United States v. Alvarez* (2012)[32], foi consignada uma conclusão que se amolda claramente aos argumentos levantados pela maioria no caso *Bates*: muitas vezes o remédio mais eficaz contra os discursos falsos ou enganosos é a garantia da liberdade para que outros possam falar a verdade. Nesse sentido, ainda que uma minoria dos advogados pudesse utilizar de sua liberdade para

[28] 433 U.S. 350 (1977), p. 376.
[29] 433 U.S. 350 (1977).
[30] 433 U.S. 350 (1977), p. 374-375.
[31] Kasper; Kozma, op. cit.
[32] **United States v. Alvarez**, 567 U.S. 709 (2012).

enganar o público, a maioria compensaria tais prejuízos fornecendo-lhe informação clara e verdadeira, de modo a abafar o discurso enganoso por meio da informação.

3. Repercussão da decisão

Como apontado anteriormente, a decisão de *Bates* foi tomada por uma maioria apertada e, mesmo após a decisão, houve, e continua havendo, preocupações quanto aos limites que o Estado pode impor à liberdade de expressão e quanto aos impactos da decisão no mercado da advocacia, bem como no que diz respeito à visão que a sociedade teria de seus advogados.

Ao consagrar a liberdade dos advogados para anunciar seus serviços, a Corte expressamente fez constar que tal decisão não impediria que os Estados pudessem regular a atuação dos advogados[33], repetindo a conclusão consignada anteriormente no caso do Conselho de Farmácia da Virginia, afirmando que é possível que sejam impostas regras quanto à forma, ao lugar e ao tempo para os anúncios.[34]

No julgamento de *Bates*, porém, não foram apresentados limites claros quanto a que tipo de restrição poderia ser adotada pelos Estados, mas foi consignado que, obviamente, anúncios contendo informações enganosas, falsas ou que pudessem induzir o consumidor a erro poderiam ser proibidas.[35]

Nesse sentido, a evolução do sistema jurídico americano não cessou após tais decisões, devendo ser trazido ao nosso estudo o caso *Central Hudson Gas & Elec. v. Public Svc. Comm'n* (1980), no qual foi desenvolvido um teste em quatro questionamentos para determinar a constitucionalidade de restrições ao discurso comercial, quais sejam: (i) o anúncio diz respeito a uma atividade lícita e não enganosa; (ii) o interesse público que se pretende proteger é considerável; (iii) a regulamentação garante/protege diretamente esse interesse público; e (iv) a restrição não é maior do que o necessário para assegurar tal proteção.[36]

[33] 433 U.S. 350 (1977).
[34] 425 U.S. 748 (1976).
[35] Kasper; Kozma, op. cit.
[36] **Central Hudson Gas & Elec. v. Public Svc. Comm'n**, 447 U.S. 557 (1980).

Posteriormente, nos casos *Ohralik v. Ohio State Bar*[37], a Suprema Corte americana julgou ser ilegal a abordagem pessoal do advogado para solicitar sua contratação e, em *Florida Bar v. Went For It*[38], entendeu ser legítima a restrição ao envio de correspondência a vítimas de acidentes ou desastres nos trinta dias que sucederem aos eventos.

Por fim, conclui-se que a obrigação de revelar aspectos específicos dos serviços ofertados se demonstra um meio mais efetivo e menos danoso à liberdade de expressão do que a simples proibição da veiculação de anúncios, conforme apontado no caso *Zauderer v. Office of Disc. Counsel* (1985).[39]

Em vista disso, seria preferível adotar regulamentos que obrigassem a publicação de avisos ou *disclaimers*, como ocorre com comerciais brasileiros de bebidas alcoólicas e remédios, em vez de se aplicar uma postura puramente proibitiva em relação ao discurso comercial.

Em relação às implicações da liberação no mercado da advocacia, pode-se resumir as principais preocupações da seguinte forma: a disseminação de anúncios imoderados e de mau gosto; a possibilidade de que fosse criada uma barreira de entrada, prejudicando profissionais mais jovens, em detrimento dos mais consolidados; e a possibilidade de que os custos com a publicidade pudessem acarretar um aumento nos valores cobrados por advogados.

Após *Bates*, e outros casos paradigmáticos, verifica-se que a Corte passou a entender que o remédio adequado contra anúncios imoderados e de mau gosto seria dado pelo próprio mercado, no sentido de que, caso o anúncio de um advogado seja considerado ofensivo, a tendência é que os consumidores optem por não contratar tal profissional.[40] Entende-se que tal fato é especialmente relevante em um contexto no qual os anúncios dos serviços jurídicos tenham mais liberdade, uma vez que haverá mais profissionais capacitados para suprir a clientela que pretenda escapar daqueles que fazem anúncios ofensivos e prejudiciais.

[37] **Ohralik v. Ohio State Bar Assn.**, 436 U.S. 447 (1978).

[38] **Florida Bar v. Went For It, Inc.**, 515 U.S. 618 (1995).

[39] **Zauderer v. Office of Disc. Counsel**, 471 U.S. 626 (1985).

[40] Kasper; Kozma, op. cit.

Ressalte-se que, desde o caso *Cohen v. California* (1971)[41], supracitado, a Suprema Corte já vinha demonstrando que o combate ao discurso deselegante não deve, nem poderia, ser feito por meio da restrição às liberdades individuais previstas na constituição, muito menos por meio do uso do poder judiciário como legitimador de tais restrições.

Em relação ao impacto da publicidade nos preços, deve-se apontar que, nos anos que sucederam ao caso Bates, alguns estudos empíricos foram realizados, indicando evidências de que os honorários advocatícios teriam sido reduzidos após a liberação da publicidade.[42] Para Kasper, além disso, a liberação tende a facilitar a comunicação entre escritórios mais novos e seus potenciais clientes, diminuindo a barreira de entrada que seria representada pela necessidade de se ter "contatos" e notoriedade para que jovens advogados conseguissem seus primeiros clientes.[43]

A despeito de haver evidências de que os valores cobrados pelos advogados americanos tenham caído após a decisão de Bates, há dados mais recentes que apontam que, em algumas áreas específicas do direito em que os clientes possuem uma "sensibilidade" menor em relação ao custo dos serviços, por exemplo, advogados que utilizam de publicidade tendem a cobrar honorários mais altos do que aqueles que não o fazem.[44]

Parece ser incontroverso, porém, que serviços jurídicos rotineiros, que no Brasil podem ser conhecidos como "atuação de massa" ou serviços "comoditizados", tendam a apresentar uma redução nos valores cobrados pelos advogados, facilitando o acesso do público à representação legal, nesses casos.[45]

Cientes de todos esses dados, os precedentes mais recentes da Suprema Corte têm indicado que a proteção conferida atualmente ao discurso comercial é ainda maior do que era à época do caso *Bates v. Arizona*.[46] Além disso, deve ser levado em consideração que, na prática, em

[41] 403 U.S. 15 (1971) Paul Robert Cohen v. State of California.

[42] Calvani, Terry; Langenfeld, James; Shuford, Gordon. *Attorney advertising and competition at the bar.* **Vand. L. Rev.**, v. 41, p. 761-788, 1988.

[43] Kasper; Kozma, op. cit.

[44] Engstrom, Nora Freeman. *Attorney Advertising and the Contingency Fee Cost Paradox.* **Stanford Law Review**, v. 65, p. 633-696, 2013.

[45] Calvani; Langenfeld; Shuford, op. cit.

[46] Kasper; Kozma, op. cit.

plena era da informação, é impossível fiscalizar e garantir a obediência a regras que proíbam a manifestação pública de indivíduos, especialmente em contextos em que não há uma violação direta e evidente de direitos de terceiros.[47]

No caso americano, é possível verificar que o respeito da sociedade pelos advogados atuantes naquela nação vem se deteriorando com o passar dos anos.[48] Provavelmente em razão disso, após o caso *Bates*, houve uma crescente preocupação sobre o impacto da "divulgação dos serviços legais" na degradação da opinião pública sobre a imagem da advocacia.

Porém, a conclusão a que chegou a ABA foi que os anúncios publicados por advogados não influenciam na imagem que a sociedade tem da advocacia, "independentemente do conteúdo daqueles anúncios"[49].

Nesse contexto, em 1998, a Escola de Direito da Universidade de Chicago publicou uma pesquisa analisando alguns fatores que podem influenciar a percepção que a sociedade, em geral, possui dos advogados.[50] Segundo o autor da pesquisa, Richard Cebula, os advogados americanos, historicamente, têm um problema de descrédito frente à sociedade, especialmente por serem vistos como "guardiões da aristocracia Americana"[51].

Uma conexão relevante apontada por Cebula foi a ligação à depreciação da imagem da advocacia com o desprestigio social da classe política, possivelmente em razão de que alguns dos políticos de maior visibilidade à época eram advogados.[52] O autor aponta que o escândalo de Watergate, que levou à renúncia do ex-presidente Americano Richard

[47] ENGSTROM, op. cit.

[48] *Honesty/Ethics in Professions*. **GALLUP**. Disponível em: https://news.gallup.com/poll/1654/honesty-ethics-professions.aspx.

[49] *American Bar Association (ABA) apud* CEBULA, Richard J. *Does lawyer advertising adversely influence the image of lawyers in the United States? An alternative perspective and new empirical evidence*. **The Journal of Legal Studies**, v. 27, n. 2, p. 503-516, 1998, p. 504.

[50] CEBULA. op. cit.

[51] *American Bar Association (ABA)* apud CEBULA, op. cit.

[52] Ibid.

Nixon[53], levantou questões sobre uma excessiva ganância e desonestidade dos advogados.

Tal tendência parece estar refletida, ao menos parcialmente, nos dados da *Honesty/Ethics in Professions*[54], nos quais é possível verificar que, em boa parte da década de 1990, bem como durante o ano de 2009, ano conhecido pela crise financeira internacional que emergiu nos Estados Unidos e impactou diversas economias pelo globo[55], tanto a percepção pública sobre os políticos quanto sobre os advogados demonstrou alguns de seus piores resultados.

A despeito disso, a experiência americana, segundo a análise publicada pela Escola de Direito da Universidade de Chicago, demonstra que a publicidade realizada pelos advogados atuou como uma espécie de "paraquedas", freando a crescente depreciação da imagem da advocacia frente à sociedade.[56]

Tal conclusão se extraiu do fato de que, em 1993, apenas 16% dos entrevistados entendiam que advogados tinham um alto padrão de honestidade e ética profissional. Entretanto, o modelo estatístico abordado naquele estudo apontou que, caso tivesse sido mantida a proibição total da publicidade, aquele índice teria provavelmente decaído para apenas 12,33% em 1994.[57]

Reforçando tais conclusões, em meio à crescente democratização do acesso à informação, desde o ano de 2010, a percepção da sociedade americana quanto à honestidade de seus advogados vem demonstrando resultados superiores aos períodos anteriores. Isso porque a quantidade de entrevistados que respondeu que os padrões éticos no ramo da advocacia são altos ou muito altos variou entre 18% e 22%, em contraste com o período entre 1992 e 2009, em que variou entre 13% e 18%.[58]

[53] Ritchie, Donald A. *Investigating the watergate scandal.* **OAH Magazine of History**, v. 12, n. 4, p. 49-53, 1998.

[54] *Honesty/Ethics in Professions.* **GALLUP**.

[55] De Freitas, Maria Cristina Penido. Os efeitos da crise global no Brasil: aversão ao risco e preferência pela liquidez no mercado de crédito. **Estudos avançados**, v. 23, n. 66, p. 125-145, 2009.

[56] Cebula, op. cit.

[57] Ibid.

[58] *Honesty/Ethics in Professions.* **GALLUP**.

Conclusões

A partir dos estudos e da discussão aqui exposta, pudemos verificar que a Suprema Corte americana enfrentou fortes argumentos na decisão de *Bates v. State Bar of Arizona*[59], concluindo que: entre os riscos que poderiam advir da liberação da publicidade e a possibilidade de restrição à liberdade da expressão dos advogados, em seu discurso comercial, a Constituição americana, por meio de sua Primeira Emenda, optou pela proteção à liberdade.

Em relação aos perigos apontados pela *State Bar*, à época do julgamento, de que a liberação da publicidade poderia disseminar anúncios enganosos e estimular a litigiosidade entre os particulares, a Corte rebateu-os fortemente.

Quanto ao primeiro dos pontos apresentados, afirmou que o argumento da *Bar* não deveria prosperar, pois os profissionais desonestos agiriam de maneira desonesta independentemente das regras sobre publicidade.

No tocante ao possível estímulo à litigância, a ideia prevalecente foi a de que, ainda que a liberação da publicidade gerasse um aumento no número de processos a serem decididos pelo judiciário americano, isso não poderia ser considerado algo ruim, uma vez que a outra opção seria aceitar que indivíduos lesados pela atuação ilegal de terceiros permanecessem desatendidos, sem ter acesso à representação judicial por advogado.

Na realidade dos EUA, porém, o caso *Bates* não significou uma liberação total e irrestrita da publicidade, mas, em sentido contrário, a Suprema Corte expressamente apontou que seria possível o estabelecimento de limitações pelos órgãos competentes, desde que essas restrições fossem devidamente fundamentadas e proporcionais ao interesse que se pretende resguardar. Do mesmo modo, no julgamento de casos posteriores, foram estabelecidos alguns limites e balizas mais concretas a serem observadas no estabelecimento dessas restrições.

[59] 433 U.S. 350 (1977).

Nos anos que sucederam ao julgamento de Bates, foram realizadas pesquisas que confirmaram a tendência de que a liberação da publicidade poderia reduzir o valor dos honorários cobrados por advogados e, por consequência, facilitar o acesso da população a esses serviços, tendência que havia sido prevista no julgamento. Porém, dados mais recentes demonstram que essa redução estaria circunscrita aos procedimentos mais simples e rotineiros, de modo que, em alguns ramos mais complexos, verifica-se que os honorários dos advogados que fazem publicidade de seus serviços tendem a ser maior do que os cobrados por aqueles que não fazem esse tipo de anúncio.

No mesmo sentido, os dados empíricos demonstram que, diferentemente do que foi previsto pela *State Bar of Arizona*, à época, a liberação da publicidade não representou uma variável relevante na degradação da imagem dos advogados. Em sentido contrário, modelos estatísticos realizados por volta de 1998 apontaram que a publicidade teria atuado para frear esse desprestigio crescente da profissão frente à sociedade. Ainda, dados mais recentes apontam que a advocacia hoje é melhor vista pela sociedade do que era à época da publicação daquela pesquisa.

Referências

Alexy, Robert. **Princípios Formais e outros aspectos da teoria discursiva do direito**. Rio de Janeiro: Forense, 2018.

Calvani, Terry; Langenfeld, James; Shuford, Gordon. *Attorney advertising and competition at the bar*. **Vanderbilt Law Review**, v. 41, pp. 761-788, 1988.

Cebula, Richard J. *Does lawyer advertising adversely influence the image of lawyers in the United States? An alternative perspective and new empirical evidence*. **The Journal of Legal Studies**, v. 27, n. 2, p. 503-516, 1998.

Freitas, Maria Cristina Penido de. Os efeitos da crise global no Brasil: aversão ao risco e preferência pela liquidez no mercado de crédito. **Estudos avançados**, v. 23, n. 66, p. 125-145, 2009.

Engstrom, Nora Freeman. *Attorney Advertising and the Contingency Fee Cost Paradox*. **Stanford Law Review**, v. 65, p. 633-696, 2013.

Estados Unidos da América. Constituição (1791). **First Amendment**. Estados Unidos da América, 1791.

Estados Unidos da América. U.S. Code: Title 15, Chapter 1 (1890). **Sherman Antitrust Act**. Estados Unidos da América, 1890.

Estados Unidos da América. Supreme Court of the United States. **Bates v. State Bar of Arizona**, 433 U.S. 350 (1977), Washington D.C, 27 de junho de 1977.

Estados Unidos da América. Supreme Court of the United States. **Bigelow v. Virginia**, 421 U.S. 809 (1975), Washington D.C, 16 de junho de 1975.

Estados Unidos da América. Supreme Court of the United States. **Central Hudson Gas & Elec. v. Public Svc. Comm'n**, 447 U.S. 557 (1980), Washington D.C, 20 de junho de 1980.

Estados Unidos da América. Supreme Court of the United States. **Cohen v. California**, 403 U.S. 15 (1971), Washington D.C, 7 de junho de 1971.

Estados Unidos da América. Supreme Court of the United States. **Cox v. Louisiana**, 379 U.S. 536 (1965), Washington D.C, 18 de janeiro de 1965.

Estados Unidos da América. Supreme Court of the United States. **Florida Bar v. Went For It, Inc.**, 515 U.S. 618 (1995), Washington D.C, 21 de junho de 1995.

Estados Unidos da América. Supreme Court of the United States. **Ohralik v. Ohio State Bar Assn.**, 436 U.S. 447 (1978), Washington D.C, 30 de maio de 1978.

Estados Unidos da América. Supreme Court of the United States. **Police Dept. of City of Chicago v. Mosley**, 408 U.S. 92 (1972), Washington D.C, 26 de junho de 1972.

Estados Unidos da América. The Supreme Court of the United States. **Tinker v. Des Moines Independent Community School District**, 393 U.S. 503 (1969), Washington D.C, 24 de fevereiro de 1969.

Estados Unidos da América. Supreme Court of the United States. **United States v. Alvarez**, 567 U.S. 709 (2012), Washington D.C, 28 de junho de 2012.

Estados Unidos da América. Supreme Court of the United States. **Va. Pharmacy Bd. v. Va. Consumer Council**, 425 U.S. 748 (1976), Washington D.C, 24 de maio de 1976.

Estados Unidos da América. Supreme Court of the United States. **Zauderer v. Office of Disc. Counsel**, 471 U.S. 626 (1985), Washington D.C, 28 de maio de 1985.

Honesty/Ethics in Professions. **GALLUP**. Disponível em: https://news.gallup.com/poll/1654/honesty-ethics-professions.aspx.

KASPER, Eric T.; KOZMA, Troy A. *Did Five Supreme Court Justices Go Completely Bonkers: Saul Goodman, Legal Advertising, and the First Amendment since Bates v. State Bar of Arizona*. **Cardozo Arts & Ent. LJ**, v. 37, p. 337-373, 2019.

RITCHIE, Donald A. Investigating the watergate scandal. **OAH Magazine of History**, v. 12, n. 4, p. 49-53, 1998.

31.
TEXAS V. JOHNSON, 1989
SOB A CONSTITUIÇÃO AMERICANA, DESSACRALIZAR A BANDEIRA É UM DIREITO SAGRADO

DANIEL SCARAMELLA MOREIRA[1]

Introdução

A Suprema Corte dos Estados Unidos da América, nos seus mais de dois séculos de atuação, firmou-se como farol da comunidade jurídica ocidental, irradiando sua influência para outras Cortes de Justiça e estabelecendo novos enfoques doutrinários e jurisprudenciais mundo afora. Talvez na temática relativa à liberdade de expressão sua atuação destacada seja ainda mais vistosa e influente, não somente pelas críticas à sua posição vista como muito liberal em diversos lugares do globo, mas também pela inspiração trazida por seus critérios, testes e mesmo limites, embora incipientes, do exercício do direito à expressão livre.

Ainda que o tema da liberdade de expressão fosse, de certa forma, comum nas decisões da Corte durante o século XX, a aparentemente singela previsão da Primeira Emenda da Constituição norte-americana, com sua vedação ao Congresso de cercear a liberdade da palavra ou da imprensa, ainda não estava – provavelmente nunca estará – completa. A propósito, quem sabe aí resida a beleza do estudo dos problemas rela-

[1] Juiz de Direito no Tribunal de Justiça de Mato Grosso do Sul, pós-graduado em Direitos Fundamentais e Controle de Constitucionalidade pela Pontifícia Universidade Católica do Rio de Janeiro e mestrando em Direito Processual e Cidadania pena UNIPAR.

tivos aos direitos fundamentais. Parafraseando Marguerite Yourcenar, no seu monumental "Memórias de Adriano", nossas previsões, legais ou jurisprudenciais, são sempre menos vastas do que a realidade e mais enevoadas do que os fatos.

Faltava à Suprema Corte, portanto, reconhecer de uma maneira mais contundente que a expressão "livre" não residia apenas na palavra, escrita ou falada, mas também em gestos, ações ou símbolos, principalmente se direcionados contra algum objeto de veneração quase sacra por grande parte da população. Parece-me inegável que a bandeira, junto com o hino e a própria Constituição formam uma espécie de santíssima trindade secular nos Estados Unidos.

É bem verdade que casos como *Street v. New York*[2], *Smith v. Goguen*[3] e *Spence v. Washington*[4] já haviam tratado de questões relativas à bandeira americana. Em *Street*, aliás, a discussão girou, em que pese circunstancialmente, sobre a queima desse pavilhão tão caro ao povo dos Estados Unidos. Porém, em nenhum desses casos a discussão se centrou profundamente na natureza ou proteção constitucional do simbolismo de se queimar a bandeira como discurso político.

O mesmo se pode dizer de algumas outras causas que versaram sobre o *symbolic speech*, a exemplo de *Stromberg v. California*[5], *United States v. O'Brien*[6] e *Tinker v. Des Moines School District*[7]. Careciam esses pleitos, talvez, de reflexão mais intensa sobre a união entre o discurso simbólico e a proteção da liberdade de crítica ou opinião, mesmo que se tratasse de uma opinião ou crítica ofensiva aos majoritários sentimentos nacionais.

A oportunidade de revisitar o tema surgiu com o caso que aqui se comenta. Em *Texas v. Johnson*[8], afinal, a Corte tratou de analisar se a Primeira Emenda constitucional protegia o insulto físico à bandeira como

[2] **Street v. New York**, 394 U.S. 576 (1969).
[3] **Smith v. Goguen**, 415 U.S. 566 (1974).
[4] **Spence v. Washington**, 418 U.S. 405 (1974).
[5] **Stromberg v. California**, 283 U.S. 359 (1931).
[6] **United States v. O'Brien**, 391 U.S. 367 (1968).
[7] **Tinker v. Des Moines Independent Community School District**, 393 U.S. 503 (1969).
[8] **Texas v. Johnson**, 491 U.S. 397 (1989).

uma forma de discurso simbólico. Eis a razão da fama do caso, considerado um dos mais relevantes da história da Suprema Corte.

No entanto, devo relembrar, *Texas* não se resume somente à proteção ao discurso simbólico; ele ultrapassa a questão central pela qual recebeu a fama aludida, e o motivo se dá pela riqueza da proteção à liberdade de expressão nele contida. É que a queima do estandarte americano, dentro de um contexto político, pode ser considerada um discurso minoritário ou até odioso; grande parte dos americanos assim pensava, como se vê de pesquisas de opinião da época[9]. Tratar de *Texas v. Johnson*, então, também é discutir a legalidade e legitimidade do discurso político controverso. É, no fim do dia, como diriam os americanos, debater um dos grandes pilares da democracia.

Com isso em mente, o caso será, em primeiro lugar, contextualizado historicamente, com o resgate do pano de fundo, dos fatos e dos personagens centrais que o envolveram. Em seguida, serão abordados os principais aspectos da decisão para que se possa visualizar a Repercussão da decisão no contexto político, legislativo e jurisprudencial dos Estados Unidos e de outros lugares do mundo ocidental. Por fim, este artigo conterá uma pequena conclusão, com o propósito de situá-lo e pensá-lo diante das perspectivas futuras de influência do caso em diferentes tradições jurídicas.

1. Contexto histórico

Em 1984, o republicano Ronald Reagan buscava sua reeleição para a Casa Branca ostentando um enorme prestígio dentro do *Grand Old Party*[10]. A popularidade do presidente, a propósito, foi recuperada também entre eleitores democratas e independentes depois da superação da crise econômica do começo da década. Em meados de agosto daquele ano, mais precisamente entre os dias 20 e 23, em Dallas, Texas, realizou-se pela primeira vez no Estado a Convenção do Partido Republicano, elevando Reagan, pela segunda oportunidade, a candidato à presidência da república

[9] LOFTON, Patricia. *Texas v. Johnson: The Constitutional Protection of Flag Desecration*. **Pepperdine Law Review**, v. 17, n. 6, p. 757-792, 1990.

[10] O partido republicano, por ser o partido mais antigo dos EUA, é conhecido como o *Grand Old Party*, ou pela sigla GOP, que significa, em tradução livre, Grande Partido Velho.

por aquele partido. Sua indicação foi acompanhada da escolha, como companheiro de chapa na vice-presidência, do futuro presidente George Herbert Walker Bush, o "Bush pai". A consagração do ex-governador da Califórnia dentro do velho partido foi arrasadora, tendo ele obtido a quase unanimidade dos votos dos delegados[11].

Esse clima de festa entre os eleitores conservadores do igualmente conservador Estado do Texas não impediu, porém, um incidente. Membros de um grupo chamado Brigada Jovem Revolucionária Comunista (*Revolutionary Communist Youth Brigade*), ligado ao Partido Comunista Revolucionário dos Estados Unidos, aproveitou a oportunidade de a Convenção Republicana ter desembarcado em Dallas e a usou como cenário para um protesto contra as políticas da administração de Ronald Reagan e contra algumas empresas da cidade, segundo panfletos distribuídos por eles mesmos[12]. O grupo de esquerda saiu pelas ruas da cidade texana gritando palavras de ordem e obscenidades em geral[13]. Além disso, alguns ativistas encenavam uma "técnica" chamada *die-in*, pela qual, após uma contagem regressiva, deitavam-se ao chão com o propósito de simbolizar os horrores dos impactos de ataques nucleares. Houve também pichações em prédios, curiosamente alguns com símbolos anarquistas[14], e outras situações que comumente ocorrem em protestos políticos, como a derrubada de vasos de plantas e outros objetos. Entre os manifestantes estava Gregory Lee Johnson, que até então, misteriosamente, não havia participado de nenhum desses atos em particular.

Gregory Lee "Joey" Johnson era originário do Estado de Indiana, mas residia na cidade de Atlanta, Geórgia, na época da Convenção Republicana de 1984. Filho de um militar e de uma apoiadora dos direitos civis, Johnson residiu durante a infância em diferentes localidades nos Estados

[11] Raines, Howell. *Republicans Nominate Reagan and Bush; President Vows to Build 'America'S Party'*. **The New York Times**, 23 de agosto de 1984. Disponível em: https://www.nytimes.com/1984/08/23/us/republicans-nominate-reagan-and-bush-president-vows-to-build-america-s-party.html.

[12] 491 U.S. 397 (1989), p. 399-400.

[13] Frantzich, Stephen E. ***Citizen Democracy****: Political Activist in a Cynical Age*. 3. ed. Plymouth: Rowman & Littlefield Publishers, 2008, p. 57-58.

[14] Canal Commo42. **1984 Republican Convention – Protest Damage**. 1 vídeo (1:22min). Disponível em: https://www.youtube.com/watch?v=dGO9aiVmpYI.

Unidos e em uma base militar na Alemanha, onde, de mascote patriota, passou a nutrir antipatia pela política praticada na América durante a Guerra do Vietnã.

Já adulto, trabalhou na marinha mercante americana em países da América Latina, onde percebeu a influência do que ele denominava política imperialista americana no México e Panamá. Para Johnson, essa política dos Estados Unidos excedia criminalmente até os ilícitos que os nazistas seriam capazes de cometer, razão por que considerava positiva qualquer derrota americana ao redor do mundo[15]. Veio a se radicalizar, definitivamente, quando residiu em Tampa, Flórida, no ano de 1976, e filiou-se à Brigada Jovem Comunista Revolucionária.

Johnson, que se deslocou aproximadamente 1300 quilômetros para participar dos protestos, recebeu de um rapaz não identificado uma bandeira americana, que minutos antes fora retirada por esse manifestante anônimo da sede do Banco Mercantil. Johnson prontamente a guardou entre suas vestes. Quando em frente da Câmara Municipal de Dallas, sem planejamento prévio, e entre os gritos oriundos da aglomeração, Johnson retirou a bandeira debaixo de sua camiseta e a banhou com o material inflamável de um isqueiro para, logo em seguida, nela atear fogo[16]. Os "restos mortais" da bandeira foram recolhidos por um espectador chamado Daniel E. Walker, veterano das Guerras do Vietnã e da Coreia, que os enterrou seguindo todos os protocolos devidos no quintal de sua casa, situação que lhe rendeu a maior honraria civil do Exército americano e uma carta do presidente Ronald Reagan[17].

Apesar de inexistirem relatos de feridos no local, alguns espectadores se sentiram muito ofendidos com a performance incendiária, segundo depoimentos prestados no futuro processo. Como resultado do ato, e junto com outros noventa e seis manifestantes, Johnson foi detido. Não se sabe ao certo por qual razão, mas somente ele foi processado pela violação do Código Penal do Texas, Seção 42.09, intitulada "Profanação de

[15] Frantzich, op. cit., p. 57-58.

[16] Ibid., p. 57-58.

[17] *Dan Walker, 81; veteran who buried burned flag remnants*. **Boston.com**, 20 de setembro de 2009. Disponível em: http://archive.boston.com/bostonglobe/obituaries/articles/2009/09/20/dan_walker_81_veteran_who_buried_burned_flag_remnants/.

Objeto Venerado", cuja redação dispunha que o agente cometeria contravenção penal se ofendesse, por meio de várias alternativas – a exemplo da danificação –, um monumento público, local de culto ou sepultamento ou a bandeira estadual ou nacional[18]. Por essa conduta, Johnson foi condenado em primeira instância a uma pena de um ano de prisão e multa de U$ 2.000,00.

Na Corte de Apelações para o 5º Distrito do Texas, em Dallas, confirmou-se a condenação originária. Essa sentença, contudo, veio a ser reformada pela Corte de Apelações Criminal do Texas, sob o argumento de que a condenação de Johnson violava a Primeira Emenda da Constituição, porque o ato da queima da bandeira seria protegido pela cláusula da liberdade de expressão. Segundo essa Corte, dado o contexto do protesto, as falas e os *slogans*, qualquer pessoa que observasse a demonstração realizada por Johnson entenderia a mensagem, de modo que se estava diante de um claro discurso aceito pela Constituição, já que não é dado ao governo impor um único sentimento e código de conduta aos cidadãos em relação àquele símbolo. Além disso, o tribunal texano considerou que o Estado tinha por objetivo impedir a violação da paz, de tal sorte que, embora grave, a conduta não foi capaz de chegar a esse ponto, notadamente quando já havia outra legislação que proibia atos que pudessem perturbar a ordem pública sem necessidade de punir a ofensa à bandeira[19].

Estava aberto o caminho para análise da Suprema Corte.

Deferido o *certiorari* no ano de 1988, a SCOTUS[20] ouviu as argumentações no dia 21 de março de 1989. Pelo réu, falou o advogado William M. Kunstler e pelo Estado do Texas, a advogada Kathi Alyce Drew. No dia 21 de junho de 1989, a decisão foi anunciada. A apertada maioria da Corte, apenas cinco dos nove, como se verá detalhadamente, entendeu que a Primeira Emenda protege a ação, o discurso simbólico, e não só a palavra, como decorrência da liberdade de expressão. A posição vencedora, redigida pelo *Justice* Brennan, foi acompanhada pela maioria da Corte,

[18] Kozlowski, James C. *Burning the american flag: Political protesta with constitucional protection.* **Law review**, 1989.

[19] 491 U.S. 397 (1989), p. 400-401.

[20] Sigla de *Supreme Court of the United States.*

representada pelos *Justices* Thurgood Marshall, Harry Andrew Blackmun, Antonin Scalia e Anthony M. Kennedy, o qual, aliás, apresentou uma *"concurring opinion"*, espécie de voto concorrente, uma concordância com a maioria por meio de argumentos diferentes ou acréscimos ao voto do relator. Dissentiu o *Justice* Renquist, que redigiu o voto da minoria, no que foi acompanhado pelos *Justices* White e Stevens, que colaborou com um voto separado, além de Sandra Day O'Connor[21].

2. Aspectos importantes da decisão

A razão do entendimento que prevaleceu no caso, favorável à liberdade de expressão, como se viu acima, pode ser comparada, no modo pelo qual foi construída, à subida de uma escada, cujo degrau anterior era determinante para se chegar ao superior, assim por diante.

Nas palavras do Justice *Brennan*:

> Nós devemos primeiro determinar se a conduta de Johnson de queimar a bandeira se afigura expressão, permitindo que ele invoque a Primeira Emenda. Se a conduta dele for considerada expressão, nós devemos decidir, depois, se a regulação do Estado é relacionada à supressão da livre expressão. Se a regulação estadual não for relacionada à expressão, então deve ser aplicado o *standard* menos rigoroso que nós anunciamos em *United States v. O'Brien* para regulações de controle de condutas não comunicativas. Se for, então estaremos fora do alcance do teste de *O'Brien* e nós deveremos perguntar se o interesse estadual justifica a condenação de Johnson sob um *standard* mais exigente[22].

[21] É sempre tormentosa a tradução dos termos jurídicos em inglês. Para fins deste trabalho, utilizei a expressão *Justices* sem tradução, por não entender adequados os termos Ministros ou Juízes. Com relação à expressão *opinion*, optei por usar o termo voto, assim como *councorring opinion* como voto concorrente e *dissent opinion*, voto dissidente. Além disso, não há, no âmbito da SCOTUS, propriamente um relator no sentido em que conhecemos no direito brasileiro, uma vez que o processo não é sorteado a um *Justice* específico, a quem cabe o primeiro voto. O voto da maioria é redigido pela indicação do *Chief Justice* a um dos *Justices*, se ele, o *Chief Justice*, estiver entre a maioria. Se a maioria não se compuser do *Chief Justice*, caberá ao mais velho dos *Justices* que a compõe redigir o voto pela Corte.

[22] 491 U.S. 397 (1989), p. 403.

No primeiro degrau, a Corte[23] estabeleceu que o ato de queimar a bandeira poderia ser enquadrado como "expressão". Em outros termos, decidiu a SCOTUS que a liberdade de se manifestar também pode se dar mediante atos ou condutas e não somente por palavras. Johnson foi condenado por queimar a bandeira, independentemente de suas palavras durante o ato, de modo que era preciso saber, então, se aquela ação continha uma manifestação ou expressão. Nesse ponto, *Justice* Brennan lembrou que a Corte já havia decidido em *Spence v. Washington*[24] que uma "conduta pode estar suficientemente imbuída de elementos de comunicação para ser abrangida pelo escopo de proteção da Primeira e Décima Quarta Emenda"[25].

De fato, vários são os casos na SCOTUS em que uma conduta foi considerada mecanismo de expressão de uma ideia, inclusive relativamente à bandeira. A lógica por trás disso tudo é reconhecer o simbolismo como uma forma de comunicação, ainda que primitiva. A bandeira, ela própria, representa o espírito de liberdade americano, assim como outros emblemas, mesmo os pouco sofisticados, carregam uma gama de mensagens. Basta pensar no que vem à cabeça quando se vê a pomba da paz, a cruz de Cristo e muitos outros exemplos. Séculos de história e um amontoado gigantesco de sentimentos e ideais são automaticamente associados quando se visualiza poucos traços desenhados coordenadamente em um papel ou impressos em pedaços retangulares de panos hasteado em um poste de metal. São comunicações primitivas, porém eficientes.

No entanto, em que pese toda essa carga simbólica, a Corte lembrou que o contexto é importante para se definir se uma conduta pode ser considerada forma de expressão para os propósitos da proteção pela Primeira Emenda. No caso de Johnson, o próprio Estado do Texas admitiu, em sua sustentação oral, que a conduta dele era uma forma de expressão. Era difícil negar. O contexto da Convenção Republicana, as palavras de ordem e os cânticos entoados pelos manifestantes deixavam claro que a queima da bandeira era o ápice de uma apresentação política que visava

[23] Refiro-me à palavra Corte neste tópico para indicar a posição majoritária, ou seja, a posição da Corte como ficou conhecida.
[24] **Spence v. Washington**, 418 U.S. 405 (1974).
[25] 491 U.S. 397 (1989), p. 404.

demonstrar a insatisfação dessa parcela da população com os caminhos tomados pelo presidente Ronald Reagan na condução do governo americano. O primeiro passo era dado de forma segura.

Eis que se apresenta o segundo degrau. Nessa etapa, uma vez que o ato de queimar bandeira era uma forma de expressão reconhecida, a Corte examinou se a lei alegadamente violada por Johnson era uma disposição legislativa com restrição baseada no conteúdo ou, ao contrário, se era uma norma de conteúdo neutro (*content-based ou content-neutral*). Abro um parêntese.

As leis baseadas no conteúdo são atos normativos cuja restrição se funda na mensagem veiculada pelo indivíduo emissor. Vale dizer: se o fator determinante para a limitação estatal é o próprio conteúdo da mensagem, ela pode ser considerada uma legislação *content-based*[26]. Um exemplo desse tipo de legislação pode ser retirado do caso *United States v. Grace*[27]. Esse caso se referia à constitucionalidade de uma lei que proibia:

> A exibição de bandeira, banner ou qualquer dispositivo desenvolvido ou adaptado para trazer ao público informações sobre partidos, organizações ou movimentos dentro do prédio da Suprema Corte ou suas imediações. Um indivíduo foi ameaçado de prisão por policiais da Corte porque estava distribuindo panfletos contendo casos judiciais na calçada em frente à sede da SCOTUS. Um outro indivíduo foi ameaçado de forma similar por exibir na calçada uma placa contendo o texto da Primeira Emenda[28].

Depois de idas e vindas nos tribunais inferiores, a Suprema Corte decidiu que a lei em questão (a do caso *United States v. Grace*) era inconstitucional por, basicamente, violar a cláusula de liberdade de expressão, qualquer que fosse a mensagem que estivesse contida nos objetos proibidos. Para esse tipo de legislação, como se verá em frente, os *standards* para admissão da constitucionalidade da vedação são mais rigorosos.

[26] Lofton, Patricia. *Texas v. Johnson: The Constitutional Protection of Flag Desecration.* **Pepperdine Law Review**, v. 17, n. 6, p. 764-765, 1990.
[27] **United States v. Grace**, 461 U.S. 171 (1983).
[28] 461 U.S. 171 (1983), p. 171.

Já as leis de conteúdo neutro (*neutral-content*) não levam em conta primordialmente os impactos do conteúdo da mensagem veiculada: são neutras em relação ao que ela contém. Como exemplo, uma lei que vedasse gritar falsamente fogo em um teatro lotado seria uma lei de conteúdo neutro, porque não se mostra relevante, nesse caso, o conteúdo da mensagem (fogo), mas sim a intenção de evitar prejuízo para terceiros com expressões cujo tema é irrelevante para o fim que se pretende proteger. O mesmo pode ser dito de uma lei que vedasse uso de placas em estádio de futebol, independentemente do que estivesse escrito, se atrapalhasse a visão dos demais torcedores, ou mesmo leis que proibissem manifestações barulhentas perto de hospitais[29].

Aliás, o caso mais famoso de leis de conteúdo neutro é encontrado no julgamento de *United States v. O'Brien*[30], que versou sobre a constitucionalidade de uma lei que proibia a queima de cartões de alistamento militar, porque nesses documentos havia dados pessoais importantes e de interesse do governo. Ali, a propósito, estabeleceu-se um *balancing test* de descoberta de leis de restrição de conteúdo neutro, consistente na perquirição da ligação da lei à supressão da liberdade de expressão e, posteriormente, no tamanho da restrição em comparação com a necessidade de proteção de um interesse governamental. Fecho o parêntese.

Como dizia antes dos parênteses, no segundo degrau, a Corte teve que analisar se o artigo do Código Penal do Texas era, portanto, uma lei de conteúdo neutro ou não. E o teste para esse fim consistiu na avaliação de se a referida legislação era desenhada para proteger dois específicos interesses: prevenir a violação da paz e preservar a bandeira como símbolo da unidade nacional. A conclusão foi negativa, o que afastaria, portanto, em um segundo momento, o teste de O'Brien.

Quanto ao interesse estadual na prevenção da paz, a Corte lembrou que nem mesmo o Estado do Texas admitiu que houve ato violento que significasse a quebra da paz ou reação à conduta de Johnson. O processo continha apenas alguns depoimentos testemunhais de pessoas se dizendo ofendidas com o ato. A reação mais contundente talvez tenha sido de Daniel E. Walker, que "socorreu" os restos mortais da bandeira

[29] Lofton, op. cit. pp. 765-767.
[30] 391 U.S. 367 (1968).

para enterrá-los com dignidade. Ofensa, a propósito, não é o mesmo que violação da paz. Pelo contrário: a liberdade de expressão serve justamente para criar insatisfação e fomentar o debate, testando a ideia subjacente no famoso grande mercado das ideias, reconhecido há muito tempo pela SCOTUS em homenagem às lições de Milton e Mill. Nesse contexto, o que competiria ao Estado do Texas era a prova de que o ato foi direcionado especificamente para incitar ou produzir uma iminente violação da lei ou que fosse provável a incitação ou produção de uma ação dessa natureza[31], conforme decidido no famoso caso *Branderburg v. Ohio*[32]. Evidentemente, não foi o que ocorreu com Johnson, que, aliás, deixou de ser responsabilizado por infringir outra lei texana que tinha por finalidade justamente a prevenção da violação à paz.

Com relação ao interesse de preservação da bandeira como símbolo de união nacional, a Corte argumentou que essa questão estava diretamente relacionada com o conteúdo da expressão. Se o Estado, segundo o voto do *Justice* Brennan, está preocupado se a conduta ofensiva à bandeira vai levar as pessoas a acreditar que ela não simboliza nacionalidade ou unidade nacional, mas reflete outros valores menos positivos, ou se aquela concepção positiva não existe, porque não há unidade nacional nos Estados Unidos, essas preocupações somente aparecem se o indivíduo passa alguma mensagem, o que afastaria, portanto, o teste de *O'Brien*. Em outros termos, se o motivo de preocupação do Texas era o valor simbólico contido na bandeira, a legislação que pautou a condenação de Johnson não tinha conteúdo neutro e, portanto, estaria sujeito a outro controle: a das leis baseadas no conteúdo da mensagem, exigindo um teste mais rigoroso que o de *O'Brien*.

A propósito do conteúdo, ainda, uma passagem interessante do voto da maioria é a lembrança de que uma lei federal (36 USC, § 176) dispunha que, para as bandeiras já desgastadas ou sem condições de serem exibidas como emblema, a incineração é o meio preferencial para dela se desfazer. Desse modo, a lei do Texas não seria aplicável quando alguém ateasse fogo em uma bandeira velha ou rasgada. A disposição legislativa, portanto, evidentemente se prestava para fins de regulação da mensa-

[31] *"Inciting or producing iminente Lawless action and is likely to incite or produce such action".*

[32] **Brandenburg v. Ohio**, 395 U.S. 444 (1969).

gem que pudessem desagradar terceiros, e não para proteger fisicamente a integridade desse símbolo em todas as situações de danos propositalmente causados.

Descartada, pois, como lei de conteúdo neutro, e, como consequência, estabelecido que havia nela restrição de conteúdo, o Código do Texas, no artigo que levou à condenação de Johnson, havia de ser testado em sua constitucionalidade. Era o último degrau. E esse degrau consistiu na aplicação de um outro conhecido teste, originado em *United States v. Carolene Products Co.*[33], conhecido como *strcit scrutny*, para se localizar um *Compelling State Interest*, que poderia significar algo como "interesse convincente do estado". Esse *standard* consistiu basicamente, no caso, em indagar retoricamente o seguinte: a) a regulação ou limitação legal era necessária para atender um interesse convincente do Estado? b) A regulação foi desenhada para alcançar especificamente esse interesse estatal?

A Corte, então, começou a análise acerca do interesse do Estado na proteção da bandeira como símbolo de unidade nacional, o qual, segundo alegação do Estado do Texas, sobreviveria àquele escrutínio. Segundo a maioria, contudo, se assim fosse, a norma texana violaria a Primeira Emenda, uma vez que não se pode proibir uma ideia tão somente porque ela é contrária a opinião ofensiva ou desagradável à maioria no país, conforme decidido em inúmeros outros casos, a exemplo do famoso *Hustler Maganzine v. Falwell*[34], e em outros que envolviam diretamente a bandeira, como os já citados *Spence* e *Goguen*. Admitir o contrário significaria dizer que o Estado do Texas somente admite que a bandeira seja vista sob um ponto de vista, o ortodoxo, negando que outras pessoas a enxergassem, por exemplo, como um símbolo de dominação imperialista de que imaginava Johnson, correto ou equivocadamente. O erro ideológico, no entanto, é protegido pela Constituição.

Se fosse permitida apenas uma visão ortodoxa de um emblema, ainda que considerado sagrado pela população americana, a Corte questionou retoricamente quais outros símbolos também deveriam receber essa

[33] Esse teste foi introduzido de maneira curiosa: apareceu primeiramente em uma nota de rodapé (a famosa *footnote* 4) da decisão de **United States v. Carolene Products Co.**, 304 U.S. 144 (1938).

[34] **Hustler Magazine, Inc. v. Falwell**, 485 U.S. 46 (1988).

semelhante proteção: as bandeiras estaduais? A Constituição? O selo da presidência? A resposta foi no sentido de que não existe fundamento constitucional para selecionar símbolos para serem protegidos do debate no mercado das ideias, tal como foi considerado no julgamento do caso *Brandenburg v. Ohio*, que afastou a proteção ilimitada até mesmo para um caro princípio nacional: a consideração de que a discriminação racial é odiosa e destrutiva. Vale dizer: é compreensível que o governo busque considerar a bandeira como um símbolo de unidade nacional, mas desde que o faça pela persuasão e não pela criminalização de pensamentos contrários, já que a compulsoriedade não é um meio aceitável para esse fim sob a ótica constitucional. Nas palavras do *Justice* Brennan:

> Nós não podemos imaginar uma resposta mais apropriada para uma bandeira em chamas do que acenar a sua própria, nenhum melhor jeito de contrapor à mensagem de alguém que queima a bandeira do que saudando-a em chamas, nenhum meio mais seguro para preservar a dignidade da bandeira queimada do que – como uma testemunha fez neste caso – enterrando seus restos num cerimonial respeitoso. Nós não consagramos a bandeira punindo sua profanação, pois assim agindo nós diluímos a liberdade que esse querido emblema representa[35].

Portanto, como a condenação de Johnson – que agiu para se expressar, ainda que simbolicamente – não se prestou para prevenir a violação à paz, e tendo em vista que o interesse na preservação da unidade nacional simbolizada pela bandeira não justifica a condenação por suas opiniões, a Corte confirmou a reversão da decisão de primeiro grau operada pela Corte de Apelações para o 5º Distrito do Texas.

Em um voto separado, concordando com a decisão da Corte, o *Justice* Anthony Kennedy, apenas acrescentou que decisões com a deste caso são difíceis e que, mesmo discordando pessoalmente da atitude do réu, não poderia se deixar levar pelos seus sentimentos. Desse modo, assentiu que a Primeira Emenda constitucional de fato veda o estabelecimento de leis

[35] 491 U.S. 397 (1989), p. 420.

que regulam a expressão, ainda que manifestadas de maneira simbólica por gestos ou condutas.

Discordando do entendimento da maioria, o *Chief Justice* Rehnquist redigiu um voto pela minoria, no que teve a adesão dos *Justices* White e O'Connor. No voto, há uma extensa lembrança histórica de como a bandeira, em tempo de guerra ou paz, foi construída como símbolo nacional, o que justificaria a existência de leis regulando a forma de seu tratamento, situação, aliás, que ocorria em todos os Estados, com a exceção de Wyoming e Alasca, que não dispunham de dispositivos legais proibindo a incineração daquele emblema. Prosseguiu o *Chief Justice* argumentando que a jurisprudência da Suprema Corte não era protetiva às mensagens que não fossem possíveis de concorrem no mercado das ideias, a exemplo das chamadas *fighting words* ou de obscenidades em geral. E que essa era, justamente, a conduta de Johnson: mera provocação sem nenhuma ideia a ser confrontada. Finalizou o longo voto argumentando que as decisões anteriores da Corte sobre a proteção à bandeira não são equivalentes ao tema do caso Johnson e que não há uma versão ortodoxa sobre ela, mas uma consolidação de duzentos anos de história percebida pelos legisladores. Por isso, a persuasão pelo convencimento é uma visão platônica dirigida ao Parlamento, tornando a bandeira apenas mais um símbolo em que nem o mínimo respeito pode ser imposto.

Em voto separado, concordando com o dissenso, *Justice* Stevens anotou que o caso era mais do que a proteção à bandeira como símbolo da unidade nacional. O que importava, segundo ele, era que a conduta, e não as ideias, causa ofensas sérias, principalmente porque o réu foi processado por causa do método utilizado, o que ocorreria mesmo se ele, por exemplo, projetasse vídeos no Lincoln Memorial, dado o legítimo interesse de preservar um importante ativo nacional.

A dissidência, no entanto, cercou-se mais de emoções do que propriamente de razões jurídicas. No teste do tempo, como se sabe, muitas vezes a dissidência acaba se impondo de maneira categórica, como ocorreu algumas vezes na história, a exemplo de *Whitney v. California*[36]. Não foi o que ocorreu, porém, como se verá no tópico a seguir.

[36] **Whitney v. California**, 274 U.S. 357 (1927).

3. Repercussão da decisão

Era imaginável que uma decisão em um tema tão sensível aos sentimentos americanos, tomada pela apertada maioria da Corte, ensejasse reações nas várias esferas dos círculos de poder. Logo em seguida à decisão, a América presenciou manifestações pela defesa da proteção à bandeira, acompanhada de um notável declínio na popularidade e confiança na Suprema Corte[37]. Diante desse novo cenário, esforços políticos para superar *Texas v. Johnson* se iniciaram em, pelo menos, duas linhas diversas: uma emenda constitucional ou uma nova legislação.

A emenda constitucional tinha como apoiador mais notável o presidente George Herbert Walker Bush, mas não seria equivocado dizer que se afigurou um esforço bipartidário. Ocorre que, em um país em que as emendas constitucionais são raríssimas, várias objeções foram feitas a essa ideia, desde a menção por estudiosos de que uma emenda ainda pode ser sujeita ao controle de conformação à Primeira Emenda e, portanto, ser declarada inconstitucional[38], até obstáculos político-jurídicos, como a inconveniência de se alterar a Constituição por questões aparentemente não protegidas, criando possibilidades para restrições de outros direitos fundamentais no futuro.

A ideia de uma emenda constitucional acabou não vingando, sobretudo em razão da contrariedade dos senadores, uma vez que na Câmara estava formada a maioria de dois terços constitucionalmente requerida[39]. Tentou-se, por outro lado, a edição de lei para proteção da bandeira, capitaneada pelo atual presidente americano Joe Biden[40].

Até se chegar à vigência dessa lei, imaginou-se os caminhos que deveriam ser tomados legislativamente para "driblar" os parâmetros constitucionais identificados pela Suprema Corte. A saída mais lógica seria dotar a futura lei de natureza de conteúdo neutro, retirando da redação do

[37] Grande parte dos dados e informações deste tópico foi retirada de LOFTON, op. cit. p. 783-784.

[38] Por exemplo, ROSEN, Jeff. *Was the Flag Burning Amendment Unconstitutional?*. **The Yale Law Journal**, v. 100, pp. 1073-1092, 1991.

[39] HALL, Kermit L.; ELY, James W.; GROSSMAN, Joel B.. ***The Oxford Companion to the Supreme Court of the United States***. 2. ed. 1. v. New York: Oxford University Press on Demand, 2005, p. 694.

[40] O projeto de lei recebeu o nome *de Biden-Roth-Cohen Flag Protection Act of 1989.*

dispositivo menções como "profanar" ou "ofender seriamente alguém", qualquer coisa, enfim, que lembrasse a possibilidade de haver condenação em razão do conteúdo do ato. Simplesmente estabelecer-se-ia que mutilar, queimar, rasgar ou outra ação semelhante, sem nenhuma intenção subjacente, poderia levar à punição criminal do agente. Obviamente que, mesmo com esses cuidados, a lei apresentaria problemas, e o mais evidente é que não estaria ela livre de novo controle de constitucionalidade, ainda que os testes para leis de conteúdo neutro fossem menos rigorosos. A Corte, entretanto, provavelmente olharia com interesse e rigor os motivos e os debates legislativos, os quais indicariam que o parlamento tinha por intenção superar sub-repticiamente a interpretação tomada por ela no caso *Texas v. Johnson*.

A lei, apesar dos pesares, entrou em vigor e foi denominada *Flag Protection Act*, com o propósito de "punir qualquer pessoa que, exceto para se desfazer de uma bandeira surrada ou manchada, 'mutile, desfigure, macule fisicamente, queime, mantenha no piso ou no chão, ou pisoteie"[41] uma bandeira dos Estados Unidos. Imediatamente após a entrada em vigor, cidadãos em diversas partes dos Estados Unidos começaram a protestar, queimando bandeiras americanas para forçar novamente o pronunciamento da SCOTUS. Entre os ativistas, estava Gregory "Joey" Lee Johnson e um cidadão chamado Shawn Eichman[42].

Shawn Eichman foi preso por violar a nova Lei, junto com David Blalock e Scott Tyler. Apesar da tentativa, Johnson foi preso, mas não processado, porque a bandeira que ele tentou queimar não se incendiou. A história se repetiu e a Lei foi novamente declarada inconstitucional pela Suprema Corte:

> Em United States vs Eichman em 1990, a Suprema Corte, por uma idêntica votação de 5 a 4, considerou esse estatuto inconstitucional. O ministro Brennan, escrevendo de novo pela maioria, disse que a própria lista de proibições mostrava que a preocupação que estava por trás da lei era "tratamento des-

[41] Lewis, Anthony. **Liberdade para as ideias que odiamos**: uma biografia da Primeira Emenda à Constituição americana. Tradução: Rosana Nucci. São Paulo: Aracati, 2011, p. 196.

[42] **United States v. Eichman**, 496 U.S 310 (1990).

respeitoso" à bandeira. Portanto, a lei "suprime a expressão devido à preocupação com seu provável impacto comunicativo". E ele concluía: "Punir a profanação da bandeira dilui a própria liberdade que torna este emblema tão reverenciado, e digno de reverência"[43].

O fato que importa para este trabalho é que o precedente construído aproximadamente um ano antes sobreviveu, e o direito de dessacralizar a bandeira permaneceu intocado, sagrado. Talvez esse direito seja, afinal, o símbolo da unidade americana perseguido pela legislação do Texas, que dirigiu suas forças para um outro emblema, sem refletir que as estrelas e as listras ordenadas em um desenho harmônico seja sagrada não em sua forma, mas em sua essência, a qual foi hasteada simbolicamente pelo *Justice* Brennan no voto que representou a maioria.

A decisão de Texas evidentemente não repercutiu somente nos Estados Unidos. No Brasil, que ainda possui legislação criminalizando a conduta de ofender o pavilhão nacional[44], com tentativas reiteradas de se ressuscitar o assunto[45], pouco se sabe a respeito de condenações semelhantes à de Gregory Johnson. No entanto, a decisão em questão já foi citada pelo menos duas vezes no Supremo Tribunal Federal para lembrar a proteção da liberdade de discursos simbólicos ou de conteúdo expressivo, como no caso da proibição de tatuagens para candidatos ao serviço público.

Em outros lugares do mundo, *Texas* também repercutiu. Na Nova Zelândia, por exemplo, a decisão da SCOTUS foi bastante lembrada:

> Em Texas v. Johnson, disse ela [a juíza Ellen France], "a Suprema Corte dos Estados Unidos decidiu que a legislação do Estado do Texas contra a queima da bandeira era inconstitucional, mas considerou que os objetivos do Estado de preservar a bandeira como um símbolo de unidade nacional e de evitar

[43] Lewis, op. cit. p. 196.

[44] Artigo 35 da Lei 5.700/61.

[45] Casagrande, Cássio. Queimar a bandeira é um direito – nos EUA: Projeto do deputado Major Vitor Hugo mostra desorientação do bolsonarismo. **JOTA**, 4 de junho de 2020. Disponível em: https://www.jota.info/opiniao-e-analise/colunas/o-mundo-fora-dos-autos/queimar-a-bandeira-e-um-direito-nos-eua-04062020.

violações à paz eram legítimos". A juíza France voltou a citar o caso Texas v. Johnson ao analisar se a proibição de queimar a bandeira era um meio legítimo e proporcional de realizar esse objetivo legítimo[46].

Não parece ser exagerado afirmar que *Texas v. Johnson* continuará a exercer influência em processos judiciais mundo afora. O princípio que dele se extrai possui uma avassaladora força universalizante: a liberdade é sagrada mesmo que desafie nossos sentimentos patrióticos mais caros, e não importam por que meios ela se manifeste, quer pela palavra, quer pela ação.

Conclusões

A decisão de *Texas v. Johnson* é um marco na proteção da liberdade de expressão. E ela é única porque nela jaz o discurso de ódio – ou, pelo menos, o discurso minoritário – expressado de uma forma simbólica primitiva, mas eficiente em sua finalidade.

Quando se fala em liberdade de expressão, costuma-se lembrar apenas os discursos, as ideias e o texto escrito, talvez porque é com esses instrumentos que preferimos nos comunicar. Mesmo sendo evidente que a comunicação não se resume à palavra, poucas vezes se atrela a conduta expressiva à ideia de liberdade de expressão. Por vezes, prefere-se mencionar outras espécies de liberdade, como a artística e religiosa, para se referir às facetas simbólicas da comunicação.

É, pois, pela simplicidade da lembrança da Suprema Corte no sentido de que, sim, nós nos expressamos politicamente também pela ação, que a decisão se tornou famosa mundo afora. Veja-se que mesmo originalistas – ou textualistas – como Antonin Scalia não deixaram de considerar que "speech" constante na Primeira Emenda não poderia ter somente o significado de "palavra" para deixar de abarcar as condutas humanas expressivas. Porém, essa lembrança, até certo ponto singela, não era fácil de se pôr em prática, considerando o espectro político e o significado sagrado que possui a bandeira entre os americanos. Custou a populari-

[46] Freire, Alonso. Integridade transnacional dos direitos humanos. **Revista de informação legislativa**: RIL, v. 53, n. 209, p. 255-275, jan./mar. 2016, p. 257.

dade da SCOTUS, apesar de ser muito pouco provável que isso tenha minimamente preocupado os seus componentes.

No entanto, proteger as liberdades requer coragem. Poder-se-ia objetar que esse romantismo não tenha sido o motivador da decisão e, como Tocqueville[47], lembrar que o americano parece movido, às vezes, "pela cupidez mais egoísta, às vezes pelo patriotismo mais vivo" e que a defesa da liberdade, como tudo lá, é apenas pragmática, porque os americanos enxergam em sua liberdade "o melhor instrumento e a maior garantia de seu bem-estar. Eles amam essas duas coisas, uma por causa da outra".

Não cabe neste trabalho, porém, enxergar as causas que motivaram, ainda que no espírito, a decisão tomada em *Texas v. Johnson*. Cabe apenas enxergá-la simplesmente como ela é: um exemplo, entre tantos, da grande experiência democrática nos Estados Unidos da América. Entre virtudes e defeitos, a inegável terra dos livres.

Referências

Canal Commo42. **1984 Republican Convention – Protest Damage**. 1 vídeo (1:22min). Disponível em: https://www.youtube.com/watch?v=dGO9aiVmpYI.

Casagrande, Cássio. Queimar a bandeira é um direito – nos EUA: Projeto do deputado Major Vitor Hugo mostra desorientação do bolsonarismo. **JOTA**, 4 de junho 2020. Disponível em: https://www.jota.info/opiniao-e-analise/colunas/o-mundo-fora-dos-autos/queimar-a-bandeira-e-um-direito-nos-eua-04062020.

Dan Walker, 81; veteran who buried burned flag remnants. **Boston.com**, 20 de setembro de 2009. Disponível em: http://archive.boston.com/bostonglobe/obituaries/articles/2009/09/20/dan_walker_81_veteran_who_buried_burned_flag_remnants/.

Estados Unidos da América. Supreme Court of the United States. **Brandenburg v. Ohio**, 395 U.S. 444 (1969), Washington D.C, 8 de junho de 1969.

Estados Unidos da América. Supreme Court of the United States. **Hustler Magazine, Inc. v. Falwell**, 485 U.S. 46 (1988), Washington D.C, 24 de fevereiro de 1988.

[47] Tocqueville, Alexis de. **Da democracia na América**. Tradução de Pablo Costa e Hugo Medeiros. São Paulo: VIDE Editorial, 2019, p. 636.

ESTADOS UNIDOS DA AMÉRICA. Supreme Court of the United States. **Smith v. Goguen**, 415 U.S. 566 (1974), Washington D.C, 25 de março de 1974.

ESTADOS UNIDOS DA AMÉRICA. Supreme Court of the United States. **Spence v. Washington**, 418 U.S. 405 (1974), Washington D.C, 25 de junho de 1974.

ESTADOS UNIDOS DA AMÉRICA. Supreme Court of the United States. **Stromberg v. California**, 283 U.S. 359 (1931), Washington D.C, 18 de maio de 1931.

ESTADOS UNIDOS DA AMÉRICA. Supreme Court of the United States. **Texas v. Johnson**, 491 U.S. 397 (1989), Washington D.C, 21 de junho de 1989.

ESTADOS UNIDOS DA AMÉRICA. Supreme Court of the United States. **Tinker v. Des Moines Independent Community School District**, 393 U.S. 503 (1969), Washington D.C, 24 de fevereiro de 1969.

ESTADOS UNIDOS DA AMÉRICA. Supreme Court of the United States. **United States v. Grace**, 461 U.S. 171 (1983), Washington D.C, 20 de abril de 1983.

ESTADOS UNIDOS DA AMÉRICA. Supreme Court of the United States. **United States v. O'Brien**, 391 U.S. 367 (1968), Washington D.C, 27 de maio de 1968.

ESTADOS UNIDOS DA AMÉRICA. Supreme Court of the United States. **United States v. Eichman**, 496 U.S 310 (1990), Washington D.C, 11 de junho de 1990.

ESTADOS UNIDOS DA AMÉRICA. Supreme Court of the United States. **Whitney v. California**, 274 U.S. 357 (1927), Washington D.C, 16 de maio de 1927.

FRANTZICH, Stephen E. ***Citizen Democracy**: Political Activist in a Cynical Age*. 3. ed. Plymouth: Rowman & Littlefield Publishers, 2008.

FREIRE, Alonso. Integridade transnacional dos direitos humanos. **Revista de informação legislativa**: RIL, v. 53, n. 209, p. 255-275, jan./mar. 2016.

HALL, Kermit L.; ELY, James W.; GROSSMAN, Joel B. ***The Oxford Companion to the Supreme Court of the United States***. 2. ed. 1. v. New York: Oxford University Press on Demand, 2005.

KOZLOWSKI, James C. *Burning the american flag: Political protesta with constitucional protection*. **Law review**, 1989.

LEWIS, Anthony. **Liberdade para as ideias que odiamos:** uma biografia da Primeira Emenda à Constituição americana. Tradução: Rosana Nucci. São Paulo: Aracati, 2011.

LOFTON, Patricia. *Texas v. Johnson: The Constitutional Protection of Flag Desecration*. **Pepperdine Law Review**, v. 17, n. 6, p. 764-765, 1990.

RAINES, Howell. *Republicans Nominate Reagan and Bush; President Vows to Build 'America'S Party'*. **The New York Times**, 23 de agosto de 1984. Disponível em: https://www.nytimes.com/1984/08/23/us/republicans-nominate-reagan-and-bush-president-vows-to-build-america-s-party.html.

ROSEN, Jeff. *Was the Flag Burning Amendment Unconstitutional?* **The Yale Law Journal**, v. 100, p. 1073-1092, 1991.

TOCQUEVILLE, Alexis de. **Da democracia na América.** Tradução de Pablo Costa e Hugo Medeiros. São Paulo: VIDE Editorial, 2019.

32.
PLANNED PARENTHOOD V. CASEY, 1992
ABORTO, SEGURANÇA JURÍDICA E A DOUTRINA DO *STARE DECISIS*

CRISTINA MARIA GAMA NEVES DA SILVA

Introdução

O direito ao aborto é um debate político e polarizado. Além de abordar os limites da intervenção estatal nos corpos das mulheres, o tema também adentra no direito à vida, na concepção de quando começa a vida, direitos reprodutivos, sexo e o papel da mulher na sociedade. Tanto que Jeffery Tobbin,[1] grande estudioso em questões de Suprema Corte, divide os casos julgados pelo Tribunal em dois grupos: aqueles relativos ao aborto e todos os demais.

Os direitos reprodutivos e a autonomia foram amplamente debatidos pela Suprema Corte americana. Em *Griswold v. Connecticut*,[2] a Corte entendeu que é inconstitucional a proibição de casais utilizarem métodos anticoncepcionais. A mesma liberdade depois foi concedida, com base no *Equal Protection Clause*,[3] para pessoas solteiras em *Eisenstadt*

[1] Toobin, Jeffery. ***The Nine****: Inside the Secret World of the Supreme Court.* Nova Iorque: Doubleday, 2007

[2] **Griswold v. Connecticut**, 381 U.S. 479 (1965).

[3] A *equal protection* (igual proteção) é uma cláusula contida na Seção 1 da 14ª Emenda à Constituição americana, cujo texto prevê: "Todas as pessoas nascidas ou naturalizadas nos Estados Unidos e sujeitas à sua jurisdição são cidadãos dos Estados Unidos e do Estado em que residem. Nenhum Estado deve fazer ou aplicar qualquer lei que reduza os privilégios ou imunidades dos cidadãos dos Estados Unidos; nenhum Estado privará qualquer pessoa

v. Baird[4] e aplicada para venda e distribuição de anticoncepcionais em *Carey v. Population Services International*.[5] Com isso, se chegou a *Roe v. Wade*[6] assentando que a Constituição veda a intervenção do Estado sobre planejamento familiar e na decisão mais pessoal e marcante na vida de uma mulher: a de se tornar mãe. Em *Roe*, o direito ao aborto antes da viabilidade do feto ganhou proteção constitucional nos Estados Unidos e no julgamento também se assentou que qualquer tipo de regulamentação do procedimento pelos estados deveria ser analisado com base no escrutínio estrito[7] (*strict scrunity*).

Todavia, o posicionamento da Suprema Corte não enfraqueceu a polarização do debate sobre o tema. No começo da década de 90, se criou um cenário de incerteza quanto à manutenção de *Roe*, diante da alteração substancial na ideologia da Corte e de uma série de legislações estaduais impondo maiores restrições ao procedimento. Em 1992, *Planned Parenthood v. Casey*[8] reafirmou *Roe*, contudo, assentou que os estados poderiam regular o procedimento, desde que não impusessem uma obrigação indevida (*undue burden*) no acesso ao aborto.

1. Contexto histórico

Em 1982, o estado da Pensilvânia promulgou a *Pennsylvania Abortion Control Act* (Lei de Controle do Aborto da Pensilvânia), que estabelecia diversas restrições para a realização de abortos. A lei impunha o consentimento informado (*informed consent*), no qual as pacientes eram informadas sobre estágio da gravidez, auxílios sociais ofertados pelo governo e possibilidade de receber pensão alimentícia do pai do bebê, dentre outras. Estabelecia, ainda, a espera de 24 horas para realização do procedimento. A *American College of Obstetricians and Gynecologists* propôs

de sua vida, liberdade ou propriedade, sem o devido processo legal; nem negar a qualquer pessoa dentro de sua jurisdição a igual proteção das leis." Cf. Constituição (1787). **14th Amendment**. Estados Unidos da América, 1868.

[4] **Eisenstadt v. Baird**, 405 U. S. 438 (1972).

[5] **Carey v. Population Services International**, 431 U.S. 678 (1977).

[6] **Roe v. Wade**, 410 U.S. 113 (1973).

[7] Por *strict scrutiny* (escrutínio estrito) entende-se o mais rigoroso dos três testes utilizados na análise de constitucionalidade de leis que violem a cláusula de igual proteção.

[8] **Planned Parenthood v. Casey**, 505 U.S. 833 (1992).

uma ação questionando a constitucionalidade das restrições impostas por aquele estado contra o governador da Pensilvânia, à época, Richard Thornburgh.

A questão alcançou a Suprema Corte em *Thornburgh v. American College* (1986).[9] Em uma decisão de 5 votos a 4,[10] o Tribunal reconheceu que as restrições impostas pela lei estadual buscavam dissuadir a realização de abortos. Assim, entendeu que os estados não poderiam buscar formas de intimidar mulheres para seguirem com a gravidez e que a referida lei afrontava o direito à privacidade, pois buscava dissuadir uma decisão que deve, com auxílio médico, ser feita pela paciente.[11] O *Justice* Harry Blackmun, que escreveu o voto da maioria, fundamentou que a imposição de fornecimento de informações à paciente seria uma forma deliberada do Estado cunhar seu posicionamento contra o aborto. Com isso, o Tribunal reafirmou o seu posicionamento em *Roe v. Wade*[12] e *City of Akron v. Akron Center of Reproductive Health*[13].

Em *Thornburgh*, apesar de o entendimento de *Roe* ter sido mantido, se observou uma mudança significativa na composição da Corte e em sua ideologia. Com a saída dos *Justices* Warren Burger, William O. Douglas, Potter Stewart e Lewis F. Powell, com exceção do *Justice* John Paul Stevens, todos os demais membros que ingressaram na Corte desde 1973 eram considerados conservadores.

Neste cenário, em 1989, a Suprema Corte entendeu, em *Webster v. Reproductive Health Services*,[14] ser constitucional a proibição de financiamento de aborto não terapêutico pelos estados, por estar inserida na

[9] **Thornburgh v. American College of Obstetricians and Gynecologists**, 476 U.S. 747 (1986).

[10] O *Justice* Blackmun foi responsável pelo acordão, sendo acompanhando pelos *Justices* Brennan, Marshall, Powell e Stevens. *Justices* Burgem White, O'Connor e Renhquist divergiram.

[11] "*The States are not free, under the guise of protecting maternal health or potential life, to intimidate women into continuing pregnancies. The provisions of the Pennsylvania Act that the Court of Appeals invalidated wholly subordinate constitutional privacy interests and concerns with maternal health to the effort to deter a woman from making a decision that, with her physician, is hers to make*" Id.

[12] **Roe v. Wade**, 410 U.S. 113 (1973).

[13] **City of Akron v. Akron Center for Reproductive Health**, 462 U.S. 416 (1983).

[14] **Webster v. Reproductive Health Services**, 492 U.S. 490 (1989).

discricionariedade de cada estado a forma como pretende utilizar as suas verbas, e que a *Due Process Clause*[15] não impõe aos estados a obrigação de subsidiar direitos constitucionalmente protegidos. Esse julgamento, apesar de não superar o entendimento de *Roe*, teceu críticas duríssimas ao precedente – em especial pelo *Justice* Antonin Scalia, fundamentando que *Roe* deveria ser superado, pois, naquele julgamento, o Tribunal se autopremiou com soberania para definir questões políticas e não apenas jurídicas. Já a *Justice* Sandra Day O'Connor, única mulher a compor a Corte, não manifestou se *Roe* deveria ser ou não superado. Blackmun, Marshall e Brennan apresentaram divergência e no voto registrou-se "hoje, *Roe v. Wade* e o direito fundamentalmente constitucional das mulheres em interromper a gravidez sobrevive, porém não está seguro."[16]

Com a saída dos *Justices* Brennan e Marshall, a administração Bush nomeou David Souter, em 1990, e Clarence Thomas, em 1991, o que indicava uma Corte ainda mais conservadora. Com essa composição, apenas dois Ministros abertamente manifestavam o seu apoio a *Roe:* Blackmun, que proferiu a opinião majoritária, e Stevens que reafirmou *Roe* em casos anteriores.[17]

Entre os anos de 1988 e 1989 o estado da Pensilvânia apresentou emendas ao *Pennsylvania Abortion Control Act of 1982*. Cinco clínicas de saúde da mulher e um grupo de médicos que realizaram abortos propuserem uma ação para questionar a constitucionalidade de cinco provisões da lei que

[15] A *Due Process Clause* (devido processo) encontra-se na Quinta Emenda e na Seção Um da Décima Quarta Emenda da Constituição americana.

[16] "*Today, Roe v. Wade and the fundamental constitucional right of women to decide whether to terminate a pregnancy, survive but are not secure... [T]he plurality discards a landmark case of the last generation and casts into darkness the hope and visions of every woman in this country who had come to believe that the Constitution guaranteed her right to exercise some control over her unique ability to bear children... For today, at least, the law of abortions stands undisturbed. For today, the woman of this Nation still retains the liberty to control their destinies. But signs are evident and very ominous, and a chill wind blows*" Webster v. Reproductive Health Services, 492 U.S. 490 (1989), 537, 557, 60 (Blackmun, J., dissenting).

[17] Em **City of Akron v. Akron Center for Reproductive Health**, 462 U.S. 416 (1983) e **Thornburgh v. American College of Obstetricians and Gynecologists**, 476 U.S. 747 (1986).

estipulavam contra o governador da Pensilvânia naquela ocasião, Robert P. Casey:[18]

1 - **Consentimento informado** [§3205]: obrigatoriedade de um médico, aos menos 24 horas antes do procedimento, fornecer informações específicas, tais como os possíveis efeitos do o aborto na saúde da mulher e informações sobre o feto;
2 - **Consentimento de pais ou responsável** [§3206]: obrigatoriedade de consentimento dos pais para menores de idade realizarem aborto;
3 - **Notificação ao Cônjuge** [§3209]: exceto em casos excepcionais, mulheres casadas que seriam submetidas ao procedimento deveriam apresentar uma declaração assinada pelo seu marido informando que ele estava ciente do procedimento;
4 - **Definição de Emergência Médica** [§3203][19];
5 - **Obrigatoriedade de Relatórios** [§§ 3207(b), 3214(a) e 3214(f)]: obrigatoriedade de registro e armazenamento de informações relativas aos abortos realizados;

A Corte Distrital da Pensilvânia, após três dias de julgamento, entendeu pela inconstitucionalidade de todas as cinco provisões. Contudo, em sede de recurso, a Corte de Apelações julgou todas as provisões como constitucionais, exceto a notificação do cônjuge. Quanto a este ponto, por maioria, a Corte de Apelações entendeu que essa imposição seria

[18] *"At issue are five provisions of the Pennsylvania Abortion Control Act of 1982: § 3205, which requires that a woman seeking abortion give her informed consent prior to the procedure, and specifies that she be provided with certain information at least 24 hours before the abortion is performed; § 3206, which mandates the informed consent of one partner for a minor to obtain abortion, but provides a judicial by-pass procedure; § 3209, which commands that, unless certain exceptions apply, a married woman seeking an abortion must sign a statement indicating that she has notified her husband; § 3202 which defines a "medical emergency" that will excuse compliance with the foregoing requirements; and §§ 3207(b), 3214(a) and 3214(f) which imposes certain reporting requirements on facilities providing abortion services"* Cf. 505 U.S. 833 (1992).

[19] Na lei da Pensilvânia, emergência médica era definida como *"[t]hat condition, which, on the basis of the physician's good faith clinical judgment, so complicates the medical condition of a pregnant woman as to necessitate the immediate abortion of her pregnancy to avert her death or for which a delay will create serious risk of substantial and irreversible impairment of a major bodily function."*

uma obrigação excessiva (*undue burden*), pois poderia potencialmente expor mulheres casadas à situação de violência doméstica. No julgamento, Samuel Alito[20] compunha aquele colegiado composto por três juízes e foi o único que entendeu pela constitucionalidade da notificação do cônjuge, sob o fundamento de que provisão atingiria apenas poucas mulheres.[21]

Kathryn Kolbert, advogada da *American Civil Liberties Union* (ACLU) e patrona dos autores da ação, entendeu que o ano de 1992 era o momento de desafiar novamente a Suprema Corte e o eleitorado americano em relação ao aborto. A tática usada por Kolbert, considerada uma das mais audaciosas na história da Suprema Corte, consistiu em fazer que o caso fosse julgado antes das eleições presidenciais de 1992, com intuito de conscientizar o eleitorado sobre o peso das futuras nomeações da Corte, que seriam feitas pelo próximo Presidente.[22]

A decisão da Corte de Apelações foi proferida em 21 de outubro de 1991. Apesar de o prazo para apresentação de *writ of certiorari*[23] ser de noventa dias, Kolbert o apresentou no dia 7 de novembro de 1991, ou seja, apenas três semanas após a decisão. Tal manobra permitiu que o caso fosse julgado no *term* de 1991, que encerraria em junho de 1992. Mais ousada ainda foi a pergunta apresentada no recurso:[24] "*Has the Supreme Court overruled* Roe v. Wade, *holding that a woman's right to choose abortion is a fundamental right protected by the United States?*" (A Suprema Corte superou o entendimento de *Roe v. Wade*, que determina que o direito da mulher de escolher abortar é um direito fundamental protegido pelos Estados

[20] Alito foi indicado à Suprema Corte por Bush, em 2006, sendo considerando um dos *Justices* mais conservadores da Corte.

[21] Em seu voto, sustentou que apenas 20 a 30% das mulheres que abortavam eram casadas e que entre essas 95% delas havia comunicado ao marido.

[22] Toobin, op. cit.

[23] Corresponde a um recurso no procedimento americano, contudo o *writ of certiori* determina que as Cortes *a quo* entreguem os seus registros sobre o caso para as Corte Superior revisar o caso. A palavra *certiorari* vem do latim e significa "ser inteiramente informado". Cf. Legal Information Institute [LII]. *Writ of certiorari.* **Cornell Law School**. Disponível em: <https://www.law.cornell.edu/wex/writ_of_certiorari>.

[24] De acordo com as regras da Suprema Corte americana, o recurso apresentado à Corte deve conter uma sessão denominada "*Questions Presented*" (questões apresentadas).

Unidos?" Kolbert não falava apenas com a Corte, a advogada também falava com o eleitorado.[25]

O Presidente da Corte em 1991, *Justice* Rehnquist, não gostou da manobra de Kolbert ao utilizar a Corte com intuito eleitoral. Usando seus poderes de *Chief Justice*, manteve o caso fora da lista de *cert petitions* que os *Justices* debatiam em conferências semanais. Para forçar Rehnquist, Stevens, com o apoio de Blakmun,[26] ameaçou apresentar uma opinião divergente sobre decisão do Presidente em não listar o caso para debate interno.[27] A pressão funcionou e, em 21 de janeiro de 1992, a Suprema Corte anunciou que o caso seria levado para julgamento em 22 de abril do mesmo ano, último dia para sustentações orais do *term* de 1991.

De forma surpreendente, ante à composição majoritariamente conservadora, a Suprema Corte manteve, por 5 votos a 4, a proteção constitucional ao aborto com base no *Due Process Clause* da 14ª Emenda da Constituição[28] e na fidelidade institucional e doutrina do *stare decisis*.

[25] Toobin, op. cit.

[26] Blackmun e seus assessores escreveram, em conjunto, um memorando para *o Chief Justice*. "*We feel strongly that the case should be heard this spring... If you believe that there are enough votes on the Court now to overrule Roe, it would be better to do it this year before the election and give woman the opportunity to vote their outrage*" Toobin, op. cit., p. 41-42.

[27] A inclusão dos processos em lista para debates entre os *Justices* ocorre para definir quais casos serão ouvidos pela Corte. Esse procedimento não é familiar para o público geral e nenhuma vez foi apresentado uma opinião divergente contra a opção de um Presidente da SCOTUS em não listar um processo para debates.

[28] "*Roe determined that a woman's decision to terminate her pregnancy is a "liberty" protected against state interference by the substantive component of the Due Process Clause of the Fourteenth Amendment. Neither the Bill of Rights nor the specific practices of States at the time of the Fourteenth Amendment's adoption marks the outer limits of the substantive sphere of such "liberty." Rather, the adjudication of substantive due process claims may require this Court to exercise its reasoned judgment in determining the boundaries between the individual's liberty and the demands of organized society. The Court's decisions have afforded constitutional protection to personal decisions relating to marriage, see, e. g., Loving v. Virginia, 388 U. S. 1, procreation, Skinner v. Oklahoma ex rel. Williamson, 316 U. S. 535, family relationships, Prince v. Massachusetts, 321 U. S. 158, child rearing and education, Pierce v. Society of Sisters, 268 U. S. 510, and contraception, Griswold v. Connecticut, 381 U. S. 479, and have recognized the right of the individual to be free from unwarranted governmental intrusion into matters so fundamentally affecting a person as the decision whether to bear or beget a child, Eisenstadt v. Baird, 405 U. S. 438, 453. Roe's central holding properly invoked the reasoning and tradition of these precedents.*" Cf. 505 U.S. 833 (1992).

A opinião da Corte foi escrita em conjunto pelos *Justices* Souter, que abordou a doutrina do *stare decisis,* O'Connor, responsável pela fundamentação sobre a notificação do cônjuge, e Kennedy, que fundamentou a manutenção de *Roe.* Os três ficaram conhecidos na Corte como *troika*[29] e, por às vezes se alinharem com os conservadores e por outras com os liberais, eram considerados os *swinging votes* da Corte.[30]

Diante disso, a maioria manteve os fundamentos centrais de *Roe*: (i) a mulher tem o direito de, sem a interferência do Estado, escolher abortar antes da viabilidade do feto; (ii) os estados podem restringir abortos após a viabilidade do feto, exceto quando a saúde da mulher estiver em risco; e, (iii) o Estado tem legítimo interesse no resultado da gravidez em relação à saúde da mulher e na proteção da vida do feto. Quanto à notificação do cônjuge, a maioria reconheceu que a determinação constituía uma obrigação indevida (*undue burden*) e, portanto, a julgou inválida. Já o consentimento informado foi julgado constitucional, sob o fundamento que ato não interfere no direito à privacidade entre a mulher e sua médica, apesar de reconhecer que a espera de 24 horas para realizar o procedimento o torna mais caro e menos conveniente. Em relação ao consentimento dos pais, a maioria entendeu pela sua constitucionalidade com base em *Ohio v. Akron Center for Reproductive Health.*[31]

A decisão da Corte citou casos relativos ao direito de família, planejamento familiar e autonomia, para concluir que estes são direitos fundamentais constitucionalmente protegidos, mesmo que não constem expressamente na Constituição. Com base nesse entendimento, fundamentou que o direito ao aborto é constitucionalmente protegido por ser uma escolha de extrema importância na vida de uma mulher, não cabendo intervenção estatal.

> A Liberdade da mulher está em jogo em uma forma única à condição humana e à lei. A mãe que carrega a criança durante toda a gestação está sujeita a ansiedade, restrições físicas, dor que só ela pode suportar (...). Seu sofrimento é íntimo e pessoal demais para que o Estado insista, sem mais, sobre

[29] *Troika* é uma palavra russa que significa um conjunto de três pessoas.

[30] Toobin, op. cit.

[31] **Ohio v. Akron Center for Reproductive Health**, 497 U. S. 502 (1990).

sua visão a respeito do papel da mulher (...). O destino da mulher deve ser moldado, em larga medida, por sua própria concepção de seus imperativos espirituais e por seu lugar na sociedade.[32]

Apesar de a opinião da Corte ter reafirmado *Roe*, *Casey* retirou o arranjo trimestral para determinar a viabilidade do feto e com isso entendeu que escrutínio estrito não deveria ser utilizado para auferir a constitucionalidade de legislação relativa a aborto. Diante disso, os Justices Blackmun e Stevens acompanharam em parte a opinião plural, contudo, divergiram sobre a retirada do *framework* trimestral e defenderam a aplicação do *scrict scrutiny* para casos relativos ao aborto. Com isso, votaram pela invalidação de todas as provisões da lei da Pensilvânia enfrentadas em *Casey*, e Blackmun registrou "mas agora, justamente quando tantos esperavam que a escuridão desaparecesse, a chama brilhou mais forte (...) Não se engane, os votos em conjunto dos *Justices* O'Connor, Kennedy e Souter são um ato pessoal de coragem e princípio constitucional."[33]

O *Chief Justice* Rehnquist e os *Justices* White, Scalia e Thomas divergiram, sustentando que o entendimento de *Roe* deveria ser revisto. Eles fundamentaram que a jurisprudência do Tribunal sobre direito à privacidade[34] foi indevidamente aplicada, pois o aborto envolve a terminação de uma vida em potencial. A divergência entendeu que qualquer decisão sobre o tema dever ser definida como *sui generis*, não podendo se utilizar de fundamentos de outras decisões que abordam autonomia e privacidade pessoal e familiar. Assim, rejeitaram a aplicação da doutrina de *stare decisis*. Ademais, também entenderam que não se deve aplicar o *scrict scrutiny* para casos relativos ao aborto, pois não há menção desse direito na Constituição Americana e consequentemente não é um direito constitucional. Quanto às restrições impostas pela lei da Pensilvânia, a divergência entendeu que *Webster* deveria ser reafirmada, pois o aborto pode ser uma liberdade protegida pela *Due Process Clause*, porém, os estados

[32] 505 U.S. 833 (1992), p. 852.

[33] 505 U.S. 833 (1992), p. 922-923.

[34] **Meyer v. Nebraska**, 262 U. S. 390 (1923), **Loving v. Virginia**, 388 U. S. 1 (1967) e **Griswold v. Connecticut**, 381 U. S. 479 (1965).

podem regular os procedimentos em razão de seu legítimo interesse na matéria.

2. Aspectos importantes da decisão

O *Black's Law Dictornary*[35] define *stare decisis* como o termo jurídico de fidelidade ao precedente, impondo que o Tribunal deve seguir a sua jurisprudência em casos similares (*to stand by the things decided*). No *Federalist Paper* n. 78 "*The Judiciary Departament*"[36], Alexander Hamilton defende o respeito ao precedente como forma de se evitar arbitrariedade indiscriminada das Cortes.[37]

Em *Casey*, esse foi um elemento central da fundamentação da posição da Corte. Com isso, os *Justices* sustentaram que a reforma de um entendimento seria possível quando: (i) a solução assentada seja impraticável; (ii) houvesse uma evolução nos princípios legais que enfraquecem os fundamentos do precedente; e (iii) houvesse uma mudança nos fatos no qual se baseou a decisão. Assim, concluíram que naquele momento a análise constitucional feita em *Roe* não poderia ser rejeitada.

O voto condutor reconheceu que o controle dos direitos reprodutivos impacta o desenvolvimento social e econômico das mulheres. Com isso, os *Justices* Souter, Kennedy e O'Connor fundamentaram que o entendimento alcançado em *Roe* alterou a forma como pessoas organizam as suas relações íntimas e planejamento familiar.[38] Diante disto, com base na

[35] "A doutrina do precedente, sob a qual a Corte deve observar decisões anteriores quando a mesma questão surgir em litígio." Cf. GARNER, Bryan A. (Ed.). ***Black's Law Dictionary***. 9. ed. Toronto: Thomson Reuters, 2009, p. 1537.

[36] "Para evitar uma discrição arbitrária das Cortes, é indispensável que elas estejam sujeitas à regras e precedentes que sirvam para definir e guiar seu dever em cada caso particular que seja posto perante elas." HAMILTON, Alexander; MADISON, James; JAY, John. ***The federalist papers***. Nova Iorque: Dover Publications, 2015.

[37] Mais sobre o tema em JACKSON, Robert H. *Decisional Law and Stare Decisis*. **American Bar Association Journal**, v. 30, n. 6, p. 334-335, 1944.

[38] "*The sum of the precedential enquiry to this point shows Roe's underpinnings unweakened in any way affecting its central holding. While it has engendered disapproval, it has not been unworkable. An entire generation has come of age free to assume Roe's concept of liberty in defining the capacity of women to act in society, and to make reproductive decisions; no erosion of principle going to liberty or personal autonomy has left Roe's central holding a doctrinal remnant; Roe portends no developments at odds with other precedente for the analysis of personal liberty; and no changes of fact have*

doutrina da *stare decisis*, e inclusive reconhecendo a relutância pessoal sobre o tema, a *troika* reafirmou *Roe*, ante à importância da previsibilidade e consistência das decisões judiciais e fidelidade institucional.

Também enfatizou que a Corte não pode mudar a sua jurisprudência em razão da alteração da sua composição, pois se isso acontecesse com frequência poderia vir a ferir a sua legitimidade e, consequentemente, o Estado de Direito.

Em *Casey* foram apresentados outros precedentes que não respeitaram a *stare* decisis, *West Coast Hotel v. Parrish*[39] e *Brown v. Board of Education*,[40] indicando como naqueles casos ocorreram fatos históricos, jurídicos e sociais que justificaram a alteração da jurisprudência da Suprema Corte. Em *West Coast Hotel v. Parrish* (1937), a Corte, após 14 anos, superou o entendimento de *Lochner v. New York* (1905)[41] de que a limitação de jornada de trabalho violava a liberdade de contratar. Em *Casey*, a Corte reconheceu que entre *Lochner* e *West Coast Hotel* ocorreu a grande Depressão de 1929, que pôs fim ao *laissez faire*, vindo por alterar as relações de trabalho e consequentemente o entendimento jurídico sobre liberdade de contratar. Já em *Brown*, a Suprema Corte rejeitou o entendimento proferido em *Plessy v. Ferguson*[42] da doutrina "separados, porém iguais" (*separate but equal doctrine*). Tal alteração jurisprudencial ocorreu em consonância com o entendimento da sociedade de que negras e negros são cidadãos plenos, não havendo justificava constitucional para a segregação social.

Neste ponto indicaram que *Brown* e *Roe* foram julgamentos históricos (*landmark cases*) nos quais o Tribunal atuou para dirimir controvérsias de intenso e extenso impacto na sociedade americana que resultou em uma divisão ideológica do país. Assim, a interpretação da Suprema Corte apresenta uma resposta com base na Constituição, o que deve, segundo os *Justices*, direcionar a nação. Por isso, tais casos recebem uma maior pro-

rendered viability more or less appropriate as the point at which the balance of interests tips" 505 U.S. 833 (1992), p. 860-861.

[39] **West Coast Hotel Co. v. Parrish**, 300 U. S. 379 (1937).

[40] **Brown v. Board of Education**, 347 U. S. 483 (1954) (Brown I).

[41] **Lochner v. New York**, 198 U. S. 45 (1905).

[42] **Plessy v. Ferguson**, 163 U. S. 537 (1896).

teção, não podendo ser alterados por pressão política e social. Ao não respeitarem as suas próprias decisões, em especial decisões históricas que moldam a estrutura social do país, os *Justices* fundamentaram que a legitimidade do judiciário se enfraquece, diante da perda de confiança e ausência de segurança jurídica.[43]

> A decisão de superar os fundamentos essenciais de *Roe*, diante das presentes circunstâncias, resolveria o erro, se erro houvesse, a custa de um profundo e desnecessário dano à legitimidade da Corte, bem como ao compromisso da nação com o Estado de Direito.[44]

Em *Roe*, foi estabelecido um *framework* trimestral. Com isso, nenhum tipo de restrição ao aborto poderia ser imposta no primeiro trimestre da gestação. Regulações com o intuito de proteger a saúde da mulher foram permitidas para abortos realizados no segundo trimestre da gravidez. E no terceiro e último trimestre, os estados poderiam proibir o procedimento, desde que essa proibição não colocasse em risco a saúde da mulher.

Em *Casey*, a opinião majoritária fundamentou que *framework* trimestral de *Roe* não era parte essencial de decisão e que a viabilidade do feto não deveria usar esse critério. Com isso, reafirmou o entendimento de *Webster* ("A Constituição não proíbe que um estado ou cidade, seguindo um

[43] "*Overruling Roe's central holding would not only reach an unjustifiable result under stare decisis principles, but would seriously weaken the Court's capacity to exercise the judicial power and to function as the Supreme Court of a Nation dedicated to the rule of law. Where the Court acts to resolve the sort of unique, intensely divisive controversy reflected in Roe, its decision has a dimension not present in normal cases and is entitled to rare precedential force to counter the inevitable efforts to overturn it and to thwart its implementation. Only the most convincing justification under accepted standards of precedent could suffice to demonstrate that a later decision overruling the first was anything but a surrender to political pressure and an unjustified repudiation of the principle on which the Court staked its authority in the first instance. Moreover, the country's loss of confidence in the Judiciary would be underscored by condemnation for the Court's failure to keep faith with those who support the decision at a cost to themselves. A decision to overrule Roe's essential holding under the existing circumstances would address error, if error there was, at the cost of both profound and unnecessary damage to the Court's legitimacy and to the Nation's commitment to the rule of law.*" 505 U.S. 833 (1992).

[44] 505 U.S. 833 (1992), p. 869.

processo democrático, expresse uma preferência pelo parto natural."[45]) de que o Estado pode incentivar mulheres a não abortarem, por meio do fornecimento de informações sobre auxílio estatal, adoção e justificativas filosóficas e sociais. Todavia, vetou os estados de impor obrigações injustificadas (*undue burden*) para a realização do procedimento.

O *undue burden standard* ja havia sido utilizado pela Corte em outros casos[46] e foi definido como a criação de obstáculo substancial à realização do aborto.[47] Com isso, estipulou-se, em *Casey*, que uma lei ou provisão que criasse obstáculos ao procedimento de maneira indevida deveria ser invalidada, pois o interesse do Estado deve ocorrer por meio de informações e não intimidações, declarando que uma obrigação injustificada é uma obrigação inconstitucional.

Com base no critério de *undue burden*, a Corte julgou constitucional o consentimento informado, porém invalidou a notificação ao cônjuge, por reconhecer que a imposição à mulheres casadas de apresentarem notificação assinada pelo cônjuge era uma obrigação indevida e um obstáculo para realização do procedimento, pois dava ao marido o poder de controle sobre o corpo da mulher,[48] o que poderia resultar em agravamento

[45] **Webster v. Reproductive Health Services**, 492 U.S. 490 (1989), p. 511.

[46] Hodgson v. Minnesota, 497 U.S. 417 (1990), City of Akron v. Akron Center for Reproductive Health, 462 U.S. 416 (1983), Thornburgh v. American College of Obstetricians and Gynecologists, 476 U.S. 747 (1986), Harris v. McRae, 448 U.S. 297 (1980), Maher v. Roe, 432 U.S. 464 (1977) Beal v. Doe, 432 U. S. 438, 446 (1977)

(1989)ecologists, 476 U.S. 747 sl law: principles and policies. 5a tion to Roe v. Wade. , 63, NCL Rev. 375, 383, (1985)ial cond

"Um ônus indevido existe e, portanto, uma provisão legal é invalida, se o seu propósito ou efeito é impor obstáculos substanciais no caminho de uma mulher que busca um aborto antes que o feto atina a viabilidade." Cf. 505 U.S. 833 (1992), p. 837.

[47] *"The group for whom the law is a restriction, not the group for whom it is irrelevant. Furthermore, it cannot be claimed that the father's interest in the fetus' welfare is equal to the mother's protected liberty, since it is an inescapable biological fact that state regulation with respect to the fetus will have a far greater impact on the pregnant woman's bodily integrity than it will on the husband. Section 3209 embodies a view of marriage consonant with the common-law status of married women but repugnant to this Court's present understanding of marriage and of the nature of the rights secured by the Constitution."* Cf. 505 U.S. 833 (1992).

[48] **Stenberg v. Carhart**, 530 U.S. 914 (2000).

de casos de violência e abuso domésticos. O voto registrou que, via de regra, decisões importantes como a interrupção de gravidez são tomadas em conjunto pelo casal. Sandra Day O'Connor determinou que a decisão da mulher em não comunicar seu conjuge da interrupção da gravidez deve ser respeitada e protegida, pois a obrigatoriedade de comunicação pode colocar em risco a sua segurança ou forçá-la a seguir com a gravidez. Com isso, a maioria refutou o argumento de Alito proferido em seu voto divergente quando ainda integrava uma instância inferior, rejeitando o fundamento de que a restrição seria válida, pois constrangia apenas um pequeno grupo. Diante da existência de uma situação de maior vulnerabilidade, O´Connor sustentou que proteção constitucional deveria ser ainda maior, independente do número de pessoas atingidas.

3. Repercussão da decisão

O entendimento estabelecido em *Casey* foi um marco nas regulações do aborto nos estados americanos. O conceito de *undue burden* foi utilizado como critério para restrições ao aborto antes da viabilidade do feto. Todavia, por se tratar de um conceito subjetivo, diversas dúvidas surgiram após 1992. Nos anos seguintes a Suprema Corte buscou responder algumas dessas questões, nem sempre de maneira coerente e, algumas vezes, sob o risco de invalidar *Roe* e, por consequência, *Casey*.

Em *Stenberg v. Carhart*,[49] a Corte, por maioria, expressamente adotou e aplicou o critério de *undue burden* para invalidar lei que criminalizava procedimento abortivo denominado "aborto com nascimento parcial" (*partial birth abortion* ou *banning intact dilation and extraction – D&X*). Com isso, pela primeira vez a Suprema Corte fundamentou que essa metodologia deveria ser aplicada para analisar todas as leis que regulam a aborto. Neste caso, o Dr. LeRoy Carhart, médico que administrava uma clínica que oferecia vários tratamentos e procedimentos médicos, dentre eles o aborto, moveu ação contra o estado de Nebraska que vedava o *partial birth abortion* sob o fundamento que esse tipo de procedimento em alguns casos era o método mais seguro e indicado para gravidez em estágio avançado.

[49] **Gonzales v. Carhart**, 550 U.S. 124 (2007).

A *partial birth abortion* novamente foi objeto de análise pela Corte em *Gonzalez v. Carhart*,[50] em que foi analisada a constitucionalidade da lei federal *Partial-Birth Abortion Ban Act of 2003*, que proibia o procedimento em nível federal. O Dr. Carhart figurava novamente em um dos polos da ação, e, apesar da questão ser similar a *Stenberg*, a composição da Corte havia sido alterada. Sandra O'Connor havia se aposentado e foi substituída por Samuel Alito (juiz da Corte de Apelações que votou favorável à notificação do marido em *Casey*). A opinião da Corte, escrita por Kennedy e acompanhada por Roberts, Alito, Thomas e Scalia, entendeu que a proibição desse método abortivo não configurava *undue burden* no direito ao aborto, pois não havia um consenso da comunidade médica sobre a necessidade do procedimento, razão pela qual poderia o governo federal legislar sobre a matéria. A *Justice* Ruth Bader Ginsburg escreveu o voto da divergência, sendo acompanhada por Stevens, Souter e Breyer, sustentando que a lei era omissa quanto a saúde da mulher e afrontava o entendimento firmado em *Casey*.

> A Corte protege a mulher negando-a qualquer escolha na questão e essa forma de proteger mulheres relembra as antigas noções sobre o lugar da mulher na sociedade e sob as ideias constitucionais que há muito tempo já foram desacreditadas.[51]

Em 2016, *Whole Woman's Health v. Hellerdstedt*[52] (*WWH*), o Tribunal julgou lei do estado do Texas (*Texas Houses Bill 2* ou *HB2*)[53] que impunha duas restrições ao procedimento de aborto: (i) o médico que realizasse o aborto deveria ser cadastrado em hospital no raio de no máximo de 50 km de onde o aborto seria realizado e (ii) a clínica onde o aborto fosse realizado deveria ter instalações de ambulatório de centro médico. Novamente a composição da Corte havia sido alterada. Pela primeira vez

[50] 505 U.S. 833 (1992), voto dissidente de Ginsburg.

[51] **Whole Woman's Health v. Hellerstedt**, 579 U.S. ___ (2016).

[52] A lei ganhou notoriedade nacional quando a então Senadora do estado do Texas, Weandy Davis, *filibustered* por 11 horas para evitar a votação da norma, que, ainda assim, acabou por ser aprovada.

[53] **June Medical Services, LLC v. Russo**, 591 U.S. ___ (2020).

desde a sua criação, a Corte era composta por três mulheres, Ginsburg, Sotomayor e Kagan, as duas últimas nomeadas na administração Obama. Além disso, inesperadamente o *Justice* Scalia faleceu em 2015. Com isso, havia quatro Ministros liberais, três Ministros conservadores e Kennedy como *swing vote*.

Por 5 votos a 3, as regulações texanas foram julgadas inconstitucionais, sob o fundamento de que seria necessário comprovar que as imposições da lei tornariam o aborto mais seguro, o que não ocorreu. Ao contrário, os dados apontaram que restrições dificultariam o acesso ao procedimento. Assim, por apresentar mais malefícios à benefícios à saúde da mulher, as previsões foram invalidadas. Esse entendimento impactou diversas outras leis estaduais que impunham restrições ao procedimento, como foi o caso de Mississipi que, caso tivesse aprovado legislação similar, impediria a única clínica no estado que realizava abortos de manter suas atividades.

Em 2020 o entendimento de *WWH* foi confirmado em *June Medical Service v. Russo*.[54] Neste último julgamento, se analisou a provisão de uma lei do estado da Louisiana determinando que pessoas submetidas a abortos deveriam ter plano de saúde vinculado a algum hospital no raio de 50 km de onde o aborto seria realizado. A opinião da Corte escrita por Breyer foi acompanhada por Ginsburg, Sotomayor e Kagan. Roberts apresentou *cuncurring opinion*, fundamentando que, apesar de ter divergido em *WWH*, em respeito ao precedente estabelecido na Corte e ao *stare decisis*, a lei da Lousiana deveria também ser julgada inconstitucional.

> Mas, para que o precedente tenha algum significado, a doutrina deve abrir caminho apenas à razões que tratem de assuntos para além de se o caso foi decidido corretamente. A Corte, consequentemente, considera fatores adicionais antes de superar um precedente, como sua administrabilidade, seu cabimento aos subsequentes desenvolvimentos fáticos e legais e os interesses relativos à confiança que o precedente gerou. (...)
> O princípio da stare decisis também determina como lidamos com uma decisão que se afastou dos casos anteriores. Naquelas instâncias, "permane-

[54] 505 U.S. 833 (1992), voto concorrente de Roberts.

cer fiel a uma doutrina 'intrinsecamente mais sólida' estabelecida em casos anteriores serve melhor aos valores de stare decisis do que seguir o que se afastou. (...)

A [doutrina] da stare decisis nos instrui a tratar casos semelhantes da mesma forma. O resultado neste caso é controlado por nossa decisão de quatro anos atrás invalidando um lei texana quase idêntica. A lei da Louisiana sobrecarrega as mulheres buscando abortos previamente da mesma maneira que a lei texana, de acordo com as provas que não estão claramente equivocados. Por essa razão, eu concordo [voto concorrente] que o julgamento da Corte de que a lei da Louisiana é inconstitucional.[55]

Conclusões

A área em que a atual sede da Suprema Corte americana foi construída era inicialmente a sede da *National Woman's Party* (NWP). Localizada entre o Capitólio e a *Union Station*, o espaço se mostrou ideal para a construção da mais alta Corte dos Estados Unidos. Contudo, o governo federal ofereceu um valor muito abaixo ao devido e a questão chegou a ser judicializada. Burnita Shelton Matthews foi quem representou o Partido, obteve sucesso e fez história: a advogada garantiu a maior indenização por domínio eminente concedida pela justiça americana até então. Essa curiosidade é apenas um capítulo na história da presença das mulheres na Corte.

O avanço político e social das mulheres nos Estados Unidos somente foi possível graças a diversos movimentos sociais, como o National Organization for Women – NOW e ativistas de igualdade de gênero como Gloria Steinem. E o barulho das ruas ecoou na Corte Constitucional por meio de vozes de mulheres como Pauli Murray, Ruth Bader Ginsburg e Kathryn Kolbert, entre outras. O impacto dessas ações foi tão marcante que definiram o papel das mulheres nos Estados Unidos e moldaram a sociedade americana. Tanto que, atualmente, parte do curso de direito constitucional lecionado nas faculdades de Direito americanas é dedicado à igualdade de gênero e direitos reprodutivos.

[55] MACKINNON, Catherine. *Reflections on Sex Equality Under the Law*. **The Yale Law Journal**, v. 100, p. 1281-1328, 1991.

Na academia, o debate relativo à igualdade de gênero tem se estendido sob a lente da teoria jurídica feminista, também conhecida como *feminist jurisprudence*, e Catherine MacKinnon tem sido uma das suas mais importantes interlocutoras nas últimas três décadas. A teoria feminista jurídica fundamentalmente reavalia o direito sob a perspetiva de que ele é baseado na subordinação histórica da mulher. Diante disto, a experiência, a análise e a vivência feminina são elementos essenciais para se avaliar o direito, as leis e as condutas sociais. Com base nesses pressupostos, esta teoria apresentou um ponto de vista feminista sobre direito, política e sociedade. Sobre o aborto a Professora MacKinnon se posiciona:

> Eles tornam as mulheres criminosas por um procedimento médico de que só as mulheres precisam ou tornam outros criminosos por realizar um procedimento em mulheres de que apenas as mulheres precisam, quando grande parte da necessidade desse procedimento, bem como as barreiras de acesso a ele foram criadas por condições sociais de sexo desigualdade. Maternidade forçada é desigualdade de gênero.[56]

Essa visão era compartilhada pela saudosa *Justice* Ruth Bader Ginsburg. Em sua sabatina no Senado americano, ao ser indagada sobre aborto, pontuou que "é essencial para igualdade entre mulheres e homens que elas possam escolher" e "se impuserem restrições na escolha dela, isso será uma desvantagem em razão do seu sexo."

Apesar de atualmente o direito ao aborto ser constitucionalmente protegido, após quase cinco décadas de *Roe* e três de *Casey*, permeia no direito constitucional americano a preocupação de uma reforma do posicionamento da Suprema Corte sobre o tema. Tanto que na nomeação da *Justice* Amy Coney Barret, classificada como conservadora pelo ex-Presidente Trump para substituição da vaga de Ginsburg, houve uma comoção e preocupação social sobre um possível recuo na pauta, com a possibilidade de maior restrição dos direitos sexuais. Fato é que, em matéria de direitos das mulheres, é sempre necessário constante cuidado, ante ao constante risco de retrocesso.

[56] **Romer v. Evans**, 517 U.S. 620 (1996).

A ordem do dia é resistir: mulheres sempre precisaram lutar para defender suas vidas. Nunca se esqueça que basta uma crise política, econômica ou religiosa para que os direitos das mulheres sejam questionados. Esses direitos não são permanentes. Você terá que manter-se vigilante durante toda a sua vida. (Simone de Beauvoir)

Referências

Body Politic: The Supreme Court and abortion law. OYEZ. Diponível em: <https://projects.oyez.org/body-politic/>.

Chemerinsky, Erwin. ***Constitucional law**: principles and policies*. 5. ed. Alphen aan den Rijn: Wolters Kluwer, 2015.

Estados Unidos da América. Constituição (1787). **14th Amendment**. Estados Unidos da América, 1868.

Estados Unidos da América. Supreme Court of the United States. **Carey v. Population Services International**, 431 U.S. 678 (1977), Washington D.C, 9 de junho de 1977.

Estados Unidos da América. Supreme Court of the United States. **City of Akron v. Akron Center for Reproductive Health**, 462 U.S. 416 (1983), Washington D.C, 15 de junho de 1983.

Estados Unidos da América. Supreme Court of the United States. **Eisenstadt v. Baird**, 405 U.S. 438 (1972), Washington D.C, 22 de março de 1972.

Estados Unidos da América. Supreme Court of the United States. **Gonzales v. Carhart**, 550 U.S. 124 (2007), Washington D.C, 18 de abril de 2007.

Estados Unidos da América. Supreme Court of the United States. **Griswold v. Connecticut**, 381 U.S. 479 (1965), Washington D.C, 7 de junho de 1965.

Estados Unidos da América. Supreme Court of the United States. **June Medical Services, LLC v. Russo**, 591 U.S. ___ (2020), Washington D.C, 29 de junho de 2020.

Estados Unidos da América. Supreme Court of the United States. **Loving v. Virginia**, 388 U.S. 1 (1967), Washington D.C, 12 de junho de 1967.

Estados Unidos da América. Supreme Court of the United States. **Meyer v. Nebraska**, 262 U.S. 390 (1923), Washington D.C, 4 de junho de 1923.

Estados Unidos da América. Supreme Court of the United States. **Planned Parenthood v. Casey**, 505 U.S. 833 (1992), Washington D.C, 29 de junho de 1992.

Estados Unidos da América. Supreme Court of the United States. **Roe v. Wade**, 410 U.S. 113 (1973), Washington D.C, 22 de janeiro de 1973.

Estados Unidos da América. Supreme Court of the United States. **Stenberg v. Carhart**, 530 U.S. 914 (2000), Washington D.C, 29 de junho de 2000.

Estados Unidos da América. Supreme Court of the United States. **Thornburgh v. American College of Obstetricians and Gynecologists**, 476 U.S. 747 (1986), Washington D.C, 11 de junho de 1986.

Estados Unidos da América. Supreme Court of the United States. **Whole Woman's Health v. Hellerstedt**, 579 U.S. ___ (2016), Washington D.C, 27 de junho de 2016.

Garner, Bryan A. (Ed.). ***Black's Law Dictionary***. 9. ed. Toronto: Thomson Reuters, 2009.

Ginsburg, Ruth Bader. *Some thoughts on Autonomy and Equality in Relation to Roe v. Wade*. **North Carolina Law Review**, v. 63, n. 2, p. 375-386, 1985.

Jackson, Robert H. *Decisional Law and Stare Decisis*. **American Bar Association Journal**, v. 30, n. 6, p. 334-335, 1944.

Hamilton, Alexander; Madison, James; JAY, John. ***The federalist papers***. Nova Iorque: Dover Publications, 2015.

Law, Sylvia. *Rethinking Sex and the Constitution*. **University of Pennsylvania Law Review**, v. 132, p. 955-1040, 1984.

Legal Information Institute [LII]. *Writ of certiorari*. **Cornell Law School**. Disponível em: <https://www.law.cornell.edu/wex/writ_of_certiorari>.

Mackinnon, Catherine. *Reflections on Sex Equality Under the Law*. **The Yale Law Journal**, v. 100, p. 1281-1328, 1991.

Toobin, Jeffery. ***The Nine***: *Inside the Secret World of the Supreme Court*. Nova Iorque: Doubleday, 2007.

33.
ROMER V. EVANS, 1996
MINIMALISMO JUDICIAL, *EQUAL PROTECTION DOCTRINE* E DISCRIMINAÇÃO POR GÊNERO

NATHÁLIA MARIEL FERREIRA DE SOUZA PEREIRA

Introdução

Em uma série de decisões já desafiadas pela Suprema Corte envolvendo a temática de grupos minoritários e direitos humanos, sob uma perspectiva crítica, é necessário o estudo dos casos que inauguraram esse debate, especialmente em se tratando da experiência desafiadora de identificar a fundamentação que existe por trás de cada uma das posições adotadas pelos julgadores.

Em *Romer v. Evans*[1], analisaremos essa disscussão a partir de um dispositivo constitucional do estado do Colorado, que proibia qualquer conteúdo discriminatório positivo para fins de reclamar uma condição de minoria e reivindicar qualquer tipo de proteção especial.

Trata-se de um caso interessante, tendo em vista que, em uma primeira leitura, a decisão parecia inovadora e vantajosa aos grupos excluídos, porém, por meio dos fundamentos adotados, acabou trazendo alguns prejuízos para a causa – prejuízos esses somente superados anos mais tarde, em outras questões debatidas pela Corte.

[1] **Romer v. Evans**, 517 U.S. 620 (1996).

Todavia, é possível identificar o diálogo entre opiniões contrárias na busca de uma decisão contemporizada, que supra o requerido judicialmente e demonstre a forma como a Suprema Corte inaugurou o debate favorável ao grupo LGBTI+.

1. Contexto histórico

Em um primeiro momento, é necessário destacar que nos Estados Unidos não existe uma lei federal que ampare os direitos da comunidade LGBTI+ para situações de discriminação, em especial no trabalho ou quanto às condições de moradia. Para tal fim, é utilizada a Lei Federal de Direitos Civis de 1964, bem como o precedente da Suprema Corte em *Price Waterhouse v. Hopkins* de 1989 e, mais recentemente, as situações decididas em 2020 no caso de Donald Zarda, Gerald Lynn Bostock e Aimee Stephens,[2] sendo deixada para cada estado a responsabilidade por eventualmente regulamentar a temática.

Ainda que exista a Lei de Direitos Civis no plano federal, há grande questionamento sobre seu alcance para casos que envolvam orientação sexual e identidade de gênero, em razão da ausência desses termos no citado diploma legal, que trata exclusivaamente de raça, cor, religião, origem nacional e sexo – no que se refere a esse último item, apenas de modo estrito para questões de gênero biológico, no caso, binário (homem/mulher).

Diversos fatores podem ser levantados sobre a ausência da temática da orientação sexual em uma lei de 1964, a começar pela evolução, apenas posterior, das teorias críticas que envolveram o tema e alargaram a ideia de que o sexo estaria para além da questão biológica, abrangendo o *status* social e a própria identidade dos indivíduos.

[2] No caso *Price Waterhouse*, a Suprema Corte concluiu ser inviável discriminar, com base em estereótipos de gênero, empregados de uma determinada empresa, mesma conclusão de outros três casos decididos em 2020. (MONGE, Yolanda. Suprema Corte dos EUA proíbe discriminação no trabalho de homossexuais e transgêneros. **El País**, Washington, 16 de junho de 2020. Disponível em: https://brasil.elpais.com/internacional/2020-06-16/suprema-corte-dos-eua-proibe-discriminacao-no-trabalho-de-homossexuais-e-transgeneros.html.

Dessa forma, considerando a liberdade de cada estado americano para regulamentar a questão da discriminação em razão da orientação sexual e identidade de gênero, e avaliando que, mesmo em 2021, 18 dos 50 estados não dispõem de qualquer norma nesse sentido, é interessante verificar como os eventos ocorridos no Colorado, em 1996, contribuíram para tal situação.

Outro importante marco que deve ser levado em consideração antes da avaliação do caso, é a aplicação da chamada *equal protection doctrine* (doutrina da igual proteção), valorizada no desenvolvimento jurisprudencial norte-americano por consagrar e resguardar o princípio da igualdade, por meio do qual a lei deve promover tratamento isonômico entre indivíduos e grupos.

A *equal protection doctrine* é uma derivação direta da cláusula de igual proteção contida na Seção 1 da Décima Quarta Emenda[3] à Constituição americana, promulgada em 1868, durante o período da Reconstrução. Seu conteúdo foi e continua sendo um dos maiores responsáveis pela proteção de grupos vulneráveis.

Feita essa breve contextualização na estrutura jurídica envolvendo a questão, passemos, então, à análise dos eventos que resultaram em *Romer v. Evans*. Pois bem, em 1992 foi aprovada a Segunda Emenda à Constituição do estado do Colorado, criando uma extensa vedação à adoção de quaisquer medidas legislativas, executivas ou judiciais que discriminassem positivamente grupos por conta da orientação sexual, ou seja, conferissem alguma proteção especial por conta dessa característica:

> Não pode o estado do Colorado, por meio de seus Poderes ou departamentos, nem qualquer de suas agências, subdivisões políticas, municipalidades ou distritos escolares, promulgar, adotar ou aplicar qualquer tipo de esta-

[3] O conteúdo integral da Seção 1 contém a seguinte redação: "Todas as pessoas nascidas ou naturalizadas nos Estados Unidos e sujeitas à sua jurisdição são cidadãos dos Estados Unidos e do estado em que residem. Nenhum estado deve fazer ou aplicar qualquer lei que reduza os privilégios ou imunidades dos cidadãos dos Estados Unidos; nenhum estado privará qualquer pessoa de sua vida, liberdade ou propriedade, sem o devido processo legal; nem negar a qualquer pessoa dentro de sua jurisdição a igual proteção das leis." Cf. Constituição (1787). **14th Amendment**. Estados Unidos da América, 1868.

tuto, regulação ou política pública por meio dos quais a orientação, conduta, prática ou relação homossexual, lésbica ou bissexual constitua ou sirva de base para garantir que qualquer pessoa ou classe de pessoas tenha ou reclame uma condição de minoria, quotas preferenciais, condição protegida ou exigência de discriminação. Esta Seção da Constituição deverá ser auto--executável em todos os aspectos.[4]

A população do Colorado aprovou, por meio do voto popular majoritário (57%), durante o mandato do governador Roy Romer, o texto da Segunda Emenda, demonstrando assim ser contrária a qualquer tipo de discriminação, inclusive as de natureza positiva, baseada na orientação sexual, para fundamentar a produção de leis e atos estatais.

A iniciativa partiu de um grupo politicamente conservador chamado *"coloradans for family values"* (algo como: "coloradenses pelos valores familiares"), cujo quadro de fundadores contava com a presença de Tony Marco, que expressamente declarou a Segunda Emenda como uma forma de defesa contra agressões de militantes LGBTI+, pessoas depravadas que diminuíam os valores da família tradicional.[5]

Após a aprovação do texto legal, Richard G. Evans, homossexual e funcionário da prefeitura de Denver, capital do estado do Colorado, ingressou com medida judicial visando contestar o texto da emenda, uma vez que haveria uma discriminação prática e objetiva ao proscrever a adoção de ações afirmativas para o grupo LGBTI+.

A princípio, tanto na Corte Distrital do estado quanto na Suprema Corte do Colorado, foi definido, por maioria, que o texto da Segunda Emenda era inconstitucional, ocasião em que foram suspensos os seus efeitos por força de violação ao direito de liberdade de maneira geral e, depois, invalidada com base na Décima Quarta Emenda, por meio de uma interpretação estrita que levou em consideração apenas a motivação ou não de defesa da lei pelo estado, sem ingresso no mérito da temática.

[4] ROBERTS, Michael. *Hate State Amendment 2 After 25 Years – and Why We're Reliving It in 2017*. **Westworld**, 3 de novembro de 2017. Disponível em: https://www.westword.com/news/colorados-hate-state-amendment-2-twenty-five-years-later-9606594.

[5] GLUCKMAN, Amy; REED, Betsy. ***Homo Economics**: Capitalism, Community, and Lesbian and Gay Life*. Londres: Routledge, 1997.

No próximo capítulo, vamos analisar alguns Aspectos importantes da decisão proferida pela Suprema Corte dos Estados Unidos, em etapas.

2. Aspectos importantes da decisão

É importante conhecer, em matéria de precedentes, o terreno que existia na temática dos direitos da comunidade LGBT em 1996, ano em que foi proferida a decisão ora em análise, especialmente no tocante à posição adotada pela Suprema Corte no julgamento de *Bowers v. Hardwick* – precedente invocado pelo voto dissidente e não enfrentado na decisão da maioria no julgamento de *Romer v. Evans*.

Bowers foi um caso decidido pela Suprema Corte em 1986, no qual, por 5 votos a 4, confirmou-se a constitucionalidade de uma lei do estado da Geórgia referente à sodomia (sexo anal), que era proibida entre adultos, mesmo que feita em ambiente privado. Ressalte-se que não havia, na lei, informação da identidade sexual nem onde a prática seria proibida, contudo, o precedente envolveu um relacionamento entre pessoas do mesmo sexo. O contexto fático girava em torno de Michael Hardwick, que foi encontrado pela polícia praticando atos de "sodomia" com seu parceiro durante o cumprimento de um mandado de busca e apreensão em sua casa.

A Suprema Corte decidiu que não havia espaço para defesa da legalidade ou da constitucionalidade de atos de grupos homossexuais, o que trouxe consigo a lógica de que leis de sodomia fossem vistas como constitucionais por muitos anos em vários estados americanos. Interessante verificar que a perspectiva de legalidade da lei que vedava a sodomia, no caso, não foi enfrentada sob um aspecto da prática de tais atos em relações heterossexuais, mas, sim, partindo-se de um pressuposto de sua legalidade em relacionamentos homossexuais.

A norma referida foi revogada pelo estado da Georgia em 1998 e o tema acabou por ser superado em *Lawrence v. Texas,* quando a Suprema Corte, em 2003, derrubou a Lei de Sodomia do estado do Texas, fazendo com que atividades sexuais entre pessoas do mesmo sexo fossem legalmente aceitas em todo o território dos Estados Unidos, consagrando assim o direito à liberdade e em especial, direito à privacidade, inerente à noção de igualdade da Décima Quarta Emenda.

Esse caso havia sido o mais recente decidido pela Corte em matéria de direitos dos homossexuais, tendo *Romer v. Evans* iniciado a reformulação desse debate, a começar pela mudança de opinião de alguns *Justices*, como Sandra Day O'Connor, que havia votado com a maioria em *Bowers v. Hardwick*. O'Connor, então, alterou sua fundamentação, votando com a maioria no julgamento de *Romer*. Essa decisão foi considerada uma vitória simbólica por começar a defender os grupos minoritários LGBTI+, contudo, sem trazer avanço sistêmico, em se tratando de fixação de precedente, em virtude do tipo de escrutínio (análise) utilizado, que não reforçou a necessidade de maior proteção legal ao grupo minoritário em questão.

Em *Romer*, a Suprema Corte, por maioria, com voto escrito pelo *Justice* Anthony Kennedy e dissidência pelo *Justice* Antonin Scalia, entendeu que a emenda à Constituição estadual não se justificava. Contudo, diferentemente da Corte estadual, que fundamentou sua decisão na aplicação do *strict scrutiny*[6], a Suprema Corte se valeu do *rational relation test* (*rational basis*)[7], um princípio muito menos rigoroso do que aquele usado pela instância inferior.[8]

A fundamentação utilizada é importante porque, como veremos à frente, a Corte não enfrentou a questão referente ao prejuízo causado pela emenda à comunidade LGBTI+, ao classificá-la como "classe suspeita"[9], retirando, assim, a possibilidade de combater a discriminação e procurar a igual proteção em situações como moradia e trabalho (especialmente diante de um histórico complexo nessa seara) por meio de uma salvaguarda especial. A decisão, por outro lado, se baseou na ausência de justificativa razoável por parte do Estado quanto a um propósito governamental legítimo para a discriminação apontada na norma.

[6] *Strict scrutiny* é uma forma de análise mais rigorosa da constitucionalidade das leis, utilizada pela Suprema Corte quando do exame de leis que violem direitos fundamentais de natureza constitucional.

[7] *Rational basis* representa o menos rigoroso dos 3 níveis de escrutínio (exame) aplicados pela Suprema Corte na análise de constitucionalidade da lei.

[8] Hirsch, H. N. *Levels of Scrutiny, the First Amendment, and Gay Rights*. **Law & Sexuality**, v. 7, p. 87-100, 1997.

[9] No original, em inglês, "*suspect class*".

Além disso, a decisão da maioria reconheceu que a Segunda Emenda da Constituição estadual tinha um texto muito amplo, identificando um grupo por um único traço (orientação sexual) e já lhe negando, de antemão, qualquer tipo de proteção. Ademais, essa negativa prévia de proteção para uma "classe suspeita", por lei, não teria precedentes na jurisprudência americana e demonstraria a clara indicação de que a emenda se destinava a prejudicar um grupo politicamente impopular, razão pela qual essa motivação não poderia ser considerada legítima por parte de um governo.

O *Justice* Scalia escreveu a dissidência afirmando que a emenda não privava ninguém de proteção legal, apenas pretendia evitar que, por conta da orientação sexual, leis fossem aprovadas para dar tratamento especial para esse grupo.

Valendo-se de *Bowers v. Hardwick*[10], que criminalizou a conduta homossexual, Scalia definiu que seria racional negar favores e proteção legal a um grupo tendencioso a cometer condutas ilegais como a sodomia, e que a decisão adotada pela maioria seria uma forma de ativismo judicial com clara fundamentação cultural, no fundo, intolerante com a tradição e com os costumes demonstrados pelo voto popular no Colorado:

> A decisão de hoje não tem qualquer fundamento no Direito Constitucional americano e mal pretende ter. O povo do Colorado adotou uma provisão inteiramente razoável que sequer desfavorece homossexuais em qualquer sentido substantivo, mas somente lhes nega tratamento preferencial. A segunda emenda é projetada para prevenir a deterioração gradativa da moralidade sexual favorecida pela maioria dos coloradenses e, não apenas é um meio apropriado para esse legítimo fim, como também é um meio que americanos já usaram anteriormente. Invalidar a emenda é um ato não de análise judicial, mas de vontade política.[11]

A partir do conhecimento sobre o contexto, passamos a avaliar o que infelizmente não foi diretamente enfrentado na decisão de *Romer*: a classificação do grupo de homossexuais como *suspect class* (classe sus-

[10] **Bowers v. Hardwick,** 478 U.S. 186 (1986).
[11] 517, U.S. 620 (1996), p. 653.

peita), ou seja, seu reconhecimento como um conjunto que atende a determinados requisitos e, portanto, é considerado objeto de discriminação, tornando-se digno de proteção, a teor das cláusulas de devido processo e proteção igual contidas na Décima Quarta Emenda à Constituição americana.

Como afirmado anteriormente, não há, nos EUA, norma que combata a discriminação contra homossexuais de maneira geral, existindo tão somente um lei federal que não menciona a orientação sexual, sendo interpretada, por aproximação, por meio do conceito de "gênero" com fundamento na Décima Quarta Emenda.

Por meio da sua decisão, a Suprema Corte dos EUA não identificou o grupo de homossexuais como uma "classe suspeita", para fins de proteção contra discriminação sob o manto da *Equal Protection Doctrine*, pois avaliou o tema sob o ponto de vista meramente legal. Ao longo de sua argumentação, o tribunal claramente demonstrou que o texto da norma constitucional do Colorado acabava por excluir da proteção legal, de maneira prévia, um grupo determinado. Contudo, ao invés de explicitar que essa exclusão era decorrente da condição e orientação sexual desse grupo, a Suprema Corte se ateve ao fundamento de ausência de interesse legítimo do Estado, em razão da amplitude excessiva do grupo retirado previamente da proteção.

Alguns autores apontam que esse foi o maior prejuízo decorrente da decisão da Suprema Corte, que, podendo posicionar o grupo LGBTI+ como classe que merecia atenção contra eventuais desigualdades, por ser um grupo minoritário, se colocou apenas sob o lado formal e estrito da análise da constitucionalidade da emenda questionada.

Interessante que, no voto do *Justice* Kennedy, é feita uma comparação entre o impacto do texto da referida emenda com aquele resultante da discriminação racial na prática social, concluindo que o desejo de calar a comunidade LGBTI+ não se justificaria como um legítimo fim estatal.

Contudo, deixando de citar, por exemplo, a aproximação com *Hardwick* (algo reclamado no voto dissidente), a Corte perdeu a oportunidade de classificar os homossexuais como classe suspeita, ampliando assim o alcance da igual proteção para grupos minoritários. Alguns autores entendem que essa opção da Corte foi em decorrência da ausência de critérios objetivos para definição de quem seriam esses grupos e quais direitos lhes seriam fundamentais.[12]

Em suma, o Tribunal perdeu a chance de, no julgamento do caso, colocar o preconceito contra homossexuais como forma de discriminação de gênero, reconhecendo esse grupo como classe suspeita e realizando, assim, o chamado *intermediate scrutiny* ao invés do *rational basis review*.

Mas, qual seria a diferença entre os métodos de interpretação e suas vantagens práticas para o grupo perseguido? De maneira resumida, existem três níveis de análise da constitucionalidade de leis em matéria de igualdade, ou seja, sob o manto da *Equal Protection Doctrine*: *rational basis review, intermediate scrutiny e strict scrutiny*. A proteção igualitária de indivíduos e de grupos, então, é avaliada sob essas três lentes interpretativas, gerando resultados práticos distintos. É interessante, portanto, falar de cada um dos três níveis, na ordem como foram apresentados.

O constitucionalismo democrático busca trazer a interação entre as minorias e os movimentos sociais e o judiciário, com objetivo prático de defender esses grupos, causando o fenômeno do ativismo judicial. O *strict scrutiny* diz respeito a um controle, em tese mais rigoroso, em que não há presunção de constitucionalidade da lei em análise. Nesse caso, contudo, a Corte pode reconhecer a validade da lei, desde que o governo demonstre que: (i) a norma é necessária para atingir um "interesse estatal imperativo" (*compelling state interest*); (ii) é "estreitamente relacionada" (*narrowly tailored*) ao alcance do referido interesse; e (iii) usa os meios menos restritivos (*least restrictive means*) para tanto.[13]

A questão da discriminação racial, por exemplo, é avaliada nesse nível mais rigoroso, uma vez que se trata de um grupo minoritário com ampla dificuldade de ocupação de espaços políticos, ou seja, de influenciar medidas estatais, o que os coloca como classe suspeita. Veja-se as condições estabelecidas por Robert Wintemute a respeito da aplicação do *strict scrutiny* para minorias estigmatizadas:

[12] DODSON, Robert D. *Homosexual Discrimination and Gender: Was Romer v. Evans Really a Victory for Gay Rights?* **California Western Law Review.** v. 35, n. 2, p. 271-312, 1999.

[13] LEGAL INFORMATION INSTITUTE [LII]. *Strict scrutiny*. **Cornell Law School.** Disponível em: https://www.law.cornell.edu/wex/strict_scrutiny.

1- eles têm sofrido uma história de tratamento desigual intencional; 2- a classificação impõe-lhes um estigma que os qualifica como inferiores; 3- eles têm sido objeto de amplo preconceito e hostilidade; 4- o tratamento desigual que eles têm sofrido tem, muitas vezes, resultado em pressuposições estereotipadas sobre suas habilidades; 5- eles constituem uma minoria discreta e insular cuja participação política tem sido seriamente prejudicada em razão do preconceito; 6- a base da classificação é uma característica pessoal imutável (e quase sempre facilmente perceptível) que cada indivíduo possui; 7- a característica é irrelevante para sua habilidade de desempenhar ou contribuir na sociedade (e a qualquer propósito público legítimo).[14]

O *intermediate scrutiny*, por outro lado, propõe-se a verificar a legitimidade de um objetivo estatal relevante com ponderação proporcional. Nessa análise, temos a inclusão de classes "quase suspeitas", ou seja, que não reúnem todas as condições para identificação como uma minoria política, mas que ainda reclamam um olhar diferenciado para suas dificuldades.[15]

Por fim, a análise pode ser feita pela lente da *rational basis review*. Trata-se do exame mínimo, quando há presunção de constitucionalidade da lei, cabendo ao autor comprovar que existe violação à Constituição. Neste caso, só há invalidação da norma se não existir nexo entre o texto legal e o objeto pretendido, sem identificação de classes suspeitas ou quase suspeitas.[16] Classes não consideradas suspeitas, são, portanto, avaliadas sob um padrão mínimo de constitucionalidade, no qual se verifica apenas a incompatibilidade ou não do texto questionado com a Constituição.

Como apontado anteriormente, a emenda constitucional do Colorado foi analisada na Suprema Corte do estado sob o *strict scrutiny*, sendo considerada inconstitucional. Contudo, quando o apelo alcançou à Suprema

[14] BUNCHAFT, Maria Eugênia. Judicialização e minorias: uma reflexão sobre a doutrina da *Equal Protection* na jurisprudência da Suprema Corte americana. **Revista do Curso de Mestrado em Direito da UFC**, v. 30, n. 2, p. 151-169, jul/dez. 2010, p. 154.

[15] LEGAL INFORMATION INSTITUTE [LII]. *Intermediate scrutiny*. **Cornell Law School**. Disponível em: https://www.law.cornell.edu/wex/intermediate_scrutiny.

[16] LEGAL INFORMATION INSTITUTE [LII]. *Rational Basis Test*. **Cornell Law School**. Disponível em: https://www.law.cornell.edu/wex/rational_basis_test.

Corte americana – que, não identificando o grupo LGBTI+ como classe suspeita, examinou-a por meio da lente da *rational basis review* –, chegou-se à conclusão de que não havia interesse legítimo que justificasse a proibição de práticas antidiscriminatórias em favor de minorias sexuais, conforme definia o texto estadual.

A opinião dissidente do Tribunal do Colorado aplicou, também, a *rational basis review*, chegando, por óbvio, a conclusões diferentes da maioria da Suprema Corte dos EUA, ao avaliar a constitucionalidade da referida norma.

São três etapas de avaliação do caso, em alguns momentos com aplicação do mesmo parâmetro de constitucionalidade, mas que chegam em conclusões distintas em todas as instâncias, sendo, talvez, um dos maiores problemas que circundam o caso para ser analisado como precedente para decisões e argumentações posteriores.

Afinal, qual o grande prejuízo ao interpretar, com base na forma mais frágil de avaliação da constitucionalidade, a norma do Colorado? E com qual (ou quais) razão (ões) a Suprema Corte decidiu de tal forma em *Romer v. Evans?*

Adianto que grande parte do movimento LGBTI+ faz severas críticas à decisão de *Romer* em razão da forma como a Suprema Corte se posicionou, se abstendo de analisar a classe dos homossexuais como suspeita e aplicando uma interpretação apenas com base na *rational basis review*. Isso fez com que o precedente fosse limitado, não surtindo o efeito esperado na legislação dos estados com conteúdo discriminatório contra homossexuais, que continuou sendo publicada e questionada nas cortes inferiores.

A opção feita pela Suprema Corte americana e a maneira como o caso foi decidido também nos tribunais inferiores devem ser analisadas pormenorizadamente. Enquanto seis *Justices* da Suprema Corte concordaram que a Segunda Emenda à Constituição do Colorado era inconstitucional, com aplicação da *rational basis review* – que, como vimos, é o grau mais simples de análise de uma norma em situação de grupos minoritários –, em nenhuma das duas cortes inferiores (*Distric Court* e *State Supreme Court*) houve concordância com tal argumento.

Inicialmente, a *Distric Court*, que inclusive suspendeu a eficácia da Segunda Emenda estadual em razão do risco da demanda, entendeu que a norma era inconstitucional em razão da incidência da Primeira Emenda à Constituição americana, especificamente em sua cláusula de liberdade de expressão. Na Suprema Corte do Colorado houve a aplicação da *strict scrutiny review* com base na violação à Décima Quarta Emenda dos EUA.

Os votos vencidos (dissidentes) no Tribunal do Colorado aplicaram ao caso o mesmo parâmetro de *rational basis review* da maioria da Suprema Corte dos Estados Unidos, mas com conclusões diversas. A única concordância entre as cortes, ao final, foram os votos dissidentes no tocante à forma de avaliação e interpretação do caso – ou seja, por meio da *rational basis review*. Para confrontar a forma como a decisão foi tomada na Suprema Corte dos EUA e o que efetivamente almejavam os membros dos grupos minoritários na demanda, é interessante verificar os argumentos adotados no Tribunal do Colorado.

A Corte estadual analisou a finalidade legítima por parte do estado na construção da norma contestada. Nesse passo, o estado sustentou que a Segunda Emenda servia aos intereses dos valores da família, contudo, a Corte entendeu que esses valores encontram-se na esfera privada e não devem ser usados como justificativa legal, ou mesmo serem impostos como se fossem objetivos estatais.

Não haveria, portanto, interesse em formular o texto constitucional de tal forma a violar direitos fundamentais – no caso em questão, dos homossexuais, uma classe minoritária, suspeita. Além disso, o Estado não teria legitimidade para excluí-los – logo inexistiria necessidade do texto da Segunda Emenda à Constituição do Colorado persistir.

Ponto interessante levantado na dissidência da Corte estadual foi o caráter da norma contestada, uma vez que esta não foi votada pelos representantes, mas referendada por voto popular, o que traria maior força para o seu texto diante de seu desenrolar mais democrático – tese também levantada pelo Justice Scalia em seu voto vencido.

Em razão desse caráter popular, alguns autores defendem que a decisão da maioria da Suprema Corte americana procurou evitar a justificativa finalística da norma e ateve-se ao fato do texto contestado ser muito amplo. Ao atacarem a forma, teriam optado por não enfrentar o "caráter democrático" do texto estadual.

Além disso, o próprio escopo da norma seria problemático ao excluir uma classe inteira de pessoas de um tipo particular de proteção legal. Destaque-se, entretanto, que alguns críticos entenderam que esse argumento não deveria ser suficiente para julgar uma norma como constitucional ou não. No voto majoritário, destaca-se que, na história americana, não existiram situações como a proposta pela referida Segunda Emenda estadual, que permitiu a exclusão de um grupo de maneira prévia. Nesse sentido, cabe trazer os ensinamentos de Cass Sustein e o uso do minimalismo judicial.

Sustein é um professor da universidade de Harvard que desenvolveu, em seus trabalhos, críticas ao *judicial review* propondo, então, o uso *do judicial minimalism* (minimalismo judicial). Esse movimento consiste na retomada, pelo judiciário, do seu real papel, em respeito à democracia e às atribuições dos demais poderes.[17]

Ao enfrentar certos temas, o judiciário deve, sim, deixar questões em aberto para que o poder legislativo, responsável direto nessa área, possa agir, pois é esse Congresso que terá legitimidade para decidir. O grande mérito do minimalismo é permitir que certos assuntos ou aspectos de decisões possam sofrer reflexões dos canais democráticos para amadurecimento e estabilização.

Dessa forma, Sustein defende que as decisões devem ser dotadas de *shallowness narrowness* (superficialidade e "estreiteza"), ou seja, a Corte deve decidir o caso específico em mãos, sem preocupar-se em gerar regras ou parâmetros para outros que a sucedam – é o uso instrutivo e deliberado do silêncio.

Tal técnica pode ser observada no caso *Romer v. Evans,* uma vez que, mesmo que a Suprema Corte tenha sido provocada para se manifestar sobre aspectos relevantes da demanda, em especial o mérito, a opinião majoritária optou por pontuá-los de maneira tangencial. Isso explica, inclusive, a dificuldade posterior de usá-lo como precedente, como geralmente ocorre com outras normas com mesmo teor discriminatório.

A dissidência destacou, ainda, que a técnica minimalista adotada na decisão da maioria deixou de enfrentar e superar (*overruling*) necessariamente o precedente de *Bowers v. Hardwick*, já que, conforme o caso citado, teríamos a confirmação da constitucionalidade da lei vedando a sodomia e reconhecendo que tal prática seria comum aos grupos homossexuais.

[17] SUSTEIN, Cass R. ***One case at time:*** *judicial minimalism on the Supreme Court.* Cambridge: Harvard University, 1999.

Logo, se tal conduta é criminalizada e é uma tendência de certo grupo, seria também constitucional a negativa de favor ou proteção especial a esse mesmo grupo. Nesse sentido, destacou Antonin Scalia:

A Segunda Emenda da Constituição do Colorado] é uma tentativa modesta, de coloradenses aparentemente tolerantes, de preservar morais sexuais tradicionais contra os esforços de uma minoria politicamente poderosa para revisar tais morais por meio de leis.[18]

A dissidência trouxe em seu texto ainda o precedente do caso *Davis v. Beason, no qual* houve proibição da poligamia que, em tese, seria uma preocupação legítima do Estado – então, questiona se não seria legítimo, também, pelo mesmo peso e medida, preocupar-se com a homossexualidade. Por fim, criticou a decisão da maioria da Corte que, ao ingressar em um debate político e cultural, acabou por desvalorizar a opinião popular dos cidadãos do Colorado.

3. Repercussão da decisão

Sob um ponto de vista positivo, o caso *Romer v. Evans* foi o primeiro passo para a superação e mudança de mentalidade dos membros da Suprema Corte após *Bowers v. Hardwick* e a base para a adoção de decisões que futuramente passaram a tratar o grupo LGBTI+ como uma classe suspeita digna de proteção, tanto pela Lei dos Direitos Civis como pelo texto da Décima Quarta Emenda, a exemplo de *Lawrence v. Texas.*

Contudo, diversos críticos[19] citam a decisão como insuficiente para sua época, em razão da estratégia aplicada na decisão da maioria da Suprema Corte, apresentada na *opinion* do *Justice* Kennedy, que, ao aplicar uma interpretação baseada na *rational basis review,* não enfrentou a situação como discriminação de gênero, prejudicando o uso do caso como um precedente válido para retirar a validade das leis estaduais com conteúdo discriminatório contra homossexuais: "Enquanto o *Justice* Kennedy e a maioria deram um passo corajoso ao invalidar a Segunda Emenda [da

[18] 517 U.S. 620 (1996), p. 636.

[19] Stong, S.I. *Romer v. Evans and the permissibility of morality legislation.* **Arizona Law Review**, v. 39, p. 1259-1314, 1997.

Constituição da Califórnia], eles deixaram as cortes inferiores com uma discricionariedade sem controle para interpretarem *Romer v. Evans*."[20]

O caso foi visto como uma vitória de caráter predominantemente simbólico, indicando uma mudança de mentalidade dentro da Suprema Corte, não uma alteração efetivamente prática. O prejuízo no uso como precedente pode ser visto, inclusive, logo em seguida, com a análise de *Equality Foundation of Greater Cincinnati, inc. v. Cincinnati*,[21] quando foi questionada uma norma com mesmo teor do texto da Segunda Emenda da Constituição do Colorado.

No caso, a Corte Federal de Apelações julgou constitucional a referida norma que "proibia o Conselho municipal de Cincinnati de colocar em prática qualquer legislação que garantisse proteção à comunidade gay contra discriminações antigays em setores de moradia, emprego ou acomodações públicas."[22]

Conclusões

Estudar casos decididos pela Suprema Corte nos ajuda a refletir não apenas sobre o mérito das demandas, ora concordando, ora discordando do que é levantado pelos votos, mas, em especial, contribui para a compreensão do funcionamento de uma Corte Constitucional que valoriza a decisão colegiada e as técnicas de ativismo judicial.

O caso *Romer v. Evans*, para além de levar à Suprema Corte o importante e sempre necessário debate envolvendo grupos minoritários, no caso a comunidade LGBTI+, é lido como uma uma vitória apenas simbólica, demonstrando como certas técnicas em matéria da cláusula de igualdade podem acabar trazendo mais prejuízos do que vantagens, principalmente para o grupo discriminado em questão.

É inegável que que a decisão tenha sido um grande passo para a luta dos homossexuais, significando a primeira grande vitória favorável a esse

[20] Dodson, op. cit.

[21] **Equality Foundation of Greater Cincinnati, Inc. v. City of Cincinnati**, 518 U.S. 1001 (1996).

[22] Dinneen, Jill. *Equality Foundation of Greater Cincinnati, Inc. v. City of Cincinnati: The Sixth Circuit Narrowly Construes Romer v. Evans.* **St. John's Law Review**, v. 73, n. 3, p. 951-988, 1999, p. 953.

grupo na Suprema Corte apta a gerar posteriores vitórias extremamente necessárias para coibir a discriminação (em especial nas relações trabalhistas). Ao mesmo tempo, no entanto, o caso *Romer v. Evans* representou também a perda da chance de, já em 1996, reconhecer a discriminação por motivo de orientação sexual como um tipo de discriminação de gênero, trazendo para essa minoria toda a proteção constitucional existente sobre o tema.

Referências

BUNCHAFT, Maria Eugênia. Constitucionalismo democrático e minimalismo judicial: uma reflexão sobre a discriminação por orientação sexual na jurisprudência da Suprema Corte norte-americana. **Novos Estudos Jurídicos**, v. 19, n. 1, p. 129-156, 2014.

BUNCHAFT, Maria Eugênia. Judicialização e minorias: uma reflexão sobre a doutrina da Equal Protection na jurisprudência da Suprema Corte americana. **Revista do Curso de Mestrado em Direito da UFC**, v. 30, n. 2, p. 151-169, jul./dez. 2010.

BUNCHAFT. Maria Eugênia; VINCIGUERRA, Tânia Regina Dalmoro. O caso Obergefell v. Hodges e a Suprema Corte americana: uma análise sobre o *backlash* à luz do debate entre Post, Siegel e Sustein. **Revista eletrônica Direito e Política**, v. 12, n. 2, p. 724-756, 2017.

DINNEEN, Jill. *Equality Foundation of Greater Cincinnati, Inc. v. City of Cincinnati: The Sixth Circuit Narrowly Construes Romer v. Evans.* **St. John's Law Review**, v. 73, n. 3, p. 951-988, 1999.

ESTADOS UNIDOS DA AMÉRICA. Constituição (1787). **14th Amendment**. Estados Unidos da América, 1868.

ESTADOS UNIDOS DA AMÉRICA. Supreme Court of the United States. **Bowers v. Hardwick**, 478 U.S. 186 (1986), Washington D.C, 30 de junho de 1986.

ESTADOS UNIDOS DA AMÉRICA. Supreme Court of the United States. **Equality Foundation of Greater Cincinnati, Inc. v. City of Cincinnati**, 518 U.S. 1001 (1996). Washington D.C, 17 de junho de 1996.

ESTADOS UNIDOS DA AMÉRICA. Supreme Court of the United States. **Lawrence v. Texas**, 539 U.S. 558 (2003). Washington D.C, 26 de junho de 2003.

ESTADOS UNIDOS DA AMÉRICA. Supreme Court of the United States. **Romer v. Evans**, 517 U.S. 620 (1996). Washington D.C, 20 de maio de 1996.

Gluckman, Amy; Reed, Betsy. ***Homo Economics:*** *Capitalism, Community, and Lesbian and Gay Life*. Londres: Routledge, 1997.

Hirsch, H. N. *Levels of Scrutiny, the First Amendment, and Gay Rights*. **Law & Sexuality**, v. 7, p. 87-100, 1997.

Legal Information Institute [LII]. *Intermediate scrutiny*. **Cornell Law School**. Disponível em: https://www.law.cornell.edu/wex/intermediate_scrutiny. Legal Information Institute [LII]. *Strict scrutiny*. **Cornell Law School**. Disponível em: https://www.law.cornell.edu/wex/strict_scrutiny.

Legal Information Institute [LII]. *Strict scrutiny*. **Cornell Law School**. Disponível em: https://www.law.cornell.edu/wex/strict_scrutiny.

Legal Information Institute [LII]. *Rational Basis Test*. **Cornell Law School**. Disponível em: https://www.law.cornell.edu/wex/rational_basis_test.

Monge, Yolanda. Suprema Corte dos EUA proíbe discriminação no trabalho de homossexuais e transgêneros. **El País,** Washington, 16 de junho de 2020. Disponível em: https://brasil.elpais.com/internacional/2020-06-16/suprema-corte-dos-eua-proibe-discriminacao-no-trabalho-de-homossexuais-e-transgeneros.html.

Papadopoulos, Mark E. *Inkblot Jurisprudence: Romer v. Evans as a Great Defeat for the Gay Rights Movement*. **Cornell Journal of Law and Public Policy**, v. 7, n. 9, p. 165-202, 1997.

Roberts, Michael. *Hate State Amendment 2 After 25 Years – and Why We're Reliving It in 2017*. **Westworld**, 3 de novembro de 2017. Disponível em: https://www.westword.com/news/colorados-hate-state-amendment-2-twenty-five-years-later-9606594.

Stong, S.I. *Romer v. Evans and the permissibility of morality legislation*. **Arizona Law Review**, v. 39, p. 1259-1314, 1997.

Sustein, Cass R. ***One case at time:*** *judicial minimalism on the Supreme Court*. Cambridge: Harvard University, 1999.

34.
UNITED STATES V. VIRGINIA, 1996
GÊNERO, DISCRIMINAÇÃO E IGUALDADE DE OPORTUNIDADES

NATHÁLIA MARIEL FERREIRA DE SOUZA PEREIRA

Introdução

Trabalhar o caso *United States v. Virginia* é mergulhar fundo no debate sobre a discriminação de gênero e analisar um grande esforço argumentativo concretizado na opinião majoritária da *Justice* Ruth Bader Ginsburg (RBG), conhecida pela atuação sempre marcada pela temática de gênero desde antes do seu ingresso como membra da Suprema Corte.

A estratégia envolvida na discussão do caso, passando pelos precedentes que o antecederam, demonstra a tentativa de abrir portas para um trabalho mais efetivo contra a discriminação de gênero, elevando sua importância na temática da igualdade, que, como veremos, acabou não integralmente cumprido, em virtude das decisões que seguiram ao caso e à falta, até os dias atuais, de evolução acerca do escrutínio utilizado para casos que envolvam demandas de gênero.

Relacionaremos, neste texto, a questão da Décima Quarta Emenda e as possibilidades de avaliação da constitucionalidade de normas com base na *equal protection doctrine*, suas formas de escrutínio e a novidade – em certo ponto, apenas solidificada – de uma norma usada como lente de avaliação específica para casos que envolvam igualdade e gênero.

1. Contexto histórico

Em linhas gerais, o caso abordou uma situação referente à discriminação de gênero e sua relação com a discussão em torno da cláusula de igual proteção, prevista na Seção I da Décima Quarta Emenda à Constituição americana e publicada durante o período da reconstrução, especificamente no seu seguinte trecho:

> Nenhum Estado deve fazer ou aplicar qualquer lei que reduza os privilégios ou imunidades dos cidadãos dos Estados Unidos; nenhum Estado privará qualquer pessoa de sua vida, liberdade ou propriedade, sem o devido processo legal; nem negar a qualquer pessoa dentro de sua jurisdição a igual proteção das leis.[1]

Com base nesse texto, a Suprema Corte criou níveis de escrutínio (averiguação) para serem usados como lentes na avaliação de leis ou atos que discriminassem determinadas comunidades. O ponto de partida desse escrutínio é a classificação de determinados grupos como "classe suspeita" (*suspect class*), ou seja, seu reconhecimento como um grupo que, por atender a determinados requisitos deve ser considerado como objeto de discriminação. Conforme o resultado dessa análise prévia, haverá aplicação pelo Tribunal do critério de interpretação adequado ao caso.

Ao todo, sob o manto da *Equal Protection Doctrine*, existem três níveis de análise da constitucionalidade de leis em matéria de igualdade: o *rational basis review, o intermediate scrutiny* e *o strict scrutiny*. Como visto, esses princípios são usados de acordo com a classificação do grupo envolvido na demanda.

O *strict scrutiny*[2] diz respeito a um controle, em tese, mais rigoroso, a partir do qual medidas estatais são avaliadas pela sua finalidade legítima, havendo uma suspeita prévia sobre os fins almejados da norma estatal. Logo, essa análise visa verificar a fundamentação da norma e a sua rele-

[1] O conteúdo integral da Seção 1 contém a seguinte redação: "Todas as pessoas nascidas ou naturalizadas nos Estados Unidos e sujeitas à sua jurisdição são cidadãos dos Estados Unidos e do Estado em que residem. Nenhum Estado deve fazer ou aplicar qualquer lei que reduza os privilégios ou imunidades dos cidadãos dos Estados Unidos; nenhum Estado privará qualquer pessoa de sua vida, liberdade ou propriedade, sem o devido processo legal; nem negar a qualquer pessoa dentro de sua jurisdição a igual proteção das leis." Cf. Constituição (1787). **14th Amendment**. Estados Unidos da América, 1868.

[2] Legal Information Institute [LII]. *Strict scrutiny*. **Cornell Law School**. Disponível em: https://www.law.cornell.edu/wex/strict_scrutiny.

vância social. São submetidos a esse escrutínio os grupos identificados como "classe suspeita".

A questão da discriminação racial, por exemplo, é avaliada nesse nível, uma vez que diz respeito a um grupo minoritário com ampla dificuldade de ocupação de espaços políticos, ou seja, de influenciar medidas estatais. Soma-se a isso o fato de apresentar histórico de tratamento desigual intencional e qualificação rotulada de inferioridade, o que garante a esse grupo o *status* de classe suspeita.

Existem, ainda, as classes consideradas como "quase suspeitas", das quais fazem parte, historicamente, os grupos envolvidos em discussões de gênero. Nesse sentido, mulheres são avaliadas sob um padrão intermediário de constitucionalidade, no qual se verifica apenas a incompatibilidade ou não da norma analisada com a Constituição. Nesse caso, o princípio utilizado é o *intermediate scrutiny*,[3] que verifica apenas a legitimidade de um objetivo estatal relevante com ponderação proporcional.

Por fim, a análise pelo *rational basis review*[4] traduz um escrutínio de rigidez mínima, em que há presunção de constitucionalidade da lei, cabendo ao autor da demanda comprovar que existe uma violação à Constituição, de maneira que só haverá invalidação da ação estatal quando o nexo entre o ato e o objeto pretendido for inexistente. O *rational basis review* é o princípio aplicável às classes que não se encaixam em nenhuma das formas de suspeição descritas anteriormente.

A razão de fazer essa introdução antes de falar do caso objeto deste artigo é que nele se verifica uma tentativa de inaugurar, dentro da Suprema Corte, a concepção de gênero como classe suspeita, apta a reclamar o uso do *strict scrutiny*. Buscava-se, assim, superar a noção prevalente desse grupo enquanto classe quase suspeita, o que acabava por atrair a aplicação do *intermediate scrutiny* – especialmente porque, por sua origem, esse critério não qualifica a decisão como um bom precedente para casos futuros.

[3] Legal Information Institute [LII]. *Intermediate scrutiny*. **Cornell Law School**. Disponível em: https://www.law.cornell.edu/wex/intermediate_scrutiny.

[4] Legal Information Institute [LII]. *Rational Basis Test*. **Cornell Law School**. Disponível em: https://www.law.cornell.edu/wex/rational_basis_test.

No caso ora estudado, há um debate de uma condição extra de análise do *intermediate scrutiny*: o reforço da *exceedingly persuasive justification*[5] e a inclusão, pela *Justice* Ginsburg, do chamado *skeptical scrutiny*[6]. Ambos que serão mais bem tratados posteriormente, assim como os debates e os casos envolvendo os níveis de escrutínio que deveriam ser aplicados para análise da discriminação de gênero.

Aplicando um escrutínio intermediário adicionalmente ao *exceedingly persuasive justification* e ao chamado *skeptical scrutiny*, o voto majoritário foi escrito pela *Justice* Ginsburg, acompanhada por sete *Justices* (com voto em parte dissidente do *Chief Justice* Rehnquist, que não reconheceu a aplicação da *exceedingly persuasive justification* para o caso, e dissidência completa do *Justice* Antonin Scalia).

Nessa oportunidade, a Suprema Corte reconheceu a inconstitucionalidade da exclusão de mulheres da possibilidade de ingressar no *Virginia Military Institute's* (VMI), bem como da alocação de tais mulheres em um curso paralelo e similar apenas para o sexo feminino na *Virginia Women's Institute for Leadership* (VWIL).

O VMI é um dos institutos militares mais antigos dos Estados Unidos. Fundado em 1839, sua principal missão é formar soldados cidadãos, ensinando métodos específicos e inserindo os estudantes em uma atmosfera similar aos campos de treinamento da marinha americana. A sua reputação era de uma escola rigorosa, especialista nos programas de formação de engenheiros e cientistas em geral. A instituição somente admitia alunos do sexo masculino, em razão da natureza do regime acadêmico e da severidade das atividades, que seriam consideradas, *a priori*, inadequadas para mulheres.

Os cadetes dessa academia são denominados como *"rats"* – expressão cujo significado seria "a mais baixa criatura criada por Deus" – e são submetidos a um período probatório de sete meses, pensado para deliberadamente atacar o psicológico dos alunos, desorientando suas bases e buscando retirar qualquer sentimento de individualidade ou privilégio anterior. Ao fim da graduação, aqueles formados pelo VMI eram consi-

[5] Justificativa excessivamente persuasiva.

[6] Escrutínio cético.

derados líderes em suas comunidades e pessoas influentes no estado da Virgínia.[7]

Em 1989, uma formanda do ensino médio no norte do estado procurou o Departamento de Justiça para apresentar uma reclamação em razão do VMI não ter aceitado sua inscrição para ingresso no Instituto. Inicialmente, com a justificativa de que o programa e o regime praticamente militar da academia não seriam adequados para mulheres, a Corte Distrital entendeu que a exclusão da possibilidade de ingresso de alunas seria legal, tendo tal posição posteriormente sido superada pela Corte Federal de Apelação do 4º Circuito, que identificou como inconstitucional tal rejeição.

Contudo, ao concluir pela possibilidade de admissão de alunas do sexo feminino, durante o julgamento pelo 4º Circuito, encontrou-se uma solução intermediária, que seria a criação de um programa paralelo ao VMI, exclusivo para mulheres, o *Virginia Women's Institute for Leadership* (VWIL). Interessante destacar que essa alternativa surgiu porque a Corte de Apelação entendeu que tornar o VMI disponível para ambos os sexos acabaria por afetar materialmente três objetivos do programa da instituição, sendo estes o treinamento psicológico, a noção de abstenção da privacidade e o comportamento adversativo.

Essa solução também buscou preservar o VMI, agora não mais como instituição pública, mas de caráter privado, livre para definir suas políticas de inclusão e regime educacional. Tal remédio foi entendido, pela Corte Distrital e pela Corte de Apelação, como suficiente para superar a inconstitucionalidade originária e a violação da Décima Quarta Emenda.

Tanto a exclusão da possibilidade de ingresso de mulheres no VIM quanto a criação de um programa paralelo exclusivo para o gênero feminino foram posteriormente entendidas como inconstitucionais pela Suprema Corte, em razão da discriminação promovida com base no gênero, retirando mulheres da igualdade garantida por lei.

Destaque-se que a discussão sobre a admissão de mulheres no VMI foi travada não apenas pensando na quantidade de mulheres que eventualmente gostariam de ingressar no instituto, mas, principalmente, pela

[7] Barlett, Katharine T. *Unconstitutionally Male?: The Story of United States v. Virginia.* **Duke Law Working Papers**, paper 12, 2010.

política de exclusão realizada com base no gênero e na forma como as mulheres acabavam sendo tratadas em diversas situações similares.

A justificativa do estado da Virgínia para essa distinção era baseada na biologia dos corpos e partia do pressuposto que mulheres não teriam condições físicas e psicológicas de suportar o regime educacional aplicado. Ao criar um programa paralelo, a motivação foi erigida sobre a noção de "separados, porém iguais" (*separate but equal*), acomodando as diferenças entre os sexos e acabando por trazer uma semelhança infeliz com a discriminação racial.

Cumpre ressaltar, ainda, que o ingresso de mulheres como alunas no VMI não foi uma controvérsia inaugurada em 1989, considerando que, 10 anos antes, em 1979, a professora Margaret Mason Seider havia discutido sobre a não renovação de seu contrato no VMI, trazendo para debate o fato de que a inexistência de alunas no instituto praticamente inviabilizava o trabalho de uma educadora mulher dentro daquele sistema. O caso foi finalizado com um acordo sigiloso entre as partes.[8]

Para além da contextualização do caso, é importante que também se conheça a história de Ruth Bader Ginsburg, que apresentava um longo histórico de defesa dos direitos das mulheres antes mesmo de compor a Suprema Corte americana. Destaque-se, aliás, que, no presente caso, a *Justice* elaborou um longo e detalhado relatório acerca da história dos direitos do gênero feminino nos Estados Unidos no decorrer de seu voto, o que é uma tradição apenas no julgamento de casos que envolvam classes suspeitas. Alguns autores, inclusive, destacam que isso foi feito não apenas pelo currículo de Ginsburg, mas, também, como mais uma das formas de abertura de portas para definição de mulheres como *suspect class*.

Ruth Bader Ginsburg e seu marido, Martin Ginsburg, cursaram Direito em Harvard, sendo ela uma das nove mulheres numa turma com mais de 500 homens. Durante o curso, Ginsburg teve uma filha e, após isso, seu marido foi acometido por um câncer no testículo.[9]

[8] Ibid.

[9] Toobin, Jeffrey. ***The Nine**: Inside the Secret World of the Supreme Court.* Nova Iorque: Anchor Books, 2008.

Ao longo de todo o tratamento de Martin, Ruth cuidou dele e de sua filha, além de continuar comparecendo às aulas, tomando notas e escrevendo os trabalhos acadêmicos de ambos. Segundo Jeffrey Toobin, isso talvez tenha, alguns anos depois, diminuído sua simpatia por reclamações de excesso de trabalho por parte dos *law clerks*[10].[11]

O casal acabou mudando-se para Nova Iorque após Martin receber uma proposta de emprego. Em razão disso, Ruth transferiu seu curso para a Universidade de Columbia, onde concluiu seus estudos como a melhor da turma e a primeira mulher a publicar em duas revistas de Direito de alto nível (Harvard e Columbia).[12]

O destaque, contudo, não foi suficiente para lhe render propostas de emprego. Em razão disso, Ginsburg iniciou sua carreira como professora, ensinando inicialmente na Universidade de Direito de Rutgers e, posteriormente, em Harvard e Columbia, encerrando sua carreira como titular nessa última instituição.[13]

Enquanto foi professora na Universidade de Rutgers, em Nova Jérsei, Ginsburg se envolveu com a ACLU *(American Civil Liberties Union)*, ONG sediada em Nova Iorque e fundada em 1920, que tinha como missão defender os direitos e liberdades individuais garantidos a cada pessoa nos Estados Unidos.[14] Ginsburg foi, inclusive, fundadora e conselheira do movimento WRP (*ACLU'S Women's Right Project*), um grupo de trabalho exclusivo, dentro da ACLU, voltado para análise de questões de gênero.

O primeiro grande caso com o qual ela se envolveu foi *Reed v. Reed*, tendo atuado, ainda, em outras diversas questões que discutiam direitos de gênero, preparando argumentos e defesas orais perante as cortes e,

[10] Assessores de juízes.

[11] Toobin, op. cit.

[12] The Collection Of The Supreme Court Of The United States. *Ruth Bader Ginsburg*. **OYEZ.** Disponível em: https://web.archive.org/web/20070319002445/http://www.oyez.org/justices/ruth_bader_ginsburg/.

[13] Smiler, Scott M. *Justice Ruth Bader Ginsburg and the Virginia Military Institute: a culmination of strategic success.* **Cardozo Women's L.J.,** v. 4 p. 541-583, 1997.

[14] Neier, Aryeh. *How Ruth Bader Ginsburg Got Her Start at the ACLU.* **American Civil Liberties Union (ACLU)**, 25 de setembro de 2020. Disponível em: https://www.aclu.org/news/civil-liberties/how-ruth-bader-ginsburg-got-her-start-at-the-aclu/.

em especial, a Suprema Corte, durante os anos 70, tendo perdido apenas um caso em sua carreira.

Em 1980, foi indicada pelo presidente Jimmy Carter para a Corte de Apelação dos Estados Unidos (*U.S. Court of Appeals*) e, em 1993, se tornou a segunda mulher a ser nomeada à Suprema Corte, sendo indicada pelo então presidente Bill Clinton. Sua carreira acadêmica e sua atuação perante o judiciário sempre foram marcadas pela defesa intransigente e incansável dos direitos das mulheres, em especial sob o aspecto da igualdade, atacando e questionando os dispositivos que afetavam tal garantia constitucional.

Após o histórico da *Justice* Ginsburg, fica ainda mais evidente a importância de *United States v. Virginia* para o estudo dos direitos das mulheres, uma vez que o principal objetivo do seu voto foi abrir as portas para uma evolução sobre a definição de mulheres como classe suspeita, além do posterior uso de um escrutínio rigoroso na avaliação da Décima Quarta Emenda.

2. Aspectos importantes da decisão

É claro e definido pela Suprema Corte que os diferentes níveis de escrutínio são escolhidos de acordo com o tipo de discriminação e o grupo atingido.[15] O histórico dos precedentes, formado a partir de decisões anteriores ao caso em análise, já demonstrava certa evolução, embora ainda demandasse avanços.

O primeiro caso que discutiu a aplicação da Décima Quarta Emenda reconhecendo a discriminação de gênero nos Estados Unidos foi *Reed v. Reed* (1971),[16] tendo Ruth Bader Ginsburg atuado nele, como advogada, por intermédio da ACLU. Em resumo, o caso discutia uma legislação do estado de Idaho que previa preferência de designação de administradores de propriedade considerando o gênero. Essa norma foi avaliada pela Suprema Corte como arbitrária e inconstitucional, tendo sido utilizado,

[15] STOBAUGH, Heather L. *The Aftermath of United States v. Virginia: Why Five Justices Are Pulling in the Reins on the Exceedingly Persuasive Justification.* **SMU Law Review**, v. 55, p. 1755-1780, 2002.

[16] **Reed v. Reed**, 404 U.S. 71 (1971).

para isso, o parâmetro da *rational basis review* – ou seja, avaliou-se unicamente que o objetivo da legislação não era justificável.[17]

O terreno preparado pela argumentação em *Reed* foi aproveitado ainda no julgamento de *Frontiero v. Richardson* (1973),[18] oportunidade em que a Suprema Corte, novamente, concluiu pela violação à igualdade prevista na Décima Quarta Emenda, em matéria de gênero.

O caso discutia o fato de uma legislação dar preferência de assistência e benefícios para homens militares em detrimento às mulheres militares.[19] Mais uma vez, o tipo de escrutínio utilizado foi o do *rational basis review* – contudo é identificável nos votos dos Juízes a inauguração de uma discussão sobre qual seria a forma mais adequada de análise a ser aplicada naquela situação envolvendo gênero.[20]

Em *Frontiero*, o *Justice* William Brennan destacou que, tal como nos casos envolvendo preconceito racial, a discriminação de gênero também reclamava a adoção de um escrutínio estrito. À época, quatro Juízes o acompanharam, mas a decisão majoritária da Corte sempre permaneceu no sentido de não reconhecer o grupo de mulheres como uma classe suspeita para esse fim.

Posteriormente, em 1976, a Suprema Corte, ao avaliar *Craig v. Boren*,[21] finalmente se debruçou sobre a utilização do escrutínio intermediário e sobre o reconhecimento do gênero como uma classe "quase suspeita". O caso envolvia a discussão de uma lei do estado de Oklahoma que previa a

[17] Sally e Cecil Reed, um casal já separado, estavam discutindo sobre qual deles seria designado como administrador da propriedade de seu filho falecido. A legislação de Idaho previa que "os homens devem ser preferidos às mulheres" na nomeação de administradores de propriedades, o que fez com que tribunal local nomeasse Cecil como administrador da propriedade.

[18] **Frontiero v. Richardson**, 411 U.S. 677 (1973).

[19] Sharron Frontiero era membro da Força Aérea dos Estados Unidos e solicitou moradia e benefícios médicos para seu marido, Joseph, que ela alegou ser seu dependente. Enquanto os militares homens podiam reivindicar suas esposas como dependentes sem maiores discussões e, assim, automaticamente obter benefícios para elas, as mulheres militares tinham que provar que seus maridos de fato dependiam delas para mais da metade de seu sustento. Dessa forma, Joseph não se qualificou sob esta regra e, em um momento inicial, não recebeu qualquer benefício.

[20] Stobaugh, op. cit.

[21] **Craig v. Boren**, 429 U.S. 190 (1976).

possibilidade de mulheres comprarem cerveja com percentual alcóolico de 3,2% a partir dos 18 anos, enquanto homens só poderiam adquirir o mesmo tipo de bebida a partir dos 21 anos.

A Corte definiu que toda vez que a lei fizesse alguma distinção com base no gênero (tanto para o masculino quanto para o feminino), essa diferenciação deveria ser realizada com base em um objetivo governamental bastante importante e necessário. Esse precedente finalmente trouxe a segurança sobre a utilização do escrutínio intermediário para avaliação de leis com potencial de violação da 14ª Emenda em razão de discriminação de gênero.

Contudo, conforme destacado neste artigo, o grande ponto de *United States v. Virginia* foi o acréscimo ao já sedimentado uso do escrutínio intermediário para discriminações com base em gênero de dois itens: a linguagem extremamente persuasiva e o *skeptical scrutiny*.

A chamada *exceedingly persuasive justification* funciona como um *adicional* ao escrutínio intermediário. Pela clássica avaliação, é necessária que seja demonstrada a validade justificada de qualquer discriminação feita pelo governo quando afetada a igual proteção prevista na Décima Quarta Emenda em matéria de gênero. O voto da *Justice* Ginsburg colocou como requisito extra que essa justificativa fosse extremamente persuasiva.

A exigência dessa justificativa extremamente persuasiva na linguagem da discriminação eventualmente avaliada reforça que classificações de gênero envolvem um interesse importante do Estado, que deve ser categoricamente verificado em qualquer ato ou legislação do governo.

Esse reforço de linguagem ficou conhecido no presente caso, embora a *exceedingly persuasive justification* já tivesse sido usada anteriormente, em *Massachusetts v. Feeney*,[22] decidido no ano de 1979. O caso, que envolvia a discussão da preferência legal de contratação de veteranos em detrimento de não veteranos, foi apreciado através da lente do gênero em razão da discriminação demonstrada pela pouca incidência de mulheres na condição de veteranas, o que, na prática, conferia maior empregabilidade para homens.

[22] **Personnel Administrator of Massachusetts v. Feeney**, 442 U.S. 256 (1979).

A lei foi considerada constitucional por não ter sido reconhecido que haveria discriminação de gênero aberta ou indireta. Contudo, o que chama atenção é que, no voto majoritário, além do estabelecimento do escrutínio intermediário como mais adequado para a avaliação de casos de discriminação de gênero, o *Justice* Potter Stewart trouxe a necessidade de que qualquer lei estadual direta ou indiretamente elaborada para conferir preferência para homens em detrimento de mulheres no emprego público exigiria uma justificativa extremamente persuasiva para resistir a um desafio constitucional, devido à cláusula de igual proteção.[23]

Outro interessante momento no qual a Suprema Corte fez uso do adicional da linguagem persuasiva no escrutínio intermediário foi no caso *Mississippi University for Women v. Hogan* (1982),[24] em que se discutiu a política de ingresso unicamente de mulheres na Universidade do Mississippi para o curso de enfermagem. A referida universidade foi criada em 1884, tendo sido a primeira faculdade para mulheres dos Estados Unidos.

Nesse caso, a Suprema Corte entendeu inconstitucional a política de exclusão do ingresso com base no gênero, alegando que isso violaria a Décima Quarta Emenda. A *Justice* Sandra Day O'Connor, responsável pelo voto da maioria, destacou que a classificação legal baseada no gênero deve ter o ônus de demonstrar uma "justificativa extremamente persuasiva" para a distinção, somente sendo atendido quando for comprovado que a classificação observa objetivos governamentais importantes e que os meios discriminatórios empregados estão substancialmente relacionados à realização daqueles objetivos.[25]

Como forma de estabelecer a justificativa persuasiva como elemento integrante do escrutínio intermediário vemos que, no voto da *Justice* Ginsburg, em *United States v. Virginia*, há uma preocupação com o reforço desse elemento de avaliação da política discriminatória, afirmando – expressamente, reforçando precedentes anteriores – que para defender uma ação governamental baseada em gênero deve-se demonstrar uma "justificativa excessivamente persuasiva" para essa ação.[26]

[23] 442 U.S. 256 (1979).

[24] **Mississippi University for Women v. Hogan**, 458 U.S. 718 (1982).

[25] 458 U.S. 718 (1982).

[26] **United States v. Virginia**, 518 U.S. 515 (1996).

Ficou definido que, para além da inconstitucionalidade da política de admissão no VMI unicamente para pessoas do sexo masculino, a criação de um programa paralelo para ingresso de pessoas do sexo feminino não satisfazia a previsão de igualdade, pois não eram proporcionados, nesse programa, os mesmos ensinamentos e técnicas que eram oferecidos no VMI, que também não apresentava o mesmo valor que o programa principal na formação dessas mulheres. O programa VWIL era uma sombra pálida do VMI em termos de variedade de opções curriculares e estatura do corpo docente, financiamento, prestígio, apoio e influência dos ex-alunos.[27]

Conforme destacou no seu voto, a exigência de justificação da norma atacada é ônus do Estado e não pode depender de generalizações excessivas sobre os diferentes talentos, capacidades ou preferências de homens e mulheres. Não seria possível, portanto, diminuir ou limitar homens ou, no caso, mulheres, em razão de supostas restrições artificiais biológicas para gozo de oportunidades fornecidas pelo Estado. Com esse argumento, a *Justice* Ginsburg inseriu a discussão de um novo escrutínio a ser aplicado para casos envolvendo discussões de gênero: o *skeptical scrutiny*.[28]

Alguns autores defendem que a inserção de um escrutínio que exige comprovações empíricas envolvendo discriminação de gênero foi mais uma das tentativas de Ginsburg de introduzir, na Suprema Corte, a classificação das mulheres como classe suspeita, digna de um escrutínio estrito.[29]

O *skeptical scrutiny* foi incluído com a ideia de lançar um escrutínio exclusivo para avaliação de discriminações de gênero, seja para legitimar ainda mais a linguagem persuasiva (coração do escrutínio cético), seja para dar um passo rumo ao escrutínio estrito.[30]

O voto da *Justice* Ginsburg foi seguido pela maioria da Corte, contudo, duas observações dissidentes foram feitas. O *Chief Justice* Rehnquist con-

[27] 518 U.S. 515 (1996).

[28] 518 U.S. 515 (1996).

[29] BRAKE, Deborah L. *Reflections of the VMI Decision*. **The American University Journal of Gender, Social Policy & the Law**, v. 6, n. 1, p. 35-42, 1997.

[30] GLEASON, Christina. *United States v. Virginia: Skeptical Scrutiny and the future pf Gender Discrimination Law*. **St. John's Law Review**, v. 70, n. 4, p. 801-820, 1996.

cordou com o voto majoritário. Entretanto, fez uma ressalva acerca do escrutínio utilizado pela *Justice* Ginsburg – mais especificamente sobre o adicional da linguagem persuasiva e o *skeptical scrutiny* –, uma vez que entendeu que o estado da Virgínia falhou na ausência da aplicação de recursos para a criação de um programa para mulheres que fosse igual ou proporcional ao programa oferecido aos homens.

Em sua opinião, poderiam estar homens e mulheres em instalações separadas, porém iguais em questão de disponibilidade de treinamento para ambos. Não seria a exclusão de mulheres que violaria a cláusula da igual proteção da Décima Quarta Emenda, mas a manutenção de uma escola apenas para homens, sem o fornecimento de uma instituição comparável para o gênero feminino.[31]

Em um segundo momento, a dissidência completa foi apresentada pelo *Justice* Scalia, que, inicialmente, criticou os incrementos acrescidos ao escrutínio intermediário, pois entendia que o formato da argumentação apresentada se aproximava mais do escrutínio estrito, indo de encontro aos precedentes anteriores de avaliação de discriminação com base no gênero.

Repreendeu, igualmente, o uso do apelo da linguagem como critério de avaliação, uma vez que o uso desse instrumento, ao invés de se justificar no escrutínio intermediário, acabava por se aproximar mais da avaliação racional, na qual a verificação é realizada tendo como ponto de partida a importância do interesse governamental na política discutida.

Por fim, no mérito, destacou que a história americana suportava a tradição de estabelecimentos educacionais voltados para um gênero específico e não poderia se perder de vista a necessária objetividade dos escrutínios e o afastamento do Tribunal de um viés cultural ou político.

Cumpre, agora, verificar qual foi o caminho adotado nas decisões posteriores e qual a repercussão do caso na jurisprudência da Suprema Corte.

[31] 518 U.S. 515 (1996).

3. Repercussão da decisão

United States v. Virginia buscou abrir as portas para decisões futuras que colocassem mulheres como uma classe suspeita e levassem a discriminação de gênero para uma avaliação com base em um escrutínio estrito. O recado da decisão da Suprema Corte foi o de que esse tipo de preconceito não seria tolerado.

As exclusões de gênero baseadas em estereótipos antigos e costumes discriminatórios não teriam mais espaço, em especial no sistema educacional, que não poderia mais permitir o ingresso de apenas um gênero. A decisão foi uma vitória que proporcionou não apenas a admissão de mulheres no VMI, mas que indicou que a igualdade de gênero era uma garantia reconhecida e defendida no âmbito da Suprema Corte.

Apesar disso, em 2001 houve o julgamento de *Nguyen v. INS*,[32] no qual foi discutida a validade de uma lei que tratava da cidadania americana de crianças concebidas fora do casamento e nascidas no estrangeiro. A lei fazia distinções entre filhos de pais solteiros daqueles de mães solteiras. O Tribunal recusou-se a anular uma exigência de cidadania mais restritiva aplicável a um filho nascido no estrangeiro de um pai americano e uma mãe não americana que não era casada com o pai, em oposição a um filho nascido de uma mãe americana em circunstâncias semelhantes.

A Suprema Corte decidiu que, embora a lei fosse discriminatória, ela atendia a objetivos governamentais importantes, estando os meios discriminatórios empregados substancialmente relacionados à realização dos propósitos do Estado. Concluiu-se, assim, que a decisão do Congresso de impor requisitos diferentes para pais solteiros e mães solteiras foi "baseada na diferença significativa entre seus respectivos relacionamentos com o cidadão em potencial no momento do nascimento."[33]

Em voto dissidente, a *Justice* O' Connor argumentou que a legislação questionada não cumpria com o requisito da justificativa persuasiva para distinção com base no sexo; essa opinião, no entanto, foi vencida, indo de encontro à vitória do precedente *United States v. Virginia*.

Infelizmente, apesar do caminho iniciado com a decisão de *United States v. Virginia* para que houvesse uma evolução rumo ao escrutínio estrito

[32] **Nguyen v. INS**, 533 U.S. 53 (2001).
[33] 518 U.S. 515 (1996).

e ao reconhecimento dos direitos de igualdade (*Equal rights Amendment*), tivemos um indicativo de retrocesso pela Suprema Corte, que, após 1996, voltou a aplicar *Craig v. Boren*, acima mencionado, usando o escrutínio intermediário sem qualquer adição das apresentadas no caso ora estudado.[34]

Conclusões

Em matéria de discussão de igualdade e os direitos decorrentes, é preciso, ainda, analisar a importância dos tipos de avaliação de constitucionalidade das leis para defesa efetiva dos grupos minoritários. No presente caso, a necessidade de intensificar a defesa das mulheres em um campo de direitos de igualdade paritária com os homens foi o primeiro passo rumo à busca de definição do grupo como classe suspeita, o que garantiria mais rigor na avaliação das leis estaduais.

A argumentação produzida no voto majoritário demonstra claramente que, mesmo em uma Corte majoritariamente masculina, havia a possibilidade, por meio de um reforço no escrutínio intermediário, de abrir as portas para o reconhecimento da importância de defesa dos direitos de gênero, inclusive considerando o histórico de precedentes.

Todavia, pelos casos julgados com matéria próxima, posteriormente, verifica-se que a inovação inaugurada com o *United States v. Virginia* ainda não produziu o caminho de definição concreta das mulheres como classe suspeita. Contudo, não se pode negar que o caso é emblemático, único e nos permite angariar elementos concretos para que o nível máximo de proteção das mulheres como minoria, em algum momento, seja alcançado.

Referências

BARLETT, Katharine T. *Unconstitutionally Male?: The Story of United States v. Virginia*. **Duke Law Working Papers**, paper 12, 2010.

BRAKE, Deborah L. *Reflections of the VMI Decision*. **The American University Journal of Gender, Social Policy & the Law**, v. 6, n. 1, p

[34] ROLANDO, Kevin N. *A Decade Later: United States v. Virginia and the Rise and Fall of "Skeptical Scrutiny"*. **Roger Williams University Law Review**, v. 12, p. 182-228, 2006.

ESTADOS UNIDOS DA AMÉRICA. Constituição (1787). **14th Amendment**. Estados Unidos da América, 1868. 35-42, 1997.

ESTADOS UNIDOS DA AMÉRICA. Supreme Court of the United States. **Craig v. Boren**, 429 U.S. 190 (1976), Washington D.C, 20 de dezembro de 1976.

ESTADOS UNIDOS DA AMÉRICA. Supreme Court of the United States. **Frontiero v. Richardson**, 411 U.S. 677 (1973), Washington D.C, 14 de maio de 1973.

ESTADOS UNIDOS DA AMÉRICA. Supreme Court of the United States. **Personnel Administrator of Massachusetts v. Feeney**, 442 U.S. 256 (1979), Washington D.C, 5 de junho de 1979.

ESTADOS UNIDOS DA AMÉRICA. Supreme Court of the United States. **Mississippi University for Women v. Hogan**, 458 U.S. 718 (1982), Washington D.C, 1º de julho de 1982.

ESTADOS UNIDOS DA AMÉRICA. Supreme Court of the United States. **Nguyen v. INS**, 533 U.S. 53 (2001), Washington D.C, 11 de junho de 2001.

ESTADOS UNIDOS DA AMÉRICA. Supreme Court of the United States. **Reed v. Reed**, 404 U.S. 71 (1971), Washington D.C, 22 de novembro de 1971.

ESTADOS UNIDOS DA AMÉRICA. Supreme Court of the United States. **United States v. Virginia**, 518 U.S. 515 (1996), Washington D.C, 26 de junho de 1971.

GLEASON, Christina. *United States v. Virginia: Skeptical Scrutiny and the future pf Gender Discrimination Law*. **St. John's Law Review**, v. 70, n. 4, p. 801-820, 1996.

KUPETZ, Karen L. *Equal Benefits, Equal Burdens: Skeptical Scrutiny for Gender Classifications after United States v. Virginia*. **Loyola of Los Angeles Law Rev**, v. 30, p. 1333-1378, 1997.

LEGAL INFORMATION INSTITUTE [LII]. *Intermediate scrutiny*. **Cornell Law School**. Disponível em: https://www.law.cornell.edu/wex/intermediate_scrutiny.

LEGAL INFORMATION INSTITUTE [LII]. *Strict scrutiny*. **Cornell Law School**. Disponível em: https://www.law.cornell.edu/wex/strict_scrutiny.

LEGAL INFORMATION INSTITUTE [LII]. *Rational Basis Test*. **Cornell Law School**. Disponível em: https://www.law.cornell.edu/wex/rational_basis_test.

NEIER, Aryeh. *How Ruth Bader Ginsburg Got Her Start at the ACLU*. **American Civil Liberties Union (ACLU)**, 25 de setembro de 2020. Disponível em: https://www.aclu.org/news/civil-liberties/how-ruth-bader-ginsburg-got-her-start-at-the-aclu/.

ROLANDO, Kevin N. *A Decade Later: United States v. Virginia and the Rise and Fall of "Skeptical Scrutiny"*. **Roger Williams University Law Review,** v. 12, p. 182-228, 2006.

STOBAUGH, Heather L. *The Aftermath of United States v. Virginia: Why Five Justices Are Pulling in the Reins on the Exceedingly Persuasive Justification.* **SMU Law Review**, v. 55, p. 1755-1780, 2002.

SMILER, Scott M. *Justice Ruth Bader Ginsburg and the Virginia Military Institute: a culmination of strategic success.* **Cardozo Women's L.J.**, v. 4, p. 541-583, 1997.

THE COLLECTION OF THE SUPREME COURT OF THE UNITED STATES. *Ruth Bader Ginsburg.* **OYEZ.** Disponível em: https://web.archive.org/web/20070319002445/http://www.oyez.org/justices/ruth_bader_ginsburg/.

TOOBIN, Jeffrey. ***The Nine***: *Inside the Secret World of the Supreme Court.* Nova Iorque: Anchor Books, 2008.

35.

BUSH V. GORE, 2000

A DEFINIÇÃO DE UMA ELEIÇÃO PRESIDENCIAL

FLÁVIO JAIME DE MORAES JARDIM
ELIAS CÂNDIDO DA NÓBREGA NETO

Introdução

Bush v. Gore[1] está certamente no rol dos casos mais polêmicos decididos pela Suprema Corte dos Estados Unidos – SCOTUS nos seus mais de duzentos anos de história. Não é exagero dizer, usando as palavras do Professor Erwin Chemerinsky que, "em 12 de dezembro de 2000, a Suprema Corte dos Estados Unidos pela primeira vez na história americana efetivamente definiu uma eleição presidencial com a sua decisão."[2] Famosos autores como Bruce Ackerman, Richard Posner, Jeffrey Toobin e Alan Dershowiz escreveram ou editaram livros específicos sobre o julgamento, alguns dos quais contando também com a colaboração de artigos de autores como Jack Balkin, Cass Sustein, Mark Tushnet, Steven Calabresi, Guido Calabresi, David Strauss e Lawrence Tribe. A grande maioria em tom crítico à decisão.

O caso efetivamente colocou fim a um processo eleitoral penoso ao povo americano, que ansiosamente aguardou por trinta e seis dias para saber o nome do presidente eleito em 2000. A circunstância de ter favo-

[1] **Bush v. Gore**, 531 U.S. 98 (2000).

[2] CHEMERINSKY, Erwin. ***Constitutional Law***: *Principles and Policies*. 3. ed. Nova Iorque: Aspen, 2006, p. 890.

recido a situação jurídica do ex-presidente George W. Bush, candidato do partido republicano, e de ter uma das questões decididas por maioria mínima, por cinco votos a quatro, sendo que, dentre os votos da maioria, estavam apenas os juízes indicados por presidentes republicanos, são elementos indicativos do tamanho da controvérsia instalada no país naquele momento. E essa controvérsia, em termos jurídicos, nunca foi superada, pois, consoante destacou Cass Sustein, "as pessoas continuam discordando acentuadamente sobre se o resultado pode ser justificado".[3]

Este artigo tem o propósito de oferecer ao leitor um quadro geral do julgamento de *Bush v. Gore*. A parte I abordará os eventos que antecederam o julgamento do caso, a partir da realização das eleições. A parte II fará uma síntese dos elementos jurídicos principais definidos em *Bush v. Gore* e de algumas críticas a eles. A parte III tentará responder se o julgado é um *"precedente"* e a parte IV encerra o texto com uma breve conclusão.

1. Contexto histórico[4]

Em 7 de novembro de 2000, o povo americano foi às urnas para escolher o mandatário que comandaria a nação nos primeiros anos do século XXI. As pesquisas de boca de urna sinalizavam que os dois principais candidatos, o então vice-presidente, Al Gore, do partido democrata, e o governador do Texas à época, George W. Bush, do partido republicano, travariam uma apertada disputa.

Com a apuração das urnas, no decorrer da noite, ficou claro que Gore venceria nacionalmente a votação popular. Porém, em relação à contagem dos votos do colégio eleitoral, critério que, de fato, define a eleição americana, também ficou evidente que levaria a Presidência o candidato que vencesse o pleito do Estado da Flórida, já que, na contagem dos delegados dos demais 49 estados, Gore havia alcançado 267 votos, e Bush 246 votos. Os 25 votos do Estado da Flórida, assim, eram suficientes para

[3] SUSTEIN, Cass R. *Of Law and Politics*. in SUSTEIN, Cass R.; EPSTEIN, Richard A. (Ed.). ***The Vote**: Bush, Gore, and the Supreme Court*. Chicago: University of Chicago Press, 2001, p. 1.

[4] O presente capítulo foi escrito com base na narrativa de Erwin Chemerinsky, sem prejuízo da verificação dos fatos por meio de outros autores e de veículos de imprensa, devidamente citados ao longo do texto. Cf. CHEMERINSKY, op. cit., p. 890-894.

qualquer um dos dois assegurar a maioria de 270 dentre 538 votos e ser decretado o vencedor.

Em 8 de novembro, um dia após a votação, a Divisão das Eleições da Flórida divulgou que Bush havia recebido 2.909.135, e Gore 2.907.351 votos no Estado, ou seja, uma diferença de 1.784 votos. Como a Seção 102.141(4) da lei da Flórida determinava que houvesse a recontagem dos votos se a diferença entre o primeiro e o segundo colocados fosse inferior a 0,5%, os advogados da campanha de Gore requereram a recontagem mecânica dos votos, o que veio a acontecer, uma vez que a diferença foi de aproximadamente 0,01%.[5] O prazo para finalizar o novo cômputo seria 14 de novembro, data em que todos os condados deveriam encaminhar à Divisão das Eleições estadual os respectivos resultados.

Diante da recontagem, a diferença de votos entre os dois primeiros colocados caiu para 327. Uma recontagem manual foi então requerida e iniciada nos condados de *Volusia, Palm Beach, Broward* e *Miami-Dade,* de população majoritariamente eleitora do partido democrata. A secretária de Estado da Flórida, Katherine Harris, nomeada pelo Governador Jeb Bush, irmão do candidato republicano, e diretora da campanha de Bush à Casa Branca na Flórida,[6] afirmou que não haveria prorrogação do prazo cujo termo era 14 de novembro, data prevista na legislação local.

Expirado o prazo, sem que a contagem manual fosse encerrada, Harris negou a extensão requerida e certificou a vitória de Bush.[7] Essa decisão que negou a dilação do prazo de recontagem manual dos votos foi objeto de questionamento judicial, no caso *Palm Beach County Canvassing v. Harris.*[8] Em primeiro grau, a Justiça estadual da Flórida validou a decisão da Secretária de Estado.

O assunto alcançou a Suprema Corte da Flórida que, em 21 de novembro, à unanimidade, reformou a decisão e compeliu a Secretária de Estado

[5] *Bush v. Gore.* **Encyclopædia Britannica**, 2 de dezembro de 2020. Disponível em: academic-eb-britannica.ez18.periodicos.capes.gov.br/levels/collegiate/article/Bush-v-Gore/471351.

[6] Kang, Michael S.; Shepherd, Joanna M. *The Long Shadow of Bush v. Gore: Judicial Partisanship in Election Cases.* **Stanford Law Review**, v. 68, p. 1411-1452, 2016.

[7] Ibid.

[8] **Palm Beach County Canvassing Bd. v. Harris**, 772 So. 2d 1220 (Fla. 2000).

a aceitar o resultado da recontagem manual, caso fosse entregue até o dia 26 de novembro, um domingo. O fundamento principal foi o de que houve discrepância entre a primeira e a segunda apurações mecânicas, e que a legislação eleitoral do Estado poderia ser interpretada de forma mais branda diante do peso conferido ao direito de voto.[9]

Em 24 de novembro, a Suprema Corte dos EUA concedeu *certiorari* para apreciar a questão, sendo este o primeiro assunto daquela eleição a chegar à mais alta Corte do país. Poucos dias depois, apreciando o caso *Bush v. Palm Beach County Canvassing Bd.*,[10] a Corte, por unanimidade e numa decisão *per curiam*[11], determinou que a mais alta Corte da Flórida deveria esclarecer se a decisão proferida havia sido baseada em interpretação da legislação infraconstitucional estadual ou da Constituição Estadual. Posteriormente, o Tribunal estadual clarificou que havia se limitado a interpretar a legislação infraconstitucional do Estado.

Em 26 de novembro, os condados de *Miami-Dade* e *Palm-Beach* ainda não haviam concluído a recontagem manual. Na mesma data, a Comissão Eleitoral da Flórida certificou o resultado da eleição no Estado – sem considerar a recontagem manual desses dois condados[12] – com a vitória de George W. Bush por 537 votos.

Os advogados de Gore reagiram por meio do ajuizamento de uma ação de "contestação" dos resultados eleitorais, que se tornou o caso *Gore v. Harris.*[13] Essa ação, segundo a § 102.168(3)(c)[14] da lei da Flórida, pode ser ajuizada se houver indícios de que um dos candidatos recebeu votos

[9] Kang; Shepherd, op. cit.

[10] **Bush v. Palm Beach County Canvassing Bd.**, 531 U.S. 70 (2000)

[11] Uma decisão *per curiam* representa uma decisão lavrada por uma Corte cujo juiz redator não é identificado (Garner, 1999, p. 1119). É como se fosse uma decisão escrita pelo próprio Tribunal enquanto instituição, e não por aqueles juízes que o compõem.

[12] Kang; Shepherd, op. cit.

[13] Ibid.

[14] "102.168. Contestação da eleição. (...) (3) A contestação deve apresentar as justificativas pelas quais quem contesta pretende estabelecer seu direito ao cargo ou anular o resultado da eleição em um referendo. Os motivos para contestar uma eleição são: (...) (c) prova de um número de votos ilegais ou da rejeição de um número de votos legais suficiente para alterar ou colocar em dúvida o resultado da eleição".

que podem ser considerados ilegais e houver aptidão de alterar o resultado do processo eleitoral.

A Corte de primeira instância negou o pedido, por entender que Gore não provou existir uma *probabilidade razoável* de que a eleição teria tido outro resultado se não tivesse havido problemas na contagem dos votos.

Ato contínuo, em 7 de dezembro, a Suprema Corte da Flórida, por quatro votos a três, entendendo que o critério adotado pela Corte de origem para se reconhecer a existência de uma *probabilidade razoável*, ou não, de que outro resultado poderia ser alcançado foi equivocado, ordenou que os condados que não tivessem feito recontagens manuais dos *undervotes* as fizessem, bem como que os votos recebidos depois do fim do prazo de 26 de novembro fossem contabilizados no resultado do pleito, isso em relação aos condados antes mencionados, que tiveram determinada a recontagem manual de todos os seus votos.

A determinação da apuração manual dos *undervotes*[15] se deveu ao *design* da cédula de votação. Para votar, os eleitores deveriam perfurar o espaço da cédula correspondente ao candidato desejado. Contudo, muitas dessas cédulas supostamente não foram perfuradas da maneira adequada, de modo que os votos não foram registrados pela contagem mecânica e, desse modo, foram desconsideradas do pleito. A quantidade de *undervotes*, dada a mínima diferença entre os candidatos – àquela altura de menos de 600 votos – era significativa e poderia alterar o resultado da eleição.[16]

[15] Posner descreveu a polêmica dos *undervotes* da seguinte maneira: "essa questão é essencial e deve ser explicada. Os condados em questão usaram o método de cédulas de votação perfuráveis. Um cartão é colocado em uma bandeja e o eleitor vota fazendo um furo ao lado do nome do candidato. O pedaço da cédula cortado, portanto, cai no fundo da bandeja. O cartão é então removido e colocado em uma máquina que conta os votos, a partir da irradiação de luz através dos orifícios. Se o "pedaço" não for perfurado, a luz será impedida e o voto não será registrado. Um "pedaço" que embora perfurado permaneça pendurado na cédula por um ou dois cantos, com o resultado de que a votação não foi contada pela máquina de tabulação, pode ser uma boa evidência da intenção de votar no candidato cujo "pedaço" foi perfurado, desde que o eleitor também não perfurasse o "pedaço" de outro candidato para o mesmo cargo (uma qualificação significativa, no entanto, como veremos). POSNER, Richard. Bush v. Gore: *Prolegomenon to an Assessment.* **The University of Chicago Law Review**, v. 68, p. 719-736, 2001b, p. 721.

[16] **Bush v. Gore**, 531 U.S. 98 (2000).

Sobre isso, o relatório do voto *per curiam* proferido pela SCOTUS em *Bush v. Gore* consignou: "muito da controvérsia parece girar em torno das cédulas projetadas para serem perfuradas por um estilete, mas que, por erro ou omissão deliberada, não foram perfuradas com precisão suficiente para serem registrada por uma máquina."[17]

Pouco depois do início da recontagem, em 10 de dezembro, a Suprema Corte dos Estados Unidos, em *Bush v. Gore*, apreciando um pedido dos advogados de Bush, numa decisão liminar proferida por cinco votos a quatro, *per curiam*, suspendeu a contagem de votos na Flórida. Apenas dois magistrados apresentaram votos escritos: (a) o *Justice* John Paul Stevens, afirmando que "impedir a recontagem inevitavelmente colocaria uma nuvem sobre a legitimidade das eleições" e "contar votos legalmente proferidos não poderia constituir um dano irreparável.";[18] e (b) o *Justice* Antonin Scalia, para quem a decisão de concessão da liminar era um indicativo de que, no mérito, para a maioria, a campanha de *Bush* prevaleceria e, ainda, que a nuvem sobre a legitimidade das eleições existiria, em verdade, se com a retomada da contagem de votos Gore passasse à frente e depois a Suprema Corte decretasse a nulidade desses votos recontados.[19]

Também, por meio dessa decisão liminar, a Suprema Corte agendou (a) o recebimento de *briefs* das partes, para o dia 10 de dezembro, um domingo, às 16 horas, e, da mesma forma, (b) as sustentações orais das partes, para o dia 11 de dezembro, uma segunda-feira, às 11 horas.

Na referida data, após a conclusão das sustentações, a Corte tornou pública a gravação do áudio da sessão para a população. E, no dia seguinte, 12 de dezembro de 2020, por volta das 22 horas, horário de Washington, o acórdão de *Bush v. Gore* foi liberado e divulgado ao público.

2. Aspectos importantes da decisão

A estratégia dos advogados da campanha do ex-presidente George W. Bush era clara: havia a intenção de impedir qualquer contagem manual de votos. Assim, diante da decisão da Suprema Corte da Flórida – que determinou (i) a recontagem manual de todos os *undervotes* do Estado,

[17] 531 U.S. 98 (2000), p. 105.
[18] 531 U.S. 98 (2000).
[19] 531 U.S. 98 (2000).

bem como (ii) a consideração da recontagem manual tardia de todos os votos dos condados de *Miami-Dade* e *Palm Beach* –, Bush submeteu o pedido de *certiorari* à Suprema Corte do país.

De acordo com o relatório do acórdão da SCOTUS, a petição de Bush apresentava as seguintes questões:

> (...) se a Suprema Corte da Flórida estabeleceu novos critérios para a resolução de contestação à eleição presidencial, assim violando o art. II, § 1, cl. 2[20] da Constituição dos Estados Unidos e desrespeitando o 3 U. S. C. § 5[21], e se a recontagem manual dos votos sem critérios violava as cláusulas de proteção à equidade e ao devido processo legal.[22]

Em resposta, Gore defendia que uma vez decidida a questão na justiça estadual, não havia matéria de julgamento a nível federal;[23] além de que o propósito de reivindicar o direito de voto justificava o procedimento de recontagem definido na Flórida.[24]

Ante os apontamentos, a Suprema Corte dos EUA concluiu que o ponto central da discussão era se o procedimento de recontagem ado-

[20] Art. II, § 1, cl. 2. "Cada Estado nomeará, de maneira que sua Legislatura possa estabelecer, um Número de Eleitores, igual ao Número total de Senadores e Deputados a que o Estado tenha direito no Congresso: mas nenhum Senador ou Deputado, ou pessoa que detém um cargo de confiança ou lucro nos Estados Unidos, deve ser nomeado eleitor".

[21] 3 U. S. C. § 5. Se algum Estado tiver previsto, por meio de leis promulgadas antes do dia fixado para a nomeação dos eleitores, a sua determinação final de qualquer controvérsia ou disputa relativa à nomeação de todos ou qualquer um dos eleitores de tal Estado, por métodos ou procedimentos judiciais ou outros, e tal determinação deve ter sido feita pelo menos seis dias antes da hora fixada para a reunião dos eleitores, tal determinação feita de acordo com tal lei existente no referido dia e feita pelo menos seis dias antes da referida data da reunião dos eleitores será conclusiva e deverá reger a contagem dos votos eleitorais conforme previsto na Constituição, e conforme a seguir regulamentado, na medida em que a apuração dos eleitores indicados por tal Estado está preocupado".

[22] 531 U.S. 98 (2000), p. 103.

[23] *Bush v. Gore*. **Encyclopædia Britannica**, 2 de dezembro de 2020. Disponível em: academic-eb-britannica.ez18.periodicos.capes.gov.br/levels/collegiate/article/Bush-v-Gore/471351.

[24] 531 U.S. 98 (2000).

tado pela Suprema Corte da Flórida estava em conformidade com a obrigação de evitar tratamento arbitrário e distinto em relação aos eleitores.[25]

No primeiro ponto do voto *per curiam*, vencedor, a Suprema Corte concluiu que, de fato, as máquinas de apuração de cédulas perfuráveis poderiam ensejar um "infeliz número de cédulas que não são perfuradas de um modo completo e claro pelo eleitor", e que seria salutar que o Poder Legislativo examinasse formas de aperfeiçoar os mecanismos e o maquinário de votação.[26]

No segundo ponto do voto majoritário, abordou-se o direto à *igual proteção*. Foi afirmado que, de acordo com a Constituição, os cidadãos não têm o direito de votar em eleitores para o colégio eleitoral, a menos e até que o respectivo estado edite a legislação que implemente o sistema de indicação daqueles que, de fato, votarão para Presidente.[27]

Nesse sentido, o voto asseverou que uma que vez que o estado investe o povo do poder de voto para Presidente, esse direito de voto, tal como prescrito pela respectiva legislação, é um direito fundamental. Ademais, destacou que um aspecto dessa natureza fundamental do direito residia na igualdade do peso atribuído a cada voto e na igualdade de dignidade devida a cada eleitor.[28]

Diante disso, a Corte concluiu que o direito de voto não se manifestava apenas nessa sub-rogação ao povo do direito de votar, mas também na maneira de exercício desse voto. Assim, "uma vez concedendo o direito de votar em termos de igualdade, o Estado não pode, a partir de tratamento posterior, arbitrário e distinto, considerar o voto de uma pessoa acima do de outra."[29]

Frente a esse cenário, a Suprema Corte concluiu que a decisão do Tribunal estadual não preenchia o requisito mínimo de tratamento não arbitrário de votos, necessário à proteção do direito fundamental em questão. E não preencheu porque, no entendimento da mais alta Corte, o comando de que a nova apuração levasse em consideração apenas a

[25] 531 U.S. 98 (2000).
[26] 531 U.S. 98 (2000), p. 104.
[27] 531 U.S. 98 (2000).
[28] 531 U.S. 98 (2000).
[29] 531 U.S. 98 (2000), p. 104.

intenção do eleitor nos *undervotes* era excessivamente abstrato e não fornecia critérios para a sua equânime aplicação:

> A lei não se abstém de buscar a intenção do ator em uma infinidade de circunstâncias; e, em alguns casos, o comando geral para determinar a intenção não é suscetível a mais refinamento. Nesse caso, contudo, a questão não é sobre acreditar em uma testemunha, mas saber como interpretar as marcas, buracos ou arranhões em um objeto inanimado, um pedaço de cartão ou papel que, segundo dizem, não deve ser registrado como um voto durante a apuração mecânica. O investigador confronta uma pessoa, e não uma pessoa. A busca pela intenção pode ser determinada por regras específicas para garantir o tratamento uniforme.[30]

Sete dos nove *Justices* da Corte concordaram que a Suprema Corte da Flórida havia falhado em estabelecer parâmetros adequados para que fosse efetivada a recontagem manual dos votos: Rehnquist, O'Connor, Scalia, Kennedy, Thomas, Souter e Breyer. Dissentiram quanto a esse aspecto apenas os *Justices* Ginsburg e Stevens.[31]

Paralelamente, cinco dos sete *Justices* que concordaram que a decisão da Corte estadual demandava reparos consideraram que não seria possível que um processo de recontagem com parâmetros adequados – o que, em tese, seria possível – fosse concluído até o dia 12 de dezembro, "*safe harbor date*" daquele ano e data fatal para certificação do resultado das eleições americanas.[32] Divergiram da maioria, quanto a esse aspecto, além de Ginsburg e Stevens, Souter e Breyer.

Ante o que se apontou, percebe-se que na fundamentação do voto *per curiam*, lavrado pela SCOTUS, a questão debatida não era a possibilidade de que a Suprema Corte de um estado determinasse novos critérios eleitorais no curso de uma eleição, algo que, no direito brasileiro, não seria

[30] 531 U.S. 98 (2000), p. 106.

[31] 531 U.S. 98 (2000).

[32] KARSON, Kendall. *What to know about Tuesday's 'safe harbor' deadline to certify election results.* **Abc News**, 8 de dezembro de 2020. Disponível em: https://abcnews.go.com/Politics/tuesdays-safe-harbor-deadline/story?id=74603806.

possível, em atenção ao princípio da anterioridade eleitoral, que determina que as regras da eleição não podem ser alteradas no ano do pleito.[33]

O objeto da discussão, inicialmente, foi se a Corte local havia estabelecido critérios mínimos para que o procedimento por ela determinado protegesse o direito de igualdade positivado na 14ª Emenda à Constituição do país. Quanto a esse aspecto, sete dos nove membros concordaram que a Suprema Corte da Flórida havia falhado em fornecer esse padrão mínimo idôneo a afastar arbitrariedades.

Todavia, após essa conclusão, o debate tomou outro rumo: se seria possível determinar que a Corte local reformasse a decisão, não para impedir qualquer procedimento de recontagem manual, mas para que estabelecesse os requisitos mínimos à adequada condução do procedimento. Nessa quadra, o voto *per curiam*, vencedor, entendeu que mesmo sendo possível que a Corte local o fizesse, àquela altura não restava tempo hábil para concluir o procedimento, razão pela qual determinou-se o encerramento de qualquer recontagem.

Quatro *Justices* discordaram dessa conclusão e defenderam, veementemente, que fosse determinado que a Suprema Corte da Flórida fosse compelida a reformar sua decisão para estabelecer os critérios de apuração dos *undervotes*.

Fala-se em discordância veemente porque o tom das críticas ultrapassou a normalidade dos debates. A *Justice* Ginsburg, por exemplo, ao proferir seu voto, disse que discordava da decisão, e não que *respeitosamente* discordava, o que era a praxe no Tribunal.

Já o *Justice* Stevens foi ainda mais duro. Afirmou que "apesar de que nós nunca saberemos com absoluta certeza a identidade do vencedor da eleição Presidencial deste ano, a identidade do perdedor é perfeitamente clara. É a confiança da Nação no juiz como um guardião imparcial do Estado de Direito."[34]

[33] Art. 16. "A lei que alterar o processo eleitoral entrará em vigor na data de sua publicação, não se aplicando à eleição que ocorra até um ano da data de sua vigência". Cf. BRASIL. Constituição (1998). **Constituição da República Federativa do Brasil.** Brasília: DF, Senado, 1988.

[34] 531 U.S. 98 (2000), p. 129.

Conquanto existam severas críticas por parte da parcela majoritária da doutrina em relação à decisão da Suprema Corte dos EUA, especialmente em relação ao aspecto político-partidário envolvido, há respeitados professores que defendem o seu acerto. Nesse grupo destaca-se Richard Posner, professor da Universidade de Chicago, para quem eventual vitória de Gore a partir da recontagem manual dos votos ordenada pela Suprema Corte da Flórida implicaria uma vitória a partir de um erro legal, erro esse que não se sabe se a Suprema Corte do país tinha competência para corrigir.[35]

O fato é que a Corte formou maioria para determinar (i) a inconstitucionalidade do procedimento de recontagem dos votos manuais prevista pela Suprema Corte da Flórida, por conta de violação ao direito de *proteção à equidade*; e (ii) o encerramento de qualquer procedimento de recontagem. Com isso, no dia seguinte, Al Gore reconheceu sua derrota e George W. Bush foi proclamado vencedor da eleição.[36]

3. Repercussão da decisão

O caso *Bush v. Gore* é extremamente interessante e complexo, em decorrência de uma série de fatores, alguns deles já apresentados nos capítulos anteriores – de acordo com Posner (2001c), é um dos mais difíceis casos constitucionais de que se tem notícia. Mas dentre todos esses aspectos, um dos mais relevantes diz respeito ao *status* conferido ao julgado. Constou expressamente do voto *per curiam* que "nossa consideração é limitada

[35] Sobre isso, afirmou Posner: "ela [a Suprema Corte da Flórida] não deveria ter estendido o prazo para recontagem manual que havia sido fixado pela secretária de Estado, ou interpretado "erro na apuração do voto" para incluir um erro do eleitor na votação, ou revertido a rejeição do Juiz Sauls na contestação, ou extinto a autoridade discricionária dos funcionários eleitorais estaduais e locais, ou autorizado o alívio em um processo de disputa com base meramente no fato de que a eleição estava apertada e havia uma série de *undervotes*, ou creditado a Gore o condado de Broward e o resultado da recontagem parcial de Miami-Dade, ou ordenado uma recontagem em todo o estado dos *undervotes*, mas não dos *overvotes*". Cf. Posner, 2001b, p. 735.

[36] Liptak, Adam. *As Supreme Court Weighs Election Cases, a New Life for Bush v. Gore.* **The New York Times**, 28 de outubro de 2020. Disponível em: https://www.nytimes.com/2020/10/28/us/supreme-court-bush-gore-kavanaugh.html.

às presentes circunstâncias, porque o problema da proteção da equidade em processos eleitorais geralmente apresenta muitas complexidades."[37]

Com isso, a Suprema Corte, explicitamente, limitou o alcance do julgado, negando-lhe qualquer caráter vinculante. Ao analisar o caso, os professores Kang e Shepherd,[38] consignaram que mais de quinze anos após a proclamação do resultado houve apenas uma citação ao julgado, e numa nota de rodapé de um voto que dissentia de sua aplicação. Richard L. Hasen (2015), professor da Universidade da Califórnia, satirizou a controvérsia ao afirmar que *Bush v. Gore* se tratava de um "*legal Voldermort*"[39], um caso sobre o qual a maioria do Tribunal não ousava falar desde 2000.

Chad Flanders, professor de direito eleitoral da Universidade Saint Louis, leciona que a estratégia de limitação conferida pela Suprema Corte a *Bush v. Gore* é historicamente única,[40] uma vez que, em outras oportunidades, decidiu-se que um caso pretérito estava limitado aos respectivos fatos, mas nunca um caso sendo julgado sofrera essa limitação. Flanders também escreveu outro texto sobre a controvérsia, cujo título, em tradução literal para a língua portuguesa, é *Por Favor Não Cite Este Caso*!*: O Valor de Precedente de Bush v. Gore.*[41]

A pergunta de se *Bush v. Gore* é um precedente é tão complexa quanto o caso. Isso porque, apesar de a Suprema Corte não ter voltado a se manifestar sobre a controvérsia durante muito tempo, muitas decisões de instâncias inferiores pautaram-se por ela.[42]

Ao mesmo tempo, em um julgamento às vésperas da eleição presidencial de 2020, o *Justice* Brett Kavanaugh voltou a citar *Bush v. Gore* na

[37] 531 U.S. 98 (2000), p. 109.

[38] KANG; SHEPHERD, op. cit., p. 1419.

[39] Trata-se de uma metáfora em relação ao vilão da séria fantástica Harry Potter, de J. K. Rowling, Lord Voldemort. Nos livros, falar o nome de Voldemort era um tabu, de modo que ele era usualmente referido pelos demais personagens como "*aquele que não deve ser nomeado*" ou "*você sabe quem*".

[40] FLANDERS, Chad. Bush v. Gore and the Uses of "Limiting". **The Yale Law Journal**, v. 116, p. 1159-1168, 2007.

[41] FLANDERS, Chad. *Please Don't Cite This Case!: The Precedential Value of Bush v. Gore*. **The Yale Law Journal**, v. 116, 2007.

[42] MACDOUGALL, Ian. *Why Bush v. Gore Still Matters in 2020*. **ProPublica**. 1 de novembro de 2020. Disponível em: propublica.org/article/why-bush-v-gore-still-matters.

Suprema Corte, no caso *Democratic National Committee v. Wisconsin State Legislature*. Na oportunidade, discutiu-se a legalidade da extensão do prazo de entrega de votos de ausentes no Estado de Wisconsin, determinada por uma Corte Federal. Essa decisão foi reformada pelo Tribunal de Apelação do Sétimo Circuito, e o novo julgamento mantido pela Suprema Corte. Com menção a *Bush v. Gore*, no voto de Brett Kavanaugh, a Suprema Corte, por cinco votos a três, afirmou que é papel das Cortes federais rever decisões de Cortes estaduais acerca de leis estaduais relacionadas às eleições presidenciais.[43]

Essa decisão causou efervescência na imprensa, que passou a temer uma nova interferência da Suprema Corte em uma disputa presidencial, tal como ocorrido em 2000,[44] o que não veio a se concretizar, ao menos em 2020.

Com o passar do tempo, pareceu ter sido difundida a expressão de que *Bush v. Gore* era exemplo de *one-day-only-ticket*,[45] isto é, de que só teria importância para aquela situação específica. Contudo, 20 anos depois, está cada vez mais claro que o caso segue vivo, talvez mais vivo do que nunca, diante do acima referido julgamento de *Democratic National Committee*.[46]

[43] **Democratic National Committee v. Wisconsin State Legislature**, 592 U.S. ____ (2020)

[44] GERSTEMAN, Evan. *The Specter Of Bush v. Gore Haunts The 2020 Election*. **Forbes**, 4 de novembro de 2020. Disponível em: https://www.forbes.com/sites/evangerstmann/2020/11/04/the-specter-of-bush-v-gore-haunts-the-2020-election/?sh=283470254ebb; PERRY, Barbara A. *Ted Olson Argued Bush v. Gore. Before Another Possibly Contested Election, Here Are 7 of His Winning Tactics*. **Time**, 3 de novembro de 2020. Disponível em: https://time.com/5906443/ted-olson-bush-gore/.

[45] HASEN, Richard L. *Teaching Bush v. Gore as History*. **Saint Louis Law Journal**, v. 56, v. 3, p. 665-674, 2012.

[46] CALLAHAM, Molly. *The ghost of Bush v. Gore may haunt the 2020 election*. **Northwestern News**, 2 de novembro 2020. Disponível em: https://news.northeastern.edu/2021/06/24/britney-spearss-conservatorship-removes-her-bodily-autonomy-but-shes-not-the-only-one/; LIPTAK, Adam. *As Supreme Court Weighs Election Cases, a New Life for Bush v. Gore*. **The New York Times**, 28 de outubro de 2020. Disponível em: https://www.nytimes.com/2020/10/28/us/supreme-court-bush-gore-kavanaugh.html; PERRY, Barbara A. *Ted Olson Argued Bush v. Gore. Before Another Possibly Contested Election, Here Are 7 of His*

Mas isso não parece ser suficiente para afirmá-lo como precedente, com caráter vinculante para todas as instâncias judiciais inferiores e para o próprio Tribunal, na medida em que a Suprema Corte não alterou formalmente o entendimento limitador do alcance da decisão. Ainda que relevante, a menção a *Bush v. Gore* no voto do *Justice* Brett Kavanaugh em *Democratic National Committee* foi isolada. Não houve efetivo debate dos demais *Justices* acerca da força vinculante do caso. A despeito de não ter sido considerado um precedente sob a perspectiva formal, é inegável a relevância e a persuasividade do julgado, tanto para o Poder Judiciário quanto para o estudo doutrinário de outros campos científicos, como a história[47] e a ciência política.

Conclusões

Em *Bush v. Gore*, cinco membros da Suprema Corte concluíram que o método da Flórida de contagem manual de votos, condado por condado, violava a cláusula da *igual proteção* e que nenhum retorno à contagem de votos no Estado era tempestivamente possível.[48] O julgado fez com que a contagem inicial dos votos no Estado, que favorecia o candidato George W. Bush prevalecesse e, em consequência, decidiu a eleição americana.

As circunstâncias específicas de que (a) a maioria formada tinha sido indicada por presidentes republicanos; (b) o desfecho do caso envolveu uma interpretação extensiva da cláusula da *igual proteção*, feita por magistrados tradicionalmente conservadores no elastecimento dessa garantia; e que, (c) em consequência, a Suprema Corte suspendeu qualquer recontagem sob o argumento de não haveria mais tempo possível são elementos que demonstram o tamanho da controvérsia jurídica que se instalou no país naquele ano. E essa controvérsia jamais foi superada, pois, novamente, nas palavras de Cass Sustein[49] "as pessoas continuam discordando acentuadamente sobre se o resultado pode ser justificado."

Winning Tactics. **Time**, 3 de novembro de 2020. Disponível em: https://time.com/5906443/ted-olson-bush-gore/.

[47] Hasen, op. cit.

[48] Zipursky, Benjamin C. Practical *Positivism versus Practical Perfectionism: The Hart-Fuller Debate at Fifty*. **New York University Law Review**, v. 83, n. 4, p. 1170-1212, 2008, p. 1187.

[49] Sunstein, op. cit., p. 1.

Referências

ACKERMAN, Bruce. ***Bush v. Gore***: *the question of legitimacy*. New Haven: Yale University Press, 2002.

ACKERMAN, Bruce. *12 Off Balance*. *in* ACKERMAN, Bruce. ***Bush v. Gore***: *the question of legitimacy*. New Haven: Yale University Press, 2002

BALKIN, Jack M. *Bush v. Gore and the Boundary Between Law and Politics*. **The Yale Law Journal**, v. 110, p. 101-152, 2001.

BALKIN, Jack M. **Legitimacy and the 2000 Election**. *in* ACKERMAN, Bruce. ***Bush v. Gore***: *the question of legitimacy*. New Haven: Yale University Press, 2002.

BRASIL. Constituição (1998). **Constituição da República Federativa do Brasil**. Brasília: DF, Senado, 1988.

CALABRESI, Steven G. *Partial (but not Partisan) Praise of Principle*. *in* ACKERMAN, Bruce. ***Bush v. Gore***: *the question of legitimacy*. New Haven: Yale University Press, 2002.

CALABRESI, Steven G. *A Political Question*. *in* ACKERMAN, Bruce. ***Bush v. Gore***: *the question of legitimacy*. New Haven: Yale University Press, 2002.

CALLAHAM, Molly. *The ghost of Bush v. Gore may haunt the 2020 election*. **Northwestern News**, 2 de novembro 2020. Disponível em: https://news.northeastern.edu/2021/06/24/britney-spearss-conservatorship-removes-her-bodily-autonomy-but-shes-not-the-only-one/.

CHEMERINSKY, Erwin. ***Constitutional Law***: *Principles and Policies*. 3. ed. Nova Iorque: Aspen, 2006.

DERSHOWITZ, Alan. ***Supreme Injustice***: *How the High Court Hijacked Election*. Nova Iorque: Oxford. 2000.

ESTADOS UNIDOS DA AMÉRICA. Supreme Court of Florida. **Palm Beach County Canvassing Bd. v. Harris**, 772 So. 2d 1220 (Fla. 2000), Tallahassee, 21 de novembro de 2000.

ESTADOS UNIDOS DA AMÉRICA. Supreme Court of the United States. **Bush v. Gore**, 531 U.S. 98 (2000), Washington D.C, 12 de dezembro de 2000.

ESTADOS UNIDOS DA AMÉRICA. Supreme Court of Florida. **Bush v. Palm Beach County Canvassing Bd.**, 531 U.S. 70 (2000), Washington D.C, 4 de dezembro de 2000.

ESTADOS UNIDOS DA AMÉRICA. Supreme Court of the United States. **Democratic National Committee v. Wisconsin State Legislature**, 592 U.S. ____ (2020), Washington D.C, 26 de outubro de 2020.

FLANDERS, Chad. Bush v. Gore and the Uses of "Limiting". **The Yale Law Journal**, v. 116, p. 1159-1168, 2007.

FLANDERS, Chad. *Please Don't Cite This Case!: The Precedential Value of Bush v. Gore.* **The Yale Law Journal**, v. 116, 2007.

GERSTEMAN, Evan. *The Specter Of Bush v. Gore Haunts The 2020 Election.* **Forbes**, 4 de novembro de 2020. Disponível em: https://www.forbes.com/sites/evangerstmann/2020/11/04/the-specter-of-bush-v-gore-haunts-the-2020-election/?sh=283470254ebb.

HASEN, Richard L. *Private: Bush v. Gore as Precedent in Ohio and Beyond.* **American Constituion Society**, 14 de dezembro de 2015. Disponível em: https://www.acslaw.org/?post_type=acsblog&p=11259.

HASEN, Richard L. *Teaching Bush v. Gore as History.* **Saint Louis Law Journal**, v. 56, v. 3, p. 665-674, 2012.

KANG, Michael S.; SHEPHERD, Joanna M. *The Long Shadow of Bush v. Gore: Judicial Partisanship in Election Cases.* **Stanford Law Review**, v. 68, p. 1411-1452, 2016.

KARSON, Kendall. *What to know about Tuesday's 'safe harbor' deadline to certify election results.* **Abc News**, 8 de dezembro de 2020. Disponível em: https://abcnews.go.com/Politics/tuesdays-safe-harbor-deadline/story?id=74603806.

LIPTAK, Adam. *As Supreme Court Weighs Election Cases, a New Life for Bush v. Gore.* **The New York Times**, 28 de outubro de 2020. Disponível em: https://www.nytimes.com/2020/10/28/us/supreme-court-bush-gore-kavanaugh.html.

MACDOUGALL, Ian. *Why Bush v. Gore Still Matters in 2020.* **ProPublica**. 1 de novembro de 2020. Disponível em: propublica.org/article/why-bush-v-gore-still-matters.

POSNER, Richard. **Breaking the Deadlock:** The 2000 Election, the Constitution & the Courts: The 2000 Election, the Constitution, and the Courts. Princeton: Princeton University Press. 2001.

POSNER, Richard. Bush v. Gore: *Prolegomenon to an Assessment.* **The University of Chicago Law Review**, v. 68, p. 719-736, 2001.

POSNER, Richard. *Bush v. Gore: Reply to Friedman.* **Florida State University Law Review**, v. 29, p. 871-877, 2001.

PERRY, Barbara A. *Ted Olson Argued Bush v. Gore. Before Another Possibly Contested Election, Here Are 7 of His Winning Tactics.* **Time**, 3 de novembro de 2020. Disponível em: https://time.com/5906443/ted-olson-bush-gore/.

SUSTEIN, Cass R. *Of Law and Politics. in* SUSTEIN, Cass R.; EPSTEIN, Richard A. (Ed.). ***The Vote:*** *Bush, Gore, and the Supreme Court*. Chicago: University of Chicago Press, 2001.

THE EDITORS OF ENCYCLOPAEDIA BRITANNICA. *Bush v. Gore*. **Encyclopædia Britannica**, 2 de dezembro de 2020. Disponível em: academic-eb-britannica.ez18.periodicos.capes.gov.br/levels/collegiate/article/Bush-v-Gore/471351.

TOOBIN, Jeffrey. ***Too Close to Call:*** *The Thirty-Six-Day Battle to Decide the 2000 Election*. Nova Iorque: Random House Trade, 2002.

TRIBE, Laurence. *eroG .v hsuB: Through the Looking Glass. in* ACKERMAN, Bruce. ***Bush v. Gore:*** *the question of legitimacy*. New Haven: Yale University Press, 2002.

TUSHNET, Mark. *The Conservatism in Bush v. Gore. in* ACKERMAN, Bruce. ***Bush v. Gore:*** *the question of legitimacy*. New Haven: Yale University Press, 2002.

ZIPURSKY, Benjamin C. Practical *Positivism versus Practical Perfectionism: The Hart--Fuller Debate at Fifty*. **New York University Law Review**, v. 83, n. 4, p. 1170-1212, 2008.

36. *GRUTTER V. BOLLINGER*, 2003
A IGUALDADE CONSTITUCIONAL SOB A PERSPECTIVA DA DIVERSIDADE

THIAGO MILANEZ ANDRAUS

Introdução

O conceito de igualdade, assim como o de liberdade, entrelaça-se com a própria ideia de justiça. Trata-se, pois, de tema sujeito a constantes discussões e evoluções, que desafia especialmente sistemas jurídicos de países com sociedades racialmente diversas. Assim, ao estudioso do tema no Brasil, certamente se mostra proveitosa uma incursão, ainda que pontual, ao sistema legal americano, o primeiro a lidar sistematicamente com uma ferramenta sobremaneira útil a tais desafios – as ações afirmativas.

Nos Estados Unidos, a "lei da terra" nessa seara é *Grutter v. Bollinger*, julgado pela Suprema Corte em 2003. Nele, analisou-se a constitucionalidade, à luz da regra da igualdade de todos perante a lei – e com o rigor teórico da interpretação constitucional americana –, de uma política de ações afirmativas de admissão a uma faculdade de Direito, concluindo-se que a diversidade é um valor a ser protegido. Mas há muito mais a extrair da opinião da maioria, de seus fatos antecedentes e até das divergências, como ver-se-á nas seções seguintes, que abordam o contexto histórico, os pontos mais importantes da decisão e suas repercussões, além do *status* atual da discussão, nessa ordem.

1. Contexto histórico

Tendo a luta pela igualdade como um *leitmotiv*, a história americana invariavelmente toca a das ações afirmativas. Já em 1861, iniciada a Guerra

Civil, Abraham Lincoln defendia a supressão, pelo governo federal, de constrições artificiais de forma a garantir que todos iniciassem a competição da vida livremente, em uma arena justa e igualitária[1]. Finda a guerra, o Congresso da Reconstrução aprovou três emendas constitucionais relacionadas à igualdade racial, entre elas a XIV, dispondo genericamente sobre igual proteção das leis. Na mesma época, foram editadas leis específicas para auxílio aos libertos e dois atos de direitos civis (de 1866 e 1875) que Thurgood Marshall já considerava programas de ações afirmativas[2].

Mas foi somente a partir do movimento pelos direitos civis, na presidência de John F. Kennedy (JFK), que o termo "ações afirmativas" passou a ser lapidado com seus contornos atuais. Como candidato à presidência, JFK apoiara abertamente reivindicações desse movimento[3]. Empossado, porém, deparou-se com um Congresso conservador. Assim, inicialmente restringiu suas iniciativas ao âmbito do Executivo, criando o Comitê para Oportunidades Iguais de Emprego, liderado pelo vice Lyndon B. Johnson[4], para quem não bastava banir a discriminação racial, sendo neces-

[1] Beckman, James A. Preface. *In*: Beckman, James A. (Coord.). ***Controversies in Affirmative Action***. Santa Barbara: Praeger, 2014, p. XX. Registra-se que durante a Segunda Guerra o presidente Roosevelt editou ordem executiva a fim de abrir o mercado de trabalho no setor bélico a afro-americanos, bem como para proibir discriminação em matéria de emprego em empresas contratadas pelo governo. Gerapetritis, George. ***Affirmative Action Policies and Judicial Review Worldwide***. Nova Iorque: Springer, 2015, p. 95.

[2] Voto de T. Marshall em *Regents of the University of California v. Bakke*, 1978. Thurgood Marshall foi o primeiro negro a ocupar um assento na Suprema Corte americana (depois de se notabilizar como advogado e ativista dos direitos civis, exitosamente sustentando perante a corte *Brown v. Board of Education*, em 1954).

[3] Anderson, Terry H. ***The pursuit of fairness****: a history of affirmative action*. Nova Iorque: Oxford University Press, 2004. p. 59.

[4] Johnson, nos anos 1940, enquanto senador pelo Texas, votara contra legislação de direitos civis proposta por Truman. Posteriormente, no entanto, acabou endossando a causa e fez dela foco de sua carreira no senado americano. Brooks, F. Erik. *Modern Affirmative Action Takes Shape: President Lyndon Johnson, Howard University, and Executive Order 11246*. *In*: Beckman, James A. (Coord.). ***Controversies in Affirmative Action***. Santa Barbara: Praeger, 2014, p. 19.

sário "ação afirmativa [...] para disponibilizar oportunidades iguais a todos"[5].

A expressão ganhou o mundo jurídico a partir de seu emprego na Ordem Executiva n. 10.925 de JFK (1961)[6], que estabeleceu o comitê (partes I e II da ordem) e passou a obrigar a inclusão em contratos federais de cláusula para adoção de ações afirmativas pelas empresas contratadas, a fim de assegurar que trabalhadores fossem tratados sem consideração da raça, credo, cor ou origem nacional (parte III da ordem). Posteriormente, com a intensificação da agitação social em torno da igualdade racial (o movimento dos direitos civis atinge seu ápice no período, simbolizado com o seminal *"I Have a Dream"*, de Martin Luther King Jr.), Kennedy acabou enviando ao Congresso, em 1963, um projeto sobre direitos civis. Paralelamente, seguiu com sua estratégia inicial, editando a Ordem Executiva n. 11.114[7], que estendeu as obrigações previstas na ordem anterior a contratos de financiamento com recursos federais. No entanto, não havia nesses atos do Executivo nenhuma menção à necessidade de concessão de preferências ou quotas para minorias. Pelo contrário, questionado sobre o tema, Kennedy negou que pretendesse impor quotas[8].

Após o assassinato de JFK, Lyndon Johnson, aproveitando o momento de consternação nacional, defendeu que a positivação dos direitos civis seria um modo de honrar o antigo presidente. Assim, imediatamente propôs ampliação do projeto antes apresentado[9] e este finalmente se tornou lei em julho de 1964 (78 Stat. 241). Curiosamente, ao serem levantadas

[5] PERRY, Barbara Ann. ***The Michigan Affirmative Action Cases.*** Lawrence: University Press of Kansas, 2007, p. 7.

[6] A locução "ação afirmativa" foi deliberadamente escolhida por sua conotação positiva e em razão da aliteração envolvida. ANDERSON, op. cit., p. 61.

[7] Ibid. p. 62, 69, 71 e 72. A parte I da nova ordem dispôs: "oportunidades de emprego criadas por fundos federais devem estar disponíveis igualmente para qualquer pessoa qualificada".

[8] Declarando que "estarão conosco por muitos anos homens e mulheres não educados que perderam a chance de uma educação decente. Temos que fazer o melhor que pudermos agora. É isso que estamos tentando fazer. Não acho que cotas sejam uma ideia muito boa. [...] Acho que devemos fazer um esforço para dar uma chance justa a todos os que estão qualificados. [...] Somos muito misturados, esta nossa sociedade, para começar a nos dividir com base na raça de cor." PERRY, op. cit., p. 11.

[9] ANDERSON, op. cit. p. 72.

dúvidas quanto à possibilidade de criação de quotas a partir da aprovação do projeto, o relator deste no Senado asseverou que a proposta, ao contrário, justamente proibia discriminações, prontificando-se a comer as páginas do texto requerendo quotas, caso alguém lograsse apontá-las[10].

Mas o clima político-social era de quase conflagração (Selma/AL, Watts/CA, por exemplo) e uma evolução do conceito de igualdade era inevitável[11]. Assim, após propor igualdade de oportunidades em famoso discurso na Universidade de Howard, Johnson editou a Ordem Executiva n. 11.246, impondo que empresas contratadas pelo governo federal documentassem sua conformidade (*compliance*) com as políticas de ações afirmativas e impondo "passos razoáveis em tempo razoável" para implementação de tais ações pelos órgãos federais, além de introduzir menção a estatísticas (Seções 202, 203 e 209 da ordem).

Nada obstante a aparente contradição entre a necessidade de medições numéricas ensaiada na ordem e a proibição a tratamento preferencial do Título VII do Ato dos Direitos Civis de 1964, a essa altura a necessidade de atenção a números era tão evidente que foi até ampliada durante a administração republicana de Richard Nixon[12]. Com seu Plano

[10] Perry, op. cit., p. 13. Na redação final do ato, este acabou autorizando, na seção relativa às medidas reparatórias contra discriminações passíveis de serem determinadas em juízo, a utilização de ações afirmativas "apropriadas", mas sem listar quotas e havendo ainda declaração de que o ato não deveria ser interpretado de forma a requerer do empregador tratamento preferencial de indivíduo ou grupo baseado em raça, cor, religião, sexo ou origem nacional. Seção 706(g) e Seção 703(j) do Ato dos Direitos Civis de 1964.

[11] Em junho de 1965 em formatura da Universidade Howard, Johnson defendeu não ser suficiente remover preconceitos, sendo necessário que o Estado assumisse um papel ativo no auxílio para que afro-americanos alcançassem cidadania plena e direitos iguais. Retornando à metáfora de Lincoln, afirmou que não se poderia tomar uma pessoa que esteve por anos acorrentada, libertá-la na linha de largada de uma corrida e dizer a ela ser livre para competir com as demais. Brooks, F. Erik. *Op. cit.* p. 22. Foi na Universidade de Howard que se formou Thurgood Marshall.

[12] No governo de Nixon é que a administração passou a adotar a doutrina do "impacto desigual" (*disparate impact*), no lugar do "tratamento desigual" (*disparate treatment*), bem como forçar contratações em setores específicos em proporcionalidade às representações estatísticas de minorias nas comunidades locais, mediante o conceito de "subutilização". Katznelson, Ira. ***When Affirmative Action Was White:** An Untold History of Racial Inequality in Twentieth-Century America*. Nova Iorque: W.W. Norton & Company, 2005, p. 100.

Filadélfia, surge a noção de que as estatísticas de minorias representadas nas folhas de pagamento das empreiteiras deveriam guardar proporção com aquelas da comunidade local[13].

Enquanto isso, no ambiente universitário, o movimento dos direitos civis levou instituições de ensino, especialmente nos anos 1960 e 1970, a buscarem diversificar seus *campi*, ao percebê-los homogeneamente brancos em razão dos critérios de admissão até então adotados[14]. Para tanto, passam a ser desenvolvidas políticas de admissão com outros critérios[15].

Todavia, uma onda duradoura de ataques às ações afirmativas iniciou-se a partir do governo de Ronald Reagan, que as repudiava como injustas, antiamericanas e equivalentes a "discriminação reversa" contra homens brancos[16]. Prosseguindo em tal postura, George H. Bush em 1990 se recusou a assinar o Ato dos Direitos Civis de 1990, alegando que resultaria no estabelecimento de quotas em matéria de emprego. Mesmo entre os democratas, o instituto começou a despertar certa desconfiança. Bill Clinton, por exemplo, afirmou que tais ações ainda eram necessárias, mas deveriam ser reestruturadas para não gerar discriminação reversa[17]. George W. Bush, que sucedeu a Clinton, era contrário às ações afirmativas. Concomitantemente, passaram a surgir iniciativas legislativas estaduais para banir a consideração da raça de candidatos em decisões estatais. Em 2003, quando o caso em estudo foi decidido, as preferências raciais já tinham sido banidas na Califórnia, Texas, Washington e Flórida.

Nesse contexto, naturalmente também eclodiram nos tribunais diversos questionamentos às ações afirmativas, alguns deles orquestrados por

[13] Foi também durante o mandato de Nixon que o Congresso aprovou o Ato das Oportunidades Iguais de Emprego de 1972. Lewis, Earl. Why history remains a factor in the search for racial equality. *In:* Gurin, Patricia; Lehman, Jeffrey S.; Lewis, Earl (Org.), ***Defending diversity: Affirmative action at the University of Michigan***. Ann Arbor: University of Michigan Press, 2004, p. 38.

[14] Brooks, op. cit. p. 30.

[15] Ibid.

[16] Beasley, Maya. *The Biggest Threat to Affirmative Action in Its Formative Stage: President Ronald Reagan and His Attack on Affirmative Action in America. In*: Beckman, James A. (Coord.). ***Controversies in Affirmative Action***. Santa Barbara: Praeger, 2014, p. 143.

[17] O comentário ocorreu após a decisão em *Adarand Constructors, Inc. v. Peña*, 1995, adiante referida. Beckman, James A. op. cit., p. 39.

grupos de interesse organizados. Foi o caso da ação ajuizada por Barbara Grutter. Ela foi selecionada pelo Centro pelos Direitos Individuais (CIR, na sigla em inglês) a partir de uma listagem com 200 potenciais autores repassada por políticos conservadores de Michigan, depois que tiveram acesso à política de admissões da universidade do estado (com ações afirmativas)[18]. O CIR foi fundado em 1989 e até hoje tem como uma de suas missões "retirar o governo do negócio de classificar os cidadãos pela raça", propondo-se, para tanto, a litigar agressivamente casos cuidadosamente selecionados, mediante uma abordagem oportunista do Direito, tal como uma empresa de *venture capital*[19].

O alvo certamente pareceu promissor ao centro. Michigan apresentava cenário social propício para uma batalha contra as ações afirmativas, pois discussões referentes à dessegregação escolar (entre outros motivos) esfacelaram o Partido Democrata no estado e exacerbaram a tensão racial, crescendo na região o mito do branco como vítima[20].

Importante ressaltar, ainda, o fato de se tratar de uma universidade de elite, com muitos candidatos para poucas vagas, o que garantia uma vantagem em matéria probatória, pois tornava mais evidentes os casos em que as admissões não derivavam estritamente de notas.

A autora também se mostrava ideal. Barbara Grutter era uma mulher branca, mãe de dois filhos, que, com 43 anos de idade, após se candidatar à faculdade de Direito da universidade, acabou sendo rejeitada, apesar de suas boas notas. Assim, era possível demonstrar que ela era mais bem qualificada do que representantes de minorias admitidos e, sendo mulher, evitava que o autor fosse percebido como apenas mais um "homem branco raivoso"[21].

Barbara Grutter ajuizou ação na justiça federal americana contra a faculdade, reitores e diretores (entre eles, Lee Bollinger) em 1997. Alegou que os réus a discriminaram por motivo de raça, uma violação à XIV

[18] Stohr, Greg. ***A black and white case**: how affirmative action survived its greatest legal challenge*. Princeton: Bloomberg Press, 2004, p. 46.

[19] Center For Individual Rights. Mission. Washington, 2021. Disponível em: https://www.cir-usa.org/mission/.

[20] Perry, op. cit., p. 47.

[21] Stohr, op. cit. p. 49.

Emenda à Constituição dos Estados Unidos[22], ao Ato dos Direitos Civis de 1964 e à Seção n. 1981 do Título 42 (direitos iguais perante a lei) do código consolidado das leis dos Estados Unidos (US Code)[23].

Sustentou que sua raça foi fator predominante para sua rejeição, pois candidatos de minorias tinham mais chances de aprovação em razão do programa da faculdade. Finalmente, afirmou que não haveria um motivo imperioso que justificasse utilização de tal característica pela universidade em suas admissões.

O juízo de primeiro grau reputou inválida a política de ingresso de novos alunos da faculdade. A Corte de Apelações, por sua vez, reformou tal decisão. A Suprema Corte aceitou recurso para rever o caso e assim resolver dissenso entre as cortes de apelação.

2. Aspectos importantes da decisão

A controvérsia exigia definição dos contornos do direito à igualdade no contexto de ações afirmativas para admissão de minorias em universidades, tema que fora analisado pela última vez pela Suprema Corte 25 anos antes, em *Regents of the University of California v. Bakke* (1978)[24].

Revisitar o tema era inevitável. *Bakke* foi marcado pelo dissenso, resultando em uma decisão excepcionalmente fraturada, com seis votos separados, nenhum deles angariando maioria. Discutiu-se, naquela ocasião, a política de admissões da faculdade de medicina da Universidade da Califórnia, em Davis (UC Davis), na qual 16 vagas (de um total de 100) eram preenchidas por membros de minorias raciais, mediante cri-

[22] A emenda estabelece, no trecho pertinente: "nenhum estado deverá [...] negar a qualquer pessoa dentro de sua jurisdição a igual proteção das leis."

[23] Prevê tal dispositivo do código, em sua alínea (a): "Todas as pessoas dentro da jurisdição dos Estados Unidos terão o mesmo direito em todos os estados e territórios de fazer e executar contratos, processar, ser partes, prestar depoimento e obter o benefício total e igual de todas as leis e procedimentos para a segurança de pessoas e propriedades de que gozam os cidadãos brancos, e estarão sujeitas a punições, penas, penalidades, impostos, licenças e exações de todo tipo, e a nenhuma outra."

[24] Houve uma ação anterior admitida a julgamento pela Corte (*DeFunis v. Odegaard*, 1974), mas seu mérito acabou não sendo analisado, pois o autor (admitido pela universidade requerida no curso do processo, em cumprimento a decisão da Suprema Corte de Washington) estava na iminência de formar-se quando o caso seria analisado.

térios diferentes daqueles do programa de admissão regular. Ao analisar a validade da política, oito juízes dividiram-se em dois extremos: quatro deles[25] concluíram que a consideração da raça violava o Ato dos Direitos Civis de 1964 e, assim, sequer seria necessária análise sob o prisma constitucional; outros quatro[26] entenderam que o programa era constitucional após apreciá-lo sob o modelo de escrutínio intermediário (aplicado a classificações de gênero). Nesse quadro, coube ao *Justice* Lewis F. Powell Jr. anunciar a conclusão final do julgamento, apresentando um voto com suas visões do caso. Ao cabo, o programa especial de admissão de UC Davis foi invalidado, mas a universidade não foi condenada a se abster de continuar considerando o fator raça em suas admissões de outros modos.

O voto de Powell passou a ser utilizado como norte por diversas instituições de ensino ao desenharem seus programas de admissão. Para este, qualquer ato estatal envolvendo distinções de raça deveria ser considerado suspeito e, como tal, atrairia o modelo do escrutínio estrito (*strict scrutiny*) de análise constitucional. Em tal modelo, o ato estatal somente é reputado constitucional se for demonstrado pelo Poder Público ter sido estritamente moldado (*narrowly tailored*) (juízo do meio empregado) para satisfazer a um interesse estatal imperioso (*compelling interest*) (juízo da finalidade do ato). Ao aplicar esse rígido modelo de análise ao programa da UC Davis, Powell concluiu que, dentre os objetivos alegados pela universidade, poderia ser considerado como imperioso aquele referente à diversidade do corpo estudantil[27]. Todavia, o meio utilizado pela

[25] Stevens, acompanhado por Burger, Stewart e Rehnquist.

[26] Brennan, White, Marshall e Blackmun entenderam que no caso dos autos a classificação não seria suspeita (o que exigiria escrutínio estrito), pois aos brancos, como classe, não são associados indícios tradicionais de discriminação. Ainda, a política da universidade não estigmatizava minorias raciais. Assim, entenderam que distinções raciais com propósitos reparatórios atraíam escrutínio intermediário, ou seja, que se relacionassem substancialmente (juízo de meio) com objetivos estatais importantes (juízo de finalidade). Para eles, a compensação de discriminação pretérita seria suficientemente importante para atender tal teste e o uso de raça seria razoável no atendimento de tal objetivo.

[27] Embora outros julgados já reconhecessem que a compensação por discriminação passada pudesse ser considerada como interesse imperioso, Powell entendeu que nesse caso tal interesse não servia à justificação do programa, pois a universidade requerida, ela mesma, nunca se engajara em atos discriminatórios.

universidade não fora adequado, pois diversidade não diria respeito apenas à cor da pele, como considerado por UC Davis.

Segundo Powell, na diversidade passível de justificar a consideração da raça de um indivíduo em um programa de admissão universitário, esta deveria ser apenas um elemento a mais (*plus factor*), ainda que importante, dentro de toda uma gama de fatores a serem validamente considerados, não podendo ser confundido como uma porcentagem racial ou étnica específica. Assim, o objetivo de diversidade estudantil não justificaria utilização de um programa de admissão separado, com isolamento de alguns indivíduos. Antes, o programa deveria ser flexível o suficiente para que todos os elementos da diversidade, para todos os candidatos, fossem considerados, embora não necessariamente com o mesmo peso. Para demonstrar que a fixação de percentual específico de vagas para minorias não era o único modo de atingir o objetivo de diversidade, Powell citou e apensou a seu voto o programa de Harvard[28], que considerava a raça ou etnia do candidato como um fator a mais em sua avaliação individual, sem o isolar dos demais.

Após *Bakke*, a Suprema Corte americana ainda claudicou em relação ao modelo de escrutínio cabível para análise da constitucionalidade de distinções de raça que beneficiavam minorias[29]. Inicialmente, em *Fullilove v. Klutznick*, julgado em 1980 (novamente entre notável dissenso), o voto ao qual aderiram mais juízes (*plurality*) endossou o teste mais restrito[30]. O mesmo modelo foi adotado em *City of Richmond v. J.A. Croson Co.*, decidido por maioria em 1989 (voto de Sandra Day O'Connor). Já no ano seguinte formou-se, dentro do tribunal, corrente majoritária pela aplicação do modelo de escrutínio intermediário para atos normativos federais (*Metro Broadcasting, Inc. v. FCC*)[31]. Todavia, este precedente aca-

[28] A Universidade de Harvard, com outras, ingressara no feito como *amicus curiae*.

[29] A discussão diz respeito à estrutura analítica a ser aplicada no caso de atos estatais envolvendo distinções de raça e que supostamente sejam benignos às minorias. Não dizem respeito, pois, às ações afirmativas *per se*. Logo, a ações afirmativas envolvendo exclusivamente outras distinções, que não de raça, podem vir a ser aplicados outras espécies de escrutínio.

[30] Voto do juiz-presidente Burger, acompanhado por White e Powell.

[31] Distinguindo-se o precedente do ano anterior, como aplicável apenas a atos normativos locais e estaduais Adotou-se aqui o mesmo modelo de escrutínio adotado para atos estatais

bou sendo posteriormente declarado superado no julgamento de *Adarand Constructors, Inc. v. Peña*, em 1995, quando novamente uma maioria capitaneada por O'Connor estabeleceu que qualquer programa de ação afirmativa (local, estadual ou federal), que levasse em consideração o fator raça, estaria sujeito a escrutínio estrito, pois esta é uma classificação de grupo e a cláusula constitucional da igual proteção protege pessoas (não grupos), não podendo ser referendada meramente por supostas boas intenções[32]. Admoestou-se, porém, que este modelo mais rígido de análise não seria "estrito em teoria e fatal na prática"[33].

Era justamente a questão da aplicação prática desse modelo (i.e., quais objetivos e meios seriam suficientes para satisfazê-lo) que permanecia em aberto antes do julgamento de *Grutter v. Bollinger*. Nada obstante a opinião de Powell em *Bakke* tivesse ganhado vida em programas de admissão incentivadores de diversidade do corpo discente de diversas universidades, a questão no âmbito dos tribunais era mais controversa. Tendo em conta a ausência, em *Bakke*, de um voto claramente chancelado por uma maioria, passou-se a discutir se aquele de Powell poderia ser considerando um precedente vinculante[34]. Tal discussão geralmente se dava sob a complexa regra definida a partir de *Marks v. United States* (1977), sobre como deve ser encarada uma decisão quando ausente maioria aderindo à *ratio decidendi* de qualquer voto.

que envolvam distinções de gênero, intermediário. Sobre este, v. nota 25, *supra*.

[32] Essa *ratio* tem origens no voto de Powell em *Bakke*, mas foi mais claramente articulada pela primeira vez em *Fullilove* (no voto prevalente, de Burger) e posteriormente ratificada no voto da maioria em *Croson*: "Na ausência de inquirição judicial à justificação de tais medidas baseadas em raça, simplesmente não há como determinar quais classificações são 'benignas' ou 'corretivas' e quais classificações são de fato motivadas por noções ilegítimas de inferioridade racial ou mera política racial. Na verdade, o objetivo do escrutínio estrito é afastar a possibilidade de usos ilegítimos da raça, garantindo que o corpo legislativo esteja perseguindo uma meta importante o suficiente para justificar o uso de uma ferramenta altamente suspeita." **City of Richmond v. J. A. Croson Company**, 488 US 469, 493 (1989).

[33] **Adarand Constructors, Inc. v. Peña**, 515 US 200, 237 (1995).

[34] Um dos primeiros (se não o primeiro) a inaugurar tal divergência pretoriana foi **Hopwood v. Texas**, 78 F.3d 932 (5th Cir. 1996), em que o tribunal do Quinto Circuito Federal rejeitou que a diversidade do corpo estudantil universitário possa ser considerada como interesse imperioso, contrariando o proposto por Powell em *Bakke*.

A Corte, em *Grutter*, no entanto, entendeu despiciendo para a solução do caso o recurso às pálidas luzes de *Marks*. A opinião da maioria (5 – 4), consubstanciada no voto da *Justice* Sandra Day O'Connor[35], foi no sentido de endossar (como seu) o entendimento de Powell, de que a diversidade do corpo estudantil corresponde a interesse imperioso a ponto de justificar a consideração da raça do indivíduo no processo seletivo de uma universidade. O modelo de escrutínio aplicável foi o estrito (de *Adarand*). A finalidade desse *standard* analítico seria justamente servir de estrutura para exame cuidadoso da importância e sinceridade dos motivos de consideração da raça pelo administrador público num contexto específico.

Ressalvou-se, no entanto, mais uma vez, que o teste não seria sempre fatal na prática, pois "o contexto importa ao se revisar atos estatais baseados em raça sob a cláusula de igual de proteção"[36]. Para ilustrar a importância do contexto fático, O'Connor recorreu à citação de decisão da Corte em *Gomillion v. Lightfoot* (1960), bastante emblemática do processo de interpretação constitucional e construção de precedentes do sistema jurídico americano:

> Ao lidar com reivindicações ao abrigo de disposições amplas da Constituição, que derivam conteúdo a partir de um processo interpretativo de inclusão e exclusão, é imperativo que generalizações, baseadas e qualificadas pelas situações concretas que lhes deram origem, não sejam aplicadas fora do contexto e sem se considerar fatos determinantes variáveis[37].

A compreensão do caso passa, pois, inexoravelmente, pelos detalhes da política de admissões da escola de Direito de Michigan. Esta almejava mesclar estudantes com diferentes históricos e experiências que pudessem aprender uns com os outros. Para tanto, considerava a habilidade acadêmica da candidata em combinação com uma avaliação flexível de

[35] O'Connor foi acompanhada por Stevens, Souter, Ginsburg e Breyer.

[36] **Grutter v. Bollinger**, 539 US 306, 327 (2003).

[37] Decisões fato-específicas já eram uma característica de O'Connor, que a distinguiam de Scalia, por exemplo. Essa atenção aos fatos tornava difícil prever seus votos, levando litigantes a lhe devotarem grande atenção. Tushnet, Mark. ***A Court divided**: the Rehnquist court and the future of constitutional law*. Nova Iorque: W.W. Norton & Company, 2005, p. 49.

seus talentos, experiências e potencial para contribuir com o aprendizado dos colegas. Essas considerações eram dirigidas a cada um dos estudantes, com base em toda a informação disponível em seus arquivos, sem possibilidade de admissão de pessoas que não tivessem condições de concluir o curso sem grandes percalços. Pontuações em testes e notas sozinhas não garantiam nem aprovação nem rejeição automáticas, sendo também consideradas variáveis suaves como o entusiasmo de cartas de recomendação, a qualidade da redação do aluno, entre outras, de modo a se avaliar o potencial de contribuição em sala. Não havia, na política, restrição a tipos de diversidade, embora ela veiculasse compromisso com "um tipo particular de diversidade", a étnico-racial, para inclusão de grupos historicamente discriminados (afro-americanos, hispânicos e nativo-americanos), que do contrário não se fariam presentes de forma significativa no corpo discente[38].

Projetando tais fatos contra a estrutura analítica do escrutínio estrito, a maioria dos juízes reputou atendidos os elevados requisitos de tal modelo para a validade constitucional da distinção operada pela faculdade, tanto em relação a sua finalidade quanto ao meio empregado.

No juízo de finalidade do ato, assentou a Corte que a compensação de discriminações pretéritas não seria o único motivo passível de ser considerado como imperioso, para fins de utilização das classificações raciais por agentes estatais. Tendo em conta a liberdade acadêmica das universidades, resolveu a maioria prestar deferência à avaliação educacional da universidade em relação à essencialidade da diversidade para sua missão. Tal deferência teria amparo na estreita ligação das liberdades de expressão e pensamento com o ambiente universitário. A diversidade do corpo estudantil seria central à faculdade de Direito e sua boa-fé aqui deveria ser presumida. Seu interesse não seria simplesmente alcançar uma porcentagem específica de um grupo racial (isto seria equilíbrio racial, inconstitucional), mas sim garantir uma classe qualificada com uma massa crítica de minorias, suficiente para obtenção dos benefícios educacionais da diversidade.

[38] Ibid., p. 316.

A Corte frisou que os benefícios educacionais da diversidade são de fato substanciais, ilustrando com seu potencial para galvanização de entendimentos interraciais, superação de estereótipos, acesso a novas perspectivas, entre outros. Aqui, os juízes emprestaram notável crédito às contribuições dos numerosos *amici* que acorreram à lide, entre eles grandes corporações (que sublinharam que uma universidade diversa prepara melhor para o mercado de trabalho), outras instituições de ensino e representantes da comunidade militar (para os quais um corpo militar diverso, garantido por instituições que assim o prepare, é essencial para a habilidade bélica)[39]. Registrou, ainda, que a universidade e, principalmente, as faculdades de Direito, formam os líderes da nação americana, pelo que não se podem isolar da sociedade[40]. Ressalvou que o conceito de massa crítica da universidade não se prendia à expressão de um suposto ponto de vista único peculiar das minorias (que certamente não existiria), mas, ao contrário, à quebra de estereótipos[41].

[39] O arrazoado dos militares foi muito citado nos argumentos orais. Na época, recém iniciara a Guerra do Iraque.

[40] No ponto, a Corte ancorou-se em **Sweatt v. Painter**, 339 US 629, 634 (1950).

[41] O conceito de massa crítica adotado pela faculdade, essencial na discussão havida, foi objeto da prova oral colhida. O diretor de admissões da instituição à época dos fatos, Dennis Shields, declarou que nunca determinou que o pessoal de admissão buscasse uma porcentagem específica de minorias, mas apenas que a raça fosse considerada com outros fatores, para formação de uma massa crítica de minorias subrepresentadas. Essa massa crítica, conforme o testemunho de Erica Munzer (sucessora de Shields) equivaleria a números ou representação significativa, que por sua vez seria a representação que retirasse os estudantes de minorias do isolamento e incentivasse sua participação nas aulas. Não haveria número pré-definido para tanto e, não fossem consideradas características dos candidatos, tal massa não seria atingida considerando-se apenas notas (o que foi confirmado pelo perito da universidade). Jeffrey Lehman (diretor da faculdade ao tempo do processo) acrescentou ser variável a extensão em que a raça seria considerada para cada candidato (sendo determinante em alguns casos ou não ter peso nenhum). Já Richard Lembert, que presidiu o comitê que minutou a política de admissões, afirmou que o objetivo desta não era remediar discriminações passadas, mas assegurar a participação em sala de pessoas com perspectivas diferente daquelas de grupos que não foram vítimas de discriminação. Kent Syverud declarou que, com uma massa crítica de minorias, estereótipos perdem força e se compreende que existe uma variedade de visões dentro das minorias. Por fim, Kinley Larntz, perita da autora, após analisar os números de admissão em anos anteriores, concluiu que a raça dos candidatos era um fator importante na aprovação, mas não predominante.

Mas, após sobreviver ao juízo de finalidade, restava ainda submeter a política de admissões da faculdade ao juízo de meio. No modelo rígido de análise constitucional, o meio utilizado dever ser estritamente moldado ao atingimento da finalidade pretendida.

A primeira condição para que tal requisito seja atendido no caso de programas de admissão de universidades que levam em consideração o fator raça, entendeu a Suprema Corte, é que não seja um sistema de cotas[42]. Antes, o programa deve ser suficientemente flexível, considerando todos os aspectos da diversidade (mas não necessariamente com o mesmo peso) em relação a todos e cada um dos candidatos em pé de igualdade, embora "'alguma atenção aos números', sem mais, não transforme um sistema de admissões flexível em uma cota rígida" (novamente, *ratio* de Powell)[43]. Contudo, isso (não corresponder a um sistema de cotas) seria insuficiente para o sucesso de um tal programa sob o *strict scrutiny*. Também seria necessária consideração do candidato em sua individualidade, sem que sua raça defina, por si, sua aprovação. A política de Michigan, entendeu a Corte, atendia tal requisito:

> Aqui, a Faculdade de Direito se envolve em uma revisão holística e altamente individualizada do arquivo de cada candidato, considerando seriamente todas as maneiras como um candidato pode contribuir para um ambiente educacional diverso. A Escola de Direito oferece essa consideração individualizada para candidatos de todas as raças. Não existe uma política, de jure ou de facto, de aceitação ou rejeição automática com base em uma única variável "suave".

Desse modo, o programa analisado assemelhava-se mais àquele de Harvard, mencionado por Powell em *Bakke,* do que ao de UC Davis, lá invalidado. O fator raça não implicava bônus mecânico predeterminado, mas todos os fatores aptos a contribuir para a diversidade eram considerados (não somente raça ou etnia, mas também residência em território estrangeiro, línguas, enfrentamento de adversidades, serviço comunitário, além de outros).

[42] 539 U.S. 306 (2003), p. 334.
[43] 539 U.S. 306 (2003), p. 336.

Também se reputou o programa necessário, pois, sem ele, integrantes de minorias não poderiam contribuir para o objetivo da instituição. Quanto a este aspecto, considerou-se suficiente que tivesse a faculdade sopesado seriamente e de boa-fé outras alternativas, não sendo exigível sua exaustão, tampouco uma escolha entre a manutenção da excelência e a concessão de oportunidades para todos. Ainda, o programa não oneraria indevidamente membros de qualquer grupo racial, pois todos os elementos da diversidade eram considerados.

Finalmente, a questão temporal. Para a Corte, políticas de admissão que levam em consideração o fator raça deveriam necessariamente ser limitadas no tempo, pois o objetivo da XIV Emenda seria justamente o de afastar distinções por raça pelo Estado[44]. Essa limitação garantiria que o uso da raça, como desvio da norma do igual tratamento perante a lei, ocorresse a serviço da própria igualdade[45]. Em programas como o analisado, isso poderia ser feito mediante previsões de termo final ou revisões periódicas, mas a maioria do Tribunal se fiou na declaração da universidade, de que preferiria um programa neutro à raça e cessaria de utilizar aquele analisado assim que possível. De todo modo, registrou-se na decisão, tendo em conta o aumento do número de estudantes universitário de minorias dentro dos 25 anos passados desde *Bakke*, seria esperado que nos 25 anos seguintes ao novo julgamento distinções raciais não mais fossem necessárias para a diversidade estudantil em âmbito universitário.

Em suma, tem-se no sistema legal americano, a partir de *Grutter v. Bollinger*, que a cláusula da igual proteção da XIV Emenda não proíbe o uso de raça em programas de admissão universitários estritamente moldados ao atingimento do interesse imperioso dos benefícios educacionais derivados de um corpo estudantil diverso.

Alguma alusão às divergências se mostra salutar[46]. Assim, o voto de Antonin Scalia foi marcado, como de costume, por sua invulgar veemência. Para ele, a justificativa da "massa crítica" equivaleria a um conceito

[44] O precedente é **Palmore v. Sidoti**, 466 US 429, 432 (1984).

[45] Aqui, O'Connor amparou-se em *Croson* (**City of Richmond**, 488 US, p. 510).

[46] A decisão da Corte, acima exposta, foi veiculada no voto que angariou maioria, de O'Connor. Ela foi integralmente acompanhada por Stevens, Souter, Ginsburg e Breyer (Scalia e Thomas manifestaram concordância parcial, apenas no que consistente com

"místico", incapaz de tocar a mente mais crédula, mera farsa para escamotear admissões racialmente proporcionais. Acresceu que o benefício de entendimento racial não seria uma lição jurídica aprendida em ambiente formal, passível de avaliação nas provas da faculdade ou da admissão ao exercício da advocacia. Antes, seria uma lição de vida, também ensinada a crianças. Por fim, em típico argumento *slippery slope* (recorrente em divergências do juiz), vaticinou que a decisão da maioria, longe de encerrar a controvérsia, estimularia a litigância[47].

De seu turno, Clarence Thomas, o segundo negro a oficiar na Suprema Corte americana[48], abriu sua divergência citando Frederick Douglass, afro-americano de incontestável importância na abolição da escravatura, em discurso de 1865:

> O que peço ao negro não é benevolência, nem piedade, nem simpatia, mas simplesmente justiça. O povo americano sempre esteve ansioso para saber o que deveria fazer conosco. [...] Eu tive apenas uma resposta desde o início. Não faça nada conosco! [...] E se o negro não consegue ficar de pé sobre as próprias pernas, deixe-o cair também. Tudo que eu peço é: dê a ele uma chance de se levantar sob suas próprias pernas! Deixem-no sozinho! ... [S]ua interferência está causando uma lesão concreta.

Notório originalista, Thomas registrou que a Constituição deveria dizer atualmente a mesma coisa que dizia há 25 anos. Sustentou que, de

pequena parcela do voto deste). Além do voto da maioria, foram apresentados votos escritos por Ginsburg e todos os quatro juízes dissonantes.

47 Trecho semelhante de seu voto em *Lawrence v. Texas*, 2003 tornou-se bastante conhecido: "[É] crença da sociedade que certas formas de comportamento sexual são 'imorais e inaceitáveis'. [...] Leis estaduais contra bigamia, casamento do mesmo sexo, incesto adulto, prostituição, masturbação, adultério, fornicação, bestialidade e obscenidade são igualmente sustentáveis apenas à luz da validação de Bowers de leis baseadas em escolhas morais. Cada uma dessas leis é questionada pela decisão de hoje.". A mesma racionalidade foi empregada mais tarde pelo juiz em *United States v. Windsor*, 2013: "Ao declarar formalmente qualquer pessoa que se opõe ao casamento do mesmo sexo um inimigo da decência humana, a maioria arma bem todos os desafiadores a uma lei estadual que restringe o casamento à sua definição tradicional".

48 Thomas sucedeu Thurgood Marshall. Sobre este, v. nota 3.

acordo com a jurisprudência anterior da Corte, o modelo de escrutínio estrito seria muito mais rigoroso do que aquele que acabou sendo utilizado. O rigor seria necessário, pois "todas as vezes em que Estado coloca cidadãos em registros raciais e torna a raça relevante para a provisão de encargos ou benefícios, rebaixa a todos nós"[49]. Ao aplicar tal modelo, o juiz constatou primeiro que o interesse buscado pela faculdade com sua política de admissões não fora bem definido pela maioria. Para ele, o real interesse avançado pelo programa não residiria na diversidade, mas nos benefícios educacionais desta. Em outras palavras: a faculdade estaria interessada apenas em uma educação marginalmente superior para manter sua posição de elite. Mas não haveria necessidade pública premente[50] de que um estado contasse com uma escola pública de Direito, tampouco que esta fosse de elite. Mais: melhorias marginais na educação superior, por si, não poderiam justificar classificações raciais.

Thomas também entendeu problemática a questão do meio escolhido para avanço de tal interesse, pois não teria sido modelado de forma estrita. A faculdade poderia ter simplesmente abandonado seu sistema de admissões excludente (baseado em notas) para obter sua desejada estética de sala de aula sem recorrer a classificação racial, em vez de pretender ambas as coisas. De qualquer sorte, se esse era seu desejo, poderia ter enveredado por outras soluções (neutras). Afinal de contas, mesmo a ausência de consideração racial nos programas de admissão não levaria à verdadeira meritocracia, pois estes padeceriam de várias outras exceções ao mérito (como preferências por familiares de ex-alunos).

Ainda, a deferência emprestada pela maioria à universidade, na definição da diversidade como interesse imperioso, seria incompatível com o *standard* analítico do escrutínio estrito[51]. Observou que, para apoiar tal

[49] 539 U.S. 306 (2003), p. 353 do voto divergente de Thomas.

[50] Thomas usa a locução "necessidade pública premente" (*pressing public necessity*) no lugar de "interesse imperioso" (*compelling interest*), utilizada por O'Connor e mais usual atualmente. Ele claramente emprega a terminologia mais antiga para demonstrar que seu entendimento se ancora no conceito original de escrutínio rígido, do primeiro precedente da corte que estabeleceu a necessidade de utilização deste para distinções raciais, **Korematsu v. United States**, 323 US 214 (1944).

[51] Thomas registra que a suposição de que a liberdade acadêmica teria cariz constitucional, por enraizada na liberdade de expressão da Primeira Emenda, remontaria ao voto

deferência, a maioria teria feito uso de evidências das ciências sociais que enalteceriam os benefícios da diversidade. Mas também haveria estudos a apontar que a heterogeneidade racial prejudicaria o aprendizado de estudantes negros. Thomas contestou a ideia de que as ações afirmativas beneficiariam os admitidos por conta dela, sem contar que criariam ressentimento entre os supostamente prejudicados e onerariam toda a minoria com a insígnia da inferioridade, pois impossível distinguir quem seria admitido sem consideração da raça[52].

Uma análise de *Grutter* não estaria completa, no entanto, sem mencionar um caso semelhante decidido no mesmo dia pela corte. Em *Gratz v. Bollinger* (2003), outro programa de admissões da Universidade de Michigan (para ingresso nas graduações)[53] acabou sendo invalidado pela Suprema Corte. Neste, representantes de minorias recebiam uma pontuação fixa por tal característica. Aplicando a *ratio* de *Grutter,* a Suprema Corte entendeu que, nesse caso, a política não fora estritamente moldada ao fim pretendido, pois o fator raça acabava desempenhando papel decisivo nas admissões. Assim, se em uma decisão a Corte endossou ações afirmativas que levam em consideração o fator raça, na outra reforçou que tal suporte é qualificado.

convergente de Frankfurter em *Wieman,* único precedente a apoiar o voto de Powell em *Bakke.* Mas, tendo em conta o contexto de *Wieman,* seria exagerado estender tal concepção a uma liberdade das universidades para violar a proibição constitucional ao tratamento desigual.

[52] "A Faculdade de Direito provoca alunos despreparados com a promessa de um diploma da Universidade de Michigan e todas as oportunidades que ele oferece. Esses alunos superados mordem a isca, apenas para descobrir que não terão sucesso no caldeirão da competição. [...]. Na verdade, para encobrir os rastros dos esteticistas, esta farsa cruel de discriminação racial deve continuar – na seleção para a Michigan Law Review [...] e na contratação em escritórios de advocacia e assessoria de juízes – até que os 'beneficiários' não sejam mais tolerados. Embora esses alunos possam se formar em Direito, não há evidência de que tenham recebido uma educação jurídica qualitativamente melhor (ou se tornado melhores advogados) do que se tivessem ido para uma faculdade de direito menos 'elite' para a qual estivessem mais bem preparados. E os esteticistas nunca abordarão os problemas reais enfrentados pelas 'minorias sub-representadas', em vez disso, continuarão seus experimentos sociais com os filhos de outras pessoas." 539 U.S. 306 (2003), p. 372 do voto divergente de Thomas.

[53] O Direito naquele país é uma pós-graduação.

3. Repercussão da decisão

Após a divulgação da decisão, o presidente George W. Bush a elogiou, enaltecendo o equilíbrio alcançado[54]. No *campus* de Michigan, ela foi comemorada com cartazes como "a raça é um fator porque o racismo é um fator"[55]. Na imprensa, a cobertura dos principais veículos foi positiva, assim como demonstrou aprovação a maioria dos congressistas que sobre ela se manifestaram[56].

Na verdade, como explicou Neil Devins à época, o suporte condicionado da Suprema Corte às ações afirmativas espelhou a opinião dominante da elite política e econômica americana. Esta no geral era simpática às ações afirmativas, nada obstante a opinião do povo americano em geral fosse mais neutra (ou até contrária)[57]. Sucessora de Powell na tradição jurídico-diplomática dentro do tribunal, O'Connor[58], primeira mulher a compor a Suprema Corte, soube interpretar tal quadro e decidir em conformidade com ele e com os precedentes vigentes no Tribunal, entregando uma decisão aceita pela maioria de seus pares e maximizando a legitimação democrática da instituição no papel de fiscal independente dos agentes estatais, sem risco de *backlash* social majoritário[59]. O julgado, no entanto, poderia energizar iniciativas legislativas populares para barrar preferências raciais, já advertia o professor Devins, ao modo daquelas já existentes (já referidas).

De fato, somente três anos após a decisão da Suprema Corte nos casos de ações afirmativas de Michigan, os eleitores do estado aprovaram uma emenda à Constituição deste ente federativo banindo ações afirmativas em matéria de emprego, educação e contratações públicas (Proposta n. 02, que adicionou a Seção 26 ao art. 1 da carta). Do mesmo modo, outros

[54] PERRY, op. cit., p. 157.
[55] Ibid.
[56] DEVINS, Neal. *Explaining Grutter v. Bollinger*. **University of Pennsylvania Law Review**, Philadelphia, v. 152, n. 1, 2003, p. 347-383, 2003.
[57] Ibid.
[58] O'Connor foi nomeada por Reagan, que se comprometera a nomear uma mulher. O presidente a viu como uma conservadora moderada, mas em matérias de política social era tida, com Kennedy, como voto de desempate. PERRY, op. cit., p. 30 e 96.
[59] DEVINS, op. cit., p. 348.

cinco estados aprovaram normas similares[60]. Em 2014, a Suprema Corte manifestou-se pela constitucionalidade de emendas estaduais nesse sentido em *Schuette v. Coalition to Defend Affirmative Action.*

Iniciado o terço final do período de 25 anos referido pela Suprema Corte em *Grutter*, a sugerir volta do tema à consideração, o cenário, ao menos por ocasião da redação do presente artigo, é bem diferente. Breyer e Thomas são os únicos membros da Corte de *Grutter* que permanecem servindo. Se em 2003 era possível identificar uma Corte dividida[61] em relação à matéria, o pêndulo moveu-se agora de forma mais firme para o lado conservador, ocupado por dois terços dos membros, embora não haja ainda um histórico específico sobre a temática das ações afirmativas para os juízes mais novos (Gorsuch, Kavanaugh e Barrett). Atualmente, o foco se volta a um caso questionando suposta discriminação de asiático-americanos pela Universidade de Harvard, ainda em juízo de admissibilidade na Suprema Corte[62].

Ainda que nos Estados Unidos as ações afirmativas sobrevivam sob ataques, o país é tido como fonte do instituto para o mundo. Certamente houve, em outras partes do globo, experiências anteriores[63], mas foi aquele país que inaugurou a abordagem juridicamente sistemática de tal figura[64]. Nesse contexto, a importância de *Grutter* é evidente. Hoje, existe alguma espécie de ação afirmativa em países tão diversos como Inglaterra,

[60] Nebraska, Arizona, New Hampshire, Oklahoma e Idaho. As iniciativas em ao menos 05 desses estados foram protagonizadas por uma mesma organização não governamental. Nicol, Donna J. *Activism for profit: America's 'anti-affirmative action' industry*. **Aljazeera**, 28 de fevereiro de 2021. Disponível em: https://www.aljazeera.com/opinions/2021/2/28/activism-for-profit-americas-anti-affirmative-action-industry.

[61] Scalia, Thomas e Rehnquist eram abertamente contrários a ações afirmativas; Kennedy, apesar de ser considerado em outras questões sociais como *swing vote*, acompanhava-os. De outro lado, Souter, Ginsburg e Breyer eram votos mais confiáveis a favor de tais medidas e, a julgar por decisões recentes, seriam (como foram) acompanhados por Stevens (apesar de este ter votado pela invalidação, décadas antes, do programa de UC Davies em *Bakke*). PERRY, op. cit., p. 110.

[62] *Students for Fair Admissions, Inc. v. President and Fellows of Harvard College.*

[63] Sowell, Thomas. ***Affirmative action around the world***: *an empirical study*. New Haven: Yale University Press, 2004. p. 1.

[64] Gerapetritis, George. op. cit., p. 92.

Índia, Sri Lanka, Nigéria, Malásia, Indonésia, Israel, China, Austrália, Fiji, Canadá, Paquistão, Nova Zelândia, entre outros[65].

No Brasil, o caso foi expressamente citado em decisão do Supremo Tribunal Federal de 2012, que validou a adoção de ações afirmativas pela Universidade de Brasília[66]. Mais recentemente, também foi referido em decisão que reputou constitucional lei estabelecendo quotas para minorias raciais no serviço público[67]. Na verdade, o país avançou além do modelo americano e passou a adotar de forma mais ampla a modalidade mais severa de ações afirmativas para minorias raciais, a das políticas de quotas (de que são exemplos a Lei n. 12.711/2012, sobre acesso ao ensino universitário público federal, e a Lei n. 12.990/2014, para concursos federais).

Conclusões

Ações afirmativas não necessariamente são jogos de soma zero, nos quais alguns ganham em detrimento de outros. Aliadas ao conceito de diversidade – como dado e valor, tais ações têm potencial para gerar benefícios que ultrapassam as pessoas diretamente afetadas. Essa a orientação abraçada pelo voto da maioria da Suprema Corte em *Grutter v. Bollinger.*

Mas essa posição não é isenta de críticas. Aceitá-la talvez seja uma solução de compromisso entre perspectivas distintas do princípio da igualdade para as quais, alguns entendem, não existiria possibilidade de conciliação. Assim, em matéria de distinções de raça, enquanto o *Chief Justice* John Roberts afirma que "a maneira de acabar com a discriminação à base de raça é parar de discriminar com base na raça"[68], Blackmun, já em *Bakke*, defendia que "para superar o racismo, precisamos antes levar em conta a raça"[69].

[65] Sowel, Thomas. op. cit., p. 2.

[66] Supremo Tribunal Federal. **ADPF 186**. Relator: Min. Ricardo Lewandowski. Brasília, 20 de outubro de 2014.

[67] Supremo Tribunal Federal. **ADC 41**. Relator: Min. Roberto Barroso. Brasília 7 de maio de 2018.

[68] **Parents Involved in Community Schools v Seattle School District No. 1**, 551 US 701, 748 (2007).

[69] **Regents of the University of California v. Bakke**, 438 U.S. 265 (1978), p. 408 (voto de Blackmun).

Trata-se, evidentemente, de *vexata quaestio*, pois a ideia de igualdade em verdade confunde-se em grande medida com a própria concepção de justiça (como já demonstraram de Aristóteles a Rawls). Por isso, é natural (e necessário) que o tema seja discutido em profundidade. Nisso, *Grutter*, como se pretendeu demonstrar acima, contribui sobremodo para a reflexão.

Referências

ANDERSON, Terry H. ***The pursuit of fairness****: a history of affirmative action*. Nova Iorque: Oxford University Press, 2004.

BECKMAN, James A. (Coord.). ***Controversies in Affirmative Action***. Santa Barbara: Praeger, 2014.

BRASIL. Supremo Tribunal Federal. **ADPF 186**. Relator: Min. Ricardo Lewandowski. Brasília, 20 de outubro de 2014.

BRASIL. Supremo Tribunal Federal. **ADC 41**. Relator: Min. Roberto Barroso. Brasília 7 de maio de 2018.

DEVINS, Neal. *Explaining Grutter v. Bollinger*. **University of Pennsylvania Law Review**, Philadelphia, v. 152, n. 1, p. 347-383, 2003.

ESTADOS UNIDOS DA AMÉRICA. Supreme Court of the United States. **Adarand Constructors, Inc. v. Peña**, 515 U.S. 200 (1995), Washington D.C, 12 de junho de 1995.

ESTADOS UNIDOS DA AMÉRICA. Supreme Court of the United States. **City of Richmond v. J.A. Croson Co.**, 488 U.S. 469 (1989), Washington D.C, 23 de janeiro de 1989.

ESTADOS UNIDOS DA AMÉRICA. Supreme Court of the United States. **Grutter v. Bollinger**, 539 U.S. 306 (2003), Washington D.C, 23 de junho de 2003.

ESTADOS UNIDOS DA AMÉRICA. Supreme Court of the United States. **Korematsu v. United States**, 323 U.S. 214 (1944), Washington D.C, 18 de dezembro de 1944.

ESTADOS UNIDOS DA AMÉRICA. Supreme Court of the United States. **Lawrence v. Texas**, 539 U.S. 558 (2003), Washington D.C, 26 de junho de 2003.

ESTADOS UNIDOS DA AMÉRICA. Supreme Court of the United States. **Palmore v. Sidoti**, 466 U.S. 429 (1984), Washington D.C, 24 de abril de 1984.

ESTADOS UNIDOS DA AMÉRICA. Supreme Court of the United States. **Parents Involved in Community Schools v. Seattle School District No. 1**, 551 U.S. 701 (2007), Washington D.C, 28 de junho de 2007.

ESTADOS UNIDOS DA AMÉRICA. Supreme Court of the United States. **Regents of the University of California v. Bakke**, 438 U.S. 265 (1978), Washington D.C, 28 de junho de 1978.

ESTADOS UNIDOS DA AMÉRICA. Supreme Court of the United States. **Sweatt v. Painter**, 339 U.S. 629 (1950), Washington D.C, 5 de junho de 1950.

ESTADOS UNIDOS DA AMÉRICA. Supreme Court of the United States. **United States v. Windsor**, 570 U.S. 744 (2013), Washington D.C, 26 de junho de 2013.

GERAPETRITIS, George. ***Affirmative Action Policies and Judicial Review Worldwide***. Nova Iorque: Springer, 2015.

GURIN, Patricia; LEHMAN, Jeffrey S; LEWIS, Earl (Org.). ***Defending diversity***: *Affirmative action at the University of Michigan*. Ann Arbor: University of Michigan Press, 2004.

KATZNELSON, Ira. ***When Affirmative Action Was White***: *An Untold History of Racial Inequality in Twentieth-Century America*. Nova Iorque: W.W. Norton & Company, 2005.

NICOL, Donna J. *Activism for profit: America's 'anti-affirmative action' industry*. **Aljazeera**, 28 de fevereiro de 2021. Disponível em: https://www.aljazeera.com/opinions/2021/2/28/activism-for-profit-americas-anti-affirmative-action-industry.

PERRY, Barbara Ann. ***The Michigan Affirmative Action Cases***. Lawrence: University Press of Kansas, 2007.

SOWELL, Thomas. ***Affirmative action around the world***: *an empirical study*. New Haven: Yale University Press, 2004.

STOHR, Greg. ***A black and white case***: *how affirmative action survived its greatest legal challenge*. Princeton: Bloomberg Press, 2004.

TUSHNET, Mark. ***A Court divided***: *the Rehnquist court and the future of constitutional law*. Nova Iorque: W.W. Norton & Company, 2005.

37.
LAWRENCE V. TEXAS, 2003
A ORIGEM DA TUTELA JURISDICIONAL DE DIREITOS LGBTI+

JOSÉ S. CARVALHO FILHO

Introdução

Conhecer precedentes da Suprema Corte dos Estados Unidos (SCOTUS) pode contribuir significativamente para compreender melhor o funcionamento da Justiça constitucional e da tutela jurisdicional de direitos fundamentais. Isso porque a jurisdição estadunidense é paradigmática, de modo que decisões da Suprema Corte tendem a influenciar julgamentos no mundo inteiro. Embora seus julgados não sejam cogentes para além das fronteiras do país, outros órgãos refletem sobre seus fundamentos, no exercício voluntário de diálogos judiciais entre Cortes Constitucionais[1].

Nessa conjuntura, este artigo propõe analisar *Lawrence v. Texas*[2], julgado em 2003 pela Suprema Corte. Trata-se de relevante precedente que promoveu a tutela jurisdicional de direitos fundamentais da população homoafetiva.

Desde logo, é imperioso registrar que parcela significativa dos direitos civis dessa comunidade foram conquistados graças a decisões judiciais. No Brasil, foi o Supremo Tribunal Federal que, entre outros direitos: i)

[1] Menezes, Paulo Brasil. **Diálogos Judiciais Entre Cortes Constitucionais**: a proteção de direitos fundamentais no constitucionalismo global. Rio de Janeiro: Lumen Juris, 2020.
[2] **Lawrence v. Texas**, 539 U.S. 558 (2003).

reconheceu a união estável entre pessoas do mesmo sexo, bem como a possibilidade de sua conversão em casamento[3]; ii) permitiu a alteração de registro civil de pessoas transgênero[4]; iii) declarou a inconstitucionalidade do uso de expressões pejorativas no crime de pederastia[5]; iv) anulou a vedação normativa da doação de sangue de homens gays[6]; e v) assentou a inconstitucionalidade de legislações locais que proíbem do debate de gênero nas escolas[7]. Portanto, diversos direitos têm dependido do impulsionamento por decisões da jurisdição constitucional para serem implementados.

Lawrence v. Texas é, provavelmente, o primeiro passo de maior relevo que foi dado pela Justiça Constitucional para proteger a população LGBTI+[8]. Assim, é bastante oportuna essa digressão às origens, no Direito Comparado, da assunção de competência de Cortes Constitucionais para promover a tutela jurisdicional dos direitos fundamentais desse grupo social.

1. Contexto histórico

Antes de se debruçar sobre *Lawrence*, é imperioso registrar o contexto histórico em que referido caso foi julgado, em 2003. Em 1987, a Suprema Corte dos Estados Unidos havia julgado outro precedente paradigmático para a população LGBTI+, *Bowers v. Hardwick*[9], em que fora declarada a

[3] Supremo Tribunal Federal. **ADI 4277**. Rel. Min. Ayres Britto. Brasília, 14 de outubro de 2011.

[4] Supremo Tribunal Federal. **ADI 4275**. Rel. Min. Marco Aurélio. Brasília, 14 de outubro de 2019.

[5] Supremo Tribunal Federal. **ADPF 291**. Rel. Min. Roberto Barroso. Brasília, 11 de maio de 2016.

[6] Supremo Tribunal Federal. **ADI 5543**. Rel. Min. Edson Fachin. Brasília, 8 de maio de 2020

[7] Supremo Tribunal Federal. **ADPF 467**. Rel. Min. Gilmar Mendes. Brasília, 29 de maio de 2020.

[8] LGBTI+ é a sigla de Lésbicas, Gays, Bissexuais, Transgêneros, Intersexuais e outras pessoas que não se inserem no padrão binário culturalmente predominante na sociedade relativos à identidade de gênero e à orientação sexual.

[9] **Bowers v. Hardwick**, 478 U.S. 186 (1986).

constitucionalidade de legislação do estado[10] da Geórgia que criminalizava, com reclusão de até vinte anos, práticas sexuais orais e anais[11].

A lei em questão não fazia distinções ostensivas quanto à natureza das relações, se homo ou heterossexuais, porém, na prática, eram os casais homossexuais que sofriam as consequências legais. Isso porque, ao proibir sexo oral e anal, a norma praticamente inviabilizava as relações homoafetivas. Ademais, a persecução penal era direcionada apenas a esses casais, de modo que, no âmbito de aplicação da norma, percebe-se que ela legitimava e institucionalizava legalmente a discriminação a homossexuais.

Na origem desse litígio, um garçom gay chamado Michael Hardwick teve sua casa invadida, com mandado de prisão, por circunstância alheia – uma dívida de multa. Ocorre que o policial que adentrou sua residência encontrou-o com outro rapaz, em ato sexual, motivo pelo qual decretou sua prisão, com base na violação ao *Georgia sodomy statute*. Diante do ocorrido, Hardwick ponderou que a legislação da Geórgia violava o seu direito à privacidade, protegido pela décima quarta emenda – mais especificamente em sua cláusula de igual proteção –, bem como os direitos à liberdade de associação e de expressão, resguardados pela primeira emenda[12].

Não obstante, Hardwick foi inicialmente condenado, mas essa decisão foi revertida pelo Tribunal Federal de Apelações do 11º Circuito (*11th Circuit Court of Appeals*), que reconheceu violação aos direitos fundamentais constitucionalmente previstos. Foi então que o Procurador-Geral da Geórgia, *Michael Bowers*, protocolou petição na Suprema Corte, pleiteando a reforma desse julgado.

[10] Nos Estados Unidos, o federalismo é diferente do modelo brasileiro, uma vez que entes descentralizados tem maior autonomia para criar, por exemplo, leis penais próprias. Em consequência, legislações penais estaduais podem ser levadas à Suprema Corte, quando violadora de direitos fundamentais.

[11] Esse precedente é considerado grande erro judiciário e pode ser chamado de "*Dred Scott* da população gay", em alusão ao caso *Dred Scott v. Sandford* (1857), em que a Suprema Corte dos Estados Unidos assentou que pessoas com ascendência africana não estavam protegidos pela Constituição dos Estados Unidos e não poderiam ser consideradas cidadãs.

[12] Schultz, David. ***Encyclopedia of The Supreme Court***. Nova Iorque: Facts on file, 2005, p. 46.

A Suprema Corte admitiu o pedido e julgou o feito em 1986, oportunidade em que reformou a decisão local que declarara a inconstitucionalidade da norma que criminalizava atos de sodomia, mesmo em ambiente doméstico. A votação encerrou-se com 5x4 votos nesse sentido, ficando o *Justice* Byron White responsável pela redação do voto majoritário.

A fundamentação do julgado chamou atenção por focar em diversos argumentos da moralidade dominante e rejeitar o argumento central de proteção invocado por Hardwick e casais homossexuais. Com efeito, o núcleo da discussão era a proteção da privacidade, e a Suprema Corte já tinha robusta cadeia de precedentes em que resguardava esse direito, como em *Roe v. Wade*[13], onde o direito ao aborto foi reconhecido com base em reflexões sobre direito à intimidade; e *Stanley v. Georgia*[14], em que legislação que criminalizava a posse de material pornográfico em ambiente doméstico foi declarada inconstitucional, por violação ao direito à privacidade.

Entretanto, em *Bowers v. Hardwick*, o argumento da intimidade foi rejeitado. Decidiu-se que, embora a Corte proteja a intimidade e a vida privada, esses direitos não acobertam todas as práticas cometidas na sociedade. Assim, foram apresentados diversos fundamentos de moral organizadora da sociedade para justificar que a fé judaico-cristã é predominante nos EUA e que havia também diversas leis, nos Estados Unidos e no estrangeiro, que criminalizavam a sodomia, por ser "comportamento antinatural"[15].

Houve voto divergente, que fez duras críticas a propósito da incoerência da Corte na proteção da privacidade e intimidade em sua jurisprudência, mas o que prevaleceu foi a posição que declarou a constitucionalidade da lei da Geórgia. Assim, restou fixada orientação segundo a qual a criminalização da sodomia é compatível com a Constituição.

Registre-se que a década de oitenta foi marcada por forte epidemia da Síndrome da Imunodeficiência Adquirida (AIDS), muito associada à comunidade gay naquele período, em que não havia conhecimento cien-

[13] **Roe v. Wade**, 410 U.S. 113 (1973).
[14] **Stanlay v. Georgia**, 394 U.S. 557 (1969).
[15] HALL, Kermit L. ***The Oxford Companion to the Supreme Court of the United States.*** Nova Iorque: Oxford University Press, 2005, p. 94.

tífico suficiente a respeito dos meios de transmissão da doença. Esse é um fator histórico extrajurídico que pode ter influenciado a conclusão do julgamento da Suprema Corte, em 1986.

Contudo, com o passar dos anos, a população LGBTI+ conquistou alguns direitos expressivos, sobretudo na Europa, onde houve revogação sistemática de legislações que criminalizavam condutas homossexuais e decisões da Corte Europeia de Direitos Humanos condenando atos discriminatórios. Além disso, internamente, alguns estados americanos mais progressistas, como Califórnia e Nova Iorque, também começaram a revogar legislações discriminatórias dirigidas a grupos homossexuais.

Nessa conjuntura, a decisão de *Bowers v. Hardwick* ficava cada vez mais insustentável, diante de pressões externas e internas para que houvesse maior proteção dos direitos humanos da comunidade gay.

De qualquer sorte, alguns estados americanos mais conservadores mantinham-se recalcitrantes a esse fluxo mundial. O Texas, por exemplo, agiu na contramão do movimento e editou norma criminalizando especificamente as condutas homossexuais. Essa é a lei que foi o objeto central de discussão em *Lawrence v. Texas*, apresentado neste artigo.

A Suprema Corte apreciou *Lawrence* em 2003, dezessete anos após a decisão proferida em *Bowers*. Seja em razão do transcurso do tempo, seja diante da pressão interna e internacional pela observância dos direitos humanos, nesse julgamento mais recente, a Suprem Corte adotou postura ativista, para promover a tutela jurisdicional do direito à privacidade da população LGBTI+.

O litígio que deu origem ao caso surgiu a partir de uma denúncia por porte de arma e perturbação da paz pública. Quando a autoridade policial chegou na casa de *Lawrence* para averiguar a ocorrência, encontrou-o com seu parceiro, em ato sexual – o que era considerado crime pela legislação texana[16].

Em sua defesa, Lawrence invocou os direitos à proteção da intimidade e da vida privada, bem como a necessidade da proteção igualitária a todos os cidadãos americanos, argumentos que haviam sido bastante negligenciados em *Bowers*[17].

[16] Schultz, op. cit., p. 255.
[17] Hall, op. cit., p. 572.

Foi em torno desses dois principais fundamentos que se desenvolveram os votos dos membros da Suprema Corte. Mas houve ainda um terceiro elemento bastante desenvolvido, relativo à função da jurisdição constitucional, para definir até que ponto pode a Justiça atuar para proteger direitos de minorias.

2. Aspectos importantes da decisão

Registre-se que, em 2003, já fazia parte da Suprema Corte o *Justice* Antonin Scalia, bastante resistente ao intervencionismo judicial na pauta legislativa, em temas de omissões inconstitucionais. Ele defendia postura autocontida da Corte e propôs fundamentação segundo a qual, naquela situação específica, havia norma que decorria de decisão majoritária de representantes do povo, do Parlamento eleito, motivo pelo qual a jurisdição constitucional não deveria intervir na guerra cultural entre maioria e minoria. Essa tese foi acompanhada por outros dois *Justices*, que compuseram a minoria vencida[18].

Consigne-se que, embora essa fundamentação pela autocontenção da Corte não resulte na proteção de direitos fundamentais da população LGBTI+, já se trata de um avanço em relação à decisão de *Bowers v. Hardwick*. Com efeito, a partir desse arrazoado, quem não concorda com a tutela dos direitos dos homossexuais baseia-se na ideia segundo a qual não seria função da Suprema Corte os proteger, contra a vontade majoritária, mas não mais se invocam fundamentos morais ou judaico-cristãos, para afirmar que o direito à privacidade não resguarda relações homossexuais. Então, esse segundo precedente é uma evolução tanto nos votos vencedores quanto nos vencidos.

A maioria de Lawrence foi formada por 6 votos a 3[19], fundamentando-se nos direitos à privacidade e à proteção igualitária. A *Justice* Sandra Day O'Connor votou pela inconstitucionalidade da lei texana, mas sem propor a superação de *Bowers*. Em sua perspectiva, a legislação da Geórgia,

[18] Ibid., p. 572.

[19] Pode-se afirmar que, na realidade, a votação foi 5x1x3, pois houve voto bastante diferenciado da *Justice O'Connor*, que declarou a inconstitucionalidade da lei do Texas com base na proteção igualitária (cláusula da 14ª Emenda), uma vez que a lei visava apenas relações homossexuais, contrariamente aos preceitos da Constituição dos Estados Unidos.

analisada em *Bowers*, não discriminava casais homossexuais, ao contrário da legislação do Texas, que se dirigia a esse grupo social especificamente.

Embora o direito à igualdade seja forte argumento para os direitos de minorias, neste caso, haveria proteção mais fraca do que aquela do direito à privacidade. Foi por isso que o redator do acórdão, *Justice* Anthony Kennedy, preferiu conduzir a questão por reflexão centrada no direito à privacidade[20].

A corrente vencedora, nesse julgamento, afirmou que houve diversas mudanças no mundo entre os julgamentos de *Bowers* (1986) e *Lawrence* (2003), o que tornaria o primeiro precedente absolutamente insustentável, porque incoerente com a cadeia de decisões da Suprema Corte sobre proteção da privacidade. Assim, a maioria assentou que as pessoas que estão em ambiente doméstico estão no âmbito mais íntimo de sua privacidade, e as pessoas que estão realizando atos sexuais na sua casa estão no âmago de sua intimidade, donde o Direito não pode intervir por meio de normas penais, de legislações que criminalizam condutas tentando impor uma moral dominante. Além disso, a Corte afirmou que, embora majoritariamente haja padrão moral na fé judaico-cristã na cultura norte--americana, esse padrão moral dominante não pode ser imposto a toda a sociedade[21].

Esse argumento é muito relevante, porque serve para fundamentar a proteção jurisdicional de todos os grupos vulneráveis contra decisões majoritárias violadoras de direitos fundamentais, não apenas dos homossexuais. Assim, *Lawrence v. Texas* foi pioneiro na tutela jurisdicional dos direitos fundamentais de minorias políticas, notadamente da população LGBTI+.

Diante de todas essas considerações, a Corte assentou que legislações sobre sodomia são frequentemente sinais gerais de hostilidade dirigidos a homossexuais, de modo que a abolição dessas normas pode contribuir para expandir os direitos civis da população gay.

[20] SCHULTZ, David. ***Encyclopedia of The Supreme Court***. *New York: Facts on file*, 2005, p. 255.

[21] HALL, Kermit L. ***The Oxford Companion to the Supreme Court of the United States***. Oxford University Press, 2005, p. 572.

3. Repercussão da decisão

Violações a direitos humanos ou fundamentais não ocorrem habitualmente de maneira ostensiva, pelo contrário, há justificativas jurídicas que podem ser bastante sedutoras. É por isso que a jurisdição constitucional – enquanto mecanismo de controle dos fundamentos apresentados para a mitigação desses direitos – é extremamente importante em uma democracia.

Invocar a moral dominante que aniquila direitos da minoria não está de acordo com a Constituição. Isso ficou muito claro em *Lawrence v. Texas*. Com a decisão da Suprema Corte, foram declaradas inconstitucionais legislações sobre sodomia em treze Estados americanos – e não apenas do Texas.

Mas os impactos dessa decisão vão muito além das declarações de inconstitucionalidade dessas leis estaduais. *Lawrence v. Texas* corroborou a função essencial da jurisdição constitucional na proteção de minorias políticas. Após esse julgamento de 2003, foi possível continuar evoluindo, tanto nos Estados Unidos como em outros países, na conquista de direitos civis pela comunidade LGBTI+.

O contencioso constitucional tem, desde então, promovido a efetivação de direitos fundamentais por meio de decisões judiciais, diante de omissões legislativas históricas e sistemáticas que deixam esse coletivo vulnerável à margem de proteção pela ordem jurídica. Ilustrativamente, pode ser citado o julgado recente da Suprema Corte reconhecendo que a Lei de Direitos Civis de 1964, que proíbe a discriminação sexual, aplica-se à discriminação com base em orientação sexual e identidade de gênero[22]. Esse entendimento foi considerado a maior vitória na conquista de direitos civis pela população LGBTI+ dos Estados Unidos desde *Obergefell v. Hodges*[23], em que a Corte reconhecera o direito ao casamento entre parceiros do mesmo sexo.

Essas decisões têm reascendido o debate acerca da legitimidade democrática da jurisdição constitucional, que foi desenvolvido pelo *Justice* Antonin Scalia em *Lawrence v. Texas*, na busca de definir limites e pos-

[22] **Bostock v. Clayton County**, 590 U.S. ___ (2020).
[23] **Obergefell v. Hodges**, 576 U.S. 644 (2015).

sibilidades de atuação da Suprema Corte na defesa de direitos de minorias políticas.

O caráter antidemocrático da jurisdição constitucional tem sido historicamente invocado para criticar o controle de constitucionalidade exercido por órgãos técnicos. O grande desafio à legitimidade da Justiça constitucional reside em saber qual é a justificativa democrática de uma decisão judicial para paralisar a vontade expressa pelos representantes do povo. Em outras palavras, como é possível harmonizar a representação popular com o papel desempenhado por juízes não eleitos e politicamente irresponsáveis?

A identificação de um possível conflito entre democracia representativa e o controle da constitucionalidade das leis remonta à doutrina americana dos anos cinquenta e sessenta, da qual Alexander Bickel é um dos representantes mais ilustres. O autor constatou que quando o Tribunal declara a inconstitucionalidade de uma lei ou ato de um membro eleito do poder, frustra a intenção dos representantes do povo, de modo que exerce sua atividade não a favor, mas contra a maioria. Como resultado, o controle da constitucionalidade das leis seria antidemocrático, daí a dificuldade contramajoritária da Justiça constitucional que ele identificou.[24]

No entanto, a doutrina contemporânea enfatiza que tanto o eleito quanto o juiz são indispensáveis a qualquer democracia. Com efeito, o termo não pode ser compreendido como sendo apenas uma "democracia eleitoral"[25], na medida em que o regime deve respeitar o Estado de Direito. Consequentemente, o Parlamento e o Tribunal Constitucional estão sujeitos às regras promulgadas pelo poder constituinte.

Trata-se de uma concepção substancial da democracia, que leva em conta não apenas o processo eleitoral, mas também a proteção dos direitos e liberdades fundamentais garantidos pela Constituição. Para Dominique Rousseau, a Constituição que carrega a democracia não é mais a Constituição que garante os direitos fundamentais pela separação de poderes, mas os garante pelo controle da constitucionalidade; não é mais

[24] BICKEL Alexander. ***The least dangerous branch***: the Supreme Court at the bar of politics. Indianapolis: Bobbs-Merrill, 1962, p. 16-17.

[25] DENQUIN, Jean-Marie. *Que veut-on dire par « démocratie » ? L'essence, la démocratie et la justice constitutionnelle.* **Jus Politicum**, n° 2, p. 1-25, 2009.

a separação de poderes na Constituição, mas os direitos fundamentais na Constituição[26].

Essa visão contemporânea do termo democracia visa impedir a instalação de uma tirania da maioria, representando a consequência indesejável da democracia eleitoral pela qual uma maioria poderia oprimir uma minoria. É por isso que o termo democracia inclui o reconhecimento de certos direitos para proteger grupos vulneráveis. Nesse sentido, Tocqueville argumenta que "o poder concedido aos tribunais para julgar a inconstitucionalidade das leis ainda é uma das barreiras mais poderosas que já foram levantadas contra a tirania das assembleias políticas"[27].

Nessa conjuntura, percebe-se que as reflexões quanto à legitimidade da jurisdição constitucional passaram a reconhecer a necessidade de uma democracia constitucional, caracterizada pela existência de um catálogo de direitos fundamentais associada à ideia de supremacia da Constituição e ao exercício de controle de constitucionalidade por órgão jurisdicional[28].

Por outro lado, não se deve admitir um discurso centrado na supremacia dos juízes, segundo o qual a Constituição seria "o que os juízes dizem que é"[29]. Sobre o tema, há autores brasileiros que criticam a postura do Supremo Tribunal Federal e de seus membros, adjetivando sua atuação como "supremocracia"[30] e "ministrocracia"[31].

[26] Rousseau, Dominique. *Constitutionnalisme et démocratie*. **La vie des idées**, 19 de setembro de 2008. Disponível em : https://laviedesidees.fr/Constitutionnalisme-et-democratie.html.

[27] Tocqueville, Alexis de. ***De la démocratie en Amérique***, t. 1, partie 2, ch. 7. Paris : Éditions Flammarion, 1981, p. 172.

[28] Sweet, Alec Stone; Mathews, Jud. ***Proportionality balancing and global constitutionalism***. Columbia Journal of Transnational Law. V. 47, n. 1, 2008, p. 71-164.

[29] Essa declaração foi feita pelo *Chief Justice* Charles Hughes em discurso na Câmara de Comércio, em 3 de maio de 1907, no qual argumentou que: "Estamos sob uma Constituição, mas a Constituição é o que os juízes dizem que é, e o Judiciário é a proteção de nossa liberdade e nossa propriedade sob a Constituição" (In: ***Addresses and papers of Chales Evans Hughes***. New York and London: G. P. Putnam's sons. 1908, p. 139).

[30] Vieira, Oscar Vilhena. Supremocracia. **Revista Direito GV**, v. 4(2), p. 441-464, 2008.

[31] Argueles, Diego Werneck; Ribeiro, Leandro Molhano. Ministrocracia: o Supremo Tribunal individual e o processo democrático brasileiro. **Novos Estudos. CEBRAP**. São Paulo. v. 37, n. 1, p. 13-32, 2018.

No estrangeiro, para reagir à possibilidade de um governo de juízes, Cass Sunstein formula uma teoria que conduz ao minimalismo judicial[32] e Jeremy Waldron se propõe a defender a dignidade do Parlamento[33].

Em vista de todas essas posições, um grupo de juristas americanos composto por Larry Kramer[34], Mark Tushnet[35] e Jack Balkin[36], entre outros, fundou a Escola do "Constitucionalismo Popular", que propõe soluções dialógicas para a interpretação da Constituição, para que a última palavra relativa ao sentido da Constituição não pertença a um único poder constituído, seja o juiz constitucional, seja o Parlamento. Assim, essa corrente doutrinária defende que a Constituição não é apenas o produto da atividade judicial, mas fruto de um processo de interação entre os tribunais e o povo, manifestando-se diretamente ou por meio de representantes eleitos.

Percebe-se, portanto, que as reflexões sobre a legitimidade da própria existência da jurisdição constitucional migraram para estudos sobre os limites de atuação do juiz constitucional. Dito de outro modo, em que medida pode a jurisdição constitucional agir, com fundamento na supremacia da Constituição, para resguardar direitos fundamentais dos jurisdicionados?

Em discurso dirigido ao grupo ideológico denominado *conservative majority*, Phyllis Schlafly lança contundentes críticas à atuação da Suprema Corte dos Estados Unidos, especialmente em relação a um bloco de decisões proferidas com o escopo de garantir direitos fundamentais estabelecidos na Constituição:

> Foi a Suprema Corte que aboliu a oração e os dez mandamentos em escolas públicas. Foram decisões da Suprema Corte que forçaram a integração

[32] Sunstein, Cass R. ***The partial constitution***. Cambridge: Harvard Universitary Press, 1993.

[33] Waldron, Jeremy. ***The Dignity of Legislation***. Nova Iorque: Cambridge, 1999.

[34] Kramer, Larry. ***The people themselves***: *popular constitucionalism and judicial review*. Nova Iorque: Oxford University Press, 2004.

[35] Tushnet, Mark. ***Taking the constitution away from the courts***. Princeton: Princeton University Press, 1999.

[36] Balkin, Jack. ***Living originalism***. Cambridge: The Belknap Press of Harvard University Press. 2011.

racial entre as crianças nos ônibus escolares que as transportavam para o outro lado da cidade, para escolas que seus pais não escolheram. Foram decisões da Suprema Corte que liberaram a pornografia que invadiu nossas bancas de revistas e televisores. Foram decisões da Suprema Corte que aboliram a pena de morte desencorajante do crime. E, claro, foi uma decisão da Suprema Corte que trouxe este trágico mal do nosso tempo; foi uma decisão da Suprema Corte de 1973 que inventou esse novo direito de uma mulher matar seu bebê não nascido[37].

A jurista critica, respectivamente, os posicionamentos da Suprema sobre: I) a laicidade estatal, em *Stone v. Graham*[38], que obstou a colocação de cópia dos dez mandamentos em todas as salas de aula de escolas públicas; II) a segregação racial, em *Brown v. Board of Education of Topeka*[39] e *Brown II*[40], em que foi decidido serem inconstitucionais as divisões raciais entre estudantes brancos e negros em escolas públicas; III) a liberdade de expressão, em *Miller v. California*[41], em que a Corte estabeleceu critérios para definição do caráter obsceno de material pornográfico comercializado; IV) a pena de morte, em *Furman v. Georgia*[42], em que a Suprema Corte decidiu que a medida era inconstitucional, porque administrada arbitrariamente; e V) o direito ao aborto, em *Roe v. Wade*[43], na qual a Suprema Corte reconheceu o direito das mulheres à interrupção voluntária da gravidez.

Esses temas são ilustrativos do conteúdo moral do direito, que divide a doutrina quanto à possibilidade de intervenção judicial nessa seara. Enquanto alguns autores, como Jeremy Waldron[44], desenvolvem a con-

[37] SCHLAFLY, Phyllis. Discurso proferido ao grupo *conservative majority*. In: Roe v. Wade: o direito das mulheres nos EUA. Direção de Ricki Stern e Anne Sundberg. Netflix, 2018 (99min).
[38] **Stone v. Graham**, 449 U.S. 39 (1980).
[39] **Brown v. Board of Education of Topeka**, 347 U.S. 483 (1954).
[40] **Brown v. Board of Education of Topeka 2**, 349 U.S. 294 (1955).
[41] **Miller v. California**, 413 U.S. 15 (1973).
[42] **Furman v. Georgia**, 408 U.S. 238 (1972).
[43] 410 U.S. 113 (1973).
[44] WALDRON, Jeremy. *The core of the case against judicial review*. **The Yale Law Journal**. v. 115, n. 6, p. 1346-1406, 2006.

cepção de "desarcordo moral razoável" para assentar que o palco para a tomada de decisão quando há mais de uma possibilidade legítima é necessariamente político; outros doutrinadores, como Richard Fallon[45], pugnam por uma atuação moderada da jurisdição constitucional, nas hipóteses em que a autocontenção (*self-restraint*) é capaz de acarretar consequências mais gravosas do que a intervenção que efetiva os direitos fundamentais.

Para Waldron, nos contextos constitucionais em que há compromisso de respeito aos direitos fundamentais – inclusive de grupos minoritários – e onde as instituições democráticas são funcionais, porém com discordância razoável sobre o conteúdo dos direitos, não há justificativa para que a definição desses direitos ocorra no seio do poder Judiciário, pois eles são permeados por debates morais. Ao contrário, as decisões devem ser tomadas por meio de deliberação em processo democrático, no âmbito do poder Legislativo, porque os legisladores têm o dever de prestação regular de contas com os seus constituintes, por meio do processo eleitoral[46].

Contrariamente a essa posição, Richard Fallon[47] defende que há argumentos de resultado fortes o suficiente para permitir a atuação do juiz constitucional. A despeito do déficit de legitimidade democrática, Fallon entende que erros resultantes da proteção insuficiente de direitos fundamentais (*underenforcement*) são mais graves do que erros que possam resultar da proteção exagerada (*overenforcement*), de modo que os custos da proteção judicial excessiva de direitos fundamentais são inferiores ao impacto negativo da proteção insuficiente, que ocorreria se não houvesse a *judicial review*. Além disso, o autor entende que a legitimidade democrática não é o único fator que justifica a atuação política, a qual se fundamenta também na contribuição institucional na proteção de direitos fundamentais. Assim, na medida em que outras instituições podem suprir a legitimidade democrática do regime político considerado globalmente,

[45] FALLON, Richard H. Jr. *The core of an uneasy case for judicial review*. **Harvard Law Review**, v. 121, n. 7, p. 1.693-1.736, 2008.

[46] WALDRON, op. cit.

[47] FALLON, op. cit.

um modelo que estabeleça a jurisdição constitucional ainda mantém legitimidade democrática suficiente.

Ocorre que o próprio Fallon reconhece apenas a possibilidade de uma atuação moderada da Justiça constitucional, na medida em que propõe um sistema de controle de constitucionalidade em que haja certa deferência dos juízes constitucionais às decisões dos legisladores, notadamente porque se parte da premissa segundo a qual os direitos fundamentais devem ser protegidos por múltiplas instituições, e não do pressuposto de que os tribunais são melhores do que as legislaturas para resolver corretamente questões controversas sobre direitos fundamentais[48]. No ponto, as lições do autor vão ao encontro da doutrina do constitucionalismo popular.

Conclusões

A concretização imediata de direitos fundamentais diretamente pela jurisdição constitucional é questão das mais difíceis do constitucionalismo contemporâneo. Por um lado, é preciso atentar à organização funcional dos poderes públicos estabelecida pela Constituição e à legitimidade democrática que lhes foi atribuída para atuar em nome do povo; mas, por outro lado, a separação de poderes não segue critério rígido hermético, de modo que a instituições do Estado exercem controle simultâneo umas sobre as outras.

Nesse quadro, a questão que se põe é: diante de omissão estrutural da instituição preferencialmente responsável pela efetivação de direitos fundamentais, seja ela integrante do Legislativo ou do Executivo, pode o Judiciário intervir para assegurar direitos mínimos?

A resposta a essa problemática configura verdadeira escolha de Sofia[49], tamanha é a complexidade das consequências tanto a favor como contra a atuação da jurisdição constitucional na tutela de direitos fundamentais de minorias políticas.

[48] Fernandes, Felipe Nogueira. A incorporação de elementos factuais às decisões em controle de constitucionalidade. In: Ciarlini, Álvaro Luís de A. S. (Org.). **Clássicos do Direito**. Brasília: IDP/EDB, 2016.

[49] Dilema vivido pela personagem de um filme estadunidense chamada Sofia, que é presa em um campo de concentração durante a Segunda Guerra e forçada por um soldado nazista a escolher um de seus dois filhos para ser morto.

O dilema se apresenta em relação aos mais variados temas, como a concretização judicial de direitos sociais, que exigem prestação material para sua efetivação, como também no que diz respeito à proteção dos direitos de minoria. No primeiro caso, a dificuldade decorre da colisão entre orçamento finito e necessidades sociais múltiplas e onerosas; no último, a vicissitude reside na definição do órgão competente para atribuir significados e consequências aos direitos fundamentais abstratamente previstos no âmbito normativo.

Nessa conjuntura, embora se reconheça a problemática decorrente da concretização de direitos fundamentais pela Justiça constitucional, no que diz respeito especificamente à população LGBTI+, trata-se praticamente do único canal estatal efetivo onde esse grupo marginalizado e vítima de preconceitos culturais violentos conseguiu ver algumas de suas pretensões atendidas. A luta das minorias sexuais não-heterossexuais, em diversos países, só foi exitosa graças à jurisdição constitucional.

Em *Lawrence v. Texas*, a Suprema Corte descriminalizou a sodomia homossexual consensual entre adultos capazes, em ambiente doméstico, em respeito a seus direitos fundamentais à privacidade e à igual proteção perante a lei. Essa decisão foi extremamente relevante *per se*, mas é ainda mais notável por se tratar do primeiro precedente de maior relevância em que houve a tutela jurisdicional de direitos da população homossexual, o que forneceu, implicitamente, as bases constitucionais para o reconhecimento de outros direitos civis no futuro, como a união homoafetiva[50] e vedação à discriminação por orientação sexual e/ou identidade de gênero no ambiente laboral.

Por isso, entendemos que decisões judiciais não encerram debate sobre temas polêmicos, tampouco convertem opositores, mas concretizam imediatamente alguns direitos básicos e, em consequência, lançam luz de esperança que encoraja os movimentos sociais a continuarem lutando por igualdade.

[50] **Vecchiatti, Paulo Roberto Iotti.** A Luta Judicial e Política das Minorias Sexuais e de Gênero pela Cidadania Material. **No prelo. Aproveitamos a oportunidade para agradecer ao autor do livro pela generosidade em compartilhar o material, bem como para felicitá-lo pela brilhante e árdua luta para proteger os direitos civis LGBTI+ no Brasil.**

Referências

ARGUELES, Diego Werneck; RIBEIRO, Leandro Molhano. Ministrocracia: o Supremo Tribunal individual e o processo democrático brasileiro. **Novos Estudos. CEBRAP**. São Paulo. v. 37, n. 1, p. 13-32, 2018.

BALKIN, Jack. ***Living originalism***. Cambridge: The Belknap Press of Harvard University Press. 2011.

BICKEL Alexander. ***The least dangerous branch****: the Supreme Court at the bar of politics*. Indianapolis: Bobbs-Merrill, 1962.

BRASIL. Supremo Tribunal Federal. **ADI 4277**. Relator: Min. Ayres Britto. Brasília, 14 de outubro de 2011.

BRASIL. Supremo Tribunal Federal. **ADI 4275**. Relator: Min. Marco Aurélio. Brasília, 14 de outubro de 2019.

BRASIL. Supremo Tribunal Federal. **ADI 5543**. Relator: Min. Edson Fachin. Brasília, 8 de maio de 2020.

BRASIL. Supremo Tribunal Federal. **ADPF 291**. Relator: Min. Roberto Barroso. Brasília, 11 de maio de 2016.

BRASIL. Supremo Tribunal Federal. **ADPF 467**. Relator: Min. Gilmar Mendes. Brasília, 29 de maio de 2020.

DENQUIN, Jean-Marie. *Que veut-on dire par « démocratie » ? L'essence, la démocratie et la justice constitutionnelle*. **Jus Politicum**, n° 2, p. 1-25, 2009.

ESTADOS UNIDOS DA AMÉRICA. Supreme Court of the United States. **Bostock v. Clayton County**, 590 U.S. ___ (2020), Washington D.C, 15 de junho de 2020.

ESTADOS UNIDOS DA AMÉRICA. Supreme Court of the United States. **Bowers v. Hardwick**, 478 U.S. 186 (1986), Washington D.C, 30 de junho de 2015.

ESTADOS UNIDOS DA AMÉRICA. Supreme Court of the United States. **Brown v. Board of Education of Topeka**, 347 U.S. 483 (1954), Washington D.C, 17 de maio de 1954.

ESTADOS UNIDOS DA AMÉRICA. Supreme Court of the United States. **Brown v. Board of Education of Topeka II**, 349 U.S. 294 (1955), Washington D.C, 31 de maio de 1955.

ESTADOS UNIDOS DA AMÉRICA. Supreme Court of the United States. **Furman v. Georgia**, 408 U.S. 238 (1972), Washington D.C, 29 de junho de 1972.

ESTADOS UNIDOS DA AMÉRICA. Supreme Court of the United States. **Lawrence v. Texas**, 539 U.S. 558 (2003), Washington D.C, 26 de junho de 2003.

Estados Unidos da América. Supreme Court of the United States. **Miller v. California**, 413 U.S. 15 (1973), Washington D.C, 21 de junho de 1973.

Estados Unidos da América. Supreme Court of the United States. **Obergefell v. Hodges**, 576 U.S. 644 (2015), Washington D.C, 26 de junho de 2015.

Estados Unidos da América. Supreme Court of the United States. **Roe v. Wade**, 410 U.S. 113 (1973), Washington D.C, 22 de janeiro de 1973.

Estados Unidos da América. Supreme Court of the United States. **Stanley v. Georgia**, 394 U.S. 557 (1969), Washington D.C, 7 de abril de 1969.

Estados Unidos da América. Supreme Court of the United States. **Stone v. Graham**, 449 U.S. 39 (1980), Washington D.C, 17 de novembro de 1919.

Fallon, Richard H. Jr. *The core of an uneasy case for judicial review*. **Harvard Law Review**, v. 121, n. 7, p. 1.693-1.736, 2008.

Fernandes, Felipe Nogueira. A incorporação de elementos factuais às decisões em controle de constitucionalidade. *In*: CIARLINI, Álvaro Luís de A. S. (Org.). **Clássicos do Direito**. Brasília: IDP/EDB, 2016.

Hall, Kermit L. ***The Oxford Companion to the Supreme Court of the United States***. Nova Iorque: Oxford University Press, 2005.

Kramer, Larry. ***The people themselves***: *popular constitucionalism and judicial review*. Nova Iorque: Oxford University Press, 2004.

Menezes, Paulo Brasil. **Diálogos Judiciais Entre Cortes Constitucionais**: a proteção de direitos fundamentais no constitucionalismo global. Rio de Janeiro: Lumen Jures, 2020.

Rousseau, Dominique. *Constitutionnalisme et démocratie*. **La vie des idées**, 19 de setembro de 2008. Disponível em : https://laviedesidees.fr/Constitutionnalisme-et-democratie.html.

Schlafly, Phyllis. Discurso proferido ao grupo *conservative majority*. *In*: Roe v. Wade: o direito das mulheres nos EUA. Direção de Ricki Stern e Anne Sundberg. Netflix, 2018 (99min).

Schultz, David. ***Encyclopedia of The Supreme Court***. Nova Iorque: Facts on file, 2005.

Sunstein, Cass R. ***The partial constitution***. Cambridge: Harvard Universitary Press, 1993.

Sweet, Alec Stone; Mathews, Jud. *Proportionality balancing and global constitutionalism*. **Columbia Journal of Transnational Law**. v. 47, n. 1, p. 71-164, 2008.

Tocqueville, Alexis de. ***De la démocratie en Amérique***, t. 1, partie 2, ch. 7. Paris: Éditions Flammarion, 1981.

TUSHNET, Mark. ***Taking the constitution away from the courts***. Princeton: Princeton University Press, 1999.

VECCHIATTI, Paulo Roberto Iotti. **A Luta Judicial, Política e Social das Minorias Sexuais e de Gênero pela Cidadania Material**. No prelo.

VIEIRA, Oscar Vilhena. Supremocracia. **Revista Direito GV**, v. 4(2), p. 441-464, 2008.

WALDRON, Jeremy. ***The Dignity of Legislation***. Nova Iorque: Cambridge, 1999.

WALDRON, Jeremy. *The core of the case against judicial review*. **The Yale Law Journal**, v. 115, n. 6, p. 1346-1406, 2006.

38.

HAMDI V. RUMSFELD, 2004

O ESTADO DE GUERRA NÃO É UM CHEQUE EM BRANCO PARA O PRESIDENTE DO PAÍS

RAFAEL MAIA DE AZEVÊDO

Introdução

Em referência à passagem do milênio, Martin Gilbert anteviu que "a busca por uma vida melhor – pela realização humana – irá, com certeza, desafiar, frustrar e inspirar também o século XXI",[1] cujo início trouxe consigo uma excitação de mudança e de esperança defronte das desventuras que marcaram a era finda. Não obstante a crença em um progresso, o começo dos anos dois mil mostrou-se tão desafiador para as instituições democráticas quanto o período pretérito, em razão de acontecimentos inesperados que ainda impactam o processo de tomada de decisão das autoridades públicas.

Entre essas adversidades, o liminar deste século emplacou, em páginas não muito queridas da história, um dos eventos que mais redesenharam a geopolítica moderna: os atentados ao *World Trade Center* e ao Pentágono no inapagável 11 de setembro de 2001. De fato, os desdobramentos dessa investida ressoam, até hoje, na configuração do mundo conhecido, sobretudo, na condução das relações internacionais, nos estratagemas da defesa nacional e nos conflitos no Oriente Médio.

[1] GILBERT, Martin. **A História do Século XX**. São Paulo: Planeta, 2016, p. 15.

Em *Hamdi v. Rumsfeld*, a Suprema Corte dos Estados Unidos (SCOTUS), ainda atônita com os ataques sofridos em seu país, julgou o primeiro de uma sequência de quatro casos em que sustentou uma posição reacionária à agenda contraterrorismo do Presidente George W. Bush (2001 a 2009), no contexto da Guerra ao Terror. A importância do caso ultrapassa a questão posta em juízo, visto que a Suprema Corte contrabalanceou temas críticos ao ideário norte-americano, como a segurança interna, os direitos fundamentais dos combatentes inimigos e a coexistência harmônica entre os Poderes constituídos.

Com base nesse ponto de partida, este artigo exporá o cenário histórico, os aspectos significativos e os consectários da decisão proferida pela Suprema Corte americana, a qual consolidou a legitimidade da jurisdição constitucional, para, mesmo em uma conjuntura de singular comoção comunitária, refrear os excessos dos atos do Executivo e do Legislativo insertos na Doutrina Bush.

1. Contexto histórico

Desde a dissolução da União Soviética em 1991, os Estados Unidos da América (EUA) pregavam a proeminência de suas instituições, dos seus hábitos e do seu modo de fazer política, a fim de ditar soluções que, conforme acreditavam, estabilizariam os problemas vivenciados nos lugares mais insólitos do mapa.[2] A ingerência norte-americana em assuntos internos de outras nações, como as árabes e as asiáticas, desagradou vultosas associações civis armadas que se contrapunham às determinações que lhes foram impostas.

O Afeganistão ilustra essa irresignação: depois da derrubada do governo socialista afegão em 1992, como resultado de uma ação conjunta de lideranças mulçumanas, contando com a Al-Qaeda, apoiadas indiretamente pela China e pelos Estados Unidos, instaurou-se um regime controlado pelo movimento Talibã, rivalizado pelo grupo étnico Aliança do Norte ou Frente Unida. Já nos anos iniciais, os novos governantes depararam-se com forte oposição externa, haja vista o desrespeito sistemático

[2] Lowe, Norman. ***Mastering Modern World History***. 5. ed. Londres: Palgrave MacMillan, 2013, p. 257.

aos direitos humanos e o suporte à mobilização chefiada por Osama bin Laden.[3]

Os episódios que marcaram o 11 de setembro de 2001 advêm da hostilidade sentida por organizações fundamentalistas islâmicas às atitudes norte-americanas no Oriente Médio. A colisão dos aviões comerciais sequestrados com o *World Trade Center* e com o Pentágono, sede do Departamento de Defesa, não só abalou o moral do povo estadunidense, como também o alertou para uma ameaça difusa, até então, desconhecida.

Uma das primeiras respostas ao atentado veio com a edição, pelo Presidente George W. Bush e pelo Congresso, do *Authorization for Use of Military Force* (AUMF), em resolução conjunta,[4] e do *USA Patriot Act of 2001*, os quais conflagraram a Guerra do Afeganistão a partir de sólida ofensiva das Forças Armadas, com o propósito de erradicar a Al-Qaeda, de capturar Osama bin Laden e de aprisionar os cidadãos que, de algum modo, conspiraram para a concretização dos ataques terroristas.

As medidas legislativas, as ordens executivas e os discursos públicos arrebatadores do Presidente dos Estados Unidos em sessões conjuntas no Congresso inauguraram a Guerra ao Terror e a Doutrina Bush, visando à justificação das manobras militares e das restrições aos direitos individuais e coletivos em prol da manutenção da segurança nacional.

Dessarte, os atos normativos promulgados sob o pretexto de combate ao terrorismo, logo após os ataques em 11 de setembro de 2001, desequilibraram a repartição orgânica dos Poderes constitucionais, na medida em que confiaram expressivas atribuições ao Executivo, ampliando a competência do Presidente dos Estados Unidos como Comandante em Chefe das Forças Armadas, e afastaram o controle jurisdicional sobre os seus poderes de guerra e de condução da política externa.[5]

[3] Ibid.

[4] Conforme o glossário do Senado norte-americano, as resoluções conjuntas (*joint resolutins*) consistem em um tipo de ato normativo sujeito à aprovação bicameral e à sanção pelo Presidente dos Estados Unidos, assemelhando-se à espécie legislativa do projeto de lei (*bill*).

[5] Pacheco, Cristina Carvalho. Os "combatentes inimigos" e a Guerra ao Terror: a relação entre Suprema Corte e política externa nos EUA durante o Governo Bush II (2001-2008). **Carta Internacional**, v. 10, n. 3, p. 77-93, 2015.

Nesse contexto, durante o contra-ataque ao Afeganistão, nos últimos meses de 2001, Yaser Esam Hamdi foi detido pela coalização de grupos militares Aliança do Norte, opositora do governo do Talibã, e entregue aos militares dos Estados Unidos, com a acusação de, supostamente, auxiliar a Al-Qaeda em conflitos armados. Com esteio no AUMF, Hamdi fora mantido na Base Naval da Baía Guantánamo, junto aos demais prisioneiros, até a descoberta de sua nacionalidade americana[6] pelas autoridades estadunidenses, em abril de 2002.

Por ser nacional, Yaser Esam Hamdi foi transferido para uma prisão naval em Norfolk, na Virgínia, e, seguidamente, para Charleston, na Carolina do Sul. Em se tratando de aliado à Al-Qaeda, o governo norte-americano deu-lhe o qualificativo de combatente inimigo, de modo que isso resultou na sua detenção por tempo indeterminado, na impossibilidade de ser assistido por um advogado e na falta de acusação perante um juízo natural.

Em junho de 2002, Esam Fouad Hamdi, pai de Yaser Esam Hamdi, impetrou um *habeas corpus* na Justiça Federal de primeira instância, no Estado da Virgínia, na condição de *next friend*,[7] defendendo que a cidadania americana de seu filho afastaria as restrições aplicáveis aos demais combatentes inimigos, em razão dos direitos prescritos na 5ª e na 14ª Emenda à Constituição, a exemplo do devido processo legal.

O Juiz Federal Robert George Doumar concordou com Esam Fouad Hamdi, ao afirmar que a justificativa da prisão de Yaser Esam Hamdi, constante da declaração escrita por Michael Mobbs,[8] era insuficiente à comprovação do posicionamento do governo e, por consequência, à caracterização do detido como combatente inimigo. Reconheceu tam-

[6] Hamdi possuía as nacionalidades norte-americana e saudita.

[7] No processo civil americano, o amigo próximo (*next friend*) corresponde a uma representação processual em que um terceiro atua em nome de alguém, na defesa de direito alheio, quando o titular estiver incapaz de exercê-lo.

[8] Michael H. Mobbs foi o assessor especial do Subsecretário de Defesa para Políticas responsável pelos registros da prisão de Hamdi no Afeganistão. O seu escrito, que ficou conhecido como "declaração Mobbs", embasou todo o substrato fático suscitado pelos Estados Unidos no processo, a fim de justificar a condição de combatente inimigo de Hamdi.

bém o direito à assistência jurídica técnica, indicando um defensor público, para assumir o caso.

A sentença foi reformada pelo Tribunal de Apelações do 4º Circuito, segundo o qual a cidadania americana apenas garantiria uma investigação judicial limitada sobre a detenção, a ser analisada sob os parâmetros fixados pelos Poderes Legislativo e Executivo. Na visão daquele tribunal, a presença de Hamdi em zonas de conflito armado, por si só, impediria uma cognição aprofundada na matéria fática, além de reconhecer a ilegitimidade democrática do Judiciário, para discutir assuntos bélicos.[9]

A discussão chegou à Suprema Corte no primeiro semestre de 2004, em virtude do descontentamento de Esam Fouad Hamdi com a conclusão do Tribunal de Apelações. Na SCOTUS, questionava-se a possibilidade de o Poder Executivo restringir o direito ao devido processo legal de um cidadão americano, ao prendê-lo, indefinidamente, sem acesso a um juízo imparcial, fundado em sua caracterização como combatente inimigo.

2. Aspectos importantes da decisão

Durante o processo na Suprema Corte, o Defensor Público Federal Frank W. Dunham Jr. assistiu a família Hamdi; Donald H. Rumsfeld, Secretário de Defesa, foi representado pelo Advogado-Geral dos Estados Unidos[10] Paul D. Clement, do Departamento de Justiça. A decisão foi proferida em 28 de junho de 2004, depois das sustentações orais, que aconteceram em 28 de abril do mesmo ano. No final do julgamento, a SCOTUS pretendeu consolidar a sua posição institucional e minorou a discricionaridade do Poder Executivo nas apreensões de cidadãos americanos.

Um adendo deve ser feito: conquanto as Forças Armadas tenham capturado um número expressivo de aliados à Al-Qaeda e ao Talibã na Guerra do Afeganistão, a controvérsia em torno de Hamdi singulariza-se por sua nacionalidade norte-americana, visto que os direitos e as garan-

[9] **Hamdi v. Rumsfeld**, 542 U.S. 507 (2004).

[10] Designa-se Advogado-Geral dos Estados Unidos (*Solicitor General of the United States*) o cargo do Departamento de Justiça (DOJ) atribuído de supervisionar e de conduzir o contencioso do governo federal na Suprema Corte. É inconfundível com o Procurador-Geral dos Estados Unidos (*U.S. Attorney General*), chefe do DOJ.

tias fundamentais prescritas na Constituição dos Estados Unidos lhe estariam assegurados. Essa particularidade é indispensável à compreensão do caso, uma vez que, aqui, excluem-se os estrangeiros do decidido pela SCOTUS.

Com efeito, a complexidade do desfecho em *Hamdi v. Rumsfeld* permite uma abordagem sob ópticas distintas, posto que complementares. No afã de contrapesar os direitos humanos, os poderes de guerra e a segurança interna, a Juíza Sandra Day O'Connor, cujo voto prevaleceu na Suprema Corte, analisou duas questões basilares merecedoras de um realce especial: a juridicidade da detenção de Hamdi e a viabilidade de discutir a sua classificação de combatente inimigo em um juízo imparcial.

Ambas as controvérsias refletem o arranjo normativo elaborado pelo Presidente George W. Bush e pelo Congresso, a fim de legalizar a campanha militar no Oriente Médio. Jack Goldsmith explica que a pretensão do governo se concentrou em forçar a incompetência territorial da jurisdição americana, para processar e julgar os retidos na Base Naval da Baía Guantánamo, e em impedir a aplicação da Convenção de Genebra Relativa ao Tratamento dos Prisioneiros de Guerra, de 12 de agosto de 1949,[11] aos combatentes inimigos.

A Suprema Corte, ao analisar, a princípio, a legalidade da detenção, asseverou que o Congresso permitiu, por meio da AUMF, a custódia de adversários pelas Forças Armadas, mesmo que sejam estadunidenses. O entendimento da SCOTUS reafirmou, como reforço argumentativo, a jurisprudência construída em *Ex Parte Quirin*[12], julgado em 1945, no qual um dos detidos se declarou americano naturalizado. Tanto naquele caso quanto em *Hamdi v. Rumsfeld*, os juízes compreenderam que a prisão em conflitos armados é um incidente fundamental de guerra, com o propósito de impedir o retorno de opositores ao combate.

A conclusão da Corte em *Ex Parte Quirin* subsidiou os argumentos centrais da legitimidade da prisão de Hamdi. A SCOTUS, antes de tudo, assentou a inexistência de qualquer distinção entre nacionais e estrangeiros, a qual impeça um cidadão estadunidense de ser detido por prati-

[11] GOLDSMITH, Jack. ***The Terror Presidency****: law and judgment inside the Bush administration.* 2. ed. Nova Iorque: W.W. Norton, 2009.

[12] **Ex Parte Quirin,** 317 U.S. 1 (1942).

car, ou por apoiar algum ato hostil contra os Estados Unidos. Nessa perspectiva, portanto, o Poder Executivo agira adequadamente.

Em outro argumento rejeitado pela Suprema Corte, Hamdi suscitou que a prisão por tempo indeterminado contrariaria a autorização concedida pelo Congresso, nos termos da Autorização para o Uso de Força Militar, e o direito internacional. Decerto, o *jus in bello*, ao congregar as normas de resguardo humanitário no contexto dos conflitos armados,[13] proscreve a custódia infinita do capturado, que deve ser liberto, ou repatriado depois da cessação das hostilidades. Essa salvaguarda está descrita no art. 118 da Convenção de Genebra Relativa ao Tratamento dos Prisioneiros de Guerra, de 12 de agosto de 1949.

Antes de analisar o porquê da negativa da Corte, convém reconhecer que a construção de um aparato jurídico em resposta aos atentados do 11 de setembro de 2001 não pode ser insubordinada aos direitos e às garantidas preexistes, sobretudo, quando os valores fundamentais sacrificados são incompensados pelo dogma da segurança interna. Essas limitações à criatividade do legislador são retratadas por Jordan J. Paust, que aponta a observância obrigatória aos parâmetros constitucionais, jurisprudenciais e internacionais na elaboração dos atos normativos.

O autor leciona que os critérios de direitos humanos, sejam previstos em tratados internacionais, sejam consuetudinários, aplicam-se em qualquer contexto, inclusive, nos de comoção nacional, e estabelecem balizas informadoras do regime jurídico da custódia dos capturados em conflito armado. Para ele, a natureza *jus cogens* do direito à liberdade impõe, em detrimento da detenção arbitrária, a não derrogabilidade da revisão judicial e requer que o Poder Executivo não detenha combatentes sem um processo independente, justo e efetivo.[14]

Historicamente, a Suprema Corte já decidiu, como em *Ex Parte Quirin* e em *The Paquete Habana*[15], que as normas de direito internacional,

[13] Portela, Paulo Henrique Gonçalves. **Direito Internacional Público e Privado:** incluindo noções de Direitos Humanos e de Direito Comunitário. 12. ed. rev., atual. e ampl. Salvador: Juspodivm, 2020, p. 756-757.

[14] Paust, Jordan J. ***Beyond the Law****: The Bush Administration's Unlawful Responses in the "War" on Terror.* Nova Iorque: Cambridge University Press, 2007.

[15] **The Paquete Habana**, 175 U.S. 677 (1900).

as quais conglobam as leis de guerra, incorporam-se ao sistema positivo doméstico dos Estados Unidos[16], vinculando a criação, a interpretação e a aplicação do regramento jurídico como um todo. Em *Hamdi v. Rumsfeld*, a conclusão da SCOTUS não destoou do seu passado, muito embora tenha feito um esclarecimento pertinente.

De acordo com a Corte, o perfil dos inimigos contra os quais os Estados Unidos lutavam dificulta uma delimitação precisa do fim dos conflitos armados no Afeganistão. Desse modo, diferente da crença de Hamdi, não se trata de uma custódia perpétua, coibida pelo direito internacional humanitário, mas sim de uma indefinição do momento da soltura, dado que, por suas singularidades, o confronto não terminaria com um simples cessar-fogo.

Nesse quesito, a argumentação sólida da Corte significou um salvo--conduto para as estratégias militares dos EUA. Estabeleceu-se que a detenção de um adversário, nessas circunstâncias, não significaria uma antecipação de pena ao capturado, porém uma medida necessária à estagnação da guerra. Sendo assim, ainda que a indeterminação do desfecho da campanha no Oriente Médio conduza a uma prisão longeva, não há perpetuidade. No momento em que a SCOTUS analisou essas premissas, a investida contra o Talibã, no Afeganistão, ainda estava em curso, de modo que a ação das Forças Armadas fora amparada pela AUMF, e a prisão de Hamdi, legítima.

O segundo item analisado pela Suprema Corte reveste-se de maior profundidade que o anterior. Depois de assentar a juridicidade da detenção de Hamdi, analisou-se se a extensão do devido processo legal permitiria que a titulação de combatente inimigo fosse contestada perante um juízo neutro. O Advogado-Geral dos Estados Unidos, ao defender a inadmissão de uma revisão judicial, sustentou-se em dois argumentos centrais dignos de destaques distintos.

Inicialmente, o governo afirmou a suficiência da declaração Mobbs, acima referida, para certificar a conjuntura fática que subjaz a prisão de Hamdi, de sorte que a discussão, em sede de *habeas corpus*, restringir-se--ia aos aspectos jurídicos da custódia, dispensando a análise de fato. Os

[16] Ibid.

juízes contrapuseram-se a essa posição, avaliando que o detido não tivera nenhuma oportunidade de manifestar-se sobre o conteúdo atestado por Mobbs. Ademais, a petição de *habeas corpus* informara que Hamdi apenas residia no Afeganistão, e não atuava em prol de forças hostis aos americanos. Sendo assim, o dissenso entre as informações impediria uma deferência inconteste ao relatório apresentado pelo Executivo.

A segunda tese apresentada pelo Estado foi vital ao caso, exigindo maiores digressões pela Corte. Advogou-se que os interesses constitucionais sopesados, como a segurança nacional e a separação orgânica dos Poderes, impediriam uma revisão judicial das políticas e dos atos militares em tempo de guerra. Na visão do governo, os tribunais deveriam ser subservientes à declaração Mobbs e não poderiam analisar a situação individual dos combatentes inimigos, mas, tão somente, o esquema geral das detenções, conforme a autorização do Congresso.[17]

Esse tópico trouxe ao debate aspectos capitais do painel normativo proposto pelo Executivo e pelo Legislativo. É inegável que as vicissitudes do combate ao terrorismo exigem alternativas cada vez mais criativas e capazes de contrastar uma ameaça difusa e ideológica. Para usar a expressão de Jack Goldsmith, a Guerra ao Terror é uma guerra contra uma técnica[18], e não contra um inimigo tradicional em um território, geograficamente, delimitado.

Essa conjuntura descomunal, contudo, invalida a restrição incalculada ao complexo de direitos fundamentais. Richard A. Posner, quando discorre sobre as interseções entre a defesa nacional e a Constituição, explica que "o desafio na tomada de decisões constitucionais, na era do terrorismo moderno, é restabelecer o equilíbrio entre os interesses da liberdade individual, como uma contenção às restrições e às interferências governamentais, e os da segurança pública".[19] Nesse sentido, afirma ainda que "o escopo de um direito deve ser calibrado em referência aos interesses que o amparam e opõem-no".[20]

[17] 542 U.S. 507 (2004).

[18] Goldsmith, op. cit..

[19] Posner, Richard A. ***Not a Suicide Pact****: The Constitution in a Time of National Emergency*. Nova Iorque: Oxford University Press, 2006, p. 31.

[20] Ibid., p. 31.

A Suprema Corte não se distanciou da ponderação ilustrada por Posner. De fato, a impossibilidade de os combatentes inimigos contestarem esse título perante um juízo natural pressupõe o demérito do devido processo em prol da segurança interna dos Estados Unidos. A solução do caso demanda, por parte do SCOTUS, um contrabalanceio de dois valores constitucionalmente resguardados, além de significar um controle sobre as competências do Presidente na condução de assuntos militares e de relações exteriores.

A decisão invocou o teste construído em *Mathews v. Eldridge,* a fim de sopesar os interesses constitucionais cotejados. Naquele caso, a seguridade social norte-americana suspendeu um benefício pecuniário pago a George Eldridge, por entender que a situação incapacitante não mais subsistiria, sem ouvi-lo previamente. Ao recusar a assertiva de violação ao devido processo de Eldridge, a SCOTUS estabeleceu três indicadores cumulativos verificadores da proporcionalidade da conduta administrativa: o interesse privado afetado pela ação estatal, o risco da privação equivocada desse interesse e, por fim, os interesses do governo.[21]

Essa escala trifásica foi aplicada ao caso *Hamdi v. Rumsfeld,* com o intento de certificar se o afastamento da atuação jurisdicional, para reexaminar o qualificativo de combatente inimigo, seria proporcional. O raciocínio da Suprema Corte partiu da premissa segundo a qual os valores antagônicos são sólidos e legítimos. Hamdi pleiteava um dos direitos fundamentais mais sensíveis à história estadunidense: o de contrapor-se, em um processo imparcial, à detenção arbitrária pelo Estado. O Poder Executivo, por seu turno, defendeu a fidedignidade das ações militares no Oriente Médio, a responsabilidade política do Presidente, para conduzir a guerra, e a dificuldade prática de concretizar, no seio de um conflito armado, um julgamento neutro.

A SCOTUS, em entendimentos históricos, já reconheceu que a Constituição dos Estados Unidos reservara ao Presidente as competências em matéria bélica. Conforme decidido em *Department of Navy v. Egan,* "a menos que o Congresso tenha determinado o contrário, os tribunais, tradicionalmente, relutam em se intrometer na autoridade do Executivo em

[21] **Mathews v. Eldridge,** 424 U.S. 319 (1976).

assuntos militares e de segurança nacional".[22] Em *Hamdi v. Rumsfeld*, essa precedência não foi ignorada, contudo não prevaleceu na ponderação feita pela Corte.

Fazendo o itinerário da escala forjada em *Mathews v. Eldridge*, o voto prevalecente na Suprema Corte afirmou que "o compromisso da Nação com o devido processo é severamente testado durante os nossos momentos mais desafiadores e incertos, e, nessas situações, devemos preservar, em casa, o empenho com os princípios pelos quais lutamos no exterior".[23] A retórica é irrepreensível e antecipa, em certa medida, a conclusão final do julgamento.

A Corte compreendeu que as razões de segurança nacional, mesmo em um cenário de contra-ataque às conspirações contra os americanos, não justificam a detenção unilateral de adversários de guerra. Para ela, a privação dos combatentes inimigos de contestar a base fática de sua prisão em um juízo independente apresenta uma restrição errônea de direitos fundamentais, a qual é incompensável pelos interesses estatais envolvidos. A técnica argumentativa emprestada por *Mathews v. Eldridge*, portanto, reprova a tese do governo.

De acordo com a SCOTUS, o devido processo não impede a custódia daqueles que representam uma ameaça aos Estados Unidos no curso dos confrontos no Oriente Médio, porém impossibilita a apreensão desproporcional de pessoas que não reúnem as condições indispensáveis à caracterização de combatente inimigo. A Corte relembrou, por exemplo, a chance de prisão de turistas, de jornalistas e de voluntários de organizações civis humanitárias por erro militar, sem que pudessem contrariar os motivos que embasaram a detenção.

De igual modo, os juízes também cederam, parcialmente, aos imperativos de defesa nacional. Ao reconhecer o devido processo como um requisito necessário à custódia contínua, a Corte admitiu uma conformação do procedimento às circunstâncias excepcionais vivenciadas em conflito armado. Por certo, a concretização de todas as garantias ínsitas a um julgamento imparcial, em âmbito administrativo, inviabilizaria as estratégias bélicas e sobrecarregaria o Poder Executivo.

[22] **Department of Navy v. Egan**, 484 U.S. 518 (1988).
[23] 542 U.S. 507 (2004).

Sendo assim, a SCOTUS exemplificou que uma presunção relativa de genuinidade das evidências apresentadas pelas Forças Armadas, para justificar a detenção dos opositores, não infringiria a Constituição, desde que as oportunidades efetivas, para as infirmar, fossem proporcionadas. Segundo a Corte, "uma vez que o governo apresente provas credíveis de que o capturado atende aos requisitos de combatente inimigo, o ônus poderia recair sobre ele, a fim de demonstrar, com meios mais persuasivos, que está fora dos critérios".[24]

Ao citar a transferência do ônus da prova, buscou-se demonstrar uma situação, dentre outras, na qual a contestação do rótulo de combatente inimigo poderia ser feita sem sobrepesar o Executivo e, ao mesmo tempo, garantir as condições vitais do devido processo legal.

Na lógica da escala *Mathews*, a Corte concluiu que o respeito ao núcleo básico do devido processo legal, permitindo ao capturado contestar os fatos que ensejaram a sua custódia, não interferiria nas operações militares estratégicas a ponto de legitimar a restrição desse direito constitucional. Sendo assim, a impossibilidade de contestar, em um juízo natural, a condição de combatente inimigo é injustificada, quando confrontada com os anseios estatais, resultando em uma privação desconcertante dos interesses privados.

Derradeiramente, a Suprema Corte reafirmou a sua aptidão, para adentrar o mérito do painel normativo antiterrorismo, sem contrariar a repartição dos Poderes ou, de modo específico, a competência do Presidente dos Estados Unidos, para arquitetar a guerra e as relações internacionais. De acordo com a sua posição, "independentemente do poder que a Constituição americana preveja para o Executivo em suas trocas com outras nações ou com organizações inimigas em tempos de conflito, ela, decerto, prescreve uma atribuição para todos os três ramos, quando as liberdades individuais estão em jogo".[25]

Por tudo isso, Seth P. Waxman sugere, com precisão, que o desfecho proposto pela Suprema Corte em *Hamdi v. Rumsfeld* ilustra aspectos institucionais relevantes que refletem o seu modo de decidir e de portar-se defronte das demais funções do Estado. Para o autor, a conclusão do caso

[24] 542 U.S. 507 (2004).
[25] 542 U.S. 507 (2004).

reproduz um marcante minimalismo judicial, uma vez que se atém ao caso apreciado e reserva um espaço político a ser preenchido pelo Executivo e pelo Legislativo, na elaboração de um procedimento que assegure o devido processo aos combatentes inimigos estadunidenses.[26]

Além disso, Waxman afirma que a postura contida da Corte sinaliza a consolidação de suas prerrogativas na ordem constitucional, bem como a reafirmação de sua autoridade como intérprete máximo da Constituição.[27] Indubitavelmente, o reconhecimento dos direitos fundamentais em tempos de guerra, ponto central da decisão em *Hamdi v. Rumsfeld*, indica uma consciência histórica da SCOTUS, que, mesmo a contragosto da comoção popular após os ataques de 11 de setembro de 2001, relembrou as aspirações norte-americanas contra a repressão estatal.

3. Repercussão da decisão

Ao concluir que a prisão de Hamdi poderia ser revista pelo Poder Judiciário, a Suprema Corte ordenou a remessa dos autos ao Juiz Federal Robert G. Doumar, para que o mérito do *habeas corpus* fosse, enfim, apreciado. As expectativas, no entanto, findaram antes do previsto. Quatro meses após a decisão da Corte, o Departamento de Justiça e a defesa de Hamdi, em 11 de outubro de 2004, acordaram, administrativamente, a sua libertação. Como contrapartida, o ex-combatente inimigo seria deportado para a Arábia Saudita e renunciaria à cidadania estadunidense.[28]

Muito embora a detenção de Yaser Esam Hamdi não tenha sido analisada por um juízo neutro, é incontestável que as consequências da sua batalha judicial, em nome das liberdades individuais, ainda reverberam nos Estados Unidos e no mundo. Para além de conter a discricionaridade do Poder Executivo, a decisão da SCOTUS reacendeu as discussões sobre

[26] Waxman, Seth P. *The Combatant Detention Trilogy Through the Lenses of History*. *In*. Berkowitz, Peter. ***Terrorism, the Laws of War, and the Constitution**: Debating the Enemy Combatant Cases*. Stanford: Hoover Institution Press, 2005, p. 31.

[27] Ibid., p. 32.

[28] Lichtblau, Eric. *U.S., Bowing to Court, to Free 'Enemy Combatant'*. **The New York Times,** Nova Iorque, 23 de setembro de 2004. Disponível em: https://www.nytimes.com/2004/09/23/politics/us-bowing-to-court-to-free-enemy-combatant.html.

os papéis das Cortes Supremas e das Constituições na vida política, econômica e cultural das sociedades democráticas modernas.

Com efeito, esses temas são sempre revistos em períodos conturbados da história. A experiência demonstra que, em certos momentos de exceção, coube a um terceiro imparcial conter os exageros das autoridades públicas, definir questões sensíveis às conclamações populares e assegurar o respeito aos direitos humanos. A perspectiva histórica ensina que a soberania da Constituição, proporcionada pelos mecanismos jurisdicionais de controle da constitucionalidade das leis em sentido formal e material, é a maneira de consolidar um sistema calcado em liberdades individuais, e isso foi considerado pela Corte na invalidade dos atos normativos do governo.

Não é novidade que o Poder Judiciário, habitualmente, vê-se envolto de matérias representativas daquilo que Luís Roberto Barroso denominou de desacordos morais razoáveis,[29] e a atuação da Suprema Corte em *Hamdi v. Rumsfeld* representa, com afinco, o dissenso em assuntos problemáticos de solução desafiadora, característico de uma sociedade plural refletida no voto da Juíza O'Connor.

Não obstante a necessidade de um contra-ataque aos conspiradores dos atentados ao *World Trade Center* e ao Pentágono, os juízes contiveram as medidas abusivas da Doutrina Bush e impuseram, ao menos em favor dos cidadãos americanos, um respeito mínimo ao devido processo legal. O entendimento inspirou todas as ações judiciais subsequentes que chegaram à SCOTUS, contestando as medidas adotadas pelo Presidente George W. Bush, e entrou no rol de julgamentos históricos da Corte.

Entre os casos que o sucederam, destaca-se *Rasul v. Bush*, julgado no mesmo dia, em que a Suprema Corte refinou o desfecho de *Hamdi v. Rumsfeld*, estendendo a garantia do *habeas corpus* a combatentes inimigos estrangeiros, além de reconhecer a jurisdição norte-americana sobre Guantánamo, em Cuba. Naquela ação, proposta por capturados australianos e kuwaitianos, a maioria, seguindo o voto do Juiz John Paul Stevens, assentou que a impetração do *habeas corpus* independeria de o impetrante

[29] Barroso, Luís Roberto. Contramajoritário, Representativo e Iluminista: Os papeis dos tribunais constitucionais nas democracias contemporâneas. **Revista Direito e Praxis**, v.9, n. 4, p. 2171-2228, 2018.

ser cidadão americano. Com efeito, o caso Hamdi foi o único em que figurou um estadunidense como combatente inimigo, diferenciando-se dos demais.

À época do desfecho, o jornal *The New York Times* adjetivou a decisão como "o pronunciamento judicial mais importante, em décadas, sobre o equilíbrio entre as liberdades pessoais e a segurança nacional".[30] De fato, a ponderação dos valores constitucionais envolvidos, conquanto tenha privilegiado as garantias processuais de Hamdi, não desprezou os imperativos de defesa interna, permitindo a construção de uma alternativa política pelos Poderes Executivo e Legislativo, detentores da legitimidade social.

Conclusões

O caso *Hamdi v. Rumsfeld* possui uma narrativa literária: a detenção abusiva de um cidadão pelo Estado, mantendo-o incomunicável e incapaz de contestar a sua situação, materializa a angústia ilustrada por Franz Kafka em "O Processo". A conjuntura a que Hamdi se submeteu não distancia os Estados Unidos da imaginação daquele autor, antes demonstra a capacidade de institucionalizar uma violação sistêmica aos direitos e às garantias individuais em uma atmosfera de terror e de medo.

Consoante explicado nas seções anteriores, os ataques de 11 de setembro de 2001 e seus desdobramentos abalaram, violentamente, o moral do povo americano, exigindo uma reação combativa das autoridades públicas. Essa resposta veio com a edição, pelo Presidente e pelo Congresso, do *Authorization for Use of Military Force* (AUMF) e do *USA Patriot Act of 2001*, alargando as competências presidenciais, a fim de viabilizar a campanha militar no Afeganistão.

No conflito armado, a Aliança do Norte, opositora do governo Talibã, capturou e entregou Hamdi às Forças Armadas estadunidenses, que o mantiveram detido em Charleston, na Carolina do Sul, depois do descobrimento de sua cidadania americana, qualificando-o como combatente inimigo. A irresignação do seu pai, ao impetrar um *habeas corpus* na Justiça

[30] Stout, David. *Supreme Court Affirms Detainees' Right to Use Courts*. **The New York Times**, Nova Iorque, 28 de junho de 2004. Disponível em: https://www.nytimes.com/2004/06/28/politics/supreme-court-affirms-detainees-right-to-use-courts.html.

Federal de primeira instância, inaugurou o extenso litígio que chegou à SCOTUS em 2004.

Conforme visto, a Corte analisou duas questões centrais: a detenção de Hamdi e a possibilidade de revisão judicial da condição de combatente inimigo. O voto preponderante da Juíza Sandra Day O'Connor atentou-se à contraposição dos interesses complexos envolvidos. Quanto ao primeiro item analisado, sobretudo, sob o direito internacional humanitário, reconheceu-se a legalidade da prisão defronte da falta de um cessar-fogo na Guerra do Afeganistão; em relação ao segundo, a restrição aos direitos e às garantias individuais, pelos atos dos Poderes Legislativo e Executivo, mostrou-se desproporcional, de acordo com o teste criado em *Mathews v. Eldridge*.

Apesar do entendimento, a Suprema Corte manteve um espaço a ser preenchido pelo Presidente e pelo Congresso, os quais poderiam construir alternativas que assegurassem aos combatentes inimigos um contraditório das bases fáticas de sua prisão, no entanto a apreciação pelo Poder Judiciário não poderia ser afastada. Essa postura da SCOTUS foi paradigmática nos precedentes sobre o direito de guerra, salvaguardando as liberdades pessoais, mesmo no curso de um conflito armado.

Entre os seus principais contributos, a decisão ressignificou a Constituição norte-americana e as competências presidenciais na condução da segurança interna e das relações exteriores, afirmando, categoricamente, que as emergências nacionais não subvertem os direitos fundamentais nem as defesas do cidadão contra os árbitros estatais. Decerto, a situação dos detidos na Base Naval da Baía Guantánamo é, até hoje, controvertida e criticada por diversos movimentos humanitários, e Hamdi, apesar de ter sido transferido para uma prisão em território americano, permaneceu em condições inumanas não muito diferentes daquelas vivenciadas na ilha cubana.

O seu caso merece ser sempre revisto por ter dado um rosto, um nome e um enredo a um drama enfrentado por muitos prisioneiros acusados de praticar atos hostis contra os Estados Unidos, os quais não conseguem contestar a sua condição perante um juízo natural. Mais que contar a sua história, Hamdi revelou a radicalização das estratégias militares e contribuiu para a desenvolução das instituições democráticas, em busca da realização humana desejada por Martin Gilbert, no início deste século.

Referências

BARROSO, Luís Roberto. Contramajoritário, Representativo e Iluminista: Os papeis dos tribunais constitucionais nas democracias contemporâneas. **Revista Direito e Praxis**, v. 9, n. 4, p. 2171-2228, 2018.

ESTADOS UNIDOS DA AMÉRICA. Supreme Court of the United States. **Department of Navy v. Egan**, 484 U.S. 518 (1988), Washington D.C, 23 de fevereiro de 1988.

ESTADOS UNIDOS DA AMÉRICA. Supreme Court of the United States. **Ex Parte Quirin,** 317 U.S. 1 (1942), Washington D.C, 31 de julho de 1942.

ESTADOS UNIDOS DA AMÉRICA. Supreme Court of the United States. **Mathews v. Eldridge**, 424 U.S. 319 (1976), Washington D.C, 24 de fevereiro de 1976.

ESTADOS UNIDOS DA AMÉRICA. Supreme Court of the United States. **Hamdi v. Rumsfeld**, 542 U.S. 507 (2004), Washington D.C, 28 de junho de 2004.

ESTADOS UNIDOS DA AMÉRICA. Supreme Court of the United States. **The Paquete Habana**, 175 U.S. 677 (1900), Washington D.C, 8 de janeiro de 1900.

GILBERT, Martin. **A História do Século XX**. São Paulo: Planeta, 2016.

GOLDSMITH, Jack. ***The Terror Presidency***: *law and judgment inside the Bush administration*. 2. ed. Nova Iorque: W.W. Norton, 2009.

LICHTBLAU, Eric. *U.S., Bowing to Court, to Free 'Enemy Combatant'*. **The New York Times**, Nova Iorque, 23 de setembro de 2004. Disponível em: https://www.nytimes.com/2004/09/23/politics/us-bowing-to-court-to-free-enemy--combatant.html.

LOWE, Norman. ***Mastering Modern World History***. 5. ed. Londres: Palgrave MacMillan, 2013.

PACHECO, Cristina Carvalho. Os "combatentes inimigos" e a Guerra ao Terror: a relação entre Suprema Corte e política externa nos EUA durante o Governo Bush II (2001-2008). **Carta Internacional,** v. 10, n. 3, p. 77-93, 2015.

PAUST, Jordan J. ***Beyond the Law***: *The Bush Administration's Unlawful Responses in the "War" on Terror*. Nova Iorque: Cambridge University Press, 2007.

PORTELA, Paulo Henrique Gonçalves. **Direito Internacional Público e Privado**: incluindo noções de Direitos Humanos e de Direito Comunitário. 12. ed. rev., atual. e ampl. Salvador: Juspodivm, 2020.

POSNER, Richard A. ***Not a Suicide Pact***: *The Constitution in a Time of National Emergency*. Nova Iorque: Oxford University Press, 2006.

STOUT, David. *Supreme Court Affirms Detainees' Right to Use Courts*. **The New York Times**, Nova Iorque, 28 de junho de 2004. Disponível em: https://www.nytimes.com/2004/06/28/politics/supreme-court-affirms-detainees-right-to-use-courts.html.

WAXMAN, Seth P. *The Combatant Detention Trilogy Through the Lenses of History*. *In*. BERKOWITZ, Peter. ***Terrorism, the Laws of War, and the Constitution***: *Debating the Enemy Combatant Cases*. Stanford: Hoover Institution Press, 2005.

39.

ROPER V. SIMMONS, 2005

A INCONSTITUCIONALIDADE DA PENA DE MORTE PARA MENORES DE 18 ANOS

ANDRÉ TIAGO PASTERNAK GLITZ[1]

Introdução

O presente artigo tem por foco o caso *Roper v. Simmons* (2005),[2] no qual a Suprema Corte dos Estados Unidos (SCOTUS) reconheceu ser inconstitucional a pena de morte para jovens menores de dezoito anos de idade, face a sua incompatibilidade com a cláusula que proíbe a aplicação de punições cruéis e incomuns, prevista na 8ª Emenda à Constituição desse país.[3]

De início, o caso é contextualizado historicamente, a partir de uma linha de precedentes decididos na década de 1970, quando a Suprema Corte passou a exercer juízo de proporcionalidade entre a pena de morte e determinadas espécies de crimes, inclusive para alguns grupos de indivíduos, como os adolescentes. Na sequência, são, então, detalhados os

[1] [1]Promotor de Justiça do Ministério Público do Paraná. Masters of Laws (LL.M.) pela Columbia Law School, NY/USA.

[2] **Roper v. Simmons**, 543 U.S. 551 (2005).

[3] Dispõe a 8ª Emenda à Constituição dos Estados Unidos que: Não se exigirão fianças exageradas, não se imporão multas excessivas, nem se infligirão penas cruéis e desusadas. As origens da Emenda remontam ao *Bill of Rights* inglês, de 1689. Cf. Constituição (1787). **Bill of Rights**. Estados Unidos da América, 1791.

principais aspectos da decisão: os fatos do caso, seu histórico processual, a metodologia decisória e os critérios adotados na aferição da proporcionalidade. Após, o trabalho avalia algumas repercussões do julgamento, procurando refletir sobre o seu impacto na jurisprudência da Suprema Corte, bem como suas possíveis repercussões atuais e futuras. A conclusão traz uma síntese do artigo.

1. Contexto histórico

Para fins de delimitar o tema, interessa esclarecer ao leitor que o artigo não o trata sob uma perspectiva mais ampla e multidisciplinar, eis que a pena de morte nos Estados Unidos possui aspectos históricos, políticos, culturais e sociais cuja abordagem extrapola a pretensão deste trabalho.[4] Tampouco se pretende realizar uma abordagem completa da jurisprudência da Suprema Corte dos Estados Unidos sobre a pena capital.

Neste conjunto far-se-á um recorte, buscando entender como a SCOTUS chegou à decisão de *Roper v. Simmons* (2005), a partir da identificação dos precedentes relevantes, das suas respectivas premissas metodológicas e das fundamentações jurídicas empregadas na interpretação da cláusula constitucional proibitiva de punições cruéis e incomuns. Antes, contudo, algumas informações preliminares precisam ser conhecidas.

Em primeiro lugar, no federalismo estadunidense, o Direito Penal e o Processo Penal são matérias de competência tanto das legislaturas dos estados como do governo federal, de modo que a pena de morte pode, e assim o é, ser legislada distintamente entre eles.[5]

[4] Há grande volume e variedade de abordagens sobre o tema na literatura americana, podendo ser destacadas as seguintes obras: Garland, David. ***Peculiar Institution:*** *America's Death Penalty in an Age of Abolition*. Cambridge: Harvard University Press, 2012; e Banner, Stuart. ***The Death Penalty:*** *An American History*. Cambridge: Harvard University Press, 2003.

[5] O *United States Code*, compilação da legislação federal dos Estados Unidos revisada e republicada periodicamente a cada seis anos, trata diversos aspectos da pena de morte na esfera federal no Capítulo 228 do Título 18. Disponível em: https://www.govinfo.gov/content/pkg/USCODE-1994-title18/pdf/USCODE-1994-title18-partII-chap228.pdf.

Em segundo, mesmo após a ratificação da Constituição em 1788 e a aprovação do *Bill of Rights*[6] em 1791, o fato deste ser inicialmente aplicável somente ao governo federal impediu que desafios à constitucionalidade da legislação sobre a pena de morte nos estados chegassem ao Poder Judiciário federal.[7] Somente entre o fim do século XIX e o início do século XX, após o período da Reconstrução que se seguiu à Guerra Civil, é que a Suprema Corte dos Estados Unidos passou a enfrentar o tema frente à cláusula proibitiva de punições cruéis e incomuns da 8ª Emenda.[8]

Feitas essas considerações, foi em 1910 que a Suprema Corte reconheceu, de forma então inédita, a inconstitucionalidade de uma sanção criminal ante a referida cláusula. Num caso um tanto quanto inusitado – já que oriundo das Filipinas, então sob domínio estadunidense – a SCOTUS, em *Weems v. United States* (1910),[9] lançou as bases de uma jurisprudência que seria decisiva para o futuro da pena de morte no país, inclusive na decisão em *Roper*.

O caso questionava a natureza cruel e incomum de uma punição aplicada pela justiça filipina. Paul Weems fora condenado pelo crime de

[6] As dez Emendas à Constituição que se incorporaram ao texto original em 1791 ficaram conhecidas como *Bill of Rights*.

[7] Entretanto, alguns pontuais movimentos abolicionistas da pena de morte lograram êxito em meados do século XIX, quando a sanção chegou a ser proibida em Estados como Michigan (1847), Rhode Island (1852) e Wisconsin (1853).

[8] Em um desses primeiros casos, **In re Kemmler**, 136 U.S. 436 (1890), a jurisprudência da SCOTUS no período é bem representada. Na ocasião, a constitucionalidade da pena de morte foi confirmada a partir de uma interpretação originalista da cláusula constitucional, que pode ser resumida da seguinte forma: "Punições cruéis são aquelas que envolvem torturas ou que matam lentamente; nesse sentido, a pena de morte não pode ser considerada cruel, nos termos em que a palavra é empregada no texto da Constituição. Cruel implica necessariamente algo desumano, bárbaro, que vai além da mera extinção de uma vida." Por uma interpretação originalista entenda-se a abordagem que posteriormente acabou sendo perenizada por alguns *Justices* da Suprema Corte, em especial Antonin Scalia, como se infere de seu voto aderindo à decisão da SCOTUS em **Glossip v. Gross**, 14-7955, 576 U.S. (2015). Sobre a interpretação originalista da cláusula, ver também: LERNER, Craig S. *Justice Scalia's Eighth Amendment Jurisprudence: the failure of sake-of-argument originalism*. **Harvard Journal of Law and Public Policy**, v. 42, n. 1, p. 91-172, 2019.

[9] [9] **Weems v. United States**, 217 U.S. 349 (1910).

falsificação de documentos públicos a uma pena de 15 anos de prisão, incluindo trabalhos forçados e uso de correntes nos pulsos e tornozelos.

O destaque, aqui, fica primeiro para a decisão da Corte em efetuar juízo de proporcionalidade entre a sanção e a espécie delitiva. Outro ponto relevante diz respeito à metodologia decisória, em que a proporcionalidade é aferida pela comparação entre a pena aplicada nas Filipinas e as penas previstas nas legislações estaduais dos Estados Unidos para crimes similares. Por fim, a SCOTUS reconheceu, em *dicta*, que punições não tidas como cruéis e incomuns nos séculos XVII e XVIII poderiam vir a sê-lo no futuro, dada a natureza evolutiva da cláusula.[10]

A sedimentação desse caráter evolutivo – acerca do que se compreende como cruel e incomum – deu-se em *Trop v. Dulles* (1958)[11] quando a SCOTUS reconheceu a inconstitucionalidade da pena de expatriação de um militar americano condenado por deserção. Aderindo a tese da desproporcionalidade entre o ilícito cometido e a pena aplicada, a decisão redigida pelo *Chief Justice* Earl Warren fez referência pela primeira vez, em *dicta*, à pena de morte frente à cláusula proibitiva de sanções cruéis e incomuns:

> Embora constitucional, a pena de morte não pode servir como uma licença para estabelecer punições que ofendam a dignidade e afrontem limites de padrões civilizatórios; apesar de impreciso, seu significado e alcance não são estáticos.

[10] [10] 217 U.S. 349 (1910), p. 217: "Ao interpretar a 8ª Emenda serão considerados, como preceitos de justiça, a graduação e a proporcionalidade do ilícito. (...). O que constitui uma punição cruel e incomum pela 8ª Emenda não foi ainda definido com precisão e nenhum caso até hoje julgado por essa Corte nos levou a uma definição definitiva (...). A 8ª Emenda progride ao longo dos anos, de modo a não proibir somente aquelas punições cruéis e incomuns para os padrões de 1689 e 1787, sendo capaz de expandir o seu alcance e na medida em que a opinião pública é iluminada por padrões humanitários de justiça humanitária, (...). Ao determinar se uma punição é cruel e incomum na forma como aplicada pelas Filipinas, essa Corte considerará as punições previstas para os mesmos, ou similares, nos Estados Unidos, ressaltando a distinção entre poderes ilimitados e aqueles exercidos dentro das limitações constitucionais estabelecidas para se alcançar justiça."

[11] [11] ***Trop v. Dulles,*** 356 U.S. 86 (1958).

A 8ª Emenda deve ter seu sentido compreendido a partir de padrões civilizatórios de dignidade que estão constantemente progredindo em uma sociedade em constante evolução e amadurecimento.[12]

Trop é talvez a decisão mais relevante quando se trata da jurisprudência da cláusula da 8ª Emenda. Primeiro, porque consolida *Weems* e a ideia de dinamismo na interpretação das penas que podem ser consideradas cruéis e incomuns. Segundo, porque o caso surge numa época em que os Estados Unidos assistiam à intensificação dos movimentos sociais pelos direitos civis, no bojo dos quais estaria inserida a discussão sobre a pena de morte, notadamente da sua desproporcional imposição à população afro-americana.

Consequentemente, no início da década de 60 do século XX, já com sua histórica agenda progressista em curso, a Suprema Corte decidiu *Robinson v. California* (1962).[13] No caso, ao declarar a inconstituciona-

[12] [12] Em *Trop* a SCOTUS se referiu expressamente a *Weems*: "No final das contas, vamos colocar de lado a pena de morte enquanto indexador máximo de limite constitucional para punições. Quaisquer que sejam os argumentos contrários à pena capital, seja numa perspectiva moral, seja para fins de cumprimento dos fins da pena, a pena de morte tem sido empregada ao longo de nossa história e, enquanto continuar a ser amplamente aceita, é impossível afirmar que se amolde à concepção constitucional do que venha a ser uma punição cruel. Entretanto, é igualmente claro que a existência da pena de morte não se trata de uma autorização ao Estado para conceber outras punições menos aflitivas limitado apenas pela sua inventividade (...). O conceito básico informador da 8ª Emenda é nada menos que a dignidade humana. Porquanto o Estado detenha o poder punitivo a Emenda assegura que o seu exercício seja mantido nos limites de padrões civilizatórios. Multas, prisões e mesmo execuções devem ser impostas em correlação à gravidade do ilícito praticado e qualquer método que escape aos seus parâmetros usuais é constitucionalmente suspeito. Essa Corte tem tido poucas oportunidades para se manifestar sobre o conteúdo da 8ª Emenda, o que é perfeitamente normal, numa sociedade democrática como a nossa. Entretanto, quando se deparou com uma pena de 12 anos acompanhada de trabalhos forçados e emprego de correntes por conta de uma condenação por falsificação de documentos públicos, não hesitou em reconhecer a crueldade de sua desproporcionalidade e sua natureza incomum. Weems v. United States, 217 U. S. 349. A Corte reconheceu em Weems que as palavras da 8ª Emenda não são estáticas, pré-definidas, mas que seu significado é extraído a patir da evolução dos padrões civilizatórios que marcam a sociedade moderna", p. 75.

[13] [13] **Robinson v. California**, 370 U.S. 660 (1962).

lidade da criminalização da dependência química pelo estado da Califórnia e incorporar a cláusula proibitiva de penas cruéis e incomuns aos estados, a SCOTUS abriu suas portas ao escrutínio da constitucionalidade da pena de morte nas legislações estaduais, conforme explica Akhil Amar, professor de Yale:

> A aplicabilidade da cláusula aos estados parece facilitar uma atuação judicial mais rigorosa em face das legislaturas estaduais. Com a possibilidade de os julgamentos compararem realidades, por vezes de uma única legislatura, ou de legislaturas de uma determinada região, torna-se mais provável identificar eventual incompatibilidade com um sentimento que seja mais amplo e dominante sobre o caráter não usual ou imoral de uma punição.[14]

Percebendo o momento favorável, política e juridicamente, a NAACP[15] passou a organizar uma estratégia de litigiosidade em duas frentes distintas, a partir da citada questão racial. O objetivo era fazer com que a Suprema Corte se debruçasse sobre as legislações estaduais e a sua constitucionalidade a partir da cláusula proibitiva de penas cruéis e incomuns.[16] O primeiro grupo de casos enfrentava a matéria frontalmente, sustentando, a partir do caráter evolutivo da cláusula constitucional, a incompatibilidade entre a pena de morte e os atuais padrões civilizatórios de dignidade. O segundo grupo, por sua vez, empregava um ataque lateralizado, embora também almejando a declaração de incons-

[14] AMAR, Akhil Reed. **The Bill of Rights.** New Hampshire: Yale University Press, 1998, p.279-280.

[15] Fundada em 1909, a *National Association for the Advancement of Colored People* (Associação Nacional para o Avanço de Pessoas de Cor) é uma entidade privada organizada e atuante na defesa dos direitos civis dos americanos.

[16] Até então, eram extremamente rasos os *certioraris* concedidos pela Suprema Corte acerca da constitucionalidade da pena de morte, uma tendência que passaria a ser revertida lentamente a partir da década de 60, em casos como **Rudolph v. Alabama**, 375 U.S. 889 (1963), em que os *Justices* Goldberg, Douglas e Brennan manifestaram-se pelo deferimento do pedido de *certiorari*, ou seja, para que a Suprema Corte decidisse se a Constituição dos Estados Unidos autorizaria a pena capital para um homem condenado pelo crime de estupro.

titucionalidade, que buscava questionar a forma pela qual as legislações estaduais estruturavam os processos de aplicação da sanção extrema.

Este segundo grupo de casos não só chegaria primeiro à Suprema Corte, como inauguraria uma nova era na sua jurisprudência sobre a matéria. Em 1971, a SCOTUS decidiu *Mc Gautha v. California* (1971)[17] e, apesar de reconhecer a constitucionalidade das legislações da Califórnia e de Ohio sobre a imposição da pena de morte, os três votos vencidos – de Douglas, Brennan e Marshall – indicavam uma tendência que se mostraria afirmada já no ano seguinte.

De fato, no intervalo de pouco mais de um ano, a decisão em quatro casos aglutinados em *Furman v. Georgia* (1972) confirmou tal propensão.[18] Numa decisão *per curiam*, que buscou minimizar o fato de a Corte ainda se encontrar fragmentada sobre o assunto, a pena capital foi declarada inconstitucional pela primeira vez na história da SCOTUS.

As decisões, escritas em mais de 230 páginas, podem ser divididas em três grupos: (i) Brennan e Marshall sustentaram suas posições de que a pena de morte seria, sempre, incompatível com a 8ª Emenda, por violar a dignidade da pessoa humana; (ii) Stewart, Douglas e White concluíram que a inconstitucionalidade decorria de defeitos das legislações estaduais que não conferiam aos jurados balizas ou critérios objetivos que pudessem orientar a aplicação da pena capital, resultando em desigualdade e discriminação; (iii) o *Chief Justice Burger*, Blackmun, Powell e Rehnquist se mantiveram fiéis aos precedentes então existentes, alegando não ser papel da Corte avaliar a constitucionalidade da pena de morte e sua proporcionalidade frente à 8ª Emenda, por se tratar de uma punição adotada

[17] **McGautha v. California**, 402 U.S. 183 (1971), foi decidido juntamente com *Crampton v. Ohio*. Enquanto o primeiro questionava a constitucionalidade da ausência de parâmetros que orientassem a decisão dos jurados para aplicar a pena de morte, o segundo arguia a inconstitucionalidade por conta de a decisão acerca da aplicação da pena capital ocorrer no mesmo procedimento e momento do veredicto de mérito.

[18] **Furman v. Georgia**, 408 U.S. 238 (1972) foi julgado juntamente com outros dois casos: *Jackson v. Georgia* e *Branch v. Texas*. A mudança de posição em relação a *McGautha* decorreu do falecimento dos *Justices* Hugo Black e John Marshall Harlan II, ambos em 1971. Assim, a maioria em *Furman* foi formada com a modificação dos posicionamentos dos *Justices* Stewart e Powell, cujos votos se somaram aos dos *Justices* Brennan, Douglas e Marshall, que já tinham se posicionado pela inconstitucionalidade da pena de morte em *McGautha*.

e regularmente utilizada desde a promulgação da Constituição e do *Bill of Rights*.

Furman teve repercussões profundas e de diversas ordens no país, ao considerar inválidas as leis estaduais sobre a pena de morte.[19] Imediatamente, as legislaturas estaduais passaram a revisar o processo de aplicação da pena capital, procurando adaptá-las ao precedente de duas maneiras: (i) subtraindo dos jurados a decisão sobre a aplicação da pena de morte, a qual passara a ser mandatória e automática para determinadas espécies de crimes, como o homicídio intencional; ou (ii) estabelecendo um procedimento distinto para orientar a decisão dos jurados, com a previsão de circunstâncias agravantes e atenuantes que deveriam ser obrigatoriamente levadas em consideração na decisão sobre a imposição da pena capital.

Em 1976, 35 estados haviam alterado suas legislações no afã de se adaptar às exigências de *Furman*. Em *Gregg v. Georgia* (1977),[20] a Suprema Corte submeteu a teste os dois grupos de leis oriundas desse movimento reativo. As soluções de imposição obrigatória da pena máxima foram rejeitadas.[21] Entretanto, para o segundo grupo de leis estaduais, a SCOTUS reconheceu haver compatibilidade com a cláusula da 8ª Emenda, desde que: (i) fixados minimamente critérios objetivos mitigadores dos riscos de uma decisão aleatória para a pena de morte; (ii) cindidos os julgamentos do mérito e da imposição da sanção, com a previsão de uma instrução especialmente voltada à avaliação da existência de circunstâncias agravantes e atenuantes; (iii) houvesse previsão da possibilidade de

[19] Apenas a título exemplificativo, todas as sentenças de pena de morte pendentes de cumprimento foram convertidas em prisões perpétuas. *Furman* também produziu o efeito de alterar a percepção da pena de morte pela sociedade americana: em 1966, num recorde histórico mínimo, apenas 42% declaravam apoio a pena capital, sendo que quatro meses após a decisão esse grupo já representava 57% dos americanos. Sobre o índice histórico da pesquisa, ver: https://news.gallup.com/poll/221030/death-penalty-support-lowest-1972.aspx.

[20] **Gregg v. Georgia, Proffitt v. Florida, Jurek v. Texas, Woodson v. North Carolina, and Roberts v. Louisiana**, 428 U.S. 153 (1976)

[21] A maioria assim entendeu em Woodson v. North Carolina (1976) e Roberts v. Lousiana (1976).

revisão da decisão que aplica a pena de morte por órgão jurisdicional de instância superior.[22]

Embora *Gregg* tenha reestabelecido, na prática, a pena de morte nos Estados Unidos, inaugurou uma nova fase na jurisprudência da SCOTUS: as legislações estaduais não estariam mais imunes ao escrutínio de sua validade, não apenas no que tange à forma de estruturação do processo decisório para aplicação da pena de morte, mas também quanto a sua constitucionalidade sob o viés da proporcionalidade, bebendo das fontes estabelecidas em *Weems* e *Trop*.

Ancorado nestes precedentes, o juízo de proporcionalidade pela SCOTUS parte, portanto, da premissa de que a cláusula proibitiva de sanções cruéis e incomuns da 8ª Emenda representa padrões civilizatórios de dignidade que se alteram ao longo do tempo, de maneira que a constitucionalidade da pena de morte possa ser revisitada periodicamente.

Um outro legado da gênese de *Weems* diz respeito a metodologia decisória empregada para exercer o juízo de proporcionalidade. As legislações estaduais dos Estados Unidos e as decisões dos júris consistiram indicadores que, ao menos em tese, permitiriam à Corte uma avaliação objetiva acerca da existência de consensos nacionais que fossem sendo formados ao longo do tempo.

O teste passou a ser empregado ainda na década de 70, em casos que reconheceram a desproporcionalidade da pena de morte frente à cláu-

[22] De acordo com a SCOTUS em *Gregg*: "A pena capital enquanto única sanção possível para determinados crimes aumentará o número de pessoas sentenciadas a morte e não cumpre com os requisitos básicos definidos em Furman de substituir decisões arbitrárias por critérios objetivos capazes de orientar e tornar controlável o processo de aplicação da pena de morte. (...) Essa conclusão decorre do fato de que a pena de morte é qualitativamente de penas de prisão, por mais longas que sejam, A morte é irreversível e, portanto, distingui-se da prisão perpétua de maneira diversa que uma pena de 100 anos de prisão diferencia-se de uma de apenas um ou dois anos. Por conta dessa natureza qualitativamente única há uma diferença correspondente sobre a confiabilidade exigida sobre a adequação da pena de morte para um determinado caso concreto", p.428. *Justice Stewart* expressamente reconheceu a constitucionalidade da pena de morte, especialmente pela resposta de trinta e cinco legislaturas estaduais a *Furman*, que a consideram necessária e apropriada para o crime de homicídios intencionais, sendo vedada a Suprema Corte substituir se ao legislador local. Assim, ao menos em relação à tal espécie delitiva, a pena de morte não constituiria uma resposta *a priori* desproporcional, possuindo presunção de constitucionalidade.

sula para determinadas espécies delitivas. Em *Coker v. Georgia* (1977),[23] a pena capital foi considerada inconstitucional para os crimes de estupro; em *Enmund v. Florida* (1982),[24] a sanção foi tida como violadora da 8ª para casos de latrocínio quando o condenado não tenha agido com intenção de matar; em *Tison v. Arizona* (1987),[25] reconheceu-se a inconstitucionalidade da pena capital ao partícipe.

Um segundo grupo de casos procurou justamente testar a constitucionalidade da pena de morte para pessoas com limitações cognitivas (portadores de deficiências) ou crianças e adolescentes. O precursor dessa linha de decisões foi *Thompson v. Oklahoma* (1988),[26] em que a Suprema Corte decidiu, por 5 votos a 3, ser inconstitucional a pena de morte para menores de 16 anos de idade. Na ocasião, a SCOTUS considerou existir um consenso nacional contra a prática, por conta dos dezoito estados – daqueles que permitam a pena capital – que exigiam uma idade mínima de 16 anos para sua aplicação; além disso, mereceu destaque o fato de que, desde 1948, nenhum adolescente com menos de 16 anos de idade fora executado no país.[27]

[23] **Cocker v. Georgia**, 433 U.S. 584 (1977).

[24] **Enmund v. Florida**, 458 U.S. 782 (1982).

[25] **Tison v. Arizona**, 481 U.S. 137 (1987).

[26] **Thompson v. Oklahoma**, 487 U.S. 815 (1988). A maioria em *Thompson*, formada por Stevens, Marshall, Brennan e Blackmun, contou com a decisiva aderência de Sandra Day O'Connor. Em voto separado, O'Connor apresenta pela primeira vez o seu teste bifurcado sobre o tema. Expressando ceticismo em relação a existência de dados suficientemente capazes de demonstrar a existência de um consenso nacional em torno do tema, uma vez que 19 estados e a União, todos também com previsão da pena capital, não estabeleciam à época uma idade mínima para sua aplicação. Entretanto, por conta justamente desta ausência de um balizador etário, considerou a legislação de Oklahoma inconstitucional, aderindo à disposição da Corte.

[27] 27 Foi o que se pretendeu em **Eddings v. Oklahoma**, 455 U.S. 104 (1982), quando se questionou a constitucionalidade da pena de morte aplicada para um adolescente de 16 anos de idade, condenado pelo homicídio de um policial. Na ocasião, a SCOTUS optou por não enfrentar a constitucionalidade nos termos apresentados, porém, decidiu pela incorreta aplicação da pena para o caso concreto, nos termos das decisões que seguiram *Furman*.

Meses depois, em *Stanford v. Kentucky* (1989),[28] a SCOTUS considerou constitucional a legislação dos estados do Kentucky e do Missouri, ao permitirem a pena de morte para adolescentes com 16 e 17 anos de idade na data da prática do crime. Para tanto, o trio vencido em *Thompson* um ano antes – Scalia, White e Rehnquist – contou com a adesão de O'Connor e Kennedy – este não participara da decisão em *Thompson*. Para a SCOTUS, além de a pena de morte para jovens nessas faixas etárias não estar em desacordo com a 8ª Emenda à época de sua promulgação – uma interpretação originalista defendida principalmente por *Scalia* – o fato de, dentre os 37 estados que adotavam a pena de morte, 15 barrarem sua aplicação para pessoas com 16 anos e outros 12 a impedirem para jovens com 17 anos não constituía evidência suficiente de um consenso nacional capaz de resultar na inconstitucionalidade alegada. Ademais, a existência de um número inferior de penas de morte aplicadas a esses jovens, quando comparado com maiores de 18 anos, também, de acordo com a Corte, não comprovava o alegado consenso nacional.[29]

Naquele mesmo ano, a maioria de *Stanford* se reencontrou em *Penry v. Lynaugh* (1989)[30] – um acusado com idade mental aproximada de uma criança de 7 anos fora condenado a morte no Texas –, assentando a constitucionalidade da pena capital para pessoas com déficits cognitivos severos devido à falta de comprovação de um consenso nacional, eis que a legislação de apenas dois estados, dentre os que adotavam a pena de morte, a impediam expressamente em tais situações.

[28] **Stanford v. Kentucky,** 492 U.S. 361 (1989).

[29] Novamente em voto separado, *O'Connor* desenvolve seu teste bifurcado, distinguindo sua posição daquela adotada em *Thompson*. Segundo ela, naquela ocasião reconhecera a inconstitucionalidade da pena de morte para menores de 16 anos pelo fato de Oklahoma não fixar uma idade mínima para incidência da pena capital; agora, o fato de os estados do Kentucky e do Missouri cumprirem com essa condição fazia com que sobrevivessem a primeira parte de seu teste. Na segunda etapa da avaliação, enfatizando o papel da SCOTUS em aferir a proporcionalidade da pena de morte, *O'Connor* concluiu, como a maioria, pela constitucionalidade das legislações estaduais ante a inexistência de prova suficiente acerca de um consenso nacional representado pelas legislações estaduais.

[30] [30] **Penry v. Lynaugh,** 492 U.S. 302 (1989).

Treze anos após e já com sua configuração bastante modificada, a SCOTUS revisitaria *Penry* em *Atkins v. Virginia* (2002).[31] Desta feita, o consenso nacional, que não fora reconhecido no final da década de 80, se mostrava presente no fato de que, desde *Penry*, o número de estados que excluíam a possibilidade de ser aplicada a sanção extrema para pessoas com deficiência mental saltara de dois para 18. Na decisão da SCOTUS, escrita por Stevens, a maioria destacou, em *dicta*, os contrastes entre esta mudança drástica nas legislações estaduais e aquela atinente à pena de morte para jovens com menos de 18 anos, que se mantivera praticamente estável no mesmo período – aumentando apenas de 15 para 18 estados.[32]

Para reverter *Stanford* e modificar a *dicta* em *Atkins*, um dos *Justices* que estivera com a maioria em ambos os casos – *Kennedy* e *O'Connor* – teria que modificar radicalmente sua posição e reconhecer o consenso nacional de modo até então inédito na jurisprudência da SCOTUS, o que parecia, naquele momento, pouco provável.

2. Aspectos importantes da decisão

No mês de setembro do ano de 1993, Christopher Simmons, então com 17 anos de idade, instigou outros dois amigos a cometerem um roubo e assassinarem a vítima. Simmons planejou e liderou a empreitada criminosa, afirmando de antemão que os três deveriam amarrar a vítima e, após o roubo, atirarem-na de uma ponte, já que as chances de escaparem eram grandes, por serem todos menores de idade.

Assim, numa madrugada, Simmons e um desses amigos adentraram na residência de Shirley Crook por uma janela destrancada. A vítima, que estava sozinha em casa, foi imobilizada e teve seus olhos e boca vendados. Após o assalto, Shirley foi conduzida até uma ponte, onde teve os pés e as mãos amarrados com fios elétricos e o rosto inteiro enrolado em fita adesiva. Foi, então, atirada da ponte, afogando-se nas águas de um rio.

Ao retornar de uma viagem de trabalho, o marido da vítima não a encontrou em casa e percebeu que um roubo havia sido praticado. No

[31] **Atkins v. Virginia,** 536 U.S. 304 (2002).

[32] Apenas Montana e Indiana passaram a proibir a pena de morte para menores de 18 anos entre 1989 e 2002; no mesmo ínterim, Nova Iorque reestabelecera a pena de morte somente para adultos.

mesmo dia, enquanto pescadores recuperaram o corpo de Shirley das águas, Simmons gabava-se aos amigos de ter matado uma mulher porque a "vagabunda" havia visto seu rosto durante o assalto. De posse dessas informações, a polícia interrogou Simmons, que, após expressamente manifestar-se no sentido de não desejar exercer seus Direitos de Miranda, confessou o crime com detalhes, inclusive gravando em vídeo uma minuciosa reconstituição dos fatos. A investigação, dessa forma, foi rápida e aparentemente sem pontos controversos.

Julgado pela justiça comum, Simmons teve contra si apresentadas a confissão e o vídeo da reconstituição, além de testemunhas com as quais ele comentara sobre o crime e se gabara da sua execução. Considerado culpado pelo júri, o estado apresentou três fatores agravantes para justificar a imposição da pena de morte: (i) crime cometido com propósitos financeiros; (ii) crime cometido para dificultar a responsabilização por outro delito; e (iii) crime cometido de forma vil ou desumana. Além disso, o marido, a filha e duas irmãs da vítima testemunharam acerca da devastação que o homicídio causou em suas vidas.

Como fatores atenuantes, a defesa comprovou que Simmons nunca respondera por outro crime. Além disso, familiares e amigos testemunharam a seu favor, relatando que o réu inclusive tomava conta de dois irmãos mais novos e da avó e que demonstrava carinho e amor por todos.

Os jurados encontraram provas suficientes dos fatores agravantes, sendo imposta a pena de morte pelo magistrado. Simmons constituiu novo advogado e apresentou um pedido de anulação de sua condenação e pena alegando ter contado com uma defesa técnica deficiente. Para tanto, produziu prova testemunhal e pericial que o caracterizavam como um jovem imaturo, impulsivo e suscetível a influências e manipulações de terceiros. Relatos de um ambiente familiar desestruturado, fraco desempenho escolar e abuso de álcool e drogas reforçaram os argumentos de que tais fatos deveriam ter sido apresentados aos jurados quando da decisão sobre a aplicação da pena de morte.

O juízo de primeiro grau não reconheceu nenhuma violação de natureza constitucional que justificasse o pedido, decisão que foi confirmada pela Suprema Corte do Missouri. Seguiu-se negativa da justiça federal em um pedido de *habeas corpus*, até que a SCOTUS julgou *Atkins v. Virgina (2002)*, acima tratado. Um novo pedido de anulação foi apresentado pela defesa, agora sob o fundamento da inconstitucionalidade da pena de morte para menores de 18 anos na data do crime, tese acolhida pela Suprema Corte do Missouri. Como esperado, a decisão foi levada à Suprema Corte dos Estados Unidos, que aceitou o pedido de *certiorari* em janeiro 2004.

O voto decisivo para formar a maioria foi de Anthony Kennedy, sendo ele também o autor da decisão, ainda que até então não tivesse escrito uma opinião nos principais casos da Suprema Corte envolvendo a pena de morte. Acompanhado de Souter, Ginsbourg, Breyer e Stevens, o julgado fundou-se nas premissas de que a 8ª Emenda deve ser interpretada a partir de seu texto, aspectos históricos, tradição e precedentes da Corte, possuindo uma interpretação é dinâmica, cujos padrões de dignidade evoluem e progridem numa sociedade em permanente amadurecimento.

A grande mudança e o ponto que devem ser destacados da decisão dizem respeito à metodologia empregada pela SCOTUS para exercer o juízo de proporcionalidade na busca por um consenso nacional que indicasse um atual desequilíbrio entre a pena de morte para menores de 18 anos e a cláusula constitucional.

Para tanto, na contagem das legislações estaduais, assim como o fizera a Suprema Corte do Missouri, foram levados em consideração o número de estados abolicionistas, revertendo-se o método empregado em *Stanford*. Dessa maneira, com o peso dos referidos estados, a Corte alcançou uma maioria de 30 estados que não admitam a pena capital para menores de 18 anos, ou seja, cerca de 60% do total.

Reconhecendo essa mudança e que, ainda assim, o resultado obtido não fora tão impactante em termos de consenso nacional, críticas foram lançadas pela Corte à forma como *Stanford* não considerara estados abolicionistas, pois a inconstitucionalidade da pena de morte deveria ser considerada como um todo, a qualquer condenado, inclusive adolescentes.

Para reforçar o seu argumento, a SCOTUS apresenta dados indicativos do baixo número de penas de morte efetivamente cumpridas em desfavor de adolescentes, afirmando que, nos 16 anos desde *Stanford*, apenas seis estados executaram menores de 18 anos, sendo que somente três – Oklahoma, Texas e Virginia – o haviam feito nos últimos 10 anos. Encontrando guarida em *Furman*, é decisivo o fato de que, ainda quando permitida pelas legislações estaduais, a pena capital é raramente utilizada para adolescentes. Por fim, assim como em *Atkins*, é destacada a existência de uma tendência nos estados em limitar, e não em aumentar, o alcance das hipóteses em que se permite a aplicação da pena de morte.

O teste da proporcionalidade em *Roper* é caracterizado, também, por dois fatores que, até então, figuravam apenas como coadjuvantes nas decisões envolvendo a pena de morte. Pela primeira vez, opiniões de especialistas e exemplos de legislações e práticas internacionais receberam um protagonismo na decisão. Em relação aos primeiros, foram citados diversos estudos considerando que a personalidade de adolescentes, por estar em fase de desenvolvimento e formação, mitigaria os fundamentos retributivos e preventivos em torno da pena de morte. Para a Corte, com base em diferentes pesquisas científicas mencionadas ao longo da decisão, adolescentes são imaturos, mais suscetíveis a influências negativas e maleáveis, características que, como um todo, amenizariam sua culpabilidade, tornando a pena capital excessivamente aflitiva e desproporcional.

No que se refere às normas e práticas internacionais, nenhuma decisão explorara o tema de maneira tão extensa e verticalizada.[33] A SCOTUS cita expressamente o art. 37 da Convenção das Nações Unidas sobre os Direitos da Criança, que proíbe a execução de jovens e adolescentes, enfatizando que somente os Estados Unidos e a Somália não ratificaram o documento. Destaca, também, o Pacto Internacional sobre Direitos Civis e Políticos – ratificado pelo Senado dos Estados Unidos – e o fato de o Reino Unido ter revogado a legislação que autorizara a pena de morte para menores de 18 anos em 1948. Do ponto de vista pragmático, são apresentados dados indicativos de que somente os Estados Unidos, ao lado do Irã, Paquistão, Arábia Saudita, Nigéria, China e a República Democrática do Congo, aplicaram a pena capital para menores de 18 anos nos dez anos que precederam a decisão.

As referências internacionais parecem cumprir o papel de sustentar a conclusão da SCOTUS acerca da inconstitucionalidade da pena capital, além de emprestar uma incomum deferência ao tratamento do tema por outras nações.

[33] Embora em outros julgamentos anteriores atinentes à cláusula, a SCOTUS tenha feito referências ao cenário internacional. Cf. 356 U.S. 86, (1958); 487 U.S. 815 (1988) e 458 U.S. 782 (1982).

A respeito disso, reflete Steiker:

> Ao final, *Roper* parece aumentar significativamente o papel da normativa internacional na análise de casos relacionados a 8ª Emenda. Ao empregar seu próprio juízo de valor e colocá-lo ao lado, ou talvez mesmo acima, das legislaturas estaduais para aferir os "padrões evolutivos de dignidade", a Corte estendeu o alcance da cláusula proibitiva de punições cruéis e não usuais. Ademais, ao expressamente referir-se à normativa internacional ao realizar esse juízo de valor, a decisão reconhece que o conceito de "padrões evolutivos de dignidade" possui referencial internacional, e não apenas nacional. (...) Isso sugere uma inclinação do constitucionalismo estadunidense por prestar deferência e quiçá abarcar compromissos internacionais de direitos humanos.[34]

Entretanto, tanto o fato de o voto decisivo em *Roper* ter sido de autoria de Anthony Kennedy – que havia se juntado a maioria, em 1989, sustentando a constitucionalidade da pena de morte para menores de 18 anos em *Stanford* –, quanto a incomum metodologia julgadora empregada, levaram a minoria vencida a escrever decisões bastante incisivas, em especial O'Connor e Scalia.

O'Connor, que, como visto, possuía seu próprio teste para casos como *Roper*, apresentou seu dissenso em separado, no qual acusou a SCOTUS de contrariar seus precedentes e, sem dados objetivos hábeis à demonstração da existência de um consenso nacional, substituí-lo por um juízo próprio acerca da moralidade da medida.

Scalia, por seu turno, em um voto ao qual aderiram o *Chief Justice* John Roberts e Clarence Thomas, procurou expressar a incoerência entre *Roper* e os critérios utilizados pela SCOTUS para avaliar a existência um consenso nacional capaz de refletir mudanças nos padrões civilizatórios de dignidade. Em primeiro lugar, destaca que tal consenso seria alcançado com base em legislações estaduais que representassem cerca da metade dos estados americanos, desconsiderando a exigência de uma oposição significativa e duradoura de uma determinada prática para que se alcan-

[34] STEIKER, Jordan. *United States: Roper v. Simmons.* **International Journal of Constitucional Law.** v. 4, p. 163-171, 2006. p.170.

çasse tal *standard*. Para Scalia, portanto, a verdadeira razão de decidir em *Roper* não tinha relação com o que diziam as legislações estaduais sobre a pena de morte para menores de 18 anos, mas com o juízo de valor dos próprios *Justices* sobre o tema.

Com uma elevada dose de ironia, dada sua veemente discordância sobre a possibilidade de se interpretar a 8ª Emenda com base em padrões evolutivos de dignidade, Scalia afirmou que, se o papel da SCOTUS é procurar identificar um consenso nacional sobre temas relacionados a cláusula; seus integrantes, portanto, não disporiam de competência para prescrever uma autoridade moral que é deles, e não necessariamente representa os desejos da sociedade estadunidense.

Mas o que mais parecia perturbar Scalia era a forma como a Corte destacou legislações e prática internacionais ao decidir *Roper*. Em um trecho bastante ácido de sua *opinion* vencida, lamenta que a SCOTUS tenha considerado irrelevante as decisões do povo americano sobre a pena de morte para menores de 18 anos, mas não deixado de ignorar as visões da comunidade internacional sobre o tema. Para ele, citar tratados internacionais que não foram ratificados pelo Congresso apenas fragilizava a posição que a Corte tenta sustentar.

Contudo, para o magistrado, o problema em fundamentar a decisão com base em referências internacionais estava na premissa de que o Direito dos Estados Unidos deveria se adaptar ao Direito da comunidade internacional. O Direito americano, na sua visão, era único, peculiar, com provisões constitucionais próprias, como o julgamento pelo júri, o indiciamento pelo *grand jury* e mesmo interpretações constitucionais que a própria Corte desenvolveu, como a *exclusionary rule* e a indiferença histórica da própria SCOTUS para o Direito da comunidade internacional em decisões envolvendo temas sobre a liberdade religiosa e o aborto. Scalia finalizou seu dissenso fazendo referência à citação do Direito britânico que, no seu entendimento, se corretamente aplicado pela maioria, produziria um resultado completamente distinto, eis que uma interpretação originalista da 8ª Emenda – inspirada no *Bill of Rights* inglês – compreenderia que a proibição à imposição de penas cruéis e incomuns buscava proteger o cidadão dos juízes da Coroa, resguardando-os de eventuais punições criadas sem previsão legal ou na *common law*.

3. Repercussão da decisão

Tanto a metodologia decisória como o resultado da decisão em *Roper* fizeram com que se criasse uma expectativa em torno da possibilidade de uma futura decisão declarando a inconstitucionalidade da pena de morte frente à 8ª Emenda. A fórmula estava dada, bastava à SCOTUS utilizá-la, o que não ocorreu passados mais de 15 anos – e agora parece pouco provável que venha a acontecer.

De fato, as legislações estaduais continuaram a ser testadas nas suas especificidades, de acordo com os critérios de *Gregg*, mas, salvo algumas exceções indicadas abaixo – que podem ser consideradas como repercussões de *Roper* – a SCOTUS não enfrentou, desde então, qualquer desafio à constitucionalidade da pena de morte como ocorreu na linha de casos que culminou em *Roper*.

Em 2008, em *Kennedy v. Lousiana* (2008),[35] a SCOTUS reconheceu a inconstitucionalidade da pena de morte para um caso envolvendo o estupro de uma criança, limitando a pena capital para os homicídios intencionais.

Naquele mesmo ano, a Corte deferiu *certiorari* para julgar a constitucionalidade, com base na 8ª Emenda, de um método de execução, no caso, a injeção letal. Em *Baze v. Rees* (2008),[36] questionou-se o protocolo do estado do Kentucky prevendo a administração de quatro drogas diferentes para a execução da pena de morte pela via da injeção letal, sob o argumento de que o sofrimento causado pelo protocolo ofenderia a cláusula proibitiva de penas cruéis e incomuns. Em *Baze,* a maioria de *Roper* se dividiu, com Stevens, Breyer e Kennedy aderindo à tese vencedora que sustentava a constitucionalidade do método de injeção letal.[37]

[35] **Kennedy v. Louisiana**, 554 US 407 (2008).

[36] ***Baze v. Rees***, 553 U.S. 35 (2008).

[37] A SCOTUS admitiu, contudo, que é possível haver violação constitucional caso o estado insista na utilização de um determinado método de execução sem que haja justificativa suficiente para o emprego de métodos alternativos, superiores em termos de menor sofrimento. Em **Glossip v. Gross** nº 14-7955, 576 (2015), a Corte decidiu que para ser inconstitucional e atingir o critério indicado em *Baze*, é preciso que o condenado comprove que há um risco substancial de crueldade em um determinado método de execução quando comparado a uma opção alternativa, conhecida e disponível pelo estado.

Baze foi um importante sinal de que a abolição da pena de morte pela SCOTUS não se encontrava num horizonte próximo, mesmo com as mudanças ocorridas em 2009 e 2010, quando Sonia Sotomayor substitui Souter, e Elena Kagan ocupou a vaga deixada por Stevens.

Com sua nova composição, em *Miller v. Alabama* (2012),[38] a SCOTUS reconheceu a inconstitucionalidade da legislação do estado do Alabama que previa a imposição automática e obrigatória de penas de prisão perpétua para adolescentes condenados por homicídios intencionais. Numa Corte dividida, Kennedy novamente posicionou-se com a maioria vencedora, favorecendo a tese favorável à inconstitucionalidade por conta das peculiaridades da personalidade de adolescentes, com o *Chief Justice* Roberts, Alito, Scalia e Thomas apresentando uma forte opinião dissidente.

Entretanto, se mesmo antes da aposentadoria de Kennedy a SCOTUS não confirmara as expectativas abolicionistas criadas por *Roper*, as outras três mudanças ocorridas ao longo dos últimos anos, com Neil Gorsuch preenchendo a vaga de Scalia; Brett Kavanaugh ocupando a cadeira de Anthony Kennedy; e Amy Coney Barrett, a de Ginsburg, parece indicar uma nova tendência para a jurisprudência da cláusula proibitiva de penas cruéis e incomuns frente À 8ª Emenda, embora previsões baseadas em supostas preferências ideológicas ou partidárias dos *Justices* nem sempre sejam confiáveis.[39]

[38] **Miller v. Alabama**, 567 U.S. 460 (2012).

[39] A SCOTUS decidiu recentemente **Jones v. Mississippi**, 593 U.S. ___ (2021), em que declinou da necessidade de que seja estabelecido um juízo instrutório em separado para aplicar a pena de morte para adolescentes, procedimento que, segundo a maioria, não fora exigido em *Miller*. Ainda bastante recente foi também a decisão de negar *certiorari* a um condenado a pena de morte pelo estado do Missouri que requeria a SCOTUS a aplicação de um método alternativo a injeção letal, qual seja, o fuzilamento. Com informações detalhadas: Howe, Amy. *Justices won't hear Missouri inmate's request to choose firing squad over lethal injection*. **SCOTUSblog**, 14 de maio de 2021. Disponível em: https://www.scotusblog.com/2021/05/justices-wont-hear-missouri-inmates-request-to-choose-firing-squad-over-lethal-injection/.

Conclusões

A partir da segunda metade do século XX, a Suprema Corte dos Estados Unidos passou a escrutinar a constitucionalidade de legislações estaduais atinentes à pena de morte tendo como referência a cláusula constitucional da 8ª Emenda, que proíbe a imposição de sanções cruéis e incomuns. *Furman v. Georgia* (1972) impôs uma moratória à pena de morte, sendo que a reação de diversas legislaturas levou a SCOTUS a restabelecê-la poucos anos depois.

Contudo, a partir de então, aplicando seu teste de proporcionalidade que reconhece ser possível interpretar a cláusula de forma evolutiva, de acordo com padrões civilizatórios de dignidade que se modificam ao longo do tempo, a SCOTUS desenvolveu uma metodologia que procurou nas próprias legislações estaduais seu referencial para aferir quais seriam tais padrões representativos da vontade dos estadunidenses sobre a pena de morte.

Assim, a pena de morte hoje é admitida somente para os casos de homicídios intencionais e não pode ser aplicada a pessoas com déficits cognitivos (com doença mental) ou menores de 18 anos. Aqui, *Roper* foi o último caso em que a Suprema Corte restringiu significativamente a pena de morte, uma tendência de outrora que, desde 2005, quando de sua decisão, parece não ter logrado êxito em continuar progredindo no sentido de limitar a pena capital. Ao menos, por enquanto.

Referências

Abernathy, Charles F. ***Law in the United States.*** MN: West, 2006.

Amar, Akhil Reed. ***The Bill of Rights.*** New Hampshire: Yale University Press, 1998.

Banner, Stuart. ***The Death Penalty:** An American History*. Cambridge: Harvard University Press, 2003.

Bessler, John. *The anomaly of executions: the cruel and unusual punishments clause in the 21st Century*. **Brit. J. Am. Legal Stud**, v. 2, p. 297-451, 2013.

Bonnie, Richard J. et al. **Criminal Law**. Nova Iorque: Thompson Reuters, 2010.

Borra, Jennifer Eswari. *Roper v. Simmons.* **American University Journal of Gender, Social Policy & the Law**, v. 13, n. 3, p. 707-715, 2005.

Burnham, William. ***Introduction to the law and legal system of the United States.*** 5. ed. Nova Iorque: Thompson Reuters, 2011.

Estados Unidos da América. Constituição (1787). **Bill of Rights**. Estados Unidos da América, 1791.

Estados Unidos da América. Supreme Court of the United States. **Atkins v. Virginia**, 536 U.S. 304 (2002), Washington D.C, 20 de junho de 2002.

Estados Unidos da América. Supreme Court of the United States. **Baze v. Rees**, 553 U.S. 35 (2008), Washington D.C, 16 de abril de 2008.

Estados Unidos da América. Supreme Court of the United States. **Coker v. Georgia**, 433 U.S. 584 (1977), Washington D.C, 29 de junho de 1977.

Estados Unidos da América. Supreme Court of the United States. **Eddings v. Oklahoma**, 455 U.S. 104 (1982), Washington D.C, 19 de janeiro de 1982.

Estados Unidos da América. Supreme Court of the United States. **Enmund v. Florida**, 458 U.S. 782 (1982), Washington D.C, 2 de julho de 1982.

Estados Unidos da América. Supreme Court of the United States. **Furman v. Georgia**, 408 U.S. 238 (1972), Washington D.C, 29 de junho de 1972.

Estados Unidos da América. Supreme Court of the United States. **Glossip v. Gross**, 576 U.S. 863 (2015), Washington D.C, 29 de junho de 2015.

Estados Unidos da América. Supreme Court of the United States. **Gregg v. Georgia, Proffitt v. Florida, Jurek v. Texas, Woodson v. North Carolina, and Roberts v. Louisiana**, 428 U.S. 153 (1976), Washington D.C, 2 de junho de 1976.

Estados Unidos da América. Supreme Court of the United States. **In re Kemmler**, 136 U.S. 436 (1890), Washington D.C, 23 de maio de 1890.

Estados Unidos da América. Supreme Court of the United States. **Jones v. Mississippi**, 593 U.S. ___ (2021), Washington D.C, 22 de abril de 2021.

Estados Unidos da América. Supreme Court of the United States. **Kennedy v. Louisiana**, 554 U.S. 407 (2008), Washington D.C, 25 de junho de 2008.

Estados Unidos da América. Supreme Court of the United States. **McGautha v. California**, 402 U.S. 183 (1971), Washington D.C, 3 de maio de 1971.

Estados Unidos da América. Supreme Court of the United States. **Miller v. Alabama**, 567 U.S. 460 (2012), Washington D.C, 25 de junho de 2012.

Estados Unidos da América. Supreme Court of the United States. **Penry v. Lynaugh**, 492 U.S. 302 (1989), Washington D.C, 26 de junho de 1989.

Estados Unidos da América. Supreme Court of the United States. **Roberts v. Louisiana**, 428 U.S. 325 (1976), Washington D.C, 2 de julho de 1976.

Estados Unidos da América. Supreme Court of the United States. **Robinson v. California**, 370 U.S. 660 (1962), Washington D.C, 25 de junho de 1962.

ESTADOS UNIDOS DA AMÉRICA. Supreme Court of the United States. **Roper v. Simmons**, 543 U.S. 551 (2005), Washington D.C, 1º de março de 2005.

ESTADOS UNIDOS DA AMÉRICA. Supreme Court of the United States. **Rudolph v. Alabama**, 375 U.S. 889 (1963), Washington D.C, 21 de outubro de 1963.

ESTADOS UNIDOS DA AMÉRICA. Supreme Court of the United States. **Stanford v. Kentucky**, 492 U.S. 361 (1989), Washington D.C, 29 de junho de 1989.

ESTADOS UNIDOS DA AMÉRICA. Supreme Court of the United States. **Tison v. Arizona**, 481 U.S. 137 (1987), Washington D.C, 21 de abril de 1987.

ESTADOS UNIDOS DA AMÉRICA. Supreme Court of the United States. **Thompson v. Oklahoma**, 487 U.S. 815 (1988), 487 U.S. 815 (1988), Washington D.C, 29 de junho de 1988.

ESTADOS UNIDOS DA AMÉRICA. Supreme Court of the United States. **Trop v. Dulles**, 356 U.S. 86 (1958), Washington D.C, 31 de março de 1958.

ESTADOS UNIDOS DA AMÉRICA. Supreme Court of the United States. **Weems v. United States**, 217 U.S. 349 (1910), Washington D.C, 2 de maio de 1910.

ESTADOS UNIDOS DA AMÉRICA. Supreme Court of the United States. **Woodson v. North Carolina**, 428 U.S. 280 (1976), Washington D.C, 2 de julho de 1976.

HOWE, Amy. *Justices won't hear Missouri inmate's request to choose firing squad over lethal injection*. **SCOTUSblog**, 14 de maio de 2021. Disponível em: https://www.scotusblog.com/2021/05/justices-wont-hear-missouri-inmates--request-to-choose-firing-squad-over-lethal-injection/.

GOLDBERG, Arthur J.; DERSHOWITZ, Alan M. *Declaring the death penalty unconstitucional*. Harvard Law Review, v. 83, p. 1773-1819, 1970.

GARLAND, David. ***Peculiar Institution**: America's Death Penalty in an Age of Abolition*. Cambridge: Harvard University Press, 2012.

LERNER, Craig S. *Justice Scalia's Eighth Amendment Jurisprudence: the failure of sake--of-argument originalism*. **Harvard Journal of Law and Public Policy**, v. 42, n. 1, p. 91-172, 2019.

STEIKER, Jordan. *United States: Roper v. Simmons*. **International Journal of Constitucional Law**, v. 4, p. 163-171, 2006.

40.
GARCETTI V. CEBALLOS, 2006
O SERVIDOR PÚBLICO, NO EXERCÍCIO DA FUNÇÃO, NÃO TEM DIREITO AMPLO À LIBERDADE DE EXPRESSÃO

MIRIAM ROCHA FREITAS
MARLON GABRIEL DOS SANTOS

Introdução

A 1ª Emenda da Constituição dos Estados Unidos[1] é um instrumento fundamental para a tutela da liberdade de expressão no país, tendo em vista que limita a interferência do governo nesse direito, que poderá ser amplamente exercido pelos seus cidadãos. A afirmativa adquire novos contornos quando se considera o governo não apenas como um ente soberano, mas também como um ente empregador que, por meio de seus funcionários, promove os serviços públicos para a sociedade.

O interesse do Estado na regular fruição de seus serviços, enquanto empregador, dá a ele maior discricionariedade no trato com os funcionários públicos, inclusive em relação ao seu direito de expressão. Daí que, embora os servidores do governo também sejam cidadãos, eles têm uma condição distinta dos demais cidadãos: enquanto aqueles percebem o governo como um ente empregador e dotado de competências discricio-

[1] "O Congresso não fará lei relativa ao estabelecimento de religião ou proibindo o livre exercício desta, ou restringindo a liberdade de palavra ou de imprensa, ou o direito do povo de reunir-se pacificamente e dirigir petições ao governo para a reparação de seus agravos."

nárias para, inclusive, intervir em seu discurso, estes o percebem como um ente soberano limitado pela 1ª Emenda.

Com efeito, a fronteira entre o interesse do Estado empregador em controlar o discurso dos seus funcionários e os direitos protegidos pela 1ª Emenda foi o cerne da discussão que resultou no precedente da Suprema Corte *Garcetti v. Ceballos*, julgado em 2006. O caso teve como recorrente, dentre outros, o Procurador-Geral de Los Angeles Gil Garcetti, e como recorrido o Procurador-Geral substituto Richard Ceballos. A questão posta em debate era saber se um funcionário público estaria protegido pela 1ª Emenda, da disciplina do seu empregador, por uma manifestação feita no curso dos seus deveres de trabalho. A decisão da Suprema Corte foi no sentido negativo, ou seja, o funcionário público não estaria acobertado pelo dispositivo constitucional. Contudo, a repercussão da tese foi bastante controversa.

Sendo assim, esta pesquisa busca abordar alguns dos aspectos principais considerados pela Corte, a jurisprudência histórica relacionada à matéria e os escritos que trataram do referido precedente. Dado o aspecto eminentemente descritivo do trabalho, buscar-se-á privilegiar os documentos e citações presentes nos arquivos oficiais do caso, com o intuito de se preservar as informações de fato necessárias.

1. Contexto histórico

A jurisprudência da Suprema Corte sobre a liberdade de expressão dos servidores públicos é uma questão que, historicamente, forneceu razões para "um pesadelo da 1ª Emenda"[2]. Até meados do séc. XX, o entendimento da Corte era bem restritivo quanto ao alcance dos direitos de expressão que poderiam ser gozados pelos empregados governamentais. A máxima que sintetiza isso é a quase sempre lembrada citação do *Justice* Oliver Holmes, na Suprema Corte de Massachusetts, em um julgamento de 1892, quando ele afirmou que "[um policial] pode ter um direito constitucional de discutir questões políticas, mas ele não tem o direito constitucional de ser um policial".[3] Esse pensamento descreve de forma sucinta

[2] Harvard University. *The Supreme Court: leading cases.* **Harvard Law Review**, v. 120, n. 1, p. 273-283, 2006.

[3] **McAuliffe v. Mayor and Board of Aldermen**, 155 Mass. 216 (1892), p. 220.

o entendimento da Corte à época em que vigorava o dogma de que o servidor público, pelo fato de exercer uma função estatal, não poderia se opor às condições estabelecidas pelo seu empregador, ainda que elas significassem a restrição de certos direitos.[4]

O cenário mudou nos anos de 1950 e início de 1960, quando funcionários públicos, principalmente professores, viram-se forçados a declarar os grupos políticos com os quais tinham participação ou afinidade ideológica. Nesse contexto, a Suprema Corte alterou significativamente sua posição e decidiu, no julgamento de *Wiemann v. Updegraff* (1952), que a lei de juramento de lealdade[5] violava a 1ª Emenda, ou seja, os Estados-membros não poderiam exigir de seus funcionários que fizessem um juramento afirmando que não possuíam afiliação passada com organizações comunistas. No caso, o Tribunal reconheceu, no contexto da Guerra Fria, a incidência da cláusula do devido processo para assentar que "a proteção constitucional se estende ao servidor público cuja expulsão dá-se conforme uma lei que é evidentemente arbitrária ou discriminatória".[6]

Além dessa conjuntura histórica, também se mostra importante uma prévia exposição de dois casos paradigmas que serviram de base para a linha argumentativa das discussões de *Garcetti v. Ceballos* (2006): *Pickering v. Board of Education* (1968) e *Connick v. Myers* (1983). Em síntese, ambos versaram sobre o alcance da liberdade de expressão dos funcionários públicos e das medidas que os empregadores podem adotar em reação a eventuais abusos.

O primeiro precedente se refere ao caso do professor Marvin Pickering. Ele exercia sua profissão no Condado de Will, no Estado de Illinois, quando, em setembro de 1964, foi demitido pelo Conselho de Educação, após a publicação na imprensa de uma carta de sua autoria. Além de criticar a política de gestão e a distribuição dos recursos públicos entre a

[4] **Connick v. Myers**, 461 U.S. 138 (1983).

[5] A lei de juramento de lealdade foi promulgada em 1950, no Estado de Oklahoma e determinava que todos os oficiais e funcionários estaduais prestassem um juramento de lealdade aos EUA, afirmando que não defendiam a derrubada do governo e negando qualquer envolvimento direito ou indireto com agências, partidos, associações, organizações ou grupos comunistas ou de qualquer outra frente "subversiva".

[6] **Wiemann v. Updegraff**, 344 U.S. 183 (1952), p. 192.

educação e os programas atléticos no referido documento, ele também afirmou que a população não estava sendo suficientemente informada sobre a real necessidade de arrecadação de mais impostos para as escolas. Pickering foi, então, demitido sob o argumento de que a sua carta à imprensa continha supostas inverdades e prejudicou seriamente o funcionamento e a eficiência da administração das escolas.

O Conselho rejeitou a tese de que o professor estava protegido pela 1ª e 14ª Emendas da Constituição estadunidense, em decorrência de seu cargo, razão pela qual deveria se abster de comentar acerca da operação das escolas, e que isso apenas seria possível caso ele não ocupasse uma função pública. A disputa chegou à Suprema Corte e a decisão, com redação do *Justice* Thurgood Marshall, foi favorável ao professor, ao afirmar que as alegações do Conselho de Educação não forneceram uma base adequada para a sua demissão que, além de injustificada, violou o seu direito constitucional de liberdade de expressão. A Corte também consignou que a teoria de que uma função pública poderia estar sujeita a quaisquer condições, independentemente de quão irracionais sejam, já havia sido rejeitada, citando, nesse ponto, *Keyishian v. Board of Regents* (1967).[7]

Ademais, entendeu-se que os professores pertencem a uma classe da comunidade que está em ótimas condições para opinar sobre o uso dos recursos escolares e que, portanto, é essencial que eles possam falar livremente e sem receio de uma demissão retaliatória. Desse modo, a limitação da manifestação do professor, que certamente contribui com o debate público, não pode ser diversa daquela imposta a um cidadão comum.

Com efeito, destaque-se outro aspecto relevante de *Pickering v. Board of Education*: a necessidade de se buscar um equilíbrio entre os interesses do Estado, como empregador, na promoção da eficiência dos serviços públicos, e os interesses do docente, como cidadão, em comentar sobre um assunto de relevância pública[8].

É desse equilíbrio de interesses que se constituiu o pano de fundo do outro caso: *Connick v. Myers*. Sheila Myers trabalhava como assistente na

[7] **Pickering v. Board of Education**, 391 U.S. 563 (1968).
[8] 391 U.S. 563 (1968), p. 568.

Promotoria de Nova Orleans, Louisiana, quando foi comunicada pelo seu chefe que seria transferida da função que ocupava. Myers expôs seu descontentamento aos seus superiores e aos seus colegas. Especificamente quanto a estes, ela elaborou e distribuiu um questionário a respeito de alguns pontos, quais sejam: (i) a política de transferências da Promotoria; (ii) o ânimo do órgão; (iii) a necessidade de criação de um comitê para reclamações; (iv) o nível de confiança que eles tinham em seus supervisores; e (v) se havia sentimento de pressão para que atuassem nas campanhas políticas de apoiados pelo escritório da Promotoria.

Sheila Myers foi demitida por não aceitar a transferência e seu questionário foi tido como um gesto de insubordinação. Irresignada, ela pleiteou no Judiciário que não fosse dispensada, alegando que estaria constitucionalmente protegida pelo seu direito de liberdade de expressão.[9]

Quando o caso *Connick v. Myers* chegou à Suprema Corte, o Tribunal decidiu que a exoneração de Myers não ofendeu a 1ª Emenda. Com base em *Pickering*, a Corte consignou que os requisitos a serem preenchidos pelos funcionários públicos que buscam proteção constitucional ao seu discurso eram falar: (i) na qualidade de cidadãos e (ii) sobre assuntos de interesse público.

Tais condições não foram vislumbradas na manifestação de Myers e o que se concluiu foi que não haveria como a 1ª Emenda exigir que o recorrente, Harry Connick, tolerasse desmandos e desafios à sua autoridade como empregador dentro daquela Promotoria.

Se a manifestação de um funcionário estadual não se encaixa no âmbito do discurso de um cidadão comum sobre um tema de interesse público, mas, ao revés, no âmbito do discurso de um funcionário que reclama sobre suas questões pessoais, os empregadores, com o intento de garantir a eficiência dos serviços estatais, gozam de maior discricionariedade na escolha da medida disciplinar a ser aplicada. Concluiu-se, por fim, que, guardadas certas reservas, a Corte Federal não é o local apropriado para revisar tais medidas.[10]

Em outras palavras, se em *Pickering v. Board of Education* a Suprema Corte reconheceu que um servidor público não perde os seus direitos

[9] 461 U.S. 138 (1983).

[10] 461 U.S. 138 (1983).

decorrentes da 1ª Emenda em virtude de seu emprego e que, portanto, poderia comentar assuntos de interesse público, em *Connick v. Myers* entendeu-se que as questões de trabalho nas repartições do Estado não deveriam ser excessivamente judicializadas em nome da mesma 1ª Emenda, dispensando-se uma supervisão intrusiva do Poder Judiciário nesses assuntos.[11] No entendimento da Corte, diante do embate entre os interesses do empregado e do empregador públicos:

> Nossa responsabilidade é garantir que os cidadãos não sejam privados dos direitos fundamentais por trabalharem para o governo; isso não exige a concessão de imunidade para queixas de funcionários não oferecidas pela Primeira Emenda àqueles que não trabalham para o Estado.[12]

Nesse sentido, o "equilíbrio de Pickering" pode ser entendido como uma "balança" em que se contrapõem dois lados que precisam ser sopesados: o interesse do Estado-empregador em disciplinar os seus funcionários para garantir a eficiência dos serviços públicos e o interesse do seu servidor, que não perde os direitos de cidadão privado, para comentar assuntos de relevância pública.

Essa é a disputa central presente no caso *Garcetti v. Ceballos*, julgado pela Suprema Corte em 2006 e cujo contexto é exposto a seguir.

Richard Ceballos era o Procurador-Geral substituto de Los Angeles, Califórnia, desde a década de 1990 e atuava como supervisor de outros promotores. Destaque-se, ademais, que foi exatamente nessa época final dos anos 90 que ocorreu o conhecido "escândalo de Rampart", quando grandes quantidades de crimes, excessos e atos de corrupção estavam sendo cometidos por membros da Polícia de Los Angeles, o que aumentou o interesse e o cuidado da Promotoria na retificação de condutas policiais.[13]

Assim, em fevereiro do ano 2000, Ceballos recebeu a solicitação de um advogado de defesa para que revisasse o depoimento que a polícia havia usado para obter um mandado de busca contra o seu cliente. Depois de

[11] 461 U.S. 138 (1983).

[12] 461 U.S. 138 (1983), p. 147.

[13] VERGEER, Bonnie; GUIZAR, Humberto. ***Brief for respondent***. Washington – DC, 2005.

uma investigação detalhada, Ceballos concluiu que os policiais responsáveis pela elaboração daquela narrativa basearam-se em informações, no mínimo, grosseiras.[14]

O contexto foi o seguinte: diante da suspeita de que um veículo havia sido roubado e desmontado, expediu-se um mandado para a obtenção de provas do crime de propriedade de coisa roubada. A polícia não encontrou nenhum indício a respeito desse tipo penal, mas encontrou drogas e armas na propriedade e os suspeitos acabaram sendo acusados por isso. Ceballos analisou fotos da área, fez uma visita ao local e concluiu que a narrativa fornecida pela polícia era muito incondizente com a realidade. A falta de uma explicação plausível da polícia o levou a conversar sobre suas suspeitas com seus colegas e superiores.[15]

Dois de seus chefes, Carol Najera e Frank Sundstedt, concordaram que o mandado era problemático. Logo, em 02 de março de 2000, Ceballos escreveu um memorando no qual concluiu que as declarações de um membro da polícia eram falsas, acusou-o de perjúrio (juramento falso) e defendeu que a acusação da Promotoria contra aqueles réus não deveria seguir adiante por conta desse vício. Após revisar o documento, Sundstedt entendeu que o texto não precisaria ser tão acusatório, pois seria compartilhado com o Departamento de Polícia. Assim, em 06 de março, Ceballos elaborou uma segunda versão mais amena. As investigações conduzidas por ele foram tão importantes que levaram, inclusive, à libertação de um réu confesso.[16]

Houve, entretanto, uma considerável alteração no quadro fático do caso quando, em 09 de março, durante uma reunião entre representantes da Promotoria e do Departamento de Polícia, Ceballos foi acusado de atuar como um "defensor público" e criar imbróglios ao invés de deixar o juiz decidir. Com receio de que o Departamento de Polícia fosse processado, os policiais defenderam que a acusação da Promotoria deveria, sim, prosseguir e que Ceballos fosse removido do caso.

[14] ***Brief for The United States as amicus curiae Supporting petitioners***. Washington – DC, 2005a.

[15] Vergeer; Guizar, ***Brief for respondent***.

[16] Vergeer; Guizar, ***Brief for respondent***.

Frank Sundstedt resolveu, então, prosseguir com a acusação. Duas semanas depois, a defesa dos réus se manifestou no sentido de que Ceballos testemunhasse no Tribunal sobre os seus levantamentos.[17]

Nesse contexto, novos atritos entre Ceballos e a sua chefia surgiram: enquanto ele dizia que o memorando deveria ser entregue à defesa, em observância ao decidido pela Suprema Corte em *Brady v. Maryland* (1963), a sua chefe Najera entendia que, inicialmente, o documento não poderia ser divulgado – temia que fosse instaurado um processo dos policiais envolvidos contra os promotores. Mais tarde, a entrega do memorando foi permitida, mas Najera, em conversa com Ceballos, ameaçou-o com represálias, caso ele testemunhasse abertamente na audiência do caso em 20 de março. A Promotoria se opôs fortemente ao fato de Ceballos servir como testemunha e, por conta disso, suas declarações foram bastante restringidas.

Nos seis meses seguintes, Richard Ceballos foi alvo de diversos dissabores, os quais ele alegava serem retaliações de seus superiores contra a sua atuação.[18] A título de exemplo, ele foi rebaixado de sua posição, seu único caso de homicídio foi transferido para um colega inexperiente, novos casos desse tipo não lhe foram mais distribuídos, além de ter tido uma promoção negada. Ademais, ele foi instado a escolher entre permanecer no seu local de trabalho, julgando contravenções (e não crimes), ou ser transferido para um local mais distante. Ceballos acabou sendo transferido e seus superiores negaram que tenham feito retaliações, afirmando que as medidas impostas atendiam aos interesses e à gestão da Promotoria.[19]

Em 28 de outubro de 2000, Ceballos processou os seus superiores (Gil Garcetti era o chefe daquela Promotoria) e o condado de Los Angeles pelo que entendeu serem retaliações à sua liberdade de expressão, além de causa intencional de sofrimento emocional.[20]

A primeira instância decidiu em desfavor de Ceballos, concluindo que, muito embora as questões de má conduta da polícia fossem uma preocu-

[17] Vergeer; Guizar, ***Brief for respondent.***

[18] Vergeer; Guizar, ***Brief for respondent.***

[19] **Garcetti v. Ceballos**, 547 U.S. 410 (2006).

[20] Vergeer; Guizar, ***Brief for respondent.***

pação para a comunidade, o memorando do promotor fora redigido no cumprimento de suas funções de trabalho e que, portanto, ele não estava protegido pela 1ª Emenda. O tribunal distrital também consignou que os procuradores que supostamente o haviam retaliado estavam protegidos por imunidade qualificada.[21]

Noutro giro, em segunda instância, o Tribunal Federal de Apelações do 9º Circuito[22] reverteu a decisão e considerou que o discurso de Ceballos estava, sim, protegido pela 1ª Emenda, pois abordava um assunto de interesse público. Ademais, em observância ao que fora decidido pela Suprema Corte em *Pickering v. Board of Education* e *Connick v. Myers*, era necessária a aplicação do "equilíbrio de Pickering" para afirmar que, nesse caso, o interesse do funcionário em comentar assuntos de relevância pública superou o interesse do empregador na garantia da gestão e eficiência da Promotoria. Sendo assim, ainda que a manifestação tivesse ocorrido no cumprimento das funções laborais, deveria ser protegida pelos direitos decorrentes da 1ª Emenda.[23]

Gil Garcetti recorreu e, no início do ano de 2005, a Suprema Corte dos Estados Unidos aceitou analisar o caso.[24]

2. Aspectos importantes da decisão

A questão a ser decidida pela Suprema Corte era: o discurso de um funcionário público que seja relacionado à sua função e de acordo com seus deveres do emprego deve ser protegido pela 1ª Emenda simplesmente porque tocou em um ponto de interesse público, ou deve ser considerado como praticado por um cidadão?

As sustentações orais do caso aconteceram em duas oportunidades. A primeira, em outubro de 2005, e a segunda, em março de 2006 – esta já contou com a participação do *Justice* Alito, que sucedeu a *Justice* O'Connor, recém aposentada à época. Ao lado dos recorrentes e favorável à revisão da decisão do Tribunal de Apelações do 9º Circuito, o governo dos Esta-

[21] Vergeer; Guizar, ***Brief for respondent.***

[22] Responsável pelo Estado da Califórnia, no âmbito Federal.

[23] **Brief for The United States as amicus curiae Supporting petitioners.**

[24] Public Citizen. *Supreme Court Case Involving Free Speech Could Have Major Implications for Whistleblowers and the Public.* **Public Citizen**, 25 de julho de 2005.

dos Unidos se manifestou como *amicus curiae,* por ser o maior empregador público da nação.[25]

Os argumentos utilizados na tese defendida pelos superiores de Ceballos foram no sentido de que o presente caso era distinto dos outros decididos pela Corte: em *Pickering* e *Connick* os funcionários foram alvo de medidas adversas em decorrência de atividades extracurriculares em relação a suas funções normais, o que não aconteceu, com Richard Ceballos que, ao elaborar o memorando, desempenhava uma das atividades normais entre as aquelas que um promotor é contratado e pago para desempenhar. Defenderam, portanto, que o Tribunal do 9º Circuito foi longe demais ao estender a proteção da 1ª Emenda a qualquer discurso de interesse público.[26]

Alegou-se, também, que uma interpretação expansiva da proteção dada pela 1ª Emenda comprometeria o funcionamento das repartições públicas ao banalizar a constitucionalização de muitas questões no serviço público. Neste ponto, foi citada a decisão de *Connick v. Myers,* em que se afirmou ser "senso comum de que as repartições do governo não poderiam funcionar se cada decisão sobre assuntos empregatícios se tornasse uma matéria constitucional".[27] Em outras palavras, uma decisão no sentido de se alargar a proteção dada pela 1ª Emenda iria resultar numa atuação do Judiciário que poderia interferir nas ramificações do Poder Executivo, diminuindo a capacidade daqueles que detêm a legitimidade democrática para a gestão de certas repartições públicas.[28]

De outra parte, a defesa de Ceballos manifestou preocupação caso a Suprema Corte negasse a proteção conferida pela 1ª Emenda ao discurso feito dentro dos deveres funcionais, já que isso seria um desincentivo aos funcionários públicos de se manifestarem sobre questões de relevância pública. Além disso, a defesa alertou sobre o risco de uma decisão que incentivasse a expressão do funcionário diretamente no meio público (imprensa), e não internamente nas repartições, na esperança de que

[25] **Brief for The United States as amicus curiae Supporting petitioners.**

[26] **Oral argument** (*Garcetti v. Ceballos* em 12 de out. de 2005). Washington, DC. Suprema Corte, 2005b.

[27] 461 U.S. 138 (1983), p. 143.

[28] **Brief for The United States as amicus curiae Supporting petitioners.**

pudessem conseguir algum tipo de proteção constitucional. Ademais, a delimitação do que se enquadra nas funções laborais levaria ao estabelecimento de critérios arbitrários de definição, motivo pelo qual entenderam-na desnecessária.

Outro ponto aventado foi que no julgamento de *Pickering* e de outros casos nos quais denúncias de funcionários soaram desagradáveis para os empregadores públicos, as ameaças de demissão e represálias foram entendidas como uma forma de inibir a liberdade de expressão.[29] Lembrou-se, também, que, em 2002, havia mais de 21 milhões de servidores públicos nos Estados Unidos e que, mesmo que o governo, como um ente empregador, exerça autoridade sobre eles em suas funções laborais, esses cidadãos estão bem situados para descobrir, divulgar e corrigir os erros e os excessos dessa entidade soberana.[30] Nesse ponto, a defesa de Ceballos citou uma passagem de *Dun & Bradstreet, Inc. v. Greenmoss Builders, Inc* (1985) para afirmar que "em um país como o nosso, onde o povo pretende ser capaz de governar a si mesmo por meio de seus representantes eleitos, informações adequadas sobre o seu governo são de importância transcendente".[31]

Após todas essas considerações, a Suprema Corte proferiu sua decisão em maio de 2006. A votação final foi 5x4 em favor dos chefes de Ceballos, sob a tese de que "quando funcionários públicos fazem declarações de acordo com os seus deveres oficiais, eles não estão falando como cidadãos para fins de Primeira Emenda, e a Constituição não isola suas comunicações de medidas disciplinares adotadas pelo empregador".[32]

O responsável pela redação da minuta foi o *Justice* Kennedy, que foi acompanhado pelo *Chief Justice* Roberts e pelos *Justices* Scalia, Thomas e Alito. Os *Justices* Stevens, Breyer e Souter elaboraram votos dissidentes, sendo que Souter foi acompanhado pelos *Justices* Stevens e Ginsburg.

A maioria da Corte considerou que são duas as questões que orientam a proteção da fala dos funcionários públicos: primeiramente, deve-se

[29] **Oral argument** (*Garcetti v. Ceballos* em 21 de mar. de 2006). Washington, DC. Suprema Corte, 2006.

[30] Vergeer; Guizar, ***Brief for respondent.***

[31] **Dun & Bradstreet v. Greenmoss Builders**, 472 U.S. 749 (1985), p. 767.

[32] 547 U.S. 410 (2006), p. 410.

saber se a manifestação foi, ou não, exarada na qualidade de cidadão, pois, apenas no caso afirmativo é que se pode reivindicar a proteção constitucional da 1ª Emenda; em caso negativo, ou seja, havendo a possibilidade de limitação do discurso do servidor público, passa-se ao segundo ponto: o interesse do empregador deve estar focado na garantia da eficiência e na eficácia da operação dos serviços governamentais, pois somente assim será válido e justificado o tratamento diverso dado ao cidadão servidor em comparação com o cidadão comum.[33]

Destarte, assentou-se que o documento elaborado por Ceballos estava dentro das atividades típicas da sua função remunerada e que, portanto, ele não estava na condição de cidadão – o que diferencia o seu caso de outros precedentes. Sendo assim, os seus superiores não estavam impedidos de examinar o seu desempenho e nem de adotar medidas disciplinares em relação ao memorando. Nesse sentido:

> A aplicação adequada dos precedentes do Tribunal leva à conclusão de que a primeira emenda não proíbe a disciplina administrativa baseada nas expressões de um funcionário feitas de acordo com as suas responsabilidades oficiais. Como o memorando de Ceballos se enquadra nesta categoria, sua alegação de retaliação inconstitucional deve falhar.[34]

A Corte asseverou, ainda, que os funcionários públicos não estão completamente desprotegidos pelos direitos da 1ª Emenda em virtude da função no governo e que, em certas situações, é possível falar na proteção desse imperativo constitucional, assim como fora decidido em *Pickering* e em *Givhan v. Western Line Consol. School Dist* – um julgado de 1979 que considerou que, mesmo que feitas no ambiente de trabalho, as declarações podem angariar alguma possibilidade de proteção.[35]

Não obstante, a situação de Richard Ceballos continuava sendo distinta, pois o seu memorando havia sido escrito no regular desempenho das funções para o qual um promotor é contratado, sendo irrelevante se ele teve algum tipo de satisfação pessoal ao escrevê-lo. Consignou-

[33] 547 U.S. 410 (2006).
[34] 547 U.S. 410 (2006), p. 411.
[35] 547 U.S. 410 (2006).

-se, portanto, que a restrição de um discurso feito dentro das obrigações funcionais "não infringe nenhuma liberdade que o funcionário possa ter desfrutado como um cidadão privado. Isso simplesmente reflete o exercício de controle do empregador sobre o que o próprio empregador encarregou ou criou".[36]

A posição da Suprema Corte buscou conciliar o interesse dos funcionários de se expressar (como cidadãos em assuntos de relevância pública) com os interesses dos empregadores de promover o adequado desempenho dos serviços oferecidos pelo Estado. É que a perspectiva de receber uma proteção constitucional não garante aos funcionários o direito de desempenhar o seu trabalho de forma desvinculada dos interesses estatais. Nota-se inevitável que:

> Os empregadores têm elevado interesse em controlar a fala feita por um funcionário na sua capacidade profissional. As comunicações oficiais têm consequências oficiais, criando uma necessidade de consistência substantiva e clareza. Os supervisores devem assegurar que as comunicações oficiais de seus funcionários sejam corretas, demonstrem bom senso e promovam a missão do empregador.[37]

Outrossim, com base em *Connick v. Myers*, o Tribunal apontou que o funcionamento das repartições públicas seria bastante prejudicado caso todas as decisões empregatícias começassem a ser judicializadas. Nessa perspectiva, a tese aplicada pelo Tribunal de Apelações do 9º Circuito foi considerada "uma anomalia doutrinária" ao afirmar que incide proteção constitucional na expressão do funcionário governamental feita com base em suas obrigações típicas de trabalho.

De acordo com a Suprema Corte, a aplicação desse entendimento implicaria em uma atuação intrusiva e permanente do Poder Judiciário (Federal e Estadual) nas questões empregatícias das repartições públicas, provocando uma supervisão judicial que não encontrava amparo nos seus

[36] 547 U.S. 410 (2006), p. 421-422.
[37] 547 U.S. 410 (2006), p. 422-423.

precedentes, além de ser um díssono em relação aos caríssimos princípios do federalismo e da separação dos poderes.[38] Sob esses pressupostos:

> Nós rejeitamos, entretanto, a ideia de que a primeira emenda protege de disciplina as expressões que os funcionários fazem conforme os seus deveres profissionais. Nossos precedentes não apoiam a existência de uma causa constitucional de ação por trás de toda declaração que um servidor público faz no andamento do trabalho dele ou dela.[39]

Quanto à exposição de atos de ineficiência governamental e de más condutas, a Corte assentou que se tratam de matérias de considerável importância e que os empregadores devem ser receptivos a essas críticas construtivas, em atenção ao "bom senso". Consignou, ademais, a existência de atos legais infraconstitucionais, como estatutos de denunciantes e códigos trabalhistas, que formam uma poderosa rede de proteção para aqueles que pretendem expor condutas erradas no serviço público.

Destacou-se, nesse ponto, que, em razão da sua função, os promotores ostentam uma condição peculiar e dispõem de salvaguardas e de obrigações constitucionais que estão além da 1ª Emenda. Nesse sentido, e considerando que essa rede de proteção se aplica às searas criminal e cível, a Corte afirmou que os institutos próprios da carreira já seriam suficientes para permitir a tomada das providências necessárias, tais como o controle sobre supervisores que dessem ensejo a ações ilegais ou inapropriadas.[40]

Não obstante a posição majoritária dos membros da Suprema Corte, foram redigidas três manifestações dissidentes: do *Justice* Stevens, do *Justice* Souter (seguido pelos *Justices* Stevens, em parte, e Ginsburg) e do *Justice* Breyer.

Stevens discordou da maioria porque entendeu que a resposta para a questão de saber se os servidores públicos são protegidos pela 1ª Emenda no cumprimento de suas funções, ao invés de "nunca", deve ser "às vezes". Em sua visão, medidas disciplinares certamente podem ser adotadas caso a expressão do servidor seja incendiária ou errada, mas o fato é que há

[38] 547 U.S. 410 (2006).
[39] 547 U.S. 410 (2006), p. 426.
[40] 547 U.S. 410 (2006).

casos em que essa manifestação pode revelar aquilo que o empregador não quer que outros tenham conhecimento.

Ele também registrou que "parece perverso formar uma nova regra que forneça aos funcionários um incentivo para pronunciar suas preocupações publicamente antes de falar francamente com os seus superiores".[41]

Souter, por sua vez, teve o seu voto dissidente seguido por Stevens[42] e por Ginsburg. Em suas razões, o magistrado afirmou que concordava com o interesse do empregador público na postura dos seus servidores, mas que a proteção da 1ª Emenda deveria incidir sobre assuntos de interesse geral, tais como irregulares nas repartições públicas e ameaças à saúde e à segurança, ainda que houvessem sido pronunciados no curso das obrigações do emprego.

Neste caso, ele defendeu a possibilidade de superação do interesse do governo, privilegiando-se o interesse do funcionário. Além disso, assentou que "o discurso aberto de um cidadão privado sobre um tópico de importância pública encontra-se no coração da expressão voltada à proteção pela primeira emenda".[43] Ato contínuo, relembrou que o Tribunal já reconheceu, em outras oportunidades, a proteção para servidores públicos que foram retaliados quando criticaram, em seu trabalho, as práticas dos seus empregadores, citando como referências *Givhan v. Western Line Consol. School Dist.* (1979) e *Madison Joint School Dist. No. 8 v. Wisconsin Employment Relations Comm'n* (1976).

A posição do voto dissidente de Souter foi crítica em relação à maioria do Tribunal por afastar a aplicação do "equilíbrio de Pickering" e aduzir que, muito embora as distinções traçadas pelo Judiciário entre um caso e outro possam parecer arbitrárias, elas devem ser justificadas, o que não teria sido feito pela posição majoritária da Suprema Corte, pois a expressão "de acordo com os deveres oficiais" não seria uma justificativa adequada. Com efeito, caso se entendesse assim, dois servidores com discursos feitos em condições semelhantes obteriam uma resposta dife-

[41] 547 U.S. 410 (2006), p. 427.

[42] Em seu voto, o *Justice* Stevens fez apenas breves apontamentos, acompanhando o *Justice* Souter em relação às demais questões apresentadas.

[43] 547 U.S. 410 (2006), p. 428.

rente a depender do seu cargo, pois a fala dentro dos "deveres oficiais" do empregado público não é protegida pela 1ª Emenda.

Em outras passagens, o voto dissidente citou algumas preocupações com os efeitos da decisão da Corte, como: (i) que os empregadores aumentassem o rol do que são consideradas as funções oficiais nos cargo públicos; (ii) que houvesse um aumento no número de litígios para definir qual seria o alcance de certas obrigações de emprego; (iii) que a decisão de *Pickering* ficasse enfraquecida com a limitação da sua incidência aos casos concretos; e (iv) que o decidido no caso em análise causasse perdas para a liberdade acadêmica, uma vez que professores se expressam e escrevem em decorrência dos deveres da sua função.[44]

Souter também manifestou insegurança em relação aos estatutos dos denunciantes, caracterizados como "uma colcha de retalhos", tendo em vista sua variação entre as esferas estadual e federal, tanto no âmbito de proteção quanto no âmbito das circunstâncias protegidas.

A respeito da preocupação de Souter sobre as eventuais implicações negativas do julgado na liberdade acadêmica, a posição da maioria da Corte foi no sentido de que as questões acadêmicas e de sala de aula têm certas peculiaridades, nas quais também se inclui a jurisprudência aplicável. Definiram, portanto, que não era esse o momento de decidir se *Garcetti* se aplicaria aos temas educacionais.[45]

Por fim, cabe destacar o voto dissidente do *Justice* Breyer, que não concordou totalmente nem com a maioria da Corte, nem com o *Justice* Souter. Breyer entendeu não ser adequado que os funcionários públicos, no cumprimento de seus deveres, "nunca" estivessem protegidos – de acordo com ele, a palavra "nunca" seria muito absoluta. Além disso, ele discordou dos critérios adotados por Souter, porque seriam muito amplos – na sua visão, há que se considerar situações específicas que reclamam a possibilidade de proteção constitucional e de aplicação do "equilíbrio de Pickering".

No caso, Ceballos, enquanto promotor, possuía certas obrigações decorrentes da sua função, de ordem inclusive constitucionais, que norteavam a sua atuação e seriam oponíveis ao Estado empregador, o que

[44] 547 U.S. 410 (2006).
[45] 547 U.S. 410 (2006).

atrairia a aplicação do referido equilíbrio. Em síntese, Breyer concluiu que a 1ª Emenda protege os discursos de servidores do governo quando forem referentes a um assunto de interesse público, ainda que ocorram no curso dos seus deveres oficiais, mas desde que sejam observadas a real necessidade da proteção constitucional, bem como os riscos da interferência imoderada do Judiciário na administração governamental.[46]

3. Repercussão da decisão

A decisão de *Garcetti* teve uma repercussão muito negativa no meio acadêmico.[47] Nos primeiros anos após o julgamento do caso pela Suprema Corte, a Associação Americana de Professores Universitários (AAUP) ressaltou que órgãos judiciários do país já haviam passado a decidir pela aplicação de *Garcetti* aos professores de universidades públicas,[48] ignorando a reserva que a própria Corte fez, em sua maioria, de que as questões acadêmicas não guardariam uma estrita submissão a *Garcetti*,.[49] Demonstrou-se, portanto, acertada a preocupação do *Justice* Souter quanto à possível aplicação de *Garcetti* na academia.

A título de ilustração, em 2007, um professor universitário da Califórnia recorreu ao Judiciário alegando ter sido retaliado com a negativa de um aumento por mérito porque criticou a gestão da instituição aos seus colegas. O juiz do caso, fazendo referência a *Garcetti*, negou a proteção conferida pela 1ª Emenda, tendo em vista que a manifestação fora realizada no desempenho das funções do professor.[50]

Em outra oportunidade, o Tribunal Federal de Apelações do 7° Circuito também assentou, em 2008, que um professor universitário que havia alegado retaliações quanto o ao uso dos recursos de uma doação

[46] 547 U.S. 410 (2006).

[47] Roosevelt, Kermit III. *Not as Bad as You Think: Why Garcetti v. Ceballos Makes Sense.* **Faculty Scholarship**, v. 14, p. 630-660, 2012.

[48] Delfattore, Joan. *Defending Academic Freedom in the Age of Garcetti.* **AAUP**, v. 97 n. 1, p. 18-21, 2011.

[49] M. O' NEIL, Robert M. et al. *Protecting an Independent Faculty Voice: Academic Freedom after Garcetti v. Ceballos.* **AAUP**, v. 95, n. 6, p. 67-88, 2009.

[50] Delfattore, op. cit.

não estava protegido pela liberdade de expressão, pois falou como funcionário e não como cidadão.[51]

Uma crítica recorrente que se faz a *Garcetti* é que o precedente é paradoxal e perverso, pois pode incentivar que os servidores do governo levem suas preocupações diretamente ao público ao invés de buscar os canais internos das suas repartições no intuito de angariar algum tipo de proteção da 1ª Emenda contra retaliações.[52]

Neste sentido, em 2010, o Tribunal Federal de Apelações do 2° Circuito entendeu que a reclamação de um professor levada ao sindicato não estava protegida pela 1ª Emenda, pois os fatos que originaram essa reclamação decorreram dos deveres oficiais do docente e que ele, possivelmente, teria proteção constitucional se levasse a sua reclamação ao público, em vez de utilizar os canais internos do seu emprego.[53]

Ainda na análise das questões acadêmicas, a reação a *Garcetti* gerou um discurso de união entre órgãos representativos dos professores contra o denominado "problema Garcetti".[54] Algumas universidades públicas, por sua vez, reagiram ao estreitamento que se observou em relação à liberdade acadêmica e aprovaram políticas que, explicitamente, protegiam os docentes na expressão sobre questões institucionais, de ensino e de pesquisa.[55]

Por outro lado, em 2014, o Tribunal Federal de Apelações do 9° Circuito decidiu que não cabe a aplicação do decidido em *Garcetti v. Ceballos* nas questões de ensino e redação acadêmicos mesmo que feitos de acordo com as funções oficiais de professores, inclusive os docentes universitários.[56]

Também houve reações a *Garcetti* no sentido de que a Suprema Corte não considerou o contexto de corrupção policial em que o caso nasceu

[51] M. O' Neil, et al., op. cit.

[52] Harvard University, op. cit.

[53] Levinson, Rachel B. ***Academic Freedom, Shared Governance, and the First Amendment after Garcetti v. Ceballos.*** 31st Annual National Conference on Law and Higher Education, 2011.

[54] M. O' Neil et al., op. cit.

[55] Levinson, op. cit.

[56] Nisenson, Aaron. **July 2016 AAUP-AAUP-CBC Summer Institute**: annual legal update. AAUP, 2016.

(escândalo Rampart), e que interpretou mal a expressão "como um cidadão", originada em *Pickering*, ao assentar que, no curso das funções, os funcionários não falam como cidadãos. Em outras palavras, independentemente do impacto e da relevância pública, a fala de um servidor público no exercício do seu labor será sempre de um servidor público, e não de um cidadão comum. Como efeito dessa interpretação, os promotores passariam a se ver divididos entre as perspectivas de carreira e suas obrigações constitucionais, tendo que em vista a baixa expectativa de proteção em relação aos seus superiores, o que acabaria prejudicando o interesse da população de estar informada e o interesse do servidor em divulgar essa informação.[57]

Diante do exposto, nota-se que *Garcetti* impôs ao "equilíbrio de Pickering" uma antessala, uma etapa adicional que requer a verificação da fala do funcionário, ou seja, se ele falou, ou não, de acordo com as suas funções oficiais. Se a resposta for negativa, é possível seguir com a aplicação do "equilíbrio de Pickering".[58]

A interpretação do caso pelo Judiciário do país não foi uníssona, nem quanto ao real alcance da decisão. Logo de início, surgiu uma divergência de interpretação entre os Tribunais Federais de Apelação do 3º, 7º e 9° Circuitos sobre saber se a fala de um policial que testemunha, verdadeiramente, sobre informações obtidas no seu trabalho é feita como cidadão ou como funcionário público.

Os 3° e 7° Circuitos entenderam que a fala é feita como cidadão, e o 9°, como funcionário.[59] As interpretações iniciais sobre o real alcance de *Garcetti v. Ceballos* podem estar relacionadas ao fato de que a decisão foi ampla em possibilidades de interpretação, favorecendo a criatividade dos Tribunais pelo certo grau de indeterminação quanto ao encaixe da expressão dos servidores, se dentro ou fora das suas obrigações oficiais.[60]

[57] Harvard University, op. cit.

[58] Fabian, Sarah L. *Garcetti v. Ceballos: Whether an Employee Speaks as a Citizen or as a Public Employee – Who Decides?* **University of California – Davis**, v. 43, p. 1675-1707, 2010.

[59] Pope, Leslie. *Huppert v. City of Pittsburg: The Contested Status of Police Officers' Subpoenaed Testimony After Garcetti v. Ceballos*. **The Yale Law Journal**, v. 119, p. 2143-2154, 2010.

[60] Keenan, Thomas. *Circuit Court Interpretations of Garcetti v. Ceballos and the Development of Public Employee Speech*. **Notre Dame Law Review**, v. 87, p. 841-878, 2011.

A indefinição entre os Circuitos poderia apontar que *Garcetti*, com as devidas reservas, não foi uma boa escolha doutrinária e que as suas interpretações desordenadas não eram boas aos valores da 1ª Emenda, com servidores públicos silenciando o seu próprio discurso valioso.[61] Outro problema de *Garcetti* é que era difícil para os Tribunais definirem a fronteira entre o que era ou não uma função oficial, dando razão ao voto do *Justice* Souter de que essa definição seria fruto da judicialização dos casos que viriam depois.[62]

O alcance de *Garcetti* foi restringido pela Suprema Corte em 2014, com o julgamento de *Lane v. Franks*, no qual se enfrentou a questão de saber se um servidor público (Edward Lane) poderia ser demitido por seu testemunho, sob juramento, feito fora das suas reponsabilidades de trabalho. A Corte entendeu, por unanimidade, que não, e que Lane estava protegido por falar como cidadão sobre um assunto de interesse público, revertendo a posição do 11° Circuito, que havia negado a proteção da 1ª Emenda, uma vez que Lane teria falado como funcionário em decorrência dos seus deveres oficiais.[63]

Conclusões

O alcance da liberdade da expressão dos servidores públicos nos Estados Unidos é um tema que sofreu alterações na jurisprudência da Suprema Corte ao longo da história. Se no passado era algo muito restrito, em meados do século XX, o Tribunal alterou o alcance dos seus posicionamentos e passou a buscar proteger os funcionários governamentais de restrições injustificadas a direitos reconhecidos aos cidadãos em geral. Ainda assim, a Corte não deixou de lado o interesse do Estado empregador em controlar a postura dos seus servidores, com vista ao bom desempenho dos serviços públicos.

A construção do "equilíbrio de Pickering" serve justamente para fazer, no caso concreto, o sopesamento do interesse do governo e do seu

[61] Roosevelt, op. cit.

[62] Ellis, Elizabeth M. *Garcetti v. Ceballos: public employees left to decide "your conscience or your job"*. **Indiana Law Review**, v. 41, p. 187-214, 2008.

[63] **Lane v. Franks**, 573 U. S. 228 (2014).

empregado, permitindo saber se o discurso do servidor deve, ou não, estar sob o manto da proteção da 1ª Emenda.

Neste sentido, se os casos *Pickering* e *Connick* puderam ser vislumbrados pela lógica do "equilíbrio de Pickering", o caso *Garcetti* se distingue deles para afirmar que, dentro dos deveres oficiais do servidor, não há proteção da 1ª Emenda, dispensando-se a análise do supracitado equilíbrio. Richard Ceballos, ao redigir seu memorando, estava desempenhando aquilo para o qual foi contratado para fazer, o que é diferente dos casos *Pickering* e *Connick*, em que os funcionários foram alvo de adversidades por conta de condutas externas aos seus deveres oficiais. Daí que se depreende o legado deixado pelo caso *Garcetti* a respeito do alcance da liberdade de expressão dos servidores públicos.

Referências

DELFATTORE, Joan. *Defending Academic Freedom in the Age of Garcetti*. **AAUP**, v. 97 n. 1, p. 18-21, 2011.

ELLIS, Elizabeth M. Garcetti v. Ceballos: public employees left to decide "your conscience or your job". **Indiana Law Review**, v. 41, pp. 187-214, 2008.

ESTADOS UNIDOS DA AMÉRICA. **Brief for The United States as amicus curiae Supporting petitioners**. Washington – DC, 2005a. Disponível em: https://www.justice.gov/sites/default/files/osg/briefs/2004/01/01/2004-0473.mer.ami.pdf.

ESTADOS UNIDOS DA AMÉRICA. Supreme Court of the United States. **Oral argument** (Garcetti v. Ceballos em 12 de out. de 2005). Washington, DC. Suprema Corte, 2005b. Disponível em: https://www.supremecourt.gov/oral_arguments/argument_transcripts/2005/04-473.pdf.

ESTADOS UNIDOS DA AMÉRICA. Supreme Court of the United States. **Oral argument** (Garcetti v. Ceballos em 21 de mar. de 2006). Washington, DC. Suprema Corte, 2006. Disponível em: https://www.supremecourt.gov/oral_arguments/argument_transcripts/2005/04-473b.pdf.

ESTADOS UNIDOS DA AMÉRICA. Supreme Court of the United States. **Dun & Bradstreet v. Greenmoss Builders**, 472 U.S. 749 (1985), Washington D.C, 26 de junho de 1985.

ESTADOS UNIDOS DA AMÉRICA. Supreme Court of the United States. **Connick v. Myers**, 461 U.S. 138 (1983), Washington D.C, 20 de abril de 1983.

ESTADOS UNIDOS DA AMÉRICA. Supreme Court of the United States. **Garcetti v. Ceballos**, 547 U.S. 410 (2006), Washington D.C, 30 de maio de 2006.

ESTADOS UNIDOS DA AMÉRICA. Supreme Court of the United States. **Lane v. Franks**, 573 U. S. 228 (2014), Washington D.C, 19 de junho de 2014.

ESTADOS UNIDOS DA AMÉRICA. Supreme Court of the United States. **Pickering v. Board of Education**, 391. U.S. 563 (1968), Washington D.C, 3 de junho de 1968.

ESTADOS UNIDOS DA AMÉRICA. Supreme Court of the United States. **Wiemann v. Updegraff**, 344 U.S. 183 (1952), Washington D.C, 15 de dezembro de 1952.

ESTADOS UNIDOS DA AMÉRICA. Supreme Judicial Court of Massachusetts **McAuliffe v. Mayor and Board of Aldermen**, 155 Mass. 216 (1892), Washington D.C, 6 de janeiro de 1892.

FABIAN, Sarah L. *Garcetti v. Ceballos: Whether an Employee Speaks as a Citizen or as a Public Employee – Who Decides?* **University of California – Davis**, v. 43, p. 1675-1707, 2010.

HARVARD UNIVERSITY. *The Supreme Court – leading cases.* **Harvard Law Review**, v. 120, n. 1, p. 273-283, 2006.

KEENAN, Thomas. *Circuit Court Interpretations of Garcetti v. Ceballos and the Development of Public Employee Speech.* **Notre Dame Law Review**, v. 87, p. 841-878, 2011.

LEVINSON, Rachel B. ***Academic Freedom, Shared Governance, and the First Amendment after Garcetti v. Ceballos.*** 31st Annual National Conference on Law and Higher Education, 2011. Disponível em: https://www.aaup.org/NR/rdonlyres/4C126513-1194-4317-8123-459BD9F30A6D/0/Stetson2011AcadFreedomFirstA mdmtoutline.pdf.

M. O' NEIL, Robert M. et al. *Protecting an Independent Faculty Voice: Academic Freedom after Garcetti v. Ceballos.* **AAUP**, v. 95, n. 6, pp. 67-88, 2009.

NISENSON, Aaron. **July 2016 AAUP-AAUP-CBC Summer Institute**: annual legal update. AAUP, 2016. Disponível em: https://www.aaup.org/file/Legal-Roundup_2016_0.pdf.

POPE, Leslie. *Huppert v. City of Pittsburg: The Contested Status of Police Officers' Subpoenaed Testimony After Garcetti v. Ceballos.* **The Yale Law Journal**, v. 119, p. 2143-2154, 2010.

Supreme Court Case Involving Free Speech Could Have Major Implications for Whistleblowers and the Public. **Public Citizen**, 25 jul. 2005. Disponível em:

https://www.citizen.org/news/supreme-court-case-involving-free-speech--could-have-major-implications-for-whistleblowers-and-the-public-2/.

ROOSEVELT, Kermit III. *Not as Bad as You Think: Why Garcetti v. Ceballos Makes Sense*. **Faculty Scholarship**, Paper 929, p. 630-660, 2012.

41.
MASSACHUSETTS V. ENVIRONMENTAL PROTECTION AGENCY, 2007
O AQUECIMENTO GLOBAL NA SUPREMA CORTE

RAIANY OLIVEIRA REIS

Introdução

Os gases do efeito estufa se acumulam na atmosfera como resultados das atividades humanas, causando um aumento na temperatura do planeta. Modelos de computação mostram os efeitos deste aquecimento, incluindo o aumento do nível do mar, o aumento de chuvas e a maior suscetibilidade de regiões semiáridas à desertificação[1].

Reconhecido como um fenômeno, atualmente, bem documentado, o aumento da temperatura do planeta é ocasionado pela acumulação de gases, como o dióxido de carbono, na atmosfera. Cientistas relatam que, quando estes gases são dispersados na atmosfera funcionam como o teto de uma estufa, impedindo que a energia do sol absorvida pela Terra seja emitida de volta ao espaço, aprisionando o calor no planeta.

Preocupados com o que chamavam de "o mais urgente desafio ambiental de nosso tempo" e o aparente descaso do governo norte-americano sobre o assunto, organizações privadas formularam, em 1999, um requerimento para que a Agência de Proteção Ambiental dos Estados Unidos

[1] National Research Council. 2001. *Climate Change Science: An Analysis of Some Key Questions.* **National Academy Press**, Washington, DC, USA.

(*Environmental Protection Agency* – EPA[2]) regulasse as emissões de gases-estufa de novos veículos automotores.

Contrariando o apelo de movimentos ambientalistas, em 2003, a EPA indeferiu o pedido, alegando que a regulamentação de tais emissões estava além de sua autoridade legal. A agência sugeriu que uma abordagem voluntária e o estudo contínuo eram formas mais adequadas de resolver o problema[3].

Após a negativa da EPA e uma derrota na Corte de Apelações do Distrito de Colúmbia, um grupo de estados[4], governos locais[5] e organizações privadas alegaram, em uma petição de *certiorari*, que a Agência, ilegalmente, declinou sua atribuição de regular as emissões de quatro gases do efeito estufa, incluindo o dióxido de carbono, nos termos da Lei do Ar Limpo (*Clean Air Act*). Especificamente, os requerentes apresentaram duas questões a serem respondidas pela Suprema Corte, sendo elas: se a EPA tinha competência para regular os poluentes do ar em questão, nos termos do §202 (a)(1) da Lei do Ar Limpo; e, em caso afirmativo, se as razões apresentadas pela agência para recusar-se a fazê-lo são legítimas perante o estatuto.

Em 2007, após uma intensa sustentação oral e um julgamento por 5 votos a 4, a Suprema Corte dos Estados Unidos (SCOTUS) entendeu que os gases que causam o efeito-estufa se enquadram na vasta definição de poluentes e estão sujeitos à regulação da EPA, nos termos da Lei do Ar Limpo. Ademais, a decisão da Corte foi de que a EPA não apresentou justificativa razoável para sua recusa em regular a emissão destes gases na situação submetida à apreciação.

O resultado foi uma vitória histórica. A Suprema Corte reconheceu, pela primeira vez, o direito de um estado propor uma ação em razão dos danos causados pelas mudanças climáticas. E, em 2009, a EPA publicou

[2] A Agência de Proteção Ambiental dos Estados Unidos (*Environmental Protection Agency*) é uma agência federal do governo dos Estados Unidos da América, encarregada de proteger a saúde humana e o meio ambiente.

[3] SUGAR, Michael. *Massachusetts v. Environmental Protection Agency*. **Harv. Envtl. L. Rev.**, v. 31, p. 531, 2007

[4] Califórnia, Connecticut, Illinois, Maine, Massachusetts, New Jersey, Novo México, Nova Iorque, Oregon, Rhode Island, Vermont e Washington.

[5] Columbia, American Samoa, New York City e Baltimore.

relatórios demonstrando os riscos dos gases-estufa à saúde e ao bem-estar do povo americano. Enquanto isso, o Poder Executivo se empenhou em destravar políticas climáticas por meio da regulamentação de gases-estufa de competência da agência ambiental.

Levando em consideração a importância do caso para o Direito Ambiental contemporâneo, o propósito deste artigo é explorar a decisão da Suprema Corte em *Massachusetts v. EPA*. Primeiramente, com o contexto histórico do caso e sua passagem por instâncias inferiores, seguindo para a análise da decisão da corte e dos votos dissidentes. Por fim, será feito um exame dos impactos jurídicos e sociais da decisão.

1. Contexto histórico

Quando William Jefferson Clinton (Bill Clinton) ganhou as eleições presidenciais dos Estados Unidos de 1992, ativistas climáticos esperavam que medidas contra o aquecimento global fossem tomadas. Isto porque, o então presidente eleito havia convidado Al Gore para ocupar a vice-presidência por conta do sucesso de seu livro "A Terra em balanço" (1992)[6].

Entre os anos de 1992 e 2000, o poder executivo promoveu algumas iniciativas ambientais importantes, mas deixou de lado questões envolvendo mudanças climáticas. Durante o mandato de Clinton, Carol Browner foi indicada para chefiar a EPA e, apesar do sucesso em melhorar padrões ambientais, encontrou forte oposição no Senado[7]. Em março de 1998, em uma sessão do congresso americano, Carol afirmou que a EPA já possuía autoridade legal para regular as emissões dos gases do efeito estufa. Após as alegações, alguns congressistas pediram à EPA que providenciasse um parecer jurídico sobre a questão. Rapidamente, o departamento jurídico da agência enviou um parecer favorável às declarações de Browner[8].

O memorando, escrito por Jonathon Cannon, concluiu que o dióxido de carbono é um poluente do ar, conforme definição apresentada pela Lei do Ar Limpo, mas declarou que a EPA não poderia regulamentá-lo

[6] Lazarus, Richard J. ***The Rule of Five***: *Making Climate History at the Supreme Court*. Cambridge: Harvard University Press, 2020, E-book Kindle, posição 124.

[7] Ibid., posições 235 e 247.

[8] Ibid., posições 302 e 308.

porque o administrador ainda não havia feito o julgamento necessário de que o gás colocava em risco a saúde e o bem-estar da população[9].

A Casa Branca foi surpreendida com os acontecimentos e, preocupada com as eleições de 2000, determinou que Carol Browner garantisse ao congresso e à indústria americana que a EPA não daria qualquer passo quanto à restrição das emissões de gases do efeito estufa[10]. Contudo, aproveitando o parecer legal apresentado pela EPA, um grupo de 19 organizações privadas formulou, em 1999, um requerimento para que a agência regulasse as emissões de gases do efeito estufa dos novos veículos automotores com base no § 202(a)(1) da Lei do Ar Limpo de 1970[11].

A agência resolveu ignorar o requerimento em um primeiro momento, entretanto, em 2003, com uma EPA reformulada pela gestão de George W. Bush, o requerimento foi indeferido, com base nas seguintes alegações:

> O *Clean Air Act* não autorizaria a EPA a editar atos regulamentares direcionados às mudanças climáticas globais e mesmo que a agência tivesse autorização para fixar padrões regulatórios de emissão de gases-estufa seria imprudente fazer isso naquele momento. Como justificativa, ressaltou que o Presidente possuía uma determinada abordagem em médio prazo para as mudanças climáticas baseada em ações voluntárias e em incentivos a programas com o objetivo de minimizar as incertezas científicas e encorajar o desenvolvimento tecnológico[12].

Para a agência reguladora, mesmo que os gases do efeito estufa fossem poluentes nos termos da Lei do Ar Limpo, o administrador possuía discricionariedade para decidir quando seria apropriado fazer a investiga-

[9] Sugar, op. cit., p. 533.

[10] Lazarus, op. cit., posição 308.

[11] Nos termos da seção 202 (a)(1) da Lei do Ar Limpo, o administrador deve, por regulamento, determinar padrões de emissão de gases poluentes para novos veículos automotores que em seu julgamento causam ou contribuem para a poluição do ar que pode ser considerada como uma ameaça à saúde e ao bem estar da população.

[12] Andrade, Fábio Martins de. O caso *Massachusetts v. EPA*. A Suprema Corte norte-americana e o controle judicial das decisões das agências reguladoras independentes. **Revista Jus Navigandi**, ISSN 1518-4862, Teresina, ano 12, n. 1530, 2007. Disponível em: https://jus.com.br/artigos/10390/o-caso-massachusetts-v-epa.

ção necessária acerca dos riscos apresentados pelas emissões de gases de efeito estufa de veículos automotores. Ademais, a EPA passou a sustentar que, de acordo com a interpretação do arcabouço normativo contido na Lei do Ar Limpo, os gases do efeito estufa emitidos por veículos novos não poderiam ser considerados "poluentes do ar", com a finalidade de evitar o aquecimento global[13].

Com a negativa da EPA, diversas organizações de interesse público, 12 estados e algumas cidades se interessaram pelo caso. James R. Milkey, Procurador do Estado de Massachusetts, estava no grupo principal de advogados que defendiam a propositura de uma ação judicial, pedindo a revisão do requerimento indeferido pela agência. Dentro do grupo de advogados, Milkey procurou garantir que os estados, liderados por Massachusetts, fossem a face pública do litígio[14].

Em outubro de 2003, aproximadamente 30 partes pleitearam junto à Corte de Apelações do Distrito de Colúmbia (*United States Court of Appeals for the District of Columbia Circuit*)[15] a revisão do posicionamento da EPA, sob o fundamento de que esses gases-estufa, incluindo o dióxido de carbono, contribuem, sobremaneira, para o aquecimento global. Portanto, devem ser classificados como poluentes do ar e sua regulamentação de responsabilidade da agência[16].

Ao receber o litígio, a Corte de Apelações distribuiu a ação de forma aleatória para um painel de três juízes, que seria responsável pela análise das peças, sustentação oral e decisão da Corte. Apenas em raríssimas ocasiões todos os juízes do tribunal de apelação se reúnem para a decisão plenária (*en banc*)[17].

Com o término das audiências, os três juízes tinham opiniões muito diferentes sobre como o Tribunal deveria decidir o caso. Mas, por 2 votos a 1, foi negado o pedido de revisão do requerimento feito à EPA.

[13] Ibid.

[14] Lazarus, op. cit., posições 1051 e 1138.

[15] Destaca-se que a Corte de Apelações do Distrito de Columbia tem competência originária para julgar o caso em análise.

[16] Andrade, op. cit.

[17] Lazarus, op. cit., posição 1424.

Conforme destaca Fábio Martins de Andrade[18]:

> Neste julgamento, o juiz Randolph votou no sentido de que a agência reguladora tem considerável discricionariedade ao ser questionada sobre seu dever ou não de regular determinado assunto. Ele ressaltou que o Congresso não determina que esse poder discricionário seja baseado somente pela avaliação de evidências científicas, mas também poderia ser guiado pelos diversos tipos de decisões políticas que motivam a atuação do Congresso. Essas decisões se referem exatamente ao julgamento que o Congresso faz quando decide se promulga ou não uma legislação regulando determinada área. Assim, o juiz entendeu que embora fosse razoável a EPA basear sua decisão em incertezas científicas quanto aos reais efeitos dos gases-estufa no futuro climático do planeta, ela tinha de levar em consideração vários aspectos políticos que também justificavam a omissão regulatória naquele momento. A título ilustrativo, citou a preocupação legítima de que eventual regulação unilateral norte-americana das emissões de gases poluentes dos veículos automotores novos poderia enfraquecer os esforços de outros países no sentido de reduzir a emissão de gases estufa.

Acompanhando o voto do Juiz Randolph, o Juiz Sentelle negou o pedido de revisão dos requerentes, mas com uma fundamentação completamente diferente. Para Sentelle, a Corte não poderia decidir o mérito do caso, pois as partes não tinham o direito de ação (*standing*[19]), em conformidade ao artigo III da Constituição[20].

[18] ANDRADE, op. cit..

[19] Nos Estados Unidos a doutrina do *standing* é vista como uma análise, primariamente, do art. III da Constituição dos EUA, em face do extenso tratamento autônomo conferido à cláusula do devido processo. É um elemento essencial do sistema constitucional norte-americano e uma das principais teorias acerca da interpretação dos limites ao poder judiciário. A doutrina do *standing*, tal como entendida pela Suprema Corte dos EUA, baseia-se em um único princípio, o da separação de poderes, restringindo os casos e controvérsias ajuizáveis e permitindo às cortes recusar o direito de ação às demandas mais adequadas ao processo político. Sobre o assunto ver: SCALIA, Antonin. A Doutrina do Standing como um Elemento Essencial da Separação de Poderes. Trad. Romulo Ponticelli Giorgi Júnior. **Cadernos do Programa de Pós-Graduação em Direito-PPGDir./UFRGS**, v. 9, n. 1, p. 41-87, 2014.

[20] No original: "*Judge Sentelle thought the court did not have jurisdiction to hear the case because*

Para o magistrado Sentelle, os requerentes alegaram, genericamente, que o aquecimento global é prejudicial para a humanidade e falharam ao estabelecer um dano concreto e iminente. Consequentemente, para ele, faltou que se estabelecesse "o nexo de causalidade entre os efeitos gerais provocados pelo aquecimento global e os danos que os requerentes alegam ter sofrido", o que é uma condição do artigo III da Constituição para que a ação seja analisada pelo judiciário[21].

Por sua vez, o Juiz Tatel redigiu um duro voto contrário à decisão. Em suas palavras, o estado de Massachusetts demonstrou todos os elementos estabelecidos na doutrina do *standing*, sendo eles: o dano (*injury*), a causalidade (*causation*) e a reparação (*redressability*), pois, a falha da EPA ao não restringir a emissão de gases-estufa contribuía para o aumento do nível dos mares e ameaçava a área costeira do estado[22]. Seguindo para o mérito, o juiz concluiu que a agência agiu de forma ilegal ao recusar levar em consideração se as emissões de tais gases de novos veículos automotores colocavam em risco a saúde e o bem-estar da população[23].

Interessante notar que a decisão foi favorável à EPA por 2 votos a 1, mas foram redigidos três votos distintos, de maneira que, não haveria uma decisão oficial da Corte, apenas um julgamento sustentando a negativa da EPA ao requerimento. Para Massachusetts, a derrota não era tão amarga, já que não foi estabelecido um precedente que poderia limitar a propositura de futuras ações climáticas[24].

Por fim, os requerentes ainda peticionaram por um novo julgamento a ser realizado pelo Plenário da Corte de Apelações, o que lhes foi negado. Mesmo assim, o Procurador de Massachusetts estava obstinado a levar o caso até a Suprema Corte norte-americana. Contudo, convencer a Corte superior a ouvir um caso é uma tarefa hercúlea, especialmente diante de circunstâncias em que não há uma decisão clara do tribunal *a quo*.

the petitioners lacked "standing" under Article III of the Constitution". Lazarus, op. cit., posição 1703.

[21] Andrade, op. cit.

[22] Ibid.

[23] Lazarus, op. cit., posição 1741.

[24] Lazarus, op. cit., posições 1742 e 1848.

Entretanto, em 26 de junho de 2006, ao menos quatro juízes da Suprema Corte decidiram que o caso "*Massachusetts v.* EPA" era, substancialmente, relevante para ser julgado por aquela instância. Dessa forma, a Corte julgou, pela primeira vez, uma litigância climática.

2. Aspectos importantes da decisão

No contexto da decisão, é válido destacar que as questões respondidas no julgamento foram as seguintes: se os requerentes apresentavam as condições necessárias para trazer o caso à justiça, nos termos do artigo III, da Constituição; se a EPA tinha competência para regular os gases do efeito-estufa, incluindo o dióxido de carbono, nos termos da seção 202(a)(1) da Lei do Ar Limpo, e, por fim, se a EPA poderia abdicar de sua atribuição de regular as emissões destes gases com base em considerações políticas[25].

Por 5 votos a 4, a Suprema Corte decidiu reverter a sentença da Corte de Apelações, por considerar que a EPA não apresentou uma fundamentação legítima para sua recusa em regular a emissão de gases-estufa de novos veículos automotores. O Juiz (*Associate Justice*) Stevens escreveu a decisão da Corte[26] e o Juiz Anthony Kennedy foi o voto decisivo[27]. Já os votos dissidentes foram redigidos pelo Presidente da Corte (*Chief Justice*), John Roberts[28] e pelo Juiz Antonin Scalia[29].

É imperioso ressaltar que Stevens queria uma decisão para ser lida pelo público em geral e não apenas por advogados. Desta forma, resolveu começar seu voto majoritário com uma forte declaração sobre os problemas relacionados ao aquecimento global. Para Stevens, o estado de Massachusetts preenchia todos os requisitos necessários para a atuação do poder judiciário: dano, causalidade e reparação. Ademais, conforme observado por Kennedy durante a sustentação oral, uma das partes da

[25] Korican, Elise. *Massachusetts v. Environmental Protection Agency, Exploring the Merits of Greenhouse Gas Regulation.* **J. Nat'l Ass'n Admin. L. Judiciary**, v. 28, n. 6, p. 193-236, 2008, p. 194.

[26] *Justices* Kennedy, Souter, Ginsburg e Breyer se uniram ao voto do *Justice* Stevens.

[27] Kennedy era chamado pela comunidade jurídica norte-americana de *swing justice* ou de *swing vote,* algo como juiz ou voto pendular. Seu voto inicial na sessão reservada não era garantia de seu voto final, quando a decisão da corte estava pronta.

[28] *Justices* Scalia, Thomas e Alito se uniram ao voto do *Chief Justice* Roberts.

[29] Chief Justice Roberts, Thomas e Alito se uniram ao voto de Scalia.

ação é um estado "quase-soberano" e a Suprema Corte reconhece que estados não podem ser comparados a particulares ao invocar a jurisdição federal, tendo um status especial ("*special solicitude*") quando da análise dos requisitos do artigo III da Constituição[30].

Na análise do dano, Stevens afirmou que a recusa da EPA em regular as emissões de gases-estufa era um risco de dano atual e iminente para o estado de Massachusetts. Para o juiz, os danos causados pelas mudanças climáticas eram sérios e bem conhecidos, bem como o fato de serem amplamente compartilhados não minimizava o interesse do estado na decisão do caso em questão.

Como o estado possui uma porção substancial de território em zona costeira, Massachusetts apresentava um prejuízo particularizado na qualidade de proprietário de terras. Este dano, por sua vez, só aumentaria no curso do próximo século. Assim, se o nível do mar continuar a subir, é provável que uma parte significativa do território costeiro do estado seja perdido total ou parcialmente durante períodos de inundação.

Quanto à causalidade, a EPA não negou a existência de um nexo causal entre as emissões dos gases-estufa e o aquecimento global. Desta forma, a recusa da EPA em regular tais emissões contribuía para o dano sofrido pelo estado de Massachusetts. Por fim, na questão da reparação, o juiz apontou que, embora a regulamentação das emissões de novos veículos automotores não revertesse, por si só, o aquecimento global, isto não significaria que a Suprema Corte não tinha competência para decidir se a EPA tem ou não o dever de tomar medidas para reduzir ou desacelerar o aquecimento.

Conforme exposto na decisão da Corte, o setor de transporte dos EUA emitia uma enorme quantidade de dióxido de carbono, respondendo por mais de 6% das emissões globais. Dessa forma, uma redução na emissão doméstica poderia diminuir o ritmo das mudanças climáticas, independentemente do que acontecesse em outros lugares. Portanto, o aumento no nível do mar associado ao aquecimento global já provocava

[30] No original: "*Given that procedural right and Massachusetts' stake in protecting its quasi-sovereign interests, the Commonwealth is entitled to special solicitude in our standing analysis.*" ***Massachusetts v. Environmental Protection Agency***, 549 U.S. 497 (2007), p. 16-17 da decisão da Corte.

danos ao estado de Massachusetts e tal risco poderia ser reduzido em alguma extensão, caso os requerentes obtivessem o resultado por qual postulavam.

Ao avançar para o Mérito, Stevens advertiu que a agência tinha ampla discricionariedade para escolher como usaria os recursos que possuía para cumprir suas responsabilidades. Mas, de acordo com o 42 U. S. C. §7607(d)(9) o judiciário poderia reverter qualquer ação arbitrária, caprichosa, com abuso de discricionariedade ou, em outras palavras, em desacordo com a lei[31].

Para a Corte, os gases do efeito-estufa se enquadravam na abrangente definição de "poluentes do ar" feita pela Lei do Ar Limpo. No texto legal, "poluente do ar" inclui "qualquer agente da poluição do ar [...] incluindo qualquer substância física ou química [...] que seja emitida ou de outra forma entre no ar[32]." Os gases-estufa são, sem dúvida, substâncias físicas e químicas emitidas no ar, portanto, não havia ambiguidade no estatuto.

Ademais, a Corte concluiu que a EPA tinha competência estatutária para regular a emissão dos gases-estufa de novos veículos automotores, já que o §202(a)(1)[33] da Lei do Ar Limpo determinava que a EPA deveria regulamentar a emissão de qualquer poluente do ar de novos veículos automotores que, no julgamento do administrador, causassem ou contribuíssem para a poluição do ar e ameaçassem a saúde pública e o bem-estar da população. Para além disso, conforme relembrou o referido juiz, a própria agência já havia declarado possuir tal competência em 1998.

[31] No original: *We therefore "may reverse any such action found to be . . . arbitrary, capricious, an abuse of discretion, or otherwise not in accordance with law."* 549 U.S. 497 (2007), p. 25 da decisão da Corte.

[32] 42 U.S. CODE §7602(g): *The term "air pollutant" means any air pollution agent or combination of such agents, including any physical, chemical, biological, radioactive (including source material, special nuclear material, and byproduct material) substance or matter which is emitted into or otherwise enters the ambient air.*

[33] §202(a)(1) da Lei do ar Limpo: *The Administrator shall by regulation prescribe (and from time to time revise) in accordance with the provisions of this section, standards applicable to the emission of any air pollutant from any class or classes of new motor vehicles or new motor vehicle engines, which in his judgment cause, or contribute to, air pollution which may reasonably be anticipated to endanger public health or welfare.*

Por último, Stevens aduziu que as razões apontadas pela EPA para a não regulamentação eram incongruentes com o texto legal, bem como apesar de existir certa liberdade para a agência escolher exercer ou não sua competência, esta discricionariedade deve estar dentro dos limites estatutários. As fundamentações apresentadas pela EPA para abdicar de sua competência eram políticas e não tinham relação com o fato de as emissões de gases-estufa contribuírem ou não para as mudanças climáticas.

A EPA não poderia se esquivar de suas obrigações legais apenas por concluir que este não era o melhor momento para a regulamentação. Assim, se a incerteza científica sobre o aquecimento global impede que a EPA faça um julgamento acerca dos gases-estufa e seus perigos, ela deveria dizer isto.

Por fim, a Corte não decidiu se a EPA deveria agir e regulamentar os gases do efeito estufa, apenas que a agência deveria fundamentar suas razões, seja para a ação ou inércia, no referido estatuto. Enquanto isso, sustentou que a EPA não ofereceu uma explicação razoável para se recusar a decidir se os gases-estufa causavam ou contribuíam para as mudanças climáticas. E sua ação foi, portanto, "arbitrária, caprichosa [...] ou em desacordo com a lei"[34], devendo ser revertida.

Nem todos os juízes estavam contentes com a resolução do caso. Para Roberts, Presidente da Corte, os requerentes não apresentaram as condições necessárias para trazer o caso à análise do Poder Judiciário, nos termos do artigo III da Constituição. De forma que, a demanda em questão seria mais adequada ao processo político, devendo ser discutida pelo Congresso e pelo Presidente do País[35]. Conforme destacou em seu voto, para trazer um caso à Justiça, o requerente deve alegar um dano pessoal, razoavelmente, rastreável à conduta ilegal do réu e deve haver a probabilidade de reparação pela medida solicitada em juízo[36].

[34] 549 U.S. 497 (2007), p. 32 da decisão da Corte.

[35] No original: *This Court's standing jurisprudence simply recognizes that redress of grievances of the sort at issue here "is the function of Congress and the Chief Executive," not the federal courts.* 549 U.S. 497 (2007), p. 1 do voto dissidente de John Roberts.

[36] No original: *A plaintiff must allege personal injury fairly traceable to the defendant's allegedly unlawful conduct and likely to be redressed by the requested relief.* 549 U.S. 497 (2007), p. 1 do voto dissidente de John Roberts.

Para o *Chief Justice*, a Corte mudou as regras ao determinar que estados tenham um "*status* especial" na análise dessas condições. Roberts apontou que a capacidade de um estado processar não dilui o requisito fundamental em demonstrar dano, causalidade e possibilidade de reparação para satisfazer o artigo III da Constituição. Assim, relaxar os requisitos constitucionais porque o dano é sofrido por um estado não tinha base na jurisprudência da Suprema Corte.

Por fim, não ficou claro para Roberts como a Corte utilizou o "*status* especial" de Massachusetts na análise dos requisitos do artigo III, exceto que isto implica, implicitamente, que os requerentes não conseguiam demonstrar os requisitos nos termos tradicionais. Segundo o Presidente da Corte, se os requerentes alegaram que a perda da terra seria o dano do artigo III, então, eles deveriam fazer a análise dos demais requisitos levando em consideração este dano específico.

Ademais, conforme a doutrina do *standing*, os requerentes deveriam ser afetados de forma pessoal e individualizada, buscando um resultado que os beneficiasse diretamente, de maneira distinta do impacto ao público em geral. Portanto, sem um dano concreto e particularizado não havia confiança de uma necessidade real de revisão judicial.

Neste sentido, o próprio conceito de aquecimento global pareceu inconsistente com o requerimento de particularização do dano. Aquecimento global é um fenômeno prejudicial para a humanidade como um todo e a reparação que os requerentes buscavam se voltar ao público em geral, direcionados a mudar, literalmente, a atmosfera ao redor do mundo.

Quanto à atualidade do dano, Roberts divergiu da Corte ao enunciar que não havia nada nos autos que demonstrasse que o estado de Massachusetts já perdia território devido ao aumento do nível do mar. Para o *Chief Justice*, Massachusetts fez uma inferência e a alegação de possíveis danos futuros não satisfazia os requisitos do artigo III. Ademais, Roberts acrescentou que, para que a demanda seja ajuizável, os requerentes precisam demonstrar o nexo causal entre o dano específico e a falta da regulamentação das emissões de gases-estufa de novos veículos, bem como que a promulgação de tal regulamentação poderia reparar esta lesão.

Nas palavras do Presidente da Corte, os requerentes enxergavam a relação entre o dano alegado e a falha de regulamentação da EPA como algo simples e direto: veículos automotores americanos emitem gases-estufa, porém, emissões de gases-estufa do mundo inteiro contribuem para o aquecimento global e, consequentemente, para a lesão alegada pelos requerentes. Além disso, o §202(a)(1) da Lei do Ar Limpo abrangia apenas novos veículos automotores, então, a desejada regulamentação poderia reduzir as emissões globais em apenas uma fração de 4%, se tanto. Assim, a conexão entre a falta de regulamentação e a perda de terra de Massachusetts era especulativa demais para estabelecer uma causa.

Roberts argumentou que a condição de reparação era ainda mais problemática, pois o que deve ser reparado é o dano específico, neste caso, a perda de terra. Em seu voto destacou que, mesmo que a regulamentação reduza as emissões de gases-estufa (em um grau indeterminado, devido a eventos em outros lugares do mundo), a Corte nunca explica como a perda de terras será reparada. Dessa forma, olhando para a realidade, supor que a regulamentação da EPA sobre as emissões de novos veículos evitará a perda de terra costeira de Massachusetts seria, apenas, circunstancial.

Por fim, o Presidente da Corte concluiu que os requerentes têm dificuldade em demonstrar causalidade e possibilidade de reparação, para além disso, em seu ponto de vista, o objetivo da ação em questão era puramente simbólico. Entretanto, o papel constitucional da corte é decidir casos concretos e não servir como um fórum de debates políticos. Em suas palavras, a limitação do Poder Judiciário a casos e controvérsias é crucial para a separação de poderes estabelecida na Constituição[37].

Scalia concordou com o *Chief Justice* de que o litígio em questão não era de competência do Poder Judiciário, por faltarem os requisitos do art. III da Constituição. No entanto, decidiu escrever um voto discordando das questões de mérito apresentadas na decisão da Corte. Como reconhecido no voto majoritário, a lei concedia certa discricionariedade à EPA na decisão de exercer sua competência e averiguar os problemas causados pelos agentes poluentes e, conforme destacou, a EPA ainda não havia feito um julgamento sobre os gases-estufa (se contribuem para a poluição e se são uma ameaça à saúde e bem-estar da população).

[37] 549 U.S. 497 (2007), p. 13 do voto dissidente de John Roberts.

O juiz afirmou que a Corte rejeitou todos os motivos políticos apresentados pela EPA para não fazer este julgamento, como se não correspondessem a uma justificativa razoável. No entanto, o estatuto era silente sobre as razões que permitem à EPA adiar seu julgamento e, consequentemente, sua regulamentação. Na visão de Scalia, as razões apresentadas pela EPA eram considerações que as agências reguladoras constantemente levavam em consideração quando decidiam se deviam entrar em um novo campo: o impacto que tal entrada causaria em outros programas do Poder Executivo e na política externa.

Desta forma, não havia base legal para a imposição de limites que a Corte impôs quando analisou o que seria uma fundamentação legítima para negar a petição de regulamentação. Para Scalia, o administrador agiu dentro da lei ao se recusar a atender o pedido de regulamentação dos gases-estufa por razões políticas. Continuando seu voto, o juiz apontou que a Corte forneceu à EPA a opção de alegar uma incerteza científica para adiar seu julgamento sobre os riscos dos gases-estufa, o que, segundo ele, foi feito pela agência em sua petição de resposta ao citar o relatório do *National Research Council* de 2001 e, neste ponto, concluiu dizendo que não sabia o que a Suprema Corte esperava como resposta da EPA.

Por fim, Scalia se voltou à definição de "poluente do ar". Para ele, a Scotus estava correta ao determinar que os gases-estufa se enquadravam na segunda parte da definição feita pela Lei do Ar Limpo: eles são substâncias físicas ou químicas que são emitidos ou de outra forma entram no ar. No entanto, a Corte errou ao acreditar que este é o final da análise. Para ser um "poluente do ar", nos termos da lei, a substância emitida também precisa ter os requisitos da primeira metade da definição, ou seja, tem que ser um agente (ou combinação de agentes) da poluição do ar[38]. Para Scalia, a decisão majoritária simplesmente fingiu que esta metade da definição não existia. Ademais, seguindo sua interpretação, qualquer substância "carregada" pelo ar se qualificaria como um poluente, até mesmo, um *frisbee*.

[38] 549 U.S. 497 (2007), p. 8 do voto dissidente de Antonin Scalia.

Em outras palavras, uma substância não seria "poluente do ar", nos termos da lei, apenas por ser uma matéria física ou química emitida no ar. Ela também precisaria ser um agente da poluição do ar. Minimamente, nos encontramos com uma ambiguidade textual e, evidentemente, a Corte levou em consideração apenas a interpretação a seu favor.

Contudo, na visão de Scalia, a interpretação da EPA era não só razoável, como a mais plausível, já que regular o acúmulo de CO2 e outros gases-estufa nas camadas superiores da atmosfera, que, supostamente, causam o aquecimento global, não seria o mesmo que regular a concentração de alguma substância que está poluindo o ar ao nosso redor. A concepção da EPA de "poluição do ar" – com foco nas impurezas do "ar ambiente" "ao nível do solo ou perto da superfície da terra" – é, perfeitamente, consistente com o significado natural deste termo[39]. Assim, a concentração de gases-estufa afetando o clima global estaria além da autorização de regulamentação dada à EPA pela Lei do Ar limpo.

3. Repercussão da decisão

A decisão da Suprema Corte em *Massachusetts v. EPA* foi uma vitória histórica. Os juízes estabeleceram, pela primeira vez, o direito de um estado propor uma ação em razão dos danos causados pelas mudanças climáticas[40]. Para além disso, a vitória nas condições do artigo III da Constituição prometia uma nova onda de ações climáticas para a restrição de emissão de gases-estufa.

Ademais, o caso determinou que o administrador pode, a seu critério, recusar-se a regulamentar uma questão, porém, tal recusa deve estar dentro dos limites estatutários. Em outras palavras, a agência reguladora pode se recusar a fazer um julgamento e criar novas normas apenas com bases tecnocráticas e científicas, não por motivos políticos[41].

No campo administrativo, a EPA publicou seu relatório final demonstrando que os gases do efeito estufa "ameaçam a saúde pública e o bem-

[39] 549 U.S. 497 (2007), p. 12 do voto dissidente de Antonin Scalia.

[40] Lazarus, op. cit., posição 4672.

[41] Freeman, Jody; Vermeule, Adrian. *Massachusetts v EPA: From politics to expertise.* **The Supreme Court Review**, v. 2007, n. 1, p. 80, 2007.

-estar do povo americano",[42] em dezembro de 2009. E, no ano seguinte, anunciou um programa nacional com novos padrões de emissão de gases-estufa para carros e caminhonetes do ano modelo 2012-2016.

Seguindo este programa, o governo de Barack Obama se empenhou em diversas políticas para controlar o aquecimento global, considerando o fato de que enfrentava dificuldade em aprovar leis sobre o tema no congresso, decidiu aprovar outras medidas climáticas por meio da regulamentação da EPA. Por fim, como resumo de seus esforços, em 2016, a administração Obama ratificou o Acordo de Paris, um compromisso mundial no combate à mudança climática, o que só foi possível devido a competência da EPA em regulamentar as emissões de gases-estufa.

Conclusões

Massachusetts v. EPA é um marco na judicialização do clima. Para começar, os requerentes ganharam as três questões legais do processo, sendo elas: o direito de trazer a questão para análise do Poder Judiciário; o reconhecimento da competência da EPA em regular os gases do efeito estufa como poluentes; e a ilegalidade da decisão da agência em não estabelecer as ameaças destes gases à saúde pública, por motivos políticos.

Nas palavras da Suprema Corte, a EPA não ofereceu uma explicação razoável para se recusar a decidir se os gases-estufa causam ou contribuem para a mudança climática, sendo a sua ação "arbitrária, caprichosa [...] ou em desacordo com a lei."[43] De maneira que a decisão do Tribunal de Apelação foi revertida.

Apesar da crítica de outros juízes ao que consideravam uma atuação proativa do Poder Judiciário, *Massachusetts v. EPA* abriu precedentes para outras ações judiciais que buscavam e buscam destravar medidas de proteção ambiental. De fato, é difícil não reconhecer o caso como político, mas a literatura já reconhece a Suprema Corte norte-americana como partícipe fundamental na construção da história dos Estados Unidos. E, como não poderia deixar de ser, o presente caso moldou o perfil das políticas climáticas do Poder Executivo nos anos seguintes, levando um dos países mais poluentes do mundo até Paris.

[42] Ibid., posição 4788.
[43] 549 U.S. 497 (2007), p. 32 da Decisão da Corte.

Referências

ANDRADE, Fábio Martins de. O caso Massachusetts v. EPA. A Suprema Corte norte-americana e o controle judicial das decisões das agências reguladoras independentes. **Revista Jus Navigandi**, ISSN 1518-4862, Teresina, ano 12, n. 1530, 9 set. 2007. Disponível em: https://jus.com.br/artigos/10390/o-caso-massachusetts-v-epa.

FREEMAN, Jody; VERMEULE, Adrian. *Massachusetts v EPA: From politics to expertise.* **The Supreme Court Review**, v. 2007, n. 1, p. 51-110, 2007.

LAZARUS, Richard J. ***The Rule of Five:*** *Making Climate History at the Supreme Court.* Cambridge: Harvard University Press, 2020, E-bood Kindle.

ESTADOS UNIDOS DA AMÉRICA. Supreme Court of the United States. **Massachusetts v. Environmental Protection Agency**, 549 U.S. 497 (2007), Washington D.C, 2 de abril de 2007.

KORICAN, Elise. *Massachusetts v. Environmental Protection Agency, Exploring the Merits of Greenhouse Gas Regulation.* J. **Nat'l Ass'n Admin. L. Judiciary**, v. 28, n. 6, p. 193-236, 2008.

NATIONAL RESEARCH COUNCIL. 2001. *Climate Change Science: An Analysis of Some Key Questions.* **National Academy Press**, Washington, DC, USA.

SCALIA, Antonin. A Doutrina do Standing como um Elemento Essencial da Separação de poderes. Tradução de Romulo Ponticelli Giorgi Júnior. **Cadernos do Programa de Pós-Graduação em Direito-PPGDir./UFRGS**, v. 9, n. 1, p. 41-87, 2014.

SUGAR, Michael. Massachusetts v. Environmental Protection Agency. **Harv. Envtl. L. Rev.**, v. 31, p. 531-544, 2007.

42.
DISTRICT OF COLUMBIA V. HELLER, 2008
ORIGINALISMO, ATIVISMO JUDICIAL CONSERVADOR E O DIREITO DE PORTAR ARMAS

FÁBIO LOPES ALFAIA

Introdução
O presente trabalho pretende abordar o incontroverso clima de polarização pelo qual vem passando a sociedade estadunidense contemporânea, especificamente quanto à emergência do movimento conservador nas últimas quatro décadas e, em especial, acerca da defesa de suas bandeiras mais caras. Nesse ponto, *District of Columbia v. Heller*, decidido pela Suprema Corte Americana em 26 de junho de 2008, afigura-se como exemplo paradigmático destes tempos ao abordar duas dessas bandeiras, quais sejam, a reinterpretação conferida à Segunda Emenda da *Bill of Rights* (o direito de portar e usar armas) e o movimento hermenêutico denominado "originalismo constitucional".

Primeiramente, será abordado o contexto histórico em que se desenvolveu o precedente ora em estudo, oportunidade na qual serão visitadas as progressivas alterações sobre a compreensão da Segunda Emenda até seu estado da arte atual e sua encampação pelo movimento conservador contemporâneo. Tais eventos afiguram-se como causa e consequência de uma sociedade dividida.

Em seguida, proceder-se-á ao estudo do movimento hermenêutico nominado como "originalismo constitucional". Para tanto, passar-se-á à identificação da riqueza de suas vertentes, discussões e contradições ao intentar maior fidelidade ao corpo constitucional mediante o estudo histórico e textual dos desejos, compreensões e técnicas pelas quais se guiavam as gerações que propiciaram a criação do documento constitucional e a fundação da República norte-americana.

Por fim, serão abordados os – ambíguos – resultados da decisão, destacando-se o lado inequivocamente ideologizado de suas conclusões e de seus efeitos, inscrevendo-se como um forte exemplo de judicialização da política e de ativismo judicial. Isso se revelou como algo inesperado frente às bandeiras do movimento originalista ao empoderar o papel político do Poder Judiciário nas guerras culturais norte-americanas. A despeito de suas promessas, em *Heller*, o originalismo teria propiciado um (ainda que conservador) "governo de juízes".

1. Contexto histórico

Desde os anos 1960, é tema constante que a sociedade estadunidense se encontra em um momento de "desagregação": repetindo-se outros momentos de sua trajetória, tem passado por diversas mudanças que, somadas, tornam inevitável a constatação de uma sociedade muito diversa do que se poderia compreender pelos Estados Unidos da América do Norte no pós-segunda guerra mundial. Não mais a "República de Roosevelt", cujas estruturas – dentre outras, as fazendas da região do Piedmont, na Carolina, as fábricas do Vale do Mahoning, os loteamentos da Flórida, e as escolas da Califórnia – despencaram como *"colunas de sal por toda a vasta paisagem visível"*[1], com a perda de utilidade de suas normas e instituições e o respectivo vácuo de líderes a assumirem seus postos. Tudo isso e outras coisas, vitais para a sustentação da vida cotidiana, foram alterados a ponto de ficar irreconhecíveis e devidamente preenchidos pela força do "dinheiro organizado", sempre presente na vida americana[2].

Esse contexto resultou em uma sociedade polarizada, clivada por valores considerados "sagrados" para seus respectivos grupos, não apenas interesses legítimos passíveis de composição e negociáveis, mas como direitos fundamentais cuja defesa confunde-se com a proteção de seu

[1] PACKER, George. **Desagregação.** Por dentro de uma nova América. Tradução de Pedro Maia Soares. São Paulo: Companhia das Letras, 2014, p. 9.

[2] PACKER. op. cit., p. 9.

"modo de vida", com sua própria sobrevivência. Nas últimas décadas do século XX, tanto liberais quanto conservadores encaravam essas divisões não tanto como questões sobre lei e ordem, mas como questões de vida ou morte[3]; enfim, uma sociedade polarizada e uma classe política em guerra total, entrincheirada em lados opostos, com posições fixadas para sempre, uma guerra cujas causas ninguém conseguia explicar e sem um final à vista (*l'enfer de Washington*)[4].

Causa e consequência dessa situação se apresentaram na emergência de um vibrante movimento conservador. Este, pressupondo que todos os setores da sociedade civil e as instituições se encontrariam sob o domínio de concepções e de grupos liberais[5] – a sociedade do *New Deal* – articulou-se política e retoricamente de tal maneira a "tomar de assalto" estes espaços. Isso se deu de tal maneira que, na primeira década do século XXI, tornaram-se mais conservadoras as próprias regras da vida americana[6] e, como instituição altamente visível e endereço importante para onde se endereçam todos os conflitos da nação[7], a própria Suprema Corte.

A tomada conservadora primeiramente do Partido Republicano – e, mais tarde, do Congresso, dos tribunais e da Casa Branca – foi resultado do uso feito por estrategistas políticos de questões que passaram a ser vistas como direitos fundamentais; demonstrar a sua fragilidade e a necessidade de sua permanente defesa é o que garantia votos[8]. E poucos direitos foram defendidos com tanta combatividade como o de portar armas.

Previsto na Segunda Emenda da *Bill Of Rights* (II Emenda – **"Uma milícia bem regulamentada, sendo necessária para a seguridade de**

[3] Lepore, Jill. **Estas Verdades**. A história da formação dos Estados Unidos. Tradução de André Czarbonai e de Antenor Savoldi Jr. São Paulo: Intrínseca, 2020, Edição Kindle, posição 13.290.

[4] Packer. op. cit., p. 35.

[5] Por "liberais" compreendam-se ideologias à esquerda no espectro político na cultura ideológica e partidária estadunidense.

[6] Toobin, Jeffrey. **Os Nove**. Por dentro do mundo secreto da Suprema Corte. Tradução de Paulo André Vieira Ramos Arantes. Cotradução de Fábio Luís Furrier. São Paulo: Saraivajur, 2018, p. 376.

[7] Baum, Lawrence. **The Supreme Court**. 13. ed. Columbus: Ohio State University, 2019, p. 2.

[8] Lepore, op. cit., posição 13.699.

um estado livre, o direito das pessoas a manter e carregar armas, não será violado"[9]) e até então alvo de pouquíssima atenção pelo tribunais nos dois séculos desde a fundação do país (com exceção, talvez, da III Emenda[10]), o porte e a regulamentação das armas nunca foram, historicamente, questões partidárias e tampouco objeto de amplo debate constitucional[11], sendo entendidos geralmente como o direito dos cidadãos de portar armas para a defesa comum. A última vez em que a Suprema Corte se pronunciara sobre o tema se deu em 1939, em que concluiu proibir a Segunda Emenda apenas a regulação de armas que tivesse *"uma relação com a preservação ou eficiência de uma bem regulada milícia"*[12].

Nesse mesmo ínterim, a Associação Nacional de Rifles (NRA), fundada em 1871, lutava por medidas estaduais e federais de segurança no uso das armas nas décadas de 1920 e 1930. Chegou a apoiar as leis de restrições e de controle de armas apresentadas e aprovadas nos anos 1960 – após os assassinatos de John F. Kennedy, Robert Kennedy e Martin Luther King Jr. – que proibiam vendas de armas por correspondência, restringiam a compra de armas por pessoas de alto risco e proibia a importação de armas de fogo de excedentes militares[13]. Em 1957, quando a NRA se mudou para nova sede, seu lema, na entrada do edifício, dizia: "Educação em Segurança para Armas de Fogo, Treinamento em Pontaria, Tiros para Recreação".

Isso começou a mudar na década de 1960 com a invocação da Segunda Emenda pelo movimento nacionalista negro como uma forma de autodefesa das comunidades afro-americanas contra a violência da segregação racial. A Segunda Emenda passou a ser reinterpretada não mais como o

[9] Constituição (1791). **2nd Amendmend.** Estados Unidos da América, 1791. "*A well regulated Militia, being necessary to the security of a free State, the right of the people to keep and bear Arms, shall not be infringed.*"

[10] Constituição (1791). **3rd Amendmend.** Estados Unidos da América, 1791. "Nenhum Soldado irá, em tempo de paz, ser aquartelado em qualquer casa, sem o consentimento de seu proprietário, e nem em tempos de guerra, ao menos que seja da forma a ser prescrita por lei"**.** (*No Soldier shall, in time of Peace be quartered in any house, without the consente os th Owner, nor in time of war, but in a manner to be prescribed by law*).

[11] Lepore, op. cit., posição 13.833.

[12] Toobin, op. cit., p. 397.

[13] Lepore, op. cit., posição 13.839.

direito de o povo formar milícias visando a defesa comum, mas a garantia do indivíduo portar armas, tornando-se a posição oficial da NRA apenas na década de 1970 e somente após uma luta empreendida pelo movimento conservador. Conforme coloca Jill Lepore[14], se a reinterpretação da Segunda Emenda nasceu à sombra do movimento *Black Power*, este novo entendimento foi encampado por um crescente movimento *White Power*.

Acrescenta a autora[15]:

> O movimento pelos direitos às armas estava bastante ligado ao sentimento anti-imigração. A NRA transformou-se de uma associação esportiva e de caça em um poderoso grupo de interesse político para fazer lobby, o Instituto de Ação Legislativa, e nomeou como chefe Harlon Bronson Carter, um atirador premiado e ex-chefe do Controle de Fronteiras dos Estados Unidos. Pouco tempo depois, a liderança da NRA, contrariando os objetivos políticos de Carter, decidiu força-lo a sair e mudar a sede da organização para Colorado Springs. Mas, na reunião anual da NRA em 1977, Carter e seus aliados fizeram uma rebelião e conseguiram derrubar a antiga liderança, reescrevendo os estatutos e, em vez de se mudar para o Colorado, manteve a NRA em Washington. Na porta de sua sede, surgiu um novo lema, isolando a cláusula da Segunda Emenda: "O direito do povo de ter e portar armas não será violado".

A Segunda Emenda tornou-se a "emenda perdida": ao passo que a NRA apoiou Ronald Reagan em 1980, a primeira vez em que a organização endossou um candidato à presidente em um século de sua história, em 1982, Orrin Hatch, de Utah, tornou-se presidente do Subcomitê de Constituição do Senado, solicitando que se fizesse uma história da Segunda Emenda. Resultou esta iniciativa na produção de um relatório, *The Right to Keep and Bear Arms* ("O direito de ter e portar armas"), concluindo que a Segunda Emenda fora mal interpretada durante quase dois séculos. Constituiria, em verdade, um direito individual do cidadão

[14] Ibid., posição 13.862.

[15] Ibid., posições 13895-13900.

americano de ter e portar armas de maneira pacífica, para proteção dele mesmo, de suas famílias e de suas liberdades.

Este novo entendimento não foi bem aceito de início pela elite política e judiciária. Não por acaso, Warren Burger, ex-presidente da Suprema Corte, em uma entrevista de 1991, expressou sua opinião de modo bastante cru ao colocar que a ideia segundo a qual a Segunda Emenda proibira o controle de armas era *"uma das maiores fraudes, repito a palavra, fraude, contra a opinião pública norte-americana, bancada pelos interesses de certos grupos"*[16].

Quiçá uma "emenda perdida" e violentamente rejeitada, mas cuja reinterpretação, encampada pela NRA – em atividade de intenso lobby junto aos setores legislativos – e pelo movimento conservador que agora comandava o Partido Republicano, era defendida como a restauração de uma interpretação antiga e perdida há tempos, sendo cada vez mais conhecida, apreendida e defendida pelo público – vista como uma garantia de liberdade em contraponto aos direitos abortivos defendidos pelos liberais – e objeto essencial para o trabalho dos "originalistas constitucionais". Tornado política oficial dos governos republicanos a partir da era Reagan por meio do Departamento de Justiça na gestão de Edwin Meese III e desenvolvido por juristas de matriz conservadora como Robert Bork, William Rehnquist e Antonin Scalia, buscava eliminar séculos de interpretação acumulada para descobrir o significado original da Constituição e as intenções originais dos fundadores. Se a esquerda encontrou direitos em "sombras e emanações", a direita os encontraria em "tinta e pergaminho"[17].

2. Aspectos importantes da decisão

Reconhecidamente uma instituição formuladora de políticas públicas nacionais, cuja atuação não é independente dos órgãos públicos ditos majoritários, delimitada pelos outros Poderes e pelo consenso político nacional[18], a Suprema Corte Americana não se mostrou imune ao

[16] Toobin, op. cit., p. 397.

[17] Lepore, op. cit., posição 13.946.

[18] Do Rego, Carlos Eduardo Reis Fortes. **Introdução ao Direito Constitucional dos Estados Unidos da América**. Rio de Janeiro: Lumen Juris, 2017, p. 170.

contexto acima delineado. No último dia do termo judiciário antes das eleições presidenciais de 2008, a Corte mostrou o alcance dos objetivos do movimento conservador em apenas três décadas, não apenas encampando a reinterpretação da Segunda Emenda como também o fez de modo a fomentar as próprias técnicas de interpretação constitucional conservadoras[19].

O Distrito de Colúmbia criminalizou a posse de pistolas por meio do *District's Firearms Control Regulation Act* de 1975, pelo qual I) foi proibido genericamente o registro de armas de fogo bem como II) o porte de armas não licenciadas ou de qualquer outra arma "mortal ou perigosa" capaz de ser ocultada, III) exigindo-se que as armas de fogo armazenadas fossem desmontadas ou travadas para evitar tiros.

Dick Heller, um morador do Distrito e guarda de segurança da Capital, já detentor de autorização para porte de armas de fogo para fins de proteção de juízes federais, ao solicitar autorização para manter armas de fogos em sua casa, teve a mesma negada. Então em 2003, Heller, representado por Alan Gura (advogado de direitos civis no Estado da Virgínia), Robert A. Levy do Instituto Cato (de natureza libertária) e por Clark M. Neilly III do Instituto para Justiça, todos eminentes grupos conservadores, juntamente com mais seis moradores do distrito, questionaram a constitucionalidade da legislação restritiva do Distrito de Colúmbia, especificamente nas três previsões legais acima referidas, instaurando-se o processo *Parker v. District of Columbia*.

Em 2007, o Tribunal de Apelações dos EUA para o Circuito do Distrito de Columbia, após determinar que apenas Dick Heller tinha legitimidade para processar (porque somente ele havia sofrido uma lesão real, materializada na negação de seu pedido de licença para possuir uma pistola), derrubou os itens I e III e limitou a aplicação do item II, acima descritos, sob o argumento de que a Segunda Emenda protege um direito individual ao porte de armas de fogo e que a proibição total sobre estas pela legislação local, determinando-se sua manutenção desmonstrada e travada em casa mesmo quando necessário para autodefesa, violaria

[19] Toobin, op. cit., p. 397.

este direito. O governo, então, entrou com pedido de *certiorari,* tendo a Suprema Corte ouvido alegações orais em 18 de março de 2008.

Tratava-se de um caso relativamente simples, adstrito à questão de saber o que significavam as palavras da Segunda Emenda. Nesse ponto, em 26 de junho de 2008, sob o placar de 5 contra 4, a Suprema Corte considerou que a legislação do Distrito de Colúmbia violava a referida norma constitucional. Os cincos *justices* considerados "conservadores" (o *chief justice* John Roberts, Antonin Scalia, Clarence Thomas, Samuel Alito e Anthony Kennedy), baseados no texto e na história da Segunda Emenda, decidiram rejeitar a visão antiga até então vigente e abraçar a visão da NRA.

Consideraram, assim, que a Segunda Emenda garantia um direito individual ao porte e uso de armas em casa para autodefesa, principalmente se for de dentro de seu domicílio, não estando conectado com o dever de serviço a milícia, tendo havido o dissenso por parte dos quatro *justices* tidos como "liberais" (John Paul Stevens, David Souter, Ruth Bader Ginsburg e Stephen Breyer). John Roberts designou a Scalia como redator da decisão da maioria, historicamente considerada sua decisão mais importante[20].

Procedendo a uma análise textual, Scalia laborou com a ideia de que a Segunda Emenda se constituía de duas partes: a primeira parte conhecida como o prólogo, o preâmbulo ou a "cláusula preliminar" (*prefatory clause*), e centrada no trecho "*uma milícia bem regulamentada, sendo necessária para a seguridade de um estado livre...*"[21]; a segunda parte conhecida como a "cláusula operativa" (*operative clause*) e centrada no trecho "*...o direito das pessoas a manter e carregar armas, não será violado*"[22].

Considerou, ainda, que a cláusula preliminar criava uma dificuldade interpretativa, basicamente a ideia de que o direito ao porte e manuseio de armas se apresentaria como coletivo e não individual, criando uma limitação de escopo não admissível para a cláusula operativa. Passou a fazer, então, um estudo específico da referida cláusula, compilando os muitos sentidos de porte e de manuseio de armas de fogo contemporâ-

[20] Ibid., p. 398.

[21] "*A well regulated Militia, being necessary to the security of a free State*".

[22] "*the right of the people to keep and bear Arms, shall not be infringed*".

neos à adoção da Segunda Emenda, dando conta de que a mesma significaria exatamente o que hoje significa: um direito individual a ter e a cuidar de armas de fogo, refutando-se a ideia de direito coletivo destinado a fins exclusivamente militares. Considerou que, em 1791, era universalmente entendido que a Segunda Emenda incorporara à Constituição Federal um direito inglês preexistente estabelecido pela *Bill of Rights* inglesa de 1689.

Scalia acrescentou que, historicamente, os antifederalistas sentiram que o governo federal desarmaria a população a fim de desabilitar cidadãos possivelmente aptos a formar uma milícia, impedindo a formação de um grupo político armado ou de uma milícia selecionada para agir; nesse ponto, a resposta constitucional foi negar ao Congresso poder para restringir o direito ancestral dos indivíduos manter e manusear armas de fogo, sendo que apenas dessa maneira o ideal de uma milícia formada por cidadãos seria preservada.

Vencido este ponto, Scalia voltou suas considerações à cláusula preliminar, argumentando que só poderia haver milícia popular com a possibilidade de o povo ter suas próprias armas. A Corte, então, considerou que o "sentido original" da cláusula preliminar se encontrava inteiramente adequado com o sentido original da cláusula operativa: *"As duas cláusulas compatibilizam-se perfeitamente: para que tenhamos uma milícia, o direito do povo a portar e manusear armas não pode ser violado"*[23]. Esta interpretação da Corte se adequaria às previsões análogas desse direito nas constituições dos Estados os quais precederam e imediatamente seguiram a Segunda Emenda, bem como ao entendimento de estudiosos, cortes e legisladores imediatamente após a ratificação e ao longo do século XIX.

Por outro lado, precedentes anteriores da Corte endossariam essas conclusões, asseverando-se que nem *United States v. Cruikshank*, 92 U.S. 542 (1876), 553, nem *Presser v. Illinois*, 116 U.S. 252 (1886), 264-265, refutam a ideia de que a Segunda Emenda protegeria um direito individual, enquanto em *United States v. Miller*, 307, U.S. 174 (1939), não se limitou o direito ao porte e manuseio de arma para fins de formação de milícia, mas

[23] Barnett, Randy E. e Blackman, Josh. **An introduction to Constitutional Law**. 100 Supreme Court Cases Everyone Should Know. New York, Wolters Kluwer, 2020, p. 314.

tão somente os tipos de armas para quem o direito se aplica no funcionamento de uma milícia, isto é, para o uso comum.

Concluiu-se que a Segunda Emenda protege um direito individual ao porte e uso de armas de fogo, que não poderia ser condicionado ao serviço de milícia, mas que não se tratava de direito ilimitado a qualquer tipo de arma de fogo, de qualquer maneira e para qualquer finalidade. A opinião da Corte não poderia ser tomada para permitir o porte e manuseio de armas por incapazes e deficientes mentais ou a sua utilização sem condições ou cuidados em "lugares sensíveis" como escolas ou prédios públicos e tampouco poderia igualmente servir como motivo para estabelecer condições e exigência no comércio de armas. Seguindo-se o precedente de *Miller* (1939), afigurar-se-ia protegido o direito ao porte e de manuseio de armas de fogo apenas daquelas de uso comum (*common use of the time*), excluindo-se as armas perigosas e de uso incomum (*dangerous and unusual weapons*), sem especificações de quais seriam essas espécies de armas de fogo[24].

O principal voto dissidente ficou a cargo do *justice* John Paul Stevens, o qual, em nome dos colegas liberais Souter e Ginsburg, afirmou que o preâmbulo claramente colocava o uso de armas dentro de uma milícia – um direito individual de portar armas desde que sob uma milícia organizada – não impedindo o governo de estabelecer controles de armas, fundamentando seus argumentos no estudo da história e do texto da Segunda Emenda, com o qual chegou a uma conclusão diferente de Scalia, não contestando que a Segunda Emenda protegeria um direito coletivo dos Estados[25].

Pelo contrário, a Segunda Emenda fora adotada para proteger o direito do povo de cada um dos vários Estados a manter uma bem regulada milícia como resposta contra o receio de que o Congresso desarmasse as milícias estaduais um exército nacional, o que poderia significar uma intolerável violação à sua soberania. Neste contexto histórico, seja pelo próprio texto da Segunda Emenda, seja pelos argumentos apresentados por seus proponentes, não haveria indicação de que os *framers* pretendessem entronizar no Texto Constitucional o direito à autodefesa garantido pela

[24] Ibid., p. 313-314

[25] Ibid., p. 316.

commom law inglesa, limitando qualquer legislação que visasse restringir o uso civil de armas de fogo.

Por outro lado, o próprio histórico institucional da Segunda Emenda não permitiria o entendimento acerca da existência de um direito individual ao porte e manuseio de armas de fogo. Em 1934, quando o Congresso emitiu o *National Firearms Act*, a primeira legislação federal sobre o tema, a Corte, ao apreciar a mesma, afirmou em *Miller* que não se poderia dizer que a Segunda Emenda garantisse o direito ao porte e ao manuseio de armas como instrumento, mas apenas para certos objetivos militares, não restando limitado o Congresso a regular o uso não militar e o porte de armas. Por outro lado, os precedentes citados *Cruikshank's* e *Presser* não levavam ao entendimento de que o direito ao porte e ao manuseio de armas se encontrasse além do contexto de uma milícia "autorizada por lei" e organizada pelos Estados e pelo Governo Federal.

Lamentou que a Corte desconsiderasse a importância da cláusula preliminar, ignorando sua falta de ambiguidade e efetiva influência sobre a cláusula operativa, ignorando a visão que se tinha sobre a mesma à época em que a Segunda Emenda foi adotada, negligenciando os efeitos, com esta reinterpretação da Segunda Emenda e anunciando um novo direito constitucional de portar e de manusear armas, de um "governo de juízes", permitindo-se a revisão judicial de um incontável número de legislações similares à do Distrito de Colúmbia.

Stephen Breyer, embora aderindo ao voto dissidente de Stevens ao considerar igualmente que a Segunda Emenda não protegeria um direito individual à autodefesa e afastado de qualquer objetivo relatado de milícia, por seu turno, apresentou um voto dissidente em separado. Nesse ponto, argumentou que a Segunda Emenda não teria estabelecido um direito absoluto e que se permitiria sempre a regulação governamental dos interesses independentes de autodefesa, de modo a proteger as pessoas de ferimentos graves e de morte, objetivos esses atendidos pela legislação distrital. Breyer, dessa forma, adotou a técnica de ponderação de interesses e questionou se, exercendo a sindicabilidade sobre a legislação distrital (que só poderia aplicar-se aos interesses protegidos pela Segunda Emenda), a ponderação legislativa seria de alguma forma censurável na espécie, no que Breyer respondeu negativamente. A despeito de uma extensa argumentação em seu voto dissidente, seus argumentos foram rejeitados pela maioria[26].

Heller não apenas representou uma guinada na interpretação da Segunda Emenda, mas também na alteração do debate constitucional estadunidense com o triunfo das ideias concernentes ao movimento hermenêutico que se convencionou denominar "originalismo". Surgido na década de 1970, sua emergência e valorização muito se deve à longa tradição democrática e de estabilidade institucional do Estados Unidos, com uma Constituição escrita que já conta com mais de duzentos anos, tendo sido submetida a poucas emendas, despertando o interesse das instituições e dos estudiosos para a necessidade de interpretação dos textos normativos, de modo a garantir segurança jurídica aos cidadãos[27].

Tal movimento caracteriza-se por uma tentativa de alguns juristas estadunidenses de estabelecer que a interpretação da Constituição do Estados Unidos deva ser efetuada a partir do significado público do texto normativo fixado na época em que foi escrito[28]. Tem por premissas a tese da fixação (*the fixation thesis*), a qual estabelece que o sentido original da constituição é fixado no momento da elaboração do texto, e a tese da contribuição (*the contribution thesis*), que se centra na ideia de que o significado original da constituição deve exercer um papel fundamental na doutrina do direito constitucional[29]. Em suma, segundo Ilan Wurman, o originalismo tem fulcro na forma mais natural de interpretar-se um texto, ou seja, o significado das palavras utilizadas na época em que foram escritas. Assevera o referido autor:

> (...) Quando o originalismo não era sequer algo? Originalismo é totalmente uma noção de senso comum. Ele possui vários sentidos, mas podemos defini-lo como a ideia de que a Constituição deveria ser interpretada como suas palavras eram originalmente entendidas pelos Constituintes que escreveram

[26] Ibid., p. 315.

[27] SILVA FILHO, Ernando Simião da. **Originalismo Norte-Americano**. Dissertação (Mestrado – Programa de Pós-Graduação em Direito) – Faculdade de Direito, Universidade de São Paulo, São Paulo, 2020, p. 14

[28] Ibid., p. 11.

[29] Ibid., pp. 12-13.

a Constituição em 1787 e pelo povo que a ratificou entre 1787 e 1789. De um modo um pouco mais amplo, é a ideia de que palavras têm um sentido público original ao tempo em que foram faladas ou escritas e apresentadas ao mundo[30].

Sua emergência surge como uma reação – e não apenas conservadora – ao ativismo judicial representado pela "Era Warren-Burger" na Suprema Corte, tendo por objetivo principal viabilizar o *judicial restraint* (autocontenção judicial), preservando a separação de poderes e a legitimidade democrática do Poder Legislativo. Afinal, conforme assevera Antonin Scalia, é "*simplesmente incompatível com a teoria democrática que leis signifiquem aquilo que deveriam significar e que juízes não eleitos decidam o que é isto*"[31]. A preocupação do originalismo é com a discricionariedade judicial.

Há divergências quanto às formas de "extrair" esse sentido público original da Constituição, constituindo as vertentes hoje mais conhecidas do movimento. São elas[32]:

A) **Originalismo da intenção original ou "intencionalismo" (*original intent*)**: busca essa corrente a "intenção original" dos membros da Convenção Constitucional de 1787 (vulgarmente conhecidos como "pais fundadores" ou *framers*); em suma, busca a *mens legislatoris*, o significado desejado pelo constituinte. Trata-se de um originalismo subjetivo, cujo principal expoente foi Robert Bork (1927-2012), tendo vigorado nas décadas de 1960 e 1970 nos Estados Unidos.

B) **Originalismo do significado público original ou "textualismo" (*original public meaning textualism ou new originalism*)**: corrente capitaneada por Antonin Scalia (1936-2016), defende que o texto

[30] Wurman, Ilan. **A debt against the living**. An introduction to originalism. Cambridge: Cambridge University Press, 2017, p. 11.

[31] Scalia, Antonin. **Uma questão de intepretação**. Os tribunais federais e o direito. Tradução de Samuel Sales Fonteles. Porto Alegre: Sérgio Antonio Fabris, 2021, p. 30.

[32] Fonteles, Samuel Sales. **Hermenêutica Constitucional**. 2. ed. revista e atualizada. Salvador: Juspodivm, 2019, p. 134.

da Constituição é o próprio limite da sua interpretação, devendo o intérprete buscar o significado do texto através de um processo de descoberta do sentido e não de atribuição ou criação do sentido[33]. Nesse ponto, mais importante que o estudo histórico do contexto legislativo da época é a análise gramatical do texto em si, conforme era entendido pelo povo à época de sua publicação[34]; e

C) **Originalismo dos métodos originais (*original methods*)**: corrente mais contemporânea no movimento e tendo Michael Rappaport e Lawrence B. Solum como expoentes, segundo a qual o intérprete deve-se valer dos mesmos métodos interpretativos contemporâneos à promulgação da Constituição, tidos como majoritários pelos juristas. Dentre algumas ressalvas muito comuns a essa corrente, podem-se destacar a constatação de que os membros da convenção constitucional de 1787 não possuíam uma técnica interpretativa específica bem como sua aplicação pode simplesmente conduzir a uma das duas correntes já acima explicada (*original intent* ou *original meaning*), a depender de qual dessas opções fosse a mais respeitável e difundida à época em que a Constituição foi promulgada, podendo, por fim, mesmo levar a resultados não originalistas, a depender do caráter progressista ou não da concepção interpretativa então dominante.

Com toda a riqueza de suas discussões, todas as vertentes originalistas acima delineadas deparam-se com o "problema de Jefferson", contido em histórica correspondência travada entre Thomas Jefferson e James Madison por ocasião do período de ratificação da Constituição e pelo qual Jefferson questionava a conveniência de que não devemos ser comandados pela "mão morta do passado", que uma Constituição não é um "documento vivo e respirável" e que não seria legítimo e tampouco digno de merecer obediência hoje[35]. Por seu turno, Madison respondeu com o argumento de que cada geração se encontra necessariamente

[33] PINHEIRO, Bruno. **Hermenêutica Constitucional**. Belo Horizonte: Editora D'Plácido, 2019, p. 74.
[34] SILVA FILHO, op. cit., p. 82.
[35] WURMAN, op. cit., p. 1.

dependente das anteriores que cultivaram sua herança; se a Terra é uma herança para aqueles que virão, o prévio trabalho empreendido pelos antecessores estabelece um débito a ser observado pelas gerações atuais, as quais usufruem de seus benefícios, devendo debitar uma obediência proporcional à vontade dos autores desse trabalho prévio[36].

De todo modo, segundo asseveram Barber e Fleming[37], seja qual for a opção por uma das vertentes do originalismo ou mesmo por uma concepção progressista, busca-se sempre interpretar e exortar a interpretar a Constituição da melhor forma que ela pode ser, servindo à fidelidade constitucional ora clamada.

Em *District of Columbia v. Heller*, o triunfo do movimento originalista mostrou-se particularmente completo: o voto majoritário emitido pelo *justice* Antonin Scalia, representando a "maioria conservadora", utilizou-se explicitamente dos métodos da vertente textualista, apresentando evidências sobre o sentido público original do texto conforme entendido pelos "cidadãos comuns" da geração dos "pais fundadores".

Conforme descreve Jeffrey Toobin[38]:

> A própria estrutura adotada por Scalia, não menos do que o resultado, ilustrou por que este caso se tornou um triunfo pessoal para o juiz. Ele começou com o que chamou de "análise textual", um exame estrito de palavras como "milícia" e "ter e portar armas" e seus significados. Não foi uma escolha vazia; tratava-se de um princípio fundamental da filosofia de Scalia – os juízes deveriam confiar no texto da Constituição, mais do que no sentido contemporâneo das palavras. Ele passou, a seguir, à sua "revisão das fontes do tempo dos constituintes" – ou seja, uma busca pelo sentido original da Emenda. Isso era uma escolha interpretativa ainda mais importante para Scalia. Ele procurou pelo "sentido que 'portar armas' tinha no século XVIII", porque, para ele, no século XXI o sentido da frase seria necessariamente o mesmo. Textualismo e originalismo – esses eram os credos de Scalia, e ele agora os rezaria em um caso extremamente importante.

[36] Ibid., p. 3.

[37] BARBER, Sotirios A. and FLEMING, James E. **Constitutional Interpretation**. The basic questions. New York: Oxford University Press, 2007, p. 98.

[38] TOOBIN, op. cit., pp. 398-399.

Por outro lado, o *justice* John Paul Stevens, emitindo o principal voto dissidente e, mais importante, representando efetivamente a minoria liberal, valeu-se igual e explicitamente de técnicas originalistas em sua vertente intencionalista, buscando seus argumentos no texto e na história da Segunda Emenda, dando conta de que não haveria indicação de que os *framers* pretendessem consagrar o direito à autodefesa da *commom law* na Constituição. Afigurar-se-ia impossível identificar e mesmo combinar as diferentes propostas e contextos que pudessem identificar a singular intenção dos "pais fundadores"[39].

Mais revelador, porém, asseverou que a decisão da Corte contrariava a ideia de autocontenção judicial (*judicial restraint*) ao promover profunda intervenção sobre políticas públicas usualmente exclusivas do Governo. Um exercício exemplar não apenas de discricionariedade judicial, mas igualmente de judicialização da política e – o que mais revelador – de ativismo judicial.

3. Repercussão da decisão

De fato, *Heller* foi um triunfo inequívoco do movimento conservador norte-americano e, mais especificamente, dos originalistas, consagrando três décadas de um paciente laboratório de ideias conservadoras, mas se apresentou forçosamente um triunfo pouco claro. Representou um exemplo explícito de forte, até mesmo violento, ativismo judicial, a ponto de invalidar escolhas claramente políticas em prol da consagração de direitos fundamentais, sob o argumento de que, segundo a leitura do *justice* Scalia – um contumaz acusador dos ativismos alheios – as armas domésticas deveriam estar disponíveis para "legítima defesa imediata"[40].

Por outro lado, várias questões foram deixadas em aberto: a Segunda Emenda protegia o direito de possuir armas nas ruas? A venda de armas estaria igualmente protegida pela Constituição? A considerar a possibilidade de regulação das armas perigosas e de uso pouco comum (*dangerous and unusual weapons*) – armas "militares" – quais seriam estas e quem estaria apto a defini-las? Nesse ponto, *District of Columbia v. Heller* garantiu uma enxurrada de novos litígios, sendo que as perguntas acima seriam

[39] BARNETT; BLACKMAN, op. cit., p. 317.
[40] TOOBIN, op. cit., p. 399.

respondidas por juízes não eleitos e não pelos eleitores e seus respectivos representantes[41].

Nesse ponto, dois anos depois em *McDonald v. City of Chicago*[42], a Suprema Corte decidiu que o direito ao porte ao porte e ao manuseio de armas de fogos, além de encontrar-se protegido pela Segunda Emenda, estaria incorporado ao devido processo legal estabelecido pela Décima--Quarta Emenda e poderia ser oposto aos Estados, no que clarificou uma das várias lacunas deixadas por *Heller* no objetivo dos direitos das armas frente aos Estados.

Ao mesmo tempo que a reinterpretação da Segunda Emenda ganhou autoridade institucional, aumentaram os clamores por uma maior regulamentação ou controle de armas, notadamente por grupos de natureza "progressista" e frente a cada vez mais frequentes notícias de "massacres" por conta do uso de indiscriminado de armas de fogo do direito. Repetindo-se ano a ano tais incidentes trágicos e os clamores por seu fim, restam prontamente rejeitados e abafados por ruidosos grupos conservadores ciosos de seus direitos[43].

Em suma, ao "institucionalizar" uma bandeira do movimento conservador norte-americano, *Heller* apresentou-se como mais um tijolo na crescente polarização da sociedade estadunidense.

Exemplo inequívoco não apenas de judicialização da política, judicialização da megapolítica ou da "política pura", aqui entendida como a transferência para o âmbito judicial da deliberação de questões do âmbito político, ou seja, o Poder Judiciário passa a discutir questões antes consideradas exclusiva ou precipuamente da competência de gestores e de legisladores, incluindo importantes debates sobre a legitimidade de regimes e identidades coletivas que definem (e muitas vezes dividem)

[41] Ibid., p. 399.

[42] **McDonald v. Chicago**, 561 U.S. 742 (2010).

[43] BBC News Brasil. **Por que massacres no Texas e em Ohio podem levar EUA a revisar leis de armas**. BBC News Brasil, 4 ag. 2019. Disponível *in*: https://www.bbc.com/portuguese/internacional-49230658. Acesso em 16 de maio de 2021.

comunidades inteiras[44], mas igualmente de modo exemplar de ativismo judicial em seu aspecto substantivo.

O ativismo judicial é uma decorrência da judicialização, associando-se a uma participação mais ampla e intensa do Poder Judiciário na concretização de fins e de valores constitucionais, com maior interferência no espaço de atuação dos demais poderes estatais. Conforme coloca Elival da Silva Ramos[45] em um tom mais crítico:

> Ao se fazer menção ao ativismo judicial, o que se está a referir é a ultrapassagem das linhas demarcatórias da função jurisdicional, em detrimento principalmente da função legislativa, mas, também, da função administrativa e, até mesmo, da função de governo. Não se trata do exercício desabrido da legiferação (ou de outra função não jurisdicional), que, aliás, em circunstâncias bem delimitadas, pode vir a ser deferido pela própria Constituição aos órgãos superiores do aparelho judiciário, e sim da descaracterização da função típica do Judiciário, com Poder incursão insidiosa sobre o núcleo essencial de funções constitucionalmente atribuídas a outros Poderes.

Essencialmente, ativismo judicial denota exercício de juízo de discricionariedade, fundamentando-se no espaço de liberdade concedido previamente pelo legislador, seja mediante leis pouco claras ou conscientemente genéricas, significando efetivamente a transferência autorizada ou não obstada legislativamente ao Poder Judiciário da deliberação sobre questões que, por qualquer motivo, não estavam até então dentro de sua atribuição, capacidade ou competência, ou, ainda que eram consideradas de atribuição, capacidade ou competência de outras esferas[46].

O ativismo judicial pode realizar-se de maneira procedimental, colocando-se ao Poder Judiciário, simplesmente, a tutela da regularidade dos

[44] HIRSCHL, Ran. O novo constitucionalismo e a judicialização da política pura no mundo. **Revista de Direito Administrativo**, Rio de Janeiro, v. 251, pp. 139-178, mai. 2009. Traduzido por Diego Werneck Arguelhes e Pedro Jimenez Cantisano, p. 141.

[45] RAMOS, Elival da Silva. **Ativismo Judicial**. Parâmetro Dogmáticos. São Paulo: Saraiva, 2015, p. 119.

[46] VIARO, Felipe Albertini Nano. **Judicialização**. Análise Doutrinária e Verificação no Cenário Brasileiro. São Paulo: Quartier Latin, 2018, p. 107.

procedimentos legislativos que conduzem ao aperfeiçoamento e à criação do texto legal[47]. Por outro lado, pode realizar-se de maneira substantiva, isto é, atribui-se ao Poder Judiciário a competência de, em dadas situações, substituir juízos políticos e morais do legislador e do gestor público por respostas consideradas mais justas, desejáveis ou eficientes pelo julgador[48].

Não por acaso, o ativismo judicial substantivo vem a ser o centro de discussões e de críticas pelos agentes políticos e sociais que se sente desagradados por sua dinâmica. Em sociedades permeadas por tensão e com a classe política fragmentada e sem capacidade de impor freios ao Poder Judiciário, o ativismo judicial substantivo provoca fortes sentimentos de críticas e de elogios ao sabor dos desejos e ímpetos dos grupos político-sociais atingidos. Ao exercer juízos político-morais, o julgador se move como agente político de fato, comporta-se como parte do jogo político e sob essa imagem é visto e percebido pela sociedade.

Em não tendo o devido suporte institucional ou a prévia autorização legislativa para tanto e outorgando-se o poder de deliberar sobre os destinos da comunidade sob a suposição de que seus juízos moralmente corretos se afigurariam superiores às decisões apenas razoáveis de legisladores e gestores públicos, os juízes não cumprem o dever de prevenção ou correção final de lesão e de ameaça a direitos e tampouco cumprem uma natural função contramajoritária frente aos cambiantes sentimentos populares; inserem-se simplesmente, na dinâmica do jogo político como mais um agente a defender seus interesses e sob esse papel serão vistos. Tratar-se-ia agora de um "governo de juízes", cujo papel de combate ao movimento originalista se arvorou, sendo que *District of Columbia v. Heller*, nada mais, nada menos que deveras ativista ao abarcar uma histórica bandeira conservadora, ao contrário, apresentar-se-ia como um indesejável contraexemplo.

Não à toa, Mauro Cappelletti já advertia[49]:

[47] Torrano, Bruno. **Democracia e Respeito à Lei.** Entre positivismo jurídico, pós-positivismo e pragmatismo. Belo Horizonte: Fórum, 2019, p. 304.

[48] Ibid., p. 305.

[49] Cappelletti, Mauro. **Juízes Legisladores?** Tradução de Carlos Alberto Álvaro de Oliveira. Porto Alegre: Sergio Antônio Fabris Editor, 1999, p. 74.

O bom juiz bem pode ser criativo, dinâmico e ativista e como tal manifestar-se; no entanto, apenas o juiz ruim agiria com as formas e as modalidades do legislador, pois, a meu entender, se assim agisse deixaria simplesmente de ser juiz.

As considerações acima são perfeitamente aplicáveis a *Heller*, o qual, se pode ter tido sucesso em conferir autoridade a uma demanda historicamente conservadora, não fez muito mais que isso, apenas colocando-se no cotidiano bruto da cada vez mais dividida sociedade estadunidense, com qualquer menção ou proposta de limitações do direito ao porte e manuseio de armas de fogo sendo violentamente repudiada.

Conclusões

A reinterpretação conferida à Segunda Emenda da *Bill of Rights* foi alçada à condição de bandeira do movimento conservador estadunidense, de direito mesmo inafastável de seu modo de vida, sendo defendida com fervor e violência tais que se apresentou simplesmente inevitável que todas as regras e instituições da vida norte-americana fossem afetadas por sua visão, não causando espécie que o mesmo ocorresse com a Suprema Corte.

Nesse ponto, *District of Columbia v. Heller* representou um triunfo particularmente exemplar do movimento conservador: não apenas significou a tutela e "institucionalização" de uma bandeira cultural cara aos conservadores, mas da mesma forma apresentou-se como uma vitória jurídica sem precedentes por conta do generalizado recurso a técnicas do movimento conservador originalista mesmo por parte dos *justices* supostamente alinhados a linhas progressistas.

Seja mediante a análise textual da Segunda Emenda, de modo a extrair-lhe o sentido público original, seja mediante o estudo de sua história legislativa e a pesquisa documental para fins de identificação das intenções dos *framers*, a abordagem originalista de fato imperou, sintoma do quanto hoje condiciona e delimita o debate constitucional estadunidense contemporâneo. Se os vivos não podem ser comandados pelos mortos (conforme o defendia Thomas Jefferson), é inequívoco que as laboriosas construções das gerações passadas não podem e não devem ser desconhecidas ou desconsideradas pelas gerações hodiernas (conforme defendeu James Madison). O passado delimita, limita e estabelece as bases para o futuro.

Inegável, de igual maneira, considerar que *Heller* representou uma exemplar situação de ativismo judicial realizado pela Suprema Corte. Difícil questionar a constatação de que a Corte explicitamente observou as guerras culturais norte-americanas e, inadvertidamente, encampou não apenas uma reinterpretação da Segunda Emenda que lhe renovaram, de certa maneira, o vigor e a autoridade, tomou um dos lados em uma sociedade clivada ao conferir a devida validade e eficácia a uma compreensão de direito individual deveras relevante ao movimento conservador estadunidense.

Trata-se de exemplo claro de ativismo judicial conservador de cunho substancial, em que a Suprema Corte, exercendo seus próprios juízos de natureza discricionária, políticos e morais, invalidou evidentes escolhas políticas materializadas na legislação do Distrito de Colúmbia em prol da efetivação de direitos fundamentais. Arvorou-se como intérprete dos anseios da sociedade e, sob esse papel, propôs-se não apenas a delimitar os novos contornos da Segunda Emenda em suas próprias obscuridades, mas igualmente como membro do jogo político, substituindo-se a legisladores e ao poder executivo na função de promover o direito fundamental a partir dela identificado. Uma discricionariedade judicial por vezes ilimitada e extraordinária, que pouco ou nada se compatibiliza com os próprios objetivos postos pelo movimento originalista.

Forjado a combater a discricionariedade judicial de uma era repudiada por ser progressista, o originalismo docilmente serviu de base para o alcance de resultados à margem de suas propostas; nada mais, nada menos que um ativismo judicial originalista.

Mas até isso não é por acaso. Em seus momentos de triunfo, os vencedores, não raro, ignoram suas próprias contradições e arriscam-se inadvertidamente a mostrar suas fraquezas. *District of Columbia v. Heller* pode ter oferecido ao movimento conservador norte-americano sua húbris com a efetivação de suas bandeiras; quiçá não o tenha confrontado igualmente com sua nêmesis ao conseguir isso apenas por meio do tão repudiado "governo dos juízes".

Referências

ALFAIA, Fábio Lopes. **Reserva do Possível e Discricionariedade Jurídica.** Curitiba: Juruá, 2020.

BARBER, Sotirios A. and FLEMING, James E. ***Constitutional Interpretation***. *The basic questions*. New York: Oxford University Press, 2007.

BARNETT, Randy E. e BLACKMAN, Josh. ***An introduction to Constitutional Law***. *100 Supreme Court Cases Everyone Should Know*. New York, Wolters Kluwer, 2020.

BAUM, Lawrence. ***The Supreme Court***. 13. ed. Ohio State University, 2019.

BBC News Brasil. **Por que massacres no Texas e em Ohio podem levar EUA a revisar leis de armas**. BBC News Brasil, 4 ag. 2019. Disponível *in*: https://www.bbc.com/portuguese/internacional-49230658. Acesso em 16 de maio de 2021.

CAPPELLETTI, Mauro. **Juízes Legisladores?** Tradução de Carlos Alberto Álvaro de Oliveira. Porto Alegre: Sergio Antônio Fabris Editor, 1999.

DO REGO, Carlos Eduardo Reis Fortes. **Introdução ao Direito Constitucional dos Estados Unidos da América.** Rio de Janeiro: Lumen Juris, 2017.

ESTADOS UNIDOS DA AMÉRICA. Supreme Court of the United States. **District of Columbia v. Heller**, 554 U.S. 570 (2008), Washington D.C, 26 de junho de 2008.

ESTADOS UNIDOS DA AMÉRICA. Supreme Court of the United States. **McDonald v. Chicago**, 561 U.S. 742 (2010), Washington D.C, 28 de junho de 2010.

FINE, Toni. M. **Introdução ao Sistema Jurídico Anglo-Americano**. São Paulo: Wmf Martins Fontes, 2011.

FONTELES, Samuel Sales. **Hermenêutica Constitucional**. 2. ed. revista e atualizada. Salvador: Editora Juspodivm, 2019.

HIRSCHL, Ran. O novo constitucionalismo e a judicialização da política pura no mundo. **Revista de Direito Administrativo**, Rio de Janeiro, v. 251, pp. 139-178, mai. 2009. Traduzido por Diego Werneck Arguelhes e Pedro Jimenez Cantisano.

LEPORE, Jill. **Estas Verdades**. A história da formação dos Estados Unidos. Tradução de André Czarbonai e de Antenor Savoldi Jr. São Paulo: Intrínseca, 2020.

PACKER, George. **Desagregação.** Por dentro de uma nova América. Tradução de Pedro Maia Soares. São Paulo: Companhia das Letras, 2014.

PINHEIRO, Bruno. **Hermenêutica Constitucional**. Belo Horizonte: Editora D'Plácido, 2019.

RAMOS, Elival da Silva. **Ativismo Judicial**. Parâmetro Dogmáticos. São Paulo: Saraiva, 2015.

REHNQUIST, William H. ***The Supreme Court***. Revised and Updated. New Yor: Random House, 2001.

RIBEIRO, Thiago Horta Maciel. **Constituição americana, *Bill of Rights* e as outras emendas – versão bilíngue e comentada**. Rio de Janeiro, 2019.

SCALIA, Antonin. **Uma questão de intepretação**. Os tribunais federais e o direito. Tradução de Samuel Sales Fonteles. Porto Alegre: Sérgio Antonio Fabris, 2021.

SILVA FILHO, Ernando Simião da. **Originalismo Norte-Americano**. Dissertação (Mestrado – Programa de Pós-Graduação em Direito) – Faculdade de Direito, Universidade de São Paulo, São Paulo, 2020, p. 14

SOUTO, João Carlos. **Suprema Corte do Estados Unidos**. Principais decisões. 3. ed. revista, atualizada e ampliada. São Paulo: Gen Atlas, 2019.

TOOBIN, Jeffrey. **Os Nove**. Por dentro do mundo secreto da Suprema Corte. Tradução de Paulo André Vieira Ramos Arantes. Cotradução de Fábio Luís Furrier. São Paulo: Saraivajur, 2018.

TORRANO, Bruno. **Democracia e Respeito à Lei**. Entre positivismo jurídico, pós-positivismo e pragmatismo. Belo Horizonte: Fórum, 2019.

VIARO, Felipe Albertini Nano. **Judicialização**. Análise Doutrinária e Verificação no Cenário Brasileiro. São Paulo: Quartier Latin, 2018.

WOODWARD, Bob e ARMSTRONG, Scott. **Por detrás da Suprema Corte**. Tradução de Torrieri Guimarães. Revisão técnica de Renato Guimarães Jr. São Paulo: Saraiva, 1985.

WURMAN, Ilan. ***A debt against the living***. *An introduction to originalism*. Cambridge: Cambridge University Press, 2017.

43.

CITIZENS UNITED V. FEDERAL ELECTION COMMISSION, 2010

LIBERDADE DE EXPRESSÃO, CORPORAÇÕES E FINANCIAMENTO ELEITORAL EM DEBATE

BRUNO SANTOS CUNHA

Introdução

Desde o ano de 2010, é possível afirmar, com convicção, que a população americana de todos os níveis sociais e econômicos é bombardeada com uma "expressão" em noticiários, jornais, televisão e internet. Da grande mídia aberta aos canais fechados, dos analistas políticos em âmbito nacional aos blogueiros regionais, das redes sociais ao *The New York Times*, todos, sem exceção, opinam e comentam sobre os impactos de *Citizens United* no cenário político, jurídico e econômico do país. Como não poderia ser diferente, os círculos jurídicos mais diversos se agitam ao ouvir a "expressão" *Citizens United*: seja em uma sabatina de um novo *Justice* para a Suprema Corte ou em uma aula para calouros em uma Faculdade de Direito. Mas, afinal, o que é *Citizens United*?

O presente artigo pretende apresentar, em minúcias, o longo transcurso histórico, político e jurídico que levou à consagração de *Citizens United v. Federal Election Commission (2010)*[1] como um dos mais polêmicos e controversos casos julgados pela Suprema Corte dos EUA em seus mais

[1] **Citizens United v. Federal Election Commission**, 558 U.S. 310 (2010).

de 230 anos de história.[2] Antes, no entanto, é preciso falar – e muito – sobre as origens da nação e da liberdade de expressão política nos Estados Unidos da América.

A trajetória inicia, portanto, com o debate acerca da centralidade constitucional do *political speech*. Avança com as iniciativas de restrição e regulamentação de sua expressão e, por fim, sua conjugação com o financiamento eleitoral. Por fim – e adentrando nas especificidades de *Citizens United* –, a conjugação da liberdade de expressão com o financiamento eleitoral é tratada à luz da ideia de proteção constitucional do direito de expressão política das corporações.

1. Contexto histórico

O senso comum trazido em grande parte das análises acerca da Revolução Americana – e da formação dos Estados Unidos da América – aponta no sentido de uma vinculação aos ideais de governo limitado e de liberdades negativas (em uma perspectiva de direitos de primeira geração ou dimensão). No entanto, interessa notar que a construção da nação mais poderosa de nossos tempos adveio não apenas da ideia de limitação de poder, mas, sobremaneira, da própria preocupação dos *Founding Fathers* em estabelecer novas estruturas de poder com novos significados.[3] Assim, a era revolucionária trouxe, também, os caracteres de liberdades positivas sob a forma dos grandes institutos e estruturas que demarcaram a nação então nascente: o federalismo, a separação de poderes, o bicameralismo, a democracia representativa, o republicanismo, entre outros.

Ao extirparem a monarquia e adotarem governos republicanos, os colonos haviam feito mais do que eliminar um rei e instituir um sistema eletivo de governo. A ideia de republicanismo, no ponto, dava um significado moral, quiçá utópico, à revolução, já que os colonos estavam perfeitamente cientes de que, ao se tornarem membros de treze repúblicas, empreenderiam um experimento ousado e revolucionário de autogover-

[2] É possível afirmar, por exemplo, que *Citizens United v. FEC (2010)* é a decisão que mais impacto gerou na sociedade americana desde a decisão de *Roe v. Wade (1973)*. Alguns exemplos de tais impactos serão debatidos adiante.

[3] Arendt, Hannah. ***On Revolution***. Londres: Penguin Books, 2006, p. 139.

no.[4] Nesse contexto, ganhava relevo a ideia de liberdade de expressão como fundamento para a ampliação da discussão política na nação que se pretendia construir. Falar e se expressar, a favor ou contra decisões governamentais, era um dos tijolos para a construção da nação.

O patamar de liberdade de expressão havido nas colônias britânicas, até meados do século XVIII, pode ser extraído dos casos que chegavam às cortes de justiça coloniais. A partir de estudo de *Larry Eldridge*[5] acerca dos registros judiciários sobre a matéria, o que se vê, em resumo, é que as três grandes hipóteses de processamento em função de discursos sediciosos (*seditious speech*) estavam ligadas, respectivamente, a casos de: 1) *scandalum magnatum*[6]; 2) críticas ao governo; 3) notícias falsas. Na vasta maioria de tais casos, as menções críticas ao governo ou aos governantes eram incisivamente combatidas pelo Estado, resultando, também na maior parte das vezes, em condenações daqueles que ousavam se expressar. Ainda que a partir dos anos 1700 as Cortes coloniais passassem a aceitar um maior teor crítico nas chamadas expressões "honestas" dos colonos, somente em um futuro próximo, sobretudo a partir do caso de John Peter Zenger em 1735[7], é que a ideia de exceção da verdade e de maior

[4] Wood, Gordon S. ***Empire of Liberty***: *a history of the early republic*, 1789-1815. Nova Iorque: Oxford Universty Press, 2009, p. 7.

[5] Eldridge, Larry D. *Before Zenger: Truth and Seditious Speech in Colonial America*, 1607-1700. **The American Journal of Legal History**, v. 39, n. 3, p. 337-358, jul. 1995, p. 338.

[6] De acordo com o *Black's Law Dictionary*, o *scandalum magnatum* pode ser visto como uma espécie de calúnia ou difamação em face de uma pessoa poderosa ou funcionário estatal de alto escalão. Eis o que disposto no famoso dicionário jurídico acerca do tema: *Words spoken in derogation of a peer or judge, or other great officer of the realm, are usually called scandalum magnatum; and though they be such as would not be actionable when spoken of a private person, yet when applied to persons of high rank and dignity, they constitute a more heinous injury, which is redressed by an action on the case founded on many ancient statutes, as well as on behalf of the crown, to inflict the punishment of imprisonment of the slanderer, as on the behalf of the party to recover damages for the injury sustained.* In: Garner, Bryan A (Ed.). ***Black's Law Dictionary***. 11. ed. St. Paul: Thomson Reuters, 2019, p. 1612.

[7] *John Peter Zenger* foi um jornalista e impressor de origem alemã radicado em Nova Iorque. No ano de 1734, *Zenger* foi acusado de difamação (*libel*) pelo então Governador Colonial *William Cosby* em virtude de ter publicado, em seu *The New York Weekly Journal*, artigos com críticas contundentes ao Governador. Após meses na prisão, o julgamento de *Zenger* mobilizou a cidade e os círculos de poder em Nova Iorque. A defesa de *Zenger*, a cargo dos

liberdade de expressão começaria a tomar corpo nas discussões políticas havidas nas colônias.[8]

De toda sorte, o que demarca o período colonial – e o alvorecer do período revolucionário nas Treze Colônias – é a prática de restrição à liberdade de expressão dos cidadãos (sobretudo no ambiente político ou *political speech*). De fato, o celebrado *English Bill of Rights* de 1689 já dispunha acerca da imunidade nos discursos legislativos, enquanto legítima e autêntica espécie de *political speech* a ser protegido, ao dispor que "a liberdade de expressão e os debates ou procedimentos no Parlamento não devem ser impedidos ou questionados em qualquer Tribunal ou local fora do Parlamento".[9] Assim, ao passo que os Membros do Parlamento gozavam de alguma liberdade de expressão (ainda que restrita aos debates legislativos), os cidadãos viviam sob o controle estatal de suas palavras e sentimentos. Nessa quadra, a tradição britânica até então existente – e que se aplicava às Colônias – indicava, ainda que timidamente, um caminho possível de desenvolvimento crescente da liberdade de expressão: do ambiente exclusivamente parlamentar para abarcar os cidadãos em geral.[10]

É nesse contexto de limitada expressão, pois, que se travam os debates da Independência dos EUA, com um nítido recrudescimento do controle e repressão ao *political speech*. Mais tarde, já com a Independência – e fora

advogados *Andrew Hamilton* e *William Smith*, obteve sucesso ao estabelecer, pela primeira vez, que a expressão, ainda que difamatória, não seria punível caso fosse verdadeira (em uma espécie de exceção da verdade). Ainda que *Zenger* tenha sido considerado inocente em 1735, somente no início do século XIX é que se consolidou a ideia da exceção da verdade como defesa à expressão. Para uma análise aprofundada do caso, veja-se: Brookhiser, Richard. ***Give Me Liberty**: a history of America's exceptional idea.* Nova Iorque: Basic Books, 2019, p. 49-67.

[8] Eldridge, op. cit., p. 357-358.

[9] No documento original: *That the freedom of speech and debates or proceedings in Parliament ought not to be impeached or questioned in any court or place out of Parliament.*

[10] Amar, op. cit., p. 24. Nesse ponto, interessa notar que, das Treze Colônias originais, apenas a Pensilvânia tinha, em sua Constituição de 1776, a extensão da liberdade de expressão para além do Legislativo. Tal liberdade, no entanto, estava intimamente ligada ao fato de que o sistema legislativo unicameral da Pensilvânia adotava como pressuposto fundamental a ideia de que os próprios cidadãos representariam a Câmara baixa do Legislativo e, diante disso, mereceriam gozar de maior amplitude de proteção da expressão.

do jugo britânico direto – a temática da liberdade de expressão é retomada com grande foco durante a Convenção Constitucional de 1787 e, sobremaneira, nos debates de ratificação da Constituição pelas Colônias, ocasião na qual o ponto central de discussão residia na necessidade ou não de se estabelecer, no corpo da Constituição, uma verdadeira declaração de direitos (*Bill of Rights*) que abarcasse alguma proteção à expressão. Tinha-se instaurado, assim, o famoso embate entre Federalistas e Antifederalistas, a representar, os primeiros, aqueles favoráveis à ratificação da Constituição sem qualquer inclusão de declaração de direitos e, os segundos, aqueles que defendiam a necessidade da expressa declaração de direitos a fim de proteger as conquistas da Independência em face de um novo governo federal que se propunha.

Ainda que possa ser dito que os Federalistas tiveram sucesso na batalha da ratificação da Constituição – na medida em que aprovada pelas então Colônias à mingua de uma expressa declaração de direitos –, é também verdadeira a afirmação de que os então perdedores (os antifederalistas) obtiveram, em retrospectiva, praticamente tudo que almejavam, sobretudo quando, em 15 de dezembro de 1791, as dez primeiras emendas à Constituição dos EUA foram ratificadas.[11]

No que diz respeito à liberdade de expressão, a Primeira Emenda à Constituição trazia para o plano da União os anseios antifederalistas decorrentes de uma possível hipertrofia do governo federal em face dos cidadãos. No ponto, a redação da referida emenda indicava que o Congresso não aprovaria qualquer lei restringindo a liberdade de expressão ou de imprensa.[12] Na linha de Akhil Reed Amar a respeito da temática

[11] MAIER, Pauline. ***Ratification:*** *the people debate the Constitution*, 1787-1788. Nova Iorque: Simon and Schuster, 2010, p. 464.

[12] No original: *Congress shall make no law respecting an establishment of religion, or prohibiting the free exercise thereof; or abridging the freedom of speech, or of the press; or the right of the people peaceably to assemble, and to petition the Government for a redress of grievances.* Interessante notar que a estrutura de redação da Primeira Emenda deixa claro um escalonamento e sequenciamento de ações relativas aos direitos individuais dos cidadãos. Assim, sua análise textual denota uma ordem sequencial lógica de situações protegidas. Em primeiro plano, a ideia de liberdade de pensamento e de religião em termos individuais e internos; ato contínuo, a liberdade de expressar (*speech*) e propagar suas ideias (*press*); adiante, a liberdade de associação e reunião a fim de debater as ideias expressadas e propagadas;

aqui debatida, a Primeira Emenda trazia a ideia britânica de liberdade de expressão nos debates parlamentares e a ampliava a fim de abarcar todos os cidadãos. É que, na nova nação, o povo (e não o Parlamento) seria visto como o titular último da soberania.[13]

Como bem sintetizado pela Suprema Corte dos EUA exatos duzentos anos depois de sua proposição formal, se existe um princípio fundamental subjacente à Primeira Emenda é o de que o governo não pode proibir a expressão de uma ideia simplesmente porque a sociedade a considera ofensiva ou desagradável.[14] A cláusula de liberdade de expressão constante da Primeira Emenda, nesse ponto, restou redigida de forma a incluir em tal liberdade muito mais do que meras palavras. A bem da verdade, a redação aberta viria a incluir, com o tempo, diversas formas de expressão, escrita e não escrita, e até mesmo as chamadas condutas expressivas ou simbólicas, a exemplo de queimar uma bandeira dos EUA[15], marchar em um protesto nazista[16], usar uma braçadeira preta em uma escola como sinal de protesto contra a Guerra[17] ou, por fim, aplicar dinheiro em uma campanha eleitoral (e aqui, conforme será visto, à luz da inviável restrição à liberdade de expressão enquanto *political speech*).

De qualquer forma, ainda que não haja dúvidas de que os *Founding Fathers* não anteviram todo o escopo de aplicações possíveis para a liberdade de expressão – ou mesmo os desenvolvimentos tecnológicos que forneceriam novas formas e meios de comunicação e expressão –, as palavras usadas na redação da Primeira Emenda certamente abrangem diversos novos horizontes de expressão de ideias.[18] Tanto é assim que, de forma originária, as linhas de Oliver Wendell Holmes Jr. em sua opi-

ao final, a liberdade de petição ao governo a respeito das ideias debatidas sem medo ou risco de represálias.

[13] AMAR, op. cit., p. 25.

[14] **Texas v. Johnson**, 491 U.S. 414 (1989). No original: *If there is a bedrock principle underlying the First Amendment, it is that the government may not prohibit the expression of an idea simply because society finds the idea itself offensive or disagreeable.*

[15] 491 U.S. 397 (1989).

[16] **National Socialist Party of America v. Village of Skokie**, 432 U.S. 43 (1977).

[17] **Tinker v. Des Moines Independent Community School District**, 393 U.S. 503 (1969).

[18] PAULSEN, Michal Stokes; PAULSEN, Luke. ***The Constitution:*** *an introduction*. Nova Iorque: Basic Books, 2015, p. 103.

nião dissidente em *Abrams v. United States* (1919) bem sintetizam o fato de que a Primeira Emenda guarda seu fundamento na premissa de que o melhor teste para a verdade é a competição no mercado de ideias, sendo essa a teoria de liberdade de expressão abraçada pela Constituição.[19] No mesmo sentido – e concorrendo no desenvolvimento da centralidade constitucional da ideia de liberdade de expressão –, a manifestação de Louis Brandeis, em *Whitney v. California* (1927), ao indicar que, nas questões relativas ao embate de ideias e à eventual limitação ou regulação da expressão, o remédio a ser aplicado, como regra, haveria de ser mais discurso, e não o silêncio forçado.[20]

Já em seu nascedouro, assim, a Primeira Emenda fora associada, de forma direta, à viabilização e à proteção da discussão popular entre os cidadãos sobre as questões políticas da nação.[21] Chegava-se, pois, à definição de centralidade constitucional do *political speech* como fundamento da proteção à liberdade de expressão.

De fato, toda a trajetória inicial do *political speech* nos Estados Unidos da América restou fundada na ideia de sepultar indevidas incursões estatais na expressão dos cidadãos, o que levava, longe de dúvidas, a uma grande amplitude de debates na seara eleitoral. Aliada a essa grande amplitude de debates estava a total ausência de regulamentação, até início do século XX, acerca dos limites de financiamento eleitoral em nível federal e em

[19] **Abrams v. United States**, 250 U.S. 630 (1919). Eis a íntegra do trecho original da opinião: *But when men have realized that time has upset many fighting faiths, they may come to believe even more than they believe the very foundations of their own conduct that the ultimate good desired is better reached by free trade in ideas-that the best test of truth is the power of the thought to get itself accepted in the competition of the market, and that truth is the only ground upon which their wishes safely can be carried out. That at any rate is the theory of our Constitution. It is an experiment, as all life is an experiment.*

[20] **Whitney v. California**, 274 U.S. 377 (1927). No original: *If there be time to expose through discussion the falsehood and fallacies, to avert the evil by the processes of education, the remedy to be applied is more speech, not enforced silence. Only an emergency can justify repression. Such must be the rule if authority is to be reconciled with freedom.4 Such, in my opinion, is the command of the Constitution. It is therefore always open to Americans to challenge a law abridging free speech and assembly by showing that there was no emergency justifying it.*

[21] Nesse sentido: Chafee Jr., Zechariah. *Free Speech: And Its Relation to Self-Government by Alexander Meiklejohn*. Book Review. **Harvard Law Review,** v. 62, n. 2, p. 891-901, 1949, p. 896-897.

grande parte dos Estados. A ampla liberdade de expressão política, conjugada à completa ausência de limitações no financiamento eleitoral, veio à tona em 1905, logo após a campanha eleitoral presidencial do ano anterior, com a divulgação de que o presidente Theodore Roosevelt havia recebido secretamente vultosa quantia de diversas companhias seguradoras em sua campanha à presidência.[22]

Diante disso, a primeira iniciativa de regulamentação federal de financiamento eleitoral foi dada a partir do *Tillman Act of 1907*. Em breve síntese, a legislação aprovada acabava por banir todas as contribuições diretas (doações) feitas por corporações e bancos para candidatos a cargos federais. Interessante notar, no ponto, que a legislação foi defendida e sancionada pelo próprio presidente *Roosevelt*, a partir do qual a polêmica do financiamento eleitoral por corporações fora inflamada no debate público.[23]

Em concreto, no entanto, o impacto do *Tillman Act of 1907* não foi o esperado. É que, ainda que a legislação trouxesse previsão de penalização aos eventuais infratores, sua aplicação prática era virtualmente impossível, sobretudo em razão da ausência de um órgão, agente ou entidade cuja atribuição fosse a fiscalização das determinações legais proibitivas. Como bem resume Donald J. Smythe, o *Tillman Act* mais latia do que mordia,

[22] Como decorrência – e expressando a inequívoca percepção negativa da opinião pública sobre o tema –, o jornal *The New York Times* defendeu o que segue em editorial publicado em 17 de setembro de 1905 sob o título *The Campaign Fund Scandal*. Vejamos: *Considered from the point of view of public morality and public interest, the gift of this great sum for use in a political campaign was an act so manifestly immoral and censurable that an attempt to justify it or palliate it would quickly exhaust the resources of sophistry. And this condemnation applies with just as much force to the contributions made in 1896 and 1900. It is, of course, no part of the business of life insurance companies to take a hand in politics or to attempt by any means whatever to sway the decision of the electorate.*

[23] Em mensagem ao Congresso logo após a divulgação de que recebera valores de companhias de seguros, *Theodore Roosevelt* declarou oficialmente o que segue: *All contributions by corporations to any political committee or for any political purpose should be forbidden by law; directors should not be permitted to use stockholders' money for such purposes; and, moreover, a prohibition of this kind would be, as far as it went, an effective method of stopping the evils aimed at in corrupt practices acts. December 5, 1905: Fifth Annual Message – President Theodore Roosevelt*. Disponível em: https://millercenter.org/the-presidency/presidential-speeches/december-5-1905-fifth-annual-message. Acesso em 27.4.2021.

não impedindo, na prática, a destinação de valores pelas corporações a seus candidatos.[24] Assim, ainda que a legislação tenha representado uma importante resposta formal às pressões públicas por regulação do financiamento eleitoral, seus objetivos não foram minimamente alcançados.

Adiante, o afã regulatório foi complementado pelo *Publicity of Political Contributions Act of 1910* (também chamado de *Federal Corrupt Practices Act* ou *Publicity Act*), sancionado pelo presidente William Howard Taft. Em linhas gerais, a legislação estabeleceu limites de gastos em campanhas pelos partidos políticos e, acima de tudo, tratou de questões relativas à transparência, informação e publicidade (*disclosure*) nos gastos realizados por tais entidades (e não pelos candidatos em si). Em específico, o que se propunha era um aumento do controle e fiscalização nas regras de financiamento eleitoral, o que acabou não ocorrendo pelos mesmos motivos que já maculavam o *Tillman Act of 1907*.

Nos anos seguintes, o *Publicity Act* foi alvo de uma série de emendas que buscavam ampliar as regras de transparência dos partidos aos candidatos e, bem assim, delimitar o quantitativo de dinheiro que os candidatos poderiam utilizar em suas campanhas. Como regra geral – e nos valores da época da emenda (1911) –, os candidatos ao Senado tinham limite de gastos de 10 mil dólares, ao passo que os candidatos à Câmara tinham limite de 5 mil dólares. Além disso, as emendas impunham que as regras e limitações de financiamento seriam aplicáveis às primárias dos partidos.

No entanto, a Suprema Corte dos EUA, em *Newberry v. United States* (1921), entendeu que a extensão das novas regras às primárias dos partidos por ato do Congresso violava a Constituição, sobretudo na medida em que a Constituição não atribuía autoridade ao Congresso para regular

[24] Eis a clara expressão do autor: *The Tillman Act, however, had more bark than bite. While it prohibited corporations from making direct campaign contributions in national elections, it did not prohibit or limit the officers of corporations from making direct campaign contributions. Nor did it establish any agency or other body to oversee campaign contributions or investigate alleged violations. As a practical matter, therefore, it probably did little, if anything, to reduce corporate political influences on elections. It did, however, respond to the public's concerns and may have helped to alleviate pressures for more efficacious reforms.* In: SMYTHE, Donald J. *The Rise of the Corporation, the Birth of Public Relations, and the Foundations of Modern Political Economy*. **Washburn Law Journal**, v. 50, p. 635-684, 2011, p. 656.

os processos de escolha dos candidatos pelos partidos.[25] Em sua opinião pela maioria, o *Justice* James Clark McReynolds indicou que a competência constitucionalmente atribuída ao Congresso se limitava à definição do tempo, local e maneira de se realizar as eleições; no entanto, as primárias não estavam abrangidas pela definição do termo 'eleições'.

Após emendas ao *Publicity Act* em 1925, regras mais incisivas de transparência foram adotadas, obrigando partidos e candidatos a declarar a cada quadrimestre suas receitas e gastos. No entanto, a contínua ausência de uma autoridade fiscalizatória para as novas e antigas regras mantinha a regulação, na prática, como letra morta, já que o Congresso não tinha condições de, por si só, fiscalizar as determinações da legislação. Ainda assim, interessante notar que as novas regras de transparência foram declaradas constitucionais pela Suprema Corte em 1934.[26] Mais tarde, em 1941, a Corte adentrou novamente na questão da aplicabilidade da regulação eleitoral às primárias; na ocasião – e superando seu precedente anterior em *Newberry* –, restou decidido que a proteção constitucional do direito de voto não poderia ser efetivamente exercida sem abranger as eleições primárias ou os procedimentos de nomeação realizados pelos partidos.[27]

[25] **Newberry v. United States**, 256 U.S. 232 (1921). No caso, o ex-Secretário da Marinha *Truman Handy Newberry* disputava com o empresário *Henry Ford* as primárias para senadores republicanos no Estado de Michigan em 1918. *Newberry* foi acusado de utilizar mais de 100 mil dólares em sua campanha nas primárias, tendo vencido *Ford* no embate republicano e, posteriormente, conquistado a vaga no Senado nas eleições gerais. No entanto – e após muita pressão de *Ford* –, *Newberry* foi investigado e condenado, em 1921, pelo uso de tal montante em campanha. A Suprema Corte, então, reverteu a decisão que condenava *Newberry* por considerar inconstitucional a extensão dos limites de gastos às primárias dos partidos.

[26] **Burroughs v. United States**, 290 U.S. 534 (1934).

[27] **United States v. Classic**, 313 U.S. 299 (1941). Em sua opinião pela Corte, o *Justice Harlan Fiske Stone* assim definiu a questão: *The right to participate in the choice of representatives for Congress includes, as we have said, the right to cast a ballot and to have it counted at the general election, whether for the successful candidate or not. Where the state law has made the primary an integral part of the procedure of choice, or where in fact the primary effectively controls the choice, the right of the elector to have his ballot counted at the primary is likewise included in the right protected by Article I, § 2. And this right of participation is protected just as is the right to vote at the election, where the primary is by law made an integral part of the election machinery, whether*

Elaborando ainda mais o rol de regulamentações quanto ao financiamento eleitoral, o *Smith-Connally Act* (ou *War Labor Disputes Act*) de 1943 e o *Labor Management Relations Act of 1947* (mais conhecido como *Taft-Hartley Act*) instituíram a proibição de contribuições diretas e de gastos independentes por sindicatos a favor ou contra candidatos federais. Ambas as legislações foram aprovadas depois de vetos presidenciais derrubados no Congresso (a primeira em um veto de Franklin Delano Roosevelt e a segunda em veto de Harry Truman).

Ao discursar acerca dos motivos para o veto presidencial em 1947, *Truman* indicava que a norma traria uma perigosa intrusão estatal na liberdade de expressão dos sindicatos, eis que as proibições de gastos independentes poderiam inibir que os sindicatos, por meio de comunicações sindicais, jornais ou panfletos, tecessem comentários sobre candidatos a cargos federais.[28] O veto de Truman foi de pronto derrubado pelo Congresso em uma votação que conjugou até mesmo os congressistas do seu Partido Democrata, o que manteve a legislação intacta.

Sobre o *Taft-Hartley Act* e suas incursões na regulação do *political speech*, válido apontar que a Suprema Corte se deparou, por mais de uma vez, com a questão específica da liberdade de expressão dos sindicatos tal qual exposta acima. Em 1948, a discussão dizia respeito à publicação, por um informativo sindical, de uma declaração exortando os membros do sindicato a votarem em um determinado candidato ao Congresso. Em *United States v. Congress of Industrial Organizations (1948)*, pois, a Corte

the voter exercises his right in a party primary which invariably, sometimes or never determines the ultimate choice of the representative.

[28] Eis trecho central do discurso de *Harry Truman* em 20 de junho de 1947: *Another defect is that in trying to correct labor abuses the Taft-Hartley bill goes so far that it would threaten fundamental democratic freedoms. One provision undertakes to prevent political contributions and expenditures by labor organizations and corporations. This provision would forbid a union newspaper from commenting on candidates in national elections. It might well prevent an incorporated radio network from spending any money in connection with the national convention of a political party. It might even prevent the League of Women Voters–which is incorporated–from using its funds to inform its members about the record of a political candidate. I regard this provision of the Taft-Hartley bill as a dangerous challenge to free speech and our free press.* Disponível em: https://millercenter.org/the-presidency/presidential-speeches/june-20-1947-veto-taft-hartley-bill. Acesso em 27.4.2021.

entendeu que a referida publicação por um sindicato não poderia ser classificada como um gasto independente para fins de regulação de financiamento eleitoral; diante disso, a publicação não constituiria uma violação ao *Taft-Hartley Act*.[29]

Ainda que a opinião da Corte, por intermédio do *Justice* Stanley F. Reed, tenha sido no sentido de inexistir, no caso, um gasto ou despesa ligada às regulamentações eleitorais (já que o periódico do sindicato havia sido financiado por contribuições de seus membros e apenas a eles distribuído), salta aos olhos a incisiva opinião concorrente do *Justice* Wiley B. Rutledge à luz da Primeira Emenda. Para Rutledge, "seria uma violação muito grave das liberdades individuais e de grupo, afetando um grande número de nossos cidadãos, se os sindicatos pudessem ser privados de todo direito de expressão sobre questões políticas pendentes que afetem seus interesses".[30]

A discussão sobre os limites do *political speech* aplicável aos sindicatos foi retomada em *United States v. Auto Workers* (1957).[31] No caso, a Suprema Corte decidiu que o uso de recursos de um sindicato para custear anúncio televisionado em apoio expresso a determinados candidatos poderia ser considerado como fundamento idôneo para uma acusação formal de violação às regras que baniam as contribuições de sindicatos em campanhas eleitorais.[32] Na medida em que a Corte Distrital havia afastado a possibilidade de acusação formal do sindicato sob a ótica de *United States v. Congress of Industrial Organizations (1948)* e de outras decisões no mesmo sentido, a decisão da Suprema Corte devolveu o caso à Corte Distrital para processamento da acusação. Em julgamento posterior, no entanto, o sindicato foi absolvido das acusações por decisão de um júri. De toda

[29] **United States v. Congress of Industrial Organizations**, 335 U.S. 106 (1948).

[30] Em sua versão original: *It would be a very great infringement of individual as well as group freedoms, affecting vast numbers of our citizens, if labor unions could be deprived of all right of expression upon pending political matters affecting their interests.* In: Ibid., p. 150.

[31] **United States v. Auto Workers**, 352 U.S. 567 (1957).

[32] Na opinião da maioria, o *Justice Felix Frankfurter* enfatizou todo o histórico da regulamentação de financiamento eleitoral, desde o *Tillman Act* até o *Taft-Hartley Act*, para concluir que a atuação do sindicato, no caso concreto, restava enquadrada perfeitamente na ideia original do Congresso e da legislação a fim de banir os gastos de tais entidades, relacionados às campanhas eleitorais federais.

sorte, o caso é bastante lembrado pela opinião dissidente do *Justice* William O. Douglas em que justificava que, até aquele momento, o *political speech* jamais havia sido considerado um crime.[33]

A par das questões de contribuições e gastos realizados por sindicatos, o que se via, em grande resumo, é que o sistema de regulamentação de financiamento eleitoral era assentado sobre as seguintes premissas: 1) proibição de doações diretas por corporações. 2) proibição de gastos independentes relacionados a campanhas eleitorais por corporações. 3) validade das regras de transparência (*disclosure*) em relação a partidos e candidatos; 4) limitação de gastos nas campanhas específicas ao Congresso. No entanto – e conforme já visto –, tais regulamentações não tinham grande resultado prático e eram frequentemente ignoradas em função da inexistência de uma entidade, órgão ou agentes com atribuição específica para fiscalização (*enforcement mechanisms*).

Em vistas disso, o próximo grande passo de regulação do *political speech* em conexão com a ideia de financiamento eleitoral viria com o *Federal Election Campaign Act of 1971* e, ato contínuo, com suas emendas em 1974. É a partir desse contexto, pois, que o ambiente jurídico e político para *Citizens United v. Federal Election Commision (2010)* pode ser discutido.

Após três anos da presidência de *Richard Nixon* – e como consequência de diversos debates acerca da necessidade de aperfeiçoamento do sistema de financiamento eleitoral e regulação do *political speech* –, restou aprovado e sancionado, em 7 de fevereiro de 1972, o *Federal Campaign Act of 1971*, também conhecido como *FECA*. Ao sancionar a nova legislação, *Nixon* rememorou o fato de ter vetado, ainda em 1970, uma lei que regulava e limitava gastos na difusão de anúncios políticos em rádio e televisão, sobretudo pelo fato de que aquela legislação não limitava os custos

[33] Em sua opinião dissidente *em United States v. Auto Workers (1957)*, eis os dizeres do *Justice William O. Douglas*: *The opinion of the Court places that advocacy in the setting of corrupt practices. The opinion generates an environment of evildoing and points to the oppressions and misdeeds that have haunted elections in this country. Making a speech endorsing a candidate for office does not, however, deserve to be identified with antisocial conduct. Until today political speech has never been considered a crime. The making of a political speech up to now has always been one of the preferred rights protected by the First Amendment.*

gerais de campanhas, já que se aplicava apenas ao rádio e à televisão.[34] Diante disso, eis o motivo da celebração do presidente em seu discurso[35] durante a sanção do *FECA*:

> A Câmara e o Senado trabalharam para elaborar um projeto de lei melhor e eu acredito que eles tiveram sucesso nessa empreitada. O *Federal Campaign Act of 1971* limita a quantia que os candidatos a cargos eletivos federais podem gastar em publicidade, não apenas no rádio e na televisão, mas em todos os meios de comunicação. Limita as contribuições dos candidatos e suas famílias às próprias campanhas. Obriga o fornecimento de relatórios completos sobre as fontes e os usos dos fundos de campanha, tanto após as eleições quanto durante as campanhas. Ao dar ao público americano acesso total aos fatos do financiamento político, essa legislação protegerá contra abusos de campanha e auxiliará na construção da confiança do público na integridade do processo eleitoral.
>
> O *Federal Election Campaign Act of 1971* é um projeto de lei realista e exequível, um passo importante em uma área que tem sido de grande preocupação pública. Por compartilhar essa preocupação, tenho o prazer de sancionar o projeto de lei.

De fato, o *FECA* consolidou a legislação até então existente acerca de diversos pontos relativos ao financiamento eleitoral (proibição de contribuições de corporações e sindicatos aos candidatos e partidos, requisitos cada vez mais rigorosos de transparência, limites de gastos nas campa-

[34] Na mensagem de veto (*Bill n. S. 3637*), *Nixon* indicava que a legislação tinha objetivos louváveis e amplamente apoiados no sentido de controlar gastos de campanha política e evitar que um candidato tivesse vantagem sobre outro. No entanto, ao não limitar gastos gerais de campanha e se aplicar apenas ao rádio e à televisão, a legislação não teria resultado prático e seria facilmente burlada. Nas palavras de *Nixon*: *Candidates who had and wanted to spend large sums of money, could and would simply shift their advertising out of radio and television into other media – magazines, newspapers, billboards, pamphlets, and direct mail. There would be no restriction on the amount they could spend in these media. Hence, nothing in this bill would mean less campaign spending.* Disponível em: https://www.senate.gov/legislative/vetoes/messages/NixonR/S3637-Sdoc-91-109.pdf. Acesso em 30.4.2021.

[35] *Richard Nixon, Statement on Signing the Federal Election Campaign Act of 1971.* Disponível em: https://www.presidency.ucsb.edu/node/255035.

nhas, etc). No entanto, ainda não se tinha, em termos institucionais, um órgão ou autoridade administrativa central que zelasse pela aplicabilidade da legislação, o que dificultava o efetivo cumprimento do patamar regulatório então consolidado.

Nesse estágio, após as eleições presidenciais de 1972[36] e a partir de diversas investigações então em curso acerca de abusos relativos a financiamento eleitoral naquela oportunidade[37], o Congresso entendeu ser necessário emendar o *FECA* a fim de estabelecer limites de contribuições por indivíduos, partidos políticos e comitês de ação política[38] (*PACs* ou *political action committees*). Ainda mais importante, as emendas implicaram a criação de uma agência independente no âmbito federal para fiscalizar a aplicabilidade do *FECA*. Restava criada, assim, a *Federal Election Commission* (ou *FEC*)[39], tendo suas operações efetivamente iniciadas em 1975.

Em breve síntese, a *FEC* nasceu como resposta à ausência de uma autoridade reguladora e fiscalizadora das regras eleitorais federais desde o *Tillman Act of 1907*, tendo delegação para criar regras, investigar e impor

[36] A eleição presidencial de 1972 resultou na vitória (reeleição) esmagadora do então atual presidente *Richard Nixon* (Partido Republicano) em face de *George McGovern* (Partido Democrata). Em números, o candidato Republicano obteve 520 dos 538 votos no colégio eleitoral (perdendo apenas em *Massachusetts* e no *District of Columbia*) e teve 60,7% dos votos populares em todo país.

[37] Muitos dos quais acabaram levando ao escândalo de *Watergate* em 1974 e, ato contínuo, à renúncia de *Richard Nixon* da presidência dos EUA em 9.8.1974.

[38] O histórico e as particularidades dos *PACs* serão abordados oportunamente. Vale notar, ainda, que a existência de limites de contribuições diretas individuais para campanhas, candidatos, partidos e *PACs* permanece até hoje.

[39] As emendas ao *FECA* que traziam a criação da *FEC* foram sancionadas pelo presidente *Gerald R. Ford* em 15.10.1974. Ao anunciar a sanção da nova legislação, *Ford* já previa que, no futuro, o Judiciário seria chamado a decidir acerca da constitucionalidade da norma, especialmente no que diz respeito à Primeira Emenda. Eis, no original, trecho do discurso do presidente: *Today I am signing into law the Federal Campaign Act Amendments of 1974. By removing whatever influence big money and special interests may have on our Federal electoral process, this bill should stand as a landmark of campaign reform legislation. [...] And although I do have reservations about the First Amendment implications inherent in the limits on individual contributions and candidate expenditures, I am sure that such issues can be resolved in the courts.* Disponível em: https://www.fordlibrarymuseum.gov/library/document/0019/4520542.pdf. Acesso em 29.4.2021.

penalidades para as violações da lei. Como já explicado anteriormente, um dos grandes problemas que gerava a baixa efetividade e aplicabilidade das regulações relativas ao financiamento eleitoral era justamente a falta de um corpo central que supervisionasse o cumprimento das disposições legais então existentes.

Na linha exposta pelo professor Frank J. Sorauf, as alterações advindas das emendas ao *FECA* em 1974 foram de tal monta que, na prática, tinha-se toda uma nova estrutura de regulação eleitoral no país. Tratava-se, em resumo, da primeira formalização integrada e abrangente do Congresso dos EUA a disciplinar o financiamento e a regulação eleitorais.[40] Especificamente, as emendas ao *FECA* impuseram limites no montante que um indivíduo poderia contribuir diretamente para qualquer campanha eleitoral federal, partido político ou *PAC*, limites no montante que um *PAC* poderia contribuir para um candidato e, por fim, no montante que um indivíduo poderia realizar em gastos independentes relacionados a um candidato identificável. Assim como no regime anterior, as corporações (e sindicatos) permaneciam sendo alvo de restrições fortíssimas em seu *political speech*.

Tão logo as novas diretrizes de regulação eleitoral vieram à tona, um grupo de políticos e entidades[41] desafiou, no início de 1975 – mas já em vistas do ciclo eleitoral de 1976 –, a constitucionalidade da legislação por intermédio de um pedido cautelar de afastamento de sua aplicabilidade. O fundamento básico do pleito era de que a legislação contestada, com as novas limitações, violava a liberdade de expressão (*political speech*) e o devido processo de candidatos e eleitores. Com o processamento da demanda e a derrota dos autores tanto na *District Court for the District of Columbia* como em apelação perante a *United States Court of Appeals for the District of Columbia Circuit*, chegava à Suprema Corte dos EUA um dos mais controversos processos até hoje decididos: *Buckley v. Valeo* (1976).[42]

[40] Sorauf, Frank J. *Politics, Experience and The First Amendment: the case of American Campaign Finance.* **Columbia Law Review**, v. 94, n. 4, p. 1348-1368, may. 1994, p. 1348.

[41] Dentre os autores da demanda estavam, entre outros, o senador *James L. Buckley* (Partido Conservador – NY), o ex-senador *Eugene McCarthy* (Democrata – MN), a *New York Civil Liberts Union*, a *American Conservative Union*, o *Peace & Freedom Party* e o *Libertarian Party*.

[42] **Buckley v. Valeo**, 424 U.S. 1 (1976).

A primeira informação interessante sobre *Buckley v. Valeo* (1976) é o fato de que a decisão *per curiam* da Suprema Corte dos EUA, com mais de 230 páginas, é uma das mais longas decisões da história.[43] Não à toa, até os dias de hoje há debate incessante sobre a extensão e as minúcias daquilo que decidido na ocasião.[44] De qualquer forma, o ponto central da decisão diz respeito ao enquadramento das contribuições diretas e dos gastos independentes na seara eleitoral como espécies de *political speech* aptas a ensejar a proteção da Primeira Emenda à Constituição. Assim, a alegação principal dos autores seria a de que as restrições e limitações de gastos com comunicação política necessariamente reduziriam a quantidade de expressão, o que implicaria afronta à Primeira Emenda.

Em termos concretos – e a par de outras discussões –, a decisão da Suprema Corte reconhecia a imbricação necessária entre dinheiro e expressão, sobretudo na seara do *political speech*. Assim, a própria opinião divergente do *Justice Thurgood Marshall* indicava que um dos pontos em que todos os membros do Tribunal concordavam era o fato de que o dinheiro seria essencial para uma comunicação eficaz em uma campanha política.[45] Em outras palavras, gastar dinheiro era essencial para a disseminação dos discursos políticos protegidos substancialmente pela Primeira Emenda.

A Corte, então, apreciou as restrições trazidas pela nova disciplina do *FECA* à luz da Primeira Emenda. Nesse ponto, após entender que tanto as contribuições diretas (doações) como os gastos independentes representariam, em tese, legítima expressão de *political speech* a ensejar proteção da Primeira Emenda, a questão a ser enfrentada era a de saber se os limites individuais para as contribuições diretas (doações) e para os

[43] De acordo com o *Black's Law Dicticionary*, uma decisão *per curiam* é aquela lavrada por um órgão colegiado sem identificar o juiz individual que a escreveu. In: GARNER, op. cit., p. 1317.

[44] Eis o apontamento sintético do professor *Frank J. Sorauf* sobre a questão: *The majority opinion in Buckley is surely one of the Court's less impressive monuments. The problems begin with organization and presentation. It is long and rambling, an obvious pastiche of differing agendas and prose styles. Very likely it is also the longest per curiam opinion in the Court's history. More serious are the problems with the Court's holdings and rationales.* In: SOURAF, op. cit., p. 1349.

[45] 424 U.S. 288 (1976). No original: *One of the points on which all Members of the Court agree is that money is essential for effective communication in a political campaign.*

gastos independentes se adequavam à liberdade de expressão constitucionalmente protegida.[46]

A decisão em *Buckley* foi no sentido de que o estabelecimento de limites pelo Congresso para as contribuições diretas de indivíduos não violaria a Primeira Emenda e os direitos de livre expressão e associação. De fato, a Corte entendeu que a prevenção à corrupção no processo eleitoral representaria um interesse governamental suficientemente robusto a ponto de fundamentar, em concreto, os limites ao *political speech* dos indivíduos. Por outro lado – e quanto à limitação nos gastos independentes –, o entendimento foi no sentido de que o argumento de prevenção à corrupção não justificaria a restrição no *political speech*.[47] Em outras palavras, os gastos não coordenados com qualquer candidato ou partido não

[46] Em breve síntese, as contribuições diretas representam as doações que indivíduos, partidos e PACs podem fazer legalmente para candidatos. A partir de tais doações, os próprios candidatos (ou suas campanhas) gerenciam os valores e escolhem como utilizá-los. De outro lado, os gastos independentes representam a atuação (despesa) autônoma com comunicação eleitoral que defenda expressamente a eleição ou derrota de um candidato claramente identificado, desde que não seja feita em coordenação com qualquer candidato específico, seus comitês, agentes autorizados, comitês de partidos políticos ou seus agentes. Atualmente – e já abrangendo a questão das corporações –, eis a definição dada pela própria *Federal Election Commission* para os gastos independentes (ou *independent expenditures*): *An independent expenditure is an expenditure for a communication that expressly advocates the election or defeat of a clearly identified candidate and which is not made in coordination with any candidate, or his or her authorized committees or agents, or a political party committee or its agents. Individuals, corporations, labor organizations and political committees may support (or oppose) candidates by making independent expenditures. Independent expenditures are not contributions. Independent expenditures are not subject to any contribution limits but may be subject to reporting requirements (The campaign of a candidate benefiting from an independent expenditure has no reporting obligation). A communication representing an independent expenditure must display a disclaimer notice.* Disponível em: https://www.fec.gov/help-candidates-and-committees/candidate-taking-receipts/understanding-independent-expenditures/. Acesso em 29.4.2021.

[47] Além disso, a decisão de *Buckley v. Valeo (1976)* ainda definiu: 1) a constitucionalidade da limitação de contribuição direta individual para todos os candidatos em um ciclo eleitoral (um indivíduo teria limite de contribuição no ciclo eleitoral caso quisesse doar para mais de um candidato ou partido); 2) a inconstitucionalidade da limitação de gastos feitos pelo próprio candidato; 3) a constitucionalidade das regras de transparência, dever de informação e publicidade, sobretudo para as contribuições.

trariam o risco de corrupção apto a legitimar a limitação na expressão eleitoral.

Muito mais do que a definição acima, o resultado prático de *Buckley* foi o gigantesco crescimento dos chamados *political action committees* (*PACs*). Historicamente criados a partir do movimento sindical após a proibição de contribuições diretas e de gastos independentes por sindicatos (o que se deu com o *Smith-Connally Act* de 1943), os *PACs* nasceram como uma entidade jurídica isenta de tributos e prevista na legislação tributária[48] cujo propósito era agregar contribuições para campanhas a favor ou contra candidatos, consultas públicas (*ballot initiatives*)[49] ou iniciativas legislativas. Atualmente, os *PACs* dividem-se em três categorias[50]; no entanto, e ao tempo de *Buckley*, duas eram as possíveis espécies de *PACs*: 1) *connected PACs* – criados por corporações isoladas (ou grupos), entidades sem fins lucrativos ou sindicatos a fim de angariar recursos de uma classe restrita de pessoas (seus membros, diretores ou acionistas); 2) *non-connected PACs* – criados por grupos com ideologias comuns para angariar recursos de quaisquer indivíduos ou organizações alinhadas à ideologia respectiva.

O crescimento dos *PACs* deu-se em virtude da proibição de que corporações e sindicatos fizessem contribuições diretas às campanhas com seus recursos próprios. No entanto, não havia proibição de que os candidatos aceitassem contribuições oriundas de *PACs* criados a partir de uma empresa ou sindicato. Assim, na medida em que os *PACs* também poderiam advogar *political speech* a partir de gastos independentes, sua utilização nas campanhas teve crescimento exponencial a partir de *Buckley*.

Seguindo a trilha histórica, o ano de 1978 trouxe a primeira manifestação da Suprema Corte dos EUA no sentido de reconhecer a liberdade de expressão de uma pessoa jurídica (corporação). Na espécie, a discussão ocorrida em *First National Bank of Boston v. Bellotti* (1978)[51] dizia respeito

[48] Em específico, o chamado *Internal Revenue Code*, uma espécie de Código Tributário dos EUA.

[49] As chamadas *ballot initiatives* podem ser vistas, em perspectiva comparada, como análogas aos instrumentos de participação e consulta popular como plebiscitos ou referendos.

[50] A terceira categoria, denominada *Super PACs*, será abordada adiante.

[51] **First National Bank of Boston v. Bellotti**, 435 U.S. 765 (1978).

à possibilidade de uma empresa contribuir para uma campanha sobre uma consulta pública (no caso, uma consulta a respeito da política tributária adotada no Estado de *Massachusetts*). Após uma lei estadual proibir contribuições corporativas em consultas públicas quando não houvesse interesse direto da empresa envolvido, a maioria da Corte, por 5 votos a 4, entendeu que o direito de tentar influenciar eleições é algo fundamentalmente protegido pela Primeira Emenda, sendo possível tal verificação nos próprios debates constitucionais e do *Bill of Rights* (proteção do *political speech* como núcleo essencial da liberdade de expressão). Assim, a Suprema Corte decidiu que as corporações (empresas) poderiam contribuir para as campanhas em consultas públicas, eis que a proteção de sua expressão não se limitaria aos seus interesses comerciais materiais e diretos.[52]

Em 1990, a Suprema Corte se deparou novamente com o questionamento acerca da possibilidade de uma corporação utilizar recursos próprios de seu caixa para custeio de gastos independentes. Na ocasião, a legislação do Estado de *Michigan* proibia a utilização de recursos do caixa geral de uma empresa para tais gastos, abrindo a possiblidade, no entanto, para o uso dos chamados fundos contábeis segregados para tal fim.[53] A fim de utilizar recursos de seu caixa geral para apoiar um candidato ao Legislativo Estadual por intermédio de um anúncio pago em jornal local, a *Michigan Chamber of Commerce* formulou um pedido judicial cautelar de afastamento da aplicabilidade da legislação estadual. Após uma derrota

[52] No ponto, interessante é a conclusão do professor Adam Winkler em artigo específico sobre os direitos de expressão das corporações: *Even if the fictional entity as such did not have constitutional rights, such as free speech, the actual persons behind the corporation – as John Marshall recognized almost 200 years ago – will continue to have them. In light of current corporate law, corporate executives will find a way to exercise those rights with the help of other people's money.* In: Winkler, Adam. *Corporate Personhood and the Rights of Free Speech.* **Seattle University Law Review**, v. 30, n. 4, p. 863-874, 2007, p. 873.

[53] Tais fundos segregados (*segregated funds*) poderiam ser criados na empresa com uma destinação específica de cunho político, obedecendo, para tal, minucioso regramento contábil e tributário. Esses fundos contábeis somente poderiam ser abastecidos voluntariamente por membros da corporação com a devida ciência de que seu dinheiro seria utilizado exclusivamente para fins políticos defendidos pela corporação.

na primeira instância e posterior vitória na segunda, o caso foi levado à Suprema Corte.

À luz da Primeira Emenda, em *Austin v. Michigan Chamber of Commerce* (1990)[54] a Suprema Corte entendeu que a legislação estadual de *Michigan* não violava qualquer direito de expressão das corporações, sobretudo na medida em que a previsão de gastos independentes por intermédio de fundos segregados mantinha a viabilidade de plena expressão da empresa. A restrição à expressão, no caso, era uma legítima medida estatal a fim de evitar que recursos empresariais em demasia pudessem influenciar de forma injusta o processo eleitoral. Em sua opinião pela maioria (6x3), o *Justice* Thurgood Marshall assim expôs a situação[55]:

> O estado de *Michigan* identificou como um perigo sério a possibilidade de que os gastos políticos corporativos minem a integridade do processo político e implementou uma solução sob medida para esse problema. Ao exigir que as corporações façam todos os gastos políticos independentes por meio de um fundo segregado composto de dinheiro solicitado voluntária e expressamente para fins políticos, o *Michigan Campaign Finance Act* reduziu a ameaça de que enormes tesouros corporativos acumulados com a ajuda de leis estaduais favoráveis sejam usados para influenciar indevida e injustamente o resultado das eleições.

Doze anos mais tarde, em 2002, a grande novidade em termos de regulação eleitoral viria com o *Bipartisan Campaign Reform Act of 2002* (conhecido como *BCRA* ou, ainda, como *McCain-Feingold Act*). Aprovada a partir de um esforço bipartidário no Congresso[56], a nova legislação trazia emendas ao *FECA* e tinha como objetivo precípuo o discipli-

[54] **Austin v. Michigan Chamber of Commerce**, 494 U.S. 652 (1990).

[55] 494 U.S. 652 (1990), p. 668-669. No mesmo sentido, a opinião concorrente do *Justice William Joseph Brennan Jr.*, a saber: *Specifically, we noted that direct corporate spending on political activity raises the prospect that resources amassed in the economic marketplace may be used to provide an unfair advantage in the political marketplace, because the resources in the treasury of a business corporation are not an indication of popular support for the corporation's political ideas.* In: Ibid., p. 670.

[56] A legislação foi capitaneada em conjunto pelo Senador Republicano *John McCain* (*Arizona*) e pelo Senador Democrata *Russ Feingold* (*Wisconsin*).

namento de duas questões ainda controversas no cenário das regras de financiamento eleitoral: 1) a limitação de uso do chamado *soft money*[57] em campanhas; 2) a limitação dos chamados *advocacy ads* (ou *electioneering communications*), que são anúncios, filmes e mensagens na grande mídia, e proibir que sejam custeados por corporações (ainda que sem fins lucrativos, a exemplo, como veremos, de *Citizens United*). Quanto à limitação dos *advocacy ads*, o *McCain-Feingold Act* trazia a impossibilidade de que tais mídias mencionassem expressamente quaisquer candidatos no período de 30 (trinta) dias antes das primárias dos partidos e de 60 (sessenta) dias antes das eleições gerais.

Após longa oposição ao *McCain-Feingold Act* no Congresso, o Senador Republicano Mitch McConnell (*Kentucky*) buscou a invalidação judicial da nova legislação sob o argumento de que as limitações trazidas ao *political speech* representariam afronta à liberdade de expressão. Chegando à Suprema Corte, o caso *McConnell v. Federal Election Commission* (2003)[58] tinha como ponto central de discussão as limitações ao *soft money*. No ponto, a Corte, em uma longa e controversa decisão, entendeu que a limitação do *soft money* não implicaria uma restrição ao *political speech*, já que estaria ligada a atividades não diretamente relacionadas à expressão política em si (mas sim à promoção do partido, registro de eleitores, promoção de comparecimento às eleições e atividades gerais não diretamente ligadas a candidaturas específicas). Mais do que isso, a restrição seria justificada para prevenir ameaças de corrupção com largas somas de dinheiro.[59]

[57] Em contraposição ao *hard money*, que são as contribuições diretas às campanhas de um candidato, o chamado *soft money* é dinheiro doado aos partidos e comitês por corporações e sindicatos, podendo ser utilizada para promoção do partido, registro de eleitores, promoção de comparecimento às eleições e atividades gerais não diretamente ligadas a candidatos específicos.

[58] **McConnell v. Federal Election Commission**, 540 U.S. 93 (2003).

[59] A maioria indicou que, de acordo com precedentes sobre a possível limitação de contribuições às campanhas, haveria um importante interesse governamental na prevenção à corrupção do processo eleitoral que suplantaria eventual restrição à Primeira Emenda. Em opinião conjuntamente assinada pelos *Justice John Paul Stevens* e *Justice Sandra Day O'Connor*, eis a expressão da maioria sobre o tema: *Our treatment of contribution restrictions reflects more than the limited burdens they impose on First Amendment freedoms. It also reflects the*

Voltando, por fim, à questão dos *advocacy ads*, a decisão em *McConnell v. Federal Election Commission (2003)* acabou por manter a proibição legal de sua exibição e transmissão na grande mídia nos períodos de 30 e 60 dias antes dos pleitos eleitorais. Esse, enfim, o estopim para *Citizens United*.

2. Aspectos importantes da decisão

Citizens United é uma organização sem fins lucrativos fundada em 1988 nos Estados Unidos. Sua missão institucional declarada é a de "restaurar o governo dos Estados Unidos ao controle dos cidadãos por meio de uma combinação entre ações educativas e advocatícias, buscando reafirmar os valores americanos tradicionais de governo limitado, liberdade de empresa, família, soberania e segurança nacionais. O objetivo de *Citizens United* é restaurar a visão dos *Founding Fathers* de uma nação livre, guiada pela honestidade, bom senso e benevolência de seus cidadãos".[60]

De cunho ideológico notadamente conservador – e apoiadora declarada de candidatos do Partido Republicano –, a organização aproveitou o período eleitoral de 2008 para, de forma deliberada, testar a constitucionalidade da proibição dos *advocacy ads* trazida pelo *McCain-Feingold Act* em 2002 e supostamente mantida pela Suprema Corte no julgamento de *McConnell v. Federal Election Commission* (2003). A situação concreta do *test case*[61] tinha como pano de fundo a proibição de *advocacy ads* custeados por corporações (ainda que sem fins lucrativos) no período de 30 (trinta) dias antes das primárias partidárias.

Na campanha eleitoral de 2004 (reeleição de George W. Bush), o famoso cineasta *Michael Moore* havia lançado, no período das primárias do Partido Republicano, o documentário *Farenheit 9/11*. Em tom severamente crítico a *Bush*, diversos anúncios pagos acerca do filme foram

importance of the interests that underlie contribution limits-interests in preventing "both the actual corruption threatened by large financial contributions and the eroding of public confidence in the electoral process through the appearance of corruption. In: Ibid., p. 136.

[60] *Who we are.* **Citizens United**. Disponível em: http://citizensunited.org/who-we-are.aspx.

[61] Um *test case* é uma ação cujo objetivo principal é criar, estabelecer ou desafiar um precedente ou uma interpretação acerca de um princípio ou direito tido como controverso. É, de fato, uma ação planejada a fim de obter uma declaração judicial específica.

televisionados no período explorando a imagem do então presidente e candidato. Na ocasião, o financiamento de tais anúncios (*advocacy ads*), supostamente por parte de corporações produtoras do filme, havia sido possível em virtude de uma exceção no *McCain-Feingold Act* que possibilitava anúncios de documentários por corporações de mídia (as chamadas *media exemptions*).

Após tentativas frustradas de promover um documentário sobre o então candidato *John Kerry* antes das eleições de 2004[62], *Citizens United* repetiu seu procedimento e tentou, mais uma vez, utilizar o mesmo expediente de *advocacy ads* no período eleitoral de 2008 (em realidade, nas primárias do Partido Democrata entre Hillary Clinton e Barack Obama). Assim é que *Citizens United* solicitou à *Federal Election Commission*, no final do ano de 2007, uma *media exemption* baseada no *McCain-Feingold Act*. A ideia com a *media exemption* era que *Citizens United* fosse qualificada como produtora de mídia e, ato contínuo, pudesse anunciar o documentário "*Hillary: The Movie*" (sobre a então pré-candidata Democrata à presidência dos EUA).[63] Tal qual o documentário de *Michael Moore* em 2004 sobre *George W. Bush*, "*Hillary: The Movie*" era uma obra extremamente ácida e crítica sobre a então candidata.

Adiante, ao passo que a *Federal Election Commission* não tinha quórum suficiente no final de 2007 para deliberar acerca do pleito formulado por *Citizens United*, a organização pôs em prática seu *test case* ao judicializar a questão. Assim, com base nos precedentes que indicavam a necessidade

[62] Na oportunidade, *Citizens United* fez uma consulta formal à *Federal Election Commission* a fim de verificar a possibilidade de realizar anúncios em mídia sobre o documentário (e um livro com a mesma temática) no período de 60 dias antes das eleições gerais. Em sua resposta negativa, a *FEC* alegou que *Citizens United* não poderia ser qualificada como uma produtora de vídeos comerciais de boa-fé (*bona fide commercial film maker*). Eis trecho da conclusão da *FEC* em sua *Advisory Opinion 2004-30*: *[...] the Commission concludes that Citizens United's proposed television broadcasts of the Film and its proposed television and radio advertisements of the Film and the Bossie Book would be electioneering communications. Accordingly, the statutory and regulatory requirements governing electioneering communications, which prohibit corporations such as Citizens United from making or financing electioneering communications, would apply.* Disponível em: https://www.fec.gov/files/legal/aos/59174.pdf. Acesso em 29.4.2021.

[63] A ideia era promover o documentário com anúncios pagos em televisão aberta e fechada (a exemplo de *Comcast, DirecTV* e outras).

de proteção à expressão política para corporações[64], a organização formulou um pedido cautelar de afastamento da aplicabilidade da limitação de *advocacy ads* no período eleitoral e, bem assim, de afastamento da própria proibição de que os anúncios fossem pagos por corporações em geral (ou seja, corporações que não tenham a chamada *media exemption*).

De plano, o pleito de *Citizens United* foi negado pela *District Court of the District of Columbia* sob a alegação de que a constitucionalidade das restrições e limitações a tal sorte de anúncios em períodos eleitorais já havia sido confirmada no julgamento de *McConnell v. Federal Election Commission* (2003). Assim, como a divulgação seria realizada no período de 30 (trinta) dias anteriores às primárias do Partido Democrata, a Corte Distrital entendeu que a ausência de *media exemption* impediria a veiculação dos anúncios.

Em virtude de um atalho processual constante do *McCain-Feingold Act*, havia a possiblidade de que a decisão da Corte Distrital fosse desafiada diretamente na Suprema Corte dos EUA. Em 14 de novembro de 2008, ainda que já ultrapassado o período eleitoral, a Suprema Corte admitiu julgar o caso trazido por *Citizens United*. Em jogo, pois, estava a extensão da liberdade de expressão política das corporações à luz das regras de financiamento eleitoral então vigentes a partir do *McCain-Feingold Act*.

3. Repercussão da decisão

A complexidade do caso em questão pode ser aferida de diversas formas. Em um primeiro plano, o julgamento de *Citizens United v. Federal Election Commission* foi um dos raros casos em que a Suprema Corte dos EUA demandou duas sessões de argumentos e debates orais pelas partes (os chamados *oral arguments*). Nesse sentido, a primeira sessão, realizada em 24 de março de 2009, foi marcada por um questionamento formulado pelo *Chief Justice* John Roberts aos advogados do Departamento de Justiça dos EUA que defendiam a constitucionalidade das restrições oriundas da legislação eleitoral em face das corporações. No ponto, Roberts questionara se o Estado, em vistas da atual legislação eleitoral e de suas delimitações, teria o poder para banir livros editados ou distribuídos por uma

[64] Sobretudo em *Buckley v. Valeo (1976)* e *First National Bank of Boston v. Bellotti (1978)*.

corporação (ou sindicato) que tivessem, em sua última linha, a seguinte frase: "Vote no Candidato X". A resposta titubeante dos representantes do Estado no sentido de que haveria uma boa margem de dúvida na questão causou imediata apreensão nos presentes à sessão.[65]

Diante das diversas discussões oriundas da primeira sessão e da ausência de formação de uma maioria nítida, a Corte proferiu decisão, no último dia do ano judiciário, solicitando às partes que apresentassem memoriais sobre a eventual superação dos precedentes firmados em *Austin v. Michigan Chamber of Commerce* (1990) e *McConnell v. Federal Election Commission* (2003). Além disso, foi agendada nova sessão de argumentos e debates orais para o dia 9 de setembro de 2009, já no ano judiciário seguinte.[66]

Outro aspecto que confirma a notoriedade e importância do caso é o rol de advogados que o arguiram perante a Suprema Corte. Em nome do Departamento de Justiça e defendendo as restrições do *McCain-Feingold Act* estava Elena Kagan, então ocupante do cargo de *Solicitor General* no governo de Barack Obama e, no ano seguinte (2010), indicada por ele à Suprema Corte; ao seu lado, em nome dos *amici curiae*, o famoso advogado Seth Waxman, que havia ocupado o mesmo cargo de *Solicitor General* entre 1997 e 2001 no governo de Bill Clinton. Por *Citizens United* e advogando a inconstitucionalidade da restrição à expressão das corporações, o também famoso Ted Olson, que havia ganhado notoriedade na campanha eleitoral de George W. Bush por sua vitória em *Bush v. Gore (2000)*[67] e, logo após, como *Solicitor General* do governo Bush entre 2001 e 2004; ao seu lado, pelos *amici curiae*, o advogado Floyd Abrams, um

[65] **Citizens United v. Federal Election Commission**, 558 U.S. 310 (2010). Eis o trecho da decisão da maioria sobre a questão formulada pelo *Chief Justice John Roberts*: *The Government responds that the FEC has never applied this statute to a book, and if it did, there would be quite a good as applied challenge. [...] This troubling assertion of brooding governmental power cannot be reconciled with the confidence and stability in civic discourse that the First Amendment must secure.*

[66] O último dia do ano judiciário de 2008 caiu em 29 de junho de 2009. Via de regra, o calendário de julgamentos da Suprema Corte dos EUA é dividido em termos anuais iniciados em outubro de cada ano e finalizados em junho do ano subsequente. Assim, o chamado "Termo de 2008" (ou ano judiciário de 2008) tinha se iniciado no mês de outubro de 2008 e finalizava em junho de 2009. O "Termo de 2009", por sua vez, teve início em Setembro de 2009.

[67] **Bush v. Gore**, 531 U.S. 98 (2000).

dos mais renomados especialistas em Primeira Emenda e liberdade de expressão dos EUA.

Em uma decisão complexa, cujo voto da maioria foi lavrado pelo *Justice* Anthony Kennedy e que trazia diversas opiniões concorrentes e dissidentes – integralmente ou em partes[68] –, a Suprema Corte entendeu, em síntese, que as disposições do *McCain-Feingold Act* que restringiam a atuação de sindicatos e corporações na realização de gastos independentes em comunicações eleitorais violavam a liberdade de expressão garantida pela Primeira Emenda. No mesmo sentido, a limitação temporal que proibia a veiculação de anúncios (*advocacy ads*) por tais entidades dentro de 60 dias de uma eleição geral ou 30 dias de uma primária violaria a mesma cláusula constitucional. Diante disso, os precedentes anteriores estabelecidos em *Austin v. Michigan Chamber of Commerce* (1990) e *McConnell v. Federal Election Commission* (2003) foram superados.[69]

Não havia mais dúvidas, assim, que o *political speech* e suas proteções abrangiam as corporações. Ampliou-se, no ponto, a ideia básica já trazida em *Bellotti* quanto às consultas públicas, sendo certa a aplicação da liberdade de expressão para as corporações também no âmbito eleitoral geral. Nos termos dispostos em *Bellotti*, se o *political speech* é tão indispensável para a tomada de decisões em uma democracia, isso não é menos verdadeiro quando a expressão parte de uma corporação e não de um

[68] Interessante mencionar, no ponto, que cinco *Justices* manifestaram opiniões expressas concorrendo ou dissentindo do julgamento em diversas de suas partes: *Anthony Kennedy, John Roberts, Antonin Scalia, John Paul Stevens* e *Clarence Thomas*. De forma simplificada (e descontando eventuais dissidências em trechos específicos da decisão), estavam entre a maioria os *Justices Kennedy, Roberts, Scalia, Alito* e *Thomas*; pela minoria, por outro lado, estavam os *Justices Stevens, Ginsburg, Breyer* e *Sotomayor*.

[69] Interessante, no ponto, que a superação de *Austin v. Michigan Chamber of Commerce (1990)* pela maioria foi dada a partir da retomada de argumentos do *Justice Antonin Scalia* em um caso de 2007 que tratava da diferenciação entre anúncios que expressamente debatem uma questão eleitoral (*express advocacy*) de outros sobre questões políticas, sociais ou econômicas sem vinculação expressa ao pleito eleitoral (*nonexpress advocacy*). Eis as palavras de *Scalia* sobre o precedente então superado: *Austin was a significant departure from ancient First Amendment principles. In my view, it was wrongly decided. [...]But at least Austin was limited to express advocacy, and nonexpress advocacy was presumed to remain protected under Buckley and Bellotti, even when engaged in by corporations.* In: **Federal Election Commission v. Wisconsin Right to Life, Inc.**, 551 U.S. 449 (2007).

indivíduo.[70] Assim – e nas palavras de Kennedy –, se a Primeira Emenda tem alguma força, esta reside no fato de proibir o Congresso de multar ou prender cidadãos, ou associações de cidadãos, simplesmente por se engajar em *political speech*.[71]

Na prática, ainda, a decisão da Corte mantinha, de um lado, a proibição de contribuições diretas a candidatos por parte de corporações e sindicatos e, de outro, as regras de transparência e publicidade mais incisivas da nova legislação. No entanto, o reconhecimento da liberdade de expressão para as corporações fez com que seus eventuais gastos independentes não precisassem se submeter aos limites então estabelecidos na legislação. Em outras palavras, o governo poderia regular o *political speech* das corporações por intermédio de regras de publicidade, isenção de responsabilidade e de transparência, mas não poderia suprimir esse discurso em termos integrais (ou mesmo limitá-lo).

A minoria derrotada no caso foi estampada na opinião do *Justice* John Paul Stevens[72] e tinha como ponto central a ideia de que os precedentes da Corte indicavam a ampla possibilidade de regulação do *political speech* em nome da prevenção à corrupção. Assim, seria razoável que se emprestasse tratamento diferenciado às corporações em comparação com os indivíduos, sobretudo ante o reconhecimento da Corte acerca dos perigos trazidos em virtude da participação de tais entidades no processo eleitoral. Eis a suma das palavras de Stevens:

> No contexto das eleições para cargos públicos, a distinção entre a expressão de indivíduos e corporações é significativa. Embora façam enormes contri-

[70] 435 U.S. 765 (1978). Eis o trecho original integral de *Bellotti* que é utlizado em larga escala na opinião do *Justice Anthony Kennedy* pela maioria: *It is the type of speech indispensable to decision-making in a democracy, and this is no less true because the speech comes from a corporation rather than an individual. The inherent worth of the speech in terms of its capacity for informing the public does not depend upon the identity of its source, whether corporation, association, union, or individual.*

[71] 558 U.S. 350 (2010).

[72] Fugindo da tradição de que as opiniões minoritárias não são lidas nas sessões em que divulgados os resultados dos casos, o *Justice John Paul Stevens* leu grande parte de sua opinião de 90 páginas, sobretudo a fim de sinalizar sua enfática discordância com a opinião da maioria.

buições para a nossa sociedade, as corporações não são realmente membros dela. Elas não podem votar ou concorrer a um cargo. Como podem ser administradas e controladas por não residentes, seus interesses podem entrar em conflito em aspectos fundamentais com os interesses dos eleitores elegíveis. Os recursos financeiros, a estrutura legal e a orientação instrumental das corporações levantam preocupações legítimas sobre seu papel no processo eleitoral. Nossos legisladores têm uma base constitucional convincente, senão também um dever democrático, de tomar medidas destinadas a proteger-nos contra os efeitos potencialmente deletérios dos gastos corporativos em disputas eleitorais locais e nacionais.[73]

Em um aspecto formal final, ele acresceu à opinião dissidente a ideia de que as corporações não têm consciência, crenças, sentimentos, pensamentos ou desejos. Ainda que elas ajudem a estruturar e facilitar as atividades dos seres humanos, sua personalidade advém do fato de servirem como uma ficção legal útil aos indivíduos. Mas as corporações, em si, não podem ser consideradas membros do povo (*We the people*), por quem e para quem Constituição foi estabelecida.[74] Dessa forma, o reconhecimento de direitos expressivos e a possibilidade de realização de gastos independentes eleitorais pelas corporações poderiam ser limitados e regulados sem afronta à Primeira Emenda.

Apenas seis dias após a decisão em *Citizens United*, o presidente Barack Obama, no seu discurso no *State of the Union* em 27 de janeiro de 2010[75], criticou de forma incisiva e direta o resultado do julgamento. De acordo com Obama, a Suprema Corte "reverteu um século de lei e precedentes que acredito abrirá as comportas para interesses específicos – incluindo de corporações estrangeiras – ao gastar sem limite em nossas eleições. Eu

[73] 558 U.S. 399 (2010).

[74] 558 U.S. 399 (2010), p. 473.

[75] Em termos formais, o *State of the Union* decorre do Artigo II, Seção 3, da Constituição Americana, que diz que o Presidente deverá prestar ao Congresso, periodicamente, informações sobre o estado da União, fazendo ao mesmo tempo as recomendações que julgar necessárias e convenientes. Na prática, trata-se de um relatório anual, na forma de discurso, que o Presidente apresenta ao Congresso. Ainda que não haja obrigação legal definindo a data, por tradição o discurso ocorre entre o final do mês de janeiro e o início do mês de fevereiro.

não acho que as eleições americanas devem ser financiadas por interesses de poderosos da América, ou pior, por entidades estrangeiras".[76]

Uma das decorrências mais debatidas de *Citizens United* é a suposta elevação exagerada de gastos e custos nas campanhas eleitorais. De toda sorte, ao analisarmos as últimas eleições presidenciais, antes e após a decisão em 2010, é possível notar que houve, ao menos até 2020, pouca flutuação no volume de recursos utilizados.[77] Eis, pois, os volumes totais de gastos nas últimas campanhas presidenciais em bilhões de dólares: 2008 (2.8 bi), 2012 (2.6 bi), 2016 (2.4 bi) e 2020 (4 bi).[78] Nas eleições de 2020, por exemplo, a arrecadação alinhada ao candidato Joe Biden ficou na casa de 1.6 bi, ao passo que a de Donald Trump foi na casa de 1 bilhão de dólares.[79] Não é possível dizer, portanto, que houve uma explosão de gastos corporativos, sobretudo diante das regras cada vez mais rígidas de publicidade e transparência.

Outra situação decorrente diz respeito ao surgimento dos chamados *Super PACs*. Em brevíssima síntese, os *Super PACs* nasceram da conjugação da decisão da Suprema Corte em *Citizens United* com a decisão da *U.S. Court of Appeals for the District of Columbia Circuit* em *SpeechNow.org v. FEC* (2010). Em específico, a decisão em *SpeechNow.org* afastou os limites de contribuições para *PACs* que realizem apenas gastos independentes

[76] Disponível em: https://obamawhitehouse.archives.gov/the-press-office/remarks-president-state-union-address. Importante registrar, no entanto, que a decisão em *Citizens United* não tratava sobre eventuais gastos ou recursos de corporações estrangeiras, eis que expressamente proibidos em legislação e não compunham o objeto da lide.

[77] Todos os dados relativos a recursos envolvidos em campanhas eleitorais constantes desse artigo foram extraídos do *site* https://www.opensecrets.org. O *site* é mantido pelo *Center for Responsive Politics*, uma organização sem fins lucrativos e apartidária com sede em *Washington, DC*, e que tabula os dados eleitorais disponibilizados pela própria *Federal Election Commission*.

[78] No ponto, o valor total de 2020 é bastante aumentado em função do gigantesco uso de recursos próprios por parte do candidato democrata *Michael Bloomberg* (na ordem de 1 bilhão de dólares).

[79] Em números aproximados, a campanha de *Biden* arrecadou diretamente 1 bilhão de dólares, enquanto 600 milhões foram arrecadados por *PACs* e *Super PACs*. Já a campanha de *Trump* arrecadou diretamente 750 milhões de dólares, enquanto 300 milhões foram arrecadados por *PACs* e *Super PACs*.

e não façam doações diretas a candidaturas.[80] Denominados a partir de então como *Super PACs*, essas entidades não têm restrições ou limites para receber doações de indivíduos ou corporações; no entanto, como dito, não podem doar para candidatos ou de alguma forma coordenar seus gastos com campanhas de candidatos específicos (ou seja, realizam apenas os chamados gastos independentes).[81]

Atualmente – e conforme demonstrado nas eleições de 2020 –, a grande problemática em termos de gastos no ambiente eleitoral diz respeito ao chamado *dark money*. Aproveitando-se de uma brecha legal nas regras de transparência quanto a seus doadores, organizações sem fins lucrativos captam quantias ilimitadas de corporações e indivíduos e gastam sem restrições. A denominação *dark money* advém justamente do fato de que a identidade das fontes de recursos (corporações ou indivíduos). Em uma linha de transferência financeira, uma corporação pode alimentar financeiramente uma organização sem fins lucrativos; essa última, por sua vez, alimenta um *PAC* ou *Super PAC*, fazendo com que fluxo financeiro atinja objetivos e candidaturas determinadas. Apenas como ilustração, o ciclo eleitoral de 2020 movimentou mais de 1 bilhão de dólares em *dark money*, sendo que os *Super PACs* que apoiavam candidaturas democratas movimentaram a maioria de tal montante.[82]

Conclusões

Ao final, não há dúvidas que a decisão da Suprema Corte em *Citizens United v. Federal Election Commission (2010)*, ao reconhecer a proteção cons-

[80] **SpeechNow.org v. FEC, 599 F.3d** 686 (D.C. Cir.) (2010). No caso, o argumento da *U.S. Court of Appeals for the District of Columbia Circuit* foi no sentido de que ao realizarem apenas gastos independentes e não contribuírem para candidatos ou partidos, esses tipos de entidades não têm potencial de corromper o sistema eleitoral. Assim, não havia um interesse governamental legítimo em limitar sua captação de recursos com fundamento na ideia de prevenção à corrupção política.

[81] Os *PACs* tradicionais, em contraposição, não podem aceitar doações diretas de corporações ou sindicatos e, bem assim, devem respeitar os limites de doações individuais. No entanto, podem realizar doações diretas a candidaturas específicas.

[82] Massoglia, Anna; Evers-Hillstrom, Karl. *'Dark money' topped $1 billion in 2020, largely boosting Democrats*. **OpenSecrets.org**, 17 de março de 2021. Disponível em: https://www.opensecrets.org/news/2021/03/one-billion-dark-money-2020-electioncycle/.

titucional dos direitos de expressão política às corporações, continuará, por muito tempo, a repercutir na regulação do financiamento eleitoral nos Estados Unidos.

É que, ao menos diante da composição atual da Suprema Corte americana em 2021, não é possível vislumbrar, por ora, a superação – ou mesmo alguma alteração substancial – desse ainda controverso precedente. Ao que nos parece, a conclusão do *Justice* Anthony Kennedy em seu voto pela maioria em *Citizens United* deve continuar a imperar no livre mercado de ideias políticas vivido nos Estados Unidos: Os governos costumam ser hostis à expressão, mas, segundo nossa lei e nossa tradição, parece mais estranho que ficção o fato de nosso governo tornar o discurso político um crime.[83]

Referências

AMAR, Akhil Reed. ***The Bill of Rights***. New Haven: Yale University Press, 1998.

ARENDT, Hannah. ***On Revolution***. Londres: Penguin Books, 2006.

BROOKHISER, Richard. ***Give Me Liberty:*** *a history of America's exceptional idea*. Nova Iorque: Basic Books, 2019.

CHAFEE JR., Zechariah. *Free Speech: And Its Relation to Self-Government by Alexander Meiklejohn. Book Review.* **Harvard Law Review,** v. 62, n. 2, p. 891-901, 1949.

EDLING, Max M. ***A Revolution in Favor of Government***: *origins of the US Constitution and the making of the American state*. Nova Iorque: Oxford University Press, 2008.

ELDRIDGE, Larry D. *Before Zenger: Truth and Seditious Speech in Colonial America,* 1607-1700. **The American Journal of Legal History**, v. 39, n. 3, p. 337-358, jul. 1995.

ESTADOS UNIDOS DA AMÉRICA. Supreme Court of the United States. **Abrams v. United States**, 250 U.S. 616 (1919), Washington D.C, 10 de novembro de 1919.

[83] No original: *Governments are often hostile to speech, but under our law and our tradition it seems stranger than fiction for our Government to make this political speech a crime.* **Citizens United v. Federal Election Commission**, 558 U.S. 374 (2010).

Estados Unidos da América. Supreme Court of the United States. **Austin v. Michigan Chamber of Commerce**, 494 U.S. 652 (1990) , Washington D.C, 27 de março de 1990.

Estados Unidos da América. Supreme Court of the United States. **Buckley v. Valeo**, 424 U.S. 1 (1976), Washington D.C, 29 de janeiro de 1976.

Estados Unidos da América. Supreme Court of the United States. **Burroughs v. United States**, 290 U.S. 534 (1934), Washington D.C, 8 de janeiro de 1934.

Estados Unidos da América. Supreme Court of the United States. **Bush v. Gore**, 531 U.S. 98 (2000), Washington D.C, 12 de dezembro de 2000.

Estados Unidos da América. Supreme Court of the United States. **Citizens United v. Federal Election Commission**, 558 U.S. 310 (2010), Washington D.C, 21 de janeiro de 2010.

Estados Unidos da América. Supreme Court of the United States. **Federal Election Commission v. Wisconsin Right to Life, Inc.**, 551 U.S. 449 (2007), Washington D.C, 25 de junho de 2007.

Estados Unidos da América. Supreme Court of the United States. **First National Bank of Boston v. Bellotti**, 435 U.S. 765 (1978), Washington D.C, 26 de abril de 1978.

Estados Unidos da América. Supreme Court of the United States. **McConnell v. Federal Election Commission**, 540 U.S. 93 (2003), Washington D.C, 10 de dezembro de 2003.

Estados Unidos da América. Supreme Court of the United States. **National Socialist Party of America v. Village of Skokie**, 432 U.S. 43 (1977), Washington D.C, 14 de junho de 1977.

Estados Unidos da América. Supreme Court of the United States. **Newberry v. United States**, 256 U.S. 232 (1921), Washington D.C, 2 de maio de 1921.

Estados Unidos da América. Supreme Court of the United States. **SpeechNow.org** v. **FEC, 599 F.3d** 686 (D.C. Cir.) (2010), Washington D.C, 26 de março de 2010.

Estados Unidos da América. Supreme Court of the United States. **Texas v. Johnson**, 491 U.S. 397 (1989), Washington D.C, 21 de junho de 1989.

Estados Unidos da América. Supreme Court of the United States. **Tinker v. Des Moines Independent Community School District**, 393 U.S. 503 (1969), Washington D.C, 24 de fevereiro de 1969.

ESTADOS UNIDOS DA AMÉRICA. Supreme Court of the United States. **United States v. Auto Workers**, 352 U.S. 567 (1957), Washington D.C, 11 de março de 1957.

ESTADOS UNIDOS DA AMÉRICA. Supreme Court of the United States. **United States v. Classic**, 313 U.S. 299 (1941), Washington D.C, 26 de maio de 1941.

ESTADOS UNIDOS DA AMÉRICA. Supreme Court of the United States. **United States v. Congress of Industrial Organizations**, 335 U.S. 106 (1948), Washington D.C, 21 de junho de 1948.

ESTADOS UNIDOS DA AMÉRICA. Supreme Court of the United States. **Whitney v. California**, 274 U.S. 357 (1927), Washington D.C, 16 de maio de 1927.

FARRAND, Max. ***The Framing of the Constitution of the United States***. New Haven: Yale University Press, 1913.

GARNER, Bryan A (Ed.). ***Black's Law Dictionary***. 11. ed. St. Paul: Thomson Reuters, 2019.

MAIER, Pauline. ***Ratification***: *the people debate the Constitution*, 1787-1788. Nova Iorque: Simon and Schuster, 2010.

PAULSEN, Michal Stokes; PAULSEN, Luke. ***The Constitution***: *an introduction*. Nova Iorque: Basic Books, 2015.

SMYTHE, Donald J. *The Rise of the Corporation, the Birth of Public Relations, and the Foundations of Modern Political Economy*. **Washburn Law Journal**, v. 50, p. 635-684, 2011.

SORAUF, Frank J. *Politics, Experience and The First Amendment: the case of American Campaign Finance*. **Columbia Law Review**, v. 94, n. 4, p. 1348-1368, may. 1994.

WINKLER, Adam. *Corporate Personhood and the Rights of Free Speech*. **Seattle University Law Review**, v. 30, n. 4, p. 863-874, 2007.

WOOD, Gordon S. ***Empire of Liberty***: *a history of the early republic*, 1789-1815. Nova Iorque: Oxford Universty Press, 2009.

44. *SHELBY COUNTY V. HOLDER*, 2013

O DIREITO AO VOTO IGUALITÁRIO NO SISTEMA NORTE-AMERICANO

ANA BEATRIZ ROBALINHO

Introdução

Shelby County v. Holder[1], decidido em 25 junho de 2013, resolveu a disputa entre o Condado de Shelby, no Estado do Alabama, e o então *Attorney General*, Eric Holder. Sob a égide de disposições específicas do *Voting Rights Act* (Lei sobre o direito de voto), Holder era o principal responsável por analisar e bloquear legislações eleitorais estaduais que gerassem efeitos discriminatórios sobre minorias.

Perante a Suprema Corte, instaurou-se o conflito entre as disposições protetivas da igualdade[2] e do acesso ao voto[3], contidas na Décima Quarta e Décima Quinta Emendas à Constituição Americana, e aque-

[1] **Shelby County v. Holder**, 570 US 529 (2013).

[2] A igual proteção é cláusula contida na Seção 1 da 14ª Emenda à Constituição dos EUA: "Todas as pessoas nascidas ou naturalizadas nos Estados Unidos e sujeitas à sua jurisdição são cidadãos dos Estados Unidos e do Estado em que residem. Nenhum Estado deve fazer ou aplicar qualquer lei que reduza os privilégios ou imunidades dos cidadãos dos Estados Unidos; nenhum Estado privará qualquer pessoa de sua vida, liberdade ou propriedade, sem o devido processo legal; nem negar a qualquer pessoa dentro de sua jurisdição a igual proteção das leis". Cf. Constituição (1787). **14th Amendment**. Estados Unidos da América, 1868.

[3] A 15ª Emenda, também parte do processo de reconstrução, garantiu o direito ao voto à população negra (Seção 1), além de conferir poderes ao Congresso para assegurar a aplicabilidade de tais direitos (Seção 2). Cf. Constituição (1787). **15th Amendment**. Estados Unidos da América, 1870.

las acerca das competências e soberania dos estados, compreendidas no artigo Quarto e na Décima Emenda[4] da mesma Carta. A Corte deveria determinar se a renovação das restrições do *Voting Rights Act* sobre a autonomia legislativa dos estados excederia a autoridade do Congresso nos termos da Décima Quarta e Décima Quinta Emendas e, portanto, violaria a Décima Emenda e o artigo Quarto.

1. Contexto histórico

A população afrodescendente estadunidense conquistou o direito ao voto somente em 1870, quando foi ratificada a Décima Quinta Emenda à Constituição – que formou, juntamente com a Décima Terceira e Décima Quarta Emendas, as chamadas Emendas de Reconstrução, diretamente ligadas ao processo de profundas mudanças estruturais que afetaram o país com o fim da Guerra de Secessão. Foram essas Emendas que levaram as garantias de humanidade, cidadania, igualdade e voto para pessoas de cor à Constituição do século XVIII – até então tolerante à escravidão. De quebra, inauguraram uma nova era no constitucionalismo americano, consagrando uma grande expansão do poder de interferência da União sobre a soberania dos estados.[5]

As três Emendas de Reconstrução se dirigiam diretamente aos legisladores, afirmando, alternativamente, que "o *Congresso* deverá fazer cumprir [essas disposições] por meio de legislação" ou "nenhum *estado* deverá fazer ou cumprir qualquer lei que (...)." A Décima Quinta Emenda estabelecia que "o direito dos cidadãos dos Estados Unidos de votar não deve ser negado ou restringido pelos Estados Unidos ou por qualquer estado devido à raça, cor ou condição anterior de servidão"[6] e determinava que o Congresso teria o poder para fazer cumprir essa disposição por meio de legislação.

[4] A 10ª Emenda, manifestação típica de um Estado Federado, traz uma reserva de poderes aos estados. "Os poderes não delegados aos Estados Unidos pela Constituição, nem proibidos por ela aos estados, estão reservados aos respectivos estados ou ao povo". Cf. Constituição (1787). **Bill of Rights**. Estados Unidos da América, 1891.

[5] Sobre o tema, ver Ackerman, Bruce. *The Living Constitution.* **Harvard Law Review**, v. 120, n. 7, p. 1737-1812, 2007.

[6] Vide nota 4.

Quase cem anos se passaram antes que o Congresso americano cumprisse a prescrição contida na Décima Quinta Emenda, que, em seu primeiro século de vigência, foi frontal e repetidamente desrespeitada por diversos estados. Leis eleitorais estaduais sistematicamente violavam o acesso de pessoas de cor ao voto, estabelecendo desde exigências de renda até testes de aptidão intelectual, em práticas consistentes com as políticas de *Jim Crown*, que não encontravam limite nem mesmo na Suprema Corte.[7]

Foi somente a partir da Revolução dos Direitos Civis, iniciada pela própria Corte nos anos 1950, quando declarou inconstitucional a política de segregação racial, que a União finalmente se dispôs a intervir para proteger os direitos políticos dos negros. Em 1965, foi aprovado o *Voting Rights Act*, legislação irmã do celebrado *Civil Rights Act*, de 1964.[8] Entre suas disposições fundamentais se encontrava a Seção 5, proibindo determinados distritos eleitorais de promulgar mudanças em suas leis e procedimentos eleitorais sem obter autorização oficial da União; a Seção 4, por sua vez, estabeleceu uma fórmula que definiu os distritos eleitorais sujeitos à restrição por meio de critérios que identificaram aqueles em que a discriminação racial estava mais presente nas leis eleitorais.

A fórmula contida na Seção 4 selecionou distritos eleitorais em nove estados: Alabama, Geórgia, Louisiana, Mississippi, Carolina do Sul, Virginia, Carolina do Norte e Arizona – os sete primeiros abarcados de forma integral. Inicialmente, essa seleção e a própria existência do mecanismo de controle contido na Seção 5 deveriam ser revistos em cinco anos. A revisão aconteceu, tendo o Congresso renovado a restrição não apenas em 1970, mas sucessivamente nas quatro décadas seguintes. A última revisão aconteceu em 2006, quando as ressalvas foram estendidas por 25 anos, até 2031, além de seu escopo ter sido ampliado para incluir diversos outros distritos eleitorais. A Suprema Corte também analisou os dispositivos contidos nas Seções 4 e 5 do *Voting Rights Act* e os declarou compa-

[7] Ackerman, Bruce. ***We the People, Volume 3****: The Civil Rights Revolution.* Cambridge: Belknap Press, 2014, p. 127 e ss.

[8] Balkin, Jack M. History Lesson, **Legal Aff**, p. 44-49, 2002.

tíveis com a Constituição em sucessivos precedentes em 1966[9], 1973[10], 1980[11] e 1999.[12]

2. Aspectos importantes da decisão

O Condado de Shelby, no estado do Alabama, propôs uma ação buscando a declaração *facial* de inconstitucionalidade das Seções 4 e 5 do *Voting Rights Act*. Isso significa dizer que a impugnação foi abstrata – uma raridade no direito norte-americano –, e não um questionamento que surgiu de uma aplicação específica dos dispositivos impugnados. A Corte local e o Tribunal de Circuito reafirmaram a constitucionalidade dos dispositivos. A Suprema Corte concedeu o *certiorari*,[13] e reformou a decisão do Tribunal de Circuito, declarando a inconstitucionalidade da Seção 4 do *Voting Rights Act*. A Seção 5 não foi declarada inconstitucional, mas restou esvaziada sem a disposição contida na Seção 4.

O voto da maioria, composta naquele julgamento por cinco *Justices*, foi escrito pelo *Chief Justice* John Roberts, ao qual se uniram os *Justices* Scalia, Thomas, Alito e Kennedy. Roberts iniciou o voto afirmando que as disposições impugnadas representavam um desvio significativo dos princípios do federalismo norte-americano: isso porque, por um lado, estabeleciam a necessidade de autorização da União para a promulgação de leis estaduais e, por outro lado, tratavam diferentes estados de forma desigual, instituindo que apenas alguns deles precisariam de tal autorização.

O *Chief Justice* reconheceu que, à época em que foi promulgado o *Voting Rights Act*, esse desvio se justificava por circunstâncias extraordinárias, o que o próprio legislador reconhecera ao determinar que as disposições deveriam ser revistas após cinco anos. Sua crítica se volta às sucessivas renovações autorizadas pelo Congresso ao longo do tempo, especialmente à última, de 2006. Para tanto, a opinião arguiu que as

[9] **South Carolina v. Katzenbach**, 383 US 301 (1966).

[10] **Georgia v. United States**, 411 US 526 (1973).

[11] **City of Rome v. United States**, 446 US 156 (1980).

[12] **Lopez v. Monterey County**, 519 US 9 (1996).

[13] *Writ of certiorari* é o documento pelo qual a Corte decide se o caso será ou não apreciado.

circunstâncias que autorizaram as medidas extraordinárias contidas nas Seções 4 e 5 do *Voting Rights Act* não estariam mais presentes.[14]

Roberts argumentou que enquanto nos anos 1960 havia uma diferença brutal entre eleitores brancos e negros, proporcionalmente à população dos estados atingidos pelas restrições, essa diferença já não existia mais em 2006. De fato, "a diferença racial no registro e participação eleitoral [já era] menor nos estados originalmente cobertos pela Seção 5 do que a média do país."[15] Afirmou, ademais, que discriminações flagrantes na legislação eram cada vez mais raras e que pessoas de cor ocupam cada vez mais cargos eletivos. Analisou, por fim, que os próprios mecanismos inibitivos do *Voting Rights Act* vinham sendo cada vez menos utilizados em relação aos distritos eleitorais discriminados. Concluiu, assim, ser necessário verificar se os "altos custos para o federalismo"[16] ainda se justificariam.

Nesse trecho da decisão, Roberts desenvolveu o que ficou conhecido como a "Doutrina da Igual Soberania". A premissa dessa doutrina é simples: todos os estados americanos retêm uma parcela de *igual* soberania sob a Constituição, o que sugere que quaisquer restrições à soberania estatal devem ser igualmente aplicáveis a todos os estados. O *Chief Justice* citou precedentes em que a Suprema Corte teria reconhecido e aplicado a Doutrina da Igual Soberania, concluindo que:

> (...) apesar da tradição da Igual Soberania, a Lei se aplica a apenas nove estados (e vários distritos adicionais). Enquanto um estado espera meses ou anos... para implementar uma lei validamente promulgada, seu vizinho pode normalmente colocar a mesma lei em vigor imediatamente, por meio do processo legislativo normal.[17]

A opinião da maioria insistiu que as graves violações ao federalismo e à Doutrina da Igual Soberania, perpetradas pelos dispositivos impugnados do *Voting Rights Act*, não estariam devidamente justificadas pela análise de circunstâncias que existiam em 1965, mas não mais subsistentes. Reiterou,

[14] 570 U.S. 529 (2013).

[15] 570 U.S. 529 (2013), p. 2 do voto da Corte.

[16] 570 U.S. 529 (2013), p. 6 do voto da Corte.

[17] 570 U.S. 529 (2013), p. 2 do voto da Corte.

assim, que as condições nos estados afetados mudaram radicalmente, com a extinção das políticas de exclusão que os dispositivos foram criados para combater e o aumento expressivo de eleitores de cor registrados, ao ponto de que não mais se verificar uma diferença significativa entre eleitores brancos e não brancos, proporcionalmente às respectivas populações.

Roberts demonstrou que o Congresso reconheceu esse progresso (citando debates legislativos no processo de revalidação das Seções 4 e 5 em 2006) e, mesmo, assim, manteve as restrições intactas e, até mesmo, ampliou seu escopo. Numa linguagem bem mais ampla do que sua redação original, a Seção 5 passou a proibir mudanças na legislação com "qualquer propósito discriminatório", bem como alterações que diminuíssem a capacidade dos cidadãos, por conta de raça, cor ou status de minoria linguística, de "eleger seus candidatos de escolha."

Segundo o *Chief Justice*, o Congresso argumentou que, como a fórmula utilizada para definir quais estados deveriam sofrer as restrições contidas nas Seções 4 e 5 do *Voting Rights Act* era relevante em 1965, seu uso continuava a ser permitido, "desde que qualquer discriminação permaneça nos estados identificados pelo Congresso naquela época – independentemente de como essa discriminação se compara à discriminação em estados isentos da cobertura."[18] Roberts insistiu que essa interpretação ignorava a história que se desenvolveu após 1965, fundamental, segundo ele, para definir as "condições atuais" – aquelas nas quais seria admissível o Congresso se basear para estabelecer uma nova fórmula de cobertura para a aplicação das restrições da Seção 5.

O fato de que o Congresso manteve a fórmula desenhada na Seção 4 foi a justificativa da maioria para acusá-lo de ignorar todo o desenvolvimento histórico posterior a 1965; afinal, na interpretação do voto de Roberts, levar em consideração esse desenvolvimento histórico certamente resultaria em uma alteração dos critérios estabelecidos naquela fórmula, já que ele enxergava, nas estatísticas acerca dos eleitores brancos e negros, no fim das leis flagrantemente discriminatórias e na eleição de candidatos de minorias étnico-raciais, o fim do problema da discriminação racial eleitoral nos distritos originalmente atingidos.

[18] 570 U.S. 529 (2013), p. 19 do voto da Corte.

Por esse motivo, a opinião da Corte declarou a inconstitucionalidade da Seção 4 e da fórmula que estabelecia os critérios para definir quais estados seriam submetidos às restrições da Seção 5, mas não a Seção 5 em si, afirmando que o Congresso poderia elaborar outra fórmula com base nas condições atuais.

O voto dissidente foi escrito pela *Justice* Ruth Bader Ginsburg, à qual se juntaram os *Justices* Breyer, Kagan e Sotomayor. Ela começou declarando que, para a maioria da Corte, o sucesso que a Seção 5 do *Voting Rights Act* alcançou em prevenir e remediar as práticas eleitorais discriminatórias foi justamente o que a condenou a ser nulificada. Por outro lado, Ginsburg analisou, confrontado com o mesmo sucesso, o Congresso entendeu que muito ainda deveria ser feito – e que a discriminação eleitoral estava longe de ser erradicada. A *Justice* concluiu, assim, que o caso em julgamento seria primordialmente sobre a definição do responsável por determinar se as restrições contidas na Seção 5 seguiriam necessárias: a Corte ou o Congresso.Ginsburg, assim como a maioria, se debruçou sobre a história da discriminação eleitoral nos estados afetados pelas restrições do *Voting Rights Act* após 1965. O foco, no entanto, foi dado a outros dados. A *Justice* concentrou-se na significativa quantidade de legislações eleitorais provenientes dos estados afetados barradas pelo governo federal por serem consideradas discriminatórias ao longo dos anos. Argumentou, ademais, que o aumento de eleitores registrados integrantes de minorias étnico-raciais levou a um aumento de outras estratégias para diminuir a força do voto dessas minorias, as chamadas barreiras de Segunda Geração.

Além da história do período que se seguiu à promulgação do *Voting Rights Act*, o voto dissidente também analisou a história da promulgação da própria Décima Quinta Emenda, sua base constitucional. Ginsburg demonstrou que o sentido das Seções 4 e 5 é absolutamente consistente com o espírito das Emendas de Reconstrução, que possuíam o objetivo declarado de "armar o Congresso com o poder e a autoridade para proteger todas as pessoas dentro da Nação de violações de seus direitos por parte dos Estados."[19]

[19] 570 U.S. 529 (2013), p. 10 do voto dissidente de Ginsburg.

A análise histórica das Emendas de Reconstrução foi a base para que a *Justice* concluísse que o julgamento adequado da legislação impugnada deveria ser realizado por um simples teste de racionalidade: verificar se o legislador selecionou um meio racional e adequado para atingir um fim legítimo. Ginsburg apontou que esse patamar já havia sido estabelecido pela própria Corte na primeira vez em que foi analisada a constitucionalidade das Seções 4 e 5 do *Voting Rights Act*, em 1966.

A opinião demonstrou em seguida que, justamente por já ter sido aplicado anteriormente, a chance de os dispositivos falharem no teste de racionalidade seria muito pequena. Afinal, o fardo do Congresso seria significativamente menor: ele só precisaria demonstrar que as circunstâncias que autorizaram a criação dos dispositivos ainda existiam em grau suficiente para justificar a manutenção das restrições. Nesse ponto, Ginsburg argumentou que, após 40 anos de vigência, seria natural e esperado que a situação da discriminação eleitoral no Sul houvesse melhorado. E, na verdade, a demonstração de que a sistemática montada pelo *Voting Rights Act* estava funcionando seria fundamental para justificar a sua renovação.

Ginsburg acrescentou, ainda, que existe um mecanismo de *bail out*, previsto na própria lei, que permite que distritos eleitorais demonstrem ter abolido práticas discriminatórias por dez anos seguidos para serem retirados do escopo das restrições contidas nas Seções 4 e 5. No entanto, os estados originalmente restringidos jamais conseguiram sair porque tiveram, ao longo dos anos, diversas legislações eleitorais bloqueadas pela União em razão de seus efeitos discriminatórios. Essa persistência também demonstraria a racionalidade da manutenção das medidas restritivas naqueles distritos eleitorais.

A opinião dissidente também questionou o fato de que o Condado de Shelby propôs uma declaração facial ou abstrata de inconstitucionalidade das Seções 4 e 5 do *Voting Rights Act*, ou seja, embora o Condado esteja abarcado pelas restrições impostas pelos dispositivos, ele não questionou uma restrição a uma legislação específica. Essa impugnação, segundo Ginsburg, violou a tradição do "caso ou controvérsia" que caracteriza o direito constitucional norte-americano; ela cita precedentes da própria Suprema Corte nos quais se explicita que, naquele sistema, não cabe aos Tribunais julgar, de forma abstrata, a validade das leis perante a Constituição.

Ginsburg argumentou que o Condado de Shelby não teria qualquer base para questionar sua inclusão no escopo das restrições das Seções 4 e 5, uma vez que o estado do Alabama era um campeão nacional de leis eleitorais barradas ou anuladas por gerarem efeitos discriminatórios. E concluiu que, nos termos da jurisprudência da Corte, se o Condado de Shelby não possui causa legítima para exigir que não se apliquem a ele as restrições do *Voting Rights Act*, o Tribunal não poderia declarar a inconstitucionalidade dos dispositivos em uma ação movida por ele.

Ginsburg objetou frontalmente a aplicação da Doutrina da Igual Soberania formulada pela opinião da maioria, uma vez que os precedentes da Suprema Corte, até então, haviam estabelecido que essa doutrina somente se aplicaria, enquanto princípio, no contexto da inclusão de novos estados – chegando a afirmar que sua aplicação seria inadmissível em outras circunstâncias. Ademais, a Corte rejeitara a aplicação da referida doutrina para declarar a inconstitucionalidade das restrições trazidas pelas Seções 4 e 5 do *Voting Rights Act* de forma expressa, em 1966, no julgamento de *South Carolina v. Katzenbach*.

Essa conclusão levou Ginsburg a criticar veementemente a opinião da maioria, por não reconhecer ou justificar o *overrulling* do precedente estabelecido em *Katzenbach*, afirmando que "o Tribunal faz isso sem nenhuma explicação de porquê considera *Katzenbach* errado, muito menos qualquer discussão sobre se o *stare decisis*... aconselha a adesão à decisão de *Katzenbach* sobre a importância limitada do princípio da Igual Soberania."[20]

Por fim, o voto dissidente compilou uma lista de leis que estabelecem tratamento diferenciado entre estados, como a lei federal que permite jogos de azar somente nos estados em que eles estavam permitidos entre 1976 e 1990, e a alocação da assistência federal para agências de combate ao crime em zonas rurais somente para os estados de menor densidade populacional.

Concluindo que o argumento acerca da Igual Soberania não se sustentava, o voto dissidente apontou que o único fundamento para a decisão proferida pela maioria seria o de que as condições de desigualdade eleitoral nos estados afetados melhoraram desde 1965. Ginsburg, então, finali-

[20] 570 U.S. 529 (2013), p. 31 do voto dissidente de Ginsburg.

zou seu voto com uma de suas frases mais célebres, afirmando que anular as restrições porque elas estão funcionando é como jogar fora o guarda-chuva durante uma tempestade porque você não está se molhando.

O *Justice* Clarence Thomas, que votou com a maioria, assinou sozinho uma opinião concorrente em que defendeu a declaração de inconstitucionalidade não apenas da Seção 4, mas também da Seção 5 do *Voting Rights Act*. Thomas sustentou que como a Corte concluiu que o Congresso não conseguiu demonstrar a necessidade atual das restrições a determinados estados, não faria sentido permitir que ele estabelecesse uma nova fórmula para aplicação dessas restrições a quaisquer distritos eleitorais.

3. Repercussão da decisão

Quando as sustentações orais em *Shelby County* foram ouvidas, em fevereiro de 2013, a decisão foi profetizada, desde o mundo acadêmico até a grande mídia.[21] O choque e a indignação dos progressistas americanos foram maiores do que poderiam ter sido com a reversão de *Roe v. Wade*,[22] porque o *Voting Rights Act*, a joia da coroa do movimento dos direitos civis, sempre recebeu apoio bipartidário. Todas as renovações da fórmula estabelecida nas Seções 4 e 5, pelo Congresso, foram efetivadas durante os mandatos de presidentes republicanos: Nixon, em 1970; Ford, em 1975; Reagan, em 1982; e Bush, em 2006. Nessa última ocasião, a aprovação ocorreu por 98 a 0, no Senado, e 390 a 33, na Câmara.

Em um editorial no *The New York Times*, a jornalista Linda Greenhouse criticou duramente o comportamento dos *Justices* conservadores durante

[21] Cf. GREENHOUSE, Linda. *"A Big New Power"*. **The New York Times**. Disponível em: https://opinionator.blogs.nytimes.com/2013/03/06/a-big-new-power/; HOWE, Amy. *"Will Section 5 survive? The Shelby v. Holder argument in Plain English (with audio)"*. **SCOTUSblog**. Disponível em: https://www.scotusblog.com/2013/03/will-section-5-survive-shelby-v-holder-argument-in-plain-english-with-audio/; KATZ, Ellen. *Post-argument commentary: Dismissing deference*. **SCOTUSblog**. Disponível em: https://www.scotusblog.com/2013/02/post-argument-commentary-dismissing-deference/.

[22] *Roe v. Wade*, o caso em que a Suprema Corte declarou constitucional a realização do aborto no primeiro trimestre de gestação nos Estados Unidos, está no centro dos debates entre conservadores e progressistas há mais de quatro décadas. Sobre os impactos políticos de *Roe v. Wade*, ver POST, Robert; SIEGEL, Reva B. *Roe Rage: Democratic Constitutionalism and Backlash*. **Harvard Civil Rights and Civil Liberties Law Review**, v. 42, p. 373, 2007.

as sustentações. Antonin Scalia fez uma das declarações mais criticadas de sua carreira[23] ao afirmar que o *Voting Rights Act* promovia a "perpetuação do direito racial". John Roberts, por sua vez, comparou as porcentagens de votação de minorias étnico-raciais no Mississippi e em Massachusetts, chegando a afirmar que elas eram superiores no primeiro estado. Greenhouse se limitou a perguntar se seria melhor ser negro no Mississippi do que em Massachusetts nos Estados Unidos de 2013.[24]

Com o falecimento de Ruth Bader Ginsburg em 2020, os editoriais em sua homenagem recuperaram seu título de "Grande Dissidente", lembrando que a *Justice* foi tão ou mais lendária quando se colocou na minoria do que quando escreveu opiniões majoritárias.[25] Apesar de uma vida dedicada aos direitos de gênero, muitos consideram que Ginsburg escreveu seu mais importante voto dissidente em *Shelby County*. Além de ter desmontado os argumentos da maioria com eloquência e técnica, utilizando os precedentes da própria Corte e o apreço que os juízes conservadores sempre declararam à autocontenção judicial, Ginsburg foi profética ao teorizar o que aconteceria com a queda da fórmula protetora da Seção 4.

Nos quase oito anos desde que a decisão em *Shelby* foi publicada, o Congresso não aprovou uma nova fórmula de cobertura para substituir a que foi derrubada pela Corte. A manutenção da fórmula anterior, praticamente inalterada, por mais de 40 anos, se deveu, entre outras coisas, à dificuldade política de se estabelecer uma nova fórmula, em face da polarização político-partidária nos Estados Unidos. Como Scalia ironicamente observou durante as sustentações orais em *Shelby*, o peso histórico do movimento dos direitos civis era grande demais para ser diretamente desafiado por políticos de qualquer afiliação ideológica. A aprovação do *Voting Rights Act* está diretamente ligada ao massacre de Selma, quando John Lewis liderou uma marcha pelo direito ao voto, no mesmo estado do

23

24 Greenhouse, Linda. *'A Big New Power'*. **The New York Times**, 6 de março de 2013. Disponível em: https://opinionator.blogs.nytimes.com/2013/03/06/a-big-new-power/.
25 Lepore, Jill. "Ruth Bader Ginsburg: The Great Equalizer." New Yorker. Disponível em: https://www.newyorker.com/news/postscript/ruth-bader-ginsburg-supreme-court-the-great-equalizer-obituary/. Acesso em: 5 maio 2021.

Alabama do Condado de Shelby.[26] Mas, como Ginsburg já previa em sua decisão, uma vez que o *status quo* já havia sido alterado, a pressão política não seria a mesma.

Ginsburg também escancarou as incoerências da maioria conservadora, tradicionalmente defensora da autorrestrição e entusiasta da interpretação originalista dos dispositivos constitucionais. *Shelby County* foi o retrato de uma decisão ativista, em que a Corte se sobrepôs à vontade da maioria esmagadora do Congresso, formada após extensos e aprofundados debates públicos, ignorando seus próprios precedentes acerca da aplicação deferente do teste de racionalidade. A opinião da maioria também ignorou completamente a história da adoção da Décima Quinta Emenda – que Antonin Scalia declararia, até o fim de sua vida, ser o único e melhor critério de interpretação constitucional.[27] O Professor Akhil Amar, citado por Ginsburg, demonstra claramente que uma interpretação histórica favoreceria a manutenção dos dispositivos do *Voting Rights Act*, inclusive quanto ao tratamento desigual conferido aos estados.[28]

O desmonte dos dispositivos de proteção do *Voting Rights Act* voltou ao centro da opinião pública em 2021. Desde a maciça derrota republicana nas eleições de 2020, as legislações eleitorais de cunho marcadamente discriminatório vêm se multiplicando. O símbolo dessa nova onda é o estado da Geórgia, talvez o maior marco da derrocada republicana. A

[26] Barack Obama proferiu um discurso lendário no aniversário de 50 anos do massacre de Selma, em 2015. V. OBAMA, Barack. *"Remarks by the President at the 50th Anniversary of the Selma to Montgomery Marches"*. **The White House**, 7 de março de 2015. Disponível em: https://obamawhitehouse.archives.gov/the-press-office/2015/03/07/remarks-president-50th-anniversary-selma-montgomery-marches.

[27] SCALIA, Antonin. *Originalism: the lesser evil.* **University of Cincinnati Law Review**, v. 57, 1988.

[28] Amar observa que "(...) cada seção...da própria Décima Quarta Emenda foi adotada por um processo no qual certos estados estavam sujeitos a uma espécie de pré-autorização seletiva. No próprio processo pelo qual a Seção 5 e o restante da Décima Quarta Emenda foram adotados, certos estados com lamentável histórico eleitoral foram obrigados a obter pré-aprovação de funcionários federais para fazer coisas que outros estados com registros eleitorais mais limpos foram autorizados a fazer automaticamente. Mas seria absurdo dizer que a Seção 5 da Décima Quarta Emenda era em si ilegal. E o que é verdade sobre a Seção 5 (da Emenda) aplica-se à Seção 5 (do Voting Rights Act)". AMAR, Akhil Reed. *Lawfulness of Section 5-And Thus of Section 5.* **Harvard Law Review**, v. 126, p. 109-121, 2012.

Geórgia, que não elegia um presidente democrata há 28 anos, concedeu a vitória à Joe Biden sobre Donald Trump por uma diferença de menos de 12.000 votos. Posteriormente, esse estado foi responsável por garantir uma improvável maioria democrata no Congresso ao eleger, pela primeira vez em duas décadas, dois senadores democratas.[29]

Em março, a Geórgia aprovou uma nova lei eleitoral, conhecida como S.B. 202, ostensivamente para prevenir fraudes nas eleições. Rapidamente, entretanto, a opinião pública identificou efeitos discriminatórios preocupantes. Um dos principais alvos da nova lei são os chamados votos de ausentes, enviados com antecedência pelos correios. Nas eleições de 2020, eles representaram quase 26% de todos os votos do estado e favoreceram maciçamente os democratas. Uma série de dispositivos dificulta o acesso e a entrega dos votos de ausentes, diminuindo o período pré--eleições em que os formulários para esses votos podem ser requisitados, instituindo avaliações mais rigorosas de identificação dos formulários e diminuindo os horários em que as caixas de correio especiais podem receber esses votos.

Uma das disposições mais controversas da nova lei torna uma contravenção oferecer comida ou água para eleitores aguardando na fila para votar. Filas longas acontecem com maior frequência em grandes centros urbanos, especialmente nos bairros periféricos, em que a população é majoritariamente de cor e os democratas costumam vencer. As filas tenderão a ser ainda mais longas com as provisões da lei que diminuem o acesso aos votos antecipados.[30]

A lei da Geórgia exemplifica perfeitamente as barreiras de segunda geração que Ruth Bader Ginsburg alertou, em 2013, ainda serem uma séria ameaça à democracia. A S.B. 202 já está sendo questionada no judiciário, mas é impensável que uma Suprema Corte ainda mais conserva-

[29] Miao, Hannah. *"Democrats' historic Georgia Senate wins were years in the making thanks to local grassroots"*. **CNBC**, 9 de janeiro de 2021. Disponível em: https://www.cnbc.com/2021/01/09/democrats-historic-georgia-senate-wins-were-years-in-the-making-thanks-to-local-grassroots.html.

[30] Corasaniti, Nick; Epstein, Reid J. *"What Georgia's Voting Law Really Does"*. **The New York Times,** 2 de abril de 2001. Disponível em: https://www.nytimes.com/2021/04/02/us/politics/georgia-voting-law-annotated.html.

dora do que aquela que julgou *Shelby County* apoie sua inconstitucionalidade. Antes da decisão proferida em *Shelby*, a S.B. 202 sequer teria se tornado lei. Ela teria sido derrubada pelo *Attorney General*, que sob a sistemática das Seções 4 e 5 do *Voting Rights Act* era o principal responsável pelo bloqueio de leis eleitorais estaduais de cunho discriminatório. Numa ironia adicional, em 2021 esse papel seria de Merick Garland, o indicado de Barack Obama para preencher a vaga de Antonin Scalia, que teve sua sabatina negada pelo Senado e nunca chegou à Suprema Corte – onde poderia ter ajudado a reverter *Shelby County*.

Conclusões

Shelby County permanece o precedente mais impopular já produzido pela Corte Roberts, sendo uma das decisões que mais colocou a Suprema Corte em rota de colisão com a sociedade americana em toda a sua história. Se adotarmos as premissas da teoria dos momentos constitucionais, de Bruce Ackerman, o sistema constitucional norte-americano vive sob a égide da Revolução dos Direitos Civis, a última transformação paradigmática sofrida pela Constituição. Sob esse paradigma, leis como o *Civil Rights Act* e o *Voting Rights Act* são tão importantes quanto a Constituição em si – e devem ser lidos, de fato, como parte integrante da Constituição.[31]

A Suprema Corte foi profundamente criticada por não reconhecer que as barreiras de segunda geração oferecem tanto perigo para a democracia quanto as barreiras de primeira geração, virtualmente eliminadas pelo *Voting Rights Act*. Trata-se de um posicionamento preocupante para a proteção dos direitos fundamentais em outras áreas, porque nega a própria natureza das ameaças à democracia no século XXI, que recorrem à aparência de legalidade, não ao confronto direito. Mas do ponto de vista estritamente jurídico, as críticas que a Corte recebeu derivam de sua incapacidade de assimilar os novos paradigmas do direito constitucional norte-americano e reconhecer que, após os eventos transformadores dos anos 1950 e 1960, a proteção da igualdade supera a do federalismo.

[31] Ackerman, Bruce. ***We the People, Volume 3****: The Civil Rights Revolution*. Cambridge: Belknap Press, 2014.

Referências

ACKERMAN, Bruce. *The Living Constitution.* **Harvard Law Review**, v. 120, n. 7, p. 1737-1812, 2007.

ACKERMAN, Bruce. ***We the People, Volume 3**: The Civil Rights Revolution.* Cambridge: Belknap Press, 2014.

AMAR, Akhil Reed. *Lawfulness of Section 5-And Thus of Section 5.* **Harvard Law Review**, v. 126, p. 109-121, 2012.

BALKIN, Jack M. *History Lesson.* **Legal Affairs**, p. 44-49, 2002.

ESTADOS UNIDOS DA AMÉRICA. Constituição (1787). **14th Amendment**. Estados Unidos da América, 1868.

ESTADOS UNIDOS DA AMÉRICA. Constituição (1787). **15th Amendment**. Estados Unidos da América, 1870.

ESTADOS UNIDOS DA AMÉRICA. Constituição (1787). **Bill of Rights**. Estados Unidos da América, 1891.

ESTADOS UNIDOS DA AMÉRICA. Supreme Court of the United States. **City of Rome v. United States**, 446 U.S. 156 (1980), Washington D.C, 22 de abril de 1980.

ESTADOS UNIDOS DA AMÉRICA. Supreme Court of the United States. **United States v. Georgia**, 546 U.S. 151 (2006), Washington D.C, 10 de janeiro de 2006.

ESTADOS UNIDOS DA AMÉRICA. Supreme Court of the United States. **South Carolina v. Katzenbach**, 383 U.S. 301 (1966), Washington D.C, 7 de março de 1966.

ESTADOS UNIDOS DA AMÉRICA. Supreme Court of the United States. **Lopez v. Monterey County**, 519 U.S. 9 (1996), Washington D.C, 6 de novembro de 1996.

ESTADOS UNIDOS DA AMÉRICA. Supreme Court of the United States. **Shelby County v. Holder**, 570 U.S. 529 (2013), Washington D.C, 25 de junho de 2013.

ESTADOS UNIDOS DA AMÉRICA. Supreme Court of the United States. **Roe v. Wade**, 410 U.S. 113 (1973), Washington D.C, 23 de janeiro de 1973. CORASANITI, Nick; EPSTEIN, Reid J. *"What Georgia's Voting Law Really Does"*. **The New York Times**, 2 de abril de 2001. Disponível em: https://www.nytimes.com/2021/04/02/us/politics/georgia-voting-law-annotated.html.

GREENHOUSE, Linda. *"A Big New Power"*. **The New York Times**, 3 de março de 2013. Disponível em: <https://opinionator.blogs.nytimes.com/2013/03/06/a-big-new-power/.

HOWE, Amy. *"Will Section 5 survive? The Shelby v. Holder argument in Plain English (with audio)"*. **SCOTUSblog**, 6 de março de 2013. Disponível em: https://www.scotusblog.com/2013/03/will-section-5-survive-shelby-v-holder--argument-in-plain-english-with-audio/.

KATZ, Ellen. *Post-argument commentary: Dismissing deference*. **SCOTUSblog**, 28 de fevereiro de 2013. Disponível em: <https://www.scotusblog.com/2013/02/post-argument-commentary-dismissing-deference/.

LEPORE, Jill. *"Ruth Bader Ginsburg, the Great Equalizer: How a scholar, advocate, and judge upended the entirety of American political thought"*. **The New Yorker**, 18 de setembro de 2020. Disponível em: <https://www.newyorker.com/news/postscript/ruth-bader-ginsburg-supreme-court-the-great-equalizer-obituary/.

MIAO, Hannah. *"Democrats' historic Georgia Senate wins were years in the making thanks to local grassroots"*. **CNBC**, 9 de janeiro de 2021. Disponível em: <https://www.cnbc.com/2021/01/09/democrats-historic-georgia-senate--wins-were-years-in-the-making-thanks-to-local-grassroots.html.

OBAMA, Barack. *"Remarks by the President at the 50th Anniversary of the Selma to Montgomery Marches"*. **The White House**, 7 de março de 2015. Disponível em: https://obamawhitehouse.archives.gov/the-press-office/2015/03/07/remarks-president-50th-anniversary-selma-montgomery-marches.

POST, Robert; SIEGEL, Reva B. *Roe Rage: Democratic Constitutionalism and Backlash*. **Harvard Civil Rights and Civil Liberties Law Review**, v. 42, p. 373, 2007.

SCALIA, Antonin. *Originalism: the lesser evil*. **University of Cincinnati Law Review**, v. 57, 1988.

45.
OBERGEFELL V. HODGES, 2015
O CAMINHO JURISPRUDENCIAL DA SUPREMA CORTE ATÉ O CASAMENTO CIVIL HOMOAFETIVO

PAULO ROBERTO IOTTI VECCHIATTI

Introdução

Analisar-se-á, aqui, a luta judicial pelo direito à diversidade sexual no Direito das Famílias nos EUA, que culminou com o reconhecimento do direito ao casamento civil homoafetivo na decisão de *Obergefell v. Hodges,* em 2015. O intuito desta análise de uma cadeia de precedentes que levou a *Obergefell* é mostrar toda a riqueza do debate estadunidense sobre os direitos de casais objetivos. Visa-se, ainda, mostrar que a interpretação dos precedentes da Suprema Corte com coerência e integridade[1], à luz dos princípios que lhe são subjacentes, torna *Obergefell* uma decisão tanto correta quanto fácil.

1. Contexto histórico

Logo após a *Revolta de Stonewall,* em 1969, houve, nos Estados Unidos, alguns processos lutando pelo direito ao casamento civil homoafetivo, revolta essa considerada o grande marco na luta pelos direitos da população LGBTI+ (Lésbicas, Gays, Bissexuais, Travestis, Transexuais

[1] DWORKIN, Ronald. **O império do direito**. Tradução de Jefferson Luiz Camargo. 2. ed. São Paulo: Ed. Martins Fontes, 2007.

e Intersexos).[2] Não obstante, o Movimento LGBTI+ foi inicialmente identificado como "Movimento Homossexual" ou "Movimento Gay", passando depois por evoluções terminológicas à luz das demandas por especificação identitária, no mesmo sentido do movimento de especificação dos direitos humanos[3], à luz do princípio da igualdade material e do direito à diferença.[4]

[2] A *Revolta de Stonewall* ocorreu em razão de um contexto de estrutural homotransfobia estatal da sociedade estadunidense em seu sistema legal institucionalmente e expressamente homotransfóbico, neste caso, por leis que proibiam até mesmo a venda de bebidas alcoólicas para pessoas LGBTI+. A polícia foi ao bar *Stonewall Inn* para efetivar essa repressão estatal homotransfóbica, oportunidade na qual pessoas LGBTI+ do local reagiram, indignadas, enfrentando a polícia. Após dias de tumultos, realizou-se uma marcha pelos direitos da população LGBTI+, que é a origem histórica das Paradas do Orgulho LGBTI+.

[3] Bobbio, Norberto. **A Era dos Direitos**. Tradução de Carlos Nelson Coutinho. 5. Tir. Rio de Janeiro: Ed. Elsevier, 2004.

[4] Michael Boucai relata o contexto de ações judiciais pleiteando pelo direito ao casamento civil entre pessoas do mesmo gênero logo após a Revolta de Stonewall, mas falando delas como representativas de uma época em que a luta pelo casamento gay era radical (sic). Isso porque pleiteavam pelo direito ao casamento civil, mas questionando as bases machistas (hierárquico-patriarcais) do casamento de então e mesmo o dogma da monogamia. O artigo aponta que eram esperadas vitórias nas derrotas, colocando o tema das uniões entre pessoas do mesmo gênero em debate, pois ninguém seriamente imaginava ter êxito em tais ações tais nos anos 1970. Cf. Boucai, Michael. ***Glorious Precedents: When Gay Marriage Was Radical***. Yale Journal of Law & Humanities, v. 27, Issue 1, p. 1-82, 2015. O autor menciona uma época em que a luta pelo casamento gay (sic) era radical, porque decisões judiciais do século XXI, como a (da Suprema Corte) de Massachussets e até a de *Obergefell*, fundamentam-se afirmando que homossexuais são "cidadãos dignos de nossa sociedade, pagadores de impostos" e retóricas argumentativas afins. Alguns consideram que tal raciocínio seja manifestação de uma espécie de conservadorismo, tendo em vista que pessoas sem condições financeiras, inclusive com o nome negativado em cadastros de proteção ao crédito (etc) também devem ter o direito de se casar independentemente de serem integrantes valorosos(as) de nossa sociedade, sabe-se lá o que isso queira dizer concretamente. Concordo em parte com a crítica: a uma, nós, LGBTI+, não somos pessoas ontologicamente subversivas, no melhor sentido da palavra, apenas por nossa orientação sexual ou identidade de gênero, donde quem quer se casar, deve ter o direito de se casar. Afinal, o enfrentamento da heternormatividade não deve gerar uma homonormatividade que imponha paradigmas subversivos (ou conservadores) da ordem social. Nesse sentido: Sarmento, Daniel. Casamento e União Estável entre Pessoas do Mesmo Sexo. Perspectivas Constitucionais. *In*: **Igualdade, Diferença e Direitos Humanos**. 2. Tir. Rio de Janeiro:

Nesse contexto, temos como grande marco na luta pelo direito ao casamento civil homoafetivo a decisão da Suprema Corte do Havaí, em *Baehr v. Lewin* (1993)[5] É uma decisão muito interessante porque, a princípio, negou aquele que é o principal pilar de *Obergefell*, a saber, a existência de um direito fundamental ao casamento civil também entre pessoas do mesmo gênero. Isso é histórica e pragmaticamente compreensível, pois ainda não havia passado nem uma década da nefasta decisão de *Bowers v. Hardwick* (1986)[6], na qual a Suprema Corte negou, de maneira absurda, a aplicação do direito fundamental à privacidade às relações sexuais entre

Ed. Lumen Juris, 2010, p. 656-657. O autor relata que parte de pensadores e ativistas da "esquerda cultural" se opõem à ideia de casamento, por entenderem que seria uma fórmula assimilacionista e careta, que normalizaria homossexuais em uma instituição conservadora e opressiva, quando o bom combate deveria ser o da afirmação da identidade e da cultura gay (sic). A isso, o autor responde (corretamente, a meu ver) que se trata de uma argumentação autoritária, por visar definir de antemão quais os objetivos e planos de vida que cada um(a) pode perseguir, ao passo que a luta pela extensão do direito ao casamento civil a casais do mesmo gênero não é pelo dever de casar, mas pela possbilidade de fazê-lo se assim o desejarem, o que traduz, em última instância, um respeito pela própria individualidade de cada pessoa, sem discriminação por sua orientação sexual. Assim, conclui que essa forma de radicalismo esconde um viés autoritário, porque não tolera que a pessoa não-heterossexual opte por um modelo mais tradicional de vida, de acordo com os padrões hegemônicos, o que peca por uma reificação da identidade não-heterossexual, ao presumir, de forma essencialista, que todos os casais do mesmo gênero deveriam adotar um estilo de vida de contestação da ordem vigente. Com toda razão, afirma que muitos(as) homossexuais [e, acrescento, pessoas LGBTI+ em geral] desejam viver assim e têm todo o direito de assim viver, mas há outras tantas pessoas LGBTI+ que não o são e não desejam questionar ou subverter as estruturas sociais, mas apenas viver a própria vida em paz (Ibid., pp. 657-658). Entendo que, por mais que se possa criticar moralmente pessoas que não desejam combater estruturas sociais opressoras, não se pode obriga-las a fazê-lo, de sorte que quem considera que o casamento civil seria "ontologicamente" conservador ou opressor, o que ignora a evolução legal garantidora de igualdade de direitos, sem hierarquias patriarcais no mesmo (embora ainda sem reconhecer o casamento civil poliafetivo, o que é um erro), não pode pretender que casais do mesmo gênero que desejam se casar não possam se casar. Essa é a questão. Ratificando e desenvolvendo a lição de Sarmento: Vecchiatti, Paulo Roberto Iotti. **Manual da Homoafetividade**: Da Possibilidade Jurídica do Casamento Civil, da União Estável e da Adoção por Casais Homoafetivos. 3. ed. Bauru: Ed. Spessoto, 2019 (no prelo: 4. ed. 2021).

[5] **Baehr v. Lewin**, 74 Haw. 530, 852 P.2d 44 (Haw. 1993).

[6] **Bowers v. Hardwick**, 478 U.S. 186 (1986).

pessoas do mesmo gênero, em surreal inversão de valores na qual declarou não haver um direito fundamental ao sexo homossexual na Constituição Americana (sic).[7] De qualquer forma, após negar tal lógica em *Baehr*, quando entendeu pela ausência de violação da cláusula constitucional do devido processo legal substantivo, por considerar supostamente inexistente um "direito fundamental" ao casamento civil entre pessoas do mesmo gênero (não obstante reconheça que o casamento civil já fosse considerado um direito fundamental em si),[8] a Suprema Corte do Havaí reconheceu o direito ao casamento civil entre pessoas do mesmo gênero por entendê-la como uma forma de discriminação por sexo, por não ver presente o importante fim estatal que a justificasse. Tal compreensão, da homotransfobia como forma de discriminação sexual, ganhou o respaldo da Suprema Corte dos EUA só em 2020, no julgamento de *Bostock vs. Clayton County*.[9]

[7] 478 U.S. 186 (1986). Isso a partir da compreensão conservadora acerca dos direitos fundamentais de parte da doutrina norte-americana, que entende que eles só existem quando sejam profundamente arraigados nas tradições da Nação. Como se verá adiante, *Obergefell* interpretou as tradições históricas na lógica de princípios, e não de regras aplicáveis por silogismo, de sorte que identificou quatro tradições sobre o direito ao casamento civil que são justificam o reconhecimento do direito de casais do mesmo gênero acessarem o regime jurídico do casamento civil.

[8] Gerstmann, Evan. ***Same-Sex Marriage and the Constitution***. 2. ed. Nova Iorque: Cambridge University Press, 2008. O autor renova suas críticas à "doutrina da igual proteção baseada em classes/classificações" de grupos (cf. notas 8 e 9) para defender que todos os direitos fundamentais sejam garantidos independentemente do grupo ao qual a pessoa pertence, donde sendo um casamento civil um direito fundamental (o que gera, nos EUA, a proteção do *strict scrutiny*), deve ser garantido a casais homoafetivos. Em sentido similar, mas com retórica muito mais conservadora e contrária até a outras formas de vínculos familiares que não o casamento (daí argumentar em prol do reconhecimento do direito ao casamento civil homoafetivo): Rach, Jonathan. ***Gay Marriage:*** *Why it is good for gays, good for straights and good for America*. Nova Ioque: Henry Holt and Company, 2004.

[9] Isso teve especial relevância porque alçou a orientação sexual ao patamar de uma classificação semissuspeita, sobre a qual há uma forte presunção de inconstitucionalidade de discriminações respectivas, que só é superada se o Poder Público provar a existência de um importante fim estatal a ser promovido por ela. O voto vencido, negando que a vedação à discriminação por sexo abarcaria a por orientação sexual, afirmou que o Estado alegou como legítimo interesse estatal promovido pela discriminação em questão o estímulo à procriação e na produção de um ambiente adequado à criação de crianças, mas como não

Cite-se que a decisão de *Baehr* é um dos grandes exemplos históricos de decisão judicial que gerou *backlash*, palavra de difícil tradução, que pode ser explicada como um retrocesso fruto de reação social e/ou parlamentar contra determinada decisão. Isso porque ela provocou a aprovação de uma emenda constitucional no Estado do Havaí, limitando expressamente o direito ao casamento civil a casais de gêneros opostos (heteroafetivos), não obstante tenha criado uma "união civil" autônoma para casais homoafetivos, bem como resultou, em âmbito federal, a aprovação da chamada "Lei de Defesa do Casamento" (*Defense of Marriage Act* – DOMA), definindo que, para fins do Direito Federal, o casamento seria apenas a união entre o homem e a mulher. Como consequência, Estados que não reconhecessem legalmente o casamento civil entre pessoas do mesmo gênero não seriam obrigados a tratar casais do mesmo gênero como casados, mesmo se tivessem se casado civilmente em Estados que o permitissem.[10]

Sobre sua doutrina da igual proteção, a Suprema Corte dos EUA tem sido historicamente muito incoerente no reconhecimento de classes (ou classificações) "suspeitas" ou "semissuspeitas", geradoras de graus mais elevados de escrutínio sobre a validade de classificações legislativas, recusando-se a considerar orientação sexual, identidade de gênero e outros critérios como merecedores dessa especial proteção. A incoerência da Corte, na definição das classes e classificações protegidas pelos escrutínios mais elevados, gerou a incisiva crítica Evan Gerstmann, que bem aponta como isso fez com que pessoas LGBTI+ fossem consideradas uma espécie de "subclasse constitucional".[11] O autor destaca uma

foi provado pelo Estado de que forma a negativa do direito ao casamento civil entre pessoas do mesmo gênero promoveria tais interesses, o argumento foi rejeitado pela maioria.

[10] Desconheço desafios à constitucionalidade de referida lei anteriores ao caso **United States v. Windsor**, 570 U.S. 744 (2013), quando finalmente a Suprema Corte dos EUA declarou a inconstitucionalidade da referida lei.

[11] Gerstmann, Evan. ***The Constitucional Underclass**: Gays, Lesbians, and the Failure of Class-Based Equal Protection.* Chicago: University of Chicago Press, 1999, p. viii e ix: "A análise baseada em classes da Corte que é objeto deste livro foi construída em uma fundação emaranhada de especulação sociológica para a qual a Corte é mal-preparada. Gays e lésbicas são informados(as) que devem permanecer no fundo da hierarquia constitucional porque são muito poderosos(as) politicamente para requerer o escrutínio elevado. Para

intolerável contradição: nega-se a consideração de pessoas LGBTI+, como uma classe merecedora da especial proteção dos escrutínios elevados, das classificações suspeitas e semissuspeitas, por suposta influência política do Movimento LGBTI+ na política (o que é uma falácia pautada em simplismo acrítico, tanto que é extremamente difícil conseguir-se a aprovação de leis antidiscriminatórias e concessivas de direitos em geral, especialmente em âmbito federal), mas passou a declarar a inconstitucionalidade de cotas universitárias em benefício da população negra, por considerar a "raça" como uma "classificação suspeita". A questão está na variação inconsistente (e não fundamentada) da Suprema Corte em falar ora em "classificação" suspeita, ora em "classe" suspeita, protegendo a "classe" de pessoas brancas (obviamente bem representada politicamente) falando de "classificação" suspeita,[12] algo que subverte toda a

essa afirmação fazer sentido, deveríamos acreditar que gays e lésbicas são um grupo mais poderoso que as mulheres, ou, de forma ainda mais implausível, que os estudantes brancos que recentemente tiram a proteção do escrutínio elevado em seus desafios às políticas de ação afirmativa da Universidade de Michigan. Seria um grande avança em favor de uma visão mais justa de igualdade constitucional se as cortes se concentrassem, no tema de quais direitos deveriam ser protegidos para todas as pessoas sem tentarem dividir as pessoas em diferentes classes, baseando-se nas estimativas da Corte sobre fatos históricos e sociais complexos".

[12] Ibid., p. 9: "A Corte tem oscilado entre dois termos que são similarmente enganosos: 'classe suspeita' e 'classificação suspeita'. Toda classe suspeita implica uma correspondente classificação suspeita. Se as minorias raciais são uma classe suspeita, então a raça é uma classificação suspeita. Mulheres são uma classe semissuspeita [porque] gênero é uma classificação semissuspeita. Quando gays procuram subir na hierarquia da igual proteção, as cortes dizem-lhes que eles não são uma classe suspeita porque eles não são politicamente impotentes. Mas quando brancos procuram proteção contra programas de ação afirmativa, as cortes não pedem a eles para provarem que eles são politicamente impotentes (obviamente eles não são). Ao invés disso, as cortes sutilmente trocam a terminologia: elas afirmam que a raça é uma classificação suspeita e por isso protegem os brancos de preferências racionais. Similarmente, as cortes protegem homens de discriminações afirmando que o gênero é uma classificação semissuspeita. Ao transitar entre os termos classe suspeita e classificação suspeita, a Suprema Corte pode requisitar que alguns grupos mostrem que são politicamente impotentes, mas permitir que outros, muito mais poderosos politicamente, se beneficiem de uma forte proteção constitucional. A Corte nunca explicitamente reconheceu que faz isso, e nunca tentou justificar isso. Na verdade, todos os critérios que as cortes usam para decidir onde grupos diferentes se

lógica do escrutínio elevado, de proteção de "minorias isoladas e estigmatizadas".[13] Afinal, é absurdo desconsiderar "homossexuais" ou pessoas "LGBTI+" em geral como "classes" suspeitas por suposto (e inexistente) poderio político, mas assim considerar as pessoas brancas, que são o grupo politicamente hegemônico por natureza nas sociedades humanas. Daí a crítica: o uso do Direito Antidiscriminatório, criado para proteger classes historicamente estigmatizadas, para perpetuar as opressões ou, ao menos, não permitir o enfrentamento, mesmo pela lei, de históricas discriminações estruturais e institucionais contra determinados grupos sociais, com proteções especiais a grupos sociais delas não merecedores.

Cite-se, ainda, *Cleburn v. Cleburn Living Ctr* (1985)[14], um caso raro no qual a Suprema Corte explicou a sua doutrina no que tange às três diferentes formas de escrutínio de classificações legislativas,[15] sendo comum

encaixam na hierarquia da igual proteção são tão carregados de contradições, dois pesos e duas medidas e ambiguidades insolúveis que uma decisão baseada em princípios nesta área é virtualmente impossível".

[13] No original: *discrete and insular minorities*. Embora em português haja palavras idênticas que gerariam a tradução por "minorias discretas e insulares", definitivamente não é a melhor tradução, pelo significado das palavras não ter a mesma ênfase. Agradeço aos Professores Alonso Freire e Cássio Casagrande pela sugestão efetivamente acolhida no texto, pois a ideia da expressão original é mostrar que tais minorias são isoladas socialmente e marginalizadas por grupos hegemônicos.

[14] **City of Cleburne v. Cleburne Living Center, Inc.**, 473 U.S. 432 (1985).

[15] A teoria das classificações suspeitas tem origem na célebre nota de rodapé n.º 4 do precedente *United States v. Caroline Products* (1927), com o intuito de proteger minorias isoladas e estigmatizadas ("*discrete and insular minorities*", cf. nota anterior), ou seja, proteger grupos historicamente estigmatizados pela(s) maioria(s) hegemônica(s), para fins de interpretação dos princípios da igualdade e da não-discriminação (da doutrina da igual proteção). Nesse sentido, quando se considera presente uma classificação (ou classe) suspeita, parte-se de uma fortíssima presunção de inconstitucionalidade da classificação legislativa, que só será superada se o Estado provar que há um indispensável ou altamente persuasivo interesse estatal (*compelling state interest*) cuja promoção é estreitamente relacionada (*narrowly tailored*) com a discriminação em questão, algo que aparentemente só ocorreu no (polêmico) julgamento do caso *Korematsu vs. United States* (1944). Aqui, a Suprema Corte tradicionalmente enquadra as discriminações por raça (racismo), procedência nacional (xenofobia) e religião. Por outro lado, quando presente uma classificação (ou classe) semissuspeita, parte-se de uma forte presunção de inconstitucionalidade da norma, que só sobreviverá se o Estado provar a existência

a crítica de que ela teria aqui consolidado um "teste da relação racional de segunda ordem". O teste de relação racional traz uma forte presunção de constitucionalidade da classificação (discriminação) legislativa, por não se vislumbrar uma "classificação" ou uma "classe" suspeita ou semissuspeita que ative os níveis superiores de escrutínio, a qual só será considerada inconstitucional se a parte provar que qualquer aplicação possível da lei, mesmo que pensada só pelo Judiciário na hora do julgamento e sem dever de contraditório com as partes.[16]

A questão é que a Suprema Corte sempre teve amplíssima deferência com esse teste, algo de difícil compreensão na dogmática brasileira, na qual a avaliação de existência ou não de arbitrariedade, na análise de uma classificação legislativa, nunca aceitou como válida uma lei que diga pretender evitar algo sem que haja mínimos indícios de que a finalidade legislativa é passível de ser atingida pela norma.[17] Logo, ao invés de se

de um importante fim estatal promovido pela lei em questão. Neste caso, a Corte tradicionalmente enquadra as discriminações por sexo ou gênero. Por fim, quando não presente nenhuma classificação ou classe suspeita ou semissuspeita, há uma forte presunção de constitucionalidade da classificação legislativa, que sobreviverá se o Estado provar que há um legítimo fim estatal passível de promoção pela mesma. Foi aqui que a Suprema Corte enquadrou as discriminações por orientação sexual e identidade de gênero até 2020, o que deve mudar a partir do julgamento de *Bostock v. Clayton County* (2020), no qual entendeu que a proibição legal de discriminações "por sexo" abarca as discriminações por orientação sexual e por identidade de gênero. Se for coerente, a partir de agora o Tribunal passará a aplicar o escrutínio intermediário das classificações (ou classes) semissuspeitas sobre leis e discriminações em geral contra a população LGBTI+ (enquanto classes) ou baseadas em orientação sexual e identidade de gênero (enquanto classificações).

[16] Ou seja, uma elucubração cerebrina da decisão que não foi colocada em debate com as partes, violando a noção mundial de direito ao contraditório substantivo, finalmente positivada nos arts. 10 e 489, §1º e incisos, do CPC/2015 e no art. 315, §2º e incisos, do CPP (cf. Lei Federal 13.964/2019).

[17] Aparentemente, ela tradicionalmente aceitou a lógica do dano hipotético como justificativa "válida" para classificações legislativas à luz do teste da relação racional, ou seja, temores arbitrários sem provas ou mínimos indícios de serem, de fatos, evitados pela lei em questão. Da mesma forma, parece que tradicionalmente a Suprema Corte nunca aceitou qualquer tipo de indagação sobre a potencial efetividade da lei em atingir os fins a que se destina quando realizava o teste da relação racional (pense-se no teste de adequação do princípio da proporcionalidade), o que mudou em *Cleburn*, quando decidiu que a recusa

entender que a Corte teria criado um "teste da relação racional de segunda ordem" em *Cleburn*, deve-se entender que ela finalmente evoluiu no que tange ao teste da relação racional, para lhe dar alguma razoabilidade e mesmo racionalidade.[18] Ou seja, se para o escrutínio estrito das classificações suspeitas ela exige um indispensável ou altamente persuasivo fim estatal, cuja promoção esteja estreitamente relacionada à diferenciação legislativa, e se para o escrutínio elevado das classificações semissuspeitas se exige um importante fim estatal a ser promovido substancialmente por ela, então, para o teste da relação racional, aparentemente passou-se a entender que deve haver um legítimo fim estatal que seja apto a ser promovido de alguma forma pela diferenciação legislativa, para sua validade. É a interpretação que parece mais racional, coerente e íntegra com os precedentes da Suprema Corte dos EUA desde *Cleburn*.

Na mesma lógica de *Cleburn*, em *Romer v. Evans* (1996), a Suprema Corte decidiu que não há um legítimo fim estatal promovido por emenda constitucional (estadual) que proíbe a aprovação de leis antidiscriminatórias e ações afirmativas em favor de pessoas homossexuais e bissexuais, bem como que isso não promove nem mesmo a moral coletiva e muito menos a proteção de crianças e adolescentes.[19] Entendeu que esta discriminação se baseou em *animus* preconceituoso contra as populações

à concessão de permissão de construção de moradias coletivas a pessoas com deficiência mental, com base em leis de zonamento urbano, era inconstitucional por configurar-se como um preconceito irracional à luz do teste da relação racional.

[18] Para as relações e diferenças do *razoável* com o *racional*, vide RAWLS, John. **O Liberalismo Político**. Tradução de Álvaro de Vita. São Paulo: Ed. Martins Fontes, 2016, p. 57-64.

[19] É incrivelmente comum alegar-se em defesa da discriminação de pessoas LGBTI+, contra leis que proíbem a discriminação por orientação sexual e por identidade de gênero, que isso supostamente prejudicaria o direito de pais e mães à educação moral de filhas e filhos, tendo esse argumento sido alegado na defesa da aprovação da emenda constitucional do Colorado em questão (vide nota seguinte), o que, na prática, implica na alegação de um pseudo "direito" de ensinar filhas e filhos a discriminarem, o que é teratológico e indefensável dogmaticamente. Outro argumento comum é o de que a permissão ao casamento civil homoafetivo, e a consequente desvinculação do casamento civil da heterossexualidade e da procriação, geraria o "risco" do fim da humanidade, o que também é um completo absurdo, já que denota que a simples permissão do direito ao casamento civil homoafetivo poderia gerar uma diminuição de uniões heteroafetivas, algo obviamente arbitrário e sem nenhuma prova de sua ocorrência.

homossexual e bissexual, o que bem afirmou como não configurando um legítimo fim estatal, na medida em que, reafirmando a decisão de *Department of Agriculture v. Moreno* (1973), a proibição constitucional contra discriminações de quaisquer naturezas significa, no mínimo, que um singelo desejo do Legislativo em prejudicar um grupo socialmente impopular não pode qualificar-se como um legítimo fim estatal.[20] Foi um enorme avanço, que erodiu as bases do nefasto precedente de *Bowers*, não obstante não se tenha proposto sua superação.[21]

[20] Como demonstram Lisa Keen e Suzanne B. Goldberg, pessoas e entidades que promoveram a proposta, que resultou na emenda constitucional do Colorado em questão, tinham inequívoco *animus* preconceituoso contra as populações LGBTI+, inclusive porque queriam com isso impedir a aprovação de leis "municipais" (*counties*) que proibissem a discriminação por orientação sexual, a pretexto de que essa proibição supostamente interferiria com o direito de pais e mães a promoverem a educação moral de filhos e filhas, não obstante nunca se tenha provado de que forma uma coisa estaria relacionada com a outra. Demonstram as autoras, que foram feitas campanhas em favor da proposta de emenda constitucional em questão a partir da retórica de proibição de "privilégios" ou "direitos especiais", mesmo sabendo-se que o objetivo do Movimento LGBTI+ era apenas igualdade de direitos, e, portanto, a proibição da discriminação por orientação sexual e por identidade de gênero da mesma forma que se proíbem outras formas de discriminação. Para todo o histórico de debates sociais e judiciais deste julgamento (*Romer v. Evans*), vide KEEN, Lisa; GOLDBERG, Suzanne. ***Strangers to the Law**: Gay People on Trial*. Michigan: University of Michigan Press, 2000.

[21] Em seu voto vencido, o *Justice* Scalia afirmou que, se em *Bowers* a Suprema Corte disse que era constitucional a criminalização dos atos consensuais entre pessoas do mesmo gênero, então qualquer medida estatal discriminatória a homossexuais seria "constitucional". Isso ficou conhecido como o "argumento desde *Bowers*, tudo é possível". Ronald Dworkin respondeu essa crítica (antes de *Lawrence*), afirmando que o correto então era a superação de *Romer* por *Bowers* como mais coerente com a jurisprudência da Corte: "Em seus dez anos de vida, *Bowers*, o estandarte dos defensores da história, era frequentemente condenado por acadêmicos e comentadores por sua visão estreita do que é e faz uma sociedade livre. Foi uma decisão por 5x4, e o *Justice* Powell, que deu o voto decisivo, disse, após a aposentadoria, que esse voto foi o pior erro de sua carreira. A *Justice* O'Connor, outro membro daquela pequena maioria, aderiu ao parecer de Kennedy em *Romer*, o que pode indicar que ela, também, mudou de ideia. Talvez *Bowers* tivesse ganho somente três votos se fosse diretamente refutado agora: os *Justices* Scalia e Rehnquist, que também eram membros daquela maioria, e Thomas, que aderiu à discordância de Scalia em *Romer v. Evans*. Seja como for, tal veredito foi uma vitória para o grupo da integridade e para a convicção de que a igualdade é um princípio não só de justiça, mas também de direito

Avanço paradigmático e importantíssimo para a comunidade LGBTI+ estadunidense veio com o julgamento de *Lawrence v. Texas* (2003), no qual a Suprema Corte expressamente superou (*overruled*) o precedente de *Bowers*, reconhecendo que a mera imoralidade não se constitui como um legítimo fim estatal apto a justificar constitucionalmente discriminações jurídicas. Prestigiou-se, assim, o voto vencido do *Justice* Stevens em *Bowers*, bem como o voto vencido do *Justice* Blackmun no mesmo julgamento, ao declarar que o direito à privacidade, enquanto o mais fundamental de todos os direitos, "o direito a estar só"[22], justifica o reconhecimento de um direito constitucional a atos sexuais consensuais entre adultos do mesmo gênero.

Ademais, para além de criticar a interpretação pretensamente "histórica" que a Corte fez em *Bowers*,[23] em *Lawrence* ela aduziu que o direito

constitucional". Cf. Dworkin, Ronald. ***A virtude soberana:*** *A teoria e a prática da igualdade.* Tradução de Jussara Simões. Revisão técnica e da tradução por Cícero Araújo e Luiz Moreira, São Paulo: Ed. Martins Fontes, 2005, p. 662-663.

[22] No original do voto de Blackmun: *"'the most comprehensive of rights and the right most valued by civilized men, namely, 'the right to be let alone.'"* Olmstead v. United States, 277 U. S. 438, 478 (1928) (Brandeis, J., dissenting).

[23] Aduziu-se que além das críticas da academia jurídica à premissa do *Justice* Burger, em *Bowers*, de que a condenação judaico-cristã à sodomia se limitaria apenas à sodomia homossexual e não indiferentemente à heterossexual e à homossexual, a Corte de *Lawrence* considerou que as leis e tradições dos cinquenta anos anteriores têm a maior relevância, pela emergente conscientização de que a liberdade garante uma proteção substancial às pessoas adultas quanto a decidir como conduzir suas vidas privadas em assuntos pertinentes ao sexo, na medida em que "História e tradição são o ponto de partida, mas não o ponto final em todos os casos relativamente à inquisição do devido processo substantivo" [cf. *County of Sacramento v. Lewis*, 1997]. Afirmou-se que dois casos posteriores a *Bowers* causaram erosão das bases de dita decisão, a saber, *Planned Parenthood of Southeastern Pa. v. Casey* (1992), que declarou proteção constitucional de decisões pessoais relativas a casamento, procriação, contracepção, relacionamentos familiares, criação de filhos e educação e garantiu autonomia às pessoas na tomada de tais decisões, por "envolverem as mais íntimas e pessoais escolhas que uma pessoa pode tomar em sua vida, coisas centrais para a dignidade e autonomia pessoal", sendo que "no coração da liberdade está o direito de definir a própria concepção de existência, de significado, de universo e do mistério da vida humana", donde pessoas em um relacionamento homossexual podem buscar autonomia para tais propósitos, assim como heterossexuais (o que é negado pela decisão de *Bowers*, por isso expressamente superada), assim como pela decisão em *Romer*

à liberdade protege as pessoas de indesejadas intromissões governamentais em esferas privadas, por garantir uma autonomia pessoal que inclui a liberdade de pensamento, crença, expressão e de certas condutas íntimas. Explicou que houve séria erosão de *Bowers* pelos julgamentos de *Planned Parenthood v. Casey* e *Romer v. Evans*, caracterizada não só pelas críticas a suas premissas históricas, mas por cinco cortes estaduais se recusarem a aplicar este precedente na interpretação de similares cláusulas constitucionais estaduais, assim como pela decisão da Corte Europeia de Direitos Humanos em *Dudgeon v. United Kingdom* (1981), reconhecendo que o direito a atos sexuais entre pessoas do mesmo gênero é uma parte da liberdade humana. Dessa forma, reconheceu a inexistência de evidências de que haja um interesse governamental que justifique a restrição do direito à escolha pessoal de cidadãs e cidadãos, em sua intimidade, à liberdade sexual e à autonomia sexual com pessoas do mesmo gênero, reconhecido em *Lawrence*.[24]

v. Evans (1996), que declarou a inconstitucionalidade de uma lei estadual dirigida à classe homossexual/lésbica/bissexual de pessoas por tolhê-las da proteção estatal mediante leis anti-discriminatórias por força de mera animosidade estendida à tal classe de pessoas. Aduziu-se, também, que a conclusão da Corte de *Bowers* de que os valores da civilização ocidental condenariam a homossexualidade não são [ao menos contemporaneamente] válidos, pois a Corte Européia de Direitos Humanos decidiu que a criminalização do ato sexual consensual entre duas pessoas do mesmo sexo viola a Convenção Europeia de Direitos Humanos, o que é corroborado pelos fatos posteriores a *Bowers*, relativos à contínua descriminalização da sodomia (homossexual e heterossexual) por quase todos os Estados da federação estadunidense.

[24] Em voto vencido, o *Justice* Scalia afirmou que se a mera imoralidade não seria apta a justificar a criminalização dos atos sexuais consentidos entre adultos capazes do mesmo gênero, nada poderia impedir o reconhecimento do direito ao casamento civil homoafetivo, por reconhecer que a procriação não seria bastante para tanto, já que casais heteroafetivos estéreis não são proibidos de se casar. Obviamente, o intuito do notoriamente conservador *Justice* Scalia foi inflamar a opinião pública contra a decisão da maioria em *Lawrence*, promovendo uma guerra cultural sobre o tema, algo que ele, incoerentemente e sem razão, afirmou que a maioria estaria fazendo.

Nos anos 2000, o debate sobre o direito ao casamento civil entre pessoas do mesmo gênero ganhou destaque, gerando o amadurecimento do tema até que chegasse à Suprema Corte.[25]

[25] Pelos limites deste artigo, não é possível trazer uma análise detalhada do tema, mas cabe citar a decisão da Suprema Corte do Estado de Massachussets, em *Goodridge v. Department of Public Health* (2003), tão paradigmática que foi expressamente ratificada em *Obergefell*. Afirmou-se, em *Goodridge*, que como o casamento civil confere uma enormidade de vantagens a quem decide se casar e é um compromisso pessoal para com outro ser humano, mediante uma altamente pública celebração dos ideias de reciprocidade, companheirismo, intimidade, fidelidade e família, que não se limita a um mero projeto comercial ou social (cf. *Griswold v. Connecticut*, 1965) e configurando-se como uma instituição estimada por satisfazer anseios de segurança, bem-estar e união que expressa nossa humanidade comum, então, a decisão de quando ou com quem se casar configura-se como um dos momentos de definição pessoal de nossas vidas, pelos benefícios tangíveis e intangíveis que proporciona, de sorte que tal direito não pode ser negado a casais homoafetivos. Os benefícios tangíveis referem-se à enormidade de valiosos direitos de propriedade condicionados ao *status* jurídico-familiar decorrente da licença de casamento civil, abarcando aspectos que vão da vida à morte (vejamos a enormidade de direitos vinculados ao casamento civil, exemplificados na decisão: descontos tributários, arrendamento por integralidade, proteção ao bem de família, direito automático de herança, direito a salários e propriedade de consorte falecido, proteções financeiras, partilha de plano de saúde, opções preferenciais no sistema de pensões, pensão alimentícia, indenização material e moral por morte injusta, privilégios probatórios de não testemunhar contra o(a) cônjuge sobre conversas privadas em processos civis e penais, licença médica conjugal, preferência automática sobre outros(as) familiares para tomar decisões médicas em nome do(a) consorte incapacitado(a), guarda de filhos(as), visitação, auxílio e remoção etc). Vale transcrever literalmente trecho emblemático da decisão: "A Constituição exige, no mínimo, que o exercício da autoridade regulatória do Estado não seja "arbitrária ou caprichosa" *Commonwealth v. Henry's Drywall Co.* [...]. Sob a égide das garantias da igualdade e da liberdade, a autoridade regulatória deve, no mínimo, trazer 'um propósito legítimo de uma forma racional"; uma lei deve "ter uma relação racional com um objetivo legislativo permissível'. *Rushworth v. Registrar of Motor Vehicles* [...] O casamento é uma instituição social vital. O compromisso exclusivo de duas pessoas uma à outra nutre amor e mútua assistência; ele traz estabilidade à nossa sociedade. Para aqueles que decidem se casar, e para os seus filhos, o casamento proporciona uma fartura de benefícios legais, financeiros e sociais. Em troca, ele impõe pesadas obrigações legais, financeiras e sociais. A questão diante de nós é se, de acordo com a Constituição, o Estado pode negar estas proteções, benefícios e obrigações conferidas pelo casamento civil a duas pessoas do mesmo sexo que desejam se casar. Nós concluímos que ele não pode. A Constituição afirma a dignidade e a igualdade de todos os indivíduos. Ela proíbe a criação de cidadãos de segunda classe. Ao chegar à nossa

Marco importantíssimo na luta pelo direito substantivo ao casamento civil homoafetivo nos EUA veio com a decisão da Suprema Corte no caso *United States v. Windsor* (2013)[26], na qual declarou a inconstitucionalidade da já mencionada "Lei de Defesa do Casamento", por violação dos princípios federativo e da igualdade,[27] afirmando o caráter discri-

conclusão, nós demos total deferência aos argumentos trazidos pelo Estado. Mas ele falhou na incumbência de identificar alguma razão constitucionalmente adequada para a negativa do casamento civil aos casais formados por pessoas do mesmo sexo. Nós estamos cientes de que a nossa decisão marca uma mudança na história da nossa lei do casamento. Muitas pessoas têm convicções religiosas, morais e éticas profundamente consolidadas no sentido de que o casamento deveria ser limitado à união de um homem e uma mulher, e que a conduta homossexual é imoral. Muitos têm igualmente fortes convicções religiosas, morais e éticas no sentido de que os casais formados por pessoas do mesmo sexo têm o direito se casar, e que as pessoas homossexuais não deveriam ser tratadas de forma diferente daquela conferida a seus vizinhos heterossexuais. Nenhuma dessas visões responde à pergunta diante de nós. Nossa preocupação é com a Constituição como uma carta de governo para todas as pessoas dentro do seu alcance. 'Nossa obrigação é definir a liberdade de todos, não estabelecer o nosso próprio código moral'. *Lawrence v. Texas* [...] Uma pessoa que entra em uma união íntima e exclusiva com outra do mesmo sexo e tem acesso barrado às proteções, benefícios e obrigações do casamento civil é arbitrariamente privada do acesso a uma das instituições mais estimadas e compensatórias da nossa comunidade. Essa exclusão é incompatível com os princípios constitucionais do respeito à autonomia individual e à igualdade perante a lei". **Goodridge v. Dept. of Public Health,** 798 N.E.2d 941 (Mass. 2003).

[26] **United States v. Windsor**, 570 U.S. 744 (2013).

[27] Em *Windsor*, a Corte reconheceu que a Lei de Defesa do Casamento (DOMA, sigla em inglês) é inconstitucional por violar os princípios da igualdade e da liberdade, bem como a competência federativa dos Estados-membros em definirem os requisitos do casamento civil (cf. *Sosna v. Iowa*, 1975), embora com respeito a certas garantias constitucionais (cf. *Loving v. Virginia*, 1967). Isso porque a decisão estadual de conferir a uma classe de pessoas o direito de casar-se reconheceu-lhes uma dignidade e um *status* de imensa importância que é negado pela referida lei, de sorte que o Governo Federal usa a classe definida pelo Estado para o propósito oposto ao deste, mediante imposição de restrições e incapacidades perante a lei federal. Daí que o prejuízo e a indignidade resultantes das privações de parte essencial da liberdade protegida constitucionalmente gera uma discriminação da classe de pessoas que a lei estadual quis proteger, em sua autonomia federativa. De sorte que, ao discriminar a classe de pessoas que o Estado-membro quis proteger, a lei violou os princípios do devido processo legal substantivo e da igualdade, pois a garantia de igualdade da Constituição "deve, no mínimo, significar que um simples desejo do Congresso de prejudicar um grupo politicamente impopular não pode' justificar o tratamento desigual desse grupo" (cf. *Department of Agriculture v. Moreno*, 1973). Assim, entendeu a Corte que

minatório, por depreciativo, de casais do mesmo gênero pela lei federal, inclusive por ele desproteger precisamente a classe de pessoas que a lei estadual quis proteger (nos EUA, a competência para definição dos requisitos para o casamento civil é dos Estados-membros).[28]

Essa foi (uma breve síntese d) a caminhada judicial ao longo da história de lutas pelo direito ao casamento civil homoafetivo que culminou com a decisão do caso *Obergefell v. Hodges*, em 2015, pela Suprema Corte dos EUA, cujos fundamentos serão agora analisados.

2. Aspectos importantes da decisão

Aduziu a Suprema Corte que a cláusula que garante que "ninguém será privado de sua vida, liberdade ou propriedade sem o devido processo legal" (substantivo) estende-se a certas escolhas pessoais centrais para a dignidade e a autonomia individuais, no que se incluem escolhas íntimas sobre crenças e a identidade pessoal. Afirmou que a Constituição garante

a DOMA configura um desvio incomum desses princípios consagrados, bem como que teve como propósito declarado e o efeito prático de impor uma desvantagem, por status separado e, portanto, um estigma para todas as pessoas que entram em um casamento civil entre pessoas do mesmo sexo, como prova a história de sua promulgação e seu próprio texto, que configuram uma interferência na igual dignidade devida aos casamentos civis entre pessoas do mesmo sexo relativamente aos casamentos civis entre pessoas de sexos opostos. Destacou, ainda, que a DOMA obriga casais do mesmo sexo a viverem casados para efeitos da lei estadual, mas solteiros no que tange à lei federal, diminuindo assim a estabilidade e a previsibilidade de relações pessoais básicas que o Estado considerou apropriado reconhecer e proteger. Por essas razões, reconheceu sua inconstitucionalidade. 570 U.S. 744 (2013).

[28] Em uma verdadeira interpretação autêntica feita sobre a referida decisão pela própria Suprema Corte dos EUA (em *Obergefell*), ela afirmou que "A Corte invalidou a DOMA porque ela permitia que o Governo Federal não tratasse os casamentos do mesmo sexo como *válidos* mesmo quando legais no Estado em que celebrados", de sorte que a considerou inconstitucional porque, "de forma inadmissível, depreciava os casais do mesmo sexo 'que queriam afirmar seu comprometimento reciprocamente e a seus filhos, sua família, seus amigos e sua comunidade". Afirmou, ainda, que nos diversos processos que chegaram às Cortes de Apelações, a grande maioria delas considerou que "a exclusão de casais do mesmo sexo do casamento viola a Constituição", algo que afirmou ter sido reconhecido por várias Cortes Distritais. "Com efeito, mudanças no entendimento do casamento são uma característica de uma Nação onde novas dimensões de liberdade tornam-se aparentes para as novas gerações".

a liberdade a todas e todos, a qual inclui certos direitos específicos que permitem às pessoas, no reino do Direito, definirem e expressarem a sua identidade, de sorte que as Cortes devem identificar os interesses pessoais fundamentais dos indivíduos que o Estado deve respeitar. Destacou que algumas injustiças não são vistas durante muito tempo e que isso era do conhecimento dos *Founding Fathers* e dos *Framers* da Constituição dos EUA, que não presumiram saber a extensão da liberdade em todas as suas dimensões, donde confiaram às futuras gerações uma declaração protegendo o direito de todas as pessoas usufruírem da liberdade tão logo se descubra o seu significado. Assim, quando novas intuições revelam desacordo entre as proteções centrais da Constituição e uma estrutura legal, uma reivindicação de liberdade deve ser analisada. Por isso, posteriormente, estabeleceu que "a limitação do casamento apenas a pessoas de sexos opostos pode ter parecido natural e justa por muito tempo, mas sua inconsistência com os propósitos centrais do casamento é, agora, manifesta".[29]

Nesse sentido, afirmou que o direito ao casamento civil é protegido desde sempre pela Constituição, como reconhecido em *Loving v. Virginia* (1967)[30], quando declarou inconstitucional a criminalização do chamado casamento inter-racial (sic) e asseverou que "o casamento é 'um dos direitos vitais essenciais à busca ordenada da felicidade por pessoas livres'", de "importância fundamental aos indivíduos", donde "a liberdade de casar ou não com pessoa de outra raça é um direito do indivíduo e não pode ser violada pelo Estado". Bem como em *Turner v. Safley* (1987)[31], quando afirmou que não se pode negar o direito ao casamento civil a pessoas presas. Embora reconhecendo que tais casos presumiram parceiros de gêneros opostos, da mesma forma que *Baker v. Nelson* (1971)[32], "uma decisão sumária" expressamente superada por *Obergefell*, destacou que outras decisões trouxeram princípios mais amplos a serem considerados, de sorte a ser preciso entender as razões pelas quais o direito ao casamento é protegido pela Constituição. Inclusive porque, em *Zablocki v.*

[29] 576 U.S. 644 (2015), p. 11 da Opinião da Corte.
[30] **Loving v. Virginia**, 388 U.S. 1 (1967).
[31] **Turner v. Safley**, 482 U.S. 78 (1987).
[32] **Richard John Baker v. Gerald R. Nelson**, 291 Minn. 310, 191 N.W.2d 185 (1971).

Redhail (1978)[33], entendeu-se que "seria contraditório 'reconhecer um direito à privacidade relativo a outros temas da vida familiar e não relativamente à decisão de entrar em um relacionamento que é a fundação da família e da sociedade'", pois "escolhas sobre o casamento moldam o destino individual", na medida em que, como decidiu a Suprema Corte de Massachussetts em *Goodridge v. Dept. of Public Health*[34], "ele cumpre anseios por segurança, refúgio e conexão que expressam nossa humanidade comum, o casamento civil é uma instituição estimada e decisão se e com quem se casar é entre momentoso da vida atos de autodefinição".[35]

Aduziu que quatro princípios e tradições demandam o reconhecimento de que o direito ao casamento civil abarca casais homoafetivos. A primeira premissa da Corte foi a de que os seus precedentes denotam que o direito à escolha pessoal relativamente ao casamento é inerente ao conceito de autonomia individual, em uma conexão indissociável entre casamento e liberdade afirmada desde *Loving*, quando se entendeu que a natureza do casamento é tal que o vínculo matrimonial faz com que duas pessoas encontrem outras liberdades, como a de expressão, intimidade e espiritualidade. Afirmou que isso é verdade para todas as pessoas, qualquer que seja sua orientação sexual, donde abarca a dignidade do vínculo que liga dois homens ou duas mulheres que, em sua autonomia, desejam se casar e realizar essas escolhas profundas".[36]

O segundo princípio destacado foi o "casamentocêntrico" e, por isso, bem problemático na lógica de um princípio de pluralidade de entidades familiares, com igual dignidade. Afirmou a Corte que sua jurisprudência

[33] **Zablocki v. Redhail,** 434 U.S. 374 (1978), p. 386.

[34] **Goodridge v. Dept. of Public Health,** 798 N.E.2d 941 (Mass. 2003), p. 10.

[35] 576 U.S. 644 (2015), p. 13 da Opinião da Corte.

[36] 576 U.S. 644 (2015), p. 13 da Opinião da Corte. Evidentemente, fez isto porque a ala conservadora da Corte adota como teoria de reconhecimento de direitos fundamentais apenas aqueles profundamente arraigados nas tradições da Nação, para considerar o casamento civil homoafetivo como uma decorrência lógica dos princípios inerentes às tradições profundamente arraigadas da Nação. A ala conservadora ainda assim nega o direito, por entender que não haveria uma tradição específica de casamentos entre pessoas do mesmo gênero nas leis e tradições sociais – ou seja, enquanto a ala conservadora interpreta as tradições pela lógica das regras jurídicas, a ala progressista a interpretou sob a forma de princípios, para fins de reconhecimento de direitos fundamentais implícitos.

consagra o direito ao casamento civil como fundamental porque "apoia uma união entre duas pessoas sem igual entre outras, em sua importância relativamente a indivíduos comprometidos em uma dinâmica atinente às mais básicas necessidades humanas, relacionadas a profundas aspirações e esperanças". Asseverou que o direito de casar dignifica os casais que desejam definir-se por seu compromisso recíproco, em resposta ao medo universal da solidão, mediante o companheirismo, na garantia da mútua assistência, com respaldo da sociedade, que se compromete a também apoiar o casal, por meio do reconhecimento simbólico e benefícios materiais para proteger e nutrir a união.[37] Nesse sentido, reconheceu que não há qualquer diferença entre casais do mesmo sexo e de sexos opostos, mas que, pela exclusão daqueles do casamento, "aos casais do mesmo sexo é negada uma constelação de benefícios que os Estados vincularam ao casamento", resultando em um dano que os sobrecarrega, em situações de instabilidade que muitos casais de sexos opostos considerariam intolerável.[38]

[37] 576 U.S. 644 (2015), p. 14 e 16-17 da Opinião da Corte. Ademais, afirmou que, em *Maynard v. Hill* (1888), "[a] Corte ecoou Tocqueville, explicando que o casamento é 'a fundação da família e da sociedade, sem a qual não haveria civilização nem progresso'. Casamento, a Corte de *Maynard* disse, tem sido 'uma grande instituição pública, dando carácter a toda a nossa sociedade civil política' (*Id.*, 213)". Destacou que essa ideia foi reiterada mesmo quando o casamento evoluiu de maneira substancial, superando regras relacionadas a consentimento parental, gênero e raça, uma vez pensadas por muitos como essenciais ao casamento (cf. *N. Cott*, votos públicos). Mencionou que estes aspectos do estado civil incluem: tributação; herança e direitos de propriedade; regras sucessórias; privilégios esponsais em processos judiciais; acesso hospitalar; autoridade na tomada de decisão médica; direitos de adoção; direitos e benefícios dos sobreviventes; certidões de nascimento e óbito; regras de ética profissional; restrições financeiras em campanhas; compensações trabalhistas; planos de saúde; e regras de custódia, apoio e visitação de crianças. Destacou que o casamento válido sob a lei estadual garante também um *status* para mais de mil disposições das leis federais (cf. *Windsor*) e que os Estados contribuíram para o caráter fundamental do casamento como instituição central de tantas facetas da ordem legal e social.

[38] 576 U.S. 644 (2015), p. 18 da Opinião da Corte. Reconheceu que casais homoafetivos buscam o casamento civil não para diminuí-lo ou menosprezá-lo, mas "pelo seu respeito a ele e sua necessidade de seus privilégios e responsabilidades", donde "não visam menosprezar o casamento, mas apenas viver suas vidas, e honrar a memória de seus esposos ou esposas, unidos(as) por esse vínculo". Entendeu que a associação íntima protegida

A terceira tradição que a Corte aduziu sobre o direito ao casamento civil refere-se a ele proteger as crianças nas famílias, relacionando-se assim com direitos à filiação, procriação e educação (cf. *Pierce vs. Society of Sisters*, 1925)[39]. Isso porque sem o reconhecimento, a estabilidade e a previsibilidade que o casamento oferece, "crianças sofrem o estigma de saberem que suas famílias são, de alguma forma, inferiores", na medida em que "ao reconhecer e estrutura legal ao relacionamento dos pais, o casamento permite às crianças 'entenderem a integridade e proximidade de sua própria família e sua equivalência com outras famílias na sua comunidade e vidas cotidianas", atendendo assim aos seus melhores interesses contra discriminações e humilhações diversas.[40]

por este direito foi central em *Griswold vs. Connecticut* (1965), que estabeleceu o direito de casais casados utilizarem-se de métodos anticoncepcionais, algo também reconhecido em *Turner v. Safley* (1987). De sorte que "casais do mesmo sexo têm o mesmo direito de casais de sexos opostos de usufruir de tal associação íntima, um direito que se estende para além a mera liberdade contra leis que tornem criminosa a prática sexual com pessoa do mesmo sexo" (cf. *Lawrence*, 2003). Assim, destacou que, como reconhecido em *Lawrence*, casais do mesmo sexo têm o mesmo direito que casais de sexos opostos para desfrutar de associações íntimas, pois *Lawrence* invalidou leis que faziam da intimidade homossexual um ato criminoso. E reconheceu que 'Quando a sexualidade encontra expressão evidente em conduta íntima com outra pessoa, essa conduta pode ser apenas um elemento em um vínculo pessoal que é mais duradouro' (U.S., 567). Mas destacou que, enquanto *Lawrence* confirmou uma dimensão de liberdade que permite que os indivíduos se envolvam em uma associação íntima sem responsabilidade criminal, disso não se segue essa liberdade para por aí. Evoluir de fora da lei para exilado pode ser um passo para frente, mas não atinge a promessa completa de liberdade".

[39] **Pierce v. Society of Sisters**, 268 U.S. 510 (1925).

[40] Reconheceu que centenas de milhares de crianças são criadas por casais do mesmo sexo, em lares amorosos e cuidadosos, com diversos Estados garantindo o direito de adoção a homossexuais solteiros ou enquanto casais, o que traz uma "poderosa confirmação da própria lei de que gays e lésbicas podem criar famílias amorosas e que apoiam seus integrantes". Assim, destacou que a impossibilidade de seus pais ou suas mães se casarem, sofrem as crianças significativos custos materiais de serem criadas por pais não casados, o que gera uma vida familiar mais difícil e incerta, além de humilhá-las socialmente. Ressalva a Corte que isso não significa que o direito ao casamento seria menos valioso a pessoas que não têm ou não podem ter filhos(as), ante o reconhecimento jurisprudencial do direito de um casal casado a não-procriar, donde bem afirmou que "o direito ao casamento não pode ser condicionado à capacidade ou ao compromisso de procriar".

Finalmente, indicou que os precedentes da Corte e as tradições da Nação deixam claro que o casamento é central para a ordem social (cf. *Maynard v. Hill*, 1888)[41], pois os Estados contribuíram para a caracterização fundamental do casamento ao colocá-lo no centro de muitas facetas da ordem legal e social. Como afirmou que nada justifica diferenciar casais do mesmo sexo e de sexos opostos, destacou ser uma humilhação a casais homoafetivos prendê-los fora da instituição central da Nação,[42] pois eles também aspiram aos propósitos transcendentais do casamento.[43]

[41] **Maynard v. Hill**, 125 U.S. 190 (1888).

[42] A Corte rechaçou o absurdo argumento de que casais do mesmo sexo não desejariam um "direito de casar", que suporia pessoas de sexos opostos, mas um "direito ao casamento do mesmo sexo" (argumento que, aliás, é evidentemente usado pela ala vencida: que as tradições sociais consagrariam um "direito ao casamento entre pessoas de sexos opostos" e não um "direito ao casamento entre pessoas do mesmo sexo", uma "lógica" nefasta análoga à da decisão de *Bowers*, quando a maioria entendeu que o direito à privacidade não se aplicaria à chamada "sodomia homossexual" (sic), a saber, o ato sexual consensual entre pessoas do mesmo gênero, por entenderem inexistir um "direito fundamental à sodomia homossexual" (sic) nas tradições estadunidenses e, "portanto", na Constituição dos EUA; analisam o tema apenas pela lógica do que foi expressamente reconhecido pela sociedade, não pela lógica imanente aos direitos respectivos. Contra isso, a maioria bem argumentou que "*Loving* não demandou o 'direito ao casamento inter-racial', *Turner* não pleiteou o 'direito de presos se casarem', e *Zablocki* não pleiteou um 'direito de pais que não pagaram pensão alimentícia a seus filhos se casarem'. Em todos os casos, afirmou, demandou-se pelo direito ao casamento no seu sentido abrangente, indagando se havia justificação suficiente para exclusão de uma classe relevante deste direito", sendo que "este princípio se aplica aqui". Com efeito, "se os direitos fossem definidos por quem os exercitou no passado, então práticas pretéritas poderiam servir como suas próprias justificações e novos grupos não poderiam invocar tais direitos. Esta Corte rejeitou essa aproximação, tanto relativamente ao direito ao casamento [em geral] quanto aos direitos de gays e lésbicas".

[43] 576 U.S. 644 (2015), p. 19 e 21 da Opinião da Corte. Nesse sentido, afirmou que, como em *Loving*, quando ficou evidente o dano gerado ao se impedir uma pessoa de se casar por questões raciais, bem como em *Zablocki*, quando a Corte invalidou uma lei que impedia pais que não pagavam pensão alimentícia aos filhos de se casarem, entendeu, em *Obergefell*, que reconhecer essas novas intuições e entendimentos sociais pode desvelar injustas desigualdades em instituições fundamentais que antes passaram desapercebidas e não desafiadas [constitucionalmente], como quando a Corte invocou a doutrina da igual proteção para invalidar leis que impunham desigualdades no casamento baseadas no sexo (cf. *Kirchberg v. Feenstra*, 1981), quando invalidou leis que negavam a igual dignidade entre

Aduziu que sua jurisprudência reconhece a natureza interconectada dessas salvaguardas constitucionais no contexto do tratamento legal a gays e lésbicas[44], numa dinâmica que também se [deve] aplica[r] ao casamento civil. Destacou que as leis que não reconhecem o casamento civil homoafetivo impõem um fardo à liberdade dos casais do mesmo sexo e menosprezam aspectos centrais da igualdade, sendo essencialmente discriminatórias leis de casamento que negam benefícios garantidos a casais de sexos opostos a casais do mesmo sexo, por impedirem que estes exerçam liberdades fundamentais. "Especialmente diante de uma longa história de desaprovação a seus relacionamentos, essa recusa causa um grave e continuado dano, de sorte a desrespeitar e subordinar gays e lésbicas", o que justifica a atuação judicial para garantia do direito fundamental ao casamento civil contra a tirania da maioria.[45]

homens e mulheres no casamento, como a que atribuía ao homem a chefia da sociedade conjugal e a submissão da mulher a ele, quando confirmou a relação entre igualdade e liberdade. Entendeu que estes casos, junto com *Loving e Zablocki*, demonstram como a conjugação das cláusulas do devido processo legal [substantivo] e da igualdade "podem ajudar a identificar [e eliminar] desigualdades no casamento".

[44] **Lawrence v. Texas**, 539 U.S. 558 (2003)

[45] A Corte destacou que, embora, em regra, a Constituição considere democracia [leia-se, a decisão por maioria parlamentar, no processo político] o meio adequado para mudanças, "indivíduos que são prejudicados [*harmed*] não precisam esperar mudanças legislativas para poderem invocar seus direitos fundamentais", porque "a liberdade assegurada pela Constituição consiste, em uma de suas dimensões essenciais, no direito do indivíduo não sofrer um dano [*be injured*] pelo exercício ilegal do poder governamental" (*Schuette vs. BAMN*, 2014). Dessa forma, "quando os direitos do indivíduo são violados, 'a Constituição exige reparação por intermédio das Cortes', não obstante o valor mais geral da tomada de decisão democrática", de sorte que "o indivíduo pode invocar a proteção constitucional sempre que ele sofrer um dano [*be harmed]*, mesmo quando o grande público discorda e mesmo quando a legislatura se recusa a agir". Com efeito, "a Constituição retira certas vicissitudes das controvérsias políticas, colocando-as além do alcance das maiorias e das autoridades para estabelecê-las como princípios jurídicos a serem aplicados pelas Cortes", razão pela qual "direitos fundamentais não podem ser submetidos a votação, eles não dependem do resultado de nenhuma eleição" (*West Virginia Bd. of Ed. vs. Barnette*, 1943). Entendeu que uma decisão contrária ao casamento entre pessoas do mesmo sexo teria um efeito similar ao de *Bowers*, que impôs muita dor e humilhação a gays e lésbicas ao negar-lhes um direito fundamental [uma decisão que afirmou errada hoje e na época em que proferida, cf. *Lawrence*]. Destacou que os argumentos de que o reconhecimento do

Por fim, afirmou que "a liberdade de expressão assegura às religiões, [ou melhor] àqueles que aderem a doutrinas religiosas e outros a proteção para ensinarem princípios que consideram gratificantes e centrais para suas vidas e crenças", de sorte a continuarem podendo "advogar com total e sincera convicção que, sob preceitos divinos, o casamento entre pessoas do mesmo sexo não poderia ser aceito". Todavia, bem destacou que "a Constituição não permite que o Estado barre casais do mesmo sexo nos mesmos termos disponibilizados a casais de sexos opostos".[46] Por isso, concluiu a Corte que é um engano acreditar que casais homoafetivos estariam querendo desrespeitar a ideia de casamento, pois seu pleito é de respeitá-lo tão profundamente que procuram realizar-se por intermédio dele, e "pedem por igual dignidade aos olhos da lei. A Constituição lhes garante esse direito".[47]

3. Repercussão da decisão

A decisão foi muito positiva à comunidade LGBTI+, por acabar com uma histórica discriminação contra casais do mesmo gênero na sociedade. Não se tem notícia de qualquer problema social dela resultante, ao contrário do que temiam os votos vencidos, afinal, trata-se de decisão sobre casamento civil, não religioso, de sorte que nenhuma igreja foi obrigada a abençoar casamentos homoafetivos contra sua vontade. Até porque a própria maioria de *Obergefell* ressalvou que nada na decisão pode ser interpretado como restringindo direitos de liberdade religiosa, os quais

casamento civil homoafetivo implicaria "prejuízos à instituição do casamento" partem de uma visão contraintuitiva sobre as decisões de casais de sexos opostos sobre casamento e parentalidade, já que argumentaram que o "dano" estaria na desvinculação de procriação e casamento. Mas, como bem disse a Corte, as decisões de casais de sexos opostos se casarem e terem filhos "se baseiam em considerações muito pessoais, românticas e práticas e é irreal achar que casais de sexos opostos não iriam se casar porque casais do mesmo sexo podem se casar" (*Kitchen v. Herbert*, 2014: "é totalmente ilógico acreditar que o reconhecimento estatal do amor e comprometimento entre casais do mesmo sexo vai alterar as decisões mais íntimas e pessoas de casais de sexos opostos"). Assim, bem afirmou que o casamento entre pessoas do mesmo sexo "envolve apenas os direitos de dois adultos em consenso cujos casamentos não trazem nenhum risco de dano a si próprios e a terceiros".

[46] 576 U.S. 644 (2015), p. 26-27 da Opinião da Corte.

[47] 576 U.S. 644 (2015), p. 28 da Opinião da Corte.

apenas não justificam a negativa de direitos a casais homoafetivos, com *igual dignidade* relativamente àqueles garantidos a casais heteroafetivos, ante a neutralidade axiológica constitucionalmente imposta ao Estado em matéria religiosa.

Conclusões

Como se vê, *Obergefell* foi uma decisão resultado de diversas lutas (e decisões) anteriores, em uma escalada na arqueologia dos precedentes da Suprema Corte, que gerou uma interpretação com coerência e integridade com os princípios afirmados por ela em sua história institucional jurisprudencial[48]. Os votos vencidos evidentemente fizeram uma interpretação restritiva, na lógica de regras, exigindo que a tradição encampasse uma expressa permissão e validação social ao "casamento civil entre pessoas do mesmo gênero", o que se afigura descabido, porque, como demonstrou a maioria em *Obergefell*, a correta compreensão dos princípios afirmados por sua jurisprudência mostra que o "direito fundamental ao casamento civil" deve ser reconhecido também a casais do mesmo gênero, na clássica função contrajamoritária da jurisdição constitucional que proteja minorias da tirania da maioria. Assim, *Obergefell* é uma decisão constitucionalmente correta para quem leva a sério a dogmática jurídica, que não "legislou" porque se limitou a declarar a inconstitucionalidade de discriminações legais (função primária precípua da Suprema Corte), e isso mesmo à luz de uma interpretação das tradições arraigadas na Nação, quando compreendidas numa lógica principiológica e racional e não a partir de silogismos que sequer tentam entender a razão da criação das regras que lhes dão suporte. É uma decisão a ser celebrada, como concretização da democracia constitucional que reconhece igual respeito e consideração a todas e todos em sua dignidade intrínseca, sem discriminações (diferenciações arbitrárias) de quaisquer naturezas, algo também reconhecido posteriormente pela Corte Interamericana de Direitos Humanos no reconhecimento do direito humano ao casamento civil igualitário (OC 24/17).

[48] Dworkin, op. cit.

Referências

BOBBIO, Norberto. **A Era dos Direitos**. Tradução de Carlos Nelson Coutinho. 5. Tir. Rio de Janeiro: Ed. Elsevier, 2004.

BOUCAI, Michael. ***Glorious Precedents:*** *When Gay Marriage Was Radical.* Yale Journal of Law & Humanities, v. 27, Issue 1, p. 1-82, 2015.

CHOPPER, Jesse H. et al. ***Constitutional Law***: *Cases-Comments-Questions*. Eagan: Thomson West, 2001.

DWORKIN, Ronald. ***A virtude soberana:*** *A teoria e a prática da igualdade.* Tradução de Jussara Simões. Revisão técnica da tradução de Cícero Araújo e Luiz Moreira. São Paulo: Ed. Martins Fontes, 2005.

DWORKIN, Ronald. **Levando os direitos a sério**. Tradução de Nelson Boeira. São Paulo: Ed. Martins Fontes, 2007.

DWORKIN, Ronald. **O direito de liberdade**: A leitura moral da Constituição Norte-Americana. Tradução de Marcelo Brandão Cipolla. São Paulo: Ed. Martins Fontes, 2007.

DWORKIN, Ronald. **O império do direito**. Tradução de Jefferson Luiz Camargo. 2. ed. São Paulo: Ed. Martins Fontes, 2007.

DWORKIN, Ronald. **Uma questão de princípio**. Tradução de Luís Carlos Borges, São Paulo: Ed. Martins Fontes, 2005.

ESKRIDGE JR., William N.; SPEDALE, Darren R. ***Gay Marriage***: *For Better or for Worse? What Wel've Learned from the Evidence.* Nova Iorque: Oxford University Press, 2006.

ESTADOS UNIDOS DA AMÉRICA. Massachusetts Supreme Judicial Court. **Goodridge v. Dept. of Public Health**, 798 N.E.2d 941 (Mass. 2003), Saint Paul, 18 de novembro de 2003.

ESTADOS UNIDOS DA AMÉRICA. Minnesota Supreme Court. **Richard John Baker v. Gerald R. Nelson**, 291 Minn. 310, 191 N.W.2d 185 (1971), Saint Paul, 15 de outubro de 1971.

ESTADOS UNIDOS DA AMÉRICA. Supreme Court of Hawaii. **Baehr v. Lewin**, 74 Haw. 530, 852 P.2d 44 (Haw. 1993), Honolulu, 5 de maio de 1993.

ESTADOS UNIDOS DA AMÉRICA. Supreme Court of the United States. **City of Cleburne v. Cleburne Living Center, Inc.**, 473 U.S. 432 (1985), Washington D.C, 23 de abril de 1985.

ESTADOS UNIDOS DA AMÉRICA. Supreme Court of the United States. **Bowers v. Hardwick**, 478 U.S. 186 (1986), Washington D.C, 30 de junho de 2015.

Estados Unidos da América. Supreme Court of the United States. **Lawrence v. Texas**, 539 U.S. 558 (2003), Washington D.C, 26 de junho de 2003.

Estados Unidos da América. Supreme Court of the United States. **Loving v. Virginia**, 388 U.S. 1 (1967), Washington D.C, 12 de junho de 1967.

Estados Unidos da América. Supreme Court of the United States. **Maynard v. Hill**, 125 U.S. 190 (1888), Washington D.C, 19 de março de 1888.

Estados Unidos da América. Supreme Court of the United States. **Obergefell v. Hodges**, 576 U.S. 644 (2015), Washington D.C, 26 de junho de 2015.

Estados Unidos da América. Supreme Court of the United States. **Pierce v. Society of Sisters**, 268 U.S. 510 (1925), Washington D.C, 1 de junho de 1925.

Estados Unidos da América. Supreme Court of the United States. **Turner v. Safley**, 482 U.S. 78 (1987), Washington D.C, 1 de junho de 1987.

Estados Unidos da América. Supreme Court of the United States. **United States v. Windsor**, 570 U.S. 744 (2013), Washington D.C, 26 de junho de 2013.

Gerstmann, Evan. ***Same-Sex Marriage and the Constitution***. 2. ed. Nova Iorque: Cambridge University Press, 2008.

Gerstmann, Evan. ***The Constitucional Underclass***: *Gays, Lesbians, and the Failure of Class-Based Equal Protection*. Chicago: University of Chicago Press, 1999.

Keen, Lisa; Goldberg, Suzanne. ***Strangers to the Law***: *Gay People on Trial*. Michigan: University of Michigan Press, 2000.

Murdoch, Joyce; Price, Deb. ***Courting Justice***: *Gay Men and Lesbians v. the Supreme Court*. Nova Iorque: Basic Books, 2001.

Rach, Jonathan. ***Gay Marriage***: *Why it is good for gays, good for straights and good for America*. Nova Iorque: Henry Holt and Company, 2004.

Rawls, John. **O Liberalismo Político**. Tradução de Álvaro de Vita. São Paulo: Ed. Martins Fontes, 2016.

Richards, David A. J. ***The Sodomy Cases***: *Bowers v. Hardwick and Lawrence v. Texas*. Lawrence: University Press of Kansas, 2009.

Sarmento, Daniel. Casamento e União Estável entre Pessoas do Mesmo Sexo. Perspectivas Constitucionais. *In*: **Igualdade, Diferença e Direitos Humanos**. 2. Tir., Rio de Janeiro: Ed. Lumen Juris, 2010

Sullivan, Andrew. ***Same-Sex Marriage***: *Pro & Con. A Reader*. Nova Iorque: Vintage Books, 2004.

Sullivan, Andrew. ***Virtually Normal***: *An Argument about Homosexuality*. Nova Iorque: Vintage Books, 1996.

TRIBE, Lawrence. ***American Constitutional Law***. 3. ed. Nova Iorque: Foundation Press, 2000.

VECCHIATTI, Paulo Roberto Iotti. **Manual da Homoafetividade**: Da Possibilidade Jurídica do Casamento Civil, da União Estável e da Adoção por Casais Homoafetivos. 3. ed. Bauru: Ed. Spessoto, 2019 (no prelo: 4. ed. 2021).

WOLFSON, Evan. ***Why Marriage Matters****: America, Equality and Gay People's Right to Marry*. Nova Iorque: Simon & Shuster Paperbacks, 2005.

ÍNDICE DE CASOS POR ASSUNTO

- *Roe v. Wade*, 1973
- *Hamdi v. Rumsfeld*, 2004

Direito à igualdade

- *Roe v. Wade*, 1973
- *Planned Parenthood v. Casey*, 1992
- *Romer v. Evans*, 1996
- *United States v. Virginia*, 1996

Direito das mulheres

- *Roe v. Wade*, 1973
- *Planned Parenthood v. Casey*, 1992
- *United States v. Virginia*, 1996

Direitos dos acusados

- *Miranda v. Arizona*, 1966
- *North Carolina v. Alford, 1970*

Direitos LGBTIA+

- *One, Inc. v. Olesen*, 1958
- *Romer v. Evans*, 1996
- *Lawrence v. Texas*, 2003
- *Obergefell v. Hodges*, 2015

Direitos trabalhistas

- *Lochner v. New York*, 1905

Discriminação com base em raça ou etnia

- *Dred Scott v. Sandford*, 1857
- *Plessy v. Ferguson*, 1896
- *Smith v. Allwright*, 1944
- *Korematsu v. United States*, 1944
- *Brown v. Board of Education*, 1954
- *Loving v. Virginia*, 1967
- *Grutter v. Bollinger*, 2003
- *Shelby County v. Holder*, 2013

Educação pública

- *San Antonio Independent School District v. Rodriguez*, 1973

Eleições

- *Smith v. Allwright*, 1944
- *Bush v. Gore*, 2000
- *Citizens United v. FEC*, 2010

Federalismo

- *Chisholm v. Georgia*, 1793
- *Marbury v. Madison*, 1803
- *McCulloch v. Maryland*, 1819

Liberdade de expressão

- *Whitney v. California*, 1927
- *One, Inc. v. Olesen*, 1958
- *Brandenburg v. Ohio*, 1969
- *Cohen v. California*, 1971
- *Texas v. Johnson*, 1989
- *Garcetti v. Ceballos*, 2006

Liberdade de imprensa

- *New York Times Co. v. Sullivan*, 1964
- *New York Times Co. v. United States*, 1971

Liberdade religiosa

- *Engel v. Vitale*, 1962

Liberdades civis

- *Dred Scott v. Sandford*, 1857
- *Plessy v. Ferguson*, 1896
- *Jacobson v. Massachusetts, 1905*
- *Korematsu v. United States*, 1944
- *Brown v. Board of Education*, 1954
- *Loving v. Virginia*, 1967

Meio-ambiente

- *Sierra Club v. Morton*, 1972

Pena de morte

- *Roper v. Simmons*, 2005

Poder Executivo

- *Youngstown Sheet & Tube Co. v. Sawyer*, 1952
- *United States v. Nixon*, 1954

Poder Legislativo

- *McCulloch v. Maryland*, 1819
- *Shelby County v. Holder*, 2013

Processo Penal

- *Mapp v. Ohio*, 1961
- *Miranda v. Arizona*, 1966

Separação de Poderes

- *Marbury v. Madison*, 1803

Serviço militar obrigatório

- *Clay v. United States*, 1971

Terrorismo

- *Hamdi v. Rumsfeld*, 2004

Vacinação

- *Jacobson v. Massachusetts*, 1905